Reinhard Dittel

Schmerzphysiotherapie

Schmerzphysiotherapie

Lehr- und Handbuch des NEUROMEDIZIN-KONZEPTS

Von Reinhard Dittel

Mit Beiträgen von

H. G. Baumgarten, E. David, U. Derbolowsky,
W. Ormann, B. Reinhardt, R. Saller,
F. Samandari, C. Schenk und R. M. A. Suchenwirth

Unter Mitarbeit von M. Grenz

Mit 551 Abbildungen und 11 Tabellen

SEMPER BONIS ARTIBUS

Gustav Fischer Verlag · Stuttgart · Jena · New York · 1992

Anschrift des Autors
Reinhard Dittel
Neuromedizinisches Fortbildungszentrum Bad Hersfeld, An der Obergeis 13
D-6430 Bad Hersfeld

Die Deutsche Bibliothek – CIP-Einheitsaufnahme

Schmerzphysiotherapie : Lehr- und Handbuch des Neuromedizin-Konzepts / von Reinhard Dittel. Mit Beitr. von H. G. Baumgarten ... Unter Mitarb. von M. Grenz. – Stuttgart ; Jena ; New York : G. Fischer, 1992
ISBN 3-437-00638-X
NE: Dittel, Reinhard; Baumgarten, Hans-Georg

Wollgrasweg 49 · D-7000 Stuttgart 70

Satz und Druck: Gulde GmbH, Tübingen
Einband: Wilhelm Röck GmbH, Weinsberg
Printed in Germany

Vorwort

Der »Schmerzmarkt« wächst von Jahr zu Jahr.
Dabei ist auffällig, daß einerseits sehr interessante Forschungen und »kontrollierte« Studien publiziert werden, die dem schmerzgeplagten Patienten leider oft gar nichts helfen; andererseits werden modeähnlich alle paar Monate neue Wundermittel und neue Techniken über die Medien verbreitet, die z.T. auch helfen, aber denen die notwendige seriöse klinische Erforschung fehlt.
Das Thema Schmerz wurde und wird in der Krankengymnastikausbildung (ähnlich wie in der ärztlichen und psychologischen Ausbildung) stiefmütterlich behandelt.
Das vorliegende Buch versucht Brücken zu schlagen zwischen Theorie und Praxis, aber auch zwischen somatischer und psychosozialer Betrachtungsweise. Das von mir seit 1980 entwickelte NEUROMEDIZIN-KONZEPT hat sich zwischenzeitlich für viele Krankengymnasten als praxisbewährter Weg bei der ganzheitlichen und patientenzentrierten Schmerzanalyse und -therapie erwiesen. Das Buch ist als Lehr- und Handbuch für Schmerzphysiotherapeuten gedacht – und für solche, die es werden wollen.
Zur Abrundung der klinischen Kapitel ist für die Zukunft die Aufnahme eines eigenen rheumatologischen Beitrags vorgesehen.

Einer Vielzahl von Personen habe ich für das Zustandekommen des Buches zu danken:
Meinen Eltern danke ich dafür, daß sie mir meine krankengymnastische Ausbildung und die vielen Fortbildungen ermöglicht haben.
Allen ärztlichen Mitarbeitern danke ich für ihr Engagement und ihre Bereitschaft, an dem Buch mitzuwirken.
Meiner langjährigen krankengymnastischen Mitarbeiterin, Frau Magdalene Grenz, danke ich für die konstruktiven und kreativen Gespräche und Korrekturarbeiten. Besonders hervorheben möchte ich ihr Geschick bei der Herstellung von schematischen Zeichnungen.
Viele Anregungen bekam ich durch den Austausch mit Kolleginnen und Kollegen, die an meinen Fortbildungskursen teilgenommen haben, insbesondere von den Mitgliedern der Arbeitsgemeinschaft Schmerzphysiotherapie.
Der Krankengymnastin Frau Martina Peter danke ich für ihre beherzte und verantwortungsbewußte Praxismitarbeit.
Fast alle fotografischen Abbildungen wurden mit Einfühlungsvermögen im Foto-Studio Sparr, Frankfurt, hergestellt. Für geduldiges Modellstehen bzw. »Regieanweisungen« danke ich Frau Magdalene Grenz, Frau Anette Stelling, Frau Martina Peter, Frau Simone Bechtel, Frau Julia Frankenberger, Frau Roswitha Frey, Frau Christel Steinert, Frau Barbara Müller und Herrn Hartmut Fuchs.
Für die Anfertigung der schematischen Zeichnungen danke ich außer Frau Grenz auch Frau Ellen Martin, Herrn Raffael Felbinger, Herrn Ralf Kupries und Herrn Dr. med. dent. Eckart Grebner.
Herrn Prof. Krause, Kassel, und Herrn Dr. Ahrens, Marmagen, danke ich für das zur Verfügung stellen von Röntenbildern. Die umfangreichen Schreibarbeiten besorgte mit viel Geduld »fach-männisch« meine langjährige Sekretärin, Frau Regina Kreibich.
Frau Roswitha Frey danke ich herzlich für ihre persönliche Unterstützung und die kritische Durchsicht des Manuskripts.
Bedanken möchte ich mich auch bei meinen Patienten – von denen ich lernen durfte und die wegen des Buches oft lange Wartezeiten in Kauf nehmen mußten.

Nicht zuletzt bedanke ich mich bei Herrn Bernd von Breitenbuch vom Gustav Fischer Verlag, der das Vorhaben von Anfang an unterstützt hat. Er hat trotz vielfacher Terminüberschreitungen nie gedrängt und für alle Änderungen außerordentliches Verständnis gezeigt.

Bad Hersfeld, im Herbst 1991 Reinhard Dittel

Anschriften der Mitarbeiter

Prof. Dr. med. Hans-Georg Baumgarten, M. D.
Direktor des Anatomischen Instituts
der Freien Universität Berlin
Königin-Luise-Straße 15, 1000 Berlin 33

Prof. Dr. med. Eduard David
Direktor des Physiologischen Instituts
der Freien Universität Witten-Herdecke
Beckweg 4, 5804 Herdecke

Dr. med. Udo Derbolowsky
Nervenarzt – Chirotherapie – Psychoanalyse – Psychotherapie
Alois-Matheis-Straße 2, 6653 Blieskastel-Bierbach

Reinhard Dittel
Krankengymnast und Leiter des Neuromedizinischen Fortbildungszentrums Bad Hersfeld
An der Obergeis 13, 6430 Bad Hersfeld

Magdalene Grenz
Krankengymnastin und Schmerztherapeutin
Müser Str. 2
6427 Bad Salzschlirf

Dr. med. Walter Ormann
Chefarzt der inneren Abteilung des Katharinen-Hospitals
Bahnstr. 26, 4156 Willich

Dr. med. Bernd Reinhardt
Orthopäde – Chirotherapie – Sportmedizin – Badearzt
Rosenheimer Straße 53, 8202 Bad Aibling

Privat-Dozent Dr. med. Reinhard Saller
Universitätsklinik für Physikalisch-Diätetische Therapie
Theodor-Stern-Kai 7, 6000 Frankfurt a. M. 70

Prof. Dr. Farhang Samandari
Anatomisches Institut der Freien Universität Berlin
Königin-Luise-Straße 15, 1000 Berlin 33

Dr. med. Christoph Schenk
Neurologe/Psychiater – Psychotherapie
Lotterstraße 5, 4500 Osnabrück

Prof. Dr. med. Richard M. A. Suchenwirth
Universität Erlangen
Kienbachstraße 4, 8036 Herrsching

Inhalt

Teil I: Theorie

1 Grundlagen der Neuroanatomie

Hans-Georg Baumgarten

Schmerz als eine – zwar spezifische, aber durch mehrere Reizarten auslösbare – Sinnesqualität, hat im Konzept der Innen- und Außenweltwahrnehmung wegen des enormen Einflusses auf die vigilanzgesteuerte Reaktionsbereitschaft des Organismus und der unmittelbaren Auswirkung auf die Befindlichkeit einen besonderen Stellenwert und unterliegt stärker als andere Modalitäten der konstitutionell geprägten und durch konditionierte Lernvorgänge individuell gefärbten Bedeutungsbeurteilung; Schmerzindolenz bedeutet nicht, daß die periphere Schmerzregistrierung unterdrückt ist, sondern daß die zentralen Mechanismen zur Schmerzunterdrückung gebahnt und hochreagibel sind, bzw. daß die emotionale Bedeutung der Schmerzwahrnehmung durch kognitive Leistungen relativiert wird.

Schmerz wird nicht nur unterschiedlich intensiv empfunden, mit individuell variabler Auswirkung auf Befinden und Verhalten, sondern Schmerz ist eine facettenreiche Wahrnehmungsqualität, deren qualitative Analyse Differenzierungsvermögen beim Betroffenen und beim Untersucher erfordert, und deren quantitative Erfassung schwierig ist und einen hohen Unschärfebereich aufweist. Für diagnostische, therapeutische und prognostische Zwecke ist aber eine genaue Schmerzbiographie und -topologie, Zustands- und Verlaufsanalyse wichtig, denn Schmerz sollte immer als Begleit- oder Leitsymptom von Krankheiten aufgefaßt werden, deren Abklärung wichtiger ist als die symptomatische Bekämpfung des Schmerzphänomens.

Für eine erste grobe topologische Zuordnung können wir Schmerz in Körperschmerz (somatisch) und Eingeweideschmerz (visceral) unterteilen (Tab. 1.1); diese Unterteilung ist gerechtfertigt durch die unterschiedliche Repräsentanz, räumliche Auflösungs- und qualitative Differenzierungsfähigkeit für Schmerzreize aus verschiedenen Quellen: Wir haben ein Körperschemabewußtsein, vor allem im Bereich taktiler, statischer und dynamischer Sinnesqualitäten, und begrenzt im Schmerzbereich; ein vergleichbares Bewußtsein haben wir im Bereich von Eingeweideschmerz nur schemenhaft und unvollkommen. Mit einer gewissen Präzision können wir in der Dimension des Körperschmerzempfindens zwischen oberflächlich und tief unterscheiden; während wir im Bereich oberflächlicher Körperstrukturen (Epidermis und Dermis) Ort und Qualität des Schmerzes gut beurteilen können, ist eine vergleichbare Zuordnung des Tiefenschmerzes zu den von schmerzrezeptorischen Nervenfasern innervierten Körperstrukturen (Muskel, Sehne, Knochen[haut], Gelenk[kapsel]) weniger exakt. Im Bereich des klinisch so wichtigen visceralen Schmerzes schließlich sind wir oftmals auf die Beachtung indirekter Hinweise bzw. auf die Beachtung von Konsequenzen der eingeweidenociceptorischen Hyperaktivität für den Bereich der Eingeweide- und Skelettmotorik bzw. der Hautsensibilität angewiesen (siehe weiter unten).

Tabelle 1.1: Zuordnung des Schmerzes zu den Bereichen des Körpers

1. Somatischer Schmerz aus dem Bereich der Körperwandstrukturen und des Bewegungsapparates:
   a) Oberflächenschmerz (von Haut, Unterhaut),
   b) Tiefenschmerz (von Muskeln, Sehnen, Bändern, Gelenkkapseln, Knochenhaut);
2. Visceraler Schmerz aus dem Bereich der Eingeweide,
3. Viscerosomatischer Grenzbereich:
   Schmerzwahrnehmung aus dem Bereich der serösen Häute (Pericard, Pleura, Peritonaeum), sogenannter indirekter Eingeweideschmerz.

A-Delta-Neurone vermitteln schnell und präzise ortsrichtig und punktuell empfundenen Schmerz, C-Neurone einen verzögerten Schmerz mit unangenehmem Charakter («Brennschmerz»), der besonders im Bereich der Eingeweide nur mangelhaft lokalisiert werden kann. Nicht nur die polymodalen Nociceptoren, sondern auch die in der Tabelle aufgeführten berührungs- und schmerzregistrierenden Fasern gehören zum gleichen Typ der nicht spezialisierten, freien telodendritischen Nervenendigung von primär afferenten Neuronen. Die Informationen werden unter Beibehaltung der registrierten Qualität überwiegend in den gleichen Bahnsystemen nach zentral weitergeleitet.

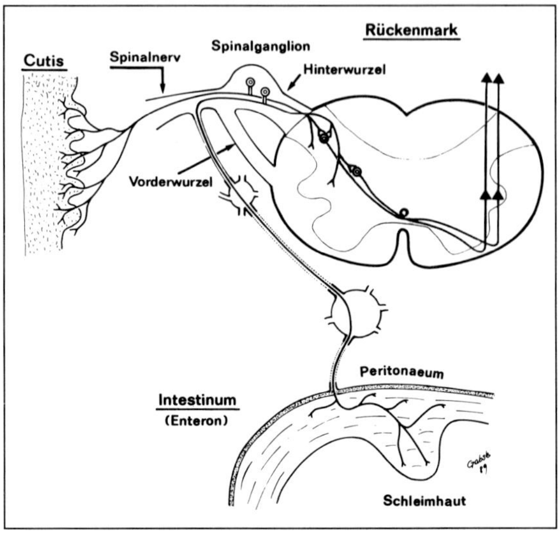

Abb. 1.1: Somatische und viscerale nociceptive Neurone

Schmerzregistrierung in der Peripherie

Nach dem augenblicklichen Konzept (Tab. 1.2) sind die sogenannten freien Nervenendigungen von langsamleitenden, nicht myelinisierten C-Fasern und die Endigungen von A-Delta-Fasern, die schneller zentralwärts leiten, für die Schmerzregistrierung in den verschiedenen Geweben verantwortlich (Leitungsgeschwindigkeiten 0,5 bis 2,0 Meter/Sekunde bzw. 5,0 bis 40,0 Meter/Sekunde). Diese nicht-spezialisierten Endformationen von langsam bzw. mittelschnell Aktionspotentiale leitenden Nervenfasern (Abb. 1.1) registrieren auch Temperaturreize (sogenannte empfindliche Warm- und Kaltrezeptoren). Charakteristika derjenigen Nervenfaser-Endformationen, die den Organismus auf schädliche, d. h. die Gewebsintegrität gefährdende Reize aufmerksam machen (Nociceptoren), sind

1. die relativ hohe Reizschwelle, d. h. es bedarf eines kräftigen Reizes zur Depolarisierung der Endigungen, und
2. das Ansprechen auf ganz verschiedene Reizauslöser, wie physikalische Reize (Hitze, Dehnung, starker Druck, Torsionskräfte) oder chemische Reize (Säuren, Basen), d. h. intensive gewebsschädigende Reize der verschiedensten Natur.

Eine weitere Besonderheit dieser Schmerzregistrier-Einrichtungen besteht in ihrer Empfindlichkeit gegenüber körpereigenen Gewebshormonen (Tab. 1.3).

Diese «Gewebshormone», wie z. B. Peptide (Bradykinin), biogene Amine (Serotonin), Arachidonsäuremetaboliten (Prostaglandine), erhöhen die Empfindlichkeit der Nervenendigungen für traumatische Reize (d. h. sie senken die Erregbarkeitsschwelle) oder führen selbst zur Depolarisierung (d. h. zur Erre-

Tabelle 1.2: Schmerzregistrierende Neurone (A-Delta- und C-Fasern von primärafferenten Nervenzellen), somatisch und visceral.

1. Mechanische Nociceptoren (hohe Erregbarkeitsschwelle):
   Adäquater Reiz: Starke mechanische Stimuli, speziell scharfe oder spitze Objekte und -einwirkungen, aber auch Scherkräfte.
2. Hitzenociceptoren (hohe Erregbarkeitsschwelle):
   Adäquater Reiz: Temperaturerhöhung in einem Innervationsfeld über 45°C (Gewebsschädigung).
3. Polymodale Nociceptoren:
   Adäquate Reize: Viele Arten von starken mechanischen, thermischen, elektrischen, chemischen Stimuli. Die Freisetzung von Mediatoren aus traumatisiertem oder entzündetem Gewebe (e.g. K^+-Ionen aus intrazellulären Kompartimenten, Histamin aus Mastzellen, Serotonin aus Thrombocyten, Bradykinin aus Vorstufen im Plasma, Eiweißspaltprodukte; Prostaglandine aus Membranphospholipiden, Acetylcholin aus parasympathischen Nervenendigungen) führt zur Empfindlichkeitssteigerung oder Depolarisierung der Nervenendigungen.

Tabelle 1.3: Neuropeptide, die an nociceptorischen Nervenfasern depolarisationsfördernd oder -hemmend wirken.

Fördernd:	Substanz P
	Neurokinin A
	Calcitonin Gene
	Related Peptide CGRP
Hemmend:	Somatostatin
	Vasoactives Intestinales
	Peptid VIP
	Opioidpeptide*

* Dynorphin, Endorphin, Enkephaline

gung) der Endigungen. Das bedeutet zugleich, daß die Membran der nociceptorischen Endigungen Rezeptoren für solche Gewebshormone besitzt. Diese bei Gewebstraumen freigesetzten Hormone wirken nicht nur als endogene Schmerzfaseraktivatoren, sondern sie sind zugleich Mediatoren der «entzündlichen Reaktion», d. h. sie wirken dilatorisch auf Blutgefäße und erhöhen die Gefäßpermeabilität.

Verglichen mit den nur auf spezifische Reize reagierenden anderen (meist eingekapselten, viel komplizierter gebauten) Nervenendigungen verhalten sich also die Nociceptoren wie kombinierte Mechano- und Chemorezeptoren, sie sind vielseitig in der Registrierung unterschiedlichster Reize. Das Ansprechen auf chemische Stoffe im Gewebe (z. B. Säuren) erklärt zugleich, warum diese Nervenendigungen Registrierer und Melder des Ischaemieschmerzes sind (Durchblutungsnot, die zu einer kritischen Einschränkung des Sauerstoffangebotes im Gewebe führt). Sie vermitteln daher den auf O_2-Mangel beruhenden Schmerz bei akuten Gefäßverschlüssen in Extremitäten und den durch Infarzierung von Eingeweidegefäßen entstehenden Organschmerz (z. B. Angina pectoris) ebenso wie den durch kritische Wanddehnung von Hohlorganen hervorgerufenen lokalisierbaren Eingeweideorganschmerz (e. g. Gallenblasenkolik), aber auch den diffusen, schlecht lokalisierbaren Abdominalschmerz («Bauchweh»).

Die schmerzperzipierenden Nervenfasern in Eingeweiden und Körperwandstrukturen (Abb. 1.1) sind die peripheren dendritischen («verzweigten») Fortsätze von afferenten Neuronen, deren Zelleib (Perikaryon) überwiegend in den Spinalganglien der Nervenwurzeln peripherer Nerven bzw. in den sensiblen Ganglien der Hirnnerven (hier speziell im Trigeminus) liegen. Der zentrale Fortsatz dieser Neurone zieht in das Hinterhorngrau des Rückenmarks bzw. in verschiedene Abschnitte des Trigeminuskerns im Hirnstamm. Der periphere Schenkel dieser schmerzsensitiven Neurone verläuft mit den großen peripheren Nerven (je nach dem Zielgebiet benannt), im Kopfgebiet auch mit den Hirnnerven, hier vor allem dem Trigeminus.

Die schmerz-afferenten Nervenfasern aus dem Eingeweidebereich schließen sich in ihrem Verlauf den makroskopisch präparierbaren Eingeweidenervenkabeln an, die auch efferente (motorische) Nervenfasern (für Eingeweidemotorik und -sekretion) enthalten, wie z. B. den Nn. splanchnici, Nn. hypogastrici, dem Nn. vagus und Nn. glossopharyngeus. Die Nn. splanchnici enthalten bevorzugt sympathische Fasern, der N. vagus parasympathische Fasern. Beide aber enthalten viele eingeweidenociceptorische Nervenfasern, die entweder direkt den Hirnstamm erreichen (via Vagus), oder zunächst als erste Auswertestation das Rückenmark (via Sympathicus), von dem aus sekundäre Neurone zum Hirnstamm aufsteigen. Der Vagus und die verschiedenen Nervi splanchnici des Sympathicus dienen nur als Vehikel für die eingeweideafferenten Nervenfasern. Informationsträger nociceptorischer Registrierapparate aus dem abdominalen Bereich z. B. sind Leitungsbahnen des Sympathicus (Abb. 1.1). So durchzieht das afferente Axon von peripher nach zentral die Mesenterialnerven (neben Blutgefäßen im Netzstiel verlaufend), die praevertebralen Ganglien, den Nervus splanchnicus (Eingeweidenerv, der paravertebrales mit praevertabralem Ganglion verbindet), das Ganglion trunci sympathici (Grenzstrangganglion des Sympathicus), den Ramus communicans (verbindet Spinalnerv mit Grenzstrangganglion) und die Hinterwurzel des Spinalnerven. Die schmerzafferenten Fasern aus den Beckenorganen wie auch aus einigen mediastinalen Organen verlaufen dagegen in den Ästen des sacralen Parasympathicus bzw. des Nervus vagus (nicht abgebildet). Auf diese Weise wird es deutlich, daß es keine «parasympathische» oder «sympathische» Sensibilität gibt.

Weiterhin bedeutet dies, daß es kaum makroskopisch präparierbare Nerven gibt, die keine nociceptorischen Fasern enthalten. Dennoch gibt es bedeutende Unterschiede in der regionalen Versorgung von Körperstrukturen mit nociceptiven Fasern.

Generell ist zu sagen, daß Oberflächenstrukturen des Körpers (äußere Haut), aber auch Oberflächenstrukturen an inneren Körperhöhlen (Gelenkkapseln, das wandständige Bauchfell, Rippenfell, das äußere Herzbeutelblatt und die von diesen serösen Häuten abgeleiteten Organkapseln, also das Peritonaeum parietale, die Pleura parietalis, das Pericardium) eine wesentlich dichtere Ausstattung mit nociceptorischen Endigungen besitzen als tiefer gelegene Strukturen des Körpers (z. B. der Muskel, das Parenchym der inneren Organe). Für die schlechtere Lokalisierbarkeit, aber auch die mangelnde Schmerzqualitätendifferenzierung im Bereich der Eingeweidesensibilität ist aber nicht nur die geringere Dichte rezeptorischer Nervenendigungen pro Volumen Gewebezylinder verantwortlich, sondern auch die begrenzte Repräsentanz des Eingeweideschmerzes auf der räumlich (= topologisch) und qualitativ bewußtmachenden Hirnrinde (siehe weiter unten).

Wichtig für die richtige Einordnung von Eingeweideschmerzen ist die Erkenntnis, daß die Schmerzsensation oft nicht aus dem Organ selbst, sondern aus dehnungs- und schmerzsensiblen Rezeptoren in den Organkapseln stammt (indirekter Schmerz). Diese Organkapseln haben, besonders, wenn es sich um Derivate vom Bauchfell, Rippenfell oder Herzbeutel (Peritonaeum, Pleura bzw. Perikard) handelt, eine dichtere Ausstattung mit Rezeptoren als das eigentliche Organparenchym; zum Teil entstammen diese

Rezeptoren nicht den autonomen oder visceralen Anteilen des peripheren Nervensystems, sondern den somatischen Anteilen; natürlich trifft das besonders auf die oben erwähnten wandständigen Blätter der serösen Häute zu. Hier haben wir es also mit einem Grenz- und Überlappungsbereich von somatischer und visceraler Sensibilität zu tun. In Übereinstimmung mit diesem Konzept befinden sich mehr dehnungsempfindliche rezeptorische Endigungen in den Mesenterien (Aufhängebänder für die in der Peritonealhöhle beweglichen Eingeweide) als in der Eingeweidewand selbst. Die Mesenterien sind Derivate des Bauchfells.

Wie man von «alarmsignalauslösenden» Nociceptoren erwarten darf, wird unter klinischen Bedingungen ihre Existenz oftmals erst bei extremen Stimulusbelastungen fühlbar, dann aber in einer äußerst qualvollen und Krankheitsgefühl auslösenden Dimension (Spasmus, Kolik). Wie noch zu klären sein wird, werden solche klinischen Phänomene nociceptiver Erregung von Eingeweideafferenzen aber nicht allein durch die zentralnervöse Registrierung des Eingeweideschmerzes bedingt, sondern auch durch die reflektorische Veränderung des Glattmuskeltonus in den Eingeweiden.

Der Überträgerstoff der nociceptiven Neurone scheint überwiegend Substanz P zu sein (Tab. 1.3). Neben diesem erregenden Überträgerstoff synthetisieren die primärafferenten Neurone zum Teil auch andere (zum Teil erregungshemmende) Peptide, wie z. B. Opioidpeptide, vasoactives intestinales Peptid (VIP), Somatostatin. Diese Peptide kommen im Regelfall gemeinsam in primärafferenten Neuronen vor. Die Mitfreisetzung beispielsweise von Opioidpeptiden zusammen mit dem schmerzübertragenden Transmitter Substanz P kann zu einer Abschwächung der Freigabe des Schmerzerregers über eine Autorezeptorenstimulierung führen, ein Prinzip, das im Zentralnervensystem weit verbreitet ist.

Die Freisetzung dieser Peptide erfolgt nun aber nicht nur an der zentralen Endigung des Schmerzneurons im Rückenmark, sondern auch aus den peripheren, rezeptiven Endigungen des Neurons. Hier auf der Gewebeseite dürfen wir annehmen, daß durch diese Peptide zum einen die Empfindlichkeit der Nervenendigungen für depolarisierende Schmerzreize verändert wird, zum anderen aber auch Wirkungen an Gewebskomponenten auftreten, wie z. B. Gefäßweitstellung durch VIP und durch Substanz P, kapilläre Permeabilitätssteigerung durch Substanz P und Neurokinin A. Man kann von einer «neurogenen Entzündungsverstärkung» durch diese Nervenpeptide sprechen. Auch in den afferenten Trigeminusfasern, die für die Sensibilität im Kopf-, Gesichts- und Mundhöhlenbereich zuständig sind, ist neben Substanz P auch Neurokinin A und CGRP nachgewiesen, d. h. entzündungsverstärkende und vasodilatorische Neuropeptide.

Der Trigeminus führt neben den somatisch afferenten auch viscerosensible Fasern aus den Hirnhäuten und den Hirnbasisgefäßen. In den Wänden der Hirnbasisgefäße verzweigte Nervenplexus enthalten Serotonin bzw. Dynorphin als Nociceptoren depolarisierende oder hyperpolarisierende Stoffe. Es wird angenommen, daß die somato-viscerale Konvergenz (siehe weiter unten) aus trigeminalen Einflußgebieten im Hirnstamm für die Entstehung des Phänomens Kopfschmerz eine Bedeutung hat.

Synaptologie und zentrale Fortleitung primärafferent-nociceptiver Impulse

(Reflexverschaltung und sekundär sensorische Neurone des Zentralnervensystems)

A-Delta- und C-Faser-Afferenzen erreichen über die genannten somatischen und visceralen Nerven die Hinterwurzeln der Spinalnerven (Abb. 1.2) bzw. über die drei Hauptäste des Trigeminus (Abb. 1.4) den Hirnstamm. Hier treten sie ein in die graue Substanz (Lamina I und II bzw. Nucleus tractus spinalis nervi trigemini), aber auch in die hier lokalisierten, unterschiedlich stark myelinisierten, intersegmentale Information vermittelnden spinalen Eigenapparatsbahnen, hier besonders in den Tractus Lissauer. Die myelinisierten A-Delta-Fasern halten sich mehr medial, die C-Faser-Axone mehr lateral.

Neben der auf- und absteigenden Kollateralisierung über den Lissauer-Trakt geben die C-Fasern terminale Axonzweige an Nervenzellen in den Laminae I und II ab, die A-Delta-Fasern Zweige an Nervenzellen in den Laminae II und III. In der Lamina I neh-

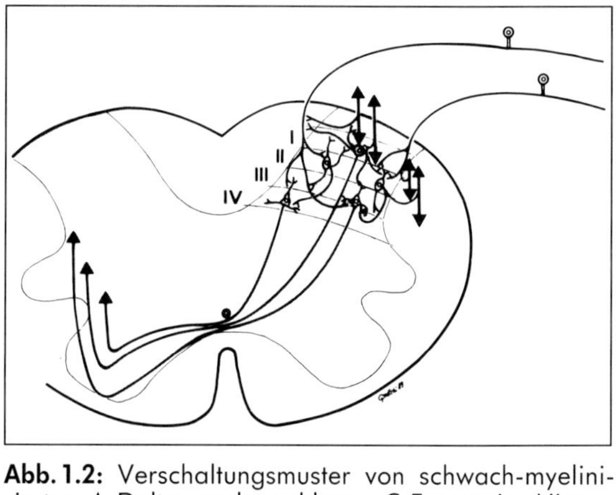

Abb. 1.2: Verschaltungsmuster von schwach-myelinisierten A-Delta- und marklosen C-Fasern im Hinterhorngrau des Rückenmarks

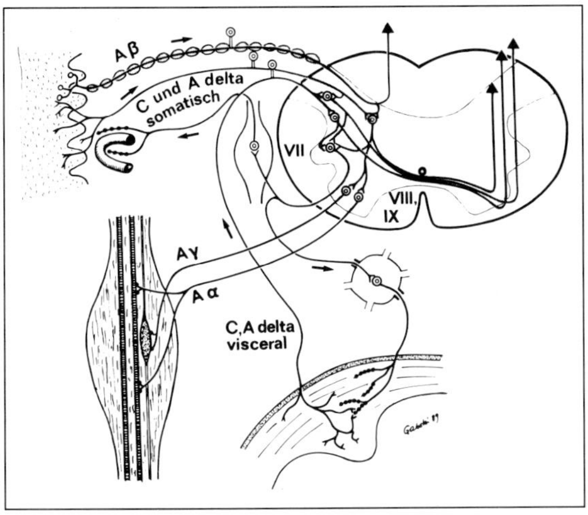

Abb. 1.3: Verschaltung von nociceptiven C- und A-Delta-Afferenzen der Haut und von tactilen Mechanorezeptorneuronen der Haut (A-Beta) mit sekundär-sensorischen, strangbildenden Neuronen der Lamina II bis IV sowie von Eingeweideafferenzen

men sie Kontakt auf zu Marginalzellen, in der Lamina II zu Gelatinosa-Zellen, in der Lamina III zu kleineren Nervenzellen (Interneuronen) oder zu dendritischen Fortsätzen von spinothalamischen Traktzellen. In der Lamina II gehen die Axonterminalen von A-Delta- und C-Fasern Kontakte ein mit den Dendriten der Gelatinosa-Zellen. Daraus ergibt sich eine wechselseitige Beeinflussung von A-Delta- und C-Faser-Informationen im Eintrittssegment (Möglichkeit der wechselseitigen Hemmung als Prinzip der therapeutisch ausgenutzten Gegenirritation). Diese Kontaktformationen des nociceptiven Afferenzsystems werden darüber hinaus von dazwischen liegenden Interneuronen beeinflußt, an denen ihrerseits die Endformationen von zentralen, supraspinalen (d. h. absteigenden) Modulatorsystemen zu finden sind (z. B. von noradrenergen, serotonergen, peptidergen Efferenzen des Hirnstamms). So entstehen komplizierte synaptische Glomeruli, in denen bereits eine Beeinflussung der eintreffenden nociceptiven Information stattfindet. Die Gelatinosa-Neurone stellen somit multirezeptive Konvergenzeinheiten dar, die ihrerseits durch hemmende Impulse das Entladungsverhalten der Marginal- und spinothalamischen Strangzellen kontrollieren.
Ferner bestehen von den eintretenden A-Delta- und C-Faser-Endigungen aus direkte kollaterale und indirekte, interneuronal vermittelnde Verbindungen zu den motorischen Nervenzellpopulationen in der Zona intermedia (Lamina VII) und dem Vorderhorn (Lamina VIII und IX). Eine weitere Möglichkeit der Beeinflussung der motorischen Nervenzellen durch Nociceptoren besteht in der Abgabe von Kollateralen durch die traktbildenden sekundärsensorischen Neurone. Dies ist die Grundlage der Existenz von spinalen nocifensiven Reflexen im autonomen und somatomotorischen Bereich. Ein Teil der sekundär-sensorischen Neurone ist multirezeptiv, d. h. sie erhalten Kontakte von nociceptiven und niederschwelligen Mechanorezeptoren der Haut (Abb. 1.3) oder auch der Gelenkkapseln (A-Beta-Fasern). Auf eine solche strangbildende Zelle konvergieren mehrere nociceptorische Neurone, d. h. sie erhält bei ausgedehntem Reizangebot einen erheblichen depolarisierenden Antrieb. Elektrophysiologisch ist für die multirezeptiven Neurone das Überdauern der Entladung über die primärafferentinduzierte Depolarisation hinaus typisch. Diese «Nachladung» kann man am einfachsten durch langsamen Abbau eines freigesetzten Peptids im Extrazellulärraum durch Proteasen deuten. Dies ist aber nicht die einzige Erklärung, sicher spielen auch zentrale Mechanismen auf höherer Ebene des ZNS eine Rolle.
Die Auswirkung der nociceptorinduzierten Erregung von spinalen, sekundärsensorischen und von Interneuronen auf die Somato- und Visceromotorik läßt sich als akute oder chronische Veränderung von Tonus, Haltung, Bewegungsmuster bzw. Durchblutungsabnahme der Haut, Schweißsekretionszunahme, Tränensekretion u. a. m. leicht erkennen.
Akute Stimulation von Nociceptoren z. B. der Haut an Händen oder Füßen führt zur Aktivierung von flexormotorischen Neuronen bei gleichzeitiger Hemmung der Antagonisten. So wird die Rückzugsbewegung der verletzten Extremität gebahnt. Solche Flexorreflexe können auch durch Nociceptorenerregung in Muskeln, Gelenken oder Eingeweiden aktiviert werden. Dieser Antagonismus besteht nur an den direkt skelettmuskelmotorischen α-Neuronen. Werden die muskelspindelmotorischen γ-Motoneurone nociceptorisch stimuliert, kommt es zur Tonuserhöhung in Agonist und Antagonist, also zur erzwungenen Ruhigstellung eines Gelenkes. Ausdruck von schmerzunterhaltenden chronischen Veränderungen des Muskeltonus sind neben der Schonhaltung zur Vermeidung der Schmerzprovokation auch Erscheinungen wie z. B. Streckstellungen im Bereich lordotischer Wirbelsäulenkrümmung.
Es gilt aber auch das Umgekehrte: Schmerzen entstehen durch unangemessen überhöhten Muskeltonus mit der Gefahr der Ausbildung von pathologischen Erregungskreisen, die sich selbst unterhalten.
Über supraspinale, fördernde Zentren können pathologische Muster von erhöhtem Muskeltonus entstehen, die zur Nociceptorenstimulierung und zu Schmerzempfinden führen. Psychogen kann so eine schmerzhafte Muskeltonuserhöhung durch Streßbelastung entstehen. Eine rein physikalisch-therapeutische Betrachtung psychogen bedingter Muskeltonusveränderungen muß dann zur Enttäuschung von Pa-

tient und Therapeut führen. Der streßinduzierte erhöhte motorische Antrieb beschränkt sich nicht nur auf die Skelettmuskelmotorik, sondern schließt die autonome Motorik ein, d. h. es kommt zum erhöhten Sympathikustonus mit entsprechenden cardiovaskulären und endokrinen Auswirkungen (sogenannte sympatho-adrenale Aktivierung mit Herzfrequenzbeschleunigung, hypertoner Blutdrucklage, Adrenalinfreisetzung, Glykogenolyse in der Leber, Hyperglykämie im Plasma, Freisetzung von Renin u. a. m.). Die erhöhte Noradrenalinfreisetzung aus den sympathischen Nervenendigungen der Gewebe kann Nociceptoren sensibilisieren: Durch unangemessene sympathische Reflexaktivierung werden Schmerzen ausgelöst, die ihrerseits zur Steigerung von sympathischen Reaktionen beitragen. Die Aufschaukelung eines solchen Reflexes kann Ursache für das Entstehen von sympathischen Reflexdystrophien sein (kritische Einschränkung der Organdurchblutung bei Hypersympathikotonus, e. g. beim Morbus Raynaud, einer akralen angiospastischen Erkrankung auf konstitutioneller Basis oder der Sudeck-Atrophie).

Reflexvorgänge auf der Rückenmarkebene bestimmen im wesentlichen die Ausprägung diagnose- und therapierelevanter Begleitphänomene von Nociceptoraktivierung (Abb. 1.3). Zentrale Axone von cutanen und visceralen Nociceptoren enden zum Teil auf den gleichen spinalen strangbildenden Neuronen (somatoviscerale Konvergenz und umgekehrt). Die sekundär-sensorischen Neurone haben Kollateralen zu den sympathischen und somato-motorischen Nervenzellen (die Interneurone sind nicht gezeichnet); diese Kontakte sind die anatomische Voraussetzung für reflexmotorische Antworten pathologisch gesteigerten Nociceptor-Inputs (Veränderungen der Hautdurchblutung, Verlangsamung der Peristaltik). Das gleiche gilt umgekehrt: Erhöhte Aktivität der Eingeweidenociceptoren bewirkt nicht nur erhöhte sympathische Aktivität im Darm, sondern via Kollateralen zu α- und γ-Motoneuronen Tonuserhöhung in rükkenmarksegmentzugehörigen Skelettmuskeln. Die Erhöhung der sympathischen Aktivität kann als eine der Ursachen erhöhter Nociceptorenempfindlichkeit betrachtet werden, die als Hyperpathie (taktile Überempfindlichkeit) bzw. Hyperalgesie (erhöhte Schmerzempfindlichkeit) geklagt bzw. diagnostiziert werden kann. Diese wechselseitige Beeinflussung somatischer und visceraler Sensibilität und ihre parallele Auswirkung auf Viscero- und Somatomotorik im topographisch zugehörigen Rückenmarksegment ist u. a. die Grundlage für die Existenz der sogenannten «Head'schen Zonen», d. h. der Hautsensibilitätsprojektionsfelder der Eingeweidenociception («referred pain») und der cuti-visceralen und viscerosomatischen Reflexmotorik. Dies ist zugleich die anatomische Grundlage der physiotherapeutischen Beeinflußbarkeit interner Funktionsstörungen durch externe Anwendungen.

Ebenfalls abgebildet ist die Konvergenz von Nociceptor- und Mechanoceptorterminalen an sekundär-sensorischen Neuronen, die der Sensibilisierung des Schmerzstrangneurons für den verspätet eintreffenden Schmerzreiz dient.

Bei der Informationsleitung von der Rückenmarkebene nach zentral wird die Spezifität der registrierten Schmerzinformation zwar erhalten, aber sie wird ergänzt durch Temperatur- und primitives Berührungsempfinden, denn auf ein spino-reticuläres bzw. spino-thalamisches Neuron konvergieren neben den nociceptorischen auch die thermorezeptiven und tactilen Informationen (alle von primär-sensorischen Neuronen mit freien Nervenendigungen).

Da nociceptorische Rezeptoren nur mit höherem Energieaufwand depolarisiert werden können, müssen wir davon ausgehen, daß immer auch niederschwellige rezeptorische Neurone miterregt werden, so daß parallel zum Schmerzsystem auch andere oberflächen- und tiefensensible Informationen nach zentral gelangen, die zur präzisen Lokalisation des Schmerzreizes mit beitragen, für den es eigentlich nur eine geringe corticale Repräsentanz gibt.

Interessant ist in diesem Zusammenhang, daß die Stimulation der Rindenregion, in welcher die somatische Sensibilität bewußt gemacht wird, kaum Schmerzen auslöst. Eher geben die Patienten Mißempfindungen an, wie sie im Rahmen von Erkrankungen peripherer Nerven beobachtet werden (z. B. Kribbelparaesthesien). Solche Fehlinformationen rühren aber weniger von schmerz- als von berührungssensiblen Nerven her. Hieraus müssen wir schließen, daß Schmerz als subjektiv erlebte Sinnesqualität im wesentlichen von subcorticalen Strukturen verarbeitet wird, wie z. B. vom Thalamus.

Das aufsteigende Schmerzsystem ist daher zum Teil ein multimodales System einfacher Berührungs-, Temperatur- und Schmerzqualität. Die nociceptiven Informationen erreichen höhere Zentren über mindestens zwei Wege: Über den Tractus spinothalamicus lateralis (sogenannte «A-Delta-Bahn») und über den Tractus spinoreticularis (sogenannte «C-Faser-Bahn») (Abb. 1.4). Die Axone der spinothalamischen Bahn kreuzen über die vordere Kommissur zur Gegenseite und steigen im Vorderseitenstrang aufwärts zum Hirnstamm. Die Endigungen dieses zweiten Neurons liegen im Ventrobasalkomplex des Thalamus. Auf dem Wege durch Rückenmark und Hirnstamm geben diese Axone des zweiten Neurons Kollateralen an die Formatio reticularis (ein Neuronensystem mit Steuerfunktion für zentral autonome und vitale Funktionen wie Schlaf-Wach-Rhythmus, Hirnstammschutzreflexe, Atmung, Kreislauf, Temperatur- und Schmerzkontrolle), an das periventriku-

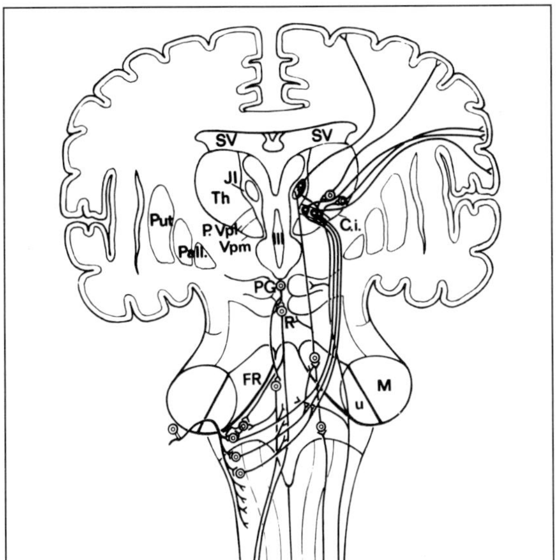

Abb. 1.4: Zentrale Verarbeitung der Schmerzempfindung. C.i.: Capsula interna, FR: Formatio reticularis, M: mittlerer Kleinhirnstiel, Pall.: Pallidum, PG: periventrikuläres Grau des Mittelhirns, Put.: Putamen, R.: Raphé, SV: Seitenventrikel, u: unterer Kleinhirnstiel, VPL: Nucleus ventralis posterolateralis thalami, VPM: Nucleus ventralis posteromedialis thalami, III: Ventriculus tertius

läre Grau (Schmerzkontrolle) und an die oberen Zweihügel des Mittelhirns (Reflexzentrum für die Oculomotorik und Kopfmotorik).

Nur ein Teil der Axone des sogenannten lateralen Schmerzsystems erreicht den Thalamus, nämlich den Ventrobasalkomplex und die hintere Kerngruppe. Eine räumlich auflösende Punkt-zu-Punkt-Projektion (= Somatotopie) von Schmerz-Temperatur-Neuronen finden wir im lateralen Teil des Nucleus ventralis posterior; im medialen Segment dieses Kerns enden – ebenfalls in räumlich zugeordnetem Projektionsmuster – die trigemino-thalamischen Axone. Neurone dieser Thalamuskerne bilden das dritte Neuron in der spino-thalamo-corticalen Schmerzbahn. Die thalamo-corticalen Axone (weniger als zehn Prozent aller Thalamusneurone mit Kontakt zu nociceptiven spinalen Neuronen) enden ebenfalls somatotop auf dem somatosensorischen Kortex I und II (Gyrus postcentralis).

Die Endigungen des Schmerz-Temperatur-Systems im hinteren Thalamuskomplex (Nuclei posteriores) haben keine räumliche Zuordnung, sie haben daher wenig mit ortsrichtig empfundenem Schmerz zu tun. Auf die Bedeutung von gleichzeitig parallel gemeldeten mechanorezeptorischen Stimuli von der Oberfläche und aus der Tiefe (Berührungs- und Drucksensibilität, Lage- und Bewegungssinn) für die corticale Lokalisierbarkeit von Schmerzreizen wurde bereits früher hingewiesen. Daraus folgt, daß eine Läsion der für diese Qualitäten zuständigen Hirnstrangbahnen (sogenanntes Lemniscussystem) auch die Ortsanalyse von Schmerzeindrücken beeinträchtigt. Diese Informationen erreichen den gleichen Kern im Ventrobasalkomplex. Eine Läsion dieses Kerns zur Ausschaltung von chronischen Tumorschmerzen führt zwar zur Herabsetzung von Hautberührungsreizen und der schnellen Komponente des ortsrichtig und scharf empfundenen Schmerzes (A-Delta-Schmerz), nicht aber der quälenden Tumorschmerzen.

Der verzögert wahrgenommene, unangenehme, schlechter lokalisierbare Schmerz, der den Patienten zum Arzt führt, wird von zwei Bahnsystemen nach zentral gemeldet: Vom Tractus spinoreticulothalamicus, Tractus spinoreticularis und Tractus spino-tectalis (Abb. 1.4). Die zuerst genannten gehören zu einem System (palaeospinothalamisches System), dessen Zellen in der Lamina V des Hinterhorngraus liegen, aus Ketten kürzerer Neurone bestehen (polyneuronal-polysynaptisches System), die entweder im Hirnstamm ihr Endgebiet finden oder erst im Thalamus. Diese C-Faser-Bahnen ziehen teils ungekreuzt (i. e. gleichseitig), teils gekreuzt im Fasciculus anterolateralis zum Hirnstamm, wo sie überwiegend in der medialen Formatio reticularis enden. Ein Teil zieht in das periventriculäre Grau des Mittelhirns, ein Teil bis in den Hypothalamus, die längsten enden in den sogenannten intralaminären Thalamuskernen (von denen diffuse Projektionen auf den Cortex gerichtet sind). Die spinoreticulären Projektionen sind nicht somatotop geordnet und enden an den Riesenneuronen der Formatio reticularis (N. gigantocellularis), am seitlichen Kern der Formatio reticularis (verlängertes Mark) und N. pontis caudalis und oralis. Wir nehmen an, daß diese Neurone vorwiegend viscerosensible Informationen aus Brust-, Bauch- und Beckeneingeweiden leiten. Diese Bahn wird ergänzt durch den Tractus spinotectalis, der neben viscerosensiblen auch somatosensible Informationen zu den oberen Zweihügeln und zum periventriculären Grau leitet.

Das periventrikuläre Grau des Mittelhirns nimmt eine Schlüsselstellung in der Schmerzmodulation ein aufgrund der Verbindungen zum limbischen System (Affektgestaltung von Sinneswahrnehmungen) und aufgrund des Vorkommens von peptidergen und nicht-peptidergen schmerzsuppressorischen Mechanismen. Elektrische Stimulierung dieser Region sowie der entsprechenden Region um den dritten Ventrikel (Hypothalamus) und unter dem vierten Ventrikel (sogenannte Raphé und paragigantocelluläres Feld) erzeugt einen analgetischen Zustand, der im Tierversuch Bauchoperationen ohne Narkose gestattet. Die stimulationsinduzierte Analgesie ist selektiv, d. h. antinociceptiv, ohne Beeinträchtigung anderer sensorischer Leistungen. Diese Analgesie überdauert den auslösenden Stimulus gelegentlich um bis zu 24 Stunden.

Bei Patienten erhält man die wirksamsten Effekte, wenn man Elektroden auf die dorsale Raphé des Mittelhirns bzw. auf die Region des N. raphé magnus der Medulla oblongata aufbringt. Wir deuten diese Wirkung als aktive Unterdrückung von primärafferenter nociceptiver Erregung im Hinterhorn des Rükkenmarks bzw. im Nucleus des Tractus spinalis des Nervus Trigeminus.

Vom periventrikulären Grau gehen Bahnen aus, die erstens aufsteigend die unspezifischen Thalamuskerne erreichen, in welchen auch die Schmerzbahnen enden, und die zweitens absteigend die Raphékerne der Medulla und das paragigantozelluläre Feld erreichen (Abb. 1.4); von diesen unteren Hirnstammkernen geht u. a. eine serotonerge Bahn aus, die absteigend Interneurone in der Lamina I und II innerviert.

In allen der genannten schmerzmodulatorischen Zentren sind Opiat-Bindungstellen angereichert und in diesen Zentren werden aus Nervenendigungen endogene Opioide freigesetzt (siehe Tab. 1.2), welche die Übertragung von nociceptorischen Impulsen der primärafferenten Endigungen auf die sekundärsensorischen Nervenzellen der Substantia gelatinosa bzw. im spinalen Trigeminuskern unterdrücken. Die endogenen Opiate verhindern oder verringern die Freigabe von Substanz P. Dabei dienen die absteigenden Serotoninfasern als Rückmeldesystem aus den Hirnstamm-Schmerzkontrollzentren und als Opiatfreisetzungsverstärker im Rückenmark bzw. Trigeminuskern.

Im Tierversuch kann man durch Verarmung des Gehirns an Serotonin eine erhöhte Empfindlichkeit (d. h. Schmerzschwellenerniedrigung) für nociceptive Reize erzeugen. Interessanterweise ist beispielsweise für den Menschen nachgewiesen, daß bei einer erfolgreichen Akupunkturanalgesie sowohl erhöhte Konzentrationen von Serotoninabbauprodukten als auch von Endorphinen/Enkephalinen im Liquor cerebrospinalis auftreten.

Unterwirft man Versuchstiere einer streßauslösenden Situation, z. B. Elektroschock am Laufgitter, dann kann man eine Erhöhung der Schmerzschwelle für nociceptive Reize bei gleichzeitiger, reflektorischer Steigerung der Serotonin- und Endorphinfreisetzung feststellen. Für den Menschen wird angenommen, daß eine wirksame streßinduzierte Analgesie durch Reflexaktivierung zentraler antinociceptiver Mechanismen bei plötzlichen massiven oder auch lebensbedrohenden Traumata vorkommen kann. Daß die Aktivierung dieser Mechanismen erlernt werden kann, darf man aus Beobachtungen an Fakiren schließen.

Literaturempfehlungen

Hansen, K./Schliack, H.: Segmentale Innervation. Thieme, Stuttgart, 1962.

Herz, A.: Biochemie und Pharmakologie des Schmerzgeschehens. In: Zimmermann, M./Handwerker, H. O. (Hrsg.): Schmerz-Konzepte und ärztliches Handeln. Springer, Berlin 1984.

Iggo, A.: Cutaneous Receptors. In: Hubbard, J. I. (Ed.): The Periphal Nervous System. Plenum Press, New York 1974.

Janzen, R. W. C.: Klinische Analyse von Schmerzzuständen. In: Zimmermann, M./Handwerker, H. O. (Hrsg.): Schmerz-Konzepte und ärztliches Handeln. Springer, Berlin 1984.

Martin, J. H.: Receptor Physiology and Submodality Coding in the Somatic Sensory System. In: Kandel, E. R./Schwartz, J. H. (Eds.): Principals of Neural Science. Elsevier, New York 1985.

Ochs, G.: Lokale Schmerzbehandlung. Internist, 27/1986.

Schmidt, R. F.: Somato-viszerale Sensibilität: Hautsinne, Tiefensensibilität, Schmerz. In: Schmidt, R. F./Thews, G. (Hrsg.): Physiologie des Menschen. Springer, Berlin 1980

Struppler, A./Ochs, G.: Differentialdiagnose des Schmerzes. Internist, 27/1986.

Zimmermann, M.: Physiologie von Nociception und Schmerz. In: Zimmermann, M./Handwerker, H. O. (Hrsg.): Schmerz-Konzepte und ärztliches Handeln. Springer, Berlin 1984.

Zimmermann, M.: Lokalisierte Eingriffe am Nervensystem zur Schmerzbehandlung. In: Zimmermann, M./Handwerker, H. O. (Hrsg.): Schmerz-Konzepte und ärztliches Handeln. Springer, Berlin 1984.

Abbildungsnachweis

Abb. 1.1 – 1.4: Prof. Dr. med. H. G. Baumgarten, M. D., und Alexandra Klein-Gabski, Anatomisches Institut der FU Berlin.

2 Grundlagen der Neuro-, Muskel- und Schmerzphysiologie

Eduard David

Die Neuro-, Muskel- und Schmerzphysiologie setzt sich mit dem Bewegungsapparat auseinander, mit dessen Hilfe der Mensch agieren und reagieren kann. Störungen führen zu erheblichen Einschränkungen seiner Aktivität und kündigen sich normalerweise durch Schmerz als Warnsignal an. Zum Verständnis der einzelnen Teilmechanismen soll der Mensch zunächst als Individuum betrachtet werden, welches in seiner Umwelt überleben muß. Dazu sind Anpassungsvorgänge (Regelmechanismen) notwendig, die es ihm erlauben, auf alle Veränderungen physikalischer und chemischer Natur so zu reagieren, daß seine Lebensbedingungen erhalten bleiben.

Sinnesorgane

Die Veränderungen in der Umwelt wirken als Reiz auf die verschiedenen Sinnesorgane. Je nachdem, auf welche Reizart diese spezialisiert sind, erzeugen sie verschiedene Sinnesempfindungen, die üblicherweise Sinnesmodalitäten genannt werden. Dementsprechend sprechen wir beim Auge vom Sehsinn, beim Ohr vom Hörsinn, bei der Nase vom Geruchssinn, bei der Zunge vom Geschmackssinn, und bei der Haut vom Gefühlssinn.

Die hohe Spezialisierung der einzelnen Sinnesrezeptoren und die entsprechenden vorgeschalteten Filter bewirken, daß nur ganz bestimmte Reize aufgenommen werden können. So erregen das Auge elektromagnetische Wellen im Bereich von 400 bis 800 nm. Luftdruckschwankungen, bei denen die Phasen hohen Druckes mit Phasen niedrigen Druckes in einer Frequenz von 16 bis 20000 Hz schwanken können, stellen den adäquaten Reiz für das Ohr dar. Besondere chemische Substanzen erzeugen in der Nase und auf der Zunge entsprechende Geruchs- und Geschmacksempfindungen. Berührung, Vibration, Druck, Schmerzsubstanzen, Kälte und Wärme, sind die spezifischen Reize für die Rezeptoren der Haut.

Die o. g. klassischen fünf Sinne werden auch als die äußeren Sinne, oder auch als Exterozeptoren, bezeichnet, da sie Reize aus der Umwelt aufnehmen. Weiterhin werden die Exterozeptoren in Fern- und Nahsinne unterteilt. Die Fernsinne führen, wie das von Auge und Ohr bekannt ist, zu einer Empfindung, welche den Reizursprung in den Bereich außerhalb des Körpers projiziert. Auch dann, wenn z. B. nach einem Schlag auf das Auge Blitze erscheinen, empfindet man diese als aus der Umgebung kommend. Der Geruchssinn stellt zwischen beiden eine Grenze dar, denn er wird teilweise als Fernsinn empfunden und teilweise, gekoppelt mit dem Geschmack, als Nahsinn. Die Nahsinne, zu denen auch der Geschmack auf der Zunge und die Gefühlswahrnehmung über die Haut gehören, somatisieren den Reiz, d. h. sie projizieren die Reizquelle auf die Hautoberfläche des Körpers.

Im Gegensatz dazu werden das Gleichgewichtsorgan, die inneren Mechanorezeptoren der Muskeln, Sehnen und Gelenke, die Chemorezeptoren der Atmung und des Wasserhaushaltes sowie die Blutdruckfühler im Kreislauf als Enterozeptoren bezeichnet. Letztere führen, im Gegensatz zu den fünf äußeren Sinnen, nicht zu einer bewußten Wahrnehmung, es sei denn, ihre Erregung zeigt eine Fehlsituation an, z. B. Störungen im Gleichgewicht mit Schwindelgefühl.

Informationsverarbeitung im Körper

Animalische Funktionen

Wie in Abb. 2.1 dargestellt, geben die Sinnesorgane ihre reizkorrelierte Erregung an das Zentralnervensystem weiter. Dieses ist, auch mit Hilfe des Gedächtnisses, in der Lage, die Situation zu erkennen und die entsprechende Information zu verarbeiten. Diese wird dann über nervöse Verbindungen an die Muskulatur und jene Organe, die die Reaktion erzeugen, übermittelt. Die Muskulatur selbst ist normalerweise das Organ, welches die Antwort auf den Reiz abgibt. Das kann über den Eigenreflex, Fremdreflex oder eine zentrale Reaktion erfolgen, wobei die genannten Aktionen mehr oder weniger bewußt ablaufen und willkürlich beeinflußt werden können. Sie tragen die Bezeichnung «animalische Funktionen».

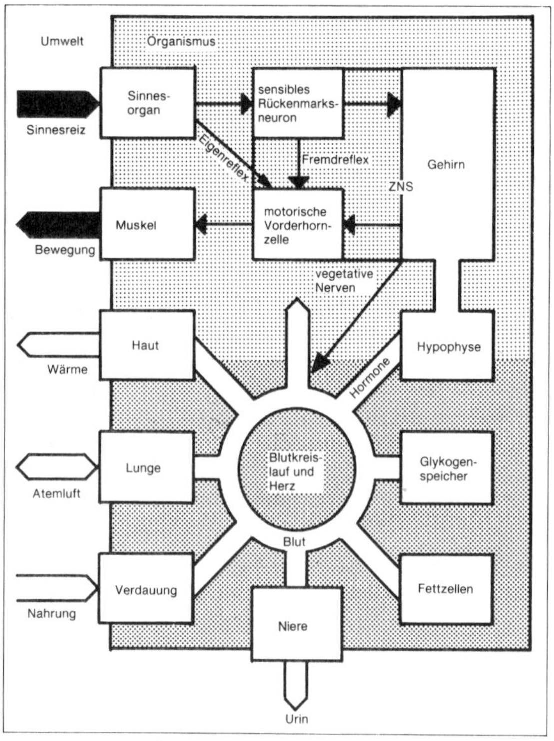

Abb. 2.1: Schematische Darstellung der verschiedenen Funktionen eines lebenden Organismus in seiner Umwelt. Animalische Funktionen sind im oberen, schwach schraffierten Feld, vegetative im unteren, stark schraffierten Feld zusammengefaßt. Herz- und Kreislauffunktionen sind als ringförmige Gebilde dargestellt, dessen Verbindungen zu allen Organen erkennbar sind. Schließlich erkennt man die Pfeile, welche die Verbindungen des Organismus in seiner Umwelt andeuten sollen. Die einzelnen Organsysteme, wie Lunge für Atmung, Magen-Darm-Trakt für Verdauung und Niere für Ausscheidung, sind im Text beschrieben. Ihr geregeltes Zusammenspiel hat Keidel 1966 beschrieben

Vegetative Funktionen

Im Gegensatz dazu sind die anderen Körperfunktionen wie Herzschlag, Blutkreislauf, Atmung, Verdauung, Energiespeicherung und -bereitstellung sowie Ausscheidung – z. B. über die Niere –, nicht dem Willen untergeordnet. Die Natur scheint diese inneren Mechanismen automatisiert zu haben, damit das animalische System frei von Energieversorgungsproblemen agieren kann. Jenes unbewußt autonom funktionierende System wird als vegetativ bezeichnet. Steuernde Verbindungen zwischen beiden Systemen bestehen auf nervöser Basis in Form der vegetativen Nerven, die als sympathisch und parasympathisch bekannt sind.

Sympathisches System

Die Fasern des sympathischen Systems entspringen dem Rückenmark und werden im Grenzstrang des Sympathicus umgeschaltet, d. h. ihre Erregung wird auf adrenerge Fasern übertragen. Ihre Aufgabe ist es, in Notsituationen alle Körperfunktionen zu fördern, die für das unmittelbare Überleben notwendig sind. Dazu gehören Reaktionen der Angst, der Flucht, der kämpferischen Verteidigung, aber auch des sportlichen Wettkampfs. Sie gehen immer mit hohem Energieverbrauch einher und werden deshalb ergotrope Funktionen genannt. Die notwendige Energiebereitstellung geschieht durch Abbau körpereigener Stoffe wie Glycogen, Fett, aber auch Eiweiß, weshalb sie auch katabole Vorgänge genannt werden.
Zu den hierfür notwendigen Anpassungsmechanismen gehören Blutdruckanstieg, Herz- und Atemfrequenzerhöhung, Blutzuckeranstieg und andere. Besonders zu erwähnen ist die psychische Beteiligung des Betroffenen. Nach Seyle wird dieser Zustand Streß genannt. Er wird als nervös-hormoneller Anpassungsvorgang angesehen und üblicherweise von einer vermehrten Adrenalinausschüttung aus dem Nebennierenmark begleitet. Ist die notwendige Reaktion zu schwach, was z. B. bei tuberkulöser Schädigung der Nebenniere vorkommen kann, dann spricht man von Adynamie. Ist die Anpassung adäquat, so nennt man sie Eustreß, den «guten» Streß; ist sie dagegen überschießend, wird sie Dysstreß genannt. Dysstreß führt allerdings zu langdauerndem Blutdruckanstieg, mit der Gefahr der Arteriosklerose, zu Störungen des Zucker- und Fettstoffwechsels, mit Neigung zu Zuckerkrankheit und Cholesterinüberschuß im Blut. Durch Bewegung werden der überhohe Blutdruck durch Gefäßerweiterung in der Musku-

latur und der überschüssige Blutzucker sowie das Cholesterin abgebaut. Gymnastik baut Streß ab.

Parasympathisches System
Seine Nervenfasern entspringen dem Kopf- und Sakralbereich des ZNS. Der Kopfteil wird u. a. vom Nervus vagus gebildet und innerviert den gesamten Körper, mit Ausnahme der Beckenorgane, einschließlich des Urogenitalsystems. Dieses wird vom parasympathischen Anteil des Sakralmarks versorgt. Das System dient der langfristigen Lebenserhaltung. Es fördert die Tätigkeit der für die Energieaufnahme zuständigen Organe, z. B. des Darms. Es wird deshalb trophotropes System genannt. Seine Wirkung ist anabol wie die des männlichen Keimdrüsenhormons Testosteron oder des Wachstumshormons Somatotropin. Manche zählen auch das Insulin zu den anabolen Hormonen, da es den Glycogen- und Fettaufbau aus Blutzucker fördert.

Hormonelle Steuerung

Weitere Verbindungen zwischen dem animalischen und dem vegetativen System laufen über die Hypophyse, die sogenannte Hirnanhangdrüse am Boden der Gehirnbasis, welche über sogenannte trope Hormone die anderen Drüsen erreichen und den gesamten Hormonhaushalt steuern kann. Die Hormone selbst greifen über die Rezeptoren in den Zellstoffwechsel einzelner Organe ein. Dabei fördert das Schilddrüsenhormon (Thyroxin) den Stoffwechsel aller Körperzellen, das Nebennierenrindenhormon (Adrenalin) nur den Stoffwechsel ganz bestimmter Zellen, die mit Alpharezeptoren ausgestattet und am Streßgeschehen beteiligt sind. Das Wachstumshormon (Somatotropin) der Hypophyse und das männliche Keimdrüsenhormon (Testosteron) fördern dagegen das Wachstum auch der Muskulatur. Das Testosteron gehört im übrigen zu den unerlaubten Mitteln (Doping) im Sport.

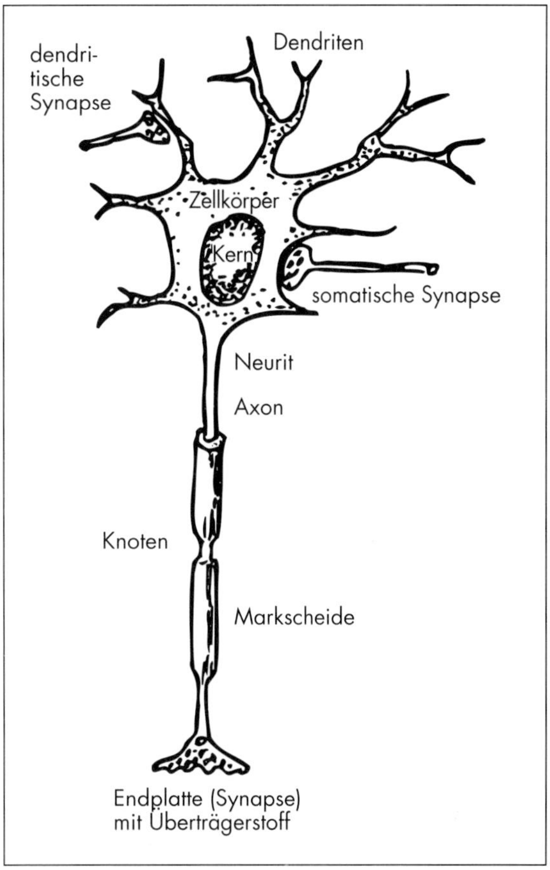

Abb. 2.2: Neuron und Synapse bestehen als kleinste funktionelle Einheit des Nervensystems aus dem Nervenzellkörper mit Kern und Organellen (Mitochondrien, Ribosomen, endoplasmatisches Reticulum) sowie den kurzen (Dendriten) und langen Fortsätzen (Neuriten). Dendriten nehmen Informationen (Erregung) über Synapsen auf, der Neurit leitet sie weiter und gibt diese seinerseits über seine Synapse an ein nachgeschobenes Element (Nervenzelle, Muskelfaser) weiter. Als Informationsübermittler dient ein hormonartiger Stoff, das Acetylcholin, welches vom Neuritenende in den synaptischen Spalt ausgeschieden wird. An der gegenüberliegenden Membran findet der Überträgerstoff Rezeptoren, die die Information aufnehmen und das nachgeschaltete Organ erregen. Die Anatomie der Verschaltung und die Art der Überträgerstoffe bestimmen das Verhalten der Gehirnareale. Weitere Einzelheiten sind bei Eccles 1976, Mecacci 1986 oder Vester 1974 beschrieben

Aufbau des Nervensystems

Funktionelle Verbindungen zwischen den einzelnen Organen, z. B. Sinnesorgan, Zentralnervensystem und Muskulatur, werden durch Nervenfasern hergestellt. Die Nervenfaser ist ein Teil des Neurons, wie die Nervenzelle genannt wird. In Abb. 2.2 ist dargestellt, daß das Neuron aus einem Zellkörper mit Zellkern und einzelnen Fortsätzen, den Dendriten und Neuriten, besteht. Während die Dendriten der Erregungsaufnahme dienen, ist der Neurit meist nur in der Einzahl vorhanden und leitet die Erregung der Nervenzelle an das Ziel weiter. Dieser Neurit, auch Axon genannt, kann bis über einen Meter lang werden und ist durch geeignete Markscheiden dazu in der Lage, die Erregung ungestört bis zum Zielort zu transportieren. Bündel solcher Neuriten bilden die anatomisch sichtbaren Nerven. An ihrem Ende besitzen die Neuriten eine Auftreibung, die in der Lage ist, Überträgersubstanzen zu produzieren. Überträ-

gersubstanzen sind Acetylcholin, Adrenalin und andere und werden bei Ankunft eines nervösen Signals freigesetzt. Damit können sie nachgeschaltete Organe aktivieren.
Dies gilt nicht nur für die Erregungsübertragung von Nerv zu Muskel, sondern auch innerhalb des Nervensystems, von Neuron zu Neuron. Die beschriebene Verbindung wird als Synapse bezeichnet. Sie beinhaltet die praesynaptische Membran, welche die Überträgerstoffe freisetzt, den Spalt und die postsynaptische Membran, welche die Überträgerstoffe aufnimmt. Letztere ist mit chemischen Rezeptoren ausgestattet, die sehr spezifisch nur mit dem Überträgerstoff reagieren. Allerdings können Fremdstoffe auch reagieren, wenn ihre chemische Struktur der des Überträgerstoffes sehr ähnlich ist. Dies macht sich die Medizin zunutze, wenn sie Psychopharmaka verabreicht.

Zentralnervensystem

Im zentralen Nervensystem, also dem Gehirn und Rückenmark, finden wir Strukturen, die aus Ansammlungen von Nervenzellkörpern bestehen; sie werden «graue Substanz» oder «Kerngebiete» genannt. Andere, die nur aus Fasern bestehen, heißen «weiße Substanz». Die Gehirnoberfläche selbst besteht aus grauen Substanzen und wird als Hirnrinde bezeichnet. Das Gehirninnere besteht aus weißer Substanz, in die Kerngebiete eingelagert sind. Die Anatomen haben, je nach äußerem Bild, diesen Kernen Namen gegeben, z. B. der schwarze oder rote Kern. Es hat sich herausgestellt, daß man den verschiedenen Kerngebieten unterschiedliche Funktionen zuordnen kann. Abb. 2.3 ist eine mikroskopische Aufnahme, in der man die Kerngebiete mit den einzelnen Nervenzellkörpern noch gut erkennen kann.

Erregungsleitung

Die im Nervensystem als Erregung verschlüsselte Information wird in Form von Aktionspotentialen weitergeleitet. Dabei ist es gleichgültig, ob sie vom Auge, Ohr oder anderen Sinnesorganen stammen, oder ob sie gar zum Muskel führen. In allen Fällen ist sie an elektrisch meßbaren Membranpotential-

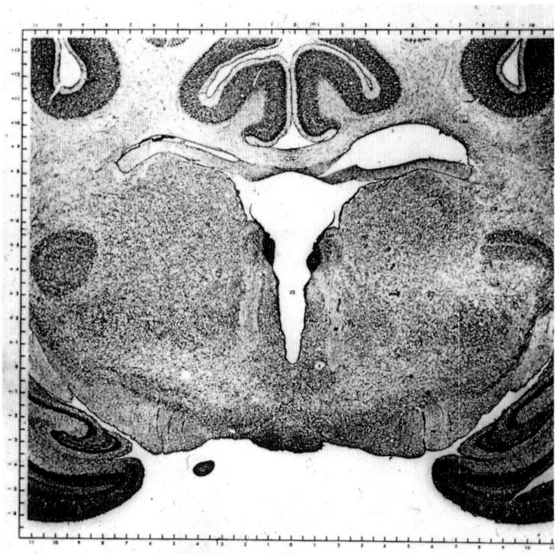

Abb. 2.3: Mikroskopisches Bild von Nervenzellenansammlungen, graue Substanz (Kerne und graue Hirnrinde) genannt, photographiert von einem histologischen Schnitt des Katzengehirns. Die natürliche Größe des gezeigten Gehirnabschnitts beträgt vom linken zum rechten Rand 1 cm (aus Berman)

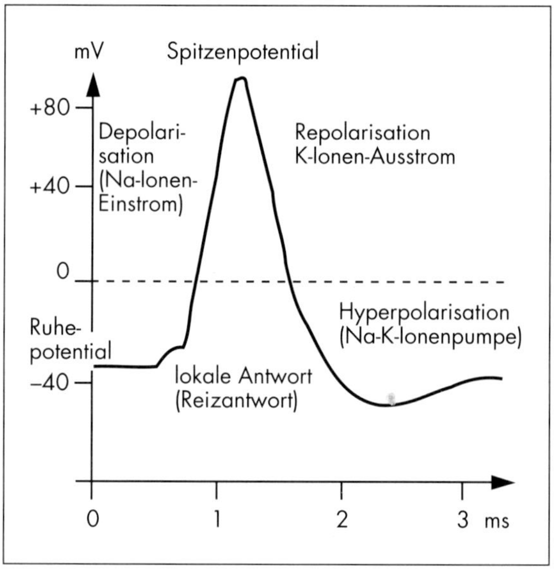

Abb. 2.4: Der zeitliche Ablauf eines Nervenaktionspotentials mit den Koordinaten Zeit (t) in der Abszisse und elektrische Spannung (U) der Nervenzellmembranen, innen gegen außen gemessen. Die Potentialkurve ist unterteilt in: 1. lokale Antwort, 2. Depolarisation, 3. Repolarisation und 4. negative Nachschwankung. Phase 1 ist die Antwort auf äußere Reize; 2. ist die Folge der Öffnung der Na-Ionen-Kanälchen; 3. Öffnung der K-Ionen-Kanälchen und 4. Periode des energieverbrauchenden Rücktransportes der Ionen durch die Na-K-Ionen-Pumpe

Tabelle 2.1.: Tabelle der Nervenfaserarten, geordnet nach Leitungsgeschwindigkeiten. Zu jeder Faserart sind Beispiele für die Funktion gegeben (nach Erlanger und Gasser)

Faserart	Funktion	Durchmesser (μ)	Leitungsgeschwindigkeit (m/s)
Aα	Muskelspindelafferenzen, efferente willkürmotorische Innervation	10 – 20	60 – 120
Aβ	Afferente Berührungsrezeptoren der Haut	7 – 15	40 – 90
Aγ	Efferente intrafusale Fasern	4 – 8	30 – 45
Aδ	Afferente Wärme-Kälte-Schmerzfasern der Haut	2,5 – 5	15 – 25
B	Vegetative präganglionäre Sympathikusfasern	1 – 3	3 – 15
C	Vegetative postganglionäre Sympathikusfasern	0,3 – 1,5	0,5 – 2

schwankungen, die nicht länger als 2 ms andauern, erkennbar.
Unterschiede in der Erregungsgröße werden als Häufigkeit des Auftretens solcher Aktionspotentiale verschlüsselt. Unterschiede in der Empfindung entstehen dadurch, daß verschiedene Areale des Gehirns aktiviert werden. Es gibt allerdings noch eine zweite Art der Verschlüsselung, nämlich durch langsame lokale Potentialänderungen. Letztere treffen wir am Zellkörper und an den dendritischen Fortsätzen an. Sie werden bei der üblichen Messung der Gehirnstrombilder, EEG genannt, registriert. Die fortgeleiteten Aktionspotentiale, deren Entstehung durch Ionenströme an den Nerven- und Muskelmembranen zustande kommen, sind in der Lage, durch ihr begleitendes elektrisches Feld die nervöse Erregungsausbreitung zu erzeugen. Die dabei auftretenden Ionenströme sind in Abb. 2.4 dargestellt. Die Besonderheit dieser Form der Erregung besteht darin, daß die in Form von Aktionspotentialen fortgeleitete Information durch Stoffwechselschwankungen nicht beeinflußt werden kann. Ihr zeitlicher Abstand und nicht die Potentialamplitude trägt die Information. Man spricht dabei von Impulsfrequenzmodulation.
Je nach Geschwindigkeit der Erregungsweiterleitung werden die Nervenfasern mit unterschiedlichen Namen belegt. Diese sind in Tab. 2.1 zusammengefaßt.

Neuromuskuläre Erregungsübertragung

Die aus dem Gehirn und Rückenmark stammenden Nervenfasern, welche die Muskulatur zur Kontraktion veranlassen, werden motorische Fasern genannt. Es sind A-Alpha-Fasern. Mit ihrem Ende berühren sie die Muskelfasermembran und übertragen synaptisch ihre Erregung auf die Muskulatur. Als motorische Synapse oder motorische Endplatte setzen sie den Überträgerstoff Acetylcholin frei und lösen dort die Kontraktion aus. Mit Curare, dem Pfeilgift der Indianer, läßt sich die Wirkung des Acetylcholins an der postsynaptischen Membran blockieren und so alle Muskeln einschließlich der Atemmuskulatur lähmen. In der Chirurgie wird diese Substanz zur Muskelrelaxation eingesetzt. Die dabei ablaufenden Einzelmechanismen sind ohne die Kenntnis der Morphologie und der Funktion des Bewegungsapparates nicht zu verstehen. Sie werden im folgenden Abschnitt dargestellt.

Grundlagen der Motorik

Jede Bewegung wird durch Muskeln erzeugt. Dabei unterscheidet man glatte und quergestreifte Muskulatur. Im Gegensatz zur glatten Muskulatur findet man bei der quergestreiften im Lichtmikroskop quer zur Längsrichtung der Muskelfaser verlaufende helle und dunkle Streifen. Diese sind, wie in Abb. 2.5 dargestellt, Ausdruck der besonderen Anordnung von Eiweißmolekülen und können sowohl bei der Herzmuskulatur als auch beim Skelettmuskel beobachtet werden, nicht aber bei der glatten Muskulatur. Während die Skelettmuskulatur weiter unten ausführlich beschrieben wird, soll die glatte Muskulatur nur kurz umrissen werden.

Glatte Muskulatur

Im Gegensatz zur Skelettmuskulatur kommt die glatte hauptsächlich in den Wänden der inneren Organe

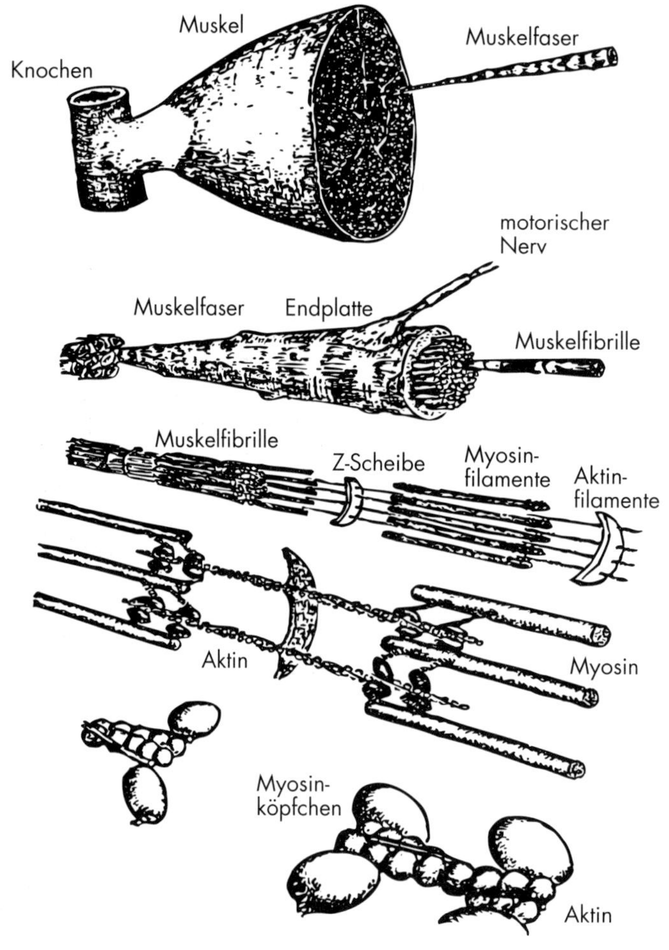

Abb. 2.5: Aufbau des Skelettmuskels, wobei die genannten Bestandteile immer im darüber liegenden Element enthalten sind. So sind die Aktin- und Myosinfilamente in der Fibrille und diese in den Muskelfasern enthalten

vor. So finden wir sie in der Gebärmutter, den Blutgefäßen, den Bronchien oder Luftröhren, dem Magen-Darm-System, den harnableitenden Organen, den Drüsengängen, an den Haarwurzeln, im Auge u. a. Ihre Kontraktion läuft langsam innerhalb von Minuten ab, so daß man von Tonusänderungen spricht. Die Kontraktion wird von ihr selbst, also myogen ausgelöst. Ihre Aktivität wird durch Hormone und vegetative Nerven modifiziert. Sie besitzt keine neuromuskuläre Synapse und ist dem Willen nicht untergeordnet.

Skelettmuskulatur

Der Skelettmuskulatur werden zwei verschiedene Arten der Motorik zugeordnet.

Stützmotorik
Sie führt eine Haltefunktion gegen die Schwerkraft aus. Die Körperhaltung beruht dabei vornehmlich auf der andauernden, überwiegend isometrischen Kontraktion ihrer Haltemuskulatur, die wegen der Notwendigkeit, sich langsam und andauernd zu kontrahieren, große Reserven an Glykogen und Myoglobin, dem roten Muskelfarbstoff, benötigt. Myoglobin ist in der Lage, ähnlich dem Hämoglobin des Blutes, viel Sauerstoff zu speichern. Aus diesem Grund wird sie auch rote Muskulatur bzw. als Muskulatur vom Typ I bezeichnet.
Sie steht in der Differenzierung der Skelettmuskulatur an erster Stelle und entwickelt sich zeitlich vor den anderen Skelettmuskelarten. Die Grundlage ihrer Funktion bildet der Eigenreflex, dessen Aufgabe es ist, eine Reaktion auf alle Kraftwirkungen am Muskel zu ermöglichen und trotzdem den Tonus zu erhalten. Sie bildet die Hauptmasse der Rücken- und Rumpfmuskulatur.

Zielmotorik
Die Zielmotorik dient der Ausführung mehr oder weniger schneller Bewegungen, die unter der Kon-

trolle verschiedener Sinnesorgane und Nervensysteme ablaufen. Steuerimpulse werden über die motorischen Nerven an sie herangetragen. Ihre Muskulatur ist wegen des geringen Myoglobingehaltes blasser und entwickelt sich erst später aus einer embryonalen Indifferenzmuskelfaser. Obwohl auch bei ihr der Eigenreflex eine wichtige Rolle spielt, wird sie doch mehr durch übergeordnete Kontrollmechanismen beeinflußt. Sie ist hauptsächlich an den Extremitäten zu finden. Sie unterliegt auch mehr der Inaktivitätsatrophie.

Feinstruktur der Skelettmuskulatur und Kontraktionsmechanismus

Jeder Skelettmuskel besteht aus einzelnen Muskelfasern, die das zelluläre Grundelement des Organs bilden. Jede Faser besitzt eine Vielzahl von Kernen, die darauf hinweisen, daß sie in ihrer embryonalen Entwicklung durch amitotische Teilung entstanden ist, d.h. während der normalen Zellteilung der embryonalen Muskulatur werden keine Zwischenmembranen zwischen den geteilten Zellen entwickelt. Dadurch bleibt das Zellplasma (Sarkoplasma) miteinander im Zusammenhang. So ist es möglich, daß sich Gebilde (Plasmodien) entwickeln, die nur 50 bis 100 μm dick sind, aber deren Länge bis zu 40 cm betragen kann.

Innerhalb dieser Muskelfasern befinden sich intrazelluläre Elemente, die Myofibrillen, welche die Kontraktionsfähigkeit besitzen. Jede dieser Myofibrillen besteht aus Aktin- und Myosineiweißmolekülen, die eine langgestreckte Form besitzen. Wie in Abb. 2.5 dargestellt, sind die Eiweißmoleküle parallel angeordnet, und zwar so, daß die Gruppe der Myosinmoleküle (Myosinfilamente) parallel nebeneinander liegt und dann in Längsrichtung durch Aktinfilamente abgewechselt wird. Die Enden stecken ineinander wie in der gleichen Abb. 2.5 gezeigt ist.

Durch chemische Reaktionen zwischen Aktin und Myosin rücken die einzelnen Moleküle näher aneinander und veranlassen damit die Verkürzung des gesamten Muskels. Dieser chemische Kontraktionsvorgang wird durch Kalziumionen ausgelöst. Diese inaktivieren das Troponin-Tropomyosin, welches die Kontraktion in Ruhe blockiert. Die Kalziumionen sind, wie in Abb. 2.6 gezeigt wird, im sogenannten sarkoplasmatischen Retikulum gespeichert und werden unter dem Einfluß des elektrischen Aktionspotentials freigegeben. Dadurch kommt eine einmalige Kontraktion (Zuckung) zustande.

Normalerweise finden aber so viele Zuckungen hintereinander statt, daß daraus eine kontinuierliche, gleichbleibende Kontraktion resultiert. Man spricht von einer tetanischen Kontraktion oder kurz einem Tetanus. Mit dem Wort Tetanus wird allerdings auch das Krankheitsbild des Wundstarrkrampfes bezeichnet. Es handelt sich dabei um eine durch Bakterientoxine ausgelöste Übererregung der motorischen Vorderhornzellen des Rückenmarks, was zu einer maximalen Verkrampfung aller Skelettmuskeln führt. Auch die Atemmuskulatur ist davon betroffen.

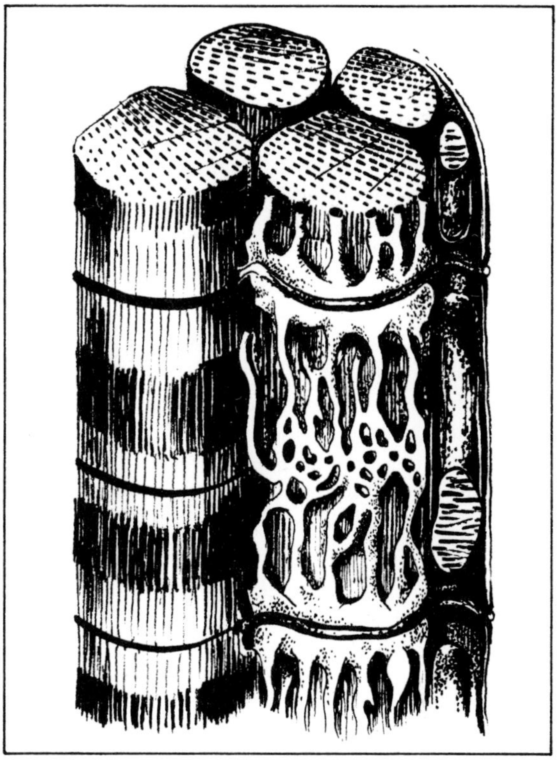

Abb. 2.6: Elektronenmikroskopischer Aufbau der Muskelzelle

Energiespender des Muskels

Alle Stoffwechselvorgänge im Körper benötigen Energie. Diese stellen Energielieferanten zur Verfügung. Eine Vielzahl von Energiespendern kommt dabei in Frage. Grob betrachtet sind dies Kohlenhydrate, also Zucker, Fette und Eiweißkörper. Der Organismus baut allerdings alle diese Substanzen bis zu den Oxiden Kohlenstoff, Wasser und der Harnsäure ab. Dabei wird die Energie auf phosphathaltige Moleküle übertragen. Das wichtigste ist das Adenosintriphosphat (ATP). Dieses ist in der Lage, unter der Einwirkung entsprechender Phosphatasen Phosphorsäure abzuspalten, und die hohe Bindungsenergie an andere Systeme abzugeben. Dadurch kann auch der Skelettmuskel sehr schnell Energie gewinnen und seinen Kontraktionszustand schlagartig verändern. Er braucht dazu keinen Sauerstoff, der Vorgang läuft anaerob ab. Allerdings reicht dieses ATP nur für wenige einzelne Zuckungen aus. Dann ist es verbraucht. Wenn der Muskel dann nicht eine kurze Ruhepause einlegt und die anderen Energielieferanten so abspaltet, daß die dabei frei werdende Energie

wieder an phosphathaltige Substanzen abgegeben werden kann, gelangt er in den Erschöpfungszustand.
Wegen der geringen Speicherkapazität der Muskulatur für ATP muß bei längerer Belastung ein anderes Energiereservoir angezapft werden. Es ist dies die Menge der Kreatinphosphat(KP)moleküle. Diese können auch Phosphorsäure energiereich speichern, allerdings diese Energie nur an das ATP weitergeben. Braucht der Organismus bei Dauerbelastung langfristig viel Energie, so muß der Muskel diese aus seinem gespeicherten Energiereservoir, dem Glykogen, entnehmen. Etwa 200 g finden sich in der ganzen Muskulatur und noch einmal 200 g in der Leber. Damit kann der Körper eine mittlere Kontraktionsbelastung von mehreren Stunden aufrecht erhalten.
Sein Glykogenabbau ist kompliziert, erfolgt über mehrere Zwischenstufen und benötigt entsprechende Katalysatoren. Diese sind in der Muskelzelle an bestimmter Stelle abgelagert, nämlich in den Mitochondrien. Somit werden die Mitochondrien zu den Energielieferfabriken der Muskelzelle. Weil dazu Sauerstoff notwendig ist, spricht man von einer aeroben Energiegewinnung. Ist der Kreislauf allerdings nicht in der Lage, genügend Sauerstoff aus der Lunge herbeizuschaffen, so muß der Muskel die zur Verfügung stehenden Substrate unrationell und mit schlechtem Wirkungsgrad abbauen. Er macht aus dem Zucker und der dabei gebildeten Brenztraubensäure Milchsäure. Die Erhöhung der Milchsäurekonzentration im Muskel führt allerdings zur Verschiebung des Säuregehalts und ist die Ursache für das Auftreten der Azidose. Gleichzeitig werden bei Überbelastung die Membraneiweißstrukturen verändert, so daß Entzündungserscheinungen entstehen und ein Muskelkater zustande kommt. Die zuletzt genannten Energieliefermechanismen werden deshalb als anaerob alactacid bezeichnet. Diese Tatsache muß bei der Gestaltung der verschiedenen Trainingsformen (Schnelligkeit-, Kraft- und Ausdauertraining) berücksichtigt werden.

Abstufung der Kontraktionskraft

Alle Muskelfasern, die über einen Nerv an einer motorischen Nervenzelle (Vorderhornzelle) im Rükkenmark aufgehängt sind, werden motorische Einheit genannt (Abb. 2.7). Die Zahl der Muskelfasern einer motorischen Einheit bestimmt ihre Größe. Je weniger Einzelelemente in einem Muskel von einem Nerv versorgt werden, um so geringer ist ihr Anteil an der Gesamtkontraktion. Muskelgruppen, die eine fein abstufbare Bewegung durchführen müssen, wie etwa die Fingermuskulatur oder die Muskulatur der Lippen oder gar der Augen, besitzen besonders kleine motorische Einheiten mit minimal fünf Fasern. Im Gegensatz dazu besitzen die Sprungmuskeln der Beine und des Oberschenkels sehr große motorische

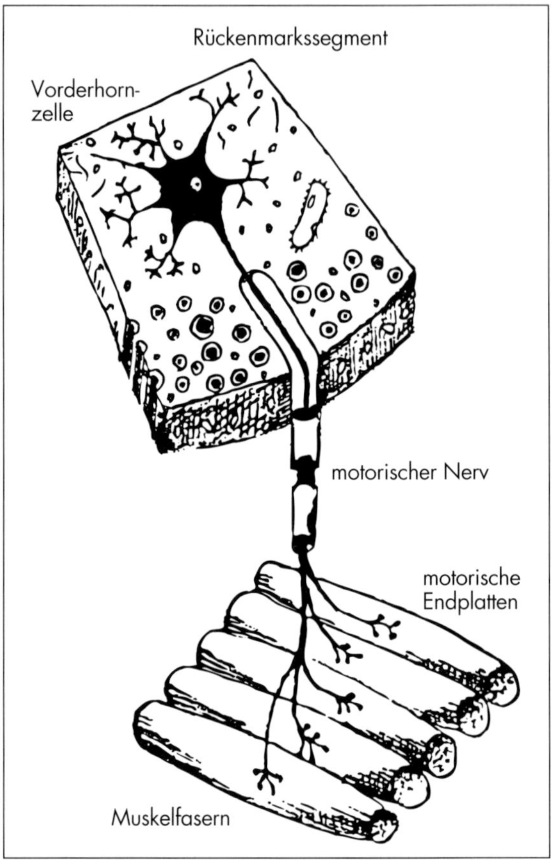

Abb. 2.7: Motorische Einheit

Einheiten mit jeweils mehr als 1000 Einzelfasern. Hier bewirkt die Zuschaltung einer einzigen motorischen Einheit einen großen Kräftezuwachs. Große motorische Einheiten sind also immer dort zu finden, wo viel Schnellkraft benötigt wird. Die Abstufung der Kontraktion wird allerdings bei allen Muskeln in ähnlicher Weise zustande gebracht. Soll sich ein Muskel nur schwach kontrahieren, so werden wenige Fasern aktiviert. Dabei werden die einzelnen Fasern der Reihe nach geschaltet, so daß jede Faser einmal drankommt. Wird die Kontraktionskraft verstärkt, so wird die Zahl der aktivierten Muskelfasern schrittweise erhöht, so daß schließlich praktisch alle Fasern bei maximaler Kontraktion aktiviert sind. Da nunmehr keine Pause zwischen den einzelnen Zuckungen stattfindet, ist dieser Zustand nur für kurze Dauer aufrechtzuerhalten, d. h. der Muskel ermüdet schnell. Normalerweise sorgt das Nervensystem des Rückenmarks dafür, daß innerhalb eines Muskels die einzelnen Fasern so aufeinander abgestimmt aktiviert werden, daß eine gleichmäßige Kontraktion ohne Zittern zustande kommt. Eine Störung dieser Abstimmung, etwa durch mangelnde Erholung, bei Er-

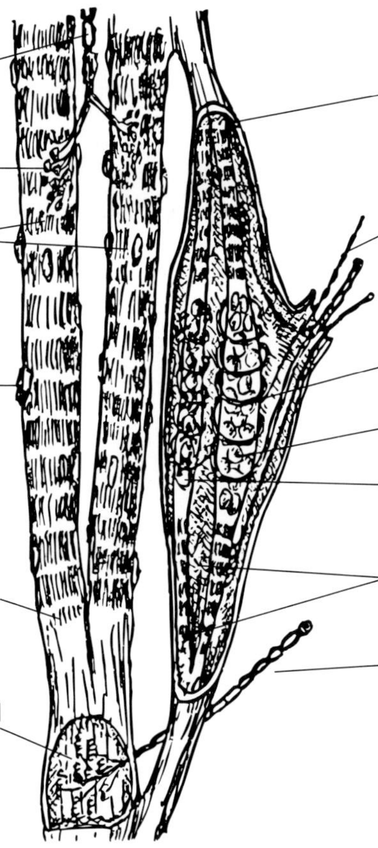

Abb. 2.8: Muskelspindel (intrafusal), Sehnenspindel und Arbeitsmuskelfasern (extrafusal), gezeichnet nach elektronenmikroskopischer Vorlage des Musculus gastrocnemius eines Kaninchens, als Rezeptoren im Eigenreflex

müdung oder unter Alkoholeinwirkung, führt zu einer zitternden Bewegung, die man als nicht verschmolzenen Tetanus bezeichnet.

Nervöse Steuerung der Muskelkontraktion

Alphamotorik (Eigenreflex)

Wie schon beschrieben, kann eine Muskelkontraktion nur über motorische Nervenfasern ausgelöst werden. Alle Einflüsse des Rückenmarks (spinale Einflüsse) und alle Steuerungen vom Gehirn (supraspinale Einflüsse) können nur über die motorischen Nervenfasern am Muskel wirksam werden. Diese werden Alphamotoneuronen genannt, sind aber nicht die einzigen nervösen Elemente des neuromuskulären Systems. Daneben findet man auch sensible Alpha-Fasern, die spezialisierten Muskelfasern, den sogenannten Muskelspindeln, entstammen. Die Muskelspindeln sind, wie in Abb. 2.8 gezeigt, den normalen Arbeitsmuskelfasern parallel geschaltet und werden bei Dehnung des gesamten Muskels mitverlängert. Dabei kommt es zum Zug an den innerhalb der Muskelspindel gelagerten spiralig aufgewundenen Nervenendigungen. Ihre Erregung wird in Form von Aktionspotentialen über die genannten sensiblen Alpha-Fasern zum Rückenmark weitergeleitet.

Diese Fasern treten über die Hinterwurzel in das Rückenmark ein und erzeugen eine synaptische Verbindung zur Vorderhornzelle, die wiederum den Muskeltonus ihrer hier nachgeschalteten motorischen Einheit steigert. Dadurch kommt es, wenn die Dehnung etwa mit einem Reflexhammer ausgelöst wird, zu einer kurzzeitigen Zuckungsreaktion, die Eigenreflex genannt wird. Die wichtigste Aufgabe dieser Einrichtung ist es, die Muskelkontraktion der Belastung anzupassen. Dazu besitzt die Muskelspindel neben der spiraligen Nervenendigung auch noch blütendoldenartige Nervenendigungen, die langsam ansprechen und eine mehr tonische Veränderung der Muskelkontraktion herbeiführen. Dieses System wird noch über einen Gegenregulator ergänzt. Dieser befindet sich in der Sehne und wird Sehnenspindel genannt; er ist in Abb. 2.8 dargestellt.

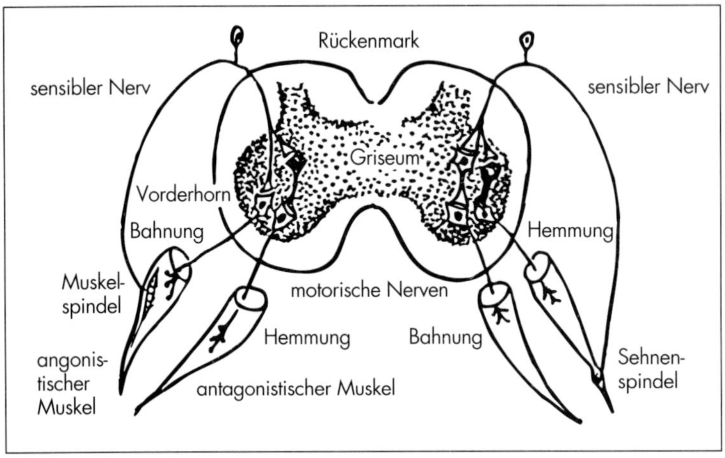

Abb. 2.9: Motorische Vorderhornzellen und ihre Verbindungen zu den verschiedenen Muskelgruppen der Agonisten und Antagonisten einer bestimmten Bewegung in schematischer Darstellung

Bei übergroßer Anspannung des Muskels und gleichzeitiger hoher Belastung wird die Sehne gedehnt und die Spindel erregt. Über afferente A-Alpha-Fasern wird die motorische Vorderhornzelle und damit reflektorisch der Muskel gehemmt. Somit unterliegt jeder Muskel dem bahnenden Einfluß der Muskelspindel, die hauptsächlich auf Längenänderung anspricht, und dem hemmenden Einfluß der Sehnenspindel, die vornehmlich auf Spannungs- und Zugänderung anspricht. In der physikalischen Therapie kann man sich dieses zunutze machen und den Muskel durch Zug an seiner Sehne entspannen und durch Belastung des Muskelbauchs aktivieren.

Gammamotorik

Auch die Muskelspindeln sind Muskelfasern und werden vom Nervensystem aus aktiviert. Die erregenden Nervenfasern entstammen kleinen Vorderhornzellen des Rückenmarks. Sie haben eine geringere Dicke und damit eine kleinere Leitungsgeschwindigkeit. Sie gehören zu der Gruppe der Gamma-Fasern. Ihre Aufgabe ist es, durch Kontraktion der myofibrillenhaltigen Enden der Muskelspindel ihre Empfindlichkeit zu verändern. Dadurch führt ein und derselbe Dehnungsreiz, je nach Einfluß der Gammamotorik, zu einem unterschiedlich stark ausgeprägten Eigenreflex. Anders gesprochen, bedeutet dies eine Verstellung des unwillkürlichen Muskeltonus. Das ganze System kann auch als Regler verstanden werden, dessen Aufgabe es ist, den Muskeltonus gegen die Störgrößen von außen aufrecht zu erhalten und den Führungsgrößen des Nervensystems anzugleichen.

Agonisten-/Antagonistenspiel

Jede Bewegungsrichtung, die durch einen Skelettmuskel ausgeführt wird, besitzt einen Agonisten als Bewegungserzeuger und einen Gegenspieler, den Antagonisten. So wird die Beugung des Unterarms im Ellbogengelenk durch den Bizepsmuskel und die Streckbewegung als antagonistische durch den Trizepsmuskel durchgeführt. Es wäre für den Organismus unrationell, beide Muskeln gleichzeitig anzuspannen, um eine Bewegung durchzuführen. Normalerweise erzeugt eine intendierte Bewegung eine Hemmung des Antagonisten. Dadurch erschlafft letzterer und erleichtert somit die Bewegung. Diese antagonistische Hemmung wird automatisch im Rükkenmark über entsprechende sogenannte Zwischenneurone durchgeführt. Diese nehmen die Erregung des Eigenreflexes auf und geben sie an die Vorderhornzelle des antagonistischen Muskels weiter. Umgekehrt wird die von der Sehne ausgelöste hemmende Aktivität als bahnende Erregung an den Antagonisten weitergegeben. Man spricht von einer antagonistischen Bahnung (Abb. 2.9). Nur bei isometrischer Kontraktion werden beide, Agonist und Antagonist, gleichmäßig stark innerviert.

Posttetanische Potenzierung

Der allgemeine Erregungszustand der motorischen Vorderhornzelle ist verantwortlich für das Ausmaß der Kontraktion der ihr nachgeschalteten motorischen Einheit. Unter den verschiedenen Einflüssen spielen jene eine besondere Rolle, die es dem Nervensystem ermöglichen, bei lang andauernder Kontraktion die übergeordneten Zentren zu entlasten. Dies geschieht dadurch, daß der Erregungszustand von selbst sozusagen nachklingt. Dieses Phänomen ist aus dem täglichen Leben wohl bekannt und wird posttetanische Potenzierung genannt. Setzt man einen schweren Rucksack ab, so werden die zum Tragen notwendigen Muskelgruppen Kontraktionen fortsetzen, und man fühlt sich ganz leicht wie durch eine Geisterhand in die Höhe gehoben. Auch im PNF, der Technik der propriozeptiven neuromuskulären Facilitation, bedient man sich in der Krankengymnastik der Bewegungserleichterung durch Aktivierung der Rezeptoren des Tiefen-, Lage- und Bewegungssinnes. Durch geeignete Kombination von passiver Dehnung und aktiver Muskelanspannung erreicht man eine reflektorische Steigerung der Erregbarkeit motorischer Systeme.

Renshaw-Hemmung

Auch ohne jeden äußeren Einfluß kann die Vorderhornzelle ihre Erregung begrenzen. Dies geschieht durch Abzweigung eines dünnen Faseranteils aus der zum Muskel führenden motorischen Faser, welche rückgekoppelt über ein hemmendes Zwischenneuron die motorische Vorderhornzelle inaktiviert. Sie spielt eine wichtige Rolle bei der Begrenzung der Erregung.

Spinale Sensomotorik

Im Rahmen der Anpassung von Muskelkontraktionen an die Umweltbedingungen sind zwei Reflexformen von besonderer Bedeutung. Zum ersten ist dies die gegen die Schwerkraft gerichtete Eigenreflexmotorik, die dafür sorgt, daß die durch die Schwerkraft ausgelösten Veränderungen der Gliedmaßenstellung sofort wieder durch Eigenreflexe ausgeglichen werden. Sie wird auch posturale Motorik genannt und ist der Stützmotorik zuzuordnen. Sie zeigt eine besondere Ausprägung in der Strecker- und Rumpfmuskulatur. Ihre übermäßige Erregung führt zu Streckkrämpfen. Zum zweiten ist dies die Beugereflexmotorik. Berührungsreize der Haut, besonders, wenn sie schmerzhaft sind, führen nämlich zu reflektorischen Fluchtbewegungen. Dieser Mechanismus wird Fremdreflex genannt. Im Gegensatz zum Eigenreflex bildet eine Sinneszelle den Eingang in diesen Reflexbogen, welche immer außerhalb des Muskels, zumeist in der Haut, gelegen ist. Ihre sensiblen Fasern erreichen aber auch das Rückenmark und übertragen ihre Erregung auf mehrere Vorderhornzellen über eine unterschiedlich große Anzahl von Zwischenneuronen. Je nach Stärke des Reizes werden immer mehr oder weniger große Areale des Rückenmarks erregt. Dadurch wird die Fluchtreaktion von der Stärke des Schmerzreizes abhängig.

Die Zahl der zwischengeschalteten Nervenzellen ist dabei viel größer als beim Eigenreflex. Daraus ergibt sich eine leichtere Beeinflußbarkeit durch andere Nervenzentren als beim Eigenreflex. Aber auch die Erregungsausbreitung ist erleichtert. Wegen der größeren Zahl von Synapsen ist dieser Fremdreflex auch viel leichter ermüdbar. Er wird in der Hauptsache über die Beugemuskulatur der Extremitäten ausgeführt, die die Aufgabe hat, Hand oder Fuß aus dem Gefahrenbereich zurückzuziehen.

Extrapyramidalmotorisches System

Es ist verständlich, daß die einzelnen motorischen Reaktionen des Körpers aufeinander abgestimmt werden müssen. Diese Abstimmung geschieht durch bahnende und hemmende Zwischenneurone, unter Einbeziehung der Information vom System der Eigen- und Fremdreflexe und der des Gehirns über den Allgemeinzustand des gesamten motorischen Systems. Diese nicht willkürliche Abstimmung wird dem extrapyramidalen System zugeordnet, womit die Tatsache beschrieben werden soll, daß seine Erregungen außerhalb der Pyramidenbahn ablaufen.

Supraspinale Steuerung der Motorik

Alle bisher beschriebenen Steuermechanismen beziehen sich auf das Rückenmark und werden deshalb «spinal» genannt. Diese sind bei den niederen Wirbeltieren sehr stark autonom organisiert. Mit zunehmender Entwicklungshöhe innerhalb der Tierreihe kommt es auch zur Übernahme von Bewegungsprogrammen durch das Gehirn. Das Rückenmark gelangt zunehmend unter zentrale Kontrolle. Diese außerhalb des Rückenmarks gelegenen Kontrollmechanismen entstammen somit den Zentren oberhalb der spinalen Ebene und werden deshalb supraspinal genannt.

Die Abhängigkeit der spinalen Ebene von der supraspinalen Steuerung ist beim Menschen so groß, daß es beim Ausfall der Gehirnfunktion, etwa durch eine hohe Querschnittlähmung, zum völligen Ausfall aller motorischen Rückenmarksfunktionen mit Areflexie und schlaffer Lähmung der gesamten Muskulatur kommt. Dies wird als spinaler Schock bezeichnet. Erst nach vielen Wochen oder gar Monaten kommt es zur Eigentätigkeit des Rückenmarks und damit zu einer spastischen Veränderung des Muskeltonus. Die Angriffspunkte der supraspinalen Kontrolle stellen das gesamte Netz der Zwischenneurone und der Vorderhornzellen dar. Sie können in zwei Systeme unterteilt werden: In das pyramidale System bzw. die Pyramidenbahn und alle außerhalb der Pyramidenbahn gelegenen Funktionen, das extrapyramidalmotorische System.

Pyramidenbahn

Die Pyramidenbahn beschreibt, wie in Abb. 2.10 gezeigt, das anatomisch einheitlich umschriebene System der nervösen Leitungen, die von der Gehirnrinde ausgehen, und zwar aus der vorderen Zentralwindung, einer Region, die vor der Zentralfurche liegt. Die von da ausgelöste Motorik ist dem Willen untergeordnet. Durch elektrische Reizung dieser Region lassen sich Bewegungen erzeugen, die dann vom betroffenen Individuum nicht als künstlich, sondern als gewollt empfunden werden. Dieser sogenannte Tractus corticospinalis gelangt ohne Zwischenstationen, d. h. ohne synaptische Unterbrechung, bis zu seinem Bestimmungsort im Rückenmark. Er endet dort an Motoneuronen oder deren vorgeschalteten Interneuronen. Ein Teil der etwa eine Million umfassenden Fasern entspringt den sogenannten Pyramidenzellen im präzentralen motorischen Kortex. Ein anderer Teil besitzt auch Verbindungen zum somatosensorischen Kortex, d. h. jenen Hirnrindenfeldern, in denen die Körperfühlsphäre zu finden ist. Die

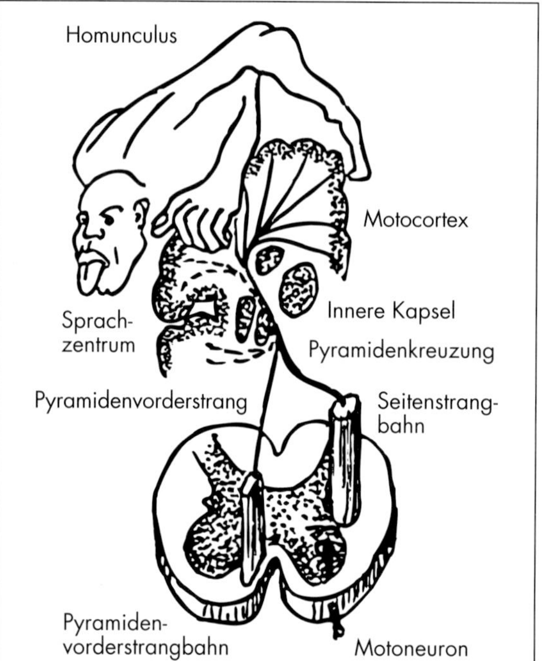

Abb. 2.10: Schematische Darstellung der Pyramidenbahn mit Angabe der Teilabschnitte

Anatomie der Pyramidenbahn beschreibt den Weg, den ihre Erregung nimmt. Der größte Teil der Fasern kreuzt nämlich beim Austritt aus dem Stammhirn in das Rückenmark auf die andere Seite und innerviert dort die motorischen Vorderhornzellen. Wird, etwa beim Schlaganfall, einer der beiden Pyramidenbahnstränge im Gehirn zerstört, so wird die gegenseitige Körperhälfte gelähmt. Allerdings sind die aus dem Kopfbereich stammenden Nervenbahnen, die die Gesichts- und Halsmotorik innervieren, dann auf der kranken Seite gelähmt. Nur ein kleiner Teil der Pyramidenbahn kreuzt nicht zur anderen Seite und innerviert so die gleichseitige Körpermuskulatur, allerdings in einem sehr schwachen Ausmaß. Beim Schlaganfallpatienten hat diese Reinnervation eine besondere Bedeutung, denn sie ermöglicht es, daß bei Ausfall des kreuzenden Hauptanteils die Lähmung zu einem gewissen Grade durch Training der nichtkreuzenden Fasern überbrückt werden kann.
Der Einfluß der Pyramidenbahn auf die spinalen Motoneurone ist stärker als der der Reflexe. Dadurch können mit wenigen Impulsen schnell große Bewegungsabläufe initiiert werden. Sehr stark ist auch der Anteil der Hemmungseffekte, welche über inhibitorische Interneurone Einfluß auf die spinale Motorik nehmen. Die Hemmung und die Bahnung durch die Pyramidenbahn verteilen sich nach einem charakteristischen Muster über das gesamte spinale motoneurone Netz. Bei Menschen dominiert dabei der Streckertonus an den Beinen und ein Beugetonus an den Armen. Das kommt der posturalen, also der der Schwerkraft entgegengesetzten Bewegung zugute.

Extrapyramidale Bahnen und Kerne

Die verschiedenen Einflüsse sind in Abb. 2.11 zusammengefaßt. Man unterscheidet dabei zunächst die den Schlaf- und Wachrhythmus steuernde Formatio reticularis. Diese befindet sich im verlängerten Rückenmark und stellt eine Ansammlung von Nervenzellen dar, die von allen Sinneskanälen Informationen über deren momentanen Erregungszustand erhält. So kann sie das Wichtigste auswählen und gerade die Hirnteile aktivieren, die gebraucht werden. In diesem Sinne beeinflußt sie auch den Muskeltonus über die reticulospinale Bahn. Der Einfluß dieser reticulären Formation (Synonym für Formatio reticularis) ist komplex. Meistens verstärkt sie den Muskeltonus. Während sie aber in ihrem unteren Teil mehr den Streckertonus fördert, kommt es im oberen Teil eher zu einem Beugetonus des gesamten Körpers. Eingelagert in die Strukturen des Stammhirns sind spezifische Kerne wie der rote Kern (Nucleus ruber), der schwarze Kern (Substantia nigra), die blasse Kugel (Globus pallidum) und andere.

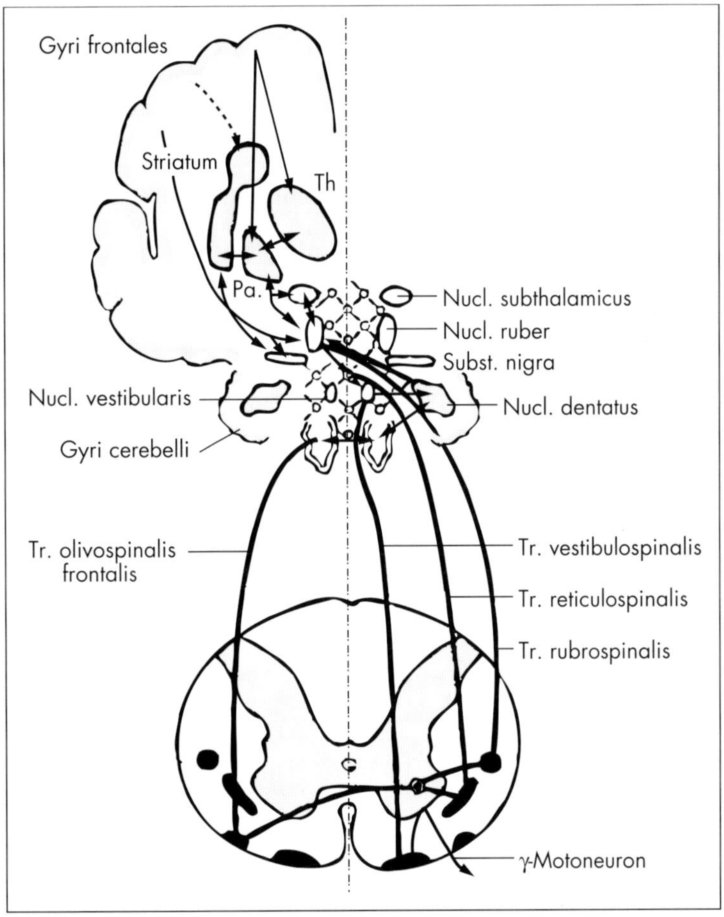

Abb. 2.11: Schematische Darstellung des extrapyramidalmotorischen Systems mit Benennung der einzelnen Bahnen (Tractus) und Ursprungsgebiete im Gehirn. Zusätzlich ist das Gleichgewichtsorgan als labyrinthäres System skizziert. Es bildet die Grundlage für Therapiemaßnahmen von spastischen Lähmungen, z. B. nach Bobath 1976 oder durch Hippotherapie nach Bausenwein 1977

Kommt es zu Degenerationserscheinungen dieser nervösen Strukturen, welche bei vorzeitigen Alterungsprozessen des Gehirns (Cerebralsklerose) auftreten können, führt dies zu Tonuserhöhungen mit Zitterbewegungen. Bei Auslösung von Zielmotorik, etwa beim Ergreifen eines Gegenstandes, tritt diese Intentionstremor genannte Störung besonders in Erscheinung.

Diesem übergeordnet sind die Kerngebiete des Thalamus, die sozusagen eine Verbindung zum psychischen Grundtonus des Individuums herstellen. Auch diese thalamischen Nervenzellen beeinflussen den Muskeltonus, sie erhöhen ihn z. B. bei Streß. Der Thalamus steht mit praktisch allen Hirnteilen in Verbindung, so auch mit dem ihm untergelagerten Hypothalamus. Dieses Kerngebiet steht unmittelbar mit der Hypophyse und dadurch mit allen hormonellen Regelkreisen in Verbindung. Auch das vegetative Steuersystem befindet sich im Hypothalamus. Der spinalen Motorik übergeordnet sind auch jene Zentren, welche die Temperatur regulieren. Sie liegen in der Gegend des dritten Gehirnventrikels, nehmen Erregungen von den Wärmefühlern der Haut auf, vergleichen diese mit den Informationen der in den Gehirnventrikeln genannten Fühler und sorgen durch Veränderung der Hautdurchblutung oder des Stoffwechsels für Temperaturkonstanz (Homoiostase) des Körperkerns. Sie erzeugen bei beginnender Abkühlung des Körperkerns eine Erhöhung des Muskeltonus bis hin zum Muskelzittern, gekoppelt mit einer Erhöhung des Leberstoffwechsels und einer Verengung der Hautgefäße (cutane Vasokonstriktion). Umgekehrt wird bei Überwärmung und verminderter Möglichkeit zur Wärmeabgabe (man denke an die Sauna) der Muskeltonus bis zur Schlaffheit gesenkt. Diese Effekte macht sich die physikalische Therapie zunutze, um steuernd in den Muskeltonus einzugreifen.

Sehr wichtig sind die vom Gleichgewichtsorgan (vestibuläres System im Labyrinth des Felsenbeins mit dazugehörigen Bahnen des achten Hirnnerven und der vestibulären Kerne im verlängerten Rückenmark) ausgehenden Stellreflexe des Kopfes, des Halses und des gesamten Körpers. Sie sollen verhindern, daß bei Bewegung die Zentrifugalkräfte zu Störungen des Gleichgewichts führen. Außerdem sorgen sie dafür, daß der Kopf mit seinen Sinnesorganen eine definierte Stellung im Raum aufweist. In Abb. 2.11 sind die labyrinthären oder Stellreflexe dargestellt. Das Gleichgewichtsorgan, welches dem Gehörsystem angeschlossen ist, besteht aus den Bogengängen, die auf Drehbeschleunigung des Kopfes reagieren, und den beiden sackartigen Erweiterungen des Labyrinthes, dem Sacculus und dem Utriculus. Letztere reagieren auf Linearbeschleunigung der Erdanziehung. Sie steuern beispielsweise die Stellung des Kopfes.

Eine wichtige Steuerfunktion besitzt das Kleinhirn. Schon anatomisch sichtbar besteht es aus drei Abschnitten, dem Urkleinhirn, dem Altkleinhirn und dem Neukleinhirn. Das Urkleinhirn hat Verbindungen zu den Gleichgewichtskernen und koordiniert die Kopfstellung im Schwerefeld. Das Altkleinhirn verbindet Haut- und Gelenkrezeptoren (Somatosensibilität) mit der Reflexerregbarkeit und dem Muskeltonus über das extrapyramidale System. Das Neukleinhirn besitzt Verbindungen zu den übrigen Hirnrindenfeldern und steuert die schnelle zeitliche Koordination der Zielmotorik. Charakteristische Ausfallerscheinungen sind Ataxie (unkontrollierte Bewegungen) und fehlende Steuerung des Gleichgewichts.

Schmerz

Die moderne Schmerzforschung ordnet den Schmerz der Sinnesmodalität «Gefühl» zu. Mit den Untermodalitäten Mechano- und Thermorezeption bildet die Nocizeption zusammen die Somatosensibilität (Tab. 2.2).

Diese beinhaltet neben dem Schmerz auch andere Schadenswahrnehmungsqualitäten, wie Jucken und Brennen. Lange Zeit war sich die Wissenschaft nicht einig, ob es für diese verschiedenen Qualitäten eigene Rezeptoren gibt. Spezifische Schmerzrezeptoren sind deshalb lange in Frage gestellt worden. Es galt die Hypothese, daß übermäßige Erregung andersartiger Sinnesrezeptoren, wie des Auges, des Ohres oder der Mechanorezeptoren der Haut zum Schmerzgefühl führt. Diese Hypothese wurde durch die Schmerzhaftigkeit überlauter Töne oder übermäßig heller Lichteinwirkungen genährt. Dementsprechend wurden im Experiment auch Hitze- und Kälteschmerz zur Auslösung von Schmerzempfindungen verwendet. Ausgedehnte Untersuchungen haben allerdings ergeben, daß mindestens der somatische, also körperliche Schmerz durch Aktivierung freier Nervenendigungen ausgelöst wird.

Es ist auch heute noch nicht vollständig geklärt, ob nur spezifische Reize Schmerz auslösen können, oder ob auch unspezifische Einflüsse zur Schmerzerzeugung beitragen. Allerdings sind bestimmte Schmerzstoffe gefunden worden, die an den freien Nervenendigungen chemische Rezeptoren vorfinden, und mit diesen reagieren. Solche Schmerzsubstanzen sind Plasmakinine, Bradykinin, Angiotensin, Histamin, Serotonin und Prostaglandin E. Schmerzsubstanzen werden meist durch eine Zellschädigung oder Entzündungsreaktion freigesetzt. Diese Schädigung kann mechanisch, thermisch, chemisch, elektrisch oder auf andere Weise erfolgen. Auf jeden Fall kommt es dabei, wie in Abb. 2.12 gezeigt wird, zur Anlagerung der Schmerzstoffe an entsprechenden chemischen Rezeptoren der freien Nervenendigungen, wodurch Aktionspotentiale entstehen. Diese werden dann über afferente Fasern zum Rückenmark weitergeleitet. Je nach Faserdicke und Gehalt der Fasern an Markscheiden unterscheidet man dabei zwei verschiedene Gruppen von Schmerznerven:

Tab. 2.2: Zusammenstellung unter dem Sammelbegriff «Gefühlsmodalität subsummierter Qualitäten»

Modalität	Untermodalität	Qualität
Fühlen	Mechanozeption	Berührung Druck Vibration
	Thermozeption	Wärme Kälte
	Nocizeption	epikritischer Schmerz protopathischer Schmerz Jucken Brennen

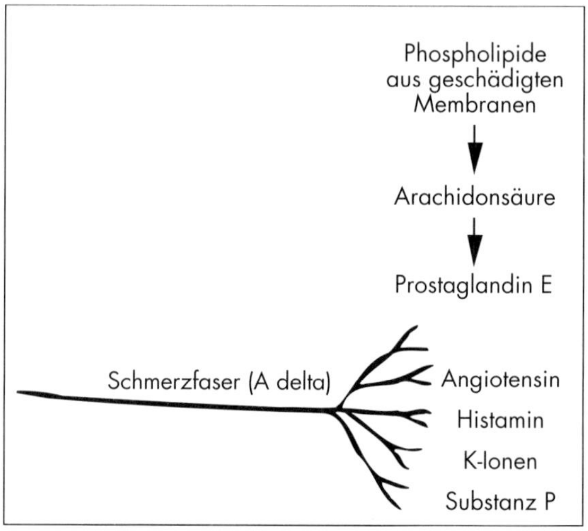

Abb. 2.12: Schmerzrezeptoren und Schmerzstoffe

Die erste Gruppe wird A-Delta-Fasern genannt, ist relativ dick, ihre Leitungsgeschwindigkeit mit etwa 30 m/sec verhältnismäßig hoch, und ihre Markscheide ebenfalls relativ dick. Diese Fasern leiten den sogenannten epikritischen Schmerz.
Diese Empfindung erlaubt es, Lokalisation, zeitliches Auftreten und Bewertung der Intensität ziemlich genau anzugeben. Sie wird außerdem als stechend, schneidend oder beißend wahrgenommen. Auf der anderen Seite stehen die sogenannten vegetativen, marklosen, langsam leitenden C-Fasern. Sie gehören zum sympathischen System und leiten den sogenannten protopathischen Schmerz. Ihre Erregung ist meist verbunden mit einem primären Krankheitsgefühl, wobei die Lokalisation der Schmerzen, ihr zeitliches Auftreten und die Schmerzintensität nicht genau angegeben werden können. Die Betroffenen geben meist ein dumpfes, oft brennendes Schmerzgefühl an. Die meisten Schmerzen innerer Organe werden dieser Art von Nocizeptoren zugeordnet.
Beide Bahnen münden aber über die hintere Wurzel in das Rückenmark. Die vegetativen C-Fasern durchlaufen allerdings noch den Grenzstrang des Sympathikus. Dort wird ihre Erregung mit Aktivitäten anderer Organnerven vermischt, so daß eine Fehlprojektion der Schmerzempfindung zustande kommen kann. Als Beispiel seien die Herzschmerzen genannt, die in Arm und Hals ausstrahlen können. Im Rückenmark enden die Schmerzbahnen in der grauen Substanz des Hinterhorns. Etwas medial der Eintrittsstelle befindet sich die Substantia gelatinosa. Sie stellt eine Ansammlung von lichtmikroskopisch etwas trüb erscheinenden Nervenzellen dar. An dieser Stelle werden die peripheren Nervenbahnen auf die Rückenmarksbahn umgeschaltet. Dieser Station der Schmerzleitung kommt eine besondere Bedeutung zu. Hier soll nämlich die erste Verbindung zwischen den somatischen Fasern der Haut und der Schmerzbahn zustande kommen. Normalerweise wird nämlich die Schmerzbahn von den übrigen Bahnen der Region kontrolliert, d.h., wenn zusammen mit der Berührung eines Hautgebietes Schmerz entsteht, wird dieser durch die Berührungsfasern unterdrückt, wodurch normale Reize der Haut nicht schmerzbar werden. Erst wenn die Schmerzerregung übermäßig groß wird, kann sie dieses von Melzak und Wall bezeichnete Tor durchdringen und gelangt dann zu den höheren Bahnen bis in das Bewußtsein. Dieser nicht überall akzeptierte Mechanismus wird Gate-Control-Theorie genannt. Dadurch kann man auch, wie jeder aus eigener Erfahrung weiß, etwa einen schmerzhaften Stoß durch Reiben an der Haut leichter ertragen.

Zentrale Schmerzbahn

Die von der Substantia gelatinosa entspringenden Fasern leiten ihre Erregung, wie in Abb. 2.13 gezeigt, auf der gegenüberliegenden Seite des Rückenmarks zum Gehirn. Diese Bahn wird «ventrolateral» genannt, denn sie zieht im vorderen Seitenstrang der weißen Substanz des Rückenmarks nach oben. Im Gehirn erreicht sie das Kerngebiet des Thalamus und wird deshalb auch «spinothalamische Bahn» genannt. In den spezifischen Relaiskernen des Thalamus wird die Erregung nun auf weitere Nervenbahnen umgeschaltet und erreicht die sensiblen Teile der Hirnrinde, den sogenannten somatosensorischen Kortex. Man geht davon aus, daß dort die Umsetzung in die bewußte Schmerzempfindung zustande kommt, die neben der Stärke auch den Ort des Reizes anzeigen kann. Ob allerdings das Gehirn ein eigenes Schmerzzentrum besitzt, das parallel zu den genannten für alle Schmerzreaktionen verantwortlich ist, konnte noch nicht vollständig geklärt werden.
Gezielte sogenannte stereotaktische Zerstörungen der Hirnrindenfelder bei unerträglichen chronischen Schmerzen führen nicht immer zur Befreiung des Betroffenen vom Schmerz. Sie haben aber meistens den Verlust des Gefühls an den entsprechenden Körperstellen zur Folge. Manchmal kann es sogar vorkommen, daß nach Verlust eines Gliedmaßes die Bahnen sich selbst erregen und einen Phantomschmerz erzeugen. In solchen Fällen ist oft eine der vorher genannten stereotaktischen Operationen hilfreich. In anderen Situationen können unerträgliche Schmerzen behandelt werden, wenn man die Leitungsbahnen chirurgisch zerstört.
Nicht alle aufsteigenden Bahnen erreichen die Hirnrinde. Ein Teil gelangt über die Formatio reticularis zu Kerngebieten, die das vegetative System steuern. Sie führen dann zu entsprechenden Reaktionen von Herz, Kreislauf, Atmung, Schweiß und Speichelproduktion. Außerdem können von hier aus absteigende Bahnen die Schmerzerregung aktiv mildern. Eine wichtige Rolle spielt hierbei die graue Substanz, um die Verbindung zwischen dem dritten und vierten Hirnventrikel, Aquäductus genannt, herzustellen. Diese Substanz heißt «Höhlengrau» und ist Ausgangspunkt der sogenannten retikulospinalen Bahn, die die Schmerzerregbarkeit im Rückenmark modifiziert.

Zentrale Schmerzverarbeitung

Bewußte Wahrnehmungsprozesse spielen sich nach neuen Erkenntnissen in der Hirnrinde ab. Das gilt auch für die Schmerzwahrnehmung. Die Intensität einer Wahrnehmung, die die Erregbarkeit der Ge-

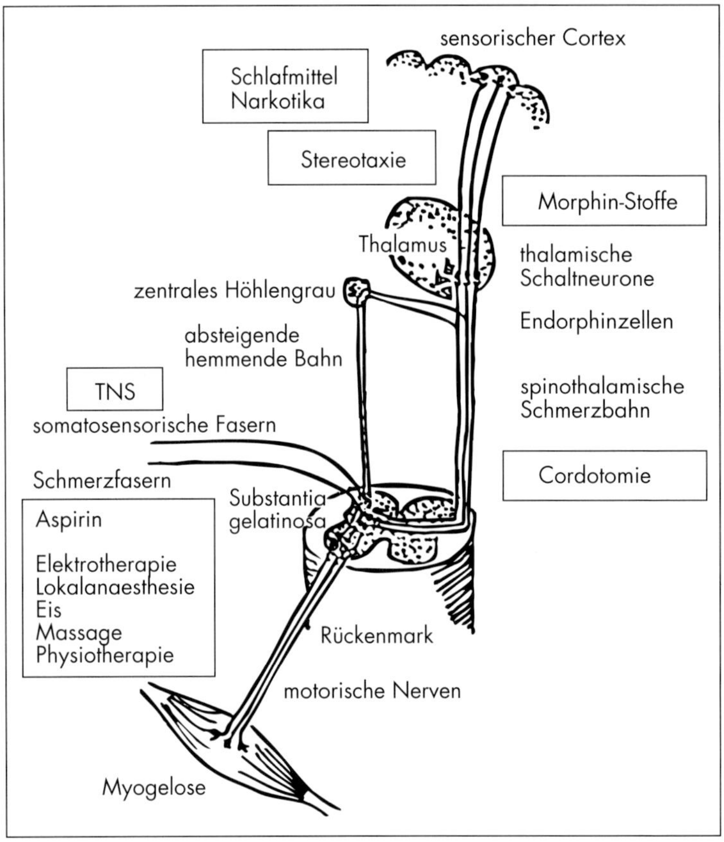

Abb. 2.13: Zentrale Schmerzbahnen mit Andeutung physikalisch-therapeutischer Schmerzbekämpfung

hirnrinde verändert, ist dabei von verschiedenen Faktoren abhängig. Diese äußern sich im unterschiedlichen Wachheitszustand, der Schmerzbereitschaft, der Aufmerksamkeit und anderen. Somit wirken auch allgemein erregbarkeitsdämpfende Medikamente der Gehirnrinde schmerzlindernd, z. B. Alkohol, Narkotika und Schlafmittel.

Aber auch die aus der Peripherie ankommende Erregung wird einer Modifikation unterworfen. Neben der schon oben erwähnten Blockade der Schmerzweiterleitung im Rückenmark durch zusätzliche andersartige Erregungen werden im zentralen Nervensystem hormonartige Stoffe produziert, die die Schmerzbahnen dämpfen. Solche Substanzen gehören zu den Enkephalinen und haben eine Wirkung, die dem Morphium sehr ähnlich ist. Sie werden deshalb auch als Endomorphine oder abgekürzt als Endorphine bezeichnet. Diese hemmen die thalamischen Relaiszellen und vermindern somit die Schmerzerregbarkeit. Ihre Produktion wird durch Adrenalin oder seine verwandten Substanzen gefördert. Sie sind die Ursache dafür, daß im Streß des Wettkampfes Schmerz nicht in der üblichen Intensität wahrgenommen wird. Ob auch andere am Streß beteiligte Hormone, wie das adrenocorticotrope Hormon (ACTH) der Hypophyse, ebenfalls eine Rolle spielen, wird diskutiert. Es gibt sogar Forscher, die der Bedeutung der Hypophyse für das Schmerzgeschehen einen hohen Stellenwert zuordnen. In der Tat gibt es Beispiele für unklare Schmerzattacken bei hypophysären Tumoren oder Verminderung von Schmerzerscheinungen nach Hypophysenoperationen. Auf dieser noch nicht sicher erwiesenen Basis werden an manchen klinischen Institutionen schon heute Alkoholinstilationen in die Hypophyse durchgeführt, um unerträgliche Schmerzen zu bekämpfen. Auch die Akupunkturbehandlung von Schmerzzuständen soll auf diesem Wege wirksam werden. Man stellt sich vor, daß durch Reizung mit mechanisch bewegten Akupunkturnadeln oder durch Elektrostimulation über sie an den entsprechenden Akupunkturpunkten lokale Sympathikuserregungen entstehen, die dann zur Endorphinproduktion Anlaß geben. Damit könnte man die Akupunkturbehandlung als eine Art Lokalstreß bezeichnen, die den Schmerz in gleicher Weise dämpft, wie etwa der Streßzustand des Hochleistungssportlers.

Möglicherweise reguliert sich die Schmerzerregung im Sinne eines Rückkopplungsmechanismus von selbst, so daß Schmerz eine Streßsituation erzeugt, die über Adrenalinfreisetzung und Endorphinproduktion sich selbst wieder reduziert. Da die Endorphine, ähnlich dem Morphium, neben dem Schmerz auch andere Empfindungen des Alarmsystems im Körper dämpfen, entsteht ein angenehmer Zustand, der sogar zur Abhängigkeit führen kann. Manchen unverbesserlichen Joggern wird eine solche Abhängigkeit nachgesagt. Vielleicht unterscheiden sich Menschen unterschiedlicher Schmerztoleranz in der Fähigkeit, Endorphine zu produzieren. Neuere Ergebnisse haben die Gültigkeit einer solchen Hypothese wahrscheinlich gemacht, denn sie konnten nachweisen, daß etwa im Alter oder bei chronischen Schmerzen die Fähigkeit, Endorphin zu produzieren, erlahmt, und damit eine vermehrte Schmerzempfindlichkeit zustande kommt.

Schmerzwahrnehmung

Schmerzhafte Reize werden unterschiedlich intensiv wahrgenommen. Das gilt nicht nur für unterschiedliche Personen, sondern auch für ein und denselben Menschen in unterschiedlicher Situation. Lange war sich die Wissenschaft nicht im klaren, worauf diese Erscheinung zurückzuführen ist. Ursprünglich hat man angenommen, daß rein psychische Phänomene die Ursache dafür sind. Heute weiß man, daß verschiedene sinnesphysiologisch bekannte Mechanismen auch für die Schmerzwahrnehmung gelten. Sie werden unter den Begriffen Akkomodation, Adaptation, Habituation, Verdeckung und Verdrängung zusammengefaßt.

1. Akkomodation
Sie ist ein Vorgang, der am Nerven die Abnahme der Erregbarkeit beschreibt, wenn dieser lang dauernd aktiviert wird. Ionenverschiebungen und Energieverarmung in der Nervenmembran werden als Ursache angenommen. Sie haben verständlicherweise auch für die Schmerznerven Gültigkeit.

2. Adaptation
Man versteht darunter die Verstellung der Empfindlichkeit von Sinnesrezeptoren, die durch Rückkopplung zustande kommen. Adaptation ist also ein peripherer Anpassungsmechanismus. Da für den Schmerz keine eigenen Sinnesorgane gefunden wurden, lehnt die Wissenschaft die Definition einer Schmerzadaptation ab.

3. Habituation
Sie stellt eine zentralnervös gesteuerte Abnahme der Wahrnehmung bei langdauernden monotonen Sinnesreizen dar. Besonders dann, wenn diese informationsarm sind, wird die Erregbarkeit in den höheren Sinnesbahnanteilen gedrosselt, um den Organismus vor unnützer Erregungsüberflutung zu schützen. Dieser Vorgang wird auch beim Schmerz beobachtet. Es konnte nachgewiesen werden, daß bei wiederholter, gleichartiger Schmerzreizung sogar die elektrisch aus dem EEG bestimmten Reizantworten allmählich schwächer wurden. Diese langsam ablaufende Schmerzhabituation kann bei chronischen Schmerzerkrankungen in das Gegenteil umgekehrt werden. Sie erzeugt dann bei Serien von experimentellen Schmerzreizen ein Verhalten, das durch Zunahme der Schmerzreaktion gekennzeichnet ist. Dies gibt der modernen Schmerzforschung die Möglichkeit, mit experimentell erzeugten Schmerzreizen das allgemeine Schmerzverhalten eines Patienten zu testen.

4. Verdeckung
Diese beschreibt den Vorgang der Verminderung einer Sinneswahrnehmung durch Erregung benachbarter Sinnesqualität. Sie ist beim Schmerzsinn stark ausgeprägt und ist bei der Beschreibung der Schmerzverarbeitung im Rückenmark weiter oben schon beschrieben worden. Aber auch zentrale Mechanismen unterstützen diesen Effekt. So kennen wir die im Stammhirn gelegene retikuläre Formation, eine Ansammlung von netzartig miteinander verflochtenen Gehirnzellen, die von allen Sinnesorganen Informationen über den Erregungszustand erhalten und dann, je nach Bedeutung der jeweiligen Erregung, für das Überleben des Individuums die entsprechenden Projektionsrindenfelder aktivieren oder dämpfen.

Schmerzreaktionen

Von großer Bedeutung im Schmerzgeschehen sind die collateralen Reaktionen. Es können dabei lokalchemische mit Entzündungsmechanismen gekoppelte Erscheinungen auftreten. Diese können auch vegetativ-nervös gefördert werden und sowohl die Durchblutung als auch die Stoffwechselvorgänge beeinflussen. Sie werden auch Axonreflexe oder vegetative Reflexe genannt.
Weiterhin bestehen Verbindungen im Rückenmark von der Schmerzbahn zu den motorischen Vorderhornzellen. Dadurch wird der Muskeltonus beeinflußt. Schmerzhafte Erhöhungen des Muskeltonus bis zur Verkrampfung, Verspannung und Myogelose sind die Folgen dieser Mechanismen. Sicher ist von der Natur ein protektiver Effekt im Sinne einer Ruhigstellung schmerzhafter Regionen beabsichtigt. So werden Blutergüsse, Gelenkverletzungen, Muskelrisse und Knochenbrüche von einer solchen muskulären Ruhigstellung begleitet. Daß diese bei chronischen Schmerzen zur Verstärkung des Krankheitsbildes Anlaß geben, ist in der Schmerztherapie hinlänglich bekannt. Solche schmerzhaften Muskelverspan-

nungen drosseln die lokale Muskeldurchblutung rein mechanisch, erzeugen damit einen Sauerstoffmangelstoffwechsel, bei dem Milchsäure gebildet wird, die zusammen mit anderen Schmerzstoffen dann die Muskelfasern verlassen. Verschiedene Einflüsse aus der Peripherie, dem spinalen und supraspinalen System können diese schmerzhafte Muskelverspannung modifizieren. Dazu zählen Kältereaktion, Streß und Erregung, Angst und andere psychische Faktoren. Dadurch wird auch die Möglichkeit der psychischen Verstärkung von Muskelschmerzen verständlich. Andererseits kann in der Psychotherapie, im autogenen Training oder in der Hypnose diesem Mechanismus gegengesteuert werden.

Schmerzdiagnostik

Zunächst ist die Medizin auf die subjektive Darstellung des Schmerzereignisses durch den Patienten angewiesen. Durch entsprechende Manipulationen wie Berührung, Druck und Bewegung von Gelenken lassen sich Schmerzreaktionen testen. Den Idealfall stellt allerdings eine erfolgreiche Schmerzmessung (Dolorimeter) dar. Dabei werden künstliche Schmerzreize wie Injektion von Schmerzstoffen, Hitze- oder Kältereiz, Druck-, Stich- oder Ultraschalapplikationen, elektrische Reizung der Haut oder der Zähne vorgenommen.

Die daraus resultierenden Reaktionen können auf verschiedene Weise gemessen werden. Einmal besteht die Möglichkeit, über Schmerzskalen zu einer Bewertung zu kommen. Dabei ist der Patient gehalten, zwischen unerträglich und nicht fühlbar eine Position anzugeben. Zum anderen können vegetative Reaktionen wie Pupillenreflex, Herzfrequenz, Blutdruck, Atemfrequenz, Hautwiderstand u. a. gemessen und mit der Schmerzintensität in Korrelation gesetzt werden. Keidel und andere Autoren konnten schließlich zeigen, daß die elektrischen Antworten des Gehirns, sogenannte schmerzevozierte Potentiale, die funktionelle Verarbeitung gut wiedergeben. Sogar alters- und geschlechtsbedingte Einflüsse lassen sich so feststellen.

Schmerzbekämpfung

Theoretische Erkenntnisse und empirische Ergebnisse von Beobachtungen des Schmerzgeschehens können auch Hinweise auf therapeutische Maßnahmen geben. Dabei sollen hier die pharmakologisch-medikamentösen Behandlungsmethoden nicht im Detail besprochen werden.

Grob gesehen umfassen sie peripher wirksame Medikamente, die die Schmerzrezeptoren blockieren oder Schmerzstoffe antagonisieren oder die Produktion der Schmerzsubstanzen verhindern. Neben den aspirinartigen werden hierzu alle entzündungshemmenden Substanzen gezählt. Als weitere Gruppe kommen Medikamente in Frage, die die nervöse Schmerzleitung dämpfen. Im Rückenmark und Gehirn sind dann die morphiumartigen wirksam, die sowohl systematisch als auch durch Instilation in den Rückenmarkskanal angewendet werden können. Weiterhin sollen die zentralwirksamen und Schmerznerven-zellspezifischen Medikamente genannt werden. Schließlich wurden weiter oben die allgemein wachheitsdämpfenden Pharmaka schon erwähnt. Auch die allgemein aktivitätssteigernden, sozusagen streßerzeugenden Mittel können indirekt die Schmerzempfindlichkeit vermindern.

An dieser Stelle interessieren jedoch besonders die physikalischen Methoden der Schmerztherapie. Mechanische, thermische und elektrische Reize, etwa durch Bewegung, Kälte- und Wärmepackungen und Elektrostimulation sind in der Lage, Schmerzreize zu verdecken, die Erregbarkeit der Schmerznerven zu vermindern oder elektrotonisch zu blockieren. Durch Vereisung oder Galvanisation oder durch entsprechende Druckbehandlung kann die Fähigkeit der Schmerznervenfasern zur Erregungsleitung herabgesetzt werden. Akupunktur, Akupressur und transcutane Nervenstimulation sind in der Lage, das periphere Erregungsmuster afferenter somatosensorischer Fasern zu verändern. Somit kann die Verarbeitung der afferenten Erregung im Rückenmark beeinflußt werden.

Natürlich gibt es auch die Möglichkeit, Leitungsbahnen zu unterbrechen, was durch Lokalanästhesie, Chordotomie, Thalamotomie und stereotaktische Methoden möglich ist.

Am interessantesten in der Schmerzbehandlung sind Methoden, die die körpereigene Schmerzabwehr aktivieren. Neben der Akupunktur sind hier suggestive Methoden, bis hin zu Yoga, autogenem Training und Hypnose, zu nennen.

Auch wenn die Schmerzforschung heute schon sehr weit fortgeschritten ist, wird der Schmerztherapeut oft auf Situationen stoßen, in denen er keine der genannten Methoden anwenden kann und die Effektivität seiner Behandlung aus seiner Intuition herleiten muß.

Literaturempfehlungen

Bausenwein, J./Reeh, A./Reeh, P./Stadler, D.: Sport als Therapie bei Cerebralparesen. Hrsg. Bundesminister für Jugend, Familie und Gesundheit. Kohlhammer, Stuttgart 1977.

Bobath, B.: Abnorme Haltungsreflexe bei Gehirnschäden. Thieme, Stuttgart 1976.

David, E.: Die Habituation des Schmerzes im Alter. Z. Gerontol. 13: 189–194, 1980.

David, E.: Grundlagen der Sportphysiologie. Perimed, Erlangen 1986.

David, E.: Der Muskelschmerz. Therapiewoche 37, Heft 4, 291–996, 1987.

David, E.: Schmerz im höheren Lebensalter. In: Schmidt, K. L. (Hrsg.): Physikalische Medizin, Balneotherapie und Rehabilitation im höheren Lebensalter. Steinkopff, Darmstadt 1987.

David, E.: Pathophysiologie des Schmerzes. In: Drexel, H. u. a. (Hrsg.): Physikalische Medizin, Band 4 (Elektro- und Lichttherapie). Hippokrates, Stuttgart 1988.

Eccles, J. C.: Das Gehirn des Menschen. Piper, München 1976.

Haase, J./Henatsch, H.-D./Jung, R./Stata, D./Thoden, U.: Sensomotorik. Urban & Schwarzenberg, München, 1976.

Hasselbach, W./Goner, O. H./Kramer, K./Jung, R.: Physiologie des Menschen. Bd. 4. Urban & Schwarzenberg, München 1975.

Hensel, H.: Physiologie der Thermoregulation. In: Monnier, M. (Hrsg.): Physiologie und Pathophysiologie des vegetativen Nervensystems. Bd. II. Fischer, Stuttgart 1963.

Hofmann, P.: Die physiologischen Eigenschaften der Eigenreflexe. Ergebn. Physiol. 36, 1934.

Janzen, R./Keidel, W. D./Herz, A./Steichele, S.: Schmerz. Thieme, Stuttgart 1972.

Keidel, W. D.: Physiologie der Hautsinne. In: Handbuch der Haut- und Geschlechtskrankheiten, Bd. 1, Teil 3. Springer, Berlin 1963.

Keidel, W. D.: Kybernetik-Brücke zwischen den Wissenschaften. Umschau, Frankfurt 1966.

Keidel, W. D.: Sinnesphysiologie. Bd. I. Springer, Berlin 1971.

Keidel, W. D. (Hrsg.): Physiologie des Gehörs – Akustische Informationsverarbeitung. Thieme, Stuttgart 1975.

Keidel, W. D.: Kurzgefaßtes Lehrbuch der Physiologie. Thieme, Stuttgart 1985.

Mecacci, L.: Das einzigartige Gehirn. Campus, Frankfurt 1986.

Melzack, R./Wall, P. D.: Pain Mechanisms: A New Theory. Science 150, 971, 1975.

Mittelstaedt, H.: Regelungsvorgänge in lebenden Wesen. Oldenburg, München 1961.

Pongratz, D.: Pathophysiologie der Denervierung. In: Elektro- und Lichttherapie, Bd. 4. Hrsg.: Drexel, H./Becker-Casademont, R./Seichert, N. Hippokrates, Stuttgart 1988.

Ranke, O. F.: Physiologie des Zentralnervensystems vom Standpunkt der Regelungslehre. Urban & Schwarzenberg, München 1960.

Reeh, P. W./David, E.: Objektive Algesimetrie mit dem evozierten Potential. In: Struppler, A./Geßler, M. (Hrsg.): Schmerzforschung – Schmerzmessung – Brustschmerz. Springer, Berlin 1981.

Reichel, H.: Muskelphysiologie. Springer, Berlin 1980.

Rohen, J. W.: Funktionelle Anatomie des Nervensystems. Schattauer, Stuttgart 1985.

Rüdiger, W. (Hrsg.): Lehrbuch der Physiologie. 2 Bände. Volk und Gesundheit, Berlin 1978.

Schmidt, R. F.: Die Gate-Control-Theory des Schmerzes: Eine unwahrscheinliche Hypothese. In: Janzen, R. et al. (Hrsg.): Schmerz. Thieme, Stuttgart 1972.

Seyle, H.: Streß, Bewältigung und Lebensgewinn. Piper, München 1974.

Sherrington, C.: The Integrative Action of the Nervous System. Ch. S., Scribner's Sons, New York 1906.

Stegemann, S.: Leistungsphysiologie. Thieme, Stuttgart 1977.

Thom, H. (Hrsg.): Diagnose und Therapie des Schmerzes. ML, Uelzen 1980.

Thom, H.: Die infantilen Zerebralparesen. Thieme, Stuttgart 1982.

Vester, F.: Denken, Lernen, Vergessen. Deutsche Verlags-Anstalt, Stuttgart 1974.

Weineck, J.: Optimales Training. Perimed, Erlangen 1987.

Zimmermann, M./Handwerker, H. O. (Hrsg.): Schmerz – Konzepte und ärztliches Handeln. Springer, Berlin 1984.

Abbildungsnachweis

Abb. 2.3 aus: Berman, A. L.: The Brain Stam of the Cat. Cytoarchitectonic Atlas with steorotoxic Coordinates. Univ. Wisconsin Press, Medison Milwakee and London 1968.

Alle anderen Abbildungen und Tabellen: Prof. Dr. med. E. David, Herdecke.

3 Schmerzsyndrome aus internistischer Sicht

Walter Ormann

Der Schmerz hat sensorische, vegetative, affektive, motorische und kognitive Komponenten. Die moderne Schmerzforschung hat uns die Multidimensionalität und Komplexität dieses Phänomens erschlossen. Sie hat uns auch gelehrt, daß eine totale Schmerzbeseitigung kein erstrebenswertes Ziel ärztlichen und therapeutischen Bemühens sein kann, vielmehr hat sie dazu beigetragen, abgestufte multifaktorielle Therapiekonzepte zu entwickeln.
Die nachfolgende Darstellung internistischer Schmerzsyndrome soll und will kein Lehrbuch der Inneren Medizin ersetzen. Anhand des Leitsymptoms «Schmerz» werden häufig in Betracht zu ziehende Krankheitsbilder dargestellt. Ziel der Ausführung ist mehr das Internistisch-charakteristische, weniger das Enzyklopädisch-vollständige.
Die internistische Schmerzdiagnostik und -therapie darf jedoch nie den Blick für das Ganze vergessen. Insbesondere sind der Bewegungsapparat (speziell die Wirbelsäule), das Nervensystem und die psychische Verfassung des Patienten zu berücksichtigen.
Um unnötige Wiederholungen zu vermeiden, wird die internistische Schmerztherapie in diesem Beitrag auf die medikamentösen Möglichkeiten beschränkt.

Diagnostischer Prozeß

Der Schmerzpatient erwartet wirkungsvolle Linderung oder Heilung seines Leidens. Dies setzt beim konsultierten Arzt einen komplexen Denk- und Entscheidungsvorgang voraus, der zur Diagnose führt, woraufhin erst therapeutische Möglichkeiten erwogen werden können. Die ursprüngliche Bedeutung des Begriffs Diagnose spiegelt viel von dieser anspruchsvollen ärztlichen Tätigkeit wider: Untersuchen, genaues Überlegen, Unterscheidung, deutliches Kennenlernen, aber auch zum Entschluß, zur Entscheidung kommen.
Die Erhebung der Vorgeschichte (Anamnese) unter Berücksichtigung der Familienanamnese führt, zusammen mit dem Erfassen des gegenwärtigen Leidens, zur vorläufigen Diagnose. Wissen, Erfahrung und ein schwer objektivierbares Phänomen: Die Intuition (der diagnostische Blick) des Arztes fließen in die Gesamtbeurteilung ein. Die tägliche Praxis zeigt, daß über 80% aller Krankheiten bereits auf dieser Ebene des diagnostischen Prozesses erkennbar sind. Weitere technische Zusatzuntersuchungen (laborchemische Untersuchungen, Röntgenverfahren, Sonografie, Endoskopie, bioptisch-histologische Untersuchungen etc.) untermauern und präzisieren in aller Regel nur die Verdachtsdiagnose, können aber auch zur Revision bzw. Neustellung einer Diagnose führen. Unklare Fälle enträtseln sich häufig erst in der Verlaufsbeobachtung (Abb. 3.1).

Abdominale Schmerzsyndrome

Einleitung

Schmerzen, die von Abdominalerkrankungen ausgehen, lassen sich aufgrund einiger Charakteristika recht klar in die beiden Qualitäten visceraler und somatischer Schmerz differenzieren. Viscerale Schmerzen gehen von den abdominalen Hohlorganen (Magen, Darm, Galle) aus. Die Schmerzafferen-

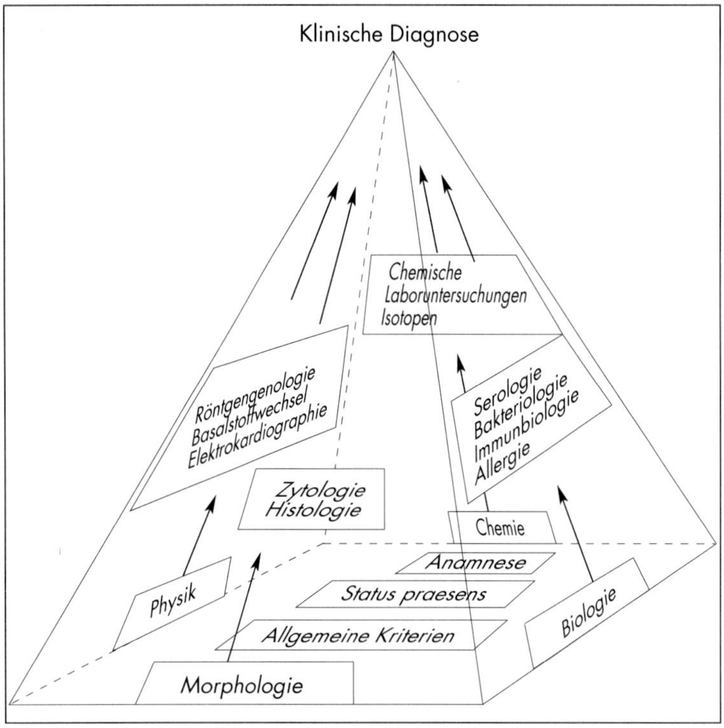

Abb. 3.1: Der diagnostische Prozeß als Pyramide (nach Siegenthaler)

zen abdominaler Organe verlaufen, ausgehend von visceralen Nocizeptoren, über den Plexus coeliacus im Nervus splanchnicus, und in einem geringeren Umfange auch in anderen Anteilen des sympathischen Nervensystems. Sie werden über das Hinterhorn des Rückenmarks weiter zu den zentralen Repräsentanzen geleitet. Die Erregung visceraler Nocizeptoren erfolgt durch rasche Dehnung oder durch Kontraktion (Spasmus) der abdominalen Hohlorgane und wird durch Sauerstoffmangel (Ischämie) verstärkt.

Viscerale Schmerzen sind kolikartig, bohrend und werden eher unbestimmt lokalisiert. Sie lösen eine ausgeprägte vegetative Reaktion mit Übelkeit, Erbrechen, Blässe und Schwitzen aus und haben darüber hinaus eine starke motorische Komponente (Besserung der Schmerzen durch Umhergehen, sich winden, während Ruhe den Schmerz verstärkt).

Der viscerale Schmerz strahlt typischerweise in den Hautabschnitt (Dermatom) aus, dessen sensorische Rückenmarkwurzeln sich mit denen der einströmenden Schmerzafferenzen decken. So wird ein Zwerchfellschmerz in der Hals-Schulter-Deltoidgegend empfunden (Segment C3–C5). Der Oesophagusschmerz strahlt vom Kleinfinger bis zum Xiphoid (Schwertfortsatz) aus (Segment Th1–Th6). Schmerzen der Oberbauchorgane werden vom Xiphoid bis zum Epigastrium (Magengrube), sowie in der unteren Scapulagegend empfunden (Th6–Th8). Dünndarm und rechtsseitige Kolonschmerzen verspürt man in der Nabelgegend (periumbilical, Th9–Th10), hingegen Schmerzen, ausgehend vom linken Kolon, im Unterbauch (Th11–Th12).

Somatische Schmerzen entstehen durch Reizung des parietalen Peritoneums, des Mesenterialansatzes und des Retroperitonealraumes. Die Schmerzbahnen haben ihr Kerngebiet in den Spinalganglien, nehmen die Schmerzinformation von den im Peritoneum etc. lokalisierten Nocizeptoren auf und leiten sie dem Hinterhorn des Rückenmarks zu, wo sie umgeschaltet werden. Alle gewebeschädigenden Noxen (z. B. chemische Reizung, bakterielle Entzündung) lösen Schmerzen von dumpfen, andauerndem Charakter aus, die aber recht genau lokalisiert werden können. Sie bessern sich durch Schonhaltung wesentlich (die Patienten verharren nahezu bewegungslos) und können schon durch geringfügige Bewegungen (z. B. Husten, Drehung, Palpation durch den untersuchenden Arzt) wesentlich verstärkt werden (Abb. 3.2).

Durch Palpation kann der für eine Peritonitis charakteristische Loslaßschmerz ausgelöst werden. Nach langsamer, nur mäßig schmerzhafter Palpation löst das rasche Abheben der Hand durch Zurückschnellen der Bauchdecke einen intensiven Schmerz aus.

Das Spektrum schmerzhafter Abdominalerkrankungen ist weit. Es reicht vom lebensbedrohlichen, hochakuten Schmerzsyndrom (z. B. perforiertes Ulcus ventriculi), das umgehend chirurgisch versorgt

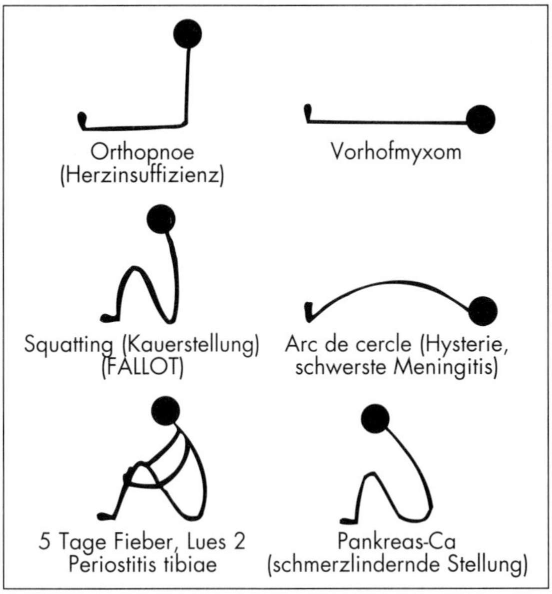

Abb. 3.2: Schonhaltung beim somatischen abdominalen Schmerz des Pankreaskarzinoms (unten rechts), im Vergleich dazu charakteristische Körperhaltungen bei anderen Krankheiten (nach Siegenthaler)

werden muß, bis hin zu über Jahre sich hinziehenden, milderen chronisch-rezidivierenden Schmerzzuständen, die auf funktionellen Störungen beruhen (z. B. Reizcolon oder Colon irritable). Heftigste abdominale Schmerzkrisen, die den Gedanken an eine sofortige Laparotomie nahelegen, können ihre Ursache in Stoffwechselentgleisungen haben, z. B. die Pseudoperitonitis diabetica beim diabetischen Koma, oder die akut intermittierende Porphyrie (eine sehr seltene Erkrankung, der eine erblich bedingte Störung des Hämstoffwechsel zugrunde liegt).
Gerade in der Beurteilung eines Krankheitsbildes mit abdominalen Schmerzen müssen Internisten und Chirurgen eng interdisziplinär zusammenarbeiten und zum Wohle des Patienten ihre unterschiedlichen fachspezifischen Erfahrungen einbringen.

Magen – Zwölffingerdarm

Als *Ulcus ventriculi* (Magengeschwür) bezeichnet man einen lokalisierten Mucosa und Submucosa umfassenden Schleimhautdefekt. Es wird bei Männern häufiger beobachtet als bei Frauen. Die Inzidenz steigt mit dem Alter der Patienten. Ursächlich wird ein Ungleichgewicht zwischen schleimhautschützenden (protektiven) und schleimhautschädigenden (aggressiven) Faktoren angenommen. Die chronisch-atrophische Magenschleimhautentzündung vermindert die Schleimhautprotektion und begünstigt die Entstehung von Geschwüren. Zahlreiche Medikamente (insbesondere Antirheumatika und Cortison) sowie Nikotin und Alkohol wirken schleimhautaggressiv und damit ulcerogen. Das Ulcus ist überwiegend kleincurvaturseits im Übergang zwischen Magenantrum und Magencorpus lokalisiert (Abb. 3.3).

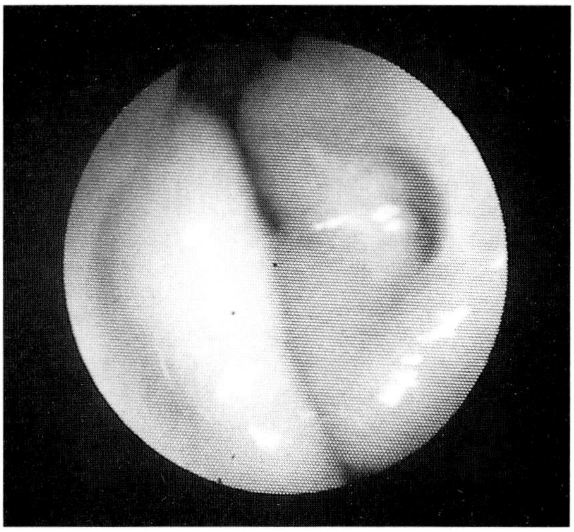

Abb. 3.3: Magenulcus (Endoskopie)

Die Symptomatik des unkomplizierten Ulcus reicht vom Völlegefühl bis hin zum scharf umschriebenen Druckschmerz im Epigastrium. Bei der *Gastropathia nervosa* (dem sogenannten hypersekretorischen, hypermotilen Reizmagen) ist kein organisch faßbarer pathologischer Befund zu erheben. Trotzdem können heftige Schmerzen auftreten. Diese bleiben aber beim nervösen Magenleiden eher diffus epigastrisch lokalisiert. Zur genauen Unterscheidung muß stets die Gastroskopie, ggf. mit Biopsie, durchgeführt werden.
Komplikationen der Ulcuskrankheit umfassen Penetration in die Nachbarorgane (besonders gefürchtet die Penetration in das Pankreas), die Blutung durch Arrosion submucöser größerer Blutgefäße, die Perforation und die Pylorusstenose, bedingt durch narbige Verziehungen bei rezidivierenden Geschwüren. Der Übertritt sauren Mageninhalts bei der Magenperforation löst rasch eine Peritonitis mit schwerem Dauerschmerz und bretthartem Abdomen aus. Röntgenologisch (Abdomenleeraufnahme) ist freie Luft unter dem Zwerchfell nachweisbar. Der Patient muß umgehend chirurgisch versorgt werden.
Das *Magenkarzinom* ist sowohl beim Mann, als auch bei der Frau der dritthäufigste Organkrebs. Neben uncharakteristischen Symptomen wie Sodbrennen, Übelkeit und Erbrechen, Appetitlosigkeit mit Widerwillen gegen bestimmte Nahrungsmittel (z. B.

Fleisch) werden vor allem Schmerzen von dumpfbohrendem Charakter angegeben. In der Regel besteht aber bei solch ausgeprägten Beschwerden bereits ein fortgeschrittenes Erkrankungsstadium mit sehr schlechter Prognose. Kachexie und Anämie sind wie bei anderen Karzinomkrankheiten typische Spätsymptome. Wird der Magenkrebs aber als Frühkarzinom, d. h. als Tumor, der auf die Mucosa und Submucosa beschränkt ist, diagnostiziert, besteht durch chirurgische Therapie eine Heilungsquote von fast 95%. Bei länger anhaltenden, auch diskreten, uncharakteristischen epigastrischen Beschwerden, sollte daher stets die Gastroskopie durchgeführt werden.

Das *Ulcus duodeni* (Zwölffingerdarmgeschwür) tritt vier- bis achtmal häufiger auf als das Magengeschwür. Sie sind weit überwiegend (ca. 90%) im Bulbus duodeni lokalisiert. Neben somatischen Faktoren (Hyperacidität) spielen auch psychische Momente (charakteristische Persönlichkeitsmerkmale wie überkompensierte, unterbewußte Abhängigkeitswünsche) pathogenetisch eine wesentliche Rolle (siehe auch «Ulcusgenesemodell» im Abschnitt Kolonbehandlung). Typische Kennzeichen des Ulcusschmerzes (Schmerzpunkt rechts unterhalb des Rippenbogens) sind das Auftreten ein bis zwei Stunden postprandial, das Fehlen morgens nüchtern, der Spontanschmerz in den Nachtstunden sowie rasche Besserung des Schmerzes nach Nahrungsaufnahme. Der routinemäßige Einsatz der Endoskopie im oberen Gastrointestinaltrakt hat allerdings gezeigt, daß diese typische Symptomatik oft fehlen kann und häufig nur ein uncharakteristisches Beschwerdebild besteht.

Wie beim Ulcus ventriculi werden Blutungen (in ca. 3% der Fälle), Perforationen (in ca. 5% der Fälle), Penetration und Pylorusstenosen als Komplikationen beobachtet. Das *Duodenalcarcinom* stellt eine Rarität dar.

Leber – Galle

Bei Schmerzen im rechten Oberbauch sind stets von der Leber ausgehende Erkrankungen zu erwägen. Es muß aber darauf hingewiesen werden, daß viele Lebererkrankungen, wie z. B. die *Lebercirrhose*, keine oder kaum Schmerzen verursachen. Jede Leberschwellung, die sich rasch entwickelt, führt zu einem starken Kapseldehnungsschmerz. Diese wird als *akute kardiale Stauungsleber* bei Rechtsherzinsuffizienz beobachtet, ebenso wie bei entzündlichen Lebererkrankungen (z. B. *akute Virushepatitis*).

Lebermetastasen (bösartige Tochtergeschwülste) bleiben lange Zeit asymptomatisch und sind bei Diagnosestellung zumeist nicht mehr behandelbar (Abb. 3.4). Ähnlich ungünstig stellt sich der parasitäre Leberbefall durch die Larven des Hunde- bzw. Fuchsbandwurms dar *(Echinokokkose)*.

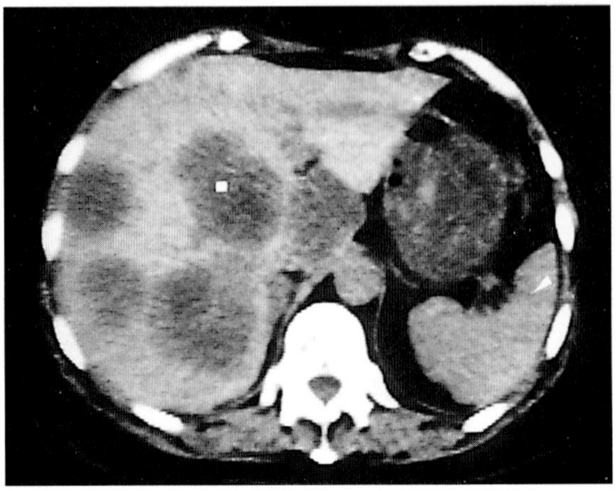

Abb. 3.4: Lebermetastasen eines Mammakarzinoms (Computertomografie)

Oberbauchschmerzen treten bei dieser Parasitose zumeist erst in fortgeschrittenen Stadien des Leberbefalls auf. Der *Leberabszeß* verursacht ein septisches Krankheitsbild mit dumpfen, schlecht lokalisierbaren Schmerzen im rechten Oberbauch.

Das *Gallensteinleiden* stellt die häufigste und wichtigste Erkrankung des biliären Systems dar. Gallensteine werden in der Gallenblase, im Ductus choledochus, selten aber auch in den intrahepatisch gelegenen Gallengängen gefunden. Sie bestehen aus Cholesterin, Kalk und Bilirubin. Man findet sie solitär und multipel. Frauen sind dreimal häufiger betroffen als Männer.

Der überwiegende Teil der Gallensteinträger ist symptomlos (sogenannte «stumme Gallensteine»). Die Diagnose *Cholecystolithiasis* erfolgt mit hoher Genauigkeit durch Sonografie. *Gallengangssteine* sind am genauesten mittels ERCP (endoskopische retrograde Cholangio-Pankreatikografie) diagnostizierbar.

Die von einer Gallensteinkolik ausgehenden Schmerzen sind ausgesprochen heftiger Natur. Der Schmerz wird im rechten Oberbauch, in den Rücken ausstrahlend, sowie im Bereich der rechten Schulter empfunden (Abb. 3.5).

Er wird ausgelöst durch das Wandern eines Steines in den Ductus cysticus, ggf. weiter in den Ductus choledochus, meistens ausgelöst durch Diätfehler. Der Schmerz ist wesentlich intensiver als der Ulcusschmerz und dadurch von diesem abgrenzbar. Er schwillt schnell an, bleibt häufig stundenlang bestehen, ist also im strengen Sinne dann nicht kolikhaft wellenförmig. Übelkeit und Erbrechen sind nahezu obligate Begleitsymptome.

Nach Steinabgang in das Darmlumen bzw. Rückwandern des Cysticussteines in das Gallenblasenlumen

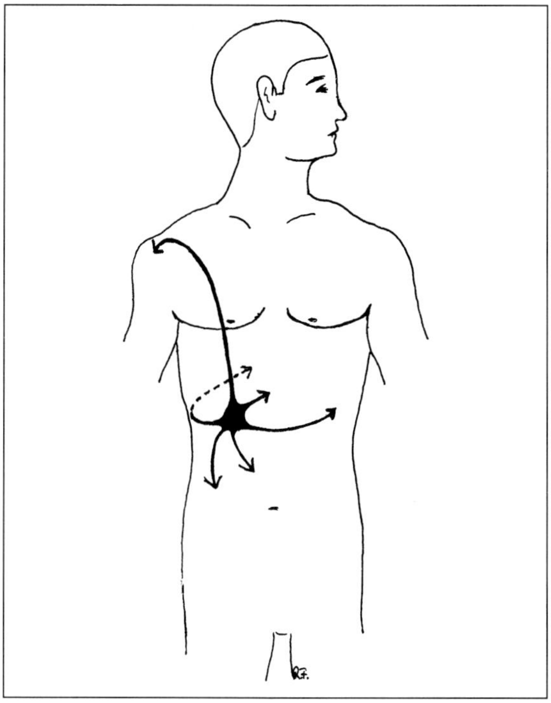

Abb. 3.5: Schmerzausstrahlung bei Gallenkolik

sistieren die Schmerzen. Schwerwiegende Komplikationen werden bei Inkarzeration des Konkrements beobachtet. Die Einklemmung im Ductus cysticus führt zum *Hydrops* (Stau des Gallenblasensaftes). Dieser ist dann als druckempfindliche Resistenz palpabel. Tritt eine Infektion hinzu, entwickelt sich über die *Cholecystitis* (einfache Gallenblasenentzündung) häufig den *Gallenblasenempyem* (eitrige Entzündung). Man findet dann starke lokalisierte Schmerzen mit Abwehrspannung und Nachweis des Loslaßschmerzes als Ausdruck einer lokalen Peritonitis. Alle weiteren Zeichen einer schweren Entzündung sind vorhanden: Fieber, Leukozytose mit sogenannter Linksverschiebung im Differentialblutbild, BSG-Beschleunigung, Nachweis sogenannter «Akute-Phase-Proteine» in der Eiweiß-Elektrophorese (Alpha-2-Globuline).
Inkarzerierte Choledochuskonkremente bewirken den vollständigen Stop des Galleflusses, es bildet sich ein Verschlußikterus aus. Besonders gefürchtet sind Choledochussteine, die unmittelbar vor der Papilla Vateri einklemmen. Durch diese wird auch der Abfluß des Pankreassekretes über den gemeinsamen Ausführungsgang unterbrochen. Der Stau des Pankreassaftes einerseits und der Reflux von Galle in den Ductus pancreaticus andererseits können eine akute Bauchspeicheldrüsenentzündung (akute biliäre Pankreatitis) auslösen. Als Spätkomplikation eines häufig jahrzehntelangen Gallensteinleidens wird das *Gallenblasen- bzw. Gallenwegscarcinom* beobachtet.
Beschwerden und Schmerzen, die nach Cholecystektomie bestehen bleiben oder erneut auftauchen, werden mit dem ungenauen Begriff «*Postcholezystektomiesyndrom*» bezeichnet. Stets muß man sich bei dieser Diagnose fragen, ob Steine bei der Operation übersehen wurden, sich eventuell neue Steine gebildet haben, oder ob während der Operation Verletzungen des Gallengangsystems (mit nachfolgenden Strikturen) aufgetreten sind.
Erkrankungen der Gallenblase ohne Steinnachweis sind selten. Häufig wird die Diagnose «*Gallenwegsdyskinesie*» gestellt. Man meint hiermit funktionelle Störungen des biliären Systems ohne Nachweis einer organischen Erkrankung. Die Beschwerden bzw. Schmerzen können unter Umständen sehr heftig sein.

Bauchspeicheldrüse

Schmerzen stellen sowohl bei der akuten wie auch bei der chronischen Pankreatitis ein Leitsymptom dar. Vom Pankreas ausgehende Schmerzen werden im gesamten Oberbauch empfunden; die vom Pankreaskopf ausgehenden mehr im rechten, die vom Pankreasschwanz ausgehenden mehr im linken Oberbauch, aber auch paraumbilical und im linken Mittel-/Unterbauch. Die Schmerzintensität korreliert nicht streng mit der Schwere der Erkrankung, sie reicht vom eher milden Beschwerdebild bis hin zum Vernichtungsgefühl.
Die *akute Pankreatitis* tritt am häufigsten als Folge von Alkoholmißbrauch einerseits und des Gallensteinleidens andererseits auf. Unter den seltenen Ursachen einer akuten Pankreatitis sind Infektionskrankheiten (z. B. Mumps, Salmonellose), Medikamente (z. B. Diuretika, Cortison) und Schwangerschaft (sogenannte Gestationspankreatitis) zu nennen.
Leichtere Formen verlaufen unter dem Bild eines Pankreasödems. Das fortschreitende Einbeziehen des Drüsenparenchyms in den Entzündungsprozeß führt zur Einblutung, und im schwersten Fall zur Nekrose des Organs (hämorrhagische bzw. nekrotisierende Pankreatitis). Man diagnostiziert eine akute Pankreatitis auf der Grundlage klinischer (heftige epigastrische Dauerschmerzen), laborchemischer (Erhöhung der Serumamylase und -lipase) und technisch-apparativer (Computertomografie, Sonografie) Kriterien.
Komplikationen der akuten Pankreatitis sind entzündlicher hämorrhagisch-seröser Aszites mit Peritonitis und Ileus, Nekrosen im gesamten Abdominalraum (ausgelöst durch die tryptisch-autodigestive Aktivität des freiwerdenden Pankreassekretes), Sepsis,

Abszeß- und Pseudocystenbildung, Schock und Multiorganversagen. In 10 bis 15% der Fälle wird ein letaler Verlauf beobachtet.
Die Therapie der akuten Pankreatitis liegt zunächst in der Hand des Internisten. Stets ist zu fragen, ob der Erkrankung ein eingeklemmter Papillenstein zugrunde liegt, der ggf. durch endoskopische Sphinkterotomie entfernt werden kann. Die wichtigsten Therapieprinzipien sind parenterale Ernährung, rasche Volumensubstitution, konsequente medikamentöse Analgesie. Bei schwerem Verlauf mit Schock und Nierenversagen muß der Patient unter Umständen maschinell beatmet und dialysiert werden. Bei der hämorrhagisch-nekrotisierenden Verlaufsform ist die chirurgische Intervention mit Abtragen von Nekrosen und Einlegen von Drainagen zu erwägen.
Die *chronische Pankreatitis* ist durch eine – entweder kontinuierlich oder durch häufig rezidivierende Schübe bedingte – fortschreitende Vernarbung des Organs mit langsamem Verlust der exokrinen und endokrinen Funktionen gekennzeichnet *(chronisch rezidivierende Pankreatitis)*. Schollige Kalkablagerungen können hinzukommen *(chronisch-kalzifizierende Pankreatitis)*. Hauptursache ist in fast 70% der Fälle ein chronischer Alkoholmißbrauch. Seltene Ursachen sind endokrine Störungen (Hyperparathyreoidismus), Cholelithiasis und Hyperlipidämie. In etwa ¼ der Fälle ist keine Ursache eruierbar (sogenannte idiopathische Form).
Das Spektrum der klinischen Symptome ist breit. Mit zunehmendem Ausfall der exokrinen Funktion kommt es zu großvolumigen Fettstühlen (Steatorrhoe). Diese Maldigestion verursacht Gewichtsabnahme. Der Ausfall der endokrinen Funktion führt zum pankreatogenen Diabetes mellitus. Häufig beobachtet man bei entzündlichen Veränderungen im Pankreaskopf eine Obstruktion des Ductus choledochus mit Cholestase bzw. mit Verschlußikterus. Zwar verlaufen etwa 10 bis 20% der Fälle von chronischer Pankreatitis schmerzfrei, bei den übrigen aber bestimmt der Schmerz die Klinik des Krankheitsbildes ganz wesentlich, häufig mit schwerster Einschränkung der Lebensqualität. Die Therapie dieser chronischen, schweren Schmerzzustände ist komplex und schwierig, und häufig nur interdisziplinär durch Zusammenarbeit von Internisten, Chirurgen und Anästhesisten befriedigend durchführbar.
Die definitive Diagnose einer chronischen Pankreatitis erfolgt zuverlässig durch die modernen bildgebenden Verfahren, wie Sonografie, ERCP und Computertomografie.
Mittels einer einfach durchzuführenden Pankreaszielaufnahme lassen sich häufig schon schollige Verkalkungen im Pankreasbereich nachweisen, die auf eine chronisch kalzifizierende Pankreatitis hindeuten. Pankreasfunktionsteste wie z. B. der Sekretin-Pankreozymin-Test sind aufwendig, erlauben aber genaue Aussagen über die Funktion des Organs.
Im Verlauf einer chronischen Pankreatitis können sich eine Reihe von Komplikationen entwickeln, die unter Umständen chirurgische Eingriffe nach sich ziehen. Zu nennen sind Pseudocystenbildung, der Verschlußikterus, der pankreatogene Aszites, die Milzvenenthrombose, die Duodenalstenose und gastrointestinale Blutungen.
Schmerzen stellen neben rascher Gewichtsabnahme auch beim *Pankreaskarzinom* ein führendes Symptom dar. Schmerzintensität und Schmerzlokalisation entsprechen dem Beschwerdebild der chronischen Pankreatitis. Leider weist der Schmerz beim Pankreaskarzinom bereits auf ein fortgeschrittenes Stadium hin, in dem eine kurative chirurgische Therapie kaum mehr möglich ist. Nur 20% dieser Karzinome sind zum Zeitpunkt der Diagnosestellung überhaupt noch operabel. Die Diagnosestellung erfolgt mittels Sonografie (ggf. in Kombination mit der ultraschallgezielten Feinnadelpunktion der Raumforderung zum zytologischen Nachweis maligner Zellen), der ERCP und der Computertomografie.

Dünndarm – Dickdarm

Infektiöse Durchfallerkrankungen (z. B. Salmonellosen) manifestieren sich überwiegend am Dünndarm. Neben den Leitsymptomen wässrige Diarrhoe und hohes septisches Fieber bestehen häufig quälende, krampfartige Abdominalschmerzen, welche die symptomatische Therapie mit Spasmolytika und Analgetika erforderlich machen.
Bei der *Crohn'schen Erkrankung* (Morbus Crohn oder Ileitis terminalis) handelt es sich um eine, vor allem beim jüngeren Erwachsenen vorkommende, meist schubweise chronisch verlaufende, segmentale Entzündung des Dünn- und Dickdarms. Weit überwiegend aber betroffen sind die unteren Ileumabschnitte, daher die Bezeichnung Ileitis terminalis. Selten sind höhere Abschnitte des Gastrointestinaltraktes (Speiseröhre, Magen) mitbefallen, häufiger hingegen der Dickdarm. Fistelbildungen (enterokutan, enteroenteral oder enterovesikal) sind eine typische Erscheinung. Die Ätiopathogenese der Erkrankung ist unbekannt. Als Hinweis für den Systemcharakter der Erkrankung können angeführt werden, daß gelegentlich assoziierte Augensymptome (Iridozyklitis), Lebererkrankungen (primär sklerosierende Cholangitis) und Hauterscheinungen (Erythema nodosum) beobachtet werden. Leitsymptome des Morbus Crohn sind Schmerzen (80 bis 95%), Durchfälle (90%) und Fieber (30 bis 50%). Die Schmerzen werden am häufigsten im rechten Unterbauch angege-

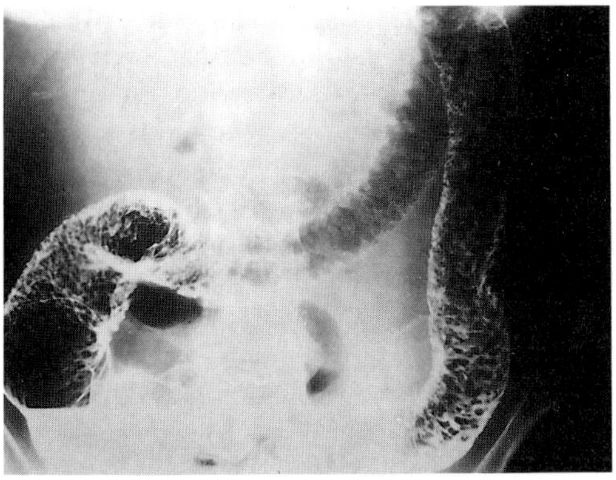

Abb. 3.6: Colitis ulcerosa: Starre des Darmrohrs, Aufhebung der Haustrierung und entzündliche Wandveränderungen (Kolonkontrasteinlauf)

ben und müssen vom Schmerz bei Appendizitis unterschieden werden.

Vom Morbus Crohn ist die *Colitis ulcerosa* als eine weitere wichtige Darmerkrankung abzugrenzen. Letztere befällt vorzugsweise die Schleimhaut des Rektums und des Sigmas, kann aber das gesamte Kolon erfassen (Abb. 3.6).

Sie wird im Dünndarm nicht beobachtet. Trotz Hinweisen für eine familiäre Disposition, für die Beteiligung von Autoimmunmechanismen und für eine psychosomatische Komponente ist die Ätiopathogenese letztendlich ungeklärt. Leitsymptom ist der Durchfall mit blutig-schleimigen Stuhlbeimengungen. Tenesmen und Abdominalschmerzen werden häufig geklagt. Schwere Verlaufsformen (fulminant-toxischer Verlauf) sind selten. Sie sind durch Kolonperforation, Blutungen und toxisches Megakolon mit einer hohen Letalität belastet.

Das *kolorektale Karzinom* stellt beim Mann und bei der Frau den zweithäufigsten Organkrebs (beim Mann nach dem Bronchialkarzinom, bei der Frau nach dem Mammakarzinom) dar. Frühsymptome sind uncharakteristisch, am häufigsten werden Veränderungen der Stuhlgewohnheiten angegeben. Okkulte Blutbeimengungen des Stuhls sind ein frühes Warnzeichen, Tests auf okkultes Blut daher als wichtigste Früherkennungsmaßnahme anzusehen. Schmerzen gelten als Spätsymptom und sind zumeist Ausdruck einer höhergradigen Stenose des Kolons (Abb. 3.7).

Divertikel sind kleinere, umschriebene, sackförmige Ausstülpungen der Wand im Gastrointestinaltrakt. Man findet sie am häufigsten im Dickdarm, vor allem im Sigma. Bei multiplem Auftreten spricht man von Divertikulose. Die blande Divertikulose verursacht keine Beschwerden. Erst bei entzündlichen Reaktionen in den und um die Divertikel herum *(Divertikulitis)* werden mitunter heftige abdominale Schmerzen, vornehmlich im linken Unterbauch, beobachtet.

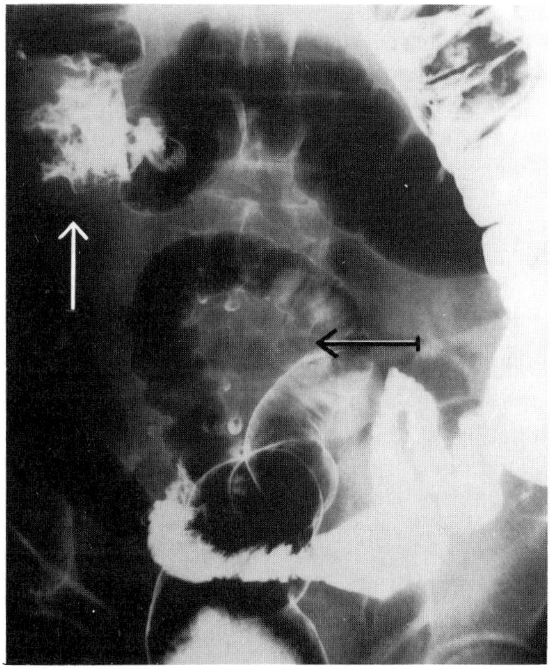

Abb: 3.7: Nebeneinander von Kolonkarzinom (↑) und Sigmadivertikulitis (←) im Kolonkontrasteinlauf

Die *akute Appendizitis* stellt eine der wichtigsten abdominalen Krankheitsbilder dar. Es ist die Erkrankung, die am häufigsten zur Laparotomie führt. In klassischer Ausprägung sind die Symptome unverkennbar, stets jedoch muß man mit atypischen Verläufen rechnen.

Die Erkrankung beginnt zumeist mit einem akuten epigastrischen und periumbilicalen Schmerz. Rasch gesellen sich Übelkeit und Erbrechen hinzu. Bald wandert der Schmerz in den rechten Unterbauch. Am McBurney-Punkt, auf halber Strecke zwischen Spina iliaca anterior superior und Nabel ist ein heftiger Loslaßschmerz auslösbar. Fieber (insbesondere ist auf die rektal-axilläre Temperaturdifferenz zu achten) und Leukozytose sind nahezu obligat.

Pathologisch-anatomisch steht eine katarrhalische Entzündung am Anfang des Krankheitsgeschehens. Wird in dieser Phase nicht umgehend appendektomiert, können sich als schwerwiegende Komplikationen Phlegmone, Gangrän und perityphlitischer Abszeß mit Peritonitis entwickeln.

Im Alter verläuft die Appendizitis häufig symptomarm larviert. Bei Schwangerschaftsappendizitis besteht wegen des Hochwanderns des Zökums eine atypische Schmerzlokalisation.

Unter dem Begriff *Ileus* versteht man einen Darmverschluß. Man unterscheidet zwei Formen, einmal den *paralytischen Ileus* durch Lähmung der Darmmuskulatur bei weiterhin durchgängigem Darmlumen, zum

anderen den *mechanischen Ileus* oder Obturationsileus bzw. Strangulationsileus, mit Verlegung des Darmlumens. Die Lumenverlegung kann auf jeder anatomischen Höhe des Darms (hoch oder tief im Dünndarm, im Kolon) stattfinden. Der Ileus, ob paralytisch oder mechanisch, ist stets als Folge einer Grunderkrankung anzusehen, nach der energisch gefahndet werden muß.
Die vollständige Lähmung der Darmmuskulatur beim paralytischen Ileus führt zu einer erheblichen Auftreibung des Abdomens. Stuhl und Winde gehen nicht mehr ab. Erbrechen ist häufig. Vom Beginn der Erkrankung an sind über dem Abdomen keine Darmgeräusche mehr auskultierbar («Totenstille»). Das Abdomen ist palpatorisch zunächst weich, um später bretthart zu werden. Es besteht ein mäßiger, später aber zunehmender Dauerschmerz. Gleichzeitige Sequestrationen größerer Flüssigkeitsmengen in das Darmlumen hinein führt zu einem Volumenmangelzustand, bis hin zum manifesten Schock.
Häufigste Ursache ist die *Peritonitis*. Diese ist gelegentlich primär bakteriell bedingt (Pneumokokken, Gonokokken, Tuberkelbakterien), häufiger aber sekundär nach Darmperforation entstanden. Die Peritonitis kann lokal oder diffus ausgebildet sein. Intraperitoneale Abszesse können eine Bauchfellentzündung komplizieren. Darüber hinaus kann es im Rahmen anderer schwerer Grunderkrankungen zur reflektorischen Darmlähmung kommen, z. B. bei Sepsis, Gallen-/Nierenkolik und der akuten Pankreatitis.
Beim mechanischen Ileus bestehen von Anfang an kolikartige, unter Umständen heftigste abdominale Schmerzen. Die Darmperistaltik arbeitet gesteigert gegen ein Hindernis an. Wind- und Stuhlverhaltung, Erbrechen und die Schmerzen weisen früh auf die Verdachtsdiagnose eines mechanischen Ileus. Der langandauernde mechanische Ileus geht aufgrund einer Durchblutungsstörung des Darms langsam in einen paralytischen Ileus über.
Äußere *inkarzerierte Hernien* sind beim Erwachsenen die häufigste (40 bis 50%) Ursache des mechanischen Ileus. Als Hernie bezeichnet man den Vorfall von Darmanteilen in den Bruchsack des Peritoneums an Stellen mit Bauchwandlücken (Bruchpforte). Die wichtigsten äußeren Hernien sind die Leistenhernie, die Nabelhernie und die Schenkelhernie. Die wichtigste Bruchkomplikation ist die Inkarzeration. Neben dem lokalen Schmerz sind als weitere Leitsymptome Erbrechen und rascher Kreislaufverfall zu nennen. Wird nicht umgehend reponiert bzw. operiert, besteht die Gefahr einer Nekrose der inkarzerierten Darmanteile mit Ausbildung einer lokalen Peritonitis.
Briden (Verwachsungen) bzw. Adhäsionen stellen die zweithäufigste (10 bis 30%) Ursache des mechanischen Ileus dar. Diese bilden sich nach vorangegangenen Abdominaloperationen aus und können sich unter Umständen noch Jahrzehnte nach Operationen im Sinne eines mechanischen Ileus auswirken. Die Darmschlingen verfangen sich dann gewissermaßen in einem Netz intraabdominaler Narbenstränge.
Weiterhin ist an die Möglichkeit einer Einengung bzw. eines Verschlusses des Darmlumens von innen heraus zu denken. Bösartige Neubildungen, vor allem des Kolonkarzinoms, machen 10 bis 15% aller Fälle von mechanischem Ileus aus.
Entzündliche Konglomerattumore sind seltene Ursachen eines mechanischen Ileus. Erwähnt werden soll hier der Morbus Crohn, der zu einer stenosierenden Entzündung im Bereich des terminalen Ileums führen kann. Schließlich ist die schwere Divertikulitis zu nennen. Die sich auf die Divertikelumgebung ausbreitende Entzündung führt zu einer lokalen Kolitis mit Stenosebildung, im Extremfall mit Abszeßbildung, Fistelungen und Darmperforation.

Vom Retroperitoneum ausgehende Schmerzen

Das *Harnsteinleiden* wird in den letzten Jahren zunehmend beobachtet. Man schätzt, daß 1 bis 2% der Bevölkerung harnsteinkrank bzw. -gefährdet ist. Wichtigste Ursache der Steinbildung dürfte eine falsche, insbesondere zu reichhaltige Ernährung sein. Hier besteht eine Parallele zu anderen Volkskrankheiten wie Diabetes mellitus und Hypertonie. Konstitutionelle Faktoren und Umwelteinflüsse spielen pathogenetisch eine geringe Rolle. Man unterscheidet mit abnehmender Häufigkeit Kalziumoxalat-, Harnsäure-, Kalzium-Phosphat-Xanthin- und Zystinsteine.
Die Ureter-Passage des Konkrements löst einen der stärksten akuten Schmerzzustände aus. Dessen Charakter ist krampfartig, wellenförmig, meist lang andauernd. Je nach Sitz des Steines strahlen die Schmerzen in die Flanke, den Oberbauch, die Leiste, in den Oberschenkel sowie ins Genitale aus (Abb. 3.8).
Konkremente mit scharfkantiger Oberfläche führen zur Traumatisierung des Ureterepithels mit nachfolgender Hämaturie. Es kommt darüber hinaus zu einer lokalen Entzündung im Harnleiter. Die Blockade des Harnflusses führt zur reversiblen Harnstauungsniere (Abb. 3.9).
Letztendlich gehen aber 60 bis 80% aller Harnleitersteine unter medikamentös-konservativer Therapie spontan ab.
Bei Persistenz des Abflußhindernisses kommt es leicht zu Infektionen im Nierenbecken. Gefürchtet

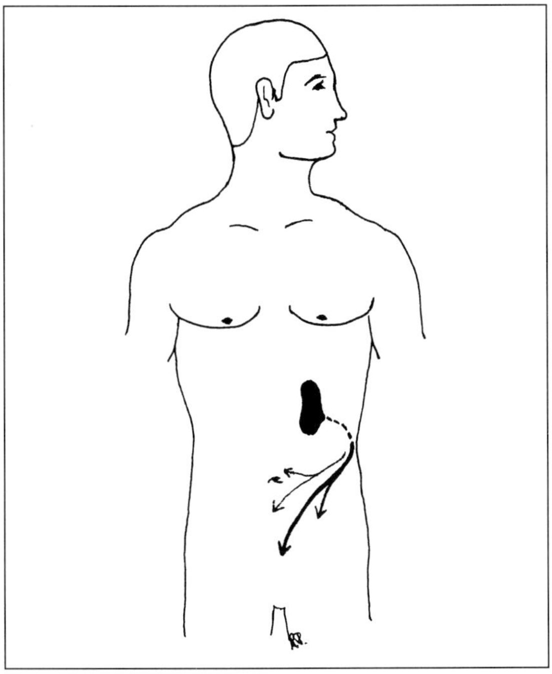

Abb. 3.8: Schmerzausstrahlung bei Nierenkolik

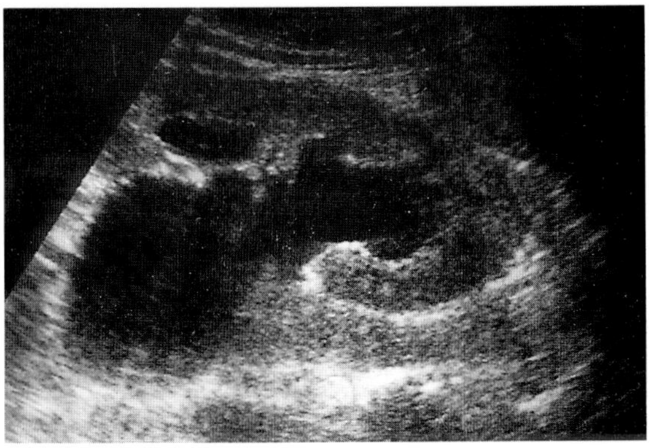

Abb. 3.9: Harnstau der linken Niere als indirektes Zeichen eines Harnleitersteines (Sonografie)

sind die *Pyelonephritis*, die *Pyenephrose*, Abszeßbildungen im Parenchym und die *Urosepsis*. Bei Versagen der medikamentös-konservativen Therapie ist daher die rasche operative bzw. instrumentelle Steinentfernung bzw. die in den letzten Jahren sehr erfolgreich praktizierte Stoßwellenlithotrypsie anzustreben.
Banale bakterielle Harnwegsinfekte verursachen mitunter ebenfalls heftige Schmerzen. Man kann zwei Formen unterscheiden: Die *akute Zystitis* und die *akute Pyelitis*. Neben der symptomatischen analgetisch-spasmolytischen Therapie ist, entsprechend der Empfindlichkeit der Erreger, eine antibiotische Behandlung durchzuführen.

Maligne Tumoren der Niere *(Hypernephrom)* bleiben lange Zeit asymptomatisch. Eine Mikro- bzw. Makrohämaturie kann Frühsymptom sein. Der Sonografie kommt in der Früherkennung von Nierentumoren eine große Bedeutung zu. Schmerzen werden erst bei Überschreiten der Organgrenzen beobachtet, mit dann schlechten Heilungsaussichten.

Thorakale Schmerzsyndrome

Herz

Das Herz wird von zwei Koronararterien, die unmittelbar oberhalb der Aortenklappen aus der Aorta thoracalis hervorgehen, mit Blut versorgt. Die rechte Kranzarterie zieht zur Herzhinterwand, während die linke, größere Kranzarterie Herzvorderwand und Septum versorgt. Aus deren Hauptstamm gehen zwei Äste hervor, der Ramus interventricularis anterior (RIVA) und der Ramus circumflexus.
Arteriosklerotische Degenerationen stellen die Hauptursache der *koronaren Herzkrankheit* dar. Pathologisch-anatomisch führt die Arteriosklerose durch Ablagerung von Lipiden, Bindegewebe und schließlich Kalk zu einer Einengung des Gefäßlumens mit nachfolgender verminderter Sauerstoffversorgung des Myokards (Ischämie). Das Krankheitsbild der koronaren Herzkrankheit zeigt unterscheidbare klinische Auswirkungen: *Angina pectoris*, *Myokardinfarkt* und sogenannter *plötzlicher Herztod* («sudden cardiac death»), sowie Herzrhythmusstörungen und Herzinsuffizienz. In den Ländern der westlichen Welt stellt die koronare Herzkrankheit mit ihren Folgen die häufigste Todesursache dar. Man schätzt, daß 10 bis 15% aller 40- bis 65jährigen Männer an Herzkranzgefäßverengung leiden. Epidemiologisch lassen sich mehrere Risikofaktoren benennen: Hypercholesterinämie, Zigarettenrauchen, arterielle Hypertonie, Diabetes mellitus und Adipositas.
In der Diagnostik der koronaren Herzkrankheit stehen heute zahlreiche invasive und nicht invasive Untersuchungsmethoden wie Ruhe-EKG, Belastungs-EKG, Myokardszintigrafie und Koronarangiografie zur Verfügung. Deren abgestufter Einsatz ermöglicht es, den Schweregrad der Koronarstenosen exakt festzulegen und, darauf aufbauend, ein stadiengerechtes Therapiekonzept zu entwickeln. Dieses umfaßt zunächst die medikamentöse Therapie (vor allem mit Nitrokörpern, Kalziumantagonisten und Betarezeptorenblockern), die Bypass-Chirurgie, und seit einigen Jahren die Ballondilatation von Koronarstenosen (perkutane transluminale Koronarangioplastie – PTCA).

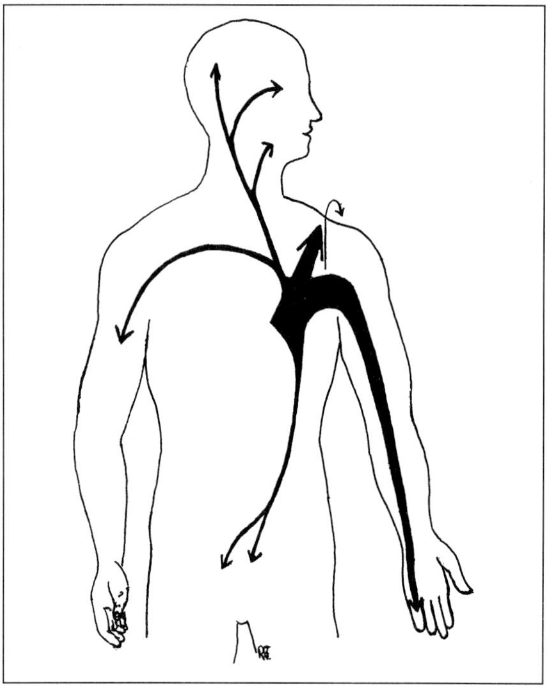

Abb. 3.10: Schmerzausstrahlung bei Angina pectoris

Der Angina-pectoris-Schmerz ist Ausdruck einer Myokardischämie. Der Schmerz wird retrosternal lokalisiert, er ist von dumpf-bohrendem Charakter. Gelegentlich besteht aber nur ein thorakales Engegefühl. Typisch für den Angina-pectoris-Schmerz ist die Ausstrahlung in die linke Schulter und in die Ulnarseite des linken Armes, bis hin zu den Fingerspitzen ziehend. Seltener ist die Ausstrahlung in den rechten Arm, die Hals-Kinn-Partie und in den Rükken. Besondere Verwirrung stiftet mitunter die isolierte Ausstrahlung in den Oberbauch, wodurch es zu Verwechslungen mit abdominalen Oberbaucherkrankungen kommen kann (Abb. 3.10).

Die Angina-pectoris-Beschwerden treten verstärkt bei körperlicher Belastung wie z. B. Treppensteigen auf, zeigen aber auch eine Verstärkung durch Kältereize. Sie dauern definitionsgemäß nur kurz (etwa 5 bis 10 min) und zeigen ein promptes Ansprechen auf die sublinguale Gabe von Nitroglycerin.

Jeder länger anhaltende (über 20 min), therapieresistente (auf sublinguale Nitrogabe nicht mehr ansprechende), mit Vernichtungsgefühl und starker Unruhe einhergehende Präkordialschmerz weist auf einen Myokardinfarkt, d. h. auf eine ischämiebedingte Myokardnekrose hin. Neben der klinischen Symptomatik müssen aber auch im EKG infarkttypische Veränderungen, sowie ein Anstieg der herzspezifischen Fermente (Creatininkinase) im Serum nachweisbar sein. Bemerkenswerterweise können Diabetiker einen Herzinfarkt ohne Schmerzen bzw. mit stark abgeschwächter Symptomatik erleiden («stummer Infarkt»). Man nimmt als Ursache eine Schädigung der Schmerzafferenzen durch sensible diabetische Polyneuropathie an. Etwa 40% aller Patienten versterben an den Folgen des Infarktes, 25% noch in der ersten Stunde nach Infarkteintritt, fast stets vor Erreichen der Klinik.

Patienten, welche nach Eintritt eines Myokardinfarktes die Klinik erreichen, müssen wegen der zahlreichen Komplikationsmöglichkeiten auf einer Intensivstation behandelt werden. Herzrhythmusstörungen werden bei etwa 90% aller Infarktpatienten beobachtet. Eine akute *Linksherzinsuffizienz* bildet sich in etwa 25% der Fälle aus. Nach Nekrose von mehr als ⅓ der Herzmuskelmasse entwickelt sich der gefürchtete *kardiogene Schock* mit nahezu infauster Prognose. Dieses Ereignis wird immerhin bei 10 bis 15% der Patienten beobachtet. Weitere Komplikationen sind die *Durchwanderungsperikarditis*, die *Herzwandruptur*, *thrombembolische Komplikationen* durch Gerinnselbildung im linken Ventrikel und die Ausbildung eines *Herzwandaneurysmas* als Spätkomplikation.

Vom Angina-pectoris-Schmerz nicht ganz leicht abzugrenzen ist der retrosternale Schmerz bei *Perikarditis* (Herzbeutelentzündung). Regelmäßig fehlt aber die für eine Angina pectoris typische Ausstrahlung. Im Liegen kommt es zu einer Verstärkung des Schmerzes, ein Zeichen, das bei Angina pectoris ebenfalls vermißt wird. Auskultatorisch hört man über dem Herzen ein Perikardreiben. In der Differentialdiagnose zwischen Perikarditis und Myokardinfarkt kommt dem EKG eine große Bedeutung zu. Die Ursachen einer Perikarditis sind mannigfaltig. Am häufigsten ist sie infektiös bedingt (Viren: Coxsackie-, Influenza-, Echoviren; Bakterien: Streptokokken, Staphylokokken, Tuberkelbakterien). Man beobachtet sie weiterhin im Rahmen von Kollagenkrankheiten (wie dem systemischen Lupus erythematodes), bei Tumorinfiltration des Perikards (z. B. bei Bronchialkarzinomen) und auch nach Herzinfarkt (Perikarditis epistenocardica). Aber bei immerhin 25% der Fälle läßt sich keine Ursache angeben (sogenannte idiopathische Form).

Schwerste thorakale Schmerzen werden beim *Aneurysma dissecans* der Aorta thoracalis beobachtet. Die Dissektion entsteht zumeist auf dem Boden einer Arteriosklerose durch einen Intimaeinriß der Aorta. Der Blutstrom kann sich jetzt unter Umständen langstreckig zwischen Intima und Media hineingraben (Wühlblutung).

Der Schmerz unterscheidet sich vom Angina-pectoris-Schmerz durch seine atypische Ausstrahlung in Genick, Rücken, Bauch und Beine. Die Letalität ist sehr hoch (1-Monats-Letalität von 80%). Je nach Ausmaß der Dissektion (diagnostizierbar durch Computertomografie und Aortografie) ist zwischen operativer und konservativ-medikamentöser Therapie zu entscheiden.

Lunge – Rippenfell

Leitsymptom der *Pleuritis* (Rippenfellentzündung) ist der atemabhängige Schmerz. Schmerzbedingt kommt es zur Schonhaltung und zur flachen Atmung. Der Schmerz ist schneidend und wird oberflächlich gelegen empfunden. Die Einbeziehung der zentralen diaphragmalen Pleuraanteile führt zur Schmerzausstrahlung in den Schulterbereich, die der peripheren diaphragmalen Pleura ins Abdomen. Auskultatorisch ist ein unverkennbares Pleurareiben feststellbar. Solange kein Erguß vorhanden ist, spricht man von *Pleuritis sicca* (trockener Rippenfellentzündung), mit Auftreten eines Ergusses von *Pleuritis exsudativa* (feuchte Rippenfellentzündung). Infektiöse, maligne, autoimmune und kardiale Erkrankungen können eine Pleuritis auslösen. Häufig besteht eine entzündliche Mitbeteiligung der Pleura bei *Pneumonie* (Pleuropneumonie).

Plötzlich auftretende Dyspnoe, verbunden mit stechenden thorakalen Schmerzen und Hustenreiz, muß an einen *Spontanpneumothorax* denken lassen. Dieser findet sich ohne Fieber, nach körperlichen Anstrengungen bei jüngeren Erwachsenen ohne erkennbare Lungenerkrankung (idiopathische Form) (Abb. 3.11). Nach Diagnosestellung mittels Röntgenthoraxaufnahme wird eine Dauerdrainage (Bülau-Drainage) angelegt.

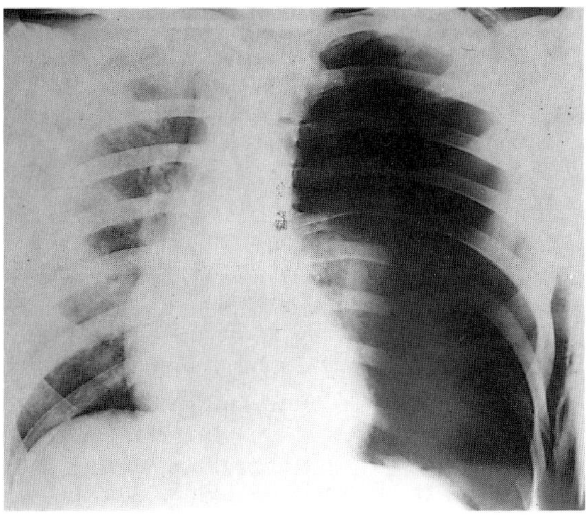

Abb. 3.11: Linksseitiger Pneumothorax mit Rechtsverlagerung der Mediastinalorgane (Spannungspneumothorax)

Lungenembolien entstehen zu 90 bis 95% durch Einschwemmen von Blutgerinnseln aus den Venen der unteren Extremität in die Lungenstrombahn. Kleinere Lungenembolien können klinisch unbemerkt verlaufen, größere Embolien hingegen bewirken Luftnot, blutigen Auswurf, Tachykardie. Tachykardie und thorakale Schmerzen. Fulminante Lungenembolien, welche die Pulmonalarterie komplett verlegen, führen durch die akute massive Rechtsherzbelastung zum Sekundenherztod.

Die Differentialdiagnose zwischen Lungenembolie und Angina pectoris bzw. Herzinfarkt kann sich schon aus der Anamnese (Vorhandensein einer Phlebothrombose, Gipsverband in letzter Zeit, kurz zurückliegende Operation), dem EKG mit Zeichen einer Rechtsherzbelastung und fehlenden Infarktzeichen und der Blutgasanalyse (mit Erniedrigung der arteriellen Sauerstoff- und Kohlendioxidspannung) ergeben. Lungenszintigrafie und Pulmonalisangiografie sind die aussagekräftigsten diagnostischen Verfahren.

Das *Bronchialkarzinom* ist der häufigste bösartige Tumor beim Mann und wird auch bei Frauen immer häufiger beobachtet, wobei die Inhalation von Zigarettenrauch als der pathogenetisch wichtigste Faktor angeschuldigt wird. Die Symptomatik in frühen Stadien ähnelt einer verschleppten Erkältungskrankheit, anhaltender Husten kann wegweisend sein. Schmerzen im Brustbereich, blutiger Auswurf, Lähmung von Nerven im Mediastinalbereich (Nervus recurrens, Nervus phrenicus) und Ummauerung der der Vena cava *(Vena-cava-superior-Syndrom)* weisen auf eine fortgeschrittene Erkrankung hin, bei der in der Regel keine Operabilität mehr besteht. Die Diagnose wird durch Röntgenthoraxaufnahme und durch Bronchoskopie mit Biopsie gesichert. Das peripher in der Lungenspitze gelegene Bronchialkarzinom *(Pancoast-Tumor)* geht durch Knochendestruktionen (erste Rippe und BWK I), Plexusinfiltration und Lymph- bzw. Venenstauung der gleichseitigen Extremität schon früh mit starken Schmerzen einher.

Thorakale Schmerzen werden häufig mit der Diagnose «*Intercostalneuralgie*» belegt. Vermutlich handelt es sich bei diesem Schmerzzustand um kein eigenständiges Krankheitsbild, sondern um das Symptom einer andersartigen Erkrankung. Stets ist nach einem beginnenden Herpes zoster, nach vertebragenen Schmerzzuständen oder nach einer Pleurodynie (Virusinfekt, sogenannte Bornholmer Krankheit) zu fahnden.

Speiseröhre

Schmerzen bei Oesophaguserkrankungen werden überwiegend im Bereich des Thorax beklagt, daher an dieser Stelle besprochen. Der Rückfluß von saurem Mageninhalt in die Speiseröhre führt zur *Refluxoesophagitis*. Diese äußert sich in frühen Stadien als Sodbrennen, nimmt aber in fortgeschrittenen Fällen einen intermittierenden, epigastrisch-retrosternal lokalisierten brennenden Schmerzcharakter an, der vom Angina-pectoris-Schmerz nicht ohne weiteres unterscheidbar ist. Die Refluxoesophagitis ist häufig mit einer *Hiatushernie* kombiniert.

Auch der seltene, in seiner Ursache ungeklärte diffuse *Oesophagusspasmus* geht mit starken retrosternalen Schmerzen einher.

Das *Oesophaguskarzinom* äußert sich zunächst als Schluckstörung (Dysphagie). Schmerzen deuten bereits auf invasiv-destruierendes Wachstum in benachbarte mediastinale Strukturen hin. Die Prognose bei diesem Karzinom ist stets schlecht.

Schmerzen bei Erkrankungen der Gelenke

Der Formenkreis der rheumatischen Erkrankungen umfaßt den Komplex der entzündlichen und degenerativen Erkrankungen von Gelenken, Wirbelsäule und Weichteile. Orthopäden und Internisten sind in Diagnostik und Therapie des «Rheumas» gleichermaßen gefordert. Die entzündlich-rheumatischen Gelenkerkrankungen weisen alle klassische Entzündungszeichen auf: Calor (Überwärmung), Rubor (Rötung), Tumor (Schwellung), Dolor (Schmerz) und Functio laesa (Funktionsverlust).

Die *rheumatoide Arthritis* (progressiv-chronische Polyarthritis) stellt die weitaus wichtigste entzündliche Gelenkserkrankung dar. 1,5 bis 3% der Gesamtbevölkerung in der Bundesrepublik (ca. 1 bis 2 Millionen Patienten) leiden an rheumatoider Arthritis. Man rechnet pro Jahr mit 30000 bis 60000 Neuerkrankungen. Frauen sind dreimal häufiger befallen als Männer. Der Beginn ist schleichend. Morgensteifigkeit der Gelenke und Parästhesien werden in der Frühphase häufig beobachtet. Schmerzhafte Schwellung kleinerer Gelenke (besonders der Finger) folgen. In späten Stadien kennzeichnen gravierende Gelenkdestruktionen mit Fehlhaltungen (ulnare Deviation) das Krankheitsbild. Bevorzugt sind die Hände befallen, nach und nach können aber alle Gelenke in den Entzündungsprozeß einbezogen werden. Selten sind innere Organe (vor allem Herz und Lunge) mitbeteiligt. Der Verlauf zeigt einen charakteristischen Wechsel von Remissionen (Stillstand der Entzündung) und entzündlichen Schüben. Im Entzündungsschub leidet der Patient unter permanenten (auch nachts oder in Ruhe vorhandenen) Schmerzen.

Mit schmerzhaften Arthritiden als Begleiterkrankung gehen zahlreiche Leiden einher. Erwähnt werden sollen hier *Kollagenosen* (Bindegewebserkrankungen) wie der Lupus erythematodes und die Sklerodermie, die *Arthritis bei Morbus Bechterew*, die Arthritis im Rahmen einer Psoriasis *(Arthritis psoriatica)*, das *rheumatische Fieber* (eine immunologisch induzierte Streptokokkenfolgeerkrankung) und Stoffwechselerkrankungen wie die *Gicht*. Leitsymptom aller genannten Erkrankungen ist der Schmerz in den betroffenen Abschnitten des Bewegungsapparates.

Schmerzen bei Erkrankungen der Gefäße

Arterien

Bei der *arteriellen Verschlußkrankheit* besteht eine langsam zunehmende Einengung bzw. Verlegung des Arterienlumens mit konsekutiven Durchblutungsstörungen der abhängigen Areale. Ca. 90% der Arterienstenosen liegen arteriosklerotische Wandveränderungen zugrunde. Pathogenetisch spielen als Risikofaktoren Rauchen, Hypertonie, Diabetes, Fettstoffwechselstörungen und Adipositas die wichtigste Rolle. Entzündliche Arterienverengungen werden selten beobachtet, z.B. bei Kollagenosen wie der Panarteriitis nodosa.

Naturgemäß betrifft die Erkrankung in der Regel das gesamte Arteriensystem, jedoch finden sich typische Prädilektionsstellen. Die arterielle Verschlußkrankheit der Herzkranzgefäße (die koronare Herzkrankheit) wurde an anderer Stelle besprochen. Die Verschlußprozesse der intracraniellen Arterien sollen hier nicht erörtert werden.

90% der chronischen Arterienverschlüsse finden sich im Bereich der unteren Extremität, einschließlich Beckenarterien und Aorta abdominalis, 8% im Bereich der Schultergürtel- und extracraniellen Kopfarterien, und nur 2% im Bereich der visceralen Aortenäste.

Führendes Symptom der arteriellen Verschlußkrankheit der unteren Extremität ist die *Claudicatio intermittens* (intermittierendes Hinken, Schaufensterkrankheit). Es handelt sich hierbei um einen Wadenschmerz, der in Abhängigkeit von der Belastung nach einer bestimmten Gehstrecke auftritt. Diese ist um so kürzer, je schwerer das Ausmaß der Arterienstenose ist. Bei weiterem Fortschreiten der Erkrankung treten Ruheschmerzen auf, d.h. bereits ohne körperliche Belastung reicht die Blutversorgung nicht mehr aus, um die Extremität mit Nährstoffen zu versorgen. Die vollständige Unterbrechung der Blutversorgung

zeitigt Nekrosen (Gewebstod), die sogenannte Gangrän.
Genaueste diagnostische Untersuchung ist die Arteriografie der betroffenen Gefäßprovinz. Frühe Stadien der Erkrankung werden konservativ behandelt. Hierzu gehören insbesondere die Ausschaltung der Risikofaktoren und Trainingsmaßnahmen zur Förderung eines Kollateralkreislaufes. Die Therapie fortgeschrittener Stadien ist Domäne der Gefäßchirurgie. In den letzten Jahren gewann aber die Ballondilatation von Gefäßstenosen (PTA = perkutane transluminale Angioplastie) an Bedeutung.
Akute Arterienverschlüsse sind überwiegend Folge arterieller Embolien bei Vorhofflimmern. Die Symptomatologie umfaßt im klassischen Fall sechs «P's»: Pain (Schmerz), Paleness (Blässe), Paraesthesia (Gefühllosigkeit), Paralyses (Bewegungsverlust), Prostration (Schock) und Pulslessness (Pulslosigkeit). Innerhalb von sechs Stunden muß die operative Thrombembolektomie erfolgen, ansonsten ist die Nekrose der Extremität unausweichlich.
Die arterielle Versorgung der Abdominalorgane erfolgt über die Arterien des Truncus coeliacus, über die Arteria mesenterica superior und über die Arteria mesenterica inferior. Die beiden letztgenannten Gefäße versorgen Dünn- und Dickdarm. Der akute Gefäßverschluß einer Mesenterialarterie zieht den Infarkt (Nekrose durch Sauerstoffmangel) des versorgten Darmabschnittes nach sich. Arterielle Embolien, die aus dem Herzen stammen (z. B. bei Vorhofflimmern oder bei Endokarditis lenta) sind die häufigste Ursache. Arteriosklerotische Gefäßveränderungen, die in anderen Gefäßprovinzen dominieren, sind im Bereich der Mesenterialgefäße eher selten. Der durch den Gefäßverschluß ausgelöste Schmerz ist extrem stark, eher kontinuierlich, auch wenn kolikartige Schwankungen vorkommen, und mehr von diffusem Charakter. Klinisch besteht anfangs eine Diskrepanz zwischen der Schwere des Schmerzes und dem eher blanden abdominalen Tastbefund. Rasch bildet sich aber ein Kreislaufschock, eine Diarrhoe durch Darmwandhypoxie, und schließlich ein Ileus aus. Die Diagnose wird häufig zu spät gestellt. Nur eine frühzeitige Operation könnte das Leben des Patienten retten.
Als *Aneurysma* bezeichnet man die umschriebene, dauerhafte Wandausbuchtung eines zumeist arteriosklerotisch vorgeschädigten Blutgefäßes. Im Bereich der abdominalen Aorta sind die Aneurysmen überwiegend unterhalb der Nierenarterien (infrarenal) gelegen (Abb. 3.12).
Die Ruptur des Aortenaneurysmas stellt ein äußerst bedrohliches Krankheitsbild dar. Sehr starke abdominale Schmerzen sind Leitsymptom. Die differentialdiagnostische Abgrenzung zur Nierenkolik und zur akuten Lumbago – beides Erkrankungen, die ebenfalls mit heftigen Schmerzen einhergehen – ist aber mitunter schwierig. Die Ruptur erfolgt zumeist mehrzeitig. Sie verläuft zunächst gedeckt, um schließlich zu massiven Blutungen in die Bauchhöhle und in den Darmtrakt zu führen. Nur die frühzeitige gefäßchirurgische Intervention ist erfolgversprechend.

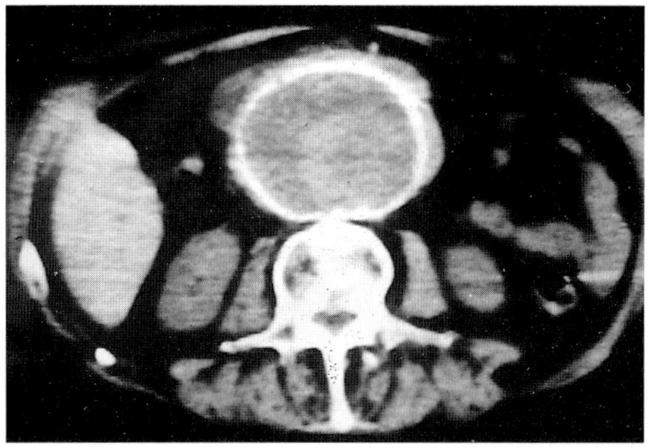

Abb. 3.12: Großes Aneurysma der Aorta abdominalis (Computertomografie)

Venen

Erkrankungen des venösen Systems, insbesondere der *variköse Symptomenkomplex*, werden in den industrialisierten Ländern häufig beobachtet. Unter einer Varize versteht man die Erweiterung von Venen mit der Folge einer Insuffizienz von Venenklappen. Hauptlokalisation ist die untere Extremität. Man spricht hier gewöhnlich von «Krampfadern», denn schmerzhafte Wadenkrämpfe sind neben Schweregefühl des Beins das führende Symptom dieses Leidens. Bewegungsmangel und Übergewicht gelten als die wichtigsten disponierenden Faktoren.
Blutgerinnselbildung (Thrombosen) im venösen System treten ebenfalls am häufigsten in der unteren Extremität auf. Eine harmlose *oberflächliche Thrombophlebitis*, bei der meist ein schmerzhafter, entzündeter Gefäßstrang tastbar ist, wird von der gefährlichen *tiefen Beinvenenthrombose*, mit den möglichen Komplikationen einer Lungenembolie und eines *postthrombotischen Syndroms*, unterschieden. Thrombosen der tiefen Beinvenen entstehen insbesondere bei der Verlangsamung des Blutstroms, z. B. bei langer Bettruhe, beim Tragen eines Gipsverbandes, während einer Schwangerschaft oder bei Rechtsherzinsuffizienz. Seit längerem ist bekannt, daß auch hormonale Antikonzeptiva die Entstehung von Thrombosen begünstigen. Schmerzen und Stauungsödeme beherrschen das klinische Bild. In frühen Krankheitsstadien kommen die operative Entfernung von Blutgerinn-

seln (Thrombektomie), alternativ die medikamentöse Gerinnselauflösung (z. B. mit Streptokinase) und physikalische Maßnahmen (Hochlagern der Extremität, Kompressionsverband) zur Anwendung.
Tiefe Beinvenenthrombosen geringeren Ausmaßes können klinisch unbemerkt verlaufen, trotzdem aber zur Lungenembolie führen. Im schwersten Falle sieht man die Thrombose aller venösen Abflußbahnen einer Extremität. Durch gleichzeitige Kompression von Arterien besteht die Gefahr eines Extremitätenverlustes. Dieses Krankheitsbild wird als *Phlegmasia caerulea dolens* bezeichnet.
Längere Zeit nach einer tiefen Beinvenenthrombose werden bei den meisten Patienten die Ausbildung eines Umgehungskreislaufs mit sekundärer Varizenbildung, die Zerstörung von Venenklappen, ein Lymphstau und Geschwürbildungen («offenes Bein») beobachtet. Es wird von einem postthrombotischen Syndrom gesprochen. Im Vordergrund des Beschwerdebildes steht eine Stauungsdermatose mit ihren Folgen. Man sieht auf ihrem Boden schlecht heilende Ulzerationen, schmerzhafte Entzündungen, rezidivierende Thrombophlebitiden und Hautpigmentierungen.

Lymphgefäße

Unter den Erkrankungen des Lymphsystems soll nur die schmerzhafte *akute Lymphangitis* erwähnt werden. Sie wird nach Verletzungen – z. B. der Hand – und Eindringen von Krankheitserregern in die Wunde beobachtet. Die Entzündung der im Abflußgebiet liegenden Lymphknoten bezeichnet man als *Lymphadenitis*.

Medikamentöse Schmerztherapie

Grundsätze der medikamentösen Schmerztherapie

Analgetika gehören zu den häufigsten rezeptierten Medikamenten. Der verordnende Arzt sieht sich einer nahezu unüberschaubaren Fülle von Präparaten gegenüber. Die Auswahl des für den jeweils individuellen Schmerzzustand optimalen Medikaments setzt genaue pharmakologische Kenntnisse voraus.
Gerade in der medikamentösen Schmerztherapie werden häufig Fehler gemacht. Sehr oft wird zu niedrig und in zu langen Verabreichungsintervallen dosiert. Stark wirkende Opiate werden aus übertriebener Furcht vor Suchtentwicklung trotz gegebener Indikation nicht verordnet.
Die Berücksichtigung einiger allgemeiner Grundsätze hilft bei der Auswahl des optimalen Analgetikums. Vor jeder Schmerztherapie muß selbstverständlich die Schmerzdiagnose stehen. Schmerzen bei Gallenkolik werden anders behandelt als der Lumbagoschmerz. Die Gabe eines Analgetikums bei unklarer Diagnose kann eine spätere genaue Diagnostik durch Abschwächen oder Aufheben der Symptomatik erschweren. Handelt es sich um einen akuten Schmerz? Dieser ist meist heftig und spricht gut auf Analgetika an. Oder besteht ein chronischer Schmerzzustand (von über drei Monaten Dauer)? Hierbei sieht sich der Therapeut einem komplexen, multidimensionalen Geschehen gegenüber, bei dem Analgetika allein oft nicht die gewünschte Wirkung zeigen und bei undurchdachtem Einsatz für den Patienten eher Gefahren bergen. Was liegt dem Schmerz pathophysiologisch zugrunde? Ist eine Entzündung vorhanden? Hier sind Analgetika mit antiphlogistischer Komponente indiziert. Liegt ein visceraler Schmerz von dumpf brennendem, unscharf lokalisierbaren Charakter vor? Der frühzeitige Einsatz von Opiaten sollte erwogen werden. Prägen psychische Faktoren wie Angst oder Unruhe den Schmerzcharakter? Neuroleptika zeigen hierbei überraschend gute Wirkung. Fragen dieser Art zeigen, daß sich eine erfolgreiche Schmerztherapie zunächst am Schmerztyp orientieren sollte, und erst in zweiter Linie an der Schmerzintensität.
Nach Einleiten einer Schmerztherapie muß der volle therapeutische Spielraum des eingesetzten Medikamentes ausgeschöpft werden, d. h. es sollte zunächst eine Dosissteigerung bei unzureichendem Ansprechen, und nicht ein rascher Wechsel des Medikamentes erfolgen. Dies setzt genaue Kenntnisse über die Dosis-Wirkungskurve (der therapeutischen Breite) voraus, ebenso wie über die Pharmakokinetik (d. h. Ausmaß der Resorption bei oraler Gabe, Verteilung des Medikamentes im Organismus, Art und Geschwindigkeit der Elimination).
Bei chronischem Schmerz (z. B. bei einer Karzinomerkrankung) gilt das Therapieprinzip, den einmal supprimierten Schmerz durch geeignete Dosis und angemessenes Dosierungsintervall in alter Stärke nicht wieder neu entstehen zu lassen.
Man unterscheidet zwischen periphen und zentral wirksamen Analgetika.
Dargestellt wird im folgenden nur die Möglichkeit einer Schmerztherapie durch enterale bzw. parenterale (sc., im., iv. Injektion) Analgetikaapplikation.

Peripher wirksame Analgetika

Die peripher wirksamen Analgetika stellen eine heterogene Medikamentengruppe dar, innerhalb der vier Untergruppen unterscheidbar sind:

1. Salicylate (z. B. Acetylsalicylsäure),
2. Anilinderivate (z. B. Paracetamol),
3. Pyrazol-Derivate (z. B. Metamizol),
4. Derivate anderer organischer Säuren (z. B. Diclofenac).

Man vermutet als entscheidenden Wirkmechanismus eine Hemmung der Prostaglandinsynthese am Ort der Schmerzentstehung. Prostaglandine sind körpereigene algetische Substanzen, durch deren Einwirkung die klassischen Entzündungszeichen Dolor, Tumor, Calor und Rubor entstehen. Peripher wirksame Analgetika zeigen demzufolge, wenn auch in unterschiedlichem Ausmaß, neben der analgetischen Wirkkomponente ein antipyretisches und antiphlogistisches Profil.

Acetylsalicylsäure (ASS)

Dieser seit über 100 Jahre bekannte, vielverwendete Abkömmling der Salicylsäure hat gute analgetische, antipyretische und antiphlogistische, aber keine spasmolytische Wirkung. Darüber hinaus bewirkt ASS eine Hemmung der Thrombozytenaggregation (daher der Einsatz bei Patienten nach Herzinfarkt). ASS kann in Wechselwirkung zu anderen Medikamenten treten, z. B. zu Marcumar® (was zu einer verstärkten Blutungsneigung führen kann) oder mit dem oralen Antidiabetikum Glibenclamid (Euglucon®, mit der Gefahr von Hypoglykämien). Daher ist eine genaue Medikamentenanamnese vor dem Einsatz von ASS zu erheben.

ASS zeigt gute Wirkung bei verschiedenen entzündlichen Schmerzen des Bewegungsapparates, eine häufig auch überraschend gute Wirkung bei bohrend protopathischem Tumorschmerz (mitunter besser als Opiate). Man verabreicht 500 bis 1000 mg oral alle vier bis sechs Stunden. Bei der Behandlung chronischer Gelenkentzündungen (rheumatoide Arthritis) können bis zu 6 g pro Tag verordnet werden. Eingeschränkt wird der Einsatz von ASS durch eine relativ hohe Nebenwirkungsrate. Schädigende Einflüsse auf die Schleimhaut des oberen Gastrointestinaltraktes stehen klinisch im Vordergrund. Übelkeit, Magenirritation sowie Ulcerationen der Magenschleimhaut mit okkultem Blutverlust werden häufig beobachtet. Bei Patienten mit Asthma bronchiale kann ein Bronchospasmus ausgelöst werden. In hoher Dosierung trifft häufig Ohrensausen auf. Eher selten sieht man allergische Hautreaktionen. Wegen der Blutungsgefahr gilt besondere Vorsicht in der letzten Schwangerschaftsphase (Gefahr der Einblutung in die Placenta). Über Schädigungen von Leber, Niere und hämatologischem System wurde ebenfalls berichtet.

Paracetamol

Paracetamol ist der wirksame Metabolit des Phenacetins, das wegen zahlreicher Nebenwirkungen nicht mehr verwendet wird. Parcetamol hat gute analgetische und antipyretische, aber keine antiphlogistischen und spasmolytischen Eigenschaften. In therapeutischen Dosen sind keine gravierenden Wechselwirkungen mit anderen Medikamenten bekannt geworden. Man dosiert 500 bis 1000 mg alle vier bis sechs Stunden. Wegen seiner niedrigen Nebenwirkungsrate ist das Paracetamol heute Analgetikum der ersten Wahl bei geringen bis mäßigen, passageren, nicht entzündlich bedingten Schmerzen geworden. Lebernekrosen wurden bei suizidaler Ingestion hoher Dosen beobachtet. Bei strenger Indikationsstellung ist ein Einsatz dieses Medikamentes auch während der Schwangerschaft möglich.

Metamizol

Metamizol (Novalgin®) hat hervorragende analgetische und antipyretische, zudem auch spasmolytische, aber nur mäßige antiphlogistische Eigenschaften. Es kann enteral und parenteral verabreicht werden. Die Einzeldosis liegt zwischen 500 und 2500 mg, das Dosierungsintervall zwischen vier und zwölf Stunden. Trotz seiner hervorragenden Wirksamkeit muß der Einsatz stets vor dem Hintergrund von zwei schwerwiegenden, potentiell tödlichen Nebenwirkungen gesehen werden: Dem anaphylaktischen Schock und der Agranulozytose. Die Häufigkeit einer Agranulozytose ist schwer zu schätzen, sie dürfte bei etwa fünf Fällen pro Million Anwendungen liegen. Allergisch-anaphylaktische Reaktionen werden nach intravenöser Anwendung häufiger als nach intramuskulärer oder oraler Applikation beobachtet. Bei strenger Indikationsstellung ergeben sich folgende Anwendungsbereiche: Kolik- und Ischämieschmerz, starke Schmerzen bei nicht entzündlichen Erkrankungen des Bewegungsapparates, Tumorschmerzen sowie therapieresistente Fieberzustände.

Diclofenac

Außer der großen Gruppe der Antirheumatika soll pars pro toto Diclofenac (Voltaren®) vorgestellt werden. Diese Substanz zeigt eine ausgeprägte Hemmung der Prostaglandinsynthese. Hieraus leiten sich ihre analgetischen, antiphlogistischen und antipyretischen Eigenschaften ab, wobei die antiphlogistische Komponente überwiegt. Die Applikation kann per os, rektal und intramuskulär erfolgen, wobei im Mittel 0,2 g pro Tag verabreicht werden. Die Nebenwirkungsrate ist erfreulich gering, allerdings werden unter Diclofenac, wie bei nahezu allen Prostaglandinhemmern, Magenulcerationen beobachtet. Haupteinsatzgebiet sind Schmerzen des Bewegungsapparates (z. B. Lumbago), aber auch Schmerzen bei

Knochenmetastasen. Viscerale und ischämische Schmerzen stellen keine Indikation dar.

Analgetische Mischpräparate

Es ist ein Phänomen speziell des deutschen Arzneimittelmarktes, daß eine Vielzahl von analgetischen Mischpräparaten angeboten wird. Die genannten Hauptvertreter der peripher wirkenden Analgetika werden vor allem mit Codein, Barbituraten, Coffein, Spasmolytika und Vitaminen kombiniert angeboten. Auch wenn die eine oder andere Kombination pharmakologisch sinnvoll erscheint (z. B. die Kombination aus einem peripher und einem zentral wirksamen Analgetikum), bestehen doch im allgemeinen erhebliche Vorbehalte gegen diese fixen Kombinationen.

Zentral wirksame Analgetika

Die Gruppe der zentral wirksamen Analgetika umfaßt die Opiate im engeren Sinne (die Alkaloide des Opiums mit morphinartiger Wirkung) und die Opioide (halb- und vollsynthetische Substanzen mit morphinartigen Wirkungen). Opiate und Opioide werden im zentralen Nervensystem an spezifische Rezeptoren gebunden. Diese sind im Rückenmark (Substantia gelatinosa des Hinterhorns) und in verschiedenen Strukturen des Gehirns selbst nachgewiesen worden. Die Forschung der letzten Jahre hat darüber hinaus verschiedenartige Opiatrezeptoren identifizieren können, durch welche unterschiedliche Opiatwirkungen vermittelbar sind. Einige Opiate bzw. Opioide zeigen bezüglich der verschiedenen Rezeptoren teils agonistische (d. h. bahnende), teils antagonistische (d. h. blockierende) Wirkungen. Hierdurch wird das sehr unterschiedliche Wirkungs- bzw. Nebenwirkungsspektrum dieser Medikamente erklärbar.
Steckbriefartig werden im folgenden die wichtigsten zentral wirksamen Analgetika vorgestellt. Alle angeführten Medikamente sind dem Betäubungsmittelgesetz unterstellt.

Morphin

Am Beispiel von Morphin, des nach wie vor am häufigsten eingesetzten Opiats, lassen sich die Besonderheiten dieser Medikamentengruppe besonders gut darstellen. Die wesentliche Wirkung ist die Analgesie, wobei weniger die Schmerzempfindung, als die emotional affektive Reaktion auf den Schmerz, wohl durch Hemmung nocizeptiver Afferenzen zum Limbischen System, beeinflußt wird. Darüber hinaus wird ein sedierender Effekt beobachtet, der in höherer Dosierung in Schlaf übergeht. Viele Patienten reagieren auf die Gabe von Morphin mit einer euphorischen Stimmungslage, nicht selten aber werden auch Dysphorien, Unruhe und Erregungszustände beobachtet. Früh nach Morphinapplikation kann Erbrechen ausgelöst werden, später dominiert eine antiemetische Wirkung.
Wichtigste Nebenwirkung ist die Atemdepression, die bei unsachgemäßer Behandlung bis zum Atemstillstand führen kann. Darüber hinaus wird eine Beeinflussung der glatten Muskulatur im Abdominalbereich als Nebenwirkung beobachtet. Im Gastrointestinaltrakt kommt es zur Sphinkterkonstriktion (Pylorus, Sphincter Oddi) und zu einer Tonussteigerung des Darms bis hin zur spastischen Obstipation. Die Konstriktion der Harnblasensphinkter führt zu Blasenentleerungsstörungen. Bradykardie und Blutdruckabfall sind unerwünschte kardiovaskuläre Nebenwirkungen.
Bei einer längeren Therapie mit Morphin über zwei bis drei Wochen muß mit einer Gewöhnung (Toleranzentwicklung) gerechnet werden, d. h. zum Erreichen des gleichen analgetischen Effektes sind höhere Dosen bzw. kürzere Applikationsintervalle erforderlich. Dem ist konsequent Rechnung zu tragen. Man steigert die Einzeldosis um 50%, wenn innerhalb von acht Stunden mit der Ausgangsdosis keine wesentliche Schmerzreduktion mehr erreichbar ist. In der Langzeittherapie mit Morphin muß man sich aber der ausreichend wirksamen Dosis langsam annähern. Vollständige Schmerzbeseitigung ist dabei nicht das therapeutische Ziel, sondern die wesentliche Schmerzbesserung. Der Patient wird im allgemeinen einen erträglichen Schmerz einer zu starken Sedierung vorziehen. Die Toleranzentwicklung ist klar abzugrenzen von der psychischen oder physischen Abhängigkeit (Sucht). Bei einer Reihe von Schmerzindikationen zeigt Morphin hervorragende Wirksamkeit: Herzinfarkt, Lungenödem, Lungenembolie und Gallensteinkoliken (oft aber in Kombination mit Spasmolytika), wobei man sich aber der Nachteile einer Konstriktion des Sphincter Oddi bewußt sein muß. Bei Nierenkoliken wird Morphin wegen der Harnblasenentleerungsstörungen sehr zurückhaltend eingesetzt. Hervorragende Wirkungen ergeben sich auch bei postoperativen und Tumorschmerzen. Chronische (benigne) Schmerzen des Bewegungsapparates, Neuralgien und entzündlich bedingte Schmerzen stellen keine Indikationen für Morphin dar.
Morphin wird sowohl parenteral (subkutan, intramuskulär, intravenös) als auch enteral verabreicht. Die Erstverabreichung von 10 mg Morphin parenteral führt bei ca. ⅔ der behandelten Patienten bereits zu einer ausreichenden Analgesie. Diese Dosis kann alle zwei bis vier Stunden erneut verabreicht werden. Intoxikationssymptome sind bereits nach parenteraler Anfangsdosierung von 30 mg zu erwarten.
Morphinsulfat in Tablettenform mit verzögerter

Wirkstoffreigabe (MST®) ist das am häufigsten verordnete oral applizierbare Opiat. Eine wirkungsvolle Schmerzbeeinflussung ist mit nur zweimaliger täglicher Einnahme möglich. Das Medikament eignet sich insbesondere zur ambulanten Therapie schwerer Tumorschmerzen. Wegen der obstipierenden Wirkung sollte das Medikament bei längerer Anwendung mit Laxantien kombiniert werden. Hydromorphon (Dilaudid®) unterscheidet sich kaum vom Morphin.

Opioide

Pethidin (Dolantin®) hat chemisch gesehen nur eine entfernte Verwandtschaft zum Morphin, trotz des vergleichbaren Wirkungsspektrums. Es wirkt schneller und kürzer als Morphin. Da es bei Neugeborenen kaum atemdepressiv wirkt und die Kontraktionsfähigkeit des Uterus durch Pethidin nicht wesentlich herabgesetzt wird, ist dieses Medikament bevorzugtes Analgetikum in der Geburtshilfe. Schüttelfrost bei Sepsis kann durch Pethidin rasch unterdrückt werden.

Piritramid (Dipidolor®) wirkt länger und stärker sedierend als Morphin. Bei günstiger hämodynamischer Wirkung bietet sich das Medikament bei schwerer Angina pectoris und bei akuter Linksherzinsuffizienz an. Im übrigen gleicht es den Morphinen.

Buprenorphin (Temgesic®) ist sowohl bei sublingualer wie auch bei parenteraler Gabe gut wirksam. Bei langer Wirkungsdauer von sechs bis acht Stunden tritt die maximale Wirkung allerdings verzögert ein: Bei sublingualer Resorption erst nach zwei bis drei Stunden.

Pentazocin (Fortral®) stellt ein rasch und stark wirksames Analgetikum für enterale und parenterale Applikation dar. Bei Patienten mit Herzinfarkt und Herzinsuffizienz sollte das Medikament nicht angewendet werden, da Tachykardien und Blutdrucksteigerungen ausgelöst werden können. Zudem wirkt es bei einem Teil der Patienten dysphorisch. Ansonsten ist es aber bei allen akuten und chronischen Schmerzen, die zentral wirksamer Analgetika bedürfen, gut wirksam.

Tramadol (Tramal®) ist als einziges der hier vorgestellten zentralen Analgetika nicht dem Betäubungsmittelgesetz unterstellt. Es zeigt sowohl bei parenteraler, als auch bei enteraler Gabe gute analgetische Eigenschaften, bei einer Dosis von 50 bis 100 mg und einer Wirkungsdauer von drei bis vier Stunden. Atemdepression wird ebensowenig beobachtet wie Nebenwirkungen auf den Gastrointestinaltrakt. Es verhält sich kreislaufneutral, vermag aber Übelkeit und Erbrechen auszulösen.

Ergänzende medikamentöse Therapie

Insbesondere beim chronischen Schmerz (hier besonders beim Karzinomschmerz) spielen periphere Schmerzmechanismen häufig nicht mehr die entscheidende Rolle, vielmehr wirken seelische Faktoren wie Depressivität, Angst und Antriebsminderung auf das Schmerzerlebnis prägend ein. Durch rationale Ergänzung der analgetischen Basistherapie mit einem Neuroleptikum (z. B. Neurocil®, Haldol®, Atosil®) und/oder einem Antidepressivum (z. B. Anafranil®, Melleril®) bzw. einem Tranquilizer (z. B. Valium®) kann das Schmerzgeschehen signifikant beeinflußt werden. Allerdings ist auf eine zeitlich befristete Anwendung, gerade der Tranquilizer, zu achten, die ein erhebliches Abhängigkeitspotential besitzen. Fixen Arzneimittelkombinationen aus Analgetika und Psychopharmaka stehen die meisten Internisten ablehnend gegenüber.

Literaturempfehlungen

Frey, R. (Hrsg.): Schmerz. Aesopus, Basel 1980.

Fritz, F./Rothe, K. F.: Analgetika in der modernen Schmerztherapie. Fresenius Literaturinformation, Wiesbaden 1988.

Gessler, U. (Hrsg.): Der spastische Schmerz. Aesopus, Lugano 1976.

Kunert, W.: Wirbelsäule und Innere Medizin. Enke, Stuttgart 1975.

Miehle, W.: Gelenk- und Wirbelsäulenrheuma. Eulan, Basel 1987.

Reifferscheid, M.: Chirurgie. Thieme, Stuttgart 1985.

Ruiz-Torres, A.: Symptome bei inneren Erkrankungen. Thieme, Stuttgart 1973.

Schettler, G. (Hrsg.): Innere Medizin (Band I und II). Thieme, Stuttgart 1987.

Siegenthaler, W. (Hrsg.): Differentialdiagnose innerer Krankheiten. Thieme, Stuttgart 1987.

Wackenheim, A./Vogue, M./Schmidt, R. F.: Bauchschmerz. Edition Medizin VCH, Weinheim 1987.

Wildhirt, E.: Klinik der Funktionsstörungen des Gallenflusses und ihre Behandlung. In: Gross, D. (Hrsg.): Reflexzonenmassage – Funktionsstörungen des Gallenflusses und ihre Behandlung. Hippokrates, Stuttgart 1965.

Wildhirt, E.: Der Kreuzschmerz aus der Sicht des Internisten. In: Breitenfelder, H. (Hrsg.): Der Kreuzschmerz. Hippokrates, Stuttgart 1967.

Wörz, R.: Pharmakotherapie bei Schmerz. Edition Medizin VCH, Weinheim 1986.

Abbildungsnachweis

Abb. 3.1 und 3.2: Siegenthaler, W. (Hrsg.): Differentialdiagnose in der Inneren Medizin. Thieme, Stuttgart 1987.

Abb. 3.3, 3.4, 3.6, 3.7, 3.9, 3.11 und 3.12: Der Autor.

Abb. 3.5, 3.8, 3.10: Felbinger, Raffael, c/o Neuromedizinisches Fortbildungszentrum. Bad Hersfeld 1988.

4 Schmerzsyndrome aus orthopädischer Sicht

Bernd Reinhardt

Chronische Schmerzen werden sehr oft vom Stütz- und Bewegungsapparat ausgelöst. Der Betroffene begreift seinen Schmerz zunächst als «Rheuma». Den Begriff «Rheuma» benutzen auch Orthopäden und Rheumatologen, wohlwissend, daß der jeweilige Schmerz unterschiedlichste Ursachen haben kann (entzündliche, degenerative, metabolische, reparative, traumatische, tumorige u. a. m.).
Schmerzsyndrome aus orthopädischer Sicht sind so vielfältig und vielschichtig, daß sie in unseren Ausführungen nicht umfassend und mit Anspruch auf Vollständigkeit abgehandelt werden können. Wir verzichten z. B. auf die in der Praxis oft vorkommenden Schmerzen bei Osteoporose.
Wir unterscheiden

1. die Gelenkschmerzen
2. die Wirbelsäulenschmerzen und
3. die Weichteilschmerzen.

Einleitend möchten wir darauf hinweisen, daß

a) zwischen Röntgenbefund und klinischem Befund nicht selten eine erhebliche Diskrepanz besteht und daß
b) die Schmerzursache nicht unbedingt am Ort des Schmerzes zu suchen ist (Nachbargelenke und Wirbelsäule sind mit zu untersuchen),
c) verschiedene Gewebsstrukturen den Schmerz auslösen können,
d) eine Aktualitätsdiagnose (Tilscher) die Basis jeder Behandlung sein sollte.

Näheres siehe auch im Kapitel «Allgemeine Grundlagen des NEUROMEDIZIN-KONZEPTS».

Schmerzhaftes Gelenk

Unter Arthron versteht man die Grundeinheit des Bewegungsapparates, welche neurophysiologische Aspekte der Gelenksteuerung gleichrangig neben materiell-mechanischen und energetisch-muskulären Faktoren berücksichtigt, das heißt: Materie, Energie und Steuerung gewährleisten die komplexe Funktion eines jeden Gelenkes. Störungen der Einzelfunktion gefährden das gesamte System.
Materie sind Knochen, Knorpel, Gelenkkapsel, Bänder und weitere passive Strukturen. Zur Energie zählt man Muskulatur, Sehnen mit Insertionen, Energieversorgung und -gewinnung (Gefäße). Die Steuerung erfolgt durch peripheres, zentrales und vegetatives Nervensystem.
Die Störquellen, die das Arthron schädigen oder beeinträchtigen können, sind vielfältig. Die tragende Materie, vor allem Knorpel und Knochen, wird durch ein Mißverhältnis zwischen Tragfähigkeit und Belastung geschädigt, beispielsweise aufgrund einer angeborenen Dysplasie oder ererbter oder erworbener Minderwertigkeit der Gewebe (hormonal, postarthritisch, posttraumatisch etc.). Die Fehlbelastung durch gestörte Statik nach angeborenen oder erworbenen Deformitäten stellt ebenso einen erheblichen Schädigungsfaktor für das Arthron dar.
Jedes Gelenk lebt von der Bewegung, deshalb ist die Intaktheit und volle Funktionsfähigkeit der gelenkbewegenden Muskulatur von großer Bedeutung. Funktionsfähige Muskulatur bedarf ausreichender Durchblutung (Ernährung und Entschlackung) und ungestörter neuromuskulärer Steuerung. Da die meisten Muskeln zwei Gelenke überspannen, kann sich die Funktionsstörung des einen Gelenkes auf das

andere übertragen. Ohne ausreichende Information aus der Haut um das Gelenk herum, aus den gelenkbewegenden Muskeln, aus Sehnen, Bändern und Kapsel ist eine abgestimmte motorische und vegetative «Versorgung» des Gelenkes unmöglich. Die harmonische muskuläre Abstimmung der Agonisten und Antagonisten mit ihrer spinalen und supraspinalen Tonusregulation (Reflexmotorik und Gammasystem) stabilisiert das Gelenk statisch und dynamisch. Wie der Arthrotiker zum Patienten wird sei am Beispiel einer Varus-Gonarthrose dargestellt. Eine Varus-Gonarthrose (O-Bein-Arthrose) entsteht z. B. genetisch (Männer sind häufiger betroffen als Frauen), postrachitisch, posttraumatisch (durch in Fehlstellung verheilte Unterschenkelfraktur) oder durch einseitige muskuläre Beanspruchung (Fußballer). Unabhängig von der Ursache, die zur Varusfehlstellung geführt hat, kommt es durch die eingetretene Achsenfehlstellung zur vermehrten Druckkonzentration auf den jeweiligen Femurcondylus und Tibiakopf (Abb. 4.1).

Die gleichmäßige Druckbelastung der Gelenkanteile schützt vor Arthrose. Alle vom Gelenk aus zu erbringenden Leistungen zielen darauf ab, eine permanent abriebfreie Gleitung der Gelenkflächen zu gewährleisten. Zwischen Funktion und Struktur muß ein stabiler Gleichgewichtszustand herrschen. Der Gelenkbetrieb muß ohne Verlust für die Knorpelfläche vonstatten gehen; dazu gehört, daß der Knorpel seine regelrechte Struktur behält und daß seine gleichbleibende Versorgung mit Energie und Baustoffen gewährleistet ist. Wichtig ist auch die zuverlässige Fundamentierung seiner Unterlage und die optimale Schmierung (Lubrikation), die ihrerseits wieder von intakten zellulären und mikrozirkulatorischen Verhältnissen der gelenkauskleidenden synovialen Membran (als Produktionsstätte der Gelenkflüssigkeit) abhängt. Am gesunden Kniegelenk garantieren Bandapparat und Menisken, vor allen aber auch die muskuläre Zuggurtung die gleichmäßige Belastung. Durch die Umverteilung der Belastung wie z. B. beim Varuskniegelenk ist die gesamte Organisation der Gelenkeinheit und damit die Funktion gefährdet. Die einseitig vermehrte Belastung des medialen Gelenkanteils beeinträchtigt die permanent abriebfreie Gleitung der Gelenkflächen, die ungestörte Schmierung (Lubrikation), die ausreichende Ernährung des Knorpels, den passiven Halt und die Führung des Gelenkes durch Bänder und Menisken sowie die druckverteilende muskuläre Zuggurtung. Schließlich ist auch die knöcherne Form der Gelenkanteile nicht mehr gewährleistet. Durch die Varusfehlstellung des Kniegelenkes ist das mediale Seitenband gelockert, das Gelenk wird somit bandinstabil. Der mediale Gelenkspalt wird mit zunehmender medialer Kniegelenksarthrose mehr belastet, die

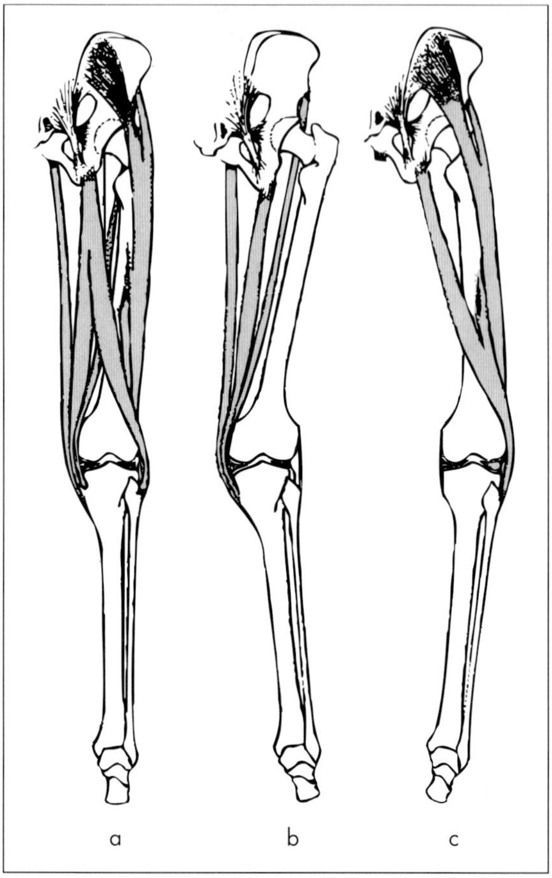

Abb. 4.1: Achsenfehlstellungen

Schwerpunktlage wird exzentrisch auf den medialen Gelenkanteil verlagert und die muskuläre Zuggurtung der Außenseite des Kniegelenkes wird ihrer Aufgabe funktionell nicht mehr gerecht. Bei fortschreitender Achsenfehlstellung wird die konstant vermehrte Belastung den medialen Meniskus zermürben, Randwülste werden sich ausbilden, ein zunehmender knöcherner Substanzverlust ist zu beobachten (Abb. 4.2).

Die entstehende mediale Gonarthrose wird dann zur Arthrosekrankheit, wenn die statisch-dynamische Regulation dekompensiert und das Strukturgleichgewicht gefährdet wird. Der sekundäre Entzündungsprozeß macht aus dem bis dahin beschwerdefreien Arthrotiker einen Patienten.

Schleichend und ohne Schmerzen «reift» die Arthrose, der Schritt zur aktivierten Arthrose (-itis) ist kurz. Da Knorpel und Knochen keine Nervenenden besitzen, können Phasen der Arthrose völlig symptomlos ablaufen. Jeder, der diese Zeilen liest, kann sicher sein, daß er bereits an dem einen oder anderen Gelenk zumindest eine beginnende Arthrose hat. Nur die unphysiologische Belastung des Kapsel- und

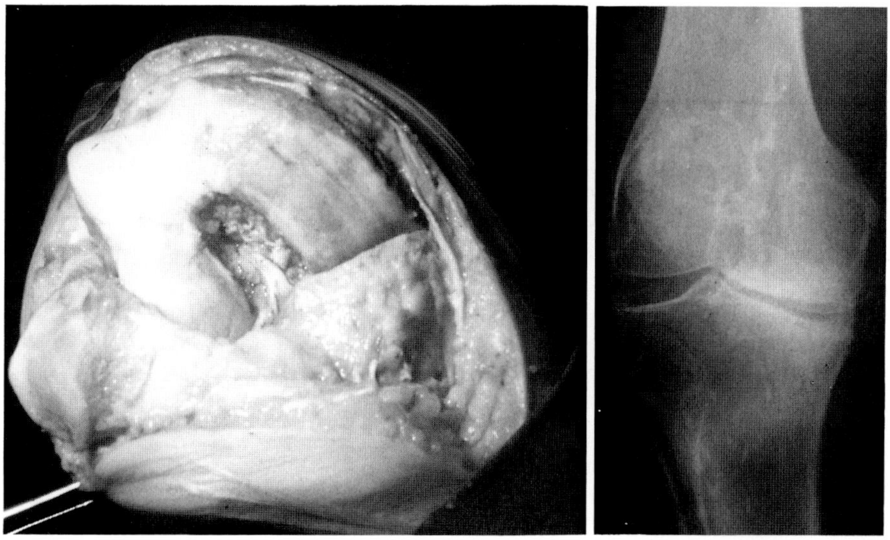

Abb. 4.2 a + b: Gonarthrose

Bandapparates, die durch Strukturzerstörung ausgelöst wird, kann Beschwerden verursachen. Der Übergang von der Arthrose zur aktivierten Arthrose tritt jedoch in dem Moment ein, wenn aus dem Detritus («Gelenkgerümpel»), der beim Knorpel- und Knochenabschliff entsteht, Entzündungsmediatoren freigesetzt werden. Die untergehenden Chondrozyten (knorpelbildende Zellen) setzen dabei Enzyme frei, die den Abbau der Knorpelbestandteile beschleunigen. Die Proteoglycane und Kollagenfasern werden zu Proteinen und Peptiden gespalten, die ihrerseits als Mediatoren eine Entzündung der gelenkauskleidenden Synovialmembran auslösen können. Die so aufgepfropfte sekundäre Synovialitis (die Entzündung der Gelenkschleimhaut) macht das arthrotische Gelenk schmerzhaft und zeigt Symptome der Gelenkentzündung (Rötung, Schwellung, Exsudatbildung, Schmerzen, Überwärmung und Funktionseinschränkung). Die englischsprachige Literatur bezeichnet diesen Zustand als Osteoarthritis. In diesem Zustand geschieht im Gelenk wahrlich Dramatisches: Fibrin bedeckt die gleitenden Flächen, Schleimhautzotten entzünden sich, reiben sich vermehrt aneinander und lösen eine vermehrte Fibrosierung aus. Die Ernährung des Knorpels ist durch ständige Veränderung der Synovialmembran (diese wird fibrosiert und hyalinisiert) erschwert. Die «Gelenkschmiere», aus der der Knorpel seine Ernährung bezieht, ändert ihre Konsistenz und ihre physikalischen Eigenschaften. Bei der jetzt entstandenen aktivierten Arthrose geschieht die Knorpelzerstörung in der Mitte des Gelenkes, nicht wie bei der rheumatoiden Arthritis vom Rande her durch aggressive synoviogene Zellverbände.

Das entzündete Gelenk wird schmerzhaft und macht den «Arthrotiker» zum «Rheumatiker».

Die aktivierte Arthrose muß behandelt werden wie eine Arthritis, nämlich mit Ruhigstellung in korrekter kontrakturvermeidender Lagerung und mit entzündungshemmenden Maßnahmen.

Auch die kompensierte Arthrose verläuft nicht immer schmerzfrei. So verspürt der «Arthrotiker» einen Anlaufschmerz, der durch das Aneinanderreiben der ungeschützten Knochenoberflächen zu erklären ist (das Gelenk ist noch nicht genügend gut «geschmiert»). Das Ende der Gehstrecke wird von der Ermüdung des belasteten Gelenkes und dem damit einhergehenden Schmerz signalisiert. Bei der kompensierten Arthrose geschehen (wenn auch unbemerkt) folgenschwere Veränderungen. Ganz unbewußt wird das Kniegelenk geschont, der Gang verändert und das gesunde Kniegelenk mehr belastet. Störungen sind deshalb auch im Bereich des Fußes, der Hüfte, des Beckens und der Wirbelsäule zu erwarten. An der Gelenkeinheit selbst wird sich (nach Brügger) unterhalb der Schmerzschwelle folgendes ereignen: Zentral nervöse Mechanismen werden zum Schutz des Gelenkes vor Überlastung organisiert. Unter unphysiologischen Bedingungen erfolgt durch die Nocizeptoren (Schadensmelder) eine Anpassung des arthromuskulären Systems an die Schonungsbedürftigkeit des Krankheitsherdes. Diese Anpassung erfolgt in Form somatomotorischer sowie verschiedener neurovegetativer Reflexe mit folgenden Erscheinungen:

a) Adynamie und Hypotonie jener Muskeln, die den Reizherd beeinträchtigen,
b) Hypertonie bis Verkrampfung jener (antagonistischen) Muskeln, die der Schonung dienen, und
c) Hemmung sämtlicher schmerzhafter Bewegungen, die der Schonung des Reizherdes entgegen wirken.

Die reflektorisch hypotonen und hypertonen Muskeln zeigen gesetzmäßige Veränderungen, die unter dem Begriff Tendomyose zusammengefaßt werden. Die reflektorischen arthromuskulären Veränderungen können zusätzlich vegetative (vasomotorische und dystrophische) Begleiterscheinungen aufweisen (siehe Gross'sches Dystrophiemodell im Kapitel «Allgemeine Grundlagen»). Dies bedeutet, daß sich die gelenkbewegenden Muskeln zum Pathologischen hin verändern, so daß sich zu der Achsenfehlstellung des Genu varum periartikuläre Veränderungen und gravierend Arthrose fördernde Faktoren hinzugesellen. Fast gesetzmäßig folgende Veränderungen an Kapsel und Bandapparat vervollständigen die Arthrose. Das symptomlose Stadium I geht fließend über in das Stadium II, das gekennzeichnet ist durch Morgensteife und Anlaufschmerz.

Zunehmende Bewegungseinschränkung mit entzündlichen Schüben kennzeichnet das Stadium III, zunehmende Gelenkversteifung das Stadium VI.

Die Therapie der Varus-Gonarthrose:

Ist der Patient noch jung genug, wird man die Therapie mit der Korrektur der primär auslösenden Arthroseursache beginnen, nämlich mit der Korrektur der Achsenfehlstellung. Der am häufigsten praktizierte Eingriff ist die Osteotomie des Schienbeinkopfes. Dieser operative Eingriff ist schon dann berechtigt, wenn die Arthrose noch keine Schmerzen macht, sich also im Kompensationsstadium befindet. Im fortgeschrittenen Alter oder bei zu weit fortgeschrittener lokaler Destruktion des medialen Gelenkspaltes ist das Einsetzen einer Teilendoprothese (Hemiprothese) gerechtfertigt. Als dritte Möglichkeit bleibt noch die Totalendoprothese. Sowohl nach operativen Eingriffen als auch bei der konservativen Behandlung der Gonarthrose sind Krankengymnastik und Ergotherapie unentbehrlich. Das ganze Arthron muß, je nach aktuellem Befund, mit aktiven und passiven Techniken behandelt werden.

Die aktivierte Arthrose ist wie ein «rohes Ei» zu behandeln; evtl. kommen konsensuelle Übungen zur Anwendung, d. h. mit Übungen der gesunden Seite beeinflußt man die schmerzhafte Extremität.

Die kompensierte Arthrose soll regelmäßig und zunehmend physiologisch belastet werden. Die Krankengymnastik sollte sich nicht auf die Schmerzlinderung beschränken, sondern außerdem den Patienten im Rahmen einer «Gelenkschule» präventiv zu einem korrekten Umgang mit seinen Gelenken im Alltag anleiten.

Einen Defekt am hyalinen Knorpel des Gelenkes kann der Organismus nicht mehr selbst reparieren, weil der Gelenkknorpel im Laufe des Lebens die Fähigkeit sich zu regenerieren, verliert. Er ist kein «Mausergewebe» (Otte). Um aber den verbliebenen Knorpel zu retten, ist keine Therapie zu früh; dem Knorpel muß «geholfen» werden (Fassbender).

Der Chondrozyt, so Fassbender weiter, sei eine recht «hysterische» Zelle, die jedoch über eine große Regenerationsfähigkeit verfüge, die es ihm ermögliche, sich auch dann noch vollständig zu erholen, wenn schon alles verloren scheint.

Wichtig ist die Wiederherstellung einer «normalen» Synovialflüssigkeit, aus welcher der Chondrozyt seine Ernährung bezieht. Die Zusammensetzung der Synovialflüssigkeit ist ihrerseits wieder abhängig von der Normalfunktion der Synovialmembran. Die Voraussetzung dafür liegt in der bestmöglichen Wiederherstellung der Funktion des periartikulären Weichteilmantels und des Gelenkes an sich.

Schmerzhafte Wirbelsäule

Etwa 18 Millionen Bundesbürger klagen über Rükkenbeschwerden, die jährlichen Therapiekosten werden auf etwa 13 Milliarden DM geschätzt.

Nach Beyliss (1988) werden 70% der Rücken- und Kreuzschmerzen empirisch ohne gesicherte Diagnose behandelt. Der internationale Kongreß der Back Pain Society 1988 in Montreux kam zu folgendem Fazit:

1. Schmerzgenetisch stehen die Bandscheibe (nicht die Hernie) und die Wirbelgelenke im Vordergrund.
2. Diagnostisch geben nur manuelle Segmentuntersuchungen oder diagnostische Anästhesie Sicherheit.
3. Therapeutisch hat Manualtherapie bei subakuten Zuständen ihre kurzdauernde Wirksamkeit bewiesen.
4. In der Rehabilitation liegt das Hauptgewicht auf Ausdauertraining für Arbeitshaltung und Arbeitsbewegung.
5. Prognostisch spielt sich das psychische Umfeld am Arbeitsplatz in den Vordergrund.

Um Wirbelsäulenbeschwerden richtig deuten zu können, bedarf es weit mehr als orthopädischer Kenntnisse. Mehr als 50% der Kopfschmerzen sind vertebragen bedingt. Vertebragene Störungen lösen Migräneanfälle aus und bestimmen Anfallshäufigkeit und Intensität.

Etwa 30% der in der HNO-Praxis anfallenden Beschwerden sind vertebragener Ursache (u. a. Tinnitus, Vertigo, bis hin zum Hörsturz).

Sehstörungen (trotz richtig verordneter Brille) werden ebenfalls als Folge von Nackenverspannungen beobachtet.

Dysfunktionen der inneren Organe projizieren sich oft auf die Körperdecke bzw. über den N. phrenicus die jeweilige Schulterregion.

Nicht zuletzt sollten Zusammenhänge von Wirbelsäule und Psyche berücksichtigt werden. Diese werden meist auf der «KG-Couch» offensichtlicher als im hektischen Praxisablauf des Orthopäden.
Den Begriff Vertebron erweitert das Bewegungssegment nach Junghanns um die Muskulatur und das Nervensystem.
Wie das Arthron, so gliedert sich auch das Vertebron in Materie, d. h. Wirbelkörper, Bandscheiben, Wirbelgelenke und Bandapparat, in Energie, d. h. Muskulatur der Stütz- und Bewegungsmotorik und in die Steuerung, die über das motorische und vegetative Nervensystem erfolgt.
Die Wirbelsäule darf man wiederum nicht in einzelne Funktionsteile aufgegliedert sehen; viel sinnvoller ist es, sie als Funktionseinheit, nämlich als Achsenorgan zu betrachten. Grundsätzlich sollte man bei der Betrachtung der Störfaktoren nicht die Mängel der Einzelteile (z. B. der Bandscheiben) betonen, sondern eher die Funktionsstörung des gesamten Bewegungssegmentes berücksichtigen. So steht der Innendruck der Bandscheibe im diskoligamentären Spannungsgleichgewicht (Erdmann 1967/68) zur Elastizität des Bandapparates, dem Tonus der Wirbelsäulenmuskulatur und der statischen Belastung (Abb. 4.3).
Nach wie vor verharrt die chirurgisch ausgerichtete Orthopädie auf der Ansicht, daß Beschwerden an der Wirbelsäule vorwiegend diskogen (bandscheibenbedingt) seien. Die spondylogene (vom Bewegungssegment der Wirbelsäule ausgehende) Betrachtungsweise öffnet dagegen den Blick für funktionelle Zusammenhänge.

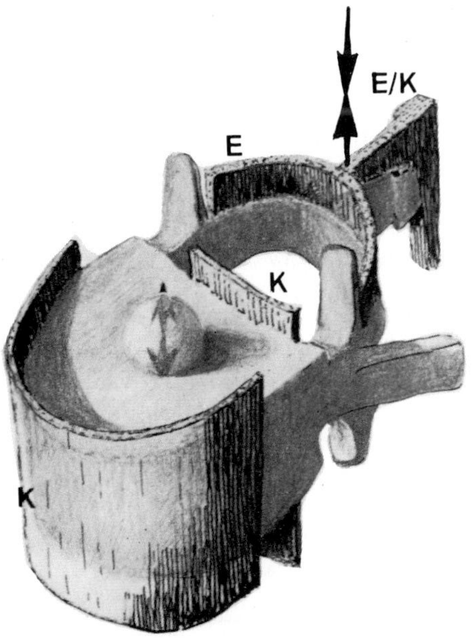

Abb. 4.3: Diskoligamentäres Spannungsgleichgewicht

Die Bandscheibe selbst ist schmerzunempfindlich. Schmerzrezeptoren befinden sich im wirbelkörperüberbrückenden hinteren Längsband (Lig. longitudinale posterius), in den Kapseln der Wirbelgelenke, in den Bändern (Lig. flavum, Lig. interspinosum usw.) und in den Muskeln, besonders in den kurzen, ein Segment überspannenden autochthonen Muskeln (Mm. intercostales, Mm. rotatores, Mm. interspinales).
Die Pufferwirkung der Bandscheibe in der Längsachse des Körpers muß anscheinend nicht sensorisch registriert werden, während sämtliche Zug- und Druckveränderungen an den Wirbelgelenken und dem führenden Bandapparat in die Sensorik einfließen.
Da das Bewegungssegment nach Junghanns (aus zwei Wirbelgelenken, der Bandscheibe und dem zugehörigen Bandapparat bestehend) als eine Funktionseinheit reagiert, kann kein Teil des Bewegungssegmentes für sich allein ohne Auswirkung auf die anderen Teile erkranken. Wirbelgelenksblockierungen, degenerative Veränderungen an Bandscheiben, Bandinsuffizienz und muskuläre Störungen können Folge oder Ursache voneinander sein. Viel häufiger als angenommen sind Rücken- und Kreuzschmerzen nicht bandscheibenbedingt, sondern ausgelöst durch eine Störung des jeweiligen Bewegungssegmentes, dessen Gewebetoleranz durch falsche oder zu große Belastung überschritten wird. Das Bewegungssegment selbst ist durch eine Unzahl von Propriozeptoren und Nocizeptoren ausgestattet und gesichert. Jede Änderung der Körperhaltung wird dort von diesen Meßfühlern registriert, afferent weitergeleitet und zentral verarbeitet. Über efferente, vom Rückenmark zu den Muskeln ziehende Impulse erfolgt die Gegenregulation. Über die arthromuskulären Reflexe werden die Haltemuskeln der Stützmotorik der Wirbelsäule nach einem vorgegebenen festen Sollwert über sogenannte Regelkreise gesteuert. Spannungsänderungen an den Gelenkkapseln, z. B. durch Manipulation an der Wirbelsäule oder durch Traktionsbehandlung aktivieren den Impulsstrom je nach Dauer und Intensität der Behandlung. Die Nocizeptoren werden durch größere Beanspruchung der Gelenkkapsel wie Wirbelgelenksblockierungen, Traumen, Reizzustände oder Entzündungen erregt. Die Störung eines Wirbelgelenkes und damit des gesamten Bewegungssegmentes wirkt sich auf die autochthone Wirbelsäulenmuskulatur (Stützmotorik), die oberflächliche Rumpfmuskulatur (Zielmotorik), die Extremitätenmuskulatur, des weiteren auch auf das Dermatom, das Gefäßsystem und auf innere Organe (Enterotom) aus. Der mechanische Funktionskreis des Bewegungssegmentes ist also mit einem nervös-reflektorischen Regelkreis gekoppelt.

Bandscheibenschaden

Die Bandscheiben bleiben gesund, wenn in allen Lebenspositionen die physiologische Wirbelsäulenform erhalten bleibt. Dort, wo an der Wirbelsäule beim aufrechten Gang eine Sattelung vorgesehen ist, wie an der Lendenwirbelsäule und am Nacken, dort ist die Sattelung physiologisch, dort, wo eine Krümmung vorgesehen ist, wenn auch nur eine flache, wie an der Brustwirbelsäule, dort ist die Form der Wirbelsäule optimal.
Die Wirbelsäule ist keine starre Säule, sondern sie ist segmentiert mit der Absicht, die Beweglichkeit auf viele bewegliche Abschnitte zu verteilen und dennoch in der Beweglichkeit stabil zu bleiben. Momentane Abweichungen von der Normalform sind selbstverständlich unschädlich, es sei denn, sie überschreiten die physiologisch vorgesehenen Bewegungsmöglichkeiten. Die ständige Abweichung von der Normalhaltung, z. B. in bequemer Sitzposition, schädigt jedoch mit der Zeit die Bandscheiben und sämtliche übrigen haltenden Gewebe. Bei normaler Wirbelsäulenkrümmung ist die einzelne Bandscheibe flächenbelastet, der Druck verteilt sich auf die gesamte Bandscheibe. Bei krummer Rückenhaltung verformt sich die Bandscheibe ähnlich wie ein Wasserbett. Der Gallertkern im Zentrum der Bandscheibe verändert sich am wenigsten, wenn man im Lot steht, im Lot sitzt und sich im Lot bückt. Beim Vorwärtsbeugen verformt er sich nach rückwärts, beim Rückwärtsbeugen bauchwärts, beim Seitwärtsneigen jeweils nach der gegenüberliegenden Seite. Solange die umhüllenden schalenförmigen Knorpelschichten intakt sind, wird die Verformung des Gallertkernes der Bandscheibe nicht schaden. Ständige Fehlhaltung des Rückens nach vorne bewirkt allerdings ständigen Druck auf die Vorderkante des Wirbelkörpers, der Gallertkern im Zentrum wird nach dorsal (rückenmarkwärts) verformt (Abb. 4.4).
Er verhält sich wie ein Zwetschgenkern, den man zwischen Zeigefinger und Daumen quetscht. Bei kleinen Rissen in den Knorpelschichten bohrt sich der Gallertkern einen Weg in Richtung Rückenmarkkanal. Als Bandscheibenprotrusion wölbt er zuerst das hintere Längsband vor, was bereits Schmerzen auslösen kann. Es gibt jedoch viele Protrusionen, die computertomographisch festgestellt werden, aber keine Beschwerden auslösen. 20–30% positiver Befunde im Myelogramm oder CT verursachen keine Beschwerden (Abb. 4.5 + 4.6).
Der vordringende Bandscheibenkern kann sequestrieren (kammern), wobei der abgetrennte Teil des Gallertkerns das hintere Längsband vorwölbt. Durchdringen die Gallertmassen den Ringknorpel und das hintere Längsband, so spricht man von einem Massenprolaps. Dieser massive Vorfall von Bandscheibengewebe verursacht dramatische Schmerzen, da er Nervengewebe quetscht und schädigt. Die unbeschreiblichen Schmerzen führen zu absoluter Bewegungsunfähigkeit. Beim Bandscheibenmassenprolaps ist die sofortige Operation die wohl einzige mögliche Therapie, um den gequetschten Spinalnerven zu befreien, während alle anderen Vorstadien eher eine Domäne der konservativen Therapie sein sollten. Bei etwa 40% der bandscheibenoperierten Patienten bleiben die Beschwerden bestehen (Postnu-

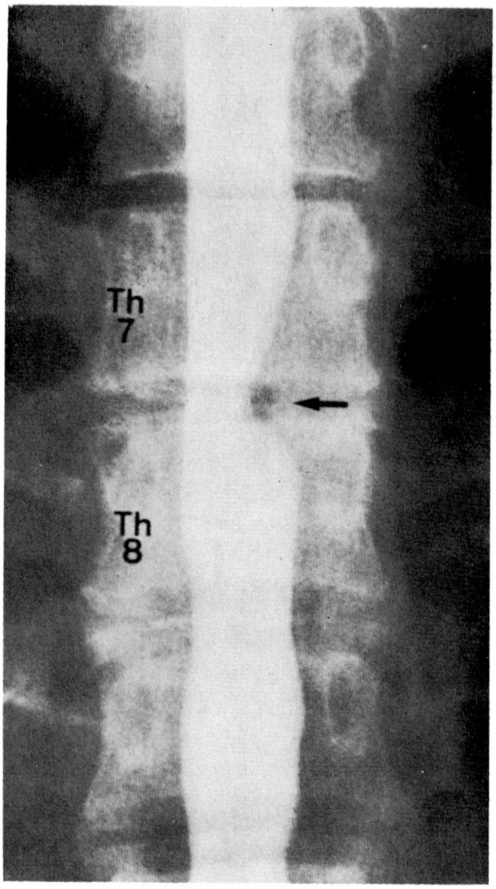

Abb. 4.5: Myelographie bei thorakalem Bandscheibenprolaps

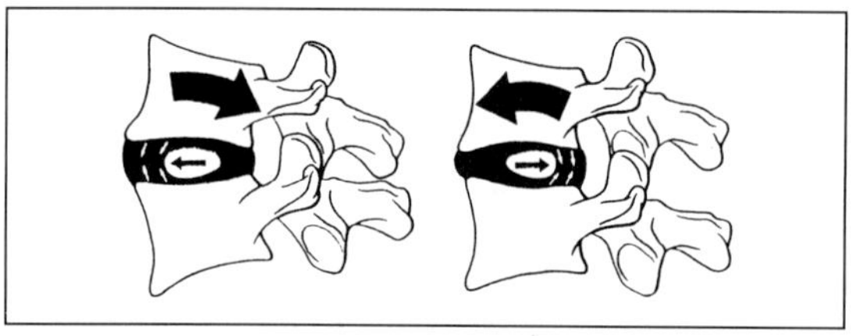

Abb. 4.4: Verhalten des Nucleus pulposus bei Flexion und Extension

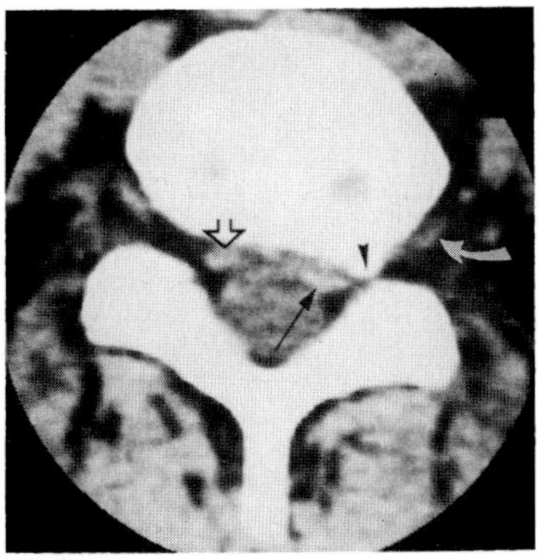

Abb. 4.6: Computertomographie bei lumbalem Bandscheibenprolaps

cleotomiesyndrom). Die wichtigste therapeutische Zielsetzung beim Bandscheibenschaden ohne Vorfall ist die Wiederherstellung der Mittelstellung der Wirbelsäule, die möglichst gleichmäßige Verteilung der Beweglichkeit auf alle Segmente und die Vermeidung der Hypermobilität einzelner Wirbelsegmente. In der sogenannten Mittelstellung, die identisch ist mit dem Lot bei physiologischer Wirbelsäulenform, sind alle Bauelemente des Achsenorgans optimal beansprucht.

Die Propriozeptoren befinden sich in größtmöglicher Impulsruhe, die Nocizeptoren sind inaktiv. Die Tätigkeit der Propriozeptoren wirkt hemmend auf die nocizeptive Überleitung auf spinaler Ebene. Deshalb ist z. B. das Erlernen des dynamischen Sitzens in der Rückenschule sehr wichtig.

Die Spinalnerven, die ohne Perineurium sind, werden durch die Mittelstellung der Wirbelsäule vor Zug und Druck geschützt, die Gefäße und Gefäßnervenplexus sind spannungsfrei gelagert.

Bei einem Bandscheibenvorfall sind die Eigenreflexe gestört, d. h. wenn z. B. der Patellarsehnenreflex (PSR) abgeschwächt ist oder ganz ausfällt, deutet dies auf die Nervenwurzel L 3 hin, die durch die umgebenden Strukturen «in die Klemme» genommen wird.

So gibt es zu jedem Wirbelsäulensegment – wir haben 23 bewegliche Segmente – eine neurologische Etagendiagnostik (beurteilbar sind hierbei die Motorik, die Sensibilität und die Reflexe).

Bei Störungen im einzelnen Wirbelsegment ist der dazugehörige Kennmuskel in seinem Spannungszustand zumindest verändert. Wird der Spinalnerv des beschriebenen Segmentes durch Vorfallen des Bandscheibengewebes gequetscht, so führt dies beim akuten Geschehen zum Ausfall des Muskelreflexes, bei längerem Fortbestehen der einwirkenden Schädigung zur Atrophie, d. h. zum Schwund des vom Spinalnerven versorgten Muskels.

Bei der prozentualen Verteilung der lumbalen Syndrome macht die Schädigung der Wirbelsäulenetage 3/4 etwa 1% der Fälle aus. Wesentlich häufiger sind Störungen im Bewegungssegment zwischen dem 4. und 5. Lendenwirbelkörper (etwa 43%). Mit über 54% konzentriert sich jedoch die häufigste Schädigung der unteren Lendenwirbelsäule auf das Bewegungssegment zwischen dem 5. Lendenwirbelkörper und dem Kreuzbein.

Das monoradikulär (aus der Nervenwurzel des jewei-

Tabelle 4.1.: Etagendiagnostik (häufige Wurzelsyndrome)

Wurzel	Sensibilität/Schmerzlokalisation	Kennbewegung	Reflex (Schwäche bis Ausfall)
C 5	Nacken, Schulter, lateraler Oberarm	Schulterabduktion	Bicepssehnenreflex
C 6	Nacken, Schultern, radialer Arm bis Daumen	Ellbogenreflexion Handgelenksextension	Bicepssehnenreflex
C 7	Nacken, Schulter, dorsaler Arm, 2. und 3. Finger	Ellbogenextension	Tricepssehnenreflex
C 8	Nacken, Teil der Schulter, ulnarer Unterarm, 4. und 5. Finger	Fingerabduktion Fingerflexion	Tricepssehnenreflex
L 3	Kreuz, anteriomedialer Oberschenkel bis Knie	Knieextension	Patellarsehnenreflex
L 4	Kreuz, Knie, anteriomedialer Unterschenkel	Knieextension Dorsalextension	Patellarsehnenreflex
L 5	Kreuz, Gesäß, posteriolateraler Oberschenkel, lateraler Unterschenkel, Außenknöchel	Hackengang	Tibialis posterior Sehnenreflex
S 1	Kreuz, Gesäß, posteriorer Oberschenkel, Wade, Ferse	Zehengang	Achillessehnenreflex

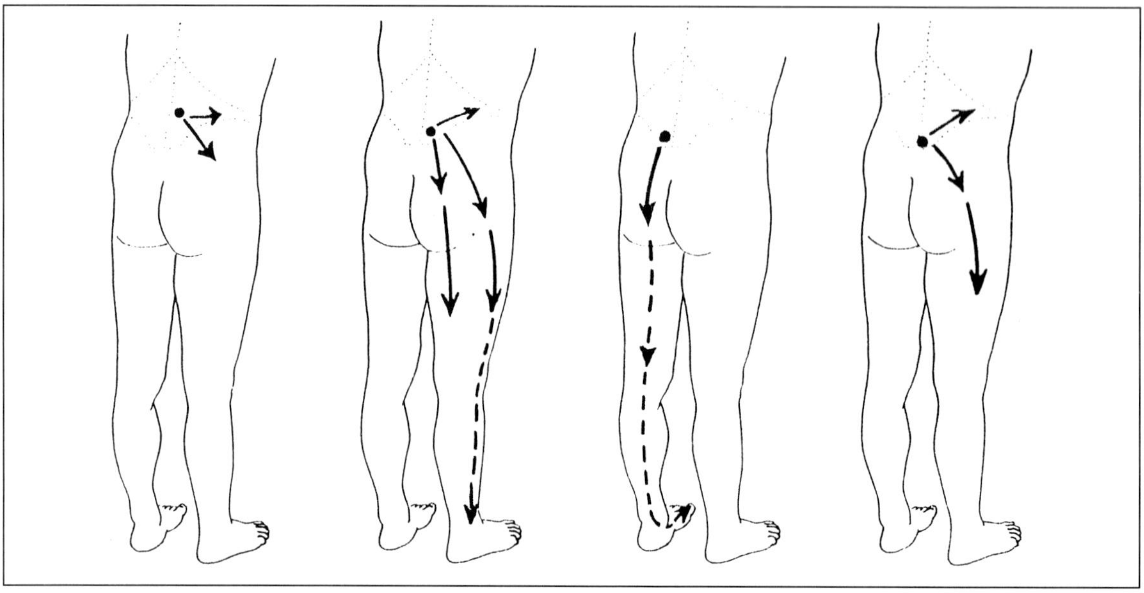

Abb. 4.7: Schmerzirradiationen bei Punktionen verschiedener Wirbelbogengelenke

ligen Segmentes) entstehende Schulter-Arm-Syndrom verteilt sich auf die Einzelsegmente der Halswirbelsäule wie folgt: Das Cervicalsegment 5 (bewegliches Segment zwischen dem 4. und 5. Halswirbelkörper), abgekürzt C 5-Syndrom, ist in 4,1% der Fälle betroffen. In 36,1% der Fälle handelt es sich um ein C 6-Syndrom, in 36,6% der Fälle um ein C 7-Syndrom und in 25,2% der Fälle liegt die Störung im Segment zwischen dem 7. Halswirbel und dem 1. Thorakalsegment (C 8-Syndrom).

Zwischen dem 5. und 6. Halswirbelkörper treten die «Abnutzungserscheinungen» an Wirbelgelenken und Bandscheiben am ehesten und am ausgeprägtesten auf; von dort können Irritationsbeschwerden in die Arme ausstrahlen.

Man beachte, daß sämtliche die Hüften umgebenden Muskeln aus der Lendenwirbelsäule innerviert werden und daß demnach tendomyotische Syndrome der Lendenwirbelsäule sich im Bereich des Beckens und des Beines bemerkbar machen können. Umgekehrt können sich Störungen von Becken und Bein auf die Lendenwirbelsäule übertragen. Entsprechende Zusammenhänge gibt es auch an der Halswirbelsäule und der oberen Extremität (Tab. 4.1).

Facettensyndrom

Bereits 1933 machte Ghormley auf die bei Kreuzschmerzpatienten überaus häufig vorhandenen degenerativen Veränderungen im Bereich der Wirbelbogengelenke aufmerksam und bezeichnete die von dort ausgehenden Beschwerden als Facettensyndrome. Mooney-Robertson stellte 1976 das Wirbelgelenksyndrom «facet syndrome» dem durch Bandscheibenschäden hervorgerufenen Schmerzsyndrom gegenüber. Brügger nannte dieselben Beschwerden Pseudoradikulärsyndrom und Cyriax sprach von «referred pain» (Abb. 4.7).

Heute bezeichnet man allgemein pseudoradikuläre (als ob von Nervenwurzel ausgehende) Schmerzausstrahlungen, deren Ursachen in den Wirbelgelenken zu suchen sind, als Facettensyndrome. Schmerzsyndrome, die unter diesem Bild einzuordnen sind, lassen sich durch Facetteninfiltration oder Facettendenervation mittels Hochfrequenz-Elektrokoagulation, durch Manipulation oder durch Krankengymnastik behandeln.

Zum Verständnis des pseudoradikulären Schmerzbildes ist ein Griff in die «Mottenkiste» der Entwicklungsgeschichte nützlich: Das Zellmaterial für den Aufbau des Bewegungsapparates fließt aus den Ursegmenten. Die Ursegmente lösen sich mit weiterer Entwicklung auf, das Material formiert sich neu zu Dermatomen, Myotomen und Sklerotomen. Die Zellen der sogenannten Sklerotome schwärmen sofort in alle ihnen zur Verfügung stehenden Räume aus und bilden später das Skelett (Beninghoff-Goerttler). Aus den Zellen, welche die Chorda dorsalis umschließen, entstehen die Wirbelkörper.

Von besonderer Bedeutung ist hier, daß jeder Wirbel aus dem Material von zwei benachbarten Ursegmenten entsteht und damit nicht mehr einem ursprünglichen Metamer entspricht. Die bleibenden Zwischenwirbelscheiben (Bandscheiben) liegen also, was das Ursegment betrifft, intrasegmental. Aus den Myotomplatten entsteht durch Abwanderung der hier gebildeten Myoblasten die gesamte Muskulatur des Rumpfes und der Extremität. Zunächst entstehen in jedem Myotom längsgestellte Muskelfasern, die Myomeren, welche über die Segmentgrenzen nicht hinausreichen. Diese primitiven Muskeln überspringen den Spalt zwischen zwei Wirbeln, in dem die Zwischenwirbelscheibe liegt und inserieren an den Wirbeln selbst (diese Muskeln bleiben beim Menschen zwischen den Rippen als Mm. intercostales und zwischen den Dornfortsätzen als Mm. interspinales sowie als Mm. rotatores zwischen Querfortsätzen und Dornfortsätzen bestehen). Bei der weiteren Entwicklung schließen sich mehrere Myomere zu übersegmentalen Muskeleinheiten zusammen, von denen die Muskeln der Wirbelsäule alle Übergänge von monosegmental bis zu plurisegmentalen Individuen zeigen. Je weiter ein Muskel vom Stamm entfernt ist, desto mehr Segmente nehmen an seinem Aufbau teil. Die Extremitätenmuskeln entstehen durch Segmentverschmelzung. Jedes Muskelsegment hat sein metameres Nervenstämmchen.

Da ein Muskelindividuum meist aus mehreren Muskelsegmenten entsteht, gehen ebensoviele segmentale Nerven in den Muskel hinein. An den Austrittsstellen der Nerven aus dem Rückenmark und aus dem Wirbelkanal sind die segmentalen Nerven getrennt und treten dann erst zu einem Kabel verschmolzen, in den zu versorgenden Muskel ein, wo sie sich dann wieder aufzweigen.

Im fertigen Individuum läßt sich die segmentale Herkunft der aus dem Ursegment stammenden Materialien nicht mehr unbedingt anatomisch erkennen; dennoch bleibt uns ein untrügliches Kriterium erhalten, das stets die segmentale Herkunft der Gewebsanteile anzeigt: Der segmentale Spinalnerv. Er enthält sensible, motorische und vegetative Fasern und vermittelt nervöse Impulse zu und vom Segmentmaterial, wohin dieses auch im Zuge der Entwicklung gewandert ist. Der segmentale Spinalnerv beeinflußt sein Dermatom (Subcutis, Cutis, Epidermis), sein Myotom (Skelettmuskulatur), sein Enterotom (Eingeweide), sein Sklerotom (Knochen und Knochenhaut) und die entsprechende segmentale vegetative Innervation (z. B. Sympathikus C 8–L 2). Da die Peripherie vom zentralen Nervensystem gesteuert wird, ist es verständlich, daß zentrale Veränderungen (z. B. im Bereich des Bewegungssegments) Störungen an der «Verwandtschaft» in der Peripherie (z. B. in der Muskulatur) auslösen können.

Andererseits können Veränderungen in der Peripherie, z. B. an Haut, Unterhaut, Muskulatur, Wirbelgelenken und Gelenkkapseln zentripedale Auswirkungen haben. Durch diese Rückkopplung kann sich sehr schnell ein Circulus vitiosus aufbauen und das Geschehen sich selbst im negativen Sinne unterhalten.

Von der Entwicklungsgeschichte wieder zurück zum «Wirbelsäulenalltag». Die Bauteile des Bewegungssegmentes der Wirbelsäule haben bezüglich des Schmerzes eines gewisse Toleranzbreite. Wird die Gewebetoleranz überschritten, so «wehrt» sich der Organismus meist durch Schmerz. Der Ramus dorsalis des Spinalnerven ist ein monosegmentaler (auf ein Segment beschränkter) Nerv. Er «tastet» mit einem Ramus cutaneus die Haut, mit einem Ramus muscularis die Muskulatur und mit einem Ramus articularis das Wirbelgelenk ab. Die Rami articulares innervieren die Gelenkkapseln der Facettengelenke. Zur besseren Absicherung innervieren jeweils mehrere monosegmentale Rami articulares ein Wirbelgelenk. Von diesen Sensoren wird unter normalen Umständen etwa die Stellung im Raum gemeldet, unter pathologischen Umständen die schädigenden Einflüsse. Bei Fehlhaltung z. B. kommt es zu einem erhöhten nocisensorischen «Input» aus diesen Strukturen zum Rükkenmark, zur Formatio reticularis, zum Thalamus und zur sensorischen Hirnrinde. Es ist auch denkbar, daß eine chronisch erhöhte sympathische Aktivität lokale Gewebestörungen hervorruft, die ihrerseits vasomotorische, metabolische und schließlich trophische Veränderungen nach sich ziehen.

Über den Ramus meningicus wird jegliche Information z. B. vom hinteren Längsband, vom Lig. flavum, vom Faserring der Bandscheibe, vom Wirbelkörper und Wirbelbogen sowie von Teilen der Dura mater ebenfalls zum Rückenmark weitergegeben (Abb. 4.8).

Es gibt noch weitere sehr differenziert und schwierig darzustellende nervale Verbindungen, die im Zusammenspiel der Elemente des Bewegungssegmentes gewissermaßen «Freund und Feind» melden. Für das Verständnis des Facettensyndroms ist es wichtig, daß der aus vielen Sensoren stammende Impulsstrom («Input»), der zum Hinterhorn des Rückenmarks fließt, an der Verteilstation «Hinterhorn» flutwellenartig ankommt und die dortigen Regelmechanismen zur Dekompensation bringt. Die segmentale Dekompensation der Sensorik aktiviert – wenn auch völlig unkontrolliert – vegetative und motorische Reflexmechanismen in der Peripherie (Dermatom, Myotom, Enterotom, Sklerotom), und führt zu entsprechenden Veränderungen der Haut (Kibler'sche Hautfalte), der Subcutis (Verquellung), der Muskulatur (Copeman Knötchen, Mackenzie-Zonen, Triggerpunkte) und des Periosts.

Das Pseudoradikulärsyndrom richtet sich nicht immer streng nach den Segmenten, da ein Wirbelgelenk ja von benachbarten monosegmentalen Nerven überwacht wird. Beim Pseudoradikulärsyndrom sind üblicherweise motorische Ausfälle nicht nachweisbar, wobei Teilstörungen der Motorik nicht ausgeschlossen werden können.

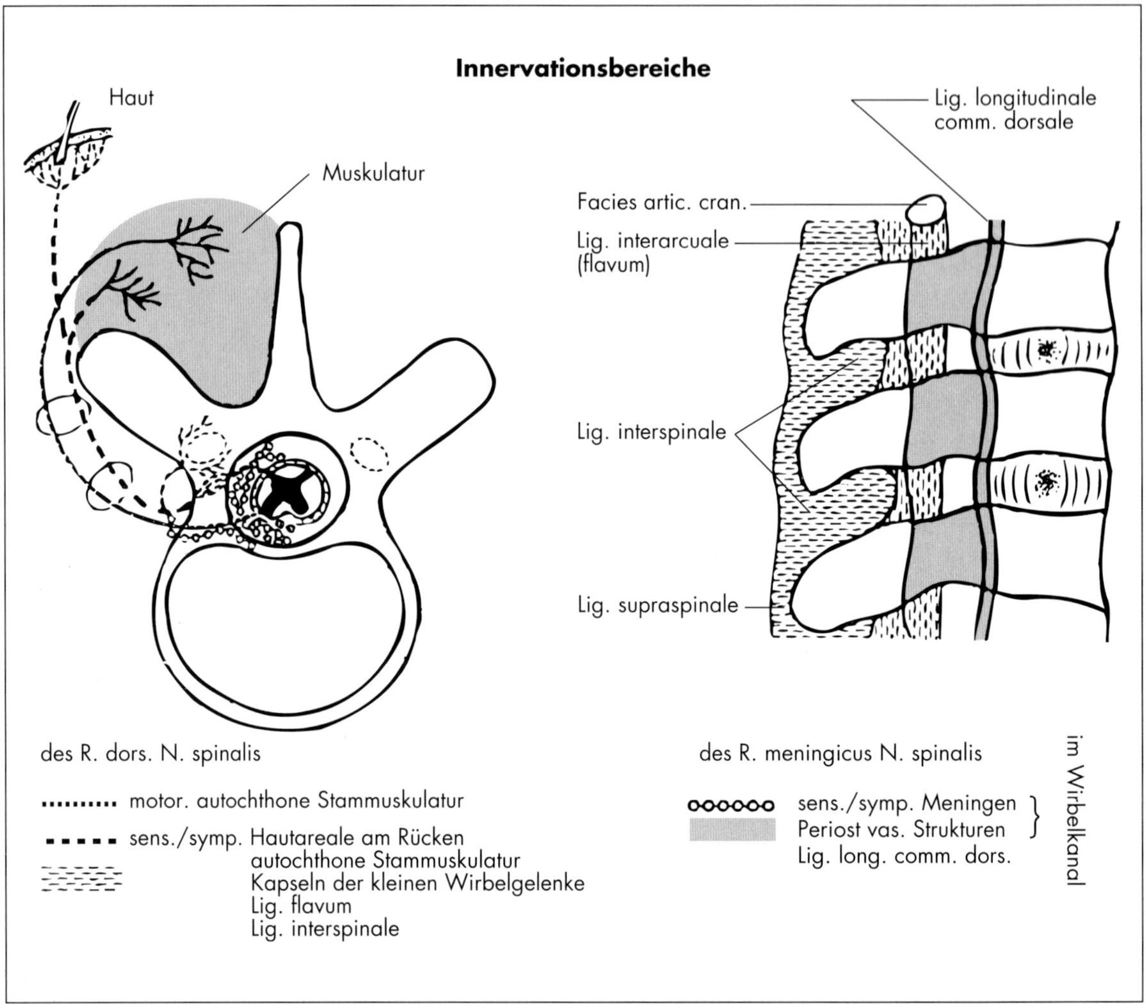

Abb. 4.8: Neurale Versorgung des Bewegungssegmentes (nach Delank)

Pseudoradikulärsyndrome neigen bei Chronifizierung zur Panalgesie. Segmentale vegetative Reflexstörungen breiten sich strickleiterartig über den die einzelnen Segmente verbindenden Grenzstrang aus. Anfänglich segmentale Störungen erfassen jeweilige Körperquadranten (nach Gross), Körperhälften und können schließlich zur Panalgesie durch Chaos im gesamten vegetativen Verbundnetz führen.

Sowohl nach operativen Eingriffen als auch in der konservativen Behandlung von Wirbelsäulenbeschwerden hat die gezielte und dosierte krankengymnastische Einzelbehandlung eine wesentliche Bedeutung.

Sie wird ergänzt durch die in Gruppen durchgeführte «Rückenschule». Die Rückenschule soll als Einrichtung der vorbeugenden Gesundheitspflege und zur Rehabilitation dienen. Es gibt fehlerhaftes Verhalten und Fehlhaltungen z. B. beim Sitzen, Heben, Tragen und Bücken, die bei gegebener Veranlagung zu Rückenschäden führen können. In der Rückenschule werden wirbelsäulenschädliche Haltungs- und Verhaltensweisen analysiert, abgebaut und durch wirbelsäulenfreundliches Verhalten ersetzt. Häufigkeit und Heftigkeit der von der Wirbelsäule ausgehenden Beschwerden sollen reduziert werden (Sekundäre Prävention). Es nehmen auch primär nicht Erkrankte, also vor allem Kinder und Jugendliche an der Rückenschule teil, damit sie die Rückenbeschwerden erst gar nicht bekommen (Primäre Prävention). Die Rückenschule gehört bereits in den Kindergarten und in die Schule. In diesem Sinne fordert der Autor seit Jahren die zumindest «stündliche Bewegungspause» für Schüler, für den Arbeitsplatz, für Rentner und alle passiven «Fernsehsportler». Sobald die Fernsehserie «Dallas» oder «Denver-Clan» läuft, tickt für die Krankenkassen die Kosten-

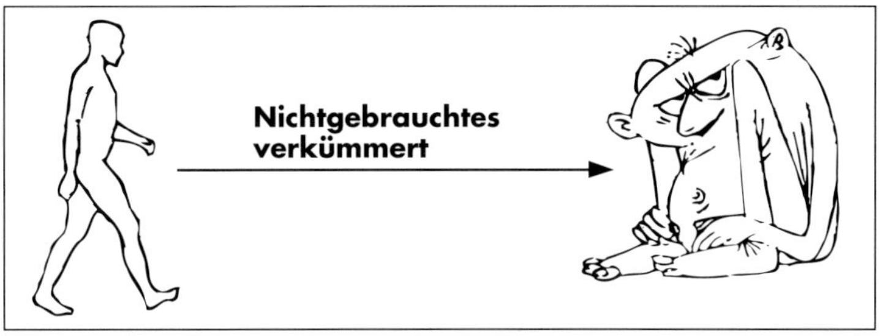

Abb. 4.9: Vom Homo erectus zum Homo sedens

uhr, denn «Fernsehhals» und «Fernsehkreuz» verursachen Millionen an Behandlungskosten. Solange dem «Homo sedens» das ökonomisch-dynamische Sitzen nicht beigebracht wird, wird er auch den noch so ausgetüftelten «Bandscheibenstuhl» falsch benutzen, und seinem Rücken durch falsche Statik und zu wenig muskelerhaltende Dynamik schaden (Abb. 4.9).

Schmerzhafte Weichteile

Das weichteilrheumatische Syndrom läßt sich in folgende Untergruppen einteilen:

1. Erkrankungen des subcutanen Binde- und Fettgewebes,
2. Erkrankungen der Muskulatur,
3. Erkrankungen der Sehnen, Sehnenansätze, Faszien, Sehnenscheiden und Bursen.

Kombinierte weichteilrheumatische Läsionen kommen vor allem als Periarthropathien vor.

Der Weichteilrheumatismus muß abgegrenzt werden vom eigentlichen rheumatischen Kranksein, nämlich der primär entzündlichen rheumatischen Erkrankung (Arthritis) und von den degenerativen Gelenkerkrankungen (Arthrose). Bei dem Weichteilrheumatismus handelt es sich um extraartikuläre Beschwerdebilder, die sich periartikulär oder gelenkfern bemerkbar machen und die auch zu schmerzhaften Weichteilveränderungen z. B. an Bindegewebe und Muskulatur führen können. Weichteilrheumatische Affektionen kommen akut, rezidivieren, wandern und bleiben, soweit sie nicht schmerzreflektorisch bedingt sind, frei von Behinderungen. Sicher ist, daß das Wohlbefinden der von Weichteilrheuma Betroffenen schlecht ist (auf gut bayerisch heißt Weichteilrheuma «ois ziagt», wörtlich ins Hochdeutsche übersetzt: «Alles zieht»). Als auslösende Faktoren weichteilrheumatischer Zustände kommen insbesondere Fehlbelastungen und Überlastungen, neurale und reflektorische Faktoren, Traumen, Mikrotraumen, Temperatur- und Witterungseinflüsse, hormonale, infektiöse, metabolische und andere Ursachen in Betracht.

Dem extrazellulären Raum wurde bislang viel zuwenig Aufmerksamkeit geschenkt. Wenngleich noch nicht bewiesen, jedoch als Gedankenmodell überzeugend, möchte ich das System der Grundregulation nach Pischinger ins Bewußtsein führen, denn nach meinem Verständnis hat dieses System mit Weichteilrheumatismus Wesentliches zu tun. Unsere Körperoberfläche beträgt etwa 2 Quadratmeter; jeder Quadratzentimeter enthält 4 Meter Nerven, 3000 Fühlzellen und 2000 Schmerzsensoren. Die gesammelten Informationen der Hautoberfläche werden als elektrische Impulse über somatische und vegetative Nervenfasern den sensorischen Zentren des zentralen und vegetativen Nervensystems gemeldet. Sämtliche peripheren Fühler liegen in der Haut oder im weichen Bindegewebe unter der Haut. Sie werden von extrazellulärer Flüssigkeit umspült, denn sie durchlaufen Extrazellulärräume. Der Extrazellulärraum besteht aus einer Grundsubstanz, biochemisch gesehen aus einem Netzwerk von hochpolymeren Zucker-Proteinkomplexen, in denen die Proteoglycane überwiegen, gefolgt von Strukturglycoproteinen (Collagen, Elasten, Fibriomycitin, Laminin u. a. mehr). Proteoglycane und Strukturglycoproteine bilden ein Molekularsieb, durch das der gesamte Stoffwechsel von der Kapillare zur Zelle und umgekehrt hindurch muß (Transitstrecke). Die Beschaffenheit des Filters wird bestimmt durch die Konzentration an Proteoglycanen, durch deren Molekulargewicht, durch Elektrolyte und den resultierenden pH-Wert sowie von der wichtigen Negativladung der Proteoglycane, wodurch letztere zur Wasserbindung und zum Ionenaustausch befähigt sind. Proteoglycane sind Garanten für die Isoionie, die Isoosmie und die Isotonie der Grundsubstanz. Dadurch etabliert sich ein elektrostatischer Grundtonus in diesem System; jede Veränderung in der Grundsubstanz (elektrisch oder chemisch) antwortet mit einer Potentialschwankung, einem elektrischen Strom also, der die auf diese Weise verschlüsselte Information der ebenfalls aktiven Zellmembran übermittelt, welche über Depolarisation eine Zellreaktion auslöst. Die Grundsub-

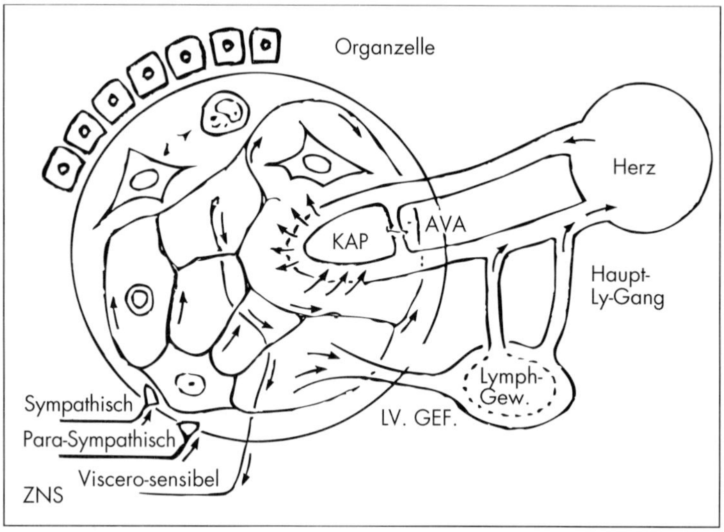

Abb. 4.10: Grundregulationssystem nach Pischinger

stanz ist nicht stabil, sondern befindet sich in ständiger Bildung und Auflösung. Sie hängt jedoch körperweit einmal chemisch durch die Kristallinform und zum zweiten elektrisch durch einen elektrostatischen Grundtonus miteinander zusammen. In diese Grundsubstanz eingebettet liegen Kapillaren und vegetative Nervenfasern. Hier findet ein reger Informations- und Stoffwechselaustausch zwischen wandernden Bindegewebszellen (Makrophagen, Leukozyten, Mastzellen) statt. Freigesetzte Zellprodukte (Prostaglandine, Interleucine, Interferone, Proteasen, Proteaseninhibitoren u.a. mehr) befinden sich hier auf engstem Raum und beeinflussen sich gegenseitig (Abb. 4.10).
So lassen sich schließlich das Stichphänomen nach Pischinger und das Sekundenphänomen der Neuraltherapie nach Hunecke erklären. Durch Stich ausgelöste Energieverschiebungen, wenn sie auch chemisch nicht nachweisbar sind, können sich biophysikalisch als Schwankungen des Redoxpotentials des Bindegewebes ausbreiten. Physikalisch-elektrisch induzierte Vorgänge ändern somit elektrische Ladungsverhältnisse der Moleküle. Sie führen zu Milieuveränderungen der Peripherie und zu elektrochemischen Beeinflussungen des kristallinen Systems; sie übertragen sich so auf die freien Nervenendigungen, vor allem des sympathischen Nervensystems und beeinflussen dadurch den Gesamtorganismus (z.B. Wetterfühligkeit). Aus dem Gesagten wird verständlich, daß jeder unterschiedlich auf verschiedene Therapieverfahren reagieren muß, bedingt durch den unterschiedlichen individuellen vegetativen Grundtonus.

Erkrankungen des subcutanen Binde- und Fettgewebes

Wiederum als Beispiel möchte ich die wohl bekannteste nichtentzündliche Erkrankung des subcutanen Fettgewebes, die sogenannte Panniculose oder auch «Cellulitis» hervorheben. Sie betrifft, anatomisch und geschlechtsspezifisch vorgeprägt, fast ausschließlich Frauen. Das sogenannte Matratzen-Phänomen läßt sich an den jeweilig veränderten Zonen durch Inspektion und Palpation erkennen. Die Fettgewebszellen sind durch vermehrte Wasseraufnahme verquollen, der Lymphabfluß ist gestört und die Region ist schmerzhaft. Lokalisiert sind diese Veränderungen vorwiegend am Schultergürtel, am Beckengürtel, an den Oberarmen, an den Oberschenkeln oder recht häufig auch als Teil der Periarthropathia des Kniegelenkes medialseitig (Abb. 4.11).

Erkrankungen der Muskulatur

Der aktive Teil unseres Bewegungssystems ist die Muskulatur, sie macht etwa ein Drittel unseres Körpergewichtes aus. Als Muskelsymptome treten Schwäche, Muskelschmerz, Strukturveränderungen des Muskels und Störungen des Muskeltonus auf. Ein besonders häufiges Symptom stellt die Myalgie dar, die charakterisiert ist durch einen diffusen, spontan oder bei Bewegung einsetzenden Schmerz. Betroffen sind zum großen Teil die Nackenmuskulatur, die Muskulatur von Schulter und Hüfte sowie die Ober- und Unterschenkelmuskulatur. Die Muskelschmerzen sind nicht konstant, sie treten teils nur bei Bewegung oder im Gegenteil auch nur bei Ruhe auf,

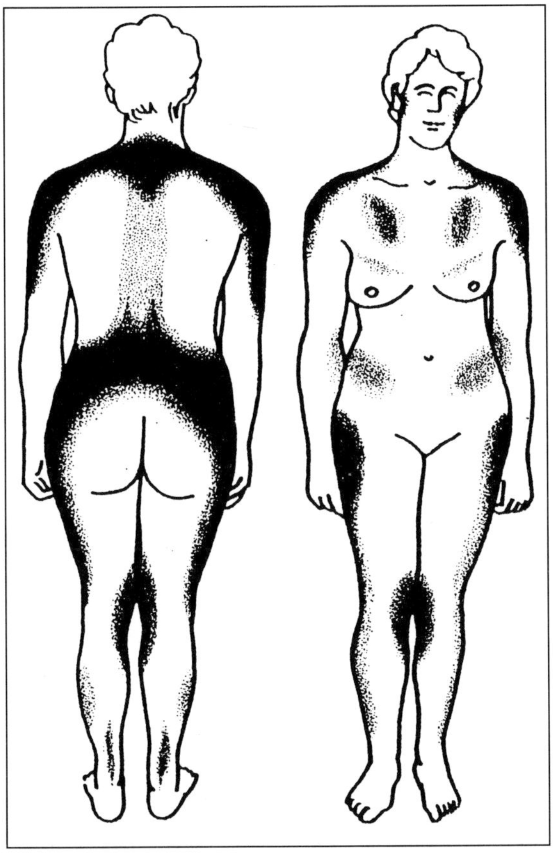

Abb. 4.11: Bevorzugte Lokalisation der Pannikulose

sie können mit Krämpfen und Taubheitsgefühl verbunden sein, einseitig oder beidseitig.
Muskelverkrampfungen treten zumeist als Begleiterscheinung orthopädischer Grundkrankheiten wie z. B. bei den zuvor erwähnten radikulären und pseudoradikulären Syndromen oder auch bereits bei statischen Deformitäten und Muskeldysbalancen auf. Muskelbeschwerden gibt es auch bei isolierten Krankheitsbildern sui generis, z. B. bei Poly- und Dermatomyositis, oder als Teilsymptom einer generalisierten Erkrankung (z. B. beim paraneoplastischen Syndrom). Wenn wir Wadenkrämpfe als myalgisches Syndrom beispielhaft in den Vordergrund stellen wollen, so werden wir feststellen, daß Muskelschmerzen eine Unzahl von auslösenden Ursachen haben können.
Nach dem Motto Tilschers «Häufiges ist häufig, Seltenes ist selten», verrennen wir uns nicht in allzu wissenschaftlicher Betrachtung der Ursachen von Muskelschmerzen.
Am häufigsten ist wohl im orthopädischen Bereich die Muskelverspannung. Der Kliniker versteht unter Muskelverspannung einen Status muskulärer Hypertension, der vorübergehend oder permanent vorhanden ist, und der unterschiedlich schmerzhaft und mit Bewegungseinschränkung verbunden ist. Die Weichheit oder den Spannungszustand eines Muskels kann man mit einem Tonometer messen. Die Elektromyographie (EMG) schlüsselt die elektrische Aktivität der Muskeln auf und gibt so Auskunft über den Spannungszustand der gemessenen Muskulatur. Die Beweglichkeit des Muskels kann mit Hilfe von Ultraschall und Röntgenkinematographie erfaßt werden, mit Infrarotthermographie läßt sich eine Muskelverspannung als lokalisierte Hypothermie erkennen.
Durch Anwendung dieser Methoden kann man die Skelettmuskulatur bezüglich ihrer elektrophysiologischen Aktivitäten in zwei Gruppen einteilen: Zur ersten Gruppe gehört die Muskulatur, die für die Haltung verantwortlich ist. Sie zeigt eine erhöhte Aktivität im EMG, eine erhöhte Spannung und eine Tendenz zur Verkürzung (posturale Muskulatur). Aktiviert werden diese Muskeln besonders durch statische Belastung, z. B. während des Sitzens oder während einer aufrechten Haltung. Die zweite Gruppe, die phasischen Muskeln, tendieren zu erniedrigter Aktivität im EMG, zu herabgesetzter Spannung und zu Überdehnung.
Der Verlust von Bewegung sowie die durch Lebensführung bedingten statischen Überlastungen verursachen eine Dysharmonie zwischen diesen beiden Muskelgruppen und führen zu vielen Erkrankungen, die mit Schmerzen und Muskelhartspann einhergehen.
Rückenschmerzen sind sehr häufig. Je mehr und je länger man mit Wirbelsäulenpatienten zu tun hat, um so häufiger wird man feststellen, daß die Wirbelsäule eine blühende Wiese der menschlichen Psyche ist. An kaum einem anderen Organ toben sich Affektspannungen muskulär so aus wie am Rücken. Wen wundert es, denn wir wissen, wie sehr Haltung und Psyche miteinander verknüpft sind. («Haltung hat, wer Halt hat» nach Derbolowsky.) Während die Gesichtsmimik doch recht offen das Affektverhalten des Patienten widerspiegelt, verbirgt der Rücken, was ihn drückt und belastet. Die Rückenschmerzen einer trauernden Witwe lassen sich nicht mit cortisonhaltigen Antirheumatika behandeln; die Wiederaufrichtung der Gramgebeugten geschieht eher mit Hilfe von Antidepressiva oder gutem Zureden und Zuhören. Schmerzhafte Muskelverspannungen, die psychogene Ursachen haben, verzerren also das klinische Bild des Rückenschmerzes.
Das wichtigste Werkzeug, um die Probleme der Patienten zu analysieren und zu verstehen, ist das medizinische Interview. So lassen sich die Symptome und Beschwerden, die vom Patienten genannt werden, in sieben Dimensionen einteilen: Qualität, Intensität, Lokalisation, Chronologie, verbessernde und ver-

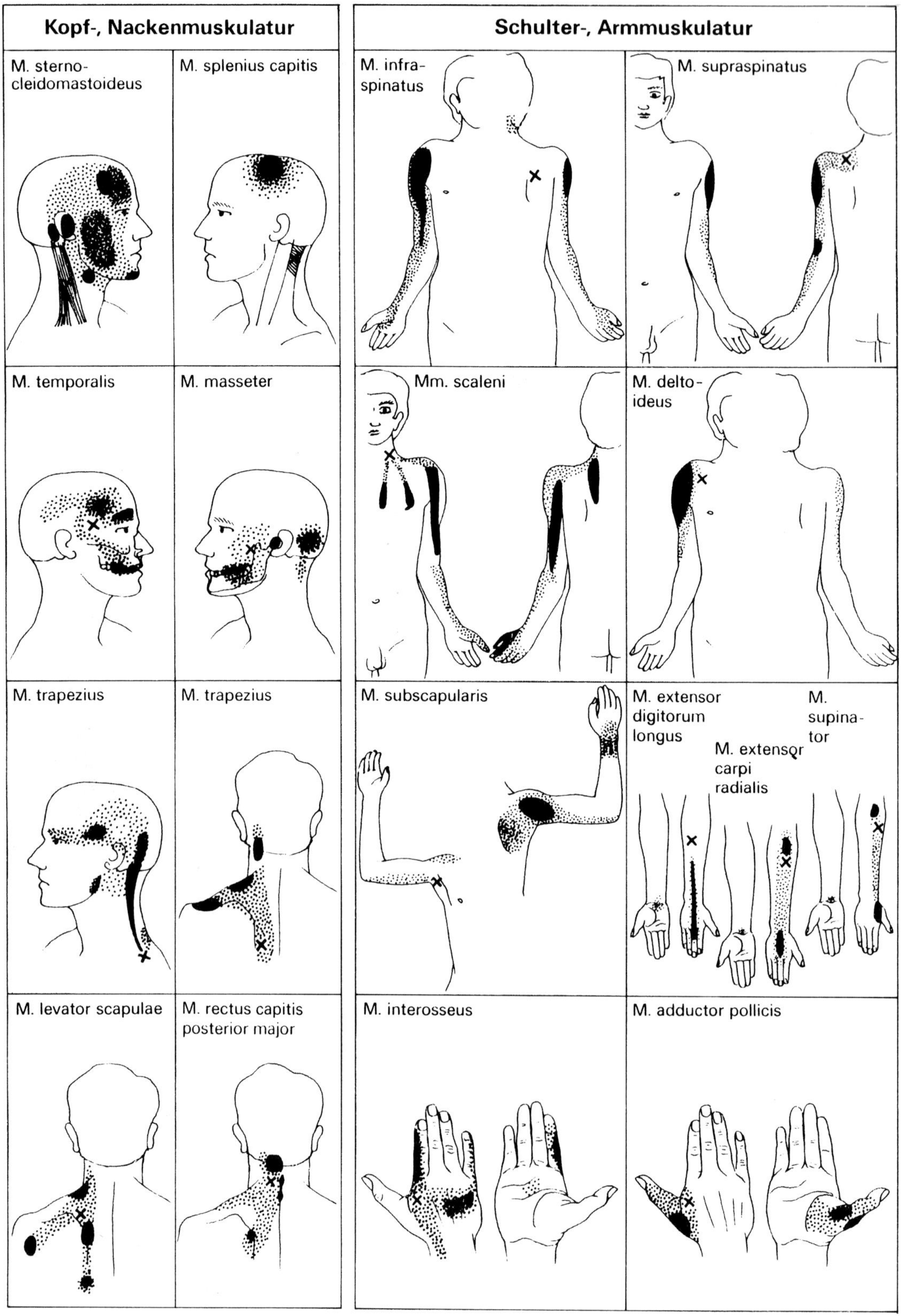

Abb. 4.12 a, b: Triggerpunkt-Beispiele und referred pain (der fortgeleitete Schmerz) in der Referenzzone (nach Travell u. Ritzler 1952)

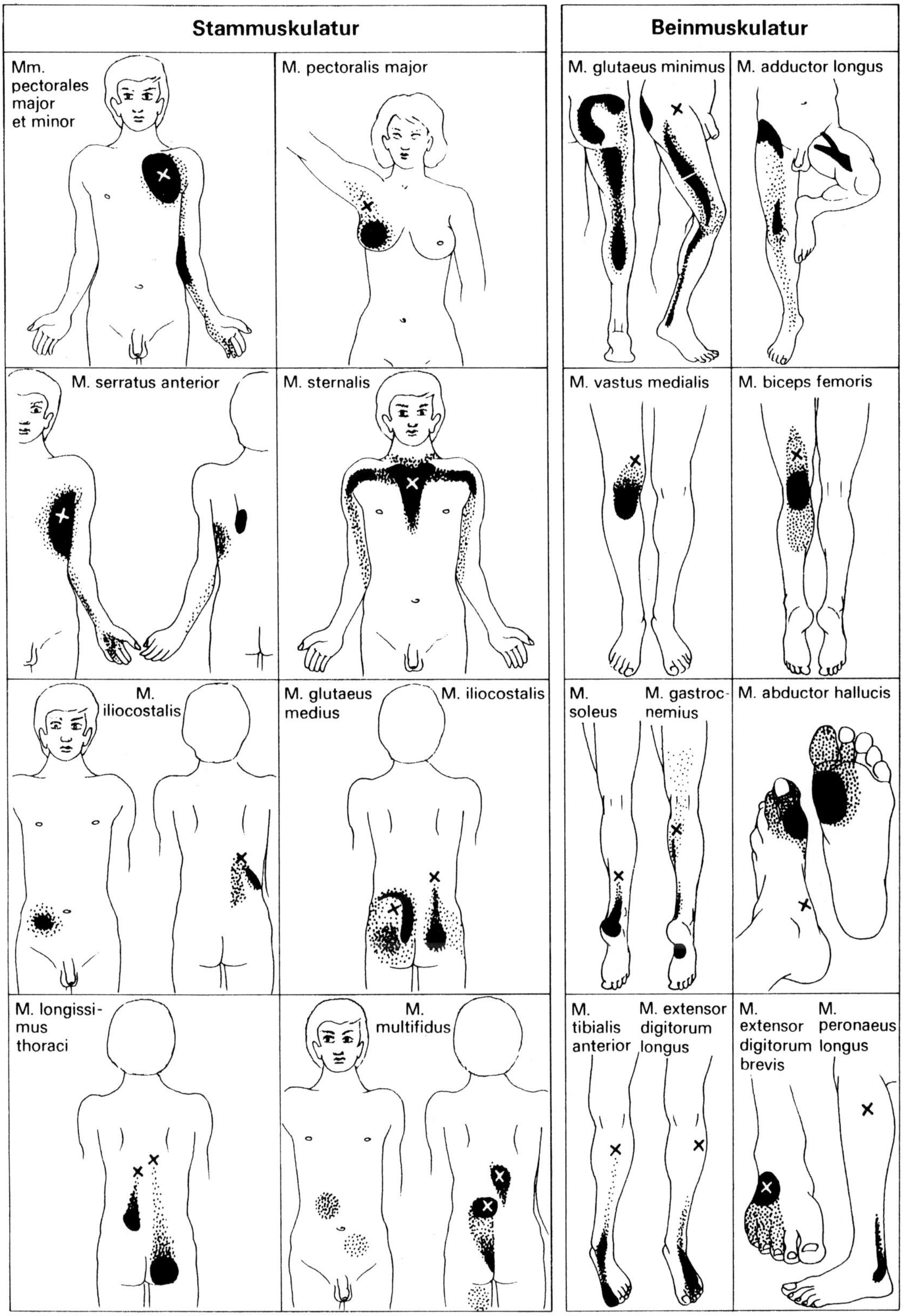

× Triggerpunkt ▀▒ Schmerzmuster

schlechternde Faktoren und Begleitsymptome. So zeigt die Sprache der Patienten mit primär psychogen bedingten Schmerzen mehr negative affektbeladene Reaktionen (Ärger, Ungeduld, Hilflosigkeit, fehlendes Einfühlungsvermögen) als die Interviews von Patienten mit klar definierter somatischer Ursache der Schmerzen. Die psychoanalytische Theorie erklärt den psychogenen muskulären Rückenschmerz als eine Konversionsreaktion auf unausgetragene Konflikte. Vielleicht wird es für den Behandler einfacher, einerseits zwischen den eher psychosomatischen und andererseits den eher mechanischen Ursachen zu unterscheiden, wenn er von folgendem ausgeht: Poly-Myalgien = «Psycho»-Myalgien (Beschwerden vielfältig überall, dramatisch schwelgend); lokalisierte Myalgie = «Mechano»-Myalgie (Segmentstörung an der Wirbelsäule, Funktionsstörung am Gelenk). Das erklärte Ziel des Behandlers ist die Schmerzlinderung, die Verbesserung des Befindens und die Wiederherstellung der normalen Funktion an Gelenk und Wirbelsäule. Der Teufelskreis zwischen Muskelverspannung und Schmerz muß unterbrochen werden.

Bei dem Eindruck «psycho» ist wohl die «Affektentspannung» vorrangig, bei dem Vorzeichen «mechano» sind eher mechanische Therapieverfahren angebracht. Übende Verfahren wie Progressive Muskelentspannung nach Jacobson, Biofeedback, Autogenes Training, entspannende Atemgymnastik und Schmerzbewältigungsmethoden anderer Art lindern bzw. beseitigen psychosomatisch ausgelöste Muskelverspannungen. Körperwahrnehmungsübungen (Kinästhesie) machen Spannungszustände erst einmal bewußt: Bewußt gemachte Spannung läßt sich leichter abbauen. Die Feldenkrais-Methode, die Alexander-Technik und ähnliche Verfahren sind hier angebracht.

Bei den Verspannungen mit dem Vorzeichen «mechano» leistet die Postisometrische Relaxation einen erheblichen analgetischen Effekt. Wärme- bzw. Kältetherapie und gezielte Massagen sind ebenfalls indiziert.

Freizeit- und Berufsaktivitäten sollten im Rahmen der Rückenschule analysiert und korrigiert werden. Dem Patienten ist eine «stündliche Bewegungspause» zu empfehlen.

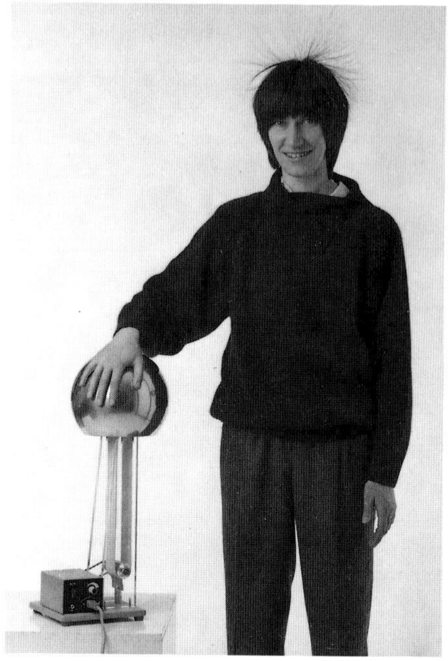

Abb. 4.13: ELOSTAT (An den abstehenden Haaren läßt sich die elektrostatische Aufladung erkennen)

Erkrankungen der Sehnen, Sehnenansätze, Faszien, Sehnenscheiden und Bursen

Die generalisierte Tendomyopathie (Fibrositissyndrom) erfaßt sehr «krankmachend» den gesamten Körper.

Tendomyosen verursachen ausstrahlende Schmerzen, besonders bei Druck, Dehnung, Kälte und Überanstrengung. Wärme und leichte Bewegung verbessern die Beschwerden.

Die Insertionstendopathien sind typisch zu finden:

a) im Schultergürtelbereich (vor allem am Ansatz des M. levator scapulae-Angulus Syndrom),
b) im Beckengürtelbereich (vor allem am Ursprung des M. glutaeus medius),
c) am Thorax (Sternocostalsyndrom),
d) an der Wirbelsäule (Ligamentosis interspinalis),
e) periartikulär, z. B. Tennisellbogen, Bicepstendinitis, Pes anserinus Ansatz.

Myofasziale Triggerpunkte sind überempfindliche, tastbar verhärtete Stellen in einem geschwächten und verkürzten Muskel oder dessen Faszie. Diese Punkte sind auf Druck schmerzhaft. Durch mechanische Stimulation lassen sich Schmerzen und vegetative Störungen in einem größeren nicht segmental zugeordneten Areal auslösen (referred pain). Latente Triggerpunkte zeigen erst bei deutlicher Punktreizung unter starkem Druck ausstrahlende Schmerzen, während aktive Triggerpunkte bereits bei physiologischen Belastungen fortgeleitete Schmerzen in den Referenzzonen auslösen (Abb. 4.12a + b).

Für die Therapie ist das Autonomisierungsbestreben der Triggerpunkte wichtig. Sie können den Schmerz aufrecht erhalten, auch wenn die primären Schmerzursachen beseitigt sind. Die Triggerpunkte, die als selbständiger «Störsender» wirken können, müssen «zum Schweigen» gebracht werden. Dem Arzt steht hierfür die Therapeutische Lokalanästhesie (TLA) zur Verfügung, dem Krankengymnasten gezielte Massagegriffe (Inhibitionen), Spray und Stretch (nach Travell/Simons) oder die Postisometrische Relaxation (nach Lewit).

Nicht zuletzt konnte ich beobachten, daß die elektrostatische Aufladung der Körperoberfläche durch einen Van der Graf'schen Bandgenerator viele der genannten weichteilrheumatischen Beschwerden schlagartig verschwinden lassen kann (ELOSTAT). Polarisierende Wirkungen und auch direkte auf die Nervenendungen einwirkende physikalische Kräfte werden zur Erklärung diskutiert. Die wissenschaftliche Reproduzierbarkeit der Methode wird durch die Abhängigkeit von der Luftfeuchtigkeit und -ionisation erschwert Abb. 4.13).

Literaturempfehlungen

Asshauer, E.: Die Schmerzfibel. Delphin, München 1985.

Auberger, H./Biermann, E.: Praktische Schmerztherapie. Thieme, Stuttgart 1988.

Baar, H. A.: Schmerzbehandlung in Praxis und Klinik. Springer, München 1987.

Brügger, A.: Die Erkrankungen des Bewegungsapparates und seines Nervensystems. Fischer, Stuttgart 1980.

Cailliet, R.: Low Back Pain Syndrom. F. A. Davis Company, Philadelphia 1986.

Cox, J. M.: Low Back Pain. Williams & Wilkins, Baltimore 1985.

Dvorak, J./Dvorak, V.: Manuelle Medizin – Diagnostik. Thieme, Stuttgart 1983.

Eder, M./Tilscher, H.: Schmerzsyndrome der Wirbelsäule. Hippokrates, Stuttgart 1982.

Eder, M./Tilscher, H.: Chirotherapie. Hippokrates, Stuttgart 1988.

Flörkemeier, V./Hess, H.: Arthritis – Arthrose – Schmerztherapie. Medical Tribune, Wiesbaden 1987.

Frey, R. (Hrsg.): Schmerz. Aesopus, Basel 1980.

Fricke, R. (Hrsg.): Erkrankungen extraartikulärer Bindegewebe. Werk-Verlag Dr. E. Banaschewski, München 1983.

Frisch, H.: Programmierte Untersuchung des Bewegungsapparates. Springer, Berlin 1983.

Gross, D. (Hrsg.): Therapie über das Nervensystem. (13 Bände.) Hippokrates, Stuttgart 1965–1976.

Gross, D. u. a. (Hrsg.): Schmerzstudien. (Bisher 7 Bände.) Fischer, Stuttgart 1978–1990.

Gross, D./Thomalske, G./Schmitt, E. (Hrsg.): Schmerzkonferenz (Sammelordner). Fischer, Stuttgart 1984–1990.

Gross, D.: Therapeutische Lokalanästhesie. (Bisher 2 Bände). Hippokrates, Stuttgart 1988

Gutmann, G. (Hrsg.): Funktionelle Pathologie und Klinik der Wirbelsäule. (Bisher 4 Bände.) Fischer, Stuttgart 1981–1989.

Heipertz, W./Schmitt, E.: Wirbelsäulenerkrankungen. Springer, Berlin 1978.

Hohmann, D./Kügelen, B./Liebig, K./Schirmer, M. (Hrsg.): Neuroorthopädie. (Bisher 4 Bände.) Springer, Berlin 1983–1989.

Hoppenfeld, S.: Orthopädische Neurologie. Enke, Stuttgart 1980.

Hoppenfeld, S.: Klinische Untersuchung der Wirbelsäule und Extremitäten. Fischer, Stuttgart 1982.

Hülse, H.: Gleichgewichtsstörungen. Springer, Berlin 1983.

Junghanns, H. (Hrsg.): Die Wirbelsäule in Forschung und Praxis. (Bisher 110 Bände.) Hippokrates, Stuttgart 1955–1989.

Kapandji, I. A.: Funktionelle Anatomie der Gelenke. (3 Bände.) Enke, Stuttgart 1984–1985.

Krämer, J.: Bandscheibenbedingte Erkrankungen. Thieme, Stuttgart, 1978.

Kunert, W.: Wirbelsäule und Innere Medizin. Enke, Stuttgart 1975.

Laser, T.: Lumbale Bandscheibenleiden. Zuckschwerdt, München 1988.

Lewit, K.: Manuelle Medizin im Rahmen der medizinischen Rehabilitation. Urban & Schwarzenberg, München 1984.

Metz, E.-G.: Kreuzschmerzen. Springer, Berlin 1985.

Pischinger, A.: Das System der Grundregulation. Haug, Heidelberg 1985.

Reinhardt, B.: Die stündliche Bewegungspause. Hippokrates, Stuttgart 1983.

Reinhardt, B.: ELOSTAT – eine Möglichkeit der Behandlung des Weichteilrheumatismus. Selbstverlag 1985.

Reinhardt, B.: Sitzen macht krank – die stündliche Bewegungspause schützt. In: Nöldner, K./Kreuther, H. (Hrsg.): Medizin, Gesundheit, Politik. Deutscher Ärzte-Verlag, Köln 1986.

Reinhardt, B.: Sitzen macht krank. Zeitschrift KG-Intern 1987.

Reinhardt, B.: Die aktive Bewegungspause am Computerarbeitsplatz. Zeitschrift KG-Intern 1987.

Reinhardt, B.: Rückenschule: Modetrend oder therapeutische Herausforderung. Zeitschrift Der Orthopäde 6/1988.

Rettig, H./Oest, O./Eichler, J.: Wirbelsäulen-Fibel. Thieme, Stuttgart 1976.

Schmidt, R. F./Struppler, A.: Der Schmerz. Piper, München 1982.

Sheon, R. P./Moskowitz, R. W./Goldberg, V. M.: Weichteilrheumatismus und andere Schmerzsyndrome des Bewegungsapparates. Steinkopff, Darmstadt 1983.

Thom, H. (Hrsg.): Diagnose und Therapie des Schmerzes. Med. Lit. Verlagsgesellschaft, Uelzen 1980.

Tilscher, H./Eder, M.: Die Rehabilitation von Wirbelsäulengestörten. Springer, Berlin 1983.

Tilscher, H./Eder, M.: Lehrbuch der Reflextherapie. Hippokrates, Stuttgart 1986.

Travell, J. G./Simons, D. G.: Myofascial Pain and Dysfunction. William & Wilkins, Baltimore 1982.

Weintraub, A.: Psychorheumatologie. Karger, Basel 1983.

Winkel, D. u. a.: Nichtoperative Orthopädie. (3 Bände.) Fischer, Stuttgart 1985–1987.

Wolff, H.-D.: Neurophysiologische Aspekte der manuellen Medizin. Springer, Berlin 1983.

Zimmermann, M./Handwerker, H. O. (Hrsg.): Schmerz. Springer, Berlin 1984.

Abbildungsnachweis

Abb. 4.1: Kahle, W./Leonhardt, H./Platzer, W.: dtv – Atlas der Anatomie. Band 1, Seite 203. München 1978.

Abb. 4.2 a + b: Mit freundlicher Genehmigung von Prof. Dr. med. Wolfgang Krause, Orthopädische Klinik Kassel.

Abb. 4.3: Gutmann, G. (Hrsg.): Funktionelle Pathologie und Klinik der Wirbelsäule. Band 4, Seite 15. Fischer, Stuttgart 1987.

Abb. 4.4: Kapandji, I. A.: Funktionelle Anatomie der Gelenke. Band 3, Seite 33. Enke, Stuttgart 1985.

Abb. 4.5: Eder, M./Tilscher, H.: Schmerzsyndrome der Wirbelsäule, Seite 58. Hippokrates, Stuttgart 1982.

Abb. 4.6: Schubiger, O.: Computer-Tomographie der Wirbelsäule. Hippokrates, Stuttgart 1984.

Abb. 4.7: Brügger, A.: Über vertebrale, radikuläre und pseudoradikuläre Syndrome Teil 2, Seite 90. Acta rheumatologica Nr. 19, Documenta. Geigy, Basel 1962.

Abb. 4.8: Eder, M./Tilscher, H.: Chirotherapie, Seite 35. Hippokrates, Stuttgart 1988.

Abb. 4.9.: Reinhardt, B.: Die stündliche Bewegungspause, Seite 13 + 16. Hippokrates, Stuttgart 1983.

Abb. 4.10: Pischinger, A.: Das System der Grundregulation, Seite 175. Haug, Heidelberg 1985.

Abb. 4.11: Fricke, R.: Erkrankungen extraartikulärer Bindegewebe. Colloquia rheumatologica 14, Seite 49. Werk-Verlag Dr. E. Banaschewski, München-Gräfeling 1983.

Abb. 4.12: Dvorak, J./Dvorak, V.: Manuelle Medizin – Diagnostik, Seite 36 + 37. Thieme, Stuttgart 1983.

Abb. 4.13: Magdalene Grenz c/o Neuromedizinisches Fortbildungszentrum, Bad Hersfeld 1989.

5 Schmerzsyndrome aus neurologischer Sicht

Richard M. A. Suchenwirth

Vorbemerkungen

Schmerz ist ein Phänomen, das zahlreiche Disziplinen beschäftigt, und von der Medizin über die Psychologie bis hin zur Theologie die verschiedenartigsten Aspekte aufweist.
Der Neurologe wird sich nach kurzem Blick auf die anatomischen und physiologischen Grundlagen auf seine ihm reichlich zur Verfügung stehenden Erfahrungen beschränken und versuchen, erstere mit letzteren in Einklang zu bringen.
Wir gehen einerseits davon aus, daß Schmerz als eine spezifische Sinnesleistung von Rezeptoren, Schmerznervenfasern, Schmerzbahnen und Schmerzzentren gelten kann, wie dies vor allem durch die *Spezifitätstheorie* des Schmerzes nach von Frey und anderen dargelegt wurde. Wir wissen aber auch, daß es nicht nur monomodale Rezeptoren sind, die Schmerz vermitteln, sondern daß es auch bi-, ja sogar polymodale Rezeptoren gibt. In der Diskussion blieb, daß überstarke Reize an verschiedenen Sinnessystemen Schmerz (oder doch schmerzartige Zustände) hervorrufen können, was vor allem nach den Arbeiten von Goldscheider als *Intensitätstheorie* des Schmerzes bezeichnet wurde. Manche Schmerzphänomene sind über von hier aus kommende Begleitreaktionen des Sympathikus verständlicher.
Die *Gate-Control-Theorie* des Schmerzes (Melzack und Wall 1965) betont, daß die Nervenimpulse der afferenten Fasern auf dem Weg über Transmissionszellen im Rückenmark eine Veränderung erfahren; das Rückenmark habe einen «Tormechanismus»: Aktivität aus dicken, schnell leitenden Fasern hemme, solche aus dünnen langsam leitenden Fasern fördere die Übertragung. Dieser Tormechanismus werde über absteigende (und diese zuvor über aufsteigende) Faserzüge beeinflußt.
Man kann diese drei Theorien als widersprüchlich herausstellen, wie dies etwa bei Schmidt und Struppler erfolgt, die der Spezifitätslehre unverändert den Vorzug geben. Vielleicht ergänzen sich diese drei Schwerpunkte aber auch – wie es dem Autor als Kliniker denkbar erscheint: Die Spezifitätstheorie erbringt wichtige anatomisch-physiologische Grundlagen, die Intensitätstheorie macht die integrierten Sympathikusreaktionen verständlicher, die Gate-Control-Theorie schließlich verdeutlicht die vielen zentralen und auch psychischen Einflüsse auf die Schmerzempfindung.
Man kann zwar den Schmerz als einfache Sinnesqualität sehen, engt sich aber damit auf einen Bereich ein, der im ärztlichen Alltag fast bedeutungslos ist. Schmerz ist auf verschiedenen Ebenen immer Reizempfindung und Reizbeantwortung («sensation and reaction» nach Beecher).
Man kann auch schematisch und teilweise mit kybernetischen Überlegungen verschiedene Stufen der Schmerzwahrnehmung und -einordnung in die Fülle der ständig eingehenden Sinnesimpulse unterscheiden, wobei zumindest die Rezeptoren, Nervenfasern, das Rückenmark im Eintrittsniveau, die aufsteigenden und die kontrollierenden absteigenden Fasersysteme, die Formatio reticularis, der Thalamus, das Limbische System und die kortikale Repräsentation berücksichtigt werden müssen (Tab. 5.1).
Schmerz ist Empfindung, Gefühl, Wahrnehmung und auch Mitteilung, zumindest über Mimik und Gestik.
Der Neurologe sollte diese verschiedenen Stufen mit den entsprechenden Einflüssen auf das Phänomen Schmerz stets berücksichtigen. Er kann dann einzel-

Tab. 5.1.: Aspekte des Schmerzes (grob schematisch)

Empfindung	Nociceptoren, Nerv, Hinterhorn, Vorderseitenstrang, Großhirn
Reaktion auf örtliche Schädigung	Motorische und vegetative spinale Reflexe
Gefühl	Formatio reticularis, vegetative Zentren
Affekt	Limbisches System, Dienzephalon, Thalamus, Hypothalamus
Wahrnehmung	Großhirnrinde
Mitteilung	Großhirnrinde, efferente Systeme

ne Komponenten der vom Kranken mitgeteilten Erfahrung mehr oder weniger deutlich abgrenzen, wodurch erst eine sinnvolle Einordnung des Phänomens Schmerz möglich ist.

Grundtypen des Schmerzes

Subjektive Hinweise

Viele unserer Kranken, zumal solche, die sich genau beobachten, können über die Art der auftretenden Schmerzen zusätzliche Hinweise geben. Sie unterscheiden unter anderem:
- Stechende Schmerzen,
- ziehende, reißende Schmerzen – die sich also schnell ausdehnen,
- klopfende (pulsierende) Schmerzen,
- brennende Schmerzen,
- drückende Schmerzen.

Stechende und reißende Schmerzen sind im allgemeinen solche, die einen Nerven insgesamt betreffen. Brennende Schmerzen treten vor allem auf, wenn größere Areale von Rezeptoren betroffen sind. Klopfende, pulsierende Schmerzen sprechen für eine vaskuläre Komponente. Drückende Schmerzen können dafür sprechen, daß der Schmerz aus einem Bereich des Körpers stammt, in dem ein Überdruck besteht (etwa im Schädelinneren, im Rückenmarksbereich oder aus einem sogenannten Kompartiment). Die Angaben unserer Kranken hinsichtlich der Art der gespürten Schmerzen können also erste vorsichtige Rückschlüsse auf die Ursache zulassen.

Neurophysiologische Interpretation

Wir sollten dann Überlegungen darüber anstellen, welche Komponente des «nocisensorischen Systems» betroffen ist (die letztgenannte Bezeichnung stammt von Lewis). Nicht selten klinisch, empirisch und sogar tierexperimentell abgrenzbar sind:
- Der Schmerz, der vor allem über relativ myelinreiche und schnell leitende A-Delta-Fasern vermittelt wird (etwa bei einem Nadelstich oder einer andersartigen ganz umschriebenen örtlichen Schädigung);
- und der über die myelinarmen C-Fasern wesentlich langsamer übermittelte und damit später und länger dauernd in Erscheinung tretende Schmerz, wie er etwa beim Kneifen ausgelöst wird.

Der A-Delta-Schmerz tritt also schnell, gut lokalisierbar, eher stechend, hell, und auch schnell abklingend, in Erscheinung. Er gleicht am ehesten anderen Sinnesleistungen und setzt ein weitgehend intaktes schmerzleitendes System voraus. Hier mag die Nervenleitgeschwindigkeit etwa in der Größenordnung von 20 bis 30 m/sec liegen.

Der C-Faser-Schmerz zeigt sich langsamer, eher brennend-dumpf, schlechter lokalisierbar, und klingt wesentlich später ab. Er führt häufig zu vegetativen Begleitreaktionen – etwa einer lokalen Rötung oder anderen, nicht direkt sichtbaren Nachbarschaftsreaktionen. Die Nervenleitgeschwindigkeit beträgt hier bis zu 0,5 m/sec.

Häufig freilich ist der angegebene Schmerz nur in der einen oder anderen Richtung akzentuiert. Oft herrscht dann ein Mischtyp vor. Letzteres ist vor allem auch der Fall, wenn eine Schädigung des Nerven insgesamt beginnt oder abklingt: Die A-Delta-Fasern reagieren empfindlicher auf Stoffwechselstörungen, etwa auch auf Sauerstoffmangel. Sie sind deshalb leichter zu schädigen. Als Beispiel kann man sich entsinnen, daß es beim Übereinanderschlagen der Beine zu einer vorübergehenden Nervenschädigung kommt, die als «Einschlafen» der Beine zu bezeichnen wäre. Ein Mensch, dem dies passiert, wird gegen Berührung, aber auch gegen zarte Stiche unempfindlicher sein: Bei Bekneifen des entsprechenden Körperteils kann er sich allerdings schnell davon überzeugen, daß der mehr dumpfe Schmerz nach wie vor gut geleitet wird.

Die Schädigung des myelinscheidelosen C-Faser-Systems tritt später ein und bildet sich schneller zurück. Diese Nervenfasern sind offenbar nicht so abhängig von einem gut funktionierenden Stoffwechsel. Andererseits läßt hier das Fehlen der Myelinscheide (oder allenfalls das Vorliegen einer geringen Myelinscheide) Wirkungen aus der Nachbarschaft eher zur Geltung kommen: Dies ist jedem bekannt, der von einem Zahnarzt eine Betäubungsspritze erhielt. Hier bleibt die Berührungsempfindung (und auch die helle Schmerzempfindung) noch besser erhalten, während durch das Novocain das C-Faser-System bereits weitgehend ausgeschaltet ist: Die besonders unange-

nehme, brennend-dumpfe Schmerzkomponente wird schon früh durch diese Novocain-Injektion unterdrückt, so daß der Zahnarzt seine Eingriffe relativ schmerzfrei durchführen kann.
Bereits die Art, wie ein Kranker den Schmerz charakterisiert, kann also dem Neurologen manchen Aufschluß geben.

Lokalisation des Schmerzes

Wesentliche weitere Aufschlüsse über die zugrunde liegenden Krankheitsbilder gewinnen wir aus der Lokalisation des Schmerzes.

Gewebsschmerz

Die Kranken können auf gewisse Körperteile hinzeigen oder diese Körperteile ansprechen, in denen sie den Schmerz verspüren. Der Schmerz kann sich dabei gänzlich unabhängig von irgendeiner neuralen Gliederung zeigen. Er rührt dann meistens aus Körperbereichen her, die den Neurologen weniger interessieren, wie Knochen, Gelenke oder – nicht fortgeleitet – aus inneren Organen.

Neuraler Schmerz

In zahlreichen anderen Fällen können die Kranken relativ genau angeben, daß der Schmerz etwa dem Ausbreitungstyp eines bestimmten Nerven entspricht. Auf Einzelheiten sei später eingegangen. Am häufigsten ist im Armbereich der Nervus ulnaris, im Beinbereich der Nervus ischiadicus mit seinen Ästen N. peronaeus und N. tibialis betroffen.

Segmentaler Schmerz

In anderen Fällen gibt der Patient erstaunlich exakt den Ausbreitungstyp eines bestimmten Segmentes an. Wir finden vor allem die Segmente S1 und L5 relativ oft geschädigt. Im Armbereich sind es speziell die Segmente C6, C7 oder C8, die verhältnismäßig häufig als schmerzhaft geschildert werden.

Zentraler Schmerz

Hier seien zunächst die Schmerzen zusammengefaßt, die einen Verteilungstyp aufweisen, der an eine Rückenmarkschädigung, an eine Hirnstamm- oder Großhirnschädigung denken lassen. Auch hierüber sei jedoch auf später verwiesen.

Klinische Schmerztypen

Myositischer Schmerz und andersartiger muskulärer Schmerz

Muskuläre Schmerzen sind außerordentlich häufig. Sie können – wie etwa beim «Muskelkater» (und wohl ähnlich bei manchen Myogelosen) – ein Hinweis auf eine lokale Stoffwechselstörung sein, deren Ursache funktionelle Überlastungen darstellen. Die Besprechung der Ursachen und der Klinik derartiger funktioneller Überlastungen gehört zum orthopädischen Fachbereich und sei hier vernachlässigt.
Den Neurologen interessieren jedoch Schmerzen, die auf eine Dermatomyositis und Polymyositis zurückzuführen sind. Man trifft derartige Schmerzen vor allem im Schulter- und Rückenbereich, grundsätzlich aber auch überall, wo quergestreifte Muskulatur vorhanden ist. Den Höhepunkt dieses Schmerzes finden wir im akut entzündlichen Stadium, und auch hier nicht immer zuverlässig. Der myositische Schmerz hat eher brennend-diffusen Charakter (lokal kann man hier oft auch eine rötlich-bläuliche Verfärbung sehen, so daß diese Erkrankung auch unter dem banalen Namen «Lila-Krankheit» läuft).
Die Schmerzäußerungen bei der Polymyositis sind vor allem diagnostisch wichtig. Sie können auf die Notwendigkeit weiterer Diagnostik (erhöhte Blutsenkungsgeschwindigkeit?, Muskuläre Antikörper?, CPK-Erhöhung?, Eosinophilie?, EMG?, Biopsie?) hinweisen. Therapeutisch wird man in derartigen Fällen fast ausschließlich medikamentös eingreifen können. Krankengymnastische Aktivitäten können hier – jedenfalls im akuten Stadium – nur stören.
Am Rande sei ein weiteres muskuläres Syndrom erwähnt, das gelegentlich sehr bedeutsam ist: Man trifft, vor allem nach längeren Märschen und bei stark einschnürendem Schuhwerk, nahezu ausschließlich im Bereich des M. tibialis anterior Zustände heftigen Schmerzes an. Der M. tibialis anterior wirkt geschwollen. Dieser Muskel liegt in einer relativ engen Faszie. Wenn bei Überlastung und unzureichender arterieller und venöser Durchblutung der Stoffwechsel in diesem Muskel leidet, so kommt es zu sehr schmerzhaften Schwellungszuständen und – wird nicht bald eingegriffen – zu einer Muskelnekrose. Dieses Tibialis-Anterior-Syndrom, auch Marschkrankheit genannt, kommt vor allem bei Soldaten vor, die an längere Marschstrecken noch nicht gewöhnt sind, aber auch – wohl eher in leichterer Form

– bei Wanderern. Im Prinzip ähnlich sind andere «Kompartimentsyndrome»: Dabei geht es immer darum, daß größere Gewebsareale in schützenden bindegewebigen Strukturen – teilweise auch von Knochen begrenzt – liegen, die bei sehr intensiven Stoffwechselanforderungen nicht mehr ausreichend ernährt werden. So kommt es zu einem toxischen Ödem des Gewebes, das die zu- und abführenden Gefäße noch mehr komprimiert. Dann treten lokal Gewebskatastrophen ein. Das Gewebe wird nekrotisch und die Gewebsschwellung nimmt weiterhin zu (es entsteht also ein sogenannter Circulus vitiosus).
In all diesen Fällen ist der Schmerz als reiner Gewebsschmerz vorwiegend brennend, diffus und dumpf.

Neuralgischer Schmerz

Von größter praktischer Bedeutung ist der neuralgische Schmerz. Hier handelt es sich um Schmerzen, die oft durch einen peripheren Auslöser («Trigger» = Abzug eines Gewehres) kurzfristig angestoßen werden können. Der Schmerz ist messerstichartig heftig, hell, oft nur Sekunden dauernd, sehr intensiv und schnell abklingend. Er kann den Kranken an das «Anreißen einer Violinensaite» erinnern, wie mir ein Betroffener einmal so schön sagte. Der Schmerz klingt normalerweise also schnell ab – kann aber, wenn Schmerzimpuls auf Schmerzimpuls folgt, unter Umständen minutenlang nachklingen und dann einen dumpfen Beiklang erhalten.
Einige klinische Typen seien kurz herausgestellt:

Trigeminusneuralgien

Betroffen ist fast stets der zweite oder dritte, seltener der erste Ast des Trigeminus; der Schmerz kann auch kombiniert in mehreren Ästen auftreten.
Als wesentliche Teilursache nimmt man heute den pulsierenden Druck einer Arterie an der Trigeminuswurzel an, die operativ abgedrängt werden kann. Die Schmerzauslösung erfolgt dabei oft lokal peripher – etwa durch Druck auf einen oder mehrere Trigeminusäste, im Stirnbereich, unterhalb des Auges oder manchmal auch am Unterkiefer vorne seitlich. Allgemeine Reize auf das Trigeminusgebiet (Luftzug u. ä.) sowie intensive andersartige Sinnesreize (grelles Licht, laute Töne) können den sehr heftigen Schmerz auslösen oder noch verstärken. Ist letzterer sehr intensiv, so kommt es zu vegetativen Begleitreaktionen (Augentränen), und auch nicht ganz selten zu muskulären Begleitzuckungen im Bereich des N. facialis («Tic douloureux»).
Die Kranken empfinden es als angenehm, gegen Außenreize abgeschirmt zu sein. Wattepackungen im Gesichtsbereich, Abschirmung gegen Lärm und intensivere optische Reize sind dringend zu empfehlen und helfen, Arzneimittel einzusparen. Auch psychische Faktoren (Erregung) können schmerzverstärkend wirken. Reine Schmerzmittel helfen wenig. Medikamente, die die Nervenleitung herabsetzen (etwa Antikonvulsiva wie Diphenylhydantoin, Primidone oder Carbamazepin) konsequent und meist hochdosiert, jedenfalls längere Zeit gegeben, pflegen gut zu helfen. Unter Umständen kombiniert man diese Präparate mit anderen, die im Bereich der Formatio reticularis oder des Limbischen Systems angreifen (Neuroleptika bzw. Ataraktika in mittlerer Dosierung). Die letztgenannten sollte man allerdings nicht über unbestimmte, jedenfalls längere Zeit hindurch anwenden. Es kann zu einer gewissen Gewöhnung oder sogar letztlich zur Sucht kommen. Alle erstgenannten Medikamente sind in dieser Hinsicht unbedenklich. Die früher häufig angewandten gewebszerstörenden Maßnahmen (Alkoholinjektion in den schmerzenden Nerv, Exhärese, Ganglionauskochung oder Durchtrennung von Nervenwurzeln) werden heute kaum mehr angewandt. Wenn eine Operation unvermeidlich erscheint, dann am ehesten das Vorgehen nach Janetta mit Abdrängen der Gefäße von der Trigeminuswurzel und Einbringen von Gewebe zwischen Nerv und Gefäß.
Man sollte allerdings auch nie vergessen, daß lokale Prozesse im Trigeminusbereich (Zähne, Nebenhöhlen) ähnliche Schmerzen zeitweise hervorrufen können.
Krankengymnastische oder physikalische Maßnahmen treten hier ganz zurück oder entfallen vollständig.

Glossopharyngeus-Neuralgien und andere Gesichtsneuralgien

Diese (wie etwa die eines sensiblen Facialisastes; Ramsay-Hunt von Vagusästen u. a.) sind seltener, manche extrem selten. Hier gelten hinsichtlich Ätiologie und Therapie ähnliche Gesichtspunkte wie bei der Trigeminusneuralgie.

Schmerzen im Bereich des Armplexus

Im (Nacken-)Schulter-Arm-Bereich sind neuralgiforme Schmerzzustände sehr häufig. Sie können vielerlei Ursachen haben: Nachbarprozesse aller Art können solche Schmerzen hervorrufen (s. a. Suchenwirth 1984).
Diese Schmerzen werden im allgemeinen im Bereich einiger Cervicalsegmente lokalisiert, wobei sie in C6 den Daumen, in C7 den Mittelfinger und in C8 den Kleinfinger einbeziehen können. Hier sind begleitende Sensibilitätsstörungen und motorische Störungen recht häufig. Sie helfen dann zu einer Einordnung der beklagten Beschwerden. Typische, rein neuralgische Schmerzen sind aber hier eher selten. Wenn chronische Krankheitsprozesse (Tumoren, Metastasen, Bestrahlungsfolgen, ausgeprägte Veränderungen an der Wirbelsäule – wie Bandscheibenvor-

fälle, eine Halsrippe, Fibrosierungen der Muskulatur im Halsbereich, Schleimbeutelentzündungen u. a.) vorliegen, tritt zum schnellen hellen Neuralgieschmerz meist eine ganz wesentlich dumpfere, brennend-drückende Komponente. Besonders deutlich wird letztere bei Carcinommetastasen – etwa von der Lungenspitze her mit Infiltration und ödematöser Verquellung des Armplexus (dem Pancoast-Syndrom) oder von carcinomatös durchsetzten Lymphknoten – wie häufig beim Mamma-Carcinom. Eine sehr heftige dumpfe Schmerzkomponente ist vor allem auch bei der neuralgischen Myatrophie (Parsonage-Turner) gegeben, die im deutschen Sprachraum als Armplexusneuritis bekannt ist, und häufig mit erheblichen Muskelatrophien, vor allem im Bereich des M. deltoideus, einhergeht.

Alle Schmerzen im Rahmen des Schulter-Arm-Syndroms sollten im übrigen immer wieder auf eine mögliche anatomische Ursache hin bedacht werden, da dann eine kausale, manchmal operative Therapie möglich ist. Die Gabe von Antikonvulsiva – wie bei den Gesichtsneuralgien – ist hier fast immer nur symptomatisch und nicht sehr empfehlenswert, während reine Schmerzmittel (Acetylsalicylsäure, Paracetamol u. a.) durchaus, zumindest vorübergehend, greifen. Krankengymnastische Maßnahmen kommen je nach der Ursache durchaus in Betracht, insbesondere auch, wenn begleitende Muskelatrophien zu berücksichtigen sind.

Interkostalneuralgie

Interkostalneuralgie ist eine Diagnose, die am besten gar nicht gestellt werden sollte. Mumenthaler führt diese Diagnose nicht einmal mehr im Register an, Scheid erwähnt diese Neuralgie nur in Anführungszeichen bei Herpes zoster. Schmerzen in der Rükken-Rumpf-Region liegen vielerlei Ursachen zugrunde, die im einzelnen abgeklärt werden müssen. Diese Schmerzen haben fast nie neuralgischen Charakter. Man muß vor allem an den Herpes zoster, gelegentlich sogar an eine Tabes, stets auch an Wirbelsäulen-, Rückenmark- und an internistisch zu beurteilende Erkrankungen denken.

«Ischialgien»

Auch der Begriff der Ischialgie stammt aus einer Zeit, in der die Schmerzlokalisation das wesentlichste Kriterium war. Zwar können Schmerzen im Ausbreitungsbereich des N. ischiadicus neuralgiformen Charakter haben, nämlich eher hell, schnell entstehend und schnell abklingend sein. Diese Schmerzen treten aber meistens durch Druck oder Zug auf Nervenwurzeln mit zusätzlichen peripheren Reizen auf. Man kann diesen typischen Schmerz durch das Lasègue'sche Zeichen – mit Bragard'schen Phänomen – auslösen. Dieser Schmerz hat also eine Art «Trigger». Der genannte Schmerz kann verstärkt werden, wenn man auf die Halsvenen drückt: Dabei kommt es zu einem Anstieg des Drucks im Schädelinneren. Dieser Druckanstieg pflanzt sich über den Liquorraum bis an die Nervenwurzel hin vor. Die irritierte Nervenwurzel wird dadurch zusätzlich gereizt. Es kommt, ähnlich wie beim Bragard'schen Phänomen, zu einer Verstärkung des lokalen Schmerzes (Naffziger'sches Zeichen).

Im allgemeinen ist jedoch bei der «Ischialgie» die länger anhaltende Komponente ausgeprägter als etwa bei den Gesichtsneuralgien.

In den meisten Fällen liegt ein heute sehr exakt definierbares Geschehen zugrunde, vor allem ein Diskusprolaps. Diskusprolapse treten, wie bekannt, vorzugsweise zwischen den Wirbelkörpern LWK 4/LWK 5 (ca. 42%), LWK 5/S 1 (ca. 45%), selten in höheren Etagen auf. Ein partieller oder kompletter Diskusprolaps läßt sich heute klinisch sehr gut erkennen und durch bildgebende Verfahren (Computertomographie, Kernspintomographie, Myelographie) sichtbar machen (Abb. 5.1).

Wie für die Schmerzen im Schulter-Arm-Bereich gilt, daß differentialdiagnostisch ein weiter Kreis von Möglichkeiten zu berücksichtigen ist, der u. a. Tumormetastasen (aus weiblichen Geschlechtsorganen, Prostata, Darm), Blutungen (Kumarine?, Hämophilie?) und andersartige Prozesse einbeziehen muß. Die Behandlung ist im akuten Stadium vorzugsweise antioedematös und analgetisch. Letzteres dient vor allem dazu, sekundär schädigende muskuläre Verspannungen zu vermeiden. Muskelentspannende Präparate, wie Diazepam, Musaril oder Muskeltrancopal sind hilfreich. Die chirurgische Beseitigung der

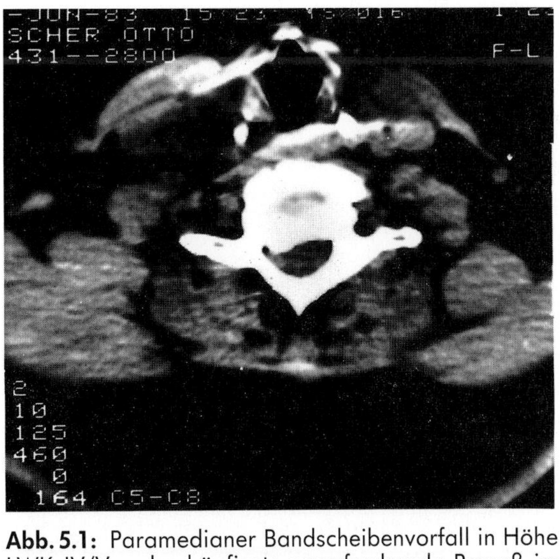

Abb. 5.1: Paramedianer Bandscheibenvorfall in Höhe LWK IV/V – der häufigste raumfordernde Prozeß im Bereich des Rückenmarks

Hauptursache (Injektion von Chymotrypsin = Chemonukleolyse, perkutane Nukleoektomie, Diskektomie u. a.) bleibt in der Diskussion, falls zusätzliche motorische oder gar vegetative (Blasen-Mastdarm-Störungen) Ausfälle gegeben sind.

Kokzygodynie

Die häufig brennend-ziehenden, sehr quälenden Schmerzen an der Steißbeinspitze haben eher ausnahmsweise neuralgischen Charakter. Als durchaus eigenständige Schmerzen (vor allem nach Steißbeintraumen – manchmal auch mehreren Mikrotraumen) sind sie nur gelegentlich durch gezielt behandelbare Prozesse verursacht. Ihre Therapie ist oft ausschließlich symptomatisch, wobei neben Versuchen mit Antikonvulsiva das ganze Spektrum der schmerzbekämpfenden Maßnahmen durchdacht werden muß. Durch besondere krankengymnastische Techniken (siehe Beitrag «Manualtherapie» und Kapitel «Kreuzschmerzen») sind Steißbeinschmerzen ebenfalls beeinflußbar.

Neurale Einklemmungsschmerzen

Eine grundsätzliche Abgrenzung gegenüber den vorgenannten Schmerzzuständen ist kaum zu ziehen. Bei der Einengung des Foramen intervertebrale, wie dies bei Bandscheibenvorfällen sehr häufig vorkommt, handelt es sich ja um ein Einklemmungsphänomen. Auch bei andersartigen Armplexusschmerzen und Ischialgien kann eine raumfordernde Komponente eine wesentliche Rolle spielen. In diesem Kapitel seien vor allem die Schmerzen geschildert, die bei der Einklemmung lokaler Nerven durch vorgegebene Engpässe entstehen. Ihre Kenntnis ist wichtig, da sie vielfach durch (oft vermeidbare) Lebensumstände hervorgerufen werden, und in anderen, selteneren Fällen operative Maßnahmen schnell und komplikationslos eine Besserung bewirken können.

Kostoklavikuläres Syndrom

Vor allem nach Tragen schwerer Lasten kommt es – oft bei vorgegebener Enge des Raumes zwischen Schlüsselbein und erster Rippe – zu Schmerzen, die in den Bereich des Armplexus ausstrahlen. Sie klingen meist nach Ende der Belastung ab. In schwereren Fällen kann es aber zu motorischen und sensiblen Ausfällen im Bereich des unteren, seltener des oberen, Armplexus kommen. Mumenthaler empfiehlt in leichteren Fällen zu deren Vermeidung Haltungsgymnastik mit Stärkung der Schultergürtelmuskulatur. Das Tragen schwerer Lasten, zumindest ohne schützende Kissen o. ä., muß in genannter Form vermieden werden. Ich sah das Kostoklavikular-Syndrom beispielsweise nach ungeschütztem Tragen von T-Trägern, schweren Rucksäcken o. a. (siehe auch Kapitel «Schulterschmerz»).

N. thoracicus longus

Hierbei sind Schmerzen eher die Ausnahme, da es sich um einen rein motorischen Nerven handelt. Dies ist fast zu bedauern, da dadurch die Nervenschädigung oft erst sehr spät erkannt wird – nämlich dann, wenn bereits durch die Lähmung des M. serratus eine Scapula alata eingetreten ist. Ursache ist auch hier meist eine längere Druckwirkung auf den Nervenstamm nach Tragen schwerer Lasten oder – wie ich es beispielsweise bei Seglern sah – die tage- und wochenlang ein Tau über die Schulter zogen.

N. suprascapularis

Dieser Nerv kann chronisch in der Gegend der Incisura scapulae irritiert werden. Dabei kommt es zu Schmerzen und motorisch zu einer Schädigung der Abduktion und Außenrotation des Oberarms. Dieses Syndrom ist relativ selten. Eine operative Entlastung des N. suprascapularis ist denkbar.

N. radialis

Druckwirkungen in den Engpässen am Sulcus N. radialis oder im M. supinator gehen im allgemeinen nicht mit Schmerzen einher. Nur bei der ganz distalen Druckschädigung des Nerven bei ständiger Benutzung einer Schere oder anderer, analog wirkender Werkzeuge kommt es zur Cheiralgia paraesthetica durch Schädigung des sensiblen, meist des lateralen Endastes des R. superficialis am Daumenendglied.

N. medianus

Auch die Medianusschädigung ist fast nur bei der distalen Form unter dem Retinaculum flexorum am Handgelenk schmerzhaft. Dieses Carpaltunnelsyndrom kann sich längere Zeit überwiegend durch ausstrahlende Schmerzen bemerkbar machen, vor allem nachts. Arbeiten mit Druck- oder Zugwirkungen auf das Retinaculum oder die genannte Region am volaren Handgelenk können die Beschwerden verstärken. Die Symptomatik wird bei Ausstrahlung auch unter das Krankheitsbild der Brachialgia paraesthetica nocturna eingeordnet. Wenn die vom Kranken oft angewandte Arbeitstechnik aufgegeben wird, kann es sich spontan bessern. Lokale Kortikosteroidinjektionen können helfen. Recht oft wird man allerdings dann doch eine Durchtrennung des Retinaculum vornehmen lassen – ein ungefährlicher, kleiner Eingriff für Neurochirurgen oder Orthopäden.

N. ulnaris

Ulnarisschäden durch Druckwirkung sind recht häufig. Allerdings kommt es hier selten zu isolierten Schmerzen als Frühsymptom. Die typischen motorischen Ausfälle (Krallenhand) weisen bei Druckschäden, vor allem in Sulcus nervi ulnaris und überhaupt im Ellbogenbereich relativ früh auf die richtige Diagnose hin. Bei typischen Belastungen, meist durch

Aufstützen auf dem Ellbogen entstehend, ist die Schädigung bei Aufgabe derselben häufig spontan rückbildungsfähig. Der bei diesem Krankheitsbild auftretende, mit Paraesthesien verbundene Schmerz ist ein wertvolles Alarmsignal. Auch Druckschäden an der Handwurzel oder in der Guyon'schen Loge führen eher zu rein motorischen Ausfällen, vor allem des Hypothenar.

Plexus-lumbosacralis-Kompression

Diese wurde bereits bei den «Ischialgien» erwähnt. Sie kann sehr belastend sein und ist oft schwer behandelbar. Meist liegt keine direkte Einklemmung vor, sondern eine eher breite Schädigung dieser Nerven durch Einwuchern von Tumormetastasen oder Röntgenbestrahlungsspätschäden. Motorische und sensible Ausfälle in erheblichem Ausmaß treten hinzu.

N. cutanaeus femoris lateralis

Fast ausschließlich als Schmerz macht sich die Meralgia paraesthetica bemerkbar – ein häufiges Krankheitsbild durch Kompression des N. cutanaeus femoris lateralis unter dem Leistenband. Übergewichtigkeit und enge Kleidung («Jeans-Krankheit») begünstigen diese Schädigung. Zahlreiche weitere (Teil-) Ursachen kommen in Betracht; so kann eine Gravidität bedeutsam werden.

Die ziehend-brennenden Schmerzen sind meist mit Paraesthesien verbunden und zeigen sich lateral am Oberschenkel. Die Haut des Ausbreitungsgebietes des genannten Nerven ist überempfindlich, so daß bereits das Tragen normaler Kleidung unangenehm empfunden wird. Der Nerv ist bei der Meralgie auch im Bereich des Leistenbandes oft druckempfindlich (Abb. 5.2).

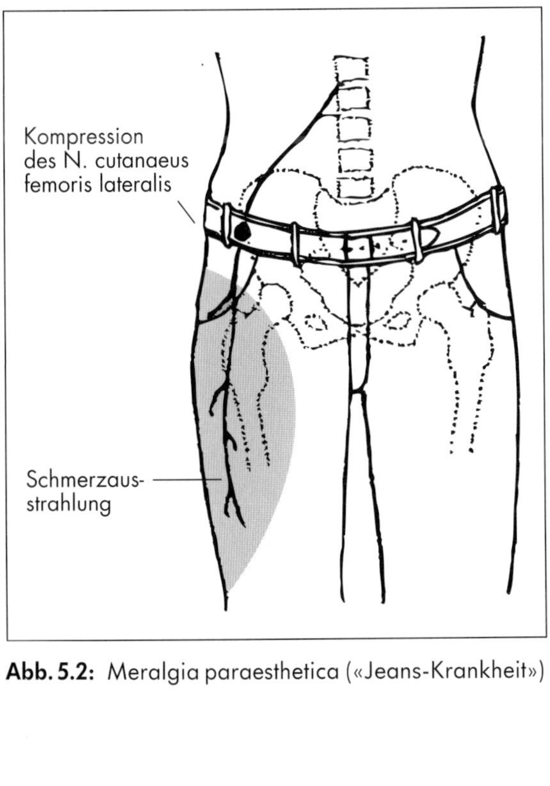

Abb. 5.2: Meralgia paraesthetica («Jeans-Krankheit»)

N. obturatorius

Eine Irritation des N. obturatorius im Foramen obturatum kann heftige Schmerzen an der Innenseite des Oberschenkels, vor allem auch an der Knieinnenseite, hervorrufen – die gelegentlich isoliert, häufig kombiniert mit motorischen Ausfällen seitens der Adduktoren auftreten. Oberhalb des Knies medial kann man eine Sensibilitätsstörung erkennen.

N. genitofemoralis und N. ilioinguinalis

Schmerzen stehen auch bei Schäden des N. genitofemoralis und des N. ilioinguinalis im Vordergrund, wie sie vor allem nach Herniotomien und anderen operativen Eingriffen in dieser Gegend, aber auch nach Druck bei Durchtritt durch die Bauchwand, auftreten können. Der Cremasterreflex ist erloschen. Beim Ilioinguinalissyndrom hält der Kranke das Bein im Hüftgelenk innenrotiert und leicht gebeugt.

Hier muß nicht selten eine Neurolyse durchgeführt werden. Mechanische Reize in der Umgebung – wie brüske Bewegungen oder Druck – können den Schmerz verstärken.

N. saphenus

Während Schäden des N. femoralis nur selten Schmerzen bereiten, sind solche bei Druckwirkung auf den N. saphenus häufiger. Diese Schmerzen betreffen die Vorderseite des Unterschenkels, medial der Tibia. Sensibilitätsstörungen treten allerdings meist hinzu.

Gelegentlich, vor allem nach Knieoperationen, sieht man eine Druckschädigung des N. infrapatellaris, eines Astes des N. saphenus. Schmerz und Sensibilitätsstörung sind dann vor allem in einem kleinen dreieckigen Bezirk unterhalb der Patella zu lokalisieren (Neuropathia patellae). Ich sah derartige Schmerzzustände ausschließlich im Konsil bei orthopädischen Patienten.

N. ischiadicus

Schäden des N. ischiadicus und seiner Äste (N. peronaeus und N. tibialis) sind zwar sehr häufig, aber nur selten die Ursache von Schmerzzuständen. Die bereits genannte Ischialgie ist fast nie durch eine Nervenläsion, sondern fast immer durch Nervenwurzelschäden verursacht. Der Begriff Ischialgie sollte deshalb als historisch überholt möglichst nicht mehr verwandt werden.

Tarsal-Tunnel-Syndrom

Recht selten ist das Tarsal-Tunnel-Syndrom durch Druck des Retinaculum flexorum auf den N. tibialis. Dieses Krankheitsbild wurde analog zum Carpal-Tunnel-Syndrom beschrieben. Schmerzen treten im Fußgewölbe auf. Die Konsequenzen therapeutischer Art sind ähnlich wie beim Carpal-Tunnel-Syndrom (ein operativer Eingriff ist denkbar).

Morton'sche Neuralgie

Häufiger trifft man Schmerzen im Fußbereich, die durch ein spindelförmiges Pseudoneuron – also einer Schwellung – eines N. digitalis (Morton'sche Neuralgie) hervorgerufen werden. Die Schmerzen werden dann in der Gegend des dritten und vierten Metatarsale und in deren Nachbarschaft ausstrahlend geschildert. Sie können durch Schmerz oder Zusammenschieben der Metatarsalia-Köpfchen verstärkt werden und verschwinden sofort nach Novocain-Injektion vom Fußrücken her in die Gegend des dritten Interdigitalspalts. Der Schmerz nimmt im allgemeinen auch nach anderen Belastungen (Gehen) zu. Manchmal ist man – vor allem auch, wenn das Wechseln des Schuhwerks keinen Erfolg bringt – zu einer Exzision dieses Nerven gezwungen.

Bei den genannten Einklemmungssyndromen hat der Schmerz also eine Doppelbedeutung: Einerseits führt er in der klinischen Symptomatik und bedeutet eine oft erhebliche Belastung des davon betroffenen Kranken.

Andererseits stellt er ein wichtiges Warnsignal dar, das Anstoß zu einer schnellen Druckentlastung des betroffenen Nerven geben kann. Das Letztgenannte ist für den Kranken von Vorteil. In vielen Fällen kann nur eine schnelle Entlastung des Nerven verhindern, daß es auch zu motorischen und trophischen Ausfällen kommt. Eine Druckzunahme und Chronifizierung führt sonst eventuell zu einer schweren Nervenschädigung. In den letztgenannten Fällen treten Schmerzen eher zurück.

Kranke, die eine vollständige Axonotmesis haben, spüren keinerlei Schmerzen mehr. Die funktionell bedeutsamen motorischen Lähmungen und Muskelatrophien werden von manchen Kranken eher toleriert, obwohl sie Hinweis für eine gewichtige Verschlechterung der neuralen Störung sind. Ein Entlastungseingriff kommt, wenn die letztgenannten Symptome vorliegen, oft bereits zu spät.

Meningeale Schmerzzustände

Schmerzzustände seitens der Gehirnhäute haben einiges gemeinsam: Da die Hirnhäute ein ausgedehntes Hohlraumsystem von der Stirn bis zum Kreuzbein umkleiden, wirken sich Faktoren, die schmerzerregend sind, über weite Körperbereiche hin aus.

Im wesentlichen handelt es sich dabei einerseits um Überdruckzustände, andererseits um Unterdruckzustände. Die meisten Entzündungen der Hirnhäute gehen mit einer Druckerhöhung im Bereich des Liquorraums einher. Eine derartige Druckerhöhung verursacht Kopf-, Nacken- und Rückenschmerzen. Die Schmerzen im unteren Teil des Rückens werden deutlicher, wenn man das Lasègue'sche Zeichen prüft, oder den Kranken sich aus liegender Stellung bei gestreckten Beinen aufrichten läßt (Kernig'sches Phänomen). In beiden Fällen kommt es dann zu einer erheblichen Dehnung der Nervenwurzeln mit ausgeprägten Schmerzen in den Beinen. Ähnliches kann man durch gestreckte Bewegungen des Armes nach hinten oder durch Bewegung des Kopfes nach vorne im Bereich des oberen Rückens und Nackens auslösen.

Der Schmerz hat meistens drückenden, bei Provokation wie erwähnt auch ziehenden Charakter. Bei Hirnhautentzündungen (Meningitiden) ist der Schmerz Leitsymptom. Der Kranke nimmt, um die Überdruckschmerzen zu vermeiden, eine eigenartige Körperstellung ein: Der Kopf wird nach hinten genommen (Meningismus), die Arme werden angewinkelt, die Beine hochgezogen. Meningeale Schmerzzustände trifft man vor allem bei bakteriellen Meningitiden, in zweiter Linie auch bei Blutungen in die Hirnhäute an. Auf Einzelheiten der zugrunde liegenden Krankheitsbilder (Erkrankungen durch Bakterien, Viren, aber auch Pilzerkrankungen und, wie erwähnt, Blutungen) kann hier nicht eingegangen werden. Krankengymnastische Möglichkeiten bestehen im akuten Stadium so gut wie nicht. Ähnliche Schmerzen können aber auch auf der völlig anderen Grundlage von Liquorunterdruckzuständen entstehen. Wir kennen solche im Anschluß an Hirnhautentzündungen – nämlich dann, wenn die Liquorproduktion durch entzündliche Veränderungen an der Oberfläche der Plexus choroidei gestört ist. Liquorunterdruckzustände können aber auch spontan auftreten. Dies trifft man vor allem bei Frauen und möglicherweise auf vasovegetativer Grundlage (Schaltenbrand-Wolff-Syndrom) an.

Schmerzen bei raumfordernden Prozessen im Bereich der Wirbelsäule und des Schädels

Die Schädelkalotte wie auch die Struktur der Wirbel dienen dem Schutz des Gehirns bzw. des Rückenmarks. Das Gehirn wird weitgehend vom Schädel eingeschlossen und erfährt dadurch einen besonders guten Schutz nach außen. Die Struktur der Wirbelsäule ermöglicht einen nahezu gleich intensiven Schutz für das empfindliche Rückenmark.

Der Schutz wird dadurch geboten, daß die zu schützenden Organe in Hohlräumen liegen. Erkrankungen innerhalb der Hohlräume können aber dann relativ schnell zu einer Druckerhöhung führen, die lokal oder durch Fortleitung auch in anderen Bereichen von Gehirn und Rückenmark wirksam wird.

Als raumfordernde intrakranielle Prozesse sind subakut oder akut vor allem umschriebene Blutungen

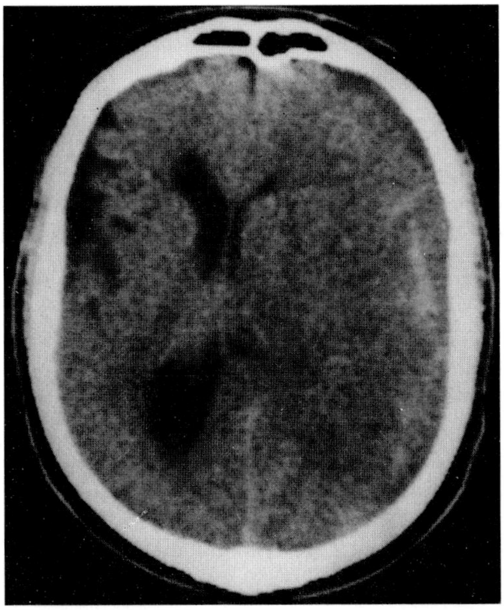

Abb. 5.3: Subdurales Hämatom rechts nach Mikrotrauma, das sich vor allem durch quälende Kopfschmerzen über Wochen hin bemerkbar machte. Die Öffnungen der Schädelkalotte (Foramen occipitale magnum, Porus acusticus internus, Öffnungen für die Augennerven u. a.) sind zu klein, um eine nennenswerte Druckentlastung zu bewirken

(subdurales, epidurales, intracerebrales Hämatom), Hirnabszesse und die häufigen Hirntumoren zu nennen (Abb. 5.3).
Wiederum ist es nicht möglich, die Krankheiten im einzelnen darzustellen. Dazu muß auf die vorliegenden Lehrbücher der Neurologie verwiesen werden. Sämtliche raumfordernden Prozesse bedingen aber chronische Schmerzen ausgesprochen drückenden Charakters, die sich im allgemeinen langsam entwikkeln und dann in Form eines Dauerschmerzes bestehen. Soweit die raumfordernden Prozesse intracraniell liegen, bedingen sie im allgemeinen lokale und generelle Funktionsstörungen seitens des Gehirns. Letztere führen auch zu erheblichen psychischen Veränderungen mit Verlangsamung, Umständlichkeit, Schwerfälligkeit und schließlich Bewußtseinstrübung.
Im Bereich des Rückenmarks bedingen raumfordernde Prozesse Zug- und Druckwirkungen, die vor allem die Nervenwurzeln betreffen. So können die Schmerzen, zumindest zeitweilig, ausgesprochen radikulären Charakter haben – also ein spezielles Segment besonders bevorzugen. Man trifft dann gürtelförmige Schmerzen im Rumpfbereich oder ausstrahlende Schmerzen im Bereich der Extremitäten analog wie bei Bandscheibenvorfällen. Erst später pflegen raumfordernde Prozesse im Rückenmark durch Druck auf das venöse, arterielle und auch lymphatische System das Rückenmark selbst zu schädigen und schließlich Querschnittlähmungen herbeizuführen.
Ein wichtiges Leitsymptom für alle raumfordernden Prozesse des Rückenmarks ist die Störung der Blasen-Mastdarm-Entleerung, die sich anfangs in Form von Harnverhaltung, dann eines Automatismus äußern kann. Bei allen Schmerzzuständen, die von raumfordernden Prozessen herrühren, kann man durch medikamentöse Druckentlastung geringfügig helfen. Im allgemeinen sind jedoch hier neurochirurgische Maßnahmen (z. B. Entfernung von Hämatomen oder Tumoren, Anlage eines Shunts) unverzichtbar. Krankengymnastisch interessant werden diese Prozesse durch begleitende motorische Reiz- und Störungssydrome, sowie im Stadium der Wiederherstellung (bzw. Rehabilitation) nach geglückten operativen Eingriffen.

Deafferentierungszustände

In den vorgenannten Kapiteln wurden Schmerzzustände beschrieben, die vorzugsweise aus Prozessen in der Nachbarschaft neuraler Strukturen entstehen. Wenn Rezeptoren, leitende Nervenfasern, Wurzeln, Rückenmark oder Gehirn überhaupt dabei geschädigt wurden, dann in globaler Form, letztlich mit vollständiger Funktionsstörung. Deafferentierungsschmerzen treten auf, wenn innerhalb des nozisensorischen Systems einzelne Komponenten erkranken und andere Komponenten in der Funktion gestört werden bzw. auch nur überwiegen. Deafferentierungsschmerzen kann man bereits bei peripheren Nerven antreffen.

Kausalgien

Bei partiellen Schädigungen des N. medianus, des N. tibialis, wesentlich seltener auch anderer Nerven, kommt es zu eigenartigen Schmerzzuständen, bei denen die schnelleitenden Fasern nicht aktiv sind. Es handelt sich also um Schmerzzustände, die durch die langsam leitenden Fasern – insbesondere C-Fasern – vermittelt werden. Diese Schmerzen treten vor allem nach Verletzungen auf, waren besonders häufig im Krieg, und sind derzeit seltener. Das entstehende Krankheitsbild wird Kausalgie genannt.
Kausalgien sind also Schmerzzustände, die nach partieller Nervenschädigung (vor allem nach Schußverletzungen) relativ schnell (in Stunden, in Tagen, spätestens Wochen) auftreten. Sie sind durch einen brennenden, ausstrahlenden Schmerz gekennzeichnet. Die Schmerzen pflegen sich in Wärme zu verstärken, in Kälte geringer zu werden. Sie können wochen- und monatelang bestehen bleiben. Dieser Schmerz ist in der Lokalisation eher ungenau. Er

kann mit erheblichen vegetativen Begleiterscheinungen (Verfärbung der Haut, veränderte Hauttemperatur u. a.) einhergehen. Die sehr intensiven Schmerzen lassen sich mit gewöhnlichen Schmerztabletten nur relativ schwer beeinflussen.

Zosterneuralgien

Zosterneuralgien sind die gefürchtetsten Spätfolgen eines Herpes zoster. Pathologisch-anatomisch liegt den Zosterneuralgien ein Umbau des Ganglion spinale zugrunde, im allgemeinen nur diese Struktur in einem Segment betreffend. Dementsprechend kommt es dabei zu Schmerzzuständen, die segmental sind. Die Schmerzen der Zosterneuralgie gelten als sehr heftig. Da ihnen meist keine aktive Entzündung, sondern nur ein narbiger Umbau zugrunde liegt, fällt es schwer, das Ganglion spinale selbst zu beeinflussen. Oft liegt im entsprechenden Segment eine Hypaesthesie und Hyperpathie vor. Man sieht derartige Krankheitsbilder vor allem im höheren Lebensalter, wie ja überhaupt der Herpes zoster eher eine Erkrankung älterer Menschen ist.

Tabische Krisen

Tabische Krisen sind selten geworden. Bei dieser Spätform der Lues, die vor allem die Hinterwurzeln des Rückenmarks und die sensiblen langen Bahnen (Hinterstränge) betrifft, kommt es – auch bei peripheren Reizen – zu messerstichartigen, sehr heftigen Schmerzen, die überwiegend einzelne Segmente bevorzugen. Man trifft sie im Bereich des Rumpfes («Gastrische Krisen»), aber auch im Bereich der Arme und Beine an. Die zugrundeliegende Syphilis wird bei der Tabes oft erst in diesem Stadium erkannt. Immerhin kann man hier kausal behandeln und erzielt auch meistens durch eine Penicillinkur Erfolge.

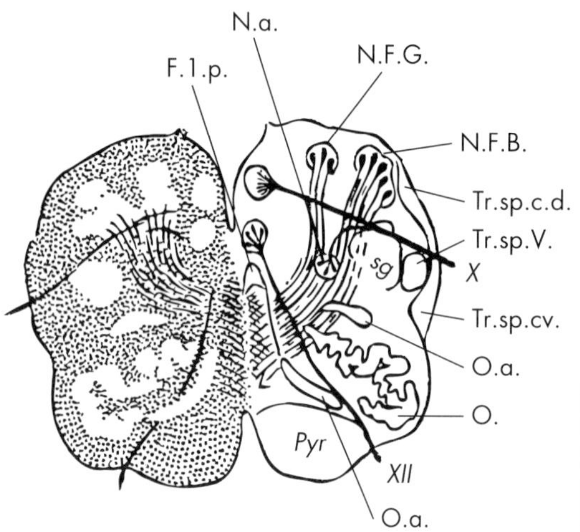

Tr.sp.c.d. = Tracurs spinocerebellaris dorsalis. – Tr.sp.c.v. = Tract. spinocereb. ventr. – X = Nervus vagus. – N.a. = Nucleus ambiguus = Nucl. mot. X. – XII = Nervus hypoglossus Tr.sp.V. = Tractus spinalis N. trigemini – O = Olive – N.F.G. = Nervus Fasciculi goll – N.F.B. = Nervus Fasciculi Burdach

Abb. 5.4: Prozesse im Bereich der Medulla oblongata können durch Teilschädigung des N. trigeminus (im gezeigten Niveau) und seines Tractus mit Schmerzen im Gesichtsbereich einhergehen, vor allem beim Wallenberg-Syndrom

Syringomyelie

Bei der Syringomyelie gibt es ebenfalls Schmerzzustände, die durch Zerstörung von Rückenmarkbereichen – meist im Zentrum des Rückenmarks – hervorgerufen werden. Auch hier ist die Komposition der Sinnesimpulse aus der Peripherie beeinträchtigt: Während die sensiblen Bahnen teilweise die epikritischen Funktionen noch gut gewährleisten, ist die Schmerzleitung für einzelne Körperbereiche aufgehoben. Der Syrinx-Schmerz hat ebenfalls meistens brennenden Charakter und ist nicht so gut zu lokalisieren. Er betrifft zumindest mehrere Segmente gleichzeitig. Ihm verwandt sind die Schmerzen bei intraspinalen Tumoren und gelegentlich, wenn auch selten, bei spinalen Gefäßprozessen. Es handelt sich hierbei immer um eine Deafferentierung auf spinalem Niveau. Einerseits kommt es dabei zu einem Fehlen der von Melzack als schmerzhemmend angegebenen schnellen Impulse, andererseits zu einer Irritation der Schmerzfasern (C-Fasern) selbst.

Wallenberg-Syndrom

Bei Prozessen im Bereich der Medulla oblongata, etwa beim vaskulären Wallenberg-Syndrom, kann es zu einer partiellen Schädigung des Trigeminuskerngebietes kommen, die mit erheblichem Gesichtsschmerz einhergeht. Es handelt sich dabei um die nahezu einzige vaskuläre Hirnerkrankung, die als Leitsymptom Gesichtsschmerz aufweisen kann. Auch hier liegt eine gewisse Deafferentierung vor. Jedenfalls sind der Trigeminuskern selbst und die trigeminusnahen Fasern teilweise zerstört, teilweise irritiert. Der Schmerz ist, auch nach den Angaben der Untersuchten, gut auf den Trigeminusbereich zu beziehen, aber nicht ganz streng lokalisierbar (Abb. 5.4).

Thalamusschmerz

Bei Erkrankungen des Thalamus, speziell bei Gefäßerkrankungen, kommt es zu äußerst unangenehmen, lang andauernden Schmerzen meist brennenden Charakters, die auf eine ganze Körperhälfte bezogen werden. Er ist zudem häufig mit abnormen affektiven Äußerungen, nämlich einer sogenannten Affektinkontinenz bzw. Affektlabilität, gekoppelt. Derartige Menschen pflegen nicht nur besonders in-

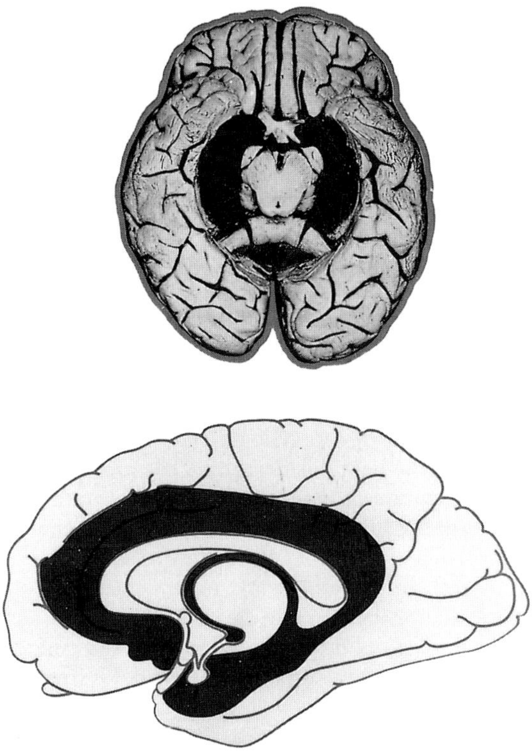

Abb. 5.5: Das Limbische System verbindet die Schmerzbahnen mit Hirnsystemen, die für die Affektivität bedeutsam sind

tensiv unter den genannten Schmerzen zu leiden, sondern äußern diese Schmerzen auch oft in abrupter, manchmal überschießend wirkender Form. Eine Körperhälfte pflegt ausgesprochen hyperpathisch zu sein – schon kleine Reize wirken hier heftig nach. Sie werden durch überschießende Affektausbrüche (Tränen, Schimpfen) besonders deutlich. Die letztgenannten affektiven Störungen sind dabei weitgehend hirnorganisch begründet und der rationalen Steuerung nur begrenzt zugänglich (Abb. 5.5).

Phantomschmerzen

Eine besondere Art des Deafferentierungsschmerzes liegt den sogenannten Phantomschmerzen zugrunde. In diesem Fall handelt es sich darum, daß zur Verfügung stehende zentrale Schmerzbahnen und Schmerzzentren Irritationen aus Extremitäten vermitteln, die längst nicht mehr existieren. Man trifft diese Phantomschmerzen nach verschiedenartigen Amputationen an. Der eigentliche Sinn des Schmerzes – nämlich Warnsignale zu setzen – ist in diesem Fall völlig verloren gegangen. Bei bestimmten zentral-nervösen Konstellationen (deshalb auch stark von psychischen Faktoren abhängig) gewinnen Nervenstrukturen in Rückenmark und Gehirn wieder Funktion, deren ursprüngliche Bedeutung längst aufgegeben ist. Phantomschmerzen können sehr heftig sein. Der Patient verspürt dabei sein nicht mehr vorhandenes Glied (Fuß, Bein, Arm) so, als wenn es noch vorhanden wäre. Auch diese Schmerzen sind eher genereller Art. Sie lassen sich nicht auf einzelne Segmente oder Nerven einengen. Auch hierbei gibt es häufig eine stärkere affektive Komponente.

Vaskuläre Schmerztypen

Bei den vaskulären Schmerztypen ist zu berücksichtigen, daß die Durchblutung in gewissen Teilen des peripheren oder zentralen Nervensystems nicht mehr ausreicht. Dies kann Ausdruck eines arteriellen Prozesses oder einer arteriellen Anomalie sein. In manchen Fällen genügen jedoch auch funktionelle Störungen, um starke Schmerzen hervorzurufen. Letzteres kennen wir etwa bei Erfrierungen.

Eiscreme-Kopfschmerz

Kälteeinwirkungen auf den Kopf, und zwar auf den Gaumen, sind die Ursache eines sehr typischen und modellhaft verständlichen Schmerzes, der nach dem Essen größerer Mengen von Eiscreme auftritt. Wenn man zu schnell Eis durch den Gaumen in den Rachen befördert, kommt es zu einer erheblichen Unterkühlung des Pharynx. Dies ist oft – wahrscheinlich auf reflektorischem Wege zu den Hirnhäuten – mit erheblichen Kopfschmerzen verbunden, wovon sich viele Menschen selbst überzeugen können. Naturgemäß ist dieser Schmerz nur kurzdauernd und gutartig. Er ist nicht strenger zu lokalisieren. Schmerzquelle sind dabei wohl die Gefäße der Hirnhäute, die reflektorisch enggestellt werden. Der Eiscreme-Kopfschmerz ist also gewissermaßen ein Modell vaskulärer Schmerzzustände.

Arteriitis temporalis

Von großer Bedeutung sind die vor allem im Schläfenbereich, aber auch intracraniell auftretenden Schmerzen bei der Arteriitis temporalis. Das letztgenannte Krankheitsbild wird auch Arteriitis cranialis genannt, da sich diese Entzündung keineswegs nur auf die A. temporalis beschränkt, sondern auch intraoculäre und intracerebrale Gefäße betreffen kann. Das Krankheitsbild, das vor allem im höheren Lebensalter – selten unter 55 Jahren – auftritt, ist insofern von besonderer Bedeutung, als es unbehandelt Anlaß zu Erblindungen geben kann. Ich sah mindestens drei Patienten, die durch diesen Krankheitsprozeß erblindet sind. Das Tragische dabei ist, daß – wie seit Jahrzehnten bekannt – die Arteriitis temporalis ganz besonders gut durch Kortikosteroide beeinflußt werden kann. In allen drei Fällen war die Erblindung vermeidbar!

Es können aber auch «Schlaganfälle» die Folge einer derartigen Arteriitis temporalis sein. Für die diagnostische Abklärung ist wichtig zu wissen, daß bei diesem Krankheitsbild wohl stets eine extrem hohe Blutsenkungsgeschwindigkeit besteht.

Migräne
Unter die ischämischen Schmerzen ist wohl auch die Migräne einzuordnen. Zwar gibt es über die Natur der Migräne immer noch mancherlei Hypothesen und Theorien, die nicht ganz übereinstimmen. Es kann jedoch kaum ein Zweifel daran bestehen, daß eine funktionelle lokale Minderdurchblutung (vielleicht kombiniert mit Mehrdurchblutung = Gefäßerweiterung in anderen Bereichen) eine wesentliche Ursache der Migräne ist. Auf die zahlreichen Ansätze zur Therapie – auch krankengymnastischer Art – kann hier nicht eingegangen werden. Das außerordentlich häufige Krankheitsbild (ca. 3 bis 5% der Bevölkerung) ist immer noch nicht leicht zu behandeln.
Der Migräne verwandt, aber keineswegs, wie im amerikanischen Schrifttum gelegentlich behauptet, mit Migräne identisch, ist der vasomotorische Kopfschmerz. Von der Migräne unterscheidet er sich in mehrfacher Hinsicht. Einmal ist eine echte Migräne meist erblich, zumindest in der Anlage, und dies oft dominant. Die echte Migräne betrifft sehr häufig (mindestens in zwei Drittel der Fälle) die halbe Kopfseite. Die echte Migräne ist zudem nicht selten mit zusätzlichen Symptomen verknüpft, beispielsweise mit optischen Störungen (Skotomen) oder einseitigen Sensibilitätsstörungen. Auch ernstere Störungen, wie Störungen der Sprache und vorübergehende Paresen, können in seltenen Fällen bei der echten Migräne hinzutreten.

Der vasomotorische Kopfschmerz
Der vasomotorische Kopfschmerz kann zwar manchmal einseitig auftreten. Eine Erblichkeit ist hier jedoch nicht gegeben. In den meisten Fällen sind grobe Störungen des Lebensrhythmus zu erfahren. In anderen Fällen liegen innere Erkrankungen zugrunde.
Die Irritation des cerebralen Vasomotorensystems kann etwa durch starkes Rauchen, Einnahme vasovegetativ wirksamer Medikamente, überreichliche Bohnenkaffeezufuhr, Störungen des Schlaf-Wach-Rhythmus oder anderes mehr hervorgerufen werden. Dieser vasomotorische Kopfschmerz ist recht ähnlich dem Eiscreme-Kopfschmerz und auch in Form eines Kater-Kopfschmerzes nach überreichlichem Alkoholgenuß weit verbreitet. Es versteht sich, daß Migräne und vasomotorischer Kopfschmerz in mancher Hinsicht krankengymnastischen und physikalischen Maßnahmen zugänglich sind. Eine erfolgreiche Behandlung ist allerdings meistens nur durch Kombination mehrerer Methoden und Vermeidung der zugrundeliegenden Faktoren möglich.

Spannungskopfschmerz
Eine gewisse Verwandtschaft besteht zwischen vasomotorischem Kopfschmerz und Spannungskopfschmerz. Letzterer, nach längerer Zwangshaltung des Kopfes auftretend, kann sich auch über vasovegetative Mechanismen äußern.

Vasovegetative Schmerzzustände der Extremitäten
Bereits im vorigen Kapitel wurde der vasomotorische Kopfschmerz abgehandelt, da hier eine gewisse funktionelle Nachbarschaft zur Migräne vorliegt. Im Rahmen der sonstigen vasovegetativen Schmerzzustände seien vor allem die hervorgehoben, die im Bereich der Extremitäten auftreten. Hier überschneidet sich das Arbeitsgebiet des Neurologen mit dem des Internisten, speziell des Angiologen. Am Rande erwähnt sei aber zumindest die Erythromelalgie, ein Krankheitsbild, das durch eine ausgesprochene Rötung und Überwärmung der Finger oder auch der Zehen gekennzeichnet ist. Dabei kommt es zu ausgeprägten Schmerzen im Bereich von Fingern, Händen oder auch Füßen. Eine Variante davon stellt das Raynaud-Syndrom dar, bei dem allerdings meistens eine cyanotische Verfärbung und Abkühlung der Extremitäten besteht. Verwandt sind auch weitere vasovegetative Störungen, bei denen allerdings Schmerzen nicht vordergründig sind.

Quadrantensyndrome
Fast ausschließlich im Bereich des oberen Körperviertels – also eine Gesichtshälfte, eine Schulter und einen Arm betreffend – treten Schmerzzustände auf, die eher chronisch sind. Sie haben einen brennend-dumpfen Charakter und lassen sich ohne Schwierigkeiten auf den Grenzstrang des Sympathicus zurückführen. In manchen Fällen sind in diesem Bereich narbige Veränderungen nach Traumen oder andersartigen Krankheitsprozessen als Teilursache erkennbar. Zugrunde liegt die einseitige Irritation etwa des Halssympathicus. Dieses Krankheitsbild, das relativ selten auftritt, gibt sicher noch viele Rätsel auf. Auch hier ist nur eine komplexe Therapie denkbar.

Andere Schmerztypen

Abschließend seien zwei besondere Schmerzformen angeführt, die vor allem den Neurologen beschäftigen:

Glomustumoren
Glomustumoren gehen von den neuromyoarteriellen Glomerula aus, die vor allem im Bereich der Extremitätenenden lokalisiert sind, und wohl als Thermoregulatoren die Durchblutung der Akren steuern. Sie können die Größe einer Linse erreichen und sind sehr druckschmerzhaft. Am Nagelbett kann man sie als violette Verfärbung erkennen, unter der Haut sind

Abb. 5.6: In Anlehnung an Keidel: Schematische Darstellung von Informationseingang und Informationsausgang im Nervensystem. Durch Rückkopplung (R) wird ein großer Teil der eingehenden Informationen gedrosselt; andere werden gespeichert oder nicht bewußt. Das Bewußtsein erhält nur eine Auswahl von 1:10⁹ Informationen

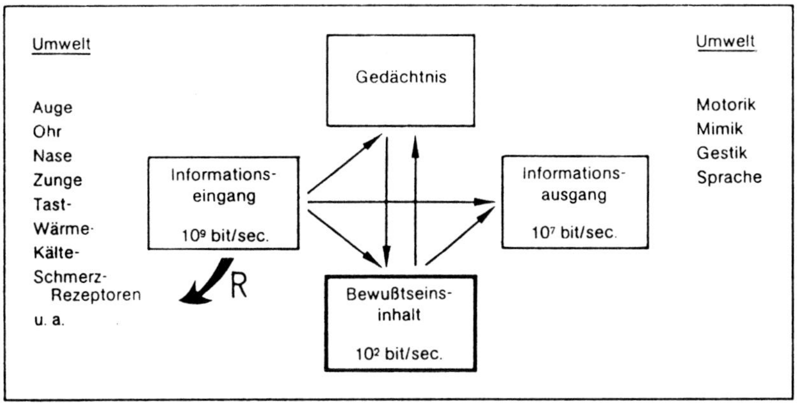

sie kaum tastbar. Sie können später auch zu sehr unangenehmen Spontanschmerzen führen. Die Schmerzen nehmen bei herunterhängenden Händen zu. Diese Glomustumoren werden oft erst sehr spät erkannt. Der Schmerz ist ausstrahlend und offenbar vorwiegend ein C-Faserschmerz.
Durch Herausnahme des Tumors (nach probatorischer Novocaininjektion) ist das recht unangenehme Krankheitsbild vollständig zu beseitigen.

Erythroprosopalgie (Bing-Horton, auch Histaminkopfschmerz)

Der vor allem nächtlich auftretende, heftige, drückend-bohrende Schmerz betrifft besonders die Gesichtspartien um ein Auge. Er geht oft mit Rötung, abnormer Schweißabsonderung und Rhinorrhoe sowie Tränenfluß einher. Die Schmerzen dauern 10 bis 30 Minuten, können aber nach einer Pause erneut auftreten. Wenn solche Schmerzattacken immer wieder aufeinander folgen, so spricht man auch von einem Cluster-Kopfschmerz.
Alkoholgenuß (und Histamin subkutan) kann einen derartigen Schmerzanfall provozieren. Manchmal begünstigen Narbenfelder (etwa im Auge oder Oberkieferbereich) das Auftreten derartiger Schmerzzustände. Als Ursache kann man jedoch letztere nicht ansehen. Die medikamentöse Beeinflussung bedient sich des Serotonin-Antagonisten Deseril, ist aber auch durch andere Präparate im Prinzip möglich.
Heftige Kopfschmerzen können auch beim Quincke-Ödem auftreten, das vornehmlich Männer betrifft, mit einer umschriebenen Rötung und Schwellung bis etwa 5-Markstück-Größe einhergeht, aber nach einigen Stunden spontan wieder verschwindet. Hier vermutet man allergische Prozesse zumindest als Teilursache – wohl bei besonderer Konstitution.
Die vorstehende Schilderung der verschiedenen klinischen Schmerztypen zeigt, daß einerseits hier allein aus der Schmerzschilderung mancherlei Differenzierung möglich ist. In vielen Fällen läßt sich allerdings der Schmerz nicht als isoliertes Symptom betrachten. Er ist vielmehr eingebettet in den gesamten Krankheitsprozeß. Man muß dann die großen Lehrbücher heranziehen, um die Sonderstellung des Schmerzes innerhalb der erwähnten Krankheitsbilder zu verstehen.

Psychische Komponenten

Sinnesleistungen können vom jeweiligen Subjekt nur voll ausgeschöpft werden, wenn man sich auf den Sinnesreiz konzentriert. Dies gilt natürlich ebenso auch für die Komponente des Schmerzes, die wir als Empfindung verstehen. Je mehr ein Mensch sich auf die Schmerzempfindung konzentriert, um so deutlicher wird die Qualität, um so ausgeprägter aber auch die Quantität der Empfindung Schmerz. Von den 10^9 Sinneseindrücken, die in jeder Sekunde von den Rezeptoren aus vermittelt werden, steht nur ein Bruchteil (10^2 bit/sec) der zentralen Verarbeitung zur Verfügung. Ein großer Teil der Sinnesinformationen wird vorher durch Rückkopplung gedrosselt und teilweise sogar eliminiert (Abb. 5.6).
Je mehr sich ein Mensch einem bestimmten Sinnesbereich zuwendet, um so bedeutsamer werden für ihn die Impulse aus dieser Region. Man kann über Schmerzen weitgehend hinweggehen, oder auch sich ganz auf Schmerzimpulse konzentrieren. Jeder von uns kennt Bagatellverletzungen, etwa an Armen oder Beinen, die bei anstrengenden körperlichen Arbeiten auftreten. In diesem Fall ist der Empfänger der Schmerzimpulse so mit gewissen Aufgaben beschäftigt, daß er die Schmerzimpulse kaum wahrnimmt. Umgekehrt kennen wir aber die übertriebene Schmerzwahrnehmung, wenn wir uns schon vorher auf diesen Sinnesbereich zentriert haben.

Immer dann, wenn uns ein Mensch Schmerzen angibt, sollten wir also auch die psychologische Komponente bedenken.
Wir wissen beispielsweise aus Kriegserfahrungen, daß in Notsituationen schwerste Verletzungen nicht oder kaum wahrgenommen wurden. Wir wissen andererseits, daß bei gewissen psychologischen Konstellationen (etwa Entschädigungsansprüchen) verhältnismäßig kleine Schmerzen große Bedeutung gewinnen. Einer der mir erinnerlichen intensivsten Schmerzzustände lag bei einer 45jährigen Frau vor, die von zwei verstörten Sanitätern laut schreiend in die Klinik gebracht wurde. Die Patientin hatte einen Bandscheibenvorfall geringerer Art, mit Druck auf die Nervenwurzel, also etwas, was man als lumbosacralen Reizzustand bezeichnet. Der relativ geringe organische Kern des Schmerzes war allerdings durch einen besonderen psychischen Faktor verstärkt worden: Die Frau hatte wenige Stunden zuvor einen Prozeß gegen ihren früheren, geschiedenen Ehemann verloren.
Bei der Angabe von Schmerzen sollte man also auch immer bedenken, welcher Resonanzboden im Einzelfall vorliegt. Dabei kann man nicht davon ausgehen, daß alle Menschen gleich empfinden. Bei jedem Menschen und in jeder Lebenssituation besteht ein anderer Resonanzboden für die Wahrnehmung von Sinnesreizen aller Art, ganz speziell aber auch die Wahrnehmung von Schmerzreizen.
Es gibt zahlreiche Erfahrungen darüber, daß man die Schmerzempfindung nahezu vollständig verdrängen kann. Berühmt sind die indischen Fakire, die sich mit Nadeln durchstoßen, ohne Schmerz zu äußern. Sie scheinen auch kaum oder gar keinen Schmerz zu empfinden. Wir wissen vor allem aus dem Mittelalter, daß religiöse Märtyrer in derartige Ekstase geraten können, daß sie die ungeheuerlichen Schmerzen, die ihnen zugefügt wurden, kaum wahrnahmen. Wir kennen aus griechischen Volksbräuchen die Pyrovaten. Hier handelt es sich um Menschen, die nach langem Training in der Lage sind, über die abgebrannte Glut eines Feuers zu gehen ohne Schmerzempfindung, ohne sich zu verletzen. Diese Dinge sind teilweise wissenschaftlich erforscht, teilweise unzweifelhafte Überlieferung.
Schmerz ist aber nicht nur Wahrnehmung, sondern darüber hinaus auch eine Mitteilung. In diese letzte Komponente gehen in besonderem Maße Lebenssituation und Persönlichkeitsstruktur des Betroffenen ein. Es ist ein großer Unterschied, ob man Schmerzen hat, die einen allenfalls bei Erreichung eines unmittelbar angestrebten Ziels (Urlaubsreise, Erfüllung von besonderen Wünschen) hindern, oder ob man Schmerzen hat, die gewissen Wünschen entgegenkommen. Wir wissen aus gründlichen Untersuchungen, daß beispielsweise Kopfschmerzen nach Schädelprellungen und Schädelbrüchen, bei denen keine Ersatzansprüche bestehen, sich relativ schnell zurückbilden. Treten dagegen Kopfschmerzen nach Unfällen auf, die berechtigten Anlaß zu Entschädigungsansprüchen geben, so pflegen die Kopfschmerzen nahezu doppelt so lange zu bestehen. Ähnliches gilt für Schmerzen, die Gelegenheit geben, einen unangenehmen Schulbesuch oder eine unangenehme berufliche Tätigkeit zu vermeiden.
Die Feststellungen über die psychischen Komponenten sollen nicht moralisierend sein. Dazu haben wir in unserer medizinischen Tätigkeit keinerlei Anlaß und Berechtigung. Man sollte aber bei allen Schmerzäußerungen immer auch überlegen, inwieweit der Patient damit bewußt oder unbewußt Signale setzen will, die keineswegs von den Schmerzursachen allein her verstehbar sind (siehe auch Beitrag «Psychosomatik»).

Schmerz und Neurotransmitter

Die gute Wirkung von Opiaten auf Schmerzzustände gab Anlaß zu der Frage, wie und an welcher Stelle diese eingreifen. Man konnte opiat-sensitive Rezeptoren annehmen, fand diesbezüglich spezifische postsynaptische Rezeptoren vor allem um den Aquädukt herum, also im Mittelhirn, und stieß in diesen «endogenen Liganden» auf körpereigene Stoffe, die als endogene Opiate aufgefaßt werden können: Vor allem war dies das Beta-Endorphin (48mal so stark analgetisch wirksam wie Morphin) und das Dynorphin (200mal so potent wie Morphin) (Kelly 1985). Bei schweren Erregungszuständen (etwa Streß), in denen Menschen (wie Versuchstiere) kaum oder keinen Schmerz empfinden, ist der Blutspiegel hinsichtlich dieser Substanzen deutlich erhöht. Es kann dann – und dies entspricht wieder den klinischen Erfahrungen – zu einer völligen Schmerzunempfindlichkeit kommen (Analgesie).
Schon lange wußte man, daß für die Entstehung lokaler Schmerzen Substanzen wie Histamin, Serotonin und Acetylcholin am Ort der Schädigung bedeutsam sind. Prostaglandin scheint alle nocisensorischen Rezeptoren zu sensibilisieren (die Wirkung der Acetylsalicylsäure auf die Prostaglandin-Synthese – es hemmt diese – dürfte ihren schmerzstillenden Effekt erklären). Als Neurotransmitter in den afferenten Neuronen der Schmerzempfindung wurde im übrigen das Substanz-P-System (Substanz P ist auch ein Peptid) nachgewiesen.
Wir kennen also heute auch biochemische Grundlagen der Schmerzempfindung, die in den vorgenannten anatomischen Strukturen wirksam sind. Die

Funktion der genannten Neurotransmitter hinsichtlich Schmerzleitung und auch Schmerzsuppression kann allerdings nicht isoliert gesehen werden: Sie ist vielmehr integriert in zahlreiche andere Neurotransmitterfunktionen, von denen wir teilweise noch recht unvollkommene Kenntnisse besitzen.

Die diesbezüglich sprunghaft voranschreitende Forschung ergänzt ganz wesentlich die klinischen und neurophysiologischen Erfahrungen und hilft zu einem besseren Verständnis mancher bislang schwer erklärbarer Phänomene der Schmerzforschung.

Es deutet sich heute eine Biochemie des Schmerzes an, die an Rezeptoren, Synapsen und vor allem im Mittelhirn um den Aquädukt herum für viele Aspekte des Schmerzes entscheidend ist (siehe auch Beiträge «Neurophysiologie» und «Neuroanatomie»). Möglicherweise wird sich von hier eine wesentliche Verbesserung der medikamentösen Schmerzbehandlung entwickeln lassen.

Aspekte neurologischer Schmerztherapie

Für den Neurologen sind Schmerzen wichtige Signale. Wir können in ihnen Hinweise auf eine gestörte Funktion im Bereich der Nachbarschaft neuraler Strukturen erkennen. In diesem Fall liegen Verhältnisse vor, wie sie grundsätzlich für alle Fachdisziplinen der Medizin gegeben sind.

Schmerzen können aber auch aus Erkrankungen des schmerzleitenden Systems selber herrühren und gewinnen dann eine besondere Bedeutung. Man kann die letztgenannten Schmerzen mehr oder weniger gut unter dem Begriff der Deafferentierungsschmerzen zusammenfassen. In diesem Fall ist also besonders auch die Qualität des Schmerzes gegenüber den Schmerzen im Nachbarschaftsbereich beeinträchtigt.

Im allgemeinen fürchten wir Neurologen weniger das Auftreten von Schmerzen – die glücklicherweise meistens in der einen oder anderen Weise beherrschbar sind – als den Verlust des Schmerzsinnes oder im Zwischenstadium den Deafferentierungsschmerz. Der Deafferentierungsschmerz ist besonders unangenehm und schwer zu beeinflussen.

So wie den Schmerzen aus neurologischer Sicht (und auch neurochirurgischer Sicht) zahlreiche pathogenetische Prinzipien zugrunde liegen können, so ist auch eine wirklich befriedigende Schmerzbehandlung meist nur durch Anwendung verschiedener Methoden möglich.

Eine kürzlich von Russegger vorgelegte Übersicht mag dies verdeutlichen: Man kann – destruktiv – das erste Neuron der Schmerzempfindung ausschalten. Dies führt aber oft gleichzeitig zu nicht unwichtigen Sensibilitätsstörungen. Zweifellos werden diese Methoden immer seltener angewandt.

Auch das zweite Neuron kann chirurgisch, ja sogar mikrochirurgisch, dauerhaft ausgeschaltet werden. Hierbei handelt es sich aber dann um größere chirurgische Eingriffe, die nicht ganz ohne Risiko sind. Dies wird wohl stets einzelnen Kliniken, die sich damit besonders befassen, vorbehalten bleiben.

Es sind aber auch stereotaktische Eingriffe am dritten Neuron (z. B. am Thalamus) in besonderen Fällen durchführbar – wohl sicher nur bei schwersten und unbehandelbaren Schmerzzuständen.

Neurochirurgen empfehlen gelegentlich eine Elektrostimulation etwa im Bereich des Hinterhorns, am Rückenmark, am Thalamus oder gar in der Aquäduktgegend.

Man kann Minimaldosen von Morphin intrathekal geben – und sogar ein Reservoir von Morphin in die Bauchhaut implantieren. Dieses wird dann mittels eines Silikonschlauches mit dem Liquorraum, gelegentlich auch mit dem Epiduralraum, verbunden. Allerdings dürfte dieses Verfahren noch nicht ganz ausgereift sein.

Bei Schmerzen infolge hormonabhängiger Karzinome (Mamma, Prostata) kommt eine Entfernung der Hirnanhangdrüse (Hypophyse) in Betracht. Gänzlich unbedenklich und manchmal doch recht nützlich ist die Transkutane Elektroneurostimulation (TENS), die durch zeitweilige Gabe von elektrischen Impulsen das Einströmen von Schmerzimpulsen stark reduzieren kann (siehe auch Beitrag «Physikalische Therapie»).

Auf die Akupunktur und Elektroakupunktur soll hier nicht eingegangen werden. Ihr liegt in vielfacher Hinsicht das chinesische, teilweise gänzlich andersartige Medizinverständnis zugrunde, das man sicher genau kennen sollte, bevor man sich zu dieser Therapie bekennt. Als vorübergehende Hilfe kommt Lokalanästhesie im Bereich des ersten sensiblen Neuron in Betracht.

Zahlreiche Analgetika (speziell Acetylsalicylsäure, Paracetamol, Metamizol, Phenazon u. a.) helfen kurzfristig und symptomatisch. Wichtiger sind für den Neurologen Antikonvulsiva (Carbamezepin, Phenytoin, Primidon), die sich in langsam ansteigender Dosierung vor allem bei Neuralgien bewährt haben. Opiate und Opioide wendet der Neurologe wegen der Sucht- und Gewöhnungsgefahr sehr ungern an. Eine größere Bedeutung besitzt die Gabe von Neuroleptika (zur Dämpfung der Formatio reticularis), Ataraktika (Hemmwirkung auf das Limbische System) und Thymoleptika (Stimmungshebung).

Ganz wesentlich können sich physikalische und krankengymnastische Methoden auswirken (siehe auch Praxisteil dieses Buches).

Tabelle 5.2.: Möglichkeiten der Schmerztherapie (mod. nach Russegger)

invasiv			wenig invasiv	nicht invasiv-konservativ
destruktiv	nicht destruktiv			
1. Neuron: Neurotomie, Neurektomie Neuromresektion Rhizotomie Hinterwurzel-Ganglionektomie Selektive Rhizotomia posterior Sindou Dorsal root entry zone lesion Thermokoagulation des Ganglion Gasseri Longitudinale Myelotomie n. Bischof Entlastende Eingriffe	**Elektrostimulation** DBS (=deep brain stimulation) SCS (=spinal cord stimulation) DCS (=dorsal column stimulation)	**Morphinresevoir:** intrathekal epidural	**Funktionelle Methoden:** Therapeutische Lokalanästhesie Akupunktur Elektroakupunktur TENS	**Pharmakotherapie:** Analgetika- Antiphlogistika- Antipyretika steroidale Analgetika Opiate und Opioide Zytostatika (Aurothioglucose, Penicillamin) Antidepressiva Antikonvulsiva, Neuroleptika, Ataraktika (s.a Saller-Hellenbrecht 1991)
2. Neuron: Chordotomie Kommissurale Myelotomie Traktotomie, partielle vertikale Nucleotomie Mesenzephalotomie				**Physikalische Therapie:** Thermo-, Hydro- und Elektrotherapie Manualtherapie Krankengymnastik Balneotherapie
3. Neuron: Stereotaktische Thalamusläsion				**Psychotherapie:** Entspannung, Hypnose u. a.

Kurz erwähnt seien noch psychotherapeutische Maßnahmen unspezifischer und spezifischer Art, mit denen schmerzbedingte Erregungszustände und eine vermehrte Zentrierung auf den Schmerz vermindert werden können (Tab. 5.2).
Zum Abschluß sei noch auf ein ganz besonders seltenes Krankheitsbild hingewiesen, das vor allem den Neurologen interessiert, aber auch für andere Disziplinen bedenkenswert ist. Es gibt Menschen, die praktisch keinerlei Schmerzempfindung haben. Solche Menschen sind durch die fehlende Schutzfunktion des Schmerzes mehr als andere Menschen im täglichen Leben gefährdet. Sie können Noxen nicht vermeiden oder nicht erkennen, vor denen uns das nocisensorische System schützt. So kann es beispielsweise zu Sehnenabrissen bei starker körperlicher Beanspruchung kommen, wie ich dies vereinzelt sah. Auch innere Erkrankungen werden von solchen Menschen nicht adäquat wahrgenommen, was schwere Folgen haben kann.
Die Schmerzliteratur ist sehr umfangreich. Es ist nicht möglich, hier mehr als einige grundsätzliche Darstellungen zu nennen, die entweder medizinhistorisch von besonderer Bedeutung sind, die Grundstandpunkte aufzeigen oder den Einstieg in die neueste deutsche und internationale Literatur ermöglichen. Dort müssen gegebenenfalls weitere Literaturangaben eingesehen werden.

Literaturempfehlungen

Beecher, H. K.: Anästhesiologie. Med. Prisma, Ingelheim 1963.

Bergener, M./Herzmann, C. E.: Das Schmerzsyndrom – eine interdisziplinäre Aufgabe. VCH, Weinheim 1987.

Bilz, R.: Studien über Angst und Schmerz. Suhrkamp, Frankfurt 1971.

Buytendijk, F. J. J.: Über den Schmerz. Huber, Bern 1948.

Clara, M.: Die Anatomie der Sensibilität unter besonderer Berücksichtigung der vegetativen Leitungsbahnen. Acta Neuroveget. 7/1953.

Fields, H. L. (Ed.): Pain Syndromes in Neurology. Butterworths, London 1990.

Janzen, R./Keidel, W. D./Herz, A./Steichele, C.: Schmerz. Thieme, Stuttgart 1972.

Jurna, I.: Pharmakologische Grundlagen der Schmerztherapie. Dtsch. Ärztebl. 81/1984.

Keeser, W./Pöppel, E./Mitterhusen, P.: Schmerz. Urban und Schwarzenberg, München 1982.
Kelly, D. D.: Central representation of pain and analgesia. In: Kandel, E. R./Schwartz, J. H.: Principles of neural science. Elsevier, New York 1985.
Larbig, W.: Schmerz. Kohlhammer, Stuttgart 1982.
Leonhardt, H./Krisch, B./Zilles, K.: Transmittersysteme im Nervensystem. In: Rauber, A./Kopsch, F.: Anatomie des Menschen. Thieme, Stuttgart 1987.
Leriche, E.: Chirurgie des Schmerzes. Barth, Leipzig 1958.
Lewis, T.: Pain. Macmillan, New York 1942.
Lücking, C. H./Thoden, U./Zimmermann, M. (Hrsg.): Nervenschmerz. Fischer, Stuttgart 1988.
Melzack, R.: Das Rätsel des Schmerzes. Hippokrates, Stuttgart 1978.
Mumenthaler, M.: Neurologie. Thieme, Stuttgart 1986/8.
Mumenthaler, M./Schliack, H.: Läsionen peripherer Nerven. Thieme, Stuttgart 1982/4.
Neundörfer, B.: Polyneuritiden. Ed. Medizin, Weinheim 1987.
Russegger, L.: Chronische Schmerzsyndrome – Ursachen, Erscheinungsformen, Neurochirurgische Therapieformen. Fortschr. der Neurologie und Psychiatric, 319–327, 1989.
Saller, R./Hellenbrecht, D.: Schmerzen. Therapie in Praxis und Klinik. Marseille, München 1991.
Scheid, W.: Lehrbuch der Neurologie. Thieme, Stuttgart 1983/5.
Schmidt, R. F./Struppler, A.: Der Schmerz. Piper, München 1982.
Strempel, H.: Der duale Charakter des Schmerzerlebnisses. Dtsch. Ärztebl. 78/1981.
Suchenwirth, R. M. A.: Schmerz und Schmerztherapie. Veröffentlichung der Landesärztekammer Hessen 1984, 42–56.
Suchenwirth, R. M. A.: Schulterschmerz als Leitsymptom neurologischer Erkrankungen. In: Breitenfelder, J./Yücel, M.: Der Schulterschmerz. Thieme, Stuttgart 1986.
Thoden, U.: Neurogene Schmerzsyndrome. Hippokrates, 1987.
Wörz, R./Lendle, R.: Schmerz. Psychiatrische Aspekte und psychotherapeutische Behandlung. Fischer, Stuttgart 1980.
Zimmermann, M./Handwerker, H. O.: Schmerz. Springer, Berlin 1984.

Abbildungsnachweis

Abb. 5.2: Reinhard Dittel und Magdalene Grenz, c/o Neuromedizinisches Fortbildungszentrum Bad Hersfeld.

Alle anderen Tabellen und Abbildungen: Prof. Dr. med. R. M. A. Suchenwirth, Herrsching.

6 Schmerzsyndrome aus psychosomatischer Sicht

Udo Derbolowsky

Jemand könnte behaupten, daß er zwei Hände hat. Mit Hilfe einer einfachen Untersuchung ließe sich feststellen, ob jene Behauptung zutrifft. Anders verhält es sich, wenn jemand behauptet, Schmerzen zu haben. Schmerzen sind keine Körperteile, sind keine Gegenstände der physikalischen Welt. Sie sind aber auch keine Gedanken, keine Worte, keine Gegenstände der geistigen Welt? Schmerzen sind Erlebnisse ganz bestimmter Empfindungen. Schmerzen lassen sich für diejenigen, die sie noch niemals selbst erlebt haben, nicht beschreiben. Erst wer je einen Schmerz erlitten hat, weiß, was Schmerz ist. Unter der Voraussetzung, daß jeder Leser die Qualität «Schmerz» bereits kennengelernt hat, sollen in diesem Kapitel Schmerzsyndrome aus psychosomatischer Sicht beschrieben werden.

Die Fortleitung der Schmerzempfindungen zum Hirnstamm, der Formatio reticularis, weiter zum Hypothalamus und Thalamus bis hin zum Limbischen System, ermöglicht koordinierte Reaktionen des ganzen Organismus, die man als animalisch bezeichnen kann. Erst die Weiterleitung an die Hirnrinde geht beim Menschen damit einher, daß er auch für den Schmerz zum Gegenüber wird, so daß er mit seinen Schmerzen umgehen kann.

Dadurch ist der Mensch nicht nur in der Lage, seine Reaktionen auf den Schmerz zu beeinflussen, er kann sogar die Schmerzempfindungen steigern oder drosseln. Er kann sich selbst Schmerzen bereiten und sich Schmerzen zufügen lassen.

Weil Schmerzen demnach komplexe Erlebnisse sind, bei denen Körperliches, Seelisches und Geistiges zusammenwirken, gilt Schmerz als psychosomatisches Phänomen. Klagt jemand über Schmerzen, sind wir weitgehend auf seine Äußerungen angewiesen. Die Objektivierung von Schmerz ist, wie an anderer Stelle beschrieben, nur in sehr beschränktem Umfang und dann zumeist nur indirekt möglich. Wir schließen auf den Schmerz, den jemand empfindet, indem wir bewerten, wie er darauf reagiert.

Die Vorstellungen, die mit den Begriffen Psyche und Soma verknüpft werden, sind allerdings keineswegs einheitlich, so daß es geboten erscheint, dem Leser vorweg mitzuteilen, was in diesem Kapitel gemeint sein soll, wenn von Geist, von Seele und von Körper die Rede sein wird.

Die gängigen Vorstellungen über Seelisches erstrekken sich beispielsweise vom «Emotionalen» über «Bewußtsein» und «Erleben» bis zum «lebensgeschichtlich Sozialen» und zum «seelisch-geistigen Wesen» des Menschen.

Ungeachtet der teils widersprüchlichen Inhalte liegen dem Begriff «Psychosomatik» anthropologische Tendenzen zugrunde, die eine Trendwende in der Medizin anstreben. Es heißt, die Psychosomatik sei entstanden, um zum einen den seit Virchow von der sogenannten wissenschaftlichen oder Schul-Medizin allein als Körper betrachteten Menschen aus der Vorstellungswelt mechanistisch-kausalen Maschinenmodell-Denkens zu befreien, und zum anderen den Menschen wieder als Einheit von Geist, Seele und Körper aufzufassen. Was ist hier mit diesen drei Begriffen gemeint?

Körper

Ich verstehe unter meinem Körper alles das, was an mir materiell ist und mit dem ich mich mehr oder minder identifiziere.

Als Körper bin ich ein Gegenstand der physikalischen Welt und unterliege ihren Gesetzen wie alle andere Materie auch. Ich bin insofern ein körperliches (das ist gleichbedeutend mit leibliches!) und zugleich weltliches Lebewesen, das einem Ökosystem vergleichbar ist. Alle Verletzungen und Infektionen, die ich aufgrund dieser meiner als Leiblichkeit und Weltlichkeit bezeichneten körperlichen Seinsweise erleide, und alle hierdurch hervorgerufenen Betriebsstörungen meines Körpers können zutreffend als Somatosen, genauer gesagt: Als somatogene Somatosen bezeichnet werden.

Das heißt: Es handelt sich um Krankheiten des Körpers, die körperlich verursacht sind. Mit anderen Worten: Es handelt sich um Krankheiten, von denen ein Mensch deshalb betroffen worden ist, weil er als Gegenstand der physikalischen Welt deren naturgesetzlichen Einwirkungen unterliegt.

Seele

Unter meiner Seele verstehe ich eine andere Seinsweise, daß ich nämlich nicht nur Körper und Teil der Welt bin, sondern daß ich zugleich meinen Körper habe, und daß ich an der Welt teilhabe, daß ich nicht nur ein leiblicher und weltlicher, sondern zugleich ein leibhaftiger und weltteilhaftiger Mensch bin.

Ich gehe dabei von einem inneren Spielraum aus, der es mir ermöglicht, mir selbst, sowie allem und jedem gegenüber zu sein, der es mir ermöglicht, meine Wahrnehmungen ebenso zu steuern wie mein Verhalten. So wie mein Körper aus Billionen von Zellen gebaut ist, so besteht meine Seele aus Billionen von Verhältnissen. Ich kann sagen: Meine Seele ist die Art und Weise, wie ich mit mir, mit meinem Nächsten und mit Gott umgehe. Eine Krankheit ist demzufolge seelisch bedingt, ist psychogen, wenn sie durch die Art und Weise meines Umganges mit mir, mit der Welt und mit Gott verursacht ist. Von seelischer Krankheit ist zu sprechen, wenn der erkennende, wertende und handelnde Umgang eines Menschen mit sich, mit der Welt und mit Gott krankhaft verändert ist. Sichtbar wird die Seele in der Art und Weise von Gang, Haltung, Schrift, Sprache, Mimik, kurzum in jedem Ausdruck meiner Lebendigkeit (Abb. 6.1).

Geist

Unter meinem Geist verstehe ich das beziehende Prinzip, das alle biochemischen Prozesse meines Körpers zu einem Haushalt bündelt, so daß die für uns in ihrer Zahl und Komplexität kaum vorstellbaren atomaren und molekularen Austauschprozesse nicht beliebig ablaufen, sondern aufgrund ihrer Bezogenheit als Stoffwechsel bezeichnet werden. Dieser Stoffwechsel ist das Leben des Leibes. Gibt der Mensch im Tode seinen Geist, also jenes der Gravitation vergleichbare beziehende Prinzip auf, so verwandelt sich der Stoffwechsel in Verwesung, der Leib in Leichnam. Mein Geist ist es demnach, der aus der vom Mutterleib bereitgestellten Materie meinen Leib erbaut, der meinen Organen ihren Ort, ihre Gestalt und ihre Funktion zuweist: Immer im Hinblick auf das Ganze, das ich bin und auf das hin alles, was sich darin regt, bezogen ist.

Mein Geist ist es, der auch die organismische Bauweise meiner Seele bewirkt und sie gleichfalls zu einer Gestalt entwickelt, so daß die Erlebnisse und Gefühle trotz ihrer riesengroßen Zahl kein chaotisches Durcheinander bilden, sondern verfügbar und reproduzierbar sind.

Zusammengefaßt: Der Körper ist das Substrat des Lebens in dieser Welt. Die Seele ist die Art und Weise des Lebens, und der Geist ist das Leben selbst (Abb. 6.2).

Nach dieser begrifflichen Klärung sei angemerkt, daß ich 1970 – ohne damit Anklang zu finden – vorgeschlagen habe, statt von psychosomatisch von logosomato-psychisch zu sprechen. Mehr Erfolg war dem Vorschlag von G. L. Engel beschieden, der von biopsychosozial spricht und damit gleichfalls die in dem Begriff Psychosomatik gegebene Einengung zu überwinden sucht.

Wenn man sich dieser Hintergründe bewußt bleibt, läßt sich jedoch mit dem Begriff Psychosomatik noch gut arbeiten. Denn jeder kennt die damit gemeinten Zusammenhänge, daß einem der Anblick und der Duft gut zubereiteter Speisen das Wasser im Munde zusammenlaufen läßt. Daß es einem den Appetit verschlägt, wenn man Zeuge eines schlimmen Unfalls wird. Daß Drogen und Medikamente, beispielsweise der Genuß alkoholischer Getränke, unsere Stimmungslage und unsere Umgangsweisen tiefgreifend verändern können.

Entsprechendes gilt von unseren Vorstellungen, unseren Gedanken und Phantasien sowie von unseren Emotionen. Denn auch Groll, Gram, Ängste, Zorn, Wut, Verbitterung, Ärger gehen ebenso mit körperlichen Zustandsänderungen einher wie Gelassenheit, Freude, Liebe, Dankbarkeit und Zuversicht.

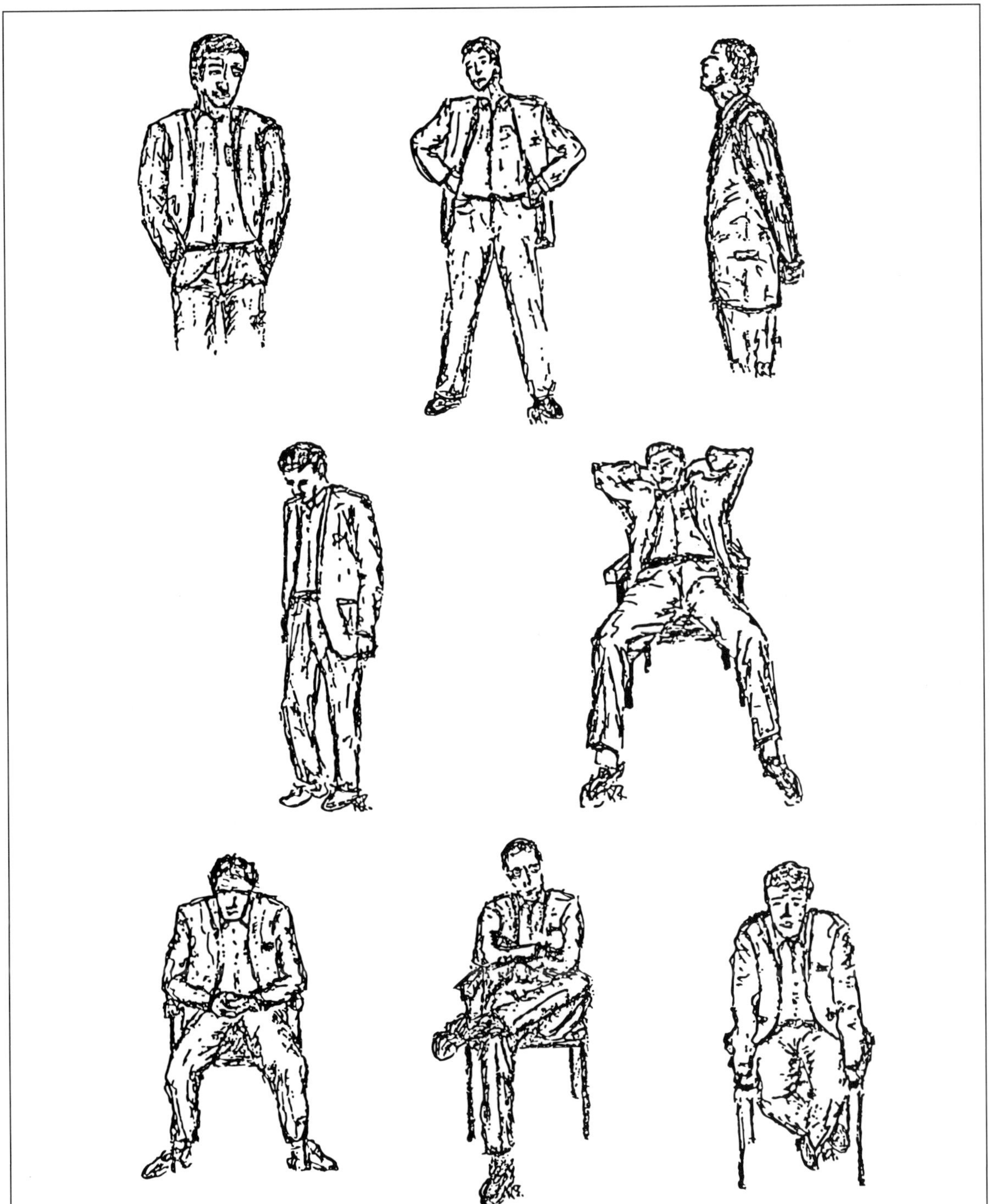

Abb. 6.1: Beispiele für den Zusammenhang zwischen «Haltung und Verhalten»

Im Zusammenhang mit dem Autogenen Training, bei dem gedankliche Vorstellungen, also geistige Tätigkeiten eingesetzt werden, um körperliche Zustandsänderungen herbeizuführen, hat Anfang der zwanziger Jahre Scheminski in Wien über einen grundlegenden Versuch berichtet. Er hat bei einer Gruppe von Versuchspersonen, die in völlig entspannter Ruhelage projizierte Diapositive betrachte-

Abb. 6.2: «Das Orchester» als Gleichnis für die Dreipersonalität des Menschen: Das Instrumentarium entspricht dem Körper, die Partitur des auszuführenden Werkes entspricht dem Geist, und die Musiker – an ihrer Spitze der Dirigent – setzen das Notenwerk mit Hilfe der Instrumente um in Musik. Sie entsprechen der Seele, wobei der Dirigent das Ich-Bewußtsein repräsentiert

ten, simultan Muskelaktionsströme abgeleitet und aufgezeichnet. Dabei zeigte sich, daß das Bild eines springenden Pferdes bei den Betrachtern Muskelaktionsströme auslöste, und zwar in jenen Muskelgruppen, die mit denen korrespondierten, die das Pferd zu seinem Sprung brauchte.

Dieser Vorgang ist unter anderem schon von Hippolyt Bernheim und von August Forel als Ideoplasie, als Einbildung bezeichnet worden in dem ernsthaften Wortsinn, daß nicht nur Emotionen, sondern auch Bilder, Zeichen, Worte und Vorstellungen «Fleisch werden», Gestalt annehmen, sich körperlich verwirklichen. Die positive Seite daran wird therapeutisch bei allen suggestiven Verfahren, insbesondere beim Autogenen Training, in der Hypnose und in der Kinästhesie genutzt.

Zusammengefaßt läßt sich sagen, daß Körperliches auf Seelisches und auf Geistiges wirkt, und daß umgekehrt Geistiges und Seelisches körperliche Konsequenzen haben. Auf diesen Fakten beruht die dualistische Auffassung konsekutiver Wechselwirkungen von Körperlichem und Seelischem. Daneben wird außerdem eine Gleichzeitigkeitskorrelation angenommen, die auf der Erkenntnis beruht, daß Körperliches und Seelisches auch gleichzeitig miteinander einhergehen. So führt Angst nicht nur zu muskulärer Verspannung und muskuläre Verspannung führt nicht nur zu Angst, sondern Angst ist zugleich Ausdruck muskulärer Verspannung und umgekehrt.

J. H. Schultz hat, gestützt auf seine Erfahrungen mit dem Autogenen Training, darauf hingewiesen, daß man die Muskelverspannung beispielsweise auch durch geeignete Medikamente zum Verschwinden bringen kann. Die zugrunde liegenden Ängste sind dann gleichfalls verschwunden. Würde es umgekehrt gelingen, die Angst aufzulösen, wäre damit auch die muskuläre Verkrampfung beseitigt.

Leider ist es nicht ganz so einfach, weil einzelne Elemente der geschilderten Teufelskreise sich verselbständigt haben können und insofern zusätzlich spezifischer Heilmaßnahmen bedürfen. Hier ist diagnostische Wendigkeit von Vorteil, um jeweils dasjenige Symptom innerhalb eines Teufelskreises ausfindig zu machen, das aktuelle Bedeutung besitzt. Die Therapie muß dann genauso wendig wie bei einem Schachspiel, Zug um Zug, durchgeführt werden, gemäß den laufend neu ermittelten Indikationen (siehe auch «Phasenindikation» im Kapitel Allgemeine Grundlagen des NEUROMEDIZIN-KONZEPTS).

Mit diesen Vorbemerkungen sind wir bei Schmerzsyndromen angelangt, wie sie sich aus psychosomatischer Sicht präsentieren. Es hat sich gezeigt, daß psychosomatische Schmerzsyndrome auf das engste verknüpft sind mit neuromuskulären Dystonien.

Der Begriff Dystonie besagt, daß die erforderlichen neuromuskulären Spannungen falsch gemischt und unausgeglichen auf die Erfolgsorgane einwirken, so daß Verkrampfungen neben Erschlaffungen anzutreffen sind. Hier wäre auch der Dyskrasie-Begriff angebracht, weil es sich um «schlechte Mischungen» von Impulsen handelt. Ist glatte Muskulatur betroffen, sind Dyskinesien die Folge. Sie bewirken Transportstörungen von Sekreten, von Ein- und Ausfuhren im Stoffwechselgeschehen (siehe auch Gross'sches Dystrophiemodell im Kapitel Allgemeine Grundlagen des NEUROMEDIZIN-KONZEPTS).

Die typische psychosomatische Schmerzentstehung beginnt mit chronischen Muskelverspannungen. Der dadurch allmählich entstehende Schmerz verstärkt die Verkrampfungen, die ihrerseits wieder den Schmerz verstärken. Je nach dem Ort, an welchem sich dieser Teufelskreis abspielt, werden davon betroffene Organe in Mitleidenschaft gezogen und nicht selten als Sitz der Störungen angeschuldigt. Zu

den chronischen Muskelverspannungen gesellen sich Änderungen des geweblichen Turgors, der Durchblutungs- und Durchsaftungsgrößen (Abb. 6.3).
Die Umgangssprache kennt viele Worte und Redensarten, mit denen psychosomatische Schmerzkrankheiten bezeichnet werden. Da ist der Hartnäckige, dessen übertriebene Muskelspannung im Nackenbereich anschaulich gemacht wird. Er kann nicht einlenken, nicht nachgeben. Unter Umständen wird er zu jemandem, der mit dem Kopf durch die Wand geht. Der Kopfschmerzkranke ist unter psychosomatischen Gesichtspunkten jemand, der sich den Kopf zerbricht, der sich sein Gehirn zermartert, sich über alles mögliche Kopfschmerzen macht, der seine Nase überall hineinsteckt, der das sogar selber von sich aus sagt, allerdings ohne zu bemerken, was er damit über sich sagt.
Dann gibt es – auf Speiseröhre und Magen bezogen – denjenigen, der alles Widerwärtige in sich hineinfrißt, bis ihm alles bis zum Halse steht. Immer geht es um muskuläre Verspannungen, denen irgendwo Erschlaffungen gegenüberstehen. Der Kopfhänger beispielsweise ist oft im Bauch und im Rücken verkrampft.
Als besonders häufige Ursache der muskulären Verspannungen wurden bereits die Ängste genannt. Der Betreffende «nimmt sich zusammen». Er liegt mit etwas in einem heimlichen, aber verbissenen Streit: Mit eigenen Fehlern, mit vermeintlichen Schwächen, mit verbotenen Begierden, mit seinem Aussehen, aber auch mit anderen Personen, denen er grollt, ohne daß diese anderen davon etwas zu bemerken brauchen.
Er hat auf diese Weise innere Spannungen mobilisiert, die nicht rasch abreagiert werden, sondern Tag und Nacht «im Einsatz» sind.
Zu den klassischen psychosomatischen Schmerzsyndromen gehören: Kopfschmerzen, Migräne, Glaukom, Neuralgien, Schulter-/Arm-/Nackenschmerzen, pectanginöse Schmerzen der Herzgegend, Gürtelrose, Magen-/Darmschmerzen, Gallen- und Nierenkoliken, Kardio- und Pylorospasmus, Ileus, Oberbauch- und Nabelschmerzen, Vaginismus, Weichteilrheumatismus, primär chronische Polyarthritis, schmerzhafte Menstruation (Dysmenorrhoe) und funktionelle Wirbelsäulensyndrome.
Bei diesen Schmerzkrankheiten ist die Gewichtung körperlicher, seelischer und sozialer Faktoren nicht sicher gegeneinander abzugrenzen. Die Übergänge sind fließend. In einem Fall steht die körperliche Genese eindeutig im Vordergrund, in einem anderen scheint Psychisches entscheidend wichtig zu sein. Anhand von Fallbeispielen habe ich meine Vorstellung von der psychosomatischen Medizin 1963 am Modell des Gelenkes dargestellt in dem Buch «Chirotherapie», sowie 1981 in «Kränkung, Krankheit

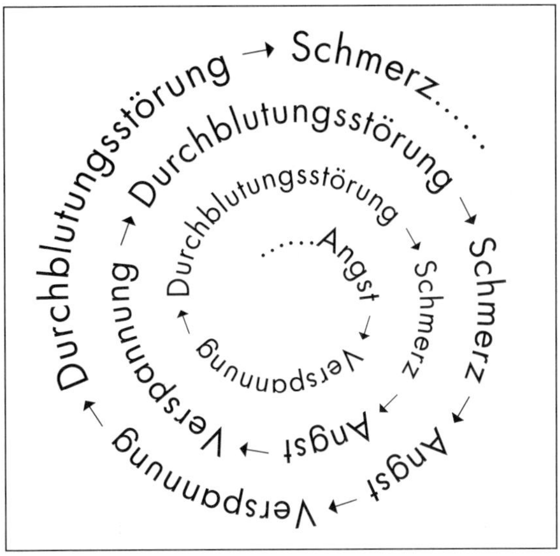

Abb. 6.3: Der Teufelskreis chronischer Schmerzen (Schmerzspirale)

und Heilung in leiblicher, seelischer und geistiger Sicht». Der psychosomatische Gesichtspunkt ist jedoch nicht nur für die Entstehung und Aufrechterhaltung der genannten Krankheitsbilder von Bedeutung. Er ist wichtiger für die Therapie, weil der Mensch nicht nur seine Reaktion auf Schmerzen aller Art, sondern auch die Schmerzen selbst in erheblichem Maß verändern kann. Hierbei spielt bereits die Kindererziehung eine wichtige Rolle. So lernen beispielsweise Indianerkinder mit Erfolg, Schmerz nicht zu zeigen und dadurch gleichzeitig zu lindern. Das Konzentrieren auf andere Sachverhalte, die Ablenkung der Aufmerksamkeit weg vom Schmerzzentrum oder aber die Annahme des Schmerzes können von zauberhaft anmutender schmerzlindernder und sogar schmerzlöschender Wirkung sein.
So sind beispielsweise Operationen ohne Narkose und ohne Betäubungsmittel in Hypnose schmerzfrei durchgeführt worden. Die entsprechend tiefe Hypnose mußte dazu mit den Patienten vorher in mehreren Sitzungen trainiert werden. Es gibt aber auch Hypnose als erste Hilfe bei Unfällen. So berichtete der Chirurg Sauerbruch von einer dringlichen Armamputation bei einem jungen Offizier, die er ohne Betäubung bei dem in Hypnose aufrechtstehenden Patienten vorgenommen hat.
Ein anderes Fallbeispiel: Es ist sommerliche Hauptsaison. Neben der Hauptstraße in den österreichischen Bergen lädt ein Restaurant zum Essen. Der Speisesaal ist voll besetzt. Die Bedienungen haben alle Hände voll zu tun. Da – ein gellender Schrei! – in der Küche ist auf dem Herd ein großer Topf mit siedendem Wasser umgestürzt und hat mit seinem Inhalt eine junge Frau überschüttet und verbrüht.

Sie wälzt sich vor Schmerzen am Boden. Ein unter den Gästen anwesender Arzt eilt herbei. Bevor die Verbrühungsfolgen in der Haut eingetreten sind, legt er der Frau eine Hand auf die Stirn und spricht beruhigend auf sie ein. Sie wird sofort ganz still und scheint einzuschlafen. Alle Anwesenden blicken wie gebannt auf das, was da geschieht. Der Arzt spricht noch immer mit leisen, aber eindringlichen Worten, mit denen er der offensichtlich fest eingeschlafenen Verunglückten einen Traum eingibt: «Sie liegen auf einem Liegestuhl im Schatten eines Baumes. Sie spüren angenehm den kühlen Wind, der die Blätter bewegt. Sie fühlen sich wohl, ihre Haut ist angenehm kühl. Sie erholen sich gut. Es ist ein schöner Tag. Sie sind ganz ruhig und gesund. Haut kühl! Es ist nichts geschehen!» Die Frau wirkt ganz entspannt. Der Betrieb nimmt wieder seinen Lauf. Sicherlich ist keine halbe Stunde vergangen. Da weckt der Arzt die Frau wieder auf. Sie reibt sich die Augen. Und wie sie die Nässe ihrer Kleider bemerkt, fällt ihr alles wieder ein. «Gott sei Dank ist Ihnen nichts passiert bei dem Unfall!», sagt ihr freundlich und bestimmt der Arzt. «Sie hatten Glück, daß Ihnen unmittelbar geholfen werden konnte. Hier kam alles auf die Zeit an!» Damit verabschiedet er sich. Sie kleidet sich um und stellt fest, daß keinerlei Spuren des Vorfalls an ihrem Körper zu sehen sind.

Was war durch die innerhalb einer Minute nach dem Unfall einsetzende Hypnose geschehen? Sie hat durch geistige Aktivität die körperlichen und seelischen Reaktionen auf die Überhitzung der Haut unterbrochen und ausgeschaltet. Es ist bekannt, daß Narkose allergische Reaktionen und sogar einen anaphylaktischen Schock unterdrücken kann. Gleiches gilt auch für die Hypnose. Wenn es gelingt, die Reaktionen, insbesondere die überschießenden Reaktionen, abzufangen, können in vielen Fällen Schäden verhütet oder gemindert werden, wie es auch in diesem Fallbeispiel gewesen war.

Für den auf psychosomatischem Gebiet ungeübten Leser mag es verwunderlich erscheinen, daß auch Krankheiten, die nichts mit Neurose, nichts mit Psychogenese zu tun haben, mit Psychotherapie erfolgreich behandelt werden können. Ebenso häufig ist es auch umgekehrt. Psychogener Kopfschmerz beispielsweise kann unter psychosomatischen Gesichtspunkten auch mit Schmerztabletten, mit Chirotherapie und Akupunktur, mit Homöopathie, mit Massagen oder anderen physiotherapeutischen Methoden erfolgreich angegangen werden. Nur wenn diese Maßnahmen in absehbarer Zeit nicht zu dem erwarteten Erfolg führen, wenn Chronifizierung droht oder Organresektionen erwogen werden, sollten rechtzeitig neurosenpsychologische Untersuchungen und ggf. die Einleitung einer Psychotherapie nicht außer acht bleiben.

Differentialdiagnose und spezielle Indikationsstellung werden dann ergeben, welche psychopädischen oder psychotherapeutischen Heilmaßnahmen eingesetzt werden.

In Betracht kommen keineswegs nur die sogenannten «großen» psychoanalytischen oder tiefenpsychologischen Verfahren. Erwähnt seien die Hypnose, das Autogene Training, das Katathyme Bilderleben, das Psychodrama.

Die von Heinz Schott skizzierten medizingeschichtlichen Aspekte zur Psychosomatik geben dem interessierten Leser vielfältige Anregungen zur Erweiterung seines Psychotherapiespektrums.

Bei der schematischen Unterscheidung zwischen somatischen und psychischen Störungen und Krankheiten sowie zwischen somatischen und psychischen Ursachen und Auslösern von Krankheiten darf nicht übersehen werden, daß über kurz oder lang immer der ganze Mensch in allen drei Seinsweisen mehr oder weniger in Mitleidenschaft gezogen wird, insbesondere deshalb, weil er als Person auf seine Beeinträchtigungen, vor allem auf seine Schmerzsyndrome, reagiert.

Typische Beispiele für *somatogene somatische* Befunde sind fremdverschuldete Unfallfolgen. Jemand erleidet durch fremdes Verschulden eine Fußquetschung, die ihm rasende Schmerzen bereitet.

Psychogene somatische Befunde sind selbstbewirkte Befunde. Wird eine Störung als psychogen bezeichnet, so wird damit unterstellt, daß ihr Opfer zugleich ihr Urheber ist. Diese Tatsache darf nicht dahin mißverstanden werden, daß der Urheber sich darüber im klaren wäre, daß er selbst schuld ist. Die Vorgänge spielen sich vielmehr im Dunkeln ab. Sie sind dem Betreffenden nicht bewußt. Er hat keine Ahnung davon, daß es in ihm ebenso das Verlangen nach Schmerzvermeidung und -linderung gibt, wie das Verlangen, sich leiden zu machen, sich selbst Schmerzen zuzufügen oder zufügen zu lassen. Man könnte zutreffend von sadomasochistischen Geschehnissen sprechen, die – wenn auch in verschiedener Intensität – im Innern jedes Menschen vor sich gehen. An einem Ende der Verteilungskurve finden sich die psychosomatischen Leiden, bei denen die Urheberschaft ihres Opfers nahezu völlig verborgen ist. Am anderen Ende der Verteilungskurve finden sich Selbstbeschädigungen, Verstümmelungen und schließlich Selbstmord.

Betrachtet man die bekannte Geschichte von dem Mädchen, dem die Mutter verboten hat, seine «guten» Handschuhe anzuziehen, und das daraufhin die gespreizten, nackten Finger in die eisige Winterluft ausstreckt mit den Worten: «Meine Mutti wird schon sehen, was sie davon hat, wenn ich mir die Finger erfriere! Warum gibt sie mir meine Handschuhe nicht mit!?», dann wird deutlich: Das Kind will nicht sich

Abb. 6.4: Negative Autosuggestionen (psychogene Beeinträchtigung der Seele)

schmerzen, sondern die Mutter. Aber es trifft nicht das Du, nicht die Welt jenseits des eigenen Körpers. Seine Aktion reicht nicht weit genug. Es trifft zu kurz! – in die eigene Körperlichkeit.

Nun liegen die Auslöser solcher mißglückten Aktionen keineswegs immer in der Umwelt, sondern öfter im eigenen Innern. Man funktioniert oft nicht wie gewünscht. Man hat Fehler und macht Fehler. Man kommt zu kurz. Man verscherzt sich Zuwendung. Man zürnt mit sich. Man nimmt sich zusammen. Man nennt sich ein Rindvieh. Man besäuft sich. Das sind alles seelische Ursachen bzw. Auslöser für körperliche Befunde, zu denen die erwähnten muskulären Verspannungen der quergestreiften und der glatten Muskulatur gehören, die damit als körperliches Korrelat von Autoaggressionen erkannt werden können.

Zu den psychogenen somatischen Befunden gehören auch die sogenannten Organneurosen. Franz Alexander und Harald Schultz-Hencke verstehen darunter etwa folgendes: Ein auf einem bestimmten Antriebsgebiet gehemmter Mensch gerät in eine (Versuchungs- und Versagungs-)Situation, in der er unausweichlich gezwungen ist, sich gerade so zu verhalten, wie er es aufgrund seiner Gehemmtheit nicht kann. Kommt es in zeitlichem Zusammenhang damit zu einer Organfunktionsstörung, in der die gehemmten Bedürfnisse ihren Ausdruck finden, wird von Organneurose als einer psychogenen Somatose gesprochen.

Zu den psychogenen körperlichen Störungen und Krankheiten gehören ferner alle negativen Ideoplasien. Hierbei erzeugen bildliche Vorstellungen und eingeprägte Wörter körperliche Veränderungen. Haben die Vorstellungen und Einprägungen negativen, also autoaggressiven Charakter, wie dies beispielsweise für hypochondrische oder perfektionistische Einstellungen gilt, kommt es regelmäßig zu Verspannungen, zu Durchblutungs- und Durchsaftungsstörungen, so daß Schmerzsyndrome oft die Folge sind. Wenn auch die Abgrenzung zwischen somatogen und psychogen zweckmäßig ist, darf das «sowohl als auch» besonders im Hinblick auf die zu ergreifenden Heilmaßnahmen nicht aus den Augen verloren werden. Beispielsweise erkrankt ein körperlich vorgeschädigtes Organ zusätzlich an einer Organneurose. Alfred Adler hat dafür den Begriff der Organminderwertigkeit geprägt. Dann wird die Störung im Umgang des Patienten mit sich und der Welt im vorgeschädigten Organbereich ihren Ausdruck finden, weil dort ein «locus minoris resistentiae» Anlaß für die Lokalisation der psychogenen Krankheit gegeben hat.

Von *somatogenen psychischen* Befunden wird gesprochen, wenn äußere Gewalteinwirkungen, Toxine, Drogen (LSD, Alkohol) oder andere materielle Einwirkungen, wie beispielsweise organische Krankheiten, unmittelbar seelische Schmerzsyndrome wie Herzeleid, Trennungs- und Abschiedsschmerz, Trauer, Minderwertigkeitsgefühle, Haß, Angst oder Verzweiflung bewirken.

Von *psychogenen psychischen* Befunden wird gesprochen, wenn die erwähnten seelischen Schmerzsyndrome seelische Ursachen haben. Diese bestehen in Verlusten, in negativ autoaggressiven Selbsteinreden, in negativen Autosuggestionen, in frustrierten Ansprüchen auf äußere Liebeszuwendungen, in Groll, Gram, Zweifel, Ängsten und Ärger (Abb. 6.4). In der Regel begegnen uns auch hier psychosomatogene Mischformen. Dabei sind Befindlichkeiten und Verhaltensweisen im Umgang des Kranken mit sich selbst und der Welt gleichzeitig oder folgerichtig mit Funktions-, Relations- und Gestaltveränderungen von Organen und Zellen verflochten.

Hier sind auch die Rentenneurosen zu erwähnen, bei denen der sogenannte «sekundäre Krankheitsgewinn» eine wichtige Rolle spielt. Wer krank ist, und wer Schmerzen hat, kann dadurch auch Vorteile gewinnen. Denn Not- und Schmerzsignale rufen Helfer herbei, wecken Mitgefühle und Mitleid und lösen Hilfeleistungen und Unterstützung aus. Diese Erfahrung hat jeder schon als Säugling gemacht. Üblicherweise eilt die Mutter herbei, wenn das Baby schreit. Sie nimmt es auf, tröstet und versorgt es. Also ist es kein Wunder, wenn ein «sekundärer Krankheitsgewinn» Menschen dazu veranlassen kann, auf jene frühen Erfahrungen zurückzugreifen, zu regredieren, indem sie sich an ihre Symptome klammern und sich unter Umständen in ihre Krankheit und ihre Schmerzen weiter hineinsteigern. Auf dem Wege der Ideoplasie kommt es dann nicht selten zu einer echten Chronifizierung oder sogar zu Verschlimmerungen meist schmerzhafter psychosomatischer Krankheitszustände.

Schließlich ist auch die Simulation von Schmerzen, mit dem Ziel unberechtigter Inanspruchnahme von Heilmaßnahmen und anderen Sozialleistungen, zu nennen, weil der objektive Nachweis von Schmerzen, wie schon gesagt, oft nicht möglich ist.

Geistige Krankheit, geistige Behinderung und geistige Bedingtheit, auf die in diesem Rahmen nicht einzugehen ist, habe ich in meiner Veröffentlichung «Behindert sein» 1984 ausführlich abgehandelt.

Hat der Schmerz physiologischermaßen die Funktion eines Wächters, der größeren Schaden verhindern soll, indem er schon reflektorisch Abwehrmechanismen auslöst, oder indem er das Bewußtsein für die betroffenen Regionen weckt und schärft, oder einfach die Aufmerksamkeit des Kranken zu der «Betriebsstörung» hinlenkt, so kehrt sich bei psychosomatischen Schmerzsyndromen der nützliche Effekt um, und der Schmerz wird zum Peiniger.

Wir finden auch Furcht vor Schmerzen als Grund dafür, daß es entweder zu überschießenden Reaktionen, zu Verschlimmerungen, sogar zu Panik kommt, oder aber daß seitens der Patienten die erforderlichen diagnostischen und therapeutischen Maßnahmen vermieden werden. Davon können Heilberufe aller Disziplinen, besonders auch Zahnärzte, ein Lied singen.

Insofern gehört es zur psychosomatischen Hygiene, daß der Mensch lernt, Schmerzen und schmerzliche Frustrationen zu tolerieren, indem er sich darin übt, sich in freundschaftlichen Selbstgesprächen beizustehen, sich selbst keine Schmerzen zu bereiten und sein Leben auch da, wo Schmerzen bestehen, verantwortlich zu führen. Hier sind auch religiöse Zusammenhänge zu beachten.

Die sich aus dieser Erkenntnis ergebenden psychopädischen und psychotherapeutischen Konsequenzen gelten auch für die Durchführung physikalischer und krankengymnastischer Anwendungen. Dabei werden gern Begriffe wie Kräftigung, Abhärtung, Zucht, Training, Übung oder Exerzitium gebraucht. Die Patienten werden mit Zuspruch begleitet, wenn sie üben, die mit zunehmenden Leistungen verbundenen Strapazen auf sich zu nehmen. Das Leben ist bitter und süß. Es gilt, beide Seiten miteinander zu balancieren und anzunehmen.

Die beispielsweise aus dem Bereich der Massage bekannte «wandernde Hautfalte» nach Kibler löst beim Gesunden mit normal tonisiertem Gewebe keine Schmerzen aus. Bei verspanntem Bindegewebe dürfte diese Anwendung (am Rücken zwei Zentimeter rechts und links von der Spinallinie vom Sacrum aufwärts bis zum oberen Kreuz) erhebliche Schmerzen auslösen. Hier gilt es, Behutsamkeit zu üben und die Schmerzbelastung vorsichtig und ganz allmählich zu steigern, damit der Patient nicht die Flucht ergreift. Der Behandler muß sein Vorgehen dosieren und auf die Reaktionen des Patienten abstimmen, so daß unterhalb der Toleranzgrenze gearbeitet wird. Mit der Annahme des Schmerzes werden sich dann die Verspannungen lösen. Damit einhergehend lösen sich Ängste und korrespondierende Dystonien in den segmental zugeordneten Organen. Der Patient spürt Erleichterung. Freundschaftliche Anmerkungen des Behandlers, daß das Bindegewebe dort für viele Leute ein Vorratsraum für weggesteckten Ärger oder auch für ungeweinte Tränen ist, können zu weiterer Lösung und zu partnerschaftlichen Gesprächen führen.

Die Behandlung psychosomatischer Schmerzsyndrome ist nicht auf spezielle therapeutische Verfahren eingeengt. In Betracht kommen alle erdenklichen sogenannten ganzheitsmedizinischen Verfahren, je nach den Modalitäten des Einzelfalles und je nach Sichtweise des Behandlers.

Im Vordergrund steht bei psychosomatischen Syndromen die Antwort auf die Frage, wie der Kranke mit sich selbst, mit seinem Nächsten und Gott umgeht. Es kommt zunächst darauf an, hierüber Klarheit zu schaffen. Das geschieht nicht durch die Konfrontation mit der Frage «Wie gehen Sie eigentlich mit sich um?». Es ist vielmehr erforderlich, zunächst Liebe, Mitleid und Erbarmen in dem Patienten zu wecken. Das kann man versuchen, indem man ihm wie es psychopädisch bewährt ist, einen kleinen Vorfall erzählt, in welchem einem Unterlegenen Unrecht zugefügt wird.

Beispiel: Ein Kind stürzt beim Spielen, verletzt sich, weint. Mutter (oder Vater) eilt herbei, schlägt dem Kind ins Gesicht und schreit: «Du dämliches Ding! Paß doch auf!» Wenn der Patient diese Handlungsweise als schrecklich empfindet und das auch zum Ausdruck bringt, dann zeigt sich darin etwas von seiner Liebe. Und gerade dieses Quantum seiner

Liebe ist es, das zu seiner eigenen Heilung beitragen kann, weil meines Erachtens nur seine Liebe imstande ist, ihn zu heilen. Wenn also der Patient die Handlungsweise jener Mutter als schrecklich empfindet, dann solidarisiere ich mich mit ihm und lasse mir von ihm sagen, wie ein gutes mütterliches Verhalten aussehen müßte. Er beschreibt es: Die Mutter (oder der Vater) müßte trösten, sehen, was Sache ist, und das Kind in geeigneter Weise versorgen. Auch insoweit solidarisiere ich mich mit ihm. Erst danach kann ich mir erlauben, nachzufragen: «Sagen Sie, wenn Sie irgend welchen Mist machen, irgend etwas Ihnen Ärgerliches anstellen, wie gehen Sie mit sich um, wie Mutter eins oder wie Mutter zwei?»

Daraufhin geschieht etwas in dem Kranken. Er denkt an etwas für ihn Ungewöhnliches. Er denkt an sich als an einen Partner, mit dem er nicht nur lebt, sondern mit dem er laufend spricht. Er denkt an sich als an jemanden, dessen er sich erbarmen kann. Er lauscht förmlich in sich hinein, um etwas von dem zu erhaschen, was er zu sich spricht. Und gar, wie er zu sich spricht. Dann kommt erschrocken, etwas verlegen oder diese Emotionen überspielend die Antwort: «Eigentlich öfter wie Mutter eins!» Und nun haben wir noch seine Wertung von vorhin im Ohr, als er zu dem Verhalten von Mutter eins «schrecklich!» gesagt hat. Daran erinnere ich ihn und lade ihn ein, indem ich ihm meine Hand hinstrecke und ihn frage: «Haben Sie nicht Lust, das zu ändern?» Mir ist kein einziger Fall begegnet, der nicht zugestimmt und in die dargebotene Hand eingeschlagen hätte. «Lust schon! Aber wie?», das ist regelmäßig die Antwort. Ob nun physikalische Maßnahmen, ob Chirotherapie, Akupunktur oder Pneotherapie zur Anwendung kommen, wenn der Patient lernt, sich da zu verzeihen, wo er sich Unrecht getan hat, wenn er lernt, daß er nicht immer so sein kann, wie es sich gehört und wie er es von sich verlangt, daß er trotzdem liebenswert ist und bleibt, dann lösen sich in dieser Liebe die Ängste auf. Und mit den Ängsten schwinden die Verspannungen und mit ihnen die Schmerzen, so daß in vielen Fällen die übrigen therapeutischen Maßnahmen «nur noch» dazu dienen, verselbständigte Faktoren in Teufelskreisen gezielt nacheinander aufzuknoten. Auch hierbei kommt unter den psychotherapeutischen Verfahren eine überragende Rolle der Hypnose und dem Autogenen Training zu.

Daß diese Verfahren seltener angewendet werden, als sie indiziert sind, mag daran liegen, daß sie für ihre Handhabung eine unerschütterliche Achtung vor der Persönlichkeit des Patienten und seiner Wertwelt voraussetzen. Wer sich darin nicht sicher ist, sollte seinen Patienten lieber auf andere Weise dienen.

Abschließend zwei Fallbeispiele.

1. Rückenschmerzen

Eine 26jährige, seit drei Jahren kinderlos verheiratete, berufstätige Frau klagt über zunehmende Rükkenschmerzen, vor allem im unteren Kreuz und zwischen den Schulterblättern. Röntgen- und andere Untersuchungen hätten keine krankhaften Befunde ergeben. Die Beschwerden seien seit über zwei Jahren schleichend entstanden.

Im Gespräch zeigt sich, daß sie sich übelnimmt, nicht genügend zu leisten. Sie könne neben ihrer Berufstätigkeit den Haushalt nicht so bewältigen, «wie es sich gehört»(!). Auch versage sie auf sexuellem Gebiet. Sie sei eben immer müde und kaputt. Sie wolle so gern ein Kind haben. Aber auch da sei sie offenbar unfähig.

Diagnose: Multiple Blockierungen von Bewegungssegmenten der Wirbelsäule bei depressivem Versagenszustand.

Verlauf: In zwei Gesprächen gewinnt die Patientin Einblick in ihre autoaggressive Grundeinstellung. Sie übt freundschaftliche Selbstgespräche, die im Laufe von vier Monaten in zehn Hypnosesitzungen verstärkt werden. Gleichzeitig mit zunehmendem Selbstbewußtsein lösen sich die Verspannungen der Rückenmuskulatur, so daß die Mobilisierung der betroffenen Bewegungssegmente der Wirbelsäule, insbesondere der Kreuzdarmbeingelenke, rezidivfrei gelingt. Bei der ein Jahr später durchgeführten Nachuntersuchung zeigt sich, daß die Patientin seitdem schmerzfrei geblieben ist.

2. Pectanginöse Schmerzen, anfallsweises Herzjagen, Coccygodynie

43jährige geschiedene Frau. Hat erwachsene Tochter. Klagt über Abgeschlagenheit, anfallsweises Herzrasen mit Schmerzen und Beklemmungsgefühlen in der linken Brustseite. Dabei Angstzustände. Meint, dabei sterben zu müssen. Sie lebt mit einem Mann zusammen, der trotz ihrer Krankheitszustände zu ihr hält, sie aber nicht heiraten will.

Da medikamentöse Behandlung keine Besserung brachte und neurosenpsychologischerseits eine Psychogenese der Beschwerden festgestellt wurde, erfolgt analytisch-psychotherapeutische Behandlung. Patientin gewinnt Einblick in ihre autoaggressiven Verhaltensweisen. Es gelingt ihr, einiges davon grundlegend zu ändern. Sie blüht auf, kleidet sich modischer, wird umgänglicher. Die Symptomatik verschwindet. Sie heiratet ihren Gefährten und zieht mit ihm in eine andere Stadt. Nach jahrelangem Wohlbefinden erfährt sie, daß ihr Mann während einer Kur eine intime Beziehung zu einer anderen, älteren Frau begonnen hat. Sie reagiert geschockt und erkrankt mit heftigen Schmerzen in der Steißbein-/Kreuzbeingegend, die ihr den Sexualverkehr mit ihrem reumütig zu ihr zurückgekehrten Ehemann unmöglich machen. «Es ist alles wieder gut», sagt sie, «wenn nur die Kreuzschmerzen nicht wären!» Über ein Jahr lang werden alle diagnostischen Register gezogen. Kein pathologischer Befund. Sie nimmt Schmerzmittel in steigender Dosis. Dann erst meldet sie sich wieder bei ihrem Analytiker. In einem längeren Gespräch gelingt es, der Patientin deutlich zu machen, daß wiederum eine dringliche Indikation zur Psychotherapie besteht. Sie stimmt zu und sagt, sie habe den Eindruck, daß die Schmerzen nach diesem Gespräch nicht mehr so spitz und so brennend seien.

Literaturempfehlungen

Adler, A.: Individualpsychologie in der Schule. Technik der Erziehung, Leipzig 1929.

Adler, R.: Schmerz. In: v. Uexkuell, T. (Hrsg.): Lehrbuch der Psychosomatischen Medizin. Urban u. Schwarzenberg, München 1979.

Alexander, F.: Psychosomatische Medizin. de Gruyter, Berlin 1985.

Bernheim, H.: Neue Studien über Hypnotismus, Suggestion und Psychotherapie. (Übersetzung von S. Freud.) Deuticke, Wien 1928.

Bräutigam, W./Christian, P.: Psychosomatische Medizin. Thieme, Stuttgart 1982.

Carus, C. G.: Psyche. Zur Entwicklungsgeschichte der Seele. Flammer u. Hoffmann, Pforzheim 1846.

Coué, E.: Die Selbstbemeisterung durch bewußte Autosuggestion. Schwabe, Basel 1925.

Derbolowsky, J./Middendorf, I. (Hrsg.): Psychosomatische Störungen. Dr. E. Fischer, Heidelberg 1986.

Derbolowsky, J./Derbolowsky, U. (Hrsg.): Praktische Psychotherapie. Verlag für Medizin Dr. Ewald Fischer, Heidelberg 1990.

Derbolowsky, U.: Chirotherapie – Eine psychosomatische Behandlungsmethode. Haug, Heidelberg 1963.

Derbolowsky, U.: Leitfaden für Chirotherapie und Manuelle Medizin. Dr. E. Fischer, 2. Auflg. Heidelberg 1981.

Derbolowsky, U.: Kränkung, Krankheit und Heilung in leiblicher, seelischer und geistiger Sicht. Haug, Heidelberg 2. Auflg. 1981.

Derbolowsky, U.: Einführung in die Arbeits- und Themengebiete der Erfahrungsheilkunde, Propädeutik 1. Haug, Heidelberg 1981.

Derbolowsky, U.: Individuelle Psychoanalyse als Gruppentherapie. Haug, Heidelberg 1982.

Derbolowsky, U.: Behindert sein. Ärztlicher Ratgeber für den Umgang mit behinderten Menschen. Burg, Bonn 1984.

Derbolowsky, U.: Psychoanalyse ohne Geheimnis. Birkhäuser, Basel 1990.

Derbolowsky, U.: Psychische Aspekte der Sucht. Das Seminar 1990, 13 (4): S. 11–24.

Derbolowsky, U.: Multimodale Kunsttherapie bei der mit seelischen Mitteln arbeitenden Krankenbehandlung. In: Petzold, H./Orth, I. (Hrsg.) Handbuch der Kunsttherapie. Junfermann, Paderborn 1990; Band I S. 393–415.

Derbolowsky, U.: Psychopädie. In: Meyer, E. (Hrsg.) Burnout und Streß, Praxismodelle zur Bewältigung. Schneider, Hohengehren 1991.

Derbolowsky, U.: Wer mich nicht liebt, ist selber schuld, Psychopädie – Ein Ratgeber zur praktischen Lebenshilfe. Unter Mitarbeit von Jakob Derbolowsky. Birkhäuser, Basel 1991.

Derbolowsky, U.: Atemtherapie in der ganzheitlich orientierten Krankenbehandlung. 2., verbesserte Auflage, Haug, Heidelberg 1991.

Deutsch, F.: Der Einfluß von Gemütsbewegungen auf den Energiestoffwechsel. Hypnotische Experimente. Wiener klinische Wochenschrift 38/1925.

Deutsch, F.: The Psychosomatic Concept. Acta Medica Orientalia 7/1948.

Dunbar, F.: Synopsis of Psychosomatic, Diagnosis and Treatment. E. V. Mosby Comp., St. Louis 1948.

Engel, G. L.: The Need for a New Medical Model. A Challange for Biomedicine. In: Science 196/1977.

Forel, A.: Der Hypnotismus oder die Suggestion und die Psychotherapie. Enke, Stuttgart 1923.

Groddeck, G.: Krankheit als Symbol. Fischer, Frankfurt 1983.

Groddeck, G.: Das Buch vom Es. Psychoanalytische Briefe an eine Freundin. Internationaler Psychoanalytischer Verlag, Leipzig 1923.

Jores, A.: Vom kranken Menschen. Thieme, Stuttgart 1960.

Oberhoff-Looden, J.: Psychosomatische Schmerzbehandlung in der Arztpraxis. Vandenhoeck & Ruprecht, Göttingen 1987.

Rauch, E.: Autosuggestion und Heilung. Haug, Heidelberg 1982.

Schott, H.: Medizingeschichtliche Aspekte zur Psychosomatik. In: Derbolowsky, J./Middendorf, I. (Hrsg.): Psychosomatische Störungen. Dr. E. Fischer, Heidelberg 1986.

Schultz, J. H.: Übungsheft für das Autogene Training. Thieme, Stuttgart 1986.

Schultz, J. H.: Das Autogene Training. Thieme, Stuttgart 1982.

Schultz-Hencke, H.: Der gehemmte Mensch. Thieme, Stuttgart 1947.

Schultz-Hencke, H.: Lehrbuch der analytischen Psychotherapie. Thieme, Stuttgart 1951.

Steinaecker, K. v./Derbolowsky, J. (Hrsg.): Der schwierige Fall. Dr. E. Fischer, Heidelberg 1988.

Stokvis, B.: Lehrbuch der Hypnose. Karger, Basel 1965.

Uexküll, T. v.: Lehrbuch der Psychosomatischen Medizin. Urban & Schwarzenberg, München 1979.

Uexküll, T. v.: 40 Jahre psychosomatische Medizin. Münchner Medizinische Wochenschrift 119/1977.

Uexküll, T. v.: Psychosomatik. In: Seidler, E. (Hrsg.): Wörterbuch medizinischer Grundbegriffe. Herder, Freiburg 1979.

Uexküll, T. v.: Der Körperbegriff als Problem der Psychoanalyse und der Somatischen Medizin. Praxis der Psychotherapie und Psychosomatik 30/1985.

Uexküll, T. v.: Grundfragen psychosomatischer Medizin. Rowohlt, Reinbeck 1963.

Virchow, R.: Zellularpathologie. In: Vorlesungen über Pathologie Band 1, Berlin 1871.

Völgyesi, F. A.: Hypnosetherapie und psychosomatische Probleme. Hippokrates, Stuttgart 1950.

Weintraub, A.: Psychorheumatologie. Karger, Basel 1983.

Weintraub, A. u. a. (Hrsg.): Psychosomatische Schmerzsyndrome des Bewegungsapparates. Schwabe, Basel 1975.

Weizsäcker, V. v.: Der Gestaltkreis. Theorie der Einheit von Wahrnehmen und Bewegen. Thieme, Leipzig 1940.

Weizsäcker, V. v.: Pathosopie. Vandenhoeck & Rupprecht, Göttingen 1956.

Wörz, R./Lendle, R.: Schmerz – psychiatrische Aspekte und psychotherapeutische Behandlung. Fischer, Stuttgart 1980.

Abbildungsnachweise

Abb. 6.1 und 6.4: Raffael Felbinger, c/o Neuromedizinisches Fortbildungszentrum Bad Hersfeld.

Abb. 6.2: Ralf Kupries, Kassel.

Abb. 6.3: Magdalene Grenz und Reinhard Dittel, c/o Neuromedizinisches Fortbildungszentrum Bad Hersfeld.

7 Schmerzsyndrome aus physikaltherapeutischer Sicht unter besonderer Berücksichtigung von TENS

Reinhard Saller

Historische und klinische Einordnung

Methoden der Physikalischen Therapie gehören zu den ältesten Formen der Schmerzbehandlung. Bestimmte Heilpraktiken, die heute zur Physikalischen Therapie gerechnet werden – wie z. B. Kneten, Reiben, Streichen, Drücken und Dehnen von Haut und Muskulatur, Wärme- und Kälteanwendungen, Kühlen, Ausbrennen, Verbinden – scheinen an verschiedenen Orten der Erde und bei unterschiedlichen frühen Gesellschaften unabhängig voneinander entstanden zu sein.
Ihre Entstehung und Weiterentwicklung hängt einerseits sicherlich mit magischen und mythischen Vorstellungen zusammen. Sie beruht aber ebenso wahrscheinlich auf unmittelbarer Empirie als einer natürlichen Heilerfahrung, d. h. sie gründet sich auch auf unmittelbar einsehbare Erfahrungszusammenhänge und auf eine Bewährung in genau beobachteten Fällen. Berührung oder Wärmeapplikation sind außerdem beruhigende Grunderfahrungen. Vermutlich stehen solche Handlungen auch mit dem unwillkürlichen Griff an die schmerzende Stelle bei Verletzungen und Schmerzen im Zusammenhang als einem mehr oder minder bewußten bzw. unbewußten Entfernungsversuch einer tatsächlichen oder vermuteten Reizursache. Solche Behandlungsversuche lassen sich schon sehr früh sowohl als Selbstbehandlung wie vor allem auch als Fremdbehandlung nachweisen, die dann im Laufe der Zeit zu regelrechten und miteinander konkurrierenden Behandlungssystemen ausgebaut wurden.
Zielsetzungen und Techniken der Behandlung unterlagen – mit Auswirkungen bis in die heutige Zeit – den jeweiligen gesellschaftlichen Einflüssen, so daß im Laufe der Geschichte rekreative und therapeutische Momente in unterschiedlichem Maße die Anwendung beherrschten. Die medizinische Etablierung der Physikalischen Therapie in der Neuzeit erfolgte ab dem 17. Jahrhundert. Entsprechend dem wissenschaftlichen Entwicklungsstand wurden – von extrem seltenen Ausnahmen abgesehen – klinisch kontrollierte Untersuchungen noch nicht durchgeführt oder, wie etwa in bestimmten Perioden des 19. Jahrhunderts, aus ideologischen Gründen sogar abgelehnt. Teilweise erfolgte die umfassende und weitverbreitete Anwendung dezidiert außerhalb der etablierten Medizin, nicht selten kontrapunktisch zur naturwissenschaftlichen und technischen Entwicklung von Diagnose- und Behandlungsverfahren. Sie erhielt dadurch zeitweise sogar einen verdächtigen «subversiven» Charakter in den Augen der jeweils modernen Medizin (z. B. Hydrotherapie im vorigen Jahrhundert).
Die historische Entwicklung, vor allem die Etablierung in Diagnose und Therapie vor dem Aufbau einer klinisch kontrollierten Forschung, erklären – zumindest partiell – die ansonsten kaum verständliche, extrem unterschiedliche Beurteilung der Physikalischen Therapie als einer wirksamen Schmerztherapie. Dies führte zu einer vergleichbaren Situation wie bei den sogenannten Altpharmaka, die ebenfalls bereits vor dem Aufkommen moderner medizinischer Untersuchungsverfahren in der Therapie weit verbreitet waren, und aufgrund einer mehr oder minder reflektierten klinischen Heilempirie als zweifellos wirksam angesehen wurden. Dementsprechend wurde über lange Zeit von den Anwendern physikalisch-therapeutischer Verfahren keine Notwendigkeit gesehen, diese «bewährten» Behandlungsverfahren mit modernen Untersuchungstechniken zu überprüfen.

Vergleichbar mit vielen Altpharmaka bestand auch, im Gegensatz zu neu einzuführenden Therapieformen, kein wirtschaftlicher und wissenschaftlicher «Druck» für die Durchführung neuer Untersuchungen. Bedauerlicherweise existiert derzeit für die Physikalische Therapie keine nennenswerte klinische Wissenschaftsförderung.
Die skizzierte Situation erklärt, warum in vielen Abhandlungen immer noch eine teilweise veraltete und für den modernen Mediziner oft bereits unverständliche Terminologie sowie kaum haltbare Vorstellungen über Physiologie, Neurophysiologie und insbesondere auch die Pathophysiologie von Krankheiten und den therapeutischen Wirkungen der Therapie vorherrschen, da die jeweiligen theoretischen Erklärungen natürlich zeitgebunden sind. Durch die Fortschreibung von zumindest partiell antiquierten Erklärungsversuchen kann durchaus auch der Wert der diagnostischen und therapeutischen Empirie unterschätzt werden. Es liegt derzeit zwar eine Fülle sogenannter Observationsliteratur, d. h. sorgfältig beschriebener Krankheitsfälle, vor, aber nur eine geringe Anzahl klinisch kontrollierter Untersuchungen. Auch dies kann in der modernen Medizin leicht dazu führen, den empirischen Gehalt von Massagebehandlungen zu mißachten.
Physikalische Therapien sind außerdem Behandlungsformen, bei denen wegen der teilweise unmittelbaren Interaktion zwischen Patient und Therapeut subjektive Momente eine entscheidende Bedeutung besitzen können («beziehungs- und personenorientierte Therapien»). Für viele moderne Untersuchungsverfahren ist dagegen die strenge Trennung zwischen Subjekt und Objekt grundlegend, so daß subjektive Momente und die unmittelbare interpersonelle Interaktion möglichst weit in den Hintergrund treten müssen. «Personenunspezifische» Behandlungen (z. B. Pharmakotherapien, extrem technisierte Anwendungen) sind insofern wesentlich leichter kontrolliert zu untersuchen. Im Gegensatz zum Mangel an klinisch kontrollierten Studien liegt eine Vielzahl teilweise extrem detaillierter Beschreibungen von Methoden und deren Durchführung vor.

Definition, Terminologie und Anwendung

Als Physikalische Therapie gilt derzeit die therapeutische (systematisierte und wissenschaftliche) Anwendung physikalischer Mittel, wie Wasser, Wärme, Kälte, Licht, Elektrizität und mechanische Kräfte. Bestimmte Methoden der Physikalischen Therapie werden als naturheilkundliche Behandlungen angesehen, d. h. als Therapieformen, die auf eine Steigerung der den Menschen innewohnenden Naturheilkräfte hinzielen («Selbstheilkräfte», Gesundheitsförderung). Viele Patienten, aber auch Therapeuten, erwarten von ihnen wesentlich «physiologischere» Eingriffe in den Organismus als von anderen Behandlungsverfahren. Die Anwendungen erfolgen teils ausgesprochen befund- und symptomorientiert («organzentriert», «krankheitsorientierter Zugriff») oder unter umfassenden kurativen, und nicht selten auch ganzheitlichen Aspekten («personenzentriert»).
Ein wesentliches Anwendungsgebiet der Physikalischen Therapie ist die palliative oder auch kurative Behandlung von Schmerzzuständen. Quantitativ spielen hierbei akute, subakute, rezidivierende oder chronische Schmerzzustände des muskuloskelettalen Systems eine entscheidende Rolle. Für eine sinnvolle Indikationsstellung und Auswahl der Behandlungsorte ist eine physiotherapeutisch orientierte Diagnostik wesentlich.

Übertragener Schmerz und «reflexive» Beziehungen

Bei Indikationsstellung und Durchführung von Massagen spielen die Phänomene des übertragenen Schmerzes sowie wechselseitige reflexive Beeinflussungen verschiedener Körperbezirke eine entscheidende Rolle.

Segmentale Beziehungen

Der Mensch ist entwicklungsgeschichtlich als bilateral-symmetrisches Lebewesen segmental gegliedert. Der Muskelanteil eines Segmentes wird als Myotom bezeichnet, der Hautanteil als Dermatom, und die entsprechenden viszeralen Organe/Organbezirke bzw. Teile des Skelettsystems als Enterotom bzw. Osteotom (Sklerotom) (siehe z. B. Abb. 7.1). Alle Anteile eines Segments werden von einem Spinalnervenpaar innerviert (sensibel, motorisch, vegetativ). Durch diese Zusammenschaltung können sich die einzelnen Teile eines Segments wechselseitig «reflektorisch» beeinflussen (viszero-kutane, kuti-viszerale, myo-kutane usw., segmentale Reflexe; Abb. 7.2). Diese segmentalen Reflexbeziehungen wurden durch sorgfältige klinische Beobachtung sowie klinische Experimente detailliert beschrieben und für die Diagnostik als klinische Hinweise sowie als Grundlagen für therapeutische Ansätze nutzbar gemacht.
So verspürt man bei Erkrankungen innerer Organe

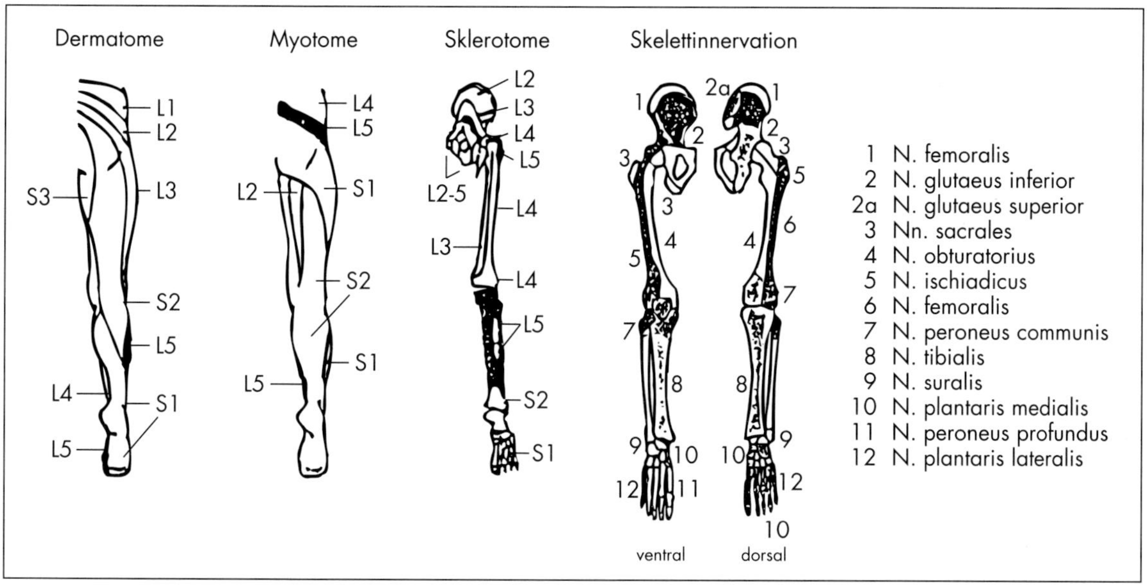

Abb. 7.1: Schematische Darstellung der Sklerotome am Beispiel der unteren Extremität. Zum Vergleich sind die entsprechenden Dermatome, Myotome und die Skelettinnervation eingezeichnet (nach Hansen/Schliack; Mannheimer/Lampe; Schiffter)

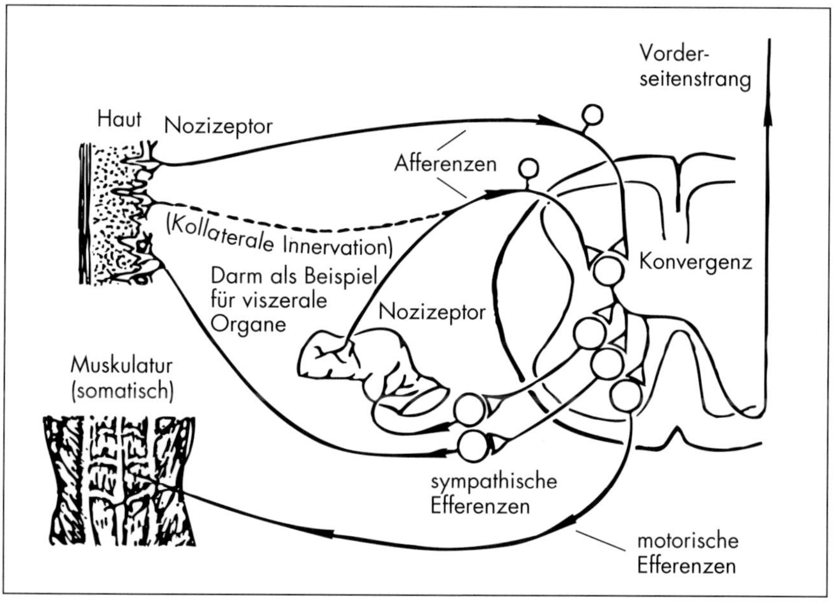

Abb. 7.2: Schematische Darstellung segmentaler Reflexbeziehungen (z. B. cuti-cutan, cuti-viszeral, cuti-somatisch, viszero-viszeral, viszero-cutan, viszero-somatisch). Hypothetische Grundlagen in diesem Beispiel sind eine kollaterale Innervation und/oder Konvergenz im Rückenmark. Durch Afferenzen aus Haut oder viszeralen Organen und ihrer Verschaltung kann es zum Phänomen des übertragenen Schmerzes wie zu Veränderungen innerer Organe, der Hautdurchblutung oder des Muskeltonus kommen. Die einzelnen Reflexmöglichkeiten schließen sich nicht aus, sondern können gleichzeitig auftreten (nach Appenzeller; Hansen/Schliack; Mannheimer/Lampe; Schiffter)

nicht nur einen direkten, lokalen Eingeweideschmerz, sondern auch einen übertragenen Schmerz in einer relativ konstanten und zuverlässigen vorhandenen Hautzone, wobei das erkrankte Organ und die schmerzende Hautzone demselben Segment angehören. Das schmerzende Hautareal umfaßt jedoch in der Regel nicht das gesamte Dermatom, sondern nur umschriebene und in Größe und Lokalisation durchaus variable Dermatomanteile. Paarige Körperorgane können dabei den übertragenen Schmerz nach beiden Körperseiten projizieren, während unpaare Organe nur auf eine Körperseite übertragen.
Neben solchen hyperalgetischen Hautzonen läßt sich auch mit einer entsprechenden segmentalen Zuordnung eine Hyperalgesie der «tiefen Körperstrukturen» nachweisen (z. B. Muskulatur, Bindegewebe, Periost). Der entsprechende segmentale Schmerz kann ebenfalls spontan auftreten oder sich erst bei Druck oder Palpation zeigen. Die schmerzhaften Stellen können punktförmig (sogenannte Maximal- oder Druckpunkte) oder auch variabel fleckförmig bzw. zonal sein. Wahrscheinlich sind die schmerzhaften Areale der «tiefen Körperstrukturen» sogar wesentlich häufiger und vermutlich auch zuverlässiger als die hyperalgetischen Hautzonen.
Differentialdiagnostisch kommt neben dem übertragenen Schmerz eine Erkrankung des entsprechenden segmentalen Spinalnerven in Frage. Schmerzen sind in der Regel im gesamten Segment zu spüren, desgleichen meist im entsprechenden Dermatom eine Hypästhesie oder Hypalgesie.
Auch die viszero-viszeralen Reflexe beruhen auf der segmentalen Gliederung. Die sensiblen Afferenzen der vegetativen Organe gelangen über die Dendriten der Spinalganglienzellen und anschließend deren Neuriten in das Rückenmark. Sie ziehen von hier nicht nur zum Gehirn (über Vorderseitenstrang und Hinterstränge), sondern gewinnen Anschluß an die Zellen der sympathischen Seitensäule. Durch diesen Reflexkreis können z. B. sensible Reize aus viszeralen Organen diese Organe selbst beeinflussen (z. B. Auslösung einer Gallenkolik durch steinbedingte Dehnung der Gallenblasenwand). Aus der Verbindung dieses Reflexbogens mit sensiblen Hautafferenzen und skelett-motorischen Efferenzen ergibt sich, daß Reize aus einem Enterotom zu einer schmerzhaften Tonussteigerung der zugehörigen quergestreiften Muskulatur bzw. Mißempfindung entsprechender Hautareale führen können (viszerosomatomotorische Reflexe, z. B. Abwehrspannung, oder viszero-kutane Reflexe).
Die segmentalen Reflexe können sich auch sympathisch-vegetativ auswirken (z. B. Vasomotorik, Schweißsekretion und Piloerektion). Allerdings entsprechen die Einflußzonen der sympathischen Efferenzen aus anatomischen und entwicklungsgeschichtlichen Gründen nicht den segmentalen Dermatomen.
Viele viszerale Organe werden multisegmental versorgt, während aus den Strukturen des Bewegungsapparates in der Regel monosegmentale Projektionen erfolgen.

Nicht-segmentale Beziehungen

Neben den segmentalen sind experimentell und vor allem durch sorgsame klinische Beobachtung eine Vielzahl reflektorischer Beeinflussungen auf nichtsegmentaler Ebene bekannt (u. a. auch cuti-cutane Beziehungen). Sie beruhen vermutlich auf Verschaltungen höherer spinaler bzw. medullärer Bereiche oder auf komplexen Zusammenhängen etwa im Bereich des Hirnstamms, des Mittelhirns, des Zwischenhirns oder kortikaler Abschnitte. Beispiel für nicht-segmental strukturierte reflexive Zusammenhänge sind z. B. die Konzepte der bindegewebigen Zonen, der Trigger- und Maximalpunkte, oder auch der empirisch gefundenen Akupunkturpunkte.
Die reflexiven Zusammenhänge sind nicht nur unidirektional strukturiert, sondern erlauben auch gegenseitige Beeinflussungen der einzelnen segmentalen und extrasegmentalen Anteile des Reflexgeschehens. Sie bilden dadurch eine wesentliche neurophysiologische und vor allem diagnostisch-therapeutische Grundlage zahlreicher physikalisch-therapeutischer Maßnahmen.
Sensible Reize auf die entsprechenden Anteile von Haut, Muskulatur oder Periost können dadurch Funktionsstörungen der reflexiv verbundenen Anteile anderer Organsysteme oder Körperregionen beeinflussen.
Bei zahlreichen Schmerzsyndromen im Bereich des muskuloskelettalen Systems hat sich, auch in der modernen Schmerzdiagnostik und Schmerztherapie, herausgestellt, daß umschriebene, oft sehr kleinräumige Schmerzhaftigkeiten der entsprechenden Gewebestrukturen (z. B. Muskulatur, Bindegewebe, Periost) eine wesentliche Rolle spielen.

Maximalpunkte

Als Maximalpunkte werden besondere hyperalgetische Bereiche bezeichnet. Solche Punkte bzw. Areale oder Zonen liegen auch im Bereich von Periost, Haut und Subkutis, und nicht nur in der Muskulatur. Diese Regionen schmerzen nicht nur selbst, sondern können auch räumlich entfernte schmerzhafte Symptome oder Störungen auslösen oder unterhalten («triggern»).

Triggerpunkte

Triggerpunkte sind palpable, sich selbst unterhaltende hyperirritable Foci, die in Muskulatur, Faszien,

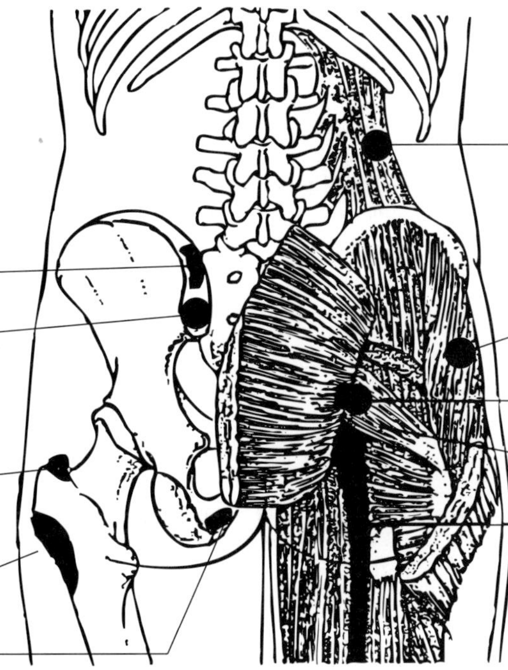

Abb. 7.3: Beispiele für Tender-points und Triggerpunkte im Bereich der Lumbal- und Gesäßregion (nach Travell/ Simons)

Haut, Narbengewebe, Periost, Gelenkkapseln oder Bändern auftreten können (siehe z. B. Abb. 7.3). Diese druckempfindlichen Irritationsstellen können fortgeleitete bzw. übertragene Schmerzen verursachen und bei längerem Bestehen auch nach Ausschaltung der primären Ursachen weiter wirken. Aktive Triggerpunkte sind spontan schmerzhaft und schränken z. B. die Dehnbarkeit eines Muskels erheblich ein. Inaktive oder latente Triggerpunkte sind spontan in der Regel schmerzlos, können aber ebenfalls Dehnbarkeit und Kraft eines Muskels vermindern. Sie werden häufig erst bei der Untersuchung, z. B. aufgrund ihrer Druckschmerzhaftigkeit, entdeckt, wobei sich dann zeitabhängig (z. B. nach Druck über 10 sec) übertragene Schmerzen einstellen. Im Bereich des übertragenen Schmerzes können sich sogenannte Satellitenpunkt-Triggerpunkte entwickeln, die ihrerseits wieder zur Symptomatologie beitragen können. Sogenannte sekundäre Triggerpunkte können, verursacht durch die Auswirkungen eines aktiven Triggerpunktes, in dessen Nachbarschaft entstehen. Myofasziale Triggerpunkte sind Triggerpunkte im Bereich von Muskulatur und Faszien. Myofasziale Triggerpunkte lassen sich bereits in einem frühen Lebensalter, und bei Männern und Frauen in etwa gleich verteilt, nachweisen.

Triggerpunkte können direkt (z. B. durch Überlastung, Fehlbelastung, Fehlstellungen, inadäquate Bewegungsabläufe, andauernde Muskelkontraktionen, Traumata oder thermische Einflüsse) oder indirekt (z. B. durch andere Triggerpunkte, Erkrankungen von Skelettsystem und Gelenken, viszerale Erkrankungen, emotionale und psychische Einflüsse) entstehen bzw. aktiviert werden. Die Symptomatologie äußert sich in der Regel als Steifigkeit, als tiefe und dumpfe Schmerzen, die durch länger unverändert eingenommene Positionen, bereits geringe bis mäßige Belastung oder auch Immobilisation verstärkt werden, außerdem als rasche Ermüdbarkeit, verminderte oder auch nahezu aufgehobene Muskelkraft und eingeschränkte Beweglichkeit. Nicht selten tritt eine plötzliche temporäre Schwäche der betroffenen Muskeln auf (Tab. 7.1).

Triggerpunkte sind Areale mit einer erhöhten Spannung im Gewebe sowie einem gesteigerten Energiebedarf. Andererseits ist aber die Blutzufuhr gedrosselt und damit der Abtransport von (u. a. algogenen) Stoffwechselprodukten vermindert. Durch die algogenen Substanzen werden Nocizeptoren sensibilisiert, so daß auch geringe Reize bereits als schmerzhaft empfunden werden und zu übertragenen Symptomen führen können (Triggerpunkt als neuromus-

Tabelle 7.1: Wesentliche Charakteristika zur Identifizierung eines Triggerpunktes (nach 46, 49)

1. Umfassende Kranken- und Schmerzgeschichte, vor allem im Hinblick auf die Muskulatur und die damit zusammenhängenden Schmerzen. Durch Bewegungen, die den akuten Beginn auslösten, lassen sich die betroffenen Muskeln identifizieren.
2. Genaue Aufzeichnungen der Schmerzschemata, wobei der Patient mit einem Finger genau auf die schmerzenden Stellen zeigt. Die bekannten Schmerzschemata der Muskulatur werden dann ebenfalls benutzt, um die den Schmerz am wahrscheinlichsten auslösenden Muskeln herauszufinden.
3. Durch Bewegungsteste wird die Bewegungseinschränkung beim Strecken geprüft. Betroffene Muskeln verursachen bei Streckung oder Kontraktion in verkürzter Position Schmerzen. Die Bewegungseinschränkung ist in Richtung der Streckung am größten.
4. Es läßt sich ein «straffes Band» fühlen, das durch den Triggerpunkt läuft. Bei der Palpation des Triggerpunktes tritt ein Zusammenzucken («jump sign») auf (Zucken bzw. Schrei des Patienten).
5. Die lokale Zuckreaktion des Muskels zeigt eindeutig einen Triggerpunkt an, wobei allerdings nicht zwischen einem aktiven oder latenten Triggerpunkt unterschieden werden kann. Das Zucken wird durch die plötzliche Drucksteigerung bzw. -entlastung bei «schnappender» Palpation oder Nadelung ausgelöst. Eine elektrische Reizung ruft lokalen sowie fortgeleiteten Schmerz hervor, jedoch keine Zuckreaktion.
6. Der Schmerz ist durch Druck auf einen Triggerpunkt reproduzierbar.
7. Durch Stimulation eines Triggerpunktes wird das Phänomen des übertragenen Schmerzes ausgelöst.
8. Vor allem bei Strecktests kann sich eine plötzlich auftretende Schwäche zeigen (meist schmerzlos).

kuläre Funktionsstörung). Triggerpunkte selbst können aber auch bereits die Folge anderer triggernder Störungen sein.

Vor allem im deutschsprachigen Raum werden für schmerzhafte Stellen verschiedene andere Ausdrükke benutzt: z. B. Maximalpunkte, Muskelverhärtungen, Myogelosen, Hartspann, Irritationszentren, Reizzentren, Reizdepots, Herdgeschehen. Möglicherweise entsprechen sie den Begriffen Triggerpunkt, sofern eine Schmerzübertragung vorkommt, und Tender-point (schmerzhafte Stelle), wenn die Referenzzone fehlt.

Die Entdeckung und Untersuchung solcher Areale ist aus mehreren Gründen wichtig. Sie sind häufig die Applikationsorte physikalischer Therapie. Da sie an topographisch entfernteren Stellen Schmerzen auslösen und unterhalten können, stellt ihre Behandlung vermutlich eine sinnvolle und ursachenorientierte Therapie dar. Eine Reihe von Schmerzzuständen ist nur bei Kenntnis dieser Zusammenhänge verständlich. Nicht selten sind Triggerpunkte und ihre Auswirkungen Differentialdiagnosen bei einer Reihe von Erkrankungen (z. B. Gelenkerkrankungen), bei denen die angemessene Behandlung von der richtigen Diagnose eines Triggerpunktes abhängt.

Im Rahmen der Physikalischen Therapie hat sich eine besondere physiotherapeutisch orientierte Diagnostik entwickelt, die meist nur mehr von Physiotherapeuten und bedauerlicherweise nicht mehr von Ärzten beherrscht wird. Methodisch werden dabei verschiedene Techniken der Massage (z. B. Muskelmassage, Bindegewebsmassage, Periostbehandlung, Triggerpunktmassage) und Manualtherapie benutzt. Die Stadieneinteilung der Befunde (z. B. akut, subakut, chronisch) orientiert sich meist an Konzepten der Reflexdystrophie.

Therapieziele und Kriterien

Wie bei jeder Behandlung, sollten vor Beginn Therapieziele und mutmaßliche Dauer von Einzelbehandlungen und Behandlungsserien zur Erfolgskontrolle festgelegt und schmerzhafte Areale sowie Behandlungsorte in sogenannten Körperkarten notiert werden (siehe auch Kapitel «Allgemeine Grundlagen»). Zur Schmerzbeurteilung (auch im Verlauf) eignen sich verschiedene Skalierungen (Abb. 7.4).

Aufgrund der vorliegenden Daten und der oft komplexen Behandlungen ist es derzeit nicht mit wünschenswerter Sicherheit möglich, präzise Aussagen über die Zusammenhänge von Dosis, Dosierungs- bzw. Behandlungsintervallen, Wirkungen, Wirksamkeit und Behandlungsdauer zu machen. Eine «Dosiserhöhung» oder Verlängerung der Behandlungsdauer muß – vergleichbar anderen Therapien – nicht unbedingt zu einer erhöhten Wirksamkeit führen. Die verschiedenen Wirkungen physikalischer Therapien (z. B. Hyperämie) dürfen ohne entsprechende Überprüfung nicht mit der erwünschten analgetischen Wirksamkeit gleichgesetzt werden. Wirksamkeit oder gar volle Wirksamkeit muß sich nicht gleich bei den ersten Behandlungen einstellen. Andererseits können bereits Einzelbehandlungen oder nur kurzdauernde Behandlungsserien schon die maximal erzielbare Wirksamkeit, die durchaus nicht bei jedem Patienten Schmerzfreiheit sein muß, bringen. Angaben über Therapieerfolge sind immer nur Wahrscheinlichkeitsaussagen. So gelten viele, auch pharmakotherapeutische Schmerzbehandlungen als spezifisch wirksam, wenn sie mit einer größeren Häufigkeit als sogenannte Placebobehandlungen zu einer Schmerzlinderung oder gegebenenfalls Schmerzfreiheit führen. Die Wirksamkeit einer Placebobehandlung zeigt sich meist bei etwa 30% der Patienten, wobei sie initial am stärksten ausgeprägt ist und am häufigsten vorkommt. Häufigkeit und Ausmaß nehmen dann im Laufe der Zeit ab. Nach einer z. B. vierwöchigen Behandlung sind sie in der Regel nicht mehr nachweisbar. Das Ausmaß der Schmerzlinderung beträgt bei vielen Schmerztherapien oft «nur» beispielsweise 30 bis 50%. Solche Erfahrungen müssen auch bei einer angemessenen Beurteilung der analgetischen Wirksamkeit von Physikalischer Therapie berücksichtigt werden.

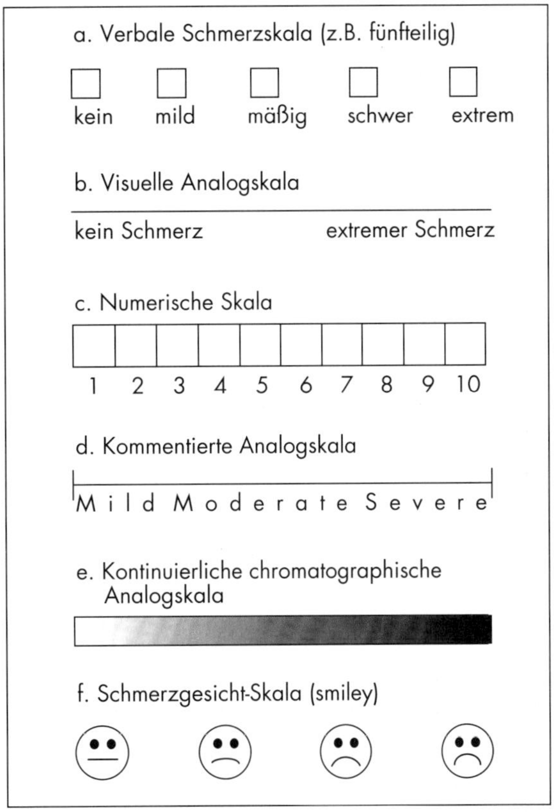

Abb. 7.4: Beispiele für Registrierungsmöglichkeiten der Schmerzintensität (nach Echternach). Am zweckmäßigsten erwiesen sich bislang visuelle Analogskalen oder verbale, nicht zu oft unterteilte Schmerzskalen. Für Kinder eignen sich vor allem die chromatographische oder die Schmerzgesicht-Skala

Psychosomatische Aspekte der Physikalischen Therapie

Ebenso wie sich Schmerz als psychophysisches Erlebnis keinesfalls hinreichend als Resultante neurophysiologischer und pathophysiologischer Abläufe beschreiben oder gar verstehen läßt, reicht die alleinige Kenntnis solcher Vorgänge nicht zur realitätsgerechten Beurteilung und Durchführung analgetischer Behandlungen aus. Dies gilt ganz besonders für Behandlungsverfahren wie Massage, die mit einer unmittelbaren, intensiven und meist auch längerfristigen Interaktion zwischen Therapeut und Patient einhergehen. Hinzu kommt, daß z. B. Massage als umfassende Behandlung sowohl «Befund» als auch «Befinden» beeinflussen will.

Wie auf dem Gebiet der Psychorheumatologie der Symbolgehalt von Muskelschmerzen bekannt ist, so besitzen auch Therapiemaßnahmen einen hohen symbolischen Gehalt, d. h. Symptom, Krankheit und Therapie enthalten mehr, als man auf den ersten Blick zu erkennen meint. Wir leben alle in einer Welt von Symbolen, und eine Welt von Symbolen lebt auch in jedem einzelnen von uns. Psychoanalytisch betrachtet ist das Symbol eine verhüllte oder abgewandelte Form, in der verdrängte Bewußtseinsinhalte enthalten sind und wiederkehren können. Symbolhaft bedient sich der menschliche Körper der nonverbalen Sprache in Gesten, Körperhaltung, Krankheitszeichen und Symptomen.

Durch Physikalische Therapie läßt sich ein «körperlicher Zugang» zu Beschwerden und Empfinden des Patienten erreichen, durch den sich der Patient auch in seiner körperlichen Symptomatik ernstgenommen fühlt.

In der Therapie spielen Haut und Muskulatur eine wesentliche Rolle. Die Haut ist das Grenzorgan zwischen Person und Umwelt und gleichzeitig Kontakt- wie Sinnesorgan. Wesentliche Aspekte nichtverbaler Kommunikation erfolgen über die Haut. Eine Massagebehandlung ist insofern auch eine besondere Form der therapeutischen Kommunikation. Die behandelnde Hand symbolisiert außerdem Aktivität, Macht und Herrschaft («man wird von etwas gepackt»).

Im therapeutischen Setting kann es auch eine wesentliche Rolle spielen, daß sich der Patient, im Gegensatz etwa zu einer Pharmakotherapie, teilweise oder weitgehend entkleiden und sich meist hinlegen muß, während der Therapeut angekleidet sitzend oder stehend behandelt. Auch libidonöse und erotische Aspekte können beteiligt sein, und sei es nur, daß der Patient eine «verwöhnende» Behandlung akzeptiert, gegen die er sich in seinem Alltag wehrt.

Dem «Symptomangebot» Schmerz kommt auch insofern symbolischer Charakter zu, indem es nicht nur eine verpönte und unbewußte Regung (z. B. Aggressionen oder eingetretene bzw. drohende Verluste) ans Licht bringt, sondern gleichzeitig den Patienten durch die Empfindung Schmerz bestraft. Die Nichtberücksichtigung solcher Möglichkeiten kann durchaus zu einer falschen oder auch gefährlichen Thera-

piewahl führen. Es gibt immer wieder Patienten, die zur Behandlung ihrer Schmerzen eine möglichst eingreifende und schmerzhafte Therapie (z. B. «kräftige Massage») fordern. Die mitunter engen Zusammenhänge von Schmerz, Strafe und Therapie zeigen sich auch in verschiedenen etymologischen Beziehungen: Die englische Bezeichnung «pain» für Schmerz weist unmittelbar auf «penalty» für Bestrafung oder das lateinische Wort «poena» für Strafe hin.
Vergleichbares kann auch bei intensiven Wärmeanwendungen eine Rolle spielen (z. B. Heißluft, Fango), bei denen sadistische Momente von Arzt oder Therapeut vermutet werden könnten, oder masochistische Fantasien des Patienten, Hitze und «Feuer» am eigenen Körper zu verspüren («brandmarken»). Symbolische Gehalten sind auch bei Kälte- und Eisanwendungen möglich. Wasser (Hydrotherapie) ist ebenfalls ein Reservoir kultureller Symbolwelten mit schöpferischen, fruchtbaren und zerstörenden Qualitäten. Seine scheinbare Formlosigkeit und die Anpassungsfähigkeit sowie der Auftrieb lassen Enge und Weite des Körpers spüren, sowie Ahnungen von Schweben, Gleiten und Schwerelosigkeit. Umfassend ist auch die metaphorische Bedeutung fluidaler Worte: eintauchen, aufbrausen, sich auflösen, sich weiten, fließen. Prä- und postnatale fluidale Erfahrungen sind für den lebensgeschichtlichen Aufbau von Körper-Selbstbildern wesentlich. Wassertherapien können auch wesentliche Momente von Regressionen enthalten. Elektrizität wird unbewußt oft als Energieaufladung für verbrauchte Lebensenergie angesehen.
Solche Gesichtspunkte sollten nicht nur bei der Auswahl und Verordnung der Schmerztherapie berücksichtigt werden, sondern auch bei der Beurteilung und Diskussion des Behandlungsergebnisses. Ebenso wie von nicht wenigen, bei einem Schmerzpatienten somatisch-diagnostisch «ratlosen» Ärzten psychosomatische Gesichtspunkte nur als «Hilfspolizist der Erklärung» herangezogen werden, wird Physikalische Therapie häufig sozusagen als «Hilfspolizist der Therapie», als eine «ultima ratio» verordnet. Dies kann damit zusammenhängen, daß der Arzt zeigen will, er wolle doch noch etwas für den Patienten tun. Andererseits sind diese Therapien in die Hände nichtärztlicher Therapeuten übergegangen, so daß die Verordnung mehr oder minder unbewußt auch deswegen erfolgen kann, um mit dem Patienten, zumindest im Laufe einer Behandlungsserie, nicht wieder erneut frustran konfrontiert zu werden. In diesen nicht seltenen Fällen sollte ein nahezu voraussagbarer Mißerfolg nicht mit der Therapieform, sondern korrekterweise mit den Beweggründen des Arztes in Verbindung gebracht werden.
Auch Momente des primären und sekundären Krankheitsgewinns können therapieentscheidend sein. Für manche Patienten kann es durchaus leichter sein, Schmerzen zu ertragen, als somatisierte Konflikte bewußt werden zu lassen oder Vorteile der Patientenrolle und neue Beziehungsmöglichkeiten aufzugeben.
Die Berücksichtigung solcher Überlegungen kann, zumindest im Einzelfall, eine für den Therapieerfolg entscheidende Bedeutung haben, da auch in einer modernen Gesellschaft der symbolische oder gefühlsmäßige Wert einer Therapie wesentlicher zum Erfolg oder auch Mißerfolg einer Therapie beitragen kann als der unmittelbare Nutz- oder Gebrauchswert.
Körperorientierte Therapien mit ihrer Psychodynamik werden von einer Reihe von Patienten unbewußt abgelehnt, da sie unmittelbare Nähe oder körperliche Zuwendung nicht ertragen können. Durch die medizinische Legitimation in Form einer Verschreibung und einer von Fachleuten durchgeführten Therapie kann es andererseits vielleicht auch für solche Patienten möglich sein, körperliche und auch personale Zuwendung über den Umweg in Form medizinisch sanktionierter Massagen zu akzeptieren. Auch dies kann erheblich zur analgetischen Wirksamkeit eines umfassenden Behandlungskonzeptes beitragen.
Bislang liegen nur wenige Untersuchungen über die psychischen und psychosomatischen Wirkungen Physikalischer Therapie vor. Es ließ sich beispielsweise zeigen, daß Massagen im Rahmen einer umfassenden antidepressiven Behandlung eine vermutlich additive Wirksamkeit mit anderen Therapieformen besitzen. Da Depressionen und depressive Verstimmungen gerade bei Patienten mit chronischen Schmerzzuständen eine erhebliche, und mitunter für den Krankheitsverlauf wesentliche Rolle spielen können, könnte ein Teil der analgetischen Wirksamkeit von Massagen auch mittelbar über antidepressive Einflüsse ausgeübt werden. In einer anderen Studie ließen sich wichtige Gesichtspunkte über den Einfluß neurotischer Störungen auf den Therapieerfolg physikalisch-therapeutischer Maßnahmen gewinnen. Patienten mit einer generalisierten Tendomyopathie, die sich sportlich betätigen und im FBI-Test (Freiburger Persönlichkeitsinventar) durch Aggressivität oder Beherrschtheit auffielen, sprachen besser auf eine «aktive» physikalische Therapie an als diejenigen, bei denen diese Eigenschaften weniger ausgeprägt waren. Diese aktive Therapie, z. B. in Form von intensiver Gymnastik, scheint zur Abfuhr von Aggressionen und zur Auflockerung von Beherrschtheit beizutragen. Eine «passive» physikalische Therapie erzielte hingegen bei der anderen Patientengruppe, die weniger Aggressivität oder Beherrschtheit aufwies, bessere Therapieerfolge (siehe auch Beitrag «Schmerzsyndrome aus psychosomatischer Sicht).

Möglichkeiten der Physikalischen Therapie

Für physikalisch-therapeutische Schmerzbehandlungen spielen vor allem folgende Behandlungen eine Rolle: Krankengymnastik, Massageformen, Anwendung von Wärme und Kälte, Hydrotherapie und elektrische Behandlungen.

Krankengymnastik

Für Bewegungstherapie und Krankengymnastik sind neben gesicherten präventiven Wirkungen, z. B. bei Osteoporose und den damit einhergehenden chronischen und schweren Schmerzen, auch günstige Auswirkungen auf Schmerzwahrnehmung und Schmerzverarbeitung gut dokumentiert. Durch regelmäßiges körperliches Training werden auch endogene Opioide freigesetzt, die mit dieser Wirksamkeit zusammenhängen könnten. Außerdem kann durch den regelmäßigen und vermehrten peripheren afferenten Einstrom das Auftreten oder Wiederauftreten anomaler zentraler Neuronenaktivität abgeschwächt oder verhindert werden. Durch Muskelaktivierung kann zudem eine hemmende Wirkung auf die Schmerzübertragung im Rückenmark und vermutlich auch in höheren Abschnitten des Zentralnervensystems ausgelöst werden.

Eine erstarrte oder verkrampfte schmerzhafte Körperhaltung ist nicht nur ein somatisches, sondern auch ein psychisches Problem. Durch die Behandlung können solche Haltungen u. U. aufgegeben und verlernt werden, ohne daß sich der Patient unmittelbar und sogleich mit seiner Abwehr konfrontiert sieht. In einer mehr psychosomatisch orientierten Krankengymnastik werden nicht systematisierte körperliche Funktionen trainiert, da nicht mechanistisch ablaufende, fest eingefahrene Übungsteile im Vordergrund stehen, sondern individuelle Einstellung und Zuwendung.

Körperliche Aktivität kann unmittelbar, aber auch mittelbar über psychische Wirkung, detonisierend die Muskulatur beeinflussen sowie Angst und Spannungsgefühle mindern. Eine zunehmende körperliche Aktivität beeinflußt das Schmerzerleben zusätzlich, z. B. über eine Steigerung von Körpergefühl und -wahrnehmung, über einen vergrößerten, auch sozialen, Aktionsradius sowie über eine Erhöhung der Motivation für Mobilisierung und weitere Therapie.

Mit krankengymnastischen Methoden wird in der Schmerztherapie versucht, verspannte Muskulatur zu eutonisieren. Beispielsweise hat sich die passive (durch den Physiotherapeuten) und die aktive (durch die aktive Anspannung der antagonistischen Muskulatur) Dehnung verspannter Muskulatur bewährt.

Besonders wirksam sind solche Dehnungen, wenn die Muskulatur vorher noch einmal maximal motorisch innerviert worden ist. Für diese Behandlungsart wurde der Begriff einer postisometrischen Dehnung entwickelt. Durch eine solche Dehnungsbehandlung lassen sich auch periostale Schmerzpunkte lindern oder sogar beseitigen. Ein ähnliches krankengymnastisches Verfahren besteht darin, daß der Patient nach einer ebenfalls aktiven Anspannung verspannter Muskulatur das angenehme und entspannte Gefühl der postisometrischen Relaxation erlebt (Progressive Muskelrelaxation). Wesentlich ist die Anleitung zur Selbstbehandlung und Behandlungsversuche durch Angehörige. Als sinnvoll hat sich auch die Kombination mit anderen Methoden der Physikalischen Therapie, z. B. Wärme, erwiesen (Abb. 7.5).

Ergotherapie

Eine wesentliche Bedeutung in der physikalischen Behandlung chronischer Schmerzzustände kommt auch der Ergotherapie zu. Mit ihrer Hilfe lassen sich verletzungsträchtige, risikoreiche, inadäquate und schmerzverstärkende Alltagssituationen und Bewegungsabläufe abbauen, vermeiden und ggfs. angemessen ersetzen. Dies erleichtert Mobilisierung und vor allem Automobilisierung, die günstige Auswirkungen auf Schmerz, Psyche, Therapiemotivation, Körpergefühl und Körperwahrnehmung ermöglichen. Nicht selten läßt sich dadurch ein Teufelskreis von Schmerz, Verletzungsangst, Immobilisation und Depression durchbrechen.

Massagen

Zur Zeit läßt sich nicht entscheiden, ob und ggfs. inwieweit die zahlreichen, mit Massagebehandlungen einhergehenden, somatisch faßbaren Reaktionen und Wirkungen mit der erwünschten analgetischen Wirksamkeit zusammenhängen oder gar als Indikatoren von Wirksamkeit gelten können. Vor allen in Abhandlungen für Patienten werden verschiedene Massagetechniken oft recht monoman favorisiert. Es läßt sich nicht immer hinreichend begründen, ob und gegebenenfalls welche Massagetechniken generell oder für bestimmte Indikationen oder Behandlungsgruppen tatsächlich überlegen sind. Ein Teil der Aussagen über die einzelnen Grifftechniken beruht, historisch verständlich, eher auf teleologischen Gesichtspunkten, als auf nachvollziehbar und kontrolliert erhobenen Untersuchungen. Zum Teil wirken in solchen Aussagen noch die zeitgebundenen

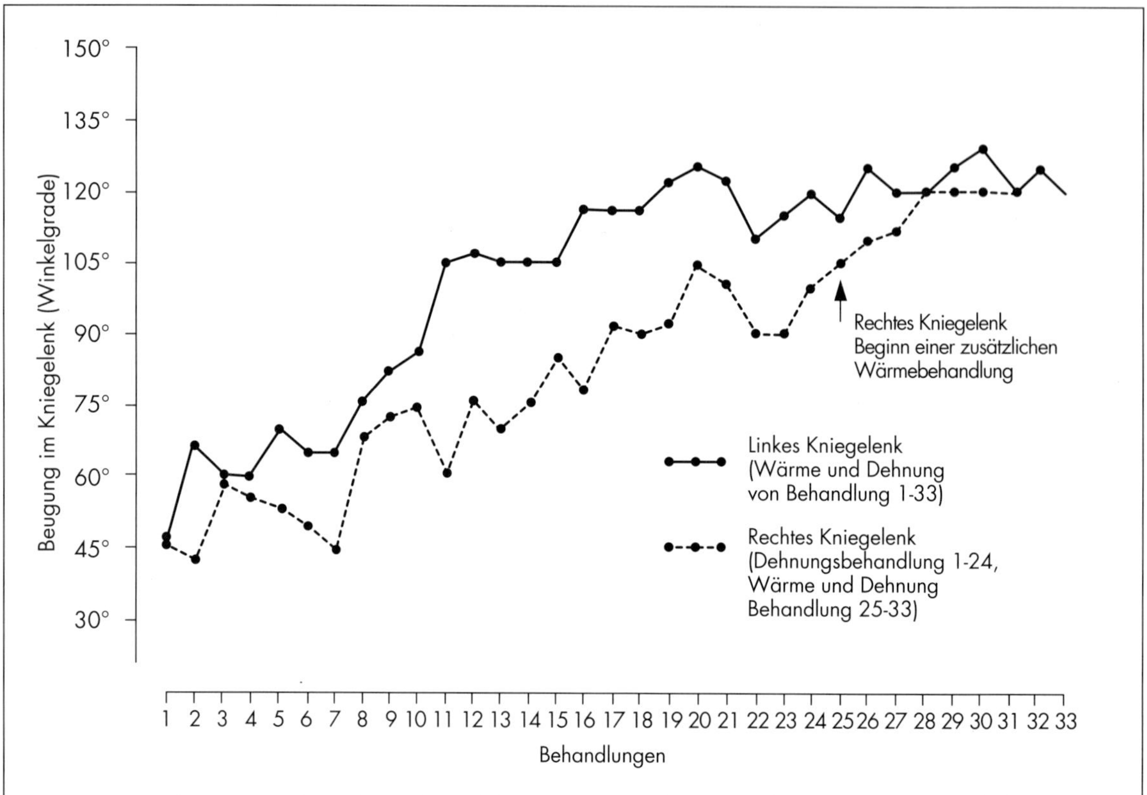

Abb. 7.5: Ausmaß der Beugung im Kniegelenk nach alleiniger Dehnungsbehandlung bzw. Kombination von Dehnung und Wärme (therapeutisch bedingte Elongation des M. rectus femoris vor jeder Behandlungssitzung; nach Lehmann)

klinischen und physiologischen Konzepte des 19. und beginnenden 20. Jahrhunderts fort. Derzeit scheint es jedoch gesichert, daß wirksame Behandlungstechniken Momente von Druck und Dehnung enthalten müssen. Nachgewiesene bzw. hypothetische Wirkungen der Massage sind in Tab. 7.2 dargestellt.

Tabelle 7.2: Beispiele für nachgewiesene bzw. hypothetische Wirkungen der Massage

Lokale bzw. reflektorische Durchblutungssteigerung
Verbesserung des venösen und lymphatischen Rückstroms
Stoffwechselanregung
Beschleunigter Abtransport von Stoffwechselschlacken
Regulierung des Muskeltonus (Tonisierung bzw. Entspannung)
Freisetzung von Gewebs- und Neurohormonen (z. B. vasoaktive Peptide, biogene Amine)
Reflektorische Wirkungen auf innere Organe (Viszera)
Linderung von akuten und chronischen Schmerzen (lokal und reflektorisch)
Allgemeinwirkungen auf den Organismus (z. B. sedierend, antidepressiv)

Ergänzend zu den im Kapitel «Weichteiltechniken» abgehandelten Massagetechniken ist noch auf zwei Methoden hinzuweisen:

Triggerpunktmassage

Durch die Anwendung verschiedener Massageformen, mit denen Druck- und Dehnungsreize ausgeübt werden, kann nach einer umfangreichen klinischen Beobachtung die Schmerzhaftigkeit von Triggerpunkten deutlich reduziert oder gar aufgehoben werden. Dadurch wird auch der übertragene Schmerz gelindert oder beseitigt. Vor allem bei erst jüngst aktivierten Triggerpunkten kann sich auch der palpatorisch faßbare, gewebliche Befund eines Triggerpunktes erheblich bessern und unter Umständen der Triggerpunkt zum Verschwinden gebracht werden. Sehr häufig werden sogenannte Druckpunktmassagen auf einen oder auch mehrere Triggerpunkte ausgeübt. Die Druckanwendung erfolgt anhaltend oder rotierend durch Pressen auf den Triggerpunkt. Der entsprechende Finger- oder Daumendruck sollte zwar schmerzhaft, aber noch erträglich sein. Im Verlauf der Behandlung kann dann der Druck schrittweise gesteigert und die Behandlungsdauer bis auf eine

Minute ausgedehnt werden. In Einzelfällen oder vor allem durch eine anfänglich zu kräftige Druckanwendung kann es im Bereich des Triggerpunktes oder auch des übertragenen Schmerzes zu unerwünschten Wirkungen und einer deutlichen Schmerzzunahme kommen. In diesen Fällen scheint es sinnvoll, zunächst weniger aktive Triggerpunkte mit einem geringer ausgeprägten übertragenen Schmerz oder latente Triggerpunkte versuchsweise zu behandeln. In bestimmten Körperregionen (vor allem im Kopfbereich) kann eine solche Massage, zumindest unter den Monotherapien, die wirksamste Behandlungsform für Myalgien darstellen (Abb. 7.6).

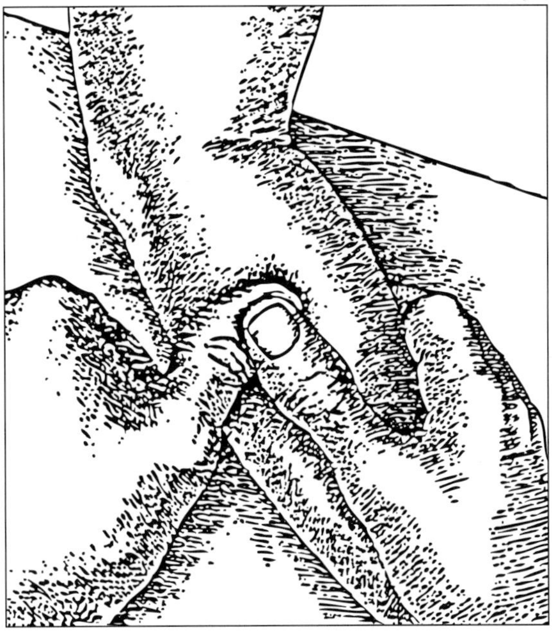

Abb. 7.6: Ischämische Kompression eines Triggerpunktes (M. extensor carpi radialis brevis). Der Druck wird schrittweise über 30 bis 60 sec erhöht, bis die Empfindlichkeit abnimmt oder schwindet (nach Travell/Simons)

Massagen mit Hilfsmitteln und Geräten

Die Frage, ob bei Massagebehandlungen Hilfsmittel bzw. Geräte benutzt werden sollen, wurde und wird kontrovers diskutiert. Die Verwendung von Eis ist mittlerweile in zahlreichen Behandlungssituationen akzeptiert. Für ihre analgetische Wirksamkeit liegen eine Reihe kontrollierter Studien vor.

Vor allem im Bereich des Sportes wird die sogenannte Stäbchenmassage u. a. zur Analgesie eingesetzt. Eine weitere häufige Behandlungsform stellt die Unterwassermassage dar. Hier wird die entspannende Wirkung von warmem Wasser (Hydro- und Thermotherapie) mit der Einwirkung eines Wasserdruckstrahls auf Integument und Muskulatur kombiniert. Medizinisch wird die Behandlung in einer großen Badewanne (z. B. 600 l) mit einem Wasserstrahl (0,5 bis max. 7 atü; individuelle Dosierung) durchgeführt. Der Wasserstrahl wird in einem beweglichen Schlauch mit auswechselbaren Düsen an den Patienten herangeführt. Die Massage kann längs, quer oder rotierend zum Muskelverlauf erfolgen, wobei ihre Tiefenwirksamkeit auch durch den Aufprallwinkel des Wasserdruckstrahls reguliert werden kann. Für den Behandlungsablauf existieren eine Reihe von Empfehlungen sowie Angaben, welche Körperregionen möglichst ausgespart werden. Für die analgetische Wirksamkeit bei vor allem größerflächigen pathologischen Veränderungen liegt eine Reihe empirischer Fallberichte vor.

Die Anwendung solcher Massageformen mit Hilfsmitteln kann auch aus psychischen bzw. psychosomatischen Gründen bei Patienten sinnvoll sein, welche die unmittelbare körperliche Berührung durch einen Therapeuten nicht oder noch nicht ertragen. Sie kann insofern einen etwas distanzierten und technisierten körperlichen Zugang bei psychosomatischen Schmerzzuständen bedeuten.

Schmerzhaftigkeit von Massagen

Es wird zur Zeit kontrovers diskutiert, ob eine Massage schmerzhaft durchgeführt werden darf, oder ob ein massagebedingter Schmerz grundsätzlich als schädlich angesehen werden muß. Arzt und Therapeut müssen sich mit dieser Frage auseinandersetzen, da nicht wenige Patienten über die zumindest zeitweilige Schmerzhaftigkeit einer Massagebehandlung berichten. Bereits im Rahmen der physiotherapeutischen Diagnostik können einzelne Massagegriffe stark schmerzhaft sein (z. B. Druck auf Maximalpunkte oder Triggerpunkte, Druck auf Periostpunkte oder diagnostische Untersuchung «bindegewebiger» Hautfalten). Der Schmerz dient hier als wichtiges diagnostisches Merkmal. Unter Umständen kann bereits die Untersuchung das Schmerzbild für mehrere Tage verstärken oder auch «neue», bis dahin noch nicht bewußte Schmerzen provozieren. Andererseits läßt sich ein gewisses Ausmaß von Schmerzen z. B. bei der Massage von Triggerpunkten oder anderen Maximalpunkten nicht vermeiden. Durch einen solchen Schmerz kann es auch zur Aktivierung schmerzhemmender körpereigener Systeme kommen, so daß der Schmerz therapeutisch eine wesentliche Funktion besitzen kann («Kontrairritation»).

Der Schmerz sollte in der Regel die Behandlungszeit nicht wesentlich überdauern. Auf keinen Fall sollte einige Zeit nach der Behandlung (z. B. am nächsten Behandlungstag) der Behandlungsort wesentlich empfindlicher als vor der Durchführung der Massage sein. Vor allem im Rahmen einer seriellen Massage werden daher häufig die ersten Behandlungen eher schwach dosiert durchgeführt. Außerdem werden

Massagegriffe ausgewählt, die gewebliche Traumen möglichst vermeiden.

Kontraindikationen und Risiken

Wichtige somatische Kontraindikationen und Risiken sind in Tab. 7.3 zusammengefaßt. Sie müssen natürlich je nach Behandlungsziel, Behandlungstechnik und Behandlungsort individuell gesondert gewertet werden. So spielen bei topographisch eng umschriebenen Behandlungen (z. B. Triggerpunktmassage, Myotherapie, akupressurähnliche Massagen) vor allem lokale Veränderungen am geplanten Behandlungsort eine entscheidende Rolle. An eine allgemein erhöhte Blutungsgefahr durch mechanische Einwirkungen muß vor allem bei Patienten mit Gerinnungsstörungen (Hämophilie, Thrombopathien, Thrombopenien, Behandlungen mit oralen Antikoagulantien, Heparin oder anderen gerinnungshemmenden Medikamenten) gedacht werden. Schwere Sensibilitätsstörungen sind nicht nur wegen der möglichen Gefahr einer Überdosierung des mechanischen Reizes bedeutsam. Für die analgetische Wirksamkeit ist die adäquate Wahrnehmung eines Massagereizes ebenfalls von entscheidender Bedeutung. Unter Umständen können Massagebehandlungen im Bereich sensibilitätsgestörter Areale zu erheblichen Mißempfindungen oder auch einer Schmerzverstärkung führen. Das Vorliegen einer hyperergischen Reagibilität auf mechanische Reize läßt jede Form der Massagebehandlung zumindest sehr problematisch werden.

Sofern Massagebehandlungen mit Hilfsmitteln oder in Kombination mit anderen Formen der Physikalischen Therapie durchgeführt werden, müssen natürlich deren Kontraindikationen ebenfalls berücksichtigt werden.

Wesentlich häufiger allerdings als diese Kontraindikationen werden die Möglichkeiten unterschiedlicher psychischer und psychosomatischer Auswirkungen von Massagebehandlungen mißachtet. Patienten mit chronischen, z. B. psychorheumatologischen Schmerzzuständen können einen erheblichen primären Krankheitsgewinn aufweisen, der aufgrund der zwischenmenschlichen Akzeptanz der Krankenrolle und der damit einhergehenden Pflege und Rücksichtnahme zu einer ausgeprägten Regression führen kann. Solche regressiven Tendenzen werden möglicherweise durch eine langfristig und seriell durchgeführte, umfassende Massage verstärkt. Dadurch kann es für den Patienten wesentlich schwieriger werden, sich von dieser Regression, und möglicherweise damit einhergehend, von seinem Schmerzzustand zu befreien. Auch eine Nichtberücksichtigung des eventuellen Symbolcharakters der Therapie kann sich negativ oder auch kontrapunktisch auswirken, da die Patienten wie jeder Mensch individuell und meist unbewußt auf solche Zeichen reagieren.

Ein besonderes Problem stellen die sogenannten therapieresistenten psychosomatischen chronischen Schmerzpatienten dar, zumal solche Patienten häufig als ultima ratio zur Physikalischen Therapie bzw. Massage überwiesen werden. Nicht selten fühlt sich der Therapeut in einem durchaus verständlichen narzißtischen Ehrgeiz berufen, den Patienten mit einem wahren «furor therapeuticus» zu behandeln. Nahezu regelhaft enden Behandlungen in dieser Situation frustran.

Die psychosomatischen Schmerzsymptome besitzen für das seelische Gleichgewicht des Patienten eine wesentliche Stützfunktion. Ohne sie würde er möglicherweise psychisch erkranken. Sie stellen insofern einen halb gelungenen, sowie einen halb mißlungenen Selbstheilungsversuch gegenüber der psychischen Bedrohung dar. Die Somatisierung ist eine positive Ich-Leistung der Psyche, der eine wesentliche Abwehr- und Schutzfunktion zukommt. Körperliche Therapieversuche stellen daher für solche Patienten eine gewisse Gefahr dar, die Schutzfunktion der körperlichen Symptome zu verlieren. In aller Regel «widersteht» der Patient (unbewußt) diesen Behandlungsversuchen. Allenfalls kommt es zu einem Symptomwandel, bei dem die Schmerzsymptomatik gegen andere körperliche Symptome ausgewechselt wird. Berufsspezifischer therapeutischer Ehrgeiz oder gar therapeutische Omnipotenzgefühle, den Patienten heilen zu können, sind in einer solchen Situation völlig unangebracht (Tab. 7.3).

Tabelle 7.3: Massagebehandlungen: Kontraindikationen und Risiken

Erkrankungen im geplanten Behandlungsgebiet:
- entzündliche Erkrankungen;
- akute Phlebitiden, Thrombosen;
- Frakturen, Luxationen, Distorsionen;
- akuter M. Sudeck;
- Blutungen;
- schwere Sensibilitätsstörungen der Haut;
- Hauterkrankungen;
- Bösartige Tumoren bzw. Metastasen.

Allgemeinerkrankungen und Risikofaktoren:
- hypererge Reaktionen auf mechanische Reize;
- Gerinnungsstörungen;
- ausgeprägte Osteoporose bzw. Osteomalazie,
- «kräftige» Massagetechniken bei stark geschwächten Patienten (z. B. Marasmus, Kachexie);
- neurologische Störungen (z. B. bestimmte Techniken bei Spastik);
- psychosomatische Gründe (z. B. Krankheitsgewinn).

Thermotherapie

Die Anwendung von Wärme, Kälte und Eis gehört zu den ältesten Schmerzbehandlungen. Die kontrollierte Überprüfung ihrer klinischen Wirksamkeit und Anwendungsgebiete begann allerdings erst in den letzten Jahrzehnten. Durch ihre Anwendung läßt sich in der Regel keine Heilung erreichen. Sie eignen sich als Monotherapien und vor allem in Kombination mit anderen Behandlungsmaßnahmen zur symptomatischen Schmerzlinderung. In vielen Fällen erfolgt die Analgesie indirekt über eine, nicht selten erst schrittweise zunehmende, Linderung der schmerzauslösenden bzw. schmerzunterhaltenden pathologischen Veränderungen und Symptome. Dementsprechend wird die jeweils erzielbare maximale Wirkung erst nach unterschiedlich langer Behandlungsdauer (z. B. serielle Anwendung) erreicht. Ein kausaler Zusammenhang zwischen den erzielten physiologischen Wirkungen und der erstrebten bzw. beobachteten Analgesie ist allerdings nicht immer eindeutig geklärt (Abb. 7.7).

Für die reflexive Anwendung oberflächlicher Thermotherapien lassen sich die verschiedenen, bereits beschriebenen reflexiven Körperbeziehungen ausnutzen (z. B. cuti-viszeral, cuti-somatisch etc.).

Wärme

Die physiologischen Wirkungen beruhen entweder direkt auf lokalen Faktoren oder indirekt auf reflexiven Beziehungen. Maximale Wirkungen werden daher bei oberflächlicher Anwendung nur im Bereich der Haut und Subcutis erreicht. Für die Erzielung reflexiver Wirkungen ist eine angemessene Sensibilität an der Applikationsstelle und eine intakte neuronale Leitung erforderlich.

Bei der Thermotherapie laufen in der Regel fragmentarische Reaktionen der Thermoregulation ab (z. B. Konstanthaltung der Körperkerntemperatur). So kann es bei der Erwärmung der Haut im Bereich einer Extremität auch zu einer erhöhten Hautdurchblutung der kontralateralen Haut kommen, und andererseits zu einer verminderten Muskeldurchblutung unter der Applikationsstelle.

Bei einer isolierten Erwärmung bestimmter Areale der Bauchhaut läßt sich eine Abnahme der Säureproduktion im Magen, eine verminderte Durchblutung gastrointestinaler Schleimhäute und eine Abnahme der Aktivität der glatten Muskulatur finden. Gegensinnige Veränderungen können bei oberflächlicher Kälteanwendung beobachtet werden. Bei lokaler Anwendung über einem Gelenk erwärmt sich zwar die Haut, die Durchblutung der Synovia kann dagegen abnehmen. Die erwünschten und unerwünschten lokalen Wirkungen sind dosis- und zeitabhängig (z. B. Hyperämie, Gewebeschädigung). Gewebetemperaturen über 45 °C können ohne Risiko der Gewebeschädigung nur kurzfristig ertragen werden.

Für die reflexiv ausgelösten Wirkungen, d. h. bei einer räumlichen Entfernung zwischen Applikationssowie primärem Wirkort und den zu beeinflussenden

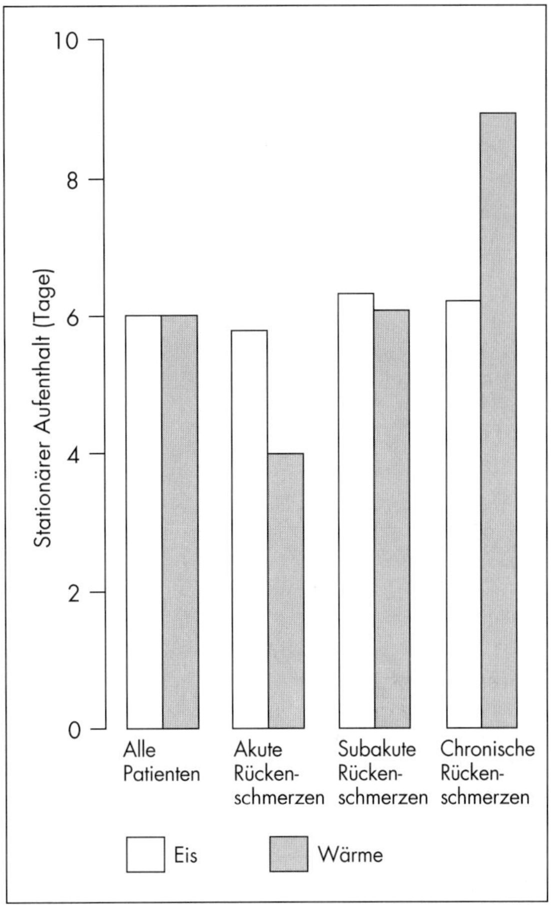

Abb. 7.7: Mittlerer stationärer Aufenthalt von Patienten mit akuten, subakuten oder chronischen Rückenschmerzen nach Eis- bzw. Wärmebehandlung (nach Lehmann)

schmerzhaften Regionen, sind in der Regel nur begrenzte Reaktionsmöglichkeiten gegeben. Zu ihnen gehören Durchblutungsänderungen von Haut- und Schleimhäuten oder Beeinflussung des Tonus von quergestreifter und glatter Muskulatur. Sie sind milder ausgeprägt als direkt am Anwendungsort verursachte Wirkungen.

Abgesehen von der Topographie der schmerzlindernden Wirkungen (lokal am Applikationsort oder reflexiv) kann die Analgesie direkt durch Wärme oder durch andere mit der Wärmeanwendung zusammenhängende Wirkungen bedingt sein (z. B. Abnahme der Gelenksteifigkeit, Linderung von Muskelspasmen). Bei zahlreichen Anwendungsgebieten ist die Therapie derzeit immer noch weitgehend «nur» empirisch begründet. Vor allem bei hohen Temperaturen spielen auch «kontrairritative» Momente eine große Rolle. Zumindest teilweise scheinen endogene Opioide involviert zu sein. Bei Spannungssyndromen (z. B. Spannungskopfschmerz) kann Wärme eine an-

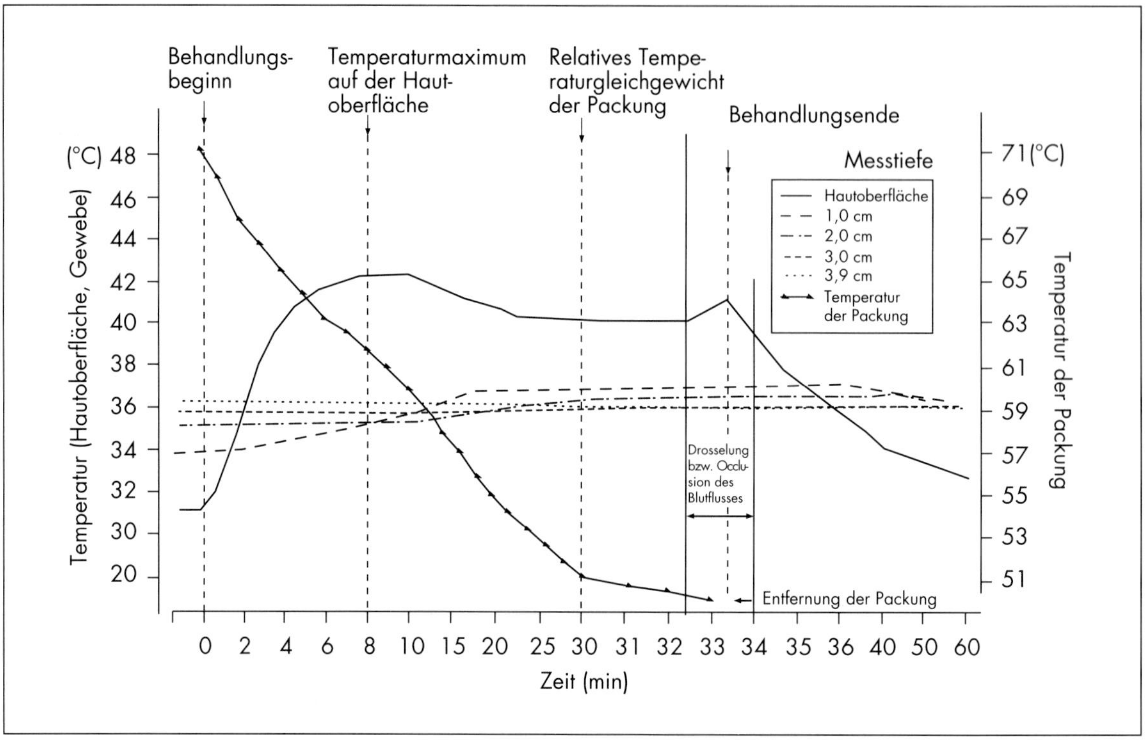

Abb. 7.8: Oberflächliche Wärmeanwendung. Temperaturverlauf im Bereich des menschlichen Oberschenkels nach Anlegen eines Hydrocollator-Packs (in mancher Hinsicht mit einer Wärmflasche vergleichbar; nach Lehmann)

dauernde isometrische Muskelkontraktion und die damit einhergehende lokale Minderdurchblutung vermindern, so daß auch dadurch Schmerzen und Beschwerden gelindert werden. Es liegen auch Befunde vor, die zeigen, daß durch Exterozeptoren der Haut im Nackenbereich die Aktivität von Gammafasern und damit auch die Erregbarkeit von Muskelspindeln herabgesetzt wird. Die Auswirkungen vor allem von tiefer Wärmeapplikation (Diathermie) auf Struktur und Biochemie von Gelenken sind nicht eindeutig geklärt.

Die schmerzlindernde Wirkung bei kleineren Traumata scheint mit einer beschleunigten Resorption von Hämatomen zusammenzuhängen. Allerdings sollte eine Wärmebehandlung erst nach dem Stoppen einer Blutung einsetzen, da durch Wärme die Durchblutung gesteigert und damit das Risiko von weiteren oder verstärkten Blutungen erhöht ist. Die Effekte auf Schwellungen ohne Hämatome ist derzeit nicht geklärt.

Wärmeanwendungen werden meist in zwei Gruppen eingeteilt: oberflächliche und tiefe (Diathermie) Applikationen. Häufig wird dabei oberflächliche Wärme mit milder Wärme gleichgesetzt. Dies ist aber nur dann korrekt, wenn die Effekte im Gewebe reflexiv bedingt sind. In Abhängigkeit von Temperatur und Dauer der Anwendung können jedoch lokal durchaus «kräftige» Wirkungen hervorgerufen werden.

Oberflächliche Wärmeanwendungen

Zur oberflächlichen Wärmeanwendung stehen eine Reihe von Verfahren zur Verfügung. Ein Prototyp dieser Verfahren sind Hydrocollator Packs, die in vieler Hinsicht mit Wärmflaschen vergleichbar sind (Abb. 7.8). Wärmepackungen, Infrarotbestrahlungen und Anwendung von sichtbarem Licht weisen eine vergleichbare Temperaturverteilung auf. Auch Paraffinanwendungen, Fluidotherapie und Teilbäder sind in ihrer Temperaturverteilung im Bereich des Applikationsortes vergleichbar. Die Anwendungsdauer beträgt meist 20 bis 30 min.

In der Hydrotherapie wirken neben der Wärmeapplikation auch Auftriebskräfte, die schmerzhafte Bewegungen erleichtern können. Durch Wechselbäder (Teilbäder) läßt sich eine ausgeprägtere Hyperämie erzielen. Man beginnt mit einer Wärmeanwendung (40,6 bis 43,3 °C) über 10 min, auf die dann eine Kälteanwendung (15 bis 20 °C) folgt. Anschließend wird die Wechselbehandlung bis zu einer Gesamtdauer von ca. 30 min fortgesetzt, wobei auf jeweils 4 min Wärme 1 min Kälte folgt. Vor allem schmerzhaft versteifte Gelenke sollen sich dadurch günstig beeinflussen lassen. Die analgetische Wirksamkeit

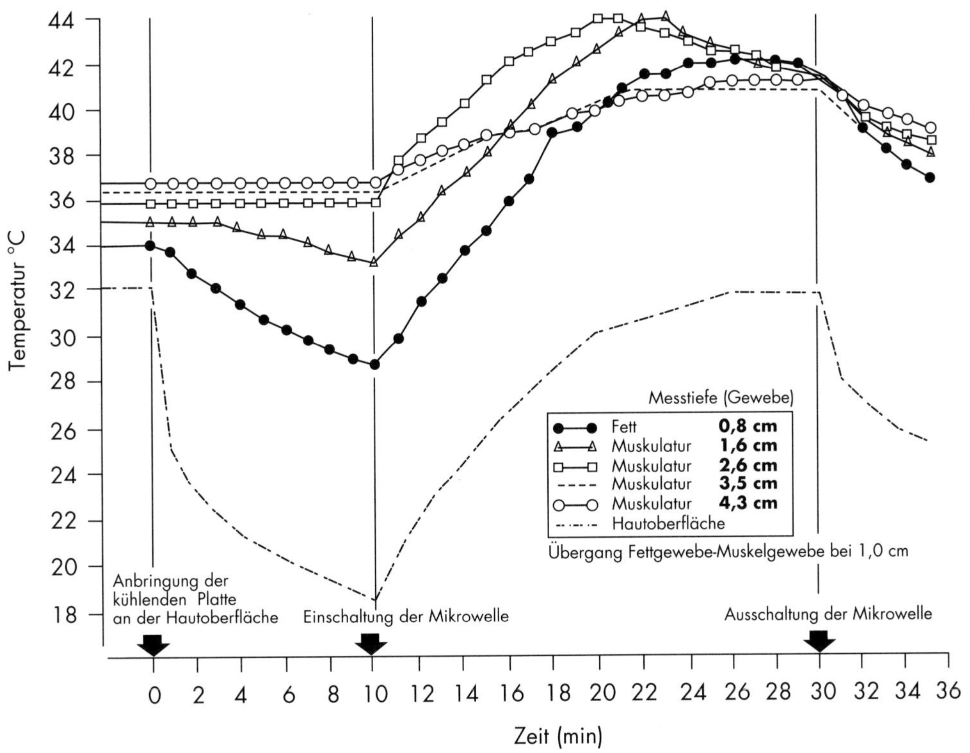

Abb. 7.9: Anwendung tiefer Wärme: Temperaturverlauf in verschiedenen Körpertiefen und Geweben während der Applikation von Mikrowelle (Kontaktapplikator, 915 MHz), einem Diathermieverfahren (nach Lehmann)

von Laserbehandlungen kann derzeit nicht hinreichend beurteilt werden.

Tiefenwärme (Diathermie)

Die analgetische Wirksamkeit von Diathermieverfahren (Kurzwelle, Mikrowelle, Dezimeterwelle, Ultraschall) wird aus therapeutischen und toxikologischen Gründen kontrovers diskutiert. Derzeit liegen eine Reihe von Hinweisen vor, die auf die Abhängigkeit eines Großteils der erwünschten therapeutischen Wirkungen von (gesicherten) thermischen Effekten hinweisen. Ausreichend kontrollierte klinische Studien sind aber bislang kaum vorhanden. Die Erwärmung der tieferen Körpergewebe erfolgt ohne übermäßige Wärmebelastung der oberflächlichen Schichten (z. B. Haut; siehe Abb. 7.9). Die patientenbezogene Dosimetrie ist nur subjektiv möglich, so daß zuverläßliche Angaben des Patienten unerläßlich sind. Auch nicht-thermische Wirkungen können, zumindest indirekt, analgetisch wirksam sein (z. B. beschleunigte Abheilung von Ulcera cruris durch therapeutischen Ultraschall).

Auswahl der Therapieverfahren

Wenn eine intensive Wärmebehandlung erwünscht ist, muß am angestrebten Wirkort die entsprechende Temperatur auftreten, während andere Regionen möglichst ausgespart werden sollten. Für eine sinnvolle Auswahl müssen daher Energieausbreitung und -absorption der verschiedenen Wärmebehandlungen berücksichtigt werden (siehe Abb. 7.8 und 7.9). Haut und oberflächliche subcutane Bezirke werden relativ selektiv durch oberflächliche Verfahren wie Infrarot, sichtbares Licht, Packungen, Paraffinanwendungen, Fluidotheapie und Hydrotherapie erwärmt, subcutane Bezirke und oberflächliche Muskulatur durch Kurzwellendiathermie (Kondensatorplatten) und Mikrowelle (2456 MHz), oberflächliche Muskulatur außerdem durch Kurzwelle mit Spulenapplikatoren. Tief gelegene Gelenke und Strukturen wie myofasziale Übergänge, Sehnen, Sehnenscheiden oder Nervenwurzeln werden relativ selektiv durch therapeutischen Ultraschall erwärmt. Zur Erwärmung von Bekkenorganen werden vaginale und rektale Elektroden für die Kurzwellenbehandlung angeboten. Die Anwendung der Diathermie ist nur vertretbar, wenn der Therapeut Technik, Indikationen, unerwünschte Wirkungen und Kontraindikationen genau beherrscht. Die notwendige präzise Darstellung übersteigt aber den Rahmen dieses Beitrags. Sie muß der entsprechenden Fachliteratur entnommen werden. Auch die möglichen nicht-thermischen Wirkungen müssen, vor allem aus toxikologischen Gründen, beachtet werden.

Kontraindikationen der Wärmeanwendungen
An anästhesierten Arealen, Bezirken mit gestörter Temperaturempfindung oder Parästhesien sollten keine Wärmeanwendungen erfolgen. Ebenso sollten Patienten ausgeschlossen werden, mit denen – u. a. wegen der nur subjektiv möglichen Dosimetrie – keine ausreichende Kommunikation möglich ist (z. B. Säuglinge; Vorsicht bei Kleinkindern oder alten Patienten). Da Wärme die Durchblutung erhöht, kann die Blutungsneigung gesteigert sein. Daher sollte bei Patienten mit Blutungsübeln ebenfalls auf Wärmeanwendungen verzichtet werden. Minderdurchblutete Regionen sollten ebenfalls nicht erwärmt werden, da durch Wärme der Stoffwechsel gesteigert ist, ohne daß sich die Durchblutung den geänderten Verhältnissen anpassen kann, so daß ischämiebedingt Nekrosen auftreten können. Besonders empfindlich für eine Erhöhung der Körpertemperatur und damit einer Verschlimmerung der Symptome sind z. B. Patienten mit einem Steroidentzug oder mit multipler Sklerose. Ebenso sollten im Rahmen einer analgetischen Therapie Tumoren ausgespart werden, da Wärme möglicherweise das Tumorwachstum steigern kann. Gonaden, Embryo oder der sich entwickelnde Fetus sollten ebenfalls nicht erwärmt werden. Eine erhöhte Anzahl von Mißbildungen wurde beobachtet, wenn die Temperatur im Uterus über 39 °C stieg, insbesondere in den ersten sechs Wochen nach der Konzeption.

Kälte
Unter Kältebehandlung (Kryotherapie) versteht man die lokale therapeutische Anwendung von Kälte. Sie ist zu einem großen Teil empirisch begründet. Es liegen aber mittlerweile auch eine Reihe kontrollierter Studien über ihre analgetische Wirksamkeit vor. Wie bei anderen Formen der Physikalischen Therapie können der Schmerzlinderung direkte Wirkungen am Applikationsort oder reflexiv vermittelte Effekte zugrunde liegen. Eine Schmerzlinderung kann direkt durch eine Beeinflussung von Rezeptoren und Nervenfasern erfolgen. Die direkte Beeinflussung der Schmerzschwelle (nicht der analgetischen Wirksamkeit) nahm innerhalb von 30 min wieder deutlich ab.
Ein Teil der Wirkungen oberflächlicher Anwendungen kann durch spinale und/oder supraspinale Mechanismen erklärt werden, wie sie bei der Gate-Control-Theorie besprochen sind («Kontrairritation»). So führte experimentell die kurzfristige (20 sec) Behandlung mit einem Kühlspray über der Tibia zu einem Anstieg der Schmerzschwelle der Zahnpulpa. Vergleichbar ließ sich durch Eismassage zwischen Daumen und Zeigefinger ein gleichseitiger Zahnschmerz vermindern, oder durch Eintauchen eines Fingers in kaltes Wasser (10 sec, 2 °C) generalisierter Juckreiz reduzieren. Das Ausmaß der Wirksamkeit «kontrairritativer» Thermotherapie war in einer Reihe von Untersuchungen (z. B. bei Rückenschmerzen) mit der von TENS vergleichbar.
Indirekt kann die Analgesie mit einer Beeinflussung von Gelenkentzündungen, Muskelspasmen, Steifigkeit oder kleineren Traumata zusammenhängen. So kann z. B. durch Kühlung die Erregbarkeit von Muskelspindelrezeptoren herabgesetzt werden, möglicherweise auch von deren Afferenzen.
Durch Kühlung kann die Leitungsgeschwindigkeit aller Nervenfasern herabgesetzt werden (um ca. 1,84 m/sec/1 °C bei Temperaturen zwischen 36 und 23 °C). Bei ca. 10 °C ist die Nervenleitung deutlich beeinträchtigt und bei 4 °C blockiert. Es scheint, daß dabei zunächst die gering myelinisierten Fasern beeinträchtigt sind, dann die dick myelinisierten, und zuletzt die unmyelinisierten Fasern. Durch Kühlung wird die Erholungszeit der Gammafasern mehr verlängert als die der Fasern der Alpha-Motoneuronen. Auch dies kann zur Abnahme eines erhöhten Muskeltonus beitragen.
Die neuromuskuläre Übertragung und auch die Muskelfaser selbst werden weniger durch eine entsprechende Kühlung beeinflußt; es müssen für vergleichbare Wirkungen tiefere Gewebetemperaturen erreicht werden. Dementsprechend werden bei Patienten mit einem Schlaganfall Muskeltonus und Spastizität nur dann gelindert bzw. aufgehoben, wenn der Muskel selbst deutlich abgekühlt wird. Die Kältewirkungen dauern länger an als die durch Wärme verursachten, da die Temperaturerniedrigung aufgrund der schlechteren Wiedererwärmung von außen (z. B. wegen des subcutanen Fettgewebes) und der Vasokonstriktion langsamer aufgehoben wird als eine Temperaturerhöhung, bei der die Blutzirkulation gesteigert ist.
Bei Traumata (z. B. Sportverletzungen, Verstauchungen) kann Kühlung direkt oder auch indirekt über eine Vasokonstriktion und damit eine verminderte Hämatom- bzw. Ödembildung analgetisch wirken. Die Wirksamkeit wird durch eine Kompression und Hochlagerung der betroffenen Region erhöht. Möglicherweise wird durch vorübergehend reduzierte Durchblutung und die Verminderung des lokalen Stoffwechsels die Entwicklung einer entzündlichen Reaktion gebremst.
Zur Behandlung eignen sich eine Reihe von Verfahren (Eis, Eiswasser, Eismassage, Kryogelpackungen, Kühlsprays). Die Dauer einer kontinuierlichen Anwendung kann individuell sehr unterschiedlich sein. Zur Kühlung eines Muskels, um einen Spasmus zu

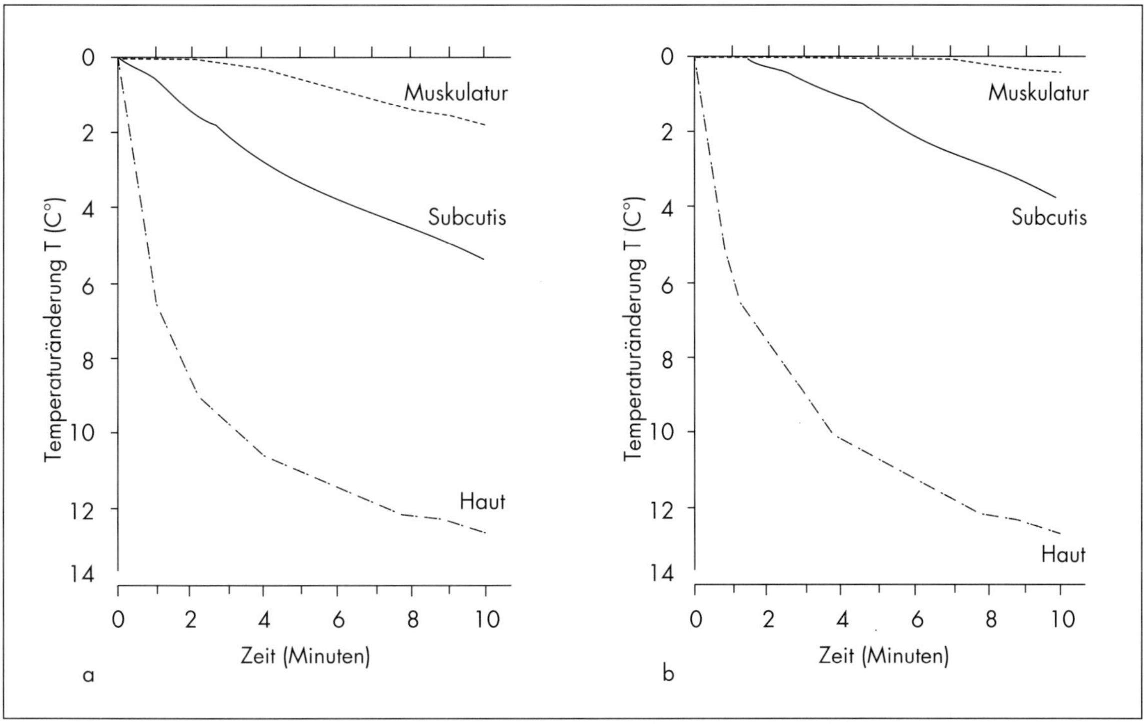

Abb. 7.10: Oberflächliche Kälteanwendung: Temperaturänderung von Haut, Subcutis und darunter liegender Muskulatur während lokaler Eisapplikation (Oberschenkel). A: Versuchsperson mit < 1 cm dicker Subcutis; B: Versuchsperson mit > 2 cm dicker Subcutis (nach Lehmann)

lindern, sind bei mageren Patienten meist 10 min erforderlich, bei ausgeprägtem subcutanem Fettgewebe wesentlich längere Zeiten. Bei der Eismassage wird zunächst über längere Zeit nur die Haut gekühlt, zur Kühlung des Muskels sind wesentlich längere Zeiten erforderlich (Abb. 7.10). Da bei der Eismassage auch Mechanorezeptoren erregt werden, kann bei nur kurzer Anwendung mit nahezu ausschließlicher Abkühlung der Haut die Alphamotoneuronen-Aktivität erleichtert und damit der Muskeltonus erhöht werden. Bei akuten Verletzungen muß darauf geachtet werden, nicht über zu lange Zeit zu kühlen, da die Reparationsvorgänge bei niederen Temperaturen deutlich verzögert ablaufen.

Unerwünschte Wirkungen von Kälteanwendungen

Durch eine kälteinduzierte Histaminfreisetzung kann es zu Kopfschmerzen, Krankheitsgefühl, Erythembildung, Juckreiz, Urticaria, Schweißausbrüchen, Flush, und in Extremfällen zu Schockfragmenten und Schockzuständen kommen. Es können auch Lid- und Larynxödeme sowie gastrointestinale Beschwerden auftreten.

Durch Kältehämolysine und -agglutinine können Krankheitsgefühl, Schüttelfrost, Fieber und paroxysmale Hämoglobinurie sowie Urticaria und Raynaudsymptomatik verursacht werden. Beim Vorliegen von Kryoglobulinen kann es neben den beschriebenen Allgemeinsymptomen und Hauterscheinungen zu Ulcerationen und Nekrosen im Rahmen einer Raynaudsymptomatik und einer Purpura kommen. Gastrointestinale Blutungen, Nasenbluten und konjunktivale Blutungen wurden ebenfalls beobachtet, desgleichen in seltenen Einzelfällen Blindheit und Taubheit. Wenngleich insgesamt solche Überempfindlichkeitsreaktionen sehr selten sind, so weist dies doch auf die Unabdingbarkeit einer exakten Anamneseerhebung hin. Da diese Symptome in der Regel mit Hauterscheinungen einhergehen, kann es u. U. sinnvoll sein, probatorisch eine Kälteanwendung umschrieben im Bereich der Lumbalregion oder des Oberschenkels zu versuchen. Bei manifest oder latent hypertensiven Patienten kann es zu einer verstärkten Vasopressorenreaktion kommen.

Vergleich der analgetischen Wirksamkeit von Wärme- und Kältebehandlungen

Die häufig noch übliche Empfehlung, Wärme bei eher chronischen Symptomen oder Krankheitszuständen anzuwenden, und Kälte in eher akuten Fällen, wird durch eine sorgfältig überprüfte Erfahrung und klinische Studien nicht in allen Fällen gestützt. Zahlreiche Wirkungen werden, statistisch betrachtet, durch Wärme und Kälte gleichermaßen bewirkt

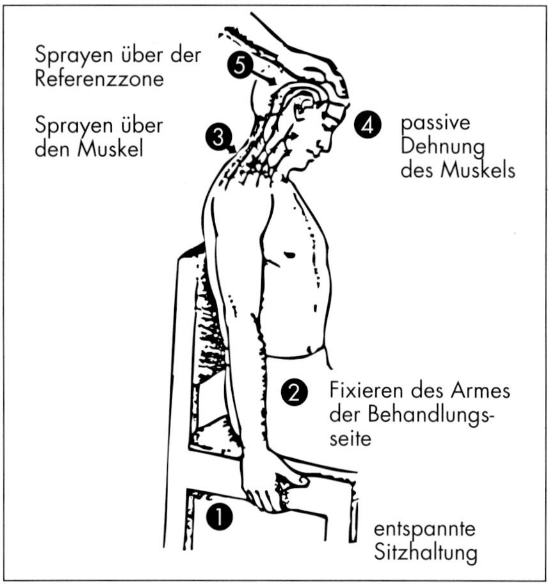

Abb. 7.11: Durchführung der Spray-and-Stretch-Behandlung eines myofaszialen Triggerpunktes (im oberen Anteil des M. trapezius). (nach Travell/Simons)
1 Der Patient sitzt gestützt in einer entspannten Position. 2 Das eine Ende des Muskels wird fixiert. 3 Die Haut wird wiederholt in parallelen Linien mit abkühlendem Spray (lange Pfeile) über den ganzen Verlauf des Muskels in der Richtung des Ausstrahlungsschmerzes besprüht. 4 Sofort nach der ersten Sprühlinie wird Druck zum Strecken des Muskels und beim weiteren Sprühen fortgesetzt. 5 Sprühlinien werden fortgesetzt, um auch die Referenzzone (fortgeleiteter Schmerz) zu erfassen
Die Schritte 3 bis 5 können pro Behandlung, maximal zwei- bis dreimal, wiederholt werden, jedoch nur, wenn die Haut noch nicht zu stark abgekühlt und das passive Bewegungsmaximum nicht erreicht ist. Anschließend kann eine heiße Packung aufgelegt und eine Serie der vollen aktiven Bewegung durchgeführt werden (nach Simons; Travell/Simons)

(z. B. Linderung von Schmerzen oder Muskelspasmen). Durchblutung, Blutungsneigung, Hämatom- und Ödembildung werden durch Wärme eher beschleunigt bzw. gefördert und durch Kühlung vermindert. Steifigkeit wird durch Kälte gesteigert und durch Wärme eher vermindert. Die Schmerzlinderung beruht meist allerdings auf mehreren Wirkungen, so daß im Einzelfall bei einem Patienten mit Osteoarthritis Kälte analgetisch wirksamer sein kann, obwohl durch sie die Steifigkeit eher erhöht wird. Bei Patienten mit chronischer Polyarthritis kann eine ausgeprägte tiefe Wärmeanwendung (Diathermie) Schmerzen und Beschwerden steigern. Andererseits wird die schmerzhafte Gelenksteifigkeit meßbar gelindert. Kälte verschlimmert dagegen die Steifigkeit. Eine intensive Abkühlung kann jedoch trotz der Zunahme der Steifigkeit die Schmerzen betäuben. Für die Wahl einer Therapieform ist daher die Kenntnis der bisherigen Erfahrung des Patienten mit Physikalischer Therapie von eminenter Bedeutung.

Die Anwendung von Wärme und Kälte hat sich bei vielen Patienten und in zahlreichen klinischen Situationen als analgetisch wirksam erwiesen. Es liegen allerdings nur wenige Studien vor, in denen ihre Wirksamkeit sowie die Relation von Nutzen, Risiko und Aufwand mit analgetischen Pharmakotherapien verglichen wurde. Mögliche Vorteile könnten in dem bei korrekter Anwendung vor allem der oberflächlichen Verfahren sehr geringen Risiko unerwünschter Wirkungen, den im Gegensatz zu einer systematischen Pharmakotherapie relativ lokalisierten und auf den erwünschten Behandlungsort eingegrenzten Wirkungen oder dem häufig auf einer Anregung körpereigener physiologischer Reaktionen beruhenden Wirkungsmechanismus liegen.

Wärme und Kälte werden häufig in Kombination mit anderen physikalischen Therapien angewandt (z. B. Krankengymnastik, Massage, Dehnung). Zumindest nach therapeutischen Erfahrungsberichten scheint in vielen Fällen eine additive analgetische Wirksamkeit gegeben zu sein. Außerdem kann z. B. die «schmerzarme» Zeit nach einer Thermotherapie zu einem intensiveren Bewegungstraining genutzt werden, das seinerseits direkt oder indirekt schmerzlindernd wirken kann. Die kombinierte Anwendung erschwert allerdings die Beurteilung der einzelnen Kombinationspartner. In bestimmten Behandlungssituationen scheint auch eine Verbindung mit einer Pharmakotherapie sinnvoll (z. B. Eis und Steroidinjektionen bei der Periarthropathia humeroscapularis).

In bislang vorliegenden vergleichenden Untersuchungen erwies sich eine kombinierte Physikalische Therapie unter Einschluß der Thermotherapie, etwa bei Patienten mit Periarthropathia humeroscapularis oder Epicondylitis, längerfristig als mindestens ebenso wirksam wie lokale Steroidinjektionen.

Thermotherapie von Triggerpunkten

Neben verschiedenen Massagetechniken und Injektionsbehandlungen spielt die Thermotherapie als Monotherapie und als Kombinationspartner von Dehnungen eine entscheidende Rolle (Abb. 7.11). Die analgetische Wirksamkeit ist durch umfangreiche kontrollierte Erfahrung gut gesichert. Akute oder jüngst erst aktivierte Triggerpunkte und die von ihnen verursachten Symptome lassen sich durch lokale Wärmeanwendungen mit nachfolgender passiver Dehnung lindern. Vor allem «feuchte» Wärme scheint die darunter liegende Muskulatur zu relaxieren und damit Druck und Spannung auf die Triggerpunkte zu vermindern. Wenn inaktive Triggerpunkte aktiviert werden, kann manchmal die Kombination von feuchter Wärme und Ruhe allein ohne weitere Therapie die Symptomatologie innerhalb von

72 Stunden deutlich lindern. Selbst so einfache Maßnahmen wie heiße Duschen oder heiße Bäder, beispielsweise nach intensivem Sport, können einer solchen Therapie zugerechnet werden. Trockene Wärme oder Hitze scheinen bei Triggerpunkten nicht so wirksam zu sein. Bei den häufigen chronischen Zuständen erwies sich die Kombination von Kühl- oder Kältesprays und passiver Dehnung als wirksamer (Spray-and-Stretch-Technik) (Abb. 7.11). Kühlsprays üben ihre Wirkung vermutlich indirekt über Hautafferenzen aus. Unter anderem wird die Aktivität bestimmter Muskeln erleichtert und anderer gehemmt. Durch das Sprayen werden Kälterezeptoren, Berührungsrezeptoren und möglicherweise auch Schmerzrezeptoren beeinflußt. Um eine Adaption der Berührungsrezeptoren zu vermeiden, sollte eine erneute Stimulation erst nach dem Wiedererwärmen erfolgen. Bei lang dauernder Chronifizierung nimmt allerdings die Wirksamkeit dieser Behandlungstechnik deutlich ab (Abb. 7.11).
Vergleichbare Kälteanwendungen können auch unmittelbar vor manualtherapeutischen Behandlungen zur Analgesie und ggfs. zur Erleichterung bestimmter Bewegungen benutzt werden.

Elektrotherapie

Außer den Diathermieverfahren (Umwandlung von elektrischer Energie in Wärme) werden in der Schmerzbehandlung verschiedene Formen von Wechsel- und vor allem Gleichstromverfahren eingesetzt. Bislang liegen lediglich für die transdermale elektrische Nervenstimulation (TENS; siehe dort) und bestimmte Formen der Elektroakupunktur ausreichend kontrollierte klinische Studien über die analgetische Wirksamkeit vor.
Sonderformen stellen die Iontophorese und Phonophorese dar, bei denen mit Hilfe des elektrischen Stroms bzw. Ultraschalls Medikamente durch die unverletzte Haut in den Körper eingebracht werden. Für beide Verfahren liegen einige klinisch kontrollierte Untersuchungen vor.
Bei der Iontophorese werden negativ geladene Pharmaka (Anionen) unter dem negativen Pol (Kathode) aufgebracht. Sie wandern unter dem Einfluß von Gleichstrom in Richtung des positiven Pols (Anode). Umgekehrte Verhältnisse gelten für positive geladene Pharmaka (Kationen). Dadurch werden relativ hohe Arzneimittelkonzentrationen in der Haut bzw. der oberflächlichen Subcutis erzielt, die weitgehend lokalisiert analgetisch wirken können. Die Arzneimittebelastung anderer Körperregionen (z. B. durch Blutspiegel) ist meist nur sehr gering. Vergleichbare lokale Arzneimittelkonzentrationen lassen sich bei systematischer Gabe (z. B. durch orale Einnahme) nur durch wesentlich höhere Dosen erreichen. Die Iontophorese läßt sich auch bei nichtionisierten, aber deutlich polaren Arzneimitteln anwenden.

Wechselwirkungen von Physikalischer Therapie und Pharmakotherapie

Die Möglichkeit solcher Wechselwirkungen wird zumeist unterschätzt, wenngleich bislang nur wenige Interaktionen beschrieben sind. Soweit die schmerzlindernden Wirkungen durch körpereigene Opioide (Endorphine, Enkephaline) vermittelt sind, können sie durch Opioidantagonisten (z. B. Naloxon) abgeschwächt oder aufgehoben werden. Manche Schmerzmittel aus der Gruppe der Opioide sind sogenannte partielle Antagonisten (z. B. Pentazocin, Buprenorphin). Auch sie können die Analgesie erheblich beeinträchtigen. Möglich wäre eine Abschwächung der Schmerzlinderung auch durch die Einnahme sogenannter schwach wirksamer Opioide (z. B. Codein, Dihydrocodein, z. B. auch in Hustenmitteln enthalten), die möglicherweise geringer wirksam sind als die durch eine Physikalische Therapie freigesetzten körpereigenen Opioide, welche durch diese Analgetika aus der Bindung an die Rezeptoren verdrängt werden können. Solche Situationen könnten sich vor allem bei Patienten mit chronischen Schmerzen oder Tumorschmerzen ergeben. Behandlungen am Injektionsort von Pharmaka (z. B. bei intramuskulärer oder subcutaner Injektion) sollten vermieden werden, da durch die Injektion bereits ein Trauma verursacht wurde, und möglicherweise auch die Resorption vom Injektionsort beeinträchtigt werden kann (z. B. Förderung bzw. Beschleunigung der Resorption mit durchblutungsfördernden Maßnahmen wie Bewegung, Wärme, Massage oder Verminderung bzw. Verlangsamung durch Kühlung).
Möglicherweise ist die Wirksamkeit der Physikalischen Therapie durch Arzneimittel beeinträchtigt, die die Sensibilität herabsetzen, so daß therapeutische Reize nicht ausreichend registriert, weitergeleitet, wahrgenommen oder beantwortet werden können (z. B. Lokalanästhetika, Leitungsblockaden, hohen Dosen von Myotonolytika oder Schlaf- und Beruhigungsmitteln sowie anderen zentral dämpfenden Pharmaka). Da die Dosierung der Physikalischen Therapie weitgehend von der Rückmeldung des Patienten abhängt, kann es durch eine beeinträchtigte Wahrnehmung zu Überdosierungen und Schäden kommen.
Mit einer Reihe anderer Schmerzbehandlungen scheinen physikalisch-therapeutische Maßnahmen eher additiv analgetisch wirksam zu sein. So liegen

mittlerweile eine Reihe von Hinweisen bei Patienten mit einem Fibromyalgie-Syndrom vor, die für eine zusätzliche Wirksamkeit von Massagebehandlungen zur Standardtherapie mit trizyklischen Antidepressiva und nichtsteroidalen Antirheumatika sprechen. Auch zur Behandlung bestimmter Schmerzformen bei Tumorpatienten scheinen Methoden der Physikalischen Therapie (z. B. Massage, Triggerpunktbehandlungen) zusätzlich zu einer pharmakotherapeutischen Basisbehandlung (z. B. Morphin, peripher wirksame Analgetika) geeignet zu sein.

Transdermale elektrische Nervenstimulation (TENS)

Die zumindest episodenhafte Verwendung von elektrischen Strömen in der Behandlung von Schmerzen läßt sich in der Therapiegeschichte bereits lange zurückverfolgen. Größere Bedeutung gewannen solche Behandlungsverfahren dann erst im 18. und 19. Jahrhundert, als Technologien und Apparate zur Erzeugung und Anwendung von Strom entwickelt wurden. Elektrische Energie wurde in dieser Zeit gleichbedeutend mit Lebenskraft und Lebenselixier angesehen. Dementsprechend wurden Behandlungen mit elektrischer Energie zeitweise sogar als sogenannte Panazee, d. h. als Allheil- und Rekreationsmittel, für verschiedenartigste Symptome und Krankheitsbilder angewandt.

Ihre derzeitige Bedeutung als analgetisch wirksame Behandlungsformen erhielten die Anwendungen elektrischer Ströme erst seit den 60er Jahren dieses Jahrhunderts, parallel zur Formulierung und Überprüfung neuer Hypothesen über Schmerzentstehung und Schmerzleitung sowie der spinalen und zentralen Weiterleitung und Verarbeitung entsprechender Impulse und der gleichzeitigen Entwicklung kleiner, tragbarer Geräte, die sich auch zur Selbstbehandlung der Patienten eigneten. Eine der am häufigsten eingesetzten Behandlungsverfahren zur Linderung bzw. Unterdrückung von Schmerzen mit elektrischem Strom, die im Zusammenhang mit der Publikation neuerer Schmerzkonzepte entwickelt wurden, ist die Transdermale elektrische Nervenstimulation (TENS).

Zur Transdermalen elektrischen Nervenstimulation werden in der Regel kleine, tragbare, vom Stromnetz unabhängige Geräte verwendet, die im technischen Sinn niederfrequent (d. h. in der Regel mit einer Frequenz zwischen 1 bis 100 Hz) verschiedenartige Stromimpulse (z. B. monophasische oder biphasische Rechteckimpulse; Abb. 7.12) niedriger Stromstärke (in der Regel zwischen 0 bis 60 mA) abgeben. In einem eingegrenzten Widerstandsbereich stellen die TENS-Geräte eine Konstantstromquelle dar. Die Stromimpulse werden über entsprechende Elektroden und Kontaktmaterialien direkt an die Haut abgegeben.

Bei der Transdermalen elektrischen Nervenstimulation lassen sich verschiedene Behandlungsverfahren unterscheiden (Abb. 7.13):
- sog. konventionelle, hochfrequente TENS;
- niederfrequente TENS;
- niederfrequente TENS mit Burstimpulsen;
- sogenannte intensive TENS.

Bei der Einteilung entsprechend den Stimulationscharakteristika muß allerdings berücksichtigt werden, daß die TENS in diesen Anwendungsformen insgesamt eine niederfrequente Strombehandlung darstellt.

Die einzelnen Behandlungsverfahren lassen sich sinnvollerweise entsprechend ihren Stimulationsparametern charakterisieren: Stromstärke, Frequenz, Polarität, Impulsdauer, Impulsform.

Konventionelle, hochfrequente TENS

Stromstärke

Bei praktisch allen TENS-Geräten läßt sich die Stromstärke innerhalb eines bestimmten Bereichs (meist zwischen 0 und 60 mA) verändern. In Abhängigkeit von der Stromstärke werden die verschiedenen Nervenfasern unterschiedlich erregt: dicke myelinisierte Nervenfasern besitzen eine niedrigere Erregungsschwelle als dünne unmyelinisierte Nervenfasern. Dementsprechend werden bei niedrigen Stromstärken die dickeren Nervenfasern erregt und mit zunehmender Stromstärke auch dünnere Nervenfasern. Diese neurophysiologischen Gegebenheiten lassen sich zu einer relativ selektiven Reizung der dickeren Nervenfasern ausnutzen. Unter therapeutischen Gesichtspunkten wird daher die Stromstärke meist so eingestellt, daß die Stimulation gerade als nicht mehr schmerzhaft empfunden wird (meist zwischen 10 und 30 mA).

Da die einzelne Stimulationsperiode meist zwischen 30 min und mehreren Stunden variiert, kann es zu einer gewissen Adaption der Nervenfasern kommen, d. h. zu einer verminderten Wahrnehmung der Stimulation. Daher wird häufig empfohlen, während der Behandlung die Stromstärke anzupassen.

Stimulationsfrequenz

Die dickeren myelinisierten sensorischen Nervenfasern feuern in der Regel mit einer Frequenz von 50 bis 100 Hz. Dünnere unmyelinisierte Nervenfasern können in diesem Frequenzbereich nicht feuern. Bei den meisten dünnen Nervenfasern führen Stimulationsfrequenzen von mehr als 5 bis 10 Hz zu einer raschen Ermüdung. Frequenzen von deutlich mehr als 100 Hz führen relativ rasch auch zu Ermüdungserscheinungen der dickeren Nervenfasern.

Wenngleich hinreichende kontrollierte Untersuchungen zur Festlegung der optimalen Stimulationsfrequenz einer hochfrequenten TENS derzeit nicht vorliegen, so scheint doch aufgrund der klinischen Erfahrung ein Frequenzbereich zwischen 50 und 100 Hz am günstigsten zu sein (Abb. 7.13).

Polung der Elektroden (Polarität)

Bei der Verwendung von beispielsweise monophasischen Rechteckimpulsen stellt eine Elektrode den negativen Pol (Kathode) und die andere Elektrode den positiven Pol (Anode) dar. Eine Erregung der Nervenfasern erfolgt am negativen Pol. Der positive Pol kann bei den im Rahmen der TENS benutzten Stromstärken als inaktiver Pol angesehen werden. Dies muß bei der Plazierung der Elektroden auf die ausgewählten Stimulationsorte beachtet werden.

Bei TENS-Geräten, die symmetrische bzw. asymmetrische biphasische Impulse abgeben, müssen dagegen beide Elektroden als aktiv angesehen werden.

Impulsdauer

Bei einer gegebenen Stromstärke hängt das Spektrum der erregten Nervenfasern von der Impulsdauer ab. Je kürzer die Impulsdauer ist, um so größer muß die zur Erregung bestimmter Nervenfasern erforderliche Stromstärke sein. Bei einer festgelegten Impulsdauer werden die dickeren Nervenfasern durch geringere Stromstärken aktiviert als die dünnen bzw. unmyelinisierten Nervenfasern. Die Impulsdauer der meisten TENS-Geräte liegt zwischen 0,05 bis 0,5 msec. Eine Vielzahl von TENS-Geräten besitzt aus praktischen Gründen eine festgelegte Impulsdauer, die üblicherweise im Bereich von 0,2 msec liegt.

Impulsform

TENS-Geräte können unterschiedlich geformte Impulse abgeben: monophasische Impulse, biphasische Impulse, monophasische Impulse mit negativem Anteil, Dreieckimpulse, sinusförmige Impulse etc. Zur Zeit liegen keine hinreichend kontrollierten Studien vor, die eine bestimmte Impulsform als optimal in bestimmten Behandlungssituationen beweisen könnten. Aus praktischen Gründen gibt eine Reihe von TENS-Geräten monophasische Rechteckimpulse ab (Abb. 7.12).

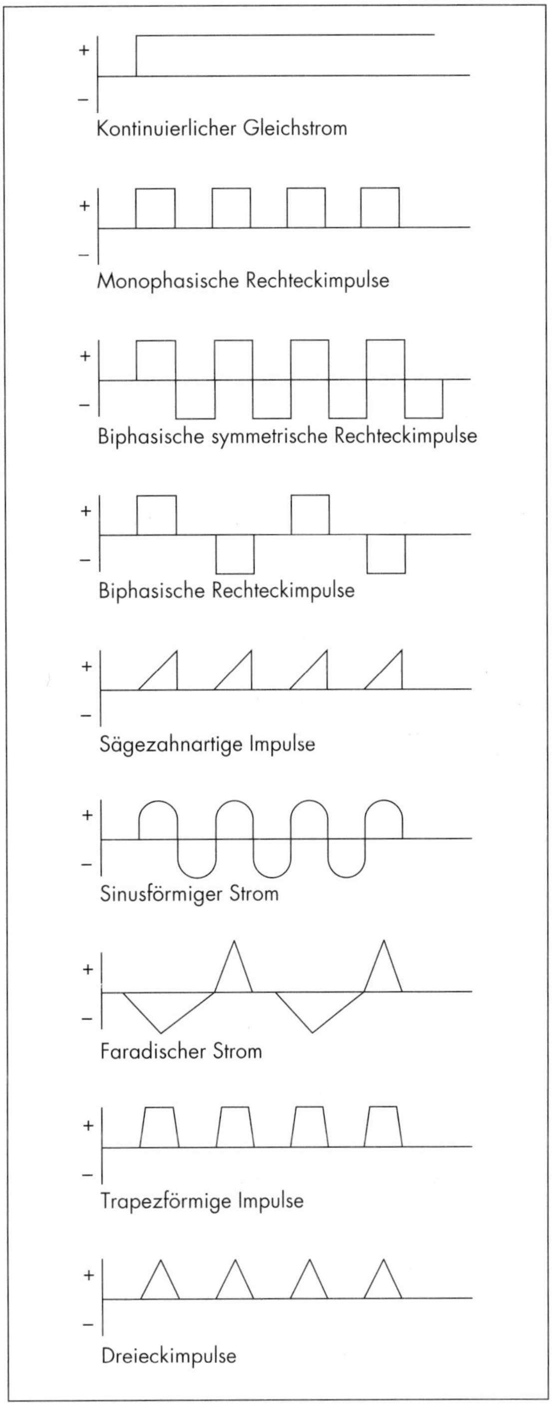

Abb. 7.12: Monophasische Rechteckimpulse

Niederfrequente TENS

Bei niederfrequenten TENS-Behandlungen (Abb. 7.13) werden ähnliche Stimulationsparameter wie in der Elektroakupunktur benutzt (Stimulationsfrequenz von 1 bis 4 Hz, Impulsdauer von 0,15 bis 0,25 msec, relativ hohe Stromstärken). Für eine effektive Schmerzstillung wird es meist als nötig angesehen, daß sichtbare Muskelkontraktionen auftreten. Eine Schmerzstillung tritt in der Regel erst nach mindestens 20- bis 30minütiger Stimulation auf. Die

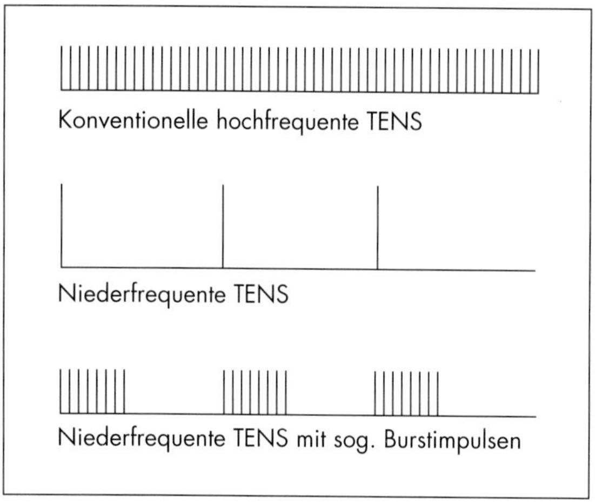

Abb. 7.13: Einteilung verschiedener Formen Transdermaler elektrischer Nervenstimulation (TENS) entsprechend der Stimulationsfrequenz

poststimulatorische Schmerzlinderung scheint länger als nach der sogenannten hochfrequenten TENS zu dauern. Von nicht wenigen Patienten wird diese Form der Behandlung u. a. wegen der Muskelkontraktionen als unangenehm empfunden.

Niederfrequente TENS mit sogenannten Burstimpulsen

Im Gegensatz zu anderen TENS-Verfahren werden bei dieser Behandlungsform die Impulse nicht kontinuierlich, sondern in Form von Signalen (sogenannten Burstimpulsen) abgegeben (Abb. 7.13). Diese Burstimpulse besitzen innerhalb des einzelnen Signals eine Grundfrequenz von meist 80 bis 85 Hz. Die Burstimpulse selbst werden mit einer Frequenz von etwa 2 Hz abgegeben. Die Stromstärke sollte auf eine muskelstimulierende Intensität eingestellt werden.

Die Anwendung dieser Stimulationsform kann vor allem bei Patienten sinnvoll sein, die mit einer hochfrequenten TENS-Behandlung keine Schmerzlinderung erfahren. Manche Patienten empfinden diese Behandlungsform sogar als weniger unangenehm.

Intensive TENS

In den letzten Jahren wurden verschiedene Formen einer sogenannten intensiven Elektroanalgesie im Rahmen von TENS-Behandlungen entwickelt. So läßt sich mit gerade noch erträglichen Stromstärken, die mit einer Impulsbreite von 0,5 bis 1 msec und einer Frequenz von 100 bis 150 Hz abgegeben werden, eine rasche Schmerzlinderung innerhalb von 1 bis 15 min erzielen. Die Elektroden sollen hierbei im Bereich bzw. im Grenzbereich der schmerzhaften Stelle aufgelegt werden. Mit dieser Form der TENS werden monorhythmische Muskelkontraktionen hervorgerufen, und die Schmerzlinderung überdauert kaum die Stimulationsperiode.

Ebenso führt eine andere Behandlungsform zu lokalen Muskelkontraktionen, bei der Stromimpulse mit einer niedrigeren Frequenz um 4 Hz und hoher Stromstärke bis zum 25fachen der Wahrnehmungsschwelle abgegeben werden. Im Gegensatz zu anderen TENS-Formen soll diese Stimulationsart eher als nicht unangenehm empfunden werden. Die analgetische Wirkung kann die Behandlung deutlich überdauern.

Material und Form der Elektroden

Häufig werden die Behandlungen mit Silicongummielektroden, die mit einem Pflaster befestigt werden, und unter Benutzung von Kontaktgel durchgeführt. Vor der Elektrodenanlage sollte die Haut mit Wasser und einer milden Seife gereinigt und gut getrocknet sein. Bei länger dauernden, z. B. mehrstündigen Stimulationen, kann das Kontaktgel allerdings austrocknen. In den letzten Jahren wurden auch eine Reihe selbstklebender und bereits vorbeschichteter Einmalelektroden entwickelt. Eine Reihe von ihnen benötigen lediglich Wasser zur Stromübertragung. Daneben stehen auch Aluminiumelektroden bzw. Aluminiumbänder zur Verfügung, die mit Pflaster oder Klebeverbänden an der Haut befestigt werden. Bei der postoperativen Verwendung von TENS in der Nähe des Operationsgebietes müssen die Elektroden steril sein.

Bei der Auswahl der Elektrodenform muß beachtet werden, daß bei gegebenen Ausgangswerten die Stromdichte bei kleinen Elektroden natürlich größer als bei großflächigen Elektroden ist. Bei großflächigen schmerzhaften Arealen kann es nötig sein, mehrere kleine Stimulationselektroden oder ein Paar großflächiger Elektroden zu benutzen. Die Wirksamkeit großflächiger Elektroden ist allerdings nicht proportional zu ihrer Größe. In bestimmten Behandlungssituationen kann auch die Verwendung ungleich großer Elektroden empfehlenswert sein.

Elektrodenplazierung und Auswahl der Stimulationsorte

Zur Auswahl der wirksamsten Stimulationsorte liegen nur wenige kontrollierte Studien vor, obwohl möglicherweise die richtige Wahl der Elektrodenauflagepunkte der wichtigste Parameter einer TENS-Behandlung ist. Die günstigsten Stimulationsorte können intra- und interviduell erheblich variieren, so daß sie bei jedem Patienten und in vielen Behandlungssituationen jeweils empirisch aufgesucht werden müssen. Für eine solche Auswahl ist es empfehlenswert, zunächst die Elektroden über dem schmerzhaften Gebiet bzw. in seiner Nähe aufzubringen. Hierbei sollen verschiedene Stimulationsorte versuchsweise behandelt und in ihrer Wirksamkeit verglichen werden. Als Anhaltspunkt für eine mutmaßlich erfolgreiche Stimulation kann gewertet werden, wenn der Patient im Stimulationsgebiet entsprechende Hautempfindungen verspürt.

Bei Schmerzen aufgrund von Irritationen einer Spinalwurzel oder bei ausstrahlenden Schmerzen etwa aufgrund einer Reizung des N. ischiadicus ist es sinnvoll, daß eine Elektrode paraspinal oder paravertebral und die andere Elektrode in der Peripherie, etwa im Bereich des entsprechenden Dermatoms, angebracht wird (Abb. 7.14). Bei vielen Schmerzsyndromen wird empfohlen, periphere Nerven an bestimmten oberflächlichen Punkten in ihrem Verlauf zu stimulieren. Bei der Behandlung von Schmerzen im Rahmen peripherer Nervenschädigungen sollte proximal der Verletzung stimuliert werden (Abb. 7.14).

Wie bei anderen Formen der Physikalischen Therapie wird auch bei der TENS-Behandlung die gegenseitige Beeinflußbarkeit einzelner Anteile eines Segments (z. B. Dermatom, Myotom, Enterotom) untereinander diagnostisch und therapeutisch ausgenutzt. Solche reflexiven Beziehungen sind z. B. als viszerocutane, cuti-viszerale, musculo-cutane Reflexmechanismen bekannt. Bei einer Reihe von Körperregionen entspricht das Dermatom dem darunter liegenden Myotom, in anderen Regionen (z. B. Schultergürtel, Beckengürtel oder Extremitäten) kann das Myotom durchaus relativ weit vom Dermatom entfernt liegen. Für die Therapie ist daher eine angemessene Kenntnis der anatomischen Lage der jeweiligen Myotome und Dermatome erforderlich. Für die Elektrodenplazierung im Rahmen einer TENS-Behandlung erlaubt die Kenntnis solcher Reflexmechanismen, Muskelschmerzen auch über das entsprechende Dermatom zu behandeln.

Neben diesen metameren Reflexmechanismen sind noch eine ganze Reihe anderer reflexiver Zusammenhänge zwischen verschiedenen Körperstrukturen bekannt. So können z. B. sogenannte bindegewebige Zonen nicht nur als Ursache von Schmerzen behandelt werden, sondern es lassen sich durch ihre Behandlung auch Einflüsse auf anatomisch entfernte Strukturen (z. B. viszerale Organe) erzielen. Nicht selten werden zur Elektrodenplazierung auch sogenannte spezifische Punkte benutzt (Motorpunkte, Triggerpunkte und Akupunkturpunkte). Die Lokalisation solcher Punkte, die ursprünglich aufgrund verschiedener Konzepte entwickelt wurden, stimmt in vielen Fällen überein, so daß bei Schmerzsyndromen Akupunktur- und Triggerpunkte bis zu 80% und mehr anatomisch identisch lokalisiert sind.

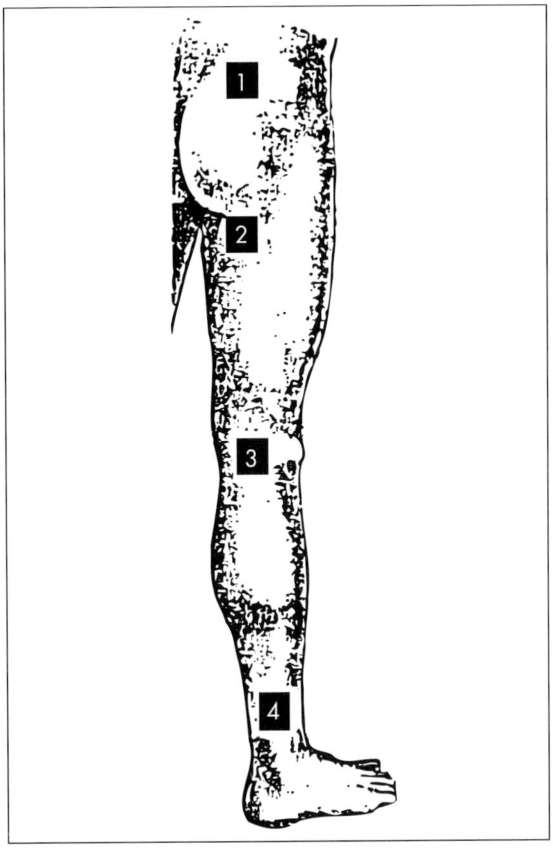

Abb. 7.14: Beispiel für die Elektrodenplazierung bei Schmerzen im Bereich von S1 rechts: 1 paravertebral L5–S1, 2 oberflächlicher Verlauf des N. ischiadicus distal der Gesäßmuskulatur, 3 unmittelbar distal der Kniekehle und proximal des lateralen Knöchels. Polung: Negative Elektroden bei 2 und 3 (modifiziert nach Mannheimer/Lampe)

Solche Punkte besitzen häufig einen verminderten Hautwiderstand. Sie lassen sich bei der Palpation durch ihre Schmerzhaftigkeit bzw. den veränderten Tastbefund lokalisieren. Manchmal sind sie auch durch Veränderungen von Haut und Subcutis direkt sichtbar. Die anatomischen Motorpunkte sind die eng umgrenzten Eintrittsstellen von Nervenfasern und Blutgefäßen in die Muskulatur.

Triggerpunkte finden sich nicht nur in der Muskulatur, sondern auch in Sehnen, Bändern und Gelenkkapseln. Aktive myofasziale Triggerpunkte sind spontan schmerzhaft und können die Dehnbarkeit eines Muskels erheblich einschränken. Inaktive bzw.

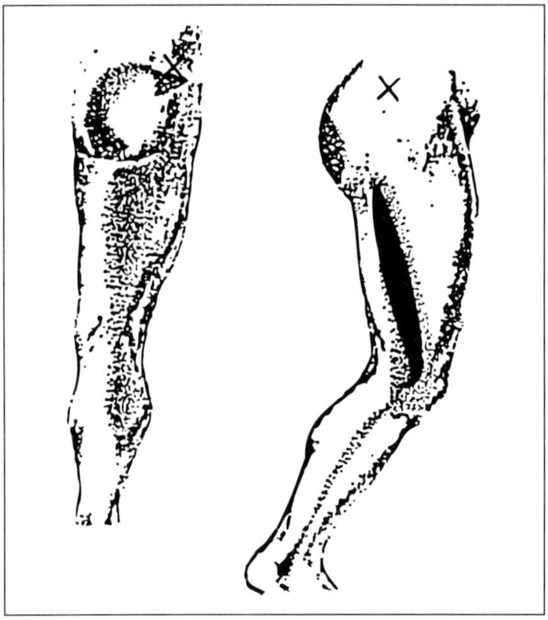

Abb. 7.15: Lokalisation von Triggerpunkt bzw. Akupunkturpunkt (X) und übertragenem bzw. ausstrahlendem Schmerz (je nach Intensität geschwärzt bzw. gepunktet bei myofaszialen Schmerzsyndromen am Beispiel des M. gluteus minimus (modifiziert nach Mannheimer/Lampe und Ottoson/Lundeberg)

latente myofasziale Triggerpunkte besitzen häufig keine spontane Schmerzhaftigkeit, sie können aber ebenfalls Dehnbarkeit und Kraft eines Muskels erheblich vermindern. Sie werden häufig erst bei der gezielten Untersuchung wegen ihrer Druckschmerzhaftigkeit entdeckt. Bei der Irritation eines solchen Punktes verspürt der Patient häufig neben den lokalen auch sogenannte übertragene Schmerzen. Auf die Möglichkeit, daß ein bestimmter Schmerz ein übertragener Schmerz ist, muß bei der TENS geachtet werden, da es in diesen Fällen wesentlich sinnvoller ist, die schmerzauslösende Region zu behandeln als die Region, in die der Schmerz übertragen wird (Abb. 7.15).

Wirkungsmechanismus der TENS

Der Wirkungsmechanismus der TENS ist derzeit nicht abschließend aufgeklärt. Zur Wirksamkeit scheinen lokale, regionale, spinale und supraspinale Mechanismen beizutragen. Durch TENS-Behandlung werden in den verschiedenen Strukturen körpereigene Überträgerstoffe (Transmitter) freigesetzt, z. B. biogene Amine (wie etwa Serotonin), Polypeptide (wie das vasoaktive intestinale Polypeptid VIP) und endogene Opioide (wie z. B. Endorphine und Enkephaline). Gemeinsam mit anderen Befunden weist diese Freisetzung von Transmittern auf eine Beteiligung körpereigener spinaler, supraspinaler und wohl auch cerebraler Schmerz-Kontroll-Systeme hin. Zumindest partiell läßt sich die Wirksamkeit einer TENS-Behandlung auch durch Hypothesen und gesicherte Befunde einer modifizierten Gate-Control-Theorie erklären.
Auch nach neueren Untersuchungen scheint es gesichert zu sein, daß durch eine Erregung dicker und myelinisierter motorischer und sensibler Nervenfasern die «Eingangspforte» (gate) für Schmerzafferenzen, die über dünne bzw. unmyelinisierte Fasern geleitet werden, geschlossen wird. Dadurch kann es über eine relativ selektive Stimulation der dickeren Nervenfasern in der Peripherie zu einer Schmerzhemmung kommen. Ob und inwieweit solche Mechanismen auch lokal bzw. regional in der Peripherie oder in supraspinalen Strukturen des ZNS eine Rolle bei der Schmerzbehandlung durch TENS spielen, läßt sich derzeit nicht abschließend beurteilen. Die verschiedenen für die Wirksamkeit der TENS postulierten Wirkungsmechanismen sollten nicht als Alternative, sondern als einander ergänzende Modelle betrachtet werden.

Klinische Anwendung der TENS

Vor Beginn wie auch im Verlauf einer Schmerzbehandlung sollten eine ausführliche Anamnese und eine entsprechende körperliche Untersuchung durchgeführt werden. Es ist empfehlenswert, sich die Ausgangswerte wie auch die regionale Verteilung der Schmerzempfindung (z. B. in Körperschemata) zu notieren. Der Schmerz sollte qualitativ und quantitativ beurteilt werden. Dabei ist zu berücksichtigen, daß Schmerz nicht mit neurophysiologischen und neuropathologischen Abläufen gleichgesetzt werden kann. Er ist ein psychophysisches Ereignis bzw. eine entsprechende Erfahrung, die vom betroffenen Patienten am besten beurteilt werden kann.
Zur Quantifizierung eignen sich verschiedene Methoden der Selbsteinschätzung, z. B. sogenannte verbale Skalen, oder, in bestimmten Situationen sogar vorteilhafter, sogenannte visuelle Analogskalen (VAS), mit denen der Patient auf einer 10 cm langen horizontalen Linie die von ihm empfundene Schmerzintensität ohne weitere Kommentierung zwischen den Endpunkten «kein Schmerz» und «maximaler Schmerz» markiert. Solche Skalierungen lassen sich auch im Laufe der Behandlung zur Überprüfung des Behandlungserfolges einsetzen (siehe Abb. 7.4).
Für den Beginn und die Durchführung einer Behandlung ist auch zu berücksichtigen, welche psychische und/oder symbolische Bedeutung der jeweilige

Schmerz und auch die Therapie (z. B. individueller Symbolgehalt von elektrischem Strom, zeitaufwendige Therapievorbereitungen) für den jeweiligen Patienten hat. Während der Behandlung kann es durchaus zu Symptomverschiebungen kommen, d. h. an der behandelten Stelle verschwindet der Schmerz, dafür wird aber in anderen Körperregionen «unvermutet» ein neuer Schmerz empfunden. Bei der Behandlung von Triggerpunkten kann es vorkommen, daß der ursprünglich empfundene Schmerz wirksam behandelt ist, sich nun aber plötzlich neue Schmerzpunkte auch an entfernten Körperstellen zeigen. Das kann damit zusammenhängen, daß durch die Behandlung manifester Triggerpunkte plötzlich latente Triggerpunkte Schmerzen auslösen oder unterhalten können. Dementsprechend müssen Anpassungen der Stimulationsparameter und -orte, oft mehrfach im Laufe einer Behandlung, vorgenommen werden.

Die Einleitung einer Behandlung sollte in der Regel unter Kontrolle erfolgen, da meist die günstigsten Stimulationsparameter und -orte erst empirisch herausgefunden werden müssen. Dafür können mehrere Probebehandlungen notwendig sein.

In der Regel wird eine TENS-Behandlung mit einer konventionellen hochfrequenten Stimulation (50 bis 100 Hz) begonnen. Wenn innerhalb einer 20- bis 30minütigen Probebehandlung keine Schmerzlinderung auftritt, sollten andere Stimulationsorte versucht werden. Ist auch nach mehrmaliger Probebehandlung keine Wirksamkeit festzustellen, sollten andere Stimulationsformen erprobt werden. Dabei ist zu beachten, daß die Stimulationsorte für die verschiedenen TENS-Behandlungen durchaus differieren können. Insgesamt scheint es so zu sein, daß für die konventionelle hochfrequente Stimulation (z. B. 100 Hz, 15 bis 25 mA, 0,2 msec Impulsdauer) segmentale und reflexive Beziehungen bei der Elektrodenplazierung eine wesentlich größere Rolle spielen als bei den intensiveren anderen Stimulationsformen. Gerade bei der Verwendung sehr hoher Stromstärken kann durchaus eine Stimulation an verschiedenen, sogar relativ unausgewählten Punkten zu einer Schmerzlinderung führen.

Eine Reihe von TENS-Geräten erlaubt die individuelle Einstellung der verschiedenen Stimulationsparameter. Für viele Patienten kann es allerdings sinnvoll sein, zumindest die Stimulationsfrequenz und die Impulsdauer fest einzustellen und dem Patienten eher nur eine Anpassung der Stromstärke bis auf deutlich überschwellige Reize zu ermöglichen. Behandlungsänderungen sollten in der Regel eher unter Kontrolle vorgenommen werden. In Einzelfällen kann natürlich von solchen Empfehlungen abgewichen werden.

Die einzelne Stimulationsperiode sollte, von Ausnahmen und den bereits beschriebenen anderen Stimulationsformen abgesehen, 20 bis 30 min nicht unterschreiten. Sie kann, je nach Akzeptanz und Verträglichkeit, auf mehrstündige kontinuierliche Behandlungen ausgedehnt werden. Auch das Applikationsintervall sollte individuell gewählt werden. Für manche Patienten können zahlreiche, kurzfristig wiederholte Behandlungen sinnvoll sein, während andere Patienten mit einer ein- bis zweimaligen Behandlung pro Tag auskommen, oder eine Behandlung nur fakultativ und prophylaktisch vor oder während des erwarteten Auftretens von Schmerzen benötigen. Als Anhaltspunkt für eine anfängliche Empfehlung können zwei- bis viermalige Behandlungen pro Tag gelten.

Eine gewisse Wirksamkeit sollte sich in der Regel innerhalb von 20 bis 30 min zeigen. Sie kann im Einzelfall allerdings erst nach mehrmaligen Behandlungssitzungen unterschiedlichster Länge auftreten. Auch die Wirkungsdauer ist individuell recht unterschiedlich. So kann die schmerzlindernde Wirkung nur während der Stimulationsperiode vorhanden sein, meist überdauert sie jedoch die unmittelbare Stimulation, beispielsweise bei der konventionellen hochfrequenten TENS um Minuten bis einige Stunden, und bei bestimmten Formen der niederfrequenten TENS im Einzelfall sogar um viele Stunden bis Tage.

Im Laufe einer TENS-Behandlung wird häufig über eine Abnahme der Wirksamkeit berichtet. Einige Untersuchungen weisen darauf hin, daß Patienten, die über eine nachlassende bzw. bereits aufgehobene Wirksamkeit der TENS berichten, die Geräte zu selten oder sogar aktuell überhaupt nicht mehr benutzen. Daneben können aber durchaus Adaptions- und Toleranzphänomene auftreten, die eine Anpassung der Stimulationsparameter oder auch einen Wechsel der Elektrodenplazierung erforderlich machen. Ob solche Toleranzphänomene durch Geräte mit einer automatischen Frequenzmodulation abgeschwächt oder verhindert werden, läßt sich derzeit nicht entscheiden. Im Einzelfall kann es auch nötig sein, die TENS-Behandlung für einen bestimmten Zeitraum auszusetzen und anschließend erneut mit den gleichen oder geänderten Stimulationsparametern mit einer gewissen Aussicht auf Erfolg zu beginnen.

Die Transdermale elektrische Nervenstimulation gehört, im Gegensatz zu einer Reihe anderer physikalischer Behandlungen wie auch anderer analgetischer Therapien, zu den Behandlungsverfahren, über deren Wirksamkeit eine erstaunlich große Anzahl gut kontrollierter klinischer Studien vorliegen. Patient und Therapeut müssen sich allerdings darüber im klaren sein, daß TENS eine symptomatische Behandlung und keine Heilung darstellt. Wirksamkeit in klinisch kontrollierten Studien bedeutet eine

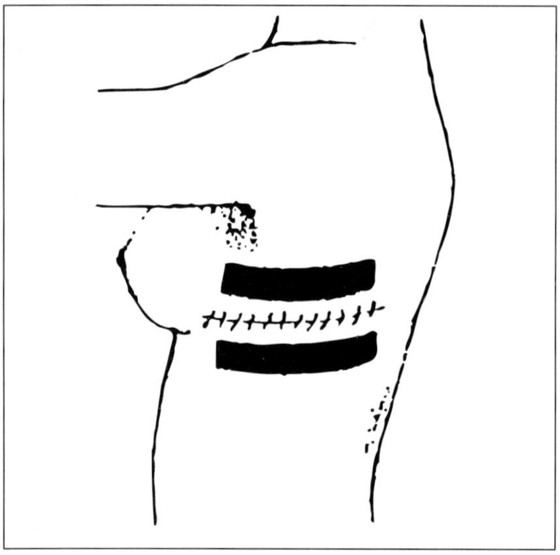

Abb. 7.16: Beispiel für die Elektrodenplazierung bei einer postoperativen TENS-Behandlung. Die Polung der Elektroden spielt hierbei keine Rolle (modifiziert nach Mannheimer/Lampe)

Überlegenheit über Placebo-Behandlungen bzw. eine vergleichbare oder überlegene Wirksamkeit zu anderen, als wirksam erkannten Behandlungen. Gerade in der Schmerzbehandlung muß mit einer anfänglichen Wirksamkeit einer Placebo-Behandlung bei 30% und sogar mehr der Patienten gerechnet werden. Die Wirksamkeit des Placebos nimmt allerdings im Laufe der weiteren Behandlung rasch und deutlich ab, sie ist meist nach etwa einmonatiger Behandlung nahezu vollständig verschwunden. Die Mehrzahl der kontrollierten klinischen Untersuchungen weist auf eine deutliche Überlegenheit von TENS-Behandlungen im Vergleich zu Placebos hin. Das heißt, daß bei 30 bis 80% der Patienten bei relativ kurzfristiger Anwendung über mehrere Tage bis Wochen mit einer Schmerzlinderung um 33 bis 50% und mehr gerechnet werden kann. Bei länger dauernden Behandlungen, z. B. über ein Jahr, kann noch mit einer entsprechenden Schmerzlinderung bei 20 bis 30% der Behandelten gerechnet werden. Die tatsächliche Wirksamkeit liegt vermutlich höher, wenn man Möglichkeit und Wahrscheinlichkeit der bereits beschriebenen abnehmenden Patientencompliance berücksichtigt.
Gerade da die Durchführung einer TENS-Behandlung für den Patienten und möglicherweise auch für Angehörige (z. B. Hilfe bei der Elektrodenanlage) zeitaufwendig und auch umständlich sein kann, ist eine angemessene Information über die zu erwartende Wirksamkeit dringend erforderlich. Darüber hinaus ist es auch für Patient und Therapeut empfehlenswert, Zeitaufwand, Wirksamkeit und unerwünschte Wirkungen der TENS-Behandlung mit den entsprechenden Daten anderer Schmerzbehandlungen zu vergleichen. Verständlicherweise wird sich eine Reihe von Patienten prinzipiell oder auch zeitweise für andere, z. B. weniger zeitraubende, rascher und/oder länger wirksame Behandlungsverfahren entscheiden (z. B. Pharmakotherapie, Manualtherapie).
Obwohl sich TENS auch bei einer Reihe akuter Schmerzzustände als zumindest partiell wirksam erwiesen hat, liegt ihre hauptsächliche Anwendung auf der Behandlung chronischer Schmerzzustände. Bei akuten Schmerzzuständen spielt sie lediglich in der postoperativen Analgesie (Elektrodenplazierung parallel zu Wundrändern) eine größere Rolle (Abb. 7.16).
Neuere Untersuchungen weisen auf eine gewisse Wirksamkeit auch bei Sportverletzungen und Schäden wie z. B. Muskelspasmen, Muskelschmerzen und Bänderschäden hin. Unter den chronischen bzw. längerfristigen Schmerzzuständen kristallisieren sich aufgrund kontrollierter Untersuchungen und detaillierter Fallsammlungen folgende Anwendungsgebiete als erfolgversprechend heraus: chronische Rückenschmerzen mit und ohne Ausstrahlung, Schmerzen im Hals-, Nacken- und Schultergürtelbereich mit und ohne Ausstrahlung, Schmerzen bei chronischer Polyarthritis, allgemeiner oder lokaler Osteoarthrose, Gelenkschädigungen bei Hämophilie, Muskel-, Skelett- und Gelenkschmerzen im Bereich der Brustwand, vaskulär bedingte Schmerzen, z. B. bei arterieller Verschlußkrankheit, myofasziale Schmerzsyndrome, neurogen bedinge Schmerzen, Schmerzen bei peripheren Nervenschädigungen und Verletzungen des Rückenmarks. Ebenfalls, zumindest partiell erfolgversprechend, erwiesen sich Behandlungen bei Trigeminusneuralgie, Schmerzen im Mund-, Kiefer- und Zahnbereich, Rippenfrakturen, Reflexdystrophien, Dysmenorrhoe und Blasenschmerzen. Sinnvoll zur Schmerzlinderung bzw. zur Einsparung von Analgetika kann eine TENS-Behandlung auch während der Geburt oder im Rahmen einer Sektio sein. Unterschiedliche Behandlungserfolge werden von der Anwendung bei Postzoster-Neuralgien, Phantomschmerzen, Kopfschmerzen und Schmerzen im Zusammenhang mit einem Tumorleiden berichtet. Kaum oder überhaupt nicht erfolgreich erwiesen sich Behandlungen bei psychogen oder zentral bedingten Schmerzzuständen.
Die meisten dieser Untersuchungen wurden mit konventioneller hochfrequenter Stimulation durchgeführt. Die Impulse wurden im überschwelligen Bereich abgegeben, d. h. die Patienten konnten die Stimulation deutlich spüren. Neuere Untersuchungen weisen jedoch darauf hin, daß auch eine unterschwel-

lige Stimulation analgetisch wirken kann. Allerdings scheint die analgetische Wirksamkeit bei einer Erhöhung der Stimulationsparameter in den überschwelligen Bereich zuzunehmen.

Unerwünschte Wirkungen

Die Transdermale elektrische Nervenstimulation ist eine praktisch ungefährliche, nicht invasive, nicht abhängig machende Schmerzbehandlung mit einer außerordentlich geringen Quote bedeutsamer unerwünschter Wirkungen. Die häufigsten unerwünschten Wirkungen sind allergische Hautreaktionen bei bis zu 10% der Patienten, die in der Regel im Bereich der Elektrodenbefestigung auftreten. Bei einem Wechsel von Pflaster und Verband sowie einer Entfernung der Elektroden in den Stimulationspausen kann die Behandlung in der Regel fortgeführt werden, ohne daß erneut allergische Hautreaktionen auftreten. Auch die Verwendung von Selbstklebeelektroden kann nützlich sein. In seltenen Einzelfällen reagieren Patienten auch auf das Kontaktgel oder die Siliconelektroden allergisch. In diesen Fällen ist ein Wechsel des Elektroden- bzw. Kontaktmaterials erforderlich.

Jede elektrische Stimulation der Haut kann zu Verbrennungen führen. Die Gefahr schwerwiegender Verbrennungen ist am größten bei Patienten mit einer herabgesetzten Sensibilität (z. B. Hypästhesie der Haut bzw. Polyneuropathien). Reizungen und Verbrennungen lassen sich weitgehend durch eine korrekte Kopplung von Elektroden und Haut vermeiden. Ansonsten sollte die Stimulationsfrequenz erniedrigt werden (z. B. auf 50 Hz), oder es sollte überhaupt auf eine niederfrequente Behandlung übergegangen werden.

Bei einzelnen Patientinnen mit Mastektomie und Strahlenbehandlung wurde eine vermehrte Ödemneigung während TENS beobachtet. Hier sollte die Behandlung abgebrochen werden.

Manche Patienten verspürten während einer TENS-Behandlung eine Schmerzverstärkung. Dies passiert meist während der anfänglichen Versuchsbehandlung bzw. bei Vorliegen psychogen bedingter Schmerzsyndrome.

Kontraindikationen und Warnhinweise

In der Regel wird die Anwendung von TENS bei Patienten mit einem Herzschrittmacher als kontraindiziert angesehen. Eine neueste Untersuchung weist darauf hin, daß Patienten mit bestimmten Schrittmachertypen trotzdem mit TENS behandelt werden können, wenn die Stimulationsachse des Herzschrittmachers ausgespart bleibt. Auf jeden Fall aber sollte der behandelnde Kardiologe bzw. Herzchirurg zu Rate gezogen werden. Ebenfalls wird dringend empfohlen, den Carotissinus bei der Elektrodenplazierung auszusparen.

Bei einer Anwendung von TENS unter der Geburt sollte auf eine mögliche Interferenz mit der Überwachung des Feten geachtet werden (z. B. Cardiotokogramm). Es ist vermutlich am sinnvollsten, während der jeweiligen Überwachungsperiode die TENS-Behandlung abzuschalten. Unerwünschte Wirkungen einer Anwendung der korrekt durchgeführten TENS auf Embryo und Fetus sind zur Zeit nicht bekannt. Neueste Empfehlungen weisen darauf hin, daß TENS – vor allem als Alternative zu medikamentösen Behandlungen – während der Schwangerschaft und vor allem während der Stillperiode eingesetzt werden kann. Trotzdem sollte eine solche Behandlung sorgfältig überwacht und gezielt auf unerwünschte Wirkungen geachtet werden.

Wechselwirkungen

Bedeutsame bzw. unerwünschte Wechselwirkungen mit anderen Schmerzbehandlungen sind nicht zu erwarten. Zumindest aus theoretischen Erwägungen ist für die TENS eher eine zusätzliche, d. h. additive Wirksamkeit mit anderen Analgesieverfahren zu erwarten. In diese Richtung weisen auch Untersuchungen, die eine Abnahme des Medikamentenverbrauchs während einer TENS-Behandlung im Vergleich zu einer Placebo-Behandlung belegen. Aus diesem Grund kann es auch sinnvoll sein, eine bestehende medikamentöse Behandlung, z. B. mit peripher wirksamen Analgetika (Acetylsalicylsäure, Paracetamol, nichtsteroidale Antirheumatika), mit einer zeitweiligen oder auch andauernden TENS-Behandlung zu kombinieren. Selbst bei einer optimal durchgeführten Behandlung mit Opioiden kann zumindest im Einzelfall mit einer zusätzlichen Wirksamkeit einer gleichzeitig durchgeführten TENS gerechnet werden, da die Wirkungen von TENS nicht nur auf Opioidmechanismen beruhen, die möglicherweise bereits maximal stimuliert sind, sondern – wie vor allem bei der konventionellen hochfrequenten TENS – auch andere chemische Übertragungssysteme beinhalten. Auf jeden Fall spricht in einer solchen Behandlungssituation nichts gegen einen ausreichend lang durchgeführten Behandlungsversuch mit TENS. Ebenso sind bedeutsame Wechselwirkungen mit nicht analgetisch medikamentösen Behandlungen in der Regel nicht zu erwarten.

Literaturempfehlungen

Ackerknecht, E. H.: Therapie. Von den Primitiven bis zum 20. Jahrhundert. Enke, Stuttgart 1970.

Appenzeller, O.: Pain syndromes. In: Appenzeller, O.: The autonomic nervous system. Elsevier, Amsterdam 1982.

Arndt, K./Struppler, A.: Schmerzsyndrome des Bewegungsapparates. Der Schmerz 2/1988.

Basmajian, J. V. (Ed.): Therapeutic exercise. Williams and Wilkins, Baltimore 1984.

Becker, H.: Körpererleben und Entfremdung. In: Brähler, E. (Hrsg.): Körpererleben. Springer, Berlin 1986.

Benson, H./Pomeranz, B./Kutz, I.: The relaxation response and pain. In: Wall, P. D./Melzack, R. (Eds.): Textbook of pain. Churchill Livingstone, Edinburgh 1984.

Berger, M./Lewit, K.: Der analgetische Effekt der postisometrischen Muskelrelaxation. In: Berger, M./Gerstenbrand, F./Lewit, K.: Schmerz bei Funktionsstörungen des Bewegungssystems. Fischer, Stuttgart 1984.

Böhme, H. (Hrsg.): Kulturgeschichte des Wassers. Suhrkamp, Frankfurt 1988.

Bookhout, M. M./Boissonnault, W. G.: Physical therapy management of musculoskeletal discorders during pregnancy. Clinics in Physical Therapy 20/1988.

Boone, D. C.: Applications of iontophoresis. Clinics in Physical Therapy 2/1981.

Brähler, E.: Körpererleben – ein vernachlässigter Aspekt der Medizin. In: Brähler, E. (Hrsg.): Körpererleben. Springer, Berlin 1986.

Brena, S. F./Chapman, S. L.: Chronic pain: physiology, diagnosis, management. In: Leek, J. C./Gershwin, M. E./Fowler, W. M. (Eds.): Principles of Physical Medicine and Rehabilitation in the Musculoskeletal Diseases. Grune and Stratton, Orlando 1986.

Bühring, M.: Theoretische Grundlagen der Bindegewebsmassage. Krankengymnastik 35/1983.

Bühring, M.: Was ist gesichert in der Bewegungstherapie? Internist 28/1987.

Bühring, M./Saller, R.: Physikalische Therapie chronischer Schmerzzustände. In: Gross, D./Schmitt, E./Thomalske, G. (Hrsg.): Schmerzkonferenz. Ein Handbuch für Therapie, Pathogenese und Klinik des Schmerzes. Fischer, Stuttgart 1984.

Bühring, M./Saller, R. (Hrsg.): Wirkprinzipien in der Physikalischen Medizin. Verlag für Medizin, Heidelberg 1986.

Cyriax, J. H.: Textbook of orthopaedic medicine. Vol. I. Balliere Tindall, London 1982.

Echternach, J. L.: Evaluation of pain in the clinical environment. Clinics in Physical Therapy 12/1987.

Ellingsen, R. R.: Manual therapy: treat function and pain. International Perspectives in Physical Medicine 1/1985.

Fossgreen, J.: Physikalische Methoden schmerzhafter Funktionsstörungen des Bewegungsapparates. In: Berger, M./Gerstenbrand, F./Lewit, K. (Hrsg.): Schmerz bei Funktionsstörungen des Bewegungssystems. Fischer, Stuttgart 1984.

Gamp, R.: Möglichkeiten und Grenzen der physikalischen Therapie in der Geriatrie. Schweiz. Rundsch. Med. (PRAXIS) 71/1982.

Gerber, L. H.: Rehabilitation of patients with rheumatic diseases. In: Kelley, W. N./Harries, E. D./Ruddy, S./Sledge, C. B. (Eds.): Textbook of Rheumatology. Saunders, Philadelphia 1985.

Gieler, U.: Haut und Körpererleben. In: Brähler, E. (Hrsg.): Körpererleben. Springer, Berlin 1986.

Gruskin, S. E.: Medical management of myofascial pain. Clinics in Physical Therapy 11/1987.

Hansen, K./Schliack, H.: Segmentale Innervation und ihre Bedeutung für Klinik und Praxis. Thieme, Stuttgart 1962.

Haralson, K.: Physical modalities. Clinics in Physical Therapy 16/1988.

Jantsch, H./Schuhfried, F.: Niederfrequente Ströme zur Diagnostik und Therapie. Maudrich, Wien 1981.

Krauß, H.: Periostbehandlung – Kolonbehandlung: Zwei reflextherapeutische Methoden nach P. Vogler. Enke, Stuttgart 1986.

Lehmann, J. F.: Therapeutic heat and cold. Williams and Wilkins, Baltimore 1982.

Lehmann, J. F./de Lateur, B. J.: Ultrasound, shortwave, microwave, superficial heat and cold in the treatment of pain. In: Wall, P. D./Melzack, R. (Eds.): Textbook of pain. Churchill Livingstone, Edinburgh 1989.

Levi, S. J./Maihafer, G. C.: Traditional approaches to pain. Clinics in Physical Therapy 12/1987.

Loane, S. R.: Cryotherapy – Using cold to treat injuries. In: Appenzeller, O. (Ed.): Sports medicine. Urban und Schwarzenberg, Baltimore 1988.

Mannheimer, J. S./Lampe, G. N.: Clinical transcutaneous electrical nerve stimulation. F. A. Davis, Philadelphia 1984.

Mannheimer, J. S.: Physical therapy concepts and treatment of the upper quarter. Therapeutic modalities. Clinics in Physical Therapy 18/1988.

Marnitz, H.: Ungenutzte Wege der manuellen Behandlung. Haug, Heidelberg 1971.

McCulloch, J.: Approaches to dealing with musculoskeletal pain. Clinics in Physical Therapy 12/1987.

Melzack, R.: Acupuncture and related forms of folk medicine. In: Wall, P. D./Melzack, R. (Eds.): Textbook of pain. Churchill Livingstone, Edinburgh 1989.

Ochs, G.: Lokale Schmerzbehandlung. Internist 27/1986.

Rogoff, J. B. (Ed.): Manipulation, traction and massage. Williams and Wilkins, Baltimore 1980.

Rosenbloom, D./Sutton, J. R.: Drugs and exercise. Med. Clin. North Amer. 69/1985.

Ross, D. M./Ross, S. A.: Childhood pain, Current issues, research and management. Urban und Schwarzenberg, Baltimore 1988.

Saller, R./Hellenbrecht, D. (Hrsg.): Schmerzen. Therapie in Praxis und Klinik. H. Marseille Verlag, München 1991.

Schäfer, U.: Physikalische Heilmethoden in der ersten Wiener Medizinischen Schule. Österreichische Akademie der Wissenschaften, Wien 1967.

Schiffter, R.: Neurologie des vegetativen Systems. Springer, Berlin 1985.

Schlapbach, P./Gerber, N. J. (Eds.): Physiotherapy: controlled trials and facts. Rheumatology. The interdiciplinary concept. Vol. 14. Karger, Basel München Paris London, 1991.

Schuh, I.: Bindegewebsmassage. Fischer, Stuttgart 1986.

Seymour, R.A./Rawlins, M.D./Rowell, F.J.: Dihydrocodeine-induced hyperalgesia in postoperative dental pain. Lancet I/1982.

Simons, D.G.: Myofascial pain syndromes: Where are we? Where are we going? Arch. Phys. Med. Rehabil. 69/1988.

Simons, D.G./Travell, J.G.: Myofascial pain syndromes. In: Wall, P.D./Melzack, R. (Eds.): Textbook of pain. Churchill Livingstone, Edinburgh 1989.

Swezey, R.L./Meiner, S.R.: Rehabilitation medicine and arthritis. In: McCarty, D.J. (Ed.): Arthritis and allied conditions. Lea and Febiger, Philadelphia 1985.

Travell, J.G./Simons, D.G.: Myofascial pain and dysfunction. The trigger point manual. Williams and Wilkins, Baltimore 1983.

Vallbona, C.: Bodily responses to immobilisation. In: Kottke, F.J./Stillwell, G.K./Lehmann, J.F. (Eds.): Krusen's Handbook of Physical Medicine and Rehabilitation. Medicine and Rehabilitation. Saunders, Philadelphia 1982.

Weintraub, A.: Psychorheumatologie. Karger, Basel 1983.

Winkel, D./Meijer, O.G./Aufdemkampe, G./Vleeming, A./ van der Vaart, R.: Nichtoperative Orthopädie der Weichteile des Bewegungsapparates. Teil 3. Fischer, Stuttgart 1987.

Wood, E.C./Becker, P.D.: Klassische Massagemethoden. Hippokrates, Stuttgart 1984.

Yeh, C./Gongea, M./Iemke, J./Volpe, M.: Physical therapy: evaluation and treatment of chronic pain. In: Aronoff, G.M. (Ed.): Evaluation and treatment of chronic pain. Urban und Schwarzenberg, Baltimore 1985.

Literatur zu TENS

Eriksson, M.B.E./Sjölund, B.H.: Transcutane Nervenstimulation für Schmerzlinderung. Fischer, Heidelberg 1979.

Jellinger, K.: Neuere biochemische Aspekte zur Schmerzvermittlung und Akupunktur-Analgesie. DZA 27/1984.

Kahn, J.: Electrical modalities in obstetrics and gynecology. Clinics in Physical Therapy 20/1988.

Klingler, D./Kepplinger, B.: Die transcutane Elektrostimulation (TENS) bei chronischen Schmerzen aus dem Bewegungsapparat. In: Berger, M./Gerstenbrand, F./Lewit, K. (Hrsg.): Schmerz bei Funktionsstörungen des Bewegungssystems. Fischer, Stuttgart 1984.

Kreutner, B.J. (Hrsg.): Handbuch der transcutanen Nervenstimulation (Loseblattsammlung). schwa-medico, Frankfurt 1987.

Mannheimer, J.S.: Transcutaneous electrical nerve stimulation: Its uses and effectivness with patients in pain. Clinics in Physical Therapy 12/1987.

Mannheimer, J.S./Lampe, G.N.: Clinical transcutaneous electrical nerve stimulation. Davis, Philadelphia 1984.

Melzack, R.: Acupuncture and related forms of folk medicine. In: Wall, P.D./Melzack, R. (Eds.): Textbook of pain. Churchill Livingstone, Edinburgh 1989.

Ottoson, D./Lundeberg, T.: Pain Treatment by Transcutaneous Electrical Nerve Stimulation. Springer, Berlin 1988.

Rowbotton, M./Susskind, C.: Electricity and Medicine. History of their interaction. San Francisco Press, San Francisco 1986.

Saller, R./Göttl, K.H./Blumenthal, E./Reuter, H./Bühring, M.: Placebo-kontrollierte Untersuchung über die analgetische Wirksamkeit von transdermaler elektrischer Nervenstimulation (TENS) in der Behandlung lumbosakraler Schmerzen bei Patienten mit nicht-infektiösen Spondylitiden. Z. Phys. Med. Baln. Med. Klim. 16/1987.

Saller, R./Dierks, C./Göttl, K.H./Blumenthal, E./Kaltwasser, J.P./Bühring, M.: Placebo-kontrollierte klinische Untersuchung der analgetischen Wirksamkeit unterschwelliger transdermaler elektrischer Nervenstimulation (TENS) bei Patienten mit Coxarthrose. Z. Phys. Med. Baln. Med. Klim. 17/1988.

Saller, R./Hellenbrecht, D. (Hrsg.): Schmerzen. Therapie in Praxis und Klinik. H. Marseille Verlag, München 1991.

Woolf, C.J.: Transcutaneous and implanted nerve stimulation. In: Wall, P.D./Melzack, R. (Eds.): Textbook of pain. Churchill Livingstone, Edinburgh 1984.

Abbildungsnachweise

Siehe Legenden und PD Dr. med. R. Saller, Frankfurt/M.

Teil II: Praxis

8 Allgemeine Grundlagen des NEUROMEDIZIN-KONZEPTS

Reinhard Dittel

Der Schmerz als komplexes Phänomen

Der Schmerz ist ein zentrales Thema in der Medizin. Würde es ohne Schmerz eine Medizin, einen Arzt, einen Psychologen oder einen Krankengymnasten geben? Das Verstehen, die Diagnostik und Therapie von Schmerzzuständen kann Quelle großer beruflicher Befriedigung, aber auch enttäuschender Überforderung sein.

Eine Definition und objektive Messung von Schmerzen ist schwierig. Bonica, der amerikanische Pionier der heutigen Algologie, bezeichnet Schmerz als eine unangenehme subjektive Empfindung, die durch aktuelle oder chronische Gewebeschädigung ausgelöst wird, oder vom Patienten als Gewebeschädigung beschrieben wird.

Schmerz ist ein meist ungeliebter Begleiter von der Geburt bis zum Tod. Er hat viele Gesichter und taucht von Kopf bis Fuß auf. Schmerzen hat jeder schon einmal gehabt, und sie sind der häufigste Anlaß, daß jemand medizinische Hilfe sucht, Tabletten einnimmt oder der Arbeit fernbleibt. Nach dem Physiker Einstein gilt alles, was von den Menschen getan und gedacht wird, der Befriedigung gefühlter Bedürfnisse und der Stillung von Schmerzen.

Der Schmerz als komplexes Geschehen hat somatische, psychische, kognitive und soziale Komponenten.

Akute und chronische Schmerzen unterscheiden sich in Pathogenese, Symptomatik, Diagnostik und Therapie. Der akute Schmerz ist situativ begrenzt und gut lokalisierbar, er hat einen spezifischen Charakter, sein Ende ist abzusehen. Chronische Schmerzen sind multifaktoriell bedingt. Sie zeigen eine vielschichtige Symptomatik und sind schwer zu diagnostizieren und zu therapieren.

Kein Krankheitssymptom ist gegenwärtiger als der Schmerz. Wer krank ist, hat im Regelfall Schmerzen. Wer keine Schmerzen hat, fühlt sich nicht richtig krank bzw. hinterläßt bei seiner Umwelt den Eindruck, daß er nicht richtig krank sei. Diese Auffassung kann verhängnisvoll sein. Beispielsweise wird eine Hypertonie oder Leukämie nicht von Schmerzen begleitet. Auch Karzinome von Knochen, Leber, Lunge oder Gehirn führen meist erst im Terminalstadium zu Schmerzen, da dann durch das infiltrierende Wachstum nocizeptive Strukturen wie Periost, Pleura oder Dura gereizt werden. Die teilweise oder komplette Analgesie wie z. B. bei Lepra, Syringomyelie, Tabes dorsalis oder auch bei Autismus ist gefährlich, da diese Menschen Verletzungen, Frakturen oder Verbrennungen nicht als Schmerz wahrnehmen.

Schmerzort und Schmerzursache sind nur bei Haut- und Schleimhautläsionen identisch. Bei Veränderungen der inneren Organe und des Bewegungsapparates sind Ort und Ursache selten identisch. So kann ein Knöchelschmerz durch einen Diskusprolaps bedingt sein.

Die Schmerzintensität korreliert nicht unbedingt mit der Schwere der Erkrankung. Bei einer Appendicitis ist sie oft gering, bei Zahnkaries oft sehr heftig. Eine schwere Verwundung im Krieg verursacht oft nur einen relativ geringen Schmerz. Phantomschmerzen können sehr massiv sein, obwohl die Verletzung schon lange zurück liegt. Apparativ objektivierbare Veränderungen korrespondieren durchaus nicht immer mit entsprechenden Beschwerden.

Schmerz ist ein subjektives Erlebnis, das vom Betroffenen nicht bewiesen, vom Beobachter aber auch nicht widerlegt werden kann. Der Heidelberger Anatom Kantner sagt: «Vom Schmerz weiß der Anatom das wenigste, der Physiologe mehr, der Kliniker viel, der Patient selbst aber am meisten.» Der Patient ist also sein eigener Experte. Er könnte seine Wahrnehmungsfähigkeit einsetzen, um die Ursache im Sinne einer Selbstregression («Lebensknäuel zurückwikkeln») herauszufinden bzw. seinen Heilungsweg zu erkennen.

Der Schmerz ist ein Signal (eine Botschaft) für Körper und Seele. Das Signal sagt dem heutigen Menschen: «Tue was, laß dich röntgen, unterziehe dich allen modernen apparativen Untersuchungen», oder «Tue was, nimm eine der etwa fünfhundert zur Verfügung stehenden Schmerzpillen ein», oder «Tue was, laß dir den Schmerz wegoperieren». Sowohl mit der diagnostisch viel betriebenen «Zackologie» (Asshauer) als auch mit der medikamentösen und operativen Schmerztherapie werden die Ursachen oft nicht erkannt, eine ursächliche Therapie ist meistens nicht möglich. An Abhängigkeit und anderen Nebenwirkungen dieser Maßnahmen wird meist zu spät gedacht.

Der Schmerz könnte aber auch als Symbol sagen: «Tue was, bewege dich mehr, halte und ver-halte dich anders». Schmerz ist ein Zeichen von Entwicklung und Veränderung. Er gehört zum Leben, ähnlich wie die Schwerkraft.

Dabei hat jede Generation ihre eigene Einstellung zum Schmerz. Der heutige westliche Mensch ist weitgehend unfähig, Schmerz zu ertragen. Als Gründe dafür seien angeführt: Geistige Orientierungslosigkeit und Verlust des religiösen Glaubens, das materialistische Leistungsprinzip («Zeit ist Geld» statt «Alles hat seine Zeit»), die zunehmende Vereinsamung, der Glaube an die technische Lösbarkeit aller Probleme und der Anspruch auf ein Leben ohne Sorgen und Leiden. Krankheiten und Schmerzen gehören zum Leben, sie sind nicht wertlos, und man kann an ihnen persönlich reifen. Durch keine andere Empfindung wird der Mensch so sehr daran erinnert, daß er ein endliches Wesen ist, «daß er an einer Grenze angekommen ist» (Asshauer), die nicht nur «Reflexe» wie beim Tier auslöst, sondern auch zur «Reflexion» über sich selbst, das Leben und den Schmerz aufruft.

Chronische Schmerzen stehen in vielfältigen Wechselwirkungen mit anderen körperlichen, seelischen und sozialen Problemkreisen. Chronischer Schmerz ist oft die Spitze eines Eisberges, unter dem sich eine allgemeine somatopsychosoziale Gesundheitsstörung verbergen kann. So können nicht geordnete «Grundfunktionen» (z. B. Schlaflosigkeit), ein- oder mehrdimensional gestörte Statik, familiäre und berufliche Schwierigkeiten isoliert oder kombiniert zu chronischen Schmerzen führen, diese aber auch verstärken bzw. abschwächen.

Umgekehrt ergreift das bewußte und unbewußte Schmerzgeschehen den ganzen Menschen und findet seinen individuellen Ausdruck in der veränderten Körperhaltung und -bewegung (einerseits gesteigerte Abwehrmotorik, andererseits reflektorische Ruhigstellung), Mimik («Zähne zusammenbeißen»), Gestik, Vokalisation (Stöhnen, Jammern, Seufzen, Schreien), Weinen, in gestörten vegetativen «Grundfunktionen» und in dem Bewußtsein, krank zu sein. Chronische Schmerzen und die begleitenden Symptome können das Leben unerträglich und sinnlos machen; in einzelnen Fällen führen sie zum Selbstmord.

Vielfältige psychosoziale Mechanismen können Schmerzen verursachen, beeinflussen, aber auch beseitigen. Einige Beispiele:

Krankheitsgewinn

Rein psychogene Schmerzen braucht oder will der Mensch. Mit dem Vehikel Schmerz können wir unsere Umwelt kontrollieren. Entweder benutzen wir Schmerz als Entschuldigung, wenn wir etwas nicht tun wollen, oder als Strategie, um Wünsche durchzusetzen. Beispielsweise bekommt ein Mann Kopfschmerzen, damit er nicht mit zu einer Tanzveranstaltung gehen muß, oder weil er sich einer beruflichen Aufgabe nicht gewachsen fühlt. Ein Kind könnte Bauchschmerzen bekommen, damit es die anstehende Klassenarbeit nicht mitschreiben muß, und eine Frau könnte Kreuzschmerzen bekommen, um Sex zu vermeiden.

Typisch ist auch der Wunsch nach vorzeitiger Berentung oder nach höherem Schmerzensgeld bei Arbeitsunfällen. Nicht wenige Menschen machen im Laufe ihres Lebens die Erfahrung, daß sie nur dann die ersehnte Aufmerksamkeit, Sympathie und Zuwendung der Umwelt bekommen, wenn sie krank sind und Schmerzen haben.

Schmerzen können zur Universallösung bei Problemen werden, bei denen es keinen Ausweg zu geben scheint. So unterziehen sich manche Patienten über Jahre hinweg «karriereartig» den verschiedensten Untersuchungs- und Behandlungsverfahren ohne Erfolg, weil sie ihren Schmerz brauchen (sog. «Koryphäenkiller»). Die geschilderten Vorgänge sind dem Homo dolorosus (Schmerzensmensch) jedoch oft nicht bewußt.

Aufmerksamkeit («Konkurrenz der Sinne»)

Durch das Lenken der Aufmerksamkeit auf andere geistige, seelische und körperliche Aktivitäten läßt sich Schmerz reduzieren.

Das unwillkürliche Reiben der betroffenen Stelle, der Gedanke an frühere oder zukünftige schmerzfreie Zeiten, körperliche Aktivierung (z. B. Tanzen

mit einem sympathischen Partner) und die Konzentration auf Geschichten (insbesondere lustige), Diapositive, Filme, Rechen- und Schreibaufgaben reduziert Schmerzen. Kants Gichtschmerzen verschwanden bei intensiver Beschäftigung mit philosophischen Fragen.
Bekannt ist auch, daß nachts viele Schmerzzustände schlimmer werden, weil man tagsüber durch vielfältige Ereignisse und Aktivitäten abgelenkt wird. In der Kampfsituation des Krieges ist der Soldat emotional so gefesselt («er kämpft für eine große Idee») und mit Wut erfüllt, daß selbst bei drastischen Verletzungen keine besonderen Schmerzen wahrgenommen werden. Außerdem bedeutet die Verletzung Aussicht auf Sicherheit (Lazarett). Ähnliches gilt für Sportler. Ein Fußballer ist so in das Spiel verwickelt, daß er keine Zeit hat, seine Schmerzen wahrzunehmen. Erst nach dem Spiel kommen die Qualen.
Die Geburt eines Kindes ist für viele Frauen ein freudiges Ereignis. Sie ertragen ihre Schmerzen für eine Sache, die sich lohnt. Die werdende Mutter ist gedanklich mit dem Neugeborenen beschäftigt, nicht mit dem Schmerz. Vermutlich leidet eine Frau mehr unter Schmerzen, wenn sie ein Kind bekommt, das sie eigentlich nicht will.
Auch ein Professor, der Zahnschmerzen hat, nimmt diese während der Vorlesung im Hörsaal nur unterschwellig wahr; eine Mutter, die dem verletzten und schreienden Kind die neue Puppe zeigt, kann hierdurch Schmerzen und Schreien beenden, und ein frisch verliebtes Paar kann Eiskälte besser tolerieren als Einzelpersonen.
Diese alltäglichen Beobachtungen der «Konkurrenz der Sinne im Drehtürprinzip» beruhen wahrscheinlich auf der Anregung des Endorphinspiegels und können systematisch zu Therapiezwecken ausgenutzt werden.
So arbeiten einige Schmerzkliniken in den USA u. a. nach dem Prinzip, Schmerz durch Vergnügen zu ersetzen, indem sie regelmäßige Lachübungen verordnen. Bei zahnärztlichen Eingriffen kann das gleichzeitige Hören einer angenehmen Musik Schmerzen lindern (sog. auditive Analgesie). Auch bei den neuromedizinischen Untersuchungs- und Behandlungstechniken (Manualtherapie, PNF, Kinästhesie) macht man sich das von v. Weizsäcker beschriebene «Drehtürprinzip», vor allem über das Berühren, Bewegen und Vorstellen, zur Schmerzreduktion zunutze (siehe auch Abschnitt «Schmerzablenkende Visualisationen» im Kapitel «Kinästhesie»).

Lernprozesse

Interessant sind die Versuche von Melzack und Wall, die gezeigt haben, daß in Isolation und reizarmer Umgebung aufgewachsene Hunde später beim Kontakt mit Feuer keine Schmerzreaktionen zeigen. Schmerz wird also erlernt. Diese Experimente lassen sich mit Einschränkungen auch auf den Menschen übertragen.
So können im allgemeinen Männer Schmerzen länger und intensiver ertragen als Frauen und äußern sich zurückhaltender. Dies hat jedoch weniger physiologische Gründe, sondern ist Ausdruck des erlernten Rollenverhaltens («ein Junge darf nicht weinen und muß stark sein»). Südländische Menschen und Menschen weißer Hautfarbe sind im allgemeinen wehleidiger als nordländische Menschen und Menschen schwarzer Hautfarbe.
Das Schmerzverhalten wird oft von der Familie imitierend übernommen. Eine junge Frau bekommt vielleicht nur deshalb Schmerzen bei der Menstruation, weil ihr erzählt wurde, daß es weh tun wird.

Emotionen

Gefühlsmäßig kann der Mensch auf Schmerzen grundsätzlich aktiv oder passiv reagieren. Aktiv begehrt der Mensch kämpfend gegen den Schmerz als Feind auf. Motto: «Kontrolle habe ich und nicht der Schmerz.»
Passiv entwickelt der Patient Angst, ist verunsichert, enttäuscht (über erfolglose Therapie), verzweifelt, ohne Hoffnung, ärgerlich, deprimiert (z. B. weil ihm seine Umwelt nicht glaubt) und in sich gekehrt (alles dreht sich um den Schmerz).
Vorherrschend ist die Angst, insbesondere bei akutem Schmerz. Schmerzen machen Angst, und diese erhöht den Schmerz. Die Ängste können sich auf die Vergangenheit beziehen (Erinnerung an den Unfall). Aber auch die gegenwärtige (Ist der Schmerz unbeeinflußbar?, Kommt der Schmerz von einer unheilbaren Krankheit wie z. B. Krebs?) und zukünftige Situation ist von Ängsten begleitet (Wird der Schmerz aufhören?, Was hat der Schmerz für Folgen – körperlich, seelisch, familiär, beruflich oder finanziell?). Typisch sind auch Ängste vor therapeutischen Maßnahmen, z. B. operativen Eingriffen. Umgekehrt haben verschiedene Studien gezeigt, daß dann, wenn in einer Klinik die praeoperative Angst durch Erklärungen und soziale Unterstützung reduziert wird, nach der Operation weniger Schmerzmittel erforderlich sind. Der Patient wird schneller gesund und kann die Klinik früher verlassen als ein Patient, der nicht entsprechend vorbereitet wurde. Nicht wenige Patienten betrachten Schmerzen unbewußt als eine Form der Bestrafung Gottes für begangene Missetaten, Sünden und Tabuübertretungen des zum Selbstschöpfer gewordenen Menschen. Für andere ist der Schmerz Beweis dafür, daß sie unerwünscht

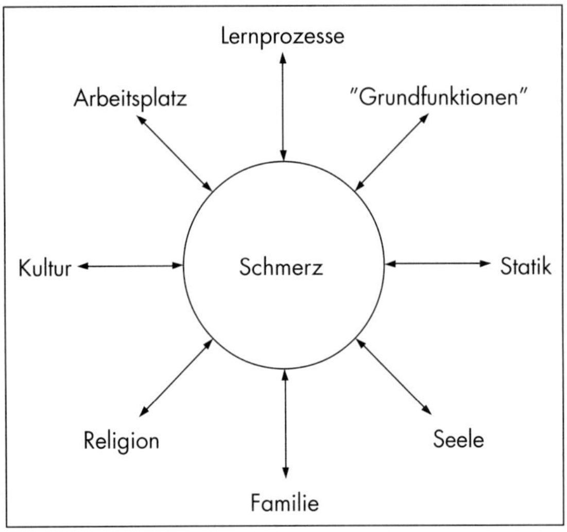

Abb. 8.1: Der Schmerz als komplexes Phänomen

und vom Leben nicht begünstigt sind (Warum ich?, Womit habe ich diese Schmerzen verdient?).
Der emotionale Ausdruck von Schmerzen hat sich in der Musik, Kunst und Literatur der verschiedenen Kulturen und Generationen niedergeschlagen.

Placebo

Der Begründer des Autogenen Trainings, Schultz, hat in Experimenten zeigen können, daß die Suggestion einer in die Haut gedrückten Münze aus glühendem Metall Schmerzen und Brandblasen auslösen kann.
«Placebo» kommt aus dem Lateinischen und heißt «ich werde gefallen, ich werde es recht machen». Placebo-Effekte einer Substanz oder Therapie haben nachweislich keine spezifische Wirkung auf den Zustand, aufgrund dessen sie verabreicht wurden. Placebo-Effekte können manchmal sehr ausgeprägt sein. So kann einem Patienten, der an Erbrechen leidet, ein Brechmittel Erleichterung verschaffen.
Bei Patienten mit postoperativen Schmerzen konnte man bei 75% mit Morphium eine deutliche Verbesserung erreichen. 35% erreichten eine Besserung durch Placebo. Aus dieser Studie kann abgeleitet werden, daß die Hälfte der Morphium-Wirkungen auf Placebo beruhen.
Wenn der Patient daran glaubt, daß das Placebo wirken wird, dann ist die Wahrscheinlichkeit groß, daß es wirkt. Die Wirkung beruht vermutlich auf der Freisetzung von Endorphinen. Der Wirkungsmechanismus von Placebo und Morphinen ist ähnlich. Die Schmerzlinderung durch Placebo und Morphine läßt über längere Zeiträume nach, die Patienten verlangen immer größere Mengen. Beim Absetzen von Placebo und Morphinen kommt es gleichermaßen zu Entzugserscheinungen. Eine Studie bestätigte sogar, daß der schmerzlindernde Effekt von Placebo durch einen Opiatantagonisten (der normalerweise verwendet wird, um Morphium zu blockieren) aufgehoben wird, d. h. Patienten, die Placebo erhielten, waren schmerzfrei, bis sie den Opiatantagonisten erhielten.
Die Meinung, daß der Schmerz von Patienten, denen Placebo geholfen hat, nicht «echt» gewesen sein kann, weist auf ein nur lückenhaftes Verständnis des Schmerzphänomens hin.
Als Placebo-Effekte sind in der Krankengymnastik das Ausmaß, mit dem der Krankengymnast seine Methode anpreist, seine Persönlichkeit und die individuelle Zuwendung zum Patienten anzusehen.
Die bisherigen Ausführungen haben die Vielschichtigkeit des komplexen Phänomens Schmerz aufgezeigt (Abb. 8.1).
Der Schmerz, wie immer der darunter leidende Patient ihn beschreiben mag, ist, was er ist, und er existiert, wenn der Patient behauptet, daß er existiert.
Es geht nicht um psychisch oder somatisch, sondern darum, wie diese Faktoren miteinander verwoben sind. Es sollte immer die Ganzheit des Leidenden im Blick behalten werden, nicht nur das isolierte Symptom Schmerz, d. h. auch, daß man in einer ganzheitlichen, patientenzentrierten Schmerztherapie an der Lösung von anderen Problemen (indirektes Vorgehen) und dem Schmerz (direktes Vorgehen) arbeitet.
Weitere Aspekte zum Phänomen Schmerz sind den Beiträgen «Schmerzsyndrome aus neurologischer Sicht», «Schmerzsyndrome aus psychosomatischer Sicht», «Schmerzsyndrome aus physikaltherapeutischer Sicht» und «Grundlagen der Neuro-, Muskel- und Schmerzphysiologie» zu entnehmen.

Grundbegriffe des NEUROMEDIZIN-KONZEPTS

Grundfunktionen

Das Denkmodell der Grundfunktionen wurde von Vogler (siehe auch Kapitel «Periostbehandlung» und «Kolonbehandlung») erarbeitet.
Atmung, Stuhlgang, Wärmehaushalt, Schlaf, Haut, Schleimhaut und Menstruation werden nach Vogler zu den Grundfunktionen gerechnet.
Grundfunktionen sind Funktionskreise (nach Siebeck) bzw. Assoziationen (nach Hess). Sie spielen sich an den Aufnahme- und Abgabeorganen des Kör-

pers ab, durch die er mit der Umwelt in direkter Verbindung steht (z. B. Atmung und Stuhlgang), oder sie stellen sich als vegetative Gesamtleistung phylogenetisch erarbeiteter Grundbefindlichkeiten dar (z. B. Schlaf und Wärmehaushalt).
Ergänzt werden könnte das Modell um die Miktion, eventuell auch um die Sexualität.
Die Grundfunktionen arbeiten rhythmisch, ihr «Motor» ist die aktive Bewegung; sie sind im Hirnstamm miteinander verkoppelt (Abb. 8.2).
Beispielsweise findet man pathogenetisch bei gestörtem Stuhlgang (Obstipation) oft kalte Füße (gestörter Wärmehaushalt), eine oberflächliche Brustatmung (oft sogar Mundatmung, die zu mangelnder Beanspruchung und Dysfunktion der Schleimhäute führt), schmerzhafte Menstruation und unreine Haut. Bei kalten Füßen wird sicher auch der Schlaf beeinträchtigt sein. Solche gestörten Grundfunktionen haben natürlich Auswirkungen auf die geistige, seelische und körperliche Belastbarkeit. Chronische Schmerzen können durch gestörte Grundfunktionen verursacht bzw. verstärkt werden. Außerdem beruhen Schmerztherapieresistenz und Rezidive nicht selten auf gestörten Grundfunktionen.
Umgekehrt beeinflußt bereits die Regelung einer einzigen Grundfunktion alle anderen günstig und stellt eine optimale Basis jeder Schmerztherapie dar. Alles ist also mit allem leitend (im Sinne der Gesundung), aber auch leidend (im Sinne der Krankheitsentstehung) wie ein vernetztes System verbunden; der Teil und das Ganze, das Ganze und der Teil.
Grundfunktionen sind trainierbar (z. B. mit einfachen hydrotherapeutischen Maßnahmen); ihre Homöostase führt meist auch zu einer psychosozialen Homöostase. Die Lehre von den Grundfunktionen ist keine weltanschauliche Mystik, sondern eine angewandte vegetative Physiologie mit pathogenetischer, diagnostischer, therapeutischer und nicht zuletzt prophylaktischer Bedeutung.
Die Lehre von den Grundfunktionen stellt einen wichtigen Baustein des NEUROMEDIZIN-KONZEPTS dar. Das Vogler'sche Denkmodell läßt chronische Schmerzen verständlich werden; die Regulation der Grundfunktionen trägt zur Schmerzreduktion bei. Des weiteren dient das Modell auch als Feedback in einer neuromedizinischen Behandlungsserie. Konnte beispielsweise der Patient nach der letzten Behandlung länger und intensiver schlafen, hat er etwas besonderes geträumt?

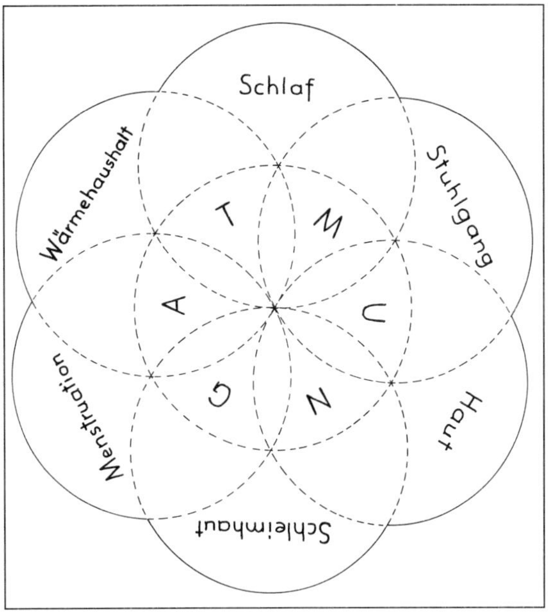

Abb. 8.2: Neurale Verkopplung der Grundfunktionen

Rhythmen-Phasenindikation

Das menschliche Leben ist als zeitlicher Ablauf durch Geburt und Tod begrenzt. Es ist strukturiert durch die verschiedenen Lebensphasen, Jahreszeiten, Monats- und Wochenzyklen, Tag-Nacht-Wechsel und Organrhythmen. Die u. a. von Hildebrandt begründete Chronobiologie hat die medizinischen Auswirkungen der z. B. durch Schichtarbeit, Antibabypille und Flugreisen gestörten Rhythmen erforscht.
Wie Studien von Pöllmann u. a. gezeigt haben, werden tages- und jahreszeitenabhängig Schmerzen unterschiedlich stark wahrgenommen, d. h. dieselbe Schmerzuntersuchung führt morgens, tagsüber, abends oder nachts zu unterschiedlichen Resultaten. Ebenso ist der Effekt jeder Schmerztherapie zeitabhängig. So wird beispielsweise ein fünfzehnminütiges manualtherapeutisches «Klavierspielen» der Wirbelsäule um 7.00 Uhr zur selben Schmerzreduktion und Bewegungsvergrößerung führen wie ein nur fünfminütiges «Klavierspielen» um 11.00 Uhr.
Es kommt also darauf an – ähnlich wie bei einer Schaukel – im richtigen Moment das Richtige zu tun. Chronische Schmerzen sind häufig auch durch gestörte Lebensrhythmen charakterisiert; entsprechend lassen sich oft schon durch Rhythmisierung der Lebensumstände chronische Schmerzen verbessern.
Vogler schreibt im Vorwort zu seinem 1964 erschienenen Lehrbuch u. a., daß das Hauptanliegen seines Buches eine Phasenindikation der Physiotherapie sei: «Nicht die Krankheitsindikation, die lineare Zuordnung der Heilmittel zu Diagnosen ist hier entscheidend, vielmehr ergeben sich Behandlungsplan und Einzelverordnung bei jedem Krankheitsgeschehen aus der Analyse der Funktionskreise und der

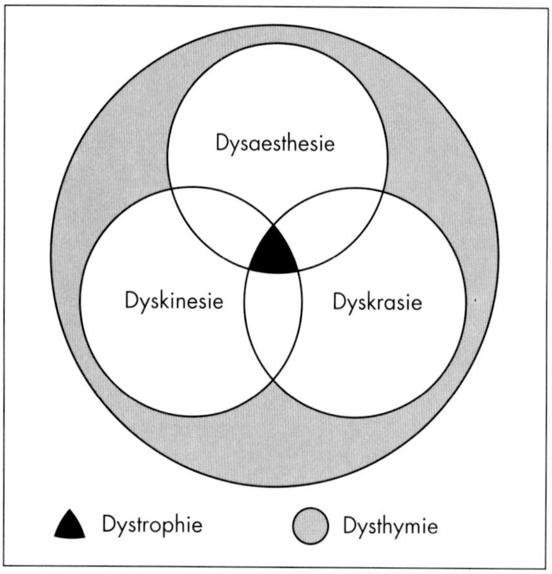

Abb. 8.3: Dystrophie-Modell nach Gross

Beurteilung aller Gewebe. Verlaufsform und vegetative Situation am einzelnen Tage modifizieren den Plan so stark, daß kein Raum mehr bleibt für die nicht nur in der pharmazeutischen Propaganda so beliebte Kurzschlußindikation: «Bei... das und das.»

Der aktuelle Tagesbefund sollte also die Tagesziele und momentane Tagesbehandlung bestimmen.

Schon Heraklit, der griechische Philosoph, beschrieb mit seinem «Panta rhei» (alles fließt) denselben Zusammenhang. Das Leben fließt jedoch nicht dahin wie ein Fluß, sondern wie ein Rad bzw. ein ganzes Räderwerk, das immer wiederkehrende Zyklen durchläuft und sich doch fortbewegt. Nach Groddeck, einem der Begründer der Psychosomatik, ist «der Mensch nie fertig, sondern wird immer», verändert sich von Sekunde zu Sekunde. Bei der Reparatur einer Maschine kann man heute die Arbeit dort fortsetzen, wo man sie gestern unterbrochen hat – die Behandlung von Kranken und ganz besonders von chronischen Schmerzpatienten aber muß Tag für Tag neu begonnen werden, da das Leben seit der letzten Behandlung nicht stillgestanden hat.

So verständlich die Phasenindikation bereits jedem Anfänger oder gar Laien ist, so schwierig ist die Umsetzung in den therapeutischen Alltag. Eine patientenzentrierte Arbeitsweise setzt fundierte theoretische Kenntnisse und perfekte praktische Fertigkeiten voraus. Nur so wird aus einem Handwerk eine Behandlungskunst (siehe auch «Zug-um-Zug»-Therapie im Beitrag «Schmerzsyndrome aus psychosomatischer Sicht» und «Pathogenetische Aktualitätsdiagnostik» im Beitrag «Manualtherapie»).

Polaritäten

Das Denken in Polaritäten (Schönberger) wie oben/unten, vorne/hinten, links/rechts, innen/außen und zentral/peripher hat sich in der schmerzphysiotherapeutischen Arbeit bewährt.

Da chronische Schmerzzustände durch vielfältige psychosoziale Aspekte gekennzeichnet sind, sollte man bei der Untersuchung und Behandlung immer auch daran denken, daß jede einzelne Persönlichkeit in sich männliche und weibliche Bestandteile trägt.

Die insbesondere im kinästhetischen Kapitel «Führen und Folgen» dargestellten Beziehungsmuster, die Bindungs- und Trennungsproblematik, findet sich bei fast allen chronischen Schmerzpatienten.

Chronische Schmerzen können auch als «eingefrorene Gefühle» betrachtet werden. Die mit Schmerzen oft verbundenen Bewegungseinschränkungen deuten darauf hin, daß Bewegungen auch zwischenmenschlicher Begegnung und Trennung dienen.

Dystrophie-Modell

Das von Gross beschriebene Dystrophie-Modell ist für das Verständnis, die Untersuchung und Behandlung von chronischen Schmerzzuständen von grundsätzlicher Wichtigkeit. Eine Dystrophie resultiert aus Dyskinesie (Dysbalancen der quergestreiften, aber auch der glatten Muskulatur), Dysästhesie (Fehlempfindungen, Schmerz), Dyskrasie (Ungleichgewicht der Säfte) und Dysthymie (Mißstimmung, Depression).

Umgekehrt kann durch das somatische oder psychische Arbeiten an diesen Faktoren ein schmerzfreier eutrophischer Zustand (die funktionelle Norm) aufgebaut werden (Abb. 8.3).

Therapeutenabhängigkeit

Im Rahmen einer neuromedizinischen Behandlungsserie wird der Patient (der Leidende) zu zunehmender Aktivität angeleitet. Er erlebt, wie er durch regelmäßige, gezielte Übungen und Änderungen seiner Lebensgewohnheiten seine Schmerzen lindern und weitgehend unter Kontrolle bekommen kann. Er wird «vom Patienten zum Agenten».

Nach Hoff und Gross ist die wichtigste Aufgabe des Arztes die Befreiung des Patienten vom Doktor; Hilfe zur Selbsthilfe ist angezeigt. Motto: «Gibst du jemandem einen Fisch, so nährt er sich einmalig, lehrst du ihn angeln, so nährt er sich für immer».

Das Verhältnis von aktiven und passiven Techniken sieht im Rahmen einer Behandlungsserie im Idealfall

so aus, daß man von Anfang an aktiv arbeitet und sich passiv arbeitend «ausschleicht» (Abb. 8.4).
Wichtig ist in diesem Zusammenhang auch, daß die Fixierung des Patienten auf den Schmerz durch etwas anderes abgelöst werden muß. Im Sinne einer Strategie der kleinen Schritte sollte sich der Patient angemessene Ziele in Beruf und Freizeit setzen, z. B. berufliche Veränderung oder die Pflege zwischenmenschlicher Beziehungen.

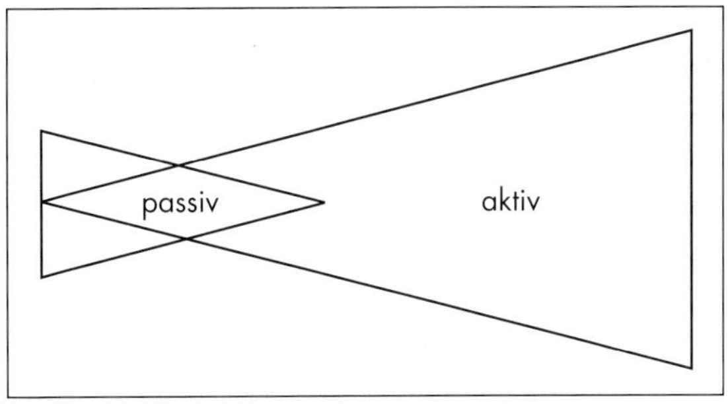

Abb. 8.4: Das ideale Verhältnis von aktiven und passiven Techniken im Rahmen einer Behandlungsserie

NEUROMEDIZIN-KONZEPT

Grundsätzlich kann zwischen einer medikamentösen, psychologischen, operativen und physiotherapeutischen Schmerztherapie unterschieden werden.
Die bisherigen physiotherapeutischen Überlegungen zum Schmerz betrachten meist nur ein Detail, z. B. Durchblutungsförderung mit Thermo-, Hydro- und Elektrotherapie, Gegenirritation mit TENS oder Periostbehandlung, Tonusregulation z. B. mit Muskeldehnungstechniken, Gelenkspielverbesserung mit Manueller Therapie oder vegetative Gesamtumstimmung mit Bindegewebsmassage.
Der Begriff NEUROMEDIZIN wurde vermutlich erstmals 1929 von dem Münchner Arzt Dr. Müller erwähnt und ist nach 1945 von dem Frankfurter Internisten und Neurologen D. Gross für alle diagnostischen und therapeutischen Verfahren geprägt worden, die über die Funktionsstufen des Nervensystems erklärbar sind.
Das auf derselben Grundlage für den Bereich der Physiotherapie vom Autor ausgearbeitete NEUROMEDIZIN-KONZEPT versucht, der Vielschichtigkeit von chronischen Schmerzen gerecht zu werden, ohne in diffuse Polypragmasie auszuarten. Es ist ein offenes, ganzheitliches und patientenzentriertes Konzept einer gezielten und dosierten Kombinationsbehandlung, bestehend aus Manualtherapie, PNF und Kinästhesie.
Befund und Behandlung sind bei allen neuromedizinischen Techniken identisch, sie fließen ineinander über. Diese Vorgehensweise setzt im Vergleich zu anderen Techniken und Methoden eine überdurchschnittliche Wahrnehmungsfähigkeit voraus. Nur auf der Grundlage einer optimalen Selbstorganisation des Therapeuten im Sinne einer Behandlungseinheit mit dem Patienten (situationsgerechte Mischung von Kraft, Raum und Zeit bei beiden) kann sich die Wahrnehmungsfähigkeit entfalten.
Eine neuromedizinische Untersuchung und Behandlung kann
- eingleisig
  Manualtherapie oder PNF oder Kinästhesie,
- zweigleisig
  Manualtherapie und PNF, Manualtherapie und Kinästhesie, PNF und Kinästhesie, PNF und Manualtherapie, Kinästhesie und Manualtherapie, Kinästhesie und PNF, oder
- dreigleisig
  Manualtherapie und PNF und Kinästhesie

aufgebaut sein.
Dabei wird die Behandlung durch die individuelle Variation von Kraft (Wie intensiv?), Raum (Wo?) und Zeit (Wie lange?, Wann?, In welchem Rhythmus?) zu einem «Instrument mit verschiedenen Melodien».
Ob eingleisiges, zweigleisiges oder dreigleisiges Arbeiten: Immer ist das Feedback (die Kontrolle) von Schmerz, Geweben, Funktionen und Stimmungslage bei den angewandten Techniken wichtig. Am Beispiel einer rechtsseitigen Migräne sei die neuromedizinische Vorgehensweise erläutert.

Eingleisige Schmerzphysiotherapie

Der Behandler findet außer dem typischen Schmerzmuster eine rechtsseitige aufsteigende Blockierungskette von Sacrococcygealgelenk, Iliosakralgelenk, L1, Th8, erster Rippe, C4 und Temporo-Mandibular-Gelenk. Eine oder mehrere translatorische Bewegungsrichtungen dieser Stationen sind schmerzhaft eingeschränkt. Die Blockierungsketten sind von entsprechenden Verspannungsketten der Muskulatur begleitet. Das Bewegungs- und Haltungsmuster zeigt sich durch schmerzhaft-eingeschränkte, aktive Kopfbewegungen und eine dreidimensionale Fehlstatik. Außerdem findet sich ein viszerales Muster in Form eines spastischen und schmerzhaften Colon ascendens, einer «beleidigten» Gallenblase und einer eiskalten rechten Hand. Beim Gewebsbefund dominieren druckdolente Periostpunkte an der Linea nuchae (zwei Zentimeter vom rechten Proc. mastoideus), am rechten Querfortsatz von C4 und am rechten Acromion. Das Verhalten des Patienten ist introvertiert und ängstlich, die Atmung oberflächlich und beschleunigt.
Der erfahrene Schmerzphysiotherapeut hat diese pathogenetischen Zusammenhänge in etwa einer Minute mit dem Patienten erarbeitet.

Zur Schmerzreduktion und -zentralisation stehen ihm eine ganze Palette von therapeutischen Möglichkeiten zur Verfügung. So könnte die Behandlung eines einzigen Periostpunktes nicht nur den Migräneanfall stoppen, sondern über periosto-periostale Reflexe die anderen, nicht behandelten Periostpunkte abschwächen bzw. löschen und die anderen Befunde über eine Vielzahl von Reflexen (periosto-vertebral, periosto-arthrogen, periosto-cutan, periosto-muskulär, periosto-viszeral und periosto-emotional) günstig beeinflussen.
Entscheidend ist es, dem Patienten die verbesserten Befunde im Vergleich zum Anfang zu demonstrieren und ihm in einfachen Sätzen die Zusammenhänge verständlich zu machen. Außerdem ist jetzt eine günstige Gelegenheit zur Rezidivprophylaxe, in dem der Patient mit einer klar formulierten Hausaufgabe beauftragt wird, zum Beispiel jede Stunde fünfmal Kopfkorrektur («Schublade 'rein»).
Selbstverständlich ist das gleiche Ergebnis mit anderen isoliert oder kombiniert angewandten manualtherapeutischen Maßnahmen zu erreichen. Ebenso können isoliert oder kombiniert angewandte PNF-Pattern bzw. kinästhetische Übungskomplexe zum Erfolg führen.

Zweigleisige Schmerzphysiotherapie

Manualtherapie und PNF

Der Behandler entschließt sich beispielsweise, zunächst das «verstimmte Bio-Klavier Wirbelsäule zurechtzustimmen». Einige wenige Wirbel wollen jedoch nicht «mitmachen». Der Schmerz reduziert sich dadurch um etwa 30%. Nach der Anwendung von Becken-, Scapula- und Thoraxpattern in verschiedenen Kombinationen wird die Wirbelsäule abschließend nochmals «gestimmt». Jetzt sind die «beleidigten» Wirbel schmerzfrei und «machen» zur Überraschung von Patient und Behandler «mit». Der anfängliche Schmerz hat sich jetzt um etwa 70% reduziert.

PNF und Kinästhesie

Der Behandler entschließt sich beispielsweise, zunächst Becken-, Thorax-, Scapula-, Nacken- und Kieferpattern isoliert und kombiniert anzuwenden. Auffallend sind Koordinationsdefizite (Kraft, Raum und Zeit sind noch nicht optimiert). Obwohl der Patient wegen seiner akuten Kopfschmerzen viel lieber eine passive Behandlung gehabt hätte, zeigt sich überraschenderweise bereits nach etwa fünfzehnminütiger PNF-Behandlung eine Schmerzreduktion um etwa 30%.
Nach der Anwendung des kinästhetischen «Zebra» werden einige Kombinationspattern wiederholt. Die Bewegungen sind jetzt koordinierter und der ursprüngliche Schmerz hat sich wiederum um etwa 70% reduziert.

Kinästhesie und Manualtherapie

Der Behandler entschließt sich beispielsweise, zunächst über den kinästhetischen Übungskomplex Beckenarbeit den Kopfschmerz zu lösen. Die Befunde verbessern sich so um etwa 30%.
Nach der Anwendung der craniosacralen Griffe werden einige Vorstellungs- und Bewegungsexperimente der Beckenarbeit wiederholt. Alle Bewegungen lassen sich spür- und sichtbar leichter durchführen, sind «wie geölt». Auch der Schmerz hat sich jetzt um etwa 70% reduziert.
Entsprechende Beispiele lassen sich auch für das zweigleisige Arbeiten mit Manualtherapie und Kinästhesie, PNF und Manualtherapie bzw. Kinästhesie und PNF ableiten.

Dreigleisige Schmerzphysiotherapie

Der Behandler entschließt sich, zunächst die Halswirbelsäule «gängig zu machen». Einige Wirbel sind «eingerostet», «beleidigt», «machen nicht mit». Durch die nachfolgende Beinlängenkorrektur, Schulterhöhenkorrektur, Kolonbehandlung, Mobilisation der gesamten Wirbelsäule (insbesondere des Steißbeins), PNF-Scapulapattern und der kinästhetischen Gate-Control-Technik «löst» sich der «Schmerzknoten» auf, die Halswirbel sind frei, die Bewegung «läuft durch». Nach der Anwendung jeder Technik werden die Veränderungen von Schmerz-, Gewebs-, Funktions- und Verhaltensbefund im Vergleich zu vorher kontrolliert.
Die geschilderten Möglichkeiten des Behandlungsaufbaus lassen erkennen, daß man grundsätzlich den Schmerz oder das Problem direkt, indirekt oder beides zusammen durch spezifische Techniken angehen kann. Meist wird die ein-, zwei- oder dreigleisige Arbeit direkt begonnen, indirekt fortgesetzt und zur Kontrolle direkt beendet.
Bei der Manualtherapie bedeutet indirektes Vorgehen, daß man zunächst in die schmerzfreien und beweglichen Richtungen des betroffenen Gelenkes arbeitet, oder daß man an Nachbargelenken und eigentlich immer an der gesamten Wirbelsäule arbeitet.
Bei primären Wirbelsäulenproblemen arbeitet man beispielsweise indirekt an den peripheren Gelenken und Weichteilen.
Weichteilbehandlung bedeutet im NEUROMEDIZIN-KONZEPT sehr selten ein direktes Dehnen verkürzter Strukturen bzw. Kräftigen überdehnter Strukturen, sondern fast immer ein AGT-ähnliches (siehe Beitrag «Kinästhesie») «Abnehmen» der Funktion, um die «beleidigte Struktur in Kurzurlaub zu schicken».
Beim PNF bedeutet indirektes Arbeiten, daß man zunächst die schmerzfreien und «besseren» Pattern übt. Man arbeitet an den Potentialen, nicht an den Defiziten.

Bei der Kinästhesie gilt das gleiche wie beim PNF. In bezug auf die Visualisationen (Ideoplasie-Ideokinesie) hat es sich nicht nur bewährt, den gegenwärtigen Schmerz direkt zu verändern (vergrößern, verkleinern, verschlimmern sowie verbessern), sondern auch indirekt gedanklich in eine schmerzfreie Vergangenheit bzw. Zukunft zu wandern oder den kinästhetischen Schatten im Kontrast zur realen Bewegung zu betrachten.
Neuromedizinisch zu arbeiten bereitet Freude, beim Behandler und beim Patienten. Das Rätsel (der Knoten) Schmerz wird hier eigentlich nie hart erarbeitet, sondern fast immer spielerisch gelöst (Abb. 8.5).

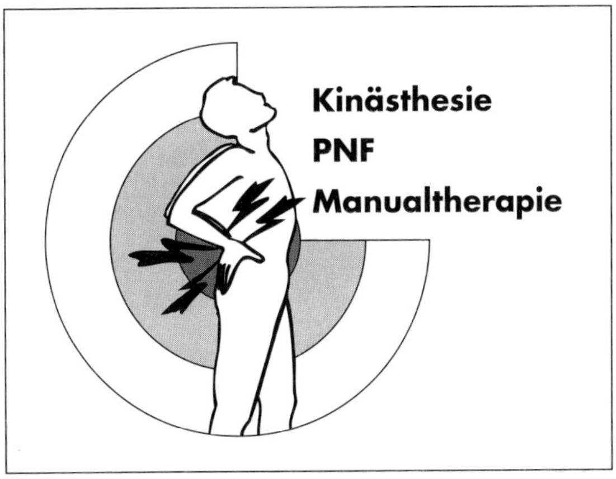

Abb. 8.5: Symbol des NEUROMEDIZIN-KONZEPTS

Erfolg – Mißerfolg – Grenzen

Überdurchschnittliche theoretische Kenntnisse, das Denken in komplexen Zusammenhängen und das perfekte Beherrschen des Handwerks sind die Grundvoraussetzungen der Schmerzphysiotherapie. Wenn dann noch das Befundmuster klar erkannt ist und die adäquaten Therapietechniken angewandt werden, so sollte sich logischerweise Erfolg einstellen. Dies trifft gelegentlich auch zu, und bei Mißerfolg werden dann Befund und/oder Behandlung überprüft.
Immer wieder wird der Schmerzphysiotherapeut (und nicht nur er) dennoch an Grenzen stoßen, Mißerfolg oder nur teilweise Erfolg verzeichnen können. Diese Grenzen können überwunden oder weiter verschoben werden, wenn drei Heilungsfaktoren berücksichtigt werden:

1. Der Patient muß gesund werden wollen und an den Erfolg der angewandten Methode glauben.
2. Der Therapeut muß helfen wollen und ebenfalls an den Erfolg seiner Vorgehensweise glauben.
3. Der Patient und der Therapeut müssen aneinander glauben, es muß zu einer bewußten oder unbewußten WIR-Bildung gegen den «gemeinsamen Gegner Schmerz» kommen.

Als wichtigstes Hindernis bei der Umsetzung dieser drei Heilungsfaktoren ist die weitverbreitete Autoaggression anzusehen (siehe auch Beitrag «Schmerzsyndrome aus psychosomatischer Sicht).
Im NEUROMEDIZIN-KONZEPT hat sich folgendes Gleichnis bewährt: Das Rätsel Schmerz ist stets wie ein Schloß zu betrachten. Es gibt soviele Schlösser (Befundmuster), wie es Menschen gibt, und für jedes Schloß gibt es einen Schlüssel. Dem Schmerzphysiotherapeuten stehen drei wirkungsvolle Schlüssel mit vielen Variationen zur Verfügung. Der chronische Schmerzpatient ist aufgerufen, bei der Suche nach dem richtigen Schlüssel zu helfen..., «aber einen Dietrich gibt es nicht» (Abb. 8.6).
Auch mit den neuromedizinischen Techniken ist es nicht immer möglich, den Schmerz zu beseitigen. Aber oft gelingt es, ihn doch auf ein erträgliches Maß zu reduzieren. Außerdem werden eine Vielzahl von Gewebs- und Organfunktionen optimiert, das Körperbewußtsein wird geschult, Medikamentenverzehr wird vermindert, operative Eingriffe können gelegentlich sogar überflüssig werden, und nicht zuletzt findet eine – meist nonverbale – «kleine Psychotherapie» statt.
Andererseits kann mit der Schmerzphysiotherapie die Wirksamkeit dieser klassischen Schmerztherapien noch erhöht werden. Jedes Konkurrenzdenken ist gerade bei der Untersuchung und Behandlung

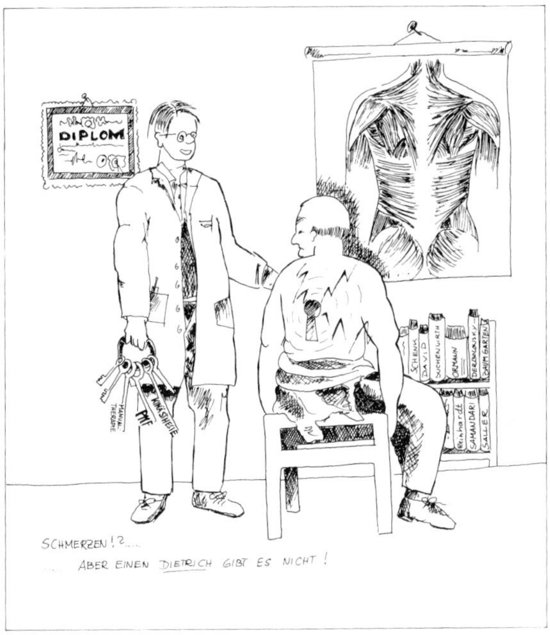

Abb. 8.6: Schlüssel-Schloß-Prinzip... «aber einen Dietrich gibt es nicht»

chronischer Schmerzzustände deplaziert. Im Mittelpunkt sollte der Patient stehen. In diesem Sinne haben sich bei Problempatienten die von D. Gross im deutschen Sprachraum eingeführten multidisziplinären Schmerzkonferenzen («face to face») sehr bewährt.

Untersuchungsschritte

Durch gezieltes Fragen, Zuhören, Sehen, Tasten, Hören und Testen kommt man bei etwa 90% der Patienten zur richtigen Diagnose. Apparative Untersuchungen sind oft nur in 10% der Fälle notwendig. Sie bestätigen die klinische Diagnose, bilden die Grundlage für eine gezielte Behandlung (z. B. medikamentös oder operativ) bzw. schließen Kontraindikationen für geplante therapeutische Maßnahmen (z. B. Manipulationen) aus.

Anamnese

Die Anamnese umfaßt außer einer detaillierten Schmerzanalyse die Frage nach Sensibilitäts-, Kraft- und Bewegungsdefiziten. Des weiteren werden die Grundfunktionen, die psychosoziale Situation (Partnerschaft, «Stimmung», Beruf, Hobby), Unfälle, Operationen, Medikamenteneinnahme, sowie die bisherigen diagnostischen und therapeutischen Maßnahmen erfragt.

Lokalisation und Intensität

Bei der Schmerzanalyse ist zunächst die Lokalisation des Schmerzes wichtig. Wo schmerzt es, wo schmerzt es nicht? Ist der Schmerz oberflächlich oder tief? Strahlt der Schmerz aus? Gibt es noch andere schmerzhafte Regionen, und stehen die verschiedenen Schmerzen miteinander in Verbindung? Zur Dokumentation hat es sich hier bewährt, die schmerzenden Regionen in Körperkarten bzw. Kopfkarten eintragen zu lassen (Abb. 8.7).

Jeder Schmerz sollte dann noch nach seiner Intensität klassifiziert werden, d. h. der schlimmste Schmerz wird mit S1 bezeichnet, der zweitschlimmste mit S2 usw. Die Intensität kann mit sogenannten Schmerzskalen dokumentiert werden. Diese sollten in bestimmten Rhythmen, beispielsweise alle drei Stunden oder morgens/mittags/abends/nachts vom Patienten benutzt werden (Abb. 8.8).

Chronik und Beeinflußbarkeit

Der nächste Fragenkomplex bezieht sich auf die Chronik und Beeinflußbarkeit des Schmerzes. Seit wann bestehen die Schmerzen? Hatten Sie schon einmal einen ähnlichen Schmerz? Ist der Schmerz ständig? – auch nachts? – oder gibt es schmerzfreie Zeiten? Welche Situationen bzw. Aktivitäten verbessern oder verschlechtern den Schmerz? Zusammenhänge zwischen Schmerzen und Liegen, Sitzen, Stehen, Gehen, Bewegungsübergängen, Treppensteigen, Lesen, Autofahren, Kauen, beruflicher Tätigkeit, Tragen, Ein- oder Ausatmen, Ernährung, Stuhlgang, Wasserlassen, Menstruation, kalten Füßen, Streß, Alkohol, Nikotin, Wärme, Kälte, Wetterwechseln, Tageszeiten u. a. werden erfragt.

Charakter

Der letzte Fragenkomplex betrifft den Charakter des Schmerzes. Wie wird S1, S2... empfunden? Hämmernd – klopfend – pochend – stechend – ziehend – dumpf – spitz – beißend – bohrend – brennend – schneidend – einschießend? Wichtig ist es, abschließend Lokalisation, Intensität, Chronik, Beeinflußbarkeit und Charakter ins Verhältnis zu setzen und detailliert zu notieren. Beispielsweise wird S1 stechend und in voller Intensität nach einer zwanzigminütigen Autofahrt ausgelöst. S2 wird aber zusätzlich erst nach einer einstündigen Autofahrt ausgelöst und erreicht seine volle Intensität und seinen ziehenden Charakter erst nach zweistündiger Autofahrt usw.

Darüber hinaus sollten Begleitphänomene des Schmerzes in der Schmerzskala dokumentiert werden. Die Aufzeichnung, das in Beziehung setzen und die Interpretation der täglichen Schmerzkurve(n) mit den korrespondierenden Aktivitäten und Stimmungen ist sinnvoll (Abb. 8.9).

Die Erhebung der Anamnese verlangt viel vom Therapeuten: Sachverstand, Zeit, Erfahrung und vor allem Empathie, d. h. ein individuelles und situationsgerechtes Einfühlungsvermögen, ein Sich-Hineinversetzen in die Situation des Schmerzpatienten. Zuhören ist etwas Aktives, der Schmerzphysiotherapeut muß sich voll und ganz dem Patienten widmen. Dabei hat die Anamnese nicht nur diagnostische, sondern auch therapeutische Zwecke: «Geteiltes Leid ist halbes Leid» soll auch bedeuten: «Mit-geteiltes Leid ist halbes Leid.»

Nicht zuletzt deshalb hat das Ausfüllen von computerisierten Schmerzfragebögen im NEUROMEDIZIN-KONZEPT keinen Platz.

Inspektion

Der Patient kann bekleidet und unbekleidet aufmerksam in den verschiedenen Positionen, Bewegungsübergängen und in der Fortbewegung betrachtet werden. Der Untersucher versucht dabei, ein-, zwei- und dreidimensionale Asymmetrien des gesamten Körpers (Vogelperspektive) oder einzelner

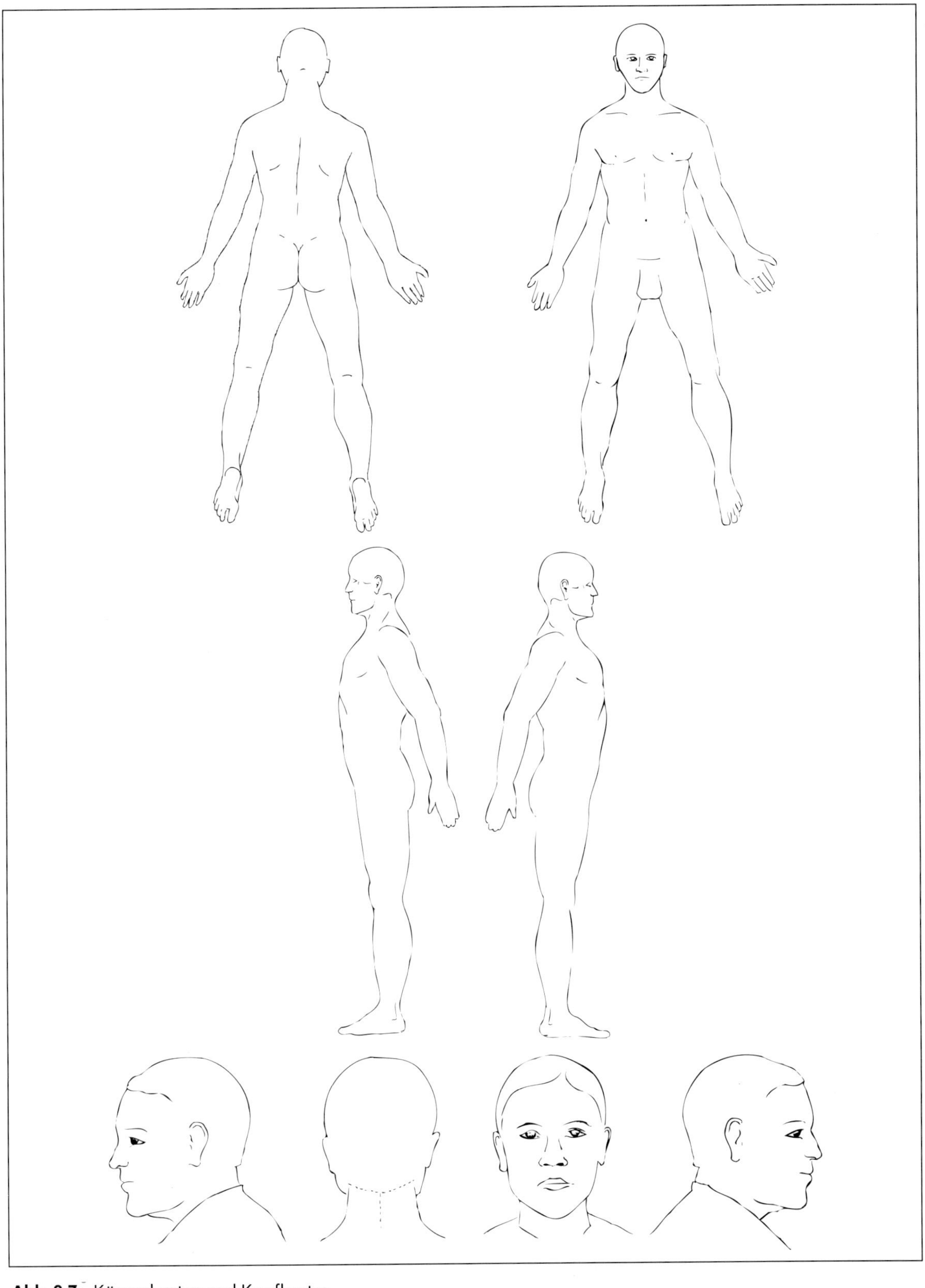

Abb. 8.7: Körperkarten und Kopfkarten

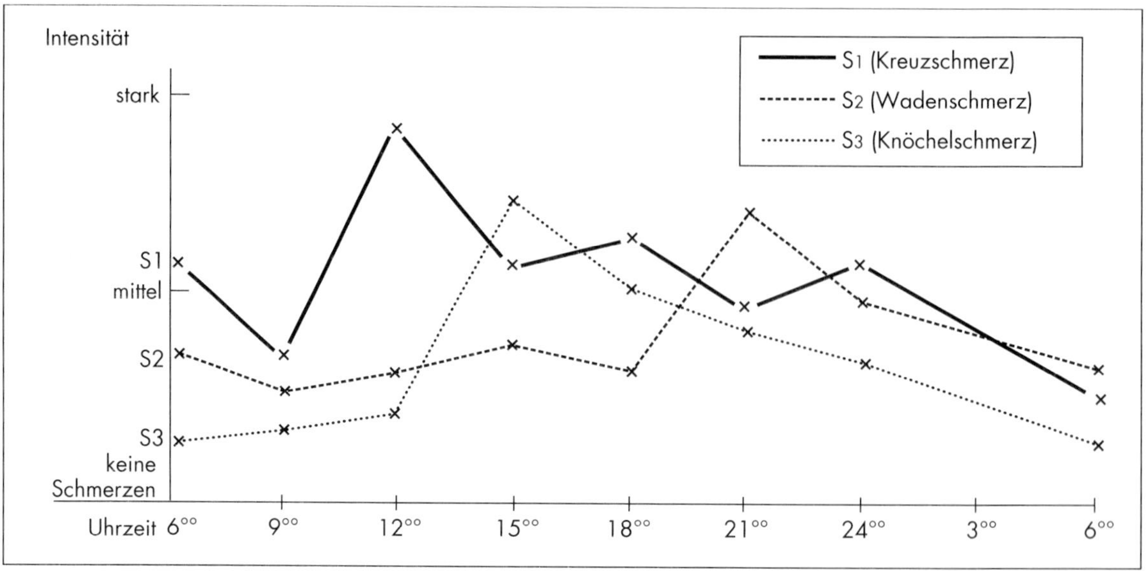

Abb. 8.8: Einfache Schmerzskala für einen Tag

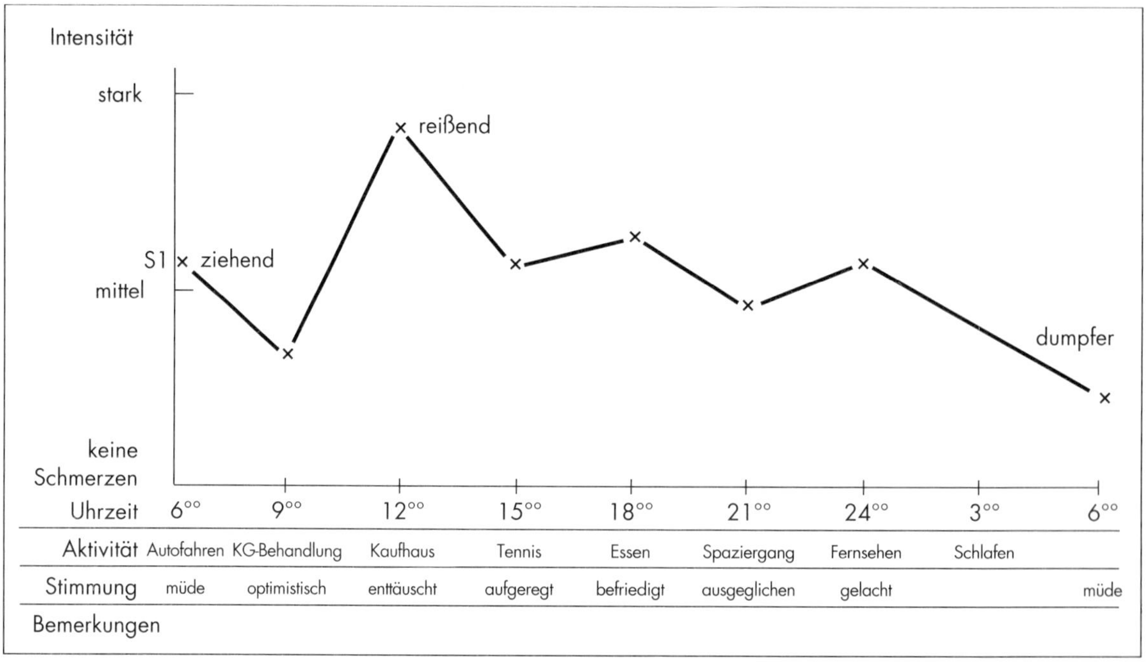

Abb. 8.9: Erweiterte Schmerzskala für einen Tag

Körperteile (Froschperspektive) zu entdecken (Abb. 8.10).
Immer ist der Vergleich wichtig von links und rechts, vorne und hinten, unten und oben. Besondere Aufmerksamkeit verdienen dabei auch die Schuhe des Patienten. Wie sind im Seitenvergleich beispielsweise die Form der Schuhe, das Abnutzungsmuster und die Faltungen am Schuhrücken (Abb. 8.11).

Anatomische und funktionelle Beinlängendifferenzen werden auf verschiedenen Niveaus meist unbewußt kompensiert:

a. Durch die Spitzfußstellung des Kurzbeins,
b. durch die Kniebeugung des Langbeins,
c. durch die Beckenneigung und lumbale Konvexität zur Kurzbeinseite (Abb. 8.12).

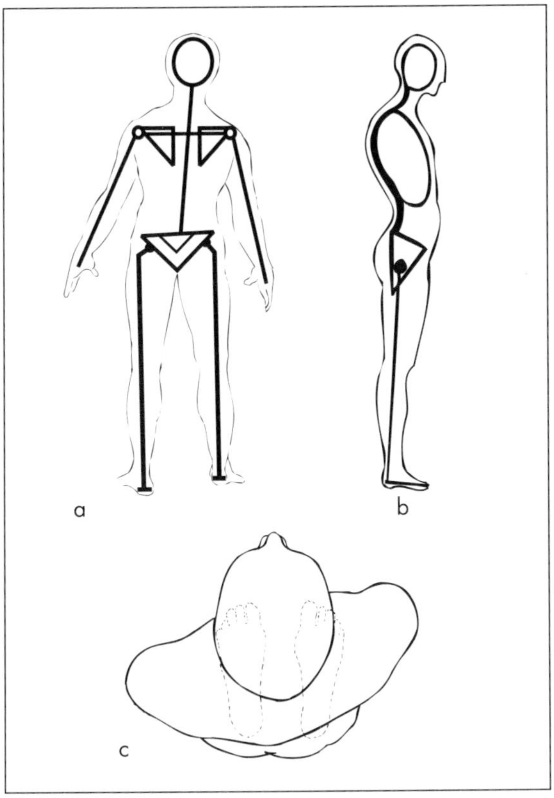

Abb. 8.10: Dreidimensionaler Sichtbefund

Palpation

Die verschiedenen Gewebsstrukturen (Haut, Unterhaut, Muskulatur, Faszien, Sehnen, Bänder, Periost, Schleimhäute und Kolon) werden seitenvergleichend im Hinblick auf Trophik, Tonus, Dolenz (bei Druck,

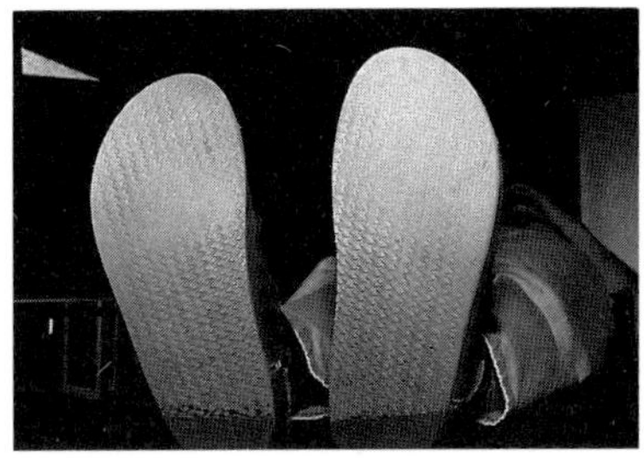

Abb. 8.11: Abnutzungsmuster der Schuhsohlen

Zug oder Verwringung) und Verschieblichkeit getastet. Dabei «wandert» der Untersucher gedanklich in seine Hände und versucht, ein nonverbales «Gespräch» mit den jeweiligen Geweben zu führen. Es empfiehlt sich, dabei die Augen zu schließen.
Palpation hat immer etwas Suchendes, Forschendes, nie etwas Manipulierendes oder Aggressives.
Außer den Geweben können natürlich auch Puls, Atmung und craniosacraler Rhythmus getastet werden.
Als typische Palpationsfehler sind anzuführen:
Zu kräftiges, zu schnelles und zu unkonzentriertes Palpieren. Außerdem können der Patient, der Untersucher oder auch beide nicht optimal gelagert bzw. organisiert sein. So wird ein sitzender Untersucher mehr wahrnehmen können als ein stehender.
Vor allem sollte auch unvoreingenommen getastet werden. Eine Palpation, die nur dazu dient, ständig die Richtigkeit einer medizinischen Ideologie zu beweisen, ist aus unserer Sicht überflüssig.
Besonderer Aufmerksamkeit bedarf stets die Palpation der Wirbelsäule. Neben dem im Beitrag «Manualtherapie» beschriebenen «Diagnostischen Griff» hat sich hier die Palpation der «Badewanne» bewährt.

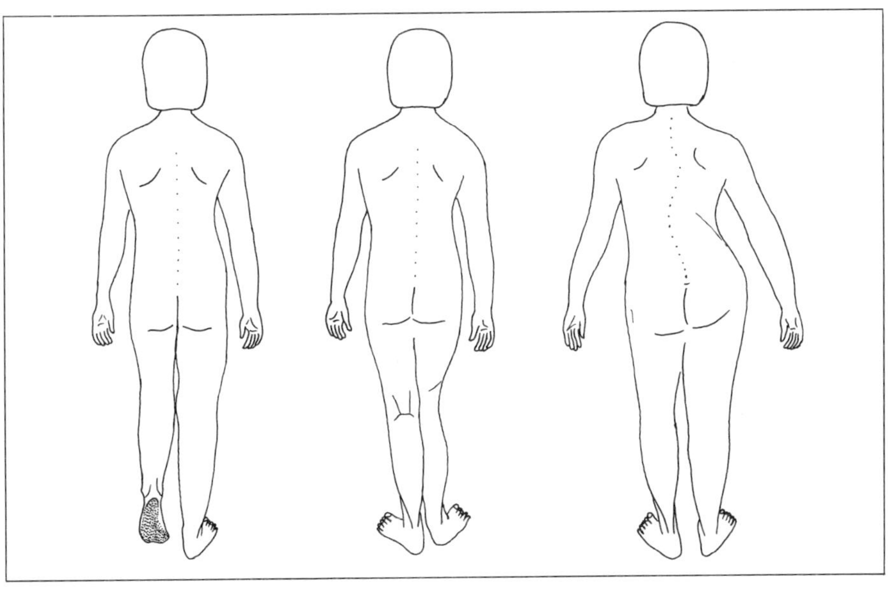

Abb. 8.12: Kompensationsmöglichkeiten bei anatomischen und funktionellen Beinlängendifferenzen

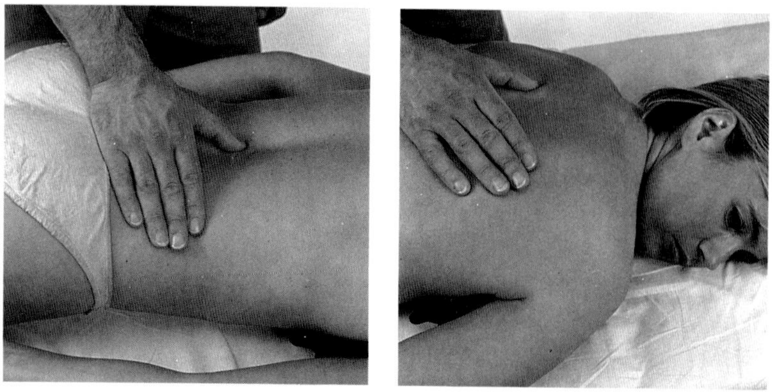

Abb. 8.13 a + b: Palpation der «Badewanne» bei L1 und T4

Vorzugsweise in der Bauchlage tastet der Untersucher mit dem Daumen die Periosttrophik und -dolenz der seitlichen Dornfortsätze und der Wirbelbögen (Laminae). Die «halbvollen» oder gar «überlaufenden Badewannen» sind schmerzhaft. Typisch ist dabei, daß der Patient den tastenden Untersuchungsdaumen reflexartig «aus der Badewanne herauswirft». Differentialdiagnostisch ist an ein eingeschränktes Joint play, eine Insertionstendopathie oder die Projektion innerer Organe zu denken (Abb. 8.13).
Zur Dokumentation sollten die Palpationsbefunde wiederum in die Körper- und Kopfkarten (Abb. 8.7) eingetragen werden.
Das Palpieren und Berühren dient, ebenso wie die Anamnese, nicht nur diagnostischen, sondern auch therapeutischen Zwecken. So haben Untersuchungen von Montagu u. a. gezeigt, daß das Berühren und Berührtwerden für die Entwicklung und das Lebensgefühl jedes Menschen von fundamentaler Bedeutung sind. Nach Montagu hatten die Kinderkliniken der Vereinigten Staaten in den zwanziger Jahren eine Sterblichkeitsrate von fast 90%. Die Ärzte fanden keine Erklärung dafür. Die Häuser waren peinlich sauber, die Kost der Babys war nahrhaft und einwandfrei zubereitet. Eine Zufallsbeobachtung löste das Rätsel schließlich: Bei einer Reise nach Deutschland bemerkte ein amerikanischer Kinderarzt, daß die Kinderstation eines Düsseldorfer Krankenhauses eine ältere Dame beschäftigte, die regelmäßig kam, kranke Kinder in die Arme nahm und herzte, und daß die meisten von ihnen gesund wurden.
Das anschließend in Amerika eingeführte Halten und Kosen der Babys senkte die Sterblichkeitsrate drastisch.
Regelmäßige verbale und nonverbale «Streicheleinheiten» erhalten also die physiologische und psychosoziale Homöostase (nicht nur von Babys!).

Auskultation

Der aufmerksame Untersucher kann Verdauungsgeräusche, Atemgeräusche und Gelenkgeräusche wahrnehmen. Außerdem sind bei ungleichen Beinlängen asymmetrische Schrittgeräusche (ungleich starkes Auftreten, ungleiche Schrittlängen) zu hören.

Teste

Gelenke, Muskeln, Nerven und Gefäße können getestet werden.
Gefäße können u. a. mit dem Ratschow-Test oder dem Faustschlußtest überprüft werden. Differentialdiagnostisch ist z. B. bei Wadenschmerzen die Abklärung wichtig, ob diese arthrogen, muskulär, vertebragen oder vaskulär bedingt sind. Die belastungsabhängige Veränderung der Beschwerden im Sinne der «Schaufensterkrankheit» läßt eine arterielle Ursache vermuten (Abb. 8.14).
Gelenke und Wirbelsäule können passiv (translatorisch und funktionell), aktiv und resistiv in Hinblick auf Beweglichkeit und Schmerzhaftigkeit getestet werden (siehe auch Beitrag «Manualtherapie»).
Muskeln können klassisch auf Kraft, Ausdauer, Verkürzung, Dehnungsfähigkeit und Schmerzhaftigkeit getestet werden. Andererseits haben die interessanten Forschungen der im wesentlichen von Goodheart und Walther entwickelten Kinesiologie eindrucksvoll gezeigt, daß die Kontraktionsfähigkeit vom Energiezustand der Meridiane, von vielfältigen Sinneseindrücken und sogar von momentanen Gedanken des Patienten und des Untersuchers abhängig ist. Diese Zusammenhänge lassen sich im NEUROMEDIZIN-KONZEPT unterstützend zur Befund- und Behandlungsdokumentation einsetzen (siehe Abschnitt «Dokumentation»).
Nerven können insbesondere hinsichtlich Koordinationsfähigkeit, Sensibilität, Reflexen und Dehnungs-

Abb. 8.14: «Schaufensterkrankheit»

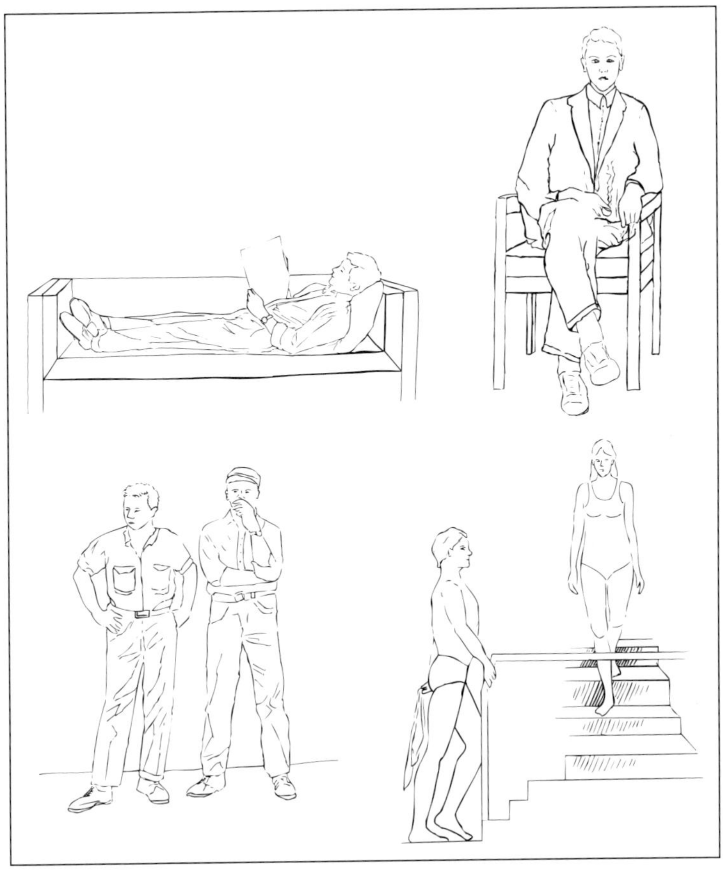

Abb. 8.15: Beine-Kreuzungsverhalten im Alltag

fähigkeit (z. B. Straight leg raising) getestet werden. Eine spezielle Untersuchungs- und Behandlungstechnik des NEUROMEDIZIN-KONZEPTS ist die Analyse und Korrektur des Beine-Kreuzungsverhaltens. In den Beiträgen «Manualtherapie» und «NEUROMEDIZIN-KONZEPT am Beispiel der häufigsten Schmerzsyndrome» werden entsprechende Griffe dargestellt. Langjährige Selbst- und Fremdbeobachtung des Autors führten zu dem Ergebnis, daß fast jeder Mensch individualtypische

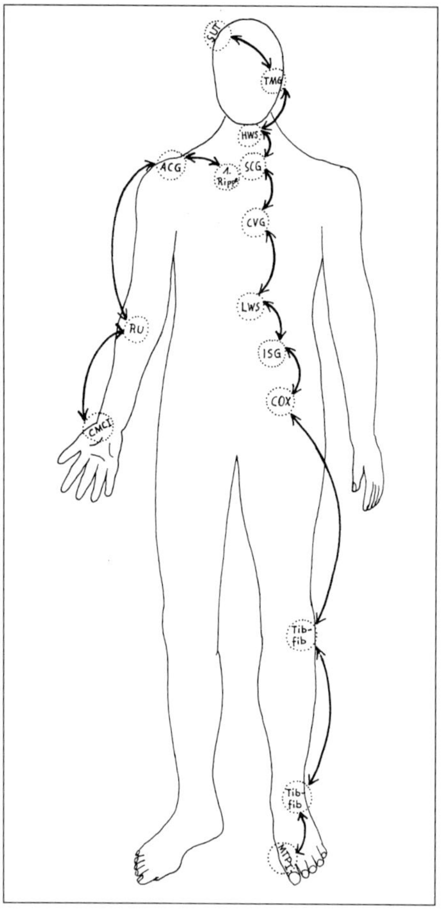

Abb. 8.16: Auf- und absteigende Blockierungsketten

Kreuzungsmuster im Liegen, Sitzen, Stehen, Gehen, bei Bewegungsübergängen und Alltagsaktivitäten aufweist.
Liegen: Typisch ist hier das Übereinanderliegen der Füße.
Sitzen: Dabei können bei angewinkelten Beinen die Füße unter dem Stuhl oder bei ausgestreckten Beinen die Füße unter dem Tisch gekreuzt werden. Ebenso können die Knie übereinander geschlagen, teilweise sogar «verknotet» werden, oder ein Knie kann «amerikanisch» zur Seite genommen werden.
Stehen: Typisch ist hier, daß z. B. bei einer Unterhaltung oder beim Warten in einer Menschenschlange ein Fuß vorgestellt wird. Auch unter der Dusche, beim Haare föhnen, Rasieren, Zähne putzen, bei Küchenarbeiten u. a. kann man sich kreuzend «entdecken».
Gehen und Treppensteigen: Der Fuß des Spielbeins beginnt den ersten Schritt bzw. nimmt die erste Stufe (Abb. 8.15).
Das Kreuzungsverhalten kann erfragt, beobachtet, getastet und getestet werden. Es beruht vermutlich auf der jeweiligen Hirndominanz. Interessant ist bei sorgfältiger und unvoreingenommener Analyse, daß nur knapp 10% aller Menschen in keiner Situation kreuzen. Etwa 90% aller Menschen kreuzen – manche nur in einer Situation (z. B. im Liegen, nicht aber in anderen Situationen), andere in mehreren Situationen, und wieder andere kreuzen ausgeprägt in allen Situationen. Dabei ist es möglich, daß der Patient immer rechts vor links kreuzt, aber auch beispielsweise im Liegen rechts vor links, im Sitzen links vor rechts und im Stehen gar nicht.
Das Kreuzen führt zu ungleich langen Beinen; die Differenz kann erfahrungsgemäß bis zu 5,5 cm betragen und erklärt sich wahrscheinlich durch die Übertragung des craniosacralen und des Atemrhythmus auf die Iliosakralgelenke. Die Beinlängendifferenzen lassen sich auch bei sehr alten Menschen und Bechterew-Patienten mit angeblich verknöcherten Iliosakralgelenken herbeiführen bzw. korrigieren. Die maximale Differenz betrug hier allerdings nur 1,5 cm. Das vorgekreuzte Bein «macht» sich grundsätzlich kürzer, und die «Überstunden machende» Kurzbeinseite ist fast immer die Beschwerdeseite.
Rein anatomische Beinlängendifferenzen, z. B. nach Traumen oder operativen Eingriffen, sind nach unseren Erfahrungen selten (etwa 10% aller Beinlängendifferenzen) und können durch kreuzungsbedingte funktionelle Beinlängendifferenzen verstärkt, aber auch abgeschwächt oder ausgeglichen werden.
Pathogenetisch führt die Beinlängendifferenz zu einer auf- und absteigenden, dreidimensionalen Fehlstatik («Blockierungsketten») mit eingeschränkter Funktions- und Belastungsfähigkeit aller Gewebe und Organe (auch des Gehirns). Unbewußt werden ständig Energien zur Kompensation der Fehlstatik eingesetzt. Ist das Kompensationsvermögen durch zusätzlichen körperlichen und/oder psychosozialen Streß erschöpft, so können Schmerzen entstehen (Abb. 8.16).
Kreuzen kann also sehr schädlich sein. Umgekehrt kann es aber auch sehr heilsam sein, wenn nach entsprechender Analyse bzw. Selbstanalyse anders herum («richtig») gekreuzt wird. So konnte sich der Autor nach jahrelangen therapieresistenten «Meniskusbeschwerden» durch die beschriebene Kreuzungskorrektur dauerhaft selbst helfen; eine anstehende Operation erübrigte sich.
Die Beinlängen werden im NEUROMEDIZIN-KONZEPT grundsätzlich vor und nach jeder Behandlung kurz überprüft und – wenn nötig – korrigiert. Kommt es nach therapeutischer Fremdkorrektur der Beinlängen (siehe Beiträge «Manualtherapie» und «NEUROMEDIZIN-KONZEPT am Beispiel der häufigsten Schmerzsyndrome») bei einer der nächsten Behandlungen wieder zu einer Differenz, so wird der Behandler die beschriebene alltagsge-

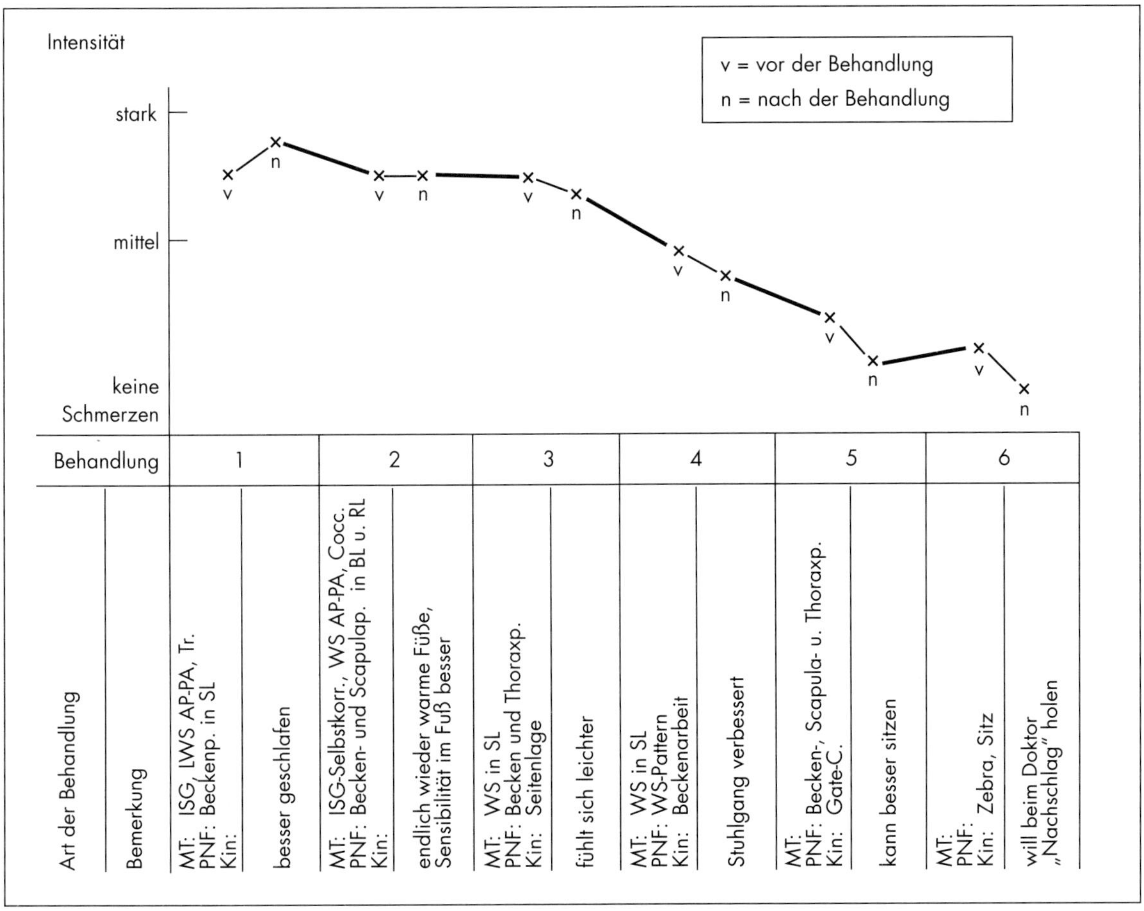

Abb. 8.17: Schmerz- und Behandlungsdokumentation

rechte Selbstanalyse und Selbstkorrektur mit dem Patienten erarbeiten.
Weitergehende Erfahrungen des Autors haben zwischenzeitlich auch gezeigt, daß in dem gewohnheitsmäßigen Kreuzungsmuster jeder Mensch vermehrt schmerzempfindlich ist, daß die Beweglichkeit abnimmt, daß er muskelschwächer wird und daß nicht zuletzt auch seine mentalen Funktionen reduziert sind.
Umgekehrt läßt sich, ständig reproduzierbar und personenunabhängig, demonstrieren, daß eine Schmerzpunktsuche in den verschiedenen Geweben bzw. provozierende Massagegriffe vom Patienten in ungekreuztem Zustand bzw. in ungewohnter Kreuzung wesentlich leichter zu ertragen sind als in gewohnheitsmäßiger Kreuzung. Bei Paresen und Muskelschwächen lassen sich in ungewohnter Kreuzung Bewegungen ausführen, die sonst undenkbar sind. Beispielsweise kann ein Hemiplegiker seinen schlaffen Arm gegen die Schwerkraft alleine hochheben, was sonst nur mit Hilfe des gesunden Arms möglich ist. Auch seine Sprachstörungen sind in ungewohnter Beine-Kreuzung nicht mehr so ausgeprägt.

Dokumentation

Wie schon betont, ist es für Untersucher und Patient wichtig, immer die Wechselbeziehungen zwischen den einzelnen Befunden herzustellen, die Zusammenhänge aufzuzeigen. Umgekehrt lassen sich dann nach einer ein-, zwei- oder dreigleisigen Schmerzphysiotherapie durch nochmaliges Fragen, Sehen, Tasten und Testen die therapeutischen Bemühungen dokumentieren. Körperkarten und Schmerzskala sollten dabei benutzt werden. Selbstverständlich haftet diesem Verfahren etwas subjektives an. Typisch ist, daß manche Patienten dem Behandler zuliebe eine größere Schmerzreduktion angeben. Deshalb wird der Patient von Anfang an aufgefordert, seine Beurteilung spontan und ehrlich abzugeben (Abb. 8.17).

Ergänzt werden kann die Dokumentation durch kinesiologische Muskelteste: Nach dem Testen eines «starken» Muskels wird durch die selektive Berührung verdächtiger Strukturen der Muskeltest wiederholt. Wird der Muskel jetzt «schwach», so kann die berührte Struktur als Ursache oder zumindest Teilursache der Beschwerden gewertet werden.
Die aktiven und/oder passiven therapeutischen Maßnahmen sollten dann entsprechend diese Region besonders berücksichtigen. Abschließend wird zur Kontrolle der Muskeltest wiederholt. Wenn im Rahmen einer Behandlungsserie bei der Testwiederholung vor der Behandlung die ursprünglich bei Berührung «schwache» Struktur auch ohne Behandlung «stark» testet, so ist das aus unserer Erfahrung als Zeichen dafür zu sehen, daß die ursprünglichen Beschwerden zumindest nicht mehr in voller Ausprägung vorhanden sind.

Literaturempfehlungen

Adler, R./Hemmeler, W.: Praxis und Theorie der Anamnese. Fischer, Stuttgart 1989.

Aronoff, G. M.: Evaluation and Treatment of Chronic Pain. Urban & Schwarzenberg, Baltimore 1985.

Asshauer, E.: Die Schmerzfibel. Delphin, München 1985.

Auberger, H./Biermann, E.: Praktische Schmerztherapie. Thieme, Stuttgart 1988.

Ayres, A. J.: Lernstörungen. Springer, Berlin 1979.

Ayres, A. J.: Bausteine der kindlichen Entwicklung. Springer, Berlin 1984.

Baar, A.: Schmerz-Symptom oder Krankheit. Zeitschrift Schmerz 1/1983.

Baar, H. A.: Schmerzbehandlung in Praxis und Klinik. Springer, Berlin 1987.

Baar, H. A./Gerbershagen, H. U.: Schmerz – Schmerzkrankheit – Schmerzklinik. Springer, Berlin 1974.

Bates, B./Berger, M./Mühlhausen, I.: Klinische Untersuchung des Patienten. Schattauer, Stuttgart 1985.

Beck, D.: Krankheit als Selbstheilung. Suhrkamp, Frankfurt 1985.

Bergener, M./Herzmann, C. E. (Hrsg.): Das Schmerzsyndrom – eine interdisziplinäre Aufgabe. VCH, Weinheim 1987.

Bergmann, G. v.: Funktionelle Pathologie. Springer, Berlin 1936.

Bergmann, H. (Hrsg.): Schmerztherapie – eine interdisziplinäre Aufgabe. Springer, Berlin 1986.

Bergmann, H./Bischko, J./Gerstenbrand, F./Klinger, D./Steinbereithner, K./Tilscher, H. (Hrsg.): Moderne Schmerzbehandlung. Maudrich, Wien 1984.

Besser-Siegmund, C.: Sanfte Schmerztherapie. Econ, Düsseldorf 1989.

Birkmayer, W.: Der Mensch zwischen Harmonie und Chaos. DÄV, Köln 1979.

Bochdansky, T./Lechner, H./Liederer, A./Schulz, A.: Der Einfluß von Schmerz auf die Kontraktion und Distraktion. Zeitschrift Physikalische Medizin, Balneologie, Med. Klimatologie 5/1988.

Bonica, J. J.: The management of Pain. Lea & Febinger, Philadelphia 1953 und 1990.

Borchardt, H.: Schmerzhilfe. Schnetztor, Konstanz 1987.

Bricout, J.: Schmerz, Goldmann, München 1970.

Broome, A./Jellicoe, H.: Mit dem Schmerz leben. Huber, Bern 1989.

Bühring, M./Saller, R. (Hrsg.): Wirkprinzipien der Physikalischen Medizin. Dr. E. Fischer, Heidelberg 1986.

Buytendijk, F. J. J.: Über den Schmerz. Huber, Bern 1948.

Bykow, K. M.: Großhirnrinde und Innere Organe. VEB Volk und Gesundheit, Berlin 1952.

Callies, R.: Rheumatologische Physiotherapie. Fischer, Jena 1986.

Callies, R.: Fortschritte der Physikalischen Therapie des Schmerzes in der Rheumatologie. Zeitschrift Der Schmerz 1/1991.

Camrath, J.-E.: Physiotherapie. Thieme, Stuttgart 1983.

Cohen, S.: Magie der Berührung. Ariston, Genf 1989.

Coleman, V.: Gesund ohne Medizin. Kösel, München 1985.

Coleman, V.: Den Schmerz besiegen. Econ, Düsseldorf 1988.

Cordes, J. C.: Physiotherapie gestern – heute – morgen. Das Fach in drei Jahrzehnten 1949–1979. Zeitschrift für Physiotherapie 31/1979.

Cordes, J. C. (Hrsg.): Physiotherapie. VEB Volk und Gesundheit, Berlin 1982.

Cordes, J. C./Uibe, P./Zeibig, B. (Hrsg.): Lehrbuch der Physiotherapie. VEB Volk und Gesundheit, Berlin 1970.

Dahmer, J.: Anamnese und Befund. Thieme, Stuttgart 1978.

Derbolowsky, U.: Die Erstkonsultation und ihre Bedeutung. Zeitschrift Erfahrungsheilkunde 3/1989.

Derbolowsky, U.: Kränkung, Krankheit und Heilung in leiblicher, seelischer und geistiger Sicht. Haug, Heidelberg 1976.

Dethlefsen, T./Dahlke, R.: Krankheit als Weg. Bertelsmann, München 1983.

Dethlefsen, U. (Hrsg.): Chronischer Schmerz – Therapiekonzepte. Springer, Berlin 1989.

Diekmeier, L.: Die biologische Regelung in der Physiotherapie. Archiv Physikalische Therapie 16/1964.

Dittmar, F.: Schmerz – Feind und Freund des Menschen. Zeitschrift Erfahrungsheilkunde 12/1981.

Döhner, W.: Zur Psychologie und Psychopathologie von Schmerzen. Zeitschrift Krankengymnastik 3/1962.

Doenicke, A. (Hrsg.): Schmerz – eine interdisziplinäre Herausforderung. Springer, Berlin 1986.

Drexel, H./Hildebrandt, G./Schlegel, K.-F./Weimann, G. (Hrsg.): Physikalische Medizin (Bände 1–4). Hippokrates, Stuttgart 1988–1990.

Findeisen, D. G. R. (Hrsg.): Physiotherapie im Aufbau. J. A. Barth, Leipzig 1966.
Franke, S./Callies, R./Dähne, B.: Schmerzhäufigkeit und Schmerzintensität als Beurteilungskriterien einer Physiotherapie bei rheumatischen Krankheiten. Zeitschrift für Physiotherapie 1/1984.
Frey, R. (Hrsg.): Schmerz – Diagnose, Differentialdiagnose, Therapie. Aesopus, Basel 1980.
Frey, R./Gerbershagen, H. U. (Hrsg.): Schmerz und Schmerzbehandlung heute. Fischer, Stuttgart 1977.
Gadamer, H.-G./Vogler, P. (Hrsg.): Neue Anthropologie (Bände 1 bis 7). Thieme, Stuttgart 1972.
Geil, M.: Die Bedeutung der krankengymnastischen und physikalischen Therapie bei Patienten mit chronischen Schmerzen im Schmerzzentrum Mainz. Zeitschrift Krankengymnastik 1/1988.
Geissner, E./Würtele, U.: Themen und Trends einer Psychologie des Schmerzes. Zeitschrift Manuelle Medizin 3/1990.
GEO-Wissen: Gehirn – Gefühl – Gedanken. Gruner + Jahr, Hamburg 1987.
Gessler, U. (Hrsg.): Der spastische Schmerz. Aesopus, Lugano 1976.
Gessler, U. (Hrsg.): Schmerz als Phänomen. Dustri, München 1989.
Goldhahn, W.-E.: Schmerz. Barth, Leipzig 1975.
Goldscheider, A.: Das Schmerzproblem. Springer, Berlin 1920.
Greifeld, K./Kohnen, N./Schröder, E. (Hrsg.): Schmerz – Interdisziplinäre Perspektiven. Vieweg, Braunschweig 1989.
Groddeck, G.: Die Natur heilt. Fischer, Frankfurt 1984.
Groddeck, G.: Krankheit als Symbol. Fischer, Frankfurt 1983.
Groddeck, G.: Der Mensch als Symbol. Kindler, München 1976.
Gross, D. (Hrsg.): Therapie über das Nervensystem (Bände 1–13). Hippokrates, Stuttgart 1964–1976.
Gross, D.: Therapeutische Lokalanästhesie. Hippokrates, Stuttgart 1988.
Gross, D.: Heilung über das Nervensystem? Hippokrates, Stuttgart 1972.
Gross, D.: Schmerzbekämpfung durch Krankengymnastik. Zeitschrift Physikalische Medizin, Balneologie, Med. Klimatologie 1/1984.
Gross, D./Thomalske, G./Schmitt, E. (Hrsg.): Schmerzkonferenz – Sammelordner. Fischer, Stuttgart 1984–1990.
Grotjahn, F. (Hrsg.): Schmerz. Burchardthaus-Laetare, Offenbach 1989.
Haeberlin, C.: Lebensrhythmen und Heilkunde. Hippokrates, Stuttgart 1935.
Habs, G./Klimpel, L.: Die Magie der Schmerzen. Zeitschrift Psychologie heute 3/1986.
Hadorn, W.: Vom Symptom zur Diagnose. Karger, Basel 1969.
Haferkamp, H. (Hrsg.): Die Veränderung der Wirbelsäule als Krankheitsursache. Hippokrates, Stuttgart 1955.
Häußler, S. (Hrsg.): Diagnose ohne technische Hilfsmittel. Hippokrates, Stuttgart 1985.
Hansen, H. T.: Praktische ärztliche Untersuchungs- und Behandlungstechnik. Thieme, Stuttgart 1977.
Hansen, K./Staa, H. v.: Reflektorische und algetische Krankheitszeichen der inneren Organe. Thieme, Leipzig 1938.
Heide, M.: Der Mensch und der Schmerz. Zeitschrift Krankengymnastik 6/1968.
Heipertz, W.: Wirkung physiotherapeutischer Maßnahmen auf die Durchblutung von Haut und Muskulatur des Menschen. Hüthig, Heidelberg 1967.
Hentschel, H.-D. (Hrsg.): Naturheilverfahren in der ärztlichen Praxis. DÄV, Köln 1991.
Hess, W. R.: Psychologie in biologischer Sicht. Thieme, Stuttgart 1968.
Hildebrandt, G.: Chronobiologische Aspekte der Physiotherapie. Zeitschrift für Physiotherapie 31/1979.
Hildebrandt, G.: Die Bedeutung circadianer Rhythmen für die Bewegungstherapie. Zeitschrift Physikalische Medizin, Balneologie, Med. Klimatologie 3/1988.
Höfling, S.: Der Schmerz: Hilfen zur Linderung. Zeitschrift Mobil 5/1989.
Hoff, F.: Von Krankheit und Heilung und vom Sterben. Schattauer, Stuttgart 1975.
Hoff, F.: Klinische Physiologie und Pathologie. Thieme, Stuttgart 1954.
Hotz, A./Weineck, J.: Optimales Bewegungslernen. Perimed, Erlangen 1983.
Huch-Hallwachs, L.: Der Schmerz aus interdisziplinärer Sicht. Zeitschrift Krankengymnastik 4/1982.
Iwano-Smolenski, A. G.: Grundzüge der Pathophysiologie der höheren Nerventätigkeit. Akademie, Berlin 1954.
Jacobs, D.: Die menschliche Bewegung. Henn, Kastellaun 1977.
Jacobs, D.: Bewegungsbildung – Menschenbildung. Henn, Kastellaun 1978.
Janzen, R. (Hrsg.): Schmerzanalyse. Thieme, Stuttgart 1981.
Janzen, R./Keidel, W. D./Herz, A./Steichele, C. (Hrsg.): Schmerz. Thieme, Stuttgart 1972.
Jores, A.: Vom kranken Menschen. Thieme, Stuttgart 1960.
Junck, D.: Schmerztherapie in der Praxis. Zeitschrift Schmerz 1/1983.
Kaganas, G./Müller, W./Wagenhäuser, F. J. (Hrsg.): Unkonventionelle Rheumatherapie. Karger, Basel 1985.
Kaltenbrunner, G.-K. (Hrsg.): Rhythmen des Lebens. Herder, Freiburg 1983.
Kaltenbrunner, G.-K. (Hrsg.): Die Pillen-Pest. Herder, Freiburg 1978.
Kaplan, P. E./Tanner, E. D.: Musculoskeletal Pain and Disability. Appleton & Lange, Norwalk 1989.
Karobath, H./Redtenbacher, M./Firbas, W. (Hrsg.): Die Krankenuntersuchung. Perimed, Erlangen 1983.
Keeser, W./Pöppel, E./Mitterhusen, P. (Hrsg.): Schmerz. Urban & Schwarzenberg, München 1982.

Kersten, F.: Die Heilkraft der Hand. Haug, Ulm 1958.
Kibler, M.: Von Gestern und Heute für Morgen und Übermorgen. Hippokrates, Stuttgart 1968.
Klingberg, A.: Schmerz – ein Körper-Seele-Phänomen. Zeitschrift Deutsche Krankenpflege 9/1987.
Klose, R./Lutz, H. (Hrsg.): Der chronische Schmerz. pmi, Frankfurt 1985.
Kossmann, B./Ahnefeld, F. W./Bowdler, I./Zimmermann, M.: Schmerztherapie. Kohlhammer, Stuttgart 1986.
Kosterlitz, H. W./Terenius, L. Y. (Eds.): Pain and Society. VCH, Weinheim 1980.
Krauß, H.: Leitfaden der physikalisch-diätetischen Therapie. Dr. E. Fischer, Heidelberg 1978.
Kunert, W.: Wirbelsäule und innere Medizin. Enke, Stuttgart 1975.
Laban, R. v.: Die Kunst der Bewegung. Noetzel, Wilhelmshaven 1988.
Laerum, O. D.: Natürlicher Zeitgeber Biorhythmus. Hippokrates, Stuttgart 1985.
Lange-Ernst, M.-E.: Der Schmerz als Signal. Goldmann, München 1989.
Larbig, W.: Schmerz. Kohlhammer, Stuttgart 1982.
Lewis, C. S.: Über den Schmerz. Kösel, München 1978.
Lippert, H.: Anatomie am Lebenden. Springer, Berlin 1989.
Lipton, S.: So besiegen Sie Ihre Schmerzen. ORAC, Wien 1984.
Lodewick, L.: Die körperliche Untersuchung. Fischer, Stuttgart 1981.
Mattern, H.: Die Therapie chronischer Schmerzzustände – Aufgabe für den niedergelassenen Arzt. Zeitschrift Schmerz 4/1982.
May, G.: Balance und Bewegung. Urban & Schwarzenberg, München 1979.
Mead, M./Patterson, H.: Praxistraining in der Allgemeinmedizin. Hippokrates, Stuttgart 1986.
Melzack, R.: Das Rätsel des Schmerzes. Hippokrates, Stuttgart 1978.
Michel, T. H. (Ed.): Pain. Churchill Livingstone, Edinburgh 1985.
Milz, H.: Ganzheitliche Medizin. Athenäum, Königstein 1985.
Molcho, S.: Körpersprache. Mosaik, München 1983.
Montagu, A.: Körperkontakt. Klett-Cotta, Stuttgart 1982.
Müller, N.: Neuzeitliche Nervenbehandlung. Selbstverlag, München 1929.
Müller-Busch, H. C.: Der gesunde Schmerzkranke. Zeitschrift Der Schmerz 4/1990.
Oeser, E.: Psychozoikum. Parey, Berlin 1987.
Peck, C.: Schmerz laß nach! Rowohlt, Reinbeck 1990.
Perry, S./Dawson, J.: Chronobiologie. Ariston, Genf 1990.
Pischinger, A.: Das System der Grundregulation. Haug, Heidelberg 1975.
Pöllmann, L./Hildebrandt, G.: Chronobiologie der Schmerzempfindung. Zeitschrift Therapiewoche 32/1982.
Pöllmann, L./Oesterheld, R./Pöllmann, B.: Körperliche Aktivierung und Schmerzschwelle – Experimentelle Untersuchungen. Zeitschrift Schmerz – Pain – Douleur 1/1987.
Pöllmann, L./Pöllmann, B./Oesterheld, R.: Zur Beeinflussung der Schmerzschwelle durch Änderung der Körperlage bzw. -haltung. Zeitschrift Physikalische Medizin, Balneologie, Med. Klimatologie 5/1986.
Pöppel, E.: Lust und Schmerz. Severin und Siedler, Berlin 1982.
Pongratz, W. (Hrsg.): Therapie chronischer Schmerzzustände in der Praxis. Springer, Berlin 1985.
Rauch, E.: Diagnostik nach F. X. Mayr. Haug, Heidelberg 1977.
Rehfisch, H. P./Basler, H.-D./Seemann, H.: Psychologische Schmerzbehandlung bei Rheuma. Springer, Berlin 1989.
Rensing, L.: Biologische Rhythmen und Regulation. Fischer, Stuttgart 1973.
Rouillé, M. D.: Gesicht und Psyche. Lehmanns, München 1956.
Rütschi-List, G.: Der Schmerzpatient in der Bewegungstherapie. Zeitschrift Krankengymnastik 12/1988.
Ruiz-Torres, A.: Symptome bei inneren Erkrankungen. Thieme, Stuttgart 1973.
Saller, R./Hellenbrecht, D.: Schmerzen. Marseille, München 1991.
Sauerbruch, F./Wenke, H.: Wesen und Bedeutung des Schmerzes. Athenäum, Frankfurt 1961.
Schenk, C.: Psychosomatische Aspekte des Schmerzes. Zeitschrift Krankengymnastik 1/1986.
Schewe, H.: Die Bewegung des Menschen. Thieme, Stuttgart 1988.
Schiffter, R.: Neurologie des vegetativen Systems. Springer, Berlin 1985.
Schimmel, K.-C. (Hrsg.): Lehrbuch der Naturheilverfahren (Band 1 und 2). Hippokrates, Stuttgart 1986 und 1987.
Schlegel, L.: Zwei Betrachtungsweisen in Krankengymnastik und physikalischer Therapie. Zeitschrift Krankengymnastik 3/1964.
Schmidt, R. F./Struppler, A.: Der Schmerz. Piper, München 1982.
Schneider, U.: Krankengymnastisches Denken. Zeitschrift Krankengymnastik 1/1955.
Schönberger, M.: Die ganze Wirbelsäule behandeln – von oben bis unten, von unten bis oben. Zeitschrift Der Praktische Arzt 9/1978.
Schönberger, M. M.: Von der Sexualität zur Polarität. Papyrus, Hamburg 1982.
Schülin, C./Seemann, H./Zimmermann, M.: Erfahrungen mit der Anwendung von Schmerztagebüchern in der ambulanten Versorgung von Patienten mit chronischen Schmerzen. Zeitschrift Der Schmerz 3/1989.
Schuhmacher, G.-H./Kubota, K.: Oberflächenanatomie des Menschen. Überreuter, Wien 1989.
Schultz, H. J. (Hrsg.): Schmerz. Kreuz, Stuttgart 1990.
Seeman, B.: Über den Schmerz. Sauer, Heidelberg 1965.

Seemann, H.: Anamnesen und Verlaufsprotokoll chronischer Schmerzen für die Praxis – Ein Überblick. Zeitschrift Der Schmerz 1/1987.
Sefrin, P. (Hrsg.): Der Schmerz in der Notfallmedizin. Zuckschwerdt, München 1986.
Senn, E.: Ein Bekenntnis zu naturwissenschaftlichen Grundlagen der Physiotherapie. Zeitschrift Physiotherapie 8/1977.
Senn, E.: Grundlagen der Schmerzbekämpfung mit physikalischer Therapie. Zeitschrift Physikalische Medizin, Balneologie, Med. Klimatologie 2/1981.
Senn, E.: Physiotherapie in der Praxis. In: Wirth, W./Gerlach, U./Matthiaß, H. H. (Hrsg.): Der Rheumapatient in der Sprechstunde. Dr. Banaschewski, München-Gräfeling 1983.
Serjeant, R.: Der Schmerz. Lübbe, Bergisch-Gladbach 1970.
Siebeck, R.: Medizin in Bewegung. Thieme, Stuttgart 1953.
Siegel, B.: Prognose Hoffnung. Econ, Düsseldorf 1988.
Simeons, A. T. W.: Die Entwicklung des menschlichen Gehirns. Goldmann, München 1960.
Simonton, S. M.: Heilung in der Familie. Rowohlt, Reinbeck 1989.
Speransky, A. D.: Grundlagen der Theorie der Medizin. Saenger, Berlin 1950.
Steinrücken, H.: Chirotherapeutisch beeinflußbare Krankheitsbilder. Hippokrates, Stuttgart 1980.
Sternbach, R. A.: Schmerzpatienten. Dr. E. Fischer, Heidelberg 1983.
Struppler, A./Geßler, M.: Schmerzforschung/Schmerzmessung/Brustschmerz. Springer, Berlin 1981.
Sturm, A./Birkmayer, W. (Hrsg.): Klinische Pathologie des vegetativen Nervensystems (Band 1 und 2). Fischer, Stuttgart 1976 und 1977.
Suchenwirth, R. M. A.: Warum krank? Herder, Freiburg 1982.
Taubert, K.: Beeinflussung von Schmerzen durch physikalische Therapie. Zeitschrift der Schmerz 2/1990.
Thiele-Dohrmann, K.: Schmerz. Heyne, München 1989.
Thom, H. (Hrsg.): Diagnose und Therapie des Schmerzes. ML, Uelzen 1980.
Tiengo, M./Eccles, J./Cuello, A. C./ Ottoson, D. (Eds.): Advances in Pain Research and Therapy (Vol. 10: Pain and Mobility). Raven, New York 1987.
Tietze, H. G.: Entschlüsselte Organsprache. Ariston, Genf 1985.
Tollison, D. C. (Ed.): Handbook of Chronic Pain Management. Williams & Wilkens, Baltimore 1989.
Trabert, W.: The Pain-prone Patient – Der schmerzanfällige Patient. Zeitschrift Der Schmerz 1/1990.
Trettin, H.: Algesiologie in der Praxis. Zeitschrift Physiotherapie 12/1987.
Upledger, J.: Craniosacral Therapy. Eastland, Seattle 1983.
Vogler, P.: Physiotherapie. Thieme, Stuttgart 1964.
Vogler, P.: Der rheumatische Formenkreis und seine physikalische Therapie. Urban & Schwarzenberg, München 1956.
Vogler, P.: Die Prophylaxe der Schlafstörung. VEB Thieme, Leipzig 1959.
Vogler, P. (Hrsg.): Grundfunktionen. VEB Thieme, Leipzig 1961.
Vogler, P.: Der Hydrotherapeutische Standard. Hippokrates, Stuttgart 1955.
Vogler, P./Cordes, J. C.: Grundprobleme der neuen Hämodynamik und therapeutischen Konsequenzen. VEB Thieme, Leipzig 1967.
Vogler, P./Findeisen, D. G. R. (Hrsg.): Physiotherapie und Gastroenteron. Barth, Leipzig 1964.
Vogler, P./Kühn, E.: Medizin und Städtebau. Urban & Schwarzenberg, München 1957.
Vogt, W.: Schmerz. Sommer, Teningen 1988.
Volk, G.: Die neural-personale Diagnostik. Haug, Ulm 1955.
Voßschulte, K.: Grundlagen der Schmerzbekämpfung durch Sympathikusausschaltung. Urban & Schwarzenberg, Berlin 1949.
Wall, P. D./Melzack, R. (Eds.): Textbook of Pain. Churchill Livingstone, Edinburgh 1989.
Walther, D. S.: Applied Kinesiology. Systems DC, Pueblo 1983.
Walther, D. S.: Applied Kinesiology-Synopsis. Systems DC, Pueblo 1988.
Weber, A.: Schmerz und Schmerzkrankheiten. Trias, Stuttgart 1991.
Weil, A.: Heilung und Selbstheilung. Beltz, Weinheim 1988.
Weizsäcker, V. v.: Gesammelte Schriften (Bände 1–10). Suhrkamp, Frankfurt 1987.
Wells, P. E./Frampton, V./Bowsher, D. (Eds.): Pain. Heinemann, London 1988.
Wiedemann, E.: Physikalische Therapie. de Gruyter, Berlin 1987.
Wörz, R.: Historische Entwicklung der Algologie. Zeitschrift Schmerz 1/1980.
Wörz, R./Lendle, R.: Schmerz. Fischer, Stuttgart 1980.
Wörz, R. (Hrsg.): Chronischer Schmerz und Psyche. Fischer, Stuttgart 1990.
Wolff, H.-D.: Neurophysiologische Aspekte der manuellen Medizin. Springer, Berlin 1983.
Zimmermann, M.: Chronischer Schmerz und Psyche. Zeitschrift Der Schmerz 3/1988.
Zimmermann, M./Handwerker, H. O.: Schmerz. Springer, Berlin 1984.
Zimmermann, M./Seemann, H.: Der Schmerz. Springer, Berlin 1986.

Abbildungsnachweis

Abb. 8.1, 8.2, 8.4–8.12, 8.15–8.17: Reinhard Dittel, Magdalene Grenz und Ralf Kupries, c/o Neuromedizinisches Fortbildungszentrum Bad Hersfeld
Abb. 8.3: Gross, D./Thomalske, G./Schmitt, E. (Hrsg.): Schmerzkonferenz-Sammelordner. Fischer, Stuttgart 1984–1990
Abb. 8.13a + b: Fotostudio Sparr, Frankfurt a. M
Abb. 8.14: Ralf Kupries, Kassel

9 Manualtherapie

Reinhard Dittel

Allgemeine Grundlagen

Die Geschichte der manuellen Medizin ist so alt wie die Menschheit. In allen Kulturen wurde (schon immer) versucht, mit Hilfe bestimmter Handgriffe die vielfältigsten Beschwerden zu lindern.
Etwa um die Jahrhundertwende entwickelte sich in Amerika durch Still die Osteopathie und durch Palmer die Chiropraktik.
Nach dem Zweiten Weltkrieg interessierten sich zunehmend auch Ärzte für das «Einrenken», nicht zuletzt aufgrund der Fortschritte in der radiologischen Diagnostik. Viele Ärzte und Krankengymnasten haben sich um die praktische und wissenschaftliche Weiterentwicklung der manuellen Medizin verdient gemacht.
Ihre Wege sind sehr verschieden; entscheidend ist unseres Erachtens letztlich, daß dem Patienten geholfen wird («viele Wege führen nach Rom»).
Die Manualtherapie des NEUROMEDIZIN-KONZEPTS ist als eigenständiger Weg u. a. von Stoddard, Maitland, Terrier, Upledger, Derbolowsky, Schönberger, Steinrücken, Vogler, Jones und Lewit beeinflußt worden.
Das Untersuchungsschema (Anamnese – Inspektion – Palpation – Auskultation – Teste) wurde bereits im Beitrag «Allgemeine Grundlagen des NEUROMEDIZIN-KONZEPTS» abgehandelt. Im folgenden geht es um die Abklärung einiger wichtiger manualtherapeutischer Grundbegriffe und um die Darstellung von typischen Handgriffen für die einzelnen Körperregionen. Wann und in welchem Zusammenhang diese Griffe ihre Anwendung finden, ist im Beitrag «NEUROMEDIZIN-KONZEPT am Beispiel der häufigsten Schmerzsyndrome» beschrieben.

Bewegungssegment – Vertebron – Arthron

Im Mittelpunkt steht als funktionelle Einheit das «Bewegungssegment» nach Junghanns. Darunter versteht man die bewegliche Verbindung zweier benachbarter Wirbel mit zugehörigem Diskus, Facettengelenken, Kapseln und Bändern. Begrifflich um Muskulatur, Nerven und Gefäße erweitert, spricht man auch von «Vertebron», bzw. an den peripheren Gelenken von «Arthron». Das Arthron hat passive, aktive und steuernde Elemente. Wenn ein Teil des Arthrons gestört ist, so werden alle anderen auch in Mitleidenschaft gezogen. Daher wird nur die Untersuchung und Behandlung des gesamten Arthrons Erfolg bringen.

Joint play – Blockierung

Ähnlich einer funktionstüchtigen Schublade benötigt jedes Gelenk ein gewisses Spiel («Joint play»). Darunter versteht man die Summe aller passiven translatorischen Gleitbewegungen, die außerhalb der Funktionsbewegungen stattfinden, jedoch für diese notwendig sind. Das gestörte Joint play zeigt sich als Hypermobilität bzw. Hypomobilität. Diese kann im Extremfall eine Blockierung sein. Bei Hypomobilität und Blockierung ist die Manualtherapie angezeigt.
Unter einer Blockierung (somatische Dysfunktion) versteht man eine funktionelle (also ohne histologisches Substrat) und reversible Bewegungseinschränkung in eine oder mehreren Richtungen, die mit Schmerz und Weichteilreaktionen (lokal und/oder peripher) verbunden ist.
Die lokale Weichteilreaktion wird über den Ramus dorsalis ausgelöst und zeigt sich als Hypertonus der zugeordneten Muskulatur, als bindegewebige Auf-

quellung, eingeschränkte Hautverschieblichkeit, gestörte Hautdurchblutung und Hautsekretion. Die periphere Weichteilreaktion (segmentale Irritation) wird über den Ramus ventralis ausgelöst. Darüber hinaus führen chronische Blockierungen zu entfernten Störungen an inneren Organen (z. B. Magenkrämpfen), gestörtem seelischen Wohlbefinden (z. B. Depression, «Verklemmung») und mentalen Störungen (z. B. Merkschwäche).

Zur Theorie der Blockierung sind sehr viele widersprüchliche Hypothesen aufgestellt worden. Eine Blockierung kann

- direkt durch lokales Trauma ohne Muskelschutz verursacht werden, z. B. durch Verfehlen einer Treppenstufe;
- indirekt durch monotone Bewegungs- und Haltungsstereotypien und Fehlstatik verursacht werden, z. B. durch Beinlängendifferenz oder Computerarbeitsplatz;
- reflektorisch durch Störungen im Dermatom, Myotom, Sklerotom, Viszerotom sowie im seelischen Bereich verursacht werden, z. B. können Gallenblasenbeschwerden über den N. phrenicus zu Schulterschmerzen und Blockierungen der Segmente C 3/4 führen.

Die Entstehung einer Blockierung wird durch entzündliche, degenerative und traumatische Vorschädigungen des Gelenks begünstigt. Oft summieren sich verschiedene Ursachen.

Blockierungen können an allen Gelenken vorkommen. Am häufigsten sind sie an den Gelenken mit den geringsten aktiven Exkursionsmöglichkeiten zu finden, wie z. B. den Fuß- und Handwurzelgelenken, ISG, ACG und Tib-Fib. Eine einzige Blockierung gibt es nicht. Da der gesamte Körper in Interaktion steht, folgen kompensatorisch im gesamten Körper weitere Blockierungen. Es kommt in den Nachbarsegmenten und -gelenken zur Hypermobilität. Oft sind es gerade die kompensatorisch «Überstunden machenden» hypermobilen Segmente bzw. Gelenke, die Beschwerden verursachen (Abb. 9.1).

Deshalb muß immer ganzheitlich untersucht und behandelt werden. «Beim Klavierstimmen wird auch nicht nur das ‹A› gestimmt» (Schönberger). Besonders kritisch sind die Biegungsübergänge der Wirbelsäule (dorsoventral und laterolateral).

Bei der neuromedizinischen Untersuchung und Behandlung interessiert vor allem der Zustand verschiedener Dreipunktsysteme des Körpers. Zu den neuromedizinischen Dreipunktsystemen gehören beispielsweise der Fuß (Ferse – Großzehenballen – Kleinzehenballen), das Becken (Symphyse, Iliosakralgelenk links und rechts), die Wirbelsäule (Bandscheibe und Facettengelenk links und rechts) sowie die Kieferregion (Zähne und Kiefergelenk links und rechts).

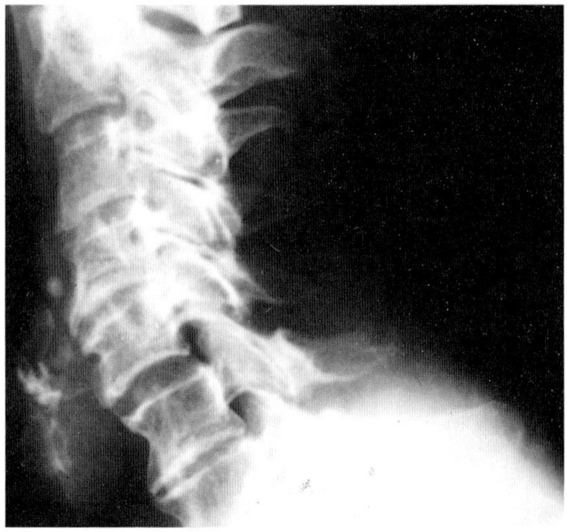

Abb. 9.1: Röntgenbild eines siebzigjährigen Patienten mit osteochondrotischen Veränderungen der Segmente C 4/5 und C 6/7. Kompensatorische Hypermobilität im Segment C 5/6

Diese Dreipunktsysteme korrespondieren («telefonieren») miteinander. «Hinkt» ein Dreipunktsystem z. B. der Fuß, so werden alle anderen in Mitleidenschaft gezogen. Andererseits «freuen» sich nach der Korrektur eines Dreipunktsystems alle anderen auch.

Mobilisation – Manipulation – Druckwellenmobilisation

Die Blockierung ist die Indikation für die Manualtherapie. Diese umfaßt Weichteiltechniken, Mobilisations- und Manipulationstechniken.

Bei den Manipulationstechniken wird über das physiologische Bewegungsausmaß hinaus mit kurzem Weg, hoher Geschwindigkeit und geringer Kraft der jeweilige Knochen «eingerenkt». Da Manipulationen ungünstige Auswirkungen haben können, sollten sie nur von Ärzten ausgeführt werden.

Mit den Mobilisationen versucht man, durch langsame, rhythmisch wiederholende und bis an das Bewegungsende gehende Bewegungsimpulse das Joint play wieder herzustellen und den Schmerz zu reduzieren. In Frage kommen dazu Traktion (Separation der Gelenkflächen), und unter leichter Traktion das Gleiten (anterior-posterior, posterior-anterior, laterolateral und rotatorisch). Auch die intermittierende Kompression kann therapeutisch sinnvoll sein. Da die Muskeln u. a. die Aufgabe haben, ein Gelenk zu komprimieren, bewirkt die Traktion einen Hypertonus der gelenkzentrierenden Muskulatur (siehe auch

FIT im Kapitel «Weichteiltechniken» und AGT im Beitrag «Kinästhesie»). Durch sanfte, intermittierende Kompression wird den Muskeln ihre Aufgabe abgenommen und sie erhalten die Möglichkeit zu detonisieren. Außerdem werden durch intermittierende Kompression die Stoffwechselvorgänge an Kapsel und Knorpel angeregt (Abb. 9.2).
Grundsätzlich kann man direkt in die eingeschränkte Bewegungsrichtung oder indirekt zunächst in die freiere Bewegungsrichtung mobilisieren. Die Propriozeptorenstimulation wirkt dabei vermutlich spinal-hemmend auf die Nozizeptorentätigkeit.
Wichtig bei der Durchführung der passiven Mobilisation ist das Wissen um die jeweilige Stellung der Gelenkflächen. Die Gelenkfortsätze der HWS sind fast transversal («die Welt tragen»), die der BWS frontal («Hände hoch») und die der LWS (ausgenommen L 5/S 1) sagittal («Hände an die Hosennaht») angeordnet. Vor, während und nach einer Behandlung sollten Bewegungsfähigkeit (aktiv und passiv), Schmerz und Weichteilbefunde vergleichend kontrolliert werden.
Alternativ und unterstützend zu den Mobilisationen kann die von dem englischen Arzt Tracey entwickelte und in Deutschland von Ruhrmann und Zicha eingeführte Druckwellenmobilisation (Impact-Therapie) eingesetzt werden. Dabei wird das zu behandelnde Gelenk allseits durch locker gefüllte Korn- bzw. Sandsäcke (Basis- und Puffersäcke) umgeben. Die das Gelenk durchdringenden Druckwellen werden durch leichtes, kurzes und rhythmisches Schlagen mit dem Schlagsack erzeugt. Die Druckwellenmobilisation hat mechanische (Distraktion), vaskuläre (Drainage von lokalen Ödemen) und neurophysiologische (Detonisierung und Schmerzlinderung) Effekte.

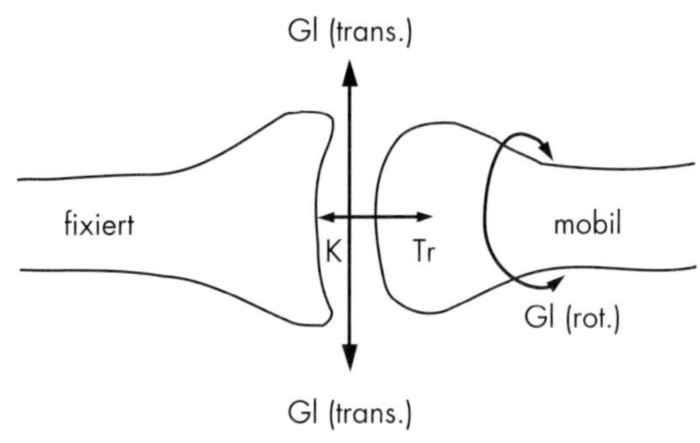

K = Kompression
Tr = Traktion
Gl(trans.) = Gleitbewegung (translatorisch)
Gl (rot.) = Gleitbewegung (rotatorisch)

Abb. 9.2: Mobilisationsrichtungen

Konvex-Konkav-Regel

Diese von Kaltenborn aufgestellte Regel besagt, daß der Therapeut einen Knochen mit konvexer Gelenkfläche gegensinnig, und einen mit konkaver Gelenkfläche gleichsinnig zu der Richtung der behinderten Knochenbewegung führen muß. Bei eingeschränkter Knieflexion muß also die Tibia gleichsinnig translatorisch nach dorsal, oder das Femur translatorisch nach ventral bewegt werden (Abb. 9.3).

Endgefühl

Wichtig für die Diagnostik und Überprüfung der Behandlung ist das sogenannte Endgefühl nach Cyriax. Für jedes Gelenk gibt es ein typisches Endgefühl: Hart (Knochenstop) z. B. bei Ellbogenextension,

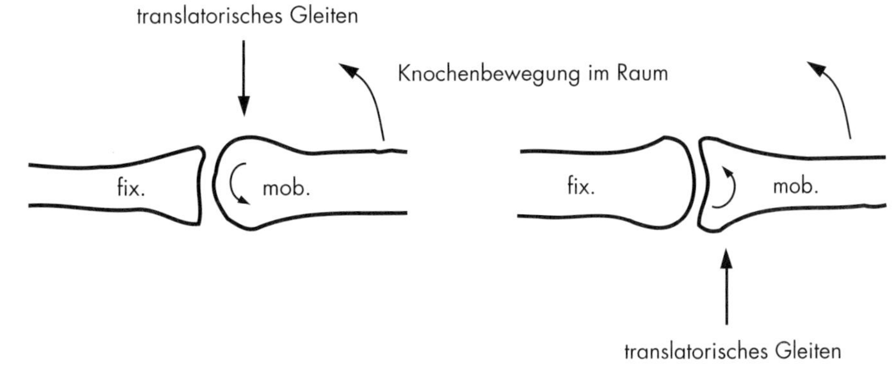

Abb. 9.3: Konvex-Konkav-Regel

weich (Weichteilstop) z. B. bei Ellbogenflexion und fest (Kapsel- und Bänderstop) z. B. bei Hüftrotation. Ein zu festes oder weiches Endgefühl kommt pathologischerweise z. B. bei Arthritis oder Arthrose vor. Ein federndes Endgefühl findet man bei intraartikulärer Einklemmung eines Meniskus.

Kontraktile und nicht kontraktile Strukturen

Die grundsätzliche Differenzierung, ob die Läsion eine kontraktile oder nicht kontraktile Struktur (Cyriax) betrifft, ist sehr wichtig. Muskeln und Sehnen werden als kontraktile Gewebe durch isometrische Kontraktion bzw. entgegengesetzte passive Dehnung getestet.
Gelenkkapsel, Bänder und Schleimbeutel werden als nicht kontraktile Gewebe durch passive Dehnung und Kompression getestet.

Kapselmuster

Findet man bei einer passiven Bewegung eine Einschränkung, so ist festzustellen, ob es sich dabei um eine kapsuläre oder nicht kapsuläre Einschränkung handelt (Cyriax).
Jedes Gelenk hat ein charakteristisches Kapselmuster, z. B. bei einer Entzündung oder Arthrose des Kniegelenks ist die Flexion immer stärker als die Extension eingeschränkt. Die gelenkumgebenden Muskeln verhindern die weitere Bewegung, wenn sich die Spannung der erkrankten Kapsel so verstärkt hat, daß sie Schmerzen hervorruft.
Nicht muskelgeführte Gelenke (ISG, ACG, Tib-Fib) haben daher kein Kapselmuster.

Pathogenetische Aktualitätsdiagnostik

Da eine oder mehrere Richtungen, aber auch mehrere Gelenke, blockiert sein können, ist es wichtig, aufgrund einer pathogenetischen Aktualitätsdiagnostik (Gutmann) das «kritische Detail» zu finden, dem eine aktuelle ätiologische Bedeutung zukommt. Daraus ergibt sich die «Zug-um-Zug»-Therapie (Derbolowsky).

Dosierung und Dokumentation

Zur Dosierung und Dokumentation der Untersuchung und Behandlung hat sich das nach Maitland modifizierte Bewegungsdiagramm sehr bewährt (Abb. 9.4).
Mit Hilfe dieses Bewegungsdiagramms läßt sich befundmäßig festhalten, daß der Patient z. B. im Segment L 1/L 2 bei einer passiven Gleitbewegung PA (posterior-anterior) bei Grad I Schmerz empfindet. Behandlungsmäßig können dann z. B. 25 Behandlungsimpulse bei Grad II zur Schmerzreduktion und Funktionsverbesserung (auch der aktiven Bewegungen) führen. Auch die Übergabe an einen anderen Behandler ist bei Kenntnis dieses Schemas erheblich erleichtert.

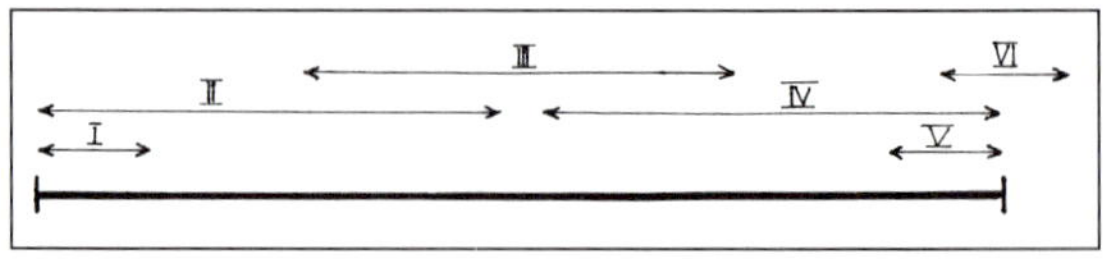

I = Kleine Bewegung am Bewegungsbeginn.
II = Große Bewegung vom Bewegungsbeginn bis zur Hälfte der Bewegungsbahn.
III = Große Bewegung im mittleren Drittel der Bewegungsbahn.
IV = Große Bewegung von der Mitte bis zum Ende der Bewegungsbahn.
V = Kleine Bewegung am Ende der Bewegungsbahn.
VI = Kleine Bewegung mit geringer Kraft schnell über das Bewegungsende hinaus (Manipulation).

Abb. 9.4: Bewegungsdiagramm

Muskelbalance

Nach Goodheart und Walther haben schmerzhafte Blockierungen der Wirbelsäule und Gelenke ihre Ursache nicht in verkrampften (hypertonen) Muskeln, sondern darin, daß der Antagonist zu diesem Muskel zu schwach (hypoton) ist, und der normale Muskel darauf mit Hypertonus reagiert. In der klassischen manuellen Medizin und Physiotherapie versucht man, den verkrampften und schmerzhaft verkürzten Muskel manuell oder durch Dehnung zu lösen.
Erfolgsversprechender ist die Stimulierung (Fazilitation) des hypotonen Muskels. Eine Schwingtür wird von gleichstarken Stahlfedern auf beiden Seiten in der Mittelstellung gehalten und nach einer Türbewegung in die Mittelposition zurückgezogen. Leiert eine der Federn aus, so zieht sich die intakte, jetzt aber stärkere Feder mehr zusammen, und die Tür verläßt die Mittelstellung.

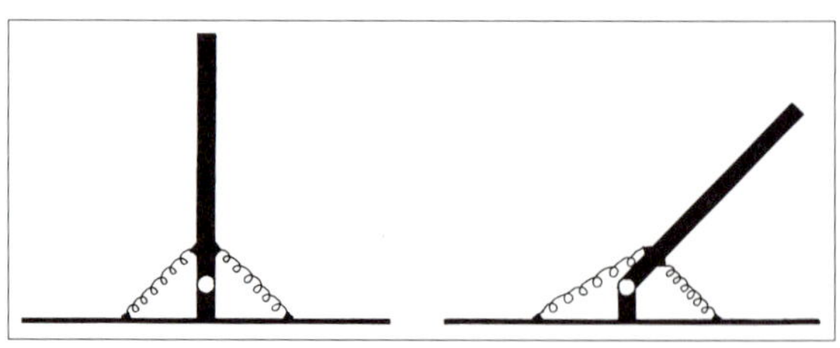

Abb. 9.5: Schwingtürprinzip bei Muskelbalancen

Dieser Zustand wird verständlicherweise nicht dadurch behoben, daß man die stärkere Feder (den hypertonen Muskel) repariert, sondern den schwachen Muskel stärkt (fazilitiert), und damit die Türmittelstellung (Balance) wieder erreicht. Siehe auch FIT im Kapitel «Weichteiltechniken» (Abb. 9.5).

Kontraindikationen

Kontraindiziert ist die Manualtherapie bei Ankylose, Knochenerkrankungen (Osteoporose und Osteomalazie), tumorigen, traumatischen (Luxation, Fraktur), entzündlichen (Bechterew, PCP) und fieberhaften Erkrankungen.
Bei Erkrankungen und Anomalien der A. vertebralis verbietet sich die Behandlung (insbesondere jede Manipulation) der Halswirbelsäule.

Praktische Durchführung

Bei der Durchführung der Manualtherapie wird ein Gelenkpartner (meist der proximale) schienend, gelenkspaltnah und schmerzfrei fixiert. Der andere Gelenkpartner wird mobilisiert.
Der Patient wird entspannt und sicher gelagert. Der Behandler sollte sich selbst optimal organisieren, d. h. seine Kraft nicht aus den Fingern und Händen nehmen, sondern aus seinem Körper. So sind seine sensorischen Fähigkeiten verbessert. Dazu ist es auch wichtig, daß die Fixationshand, der fixierte Körperteil des Patienten, der Therapeutenkörper und eventuell die Behandlungsbank eine verschmolzene Einheit bilden. Hilfreich ist hier die Vorstellung eines verbindenden symbolischen «Nägelchens» oder die «Verschweißung» bzw. «Verklebung» der entsprechenden Teile (Abb. 9.6).
Die Wahrnehmung des Joint plays kann grundsätzlich telorezeptiv (optisch), exterozeptiv (taktil) und propriozeptiv (Tiefengefühl: «Wie bewegt sich dieser mit mir vereinte Knochen mit?») erfolgen.
Kraft, Raum und Zeit (Rhythmus, Behandlungsdauer) der Griffe müssen dem jeweiligen Patienten individuell angepaßt werden.

Untersuchung und Behandlung der Wirbelsäule und sämtlicher Gelenke

Im folgenden werden die wichtigsten in der Praxis bewährten Griffe dargestellt. Fast alle Untersuchungsgriffe haben bei rhythmisch wiederholender Anwendung auch therapeutischen Wert.

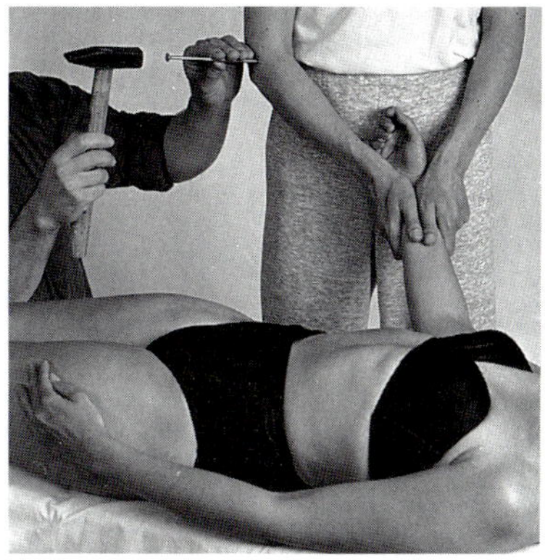

Abb. 9.6: Das symbolische «Nägelchen»

Wann ein Griff angewandt wird, und wie er beim jeweiligen Patienten modifiziert werden muß, kann nicht in einem Buch dargestellt werden, sondern ist nur in der praktischen Unterweisung vermittelbar.
Wichtige funktionell-anatomische, pathogenetische und diagnostisch-therapeutische Zusammenhänge werden im Beitrag «NEUROMEDIZIN-KONZEPT am Beispiel der häufigsten Schmerzsyndrome» beschrieben.

Iliosakralgelenke

Die ISG nehmen im Rahmen des NEUROMEDIZIN-KONZEPTS einen besonderen Stellenwert ein. Eine Vielzahl von palpatorischen und funktionellen Testen stehen zur Verfügung.

1. Rückenlage

Beinlängenmessung (Abb. 9.7a und 9.7b)
Bei entspannten Beinen wird passiv die Stellung der Calcanei bzw. der Malleolen verglichen. Um zwischen anatomischen und funktionellen Beinlängendifferenzen zu unterscheiden, kann mit dem Zentimetermaß gemessen werden. Die anatomische Beinlänge wird im Seitenvergleich zwischen Trochanter major und Malleolus medialis, die funktionelle Beinlänge zwischen Spina iliaca anterior superior (SIAS) und Malleolus medialis gemessen.

Vorschubphänomen (Abb. 9.8a und 9.8b)
Dieses von Derbolowsky erstmals beschriebene Phänomen besagt, daß beim wiederholten Aufsetzen aus dem Liegen mit gestreckten Beinen sich bei einer ISG-Blockierung regelmäßig ein Bein verkürzt bzw. das andere verlängert (herausschiebt). Aufgrund der ISG-Blockierung ist ein paralleles Abrollen über die Tubera nicht möglich.

Diagonaler Druck (Abb. 9.9)
Das im Knie gebeugte Bein wird in unterschiedlichen Hüftflexionsstellungen adduziert. Eine Hand

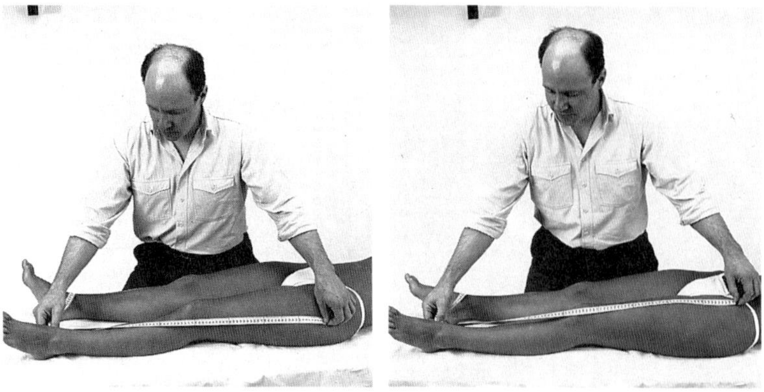

Abb. 9.7 a: Messung der anatomischen Beinlänge
b: Messung der funktionellen Beinlänge

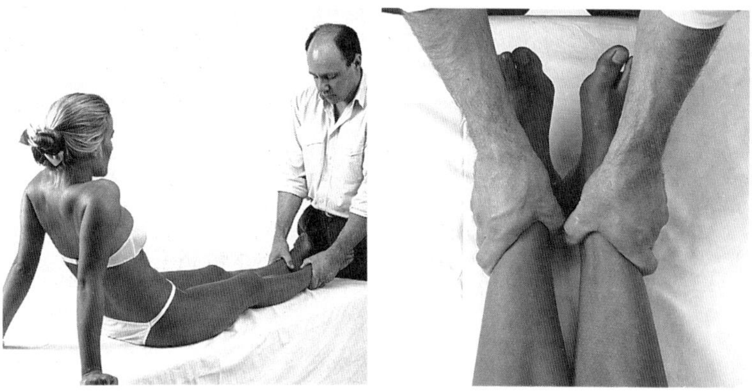

Abb. 9.8 a + b: Vorschubphänomen nach Derbolowsky

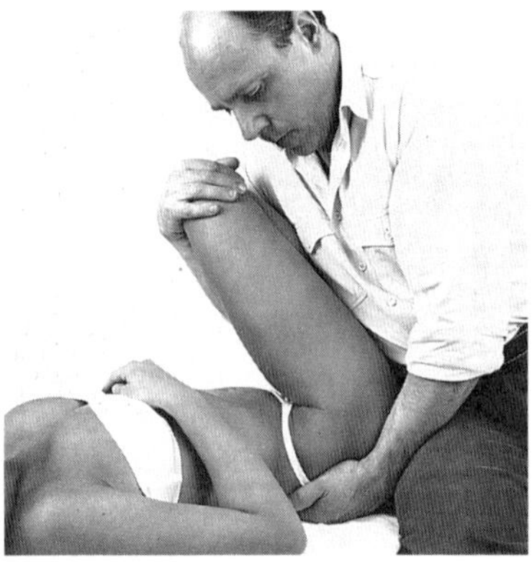

Abb. 9.9: Diagonaler Druck

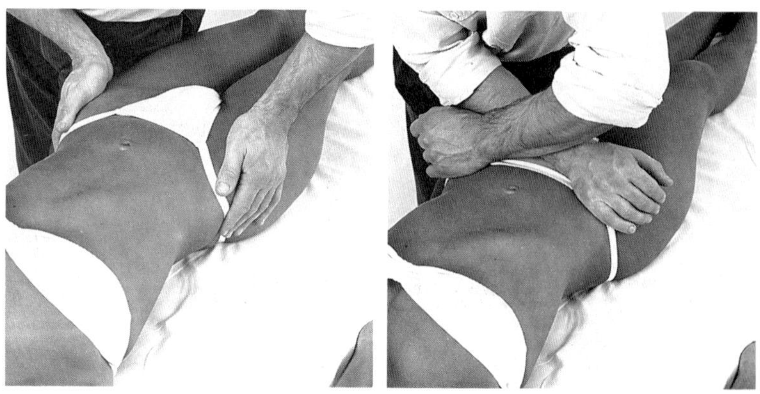

Abb. 9.10 a + b: Innen- und Außenrotation

schiebt den Femur axial rhythmisch nach dorsal, caudal und lateral. Die andere Hand tastet am Gelenkspalt die Gleitbewegung zwischen Ilium und Sacrum.

Innen- und Außenrotation (Abb. 9.10 a und 9.10 b)
Hierbei wird der Abstand zwischen linker und rechter Spina iliaca anterior superior (SIAS) durch Zug bzw. Druck vergrößert bzw. verkleinert.
Unseres Erachtens werden so vor allem die Symphyse und die Ligg. sacroiliaca dorsalia bzw. ventralia getestet.

Vierphasentest (Abb. 9.11 a bis 9.11 d).
Dieser Test dient der Differenzierung verschiedener Ligamente und Muskeln.
Erste Phase für das Lig. sacrotuberale:
Das in Knie und Hüfte gebeugte Bein wird passiv zur gleichseitigen Schulter geführt. Die distale Hand hakt sich unter den Tuber und bewegt diesen synchron mit. Ursprung und Ansatz des Lig. sacrotuberale werden so voneinander entfernt.
Zweite Phase für das Lig. sacrospinale:

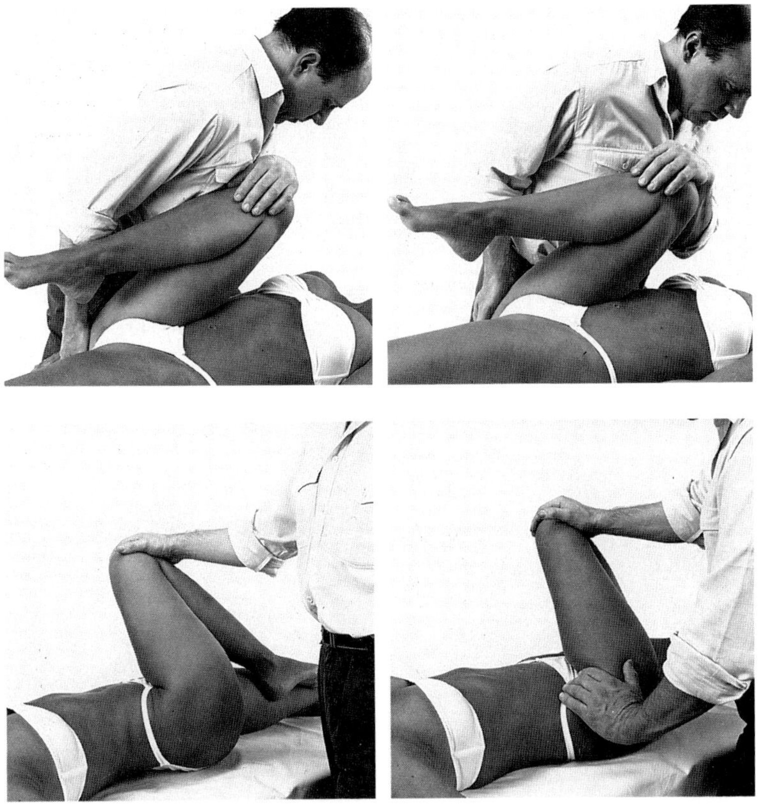

Abb. 9.11 a–d: Vierphasentest

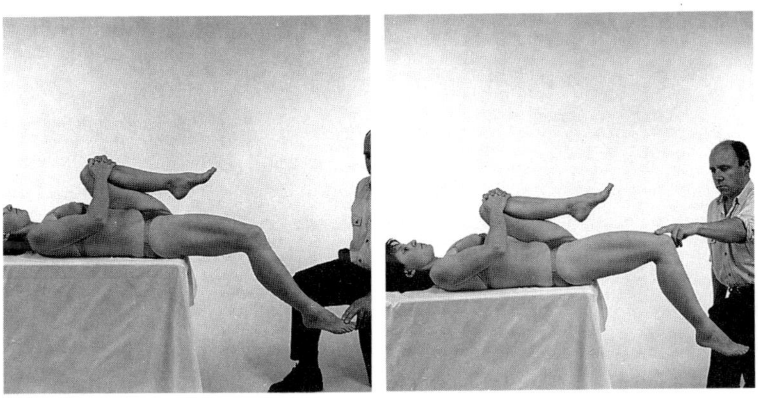

Abb. 9.12 a + b: Rektus- und Iliopsoastest

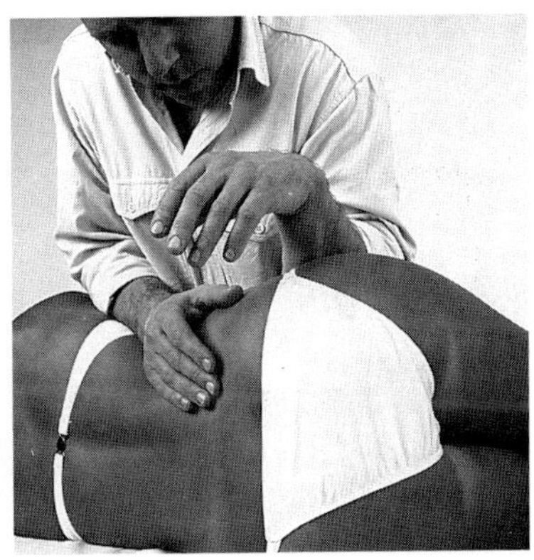

Abb. 9.13: Klaffbewegungstest

Um Ursprung und Ansatz des Lig. sacrospinale voneinander zu entfernen, wird diesmal das Knie passiv zur gegenüber liegenden Schulter geführt.
Dritte Phase für das Lig. iliolumbale:
Hierbei wird bei rechtwinklig gebeugtem Hüftgelenk das Knie passiv zur gegenüber liegenden Hüfte geführt. Man spürt zunächst eine zunehmende Hüftgelenkskapselspannung. Bei weiterer Adduktion straffen sich dann die ISG-Kapsel und das Lig. iliolumbale. Würde man die Adduktion noch mehr forcieren, so käme es zur aufsteigenden Rotation zwischen den Wirbelsegmenten. Die Beckenschaufel darf dabei nicht fixiert werden. Dieser Test setzt ein sehr gutes Tiefengefühl voraus.
Vierte Phase für den M. piriformis:
Im Unterschied zur dritten Phase wird die Beckenschaufel jetzt fixiert. So werden Ursprung und Ansatz des M. piriformis voneinander entfernt.

Rektus- und Iliopsoastest (Abb. 9.12 a und 9.12 b)
Bei der Rektusverkürzung kann der Fuß in der in

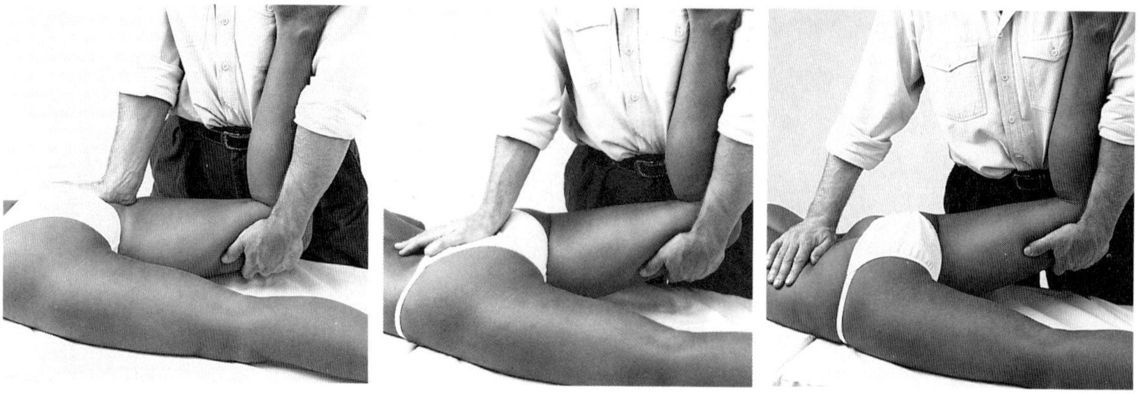

Abb. 9.14 a–c: Dreiphasentest

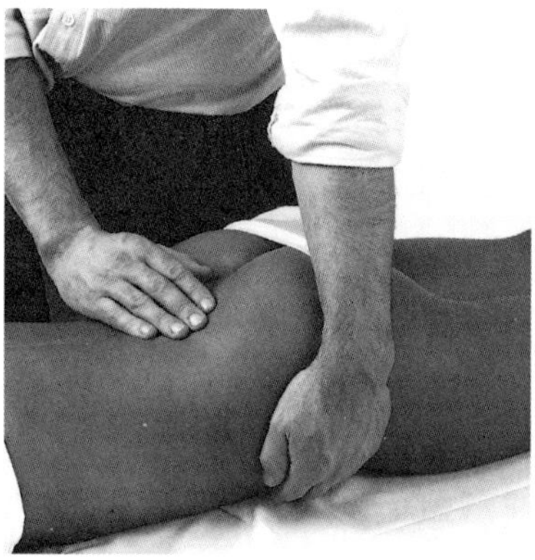

Abb. 9.15: Schütteltest

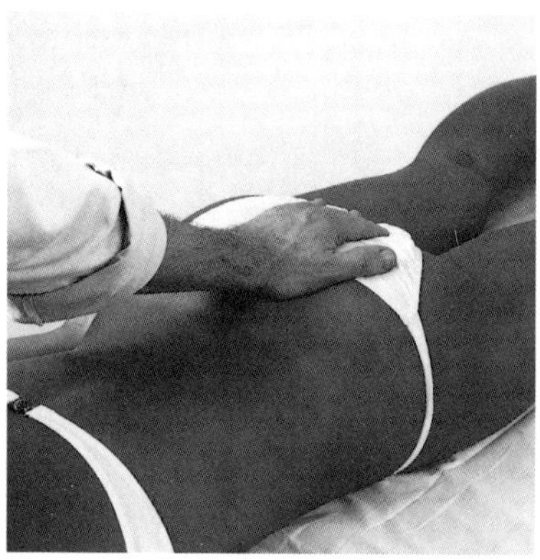

Abb. 9.16: Kippbewegungstest

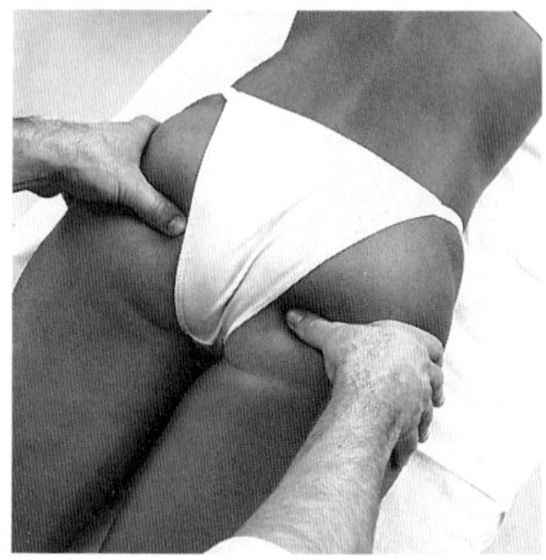

Abb. 9.17: Tuberhöhenvergleich

Abbildung 9.12 a dargestellten Testsituation nicht genügend nach unten sinken.

Bei der Iliopsoasverkürzung kann das Knie in der in Abbildung 9.12 b dargestellten Testsituation nicht genügend nach unten sinken.

2. Seitenlage

Klaffbewegungstest (Abb. 9.13)

Der caudale Unterarm wird proniert zwischen Crista iliaca und Trochanter major plaziert. Um die gedachte Sagittalachse des ISG wird das Gelenk rhythmisch wiederholend aufgeklafft. Die Bewegung soll aus dem gesamten Körper kommen. Die craniale Hand palpiert mit Mittel- und Zeigefingerkuppe das Aufklaffen.

Durch den engen Körperkontakt werden unbewußte Gleichgewichtsreaktionen vermieden.

3. Bauchlage

Dreiphasentest (Abb. 9.14 a bis 9.14 c)

Dieser Test dient der Differenzierung zwischen Hüftgelenk, ISG und lumbosakralem Übergang.

Bei der ersten Phase werden mit passiver Hüftextension bei Iliumfixation das Hüftgelenk und der Iliopsoas auf Verkürzung getestet.

Bei der zweiten Phase wird mit passiv forcierter Hüftextension bei Sacrumfixation das ISG getestet.

Bei der dritten Phase wird mit passiver Hyperextension bei L5-Fixation der lumbosakrale Übergang getestet.

Schütteltest (Abb. 9.15)

Der Behandler «schüttelt» mit der caudalen Hand das Ilium in unterschiedlichem Rhythmus bzw. Ausmaß in dorsaler Richtung. Mit dem Zeigefinger und/oder Ringfinger der cranialen Hand palpiert er die Gleitbewegung des Iliums.

Kippbewegungstest (Abb. 9.16)

Der Behandler vereinigt sich mit der distalen Hälfte des Sacrums und «kippt» dieses rhythmisch wiederholend nach ventral und caudal. Er spürt dabei, in welchem Ausmaß sich das Sacrum mitbewegt.

Tuberhöhenvergleich (Abb. 9.17)

Die Tuberhöhen werden mit den Daumen bimanuell palpiert und in ihrem Stand verglichen.

Wenn das Ilium nach vorne blockiert ist, steht der Tuber höher.

Lig. sacrotuberale (Abb. 9.18)

Bimanuell kann man dieses Band in der Tiefe zwi-

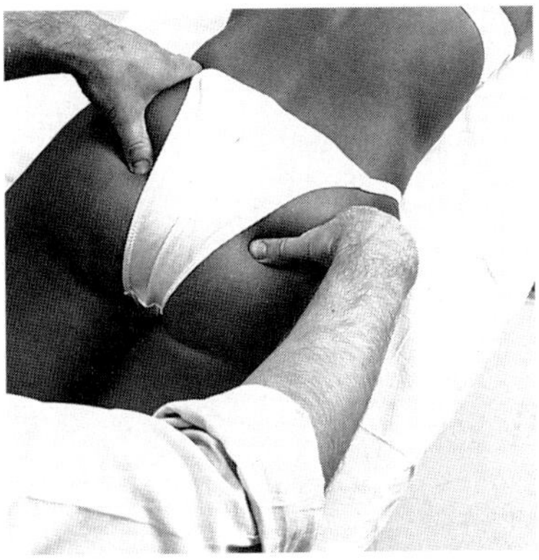

Abb. 9.18: Lig. sacrotuberale

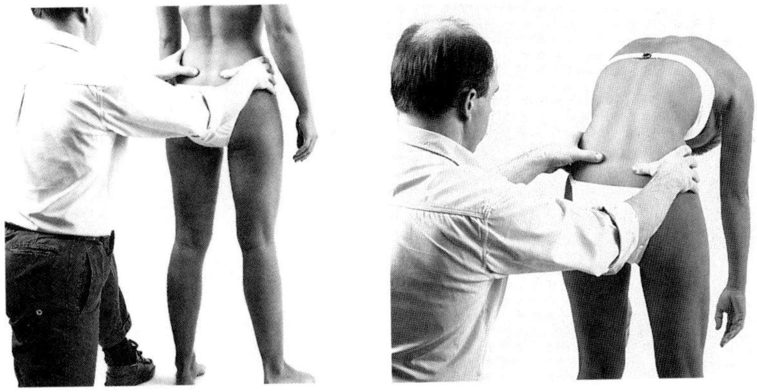

Abb. 9.19 a + b: Vorlaufphänomen im Stand

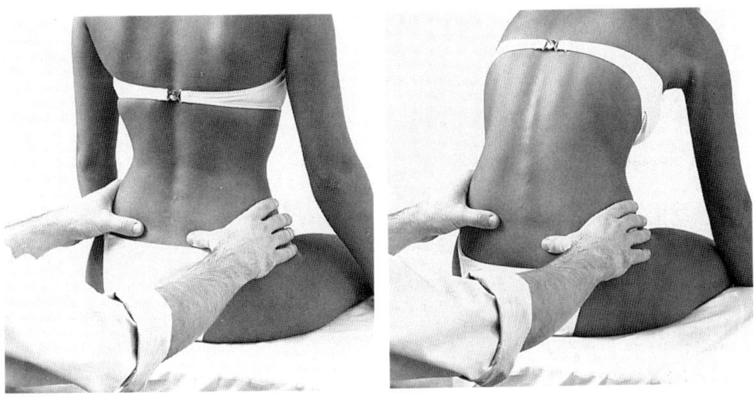

Abb. 9.20 a + b: Vorlaufphänomen im Sitz

schen dem jeweiligen Tuber und dem craniomedialwärts gelegenen Sacrum tasten. Wichtig ist dabei, daß die Palpation und evtl. Friktion quer zum Verlauf ausgeführt wird.
Auf der Seite der Iliumblockierung nach hinten ist das Band immer dünner (bleistiftartig), länger, gespannter und – dehnungsbedingt – oft schmerzhafter.

4. Sitz und Stand

Vorlaufphänomen (Abb. 9.19 a und b, 9.20 a und b)
Der Behandler palpiert bimanuell mit seinen Daumen die beiden Spinae iliacae posteriores superiores. Mit quergelegten Daumen vergleicht er die Höhe der Spinae. Dann beugt sich der Patient langsam mehrmals wiederholend in der Wirbelsäule (nicht in den Hüftgelenken) nach vorne und richtet sich wieder auf. Auf der blockierten Seite «läuft» die Spina wegen des fehlenden ISG-Joint plays früher und in größerem Ausmaß mit.
«Läuft» die ursprünglich niedrigere Spina mit, so ist auf dieser Seite das ISG vermutlich nach hinten blokkiert.
«Läuft» die ursprünglich höhere Spina mit, so ist auf dieser Seite das ISG vermutlich nach vorne blockiert.

Im Vergleich zum Vorlaufphänomen im Stand ist beim Vorlaufphänomen im Sitz die ischiocrurale Muskulatur (Hamstrings) als Bewegungshemmer ausgeschaltet.

Spine-Test
(*Rücklaufphänomen;* Abb. 9.21 a und 9.21 b)
Hierbei werden mit beiden Daumen eine SIPS (z. B. die linke) und der Dornfortsatz (Spine) von S2 palpiert.
Beide Punkte liegen etwa auf gleicher Höhe. Der Patient hebt dann mehrfach das linke gebeugte Knie maximal von der Horizontalen in Richtung Brustkorb. Nach der Spannung der Hüftgelenkskapsel geht das Ilium mit in die Bewegung, d. h. bei freiem linken ISG-Joint play «läuft» die linke SIPS früher und in größerem Ausmaß nach unten als der S2-Dornfortsatz.
Bei einer linksseitigen ISG-Blockierung «laufen» S2-Dornfortsatz und linke Spina mit gleichem Ausmaß und gleichzeitig nach unten.
Das linke ISG kann auch durch Anheben des rechten Knies getestet werden. Bei intaktem Joint play würde jetzt der S2-Fortsatz zuerst nach unten «laufen».

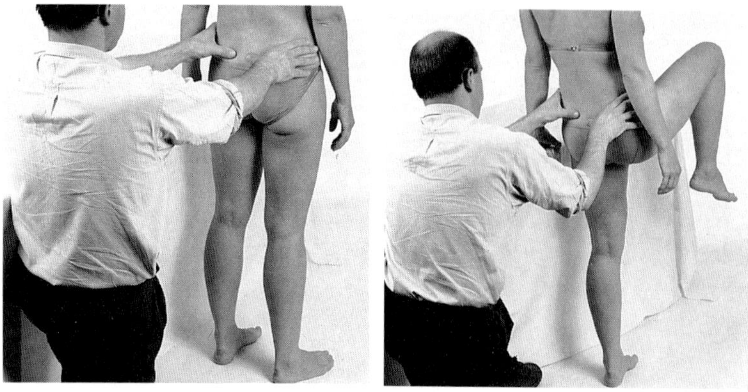

Abb. 9.21 a + b: Spine-Test für das linke ISG

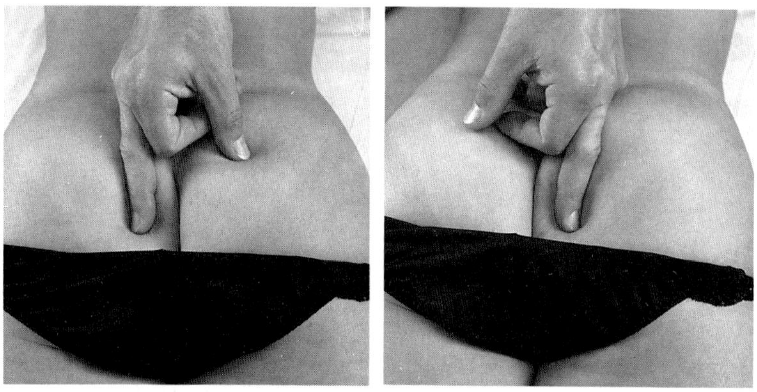

Abb. 9.22 a + b: Paracoccygealer Raum

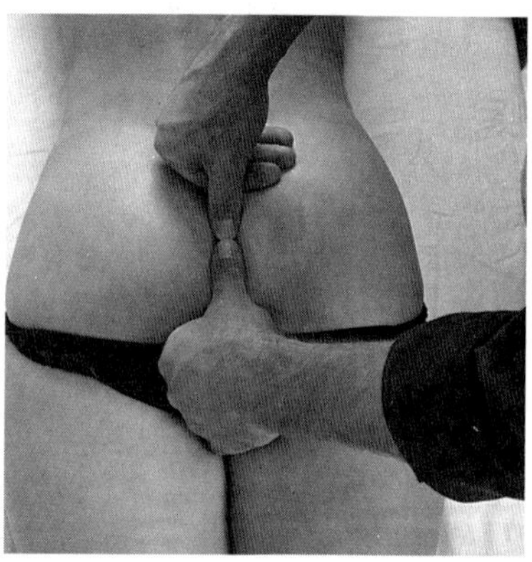

Abb. 9.23: Posterior-anterior-Gleiten

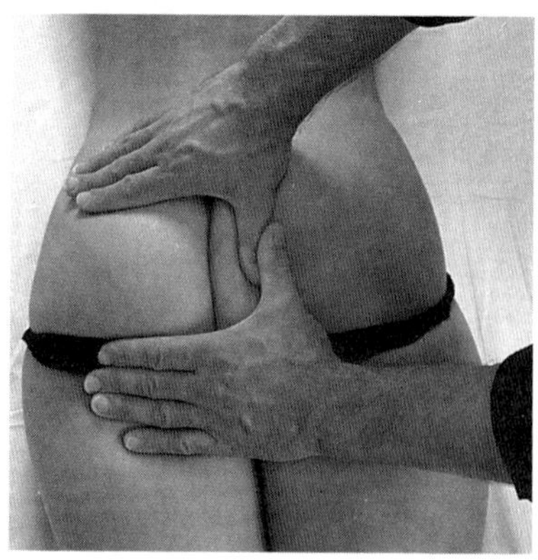

Abb. 9.24: Latero-lateral-Gleiten

Da dieselben Tests für das rechte ISG möglich sind, besteht der Spine-Test aus vier Teiltesten.
Um unbewußte Gleichgewichtsreaktionen zu vermeiden, sollte sich der Patient mit einer Hand auf der Untersuchungsbank abstützen können.
Der Behandler wird, wie immer, mit geschlossenen Augen seine propriozeptive Wahrnehmungsfähigkeit verbessern.
Weitere Untersuchungs- und Behandlungsmöglichkeiten des ISG werden in den Beiträgen «Allgemeine Grundlagen des NEUROMEDIZIN-KONZEPTS» und «NEUROMEDIZIN-KONZEPT am Beispiel der häufigsten Schmerzsyndrome» dargestellt.

Sacrococcygealgelenk

Paracoccygealer Raum (Abb. 9.22 a und b)
Bei Links-/Rechtsdifferenzen ist das Coccygeum aufgrund von unsymmetrischen Band- und Muskelzügen lateroflektiert und/oder rotiert.
Posterior-anterior (Abb. 9.23)

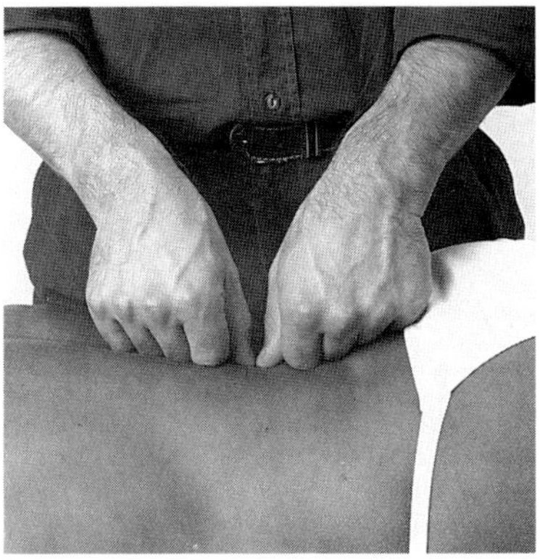

Abb. 9.25: Gleitbewegung Posterior-anterior

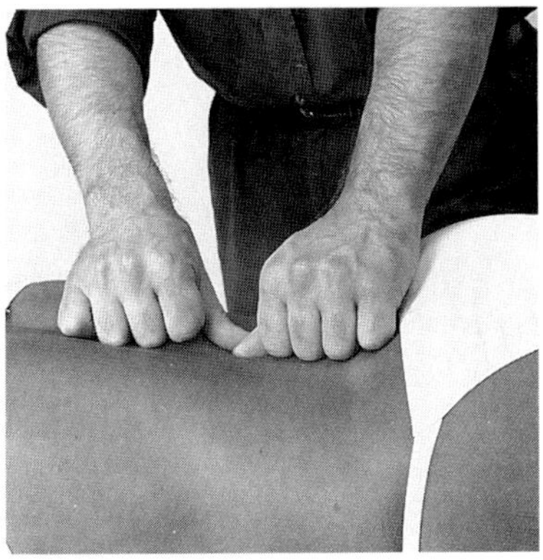

Abb. 9.26: Gleitbewegung Latero-lateral

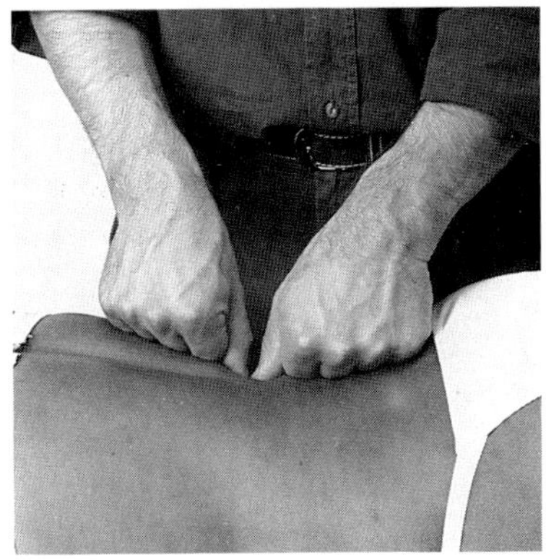

Abb. 9.27: Rotation (Posterior-anterior paraspinal bzw. am Querfortsatz)

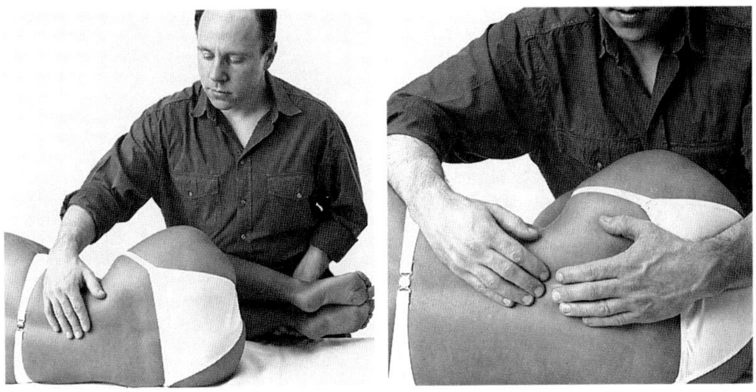

Abb. 9.28 a: Wahrnehmung der segmentalen LWS-Flexionsbewegung
b: Therapeutische Forcierung der segmental eingeschränkten LWS-Flexion

Mit übereinander gelegten Daumen wird die Gleitbewegung nach anterior untersucht und behandelt. Eine Gleitbewegung nach posterior ist nur rektal möglich.

Latero-lateral (Abb. 9.24)

Mit übereinander gelegten Daumen wird die Gleitbewegung nach links oder rechts untersucht und behandelt.

Rektal gibt es noch folgende Untersuchungs- und Behandlungsmöglichkeiten:

Traktion, Kompression, Rotation, Lateroflexion und Flexion-Extension. Alle Bewegungen sind jeweils unter Traktion bzw. Kompression durchführbar.

Störungen des Steißbeins können u. a. durch ISG-Blockierungen verursacht sein.

Lendenwirbelsäule

Segmentale Translationsbewegungen

(Abb. 9.25 bis 9.27)

In der Bauchlage werden die passiven Zusatzbewegungen (Posterior-anterior, Latero-lateral und Rotation) segmental getestet und behandelt.

Der Behandler arbeitet bimanuell mit beiden Daumen. Der Bewegungsimpuls kommt aus seinem gesamten Körper. Wichtig ist, daß man nicht gegen die Wirbel drückt, sondern sich mit ihnen als Einheit bewegt.

Schmerz und/oder eingeschränkte Bewegung in posterior-anteriorer Richtung läßt diskogene Probleme vermuten. Bei der Latero-lateral-Bewegung läßt eingeschränkte Bewegung und/oder Schmerz auf derselben Seite vermuten, daß dieselbe Facette sich nicht richtig schließt. Tritt der Schmerz auf der anderen Seite auf, so kann sich die gegenüberliegende Facette wahrscheinlich nicht richtig öffnen. Eingeschränkte Bewegung und/oder Schmerz auf derselben Seite bei der rotatorischen Bewegung deutet auf Öffnungsinsuffizienz derselben Facette. Rotationsschmerz auf der anderen Seite deutet auf Schließungsinsuffizienz der gegenüberliegenden Facette.

Die Rotationsbewegung ist auch in Seitenlage durchführbar.

Segmentale Funktionsbewegungen

Flexion (Abb. 9.28 a und b)

Die Knie des Patienten werden dabei über der crania-len Leiste des Behandlers abgelegt. Durch rhythmi-

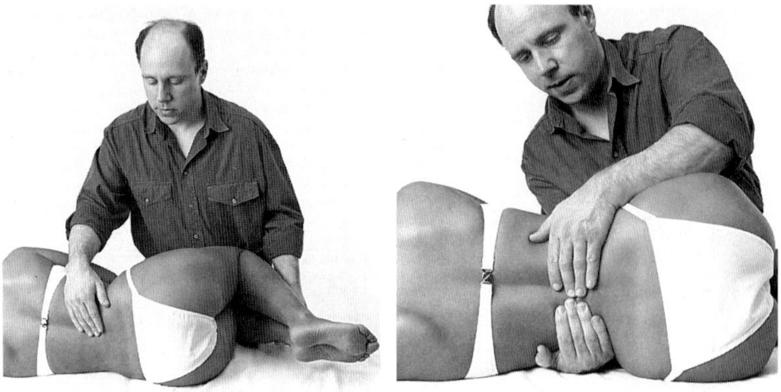

Abb. 9.29 a: Wahrnehmung der segmentalen LWS-Extensionsbewegung **b:** Therapeutische Forcierung der segmental eingeschränkten LWS-Extension im Untergriff

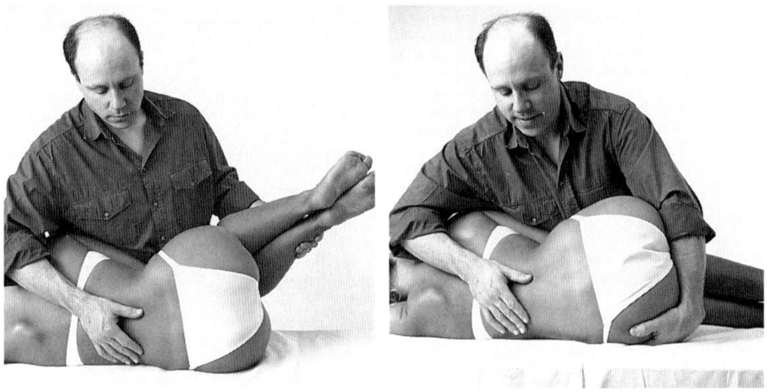

Abb. 9.30 a + b: Untersuchung und Behandlung der LWS-Lateroflexion

sche Gewichtsverlagerungen des Therapeuten wird die LWS von der Nullstellung in die Flexion und zurück bewegt. Für die Palpation des Joint plays gibt es zwei Möglichkeiten:

- Während der Bewegung wird mit dem Ringfinger oder Mittelfinger der caudalen oder cranialen Hand interspinal das Joint play der einzelnen Segmente vergleichend wahrgenommen.
- Während der Bewegung werden Ringfinger und Mittelfinger der caudalen oder cranialen Hand auf jeweils einem Dornfortsatz plaziert und nehmen ihre mehr oder weniger große Annäherung bzw. Entfernung wahr.

Hat ein Segment zu wenig Bewegung, so kann der craniale Dornfortsatz mit der Mittelfingerkuppe fixiert werden. Die caudale Mittelfingerkuppe versucht, die durch die Gewichtsverlagerung des Therapeuten ausgelöste Flexionsbewegung zu unterstützen.

Extension (Abb. 9.29 a und b)
Die Knie des Patienten werden dabei über der caudalen Leiste des Behandlers abgelegt.
Durch rhythmische Gewichtsverlagerungen wird die LWS von der Nullstellung in die Extension und zurück bewegt. Wie bei der LWS-Flexion gibt es zwei Palpationsmöglichkeiten.

Hat ein Segment zu wenig Bewegung, so kann die Extensionsbewegung des Körpers mit den Mittelfingerkuppen auf dem jeweiligen Dornfortsatz verstärkt werden (Untergriff).

Lateroflexion (Abb. 9.30 a und b)
Die Knie des Patienten werden dabei über der caudalen Leiste des Behandlers abgelegt.
Für die segmentale Untersuchung und Behandlung gibt es zwei Möglichkeiten:

- Die caudale Hand umfaßt die übereinander liegenden Fußgelenke. Durch Gewichtsverlagerung werden die Füße rhythmisch deckenwärts und zurück bewegt.
  Die LWS-Lateroflexion wird mit der Mittelfingerkuppe der cranialen Hand an der Unterseite der Dornfortsätze segmental wahrgenommen.
- Bei Hüftproblemen (Coxarthrose, TEP, Hypermobilität) umfaßt die caudale Hand das Becken. Durch rhythmische Gewichtsverlagerungen kommt es zur LWS-Lateroflexion. Die LWS-Lateroflexion wird wie bei der ersten Möglichkeit wahrgenommen.

Hat ein Segment zu wenig Bewegung, wird mit dem Daumen der cranialen Hand der craniale Wirbel an der Oberseite seines Dornfortsatzes fixiert. Die Lateroflexionsbewegung wird rhythmisch so lange wie-

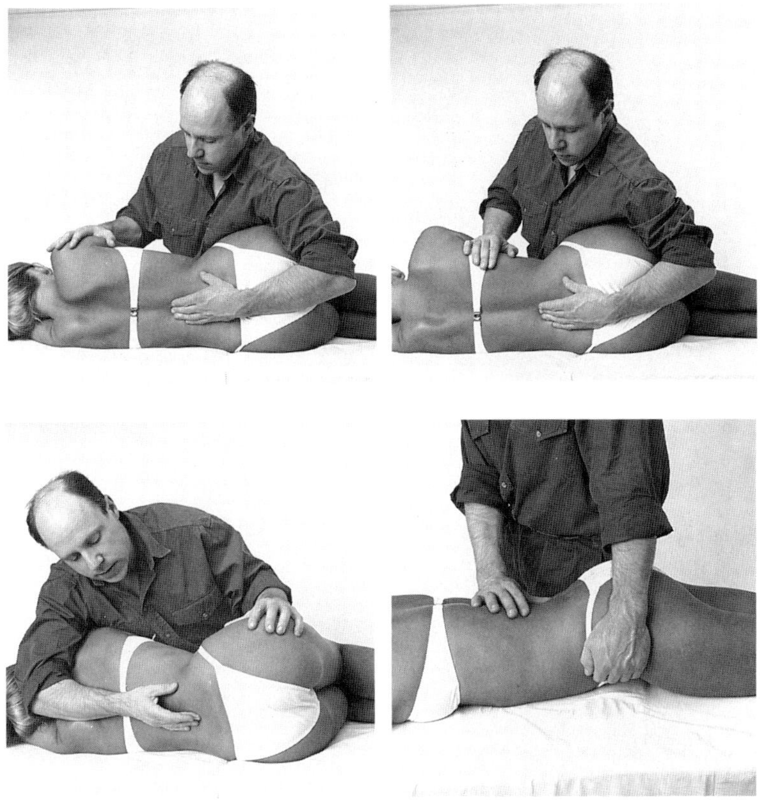

Abb. 9.31 a–d: Untersuchung und Behandlung der LWS-Rotation

derholt, bis sich das Joint play gebessert bzw. der Schmerz reduziert hat.

Rotation (Abb. 9.31 a bis d)

Die Knie des Patienten werden über der caudalen Leiste des Behandlers abgelegt.

Für die Untersuchung und Behandlung gibt es vier Möglichkeiten:

- Der Behandler bedeckt die Trochanterregion des Patienten mit seiner caudalen Achselhöhle. Mit der cranialen Hand rotiert er die Schulter rhythmisch zurück. Mit der Mittelfingerkuppe der caudalen Hand tastet er die segmentale Rotation an der Unterseite zweier Dornfortsätze.
  Diese Handfassung ist vor allem für die obere LWS und den thorako-lumbalen Übergang günstig.
- Wie eben, jedoch wird jetzt der Thorax rhythmisch zurückrotiert.
- Der Behandler bedeckt die Schulter des Patienten mit seiner cranialen Achselhöhle. Mit der caudalen Hand rotiert er das Becken rhythmisch zurück. Mit der Mittelfingerkuppe der cranialen Hand tastet er die segmentale Rotation an der Unterseite zweier Dornfortsätze.

Therapeutisch wird in allen drei Fällen mit dem Daumen der Palpationshand ein Dornfortsatz von der Unterseite fixiert. Die Rotationsbewegung wird so lange wiederholt, bis sich das Joint play und/oder der Schmerz gebessert haben.

- In Bauchlage rotiert der Behandler mit seiner distalen Hand das Becken rhythmisch zurück. Mit der Daumenkuppe der cranialen Hand tastet er die segmentale Rotation paraspinal.
  Therapeutisch dient der Palpationsdaumen der Fixation des hypomobilen Wirbels.

Unspezifische LWS-Traktion (Abb. 9.32)

Sie wird im NEUROMEDIZIN-KONZEPT manuell (nicht apparativ) zu Untersuchungs- und Behandlungszwecken durchgeführt.

Der Patient liegt mit angestellten Beinen auf dem Rücken. Der Therapeut sitzt ihm gegenüber und umfaßt von außen die distalen Oberschenkel. Durch Gewichtsverlagerung auf den Sitzbeinen wird die Traktion langsam einschleichend auf- und abgebaut. Zugstärke, Zugdauer und die Wiederholungsfrequenz orientieren sich am Befinden des Patienten. Eine niedrige Dosierung hat oft großen Erfolg.

Weitere Untersuchungs- und Behandlungsgriffe sind im Kapitel «Kreuzschmerzen» beschrieben.

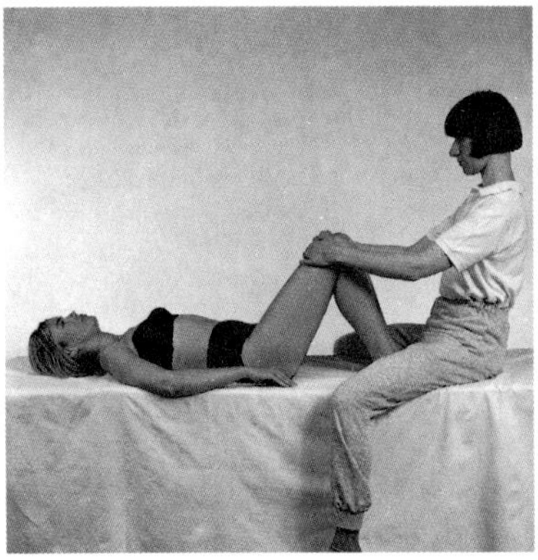

Abb. 9.32: Unspezifische LWS-Traktion

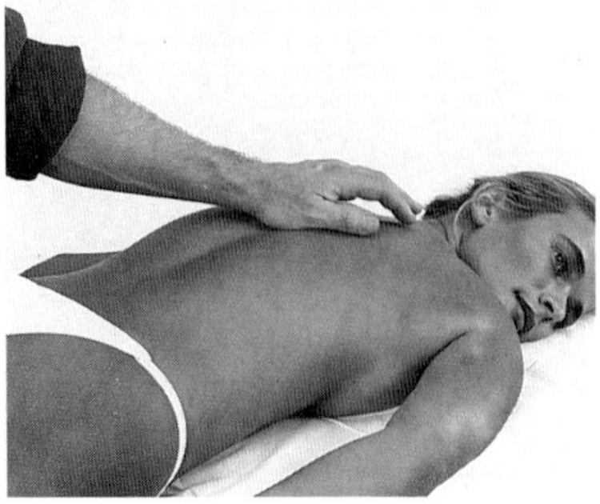

Abb. 9.33: Der diagnostische Griff

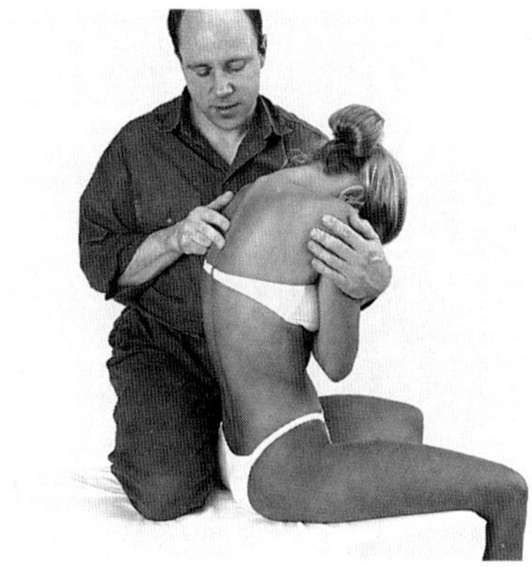

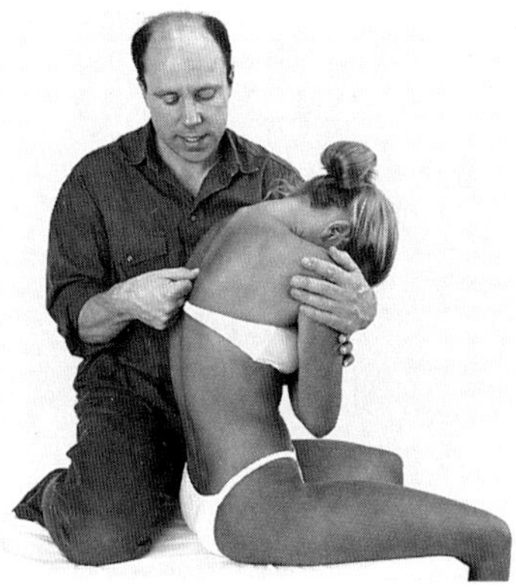

Abb. 9.34 a: Wahrnehmung der segmentalen BWS-Flexion
b: Therapeutische Forcierung der segmental eingeschränkten BWS-Flexion

Brustwirbelsäule

Diagnostischer Griff (Abb. 9.33)
Beim diagnostischen Griff schiebt der Behandler einen Daumenballen langsam mit geringem Druck von caudal nach cranial über die Dornfortsätze. Er spürt dabei (am besten mit geschlossenen Augen) die physiologische LWS-Lordose und BWS-Kyphose. Ein oder mehrere Wirbel sind als «prominent», andere als «depressiv» zu identifizieren.
Bei den anschließenden Translationsbewegungen sind erfahrungsgemäß fast immer die «depressiven» Wirbel in einer oder mehreren Richtungen eingeschränkt und/oder schmerzhaft.
Der diagnostische Griff kann für die LWS und BWS angewandt werden.

Segmentale Translationsbewegungen
Technische Durchführung und Interpretation entsprechen der der LWS-Region (siehe Abb. 9.25 bis 9.27).

Segmentale Funktionsbewegungen
Diese werden am günstigsten im Sitz durchgeführt. Der Behandler plaziert ein Knie auf der Bank. Damit schont er seinen Rücken, erhöht seine Palpationsfähigkeit und gibt dem Patienten Sicherheit. Unbewußte Gleichgewichtsreaktionen werden so vermieden.

Flexion (Abb. 9.34 a und b)
Der Behandler umfaßt die verschränkten Arme des Patienten im sogenannten Obergriff. Durch rhythmische Gewichtsverlagerungen wird die BWS von der Nullstellung in die Flexion und zurück bewegt. Während der Bewegung werden Ringfinger und Mittelfinger der Palpationshand auf jeweils einem Dornfortsatz plaziert und nehmen ihre mehr oder weniger große Annäherung bzw. Entfernung wahr.
Hat ein Segment zu wenig Bewegung, so kann der caudale Dornfortsatz mit dem Daumen fixiert werden.

Extension (Abb. 9.35 a und b)
Der Behandler umfaßt den oberen Thorax (oberhalb der Mammae) im sogenannten Untergriff. Durch rhythmische Gewichtsverlagerungen wird die BWS passiv von der Nullstellung in die Extension und zurück bewegt. Während der Bewegung werden Ringfinger und Mittelfinger der Palpationshand auf jeweils einem Dornfortsatz plaziert und nehmen de-

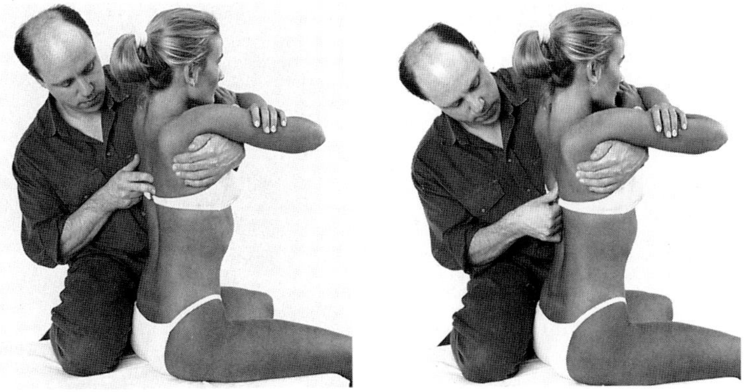

Abb. 9.35 a: Wahrnehmung der segmentalen BWS-Extension
b: Therapeutische Forcierung der segmental eingeschränkten BWS-Extension

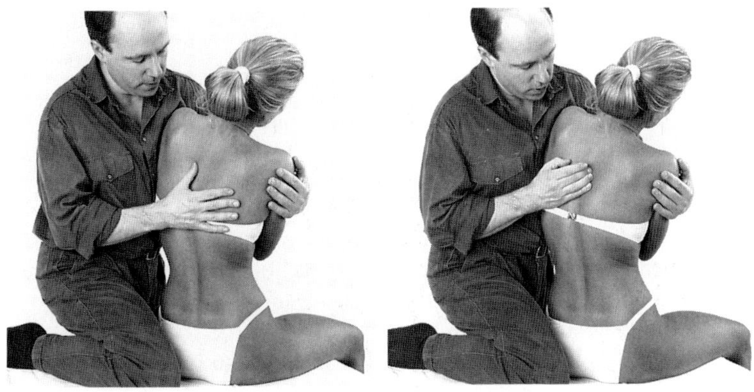

Abb. 9.36 a: Wahrnehmung der segmentalen BWS-Lateroflexion
b: Therapeutische Forcierung der segmental eingeschränkten BWS-Lateroflexion

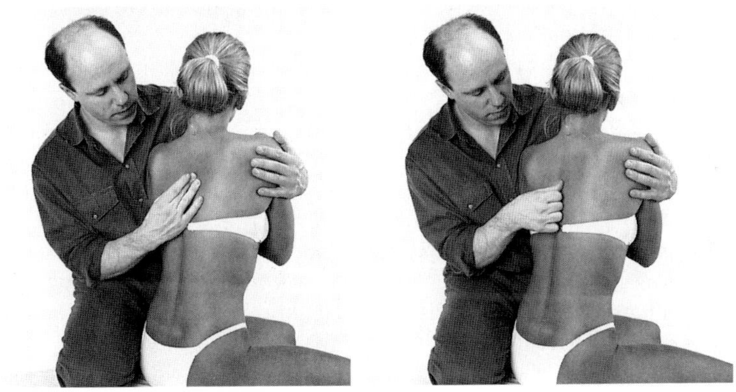

Abb. 9.37 a: Wahrnehmung der segmentalen BWS-Rotation
b: Therapeutische Forcierung der segmental eingeschränkten BWS-Rotation

ren mehr oder weniger große Annäherung bzw. Entfernung wahr.

Hat ein Segment zu wenig Bewegung, so wird die Extension durch Daumendruck auf den jeweiligen Dornfortsatz verstärkt.

Lateroflexion (Abb. 9.36 a und b)

Der Behandler umfaßt den Schultergürtel im sogenannten Obergriff. Durch rhythmische Gewichtsverlagerungen wird die BWS passiv von der Nullstellung in die Lateroflexion (weg vom Therapeuten) und zurück geführt. Während der Bewegung wird paraspinal die segmentale Lateroflexion mit der Daumenkuppe wahrgenommen.

Hat ein Segment zu wenig Bewegung, so wird mit der Mittelfingerkuppe die Lateroflexion durch Zug verstärkt. Die Lateroflexion wird jeweils zur kontralateralen Seite durchgeführt.

Rotation (Abb. 9.37 a und b)

Der Behandler umfaßt den Schultergürtel im sogenannten Obergriff. Durch rhythmische Gewichtsverlagerungen wird die BWS passiv von der Nullstellung in die Rotation (zum Therapeuten hin) und zurück geführt. Während der Bewegung werden mit der Mittelfingerkuppe paraspinal die segmentalen Rotationsbewegungen wahrgenommen.

Hat ein Segment zu wenig Bewegung, so wird die

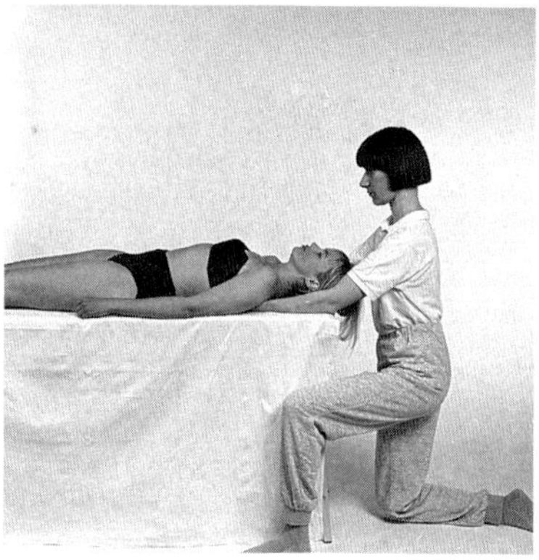

Abb. 9.38: Unspezifische BWS-Traktion

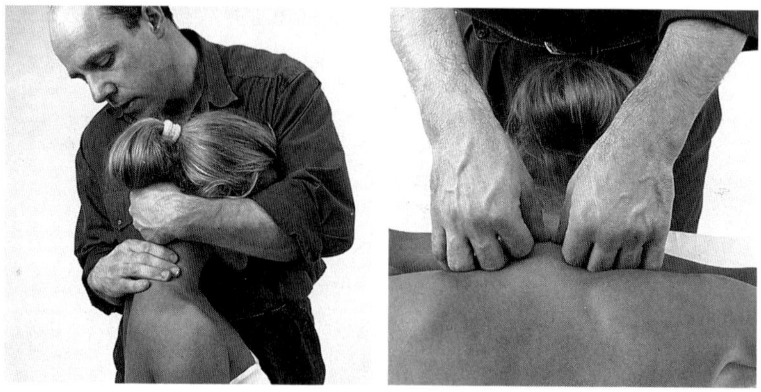

Abb. 9.39 a + b: Segmentale Translationsbewegung Posterior-anterior

Rotation durch Daumendruck seitlich gegen den jeweiligen Dornfortsatz verstärkt.

Unspezifische BWS-Traktion (Abb. 9.38)
Diese wird zu Untersuchungs- und Behandlungszwecken in Rückenlage durchgeführt. Der Behandler befindet sich im Halbkniestand hinter dem Patienten und plaziert seine geöffneten supinierten Hände paravertebral. Durch Gewichtsverlagerung wird die Traktion langsam einschleichend auf- und entsprechend auch wieder abgebaut.
Zugstärke, Zugdauer und die Wiederholungsfrequenz orientieren sich am Befinden des Patienten. Eine niedrige Dosierung hat oft großen Erfolg.

Weitere Griffe für die BWS
Als weitere Griffe haben sich zu Untersuchungs- und Behandlungszwecken der BWS bewährt:
- «Harfe» nach Terrier (siehe Kapitel «Weichteiltechniken», Abb. 9.131 a und b);
- Kreuzgriff (siehe Abschnitt «Rippenwirbelgelenke», Abb. 9.68 a und b);
- Schubgriff (siehe Abschnitt «Rippenwirbelgelenke», Abb. 9.69 a und b).

Halswirbelsäule

Die Untersuchung und Behandlung läßt sich am besten im Sitz auf dem Hocker durchführen.

Segmentale Translationsbewegungen
Posterior-anterior (Abb. 9.39 a und b)
- Der Behandler fixiert im Gabelgriff den caudalen Wirbel. Mit seiner cranialen Hand «umwickelt» er sanft den gesamten Kopf, seine ulnare Handkante vereinigt sich mit dem nächst höheren Wirbel und bewegt diesen unter leichter Traktion rhythmisch wiederholend nach anterior. Segment für Segment werden so vergleichend getestet und bei Bedarf behandelt.
- Alternativ kann in der Bauchlage untersucht und behandelt werden. Der Patient lagert seine Stirn in die supiniert übereinander gelegten Hände. Der Behandler steht am Kopfende, plaziert beide Daumen auf jeweils einem Dornfortsatz, und bewegt diesen nach anterior. Der Behandler darf dabei nicht gegen den Wirbel drücken, sondern er bewegt sich mit diesem als Einheit.

Anterior-posterior (Abb. 9.40)
Die Ausführung entspricht der unter Posterior-anterior beschriebenen. Diesmal schiebt der Behandler mit der Ellenbeuge an der Stirn des Patienten die jeweilige «Schublade» zurück.

Latero-lateral (Abb. 9.41)
Grundsätzlich ist die Ausführung die gleiche, wie unter Posterior-anterior beschrieben. Der fixierende Gabelgriff und der unter leichter Traktion («Lüften» des Segments) mobilisierende Wickelgriff werden diesmal lateral angesetzt.
Alternativ kann in der Seitenlage (siehe Kapitel «Kopfschmerzen») untersucht und behandelt werden.

Rotation (Abb. 9.42)
Handfassung wie unter Posterior-anterior beschrieben. Mit dem mobilisierenden Wickelgriff wird eine achsengerechte segmentale Rotation ausgeführt.

Segmentale Funktionsbewegungen
Flexion (Abb. 9.43)
Fixierender caudaler Gabelgriff und unter leichter Traktion in die segmentale Flexion mobilisierender Wickelgriff werden wie bei der Translationsbewegung Posterior-anterior eingesetzt (siehe dort).

Extension (Abb. 9.44)
Siehe Flexion.

Lateroflexion (Abb. 9.45)
Wie Posterior-anterior, jedoch werden fixierender caudaler Gabelgriff und unter leichter Traktion in die

Abb. 9.40: Segmentale Translationsbewegung Anterior-posterior

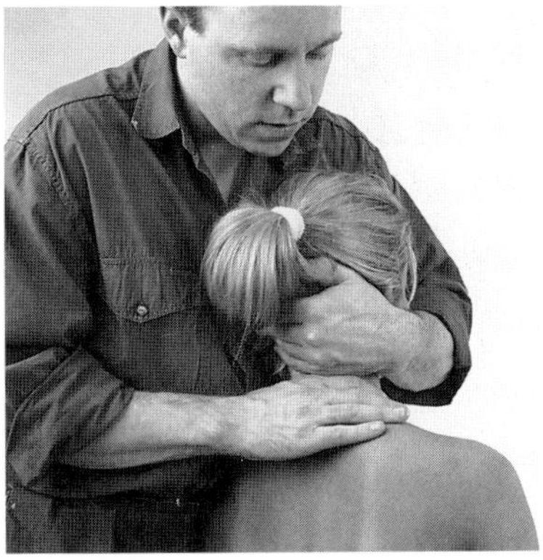

Abb. 9.41: Segmentale Translationsbewegung Latero-lateral

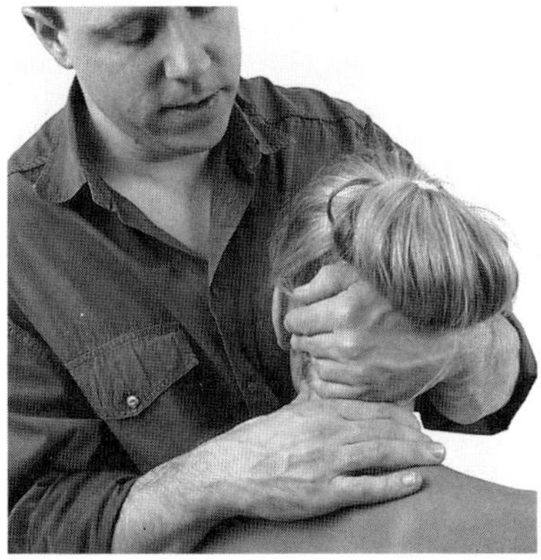

Abb. 9.42: Segmentale Rotation

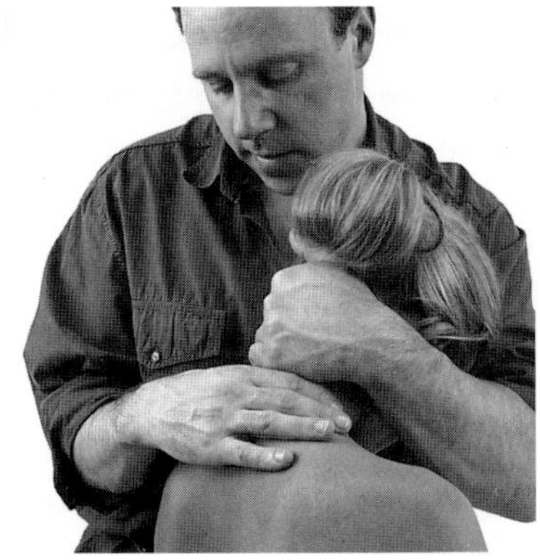

Abb. 9.43: Segmentale Flexion

Abb. 9.44: Segmentale Extension

Abb. 9.45: Segmentale HWS-Lateroflexion

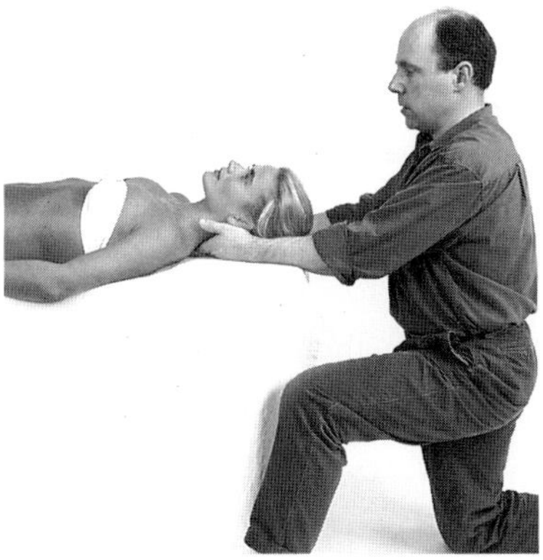

Abb. 9.46: Unspezifische HWS-Traktion

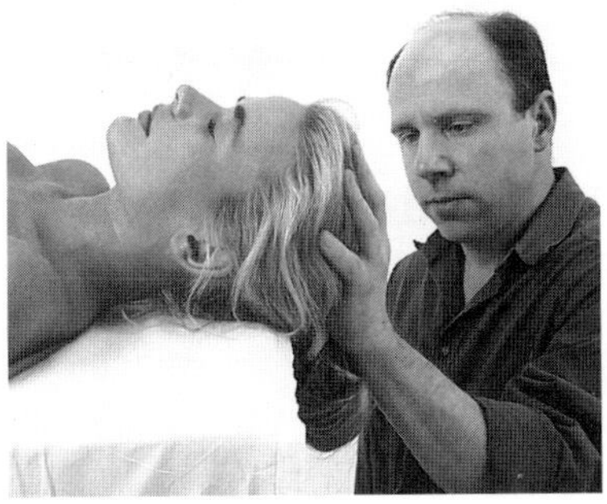

Abb. 9.47: Unspezifische Kompression

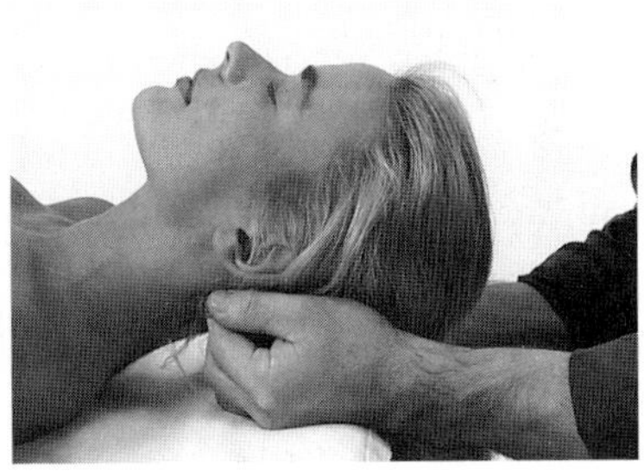

Abb. 9.48: Atlas lösen nach Upledger

segmentale Lateroflexion mobilisierender cranialer Wickelgriff diesmal lateral angesetzt.

Unspezifische HWS-Traktion (Abb. 9.46)
Diese wird zu Untersuchungs- und Behandlungszwecken in Rückenlage durchgeführt. Der Behandler befindet sich im Halbkniestand hinter dem Patienten und plaziert seine geöffneten supinierten Hände am Nacken, wobei die Daumenballen Kontakt mit dem Occiput haben. Durch Gewichtsverlagerung wird die Traktion langsam einschleichend auf- und abgebaut.
Zugstärke, Zugdauer und die Wiederholungsfrequenz orientieren sich am Befinden des Patienten. Eine niedrige Dosierung hat oft großen Erfolg.

Unspezifische Kompression (Abb. 9.47)
Diese wird zu Untersuchungs- und Behandlungs-

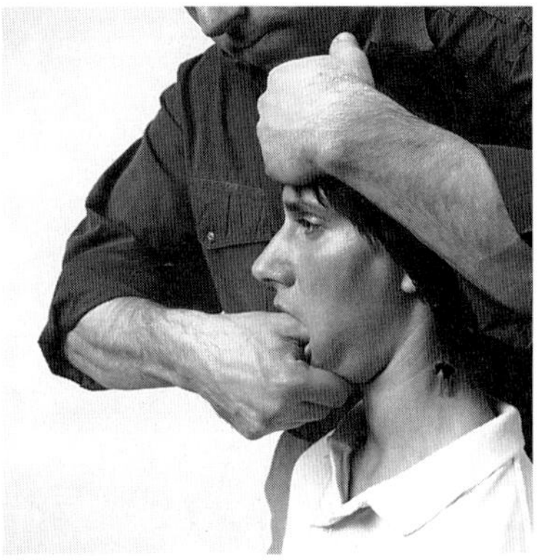

Abb. 9.49: Traktion des Kiefergelenks

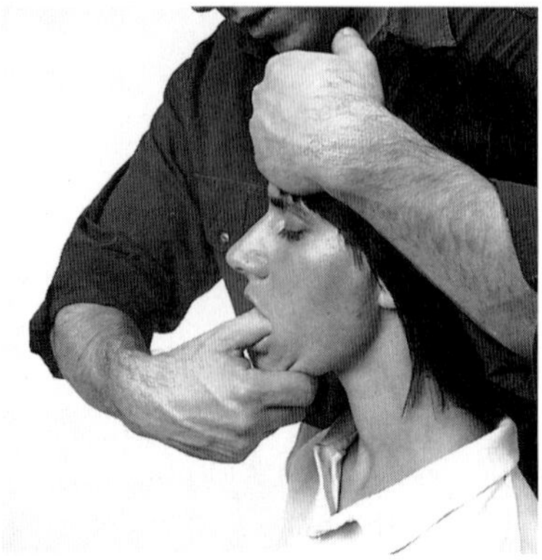

Abb. 9.50: Posterior-anterior Bewegung des Kiefergelenks

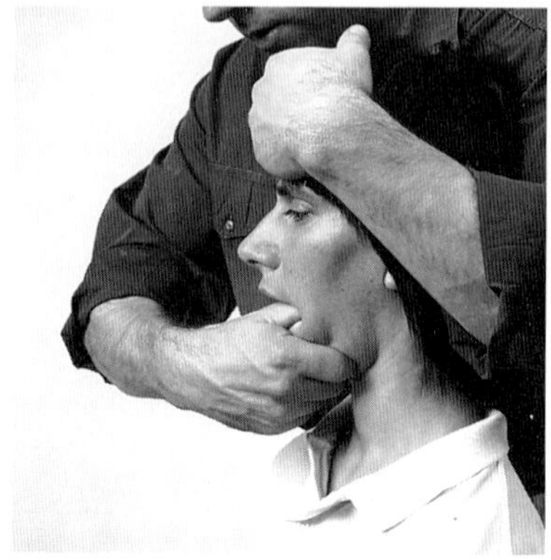

Abb. 9.51: Anterior-posterior Bewegung des Kiefergelenks

zwecken in Rückenlage durchgeführt. Der Behandler befindet sich im Halbkniestand hinter dem Patienten und plaziert eine geöffnete pronierte Hand flächig auf dem Schädeldach. Durch Gewichtsverlagerung wird die Kompression langsam einschleichend auf- und abgebaut.
Druckstärke, Druckdauer und die Wiederholungsfrequenz orientieren sich am Befinden des Patienten. Eine niedrige Dosierung hat oft großen Erfolg.

Atlanto-occipitaler Übergang (Abb. 9.48)
Grundsätzlich können hier alle bei der HWS beschriebenen Griffe zu Untersuchungs- und Behandlungszwecken angewandt werden.
Besonders bewährt hat sich das «Atlas-Lösen» der Craniosacral-Therapie nach Upledger. Dabei sitzt der Behandler hinter dem auf dem Rücken liegenden Patienten. Er nimmt mit allen acht Fingerkuppen Kontakt zum dorsalen Atlas auf. Dieser wird dann langsam nach ventral bewegt. Der Behandler spürt dabei im Seitenvergleich die Weichteilspannung. Wenn das Occiput nach unten sinkt, wird der Druck auf den Atlas jeweils verstärkt. Die Weichteilspannung «taut» im Sinne der «AGT» (siehe Beitrag «Kinästhesie») und «FIT» (siehe Kapitel «Weichteiltechniken») allmählich weg.
Um auch die ventrale atlanto-occipitale Weichteilspannung zu lösen, wird unter Beibehaltung des Atlasdrucks mit beiden kleinen Fingern das Occiput nach ventral gekippt («Nackenklappe auf»).
Mit diesem sanften Griff läßt sich nach unseren Erfahrungen der atlanto-occipitale Übergang am zuverlässigsten beurteilen und behandeln.

Kiefergelenk

Die optimale Untersuchungs- und Behandlungsposition ist hier der Sitz auf dem Hocker. Um Gleichgewichtsreaktionen zu vermeiden, stabilisiert der Behandler mit seinem Körper den Patienten von dorsolateral. Ähnlich wie bei der HWS wird zur Fixation der Kopf des Patienten sanft «umwickelt».
Man unterscheidet Außengriffe und Innengriffe. Aus hygienischen Gründen sollten die Innengriffe mit OP-Handschuhen durchgeführt werden.

Traktion (Abb. 9.49)
Dabei greift der Daumen der mobilisierenden Hand schienend auf die linke oder rechte untere Zahnreihe. Die anderen Finger geben Gegenhalt am Unterkiefer. Die Bewegungsrichtung ist schräg nach vorne unten.

Posterior-anterior (Abb. 9.50)
Wie bei der Traktion greift der Daumen der mobilisierenden Hand schienend auf die linke oder rechte untere Zahnreihe. Die anderen Finger geben Gegenhalt am Unterkiefer. Unter leichter Traktion geht die Bewegung nach anterior («Schublade raus»).

Anterior-posterior (Abb. 9.51)
Wie bei Posterior-anterior, jedoch geht die Bewegung nach posterior («Schublade rein»).

Latero-lateral (Abb. 9.52 a und b)
Hier empfiehlt sich der Außengriff flächig am Unterkiefer. Während der Mobilisation nach links oder rechts muß der Patient den Unterkiefer hängenlassen.

Zungenbein (Abb. 9.53 a bis c)

Da das Zungenbein zwischen dreidimensionalen Muskelschlingen aufgehängt ist, bieten sich zur Untersuchung und Behandlung die kinesiologischen Muskeltests an. Zunächst sucht man sich einen starken Muskel, z. B. den M. supraspinatus. Durch «Rütteln» des Zungenbeins mit anschließendem

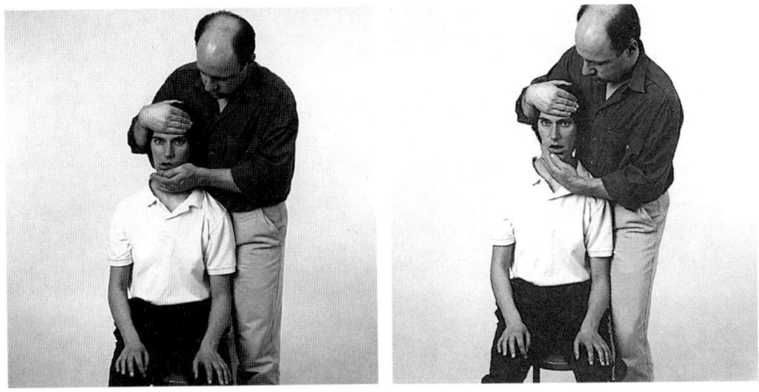

Abb. 9.52 a + b: Latero-lateral Bewegung des Kiefergelenks

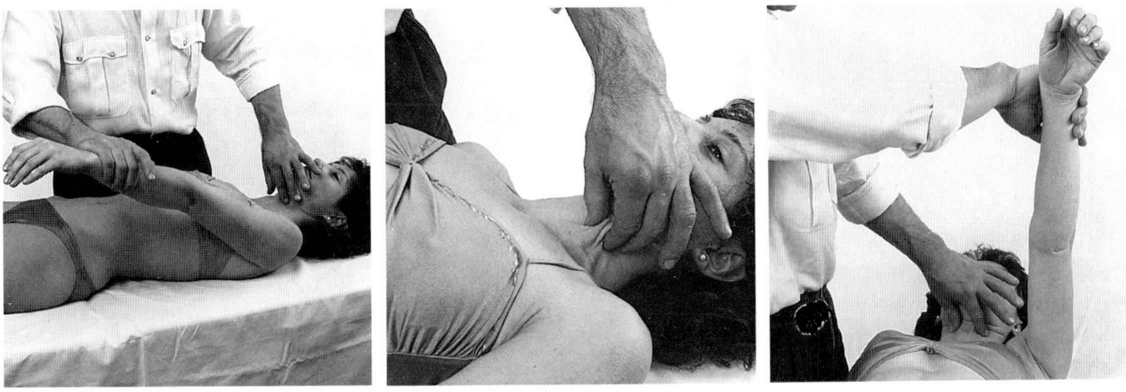

Abb. 9.53 a: Bei Verschiebung des Zungenbeins nach rechts testet der M. supraspinatus schwach
b: Die linksseitig verkürzten horizontalen Muskelfasern werden «gekniffen» (inhibiert)
c: Das Zungenbein ist zentriert. Der M. supraspinatus testet stark

Muskeltest wird dann festgestellt, ob das Zungenbein zentriert ist. Wenn der Arm schwach wird, so sind eine oder mehrere Muskelzüge nicht balanciert (verkürzt oder überdehnt). Das Zungenbein wird dann nacheinander aus seiner Lage in zwölf verschiedene Richtungen verschoben. Wenn bei einer Richtung schwach getestet wird, so ist der gedehnte Muskel verkürzt. Mit Hilfe der Inhibition (sieht FIT im Kapitel «Weichteiltechniken») bzw. durch isometrische Anspannung wird der verkürzte Muskel detonisiert. Der anschließende Muskeltest zeigt dann, ob das Zungenbein zentriert ist. Diese Zentrierung ist grundsätzlich auch durch Fazilitation des Antagonisten möglich.

Schädelsuturen

Die im folgenden dargestellten, aufeinander aufbauenden Griffe sind modifiziert der Craniosacral-Therapie von Upledger entnommen.

Sacrum lösen (Abb. 9.54)
Der Patient stellt dazu beide Beine auf. Der Behandler steht oder sitzt seitlich und plaziert seine patientennahe Hand zwischen die Oberschenkel greifend unter dem Sacrum. Seinen Unterarm und Ellbogen legt er dabei auf der Bank ab. Für Patient und Behandler muß der Griff bequem sein. Der Behandler versucht (am besten mit geschlossenen Augen), die durch den Liquorfluß verursachte Sacrumbewegung (Flexion/Extension) wahrzunehmen.

Damit der craniosacrale Rhythmus nicht mit dem Atemrhythmus oder gar Pulsrhythmus verwechselt wird, kann der Patient aufgefordert werden, für einige Sekunden die Luft anzuhalten. Die dabei wahrgenommene Bewegung ist der craniosacrale Rhythmus. Bei einiger Erfahrung spürt der Behandler deutlich, welches ISG blockiert («eingerostet») ist.

Therapeutisch gibt es zwei Möglichkeiten:

- Die vorderen Darmbeinstachel werden mit einem Klammergriff vorsichtig rhythmisch angenähert und entfernt. Mit der anderen Hand spürt der Behandler, wie das Sacrum freier wird, schließlich zwischen den Darmbeinen «schwebt».
- Der Behandler bewegt das Sacrum (eventuell bei gleichzeitigem Klammergriff) sehr vorsichtig. Flexion, Extension, Lateroflexion, Rotation und Gleitbewegungen sind möglich. Aufgrund des Du-

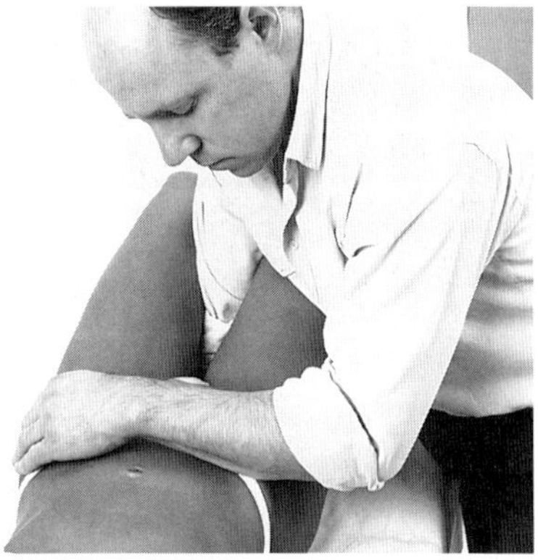

Abb. 9.54: Sacrum lösen

Abb. 9.55 a + b: Korbgriff

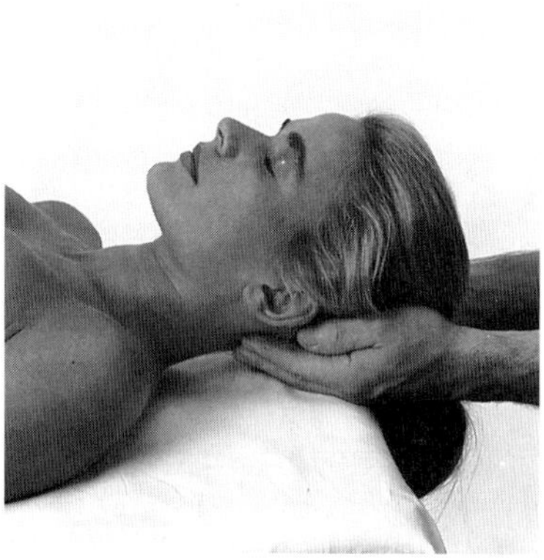

Abb. 9.56: Occiput lösen

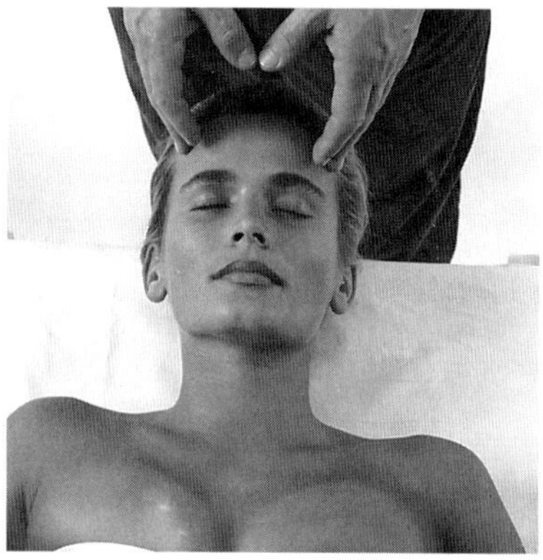

Abb. 9.57: Frontale lösen

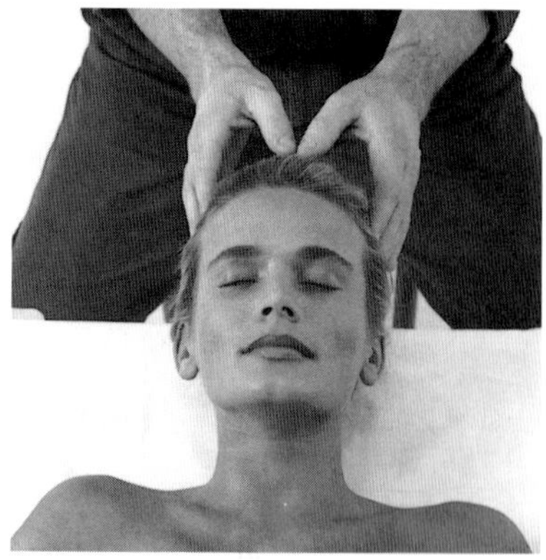

Abb. 9.58: Parietale lösen

ralsystems spürt der Patient dabei, wie sich der Kopf unwillkürlich leicht mitbewegt.

Korbgriff (Abb. 9.55)
Die weitgespreizten Hände umfassen korbartig den gesamten Schädel. Dabei kann die dreidimensionale Schädelbewegung wahrgenommen werden.
Durch sanfte, langsam ein- und ausschleichende und rhythmisch wiederholende dreidimensionale Kompressionen können unspezifische therapeutische Effekte (Schmerzlinderung) ausgelöst werden. Der Patient hat dabei meist ein befreiendes Gefühl. Kompressionsstärke, -dauer und Wiederholungsfrequenz können je nach Befinden des Patienten gestaltet werden. Eventuell wird während der Kompressionsphase leicht vibriert.
Eine ein- oder zweidimensionale Kompression ist oft unangenehm und sollte vermieden werden.

Atlas lösen (Abb. 9.48)
Dieser sehr wichtige Griff wurde im Abschnitt «Halswirbelsäule» beschrieben.

Occiput lösen (Abb. 9.56)
Das Occiput wird bimanuell schalenartig umfaßt. Der Therapeut versucht, die Eigenbewegung des Occiput gegenüber dem Atlas und den benachbarten Schädelknochen wahrzunehmen.
Wo zu wenig Bewegung ist, wird das Occiput in Richtung der artikulierenden Knochen ein- und ausschleichend sanft komprimiert (ähnlich der AGT in der Kinästhesie). Bei mehrfacher Wiederholung löst sich der «hintere Deckel» (Occiput).

Frontale lösen (Abb. 9.57)
Bimanuell vereinigen sich beide Mittelfingerkuppen mit dem Frontale. Dann versucht der Therapeut, die Eigenbewegung des Frontale gegenüber den Nachbarknochen wahrzunehmen. Durch sanftes ein- und ausschleichendes «Lüften» löst sich das Frontale (der «vordere Deckel schwebt»).

Parietale lösen (Abb. 9.58)
Alle Fingerkuppen vereinigen sich bimanuell mit den beiden Parietalknochen. Dann wird die Eigenbewegung der Parietalknochen gegenüber den Nachbarknochen wahrgenommen.
Therapeutisch können die Parietalknochen sanft ein- und ausschleichend «gelüftet» und im Sinne der AGT (siehe Beitrag «Kinästhesie») komprimiert werden. Bei mehrfacher Wiederholung lösen sich die

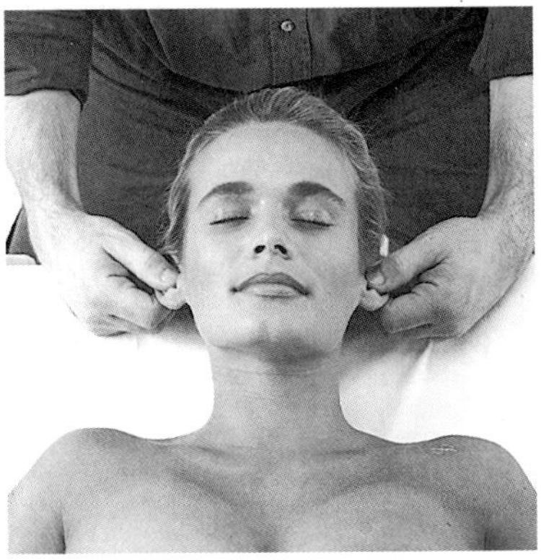

Abb. 9.59: Temporale lösen

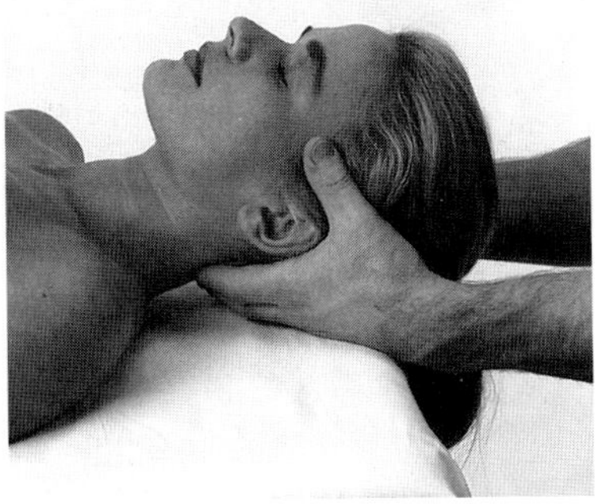

Abb. 9.60: Sphenoid-Occiput-Verbindung lösen

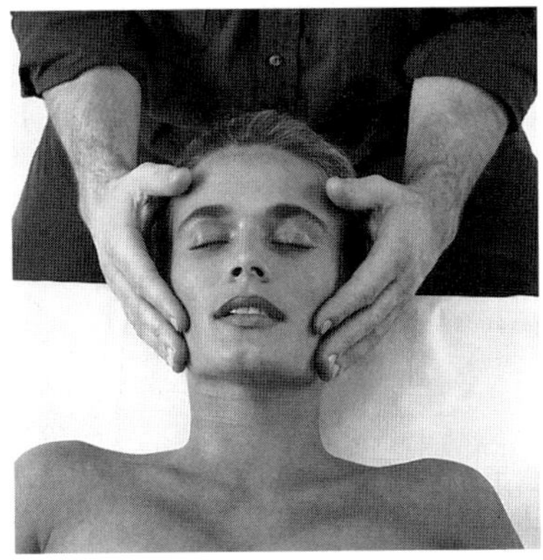

Abb. 9.61: TMG lösen

Parietalknochen. Der Patient kann das Gefühl einer «sich öffnenden Blume» haben.

Temporale lösen (Abb. 9.59)

Der Behandler umfaßt die Ohrmuscheln und zieht diese sanft ein- und ausschleichend schräg nach hinten, unten und außen. So werden die Temporalknochen von den umgebenden Knochen separiert. Patient und Behandler spüren, welches Ohr sich leichter herausziehen läßt.

Therapeutisch löst sich bei mehrfacher Wiederholung das Temporale. Blockierungen des Temporale korrespondieren oft mit gleichseitigen ISG-Blockierungen.

Sphenoid lösen

Der Behandler legt seine Hände schalenartig unter das Occiput. Seine Daumen plaziert er auf den Keilbeinen.

- Die Sphenoid-Occiput-Verbindung kann durch leichten Schub der Keilbeine in Richtung Augen getestet und behandelt werden (Abb. 9.60).
- Die Sphenoid-Temporale-Verbindung kann durch leichten Schub der Keilbeine in Richtung Kinn getestet und behandelt werden.
- Die Sphenoid-Parietale-Verbindung kann durch leichten Schub der Keilbeine in Richtung Schultern getestet und behandelt werden.
- Die Sphenoid-Frontale-Verbindung kann durch leichten Schub in Richtung Occiput getestet und behandelt werden.

TMG lösen (Abb. 9.61)

Der Behandler plaziert seine geöffneten Hände flächig seitlich auf den Unterkiefern und komprimiert sanft ein- und ausschleichend das Kiefergelenk. Nach mehrfacher Wiederholung spürt der Behandler, wie die Gelenkköpfe in den Gelenkpfannen «schweben». Eine leichte Traktion («Lüften» des Gelenks) kann sich der jeweiligen Kompression anschließen.

Rippen-Wirbel-Gelenke und Rippen-Brustbein-Gelenke

Grundlegende wichtige funktionell-anatomische Zusammenhänge sind im Abschnitt PNF – Thoraxpattern nachzulesen. Rippenwirbelgelenks-Blockierungen können einen atemabhängigen Schmerz verursachen. Sie finden sich oft vergesellschaftet mit Brustwirbel-Blockierungen. Differentialdiagnostisch muß vor allem an Rippenprellungen, Rippenfrakturen, die Projektion von Thoraxorganen, Intercostalneuralgien (sehr selten) und Intercostal-Muskelzerrungen gedacht werden.

Man unterscheidet grundsätzlich zwei Blockierungen:

- Einatmungsblockierung, d. h. die Ausatmung ist behindert und schmerzhaft. Die blockierte Rippe ist vorne der nächsthöheren Rippe angenähert und hinten am Costotransversalgelenk niedriger. Therapeutisch wird die Einatmungsblockierung am Ende der Ausatmung gelöst (Abb. 9.62).
- Ausatmungsblockierung, d. h. die Einatmung ist behindert und schmerzhaft. Die blockierte Rippe ist vorne der niedrigeren Rippe angenähert und hinten am Costotransversalgelenk höher. Therapeutisch wird die Ausatmungsblockierung am Ende der Einatmung gelöst (Abb. 9.63).

Die erste Rippe nimmt im NEUROMEDIZIN-KONZEPT einen besonderen Stellenwert ein (siehe auch Kapitel «Schulterschmerzen»). Oft korrespondieren die Blockierungen von erster Rippe und gleichseitigem ISG. Folgende Aspekte sind bei der Untersuchung der ersten Rippe wichtig:

- Der Höhenstand der ersten Rippe wird mit beiden Daumenkuppen im Seitenvergleich getastet.
- Das Joint play der ersten Rippe wird jeweils einseitig getestet. Wie bewegt sich die erste Rippe mit mir mit, und ist die Bewegung mit Schmerz verbunden?

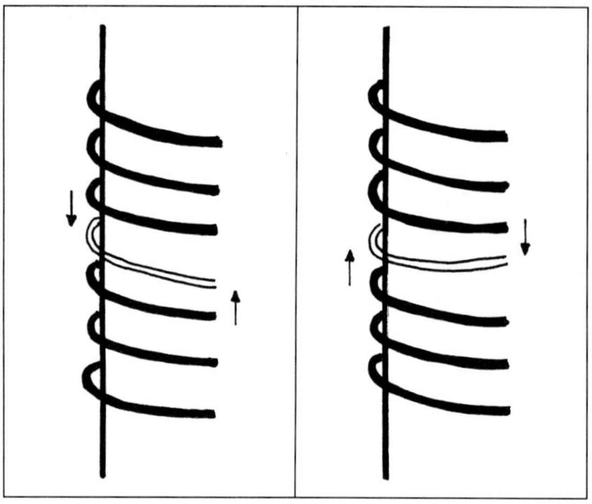

Abb. 9.62: Schematische Darstellung einer Einatmungsblockierung
Abb. 9.63: Schematische Darstellung einer Ausatmungsblockierung

- Einatmungs- bzw. Ausatmungsblockierung werden bei forciertem Ein- und Ausatmen mit beiden Daumenkuppen getastet. Welche erste Rippe kommt bei der Atmung nicht richtig hoch oder runter?

Bei allen drei Tests kann der Behandler – wie immer – mit geschlossenen Augen mehr wahrnehmen.

Je nach Befund (Bewegungseinschränkung und/oder Schmerz) wird mit der Daumenkuppe dann mobilisiert. Um Mitbewegungen des Schultergürtels zu verhindern, fixiert der Behandler im Halbkniestand mit seiner distalen Hand das Olecranon. Der Behandler stützt seinen Ellbogen an seinem vorderen Knie ab. Die Bewegung muß – wie immer – aus dem ganzen Körper kommen (Abb. 9.64 a und b).

Die zweite bis zwölfte Rippe werden am besten in der Seitenlage untersucht und behandelt. Dabei beugt der Patient beide Beine an. Die Intercostalräume müssen zur Palpation geweitet werden. Deshalb wird der passiv elevierte Arm zwischen Rumpf und Arm des Behandlers vorsichtig «eingeklemmt». Der Behandler achtet bei der Befundaufnahme auf folgende Kriterien:

- Vergleich der Intercostalräume. Der Abstand des sechsten ICR ist physiologischerweise am engsten. Nach oben und unten nimmt der Abstand wieder zu.
- Tonus, Trophik und Dolenz der Intercostalmuskulatur.
- Trophik und Dolenz des Periosts. Dabei ist zu beachten, daß die Rippenoberkanten stumpf, die Rippenunterkanten scharf sind.
- Bewegung der einzelnen Rippen bei forcierter Einatmung bzw. Ausatmung. Bei der Einatmung verbreitert sich der Intercostalraum, bei der Ausatmung verkleinert er sich (Abb. 9.65).

Je nach Befund werden dann Weichteiltechniken (z. B. Packegriffe) und/oder Gelenktechniken zur Therapie eingesetzt. Bei den Gelenktechniken werden im NEUROMEDIZIN-KONZEPT sieben verschiedene Griffe angewandt:

Lösen der Einatmungs-Blockierung (Abb. 9.66)
Dabei wird die jeweilige Rippe in der Seitenlage (wie bei der Untersuchungstechnik) ventral der vorderen Axillarlinie am Ende der Ausatmung mit dem Daumen nach caudal bewegt. Synchron wird dorsal der hinteren Axillarlinie (rippenwirbelgelenksnah) mit dem Mittelfinger (oder Ringfinger) die Rippe nach cranial bewegt. Diese Mobilisation wird mehrfach wiederholt.

Lösen der Ausatmungs-Blockierung (Abb. 9.67)
Dabei wird die jeweilige Rippe in der Seitenlage (wie bei der Untersuchungstechnik) ventral der vorderen Axillarlinie am Ende der Einatmung mit dem Mittelfinger (oder Ringfinger) nach cranial bewegt. Synchron wird dorsal der hinteren Axillarlinie (rippenwirbelgelenksnah) die Rippe nach caudal bewegt. Diese Mobilisation wird mehrfach wiederholt.

Kreuzgriff (Abb. 9.68 a + b)
In der Bauchlage versucht der Behandler, zunächst mit seinen Kleinfingerballen die paravertebralen Weichteile fortlaufend spiralig zu dehnen. Je nach Befund wird durch Drucksteigerung der Tiefenkontakt zu den Rippen gesucht. Durch fortlaufend scherenartig-synchrone Bewegungen werden die Rippenwirbelgelenke mobilisiert. Nicht selten kann mit dieser sanften Technik ein befreiender «Knacks» ausgelöst werden. Der Kreuzgriff darf nie schmerzhaft sein. Er wirkt auch auf die BWS im Sinne einer segmentalen Traktion. Linke und rechte Hand müssen immer um ein Rippenpaar versetzt arbeiten. Der Patient sollte den Mund leicht geöffnet lassen. Der Griff kann von caudal nach cranial oder von cranial nach caudal angewandt werden.

Wenn der Patient dagegenspannt, so hilft vorbereitend eine Inhibition (siehe Kapitel «Weichteiltechniken») des Erector trunci.

Schubgriff (Abb. 9.69 a und b)
Der Patient liegt auf dem Bauch, den Kopf zur ihm angenehmeren Seite gedreht. Der Behandler setzt beide Hände dachziegelartig direkt lateral der Rippenwirbelgelenke auf die unteren Rippen und versucht, zunächst vorsichtig und oberflächlich, später forcierter und mit Tiefenkontakt, laut ausatmend mehrfach die Rippen von caudal nach cranial zu mobilisieren. Nicht selten kann mit dieser sanften Technik ein befreiender «Knacks» ausgelöst werden. Der Griff darf nie schmerzhaft sein und wirkt – wie der Kreuzgriff – auch auf die BWS.

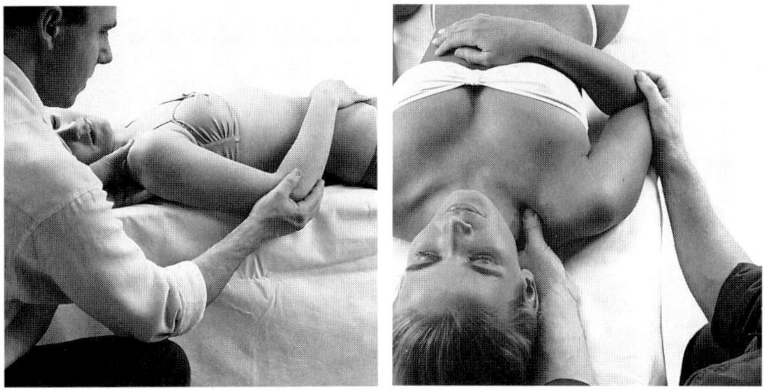

Abb. 9.64 a + b: Mobilisation der ersten Rippe

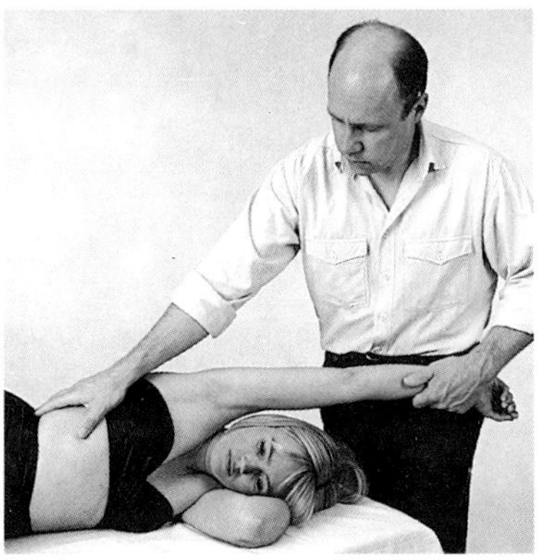

Abb. 9.65: Befundaufnahme am Thorax

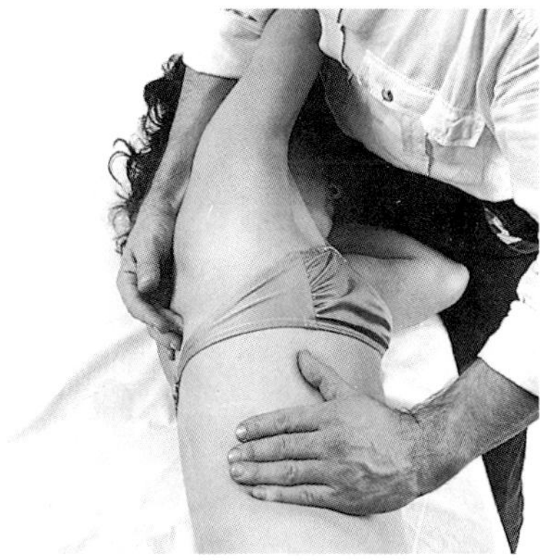

Abb. 9.66: Lösen der Einatmungs-Blockierung

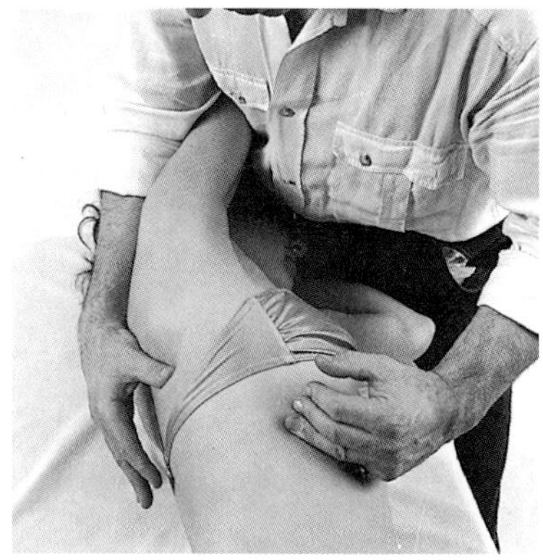

Abb. 9.67: Lösen der Ausatmungs-Blockierung

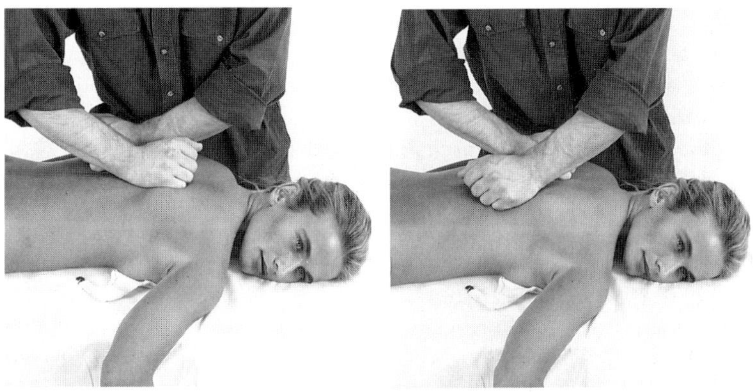

Abb. 9.68 a + b: Kreuzgriff

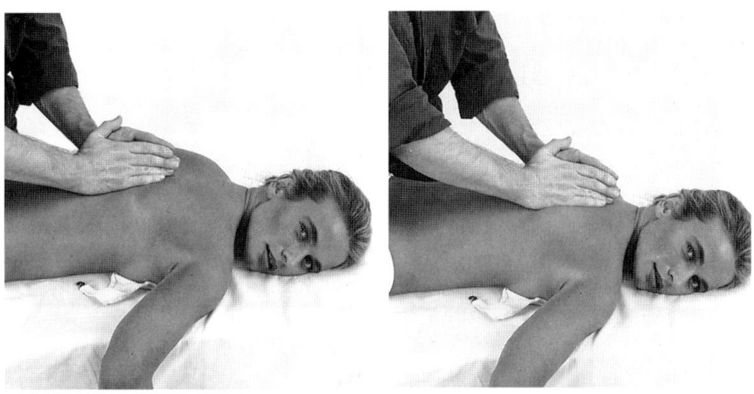

Abb. 9.69 a + b: Schubgriff

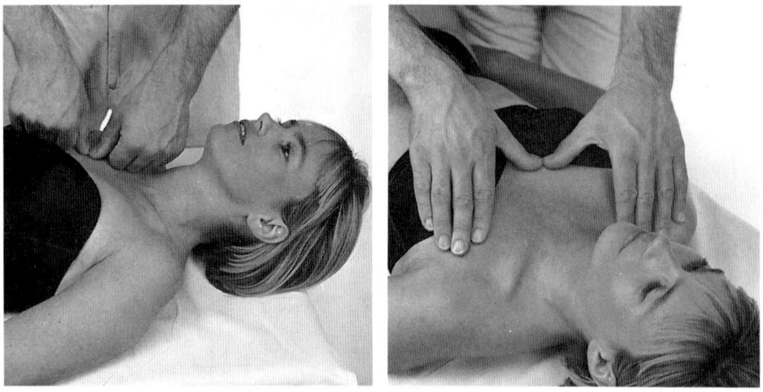

Abb. 9.70 a + b: Daumenkuppentechnik an den costosternalen Gelenken drei und fünf

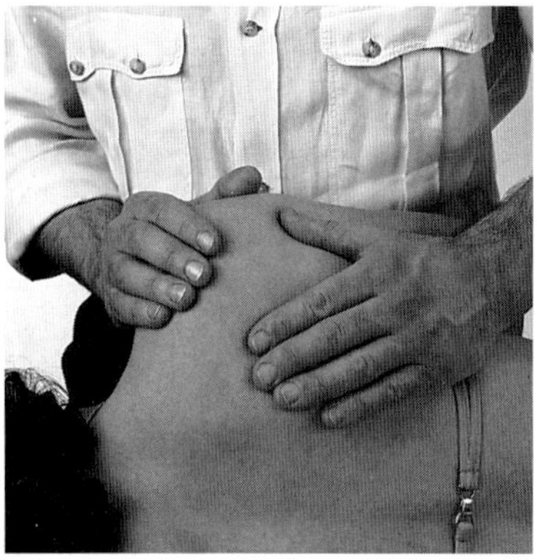

Abb. 9.71: Untersuchungs- und Behandlungsposition des Scapulocostalen «Gelenks»

Abb. 9.72: ACG-Traktion

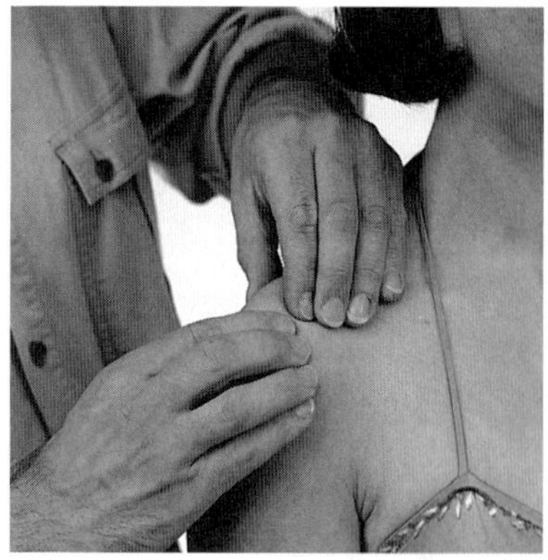

Abb. 9.73: Anterior-posterior und Posterior-anterior-Bewegung im ACG

Harfe nach Terrier
Siehe Kapitel «Weichteiltechniken» (Abb. 9.131 a und b).

«Schubladengriff» und «Fleischerhakengriff»
Siehe Kapitel «Kreuzschmerzen».

Daumenkuppentechnik (Abb. 9.70 a und b)
Diese schon unter den segmentalen Translationsbewegungen der Wirbelsäule beschriebene Technik läßt sich an den costovertebralen Gelenken und costosternalen Gelenken für Untersuchungs- und Behandlungszwecke anwenden. Wichtig ist, daß nicht das Periost gedrückt, sondern die jeweilige Rippe bewegt wird. Die Bewegung kommt nicht aus den Daumen und Händen, sondern vom gesamten Körper des Behandlers. Mögliche Bewegungsrichtungen sind anterior-posterior, cranial-caudal und caudal-cranial.

Scapulocostales «Gelenk» (Abb. 9.71)

Folgende passive Bewegungen der Scapula auf dem Thorax kann man optimalerweise in Seitenlage mit angezogenen Knien (um unbewußte Gleichgewichtsreaktionen zu vermeiden) untersuchen und behandeln: Cranio-caudal, Pro- und Retraktion, Innen- und Außenrotation, Circumduktion, Traktion (Abheben vom Thorax) und Kompression. Alle Bewegungen können auch unter Traktion oder Kompression zu Untersuchungs- und Behandlungszwecken durchgeführt werden.

Weitere Einzelheiten zu diesem «Muskelgelenk» sind im Kapitel «Schulterschmerzen» beschrieben.

Acromioclaviculargelenk

Als Amphiarthrose hat das ACG im NEUROMEDIZIN-KONZEPT eine besondere Rolle. Nähere Einzelheiten sind im Kapitel «Schulterschmerzen» nachzulesen.

Traktion (Abb. 9.72)
Diese wird im Sitz auf dem Hocker durchgeführt. Der Behandler stabilisiert mit seinem Körper den Patienten von dorsolateral. Die patientennahe Hand verhindert als «Bremsklotz» an der lateralen Claviculahälfte eine Mitbewegung der Clavicula. Die patientenferne Hand umfaßt den distalen Oberarm und zieht diesen vorsichtig nach dorsolateral. Bevor die Traktion im ACG wirksam wird, strafft sie zunächst

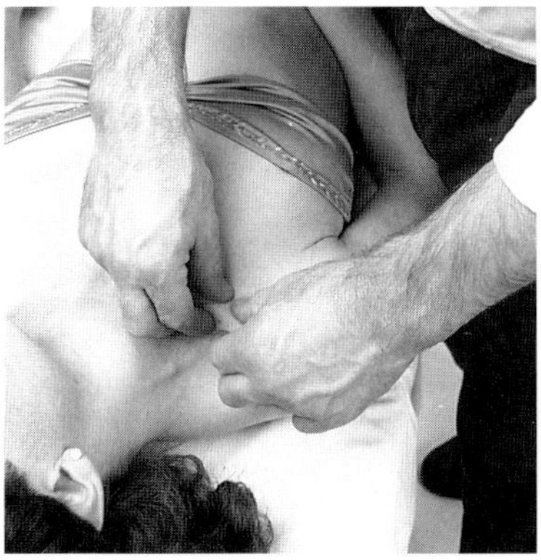
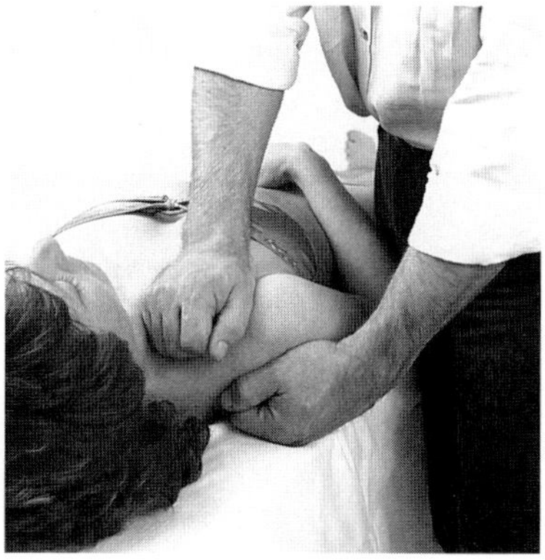
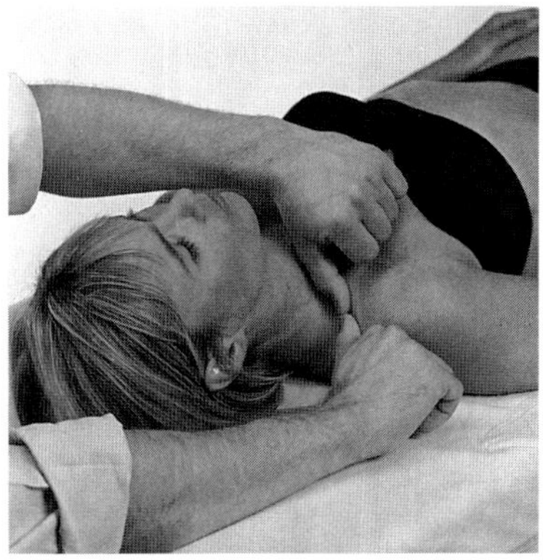

Abb. 9.74 a: Anterior-posterior und Posterior-anterior-Bewegung im ACG
b: Anterior-posterior-Bewegung im ACG
c: Posterior-anterior-Bewegung im ACG

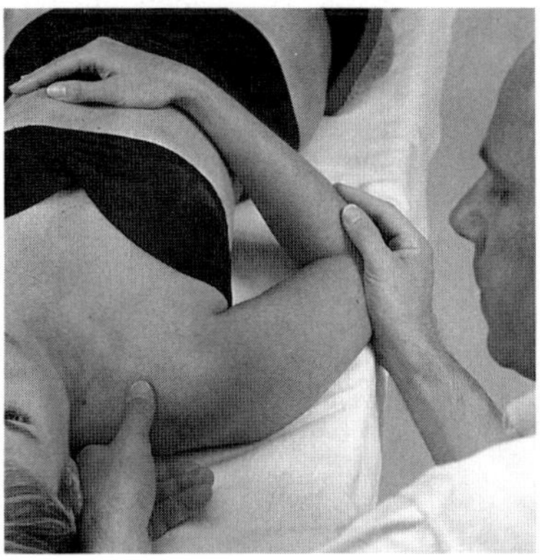

Abb. 9.75: Cranio-caudal-Bewegung im ACG

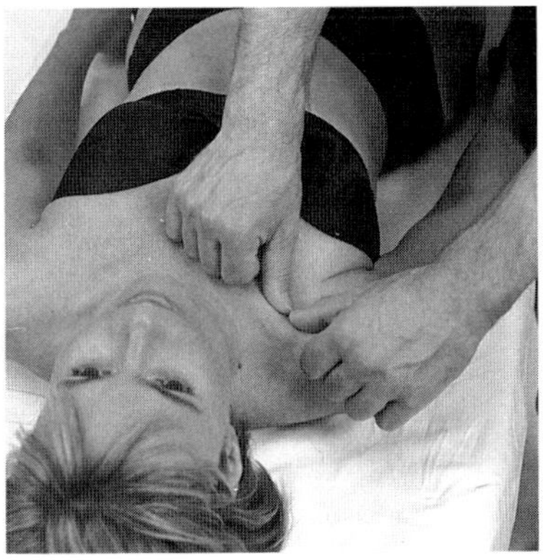

Abb. 9.76: Caudal-cranial-Bewegung im ACG

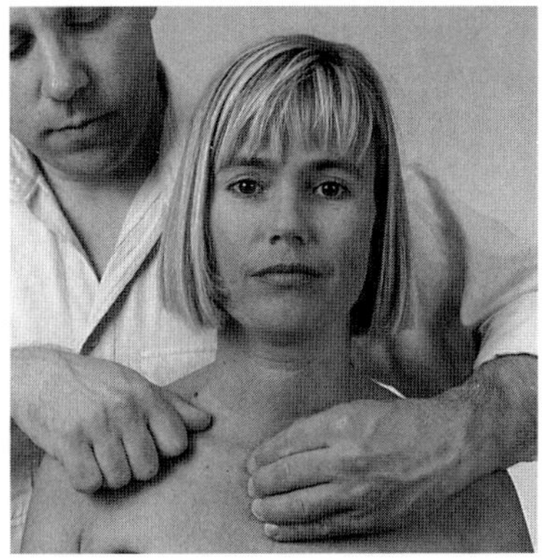

Abb. 9.77: Traktion des SCG

die Kapsel des Schultergelenks. Die hohe Wirksamkeit dieser Traktion kann durch Palpation des ACG-Spalts überprüft werden.

Anterior-posterior/Posterior-anterior (Abb. 9.73)
Beide Bewegungen können im Sitz oder in Rückenlage untersucht und behandelt werden.

Sitz
Der Behandler stabilisiert mit seinem Körper den Patienten von dorsolateral. Die patientenferne Hand fixiert flachzangenartig das Acromion. Die patientennahe Hand umgreift mit Fingern und Daumen schienend das laterale Claviculaende und bewegt dieses nach anterior bzw. posterior.

Rückenlage
Hier gibt es drei Möglichkeiten:
- Die Clavicula wird bimanuell schienend umfaßt und anterior-posterior bzw. posterior-anterior bewegt (Abb. 9.74 a).
- Die patientenferne Hand unterpolstert zur Fixierung keilartig die Scapula. Der patientennahe Handballen bewegt die Clavicula nach posterior (Abb. 9.74 b).
- Im Halbkniestand hinter dem Patienten mobilisiert der Behandler mit beiden Daumenkuppen die Clavicula nach anterior. Eventuell wird nur mit einer Daumenkuppe mobilisiert, während die andere Hand das Acromion flachzangenartig fixiert (Abb. 9.74 c).

Cranio-caudal (Abb. 9.75)
Ausführung wie bei der ersten Rippe (siehe dort), jedoch wird diesmal die Clavicula bewegt.

Caudal-cranial (Abb. 9.76)
Mit beiden Daumenkuppen wird die Clavicula nach cranial bewegt oder die patientenferne Hand fixiert flachzangenartig das Acromion, während die patientennahe Daumenkuppe die Clavicula nach cranial bewegt.

Sternoclaviculargelenk

Traktion (Abb. 9.77)
Diese wird im Sitz auf dem Hocker durchgeführt. Der Behandler stabilisiert mit seinem Körper den

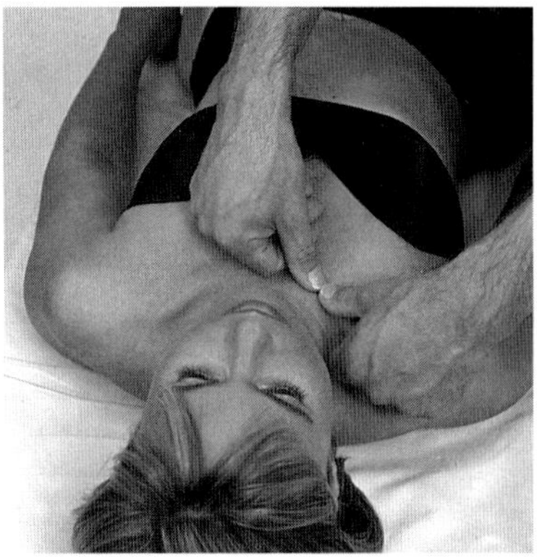

Abb. 9.78: Anterior-posterior-Bewegung im SCG

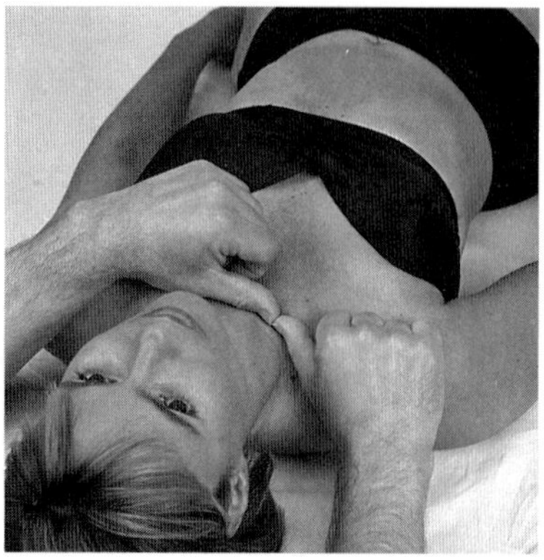

Abb. 9.79: Posterior-anterior-Bewegung des SCG

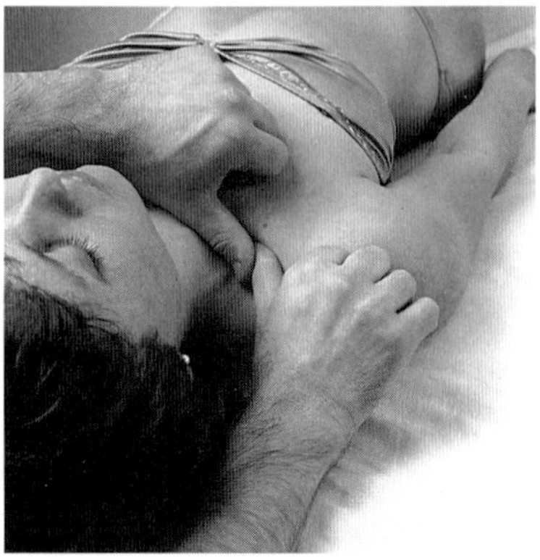

Abb. 9.80: Cranio-caudal-Bewegung im SCG

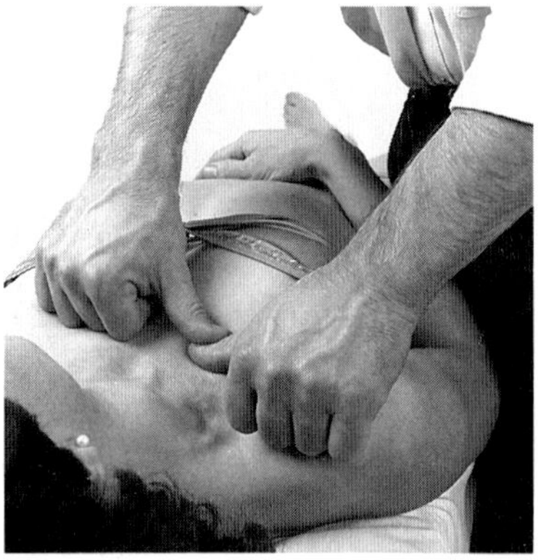

Abb. 9.81: Caudo-cranial-Bewegung im SCG

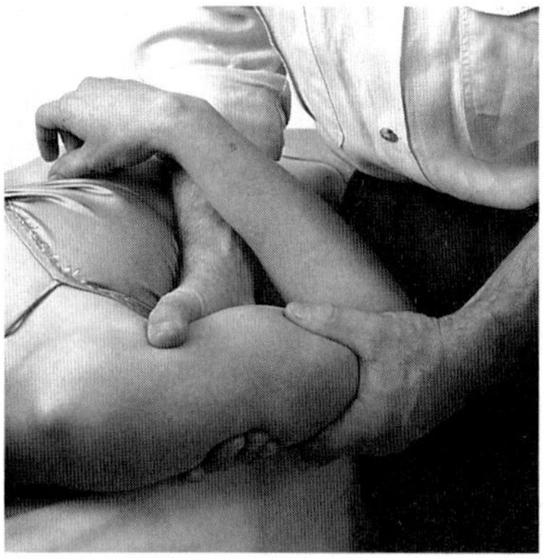

Abb. 9.82: Traktion im glenohumeralen Gelenk

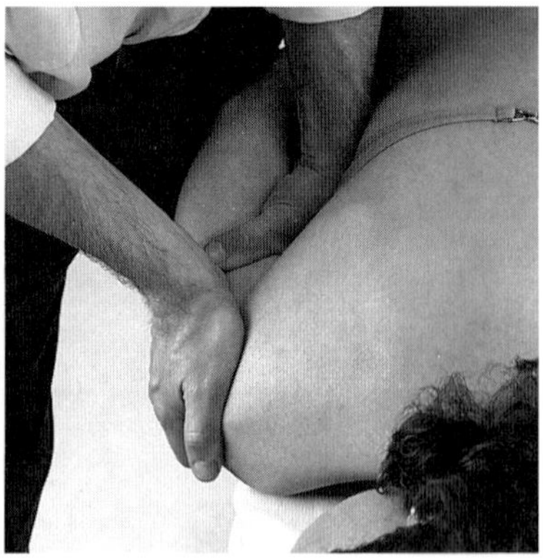

Abb. 9.83: Posterior-anterior-Bewegung im glenohumeralen Gelenk

Patienten von dorsolateral. Die Fixationshand verhindert mit den vier Fingerkuppen eine Mitbewegung des Sternums. Die Mobilisationshand umfaßt schienend die Clavicula und zieht diese axial nach dorsolateral.

Anterior-posterior (Abb. 9.78)
Mit beiden Daumenkuppen wird das mediale Claviculaende nach posterior bewegt. Alternativ kann auch mit dem Daumenballen gearbeitet werden.
Der in Abb. 9.74a dargestellte Griff kann ebenfalls angewandt werden.

Posterior-anterior (Abb. 9.79)
Der Behandler sitzt hinter dem Patienten und bewegt mit beiden Daumen die mediale Clavicula nach anterior. Auch der in Abb. 9.74a dargestellte Griff kann angewandt werden.

Cranio-caudal (Abb. 9.80)
Der Behandler sitzt hinter dem Patienten und bewegt mit beiden Daumenkuppen die mediale Clavicula nach caudal.
Auch der in Abb. 9.74a dargestellte Griff kann angewandt werden.

Caudo-cranial (Abb. 9.81)
Mit beiden Daumenkuppen wird das mediale Claviculaende nach cranial bewegt.
Auch der in Abb. 9.74a dargestellte Griff kann angewandt werden.

Schultergelenk

Traktion (Abb. 9.82)
Die Fixationshand umfaßt den Humerus distal-lateral. Die Traktionshand umfaßt den Humerus in der Achselhöhle von medial und separiert den Humeruskopf von der Cavitas glenoidalis.

Posterior-anterior (Abb. 9.83)
In Bauchlage wird mit der distalen Hand der Humerus von medial an seinem proximalen Ende fixiert und leicht nach lateral traktiert. Mit dem Handballen der proximalen Hand wird der Humerus gelenkspaltnah nach anterior mobilisiert.

Anterior-posterior (Abb. 9.84)
In Rückenlage wird mit der distalen Hand der Hume-

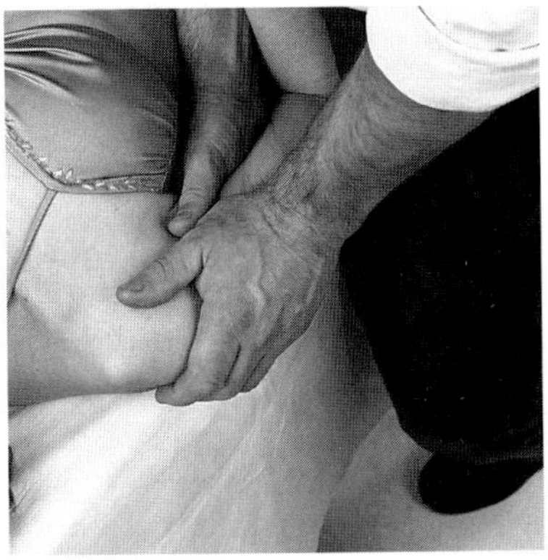

Abb. 9.84: Anterior-posterior-Bewegung im glenohumeralen Gelenk

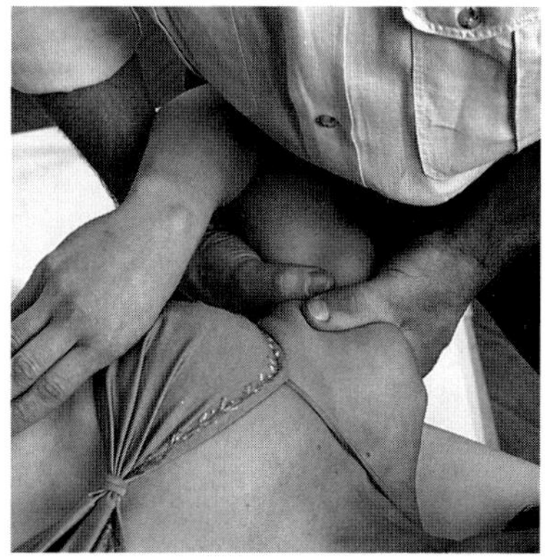

Abb. 9.85: Caudal-cranial- und Cranial-caudal-Bewegung im glenohumeralen Gelenk

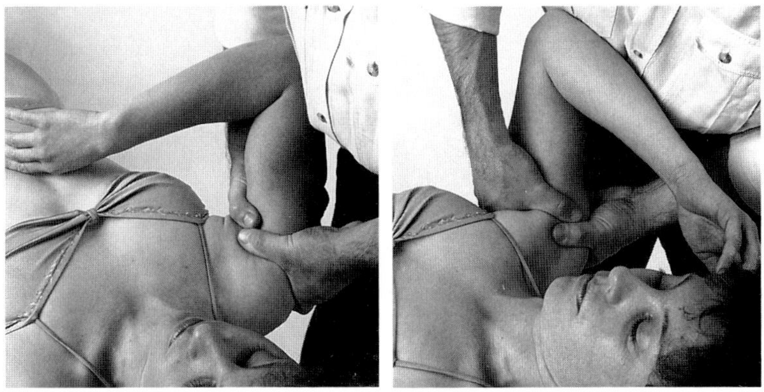

Abb. 9.86 a + b: Rotation des Humerus

rus von medial an seinem proximalen Ende fixiert und leicht nach lateral traktiert. Mit dem Handballen der proximalen Hand wird der Humerus gelenkspaltnah nach posterior mobilisiert.

Caudal-cranial und Cranial-caudal (Abb. 9.85)
Der Behandler umfaßt bimanuell gelenkspaltnah den abduzierten Humerus und bewegt diesen unter leichter Traktion nach caudal bzw. cranial. Das Gleiten nach cranial hat vor allem einen neurophysiologischen Effekt im Sinne der AGT (siehe Beitrag «Kinästhesie») und weniger einen mechanischen Effekt im Sinne einer Kapseldehnung.

Rotation (Abb. 9.86 a und b)
Der Behandler umfaßt bimanuell gelenkspaltnah den abduzierten Humerus und rotiert diesen unter leichter Traktion nach innen bzw. außen.

Ellbogengelenk

Traktion im humero-ulnaren Gelenk (Abb. 9.87)
Die patientenferne Hand fixiert den distalen Humerus von dorso-lateral. Die patientennahe Hand umfaßt den gebeugten distalen Unterarm und mobilisiert diesen nach distal. Dabei liegt die Patientenhand an der Behandlerschulter.

Adduktion/Abduktion im humero-ulnaren Gelenk (Abb. 9.88 a + b)
Die Hände umfassen den leicht gebeugten Ellbogen von medial und lateral. Die Patientenhand wird zwischen Taille und Oberarm des Behandlers vorsichtig «eingeklemmt». Die Adduktions- bzw. Abduktions-Bewegung kommt aus dem Körper des Behandlers.

Ulnargleiten im humero-ulnaren Gelenk (Abb. 9.89)
Die patientennahe Hand umfaßt den distalen Humerus von dorso-medial. Die Patientenhand wird zwischen Taille und Oberarm des Behandlers vorsichtig «eingeklemmt». Die patientenferne Hand umfaßt gabelartig den proximalen Unterarm und bewegt diesen nach ulnar. Dabei bleibt der Ellbogen leicht gebeugt.

Radialgleiten im humero-ulnaren Gelenk (Abb. 9.90)
Die patientenferne Hand umfaßt den distalen Humerus von dorso-lateral. Die Patientenhand wird zwischen Taille und Oberarm des Behandlers vorsichtig «eingeklemmt». Die patientennahe Hand umfaßt ga-

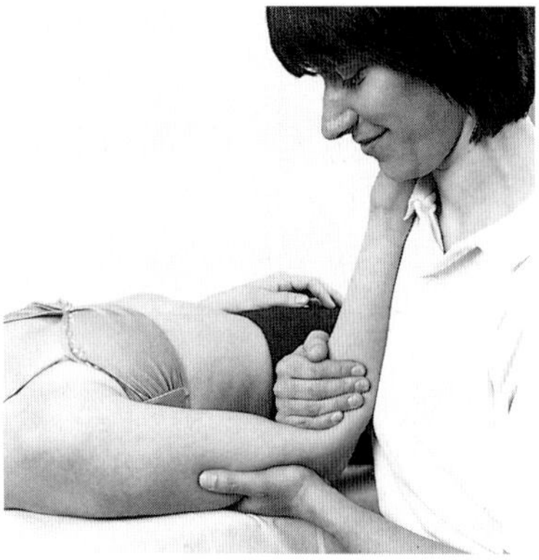

Abb. 9.87: Traktion im humero-ulnaren Gelenk

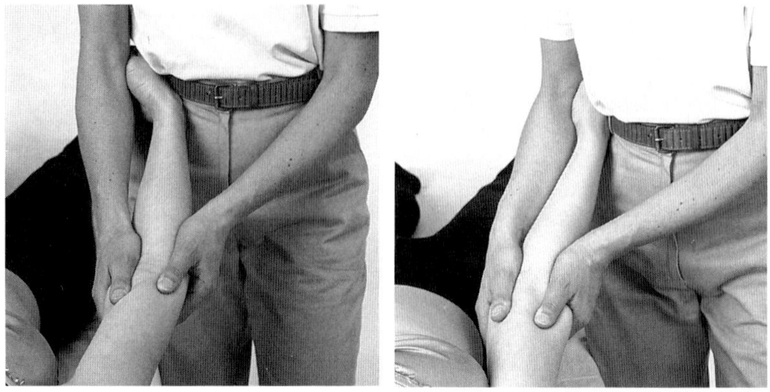

Abb. 9.88 a + b: Adduktion/Abduktion im humero-ulnaren Gelenk

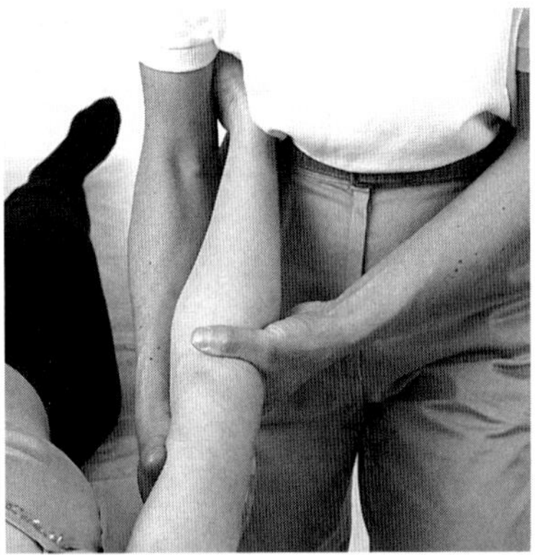

Abb. 9.89: Ulnargleiten im humero-ulnaren Gelenk

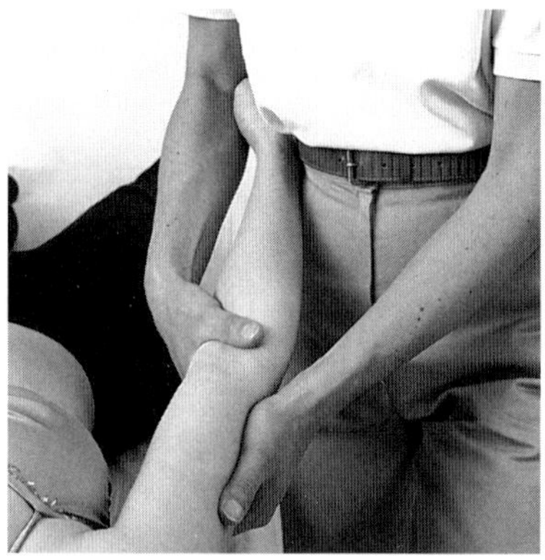

Abb. 9.90: Radialgleiten im humero-ulnaren Gelenk

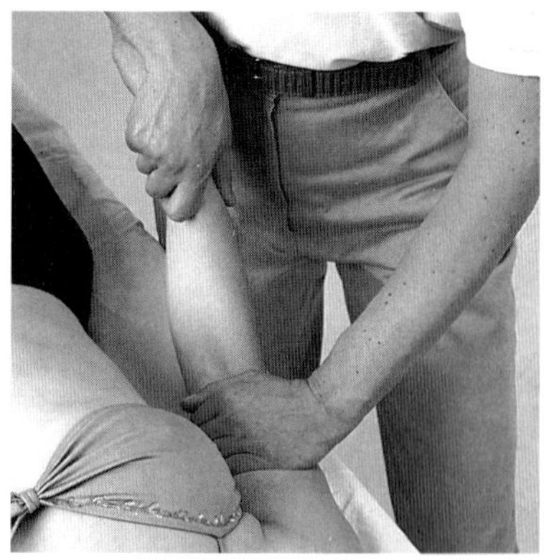

Abb. 9.91: Traktion im humero-radialen Gelenk

belartig den Unterarm und bewegt diesen nach radial. Dabei bleibt der Ellbogen leicht gebeugt.

Traktion im humero-radialen Gelenk (Abb. 9.91)
Die patientennahe Hand fixiert den distalen Humerus von anterior. Die patientenferne Hand umfaßt schienend den distalen Radius und separiert diesen vom Humerus. Dabei bleibt der Ellbogen um etwa 70 Grad gebeugt.

Kompression im humero-radialen Gelenk (Abb. 9.92)
Die patientennahe Hand umfaßt den distalen Humerus von dorsal. Die patientenferne Hand umfaßt den distalen Radius schienend und komprimiert diesen in das Gelenk. Dabei bleibt der Ellbogen um etwa 70 Grad gebeugt.

Traktion im proximalen radio-ulnaren Gelenk (Abb. 9.93)
Die distale Hand umfaßt die proximale Ulna fixierend. Die proximale Hand umgreift zangenartigschienend den proximalen Radius und separiert diesen von der Ulna. Dabei bleibt der Ellbogen um etwa 45 Grad gebeugt.

Kompression im proximalen radio-ulnaren Gelenk Abb. 9.94)
Die distale Hand umfaßt die proximale Ulna. Der proximale Handballen komprimiert den Radius. Dabei bleibt der Ellbogen um etwa 45 Grad gebeugt.

Anterior-posterior- und Posterior-anterior-Bewegung im proximalen radio-ulnaren Gelenk (Abb. 9.95 a und b)
Die distale Hand umfaßt die proximale Ulna fixierend. Die proximale Hand umfaßt den proximalen Radius zangenartig und bewegt diesen nach anterior bzw. posterior. Der Ellbogen bleibt dabei um etwa 45 Grad gebeugt.

Traktion/Kompression im distalen radio-ulnaren Gelenk (Abb. 9.96 a und b)
Am supinierten und um ca. 70 Grad gebeugten Unterarm werden Radius und Ulna distal schienend umfaßt und komprimiert bzw. separiert.

Anterior-posterior- bzw. Posterior-anterior-Bewegung im distalen radio-ulnaren Gelenk (Abb. 9.97 a und b)
Am supinierten und um ca. 70 Grad gebeugten Un-

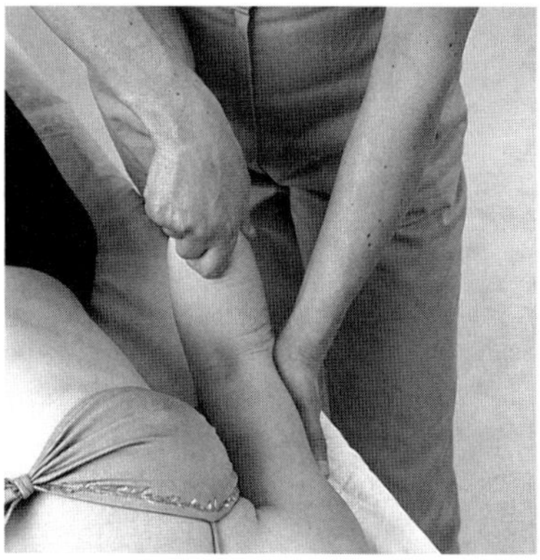

Abb. 9.92: Kompression im humero-radialen Gelenk

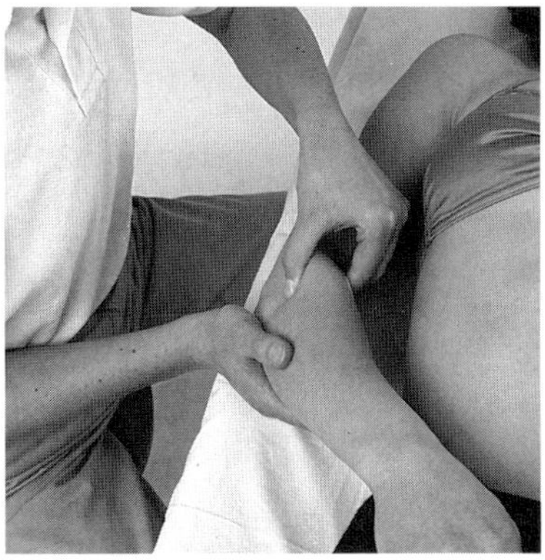

Abb. 9.93: Traktion im proximalen radio-ulnaren Gelenk

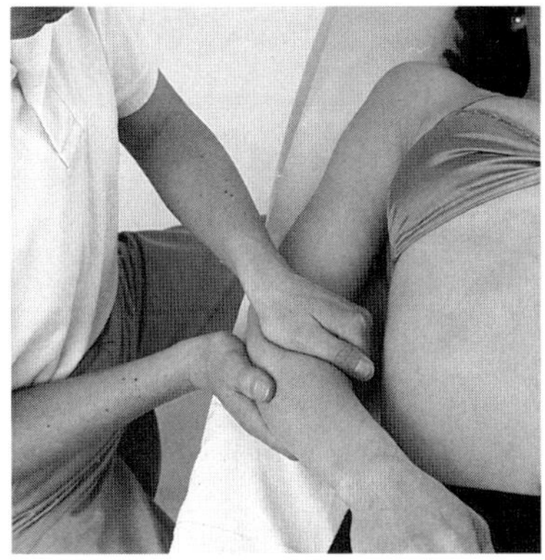

Abb. 9.94: Kompression im proximalen radio-ulnaren Gelenk

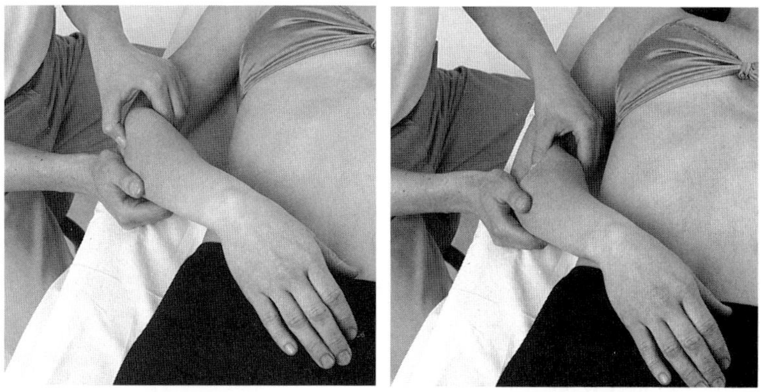

Abb. 9.95 a + b: Anterior-posterior- und Posterior-anterior-Bewegung im proximalen radio-ulnaren Gelenk

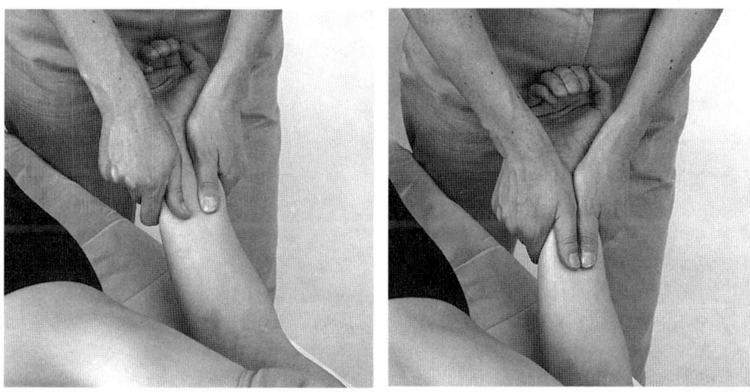

Abb. 9.96 a + b: Traktion/Kompression im distalen radio-ulnaren Gelenk

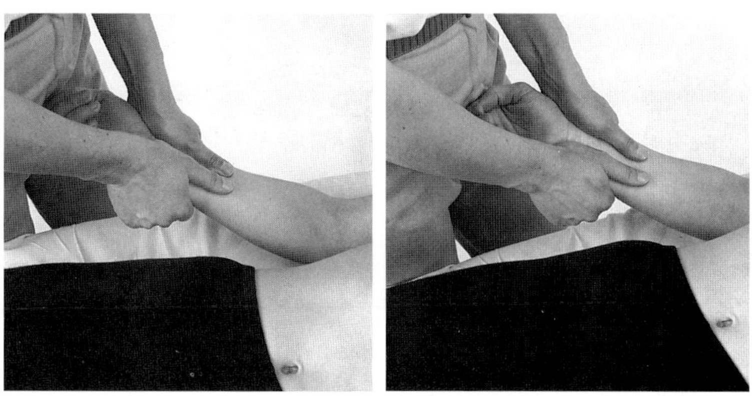

Abb. 9.97 a + b: Anterior-posterior- bzw. Posterior-anterior-Bewegung im distalen radio-ulnaren Gelenk

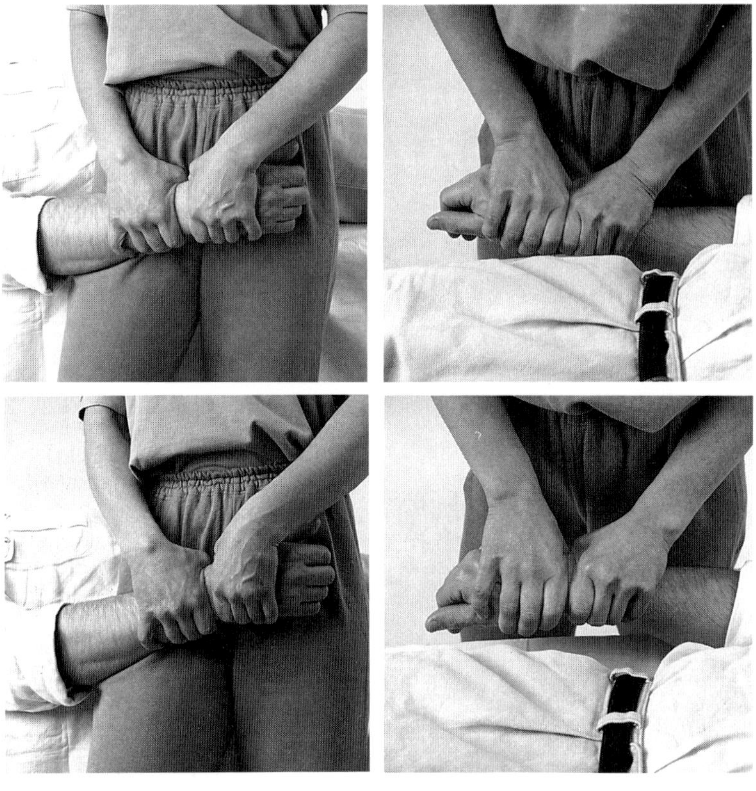

Abb. 9.98 a + b: Traktion/Kompression im proximalen Handgelenk
c: Radialgleiten im proximalen Handgelenk
d: Palmargleiten im proximalen Handgelenk

terarm werden Radius und Ulna distal schienend umfaßt. Einer der beiden Knochen wird fixiert, und der andere kann nach anterior bzw. posterior unter Traktion bzw. Kompression bewegt werden.

Handgelenk (Abb. 9.98 a bis d)

Radius und Ulna werden fixierend umfaßt. Die andere Hand umfaßt die proximale Handwurzelreihe und kann in folgende Richtungen mobilisieren: Traktion, Kompression, Ulnargleiten, Radialgleiten, Palmargleiten, Dorsalgleiten, Innenrotation und Außenrotation. Wichtig ist dabei die entspannte Lagerung des Arms mit leichter Ellbogenflexion.

Handwurzelgelenke (Abb. 9.99 a bis d)

Das Prinzip besteht darin, jeweils einen Handwurzelknochen mit Daumen und Zeigefinger bzw. Mittelfinger von dorsal und palmar zu fixieren und die artikulierenden Nachbarknochen (Radius, Ulna, Handwurzelknochen, Mittelhandknochen) zu bewegen.

Mittelhandknochen (Abb. 9.100 a und b)

Die Mittelhandknochen können an den Basen bzw. Köpfen gegeneinander in den verschiedenen Ebenen bewegt werden. Des weiteren kann ein Mittelhandknochen gegenüber den jeweils artikulierenden Handwurzelknochen bzw. der jeweiligen Fingergrundphalanx in den verschiedenen Ebenen bewegt werden.

Fingergelenke (Abb. 9.101 a bis c)

Fingergrund-, Fingermittel- und Fingerendgelenke können in den verschiedenen Ebenen passiv mobilisiert werden. Ein Gelenkpartner wird dabei immer fixiert.
Als besonders effektvoll hat sich auch der sogenannte «Fingerknacker» nach Terrier bewährt. Dabei wird eine Grund-, Mittel- oder Endphalanx gelenkspaltnah zwischen Zeige- und Mittelfinger schienend fixiert und unter leichter Traktion rhythmisch sagittal oder transversal geschüttelt.

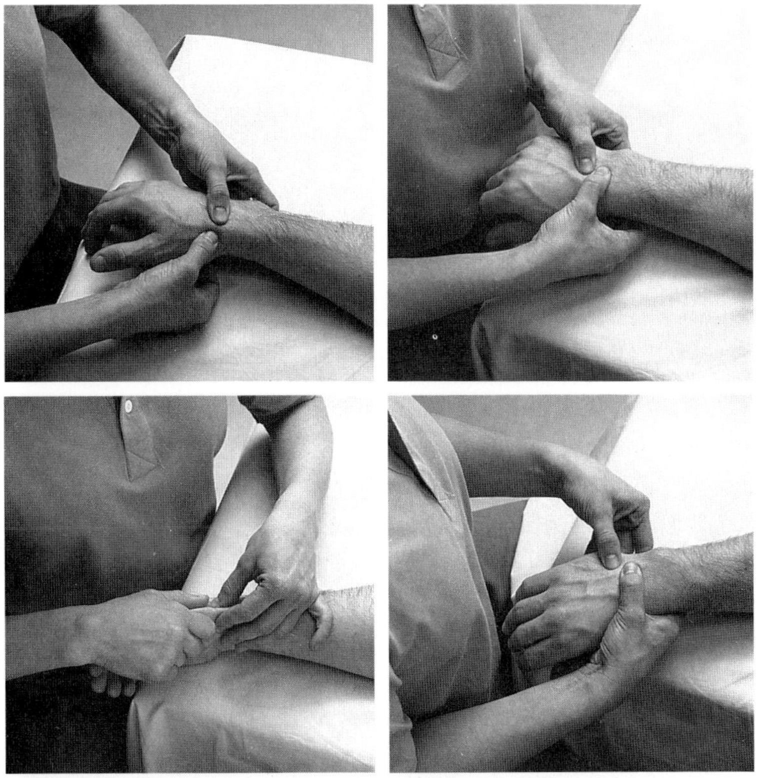

Abb. 9.99 a: Mobilisation Trapezium-Trapezoideum
b: Mobilisation Lunatum-Capitatum
c: Mobilisation Trapezium-Metacarpale I
d: Mobilisation Hamatum-Metacarpale V

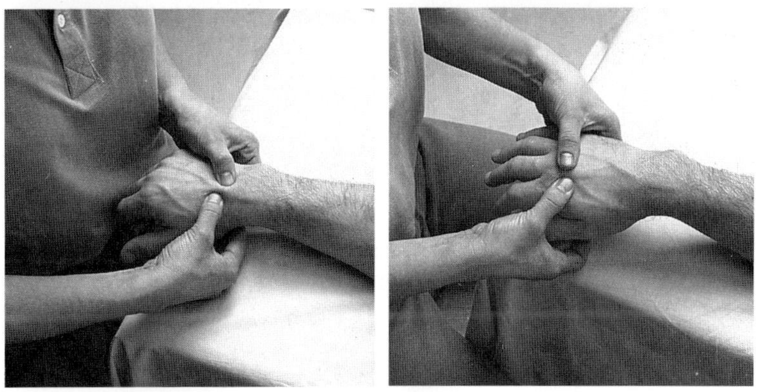

Abb. 9.100 a: Mobilisation Basis Metacarpale II-Basis Metacarpale III
b: Mobilisation Caput Metacarpale II-Caput Metacarpale III

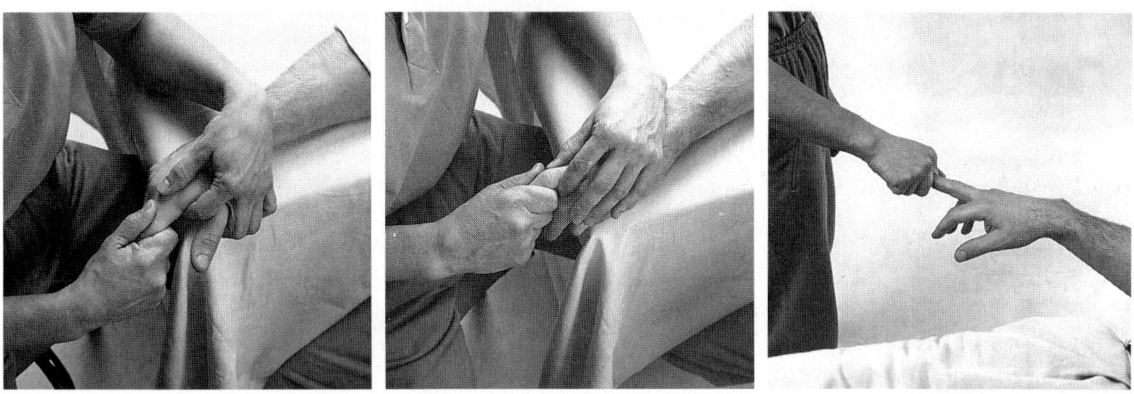

Abb. 9.101 a: Anterior-posterior-Gleiten im Zeigefingergrundgelenk
b: Radial-ulnar-Gleiten im Zeigefingermittelgelenk
c: «Fingerknacker» nach Terrier für das Mittelfingerendgelenk

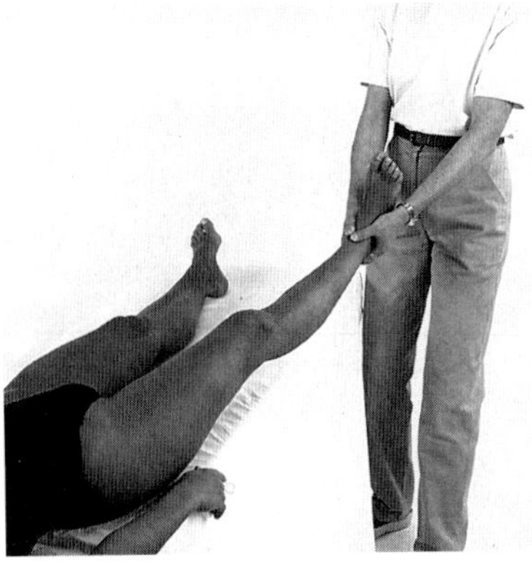

Abb. 9.102: Langtraktion des Hüftgelenks

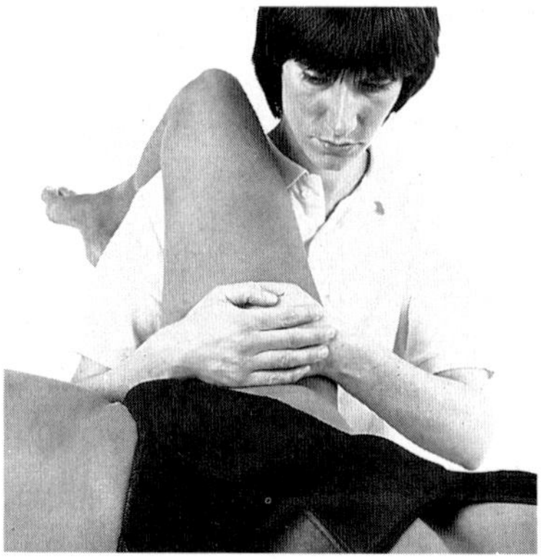

Abb. 9.103: Kurztraktion des Hüftgelenks

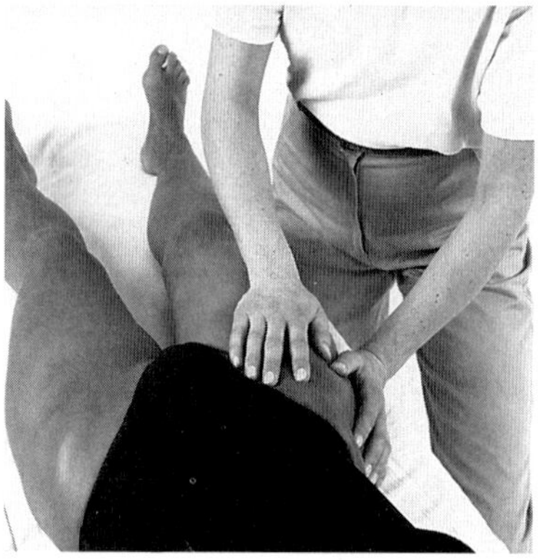

Abb. 9.104: Kompression des Hüftgelenks

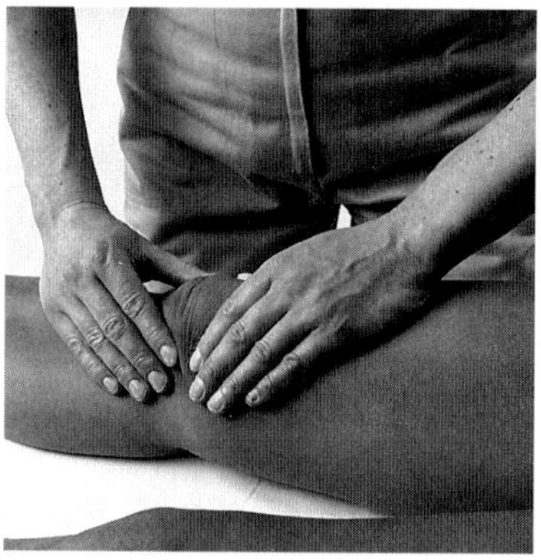

Abb. 9.105: Test für das Retropatellargelenk

Hüftgelenk

Da das Hüftgelenk ossär sehr gesichert ist, sind die mechanischen Effekte der Gelenktechniken sekundär. Durch intermittierende Traktion bzw. Kompression werden die Diffusionsverhältnisse angeregt. Die Kompression führt im Sinne der AGT (siehe Beitrag «Kinästhesie») zur Detonisierung der gelenkzentrierenden tiefen Muskulatur. Die postisometrische Relaxation läßt sich bei beiden Traktionen gut einsetzen.

Langtraktion (Abb. 9.102)
Der Behandler umfaßt den distalen Unterschenkel, stellt die Komponenten Flexion/Abduktion/Außenrotation individuell ein und separiert durch Gewichtsverlagerung die Gelenkflächen. Zugstärke, -dauer und -intervalle werden individuell dosiert.

Kurztraktion (Abb. 9.103)
Das im Hüft- und Kniegelenk gebeugte Bein wird über die Behandlerschulter gelagert. Der Behandler umfaßt bimanuell den proximalen Oberschenkel. Durch Gewichtsverlagerung auf seinen Tubern kommt es zur Separation («Lüftung») der Gelenkflächen.

Kompression (Abb. 9.104)
Die Hüftregion wird von ventral und dorsolateral bimanuell klammerartig umfaßt. So wird bereits ein Effekt im Sinne der AGT (siehe Beitrag «Kinästhesie») erzielt. Zusätzlich kann der Hüftkopf noch in die Pfanne komprimiert werden.
Weitere Hüftgriffe sind im Kapitel «Kreuzschmerzen» dargestellt.

Kniegelenk

Retropatellargelenk (Abb. 9.105)
Die Patella wird bimanuell schienend umfaßt und in den verschiedenen Richtungen unter Traktion bzw. Kompression bewegt.

Meniskustests

Funktionstest (Abb. 9.106 a bis d)
Dieser Test besteht aus vier Teiltests. Das Bein wird passiv gebeugt und gestreckt. Dabei kann das Knie

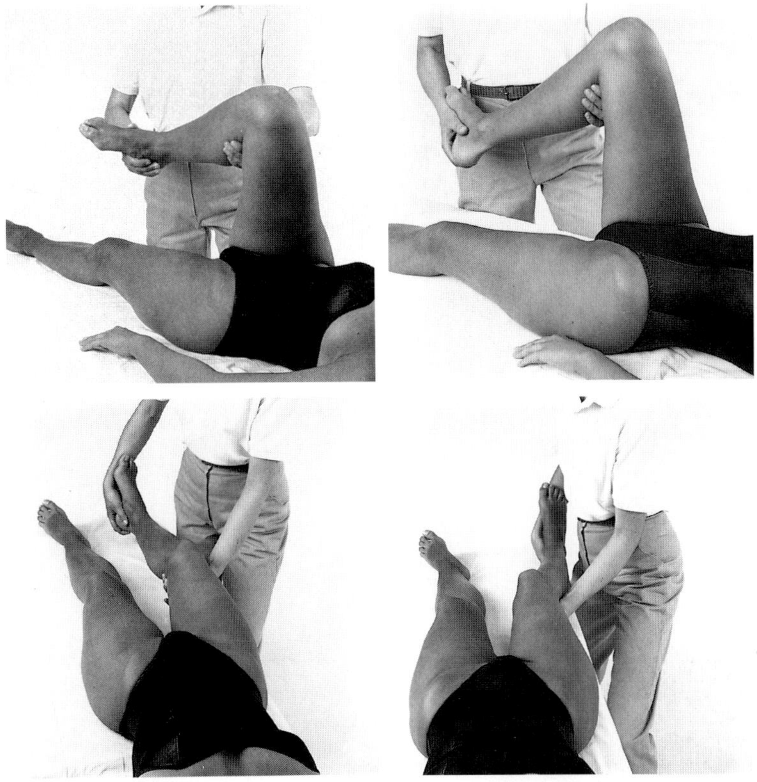

Abb. 9.106 a: Kniefunktionstest mit Knieinnenrotation
b: Kniefunktionstest mit Knieaußenrotation
c: Kniefunktionstest mit Knieadduktion
d: Kniefunktionstest mit Knieabduktion

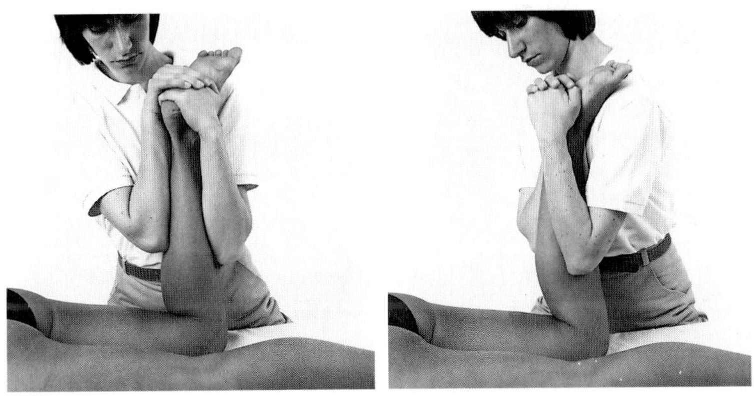

Abb. 9.107 a + b: Apley-Kompressionstest

- passiv innenrotiert werden,
- passiv außenrotiert werden,
- passiv adduziert werden,
- passiv abduziert werden.

Die Kniekomponente wird am besten von der Ferse aus gesteuert und muß während des gesamten Weges beibehalten werden. Die mögliche Schmerzangabe deutet auf den jeweiligen Meniskus.

Apley-Kompressionstest (Abb. 9.107 a und b)
In Bauchlage wird der rechtwinklig gebeugte Unterschenkel von den Fersen her schienend umfaßt, komprimiert und dabei passiv innen- bzw. außenrotiert. Die mögliche Schmerzangabe deutet auf den jeweiligen Meniskus.

Auch die Kollateralbandtests (siehe dort) können auf eine Meniskusläsion hinweisen.

Kreuzbandtests (Abb. 9.108 a und b)
Hierbei wird der rechtwinklig gebeugte Unterschenkel bimanuell ruckartig passiv nach anterior bzw. posterior bewegt. Eine positive vordere Schublade (Schmerz und/oder Überbeweglichkeit) deutet auf das vordere Kreuzband.

Kollateralbandtests
(Abb. 9.109 a und b/9.110 a und b)

- Der Behandler stabilisiert den Oberschenkel und bewegt den um etwa 10 Grad gebeugten Unterschenkel passiv in die Adduktion bzw. Abduktion.

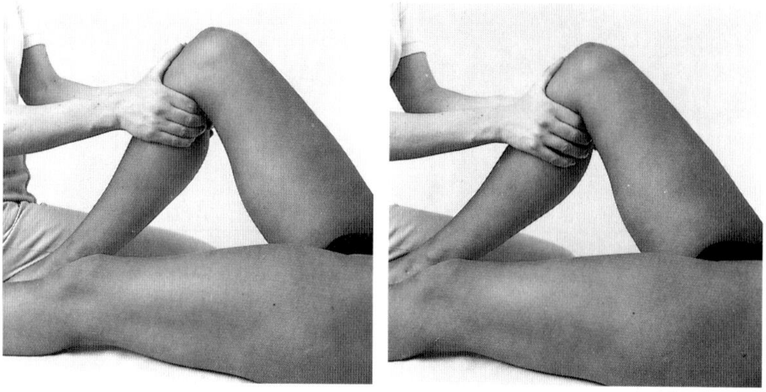

Abb. 9.108 a: Vorderer Kreuzbandtest
b: Hinterer Kreuzbandtest

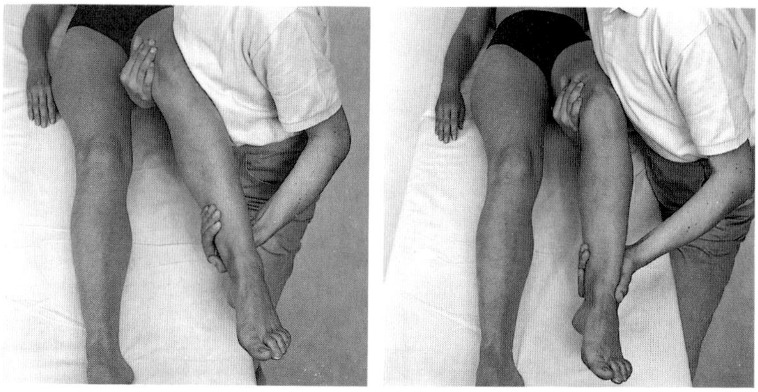

Abb. 9.109 a + b: Kollateralbandtest in Rückenlage

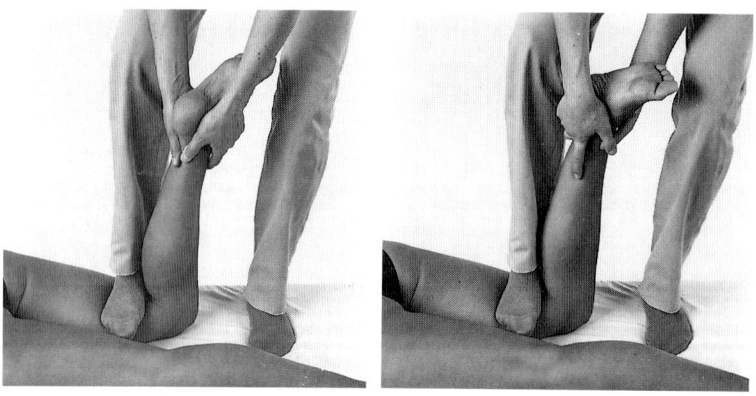

Abb. 9.110 a + b: Apley-Distraktionstest in Bauchlage

Die Schmerzlokalisation gibt Auskunft über die Bandläsion (bzw. auch Meniskusläsion).

- *Apley-Distraktionstest*
  In Bauchlage fixiert der Behandler mit seinem Fuß oder Knie den Oberschenkel. Der rechtwinklig gebeugte Unterschenkel wird an den Knöcheln umfaßt, deckenwärts gezogen und unter Zug innen- bzw. außenrotiert.
  Die Schmerzlokalisation gibt Auskunft über die Bandläsion.

Joint play

Traktion (Abb. 9.111 a)
Diese wird am günstigsten in der Bauchlage durchgeführt. Der Behandler fixiert den Oberschenkel, umfaßt den gebeugten Unterschenkel und zieht diesen deckenwärts.

Anterior-posterior (Abb. 9.111 b)
In Rückenlage wird der distale Unterschenkel des Patienten vorsichtig schienend zwischen die Oberschenkel des Behandlers «eingeklemmt». Durch Gewichtsverlagerung kommt es zu einer leichten Traktion im Kniegelenk. Eine Hand fixiert den Femur

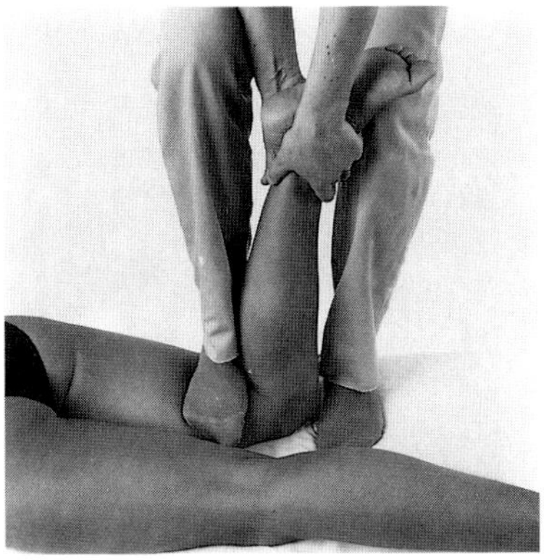
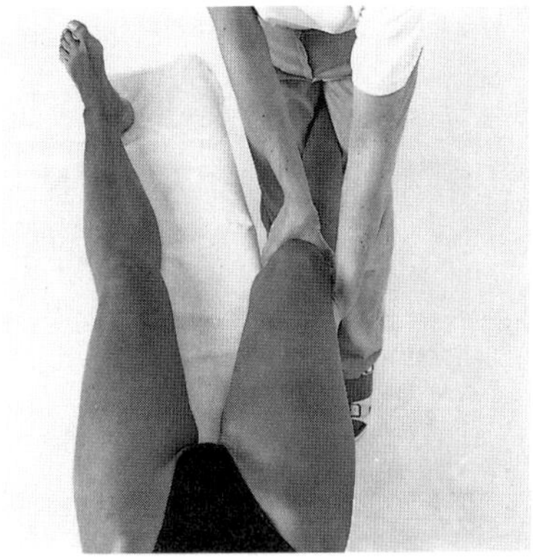

Abb. 9.111 a: Traktion des Kniegelenk
b: Anterior-posterior-Bewegung im Kniegelenk

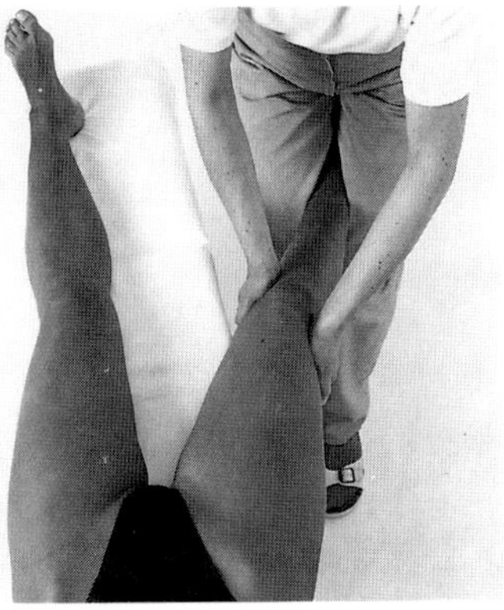

Abb. 9.112 a + b: Latero-lateral-Bewegung der Tibia bzw. des Femur

von dorsal, die andere Hand bewegt die Tibia nach posterior. Das Knie bleibt dabei leicht gebeugt.

Posterior-anterior
Wie Anterior-posterior, jedoch wechseln die Hände.

Latero-lateral (Abb. 9.112 a und b)
Grundposition wie Anterior-posterior, jedoch wird diesmal der Femur von lateral oder medial stabilisiert und die Tibia nach medial bzw. lateral bewegt. Es ist auch denkbar, die Tibia zu stabilisieren und den Femur seitlich zu bewegen.

Adduktion/Abduktion (Abb. 9.113)
Grundposition wie Anterior-posterior, jedoch wird diesmal das Kniegelenk von medial und lateral umfaßt und passiv adduziert bzw. abduziert.

Rotation
Diese kann wie beim Apley-Distraktionstest bzw. Apley-Kompressionstest überprüft und behandelt werden. Asymmetrien finden sich insbesondere bei Tibio-fibular-Gelenks-Blockierungen.

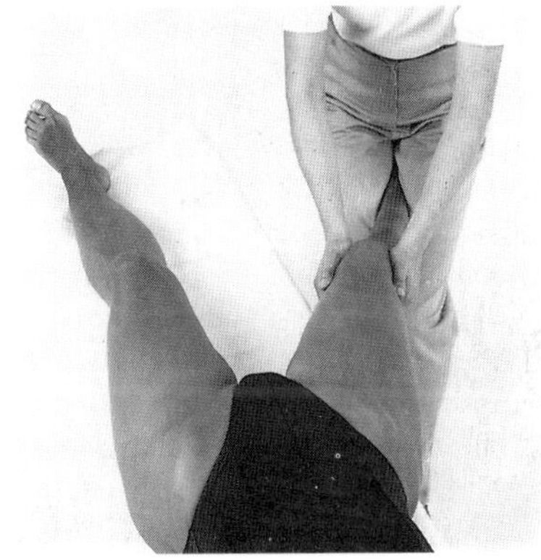

Abb. 9.113: Adduktion/Abduktion im Kniegelenk

Proximales Tibio-fibular-Gelenk

Rückenlage (Abb. 9.114 a und b)
Das Bein wird etwa rechtwinklig aufgestellt. Der Behandler stabilisiert das Knie von medial, umfaßt die proximale Fibula schienend-lumbrical und bewegt die Fibula nach anterior bzw. posterior.
Wenn die Knieinnenrotation eingeschränkt ist, wird der Unterschenkel innenrotiert gelagert (der Behandler sitzt dabei auf dem Vorfuß des Patienten) und nach anterior mobilisiert.
Wenn die Knieaußenrotation eingeschränkt ist, wird der Unterschenkel außenrotiert gelagert (der Behandler sitzt dabei auf dem Vorfuß des Patienten) und nach posterior mobilisiert.

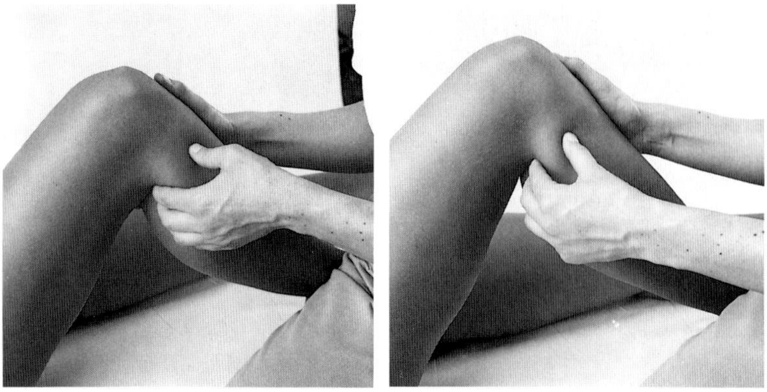

Abb. 9.114 a + b: Mobilisation der Fibula nach anterior bzw. posterior

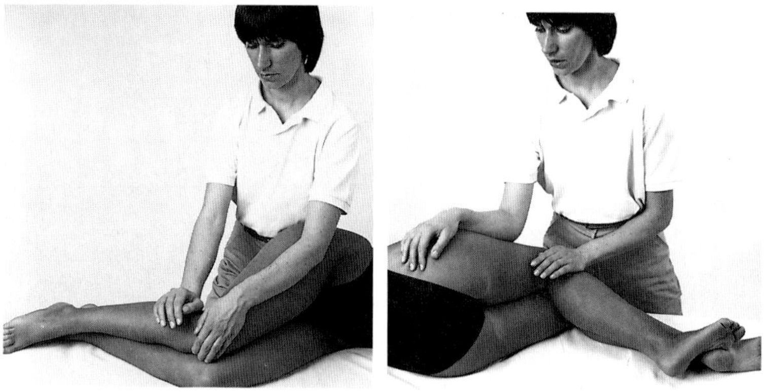

Abb. 9.115 a + b: Mobilisation der Fibula nach anterior bzw. posterior

Seitenlage (Abb. 9.115 a und b)
Bei eingeschränkter Knieinnenrotation wird der Unterschenkel gebeugt und innenrotiert gelagert. Der Behandler stabilisiert Becken und Knie und mobilisiert die Fibula mit dem Handballen nach anterior.
Bei eingeschränkter Knieaußenrotation wird der Unterschenkel gebeugt und außenrotiert gelagert. Der Behandler stabilisiert Becken und Oberschenkel und mobilisiert die Fibula mit dem Handballen nach posterior. Die Seitenlage-Technik ist therapeutisch erfolgreicher, da durch den freien Unterschenkel die Bewegung nicht behindert wird.

Distales Tibio-fibular-Gelenk

Diese Syndesmose sollte immer im Zusammenhang mit dem proximalen Tib-Fib untersucht und behandelt werden.
Anterior-posterior (Abb. 9.116 a)
In Rückenlage wird die Tibia fixiert und die distale Fibula mit dem Handballen nach posterior bewegt.
Posterior-anterior (Abb. 9.116 b)
In Bauchlage wird die Tibia fixiert und die distale Fibula mit dem Handballen nach anterior bewegt.

Oberes Sprunggelenk

Tibia nach anterior (Abb. 9.117)
Bei etwa 70 Grad Knieflexion wird die Ferse fixierend umfaßt und die Tibia nach anterior mobilisiert.
Tibia nach posterior (Abb. 9.118 a und b)
Bei etwa 70 Grad Knieflexion wird die Ferse fixierend umfaßt und die Tibia nach posterior mobilisiert. Alternativ kann der Behandler zur Stabilisierung seinen Oberschenkel unter dem gebeugten Patientenknie plazieren.
Talustraktion (Abb. 9.119 a und b)
- Der Behandler umfaßt bimanuell gabelartig den Talus. Der patientennahe Ellbogen wird in der Kniekehle plaziert. Durch individuelle Einstellung von Hüftflexion und Knieflexion kommt der Talus auf «Spannung». Nicht durch die Kraft der Behandlerhände, sondern durch weitere passive Knieflexion separiert sich der Talus von der Malleolengabel.
- Alternativ «hakt» der Behandler seine beiden kleinen Finger am Talushals ein, umschließt mit den Händen den Fuß und erreicht durch Gewichtsverlagerung im Halbkniestand eine Talustraktion.

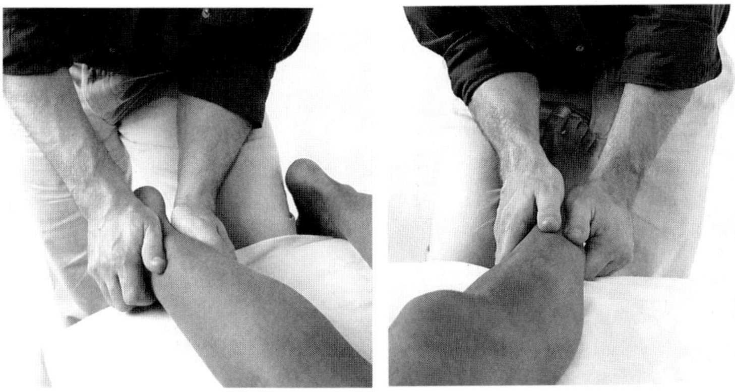

Abb. 9.116 a + b: Mobilisation der Fibula nach anterior bzw. posterior

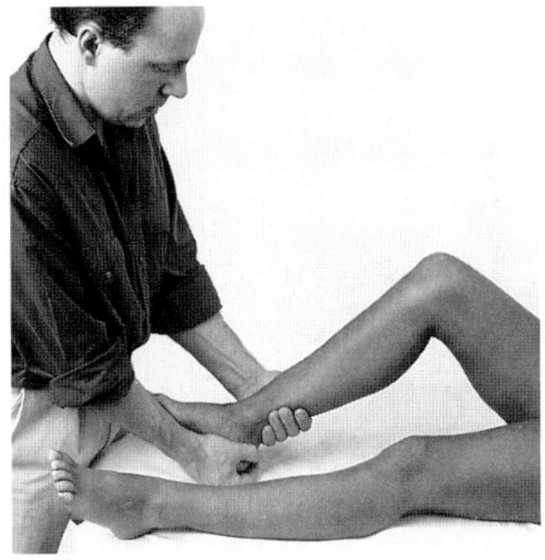

Abb. 9.117: Tibia nach anterior

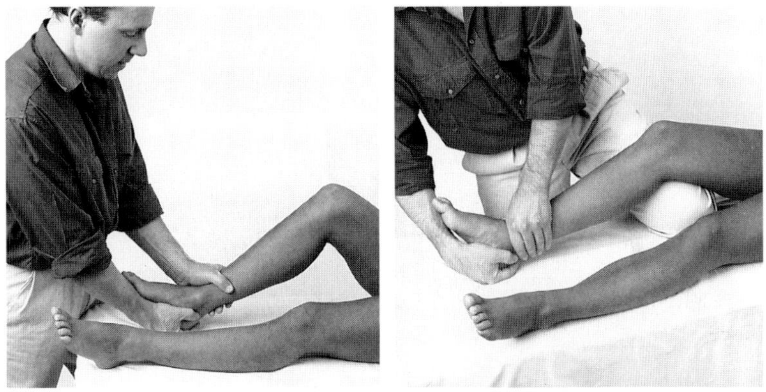

Abb. 9.118 a + b: Tibia nach posterior

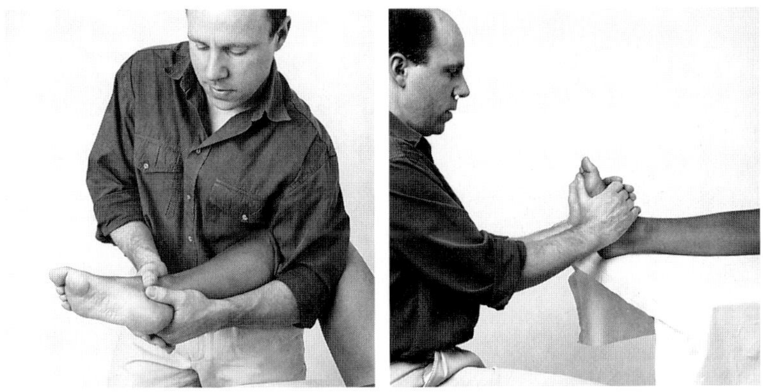

Abb. 9.119 a + b: Talustraktion

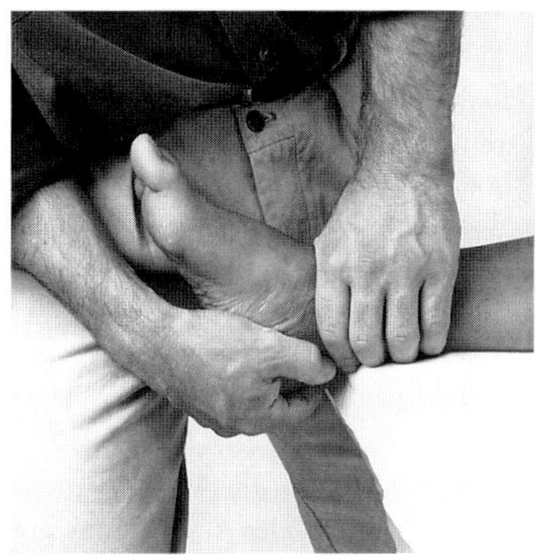

Abb. 9.120: Talus nach posterior

Talus nach posterior (Abb. 9.120)
Der Behandler umfaßt die freiliegende Ferse und zieht diese nach distal. Die andere Hand umfaßt gabelartig den Talus und mobilisiert diesen nach posterior.

Talus nach anterior (Abb. 9.121 a + b)
- In Bauchlage wird die freiliegende Ferse umfaßt und nach distal gezogen. Die andere Hand umfaßt den Talus gabelartig und mobilisiert diesen nach anterior.
- In Bauchlage werden am freiliegenden Fuß Naviculare und Cuboid fixiert und fußspitzenwärts traktiert. Die andere Hand umfaßt den Talus gabelartig und mobilisiert diesen nach anterior.

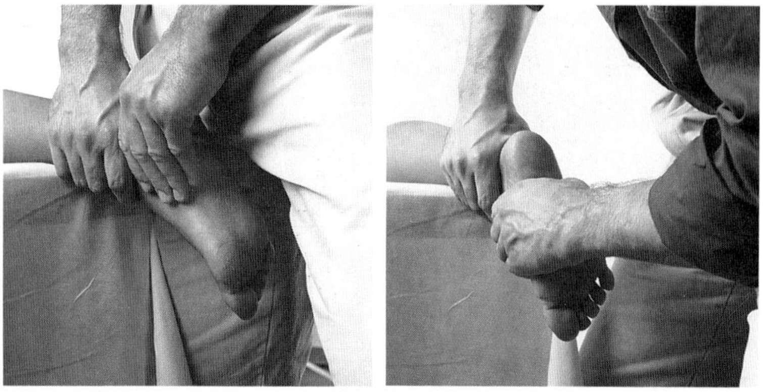

Abb. 9.121 a + b: Talus nach anterior

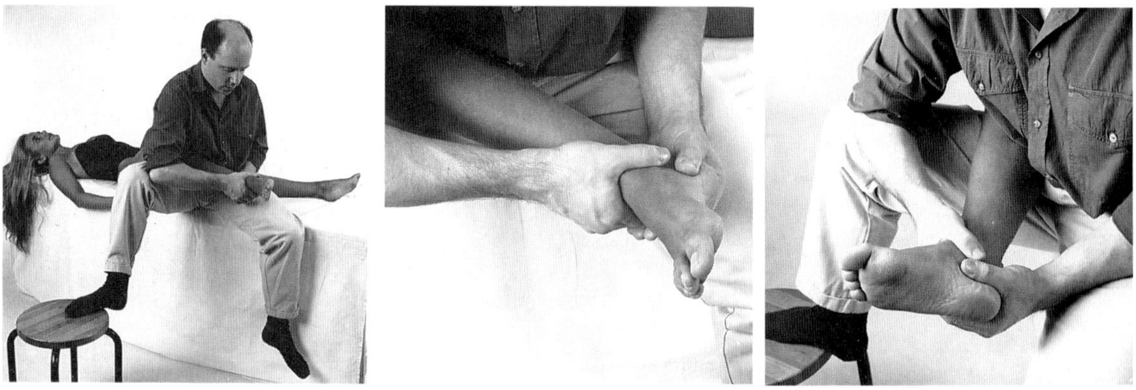

Abb. 9.122 a–c: «Schlinggriff» zur Calcaneusmobilisation

Unteres Sprunggelenk

Calcaneusmobilisation (Abb. 9.122 a bis c)
Zur Untersuchung und Behandlung des Joint play hat sich der «Schlinggriff» bewährt. Dabei sitzt der Behandler auf der Bank und «schlingt» das Patientenbein um sein Becken. Er umfaßt mit der lateralen Hand gabelartig den Talus. Sein lateraler Fuß stützt sich auf einen Hocker. Das laterale Knie schiebt den lateralen Ellbogen. Damit wird der Talus von der Malleolengabel separiert. Die mediale Hand umfaßt schienend den Calcaneus und kann folgende Calcaneusbewegungen durchführen:

- Traktion,
- Kompression,
- Translation anterior (fußspitzenwärts) – posterior,
- Translation medial-lateral,
- Rotation (um die Unterschenkellängsachse) und
- Adduktion – Abduktion (um die Fußlängsachse).

Die letzten vier Bewegungen können auch unter Traktion bzw. Kompression durchgeführt werden.

Naviculare- und Cuboidmobilisation
(Abb. 9.123 a und b)
Der bei der Calcaneusmobilisation beschriebene «Schlinggriff» läßt sich auch für das Chopart'sche Gelenk optimal einsetzen. Diesmal wird der Calcaneus fixiert. Naviculare und Cuboid werden als Einheit in folgende Richtungen mobilisiert:

- Traktion,
- Kompression,
- Translation nach plantar,
- Translation medial-lateral,
- Adduktion – Abduktion und
- Rotation.

Die letzten vier Bewegungen können auch unter Traktion oder Kompression durchgeführt werden.
Die Translationsbewegung von Naviculare und Cuboid nach dorsal wird in Rückenlage mit gestrecktem Bein vom Fußende aus durchgeführt. Die laterale Hand fixiert und traktiert den Calcaneus nach distal. Die mediale Hand umfaßt supiniert gabelartig Naviculare und Cuboid und mobilisiert nach dorsal.

Fußwurzelknochen (Abb. 9.124)

Ein Knochen wird dabei jeweils von plantar und dorsal fixiert und die artikulierenden Nachbarknochen werden traktiert, komprimiert und translatorisch bewegt.

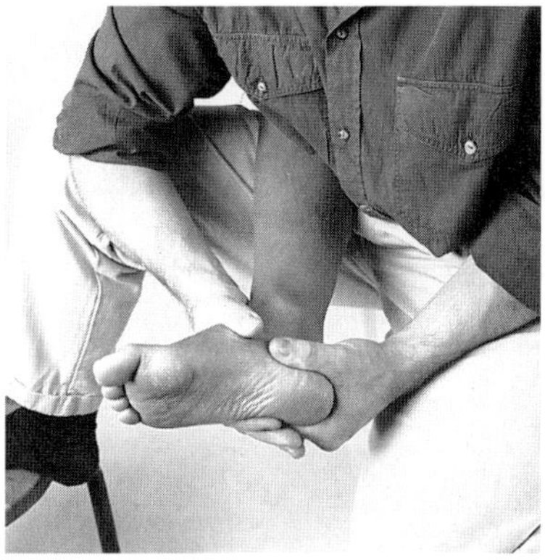

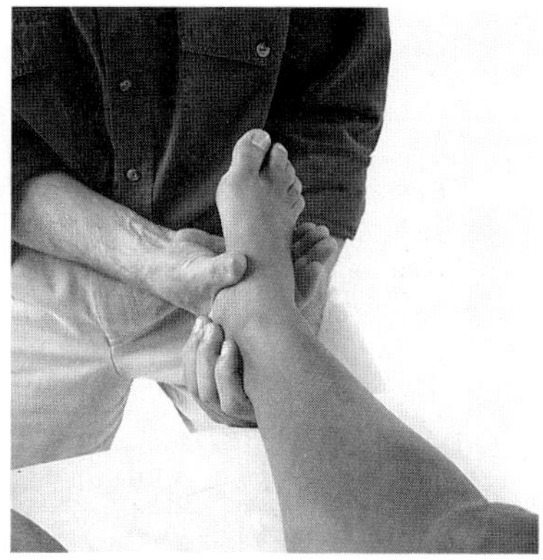

Abb. 9.123 a: «Schlinggriff» zur Mobilisation von Naviculare und Cuboid, z. B. Abduktion
b: Naviculare- und Cuboidmobilisation nach dorsal

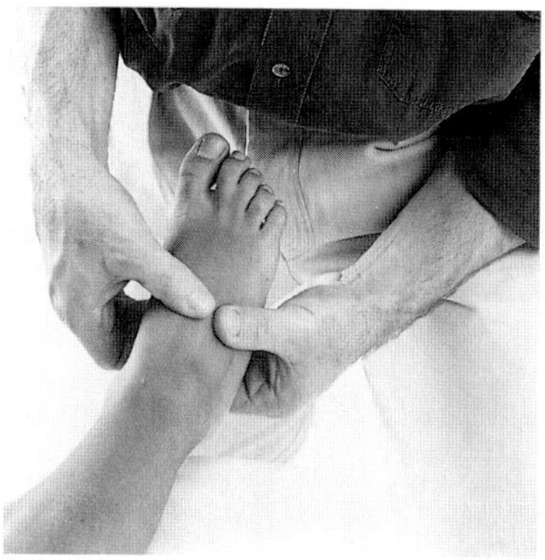

Abb. 9.124: Fußwurzelknochenmobilisation, z. B. Cuboid-Cuneiforme III

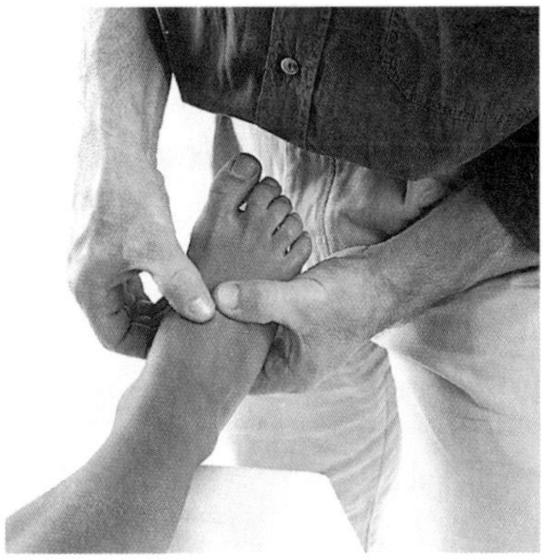

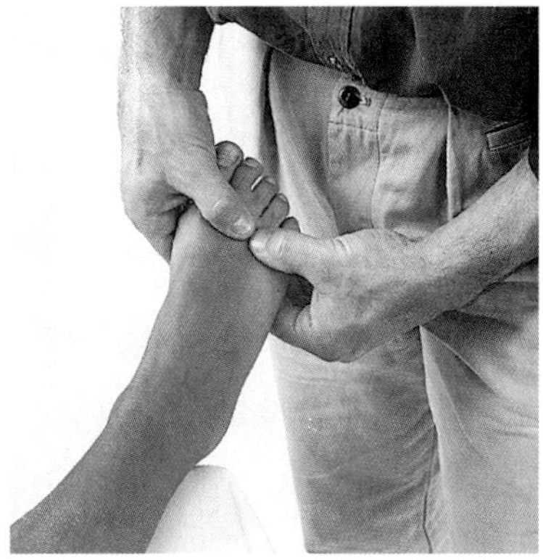

Abb. 9.125 a: Mittelfußknochenmobilisation, z. B. Cuneiforme I – Metatarsale II
b: Mobilisation der Mittelfußköpfe gegeneinander

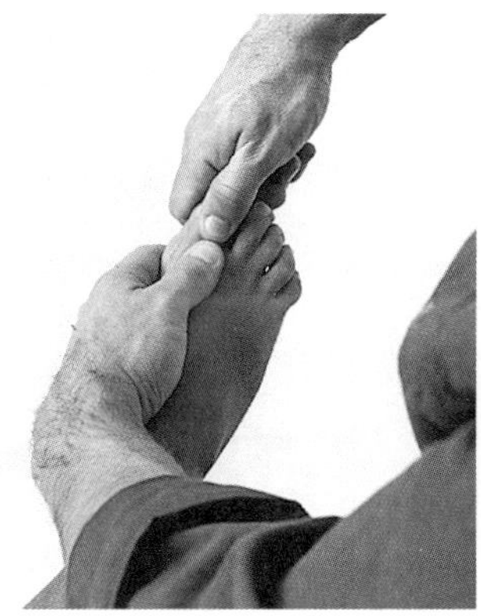

Abb. 9.126: Mobilisation des Großzehengrundgelenks

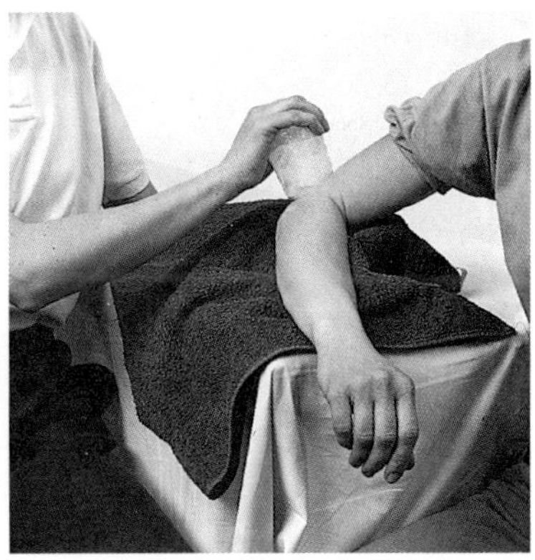

Abb. 9.127: Eismassage bei einer Insertionstendopathie am Epicondylus radialis

Mittelfußknochen (Abb. 9.125 a und b)

Diese können an den Basen bzw. Köpfchen untereinander, aber auch gegenüber den artikulierenden Fußwurzelknochen bzw. Grundphalangen mobilisiert werden.

Zehengelenke (Abb. 9.126)

Zehengrund-, Zehenmittel- und Zehenendgelenke können in den verschiedenen Ebenen passiv mobilisiert werden. Ein Gelenkpartner wird dabei immer fixiert.

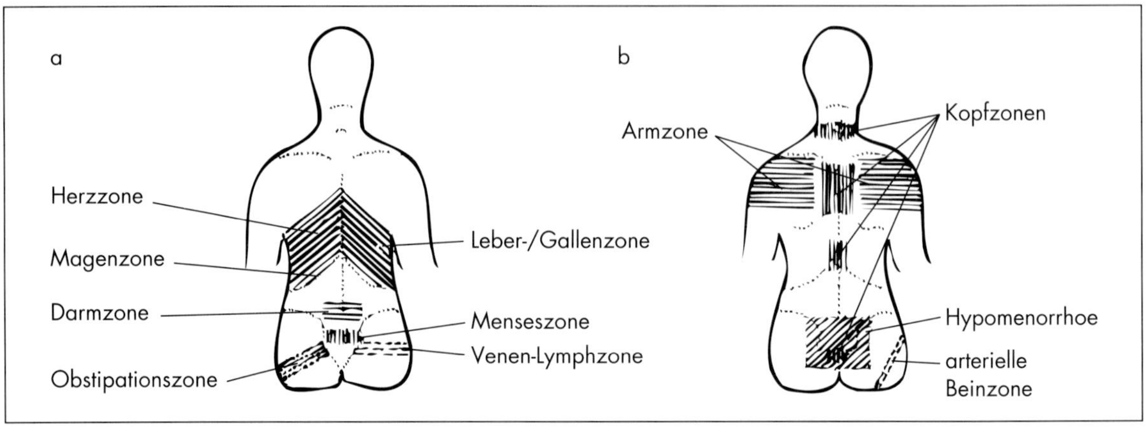

Abb. 9.128 a–c: Bindegewebszonen und Unterhauttechnik

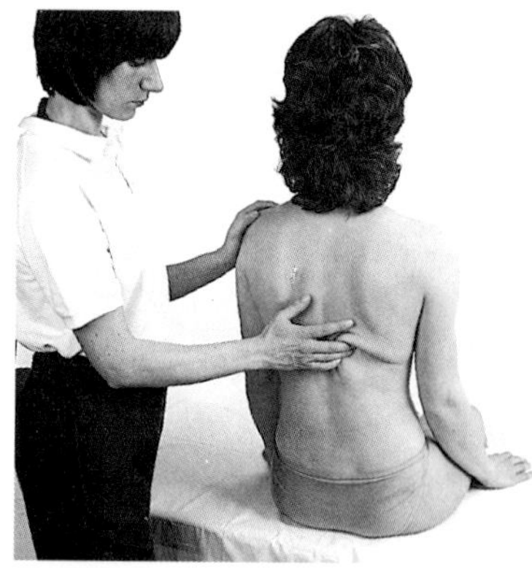

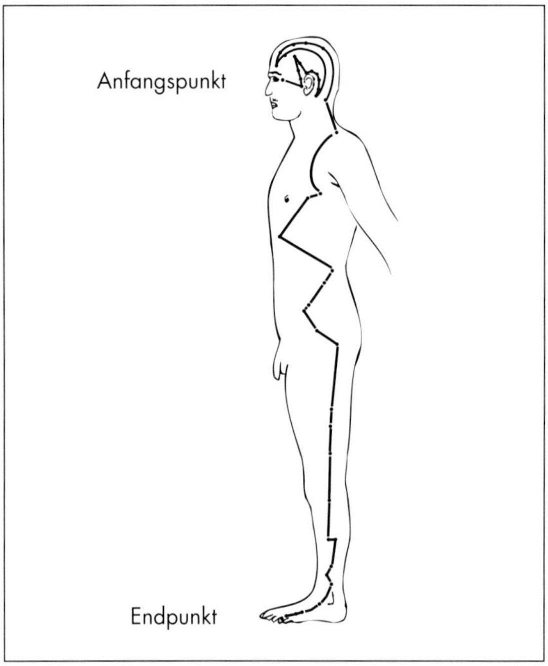

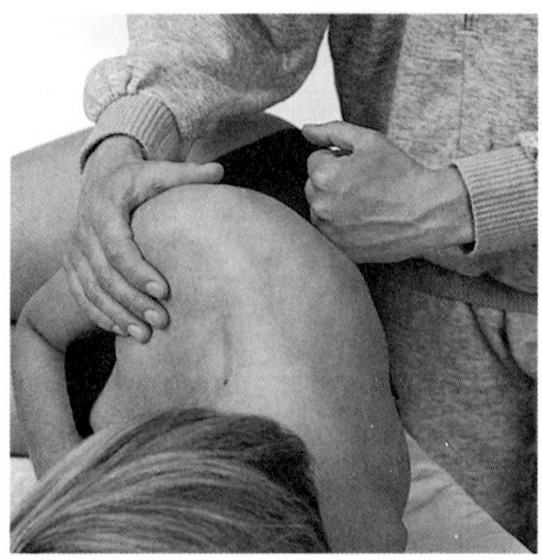

Abb. 9.129 a: Gallenblasenmeridian **b:** Griff der traditionellen Chinesischen Massage

Weichteiltechniken

Bei den Weichteiltechniken unterscheidet man aktive (Postisometrische Relaxation) und passive Techniken (Massagen).
Unter Massage versteht man manuelle oder apparative Druck- und Zugreize, die in den verschiedenen Gewebsschichten (Haut, Unterhaut, Faszien, Muskulatur, Sehnen und Sehnengleitgewebe, Bänder, Periost und Schleimhäute) mit unterschiedlicher Technik zu diagnostischen und therapeutischen Zwecken ausgeführt werden.
Apparative Möglichkeiten gibt es z. B. mit Unterwasserdruck, Vibrationsgeräten, Stäbchen und Bürsten. In der Schmerzphysiotherapie wird die gezielte «Eismassage aus dem Joghurtbecher» gerne und oft angewandt, da sie wirkungsvoll, kostengünstig und zur Selbstbehandlung geeignet ist (Abb. 9.127).
Bei der Vielzahl manueller Massagen kann man, ohne

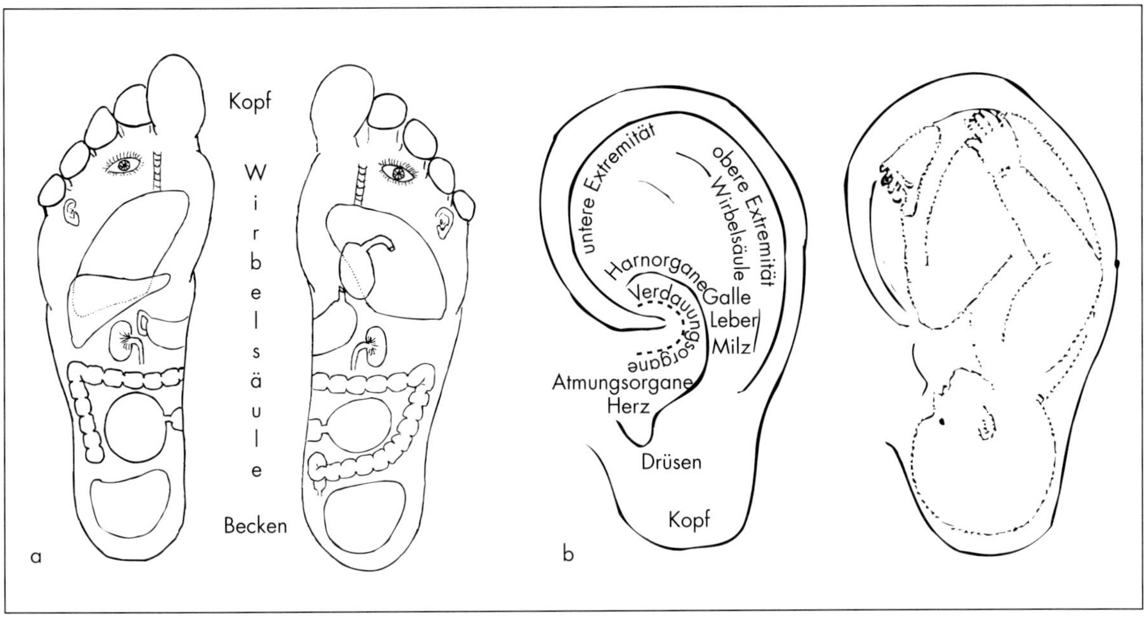

Abb. 9.130 a + b: Fuß- und Ohrreflexzonen

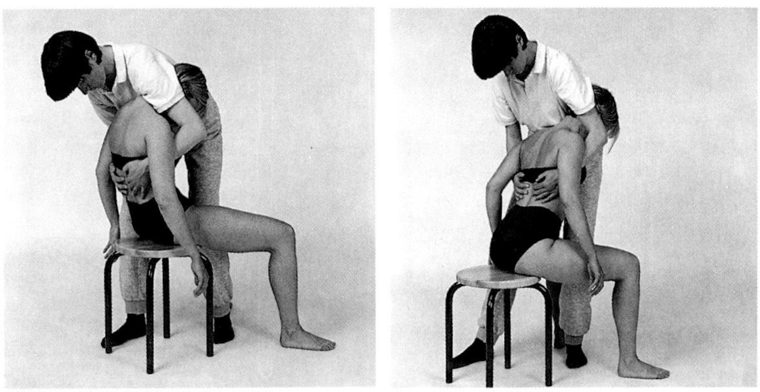

Abb. 9.131 a + b: Manipulativmassage («Die Harfe»)

Wertigkeit und ohne Anspruch auf Vollständigkeit, unterscheiden:

- Klassische Massage mit den Griffarten Ausstreichungen, Friktionen, Knetungen, Vibrationen, Klopfungen, Klatschungen, Hackungen, Schüttelungen und intermittierende Drückungen.
- Segmentorientierte Massagen wie Bindegewebsmassage (Abb. 9.128 a bis c), Muskelreflexzonenmassage, Periostbehandlung und Segmentmassage.
  Die Bindegewebsmassage wirkt u. a. über die Beeinflussung der vegetativen Neurone in den Seitenhörnern auf den Tonus der glatten Muskulatur. Durch die Impulsübertragung auf α- und γ-Motoneurone wird jedoch auch der Tonus quergestreifter Muskulatur beeinflußt.
- Meridianorientierte Massagen wie Chinesische Massage (Abb. 9.129 a und b), Shiatsu, Akupunktmassage und Akupressur.
- Somatotopische Massagen wie Fuß-, Hand- und Ohrreflexzonenmassage (Abb. 9.130 a und b).
- Spezialmassagen wie Manuelle Lymphdrainage, Schlüsselzonenmassage, Manipulativmassage (Abb. 9.131 a und b), Rhythmische Massage, Gelotrypsie, Quermassage, Kolonbehandlung und Atemmassage.

Bei der von Terrier entwickelten Manipulativmassage wird der in der Massage vorkommende Druckreiz mit dem bei der passiven Bewegung vorkommenden Zugreiz innerhalb eines Griffes gezielt und dosiert kombiniert.

Es werden die Weichteile und Gelenke der einzelnen Körperregionen (einschließlich der Wirbelsäule) behandelt (und damit auch untersucht).

Die Methode führt neurophysiologisch durch Rezeptorenstimulation zur Veränderung des Tonusverteilungsmusters.

Im Vergleich zu anderen Massagetechniken wird auf

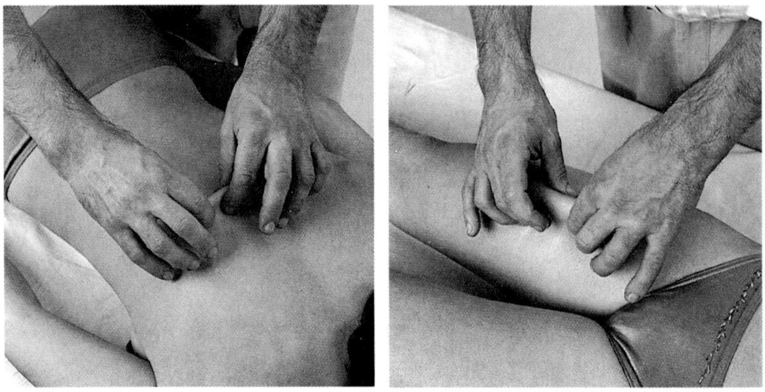

Abb. 9.132 a + b: Hautabziehung

die Selbstorganisation des Therapeuten großen Wert gelegt. Kraft und Bewegung kommen aus dem ganzen Körper, damit die Hände für die Wahrnehmung und Feinarbeit freibleiben. Das Erlernen und Ausüben dieser Methode stellt hohe koordinative Ansprüche an den Therapeuten.

Das «Massage-Handwerk» wurde bei dieser Methode zur «Massage-Kunst» weiterentwickelt.

Alle Massagen können bei richtiger Indikation und gekonnter Ausführung eindrucksvoll zur Schmerzreduktion beitragen.

Da in der Schmerzphysiotherapie eine baldige Therapeutenunabhängigkeit angestrebt wird, werden die verschiedenen Massagetechniken je nach Befund gezielt zur Unterstützung der aktiven Techniken eingesetzt. Deshalb werden im Rahmen dieses Kapitels die Massagetechniken nur ausschnittweise und nicht umfassend dargestellt. Wir verweisen insbesondere bei der Darstellung der Bindegewebsmassage und Manuellen Lymphdrainage auf die vorliegende Literatur.

Folgende Weichteilbefunde können z. B. erhoben werden:

- Haut und Unterhaut
  Schmerz und Maximalpunkte (Triggerpunkte); Veränderungen von Turgor, Trophik, Temperatur, Feuchtigkeit, Sensibilität, Verschieblichkeit, Hautbesonderheiten (z. B. Narben) und Schwellungen.
- Muskulatur – Sehnen – Bänder
  Schmerz und Maximalpunkte (Triggerpunkte); Veränderungen von Tonus, Trophik (z. B. gelotische Veränderungen), Sensibilität und Dehnbarkeit.
- Periost
  Schmerz und Maximalpunkte (Triggerpunkte); Trophische Veränderungen.
- Kolon
  Schmerz und Tonusveränderungen.

Diese Befunde können lokal, radikulär, pseudoradikulär (haltungsabhängig) oder auch durch die Projektion innerer Organe gedeutet werden.

Je nach Befund, Reaktionsverhalten und Zielsetzung wählt man dann die geeignete Griffkombination.

Wir verzichten auf Gleitmittel, da sie die Palpationsfähigkeit und therapeutische Wirksamkeit vermindern. Außerdem verstopfen sie die Hautporen.

Jede Massage hat auch psychische Aspekte. Durch die Konzentration von Patient und Behandler kommt es zu einer nonverbalen Kommunikation. Die gesamte Persönlichkeit des Patienten muß individuell «erfaßt» bzw. «begriffen» werden.

Lösende Griffe

Zur Lösung der Haut von der Muskelfaszie bzw. vom Peritendineum, Periost oder Perichondrium haben sich in der Schmerzphysiotherapie neben der Bindegewebsmassage vor allem die Hautabziehung nach Kibler und der Packegriff nach Schaarschuch bewährt.

Hautabziehung (Abb. 9.132 a und b)
Die bimanuell gefaßte Hautfalte wird unter dosiertem Zug vorwärts bewegt. Zeigefinger und Mittelfinger laufen langsam nacheinander, der Daumen schiebt nicht, sondern wirkt passiv als Sperre.

Durch Tempo-, Zug- und Richtungsvariation lassen sich verklebungsbedingte Widerstände vorsichtig überwinden.

Packegriffe (Abb. 9.133 a bis d)
Hierbei wird die Haut ein- oder beidhändig zwischen Daumen, Fingern und Handwurzel gegriffen, vom Körper bis zur Toleranzgrenze weggezogen (nicht gekniffen) und für 10 bis 30 Sekunden gehalten. Je nach regionalen Bedingungen wird supiniert oder proniert gefaßt. Stärke und Dauer des Zugs können je nach Befund dosiert werden. Der Griff kann in verschiedenen Ausgangsstellungen und Dehnlagen

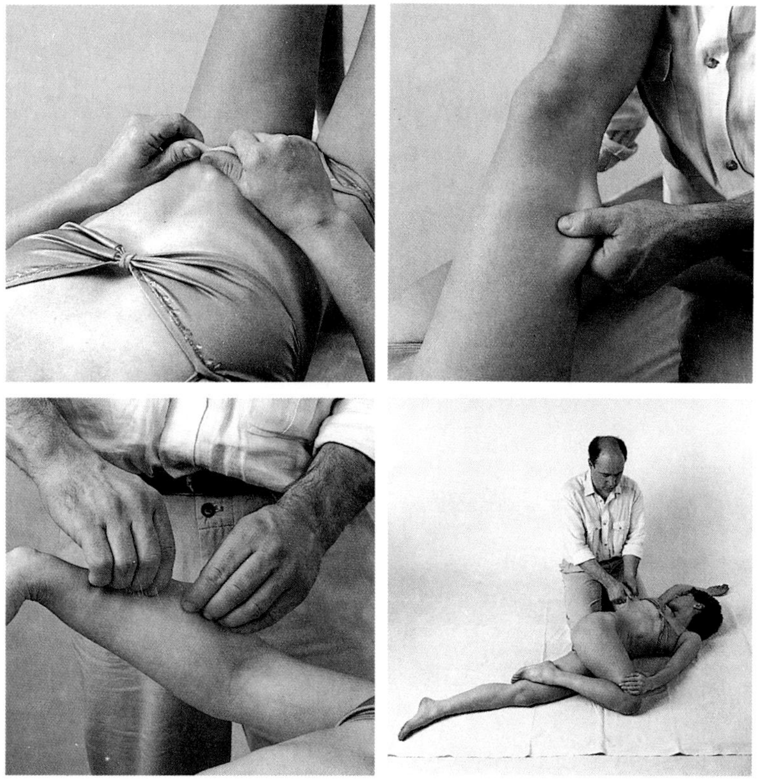

Abb. 9.133 a–d: Packegriffe

am Rumpf oder den Extremitäten angewandt werden. Manchmal ist es vorteilhaft, wenn der Griff über der Kleidung des Patienten ausgeführt wird.
Die Technik führt zur regionalen Mehrdurchblutung und Lösung des «Mantelgewebes» von der Muskulatur. Der Patient sollte sich wie die «Katze am Fell» oder der «Korb am Henkel» sinken lassen. Außerdem kommt es zur unwillkürlichen Atemlenkung und -vertiefung, zur Beeinflussung der segmental gekoppelten inneren Organe, zur Schmerzlinderung und Verbesserung der Beweglichkeit. Zwischen den Griffen sollte Gelegenheit zur Wahrnehmung der Weite und der reflektorischen Nachatmung gegeben werden.
Der Patient wird zur Selbstbehandlung angeleitet.

Friktionen

Man unterscheidet Ballen-, Knöchel-, Daumen- und Fingerfriktionen (Zirkelungen). Grundsätzlich kann dabei kreisförmig, längs und quer an der betroffenen Struktur (Muskel, Sehne, Band) gearbeitet werden. Die Griffe können stationär oder sich fortbewegend durchgeführt werden. Je nach Befund und Verträglichkeit wird man Tempo, Druck, Auflagefläche und Behandlungswinkel verändern. Oberflächliche und großflächige Friktionen führen zur Hyperämie der Haut. Tiefe und kleinflächige Friktionen führen zur Hyperämie bzw. zum Abtransport von Stoffwechselschlacken des Muskels und Sehnen-Band-Apparates. Des weiteren werden Tonus und Schmerz beeinflußt. Eine Auswirkung auf innere Organe ist über den muskulo-viszeralen Reflex ebenfalls denkbar. Ob im Rahmen einer Behandlungsserie die Muskeltrophik beeinflußt werden kann, ist umstritten.
Myogelosen können entweder direkt angegangen werden, oder man arbeitet das Gewebe um die Myogelose herum frei. In der Schlüsselzonenmassage nach Marnitz wird nicht nur im schmerzhaften Gebiet gearbeitet. Nach empirisch gefundenen Zusammenhängen werden punktförmig-pinselartige Friktionen mit sanftem Verweildruck durchgeführt.

Sehnenanatomie

Besonders kritische Stellen des Bewegungsapparates finden sich immer da, wo inhomogene Gewebe ineinander übergehen bzw. die Vaskularisation nicht optimal ist (Muskel-Sehnen-Übergang, Sehne, Sehnen-Knochen-Übergang, Band, Band-Knochen-Übergang).
Sehnen dienen der Übertragung von Muskelkräften auf die Erfolgsorgane Knochen und Gelenke.
Flächenhaft angelegte Sehnen heißen Aponeurosen (Sehnenplatten).
Die notwendige Zugebelastbarkeit der Sehne wird durch Kollagenfasern und ihre parallele Anordnung

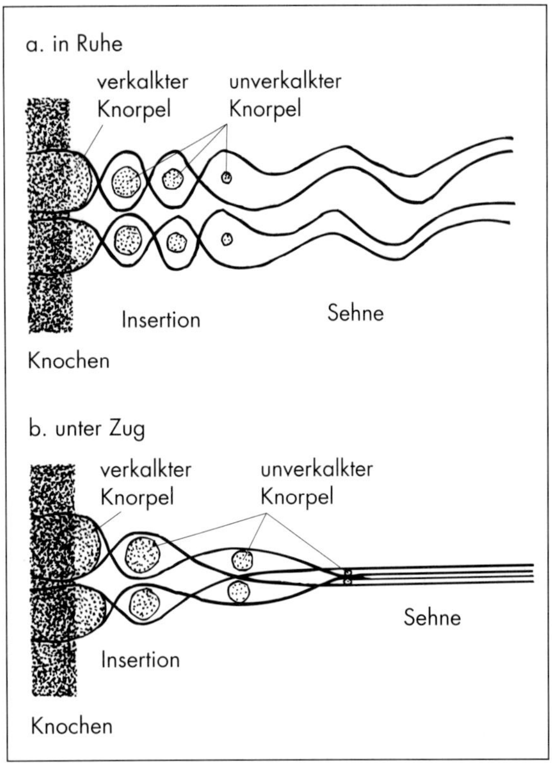

Abb. 9.134: Sehneninsertion in Ruhe und unter Zug

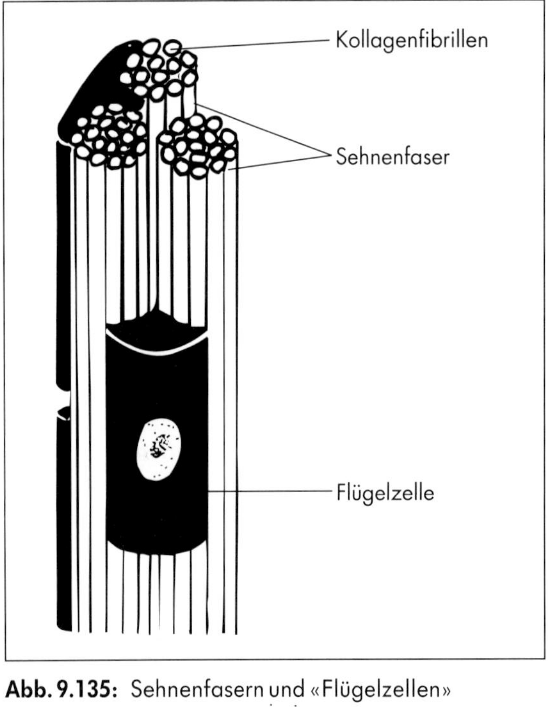

Abb. 9.135: Sehnenfasern und «Flügelzellen»

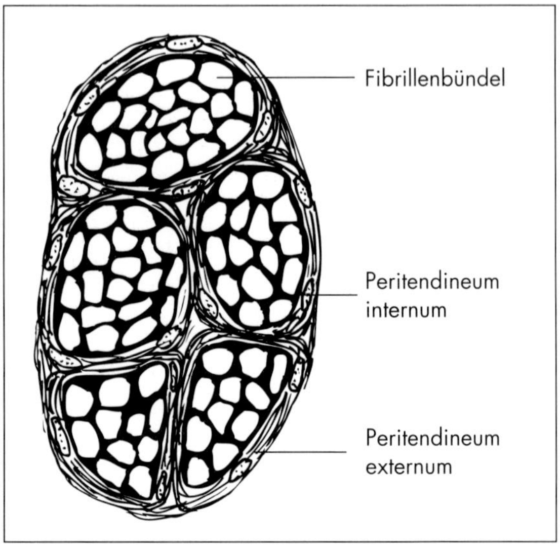

Abb. 9.136: Sehnenquerschnitt

gewährleistet. In Ruhe besitzen diese eine leichte Wellung, die beim Anspannen des Muskels ausgeglichen wird. Diese Entwellung verhindert, daß bei plötzlicher Muskelkontraktion die Sehne aus ihrer Verankerungsstelle im Knochen herausgerissen wird (Abb. 9.134).

Zwischen den Kollagenfasern liegen in Reihen angeordnet die Sehnenzellen (Fibrozyten), die aus Platzgründen eine eigenartige Form haben und deshalb auch als sogenannte Flügelzellen bezeichnet werden (Abb. 9.135).

Die Sehne gliedert sich aufsteigend in Kollagenfibrillen, Sehnenfaser, Primärbündel, Sekundärbündel und Sehne. Primär-, Sekundärbündel und Sehne werden von bindegewebigen Hüllen (Peritendineum internum und externum) umgeben. In diesen Hüllen verlaufen Nerven und Gefäße. Das Peritendineum gleicht in Aufbau und Funktion dem Periost und dem Perichondrium (Abb. 9.136).

Die Verbindung der Sehnenfaser mit der Skelettmuskelfaser (muskulotendinöser Übergang) erfolgt derart, daß Aktinelemente durch Halbdesmosomen am Sarkolemm und Kollagenfibrillen an der umgebenden Basalmembran ansetzen. Aktinelemente und Kollagenfibrillen sind somit völlig voneinander getrennt. Die Verbindungsstellen sind als tiefe, handschuhfingerförmige Einstülpungen (Verzahnungen) sichtbar (Abb. 9.137).

Die Verbindung der Sehnenfaser mit dem Knochen erfolgt bei breitflächigen Sehnen am Periost, das durch Sharpey-Fasern mit dem Knochen verbunden ist. Kleine Sehnen dringen mit ihren Kollagenfasern pinselartig in den Knochen ein.

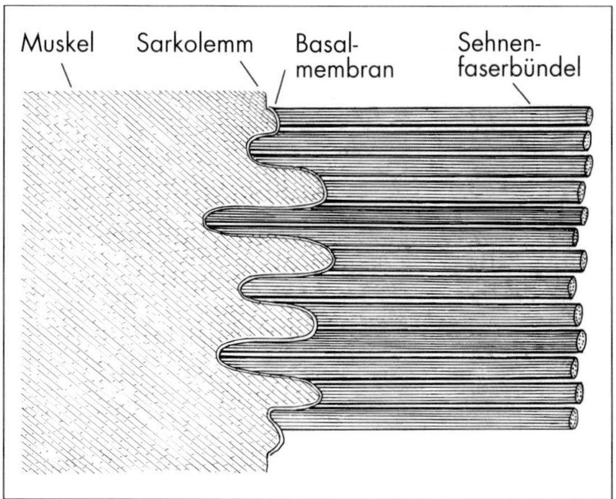

Abb. 9.137: Muskulotendinöser Übergang

Da die Sehnen am Ansatz vor Knickung und Abscherung bewahrt werden müssen, ist eine Knorpelzone zwischengeschaltet. Eine kontinuierliche Zunahme von Knorpelzellen auf die Insertion zu sorgt für den allmählichen Übergang von weichem Sehnengewebe zu hartem Knochengewebe. Der tendo-periostale bzw. tendo-ossäre Übergang gliedert sich also in Sehne, unverkalkte Knorpelschicht, verkalkte Knorpelschicht und Knochen (Abb. 9.134).

Sehnen zählen wegen ihrer nur geringen Gefäßversorgung zu den bradytrophen Geweben. Sehnen sind kaum dehnfähig, aber sehr zugfest (1 mm Sehnengewebe hält einem Gewicht von etwa 10 kg stand). Das Verhältnis von Muskel- und Sehnenquerschnitt beträgt 50:1 bis 150:1 (Achillessehne).

Wird die schon im Normalzustand sehr strapazierte Insertionszone noch mehr belastet, z. B. bei Gelenksblockierungen und -erkrankungen, im Leistungssport und bei einseitiger und chronisch zu großer Beanspruchung, so kommt es zu degenerativen Veränderungen an den Insertionszonen mit Durchblutungsstörungen (die Ansammlung von Stoffwechselschlacken führt zum Ödem und damit zu einer noch schlechteren Nährstoffversorgung) und Schmerz, der sich dann auch in die Muskulatur projiziert. Der reflektorisch erhöhte Muskeltonus übt wiederum einen verstärkten Zug auf die Insertionszone aus und führt zu eingeschränkter Bewegung und Schonhaltung. Zunächst besteht nur ein lokaler Druckschmerz, dann folgt ein Belastungsschmerz und schließlich kommt es zum Ruheschmerz.

Solche schmerzhaften Insertionszonen finden sich z. B. an den Dornfortsätzen, am Levator-scapulae-Ansatz, am Ansatz der Rotatorenmanschette, am Epicondylus radialis und ulnaris, am Glutaeus-medius-Ansatz, am Pes anserinus und an der Achillessehne.

Differentialdiagnostisch muß abgeklärt werden, ob die Wirbelsäule (degenerativ oder rein funktionell), das lokale Gelenk, die Nervenwurzel, die Projektion innerer Organe oder der Ansatz von Sehnen bzw. Bändern Ursache für die Beschwerden sind. Wenn das Periost an der Insertionszone nicht druckdolent und dystrophisch ist, dann geht die Ursache nicht von diesem aus. Sehnen- und Bandläsionen verursachen als nicht-kontraktile Strukturen zunächst Beschwerden bei passiver Dehnung. Muskelläsionen reagieren als kontraktile Struktur auf isometrische Anspannung.

Querfriktionen

Differentialtherapeutisch stehen neben elektrotherapeutischen Verfahren (z. B. Ultraschall), Eismassage und Manuelle Lymphdrainage, Postisometrische Relaxation, Schmerzklammer (siehe Kapitel «Kopfschmerzen»), Periostbehandlung und vor allem gezielte Querfriktionen nach Cyriax (Abb. 9.138 a bis h) zur Verfügung. Auf die Bedeutung der Insertionszonen und ihrer Behandlung mit modifizierter Periostbehandlung hat unseres Wissens zuerst Schötz hingewiesen.

In der Schmerzphysiotherapie wird (wie immer) zunächst die Beziehung zwischen dem Beine-Kreuzungsverhalten des Patienten in den verschiedenen Alltagssituationen und den schmerzhaften Weichteilen abgeklärt. Durch therapeutischen Ausgleich der Beinlängen und entsprechender Anleitung zur Selbstkorrektur reduzieren sich die Schmerzen bzw. verschwinden ganz.

Die Querfriktion (Deep Friktion = DF) nach Cyriax ist bei Läsionen des Muskels, des Muskel-Sehnen-Übergangs, der Sehne, des Sehnengleitgewebes, der Sehnenscheide, der Bänder und der Sehnen- bzw. Bandinsertionen indiziert.

Kontraindikationen sind vor allem Entzündungen (z. B. PCP) und Weichteilverkalkungen.

Die Technik verhindert das Entstehen von Adhäsionen bzw. löst diese auf mechanischem Wege. Vaskulär kommt es zu Hyperämie, der Abtransport von Stoffwechselschlacken wird beschleunigt. Wahrscheinlich kommt es aufgrund der Endorphinausschüttung zur Schmerzlinderung. Neurophysiologisch wird mit der Querfriktion durch Rezeptorenstimulation der Tonus verändert und vermutlich über den Gate-Control-Mechanismus der Schmerz reduziert.

Vor der Anwendung der Querfriktion wird durch eine differenzierte Anamnese und Testuntersuchung der Läsionsort festgestellt.

Muskelläsionen werden im entspannten Zustand, Sehnen- und Bänderläsionen in gespanntem Zustand behandelt.

Die Behandlung wird grundsätzlich quer zum Faserverlauf der erkrankten Struktur durchgeführt. Um eine Hautblasenbildung durch die Reibung zu ver-

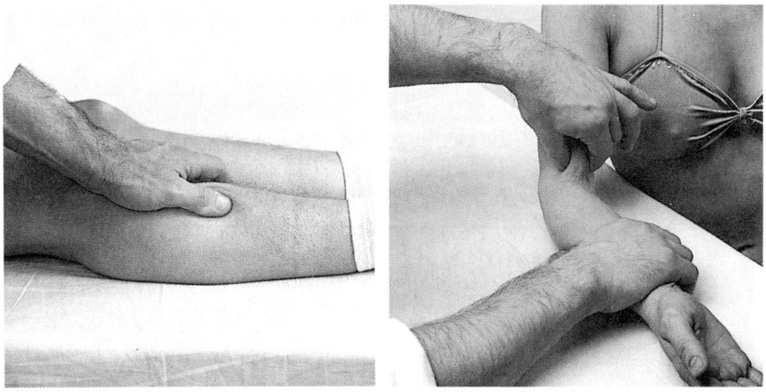

Abb. 9.138 a: M. tibialis anterior (Muskelbauch)
b: M. biceps brachii (muskulotendinöser Übergang)

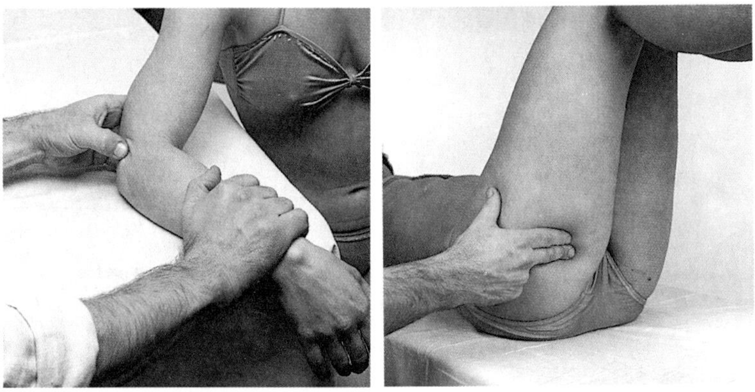

Abb. 9.138 c: M. extensor carpi radialis brevis (Insertion)
d: Ischiocrurale Muskulatur (Insertion)

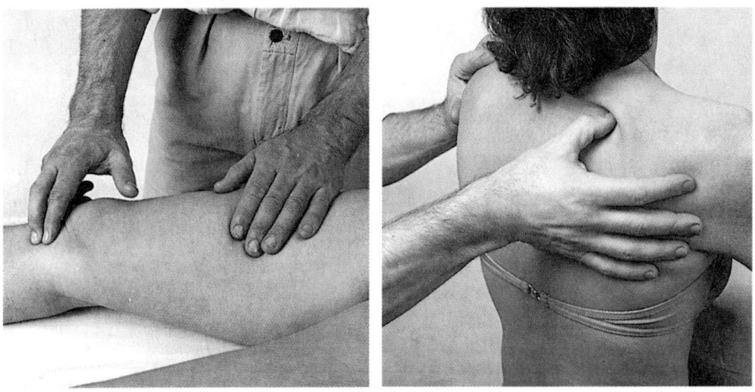

Abb. 9.138 e: Pes anserinus superficialis (Insertion)
f: M. levator scapulae (Insertion)

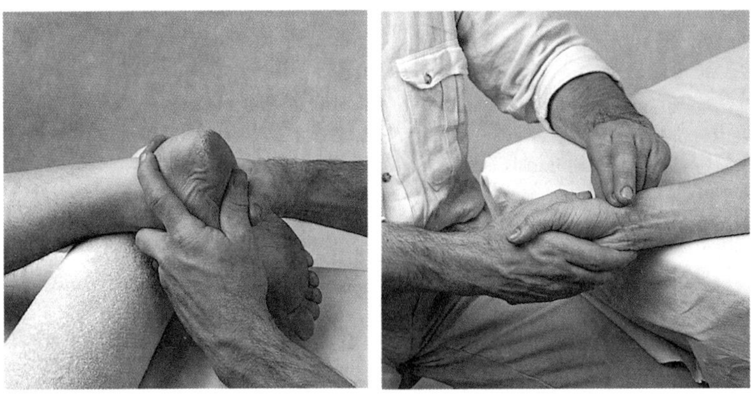

Abb. 9.138 g: Achillessehne (Sehne)
h: Lig. collaterale carpi radiale (Band)

meiden, müssen sich der behandelnde Finger bzw. Daumen mit der Haut des Patienten gemeinsam bewegen. Damit die Durchblutung gewährleistet bleibt, arbeitet man biphasisch, d. h. der Hinweg wird mit Druck ausgeführt, der Rückweg ohne Druck. Wichtig ist, daß die Kraft des Behandlers nicht aus Fingern und Hand kommt, sondern aus dem ganzen Arm bzw. aus dem Körper. Die Querfriktion kann schmerzhaft sein, sollte aber erträglich bleiben. Wenn der Schmerz nachläßt, kann der Druck verstärkt werden.

Die Behandlung dauert zehn bis fünfzehn Minuten, dann wird die Ausgangsuntersuchung zur Kontrolle wiederholt. Nach etwa sechs Behandlungen sollten die ursprünglichen Beschwerden gelindert sein. Bei Mißerfolg sind Diagnose und Technik zu überprüfen.

Periostbehandlung

Anatomie

Das Periost ist eine faserige Bindegewebshülle, die den Knochen umgibt. Auf eine äußere, dicke Schutzschicht aus kollagenen und elastischen Fasern (Stratum fibrosum) folgt die innere Kambiumschicht (Stratum osteogenicum), angereichert mit Osteoblasten, Gefäßen, Rezeptoren (vor allem Nozizeptoren) und Sharpey'schen Fasern, die das Periost mit dem Knochen verbinden. Das Periost hat Ernährungs-, Schutz- und Regenerationsfunktion.

Definition

Die Periostbehandlung ist eine manuelle, mechanische Reizung des Periosts geeigneter Knochenflächen durch örtliche, punktförmige, rhythmisch langsam an- und abschwellend ausgeführte Druckbehandlung.

Die Behandlungstechnik wurde Ende der zwanziger Jahre von Prof. Vogler entwickelt. Der Anlaß war die äußere Beeinflussung der Perniciösen Anämie. Die Erfolge waren jedoch nicht überzeugend, und in den vierziger Jahren entdeckte man den Intrinsic- und Extrinsicfaktor, d. h., nur wenn sich der mit der Nahrung zugeführte Extrinsicfaktor mit dem von der Magenschleimhaut gebildeten Intrinsicfaktor verbindet, kann das Vitamin B12 resorbiert werden und die Erythrozytenbildung stimulieren. Aufgrund dieser Erkenntnis wäre eine Periostbehandlung im Magensegment zur Behandlung der Blutarmut indiziert. Zwischenzeitlich hatten sich aber bereits vielfältige andere therapeutische Effekte der Periostbehandlung gezeigt.

Auch im Rahmen der Atemtherapie nach Schmitt und der Segmentmassage nach Gläser/Dalicho wird mit dem Periost therapeutisch gearbeitet, allerdings mit anderer Technik.

Differentialtherapeutisch sind bei Sehnen und Bandansatzbeschwerden die Querfriktion nach Cyriax, die postisometrische Relaxation nach Lewit sowie die neuromedizinische Schmerzklammer (siehe Kapitel «Kopfschmerzen») zu berücksichtigen.

An der weiteren wissenschaftlichen Erforschung der Periostbehandlung war vor allem Krauss beteiligt.

Wirkungen

Man unterscheidet lokale Wirkung, Fernwirkung und allgemeine Wirkung.

Lokale Wirkung

Durch den Heilreiz der Periostbehandlung wird lokal eine entzündungsähnliche Reaktion ausgelöst, die der Körper beantworten muß.

Fernwirkung

Aufgrund der osteoviszeralen Verkettung im Segment werden die zugeordneten inneren Organe beeinflußt.

Allgemeine Wirkung

Die Verschaltung auf Hirnstammebene führt zur Atemanregung und -vertiefung, zur Puls- und Blutdruckregulation und zu einer Wach-Weck-Reaktion (Formatio reticularis).

Bei der Periostbehandlung stehen die lokale Wirkung und die Fernwirkung im Vordergrund. Die bei der Bindegewebsmassage eindrucksvolle allgemeine Wirkung mit unter Umständen vegetativen Entgleisungen ist bei der Periostbehandlung kaum anzutreffen.

Wirkungsweise

Analgesierende Wirkungsweise

Es kommt im Regelfall zu einer Schmerzlinderung bis -befreiung bei schmerzhaften Zuständen der inneren Organe und Gefäße, der Gelenke und umgebenden Weichteile und der Nerven.

Man unterscheidet die Begriffe «Block» und «Blokkierung»: Bei einem Block periostiert man paarige Punkte eines größeren zusammenhängenden Knochenbezirks. Man spricht z. B. vom Kreuzbeinblock, Scapulablock und Sternalblock.

Bei einer Blockierung (Blockade, Counter irritation) wird der beim Befund vorhandene Primärschmerz (z. B. Kopfschmerz) durch den Sekundärschmerz der Periostbehandlung beeinflußt (blockiert, gelöscht). Dieser Effekt ist innerhalb von Sekunden bis zu wenigen Minuten zu erzielen. Er erklärt sich wahrscheinlich neurophysiologisch durch die Gate-Control-Theorie.

Es ist aber auch denkbar, daß sich der Primärschmerz erst nach der Periostbehandlung mehr oder weniger reduziert oder sogar verschwindet. Diese Spätreaktion erklärt sich vermutlich vaskulär durch Endorphinausschüttung.

Chronische Schmerzzustände, die mit Dystrophie der Körperdecke (also auch des Periosts) und des angeschlossenen inneren Organs einhergehen (z. B. Ulcus ventriculi), benötigen Reizserien, die dann zur allmählichen Schmerzbefreiung und trophischen Kräftigung führen.

Resorptionsfördernde Wirkungsweise

Diese ist lokal bei Gelenkschwellungen und segmental z. B. bei einer Pleuritis nachweisbar.

Sekretionsfördernde Wirkungsweise

Diese ist segmental am Atem- und Verdauungstrakt zu beobachten.

Beweglichkeitsverbessernde Wirkungsweise

Diese wird in Kombination mit aktiver Behandlung und Manualtherapie bei Bewegungseinschränkungen ausgenützt. Sie erklärt sich durch die erzielte Mehrdurchblutung und Schmerzlinderung. Außerdem wird bei der Periostbehandlung durch Rezeptorenstimulation das Tonusverteilungsmuster verändert.

Trophikverbessernde Wirkungsweise

Die eutrophische Wirkungsweise der Periostbehandlung ergibt sich im Rahmen einer Behandlungsserie aus der Summation der zuvor genannten Effekte. Es wird die Trophik des Periosts, der gesamten Körperdecke und der durch viszero-periostale Verkoppelung im Segment angeschlossenen inneren Organe beeinflußt (siehe auch Gross'sches Dystrophiemodell im Beitrag «Allgemeine Grundlagen des NEUROMEDIZIN-KONZEPTS»).

Indikationen

Die Periostbehandlung ist bei druckdolentem und dystrophischem Periost indiziert.

Innere Medizin

Entzündliche rheumatische Erkrankungen (PCP und Bechterew) sind dosiert im schubfreien Intervall zu behandeln. Die degenerativ rheumatischen Erkrankungen der Wirbelsäule und peripheren Gelenke sind gut beeinflußbar.

Die weichteilrheumatischen Erkrankungen lassen sich, sofern das Periost beteiligt ist (Periostosen, Sehnen- und Bandansatzbeschwerden) meist erfolgreich behandeln (siehe Abschnitt «Friktionen»).

Bei den peripheren arteriellen Durchblutungsstörungen (bis zum Stadium II–III nach Fontaine) arbeitet man zunächst segmental. Die Gehstrecke läßt sich nachweisbar vergrößern.

Bei der Behandlung innerer Organe läßt sich die Periostbehandlung zur Kupierung von Spasmen (Migräne, Angina pectoris, Asthma bronchiale, Gallenkolik, Magenkrämpfe, urogenitale Spasmen) erfolgreich einsetzen. Chronische Erkrankungen (z. B. Ulcus duodeni) lassen sich im Sinne einer Eutrophisierung in längeren Behandlungsserien beeinflussen.

Orthopädie/Traumatologie

Hier kann man die Periostbehandlung lokal bei Kontrakturen anwenden.

Bei Sudeck, Frakturen (zur Anregung der Kallusbildung) und Amputationen (zur Reduktion der Phantomschmerzen) arbeitet man zunächst vom Segment aus.

Neurologie

Neuralgien (z. B. Ischialgien) lassen sich mit Erfolg periostieren.

Die Periostbehandlung ist bei durchblutungsbedingten Hör-, Gleichgewichts- und Sehstörungen zumindest einen Versuch wert.

Kontraindikationen

Die Periostbehandlung ist bei entzündlichen (z. B. Osteomyelitis), fieberhaften, tuberkulösen, tumorigen und traumatischen Erkrankungen sowie bei Knochenerkrankungen im Sinne der Osteoporose und Osteomalazie kontraindiziert.

Technik

Lokalisation

Man behandelt grundsätzlich nur druckdolentes (spitzer Schmerz) und dystrophisches Periost (Abb. 9.139). Bei der Wahl der Behandlungspunkte arbeitet man entweder lokal nach Beschwerdeangaben des Patienten, im Segment (die Punkte müssen dorsal, lateral und ventral gesucht werden), oder man sucht und behandelt im gesamten Periostschlauch im Sinne einer Ableitung.

Alternativ zu den Segmenten kann man auch im Meridiansystem arbeiten. Meng berichtet, daß die meisten Periostpunkte mit Akupunkturpunkten identisch sind.

Man periostiert nicht an Nervenaustrittspunkten, wie z. B. des Nervus trigeminus, ulnaris oder peronaeus. Eingeschränkte Möglichkeiten gibt es an wenig geeigneten Knochenflächen (Patella, Clavicula, Schädel).

Ausgangsstellung

Die gebräuchlichsten Ausgangsstellungen sind die Rückenlage, Seitenlage, Bauchlage und der Sitz. Es ist auf eine eutone und sichere Lagerung des Patienten zu achten. Die gefundenen Periostpunkte sollte man in der von Brügger beschriebenen sterno-symphysealen Belastungshaltung bzw. Entlastungshaltung überprüfen. Auch die in der Technik «Strain

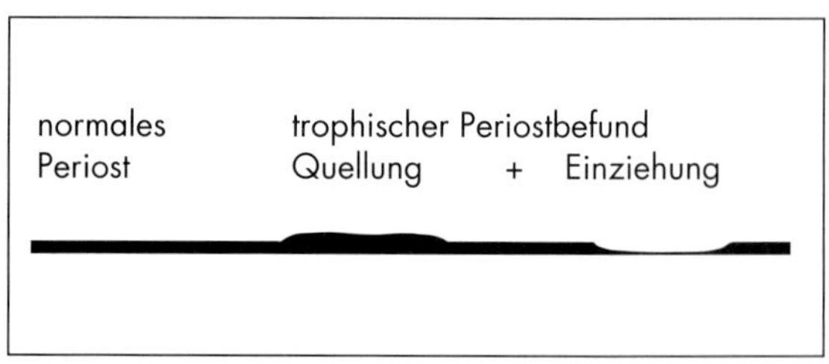

Abb. 9.139: Periostbefunde

and Counterstrain» von Jones angegebenen antalgischen Haltungen sind zu berücksichtigen.
Nicht zuletzt konnte der Autor Beziehungen zwischen dem Beine-Kreuzungsverhalten der Patienten und schmerzhaften Weichteilen (auch des Periosts) herstellen. Durch therapeutischen Ausgleich der Beinlänge bzw. Selbstkorrektur reduzieren sich einige Punkte oder verschwinden ganz.
Bei Beachtung dieser Zusammenhänge läßt sich mit der Periostbehandlung ein schnellerer und größerer Erfolg erzielen.

Mitarbeit des Patienten

Im Gegensatz zu vielen anderen Massagetechniken ist der Patient bei der Periostbehandlung aktiv beteiligt. Er hilft, die geeigneten Punkte vergleichend zu finden, und beurteilt das Verhalten von Schmerzquantität und -qualität während der Behandlung.
Der Patient sollte zu Beginn über den Sinn der Behandlung und mögliche Reaktionen aufgeklärt werden. Bei erfolgreicher Behandlung und entsprechendem Verständnis des Patienten ist eine Anleitung zur Selbstbehandlung möglich.

Ökonomie des Behandlers

Der Behandler muß zunächst die geeignete Ausgangsstellung für den Patienten und sich selbst finden. Die Kraft darf – wie immer – nicht aus den Händen und Fingern kommen, sondern muß vom ganzen Körper ausgehen. Deshalb sind die richtige Entfernung zum Patienten (weder zu nah, noch zu weit entfernt), die Rechtwinkligkeit zur Behandlungsfläche und der gelegentliche Wechsel der Technik wichtig.

Behandlungsablauf

Im Gegensatz zu anderen Massageformen, insbesondere der vergleichbaren Akupressur, sind die Behandlungspunkte nicht vorgegeben, sondern müssen gesucht werden. Zunächst wird ein Periostbefund erhoben, dann entscheidet man sich meist für den schmerzhaftesten Punkt. Sollte der Punkt schmerzhafter werden oder in seiner Schmerzhaftigkeit nicht nachlassen, so schleicht man sich aus und behandelt erst im Umkreis die etwas erträglicheren Punkte.

Behandlungstechnik

Man unterscheidet Kuppen- und Knöcheltechnik. Am ausgesuchten Punkt wird der Druck bis zu 15 kg langsam anschwellend gesteigert. Unter Beibehaltung des Drucks werden kleine Kreisungen (mehr gedacht als getan) ausgeführt. Die Druckphase richtet sich nach den Angaben des Patienten. Sie kann bis zu einer Minute andauern. Dann schleicht man sich mit dem Druck langsam wieder aus, ohne jedoch den Kontakt mit dem Periost zu verlieren. Dieser Vorgang kann mehrfach wiederholt werden. Aus der fernöstlichen Medizin ist bekannt, daß rechtsdrehende Kreise stimulierend und linksdrehende Kreise sedierend wirken (Abb. 9.140).

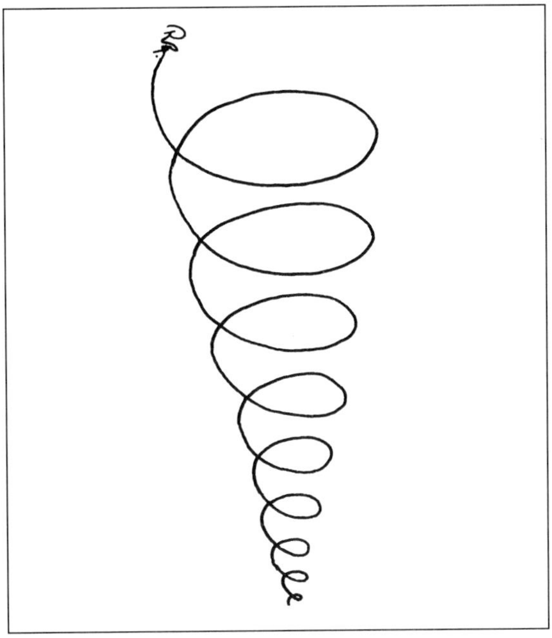

Abb. 9.140: Kleine Kreisungen

Ein Punkt wird maximal zehn Minuten an- und abschwellend behandelt. Danach sollte der Ausgangsschmerz beim Ausgangsdruck um mindestens 50 Prozent reduziert sein. Nach dem Ausschleichen wird die über dem behandelten Punkt liegende Haut und Muskulatur mit langsamen und leichten Ballen- und Daumenzirkelungen verstrichen. Die optimale Behandlungsreaktion stellt eine etwa markstückgroße Rötung dar, die in den nächsten Tagen verschiedene Farbschattierungen annehmen kann, und dann wieder verschwindet (Abb. 9.157). In einer Behandlung werden maximal fünf Punkte periostiert. Intensität und Dauer des Periostreizes richten sich nach den Angaben des Patienten (der Schmerz sollte erträglich sein), sind also individuell dosierbar.
Sehr schmerzhafte Punkte lassen sich durch intermittierenden Druck schneller auflösen. Die Schmerzlinderung hält jedoch nicht so lange an, wie mit der klassischen Technik (Abb. 9.141 a und b).

Rhythmen

Bei der Periostbehandlung (insbesondere am Rumpf) ist der Atemrhythmus des Patienten zu beachten. Der Druck wird möglichst bei der Ausatmung gegeben.
Der mit der Atmung nicht identische craniosacrale Rhythmus sollte ebenfalls beachtet werden.

Kombination

Die Periostbehandlung kann monodiagnostisch und monotherapeutisch angewandt werden. Sie läßt sich aber sehr gut mit anderen Techniken der aktiven und passiven Physiotherapie kombinieren (insbesondere

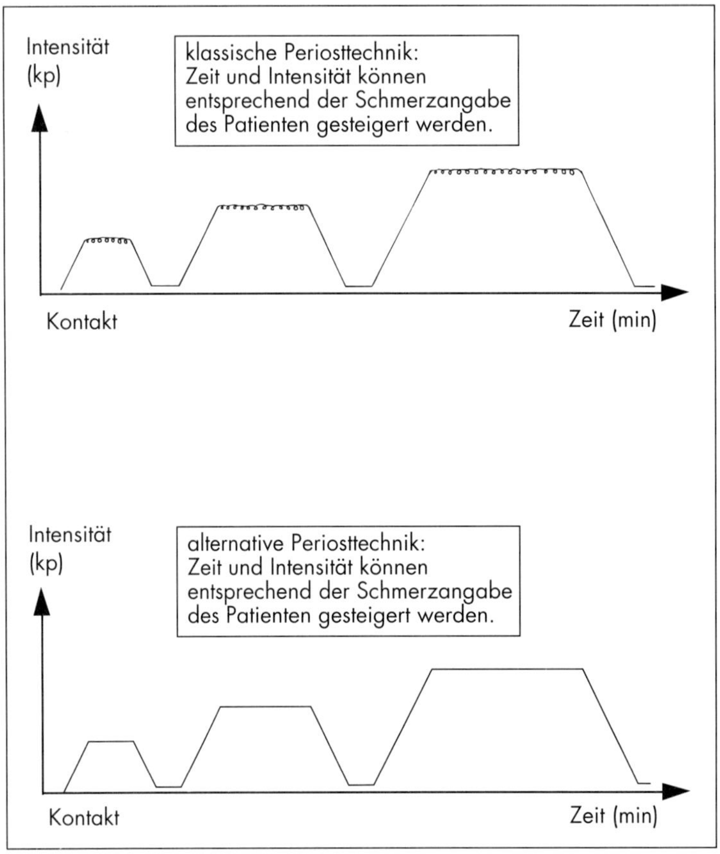

Abb. 9.141 a: Klassische Periosttechnik
b: Alternative Periosttechnik

mit Manualtherapie und aktiver Übungsbehandlung).

Behandlungsbeispiele (Abb. 9.142 bis 9.157)

Kolonbehandlung

Diese Behandlung wurde von Prof. Vogler entwickelt (siehe auch Beitrag «Allgemeine Grundlagen des NEUROMEDIZIN-KONZEPTS» und Abschnitt «Periostbehandlung»). Die Technik unterscheidet sich in Theorie und Praxis von anderen «Bauchmassagen». Um die besondere Wirksamkeit der Methode zu verstehen, möchten wir zunächst einige ausgewählte gastroenterologische Grundkenntnisse auffrischen.

Gastroenterologische Grundlagen

Umfassende Definition des Verdauungstrakts
Der Verdauungstrakt ist ein langer, muskulöser, von Schleimhaut ausgekleideter Schlauch, der von den Lippen bis zum Anus reicht und dem mehr oder weniger Drüsen zugeordnet sind.
Der Verdauungstrakt hat motorische, sekretorische und resorptorische Funktionen sowie Abwehrfunktion. Er ist eine funktionelle Einheit, d. h., lokale Erkrankungen wirken sich auf den gesamten Verdauungstrakt und den ganzen Organismus aus (Abb. 9.158).

Motorik
Sie ist für das Verständnis der Methode besonders wichtig. Man unterscheidet fünf Ausdrucksformen der Motorik:
- Ringmuskelkontraktionen führen isoliert zur Rohrverengung bzw. -erweiterung und dienen durch Segmentierungsbewegungen der Durchmischung des Nahrungsbreis.
- Längsmuskelkontraktionen führen isoliert zur Rohrverkürzung bzw. -verlängerung und dienen durch Pendelbewegungen ebenfalls der Durchmischung des Nahrungsbreis.
- Die Peristaltik dient der Transportbewegung. Man versteht darunter abwärts wandernde Einschnürungen, denen jeweils Erschlaffungen vorausgehen. Zunächst kommt es zu Längsmuskelkontraktionen distal der Reizstelle (dadurch wird dieser Abschnitt kürzer und weiter), und dann zu Ringmuskelkontraktionen proximal der Reizstelle (dadurch wird der Rückfluß verhindert).
Eine besondere Form der Peristaltik ist die soge-

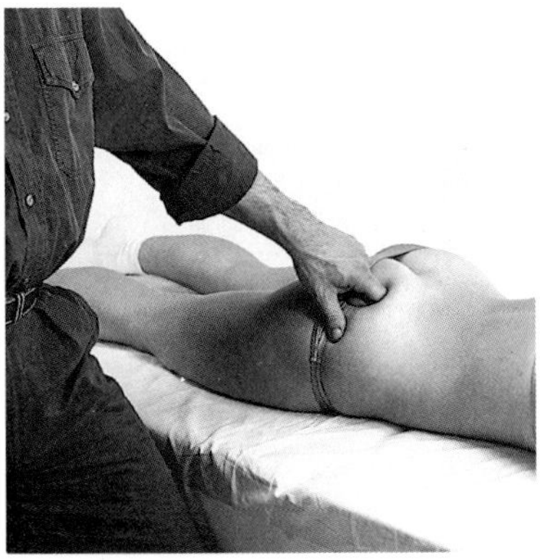

Abb. 9.142: PB am Iliosakralgelenk

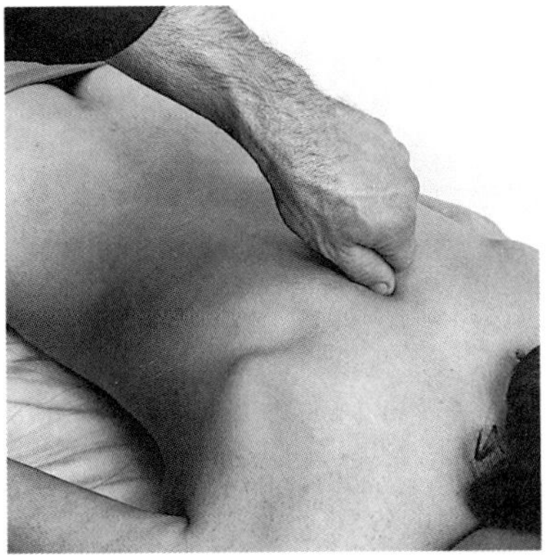

Abb. 9.143: PB am Dornfortsatz des siebten Brustwirbels

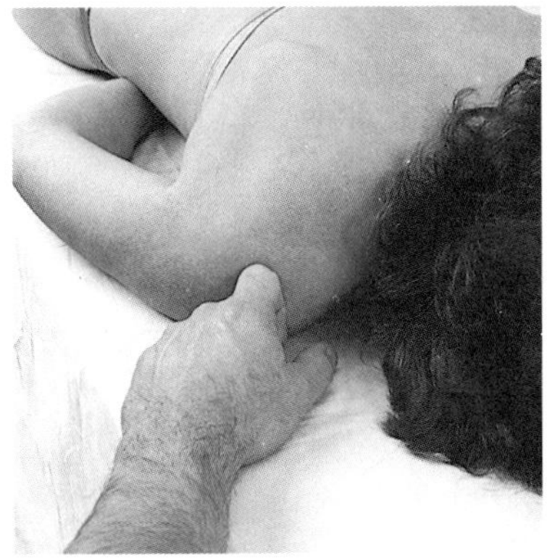

Abb. 9.144: PB am Acromion

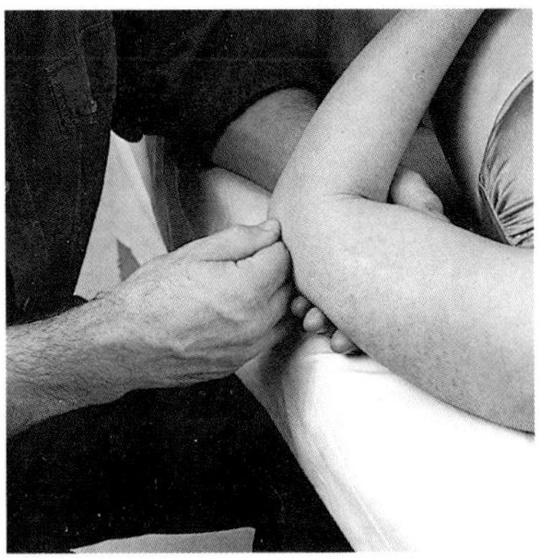

Abb. 9.145: PB am Epicondylus radialis

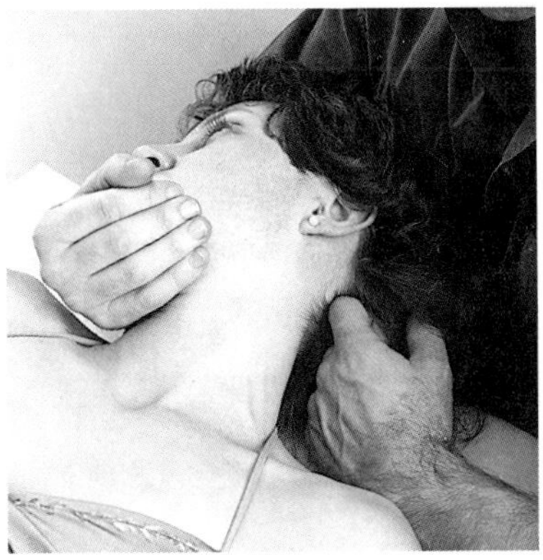

Abb. 9.146: PB an der Linea nuchae

Abb. 9.147: Selbstbehandlung an der Linea nuchae

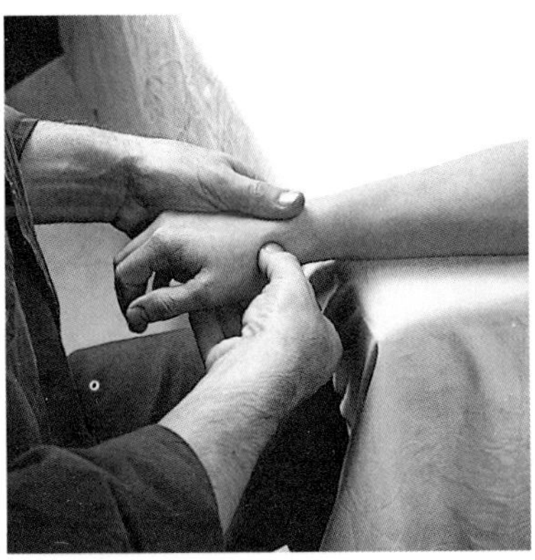

Abb. 9.148: PB am Daumensattelgelenk

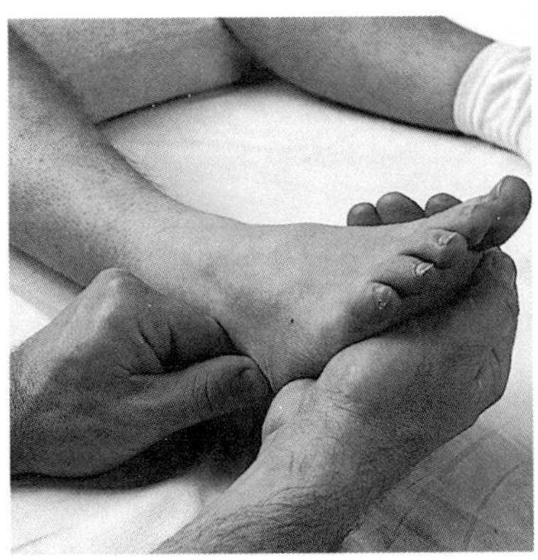

Abb. 9.149: PB an der Basis des Os metatarsale V

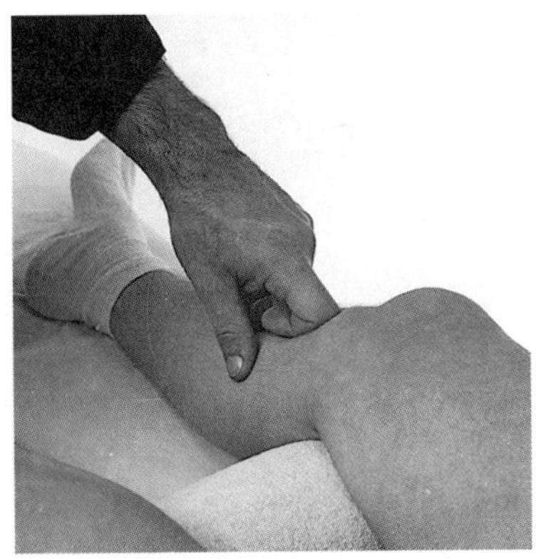

Abb. 9.150: PB am Pes-anserinus-Ansatz

nannte große Kolonbewegung, die über den gastrokolischen Reflex etwa dreimal täglich bei Nahrungsaufnahme ausgelöst wird. Gastrin ist wie Enterogastron, Sekretin, Pankreozymin, Cholezystokinin und Villikinin ein von speziellen Zellen der Magen-Darm-Schleimhaut produziertes gastrointestinales Hormon. Gastrin wird durch die Dehnung der Magenschleimhaut abgegeben und bewirkt Magensaftsekretion und Motorik. Es gelangt auf dem Blutweg auch zum Kolon und löst dort bei Nahrungsaufnahme Massenbewegungen (die große Kolonbewegung) aus, die zum Stuhldrang (gastrokolischer Reflex) führen. Die große Kolonbewegung kann auch durch lokale Dehnung

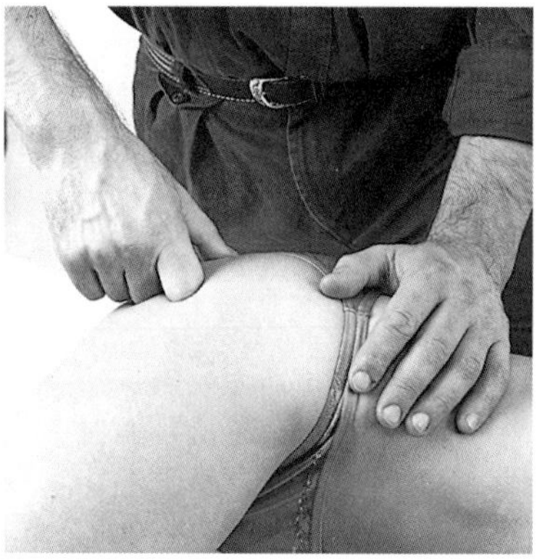

Abb. 9.151: PB am Trochanter major

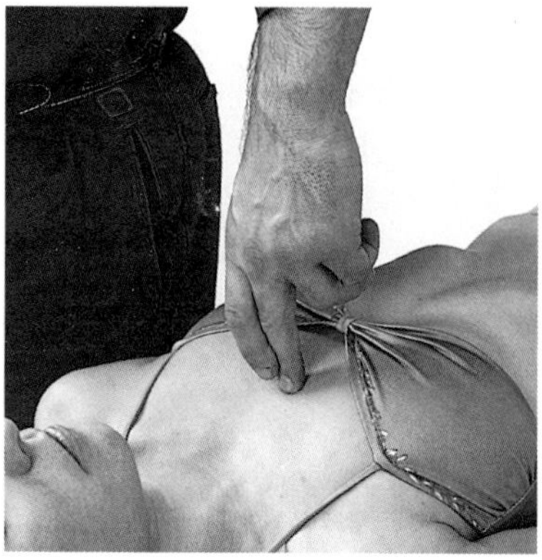

Abb. 9.152: PB am Sternum

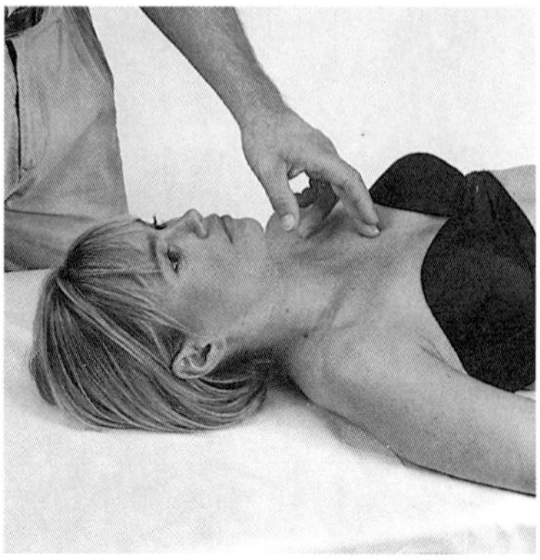

Abb. 9.153: PB im Herzsegment

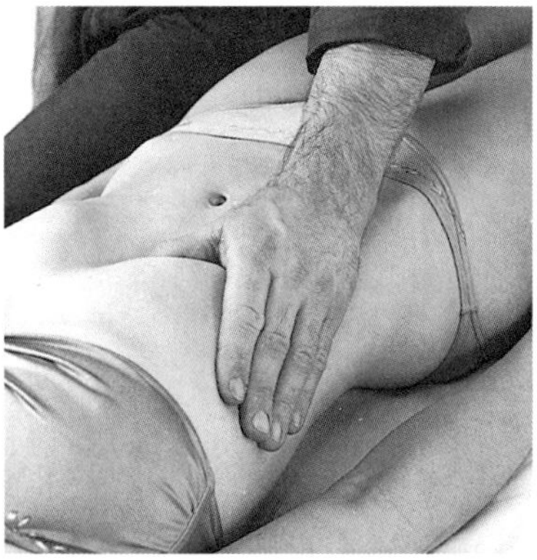

Abb. 9.154: PB im Gallensegment

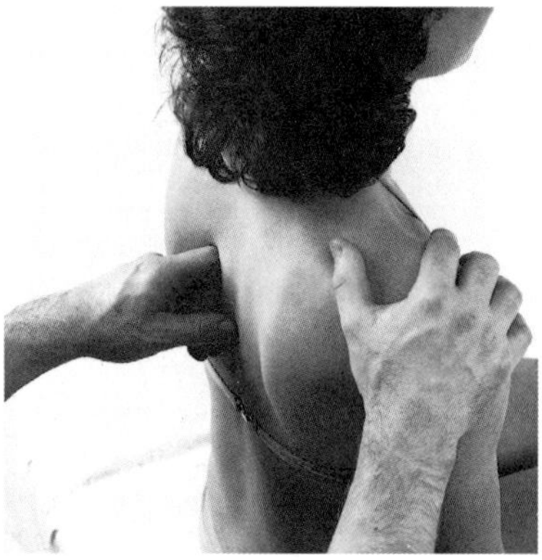

Abb. 9.155: PB im Magensegment (Boas'scher Punkt)

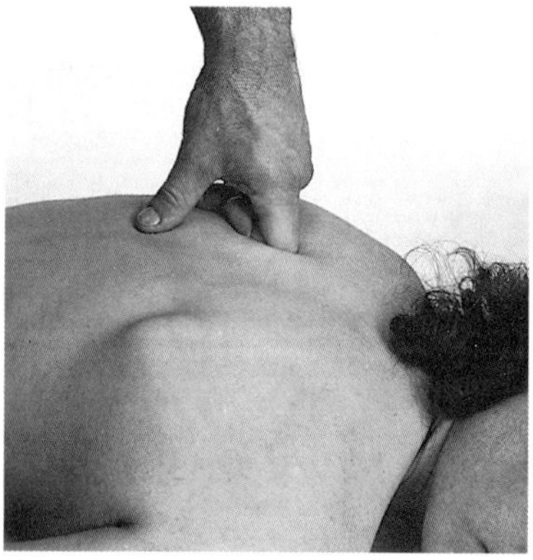

Abb. 9.156: PB des vierten Rippenwirbelgelenks

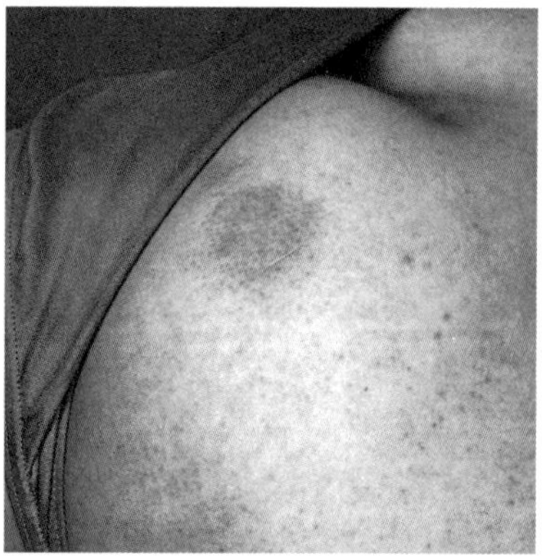

Abb. 9.157: Normale Hautreaktion auf die PB

(Kolonbehandlung oder Einlauf) ausgelöst werden.

- Die Antiperistaltik ist nur am Kolon zu beobachten, läuft oralwärts ab und dient damit der besseren Resorption.
- Der Defäkationsreflex ist eine aborale Transportbewegung und stellt das letzte Glied der Kette motorischer und sekretorischer Abläufe dar.

Der Sphinkter ani externus (äußerer Schließmuskel) läßt sich durch Pressen willkürlich öffnen. Der Sphinkter ani internus (innerer Schließmuskel) wird unwillkürlich durch den Parasympathicus gehemmt (inhibiert) und durch den Sympathicus stimuliert (fazilitiert).

Der Defäkationsreflex läßt sich in sieben Teilschritten beschreiben:

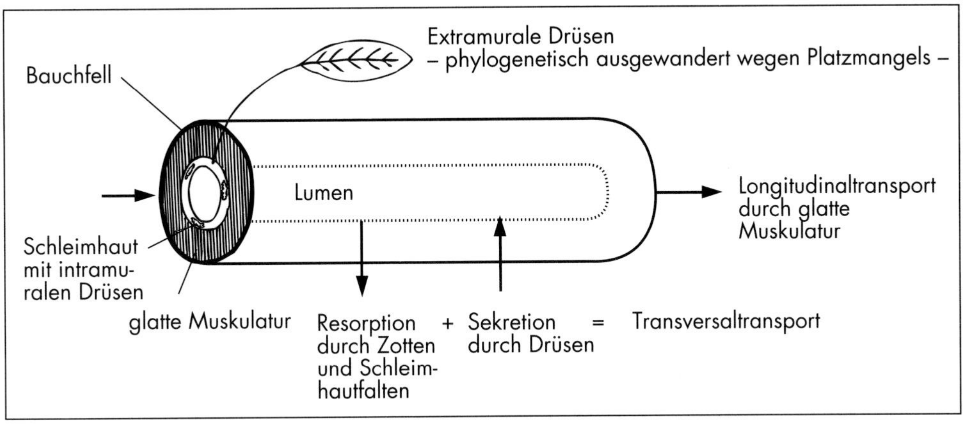

Abb. 9.158: Rohrmodell des Verdauungstrakts

1. Der gastrokolische Reflex löst bei Nahrungsaufnahme die große Kolonbewegung aus.
2. Diese führt zur Dehnung der Rektumwand mit Stimulation der Mechanorezeptoren.
3. Über den N. pudendus wird dann der Dehnungszustand an das Sakralmark gemeldet.
4. Das Sakralmark veranlaßt eine Hemmung des Sphinkter ani internus durch den Parasympathicus.
5. Cortikal kommt es durch Pressen zur Entspannung des Sphinkter ani externus.
6. Die Rektumringmuskulatur befördert den Kot weiter und
7. die Rektumlängsmuskulatur zieht das Rektum cranialwärts über die Kotsäule hinweg.

Der Defäkationsreflex als komplexes viszero-motorisches Pattern ist wegen der Myelinisierung der Pyramidenbahn erst ab dem zweiten Lebensjahr unter cortikaler Kontrolle. Der Defäkationsreflex wird durch Dehnung ausgelöst (ähnlich dem Ingangsetzen einer Autowaschanlage durch einen Chip) und ist im Organgedächtnis (Mneme) eingespurt. Vielfältige zivilisatorische Einflüsse stören den reibungslosen Ablauf des Defäkationsreflexes. Das Schulkind traut sich z. B. nicht, zur Toilette zu gehen, der Akkordarbeiter fürchtet um seinen Lohn und der Manager hat keine Zeit. Durch häufiges cortikales Unterdrücken des Stuhldrangs kann es aufgrund der Adaption der Rezeptoren zur Erhöhung der Reizschwelle kommen und damit zur Obstipation (Abb. 9.159).

Steuerung und Ulkusgenesemodell
Motorik, Sekretion, Resorption, Abwehrfunktion und Durchblutung des Verdauungstrakts werden durch die gastrointestinalen Hormone (siehe Peristaltik) und durch das vegetative Nervensystem gesteuert.

Das vegetative Nervensystem besteht nicht nur aus Sympathicus und Parasympathicus, sondern hat nach W. R. Hess u. a. einen hierarchischen Aufbau:

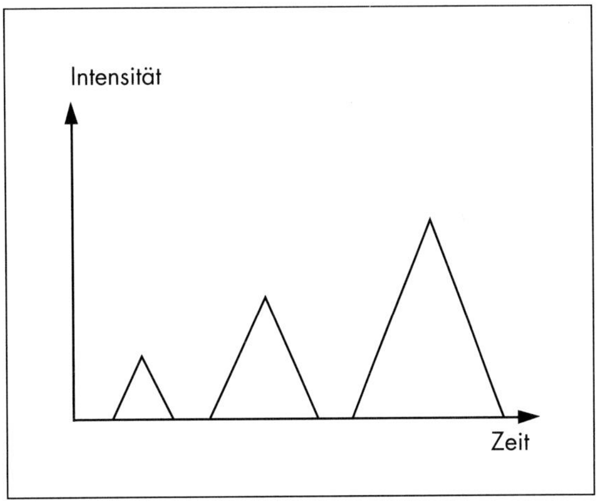

Abb. 9.159: Durch häufiges cortikales Unterdrücken ist der Defäkationsreflex nur noch durch intensivere und längere Dehnreize auslösbar

Intramurale Ebene
Diese liegt in der Organwand und ist entwicklungsgeschichtlich am ältesten. Sie hat zur Entlastung der höheren vegetativen Zentren eine gewisse funktionelle Eigenständigkeit durch Abkürzung des Leitungsweges. Sie wird vom Sympathicus und Parasympathicus bahnend und hemmend beeinflußt.
Im Verdauungstrakt gibt es einen Schleimhautplexus (Meissner-Plexus) und einen Muskelplexus (Auerbach-Plexus).

Spinale Ebene
Sie besteht aus sympathischen und parasympathischen Anteilen.
Der Sympathicus hat seinen Ursprung in den thorakolumbalen Seitenhörnern.
Der Parasympathicus hat einen craniosacralen Ursprung im Hirnstamm mit vegetativen Fasern des III., VII., IX. und X. Hirnnerven und im Sakralmark. Er stimuliert die glatte Muskulatur des Verdauungs-

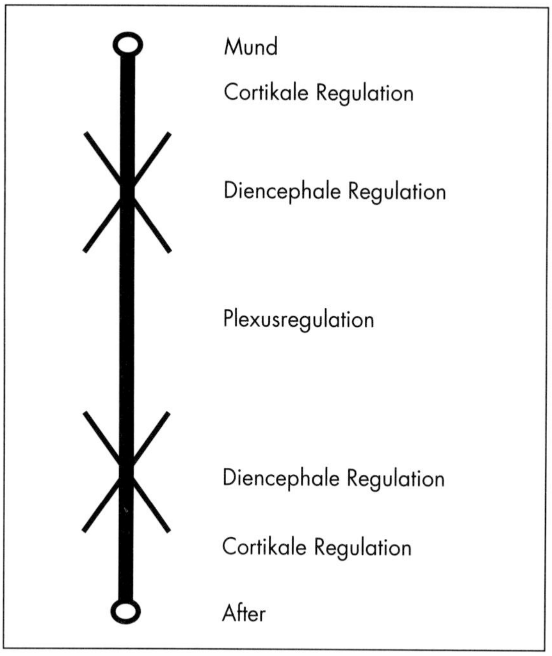

Abb. 9.160: Topographie der vegetativen Steuerung des Verdauungstrakts

trakts, entspannt aber die Schließmuskeln (Pylorus, Ileozökalklappe, Sphinkter oddi, Sphinkter ani internus). Er fördert die Sekretion (auch der extramuralen Drüsen), Resorption, Abwehrfunktion und Durchblutung (Dilatation).
Der Sympathicus bewirkt das Gegenteil.

Medulläre Ebene

Hier sind Herz-Kreislauf, Atmung und Schutzreflexe (Brechen, Schlucken, Husten, Niesen) verschaltet.

Subcortikale Ebene

Hunger, Durst, Wärme- und Wasserhaushalt sind hier verschaltet.
Der Hypothalamus als Integrationsorgan für vegetatives Nervensystem und Hormone bekommt bahnende und hemmende Einflüsse vom Kleinhirn, Limbischen System (Emotionen), Mittelhirn und Formatio reticularis.
Die Erfolgsorgane des vegetativen Nervensystems sind die glatte Muskulatur der inneren Organe und Blutgefäße, die Herzmuskulatur und die Drüsen. Die Erfolgsorgane sollen so gesteuert werden, daß das innere Gleichgewicht (Homöostase) erhalten bleibt bzw. wieder hergestellt wird. Es gibt Wechselbeziehungen zwischen somatischem Nervensystem, vegetativem Nervensystem und Psyche.
Der englische Psychosomatiker A. T. W. Simeons hat die Hierarchie des vegetativen Nervensystems für klinische Zwecke vereinfacht. Er unterscheidet:
- Cortikale Regulation;
- Dienzephale Regulation (mit spinalen, medullären und subcortikalen Anteilen);
- Plexusregulation.

In den verschiedenen Abschnitten des Verdauungstrakts werden die Funktionen unterschiedlich gesteuert.
- Cortikale Regulation herrscht an den Enden des Verdauungstrakts (Mund, Rachen, obere Hälfte des Ösophagus, After). Wir essen, trinken, kauen, schlucken und setzen Stuhl willensmäßig ab.
- Dienzephale Regulation herrscht von der unteren Hälfte des Ösophagus bis zum oberen Teil des Duodenums und von der Mitte des Colon transversum bis zum Sphinkter ani internus.
- Plexusregulation herrscht vom unteren Duodenum bis zur Mitte des Colon transversum (Abb. 9.160).

Da das Dienzephalon bahnende und hemmende Einflüsse unter anderem vom Limbischen System erhält, ist es verständlich, daß psychosomatische Störungen der Mitte (Plexusregulation) und der Enden (Cortikale Regulation) fast unbekannt sind. Ein Ulcus duodeni findet sich typischerweise in der oberen Hälfte des Duodenums (da, wo dienzephale Regulation vorherrscht).
Auf dieser Grundlage hat Simeons ein psychosomatisches Ulkusgenesemodell entwickelt. Angst und Ärger führen zu Hypertonus bis Spastizität der glatten Muskulatur der Darmwände (Ring- und Längsmuskelschicht). Da die zu- und abführenden Gefäße der Schleimhäute auch durch die Muskelschicht hindurchziehen, werden sie durch den Hypertonus eingeengt. Die dickerwandige Arterie kann zunächst noch mehr Widerstand leisten als die dünnerwandige Vene. Der Abfluß ist also fast verstopft, der Zufluß funktioniert aber noch. Die Schleimhaut staut sich, es kommt zur Entzündung, z. B. zur Gastritis (Stadium I in der Abb. 9.161). Bleibt der Hypertonus bestehen oder steigert er sich zur Spastizität, wird auch der Zufluß (Arterie) unterbrochen. Es kommt zu Sauerstoffmangel, die Schleimhaut stirbt ab, es entsteht z. B. ein Ulcus ventriculi (Stadium II).
Mit der Kolonbehandlung sind wir in der Lage, den Tonus des Kolons und über viszero-viszerale Reflexe auch den Tonus der anderen Verdauungsorgane (z. B. des Magens) zu regulieren. Der beschriebene Teufelskreis wird aufgebrochen. Durch die Rhythmisierung und Vertiefung der Atmung haben wir zusätzlich die Möglichkeit, Ängste abzubauen (Abb. 9.161).

Das Kolon

Der Dickdarm (er «dickt» den Nahrungsbrei ein) besteht aus Caecum, Kolon und Rektum.

Verlauf und Bauchfellbeziehung

Der Dickdarm verläuft fensterrahmenartig, beginnt am Caecum (Blinddarm) und setzt sich dann als Co-

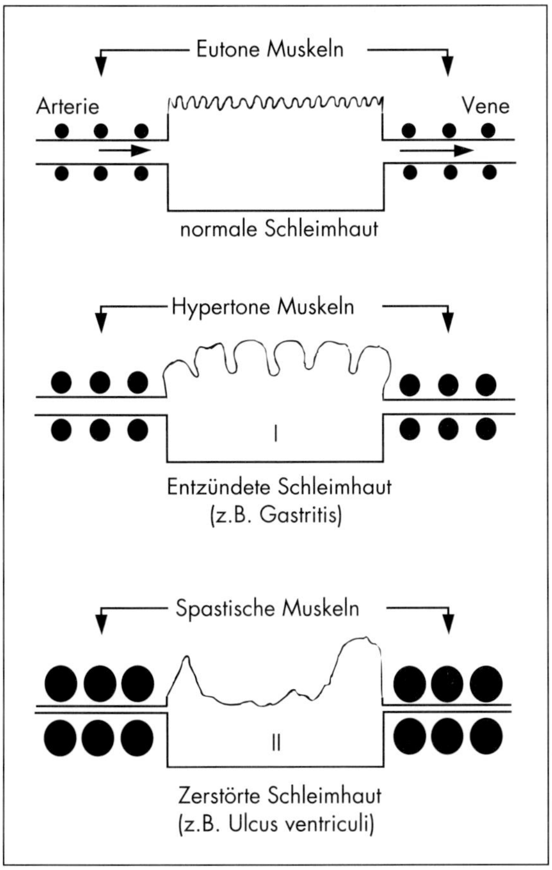

Abb. 9.161: Das psychosomatische Ulkusgenesemodell

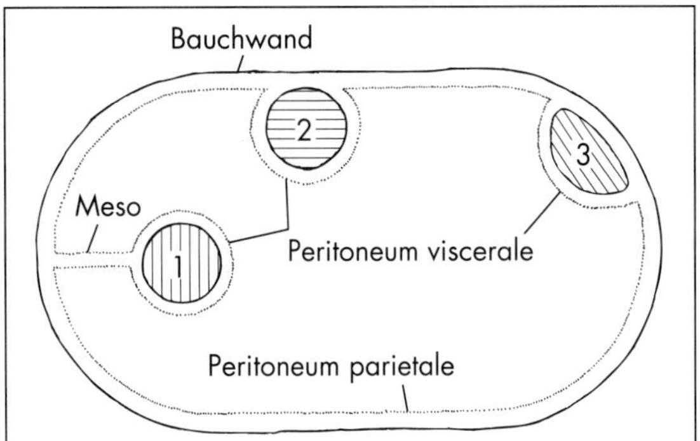

1 = Intraperitoneale Organe: z.B. Magen, Colon transversum und sigmoideum; 2 = Partiell intraperitoneale Organe: z.B. Colon ascendens und descendens; 3 = Retroperitoneale Organe: z.B. Niere

Abb. 9.162: Bauchfellbeziehungen

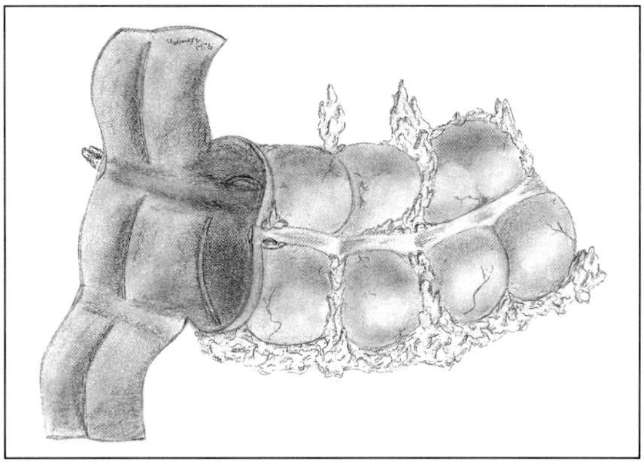

Abb. 9.163: Besonderheiten des Kolons

lon ascendens (aufsteigender Teil), Colon transversum (querverlaufender Teil), Colon descendens (absteigender Teil), Colon sigmoideum (s-förmiger Teil) fort und endet am Rektum mit Sphinkter ani internus und Sphinkter ani externus.
Die Bauchorgane haben unterschiedliche Bauchfellbeziehungen (Abb. 9.162).
Wie aus Abb. 9.162 ersichtlich wird, liegen Colon ascendens und Colon descendens partiell intraperitoneal, d. h., sie sind in ihrer Lage fixiert und somit einer gezielten Behandlung zugänglich.
Colon transversum, Colon sigmoideum und Dünndarm sind wegen ihrer intraperitonealen Lage sehr beweglich und für eine gezielte manuelle Beeinflussung ungeeignet.

Besonderheiten des Kolons

Das Kolon hat ein größeres Lumen und ist mit einer Länge von etwa 1,5 m kürzer als der Dünndarm. Im Gegensatz zum Dünndarm finden wir:

- Keine Zotten und Mikrovilli;
- die Längsmuskelschicht auf drei Längsmuskelbänder (Taenien) reduziert;
- sich zwischen den Taenien hervorwölbende Haustren;
- im Innern durch die Ringmuskelkontraktionen halbmondförmige Schleimhautfalten (Plicae semilunaris);
- das Bauchfell durch lappenförmige Fettanhängsel (Appendices epiploicae) ausgestülpt, und
- Bakterien, aber keine Enzyme, und viel Schleim als Gleitmittel, wegen der hohen mechanischen Beanspruchung (Abb. 9.163).

Funktionen des Kolons

Das Kolon hat motorische, sekretorische und resorptorische Funktionen sowie Abwehrfunktion.
Motorisch dient die Peristaltik und Antiperistaltik dem Transport und der Durchmischung. Die Sphinktertätigkeit (Öffnung und Schließung) dient der Speicherung. Sekretorisch lösen die Kolibakterien Gärungsprozesse bei Kohlenhydraten und Fäulnisprozesse bei Eiweißen aus. Resorbiert wird zur Eindickung vor allem Wasser, zum Teil auch wasserlösliche Vitamine und Mineralstoffe (theoretisch könnte alles resorbiert werden, dies ist jedoch nicht mehr nötig).

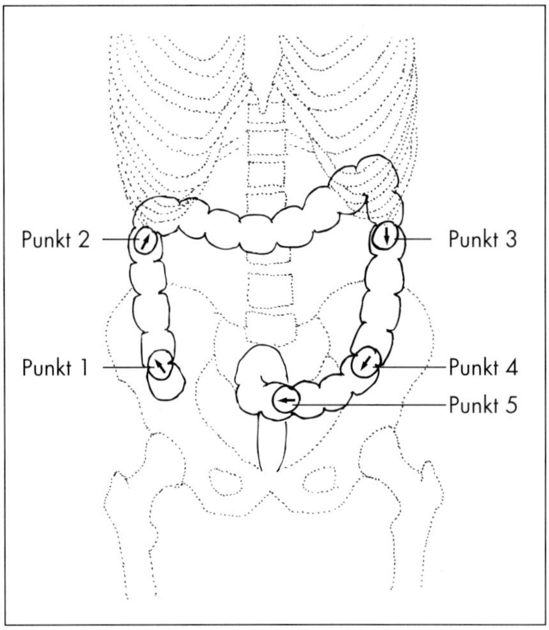

Abb. 9.164: Lokalisation der Kolonpunkte

Die Abwehrfunktion ist durch den Ileozökalklappenmechanismus, den Appendix (Wurmfortsatz-Darmmandel) und die in die Schleimhaut eingelagerten Lymphfollikel gewährleistet.

Theorie der Kolonbehandlung

Definition und Punktelokalisation

Die Kolonbehandlung ist eine manuelle, analwärts gerichtete Druck- und Gleitbewegung auf dem Kolon, die an fünf bestimmten, weitgehend fixierten Punkten im Atemrhythmus durchgeführt wird.

Der erste Punkt (Zökalpunkt) ist zwei bis drei Querfinger von der rechten Spina iliaca anterior superior in Richtung Nabel lokalisiert. Der M. iliopsoas dient hier als Unterlage.

Der zweite Punkt (Ascendenspunkt) liegt unterhalb des rechten Rippenbogens etwas lateral der Medio-Clavicular-Linie. Der M. quadratus lumborum dient hier als Unterlage.

Der dritte Punkt (Lienaler Punkt) liegt unterhalb des linken Rippenbogens (entsprechend dem zweiten Punkt). Der vierte Punkt (Descendenspunkt) liegt zwei bis drei Querfinger vor der linken Spina iliaca anterior superior in Richtung Nabel (entsprechend dem ersten Punkt). Der fünfte Punkt (Sigmapunkt) liegt über dem Promontorium (etwa handbreit unter dem Nabel), wo das Sigma sich nach dorsal ins Rektum wendet. Da das Sigma intraperitoneal liegt, muß der Punkt gesucht werden (Abb. 9.164).

Wirkungen

Man unterscheidet lokale Wirkungen, Fernwirkungen und allgemeine Wirkungen.

Die Kolonbehandlung wirkt durch direkte mechanische Beeinflussung (Rezeptorenstimulation) lokal auf Haut, Muskulatur und Kolon und die darin enthaltenen Muskeln, Nerven, Gefäße und Drüsen. Motorik, Sekretion, Resorption, Abwehrfunktion und Durchblutung des Kolons werden reguliert. Möglicherweise wird eine große Kolonbewegung ausgelöst. Die Regulation der Kolonfunktionen reduziert lokalen Schmerz und führt in der Behandlungsserie zur Trophikverbesserung des Kolons und der Körperdecke (Integument).

Die Kolonbehandlung wirkt über den cuti-viszeralen Reflexbogen und über viszero-viszerale Reflexbögen (Längs- und Querverbindungen) auch auf andere innere Organe. Magen- und Gallenblasenfunktion, Atmung, Kreislauf und Menstruation werden regulierend beeinflußt.

Die Kolonbehandlung hat nicht zuletzt eine ausgeprägte Allgemeinwirkung im Sinne einer psychophysischen Gesamtumschaltung. Als äußeres Zeichen dafür kann der Patient während der Behandlung einschlafen.

Der Verdauungskanal ist ein emotionaler Kanal. So wird der Patient nach einigen Kolonbehandlungen nicht mehr so «giftig» (Galle), «sauer» (Magen) oder «verbissen» (Kiefer) sein. Mit der Kolonbehandlung werden auch alle anderen auf Hirnstammebene neural verkoppelten «Grundfunktionen» beeinflußt, so wie auch alle anderen «Grundfunktionen» auf das Kolon einwirken.

Ziel der Kolonbehandlung ist nicht die spontane Entleerung, sondern die Weckung und Reedukation des Organgedächtnisses.

Indikationen

- Verdauungsstörungen, z.B. chronische Obstipation (spastisch oder atonisch), Meteorismus, Magenerkrankungen (Ulcus ventriculi, Gastritis), Gallenblasen- und Gallengangserkrankungen.
- Herz- und Kreislaufbeschwerden wie Hypertonie, Roemheld'scher gastrokardialer Symptomenkomplex und venöse Durchblutungsstörungen.
- Vertebragene Beschwerden (siehe auch «rückstauende intraforaminale Tümpelbildung» in den Kapiteln «Kreuzschmerzen» und «Kopfschmerzen»).
- Atembeschwerden (zur Rhythmisierung und Vertiefung).
- Migräne (nicht nur abdomineller Genese).
- Schlafstörungen und
- Hautunreinheiten.

Kontraindikationen

- Alle entzündlichen, tumorigen und tuberkulösen Prozesse;
- Gravidität und Menstruation (± 3 Tage);
- Punkte, die nicht gefunden werden oder überempfindlich sind;

- lokale Erkrankungen (Leber, Galle, Milz, Uterus und Ovarien). Hierbei ist die atypische Kolonbehandlung angebracht, d. h. der kontraindizierte Punkt wird ausgelassen und indirekt über die viszero-viszeralen Reflexe gelöst.

Interozeptive neuromuskulosekretorische Fazilitation – INF

Darunter verstehen wir eine physiotherapeutische Komplexbehandlung zur Rehabilitation des Verdauungstrakts. Die Kolonbehandlung ist das Kernstück der INF.

Grundfunktionen

Die von Vogler beschriebenen «Grundfunktionen» (Atmung, Stuhlgang, Haut, Schleimhaut, Wärmehaushalt, Schlaf und Menstruation) und die Ernährung sind zu regulieren. Zur Rezeptorenstimulation sollte man sich schlackenreich und vielseitig ernähren. Nicht nur das Was, Wieviel und Wann ist wichtig, sondern auch das Wie («Gut gekaut ist halb verdaut»). Abführmittel sind sinnlos, da das Kolon damit immer träger wird.

Näheres zu den Grundfunktionen siehe Beitrag «Allgemeine Grundlagen des NEUROMEDIZIN-KONZEPTS».

Manualtherapie

Es ist nach Blockierungen im gesamten Körper zu suchen. Zunächst werden die Beinlängen überprüft und ihre Korrektur in den Iliosakralgelenken vorgenommen. Der Patient ist zur Selbstkorrektur anzuleiten. So wie der Inhalt einer verzogenen und verbeulten Dose nicht unbeschädigt bleibt, wird auch eine Fehlstatik Auswirkungen auf die Funktion der inneren Organe haben.

Nach Van Steen wird L1 dem Colon ascendens, L2 dem Colon transversum, L3 dem Colon descendens, L4 dem Colon sigmoideum und L5 dem Rektum mit Sphinkter ani internus zugeordnet. Eine L1-Blockierung beispielsweise kann also die Funktion des Colon ascendens beeinträchtigen. Therapeutisch läßt sich die Colon-ascendens-Funktion direkt durch Mobilisierung bzw. rhythmische Perkussion oder Periostbehandlung von L1 günstig beeinflussen (Abb. 9.165).

Auch die Untersuchung und Behandlung des Steißbeins und der Temporo-Mandibular-Gelenke ist wichtig: Wenn das Kauen wegen schmerzhafter Kiefergelenke funktionsbehindert ist, kann der Verdauungsprozeß erheblich gestört werden.

Blockierungen der Schädelbewegungen können insbesondere an der Schädelbasis zur Irritation der Foramen-jugulare-Strukturen (N. glossopharyngeus, N. vagus, N. accessorius und V. jugularis) führen. Mit der Craniosacral-Therapie nach Upledger kann man diese Läsionen untersuchen und behandeln.

Als Weichteiltechniken stehen differentialtherapeutisch sehr viele Massagetechniken zur Verfügung:

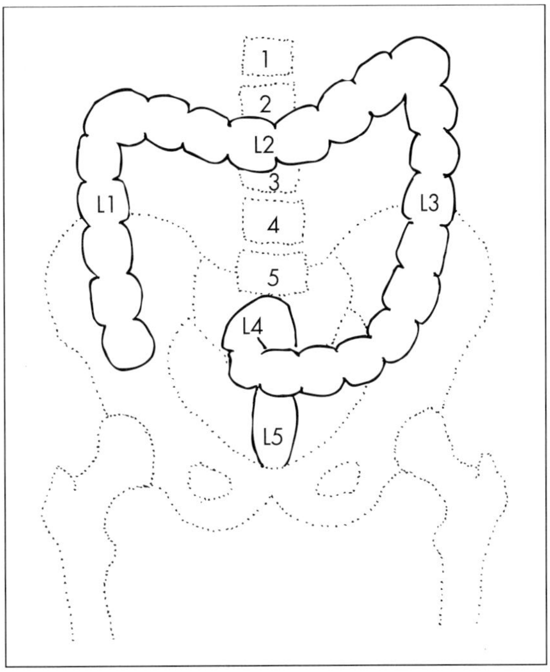

Abb. 9.165: Lendenwirbelsäule und Kolon

Bindegewebsmassage, Muskelreflexzonenmassage nach Kohlrausch, Periostbehandlung, Segmentmassage, Manuelle Lymphdrainage, Meridianmassage (Traditionelle chinesische Massage), somatotopische Massagen (z. B. Fußreflexzonenmassage) und die Mayr-Massage. Die Kolonbehandlung bietet den Vorteil, genau lokalisierbar und dosierbar zu sein.

Zusätzlich haben sich die im Kapitel «Kreuzschmerzen» beschriebenen Griffe («Schubladengriff» und «Fleischerhakengriff») bewährt.

Wichtig ist auch die Überprüfung und ggf. Korrektur der Lage und Motilität der Bauchorgane. Hier hat die von Barral und Mercier entwickelte viszerale Osteopathie ihren Platz (Abb. 9.166).

Hydrotherapeutisch haben sich Wickel und die heiße Rolle bewährt.

PNF

Da eine Verdauungsstörung sich immer auch auf die Funktion der Skelettmuskulatur (Dehnungs- und Kontraktionsfähigkeit) auswirkt, bieten sich die dreidimensionalen PNF-Pattern an.

Insbesondere Becken-, Bein-, Thorax-, Kiefer- und Wirbelsäulenpattern sind indiziert (siehe Beitrag «PNF»).

Kinästhesie

Grundlage ist die Analyse und Korrektur der Gesamtstatik und -dynamik. Insbesondere sind die Sitzgewohnheiten bewußt zu machen und umzutrainieren. Als kinästhetische Übungskomplexe haben sich die Beckenarbeit, das Rollen, die Seitenlage, das Dre-

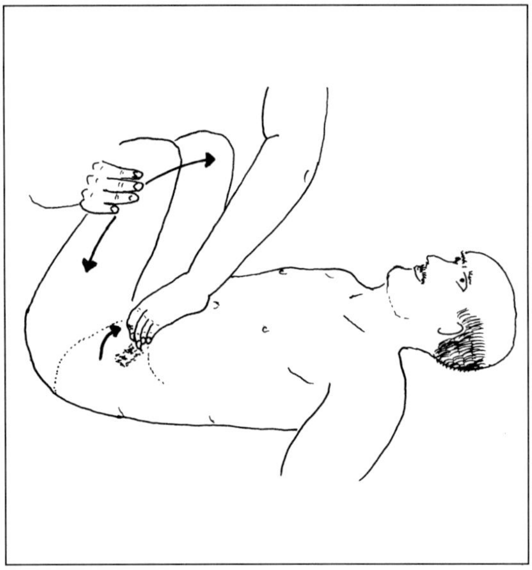

Abb. 9.166: Sigma-Korrektur

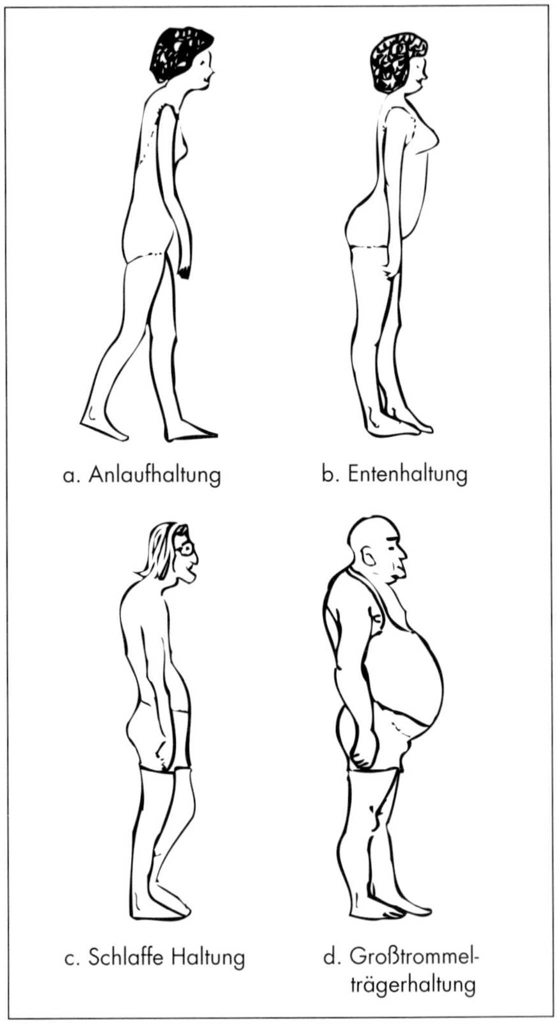

Abb. 9.167: Körperhaltung und Verdauungsapparat

hen und das Sitzen/Aufstehen/Hinsetzen bewährt. Vor der Kolonbehandlung ist die Technik «Schnelles Lagern» zur Befundaufnahme und Eutonisierung angebracht (siehe auch Beitrag «Kinästhesie»).

Praxis der Kolonbehandlung

Der Erfolg einer Kolonbehandlung ist vom abdominellen Befund abhängig. Weitere Voraussetzungen müssen vom Raum, vom Patienten und vom Behandler gegeben sein.

Der Raum

Er soll gut gelüftet, warm, ruhig und nicht zu hell sein. Ausreichendes Lagerungsmaterial (Decken und Rollen) muß zur Verfügung stehen.

Der Patient

Er soll warme Füße haben, die Blase entleert und Stuhlgang gehabt haben, nicht auf nüchternen Magen (Stimulation der Salzsäureproduktion) und frühestens eine Stunde nach einer Mahlzeit behandelt werden. Der Patient wird individuell gelagert. Zur Entspannung der Bauchdecken werden Oberkörper und Kopf etwas erhöht und die Knie gebeugt unterlagert. Der Patient wird zugedeckt. Er soll versuchen, die Augen zu schließen und mit seinen Gedanken zu den Therapeutenhänden zu wandern. So entsteht ein non-verbales Gespräch.

Der Behandler

Er soll warme, trockene und geschmeidige Hände haben. Die Fingernägel müssen kurz sein. Da Untersuchung und Behandlung nicht aus der Hand, sondern aus dem ganzen Körper erfolgen sollen, ist auf eine optimale eutone Sitzhaltung zu achten. Bei der Kolonbehandlung kommt es zu einer Koordination von Atem- und Behandlungsrhythmus. Daraus ergeben sich etwa sechzehn Behandlungsimpulse pro Minute. Bei einer frequenten Atmung wird man den Impuls nicht bei jeder Atemwelle geben. Der Druck kann individuell, je nach Befund, dosiert werden. Bei atonischen Punkten wird man intensiver arbeiten, bei spastischen Punkten vorsichtiger. Wichtig ist es, Kontakt zum Kolon zu haben, ein «Gespräch» mit dem Kolon zu führen. Die Therapeutenhand bewegt sich mit der Bauchhaut zusammen. Man unterscheidet ziehend-elliptische, schiebend-elliptische und schaufelnd-elliptische Bewegungen.

Abdomineller Befund

Er ist grundsätzlich vor jeder Behandlungsserie aufzunehmen. Bei weiteren Behandlungen wird dann nur noch ein Kurzbefund erhoben.

Anamnese

Man fragt nach jetzigen oder früheren Erkrankungen und Operationen der Bauch-, Thorax- und Beckenorgane, des weiteren nach den Grundfunktionen, hier

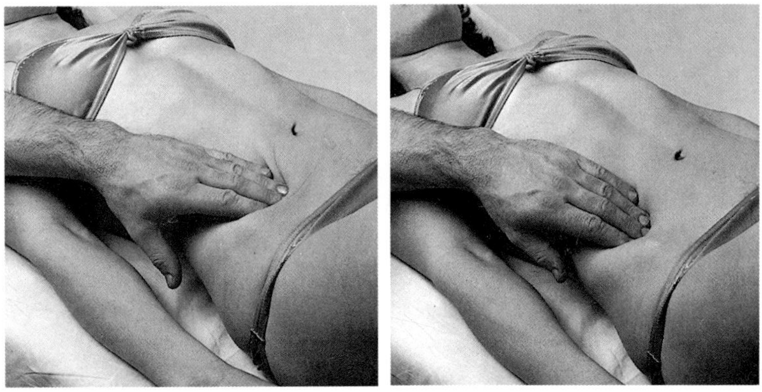

Abb. 9.168 a + b: Erster Punkt von rechts

insbesondere nach dem Stuhlgang. Zu den gesunden Stuhlqualitäten rechnet man nach Vogler die Konsistenz (weich und geformt), Regelmäßigkeit (etwa alle 24 Stunden), Spontaneität (ohne Abführmittel und Einlauf) und das Entleerungsgefühl.

Inspektion

Zunächst betrachtet man das Abdomen im Hinblick auf Form, Nabellage, Narben, Behaarung, Hernien und Striae. Wichtig ist dann aber auch die Inspektion von Thorax, Gesicht, Wirbelsäule und Becken. Der österreichische Arzt F.X. Mayr hat auf die Zusammenhänge zwischen Körperhaltung und abdominellen Veränderungen hingewiesen (Abb. 9.167).

Palpation

Sie erfolgt in den vier Quadranten des Abdomens. Turgor, Trophik, Temperatur, Feuchtigkeit, Verschieblichkeit, intraabdomineller Druck, Schmerzhaftigkeit und Tonus der Bauchmuskulatur und des Kolons werden getastet.

Auskultation

Meteoristische Geräusche sind hörbar.

Teste

Die Muskulatur wird auf Dehnungs- und Kontraktionsfähigkeit getestet. Oft findet man das typische «Pelvic-crossed-Syndrom» mit verkürztem Iliopsoas und lumbalem Erector trunci und überdehnten Bauch- und Gesäßmuskeln. Die Wirbelsäule und Gelenke (insbesondere Iliosakralgelenke, Steißbein, Kiefergelenke und Schädelsuturen) werden auf ihre aktive und passive Beweglichkeit und Schmerzhaftigkeit untersucht. Bei Bauchschmerzen ist der Punkt nach McBurney zu testen. Die wichtigsten Befunde sollten zur Dokumentation schriftlich festgehalten werden.

Durchführung der Kolonbehandlung

Die Behandlung wird im Regelfall von rechts, kann aber auch von der linken Seite aus durchgeführt werden. In der Kurz-Befundaufnahme wird nach dem momentanen Befinden gefragt und danach, ob die letzte Behandlung vertragen wurde. Das Kolon wird in seinem Verlauf palpiert. Die Beinlängen werden getestet und eventuell korrigiert. Der Patient wird entspannt gelagert. Die Behandlung der einzelnen Punkte dauert je nach Befund etwa fünf Minuten, die Gesamtbehandlungszeit somit etwa 20 bis 30 Minuten. Die Behandlung darf nicht als unangenehm oder gar schmerzhaft empfunden werden.

Erster Punkt von der rechten Seite (Abb. 9.168 a und b)

Mit der linken Hand wird bei der Ausatmung ein langer, ziehend-elliptischer Weg nach cranio-lateral vollzogen. Die Haut wird angeschoppt, um ein Zerren derselben zu vermeiden. Mit der Einatmung läßt der Therapeut seine Hand zum Ausgangspunkt zurücktragen.

Zweiter Punkt von der rechten Seite (Abb. 9.169 a und b)

Mit der rechten Hand wird ein kurzer, schaufelnd-elliptischer Weg in die Supination nach cranial vollzogen. Das Handgelenk ist dabei tief. Mit der Einatmung läßt der Behandler seine Hand zum Ausgangspunkt zurücktragen.

Dritter Punkt von der rechten Seite (Abb. 9.170 a und b)

Mit der linken Hand wird bei der Ausatmung ein kurzer, schaufelnd-elliptischer Weg in die Supination nach caudal vollzogen. Mit der Einatmung läßt sich der Behandler zum Ausgangspunkt zurücktragen.

Vierter Punkt von der rechten Seite (Abb. 9.171 a und b)

Mit der rechten Hand wird bei der Ausatmung ein langer, ziehend-elliptischer Weg nach caudal-medial vollzogen. Die Haut wird angeschoppt, um ein Zerren derselben zu vermeiden. Mit der Einatmung läßt sich der Behandler zum Ausgangspunkt zurücktragen.

Fünfter Punkt von der rechten Seite (Abb. 9.172 a und b)

Den fünften Punkt muß man wegen der intraperitonealen Lage des Sigmas suchen. Mit der rechten

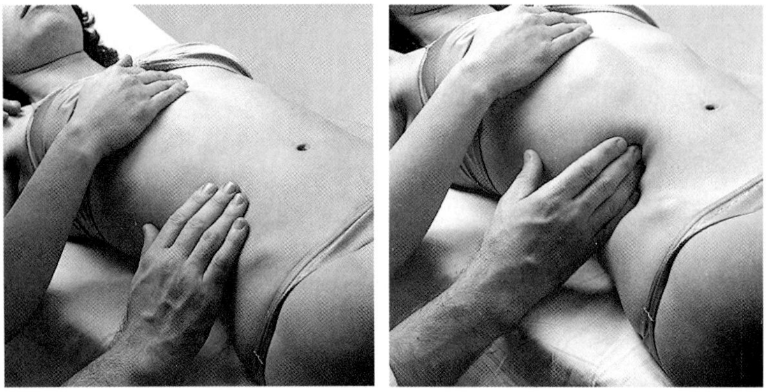

Abb. 9.169 a + b: Zweiter Punkt von rechts

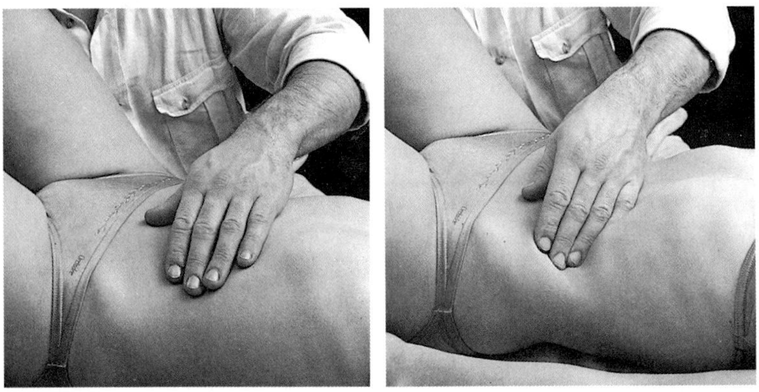

Abb. 9.170 a + b: Dritter Punkt von rechts

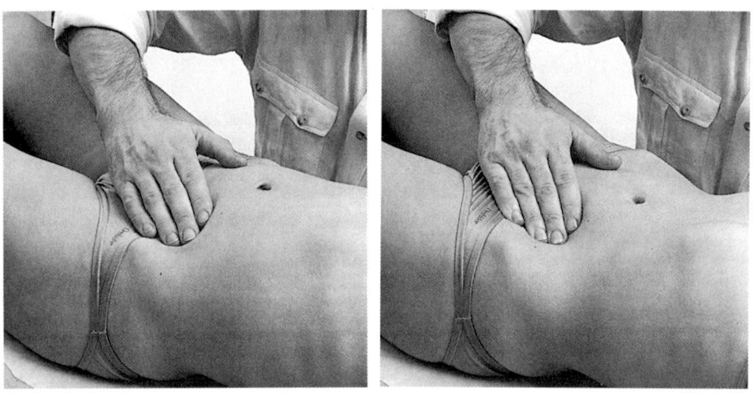

Abb. 9.171 a + b: Vierter Punkt von rechts

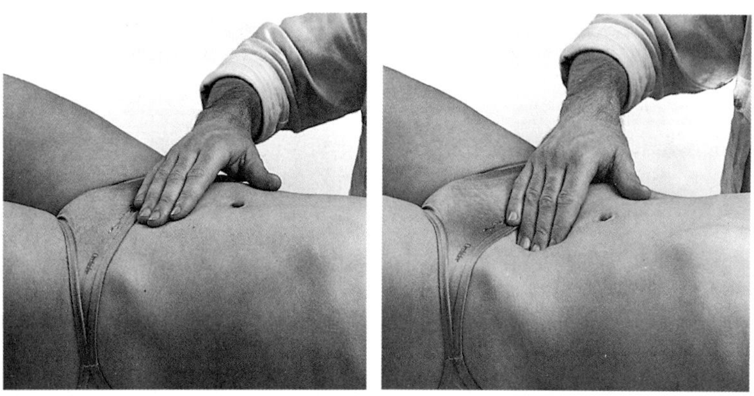

Abb. 9.172 a + b: Fünfter Punkt von rechts

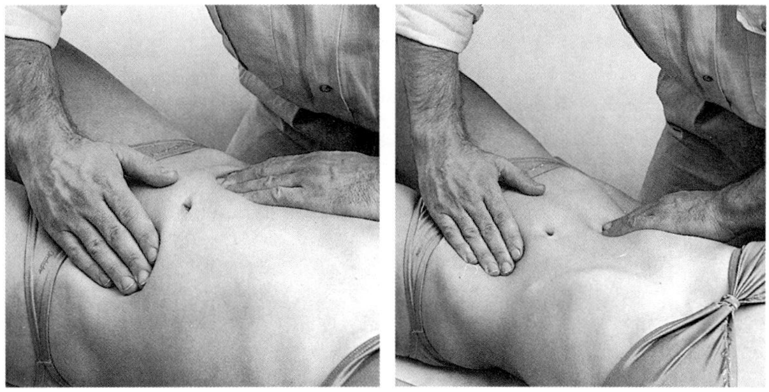

Abb. 9.173 a + b: Schlußausstreichung von rechts

Hand wird bei der Ausatmung ein kurzer, ziehend-elliptischer Weg nach medial und dorsal in die Tiefe vollzogen. Mit der Einatmung läßt sich der Behandler zum Ausgangspunkt zurücktragen.

Tiefe Schlußausstreichung (Abb. 9.173 a und b)
Der Behandler steht. Mit beiden Händen (linke Hand auf der Ascendens-Seite) wird bei der Ausatmung eine punktverbindende, lange, ziehend-elliptische Bewegung vollzogen. Mit der Einatmung läßt sich der Behandler zum Ausgangspunkt zurücktragen. Diese Bewegung wird maximal fünfmal durchgeführt.

Behandlung von der linken Seite
Diese hat schiebend-elliptischen (Punkte 1, 4, 5 und Schlußausstreichung) und schaufelnd-elliptischen (Punkte 2 und 3) Charakter.
Der erste Punkt wird mit der linken Hand,
der zweite Punkt wird mit der linken Hand,
der dritte Punkt wird mit der rechten Hand,
der vierte Punkt wird mit der rechten Hand, und
der fünfte Punkt wird mit der rechten Hand (oder linken Hand) ausgeführt.

Selbstbehandlung
Diese ist nur zur Auslösung der großen Kolonbewegung und des Defäkationsreflexes sinnvoll, nicht jedoch zur Mnemenerziehung.
Wir empfehlen die Punktebehandlung und tiefe Schlußausstreichung im Sitz. Voraussetzung ist eine gewisse Auffassungsgabe des Patienten. Auch die Selbstbehandlung darf nicht als unangenehm oder gar schmerzhaft empfunden werden.
Aufgrund der dargestellten Zusammenhänge stellt die Kolonbehandlung einen wichtigen Baustein in der Schmerzphysiotherapie dar.

Facilitations- und Inhibitionstechniken (FIT)

Bahnung und Hemmung liegen jeder Bewegung zugrunde. Wenn sich der Agonist kontrahiert, muß sich der Antagonist dekontrahieren (entspannen). Dieses Wechselspiel gilt nicht nur für einzelne Muskelpaare, sondern auch für die großen dreidimensionalen Muskelschlingen, und wird seit Sherrington reziproke Innervation genannt. Grundlage ist die Tätigkeit der Propriozeptoren. Die Muskelspindel reagiert auf Dehnung, die Sehnenspindel auf Spannung und der Gelenkrezeptor auf Zug und Druck. Zur Facilitation (Stimulation, Tonisierung) gibt es in Anlehnung an Goodheart und Walther zwei Möglichkeiten:

- Der Muskelbauch wird bimanuell in Längsrichtung gedehnt. Die Muskelspindel registriert diese Dehnung und meldet an das Tonusregulationszentrum (Formatio reticularis): «Der Muskel ist zu gedehnt (entspannt)». Von dort werden nach entsprechender Verarbeitung Impulse gesendet, die den Muskeltonus heraufsetzen.
- Die Sehnenspindel wird gespannt, indem Ursprung und Ansatz des Muskels bimanuell angenähert werden. Die Antwort besteht wieder in einer Tonuserhöhung des Muskels.

Zur Inhibition (Detonisierung) eines Muskels gibt es ebenfalls zwei Möglichkeiten:

- Der Muskelbauch wird bimanuell in Längsrichtung angenähert. Die Muskelspindel registriert die Annäherung und meldet an das Tonusregulationszentrum (Formatio reticularis): «Dieser Muskel ist zu verkürzt (gespannt)». Von dort werden nach entsprechender Verarbeitung Impulse gesendet, die den Muskeltonus herabsetzen.
- Die Sehnenspindel wird entspannt, indem Ursprung und Ansatz des Muskels bimanuell voneinander entfernt werden. Die Antwort besteht wieder in einer Detonisierung des Muskels (Abb. 9.174 a und b).

Mit Hilfe dieser Techniken läßt sich der Tonus eines Muskels bzw. einer ganzen Muskelkette gezielt, schnell und wirkungsvoll beeinflussen. Damit werden auch die Durchblutung und Schmerzhaftigkeit des Muskel-Sehnen-Apparates günstig beeinflußt.

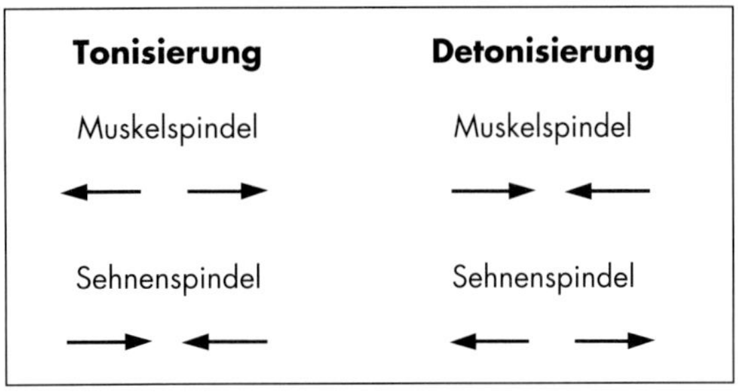

Abb. 9.174 a + b: Propriozeptive Facilitation und Inhibition

Die Inhibition dient ebenso als Vorbereitung für manualtherapeutische Mobilisationen.
Mit Hilfe der Facilitation lassen sich die PNF-Pattern bei Schwäche besser durchführen.
Werden Facilitation und Inhibition am gesamten Körper angewandt, so läßt sich das Tonusverteilungsmuster und damit die Gesamthaltung verändern.
Die Wirksamkeit dieser Techniken läßt sich durch Widerstandsteste für den jeweils behandelten Muskel nachweisen.
Das Grundprinzip von Facilitation und Inhibition findet man in der Manualtherapie bei der postisometrischen Relaxation, der Gelenkkompression und der Schmerzklammer (siehe Kapitel «Kopfschmerzen»), im PNF bei den Elementen Zug, Druck und Dehnung, sowie in der Kinästhesie bei der Antigravitationstechnik (Abb. 9.175 bis 9.177).

Postisometrische Relaxation (PIR)

Bei den Muskeldehnungstechniken nach Evjenth/Hamberg, Janda, Stretching und den speziellen PNF-Techniken «Contract-Relax» und «Hold-Relax» (siehe auch Beitrag «PNF») arbeitet man mit maximaler isometrischer Anspannung des verkürzten Muskels und nachfolgend maximaler Dehnung. Grundlage ist hier das Gesetz von Sherrington I. Sherrington II besagt, daß sich ein verkürzter Muskel reflektorisch bei dynamischer Anspannung des Antagonisten entspannt.
Im Gegensatz zu diesen sogenannten «harten Techniken» arbeitet man bei der von Mitchell entwickelten «Muscle energy technique» (MET) und bei der von Lewit und Gaymans entwickelten «Postisometrischen Relaxation» (PIR) mit sehr geringer isometrischer Anspannung und nachfolgend sehr vorsichtiger Dehnung.

Technik

Das Gelenk des schmerzhaft verspannten Muskels wird vom Therapeuten so weit wie möglich in die eingeschränkte Bewegungsrichtung gebracht. Die beiden Gelenkpartner werden vom Therapeuten fixiert. Der Patient spannt dann minimal den schmerzhaft verkrampften Muskel über einen Zeitraum von 10 bis 60 Sekunden an. Dann folgt die Entspannung und sanfte therapeutische Dehnung, so weit sie ohne Widerstand und Schmerz möglich ist. Der Behandler darf den Muskel erst dann dehnen, wenn der Patient entspannt hat.
Von der erreichten Gelenkstellung aus wird dieser Vorgang je nach Befund etwa fünfmal wiederholt, ohne das jeweils «gewonnene Terrain» aufzugeben.
Am Ende sollte der Muskelspasmus tastbar «weggetaut», der Schmerz spürbar reduziert und die Beweglichkeit sichtbar vergrößert sein.
Wenn die PIR an den Extremitäten (z. B. bei Epicondylitis) keinen rezidivfreien Erfolg erbringt, ist nach Blockierungen der Facettengelenke im zugehörigen Segment zu suchen.
Auch die Beinlängenkorrektur (siehe Beitrag «Allgemeine Grundlagen des NEUROMEDIZIN-KONZEPTS» und Kapitel «Kreuzschmerzen») ist vor der PIR, wie bei der Anwendung von allen diagnostischen und therapeutischen Verfahren, wichtig. Zur Facilitation bzw. Inhibition können Atmung und Augenbewegung zusätzlich zur PIR eingesetzt werden. Dabei wird die Anspannung durch Einatmung und Blick zur Widerstandsseite, die Entspannung durch Ausatmung und Blick zur Dehnungsrichtung facilitiert.
Die Atmung ist ein reflektorisches Geschehen, sie wird u. a. von der propriozeptiven Peripherie gesteuert (siehe auch Beitrag «Kinästhesie»). Jede Gelenksblockierung führt zu einer mehr oder weniger ausgeprägten Fehlatmung. Der Tonus um die blockierten Gelenke nimmt bei der Einatmung zu und bei der Ausatmung ab. Eine Ausnahme macht die Kaumuskulatur, sie detonisiert bei der Einatmung.
Der Blick nach oben facilitiert die Einatmung und inhibiert die Ausatmung. Jede Augenbewegung induziert eine Mitbewegung des Kopfes bzw. der Wirbelsäule. Man kann die Atlasbewegungen sehr gut bei den verschiedenen Augenbewegungen palpieren. Der Blick zur Seite facilitiert eine Kopf- und Rumpfrotation in die Blickrichtung. Der Blick nach oben facilitiert eine Aufrichtung aus einer Ante- und Lateroflexion, und der Blick nach unten facilitiert eine Ante- und Lateroflexion.
Die Schwerkraft (insbesondere bei der Selbstbehandlung) kann als Widerstand genutzt werden (siehe auch «Antigravitationstechnik» im Beitrag «Kinästhesie»).
In der Schmerzphysiotherapie haben sich noch folgende accessorische Maßnahmen zur PIR bewährt:
- Eismassage bzw. -spray des schmerzhaft verkrampften Muskels im Sinne der Spray- und Stretch-Methode von Simons und Travell.

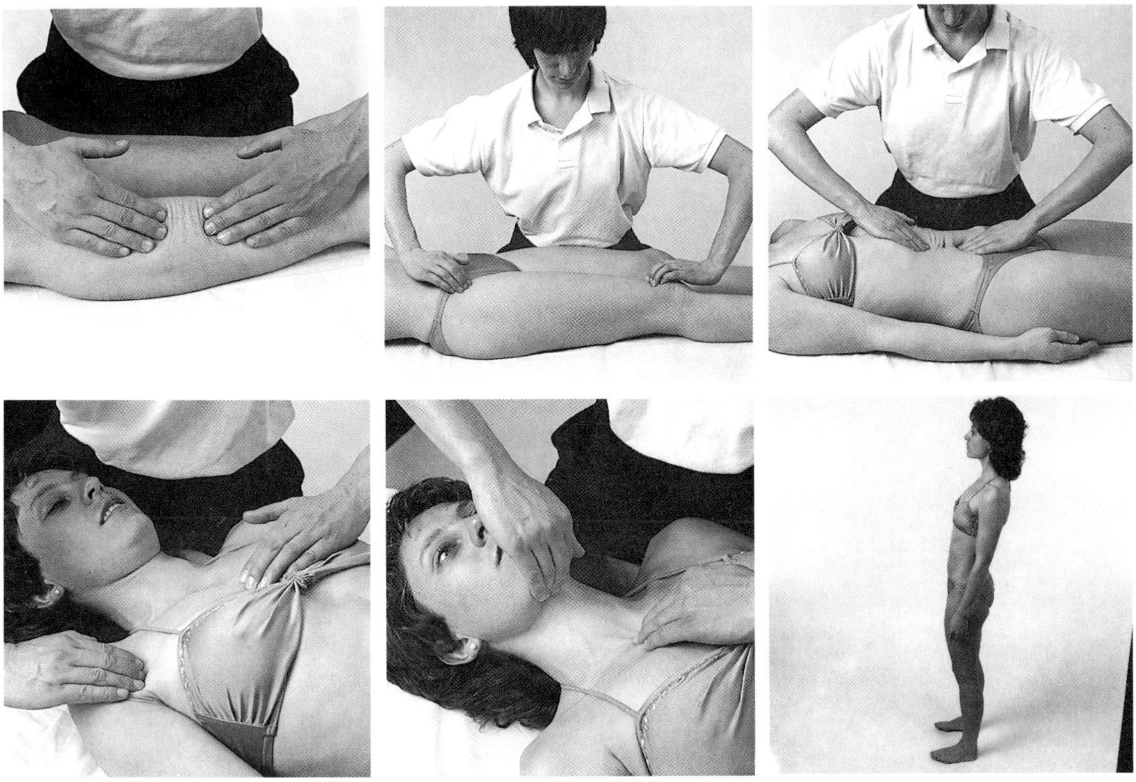

Abb. 9.175 a–e: Detonisierung von Tibialis anterior, Quadriceps, Bauchmuskeln, Pectoralis, Halsflexoren
f: Auswirkungen auf die Gesamthaltung

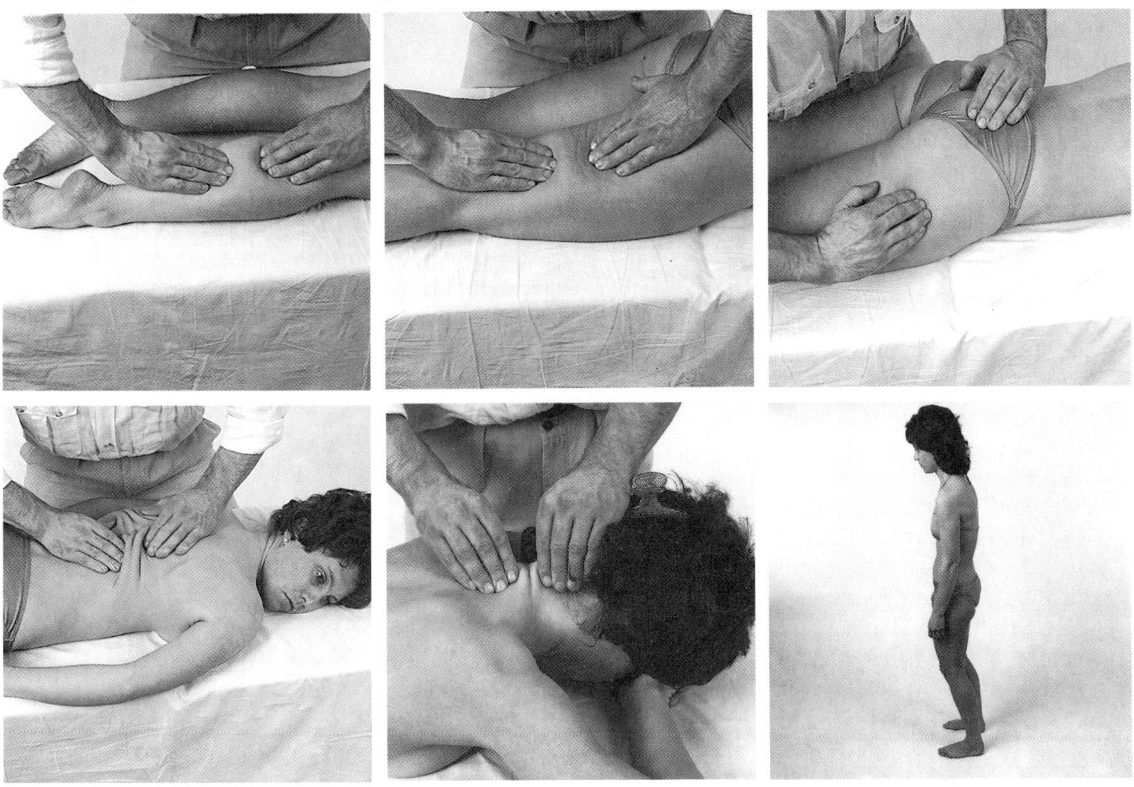

Abb. 9.176 a–e: Detonisierung von Triceps surae, Ischiocrurale Muskulatur, Glutaeus maximus, Erector trunci und Nackenextensoren **f:** Auswirkungen auf die Gesamthaltung

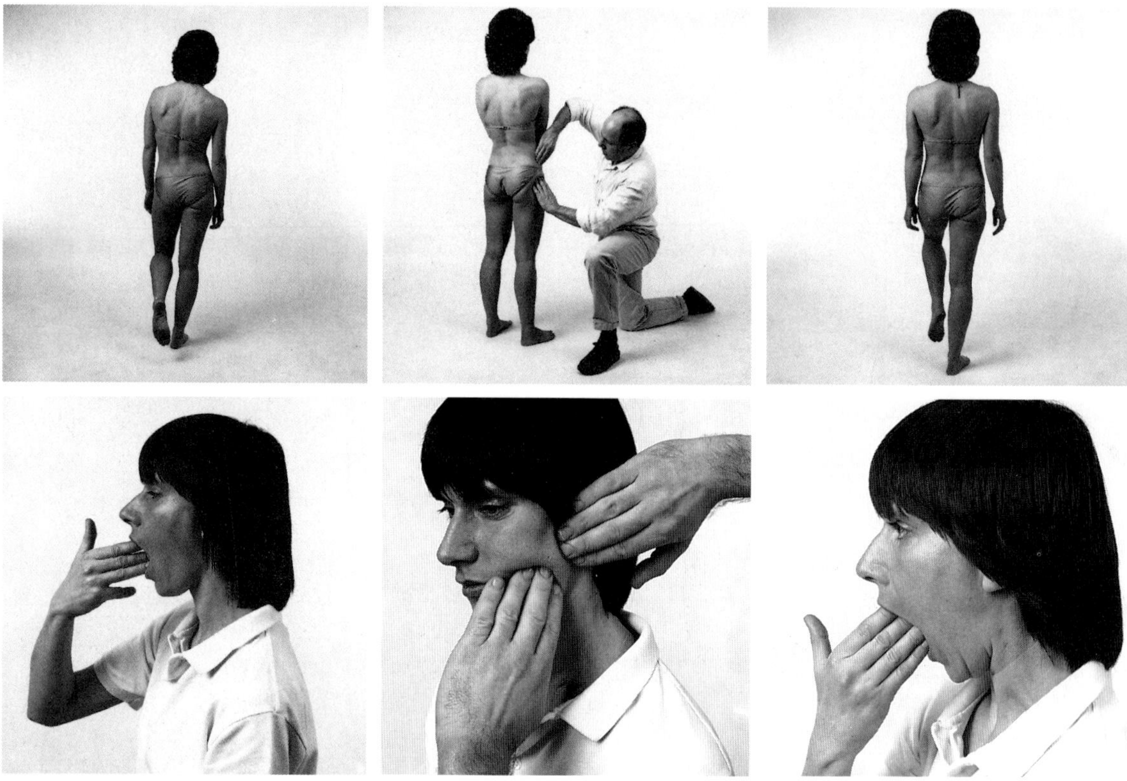

Abb. 9.177 a–c: Tonisierung der kleinen Glutaeen
d–f: Detonisierung der Kaumuskulatur

- Fuß-, Hand-, Zungen-, Kopf- und Kieferbewegungen. Diese beeinflussen den Gesamtmuskeltonus und den Atemtyp vermutlich über die sogenannte Mitinnervation und wegen der überdurchschnittlich großen cortikalen Repräsentation. Gaymans beschreibt, daß allein durch die Reduktion der Schuhabsätze alle Blockierungen günstig beeinflußt werden.
  Die Kopfgelenke haben über die tonischen Nakkenreflexe eine Wirkung auf den Tonus der posturalen Wirbelsäulenmuskulatur. Nach F. M. Alexander wird der Kopfgelenksregion eine «Primärkontrolle» des gesamten Muskelsystems zugeschrieben.
- Leichte Traktion (passiv oder aktiv) während der Kontraktions- und/oder der Dekontraktionsphase.
- Die Visualisation (mentale Inhibition bzw. Facilitation, Ideoplasie), d. h. das Vorstellen eines vergrößerten Bewegungsausmaßes, eines weichen, nachgiebigen und schmerzfreien Muskels wird entsprechende Resultate haben (siehe auch Beiträge «Kinästhesie» und «Schmerzsyndrome aus psychosomatischer Sicht»).

Die PIR wirkt lokal auf die Detonisierung einzelner Muskeln bzw. Muskelfasern. Die anderen Reize wirken auf die Detonisierung der gesamten Muskulatur.

Die doppelte (z. B. Muskelspannung und Atmung) bzw. mehrfache Reizkombination (z. B. Muskelspannung, Atmung und Augenbewegung) erhöht die Wirksamkeit der Behandlung.

Theorie

Der theoretische Hintergrund zur PIR ist noch ungeklärt. Die PIR kann als polysynaptischer Prozeß mit zentraler Integration angesehen werden. Durch die Veränderung des Afferenzmusters verändert sich reflektorisch über die Gammamotorik der Muskeltonus.

Außerdem werden vermutlich durch die propriozeptive Stimulation dicker A-Alpha-Fasern die dünnen nozizeptiven C-Fasern im Sinne der Gate-Control-Theorie gehemmt.

Indikationen und Kontraindikationen

Die PIR ist zur Lösung von Blockierungen der Facettengelenke und der peripheren Gelenke geeignet. Da eine Blockierung mit Muskelspasmus vergesellschaftet ist, kann man durch Inhibition der Muskulatur die Blockierung lösen.

Außerdem ist die PIR zur Tonusregulation und Analgesierung bei Myalgien und Insertionstendopathien geeignet.

Schmerzhafte Periostpunkte (Painful periostal points

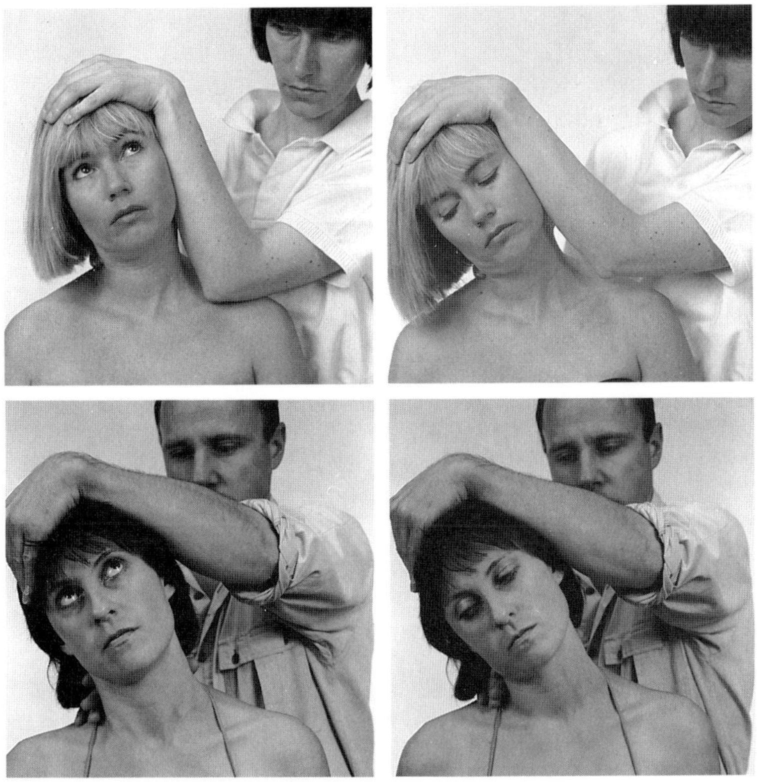

Abb. 9.178 a + b: Technik I zur Behandlung von eingeschränkter Lateroflexion nach rechts bei C 3/4
c + d: Technik II zur Behandlung von eingeschränkter Lateroflexion nach rechts bei C 3/4

= PPP) lassen sich mit der PIR oft eleganter als mit der Periostbehandlung lösen. Hier hat die PIR auch diagnostischen Wert. Die periostalen Triggerpunkte «tauen weg», wenn sie ihre Ursache am Bewegungsapparat haben. Umgekehrt kann von bestimmten PPPs auf entsprechende Muskeln geschlossen werden.

Differentialtherapeutisch sollten die sogenannten «harten Dehnungstechniken» dann zur Anwendung kommen, wenn bereits bindegewebige Verkürzungen (Fibrosierungen) des Muskels zu finden sind. Alternativ bringt hier auch die «Fluage» der Methode Meziérès therapeutischen Erfolg.

Der große Vorteil der PIR gegenüber Manipulationen und Mobilisationen ist es, daß der Patient aktiv mitarbeitet und zur Selbstbehandlung angeleitet wird.

Darüberhinaus kann man mit der PIR bei bestimmten Erkrankungen (z. B. Osteoporose) arbeiten, bei denen Mobilisationen und vor allem Manipulationen kontraindiziert sind.

Die PIR stellt gleichzeitig eine Muskel- und Gelenksbehandlung dar.

Behandlungsbeispiele (Abb. 9.178 bis 9.187)

Bei C 3/4 ist die Lateroflexion nach rechts eingeschränkt (Abb. 9.178 a bis d).

Durch Testen des Joint plays bzw. durch kinesiologische Muskelteste findet man das blockierte Segment.

Technik I (Abb. 9.178 a und b)

- Passives Einstellen der erreichbaren Lateroflexion rechts in Sitz- oder Rückenlage. Das untere Segment wird fixiert bei gleichzeitiger Palpation der gelenkumgebenden Weichteilspannung.
- Blick nach oben – einatmen – minimal nach links anspannen.
  Dabei spürt der Therapeut, wie sich mit Augen- und/oder Atembewegung die Weichteilspannung erhöht.
- Blick nach unten – ausatmen – entspannen und dann sanftes Dehnen (aktiv oder passiv) nach rechts. Dabei spürt der Therapeut, wie sich mit der Augen- und/oder Atembewegung die Weichteilspannung verringert.

Der Vorgang wird so oft wiederholt, bis das Bewegungsausmaß größer geworden ist, der Schmerz sich reduziert und die Muskelspannung nachgelassen hat. Möglicherweise kommen die bereits beschriebenen zusätzlichen Techniken (z. B. Visualisation) zum Einsatz.

Wenn sich durch Technik I kein Erfolg einstellt bzw. sich der Schmerz verstärkt, kann mit der Technik II gearbeitet werden.

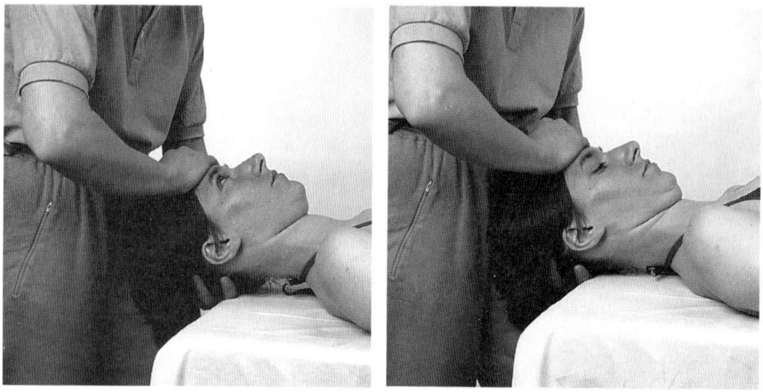

Abb. 9.179 a + b: Eingeschränkte Flexion bei C 0/1

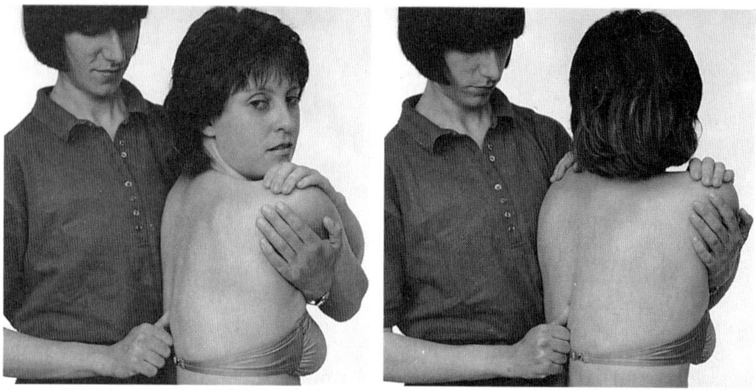

Abb. 9.180 a + b: Eingeschränkte Rotation bei T 7/8

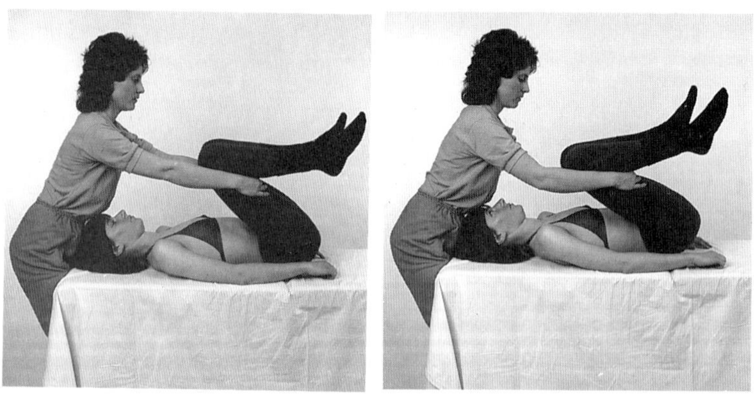

Abb. 9.181 a + b: Eingeschränkte LWS-Flexion

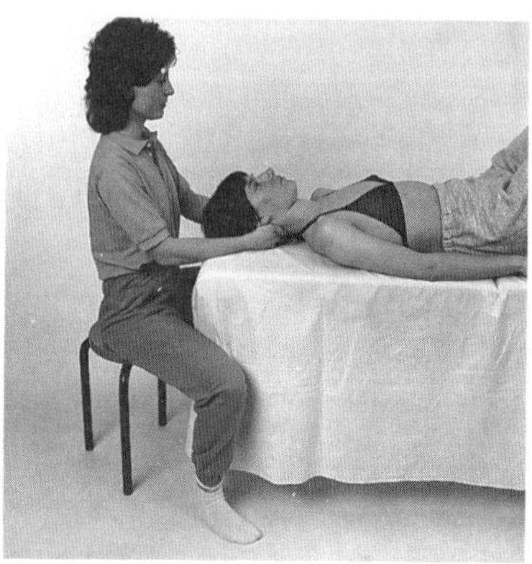

Abb. 9.182: HWS-Traktion und PIR

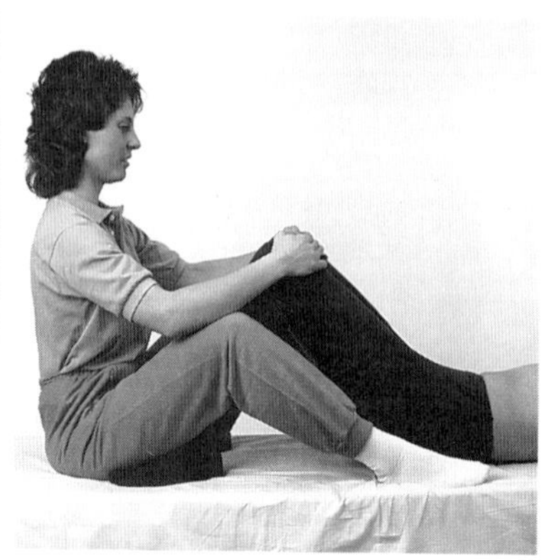

Abb. 9.183: LWS-Traktion und PIR

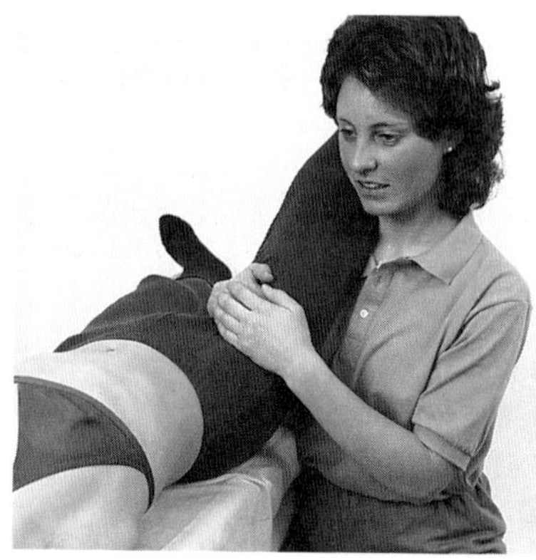

Abb. 9.184: Hüftgelenks-Traktion und PIR

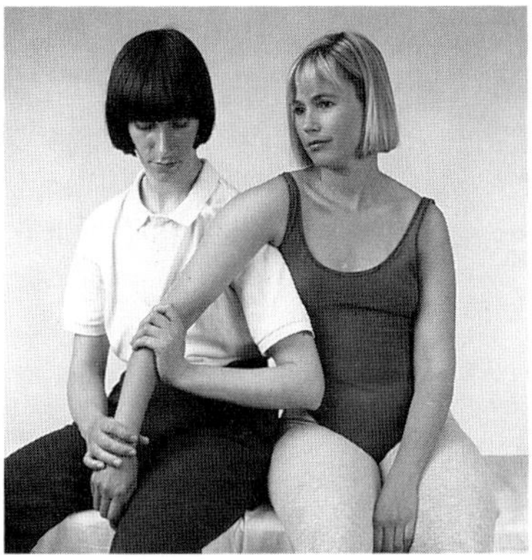

Abb. 9.185: Schultergelenks-Traktion und PIR

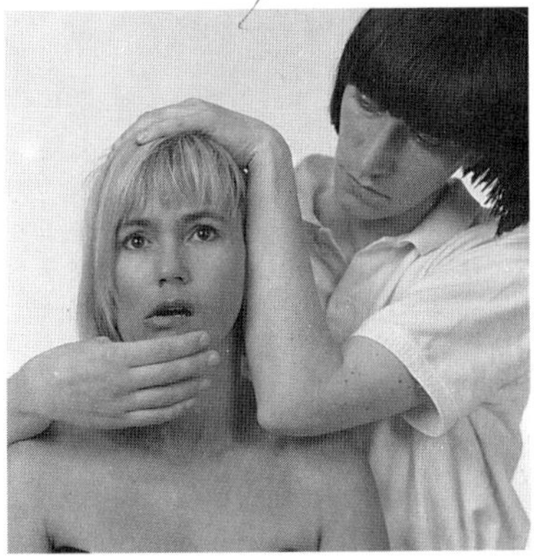

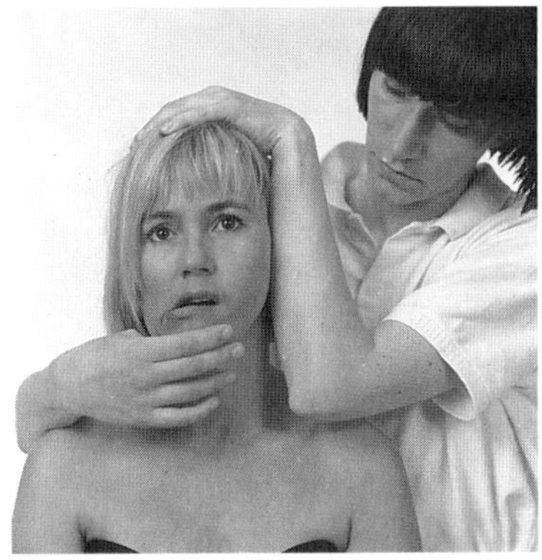

Abb. 9.186a + b: TMG und PIR. Hier wird Relaxation und Einatmung kombiniert

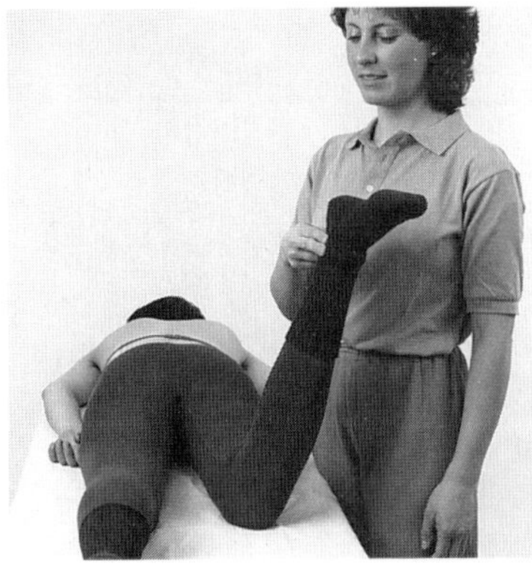

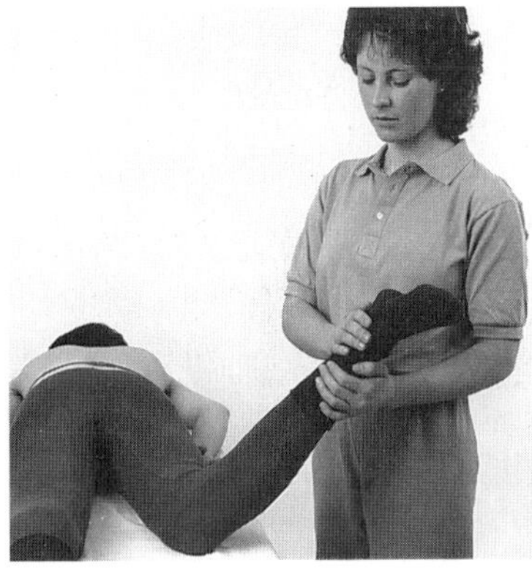

Abb. 9.187a + b: Eingeschränkte Innenrotation (M. piriformis) des Hüftgelenks

Technik II (Abb. 9.178c und d)

- Wie bei Technik I.
- Blick nach oben – einatmen – minimal nach rechts anspannen.
  Dabei spürt der Therapeut, wie sich mit Augen- und/oder Atembewegung die Weichteilspannung erhöht.
- Blick nach unten – ausatmen – entspannen und dann sanftes Dehnen (aktiv oder passiv) nach rechts. Dabei spürt der Therapeut, wie sich mit der Augen- und/oder Atembewegung die Weichteilspannung verringert.

Der Vorgang wird so oft wiederholt, bis das Bewegungsausmaß größer geworden ist, der Schmerz sich reduziert und die Muskelspannung nachgelassen hat. Möglicherweise kommen die bereits beschriebenen Techniken (z. B. Visualisation) zusätzlich zum Einsatz.

Bei Technik I wird in die freie Bewegungsrichtung gespannt, bei Technik II wird in die eingeschränkte Bewegungsrichtung gespannt.

Selbstbehandlungsbeispiele
(Abb. 9.188 bis 9.194)

Knochentechnik

Im NEUROMEDIZIN-KONZEPT arbeitet man manualtherapeutisch nicht nur an der Optimierung von Gelenk- und Weichteilbefunden, sondern auch am Knochen selbst.

In der Praxis trifft man immer wieder auf Patienten (insbesondere nach Traumen), die durch intensive passive und aktive Physiotherapie über ein intaktes Joint play und balancierte Muskulatur verfügen. Dennoch können nicht überwindbare aktive Bewegungsdefizite mit begleitenden Schmerzen und Gangstörungen verbleiben. Nach den Erfahrungen des Autors ist die Ursache darin zu sehen, daß die jeweilige Gelenkpfanne («der Schrank») und der dazugehörende Gelenkkopf («die Schublade») zwar gängig sind, aber einer der beiden Partner in sich verzogen, verdreht, gedellt oder verbogen ist. Der Schmerzphysiotherapeut kann durch Ruhepalpation der beteiligten Knochen feststellen, ob sich der jeweilige Knochen «wohlfühlt» oder ob er unter Spannung (Stress) steht. Anschließend biegt, dreht, zieht oder drückt er den Knochen in verschiedene Richtungen und stellt dabei fest, welche Richtungen der

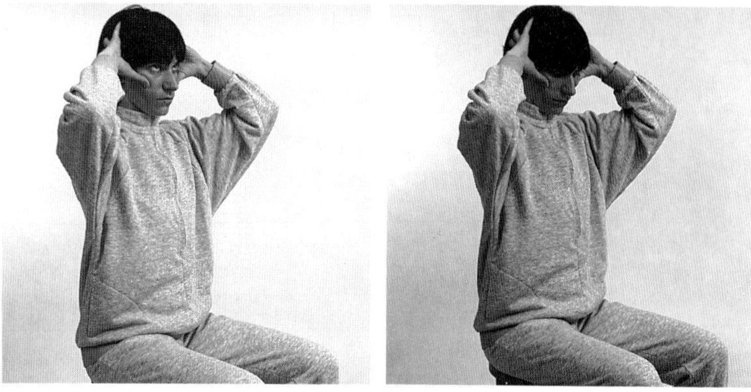

Abb. 9.188 a + b: PIR der kurzen Nackenmuskeln

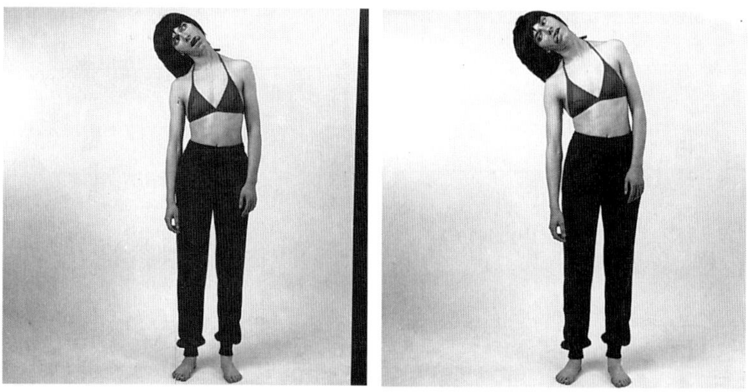

Abb. 9.189 a + b: PIR des M. quadratus lumborum:
Minimale Spannung, Atmung, Zungen-, Augen- und Kieferbewegungen werden hier kombiniert angewandt

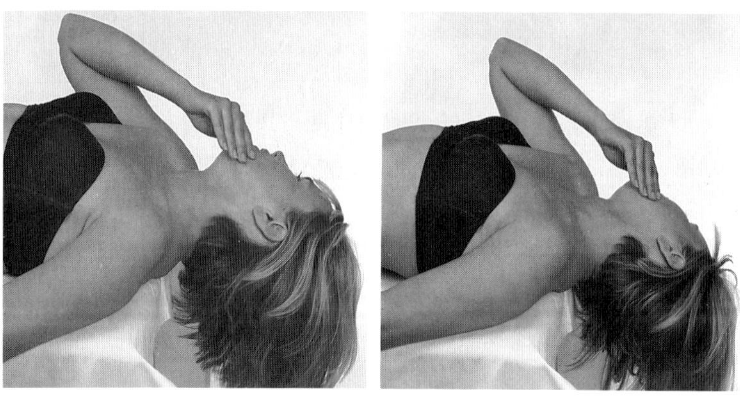

Abb. 9.190 a + b: PIR des M. sternocleidomastoideus

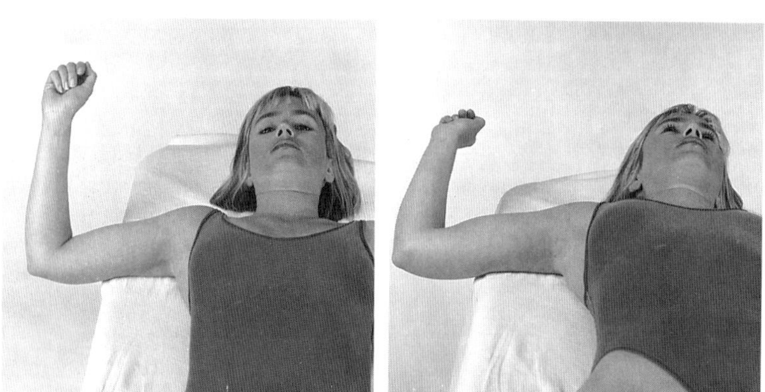

Abb. 9.191 a + b: PIR des M. subscapularis

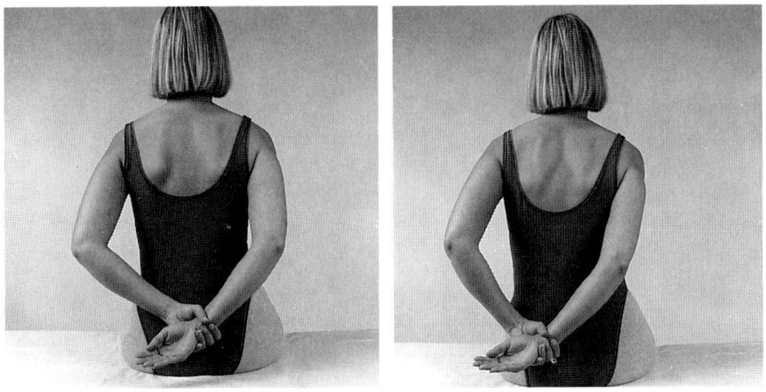

Abb. 9.192 a + b: PIR der M. biceps – Caput longum

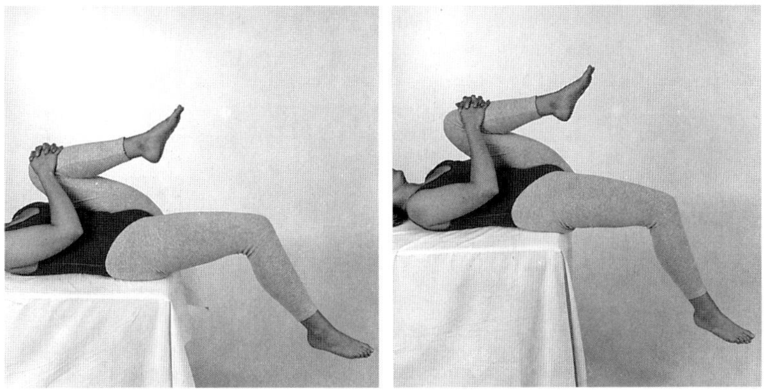

Abb. 9.193 a + b: PIR des M. ilio-psoas

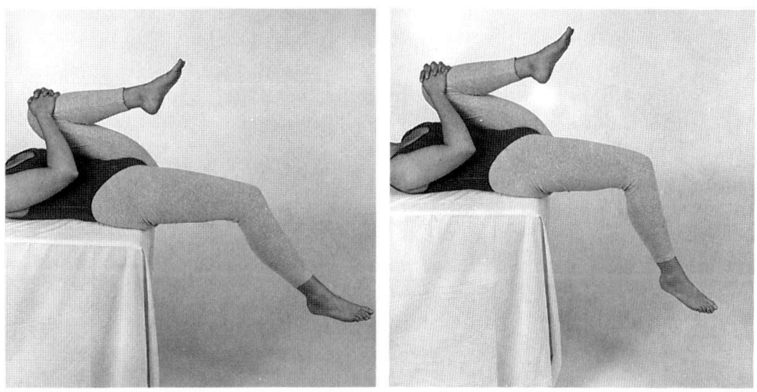

Abb. 9.194 a + b: PIR des M. rektus femoris

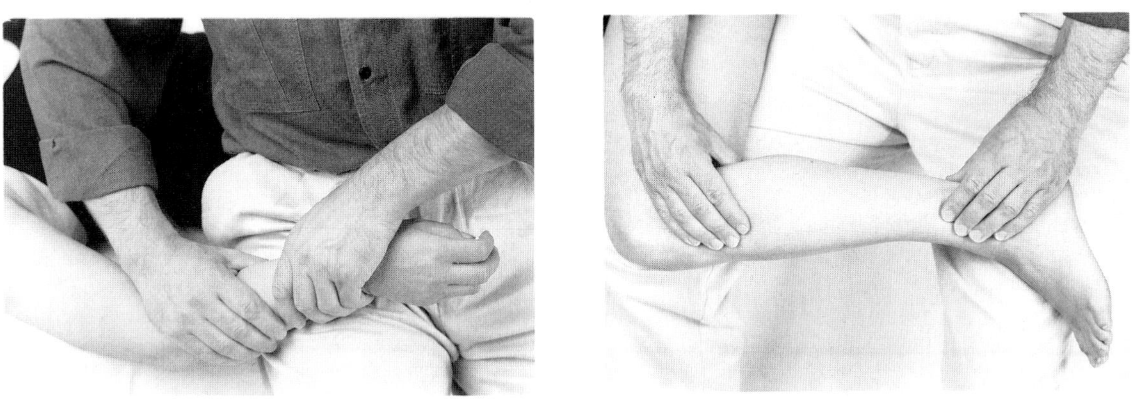

Abb. 9.195 a + b: Knochentechnik (Verbiegung bzw. Verknotung) von Radius und Fibula

Knochen «mag», bzw. bei welchen Richtungen er sich «sträubt», vielleicht sogar schmerzt.

Therapeutisch kann der Knochen dann in wenigen Minuten auf indirekte Weise gelöst werden, d. h. der Knochen wird zunächst in seine freien Richtungen mehrfach langsam an- und abschwellend gebogen und gedreht. Zur Kontrolle überprüft der Behandler abschließend die Ruhepalpation: Der zurechtgebogene («entknotete») Knochen sollte jetzt in seiner Umgebung «schwimmen» bzw. «schweben», auch die ursprünglich schwierige Bewegungsrichtung ist jetzt frei. Im Vergleich zum Anfang sollten auch nochmals Gelenkbeweglichkeit, Gangbild, Schmerzmuster und Weichteilbefunde getestet werden. Die Knochentechnik kann in verschiedenen Ausgangsstellungen diagnostisch und therapeutisch angewandt werden und hat sich besonders bei Röhrenknochen wie Radius, Fibula oder Metacarpalia bewährt (Abb. 9.195 a + b).

Literaturempfehlungen

Abele, G.: Organbehandlung über die Körperdecke. Zeitschrift Physiotherapie 1/1975.

Ackermann, W. P.: Die gezielte Diagnose und Technik der Chiropraktik. Selbstverlag, Stockholm 1988.

Ankermann, K.-J.: Reversible Fehlstellung des Bekkens bei Kombination von partiellen Blockierungen mit Nutations- oder Gegennutationsläsionen im Iliosakralgelenk. Zeitschrift Manuelle Medizin 5/1990.

Arlen, A.: Biometrische Röntgen-Funktionsdiagnostik der Halswirbelsäule. Dr. E. Fischer, Heidelberg 1979.

Arndt, K./Struppler, A.: Schmerzsyndrome des Bewegungsapparates. Zeitschrift Der Schmerz 1/1988.

Auberger, H./Biermann, E.: Praktische Schmerztherapie. Thieme, Stuttgart 1988.

Bärtschi-Rochaix, W.: Migraine cervicale. Huber, Bern 1949.

Baldry, P. E.: Acupunctur, Trigger Points and Musculoskeletal Pain. Churchill Livingstone, Edinburgh 1989.

Balters, W.: Eine Einführung in die Bionatorheilmethode. Herrmann, Heidelberg 1973.

Barolin, G. S.: Kopfschmerz und Halswirbelsäule. Zeitschrift Krankengymnastik 10/1970.

Barral, J. P./Mercier, P.: Visceral Manipulation. Eastland, Seattle 1988.

Basmajian, J. V. (Ed.): Manipulation, Traction and Massage. Williams & Wilkens, Baltimore 1985.

Baumgartner, H.: Schmerzbekämpfung durch Manuelle Therapie. Zeitschrift Physikalische Medizin, Balneologie, Med. Klimatologie 1/1981.

Becker, W./Krahl, H.: Tendopathien. Thieme, Stuttgart 1978.

Benini, A.: Das kleine Gelenk der Lendenwirbelsäule. Huber, Bern 1986.

Benini, A.: Ischias ohne Bandscheibenvorfall. Huber, Bern 1986.

Benner, K. U./Snell, R. S.: Klinische Anatomie. Atlantis, Herrsching 1988.

Berg, F. v. d.: Ziel und Mittel der Manuellen Therapie. Zeitschrift Krankengymnastik 6/1990.

Berger, M./Gerstenbrand, F./Lewit, K.: Schmerz bei Funktionsstörungen des Bewegungsapparates (Schmerzstudien – Band 6). Fischer, Stuttgart 1984.

Bergsmann, O./Eder, M.: Thorakale Funktionsstörungen. Haug, Heidelberg 1977.

Bergsmann, O./Meng, A.: Akupunktur und Bewegungsapparat. Haug, Heidelberg 1982.

Bergsmann, O./Eder, M.: Atembewegung und Vitalfunktionen. Zeitschrift Manuelle Medizin 4/1984.

Bergsmann, O.: Palpation reflektorischer Krankheitszeichen. Videokassette Sandrowski, München 1986.

Bermann, H. O.: Das Costen-Syndrom. Zeitschrift Manuelle Medizin 2/1988.

Beyeler, W./Bollier, W./Widmann, B.: Chiropraktik. Nest, Frankfurt 1961.

Biedermann, H. (Hrsg.): Von der Chiropraktik zur Manuellen Medizin. Haug, Heidelberg 1988.

Bischoff, H. P.: Kreuzschmerz aus manualtherapeutischer Sicht. Zeitschrift Manuelle Medizin 3/1975.

Bischoff, H. P.: Chirodiagnostische und chirotherapeutische Technik. Perimed, Erlangen 1988.

Bischoff, H. P.: Verlaufsbeobachtung während einer seriellen Manualtherapie unter klinisch-stationären Bedingungen bei Patienten mit chronischen Wirbelsäulenbeschwerden. Zeitschrift Manuelle Medizin 1/1988.

Bischoff, H. P.: Quo vadis Chirotherapie? Zeitschrift Manuelle Medizin 1/1989.

Böhle, E.: Das Zerviko-Brachial-Syndrom. Zeitschrift Krankengymnastik 2/1986.

Böhle, E.: Funktionsanalyse am Bewegungsapparat. Zeitschrift Krankengymnastik 8/1986.

Böhle, E.: Reflektorischer Schmerz im Thoraxbereich aus der Sicht der Funktionsanalyse. Zeitschrift Krankengymnastik 1/1988.

Böhm, E. F.: Degenerative Erkrankungen der Wirbelsäule mit Schwerpunkt der LWS. Zeitschrift Krankengymnastik 1/1984.

Bossnew, W.: Neurovegetative Pathologie der oberen Extremitäten. Karger, Basel 1986.

Bossy, J.: Die Wirkungsbereiche der manuellen Reflextherapien. Zeitschrift Physiotherapie 4/1980.

Bourdillon, J. F./Day, E. A.: Spinal Manipulation. Heinemann, London 1973.

Bourdiol, R. J.: Medicine manuelle et ceinture scapulaire. Maisonneuve, Sainte-Ruffine 1972.

Bourdiol, R. J.: Pied et statiue. Maisonneuve, Sainte-Ruffine 1980.

Braus, H./Elze, C.: Anatomie des Menschen (3 Bände). Springer, Berlin 1954.

Breitenfelder, H. (Hrsg.): Der Kreuzschmerz. Hippokrates, Stuttgart 1967.
Breitenfelder, J./Yücel, M. (Hrsg.): Der Schulterschmerz. Thieme, Stuttgart 1986.
Bringezu, G.: Stäbchenmassage und Kryotherapie. Zeitschrift Physiotherapie 1/1985.
Bringezu, G./Schreiner, O.: Die Therapieform Manuelle Lymphdrainage. Haase, Lübeck 1987.
Bringezu, G.: Die Behandlung der Insertionstendopathien mit der «Stäbchenzange Duo». Zeitschrift Physiotherapie 2/1988.
Broich, I.: Die Kieferorthopädie und ihre Beziehung zu Stimme und Sprache. Zeitschrift Biologische Zahnmedizin 1/1989.
Brokmeier, A.A.: Einführung in die orthopädisch-manuelle Therapie. Zeitschrift Krankengymnastik 4/1979.
Brokmeier, A.A.: Die Behandlung der Hypermobilität. Zeitschrift Krankengymnastik 5/1980.
Brokmeier, A.A.: Manuelle Therapie und ihre Integration in die Krankengymnastik. Zeitschrift Krankengymnastik 4/1982.
Brokmeier, A.A.: Grundlagen der artikulären Neurologie und ihre Konsequenzen – Beispiel der Behandlung des Kiefergelenkes. Zeitschrift Krankengymnastik 9/1984.
Brokmeier, A.A.: Manuelle Therapie bei Gelenkerkrankungen – neue Grundlagen der Biomechanik und der artikulären Neurologie in der krankengymnastischen Behandlung. Zeitschrift Krankengymnastik 9/1984.
Brokmeier, A.A.: Manuelle Therapie – Wirbelsäule – Bewegung und Funktionseinschränkung. Zeitschrift Krankengymnastik 9/1984.
Brügger, A.: Über vertebrale, radikuläre und pseudoradikuläre Syndrome I + II. Documenta Geigy, Basel 1960 und 1962.
Brügger, A.: Das sternale Syndrom. Huber, Bern 1971.
Brügger, A.: Die Erkrankungen des Bewegungsapparates und seines Nervensystems. Fischer, Stuttgart 1980.
Brügnomi, G.: Die propriozeptive Reeducation von Patienten mit chronischer Lumbalgie. Zeitschrift Manuelle Medizin 2/1987.
Brune, G.: Periostbehandlung – Wirkungsweise und Anwendungsgebiet. Zeitschrift Physiotherapie 10/1982.
Brüne, L.: Reflektorische Atemtherapie. Thieme, Stuttgart 1977.
Buchmann, J.: Motorische Entwicklung und Wirbelsäulenfunktionsstörungen. Zeitschrift Krankengymnastik 1/1980.
Buchmann, J.: Motorische Entwicklung und Wirbelsäulenfunktionsstörungen. Zeitschrift Manuelle Medizin 3/1980.
Buchmann, J./Bülow, B.: Funktionelle Kopfgelenksstörungen bei Neugeborenen im Zusammenhang mit Lagerreaktionsverhalten und Tonusasymmetrie. Zeitschrift Manuelle Medizin 3/1983.
Buchmann, J./Bülow, B.: Asymmetrische frühkindliche Kopfgelenksbeweglichkeit. Springer, Berlin 1989.
Bühring, M.: Theoretische Grundlagen der Bindegewebsmassage. Zeitschrift Krankengymnastik 5/1983.
Buerger, A.A./Greenman, P.E. (Ed.): Empirical Approaches to the Validation of Spinal Manipulation. Thomas, Springfield 1983.
Buerger, A.A./Tobis, J.S. (Ed.): Approaches to the Validation of Spinal Manipulation. Thomas, Springfield 1983.
Bürger, A.A.: Experimentelle neuromuskuläre Modelle der manuellen Techniken an der Wirbelsäule. Zeitschrift Manuelle Medizin 3/1985.
Burn, L./Paterson, J.K.: Musculoskeletal Medicine – The Spine. Kluwer, Dordrecht 1990.
Burrows, R./Elton, S./Stanley, W. (Eds.): Handbook of chronic pain management. Elsevier, Amsterdam 1987.
Busquet, L.: La pubalgie. Maloine, Paris 1984.
Busquet, L.: L'osteopathie cranienne. Maloine, Paris 1984.
Busquet, L.: Traité d'osteopathie myotensive Tome I. Maloine, Paris 1984.
Cailliet, R.: Knee Pain and Disability. F.A. Davis Company, Philadelphia 1985.
Cailliet, R.: Foot and Ankle Pain. F.A. Davis Company, Philadelphia 1985.
Cailliet, R.: Neck and Arm Pain. F.A. Davis Company, Philadelphia 1985.
Cailliet, R.: Hand Pain and Impairment. F.A. Davis Company, Philadelphia 1986.
Cailliet, R.: Soft Tissue Pain and Disability. F.A. Davis Company, Philadelphia 1986.
Cailliet, R.: Low Back Pain. F.A. Davis Company, Philadelphia 1986.
Cailliet, R.: Shoulder Pain. F.A. Davis Company, Philadelphia 1987.
Camrath, J.E.: Physiotherapie. Thieme, Stuttgart 1983.
Castillo Morales, R.: Die Orofaziale Regulationstherapie. Pflaum, München 1990.
Caviezel, H.: Beitrag zur Kenntnis des Iliosakralsyndroms. Zeitschrift Manuelle Medizin 5/1973.
Chaitow, L.: Soft-tissue Manipulation. Thorsons Publishing Group, Wellingborough 1987.
Cohen, S.S.: Magie der Berührung. Ariston, Genf 1989.
Cohn, B.: Methodische Palpation (2 Bände). Karger, Berlin 1908.
Cordes, J.C./Uibe, P./Zeibig, B. (Hrsg.): Lehrbuch der Physiotherapie. Volk und Gesundheit, Berlin 1970.
Cordes, J.C./Uibe, P./Zeibig, B.: Physiotherapie-Massage. Volk und Gesundheit, Berlin 1980.
Cornelius, A.: Die Nervenpunkte. Lehmanns, München 1933.
Corrigan, B./Maitland, G.D.: Practical Orthopaedic Medicine. Butterworths, London 1983.
Cox, J.M.: Low Back Pain. Williams & Wilkins, Baltimore 1985.

Cramer, A.: Lehrbuch der Chiropraktik der Wirbelsäule. Haug, Ulm 1955.
Cramer, A./Doering, J./Gutmann, G.: Geschichte der manuellen Medizin. Springer, Berlin 1990.
Cross, M. J./Crichton, K. J.: Untersuchung des verletzten Kniegelenkes. Thieme, Stuttgart 1990.
Cyriax, J. H./Cyriax, P. J.: Illustrated Manual of Orthopaedic Medicine. Butterworths, Baltimore 1983.
Cyriax, J.: Textbook of Orthopaedic Medicine (Volume I + II). Baillière Tindall, London 1982.
Cyriax, J./Coldham, M.: Textbook of Orthopaedic Medicine. Baillière Tindall, London 1984.
Czurda, R./Klare, G./Schwägerl, W. (Hrsg.): Schmerzsyndrome der oberen Extremität. ML, Uelzen 1986.
Dahlke, R./Hößl, R.: Verdauungsprobleme. Knaur, München 1990.
David, E.: Der Muskelschmerz. Zeitschrift Therapiewoche 37/1987.
David, E.: Der Spielraum und die Begrenzung der normalen Funktion der Wirbelsäule des Heranwachsenden. Zeitschrift Physiotherapie 2/1986.
Dejung, B.: Iliosacralgelenksblockierungen – eine Verlaufsstudie. Zeitschrift Manuelle Medizin 5/1985.
Dejung, B.: Die Verspannung des M. iliacus als Ursache lumbosacraler Schmerzen. Zeitschrift Manuelle Medizin 4/1987.
Dejung, B.: Verspannungen des M. serratus anterior als Ursache interscapulärer Schmerzen. Zeitschrift Manuelle Medizin 5/1987.
Delank, H.-W./Schmitt, E. (Hrsg.): Vertebragene Radikulopathien und Pseudoradikulopathien. Hippokrates, Stuttgart 1988.
Derbolowsky, U.: Chiropraktische Aspekte des «unteren Kreuzes». Zeitschrift Hippokrates 23/1955.
Derbolowsky, U.: Beckenmechanik – chiropraktisch gesehen. Zeitschrift Hippokrates 10/1956.
Derbolowsky, U.: Chirotherapie – Eine psychosomatische Behandlungsmethode. Haug, Heidelberg 1963.
Derbolowsky, U.: Über das Phänomen der «variablen Beinlängendifferenz». Zeitschrift Manuelle Medizin 3/1967.
Derbolowsky, U.: Haltung und Psyche. Zeitschrift Manuelle Medizin 4/1973.
Derbolowsky, U.: Manuelle Medizin und Chirotherapie. Dr. E. Fischer, Heidelberg 1975.
Deuser, E.: Sportphysiotherapeutische Maßnahmen nach Verletzungen und Schäden an der Skelettmuskulatur. Zeitschrift Physiotherapie 6/1987.
Deuser, E.: Massage früher und heute und neue Impulse der Stäbchenmassage. Zeitschrift Physiotherapie 12/1987.
Dicke, E./Schliack, H./Wolff, A.: Bindegewebsmassage. Hippokrates, Stuttgart 1982.
Diedrich, H.: Leitfaden meiner Chirotherapie. Thales, Essen 1983.
Diedrich, H.: Vertebragene Trias und Herzinfarkt. Thales, Essen 1988.
Dietzel, G.: Befunderhebung von funktionellen Störungen der kleinen Wirbelgelenke nach Sell. Zeitschrift Manuelle Medizin 3/1978.
Dietzel, G.: Befunderhebung von funktionellen Störungen der Sakro-iliakal-Gelenke nach Sell. Zeitschrift Manuelle Medizin 3/1978.
Dittmar, F./Dobner, E.: Die neurotopische Diagnose und Therapie innerer Krankheiten. Haug, Heidelberg 1961.
Dittmar, F.: Wirbelsäulenleiden – eine Crux patientium et medicorum. Zeitschrift Physiotherapie 8/1980.
Donner, M.: Psychische Aspekte bei vertebralen Störungen. Zeitschrift Manuelle Medizin 4/1974.
Dorian, R.: Das Problem der Beinlängenunterschiede. Zeitschrift Krankengymnastik 3/1979.
Downer, A.: Physical Therapy Procedures. Thomas, Springfield 1988.
Dumont, W.: Die krankengymnastische Behandlung der Schulter. Zeitschrift Krankengymnastik 9/1977.
Dumont, W.: Die Behandlung von Wirbelsäulenbeschwerden durch den Krankengymnasten. Zeitschrift Krankengymnastik 10/1977.
Dumont, W.: Zerviko-brachial-Syndrome. Zeitschrift Krankengymnastik 10/1980.
Dunant, J. H.: Das neurovaskuläre Schultergürtelsyndrom. Huber, Bern 1987.
Dvorak, J./Dvorak, V.: Neurologie der Wirbelbogengelenke. Zeitschrift Manuelle Medizin 4/1982.
Dvorak, J./Dvorak, V.: Manuelle Medizin-Diagnostik. Thieme, Stuttgart 1983.
Dvorak, J./Dvorak, V./Schneider, W. (Hrsg.): Manuelle Medizin 1984. Springer, Berlin 1984.
Dvorak, J./Dvorak, V.: Checkliste Manuelle Medizin. Thieme, Stuttgart 1990.
Eder, M.: Pathophysiologie und Klinik vertebragener Syndrome im Thorakalbereich. Zeitschrift Manuelle Medizin 2/1974.
Eder, M./Tilscher, H.: Zur Pathogenese und Klinik pseudoradikulärer Schmerzbilder. Zeitschrift Manuelle Medizin 3/1981.
Eder, M./Tilscher, H.: Schmerzsyndrome der Wirbelsäule. Hippokrates, Stuttgart 1982.
Eder, M./Tilscher, H.: Interskapulo-vertebrale Schmerzen. Zeitschrift Manuelle Medizin 1/1986.
Eder, M./Tilscher, H.: Chirotherapie. Hippokrates, Stuttgart 1988.
Engel, J.-M./Ströbel, G.: Rheumatherapie. VCH, Weinheim 1990.
Erdmann, H.: Grundzüge einer funktionellen Wirbelsäulen-Betrachtung. Zeitschrift Manuelle Medizin 2/1968, 4/1968, 3/1969.
Ewald, W.: Orthopädische Aspekte der Wirbelsäule. Zeitschrift Krankengymnastik 7/1982.
Exner, G.: Die Halswirbelsäule. Thieme, Stuttgart 1954.
Falkenau, H. A.: Sprachentwicklungsverzögerung durch Kopfgelenksblockierungen. Zeitschrift Manuelle Medizin 1/1989.
Farfan, H. F.: Biomechanik der Lendenwirbelsäule. Hippokrates, Stuttgart 1979.

Finneson, B. (Ed.): Low Back Pain. Lippincott, Philadelphia 1980.
Fisk, J. W.: Medical Treatment of Neck and Back Pain. Thomas, Springfield 1987.
Francon, J.: Die heutige Auffassung der «Periarthritis» der Schulter. Zeitschrift Physiotherapie 9/1977.
Frisch, H.: Manuelle Therapie in der Krankengymnastik. Zeitschrift Krankengymnastik 3/1976.
Frisch, H.: Programmierte Untersuchung des Bewegungsapparates. Springer, Berlin 1983.
Frisch, H. (Hrsg.): Manuelle Medizin heute. Springer, Berlin 1985.
Gänshirt, H. (Hrsg.): Der Hirnkreislauf. Thieme, Stuttgart 1972.
Gartner, K.: Handbuch der Massage. Orac, Wien 1986.
Gaymans, F.: Die Messung der Körperrotation und ihre Bedeutung für Diagnose und Therapie bei vertebragenen Störungen. Zeitschrift Manuelle Medizin 2/1971.
Gaymans, F.: Neue Mobilisations-Prinzipien und -techniken an der WS. Zeitschrift Manuelle Medizin 2/1973.
Gaymans, F.: Die Bedeutung der Atemtypen für die Mobilisation der Wirbelsäule. Zeitschrift Manuelle Medizin 6/1980.
Gehin, A.: Atlas of Manipulation Techniques for the Cranium & Face. Eastland, Seattle 1987.
Gelb, H./Siegel, P. M.: Schmerzbekämpfung ohne Medikamente. Econ, Düsseldorf 1982.
Gelb, H. (Ed.): Clinical Management of Head, Neck and TMJ Pain and Dysfunction. Saunders, Philadelphia 1977.
Gisel, A./Wicke, L./Schmiedl, R.: Funktionelle Anatomie und Röntgenanatomie der Wirbelsäule. Fischer, Stuttgart 1988.
Gläser, O./Dalicho, W. A.: Segmentmassage. Thieme, Leipzig 1972.
Glasgow, E. F. et al. (Eds.): Manipulative Therapy. Churchill Livingstone, Melbourne 1985.
Geerinckx, P.: Vorlaufphänomen der Rippen. Zeitschrift Manuelle Medizin 5/1980.
Godt, P./Malin, J. P./Wittenborg, A.: Das Schulter-Arm-Syndrom. Thieme, Stuttgart 1981.
Greenman, P. E.: Manuelle Therapie am Brustkorb. Zeitschrift Manuelle Medizin 2/1979.
Greenman, P. E. (Ed.): Concepts and Mechanisms of Neuromuscular Functions. Springer, Berlin 1984.
Greenman, P. E.: Wirbelbewegung. Zeitschrift Manuelle Medizin 1/1984.
Greenman, P. E.: Eingeschränkte Wirbelsäule. Zeitschrift Manuelle Medizin 1/1984.
Greenman, P. E.: Schichtweise Palpation. Zeitschrift Manuelle Medizin 2/1984.
Greenman, P. E.: Klinische Aspekte der Funktion der Iliosakralgelenke beim Gehen. Zeitschrift Manuelle Medizin 5/1990.
Grieve, G. P.: Common Vertebral Joint Problems. Churchill Livingstone, Edinburgh 1981.
Grieve, G. P. (Ed.): Modern Manual Therapy of the Vertebral Column. Churchill Livingstone, Edinburgh 1981.
Griffin, J. E./Karselis, T. C.: Physical Agents for Physical Therapists. Thomas, Springfield 1988.
Gross, D. (Hrsg.): Therapie über das Nervensystem (13 Bände). Hippokrates, Stuttgart 1965–1976.
Gross, D.: Zu den neurophysiologischen Grundlagen der Bindegewebsmassage. Zeitschrift Krankengymnastik 4/1970.
Gross, D. u. a. (Hrsg.): Schmerzstudien – bisher 7 Bände. Fischer, Stuttgart 1978–1988.
Gross, D.: Differentialdiagnose und -therapie des Brustschmerzes. Zeitschrift Schmerz, 1/1982.
Gross, D.: Multifaktorielle Diagnose und Therapie beim Kreuzschmerz. Zeitschrift Schmerz 3/1982.
Gross, D./Thomalske, G./Schmitt, E.: Schmerzkonferenz (Sammelordner). Fischer, Stuttgart 1984–1990.
Gross, D.: Analyse vertebragener Schmerzsyndrome und ihrer Behandlung am Beispiel des Schleudertraumas (Whiplash injury). Zeitschrift Manuelle Medizin 3/1984.
Gross, D.: Polymyographische Untersuchungen bei Rückenbeschwerden. Zeitschrift Manuelle Medizin 4/1984.
Gross, D.: Die Cervico-Rota-Metrie. Zeitschrift Manuelle Medizin 3/1986.
Gross, D.: Das Kinesimeter. Zeitschrift Manuelle Medizin 4/1986.
Gschwend, N.: Der Patient und sein Kreuz. Zeitschrift Manuelle Medizin 5/1983.
Gutmann, G.: Statische Aspekte bei der Coxarthrose. Zeitschrift Manuelle Medizin 5/1970.
Gutmann, G.: Die Schleuderverletzung der Halswirbelsäule. Zeitschrift Manuelle Medizin 2/1976.
Gutmann, G.: Kopfgelenke und Kopfschmerz. Zeitschrift Manuelle Medizin 1/1977.
Gutmann, G.: Das ligamentäre Schmerzsyndrom – Grenzen seiner krankengymnastischen Behandlung. Zeitschrift Krankengymnastik 5/1980.
Gutmann, G. (Hrsg.): Funktionelle Pathologie und Klinik der Wirbelsäule (4 Bände). Fischer, Stuttgart 1981–1984.
Gutmann, G. (Hrsg.): Arteria vertebralis. Springer, Berlin 1984.
Gutzeit, K.: Der vertebrale Faktor im Krankheitsgeschehen. Zeitschrift Manuelle Medizin 4/1981.
Hackenbroch, M. (Hrsg.): Die Wirbelsäule in Diagnostik und Therapie. Hippokrates, Stuttgart 1962.
Hadler, N. M.: Medical Management of the regional musculoskeletal diseases. Grune & Stratton, Orlando 1984.
Häfelin, H.: Basis der Bindegewebsmassage. Hippokrates, Stuttgart 1979.
Haferkamp, H. (Hrsg.): Die Veränderung der Wirbelsäule als Krankheitsfaktor. Hippokrates, Stuttgart 1957.
Hamann, A. (Hrsg.): Massage in Bild und Wort. Fischer, Stuttgart 1976.

Hamberg, J./Evjenth, O.: Muskeldehnung, warum und wie? Remed, Zug 1982.
Hansen, K./Staa, H. v.: Reflektorische und algetische Krankheitszeichen der inneren Organe. Thieme, Leipzig 1938.
Hansson, T./Honée, W./Hesse, J.: Funktionsstörungen im Kausystem. Hüthig, Heidelberg 1987.
Hartmann, L. S.: Handbook of Osteopathic Technique. Hutchinson, London 1985.
Hedtmann, A. (Hrsg.): Degenerative Schultererkrankungen. Enke, Stuttgart 1990.
Heers, H.: Posttraumatische Instabilitäten des Kniegelenks. Zeitschrift Krankengymnastik 9/1983.
Heers, H.: Diagnostik von Schultergelenkerkrankungen nach der Methode von J. Cyriax. Zeitschrift Krankengymnastik 2/1991.
Heine, K.-H. (Hrsg.): Zur funktionellen Pathologie und Therapie der Wirbelsäule. Verlag für Praktische Medizin, Berlin 1957.
Heinze, F.: Gezielte Repositionstherapie. T. Marcell, München 1983.
Heinze, F.: Reflexzonentherapie bei Schmerzsyndromen. Zeitschrift Physiotherapie 11/1984.
Heipertz, W./Schmidt, E.: Wirbelsäulenerkrankungen. Springer, Berlin 1978.
Helmrich, H. E.: Die Bindegewebsmassage (2 Bände). Haug, Heidelberg 1978.
Hermann, N.: Strain and counterstrain – eine neue Sichtweise in der Osteopathie. Zeitschrift Naturheilpraxis 10/1989.
Hiemeyer, K./Lutz, R./Menninger, H.: Dependence of tender points upon posture – A key to the understanding of fibromyalgia syndrome. Journal of Manual Medicine 4/1990.
Hinz, P.: Die Verletzung der Halswirbelsäule durch Schleuderung und Abknickung. Hippokrates, Stuttgart 1970.
Hirschfeld, P.: Die Bedeutung der Anamnese in der klinischen Basisuntersuchung des Kniegelenks. Zeitschrift Krankengymnastik 7/1983.
Hirschfeld, P./Winkel, D.: Orthopädische Medizin, (Band 1: Die Schulter). Perimed, Erlangen 1984.
Hirschfeld, P.: Untersuchungstechnik der Rotatorensehnen. Zeitschrift Physiotherapie 12/1986.
Hirschfelder, H./Hohmann, D./Beyer, W. F.: Die lumbale spinale Stenose. Zeitschrift Manuelle Medizin 3/1990.
Hoepke, H./Kantner, M.: Das Muskelspiel des Menschen. Fischer, Stuttgart 1971.
Hoffmann, C.-F.: Schmerzquellen an der Wirbelsäule. Zeitschrift Physiotherapie 4/1983.
Hohmann, D.: Die degenerativen Veränderungen an den Costovertebralgelenken. Enke, Stuttgart 1968.
Hohmann, D./Kügelen, B./Liebig, K./Schirmer, M. (Hrsg.): Neuroorthopädie (4 Bände). Springer, Berlin 1983–1988.
Hoppenfeld, S.: Orthopädische Neurologie. Enke, Stuttgart 1980.
Hoppenfeld, S.: Klinische Untersuchung der Wirbelsäule und Extremitäten. Fischer, Stuttgart 1982.
Howald, H.: Morphologische und funktionelle Veränderungen der Muskelfasern durch Training. Zeitschrift Manuelle Medizin 4/1984.
Huguenin, F.: Das Iliosakralgelenk. Zeitschrift Manuelle Medizin 4/1976.
Hülse, M.: Die Gleichgewichtsstörung bei der funktionellen Kopfgelenksstörung. Klinik und Differentialdiagnostik. Zeitschrift Manuelle Medizin 5/1981.
Illi, F.: Wirbelsäule, Becken und Chiropraktik. Haug, Saulgau 1953.
Jackson, R.: The Cervical Syndrome. Thomas, Springfield 1977.
Janda, V.: Die Motorik als reflektorisches Geschehen und ihre Bedeutung in der Pathogenese vertebragener Störungen. Zeitschrift Manuelle Medizin 1/1967.
Janda, V.: Muskelfunktionsdiagnostik. Dr. E. Fischer, Heidelberg 1979.
Janda, V.: Gestörte Bewegungsabläufe und Rückenschmerzen. Zeitschrift Manuelle Medizin 4/1984.
Janke, G.: Die deformierende Arthrose des Kiefergelenks, eine Ursache okklusaler Dysfunktion. Zeitschrift Biologische Zahnmedizin 4/1986 und 1/1987.
Janzen, R. (Hrsg.): Schmerzanalyse. Thieme, Stuttgart 1981.
Jend-Rossmann, I./Jend, H.-H.: Die Bedeutung von Funktionsgeräuschen im Kiefergelenk. Zeitschrift Manuelle Medizin 2/1988.
Jenkner, F. C.: Das Cervicalsyndrom. Springer, Wien 1989.
Jinxue, L./Yuanping, W.: Chinese Manipulation and Massage. International Academic Publishers, Oxford 1989.
Jörgens, H.: Das Schulter-Arm-Schmerzsyndrom aus internistischer Sicht. Zeitschrift Krankengymnastik 12/1976.
Jones, L. H.: Strain and Counterstrain. The American Academy of Osteopathy, New York 1981.
Josenhans, G. (Hrsg.): Schmerzsyndrome der Wirbelsäule und ihre Behandlung. Colloquia rheumatologica 22, Dr. E. Banaschewski, München 1986.
Junghanns, H. (Hrsg.): Die Wirbelsäule in Forschung und Praxis (Band 1–105). Hippokrates, Stuttgart 1957–1989.
Just, I.: Krankengymnastische Aspekte der Funktionskrankheiten des Bewegungsapparates, Teil 1. Zeitschrift Funktionskrankheiten 1/1986.
Just, I.: Die Funktionsanalyse des Bewegungsapparates nach Dr. Brügger – Neue Wege für Diagnostik und Therapie. Zeitschrift Krankengymnastik 7/1986.
Kaganas, G./Müller, W./Wagenhäuser, F. J. (Hrsg.): Schmerzbehandlung in der Rheumatologie. Karger, Basel, 1989.
Kaltenborn, F.: Manuelle Therapie der Extremitätengelenke. Olaf Norlis Bokhandel, Oslo 1982.
Kapandji, I. A.: Funktionelle Anatomie der Gelenke (3 Bände). Enke, Stuttgart 1984 und 1985.

Kaplan, P. E./Tanner, E. D.: Musculoskeletal Pain and Disability. Appleton & Lange, Norwalk 1989.

Kemmer, V.: Sinn und Bedeutung der Manuellen Therapie. Zeitschrift Krankengymnastik 4/1979.

Kendell, H. O./ Kendell, F. P./Boyntan, D. A.: Posture and Pain. Williams & Wilkens, Baltimore 1952.

Kenna, C./Murthagh, J.: Back Pain & Spinal Manipulation. Butterworths, Sydney 1989.

Kessel, L./Bayley, I.: Clinical Discorders of the Shoulder. Churchill Livingstone, Edinburgh 1986.

Kibler, M.: Das Störungsfeld bei Gelenkerkrankungen und inneren Krankheiten. Hippokrates, Stuttgart 1958.

Kirkaldy-Willis, W. H. (Ed.): Managing Low Back Pain. Churchill Livingstone, New York 1988.

Kitzinger, E.: Skoliose und Beckenverwringung. Zeitschrift Manuelle Medizin 2/1978.

Koebke, J.: Anatomie und Biomechanik des Schultergelenks und der periartikulären Weichteile. Zeitschrift Physiotherapie 12/1986.

Kohlrausch, A.: Schmerzbehandlung durch Massage. Zeitschrift Physikalische Medizin, Balneologie, Med. Klimatologie 1/1981.

Kohlrausch, W.: Reflexzonenmassage in Muskulatur und Bindegewebe. Hippokrates, Stuttgart 1955.

Kohlrausch W.: Bindegewebsvibration und andere Massageprobleme. Zeitschrift Krankengymnastik 4/1973.

Kondziella, W.: Zervikales Globusgefühl – Ursache und Behandlung. Zeitschrift Manuelle Medizin 3/1983.

Kondziella, W.: Der vertebragene Faktor beim Präkordialschmerz und seine Behandlung. Zeitschrift Manuelle Medizin 6/1984.

Kondziella, W.: Unklarer Abdominalschmerz: Psoashartspann und seine Behandlung. Zeitschrift Manuelle Medizin 2/1985.

Kondziella, W.: Nachweis des vertebragenen Faktors beim Präkordialschmerz. Zeitschrift Der Schmerz 3/1988.

Konerding, M. A.: Die Vaskularisation der Wirbelsäule. Hippokrates, Stuttgart 1988.

Korr, I. M.: The Neurobiologic Mechanisms in Manipulative Therapy. Plenum Press, New York 1978.

Krämer, J.: Bandscheibenbedingte Erkrankungen. Thieme, Stuttgart 1978.

Krahe, B.: Thorakal-Syndrome in der Differentialdiagnose der inneren Medizin. Zeitschrift Manuelle Medizin 1/1974.

Kraus, H.: Diagnose und Behandlung von Muskelschmerzen. Quintessenz, Berlin 1989.

Krauß, H.: Reflextherapie in der Physiotherapie. Zeitschrift Manuelle Medizin 4/1982.

Krüger, M.: Cervikalsyndrom und Engpaß-Syndrome des Armes. Differentialdiagnose und therapeutische Möglichkeiten. Zeitschrift Physiotherapie 9/1983.

Kubis, E.: Iliosakralverschiebung und Muskelfunktion im Beckenbereich als Diagnostikum. Zeitschrift Manuelle Medizin 3/1969.

Kubis, E.: Manualtherapeutische Erfahrungen am Bekken. Zeitschrift Manuelle Medizin 3/1970.

Kügelen, B./Hillemacher, A. (Hrsg.): Die lumbale Bandscheibenerkrankung in ärztlicher Sprechstunde. Springer, Berlin 1985.

Kügelen, B./Hillemacher, A. (Hrsg.): Problem Halswirbelsäule. Springer, Berlin 1989.

Kuhn, W.: Funktionelle Anatomie des menschlichen Bewegungsapparates. Hofmann, Schorndorf 1979.

Kunert, W.: Arteria vertebralis und Halswirbelsäule. Hippokrates, Stuttgart 1961.

Kunert, W.: Wirbelsäule und Innere Medizin. Enke, Stuttgart 1975.

Kuprian, W.: Der physiologisch richtige Arbeitssitz. Zeitschrift Krankengymnastik 3/1969.

Kurz, I.: Einführung in die Manuelle Lymphdrainage nach Dr. Vodder (Band 2 und 3). Haug, Heidelberg 1980.

Lackner, R./Kröll, W./Hinghofer-Szalkay, H.: Manualtherapie bei Singultus. Zeitschrift Manuelle Medizin 6/1988.

Lacrambe, H. G.: Manipulation Vertébral et Lombalgie. Maisonneuve, Sainte-Ruffine 1974.

Lang, J.: Bau und Funktion der Muskelhüllen. Zeitschrift Krankengymnastik 7/1961.

Lang, J.: Klinische Anatomie der Halswirbelsäule. Thieme, Stuttgart 1991.

Lange, M.: Der Muskelrheumatismus. Steinkopff, Dresden 1939.

Laser, T.: Lumbale Bandscheibenleiden. Zuckschwerdt, München 1988.

Lavezzari, R.: Die Osteopathie. Urban & Schwarzenberg, München 1957.

Lawall, J./Heimann, D./Bringezu, G.: Die Behandlung der Insertionstendopathien mit der «Stäbchenzange Duo». Zeitschrift Physiotherapie 2/1988.

Laxton, A. H.: Practical approaches to the normalization of muscle tension. Journal of Manual Medicine 3/1990.

Lechner, J.: Dysgnathische Hypophysenstörungen. Zeitschrift Biologische Zahnmedizin 4/1986.

Leek, J. C./Gershwin, M. E./Fowler, W. M. (Eds.): Principles of Physical Medicine and Rehabilitation in the Musculoskeletal Diseases. Grune & Stratton, Orlando 1986.

Lewit, K.: Steißbein und Kreuzschmerz. Zeitschrift Manuelle Medizin 4/1967.

Lewit, K.: Differentialdiagnose der Lumbago. Zeitschrift Manuelle Medizin 2/1968.

Lewit, K.: Wirbelsäule und innere Organe. Zeitschrift Manuelle Medizin 2/1972.

Lewit, K.: Kopfgelenksblockierungen und chronische Tonsilitis. Zeitschrift Manuelle Medizin 6/1976.

Lewit, K./Gaymans, F.: Muskelfazilitations- und Inhibitionstechniken in der Manuellen Medizin. Teil I: Mobilisation. Zeitschrift Manuelle Medizin 6/1980.

Lewit, K.: Muskelfazilitations- und Inhibitionstechniken in der Manuellen Medizin. Teil II und III: Postisometrische Muskelrelaxation. Zeitschrift Manuelle Medizin 1 und 2/1981.

Lewit, K.: Manuelle Medizin im Rahmen der medizinischen Rehabilitation. Urban & Schwarzenberg, München 1984.
Lewit, K.: Kopfgelenke und Gleichgewichtsstörung. Zeitschrift Manuelle Medizin 2/1986.
Lewit, K.: Postisometrische Relaxation in Kombination mit anderen Methoden muskulärer Fazilitation und Inhibition. Zeitschrift Manuelle Medizin 2/1986.
Lewit, K.: Beckenverwringung und Iliosacralblockierung. Zeitschrift Manuelle Medizin 3/1987.
Lewit, K.: Verschiebungen im Bereich der Symphyse und der Tubera ischiadica. Zeitschrift Manuelle Medizin 5/1989.
Liebermeister, R. G. A.: Muskeltonus und Massage. Zeitschrift Physiotherapie 12/1988.
Lilienfein, W.: Funktionelle Schlingentischtherapie. Selbstverlag, Schwäbisch Hall 1984.
Lindenmann, K./Kuhlendahl, H.: Die Erkrankungen der Wirbelsäule. Enke, Stuttgart 1953.
Lippert, H.: Anatomie am Lebenden. Springer, Berlin 1989.
Lisy, L.: Propriozeptive und exterozeptive Reflexe in den Nackenmuskeln. Zeitschrift Manuelle Medizin 1/1983.
Loeweneck, H./Maas, U.: Die Bandscheibe. Zeitschrift Krankengymnastik 11/1973.
Lohse-Busch, H.: Prinzipien der Metamermedizin. Ein Denkmodell. Zeitschrift Manuelle Medizin 1/1989.
Lomba, J. A.: Osteopathie der unteren Extremitäten. Verlag Volksheilkunde, Bochum 1989.
Longton, E.: Lumbale Extensionsbehandlung. Zeitschrift Krankengymnastik 8/1974.
Longton, E.: Technik der Weichteilorthopädie nach der Methode von Cyriax. Zeitschrift Krankengymnastik 6/1986.
Macnab, L.: Backache. Williams & Wilkins, Baltimore 1977.
Magoun, H. I.: Osteopathy in the Cranial Field. The Journal Printing, Kirksville 1976.
Maigne, R.: Wirbelsäulenbedingte Schmerzen und ihre Behandlung durch Manipulation. Hippokrates, Stuttgart 1977.
Maigne, R.: Dorso-lumbale Ursachen mancher tiefsitzender Lumbalgien. Zeitschrift Physiotherapie 2/1978.
Maigne, R.: Das Syndrom der Übergangszonen der Wirbelsäule. Zeitschrift Manuelle Medizin 5/1984.
Maitland, G. D.: Peripheral Manipulation. Butterworths, London 1980.
Maitland, G. D.: Vertebral Manipulation. Butterworths, London 1981.
Maitland, G. D.: Manipulation der peripheren Gelenke. Springer, Berlin 1988.
Maitland, G. D.: Manipulation der peripheren Gelenke. Springer, Berlin 1988.
Manheim, C./Lavett, D.: The Myofascial Release Manual. Slack, Thorofare 1989.
Manheim, C./Lavett, D.: The Self-Healing Body: Craniosacral Therapy and Somato-Emotional Release. Slack, Thorofare 1989.
Marnitz, H.: Massage über das Nervensystem, ihre Stellung in Lehre und Praxis. Zeitschrift Physiotherapie 4/1975.
Marnitz, H.: Ungenutzte Wege der manuellen Behandlung. Haug, Heidelberg 1978.
Marnitz, H.: Die Schlüsselzonenmassage – ein wegweisender Fortschritt. Zeitschrift Physiotherapie 6/1982.
Martius, H.: Die Kreuzschmerzen der Frau. Thieme, Stuttgart 1953.
Marx, G.: Manuelle Therapie, theoretische Grundlagen und Einordnung in das Leistungsspektrum der Krankengymnasten. Zeitschrift Krankengymnastik 7/1983.
Masayuki, S.: Orienta Speciala Diina Massage. Cina Internacia, Pekino 1989.
Mathiaß, H. H.: Die Objektivierung manualtherapeutischer Untersuchungen. Zeitschrift Manuelle Medizin 6/1983.
Mayr, F. X.: Fundamente zur Diagnostik der Verdauungskrankheiten. Turm, Bietigheim 1974.
McKenzie, R. A.: The Lumbar Spine. Spinal Publication, London 1981.
McKenzie, R. A.: Die Selbstbehandlung für den Rükken. Spinal Publications Switzerland, Zürich 1985.
McKenzie, R. A.: Die Selbstbehandlung für den Nakken. Spinal Publications Switzerland, Zürich 1986.
Mennell, J.: Joint Pain. Little Brown, Boston 1964.
Meng, A.: Traditionelle Chinesische Massage. Haug, Heidelberg 1982.
Metz, E. G.: Rücken- und Kreuzschmerzen. Springer, Berlin 1986.
Michel, J. (Ed.): Pain. Churchill Livingstone, Melbourne 1985.
Mohr, U./Schimek, J. J.: Fusionsstörungen des Auges als Folge vertebraler Funktionsstörungen. Zeitschrift Manuelle Medizin 1/1984.
Mohr, U.: Manuelle Medizin. Zeitschrift Der Schmerz 3/1984.
Mollier, S.: Über die Statik und Mechanik des menschlichen Schultergürtels unter normalen und pathologischen Verhältnissen. Fischer, Jena 1899.
Mollier, S.: Plastische Anatomie. J. F. Bergmann, München 1924.
Mörike, K. D.: Funktionelle Anatomie der Gelenke. Zeitschrift Krankengymnastik 1/1979.
Mucha, C.: Krankengymnastische Übungstherapie bei degenerativ bedingten LWS-Syndromen. Zeitschrift Rheuma 5/1985.
Mucha, C.: Krankengymnastische Übungstherapie bei degenerativ bedingten HWS-Syndromen. Zeitschrift Rheuma 6/1985.
Muhr, G./Wagner, M.: Kapsel-Band-Verletzungen des Kniegelenks. Springer, Berlin 1981.
Mumford, J. M.: Kiefer-Gesichtsschmerz DÄV, Köln 1989.
Müller, A.: Lehrbuch der Massage (2 Bände). Marcus & Webers, Bonn 1926.
Muller-David, M. F.: Reflexzonenmassage. Orac, Wien 1986.

Mumenthaler, M.: Der Schulter-Arm-Schmerz. Huber, Bern 1982.
Muschinsky, B.: Massagelehre in Theorie und Praxis. Fischer, Stuttgart 1984.
Neumann, H.-D./Wolff, H.-D. (Hrsg.): Theoretische Fortschritte und praktische Erfahrungen der manuellen Medizin. Konkordia, Bühl 1979.
Neumann, H.-D.: Manuelle Medizin. Springer, Berlin 1983.
Neumann, H.-D.: Manuelle Diagnostik und Therapie von Blockierungen der Kreuzdarmbeingelenke nach F. Mitchell (Muskelenergietechnik). Zeitschrift Manuelle Medizin 5/1985.
Neumann, H.-D.: Die Behandlung von reversiblen hypomobilen Funktionsstörungen «Blockierungen» der Halswirbelsäule mit der Muskelenergietechnik nach F. Mitchell sen. Zeitschrift Manuelle Medizin 1/1988.
Niboyet, J. E. H.: La Practique de la Medicine Manuelle. Maisonneuve, Sainte-Ruffine 1968.
Niethard, F. U.: Der Kreuzschmerz. Dr. E. Banaschewski, München 1980.
Niethard, F. U./Rompe, G.: Das lumbale Facettensyndrom. Zeitschrift Manuelle Medizin 3/1981.
Novotny, A./Dvorak, V.: Funktionsstörungen der Wirbelsäule in der gynäkologischen Praxis. Zeitschrift Manuelle Medizin 4/1972.
Nwuga, V. C.: Manipulation of the Spine. Williams & Wilkins, Baltimore 1976.
Oliveri, M.: Die Behandlung des lumbovertebralen Syndroms nach McKenzie. Zeitschrift Schweizerische Rundschau für Medizin 23/1984.
Partiquin, D. A.: Zur mechanischen Ätiologie des Tietze-Syndroms. Zeitschrift Manuelle Medizin 1/1987.
Paterson, J. K./Burn, L.: An Introduction tö Medical Manipulation. Kluwer Academic, Dordrecht 1985.
Paterson, J. K./Burn, L.: Examination of the Back. Kluwer Academic, Dordrecht 1986.
Paterson, J. K./Burn, L. (Ed.): Back Pain. An International Review. Kluwer Academic, Dordrecht 1990.
Payton, O. D. (Ed.): Manual of Pysical Therapy. Churchill Livingstone, New York 1989
Peper, W.: Der chiropraktische Report. Haug, Heidelberg 1978.
Peper, W.: Technik der Chiropraktik. Haug, Heidelberg 1978.
Peper, W.: Technik der manuellen Fußbehandlung. Haug, Heidelberg 1978.
Peper, W./Lomba, J. A.: Technik der Chiropraktik und strukturelle Osteopathie. Haug, Heidelberg 1990.
Peter, E.: Betrachtungen zur Mechanotherapie zervikaler Beschwerden. Zeitschrift Manuelle Medizin 1/1971.
Pischinger, A.: Das System der Grundregulation. Haug, Heidelberg 1985.
Pöllmann, L.: HWS-Syndrom und Kiefergelenksbeschwerden. Zeitschrift Schmerz 1/1984.
Pongratz, J.: Funktionsstörungen der Wirbelsäule als psychosomatisches Phänomen. Zeitschrift Manuelle Medizin 4/1978.
Preusser, W.: Regulationstherapie. Haug, Heidelberg 1987.
Prost, A.: Die Mobilisierung der Schulter nach Mennel. Zeitschrift Physiotherapie 6/1977.
Puttkamer, J. v.: Organbeeinflussung durch Massage. Haug, Saulgau 1948.
Puttkamer, J. v.: Massage und Schmerzproblem. Haug, Ulm 1953.
Putz, R.: Funktionelle Anatomie der Wirbelgelenke. Thieme, Stuttgart 1978.
Putz, R.: Biomechanik des Schultergürtels. Zeitschrift Manuelle Medizin 1/1986.
Putz, R.: Funktionelle Morphologie der unteren Lendenwirbelsäule. Zeitschrift Manuelle Medizin 5/1987.
Putz, R.: Biomechanik der Wirbelsäule. Zeitschrift Krankengymnastik 1/1989.
Quilitzsch, G.: Manuelle Segmenttherapie. Müller & Steinecke, München 1981.
Rabe, R.: Manuelle Therapie – Heilgymnastik. Corvus, Bad Kreuznach 1976.
Rausch, D.: Eine Möglichkeit gezielter krankengymnastischer Behandlung bei mechanischen Störungen der Wirbelsäule. Zeitschrift Krankengymnastik 1/1984.
Rausch, D.: Behandlungsbeispiel zweier Fälle mit mechanischen Störungen der Lendenwirbelsäule. Zeitschrift Krankengymnastik 2/1985.
Rausch, D.: Krankengymnastik bei Wirbelsäulenschäden. Zeitschrift Krankengymnastik 8/1989.
Reinhardt, B.: Die stündliche Bewegungspause. Hippokrates, Stuttgart 1983.
Reischauer, F.: Wirbelbandscheibenvorfall. Thieme, Stuttgart 1949.
Rettig, H./Oest, O./Eichler, J.: Wirbelsäulen-Fibel. Thieme, Stuttgart 1976.
Retzlaff, E. W./Mitchell, F. L. (Eds.): The Cranium and its Sutures. Springer, Berlin 1987.
Riede, D./Thomaschewski, R.: Beitrag zur Ätiologie der idiopathischen Skoliose nach manualtherapeutischen Gesichtspunkten. Zeitschrift Manuelle Medizin 3/1983.
Riessner, F. E.: Das dynamische Sitzen. Zeitschrift Physiotherapie 10/1975.
Robert, F.-W.: Costo-transversal-Gelenk-Arthrose Th 10 oder Robert-Syndrom. Zeitschrift Physiotherapie 5/1980.
Rogolf, L. (Ed.): Manipulation, Traction and Massage. Williams & Wilkins, Baltimore 1980.
Roland, M./Jenner, J. R. (Eds.): Back pain. Manchester University Press, Manchester 1989.
Rolf, I. P.: Rolfing. Dennis Landmann, Santa Monica 1977.
Rompe, G.: Extensionsbehandlung der Wirbelsäule. Zeitschrift Krankengymnastik 2/1975.
Rompe, G.: Krankengymnastische Behandlung bei degenerativen Erkrankungen des Schultergelenks. Zeitschrift Krankengymnastik 11/1981.

Rompe, G.: Orthopädie des Bettes. Zeitschrift Krankengymnastik 9/1982.
Rossaint, A.: Ganzheitliche Zahnheilkunde. Haug, Heidelberg 1985.
Rowe, C. R. (Ed.): The Shoulder. Churchill Livingstone, New York 1988.
Sachs, H.: Störungen – Entstörungen – Entstörungspunkte. Zeitschrift Krankengymnastik 11/1980.
Sachse, J.: Die Hypermobilität des Bewegungsapparates als potentieller Krankheitsfaktor. Zeitschrift Manuelle Medizin 4/1969.
Sachse, J./Eckhardt, E./Ließ, A./Sachse, T.: Reflextherapie bei Migräneerkrankungen. Zeitschrift Manuelle Medizin 3/1982.
Sachse, J.: Manuelle Untersuchung und Mobilisationsbehandlung der Extremitätengelenke. Fischer, Stuttgart 1983.
Sachse, J.: Konstitutionelle Hypermobilität als Zeichen einer zentralen motorischen Koordinationsstörung. Zeitschrift Manuelle Medizin 5/1984.
Sachse, J./Schildt, K.: Manuelle Untersuchung und Mobilisationsbehandlung. Springer, Wien 1989.
Sachs-Piet, I.: Behandlungsplan mit Bindegewebsmassage. Zeitschrift Krankengymnastik 11/1980.
Sagebiel, L.: Das postoperative Costovertebralsyndrom. Zeitschrift Manuelle Medizin 1/1984.
Sandführ, K./Linke, M./Wittek, J.: Manuelle Therapie entzündlich befallener Kiefergelenke. Zeitschrift Manuelle Medizin 2/1988.
Santibanez, G./Lindemann, M./Schroeder, H.: Wechselwirkung zwischen Störungen im Bewegungssystem und im Verhalten. Zeitschrift Manuelle Medizin 2/1986.
Schafer, R. C.: Chiropractic Management of Sports and Recreational Injuries. Williams & Wilkins, Baltimore 1986.
Schimek, J. J.: Myofasziale Triggerpunkt-Syndrome im Bereich des Schultergürtels – Eine klinisch-experimentelle Studie. Zeitschrift Schmerz 3/1984.
Schimek, J. J.: Gesichtsschmerz und Triggerpunktsyndrome der Kaumuskulatur. Zeitschrift Manuelle Medizin 2/1988.
Schlegel, K. F. (Hrsg.): Lumbalgie und Ischialgie. Hippokrates, Stuttgart 1977.
Schmid, H. J. A.: Iliosacrale Diagnose und Behandlung 1978–1982. Zeitschrift Manuelle Medizin 5/1985.
Schmitt, J. L.: Atemheilkunst. Humata, Bern 1956.
Schmorl, G./Junghanns, H.: Die gesunde und kranke Wirbelsäule im Röntgenbild und Klinik. Thieme, Stuttgart 1951.
Schneider, H.: Die Abnützungserkrankungen der Sehnen und ihre Therapie. Thieme, Stuttgart 1959.
Schneider, W./Dvorak, J./Dvorak, V./Tritschler, T.: Manuelle Medizin-Therapie. Springer, Berlin 1986.
Schoberth, H.: Sitzhaltung – Sitzschaden – Sitzmöbel. Springer, Berlin 1962.
Schoberth, H.: Die Leistungsprüfung der Bewegungsorgane. Urban & Schwarzenberg, 1972.
Schoberth, H.: Die funktionelle Anatomie der Wirbelsäule. Zeitschrift Physiotherapie 4/1983.
Schoberth, H.: Die Möglichkeiten und Grenzen der Massagebehandlung. Zeitschrift Physiotherapie 9/1987.
Schönberger, M.: Die Chirotherapie als Ganzheitsbehandlung. Videokassette Sandrowski, München 1987.
Schöning, N.: Bewegungstherapie im Wasser. Fischer, Stuttgart 1988.
Schott, J.: Traktions-Manipulation des Iliosakralgelenks (Lateralimpuls am Tuber ossis ischii). Zeitschrift Manuelle Medizin 4/1988.
Schuh, I.: Bindegewebsmassage. Fischer, Stuttgart 1986.
Schuhmacher, G.-H./Kubota, K.: Oberflächenanatomie des Menschen. Ueberreuter, Wien 1989.
Schwarz, E.: Internistische Indikationen der manipulativen Therapie. Zeitschrift Manuelle Medizin 2/1970.
Schwarz, E.: Schmerzprobleme. Zeitschrift Manuelle Medizin 3/1977.
Schwarz, E.: Innere Medizin und Wirbelsäule. Zeitschrift Manuelle Medizin 5/1977.
Schwarz, E.: Der Kreuzschmerz aus der Sicht des Internisten. Zeitschrift Manuelle Medizin 1/1978.
Sedlacek, E.: Heilmassage bei internen Erkrankungen. Haug, Ulm 1963.
Segal, P./Jacob, M.: The Knee. Wolfe, London 1989.
Seidel, A.: Beckenstellung, Wirbelsäulenstatik und Körpergewichtsverteilung. Zeitschrift Manuelle Medizin 5/1969.
Seifert, K.: Cervikal-vertebragene Schluckschmerzen in der Hals-Nasen-Ohren-Heilkunde – Die Zungenbeintendopathie. Zeitschrift Manuelle Medizin 5/1981.
Seifert, K.: HNO-ärztliche Diagnostik und Differentialdiagnostik zervikal-vertebragener Beschwerdebilder. Zeitschrift Manuelle Medizin 3/1986.
Seifert, K.: Welche Bedeutung hat die funktionelle Kopfgelenkstörung bei peripher-vestibulärem Schwindel? Zeitschrift Manuelle Medizin 5/1988.
Sell, K.: Spezielle manuelle Segment-Technik als Mittel zur Abklärung spondylogener Zusammenhangsfragen. Zeitschrift Manuelle Medizin 5/1969.
Sèze, S. de: Schulterschmerzen und Schulterblockierungen – Diagnostik und Behandlungen. Zeitschrift Physiotherapie 7 + 8/1977.
Sheon, R. P./Moskowitz, R. W./Goldberg, V. M.: Weichteilrheumatismus und andere Schmerzsyndrome des Bewegungsapparates. Steinkopff, Darmstadt 1983.
Siegrist, H.: Diagnostik und differenzierte Therapie des Weichteilrheumatismus. Zeitschrift Krankengymnastik 6/1976.
Simeons, A. T. W.: Die Entwicklung des menschlichen Gehirns. Goldmann, München 1970.
Simeons, A. T. W.: Ärger und Aufregung als Krankheitsursachen. Goldmann, München 1973.

Simons, D. G.: Muskulofasziale Schmerzsyndrome infolge Triggerpunkten. Zeitschrift Manuelle Medizin 6/1985.

Singer, F./Scherak, O.: Rehabilitation bei Veränderungen des Discus intervertebralis und der Spondylolisthese. Ueberreuter Wissenschaft, Wien 1988.

Sollmann, H.: 5000 Jahre manuelle Medizin. Marczell, Puchheim 1974.

Spalteholz, W./Spanner, R.: Handatlas der Anatomie des Menschen (2 Bände). Scheltema & Holkema, Amsterdam 1971.

Sprick, O.: Wirbelgleiten und lumbale Spinalkanalenge. Zeitschrift Physiotherapie 11/1990.

Stein, K.: Analyse unterschiedlicher Muskelbefunde und ihre Behandlung. Zeitschrift Krankengymnastik 2 + 7/1975.

Stein, K.: Wirbelsäulenschmerzen – Massieren oder nicht? Zeitschrift Krankengymnastik 4/1978.

Steinrücken, H.: Chirotherapeutisch beeinflußbare Krankheitsbilder. Hippokrates, Stuttgart 1980.

Steinrücken, H.: Beitrag zur Diagnostik, Klinik und Therapie am Thorax aus der Sicht der Manualtherapeuten. Zeitschrift Manuelle Medizin 2/1981.

Steinrücken, H./Sacker, I./Betz, R.: Untersuchungen über das Costovertebralsyndrom mit pseudoanginöser Symptomatik bei Patienten einer kardiologischen Spezialklinik. Zeitschrift Manuelle Medizin 3/1984.

Steinrücken, H.: Diskussionsbeitrag: Zur Terminologie degenerativer Erkrankungen im Bereich der Wirbelsäule. Zeitschrift Manuelle Medizin 3/1987.

Stevens, A./Vyncke, G.: Die Bewegungsfähigkeit des Sakrums in der Transversalebene. Die Iliosakralgoniometrie in Praxis und Labor. Zeitschrift Manuelle Medizin 5/1988.

Stoddard, A.: Lehrbuch der osteopathischen Technik an Wirbelsäule und Becken. Hippokrates, Stuttgart 1978.

Stofft, E.: Die menschliche Halswirbelsäule. Zeitschrift Manuelle Medizin 6/1970.

Storck, H.: Die Anwendung der Statik auf den menschlichen Bewegungsapparat. Enke, Stuttgart 1951.

Strohal, R.: Manuelle Therapie bei Wirbelsäulenerkrankungen. Urban & Schwarzenberg, München 1976.

Strohal, R.: Manuelle Therapie in der Allgemeinpraxis. Urban & Schwarzenberg, München 1990.

Stucke, K.: Der Fersenschmerz. Thieme Stuttgart 1956.

Süßmeyer, G.: Tennisellenbogen – Werferellenbogen. Zeitschrift Krankengymnastik 12/1980.

Sutter, M.: Diagnostische Weichteilpalpation des Bewegungsapparates. Zeitschrift Manuelle Medizin 5/1983.

Tappan, F. M.: Healing Massage Techniques. Reston Publishing Company, Reston 1980.

Taubert, K./Keil, G.: Migräne durch Fehlstellungen im Beckenbereich. Zeitschrift für Physiotherapie 1/1991.

Taylor, L. P.: Manual of Physical Evaluation and Treatment. Slack, Thorofare 1989.

Teirich-Leube, H.: Grundriß der Bindegewebsmassage. Fischer, Stuttgart 1976.

Terrier, J. C.: Manipulativmassage im Rahmen der physikalischen Therapie. Hippokrates, Stuttgart 1958.

Terrier, J. C. (Hrsg.): Beiträge zur manuellen Therapie. Hippokrates, Stuttgart 1959.

Terrier, J. C.: Aufsätze und Vorträge zur Manuellen Medizin 1957–1969. Selbstverlag 1985.

Tesarova, A.: Diagnostik von Beweglichkeitsstörungen der Wirbelsäule durch Inspektion der Wirbelsäule während der Atmung. Zeitschrift Manuelle Medizin 2/1969.

Thomas, W.: Wo entsteht der cervicale Schmerz – wie wirkt er sich aus? Zeitschrift Physiotherapie 5/1977.

Tillmann, B.: Funktionelle Anatomie des Ellbogengelenks. Zeitschrift Physiotherapie 9/1984.

Tilscher, H.: Ursachen für Lumbalsyndrome. Steinkopff, Darmstadt 1979.

Tilscher, H./Friedrich, M./Strösser, W.: Erfahrungen bei der Behandlung von vertebragenen Kopfschmerzen. Zeitschrift Schmerz 1/1982.

Tilscher, H./Eder, M.: Die Rehabilitation von Wirbelsäulengestörten. Springer, Berlin 1983.

Tilscher, H./Eder, M.: Psychosomatische Erkrankungen des Bewegungsapparates aus der Sicht des Orthopäden. Zeitschrift Manuelle Medizin 4/1985.

Tilscher, H./Eder, M.: Lehrbuch der Reflextherapie. Hippokrates, Stuttgart 1986.

Tilscher, H./Thomalske, G.: Rücken- und Kreuzschmerz. Edition Medizin VCH, Weinheim 1989.

Tobis, J. S./Hoehler, F.: Muskuloskeletal Manipulation. Thomas, Springfield 1986.

Tomaschewski, R.: Blockierungen und asymmetrische muskuläre Befunde bei idiopathischen Skoliosen im Kinderalter. Zeitschrift Manuelle Medizin 2/1983.

Travell, J. G./Simons, D. G.: Myofascial Pain and Dysfunction. Williams & Wilkins, Baltimore 1982.

Trelenburg, H.: Einführung in die «Schlüsselzonenmassage» nach Dr. Marnitz. Zeitschrift Physiotherapie 1/1980.

Treuenfels, H. v.: Über die Relation von Dysgnathien, Haltungsfehlern und Deformitäten der Wirbelsäule. Zeitschrift Biologische Zahnmedizin 1/1986 und 2/1986.

Treuenfels, H. v.: Das Gnatho-Vertebral-Syndrom. Zeitschrift Biologische Zahnmedizin 4/1987.

Uhlmann, K.: Lehrbuch der Anatomie des Bewegungsapparates. Quelle & Meyer, Heidelberg 1986.

Upledger, J. E./Vredevoogd, J. D.: Craniosacral Therapy. Eastland, Seattle 1983.

Upledger, J. E.: Craniosacral Therapy II. Eastland, Seattle 1987.

Van Steen, L.: Le réflexe vertébral. Maloine, Paris 1981.

Veraguth, O./Braendli-Wyss, C.: Der Rücken des Menschen. Huber, Bern 1940.

Vogler, P.: Der rheumatische Formenkreis und seine physikalische Therapie. Urban & Schwarzenberg, München 1956.

Vogler, P.: Physiotherapie. Verlag der Ungarischen Akademie der Wissenschaften, Budapest 1964.

Vogler, P./Krauss, H.: Periostbehandlung – Kolonbehandlung. Enke, Stuttgart 1975.

Volk, G.: Neural-personale Diagnostik. Haug, Ulm 1955.

Voll, J.: Bandscheibenvorfall – Diagnostik konservativer und operativer Behandlung. Zeitschrift Physiotherapie 2/1977.

Wall, P. D./Melzack, R. (Eds.): Textbook of Pain. Churchill Livingstone, Melbourne 1984.

Walter, R.: Einführung in die allgemeine Osteopathie. Dr. E. Fischer, Heidelberg 1980.

Walther, D. S.: Applied Kinesiology. Systems DC, Pueblo 1983.

Walther, D. S.: Applied Kinesiology – Synopsis. Systems DC, Pueblo 1988.

Walther, G.: Brustschmerzen und Brustkorbwandschmerzen. Zeitschrift Manuelle Medizin 3/1971.

Weber, H.: Die konservative Behandlung von Bandscheibenvorfällen. Springer, Berlin 1989.

Wehling, P./Schulitz, K. P.: Modelle der Schmerzentstehung bei radikulärer Kompression. Zeitschrift Der Schmerz 3/1990.

Weintraub, A.: Psychosomatische Rückenbeschwerden. Zeitschrift Manuelle Medizin 6/1971.

Weiss, E.: Massage als Schmerztherapie. Zeitschrift Physiotherapie 5/1989.

Weiss, J.-W.: Der Einfluß der Absatzhöhe auf Wirbelsäule und Becken. Zeitschrift Krankengymnastik 3/1978.

Wellendorf, W.: Theoretische Grundlagen der Bindegewebsmassage. Zeitschrift Physiotherapie 5/1977.

Wells, P. E./Frampton, V./Bowsher, D. (Eds.): Pain-Management and Control in Physiotherapy. Heinemann Medical Books, London 1988.

Wessels, D.: Diagnose und Differentialdiagnose der Epicondylitis. Zeitschrift Physiotherapie 9/1984.

Wietfeld, K.: Konservative Behandlung der Epicondylitis. Zeitschrift Physiotherapie 12/1984.

Williams, P. C.: Low Back and Neck Pain. Thomas, Springfield 1982.

Winkel, D. u. a. (Hrsg.): Nichtoperative Orthopädie (3 Bände). Fischer, Stuttgart 1985–1987.

Winkel, D./Hirschfeld, P.: Orthopädische Medizin. Band 2: Das Knie. Perimed, Erlangen 1985.

Wirth, W./Gerlach, U. (Hrsg.): Colloquia rheumatologica 15: Weichteilrheumatismus. Dr. E. Banaschewski, München 1983.

Wittlinger, H. u. G.: Einführung in die Manuelle Lymphdrainage nach Dr. Vodder (Band 1). Haug, Heidelberg 1980.

Wolff, H.-D. (Hrsg.): Manuelle Medizin und ihre wissenschaftlichen Grundlagen. Dr. E. Fischer, Heidelberg 1970.

Wolff, H.-D.: Die Münzmassage. Zeitschrift Manuelle Medizin 2/1976.

Wolff, H.-D.: Krankengymnastik und Manuelle Medizin. Zeitschrift Krankengymnastik 5/1980.

Wolff, H.-D.: Bemerkungen zum Begriff: Das Arthron. Grundlagen eines funktionellen Denkens am Bewegungsapparat. Zeitschrift Manuelle Medizin 4/1981.

Wolff, H.-D.: Neurophysiologische Aspekte der manuellen Medizin. Springer, Berlin 1983.

Wolff, H.-D.: Vaskuläre Aspekte der manuellen Medizin. Zeitschrift Manuelle Medizin 4/1983.

Wolff, H.-D. (Hrsg.): Die Sonderstellung des Kopfgelenksbereiches. Springer, Berlin 1988.

Wolff, H.-D.: Anmerkungen zur Phylogenese des Iliosakralgelenkes. Zeitschrift Manuelle Medizin 5/1990.

Zenner, P.: Die Schleuderverletzung der Halswirbelsäule und ihre Begutachtung. Springer, Berlin 1987.

Zicha, K./Ruhrmann, W.: Leitfaden der Druckwellen-Mobilisation. Dr. E. Fischer, Heidelberg 1983.

Zohn, D. A.: Musculoskeletal Pain. Little, Brown and Company, Boston 1988.

Zukschwerdt, L./Emminger, E./Biedermann, F./Zettel, H.: Wirbelgelenk und Bandscheibe. Hippokrates, Stuttgart 1960.

Abbildungsnachweis

Abb. 9.1: Mit freundlicher Genehmigung von Herrn Oberarzt Dr. med. L. Ahrens, Eifelhöhenklinik, Marmagen.

Abb. 9.2 bis 9.5, 9.62 und 9.63, 9.128a und b, 9.129 und 9.130, 9.134 bis 9.137, 9.140 und 9.141, 9.158 bis 9.165, 9.166 und 9.167, 9.174, 9.195: Magdalene Grenz und Reinhard Dittel, c/o Neuromedizinisches Fortbildungszentrum, Bad Hersfeld.

Abb. 9.6 bis 9.61, 9.64 bis 9.127, 9.128c, 9.131 und 9.133, 9.138, 9.142 bis 9.156, 9.168 bis 9.173, 9.175 bis 9.194: Foto-Studio Sparr, Frankfurt a. M.

Abb. 9.139 und 9.163: Raffael Felbinger, c/o Neuromedizinisches Fortbildungszentrum, Bad Hersfeld.

10 PNF (Propriozeptive Neuromuskuläre Facilitation)

Reinhard Dittel

Allgemeine Grundlagen

Die Methode wurde von Kabat und Knott seit 1946 am Kaiser Foundation Rehabilitation Center in Vallejo (Kalifornien) entwickelt. An der weiteren Entwicklung und Verbreitung der Methode waren u. a. Voss und Mead beteiligt. Als Grundlage dienten die neurophysiologischen Forschungsergebnisse von Sherrington, Pavlow, Gellhorn, Gesell, Hellebrandt u. a.

Zunächst war die Technik für die Behandlung von Lähmungen (Polio) bestimmt. Heute wird sie bei Erkrankungen und Beschwerden im Bereich der Neurologie, Orthopädie, Traumatologie, Sportmedizin, Rheumatologie und Inneren Medizin eingesetzt. Im Rahmen des NEUROMEDIZIN-KONZEPTS wird sie (je nach Befund) in Kombination mit Manualtherapie und Kinästhesie erfolgreich angewandt.

Die nachfolgenden Ausführungen erheben weder theoretisch noch praktisch einen Anspruch auf Vollständigkeit. Die für den Schmerzphysiotherapeuten wichtigen Grundbegriffe, Pattern und Techniken werden geklärt. Auf die Darstellung von Mattenaktivitäten und Gangschule wurde wegen der schmerzphysiotherapeutisch eingeschränkten Anwendungsmöglichkeit weitgehend verzichtet.

PNF ist eine aktive Technik der Krankengymnastik, die eine Erleichterung (Förderung, Bahnung, Beschleunigung) des Zusammenspiels von Muskeln und Nerven durch adäquate funktionsspezifische Reize der propriozeptiven und anderer Sinnesorgane zum Ziel hat. Für PNF gibt es empirische und neurophysiologische Erklärungsversuche.

Neurophysiologie

Die motorische Vorderhornzelle (MVHZ) erhält für die Kontraktion bzw. Dekontraktion der quergestreiften Muskulatur eine Vielzahl von bahnenden (fazilitierenden) und hemmenden (inhibierenden) Impulsen (Abb. 10.1).

1. Willkürliche Innervation über die Pyramidenbahn. Diese setzt Bewegungsverständnis und -vorstellung voraus.
2. Unwillkürliche Innervation durch Stimulation von
   a. Propriozeptoren
      Muskelspindel, Sehnenspindel, Gelenkrezeptor. Die Kontraktion erfolgt über monosynaptische Eigenreflexe.
   b. Exterozeptoren
      Druck-, Berührungs- und Thermorezeptoren. Die Kontraktion erfolgt über polysynaptische Fremdreflexe (Schutzreflexe).
   c. Interozeptoren
      Chemo(pH-Wert)- und Mechano(Blutdruck)-Rezeptoren. Zum Beispiel wird bei der Kopftieflage der Gesamtmuskeltonus durch Auslösung des Karotis-Sinus-Reflexes gesenkt.
   d. Labyrinth
      Stell- und Gleichgewichtsreaktionen.
   e. Telorezeptoren
      Visuelle und akustische Stimulation.
   f. Automatische Bewegungsabläufe
      Extrapyramidalmotorik (EPMS).

Durch räumliche und zeitliche Summation dieser verschiedenen Stimuli werden dem Patienten ruhende Kapazitäten bewußt gemacht, damit funktionell notwendige Bewegungsabläufe wieder erlernt werden können.

Zeitliche Summation bedeutet z. B. Wiederholung des Kommandos oder des Stretchreflexes.

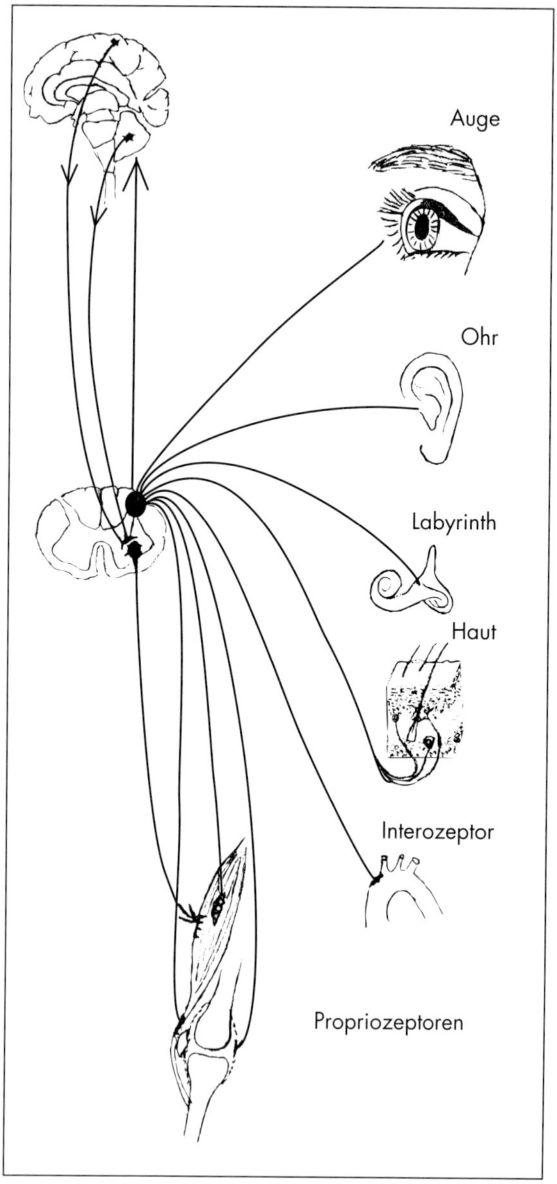

Abb. 10.1: Schematische Darstellung der bahnenden und hemmenden Einflüsse auf die motorische Vorderhornzelle

Räumliche Summation bedeutet, daß die Reize von verschiedenen Stellen aus eintreffen, z. B. Dehnung, Berührung und Widerstand. Auch das Arbeiten von mehreren Körperteilen gleichzeitig bezeichnet man als räumliche Summation.

Zu den Eigenreflexen ist noch anzumerken, daß der biologische Sinn nicht durch die ärztliche Reflexuntersuchung gegeben ist. Eigenreflexe dienen der Haltung und Schwerkraftauseinandersetzung. Man kann sie auch als Streckreflexe der Antigravitationsmuskulatur (posturale Muskulatur) bezeichnen.

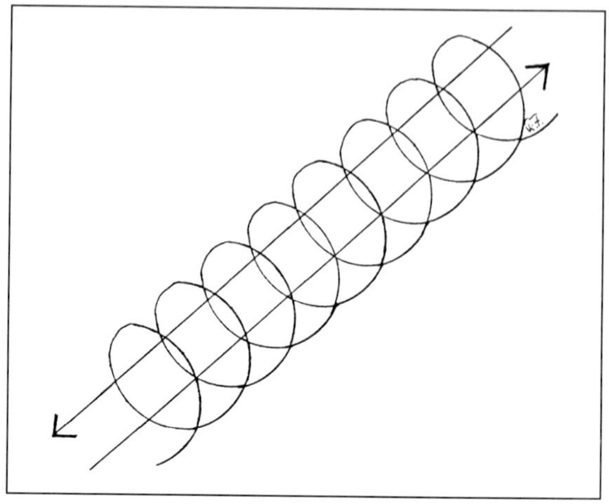

Abb. 10.2: Spiralförmig-dreidimensionales Pattern

Dabei reagiert die Muskelspindel auf Längenveränderungen des Muskels. Sie fazilitiert die agonistischen und inhibiert die antagonistischen Motoneurone.

Die Sehnenspindel reagiert auf Spannungsveränderungen des Muskels und der Sehne. Sie bahnt die antagonistischen und hemmt die agonistischen Motoneurone.

Da auch die Gegenseite des Körpers teil hat, spricht man von der doppelt reziproken Innervation, wie sie z. B. beim Gehen erkennbar wird.

Weitere Einzelheiten siehe auch Beitrag «Grundlagen der Neuro-, Muskel- und Schmerzphysiologie».

Dreidimensionalität

Im Unterschied zu anderen klassischen krankengymnastischen Techniken arbeitet man beim PNF mit dreidimensionalen Bewegungsmustern für alle Körperabschnitte.

Entsprechend dem Ursprung bzw. Ansatz der Muskulatur und der Erkenntnis des Neurologen Jackson, daß das Gehirn keine Muskeln kennt, sondern nur Bewegungsmuster, verlaufen die natürlichen Bewegungsabläufe (dynamische und/oder statische) dreidimensional-spiralförmig über mehrere Gelenke (Abb. 10.2).

Diese Pattern kann man z. B. beim Säugling beobachten, aber auch bei sportlichen Aktivitäten wie Hürdenlaufen, Fußballspielen, Handballspielen, Golf, Schwimmen, Boxen und Tennis. Nicht zuletzt kommen diese Bewegungen bei allen Alltagsaktivitäten vor, z. B. beim Gehen, Haare kämmen, Essen, An- und Ausziehen, Abstützen und Straße fegen (Abb. 10.3).

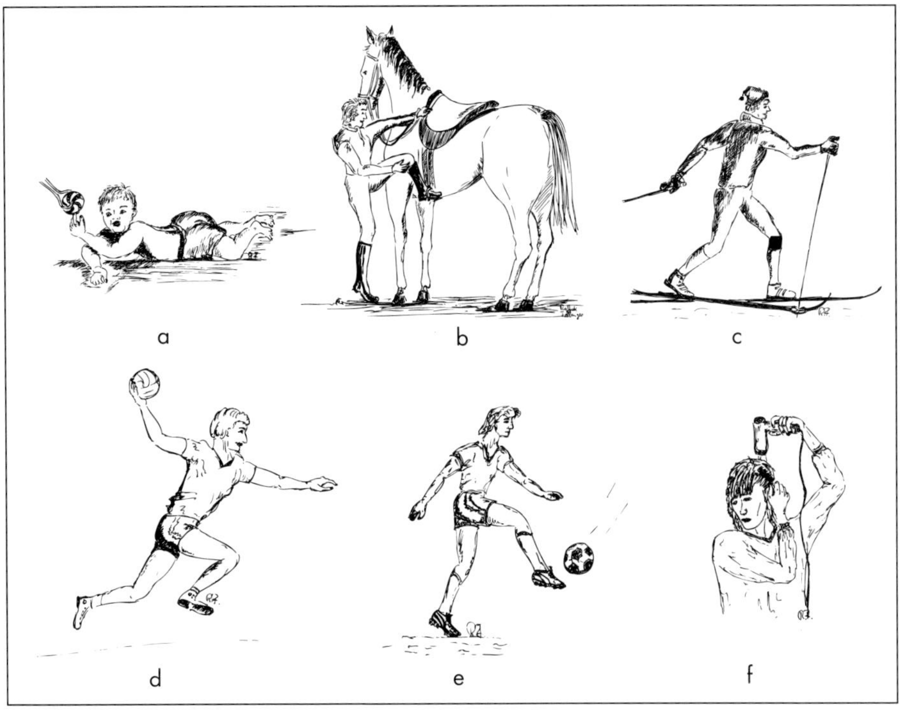

Abb. 10.3a–f: Beispiele dreidimensionaler Pattern

Die dreidimensionale Arbeit bedeutet maximale agonistische Kontraktionsfähigkeit und maximale antagonistische Dehnungsfähigkeit der jeweiligen Muskelkette.

Muskeln gleicher Funktion, die sich überlappen, um sich zu helfen, bilden eine synergistische Kette. Auf der Flexorenseite bzw. Extensorenseite gibt es jeweils zwei synergistische Ketten:

1. Mediale Flexorenkette und Extensorenkette.
2. Laterale Flexorenkette und Extensorenkette.

Ein Pattern enthält qualitativ immer drei Bewegungskomponenten:

a. Flexion oder Extension
b. Adduktion oder Abduktion
c. Innenrotation oder Außenrotation (distal: Pronation oder Supination).

Die Rotation verzwirnt die beiden anderen Komponenten zu einem zugfesten und kontraktionsfähigen Seil, bzw. entzurrt die beiden anderen Komponenten zu einem dehnfähigen Seil.

Die Quantität dieser Komponenten ist jedoch je nach Befund und Behandlungsziel variierbar, z. B. viel Innenrotation, weniger Abduktion und Flexion.

Jedes Pattern enthält statische und dynamische Aspekte. Je nach Befund und Behandlungsziel kann ein Aspekt betont werden. Beim praktischen Üben sind die dreidimensionalen Pattern immer als Einheit zu betrachten, ähnlich einer Soße als Einheit von Butter, Mehl und Flüssigkeit.

Interessanterweise ähnelt der Verlauf der dreidimensionalen Pattern dem Verlauf der aus der chinesischen Medizin bekannten Meridiane.

Timing (Muskelaktionsfolge)

Physiologisch-koordinierte Bewegungsabläufe erfolgen von distal nach proximal, da die distalen Glieder am besten innerviert sind (Homunculus). Das heißt, distal erfolgen zunächst dynamische Kontraktionen, bis die Bewegung ausgeführt ist, dann distal statische Kontraktionen, und gleichzeitig proximal dynamische Kontraktionen usw. Zum Beispiel wird ein Apfel vom Baum gepflückt, an den Rumpf herangezogen und gegessen.

Der Säugling lernt von proximal nach distal, bzw. von zentral nach peripher. Deshalb wird man beim PNF periphere Probleme, z. B. Steifigkeit, Schmerz und Inkoordination nach einer Knöchelfraktur, immer auch zentral durch Stabilisierung, Mobilisierung und Koordinationsschulung des Rumpfes (mit Beckenpattern, evtl. auch Scapulapattern und der Kombination von beiden) behandeln.

Die betonte Muskelaktionsfolge (Timing for emphasis) wird unter der speziellen Technik «Wiederholte Kontraktionen», bei den Thoraxpattern sowie Becken- und Scapulapattern abgehandelt.

Dehnung und Widerstand

Die Vordehnung (Stretch, Slow stretch, Elongated State) sollte dreidimensional die gesamte Muskelkette (nicht die Gelenke) erfassen. Der Patient soll die Vordehnung geschehen lassen. Nach optimaler Vordehnung kann zur Kontraktionsförderung ein Initialstretch (Dehnreflex, Quick Stretch) erfolgen, in dem die ganze Muskelkette kurz und schnell überdehnt wird. Der Initialstretch wirkt wie ein Anlasser der Bewegung (Eigenreflex). Nach Stretch und eventuellem Initialstretch muß sofort der dreidimensionale und optimale Widerstand während des gesamten Bewegungsweges erfolgen. Der Widerstand sollte

a. optimal bei dynamischen Kontraktionen gegeben werden, d. h. die Bewegung muß zugelassen werden, und
b. optimal bei statischen Kontraktionen gegeben werden, d. h. das Halten darf nicht unterbrochen werden.

Der Widerstand ist vom Kräftezustand des Patienten und von den Schwerkraftverhältnissen (je nach Ausgangsstellung) abhängig. Es sollte kein Zweikampf zwischen Patient und Therapeut entstehen, der Patient sollte normal atmen können und nicht pressen. Durch den dreidimensionalen Widerstand kommt es zu einem erwünschten Overflow (Irradiation, Mitinnervation) in der Muskelkette und auf andere Körperabschnitte (Reinforcement, Verstärkung).
Wenn die Antwort des Patienten (Kontraktion) zu schwach, zu langsam oder zu klein ist, dann kann der Behandelnde einen Restretch auf die kontrahierte Muskulatur geben.

Druck und Zug

Zug (Traktion) führt durch die Separation der Gelenkflächen zur Gelenkrezeptorenstimulation. Er wird bei der Vordehnung (Stretch) benötigt und sollte während des ganzen Bewegungsweges nicht aufgegeben werden. Er erleichtert dynamische Kontraktionen gegen die Schwerkraft.
Druck (Approximation, Stauchung, Kompression) stimuliert die Gelenkrezeptoren durch Annäherung. Er erleichtert statische Kontraktionen mit der Schwerkraft.

Grifftechnik

Die Hände werden distal vom zu bewegenden Gelenk dort angelegt, wo die Muskulatur arbeiten soll. Der Griff sollte angenehm sein und keinen Schmerz auslösen.
Als zusätzliche exterozeptive Stimulation hat sich bei den Becken-, Scapula- und Beinpattern das «Verschrauben der Haut» bewährt (Abb. 10.4).

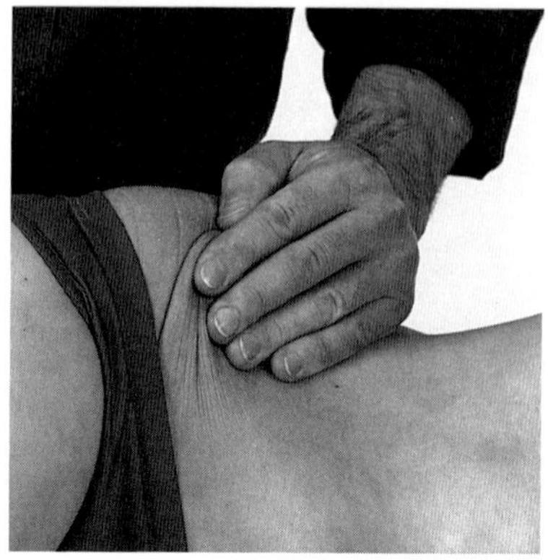

Abb. 10.4: Die Hautverschraubung

Die Hautverschraubung ist gegen die arbeitende synergistische Muskelkette gerichtet.
Wo möglich (insbesondere distal), sollte der lumbricale Griff angewandt werden. Er ähnelt einem Zelt mit drei Berührungspunkten (Fingerspitzen, Kleinfingerballen und Daumenballen). Mit dem lumbricalen Griff ist eine bessere und kraftsparende Steuerung des Widerstandes (speziell der Rotation) möglich.

Akustische Stimulation

Die Stimme kann, je nach Befund, anfeuernd-motivierend oder ruhig-detonisierend wirken. Der Übungsablauf und -sinn sollte dem Patienten mit einfachen Sätzen erklärt werden. Da das Kommando mit dem Bewegungsablauf und der manuellen Fazilitation abgestimmt sein muß, hat es sich bewährt, die Pattern in Bewegungsbildern zu vermitteln. Statt «Finger beugen, Handgelenk beugen, Unterarm drehen, Ellbogen beugen» usw. sagt man «Faust zum linken Ohr». Möglicherweise muß auf dem Bewegungsweg verbal nachkorrigiert werden. Das Bewegungsmuster muß «wie aus einem Guß» ablaufen.

Optische Stimulation

Der Therapeut sollte in ständigem Blickkontakt mit dem Patienten sein. Zur Kontrolle verfolgt der Patient die Bewegung mit den Augen. Da die Augenbewegungen mit vielen anderen Zentren, z. B. Atem-, Tonusregulations- und Gleichgewichtszentrum, neural verschaltet sind, wirken die Augenbewegungen im Sinne einer Mitinnervation und Verstärkung.

Patient und Behandler

Der Patient sollte beim PNF eine hohe Motivation mitbringen. Die Behandlung setzt eine gewisse Auffassungsgabe voraus. Je nach Befund und Behandlungsziel kann in verschiedenen Ausgangsstellungen gearbeitet werden, z. B. in der Rückenlage, Seitenlage, Bauchlage, Sitz, Vierfüßlerstand, Stand oder in der Fortbewegung.

Der Behandler sollte PNF «begriffen» haben. Er sollte in der Diagonalen («in the Groove») stehen und sein Körpergewicht einsetzen (Abb. 10.5). Seine Kraft kommt also nicht aus Händen und Armen, sondern vom gesamten Körper.

Durch den manuellen Kontakt entsteht ein neuer Körper mit einem neuen gemeinsamen Schwerpunkt von Patient und Behandler. Es kommt zu einer Behandlungseinheit mit dem Patienten. Die Kraft sollte vom Boden kommen und an den Boden abgegeben werden. Die Kraft des Patienten darf sich nicht am Therapeuten «austoben». Der Therapeut muß in sich selbst nachgiebig sein, die Bewegung muß «durchlaufen». Es darf kein Zweikampf sein, sondern ein (zum Teil nonverbales) «Gespräch». Da beim PNF Befund und Behandlung identisch sind, muß der Therapeut wahrnehmungsfähig sein, er muß spüren, wie dehnfähig bzw. kontraktionsfähig die jeweilige dreidimensionale Muskelkette ist, und wo die Stärken und Schwächen des Patienten liegen. Bei der für die Bankarbeit typischen Schrittstellung zur Gewichtsverlagerung bzw. dem Halbkniestand bei der Mattenarbeit ist zu beachten, daß das vorgestellte Bein des Therapeuten sich unwillkürlich im Iliosakralgelenk aufgrund der Atem- und Craniosacralrhythmen verkürzt. Diese Verkürzung kann nach unseren Erfahrungen bei hypermobilen Menschen bis zu 5,5 cm betragen (siehe auch Beitrag «Allgemeine Grundlagen des NEUROMEDIZIN-KONZEPTS»). Erfolgreiches PNF setzt neben theoretischem Wissen, praktischer Fertigkeit und angemessener Dosierung auch die Organisation von Patient und Behandler voraus. Kraft, Raum und Zeit müssen bei beiden koordiniert sein. Typische Fehler sind:

1. Zuviel oder zuwenig Kraft von Patient, Behandler oder von beiden. Fehlende Kontinuität der Kraft während des gesamten Bewegungsweges.
2. Die Bewegungsrichtung von Patient, Behandler

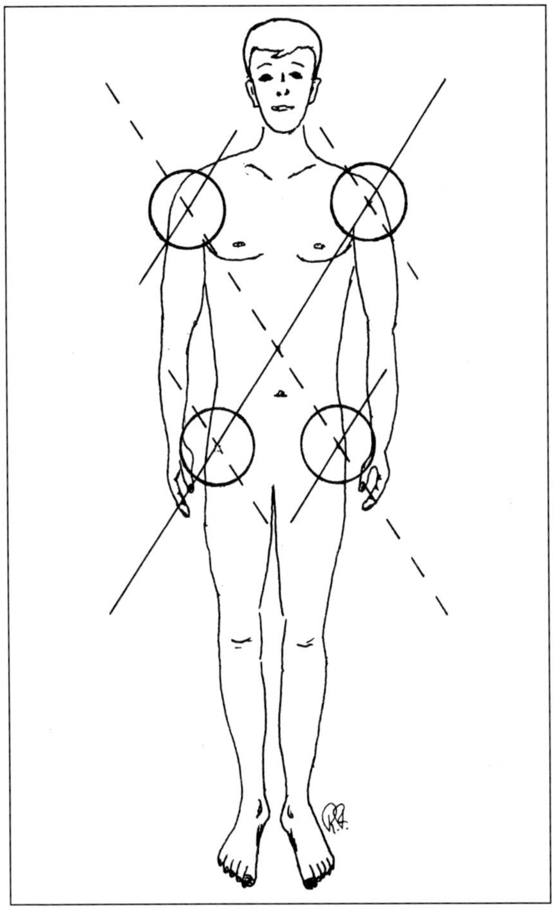

Abb. 10.5: Groove (Diagonalspur) von der rechten Hüfte zur linken Schulter. Durch Parallelverschiebungen ergeben sich zwei Grooves für Schulter und Hüfte

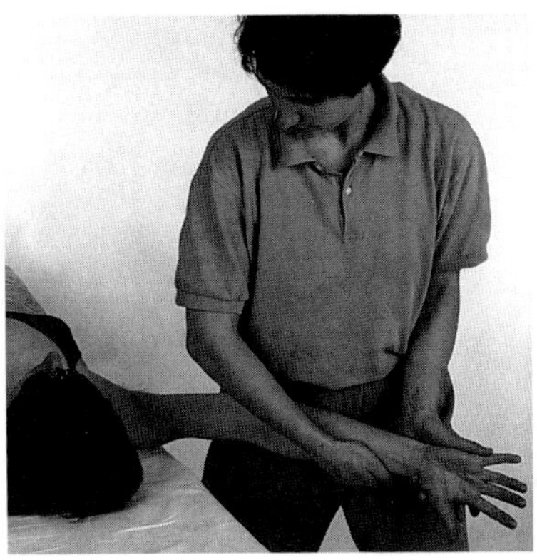

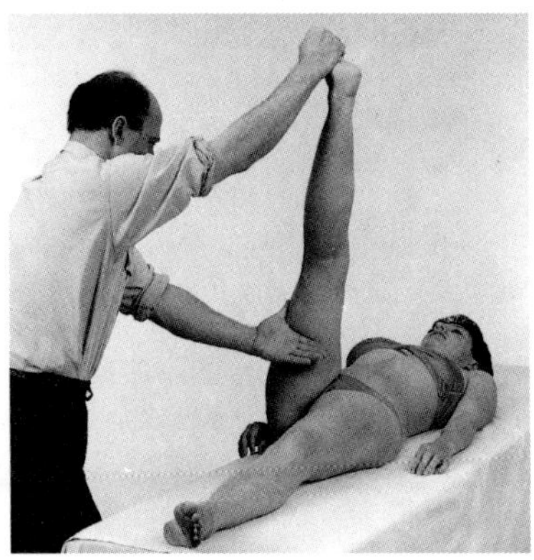

Abb. 10.6a + b: Typische Fehler beim PNF
a: Die Diagonale ist zu breit
b: Therapeut und Patient bilden keine Einheit

oder von beiden ist unklar oder wird falsch durchgeführt.

3. Der Bewegungsablauf ist beim Patienten, beim Behandler oder bei beiden zu schnell oder zu langsam. Vielleicht ist gar einer zu schnell, der andere zu langsam (Abb. 10.6).

Der erfahrene PNF-Therapeut wird seine Behandlung auf dieser Grundlage analysieren und «umprogrammieren». Die Selbstkorrektur des Behandlers alleine wird sich schon auf den Patienten «übertragen». Diese Umprogrammierung bzw. Neuorganisation ist keine verlorene Zeit. Der Behandler unterbricht das Üben und erklärt dem Patienten z. B., daß er die Bewegung etwas schneller ausführen soll, oder «keinen Bogen» machen soll. Hilfreich ist hier auch die Technik «Rhythmische Initiierung». Oder der Behandler läßt in der korrekten Endstellung eines Musters für einige Sekunden eine statische Kontraktion durchführen. Von diesem Kontraktionsmuster wird dann im Bewegungsgedächtnis ein «Foto» geschossen.

Ziele und Kombinationen

Mit PNF lassen sich mehrere Ziele kurz-, mittel-, oder langfristig erreichen. Kraft, Koordination, Kondition, Kreislauf, Beweglichkeit, Atmung, Tonus, Verdauung u. a. Funktionen lassen sich anregen bzw. optimieren.

Aufgrund der ärztlichen Diagnose und des allgemeinen krankengymnastischen Befundes wählt man Pattern, Ausgangsstellung und die speziellen Techniken aus. Es wurde schon angeführt, daß die PNF-Behandlung gleichzeitig einen Befund darstellt. PNF-Pattern lassen sich passiv (z. B. in der neurotraumatologischen Intensivmedizin bei Apallikern), assistiv, aktiv und resistiv durchführen.

PNF läßt sich gut kombinieren mit Wärmebehandlung, Eisbehandlung, Manualtherapie und Kinästhesie. Es läßt sich auch im Schlingentisch oder als Unterwasserbehandlung durchführen. Der Behandler kann zum Teil durch Hanteln und Seilzugapparate (Pullingformer) ersetzt werden.

Es gibt grundsätzlich einen direkten und einen indirekten therapeutischen Weg. Ein fehlerhaftes Atemmuster wird man direkt durch Thoraxpattern angehen. Bei Schwäche, Ruhigstellung (z. B. Fraktur) und Schmerz kann man mit den anderen Körperabschnitten in verschiedenen Ausgangsstellungen arbeiten und damit indirekt über den Overflow (Irradiation) Einfluß auf das fehlerhafte Pattern haben. Beim PNF arbeitet man also ganzheitlich.

Sämtliche Pattern des Körpers

Beckenpattern

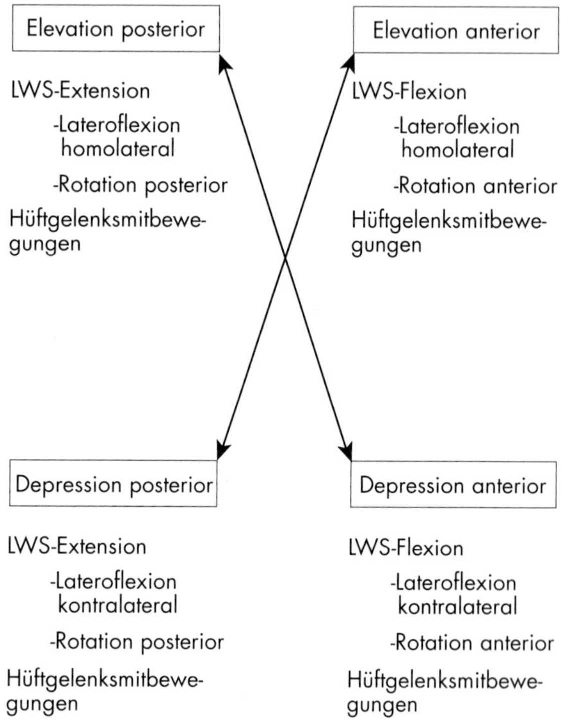

Die Beckenpattern können in verschiedenen Ausgangsstellungen durchgeführt werden. Die Seitenlage hat sich besonders bewährt. Hüft- und Kniegelenke sollten dabei etwa 60° gebeugt, und der Kopf bequem gelagert sein. Der Behandler steht in Schrittstellung hinter (eventuell vor) dem Patienten.

Die Pattern können passiv, assistiv, aktiv und resistiv (statisch oder dynamisch) durchgeführt werden. Verschiedene spezielle Techniken (z. B. Slow reversal) können zum Einsatz kommen. Es gibt Kombinationsmöglichkeiten mit anderen Pattern, zum Beispiel Bein, Thorax und Scapula. Indikationen gibt es in der

a. Orthopädie: Z. B. Ausgleich des lumbalen Skoliosebogens oder Verbesserung der Beweglichkeit;
b. Inneren Medizin: Z. B. Funktionsverbesserung der Becken- und Bauchorgane und der Durchblutung;
c. Neurologie: Z. B. besseres Gangbild bei Spastizität.

In der Schmerzphysiotherapie sind die Beckenpattern sehr wichtig und werden häufig angewandt.

Elevation anterior (Abb. 10.7 a und b)
Ausgangssituation: Passive Vordehnung und Hautverschraubung in die Depression posterior. Beide Hände aufeinander an der Spina iliaca anterior superior. Lumbricaler Griff. Auftrag: «Hüfte zur Nase ziehen – lösen».

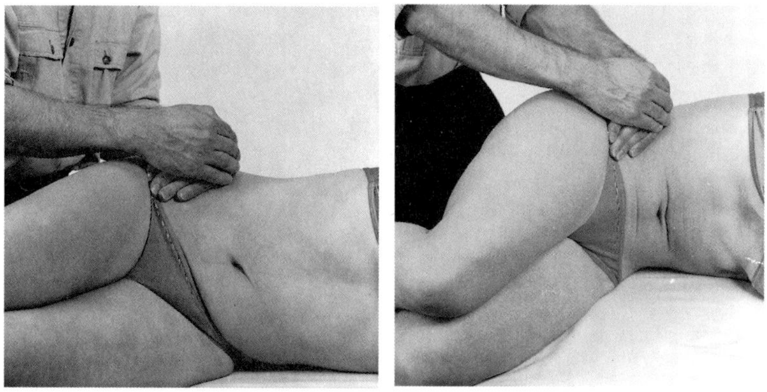

Abb. 10.7 a + b: Beckenpattern Elevation anterior

Depression posterior (Abb. 10.8 a und b)
Ausgangssituation: Passive Vordehnung und Hautverschraubung in die Elevation anterior. Beide Hände aufeinander am Tuber ischiadicum.
Auftrag: «Po in meine Hand setzen – lösen».

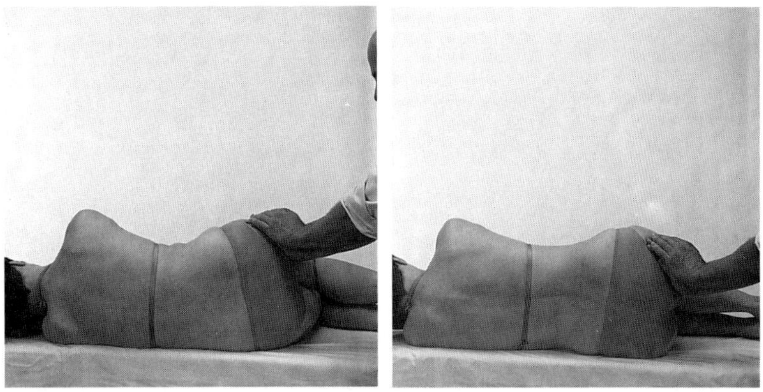

Abb. 10.8 a + b: Beckenpattern Depression posterior

Elevation posterior (Abb. 10.9 a und b)
Ausgangssituation: Passive Vordehnung und Hautverschraubung in die Depression anterior. Beide Hände aufeinander an der Crista iliaca. Lumbricaler Griff.
Auftrag: «Hüfte zum Hinterkopf ziehen – lösen».

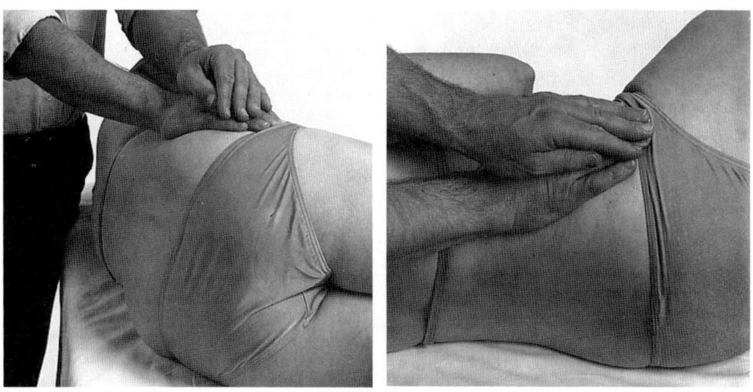

Abb. 10.9 a + b: Beckenpattern Elevation posterior

Depression anterior (Abb. 10.10 a bis f)
Ausgangssituation: Passive Vordehnung und Hautverschraubung in die Elevation posterior.
Griffmöglichkeiten:
a. Beide Hände aufeinander an der Spina iliaca anterior inferior, dabei Fingerspitzen in Richtung Symphyse.
b. Beide Hände aufeinander am Trochanter major.
c. Eine Hand an der Spina iliaca anterior inferior, die andere direkt unterhalb des Tubers.
d. Eine Hand an der Spina iliaca anterior inferior, die andere am Knie.
Auftrag: «Oberes Knie rausschieben – lösen».
Diese Diagonale ist erfahrungsgemäß für Behandler und Patienten sehr schwierig. Oft kommt es zur LWS-Extension. Das Muster entspricht dem «Aussitzen» der Galoppbewegung beim Reiten oder der Schaukelbewegung nach vorne.

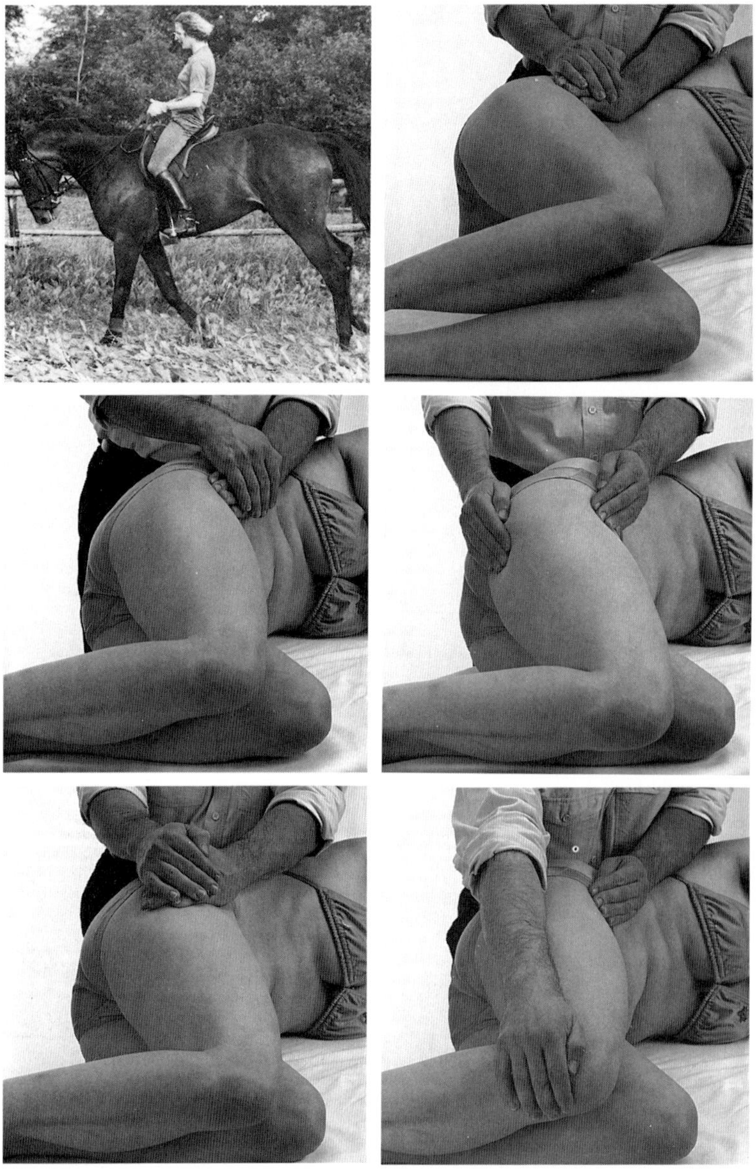

Abb. 10.10 a: «Aussitzen» beim Reiten
b: Vordehnung in die Elevation posterior
c–f: Griffmöglichkeiten beim Bekkenpattern Depression anterior

Scapulapattern

Die Scapulapattern finden im jeweiligen Sternoclaviculargelenk, Acromioclaviculargelenk und scapulothorakalen Muskelgelenk statt. Des weiteren kommt es zu dreidimensionalen Mitbewegungen der Brustwirbelsäule.

Die Scapulapattern können in verschiedenen Ausgangsstellungen durchgeführt werden. Die Seitenlage hat sich besonders bewährt. Hüft- und Kniegelenke sollten dabei etwa 60° gebeugt und der Kopf bequem gelagert sein. Der Behandler steht in Schrittstellung hinter (eventuell vor) dem Patienten.

Die Pattern können passiv, assistiv, aktiv und resistiv (statisch oder dynamisch) durchgeführt werden. Verschiedene spezielle Techniken (z. B. Slow reversal) können zum Einsatz kommen. Es gibt Kombinationsmöglichkeiten mit anderen Pattern, z. B. Arm, Thorax und Becken. Die Pattern können unilateral und bilateral (in Rückenlage, Bauchlage, Sitz oder Stand) durchgeführt werden.

Indikationsbeispiele:

a. Orthopädie: Ausgleich des thorakalen Skoliosebogens. Schmerzhafte Schultersteife.
b. Innere Medizin: Erkrankungen der Thoraxorgane. Durchblutungsstörungen des Arms.
c. Neurologie: Thoracic-Outlet-Syndrom. Bessere Handfunktion bei Spastizität.

In der Schmerzphysiotherapie sind die Scapulapattern sehr wichtig und werden häufig angewandt.

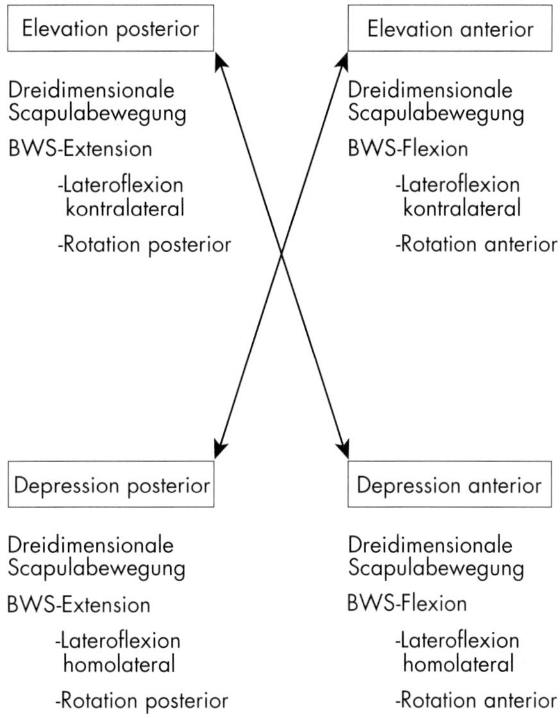

Elevation anterior (Abb. 10.11 a und b)
Ausgangssituation: Passive Vordehnung und Hautverschraubung in die Depression posterior. Beide Hände aufeinander an der Acromionvorderseite. Lumbricaler Griff.
Auftrag: «Schulter zur Nase ziehen – lösen».

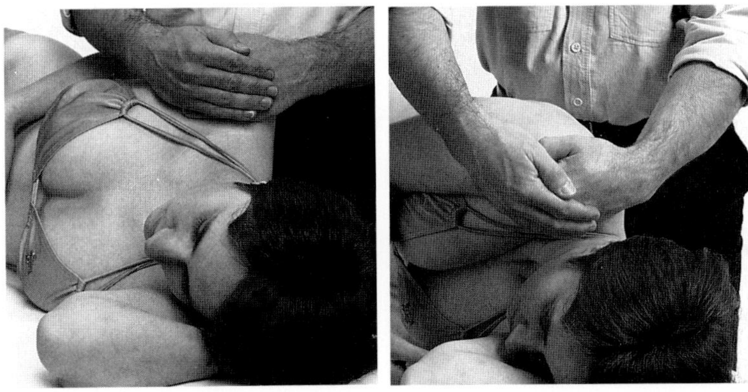

Abb. 10.11 a + b: Scapulapattern Elevation anterior

Depression posterior (Abb. 10.12 a und b)
Ausgangssituation: Passive Vordehnung und Hautverschraubung in die Elevation anterior. Beide Hände aufeinander über der Fossa infraspinata. Lumbricaler Griff.
Auftrag: «Schulter zum Po ziehen – lösen».

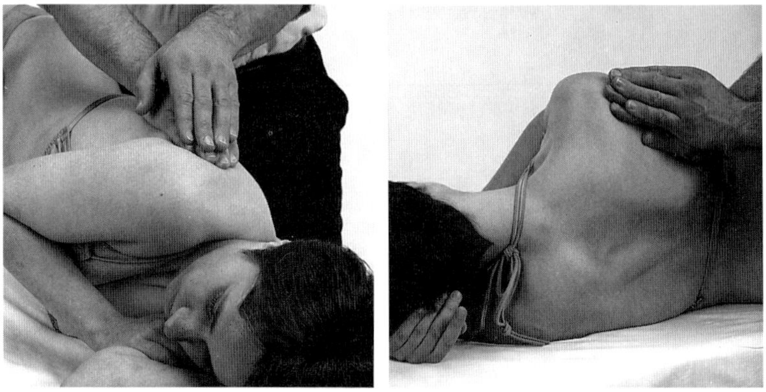

Abb. 10.12 a + b: Scapulapattern Depression posterior

Elevation posterior (Abb. 10.13 a und b)
Ausgangssituation: Passive Vordehnung und Hautverschraubung in die Depression anterior. Beide Hände aufeinander über der Fossa supraspinata. Lumbricaler Griff.
Auftrag: «Schulter zum Hinterkopf (oder hinters Ohr) ziehen – lösen».

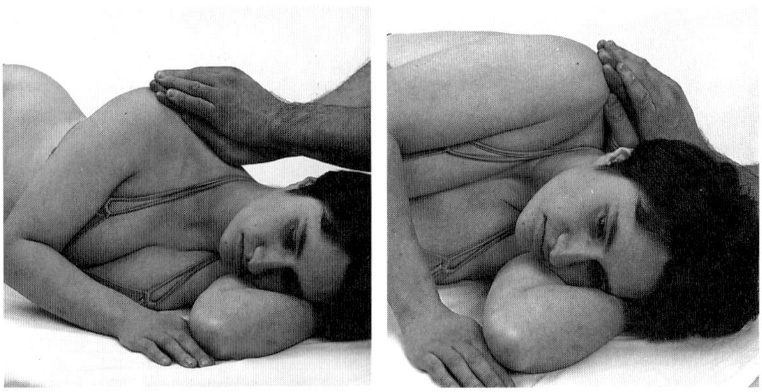

Abb. 10.13 a + b: Scapulapattern Elevation posterior

Depression anterior (Abb. 10.14 a und b)
Ausgangssituation: Passive Vordehnung und Hautverschraubung in die Elevation posterior. Beide Hände aufeinander subclaviculär über dem Pectoralis.
Auftrag: «Schulter zum Nabel ziehen – lösen».

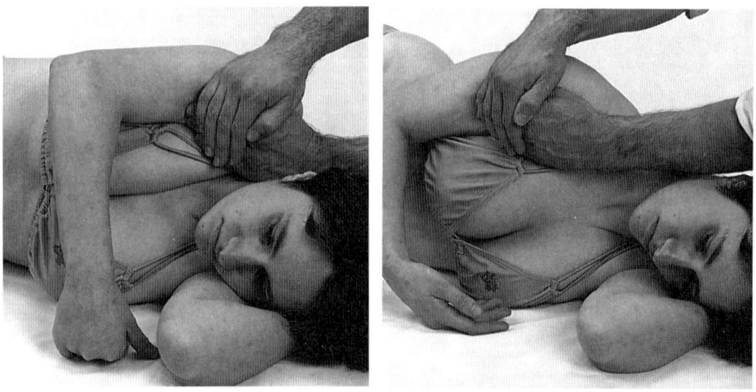

Abb. 10.14 a + b: Depression anterior

Becken- und Scapulapattern

Es gibt grundsätzlich sechzehn verschiedene Kombinationsmöglichkeiten. Es kann symmetrisch, symmetrisch reziprok und asymmetrisch (reziprok) geübt werden.
Es kann in verschiedenen Ausgangsstellungen gearbeitet werden, z. B. in der Bauchlage, im Vierfüßlerstand, im Sitz oder im Stand. Bewährt (insbesondere bei schmerzhaften Zuständen der Wirbelsäule) hat sich die Seitenlage. Hüft- und Kniegelenke sollten dabei etwa 60° gebeugt und der Kopf bequem gelagert sein. Der Behandler steht in Schrittstellung hinter (eventuell vor) dem Patienten.

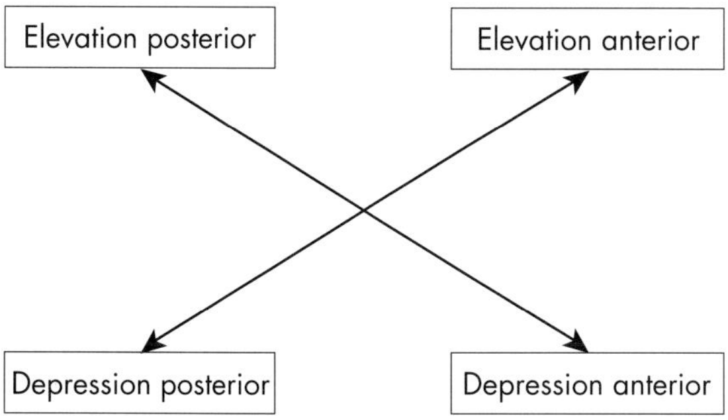

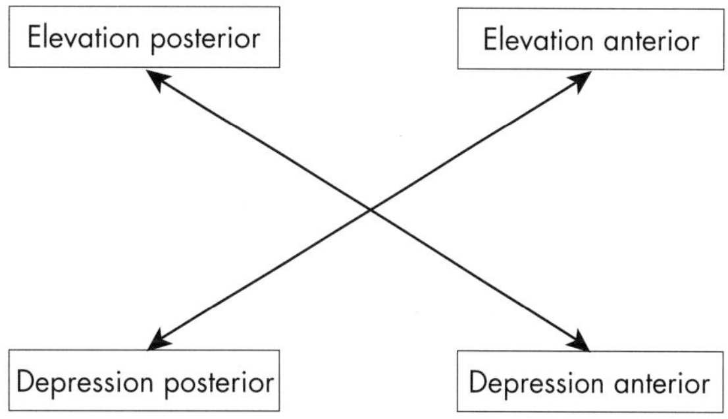

Beckenpattern und Scapulapattern

Arbeitsmöglichkeiten:
a. Statisch: Zur Reaktionsschulung, bei akut starken Schmerzen und wenn keine Bewegungen erlaubt sind (zum Beispiel bei einer Wirbelfraktur);
b. Dynamisch: Zur Verbesserung der Beweglichkeit und zur Koordinationsverbesserung von Schultergürtel- und Beckengürtelbewegungen;
c. Gleichzeitig dynamisch und statisch: Dies entspricht der speziellen Technik «Timing for Emphasis» (Pivoting). Defizite von Kraft, Koordination und Beweglichkeit werden so gezielt angegangen.

Indikationsbeispiele für die Kombinationspattern:
a. Orthopädie: Schmerzhafte und bewegungseingeschränkte Wirbelsäule.
Kernstück der Skoliosebehandlung nach PNF.
b. Innere Medizin/Rheumatologie: Störungen der Becken-, Bauch- und Thoraxorgane.
Morbus Bechterew.
c. Neurologie: Möglichkeit der Hemiplegiebehandlung.

Beckenpattern und Scapulapattern bei Skoliosebehandlung

1. S-förmige Skoliose

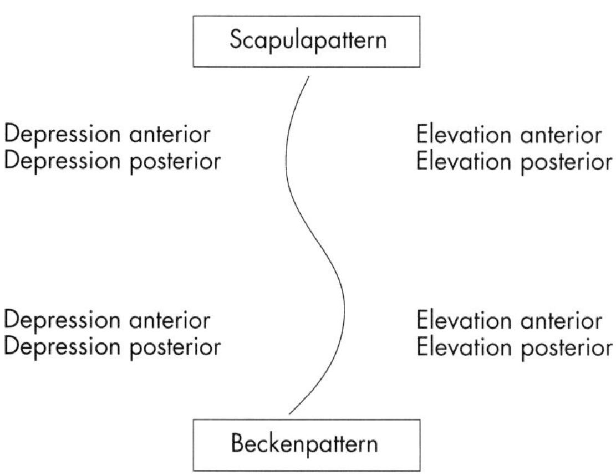

2. C-förmige Skoliose

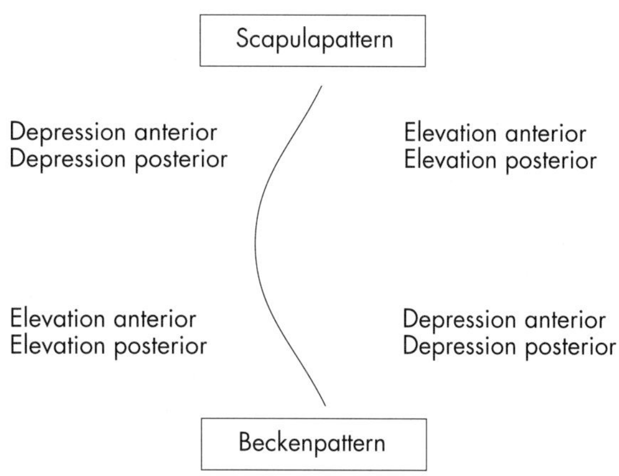

In der Schmerzphysiotherapie ist die Kombinationsbehandlung sehr wichtig. Sie findet häufige Anwendung bei Schmerzen des Rumpfes und der Extremitäten (Abb. 10.15).

Beinpattern

Die Beinpattern werden nach dem proximalen Gelenk (Hüftgelenk) und der Endstellung bezeichnet. Das Zwischengelenk (Kniegelenk) kann gestreckt bleiben, gebeugt oder gestreckt werden, je nach Behandlungsziel (Stabilisation oder Mobilisation). Wenn das Knie gebeugt oder gestreckt werden soll, so ist darauf zu achten, daß die Kniebewegung über die gesamte Bewegungsbahn verteilt ist.
Bei der Behandlung gibt es für den Therapeuten zwei Möglichkeiten:
1. Der Therapeut steht auf der Seite des zu behandelnden Beins (das wird die Regel sein).
2. Der Therapeut steht auf der Seite des nicht zu behandelnden Beins.

Die häufigsten Behandlungsfehler sind:
a. Das Bein beschreibt keine Diagonale, sondern einen «Bogen».
b. Die Traktion geht während des Weges verloren.
c. Distale und proximale Hand arbeiten nicht synchron, z. B. bei der Widerstandsgebung.

Die Beinpattern können je nach Befund und Behandlungsziel in verschiedenen Ausgangsstellungen, Kombinationen und unter Hinzunahme der speziellen Techniken durchgeführt werden.

Rückenlage
1. Unilaterale Beinpattern

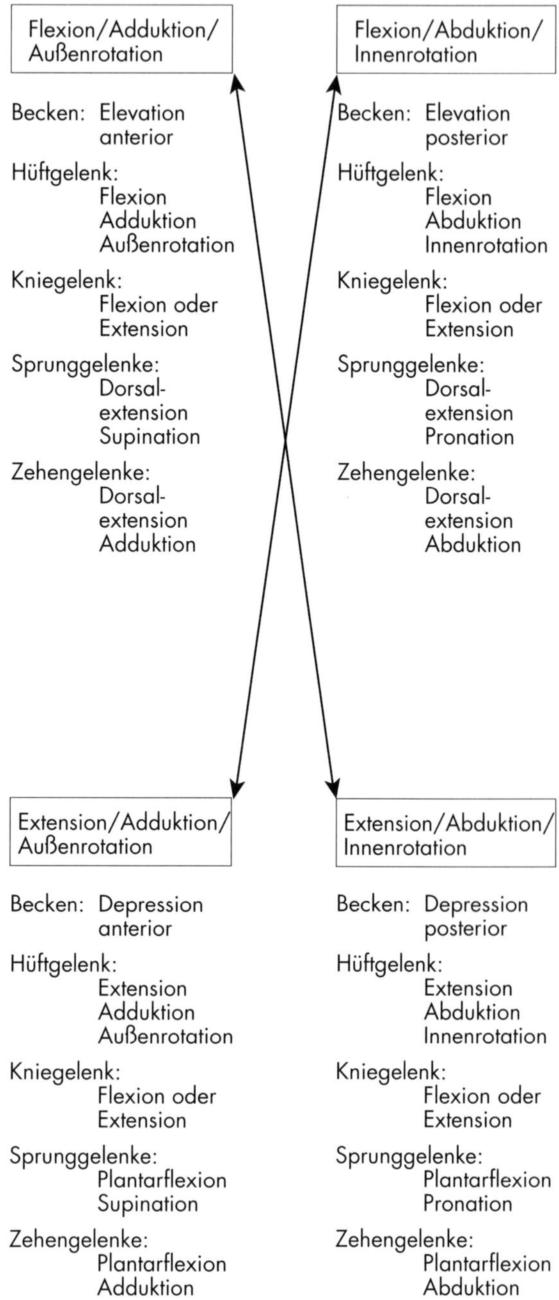

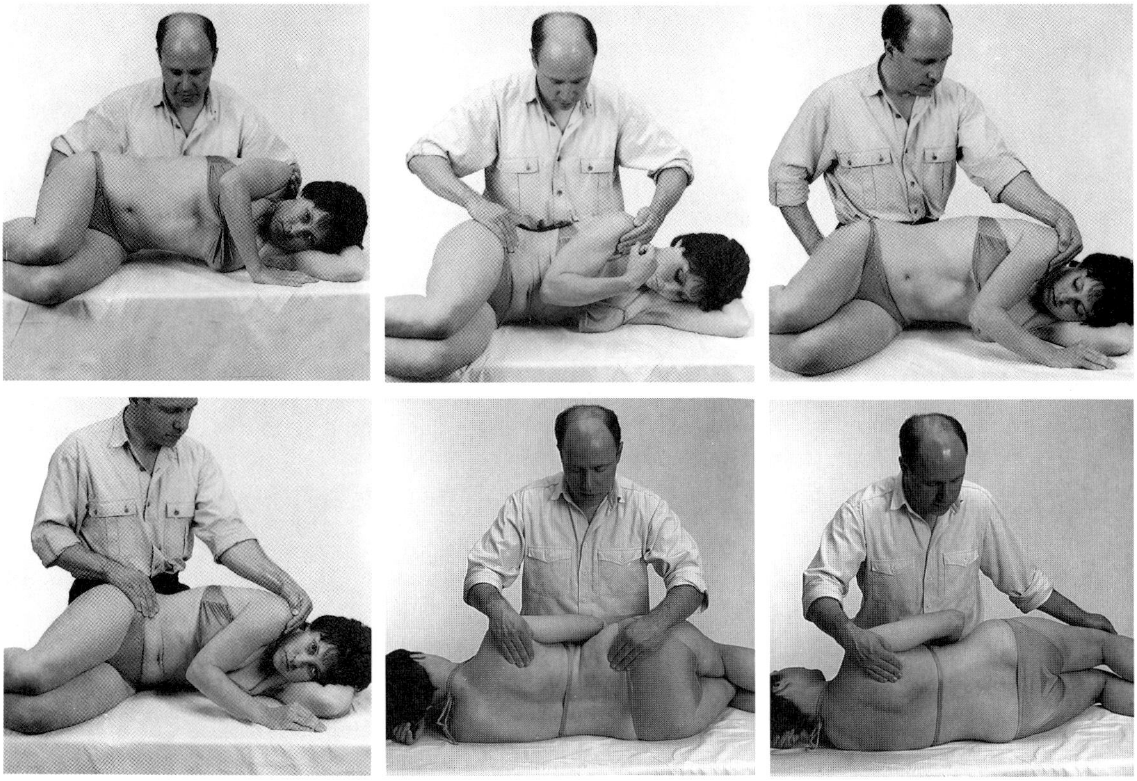

Abb. 10.15 a–f: Ausgewählte Kombinationspattern

Flexion/Adduktion/Außenrotation (Abb. 10.16 a und b)
Ausgangssituation: Passive Vordehnung in Extension/Abduktion/Innenrotation, Traktion und Hautverschraubung. Lumbricaler Griff distal auf dem Dorsum und proximal auf dem Oberschenkel anterior-medial.
Auftrag: «Fuß hoch und Bein hoch zur anderen Schulter – lösen».

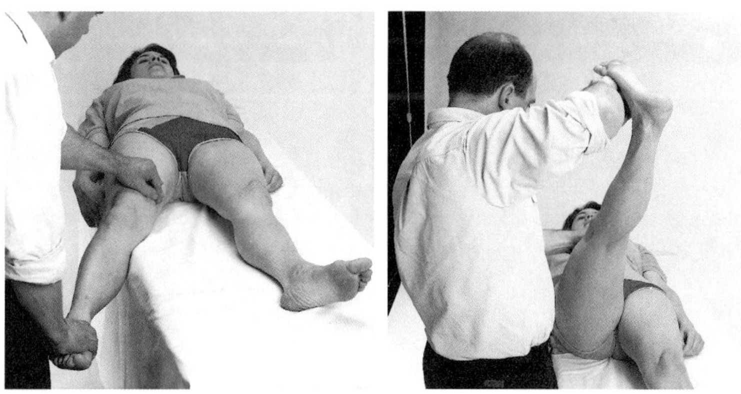

Abb. 10.16 a + b: Flexion/Adduktion/Außenrotation

Flexion/Adduktion/Außenrotation mit Knieflexion (Abb. 10.17 a und b)
Auftrag: «Fuß hoch und das gebeugte Knie zur anderen Schulter – lösen».

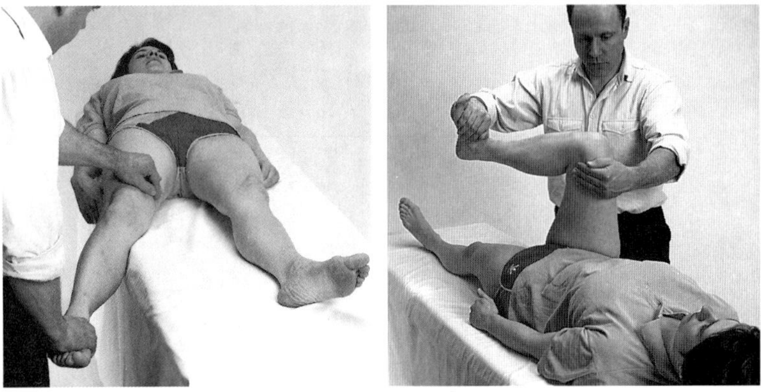

Abb. 10.17 a + b: Flexion/Adduktion/Außenrotation mit Knieflexion

Flexion/Adduktion/Außenrotation mit Knieextension (Abb. 10.18 a und b)
Bei diesem Muster steht der Therapeut zunächst mit dem Rücken zum Patienten. Während der Bewegung dreht er sich als Einheit auf den Fußballen zum Patienten hin.
Auftrag: «Fuß hoch und das gestreckte Bein zur anderen Schulter – lösen».

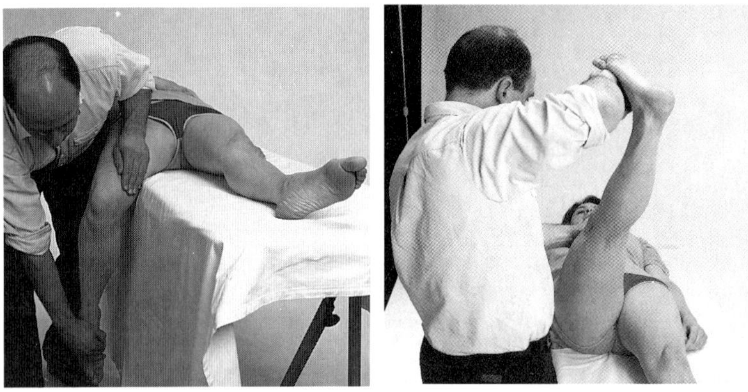

Abb. 10.18 a + b: Flexion/Adduktion/Außenrotation mit Knieextension

Extension/Abduktion/Innenrotation (Abb. 10.19 a und b)
Ausgangssituation: Passive Vordehnung in Flexion/Adduktion/Außenrotation, Traktion und Hautverschraubung. Lumbricaler Griff distal an der Fußsohle und proximal am Oberschenkel posterior-lateral.
Auftrag: «Fuß runter und Bein runter zu mir – lösen».

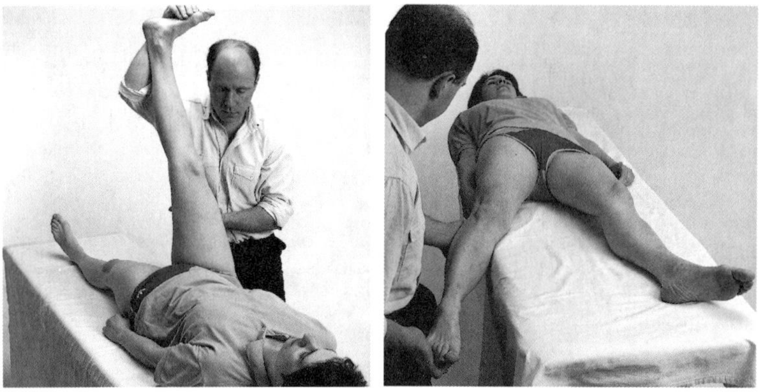

Abb. 10.19 a + b: Extension/Abduktion/Innenrotation

Extension/Abduktion/Innenrotation mit Knieflexion (Abb. 10.20 a und b)
Bei diesem Muster dreht sich der Therapeut während der Bewegung als Einheit auf den Fußballen vom Patienten weg.
Auftrag: «Fuß runter und das gebeugte Bein runter zu mir – lösen».

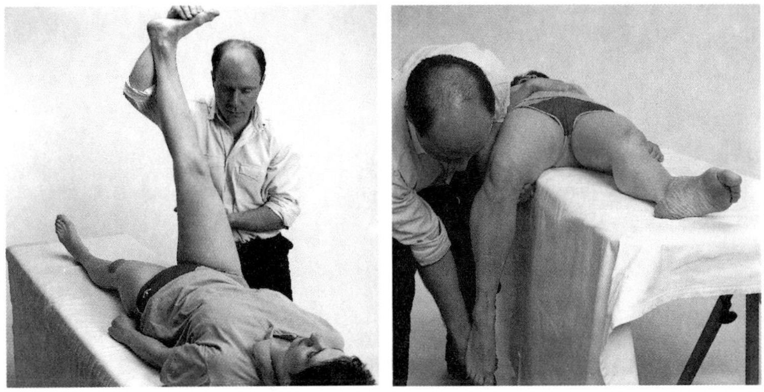

Abb. 10.20 a + b: Extension/Abduktion/Innenrotation mit Knieflexion

Extension/Abduktion/Innenrotation mit Knieextension (Abb. 10.21 a und b)
Auftrag: «Fuß runter und das gestreckte Bein runter zu mir – lösen».

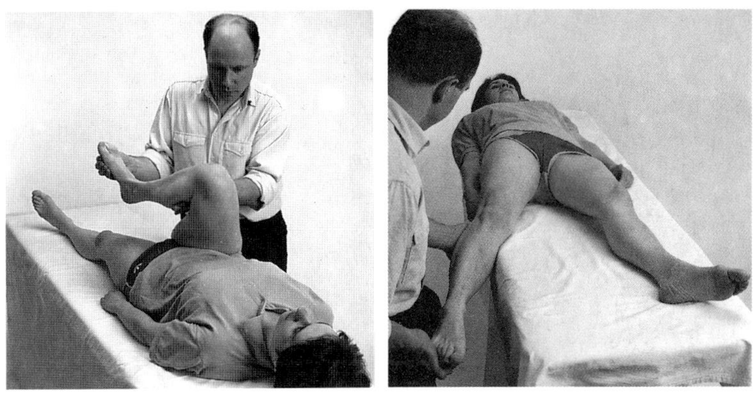

Abb. 10.21 a + b: Extension/Abduktion/Innenrotation mit Knieextension

Flexion/Abduktion/Innenrotation (Abb. 10.22 a und b)
Ausgangssituation: Passive Vordehnung in die Extension/Adduktion/Außenrotation, Traktion und Hautverschraubung. Lumbricaler Griff distal auf dem Dorsum, proximal am Oberschenkel anterior-lateral.
Auftrag: «Fuß hoch und Bein hoch zu mir – lösen.»

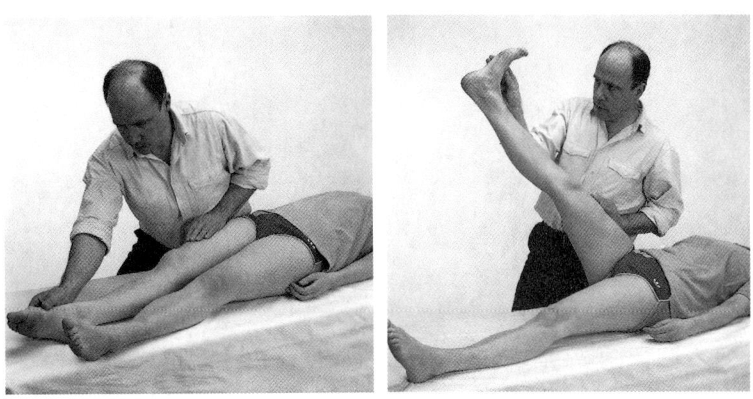

Abb. 10.22 a + b: Flexion/Abduktion/Innenrotation

Flexion/Abduktion/Innenrotation mit Knieflexion (Abb. 10.23 a und b)
Auftrag: «Fuß hoch und das gebeugte Knie hoch zu mir – lösen».

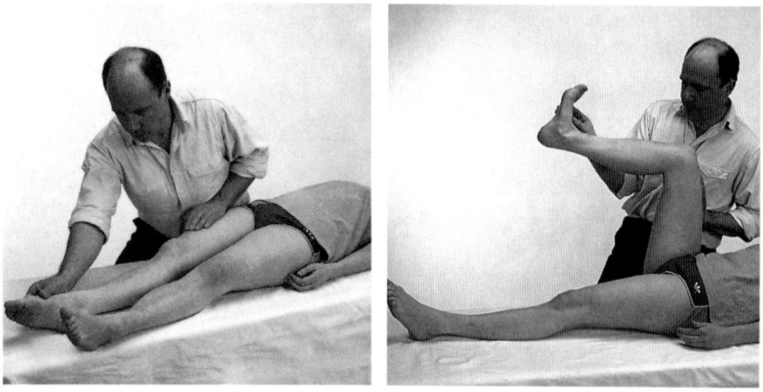

Abb. 10.23 a + b: Flexion/Abduktion/Innenrotation mit Knieflexion

Flexion/Abduktion/Innenrotation mit Knieextension (Abb. 10.24 a und b)
Der Unterschenkel des Patienten hängt am Fußende des Behandlungstisches herunter.
Auftrag: «Fuß hoch und das gestreckte Bein hoch zu mir – lösen».

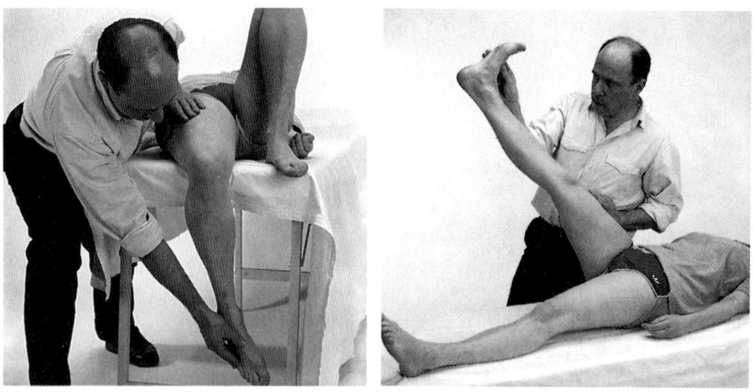

Abb. 10.24 a + b: Flexion/Abduktion/Innenrotation mit Knieextension

Extension/Adduktion/Außenrotation (Abb. 10.25 a und b)
Ausgangssituation: Passive Vordehnung in die Flexion/Abduktion/Innenrotation, Traktion und Hautverschraubung. Lumbricaler Griff distal an der Fußsohle, proximal am Oberschenkel posterior-medial.
Auftrag: «Fuß runter und Bein runter, weg von mir – lösen».

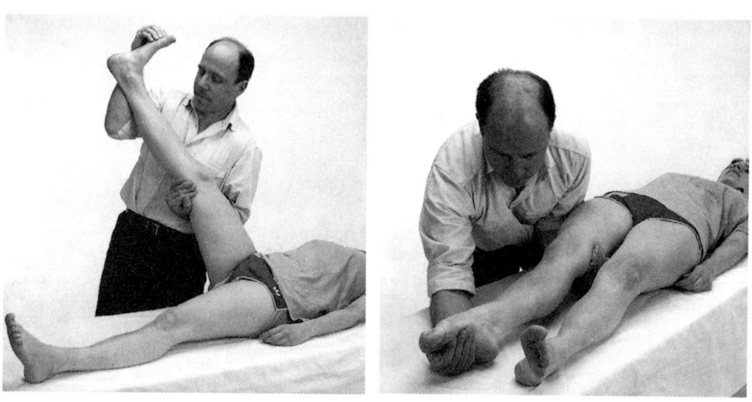

Abb. 10.25 a + b: Extension/Adduktion/Außenrotation

Extension/Adduktion/Außenrotation mit Knieflexion (Abb. 10.26 a und b)
Auftrag: «Fuß runter und mit gebeugtem Knie runter, weg von mir – lösen».

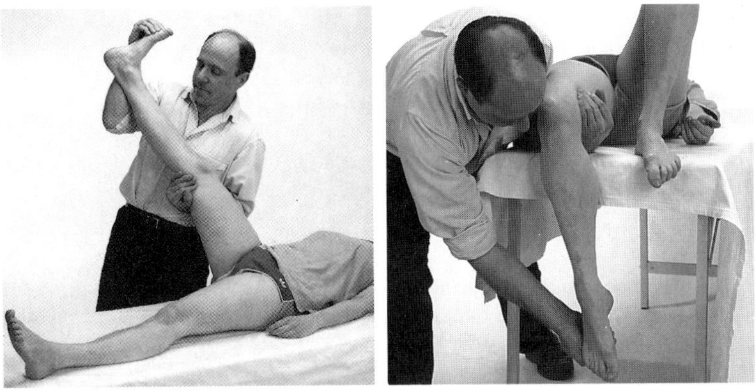

Abb. 10.26 a + b: Extension/Adduktion/Außenrotation mit Knieflexion

Extension/Adduktion/Außenrotation mit Knieextension (Abb. 10.27 a und b)
Auftrag: «Fuß runter und mit gestrecktem Bein runter, weg von mir – lösen.»

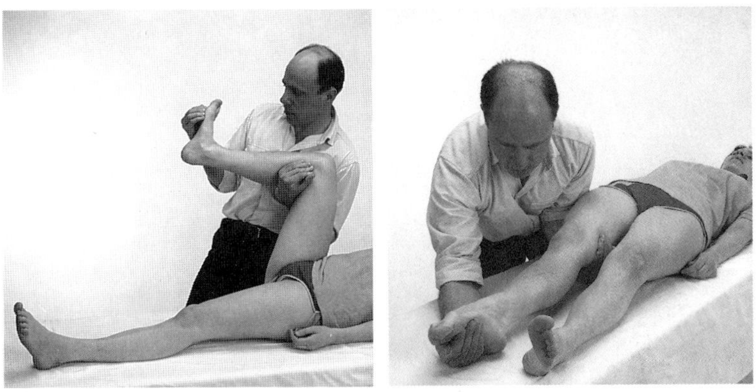

Abb. 10.27 a + b: Extension/Adduktion/Außenrotation mit Knieextension

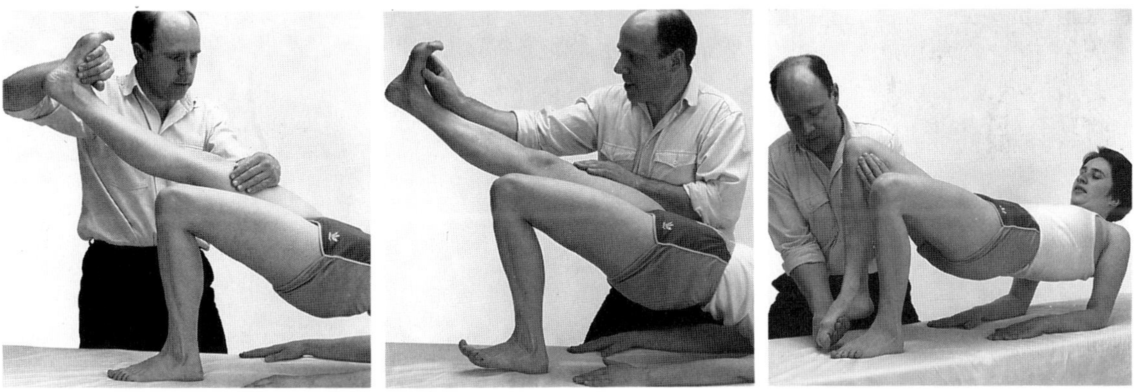

Abb. 10.28 a–d: Beinpattern in der Bridging-Position

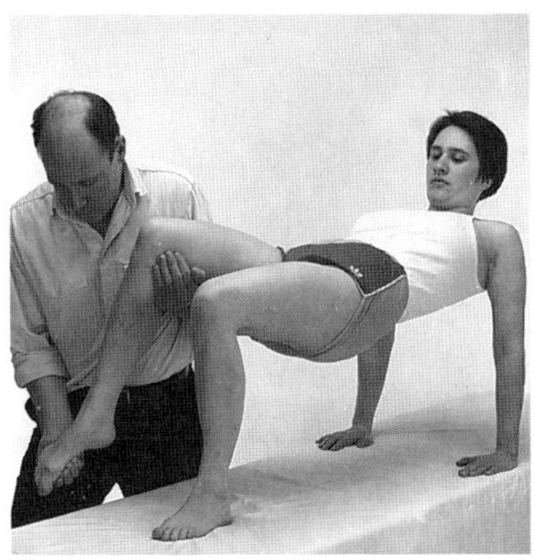

Als sehr effektiv haben sich die Bein-Teilmuster in der Bridging-Position erwiesen (Abb. 10.28). Dies entspricht der speziellen Technik «Timing for Emphasis» (Pivoting). Defizite von Kraft, Koordination und Beweglichkeit werden so gezielt angegangen. Der Patient darf nicht pressen.

2. Bilaterale Beinpattern (sechs exemplarische Beispiele)

Bilaterale Beinpattern stellen hohe koordinative Ansprüche an Behandler und Patienten. Sie haben einen größeren Overflow auf den Rumpf. Im Rahmen der Schmerzphysiotherapie werden Flexionspattern in der Rückenlage wegen des sonst zu langen Hebels grundsätzlich nur mit Knieflexion ausgeführt. Man unterscheidet:

a. *Bilateral symmetrische Pattern*
(Gleiche Diagonale und gleiche Richtung)

Flexion/Adduktion/Außenrotation mit Knieflexion (Abb. 10.29 a und b)
Auftrag: «Füße hoch und die Unterschenkel gekreuzt an den Bauch ranziehen – lösen».

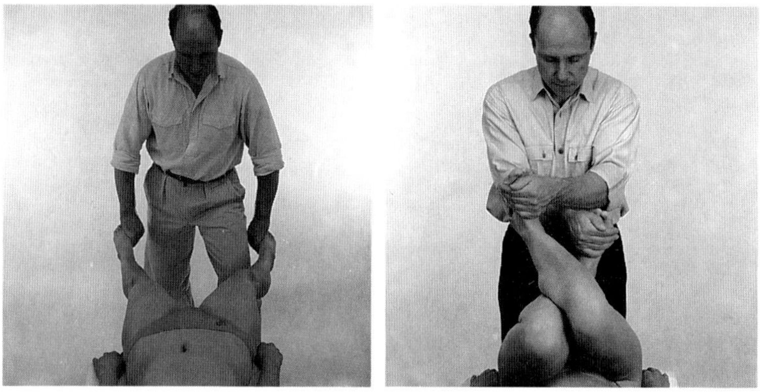

Abb. 10.29 a + b: Bilateral symmetrische Pattern: Flexion/Adduktion/Außenrotation mit Knieflexion

Extension/Abduktion/Innenrotation mit Knieextension (Abb. 10.30 a und b)
Auftrag: «Füße runter und die Fersen raus zu mir – lösen».

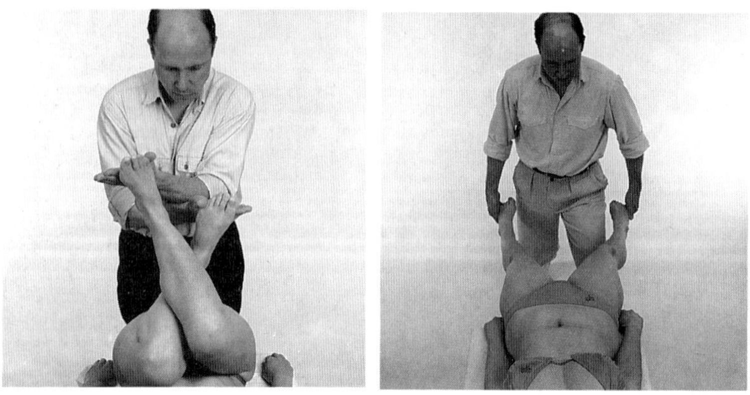

Abb. 10.30 a + b: Extension/Abduktion/Innenrotation mit Knieextension

b. *Bilateral asymmetrische Pattern*
(Gleiche Richtung, aber unterschiedliche Diagonale)

Unteres Rumpfflexionsmuster (Abb. 10.31 a und b)
Ausgangssituation: Passive Vordehnung und Traktion in die Extension/Abduktion/Innenrotation und Extension/Adduktion/Außenrotation sowie LWS-Extension/Lateroflexion/Rotation. Die proximale Hand liegt dorsal an den Oberschenkeln, die distale Hand dorsal auf den Füßen.
Auftrag: «Füße hoch, Knie ranziehen und weg von mir – lösen».

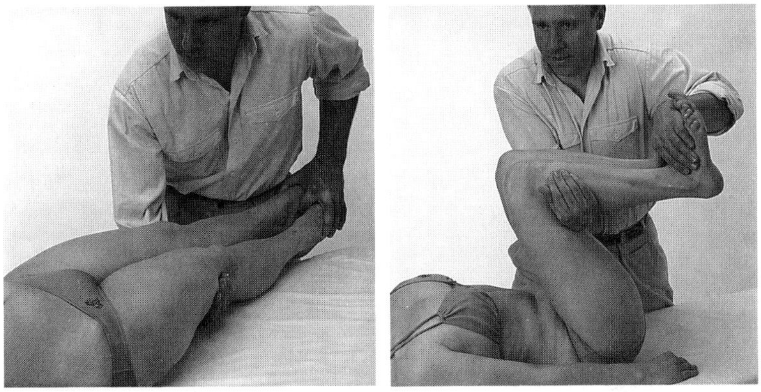

Abb. 10.31 a + b: Unteres Rumpfflexionsmuster

Unteres Rumpfextensionsmuster (Abb. 10.32 a und b)
Ausgangssituation: Passive Vordehnung und Traktion in Flexion/Abduktion/Innenrotation und Flexion/Adduktion/Außenrotation sowie LWS-Flexion/Lateroflexion/Rotation. Die proximale Hand liegt dorsal an den Oberschenkeln, die distale Hand liegt unter den Fußsohlen.
Auftrag: «Füße runter und Knie runter zu mir strecken – lösen».

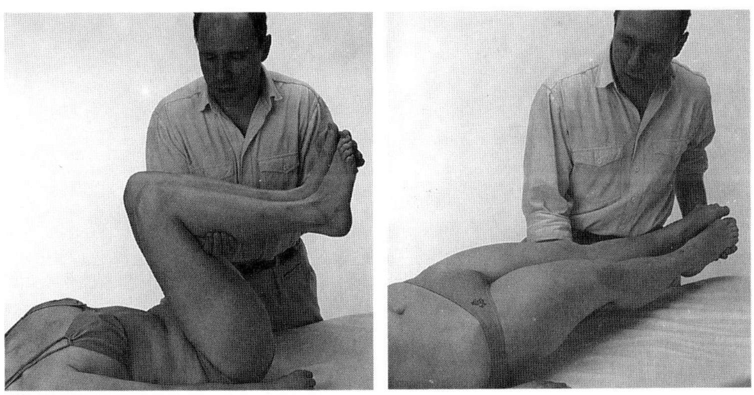

Abb. 10.32 a + b: Unteres Rumpfextensionsmuster

c. *Bilateral symmetrisch reziproke Pattern*
(Gleiche Diagonale, aber entgegengesetzte Richtung)

Flexion/Adduktion/Außenrotation mit Knieflexion und Extension/Abduktion/Innenrotation mit Knieextension (Abb. 10.33 a und b)
Auftrag: «Nach links (rechts) – lösen».

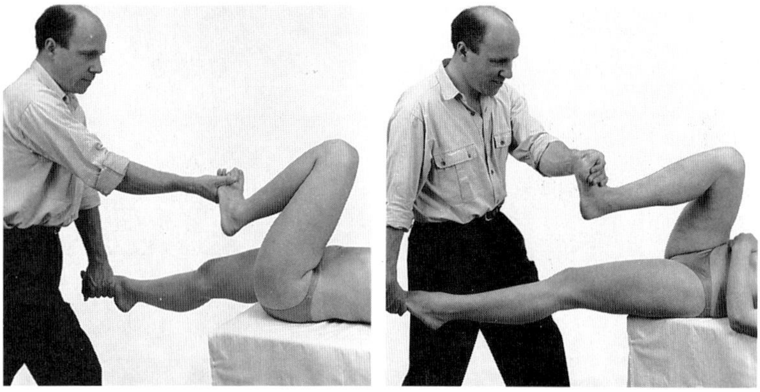

Abb. 10.33 a + b: Bilateral symmetrisch reziprokes Pattern: Flexion/Adduktion/Außenrotation mit Knieflexion und Extension/Abduktion/Innenrotation mit Knieextension

d. *Bilateral asymmetrisch reziproke Pattern*
(Verschiedene Diagonalen in entgegengesetzter Richtung)

Flexion/Adduktion/Außenrotation mit Knieflexion und Extension/Adduktion/Außenrotation mit Knieextension (Abb. 10.34 a und b)
Auftrag: «Zusammen (auseinander) – lösen».

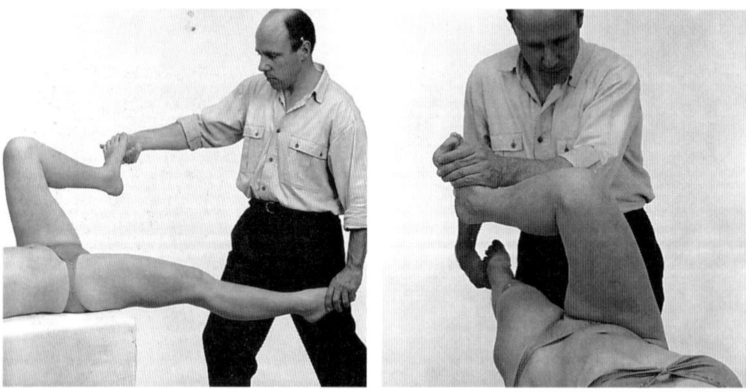

Abb. 10.34 a + b: Flexion/Adduktion/Außenrotation mit Knieflexion und Extension/Adduktion/Außenrotation mit Knieextension

Seitenlage

In der Seitenlage können speziell die lateralen Muskeln trainiert werden.

Extension/Abduktion/Innenrotation mit Knieextension (Abb. 10.35 a und b)
Auftrag: «Fuß lang und das Bein gestreckt hoch raus zu mir – lösen».

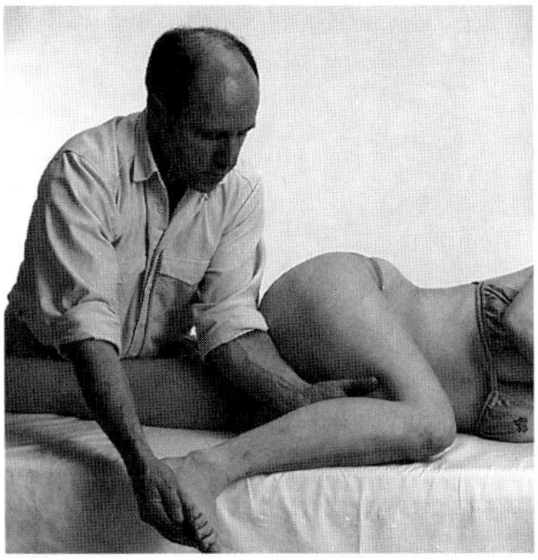

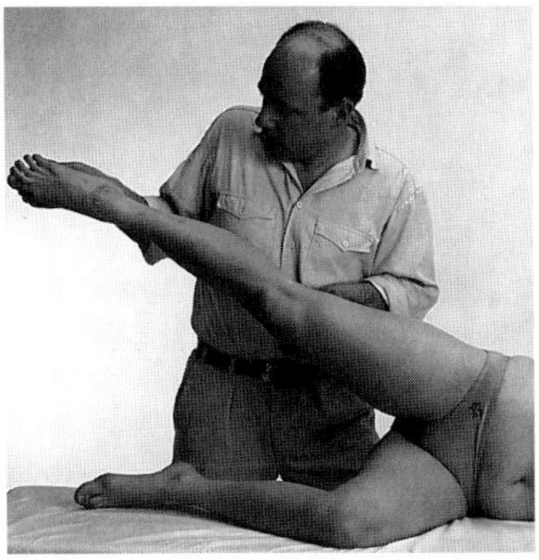

Abb. 10.35 a + b: Seitenlage Extension/Abduktion/Innenrotation mit Knieextension

Bauchlage

In der Bauchlage können speziell die dorsalen Muskeln trainiert werden.
Die Bauchlage-Pattern stellen besonders hohe Anforderungen an die Koordinationsfähigkeit von Patient und Behandler. Bei relativ geringem Krafteinsatz ist ein deutlicher Overflow auf den Rumpf zu registrieren.

Flexion/Adduktion/Außenrotation mit Knieextension (Abb. 10.36 a und b)
Passive Vordehnung und Traktion in die Extension/Abduktion/Innenrotation mit Knieflexion. Die distale Hand liegt am Dorsum des Fußes, die proximale Hand liegt an der Ferse.
Auftrag: «Fuß ranziehen und Ferse runter weg von mir – lösen».

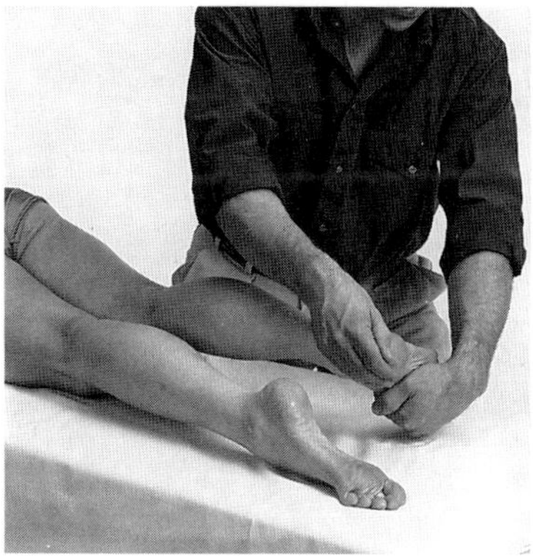

Abb. 10.36 a + b: Flexion/Adduktion/Außenrotation mit Knieextension

Extension/Abduktion/Innenrotation (Abb. 10.37 a und b)
Auftrag: «Fuß lang und Ferse hoch zu mir – lösen».

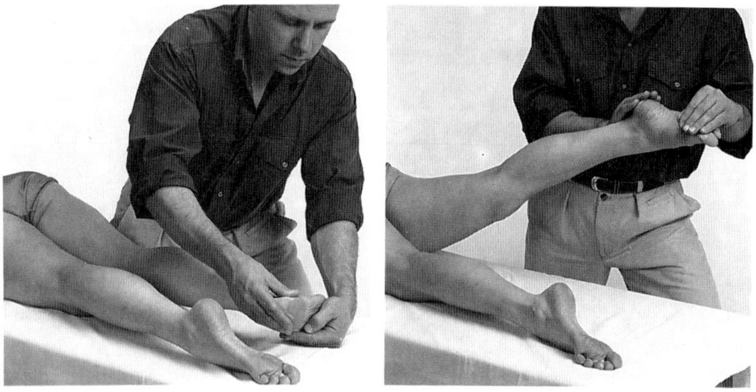

Abb. 10.37 a + b: Extension/Abduktion/Innenrotation

Flexion/Abduktion/Innenrotation mit Knieextension (Abb. 10.38 a und b)
Der Behandler steht auf der nicht zu behandelnden Seite.
Auftrag: «Fuß ranziehen und Ferse runter weg von mir – lösen».

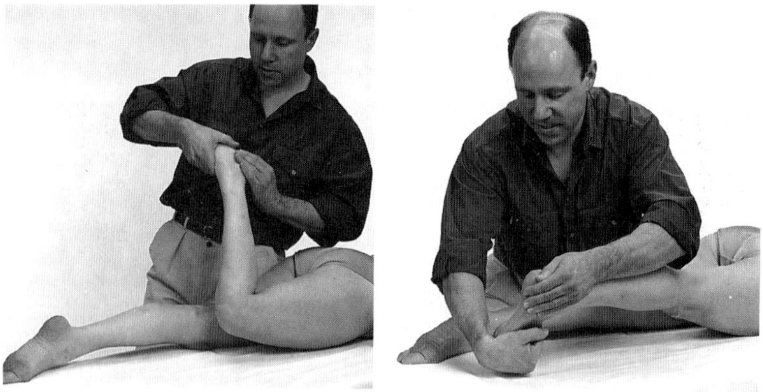

Abb. 10.38 a + b: Flexion/Abduktion/Innenrotation mit Knieextension

Extension/Adduktion/Außenrotation (Abb. 10.39 a und b)
Der Behandler steht auf der nicht zu behandelnden Seite.
Auftrag: «Fuß lang und Ferse hoch zu mir – lösen».

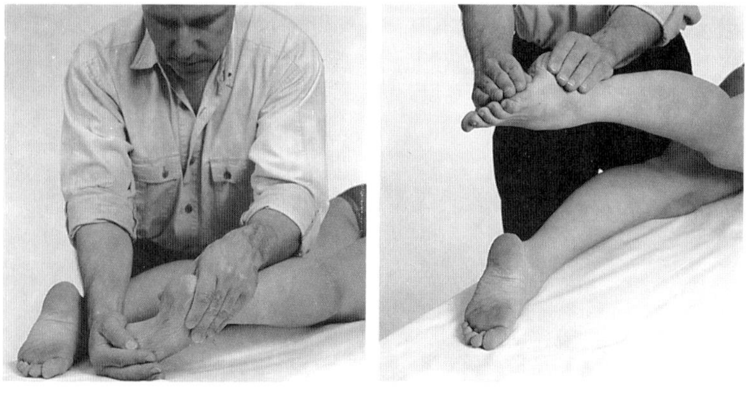

Abb. 10.39 a + b: Extension/Adduktion/Außenrotation

Extension/Abduktion/Innenrotation mit Knieflexion (Abb. 10.40 a und b)
Bilateral symmetrische Pattern
Auftrag: «Füße lang und die Fersen hoch raus – lösen».

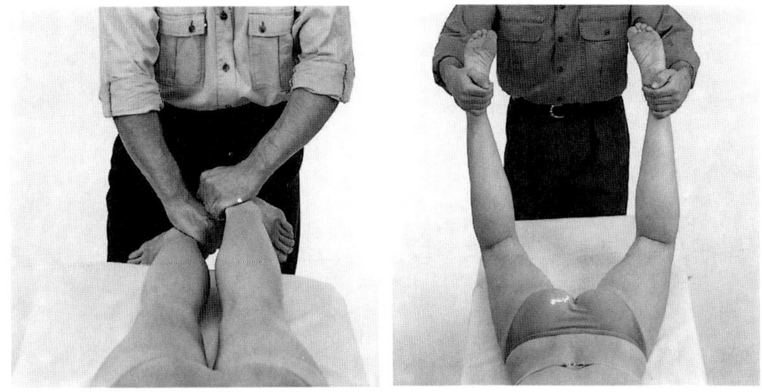

Abb. 10.40 a + b: Extension/Abduktion/Innenrotation mit Knieflexion

Sitz

Die Sitz-Teilmuster sind uni- und bilateral durchführbar und eignen sich besonders zur Behandlung von Knie- und Fußproblemen. Ein Beispiel:

Flexion/Adduktion/Außenrotation mit Knieextension (Abb. 10.41 a und b)
Auftrag: «Fuß hoch und Ferse nach innen hoch – lösen».

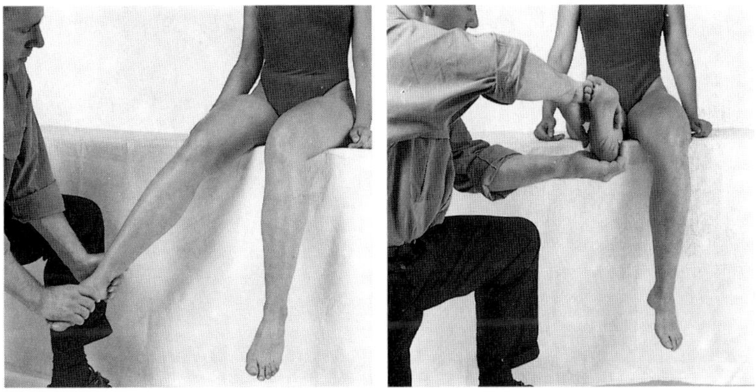

Abb. 10.41 a + b: Flexion/Adduktion/Außenrotation mit Knieextension

Vierfüßlerstand, Halbkniestand und Stand

Durch die geringe Unterstützungsfläche kommt es zu Gleichgewichtsreaktionen mit Overflow. Drei Beispiele:

Extension/Adduktion/Außenrotation mit Knieextension (Abb. 10.42a und b)
Auftrag: «Fuß lang und Ferse hoch zu mir – lösen».

Abb. 10.42a + b: Extension/Adduktion/Außenrotation mit Knieextension

Flexion/Abduktion/Innenrotation mit Knieflexion (Abb. 10.43a und b)
Der Patient hält sich eventuell an einem Stuhl fest.
Auftrag: «Fuß ran und nach vorne außen auf den Boden – lösen».

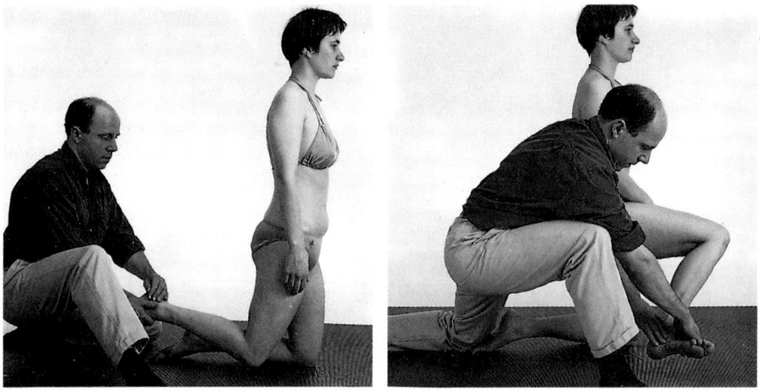

Abb. 10.43a + b: Flexion/Abduktion/Innenrotation mit Knieflexion

Flexion/Adduktion/Außenrotation mit Knieflexion (Abb. 10.44a und b)
Der Patient hält sich eventuell an der Sprossenwand fest.
Auftrag: «Fuß hoch und das gebeugte Knie zur anderen Schulter ziehen – lösen».

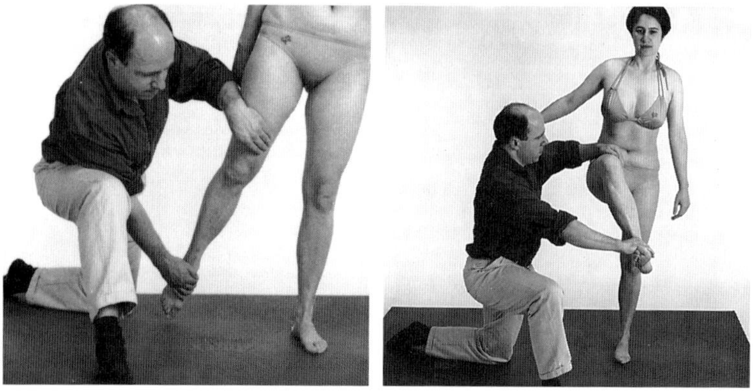

Abb. 10.44a + b: Flexion/Adduktion/Außenrotation mit Knieflexion

Armpattern

Die Armpattern werden nach dem proximalen Gelenk (Schultergelenk) und der Endstellung bezeichnet.
Das Zwischengelenk (Ellbogengelenk) kann gestreckt bleiben, gebeugt oder gestreckt werden, je nach Behandlungsziel (Stabilisation oder Mobilisation). Wenn der Ellbogen gebeugt oder gestreckt werden soll, so ist darauf zu achten, daß die Ellbogenbewegung über die gesamte Bewegungsbahn verteilt ist.
Bei der Behandlung gibt es für den Therapeuten zwei Möglichkeiten:

1. Der Therapeut steht auf der Seite des zu behandelnden Arms (das wird die Regel sein).
2. Der Therapeut steht auf der Seite des nicht zu behandelnden Arms.

Die häufigsten Behandlungsfehler sind:

a. Der Arm beschreibt keine Diagonale, sondern einen «Bogen».
b. Die Traktion geht während des Weges verloren.
c. Distale und proximale Hand arbeiten nicht synchron, zum Beispiel bei der Widerstandsgebung.

Die Armpattern können je nach Befund und Behandlungsziel in verschiedenen Ausgangsstellungen, Kombinationen und unter Hinzunahme der speziellen Techniken durchgeführt werden.
Als Variation gibt es das Ulnarthrust(-stoß)pattern und Radialthrust(-stoß)pattern. Hierbei ist Ellbogen- und Handgelenksbeteiligung anders als bei den klassischen Mustern.

Rückenlage

1. Unilaterale Armpattern

Flexion/Adduktion/Außenrotation

Scapula: Elevation anterior
Schultergelenk: Flexion, Adduktion, Außenrotation
Ellbogengelenk: Flexion oder Extension, Supination
Handgelenk: Palmarflexion, Radiale Abduktion
Fingergelenke: Flexion, Adduktion
Daumensattelgelenk: Flexion, Adduktion

Flexion/Abduktion/Außenrotation

Scapula: Elevation posterior
Schultergelenk: Flexion, Abduktion, Außenrotation
Ellbogengelenk: Flexion oder Extension, Supination
Handgelenk: Dorsalextension, Radiale Abduktion
Fingergelenke: Extension, Abduktion
Daumensattelgelenk: Extension, Abduktion

Extension/Adduktion/Innenrotation

Scapula: Depression anterior
Schultergelenk: Extension, Adduktion, Innenrotation
Ellbogengelenk: Extension oder Flexion, Pronation
Handgelenk: Palmarflexion, Ulnare Abduktion
Fingergelenke: Flexion, Adduktion
Daumensattelgelenk: Flexion, Adduktion

Extension/Abduktion/Innenrotation

Scapula: Depression posterior
Schultergelenk: Extension, Abduktion, Innenrotation
Ellbogengelenk: Flexion oder Extension, Pronation
Handgelenk: Dorsalextension, Ulnare Abduktion
Fingergelenke: Dorsalextension, Abduktion
Daumensattelgelenk: Extension, Abduktion

Flexion/Adduktion/Außenrotation (Abb. 10.45 a und b)
Ausgangssituation: Passive Vordehnung und Traktion in die Extension/Abduktion/Innenrotation. Lumbrical greift die distale Hand palmar, und die proximale Hand greift lumbrical um den Radius. Der Therapeut dreht sich während des Weges als Einheit auf den Fußballen zum Patienten.
Auftrag: «Zufassen und den gestreckten Arm hoch weg von mir – lösen».

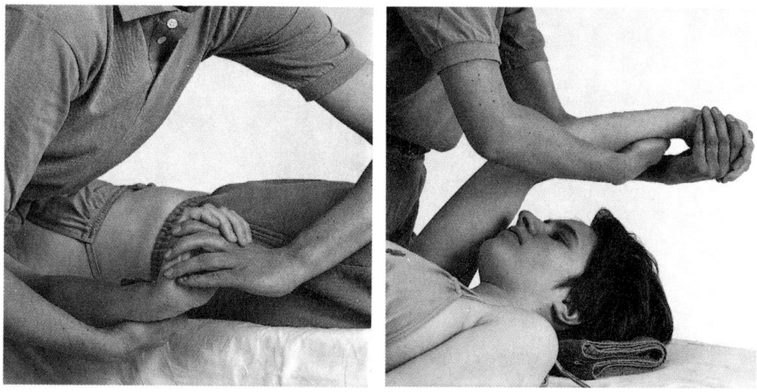

Abb. 10.45 a + b: Flexion/Adduktion/Außenrotation

Flexion/Adduktion/Außenrotation mit Ellbogenflexion (Abb. 10.46 a und b)
Auftrag: «Zufassen und mit der Hand hinter das Ohr – lösen».

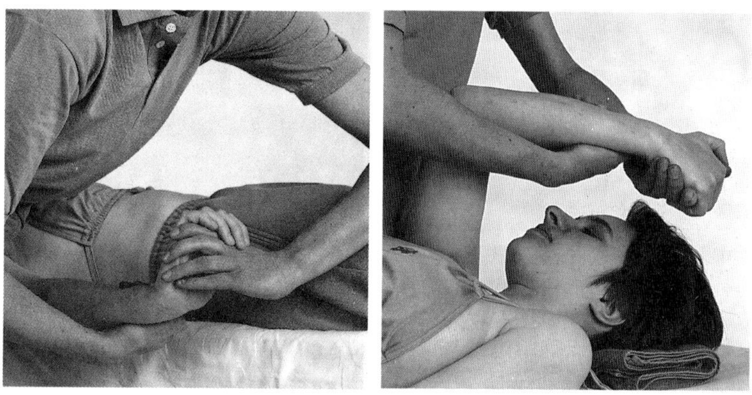

Abb. 10.46 a + b: Flexion/Adduktion/Außenrotation mit Ellbogenflexion

Flexion/Adduktion/Außenrotation mit Ellbogenextension (Abb. 10.47 a und b)
Auftrag: «Zufassen und den Arm gestreckt hoch weg von mir – lösen».

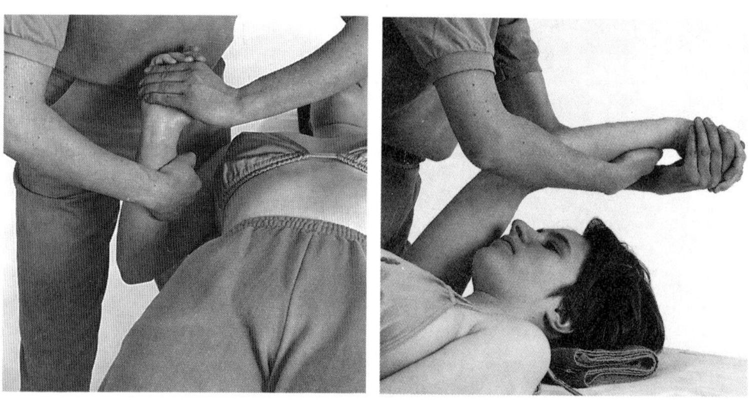

Abb. 10.47 a + b: Flexion/Adduktion/Außenrotation mit Ellbogenextension

Extension/Abduktion/Innenrotation (Abb. 10.48 a und b)
Ausgangssituation: Passive Vordehnung und Traktion in die Flexion/Adduktion/Außenrotation. Lumbrical greift die distale Hand auf das Dorsum und die proximale Hand greift lumbrical um die Ulna. Der Therapeut dreht sich während des Weges als Einheit auf den Fußballen weg vom Patienten.
Auftrag: «Hand auf und den Arm gestreckt runter zu mir – lösen».

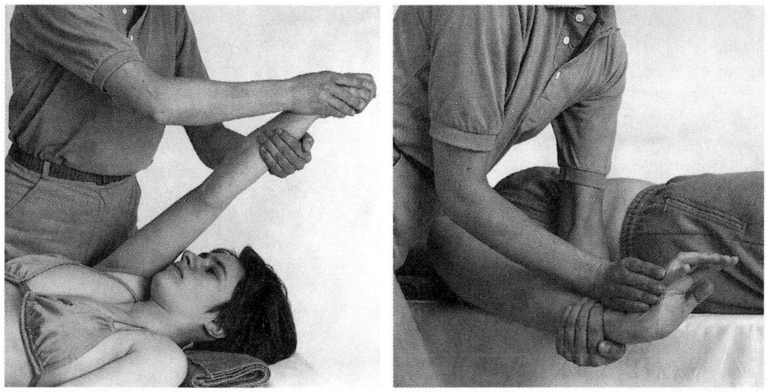

Abb. 10.48 a + b: Extension/Abduktion/Innenrotation

Extension/Abduktion/Innenrotation mit Ellbogenflexion (Abb. 10.49 a und b)
Auftrag: «Hand auf und Arm gebeugt runter zu mir – lösen».

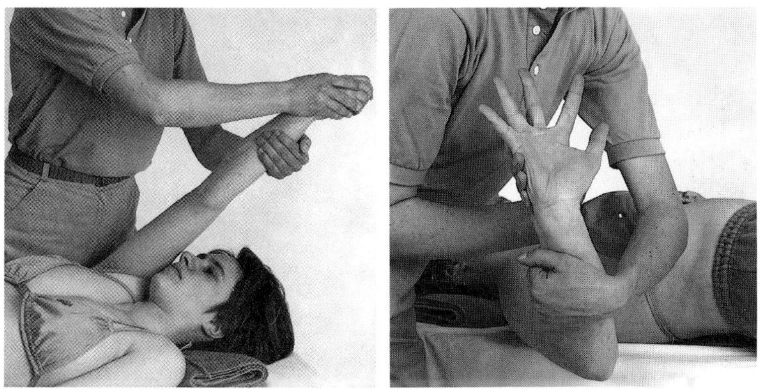

Abb. 10.49 a + b: Extension/Abduktion/Innenrotation mit Ellbogenflexion

Extension/Abduktion/Innenrotation mit Ellbogenextension (Abb. 10.50 a und b)
Auftrag: «Hand auf und den Arm gestreckt runter zu mir – lösen».

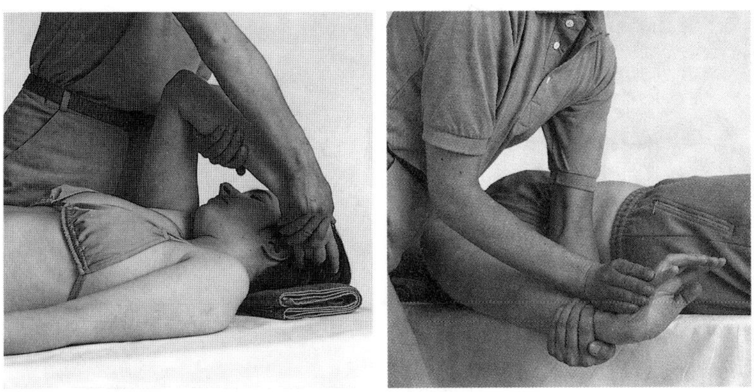

Abb. 10.50 a + b: Extension/Abduktion/Innenrotation mit Ellbogenextension

Flexion/Abduktion/Außenrotation (Abb. 10.51 a und b)
Ausgangssituation: Passive Vordehnung und Traktion in die Extension/Adduktion/Innenrotation. Lumbrical greift die distale Hand auf das Dorsum und lumbrical greift die proximale Hand um den Radius. Der Therapeut dreht sich während des Weges als Einheit auf den Fußballen zum Patienten.
Auftrag: «Hand auf und den gestreckten Arm hoch raus neben das Ohr – lösen».

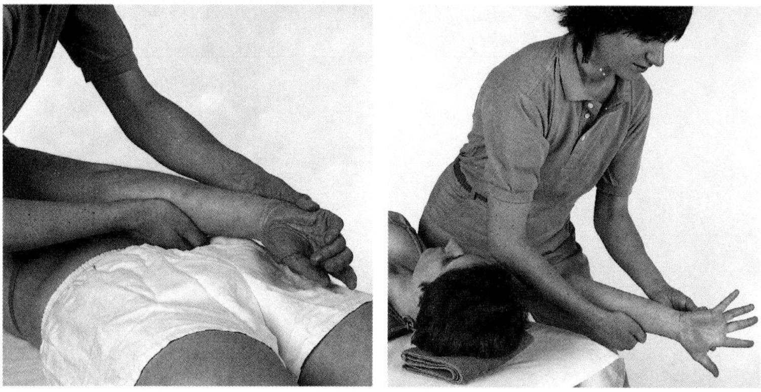

Abb. 10.51 a + b: Flexion/Abduktion/Außenrotation

Flexion/Abduktion/Außenrotation mit Ellbogenflexion (Abb. 10.52 a und b)
Auftrag: «Hand auf und den Arm gebeugt über den Kopf – lösen».

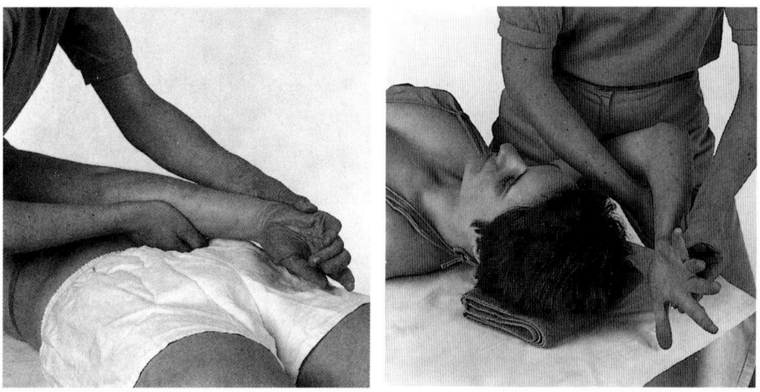

Abb. 10.52 a + b: Flexion/Abduktion/Außenrotation mit Ellbogenflexion

Flexion/Abduktion/Außenrotation mit Ellbogenextension (Abb. 10.53 a und b)
Auftrag: «Hand auf und den Arm gestreckt hoch raus neben das Ohr – lösen».

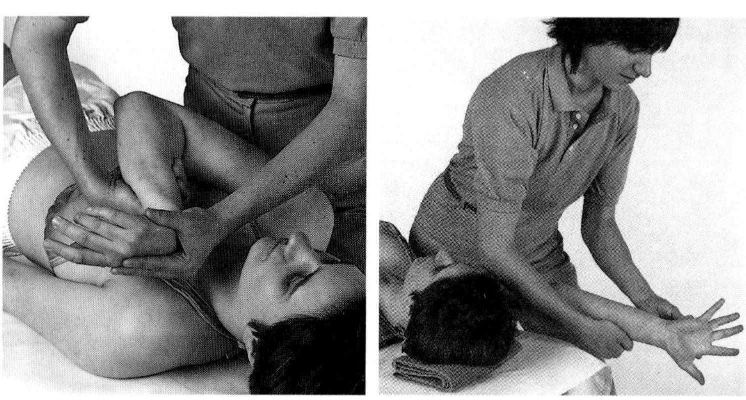

Abb. 10.53 a + b: Flexion/Abduktion/Außenrotation mit Ellbogenextension

Extension/Adduktion/Innenrotation (Abb. 10.54 a und b)
Ausgangssituation: Passive Vordehnung und Traktion in die Flexion/Abduktion/Außenrotation. Lumbrical greift die distale Hand palmar, und lumbrical greift die proximale Hand um die Ulna. Der Therapeut dreht sich als Einheit auf den Fußballen weg vom Patienten.
Auftrag: «Zufassen und den gestreckten Arm zur anderen Hüfte runterziehen – lösen».

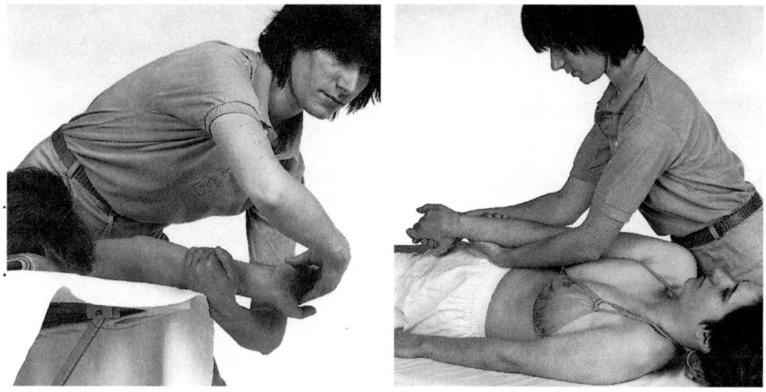

Abb. 10.54 a + b: Extension/Adduktion/Innenrotation

Extension/Adduktion/Innenrotation mit Ellbogenflexion (Abb. 10.55 a und b)
Auftrag: «Zufassen und den Arm gebeugt runter zum Bauchnabel ziehen – lösen».

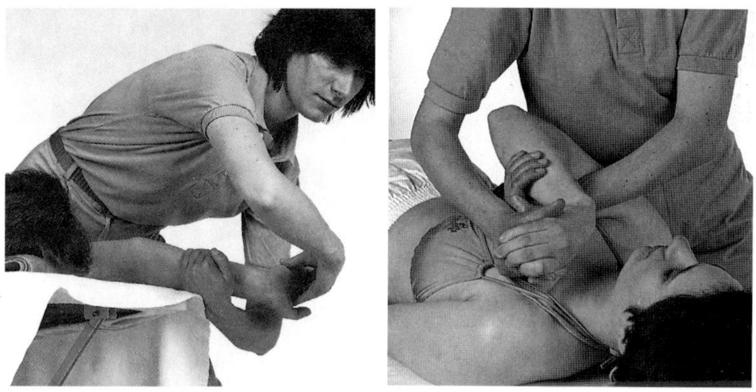

Abb. 10.55 a + b: Extension/Adduktion/Innenrotation mit Ellbogenflexion

Extension/Adduktion/Innenrotation mit Ellbogenextension (Abb. 10.56 a und b)
Auftrag: «Zufassen und den Arm gestreckt runter zur anderen Hüfte ziehen – lösen».

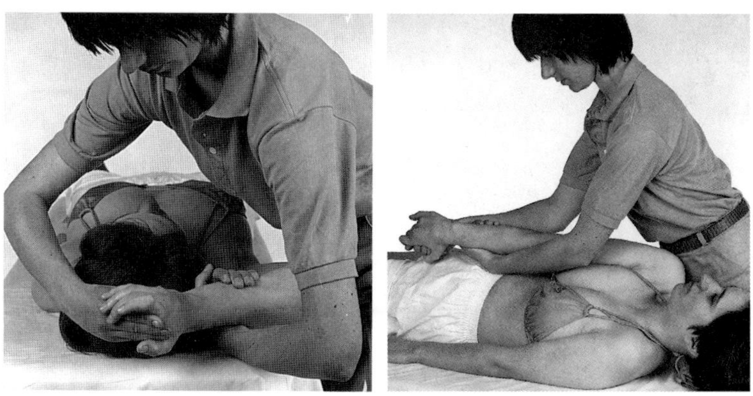

Abb. 10.56 a + b: Extension/Adduktion/Innenrotation mit Ellbogenextension

2. Bilaterale Armpattern
Diese haben vor allem Auswirkungen auf den Rumpf (Overflow). Die Gewichtsverlagerung des Therapeuten ist hier besonders wichtig.

Bilateral symmetrische Pattern
(Gleiche Diagonale und gleiche Bewegungsrichtung)
Beispiele:

Flexion/Abduktion/Außenrotation (Abb. 10.57 a und b)
Auftrag: «Hände auf und gestreckte Arme hoch raus – lösen».

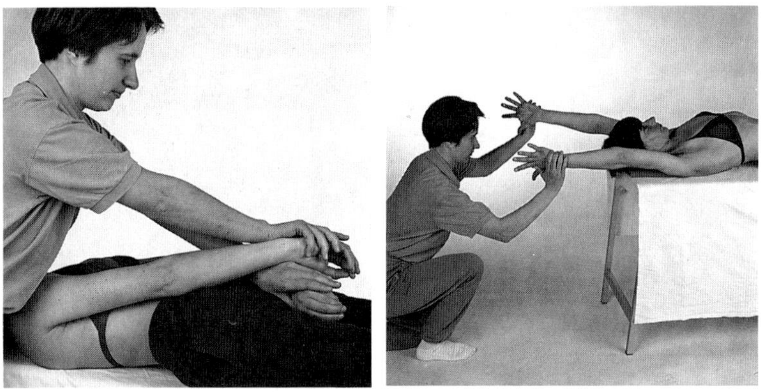

Abb. 10.57 a + b: Flexion/Abduktion/Außenrotation

Extension/Adduktion/Innenrotation mit Ellbogenflexion (Abb. 10.58 a und b)
Auftrag: «Zufassen und die gebeugten Ellbogen zum Bauchnabel ziehen – lösen».

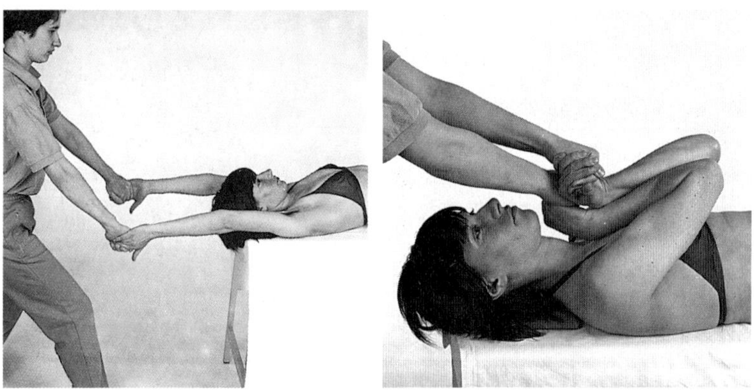

Abb. 10.58 a + b: Extension/Adduktion/Innenrotation mit Ellbogenflexion

Extension/Abduktion/Innenrotation (Abb. 10.59 a und b)
Auftrag: «Hände auf und die gestreckten Arme runter raus – lösen».

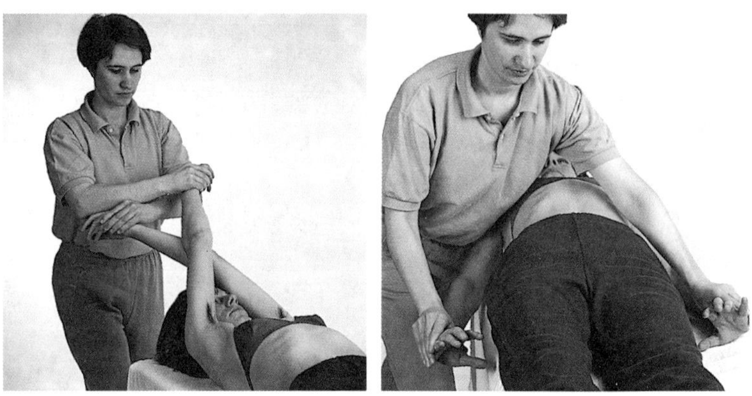

Abb. 10.59 a + b: Extension/Abduktion/Innenrotation

Flexion/Adduktion/Außenrotation mit Ellbogenflexion (Abb. 10.60 a und b)
Auftrag: «Zufassen und die Fäuste gekreuzt hinter die Ohren – lösen».

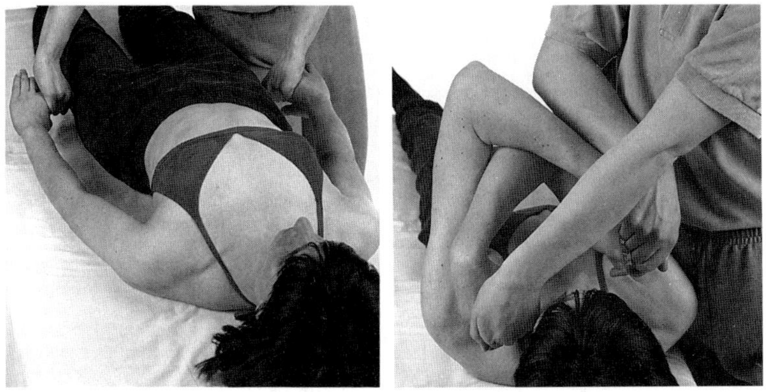

Abb. 10.60 a + b: Flexion/Adduktion/Außenrotation mit Ellbogenflexion

Bilateral asymmetrische Pattern
(Gleiche Richtung, aber unterschiedliche Diagonalen)
Siehe Chopping und Lifting im Abschnitt «Rumpfpattern».

Bilateral symmetrisch reziproke Pattern
(Gleiche Diagonale, aber entgegengesetzte Richtung)
Beispiel: Rechter Arm in Extension/Abduktion/Innenrotation. Linker Arm in Flexion/Adduktion/Außenrotation (Abb. 10.61 a und b).
Auftrag: «Nach rechts (links) – lösen».

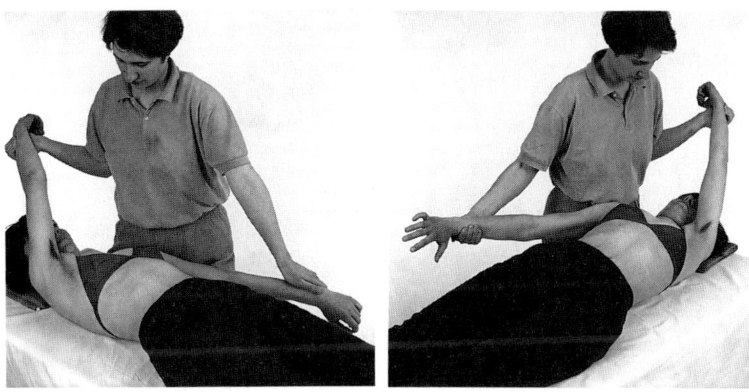

Abb. 10.61 a + b: Bilateral symmetrisch reziprokes Pattern

Bilateral asymmetrisch reziproke Pattern
(Verschiedene Diagonalen in entgegengesetzter Richtung)
Beispiel: Rechter Arm in Flexion/Abduktion/Außenrotation. Linker Arm in Extension/Abduktion/Innenrotation (Abb. 10.62 a und b).
Auftrag: «Auseinander (zusammen) – lösen».

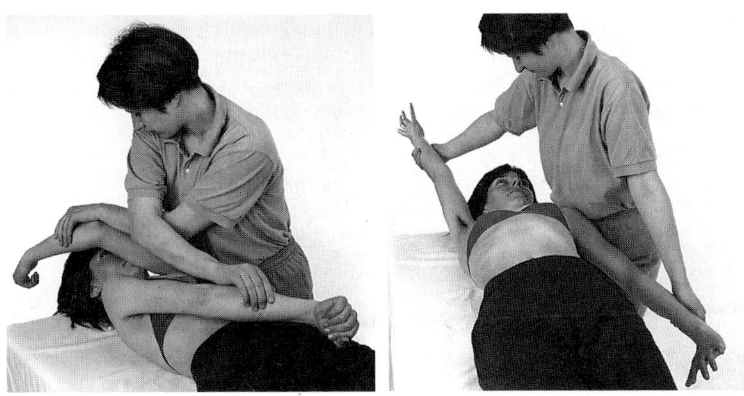

Abb. 10.62 a + b: Bilateral asymmetrisch reziprokes Pattern

Andere Ausgangsstellungen

Armpattern sind je nach Befund und Zielsetzung auch in anderen Ausgangsstellungen möglich, z. B. in Seitenlage, Bauchlage, Vierfüßlerstand, Fersensitz und Sitz.
Zwei Beispiele:

Vierfüßlerstand

Flexion/Abduktion/Außenrotation (Abb. 10.63 a und b)
Dabei kann erschwerend das gegenüberliegende Bein im PNF-Pattern angehoben werden. Es kommt zum Overflow und zu Gleichgewichtsreaktionen.

Abb. 10.63 a + b: Armpattern im Vierfüßlerstand

Sitz

Extension/Abduktion/Innenrotation mit Ellbogenflexion (Abb. 10.64 a und b)

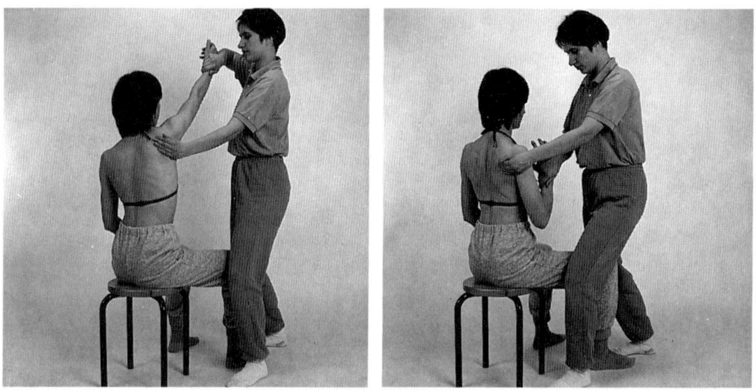

Abb. 10.64 a + b: Extension/Abduktion/Innenrotation mit Ellbogenflexion

Nackenpattern

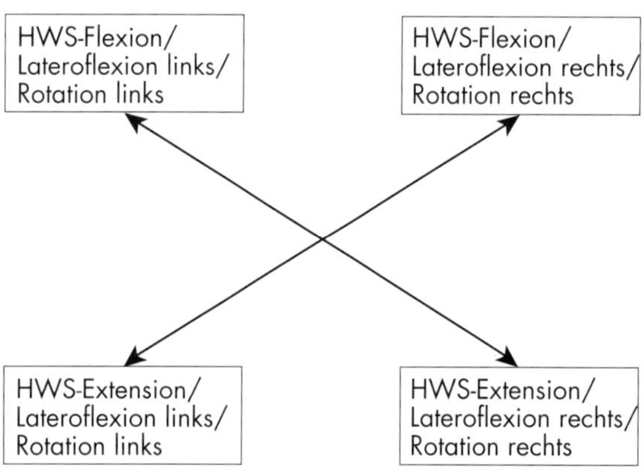

Zur Orientierung der Bewegungskomponenten gibt das Kinn die Flexion, das Ohr die Lateroflexion und die Nase die Rotation an.
Um eine Irritation der Halswirbelsäule (A. vertebralis) zu vermeiden, werden alle Komponenten individuell gemischt und nie maximal vorgedehnt bzw. ausgeführt. Der Widerstand muß dem Kräftezustand des Patienten und den Schwerkraftverhältnissen angepaßt sein. Verschiedene Ausgangsstellungen sind je nach Ziel möglich: Die Rückenlage, um die Flexorenkette zu trainieren, die Seitenlage links und rechts vor allem für die Lateroflexoren, der Unterarmstütz, der Sitz und der Vierfüßlerstand. Die Nackenpattern eignen sich optimal für die dreidimensionale Balancierung und Konditionierung der regionalen Muskulatur. Der Overflow auf den Rumpf ist offensichtlich.

Die Nackenpattern werden auch zur Vorbereitung von Chopping und Lifting angewandt.
Da bei der Durchführung der Nackenpattern unseres Erachtens oft große Unsicherheit besteht, haben wir uns bemüht, die Grifftechnik ausführlich zu beschreiben.

Flexionspattern nach rechts (Abb. 10.66a und b)
Ausgangssituation: Man unterscheidet am Kopf sogenannte «vier Ecken» (Abb. 10.65).

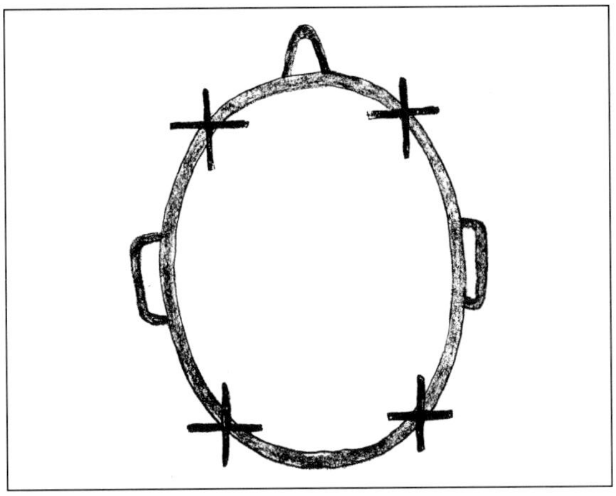

Abb. 10.65: Die «vier Ecken» des Kopfes

Rückenlage mit Kopfüberhang: Die Kinnhand des Therapeuten liegt mit dem rechten Daumen in der rechten Kinngrube. Die Hinterkopfshand ist an der linken hinteren «Ecke» plaziert. Da beide Hände wie immer synchron arbeiten sollen, ist es erforderlich, den Kopf wie ein Ei (also vorsichtig) «schraubzwingenartig» zu komprimieren. Dann wird der Kopf passiv vorsichtig und langsam dreidimensional in die Extension/Lateroflexion links/Rotation links vorgedehnt und traktiert. Dabei bleibt die leichte «Schraubzwinge» erhalten. Der Widerstand erfolgt ebenfalls synchron (mit leichter «Schraubzwinge» und Traktion) und individuell angepaßt. Es empfiehlt sich, die Beine aufzustellen.
Auftrag: «Kinn einrollen und zur rechten Hüfte schauen – lösen».

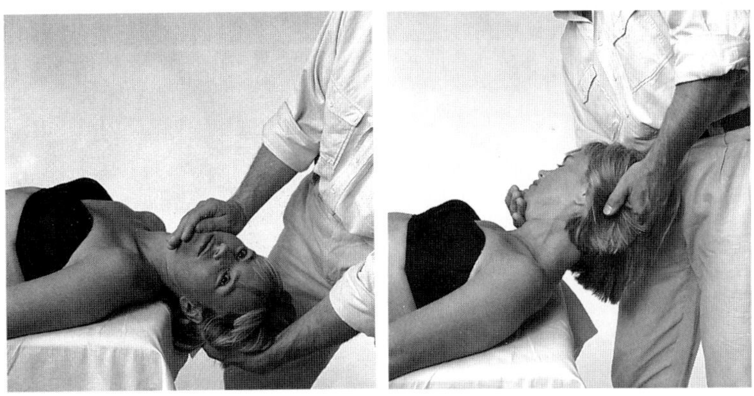

Abb. 10.66a + b: Flexionspattern nach rechts

Extensionspattern nach links (Abb. 10.67 a und b)
Ausgangssituation: Wie bei der Flexion nach rechts. Die Kinnhand befindet sich mit dem zweiten und dritten Finger in der linken Kinngrube. Alternativ wäre der linke Daumen in der linken Kinngrube denkbar. Es gibt also zwei Möglichkeiten des Griffes. Die Hinterkopfhand befindet sich diesmal auf der rechten hinteren «Ecke». Beide Hände arbeiten bei der passiven dreidimensionalen Vordehnung (mit leichter «Schraubzwinge»), der Traktion und beim Widerstand synchron. Vordehnung, Traktion und Widerstand werden individuell sehr vorsichtig dosiert. Es empfiehlt sich für den Patienten, die Beine aufzustellen.
Auftrag: «Kinn in die Luft strecken und in die linke hintere Ecke schauen – lösen.»

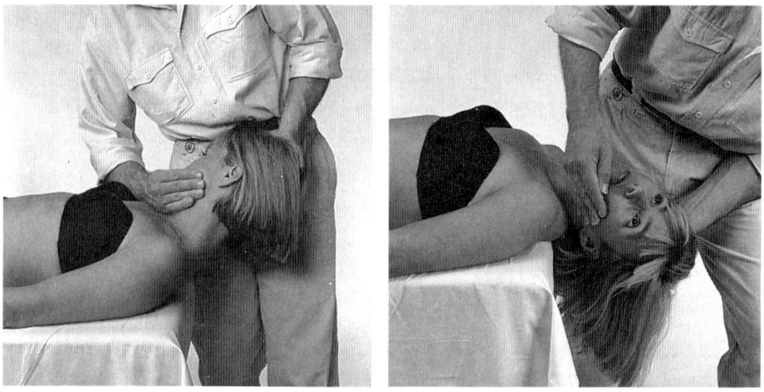

Abb. 10.67 a + b: Extensionspattern nach links

Flexionspattern nach links (Abb. 10.68 a und b)
Seitenlage mit angezogenen Beinen. Näheres siehe Rückenlage.

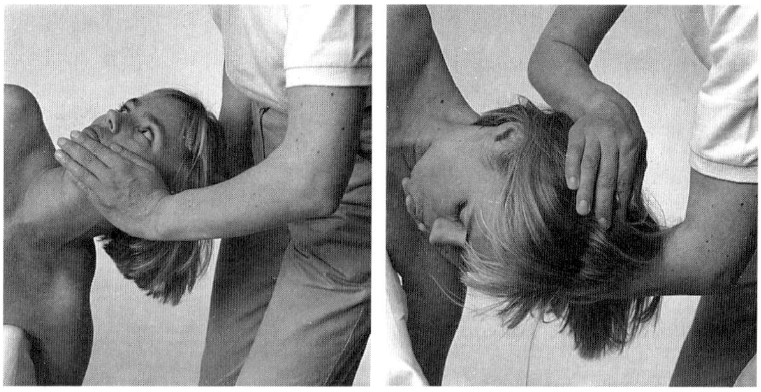

Abb. 10.68 a + b: Flexionspattern nach links

Extensionspattern nach rechts (Abb. 10.69 a und b)
Seitenlage mit angezogenen Beinen. Näheres siehe Rückenlage.

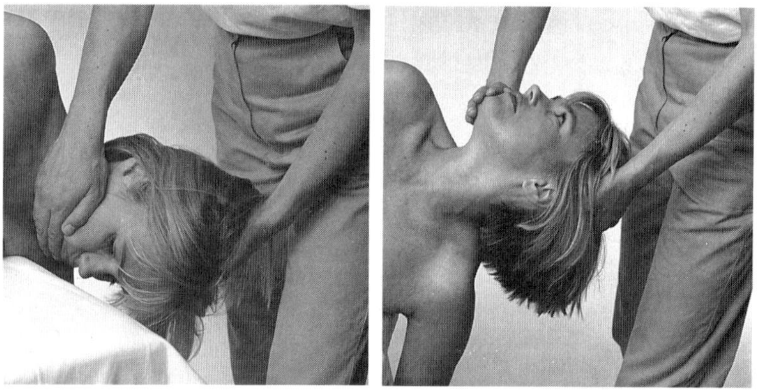

Abb. 10.69 a + b: Extensionspattern nach rechts

Gesichtspattern

Man unterscheidet Außengriffe und Innengriffe (für Zunge und Wangen). Es wird grundsätzlich bilateral symmetrisch vorgedehnt und Widerstand gegeben. Spezielle Techniken wie «Timing for Emphasis» sind einsetzbar. Zur Unterstützung haben sich Bindegewebsstriche, Kamillendampfbad mit anschließendem Kaltguß, sogenannte Regentröpfchen (siehe Beitrag «Kinästhesie»), Eiswürfelmassage und Griffe der Craniosacralen Therapie nach Upledger bewährt. Eventuell kann zur Selbstkontrolle vor dem Spiegel gearbeitet werden.

Die Gesichtspattern sind indiziert bei Gesichtsmuskeldysbalancen, Costen-Syndrom, Facialisparese, Hemiparese, Atem- und Verdauungsstörungen und beim Parkinson-Syndrom.
Im Gesichtsbereich wird sowohl nach den Konzepten von Bobath und Castillo Morales, als auch sehr differenziert in der Myofunktionalen Therapie (MFT) nach Garliner sowie der Neurologischen Reorganisation nach Padovan gearbeitet.
Augen-, Kiefer- und Zungenbewegungen lassen sich auch gut mit den Nackenpattern kombinieren. Die Myofunktionale Therapie nach Garliner hat gezeigt, daß nicht alle PNF-Gesichtspattern sinnvoll sind.

Augenbrauen nach oben außen bzw. nach unten innen ziehen (Abb. 10.70 a und b)
Dabei erfolgt die passive Vordehnung nach kaudal-medial bzw. kranial-lateral.

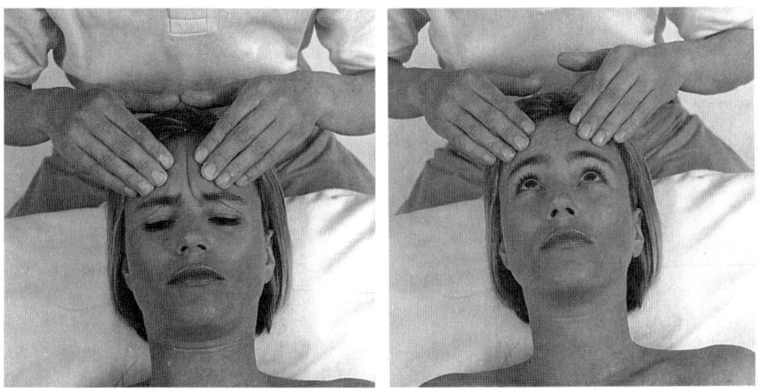

Abb. 10.70 a + b: Augenbrauen

Augenlider nach innen unten schließen bzw. nach oben außen öffnen (Abb. 10.71 a und b)

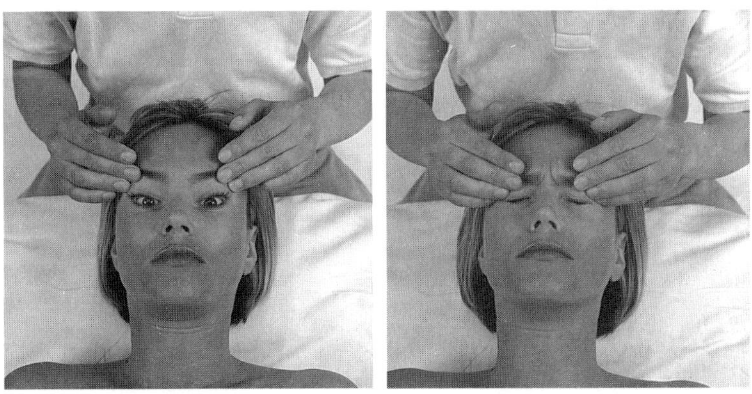

Abb. 10.71 a + b: Augenlider

Nasenflügel nach oben außen weiten bzw. unten innen verengen (Abb. 10.72a und b)

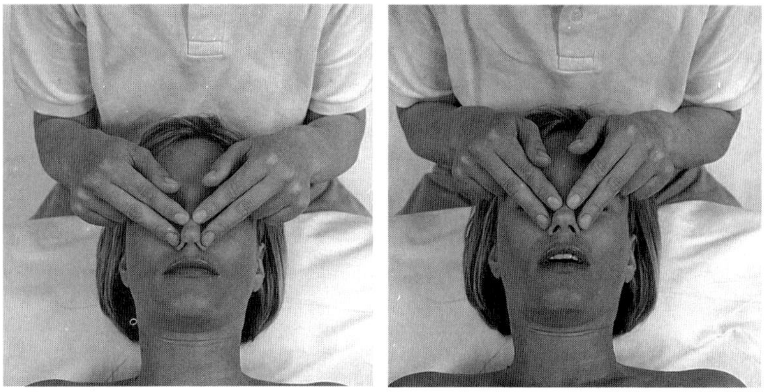

Abb. 10.72a + b: Nasenflügel

Mundwinkel nach oben außen (obere Zähne zeigen) ziehen bzw. nach unten innen ziehen (Abb. 10.73a und b)

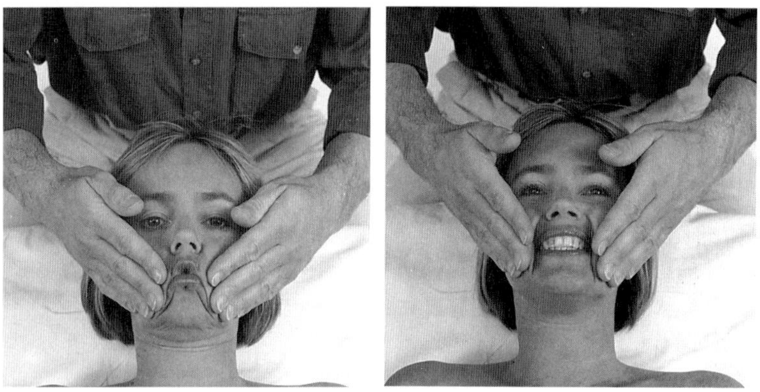

Abb. 10.73a + b: Mundwinkel

Mundwinkel nach unten außen (untere Zähne zeigen) ziehen bzw. nach oben innen ziehen (Abb. 10.74a und b)

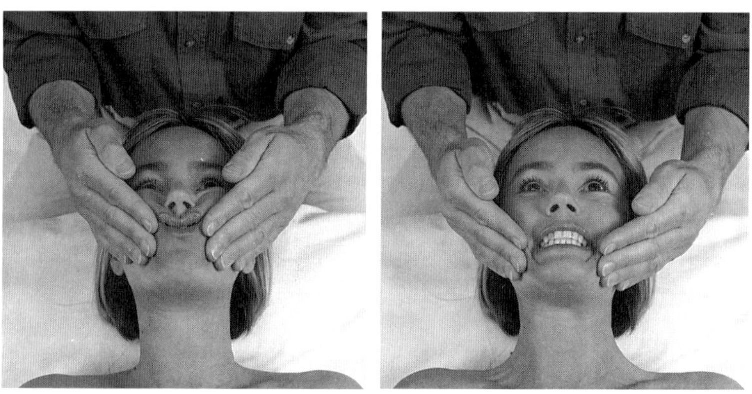

Abb. 10.74a + b: Mundwinkel

Wangen ranziehen gegen Spatel (Abb. 10.75 a und b)

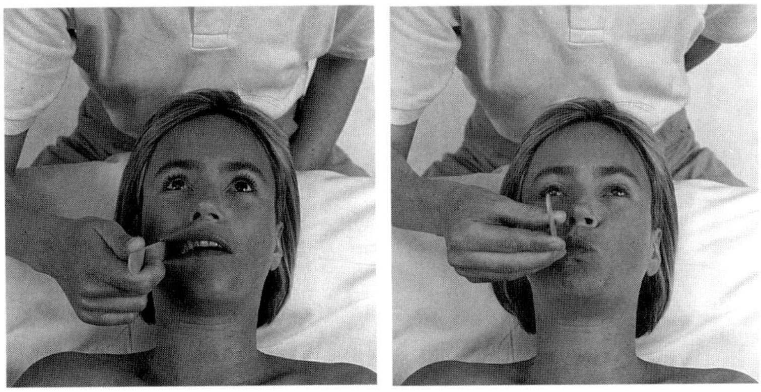

Abb. 10.75 a + b: Wangen ranziehen

Kiefer nach rechts (links) oben schließen bzw. links (rechts) unten öffnen (Abb. 10.76 a und b)

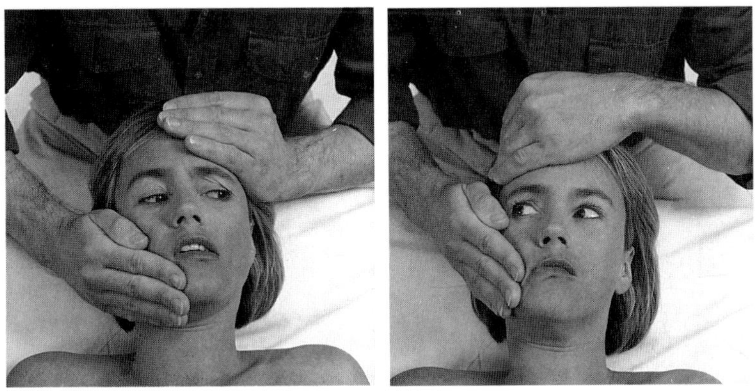

Abb. 10.76 a + b: Kieferpattern

Zunge nach links (rechts) hinten zurückziehen (Abb. 10.77 a und b)
Da nach Erkenntnissen der Myofunktionalen Therapie (MFT nach Garliner) die Zungenmuskulatur im Verhältnis zur Wangen- und Lippenmuskulatur zu stark ist, üben wir die Zungenbewegungen nach vorne grundsätzlich nicht.

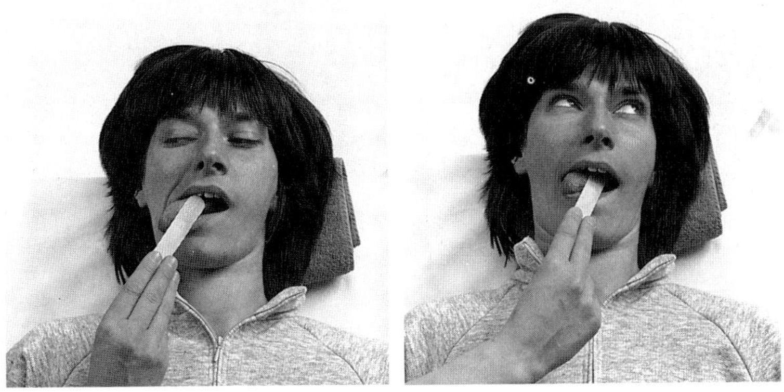

Abb. 10.77 a + b: Zungenbewegung

Schluckübung (Abb. 10.78 a und b)
Schluckverbesserung durch Widerstand gegen das Runterziehen des Kehlkopfes. Das Schlucken ist bei extremer HWS-Flexion bzw. HWS-Extension nicht möglich.

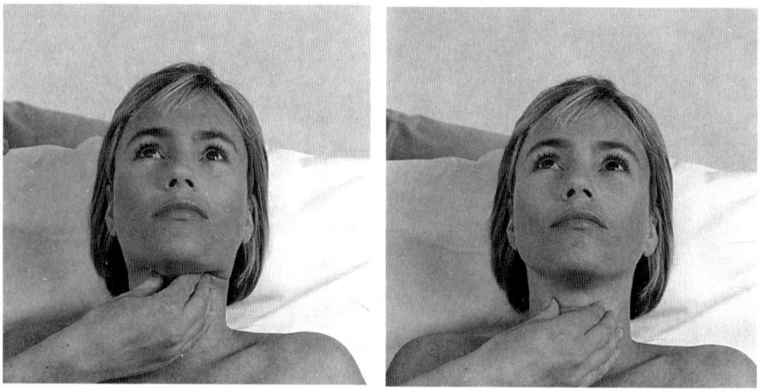

Abb. 10.78 a + b: Schluckübung

Thoraxpattern

Einleitend möchten wir auf wichtige funktionell-anatomische Zusammenhänge aufmerksam machen. Bei der Einatmung kommt es aufgrund des schrägen Rippenverlaufes zur dreidimensionalen Thoraxvergrößerung, bei der Ausatmung zur Thoraxverkleinerung. Die Rippen verlaufen wegen der Stellung der Querfortsätze von vorne oben und innen nach hinten unten und außen. Man unterscheidet:

a. Die Pumpenschwengelbewegung (Vorstoß-Brustatmung). Die Collumachsen der beiden ersten Rippen bilden mit 150° fast eine Frontalachse (Abb. 10.79).
b. Die Eimerhenkelbewegung (Seitenstoß-Flankenatmung). Die Collumachsen der beiden zehnten Rippen bilden mit 80° fast eine Sagittalachse (Abb. 10.79).
c. Die Stempelbewegung (Diaphragmabewegung). Da der Thorax des Kleinkindes noch keinen schrägen Rippenverlauf hat, prominiert bei ihm die Bauchatmung.

Entsprechend der Anatomie unterscheidet man beim PNF drei Pattern, die sich jedoch kombinieren lassen:

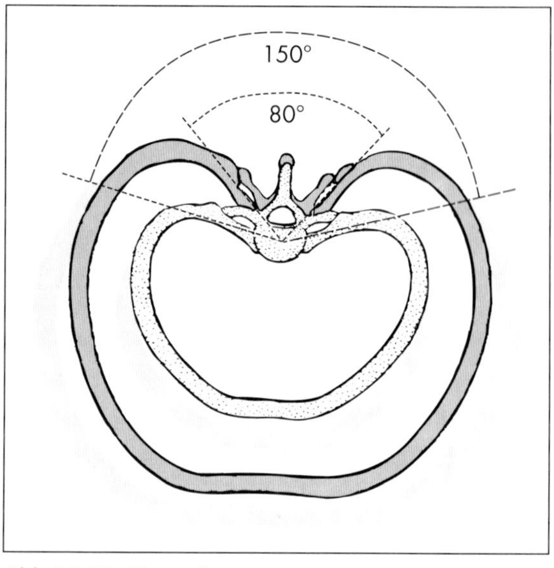

Abb. 10.79: Thoraxbewegungen

Sternalpattern (Abb. 10.80)
Hustenstretch für die Brustatmung. Der Therapeut dehnt in Richtung Kreuzbein vor. Initialstretch und Restretch sind möglich.

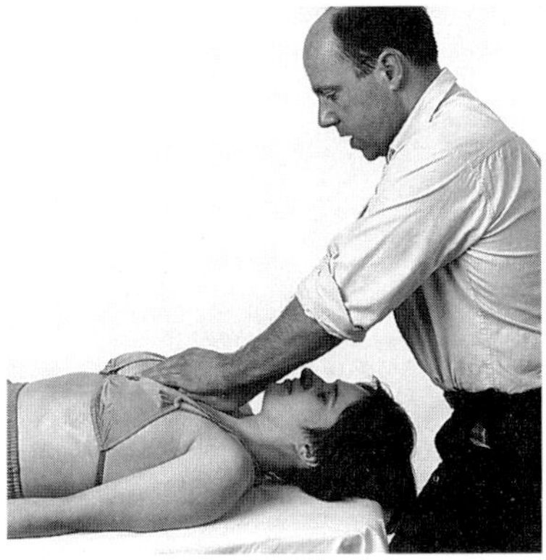

Abb. 10.80: Sternalpattern

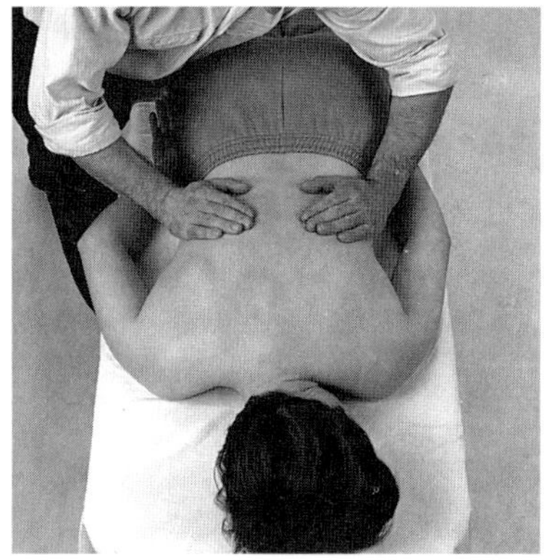

Abb. 10.81 a: Flankenpattern in Bauchlage

Flankenpattern (Abb. 10.81 a–c)
Die Intercostalmuskeln werden passiv vorgedehnt. Wenn eine Flanke eingeschränkt oder schwach ist, so kann die spezielle Technik «Timing for Emphasis» angewandt werden.

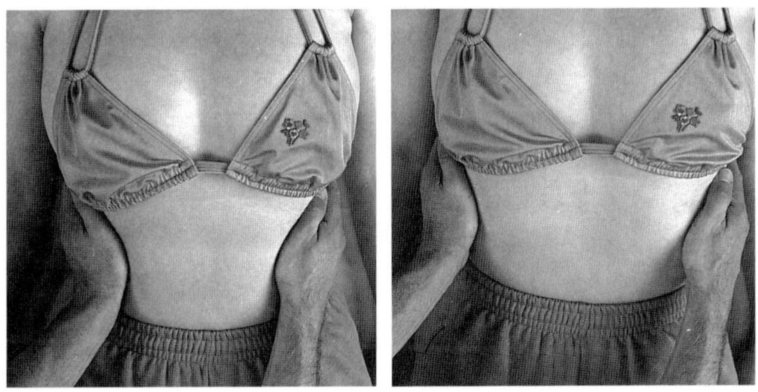

Abb. 10.81 b + c: Flankenpattern

Diaphragmapattern (Abb. 10.82 a und b)
Mit flachem Daumen wird unter dem Rippenbogen Widerstand gegen die Bauchatmung gegeben.

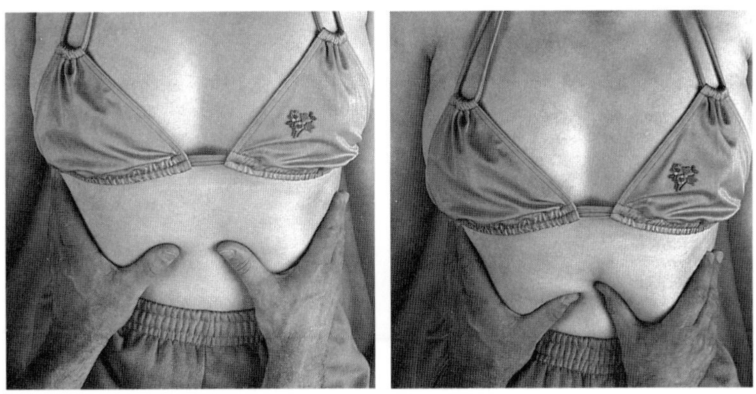

Abb. 10.82 a + b: Diaphragmapattern

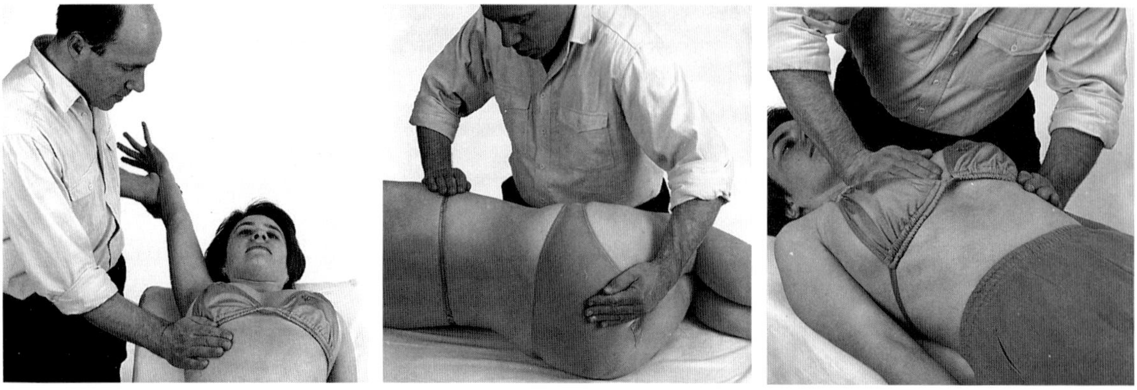

Abb. 10.83 a–c: Thoraxpattern in Kombination

Die Thoraxpattern können in verschiedenen Ausgangsstellungen, z. B. in Rückenlage, Bauchlage und Seitenlage, ausgeführt werden. Sie lassen sich gut mit Scapula-, Becken- und Armpattern kombinieren (Abb. 10.83 a bis c).
Des weiteren hat sich in unserer Praxis die Kombination mit Manualtherapie (Lösung von Blockierung und gezielten Massagegriffen) sowie kinästhetischen Elementen (Phonation, Dehnlagen) bewährt.
Zur Befund- und Behandlungsdokumentation empfiehlt es sich, die Vitalkapazität festzustellen und Umfangmessungen vorzunehmen.
Wegen der Gefahr einer Hyperventilationstetanie sollten nach einigen Kontraktionen jeweils Pausen für passive Maßnahmen (z. B. Packegriffe) eingeschaltet werden. Die Thoraxpattern fördern Sekretion, Perfussion, Ventilation und Diffusion (indirekt) des Atemtraktes und helfen, Pleuraverklebungen zu lösen. Auch auf andere Thorax- und Bauchorgane sind Auswirkungen denkbar. Außerdem verbessern sie die Beweglichkeit und Elastizität des Thorax und kräftigen die Atem- und Atemhilfsmuskulatur. Auch alle anderen Pattern wirken sich neurophysiologisch über die Mitinnervation und chemisch über PO_2/PCO_2-Veränderungen auf die Atmung aus (siehe auch Beitrag «Allgemeine Grundlagen der Kinästhesie»).

Rumpfpattern

1. Unteres Rumpfflexionspattern und unteres Rumpfextensionspattern
   (Siehe bilaterale asymmetrische Beinpattern).
2. Chopping und Lifting
   Diese sind als obere Rumpfflexions- und Rumpfextensionspattern in verschiedenen Ausgangsstellungen durchführbar.

Chopping-Hackbewegung (Abb. 10.84 a und b)
Ausgangssituation: Der dem Therapeuten zugewandte Arm ist in Flexion/Adduktion/Außenrotation. Die andere Hand greift supiniert um das Handgelenk. Der Nacken ist in Extension/Lateroflexion/Rotation. Der Patient schaut auf seine Hände. Die distale Hand greift lumbrical auf die freie Hand, die proximale Hand ist auf der vorderen «Ecke» des Kopfes plaziert (siehe Abschnitt «Nackenpattern»).
Arme und Nacken werden passiv dreidimensional vorgedehnt. Chopping ist also ein bilateral asymmetri-

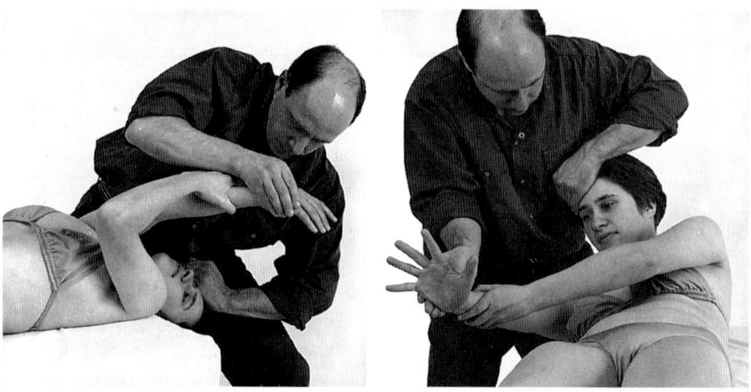

Abb. 10.84 a + b: Chopping (Hackbewegung)

sches Extensionspattern in Kombination mit dem Nackenflexionspattern. Zur Rückenentlastung empfiehlt es sich, die Beine anstellen zu lassen. Mit dem Chopping wird die Ausatmung gefördert.
Auftrag: «Hand auf, Kinn einrollen und zu mir runter hacken – lösen.»

Lifting-Hebebewegung (Abb. 10.85 a und b)
Ausgangssituation: In Rückenlage ist ein Arm in Extension/Adduktion/Innenrotation. Die andere Hand faßt supiniert dessen Handgelenk. Der Patient schaut zu seinen Händen. Die distale Hand des Therapeuten greift auf das Dorsum der Patientenhand und die proximale Hand ist auf der hinteren «Ecke» des Kopfes plaziert (siehe Abschnitt «Nackenpattern»). Arme und Nacken werden passiv dreidimensional vorgedehnt.
Lifting ist also ein bilateral asymmetrisches Flexionspattern in Kombination mit dem Nackenextensionspattern. Zur Rückenentlastung empfiehlt es sich für den Patienten, die Beine anzustellen.
Mit dem Lifting ist die Einatmung kombiniert.
Auftrag: «Hand auf, Kinn in die Luft und hoch zu mir – lösen.»

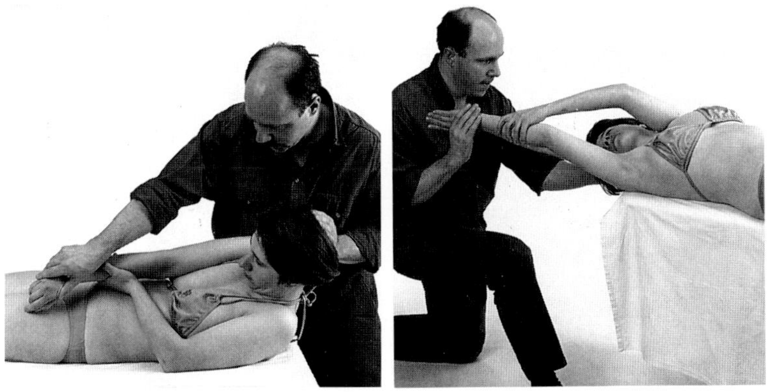

Abb. 10.85 a + b: Lifting (Hebebewegung

Wirbelsäulenpattern (Abb. 10.86 a und b)

Dieses Pattern hat sich bei Kraft-, Bewegungs- und Koordinationsdefiziten des Rumpfes sehr bewährt, z. B. bei Bechterew, Parkinson, Hemiplegie und Skoliose. Ausgangssituation: Im Sitz mit verschränkten Armen und freihängenden Unterschenkeln (Overflow) dehnt der Therapeut passiv dreidimensional in die WS-Flexion/Lateroflexion links/Rotation links. Gleichzeitig wird die rechte Scapula in die Elevation anterior gedehnt und verschraubt. Die linke Scapula wird in die Depression posterior gedehnt. Zur Entlastung des Therapeutenrückens ist es empfehlenswert, daß der Therapeut seinen Unterschenkel auf der Bank ablegt.

Auftrag: «Linke Schulter zum rechten Knie – lösen». (Das Pattern ist selbstverständlich auch nach links durchführbar.)

Kombinierte Rumpfpattern-Ganzkörperpattern (Abb. 10.87–10.89)

Zur maximalen Stimulation der Rumpfmuskulatur kann man bilaterale Armpattern und bilaterale Beinpattern kombinieren. Der Kopf wird immer mit einbezogen. Möglicherweise sind zwei Behandler erforderlich.
Drei Beispiele:

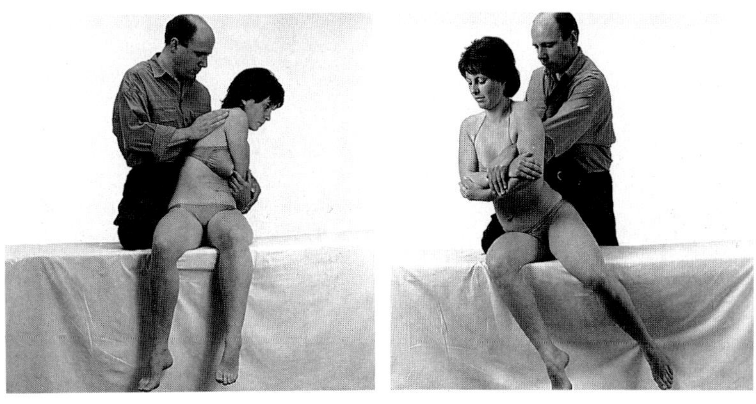

Abb. 10.86 a + b: Wirbelsäulenpattern

Ganzkörper-Flexionspattern und -Extensionspattern (Abb. 10.87 a und b)

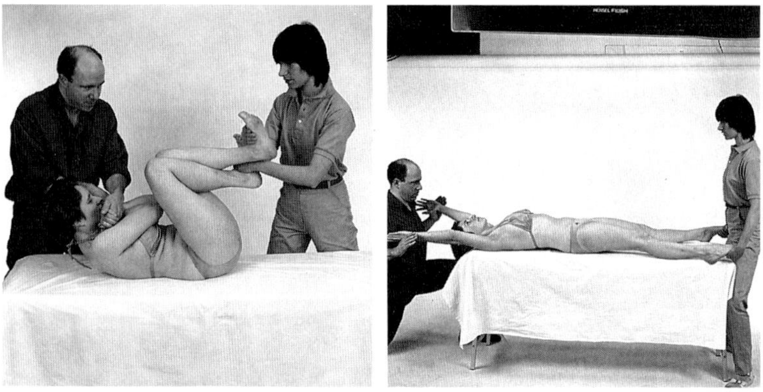

Abb. 10.87 a + b: Ganzkörper-Flexionspattern und -Extensionspattern

Chopping und unteres Rumpfextensionspattern (Abb. 10.88 a und b)

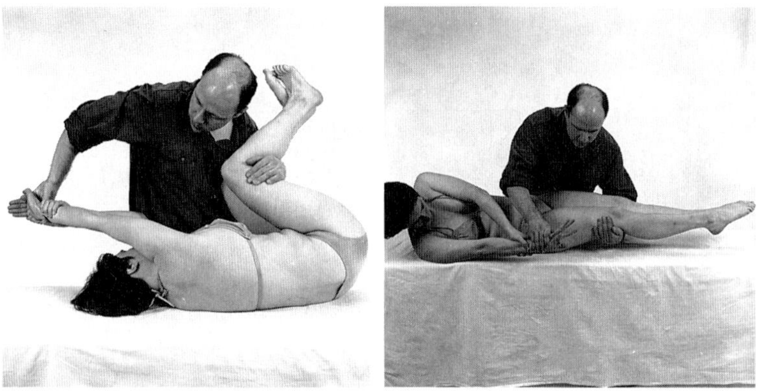

Abb. 10.88 a + b: Chopping und unteres Rumpfextensionspattern

Lifting und unteres Rumpfflexionspattern (Abb. 10.89 a und b)

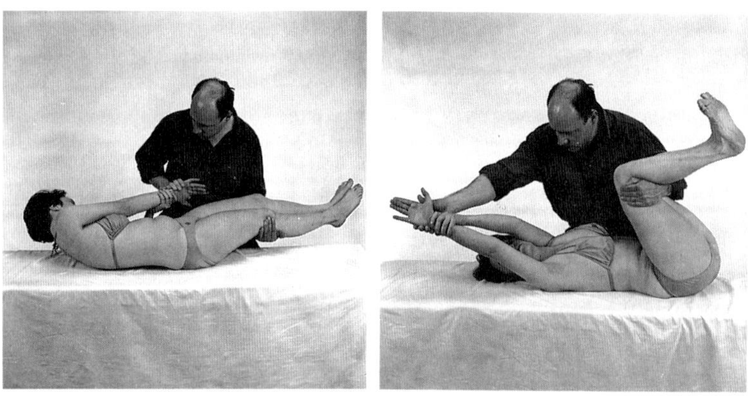

Abb. 10.89 a + b: Lifting und unteres Rumpfflexionspattern

Weitere Kombinationspattern sind im Beitrag «NEUROMEDIZIN-KONZEPT am Beispiel der häufigsten Schmerzsyndrome» dargestellt.

Spezielle Techniken

Mit Hilfe der speziellen Techniken lassen sich die Ziele Kräftigung, Koordinations-, Konditions-, Beweglichkeitsverbesserung, Tonusregulation und Schmerzreduktion optimal erreichen.

Slow reversal (Langsame Umkehr)

Bei dieser Technik kommt es zu dynamischen agonistischen und antagonistischen Kontraktionen ohne Pause und ohne Initialstretch. Widerstand und Bewegungsausmaß werden in der Bewegungsserie vergrößert.
Der verbale Auftrag muß kurz sein (z. B.: «Und runter, und hoch»). Der Griff wird schon während des Weges gewechselt. Bei den Armpattern greift zuerst die proximal plazierte Hand um, bei den Beinpattern zuerst die distale Hand, und bei den Nackenpattern zuerst die Kinnhand.
Im Alltag finden wir diese Kontraktionsform z. B. beim Holzhacken oder beim Gehen. Die Technik wird zur Förderung und Vergrößerung von Koordination, Kondition und Beweglichkeit eingesetzt.
Ein Beispiel:

Beckenpattern im Sitz (Abb. 10.90 a und b)
Auftrag: «Und vor, und vor», bzw. «Und rück, und rück».

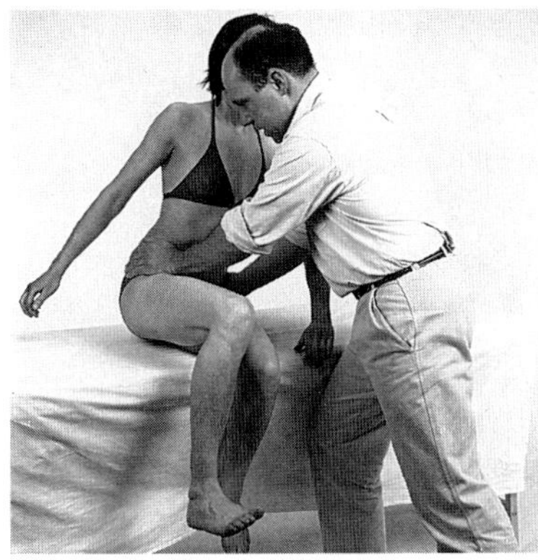
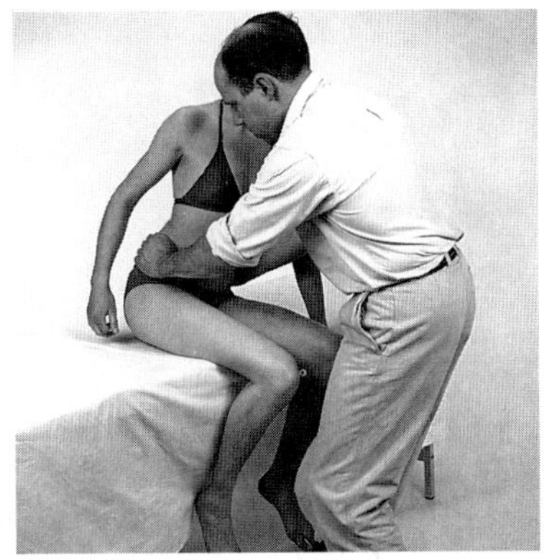

Abb. 10.90 a + b: Beckenpattern im Sitz («Schinkengehen»)

Repeated Contractions (Wiederholte Kontraktionen)

Nach Vordehnung (Stretch) und Initialstretch erfolgt eine dynamische Kontraktion bis zu dem Punkt des Kräftenachlassens. Dann wird ein wiederholter Stretch (Restretch) auf die kontrahierte Muskulatur gegeben. Ohne Entspannung bleibt der Widerstand erhalten, muß aber die Bewegung zulassen. Der Restretch wird höchstens viermal wiederholt.
Die Technik bewirkt vor allem eine Kräftigung. Der verbale Auftrag lautet: «Hoch und weiter (ziehen)», oder «Runter und weiter (stoßen)».
Eine Variante ist das «Timing for Emphasis» (Pivoting, betonter Drehpunkt). Hierbei werden wiederholte dynamische Kontraktionen am geschwächten Drehpunkt ausgeführt. Dabei bleiben die starken Teile des Pattern statisch kontrahiert. Dadurch kommt es zum Overflow für den schwachen Teil oder die schwache Extremität. Pivoting führt zur gezielten Kräftigung und Mobilisierung. Auf diese Technik wurde bei den einzelnen Pattern schon hingewiesen. Siehe insbesondere die Abschnitte «Becken- und Scapulapattern in Kombination» und «Beinpattern in Bridging-Position».
Vier weitere Beispiele:

Bei einer Schultersteife rechts sind besonders die Flexion und Außenrotation eingeschränkt. Wir wählen die bilateralen Armpattern Flexion/Abduktion/Außenrotation. Der intakte linke Arm wird statisch «eingelocht», und mit dem rechten Arm werden wiederholte dynamische Kontraktionen durchgeführt (Abb. 10.91 a und b).

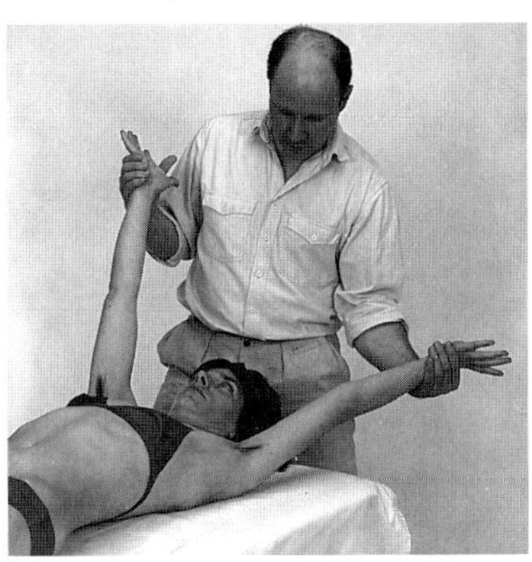
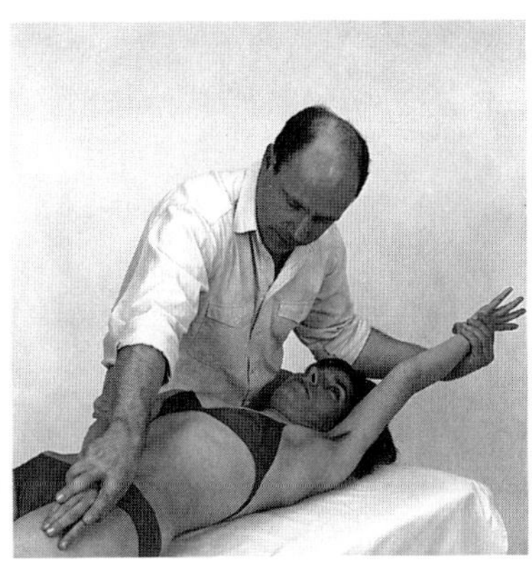

Abb. 10.91 a + b: Pivoting für die rechte Schulter

Das rechte Handgelenk ist nach distaler Radiusfraktur in Palmarflexion und radialer Abduktion schmerzhaft eingeschränkt. Wir wählen das Pattern Flexion/Adduktion/Außenrotation. Schulter und Ellbogenbewegung werden statisch «eingelocht», die Palmarflexoren und radialen Abduktoren kontraktieren sich wiederholt dynamisch (Abb. 10.92 a und b).

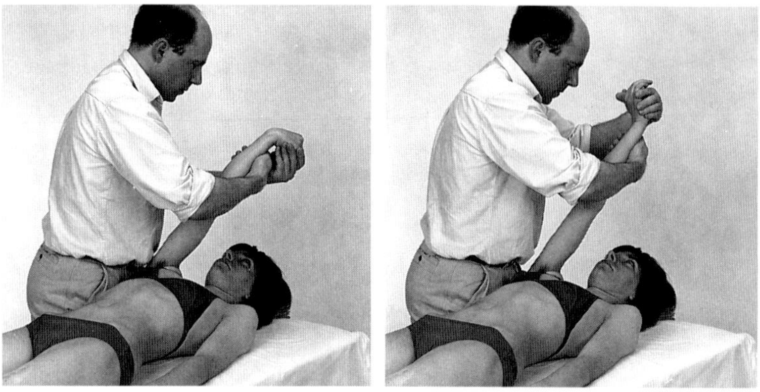

Abb. 10.92 a + b: Pivoting für das rechte Handgelenk

Das rechte Kniegelenk ist nach einer Meniscus-Operation leicht schmerzhaft, in der Knieflexion eingeschränkt und schwach. Wir wählen das Pattern Extension/Abduktion/Innenrotation in Bauchlage. Hüftgelenk und Sprunggelenke werden statisch «eingelocht», und die Knieflexoren kontraktieren sich wiederholt dynamisch (Abb. 10.93 a und b).

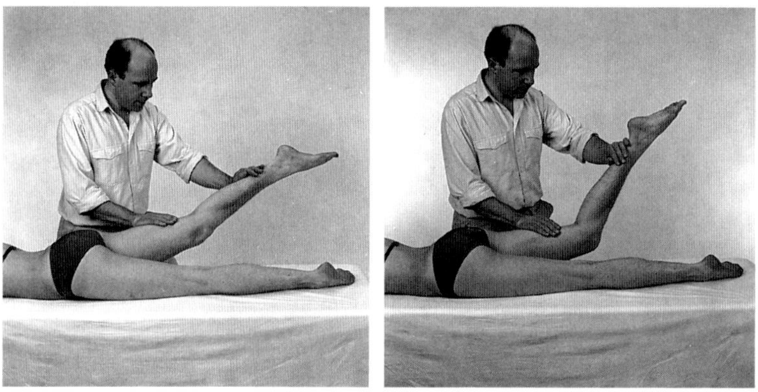

Abb. 10.93 a + b: Pivoting für das rechte Kniegelenk

Nach einer abgelaufenen Pleuritis ist es zu lateralen Verklebungen der Pleurablätter gekommen. Die rechte Thoraxhälfte «hängt», ist schmerzhaft eingeschränkt und kraftlos. Der intakte rechte Arm wird in der Seitenlage in Flexion/Abduktion/Außenrotation «eingelocht», und das Flankenpattern wird, mehrfach wiederholend, dynamisch durchgeführt (Abb. 10.94 a und b).

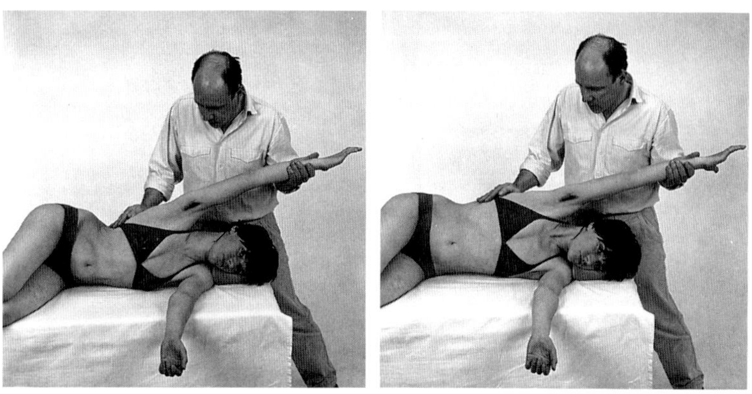

Abb. 10.94 a + b: Pivoting für das Flankenpattern

Rhythmic Stabilisation (Rhythmische Stabilisation)

Bei dieser Technik werden statische Kontraktionen im Wechsel von agonistischen und antagonistischen Pattern ohne Pause repetierend (ca. fünfmal) durchgeführt. Es kommt zu einer Kokontraktion. Der Widerstand muß langsam bis zum Maximum auf- und abgebaut werden. Es darf zu keiner Bewegung kommen. Die Stabilisation kann sich auf ein Gelenk beziehen, aber auch auf eine Ausgangsstellung (z. B. Halbkniestand).
Diese Technik dient der Stabilisation an der Bewegungsgrenze, fördert die Durchblutung, die Koordination und reduziert den Schmerz.
Der verbale Auftrag lautet: «Halten – Halten».
Diese Technik wurde schon im Abschnitt «Becken- und Scapulapattern in Kombination» angesprochen.
Weitere Beispiele:

Bilaterale Armpattern in Rückenlage (Abb. 10.95a und b)
Es gibt sechzehn verschiedene Möglichkeiten. Der Rumpf-Overflow wird deutlich.

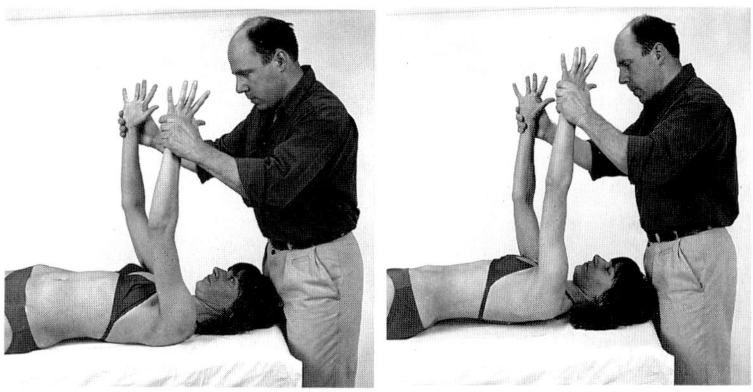

Abb. 10.95a + b: Rhythmische Stabilisation bei bilateralen Armpattern

Rhythmische Stabilisation im Stand (Abb. 10.96a–d)
Man kann in den Pattern von Kopf, Scapula und Becken arbeiten, aber auch Kombinationen sind denkbar. Die Hände wechseln nie gleichzeitig.

a. Der Kopf wird in Mittelstellung von den vier Ecken aus verschraubt (Abb. 10.96a). Zur Stimulation der Aufrichtung wird zusätzlich axial approximiert.
b. Die beiden Scapulae können grundsätzlich in sechzehn verschiedenen Möglichkeiten stabilisiert werden. Man wird zunächst exterozeptiv durch Hautverschraubung stimulieren. Unter Beibehaltung der Hautverschraubung wird für die Propriozeptorenstimulation axial approximiert und diagonaler Druck bzw. Zug gegeben (Abb. 10.96b).

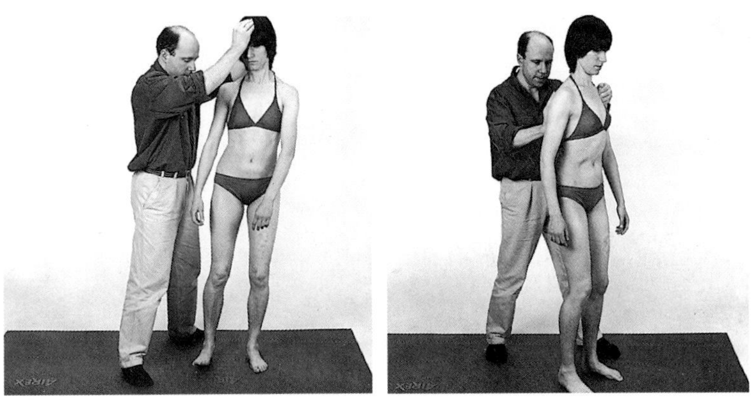

Abb. 10.96a–d: Beispiele Rhythmischer Stabilisation im Stand

c. Die rhythmische Stabilisation des Beckens wird entsprechend der Scapulae-Stabilisation durchgeführt (Abb. 10.96c).
d. Beispiel einer kombinierten rhythmischen Stabilisation zwischen HWS-Extension/Lateroflexion links/ Rotation links und rechter Beckenhälfte in Elevation posterior (Abb. 10.96d).

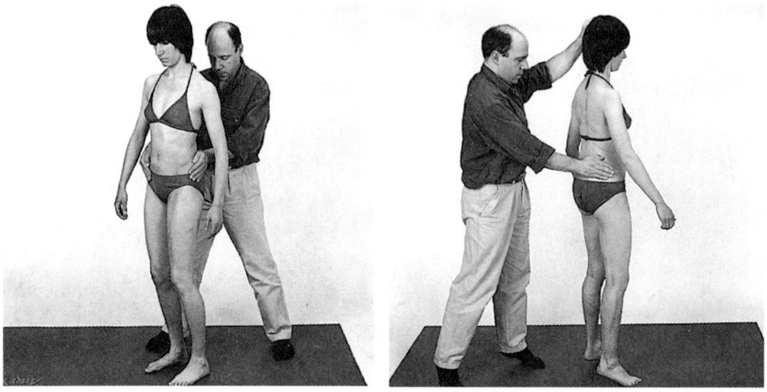

Abb. 10.96 c–d

Contract-Relax (Anspannen-Entspannen)

a. Der Therapeut führt unter Traktion den Körperabschnitt im agonistischen Pattern bis an das durch Schmerz, Bewegungseinschränkung oder Schwäche bedingte Bewegungsende (Limit), oder der Patient bewegt selbst bis dorthin.
b. Bei der antagonistischen Aktivität wird dynamisch mit geringem Bewegungsausschlag (besonders die Rotationskomponente ist erlaubt) gearbeitet.
   Auftrag: «Drehen und ziehen (stoßen)».
c. Nach der Entspannung wird das agonistische Pattern passiv, aktiv, assistiv oder resistiv weitergeführt.
   Auftrag: «Lockerlassen und weiter hoch (runter)».

Der Vorgang von a bis c wiederholt sich mehrfach. Diese Technik wird bei Bewegungseinschränkungen ohne Schmerz angewandt.
Beispiel:

Die LWS-Lateroflexion nach rechts ist eingeschränkt. Wir wählen das bilaterale asymmetrische Beinpattern in Rückenlage (Abb. 10.97a bis c).

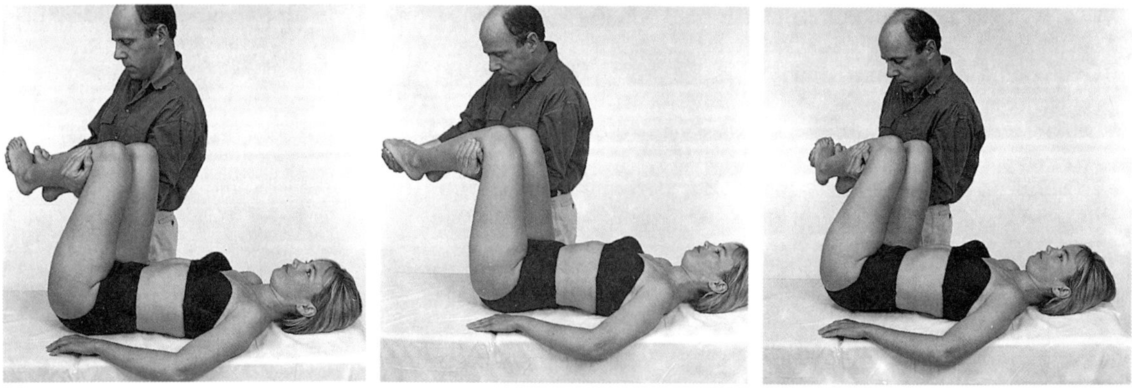

Abb. 10.97 a–c: Contract-Relax bei eingeschränkter Lateroflexion

Hold-Relax (Halten-Entspannen)

Der Vorgang entspricht dem Contract-Relax, jedoch wird bei der antagonistischen Aktivität (b.) statisch gearbeitet.

Die Technik wird bei schmerzhaften Bewegungseinschränkungen angewandt.
Beispiel:

Die rechte Schulter ist in der Flexion/Abduktion/Außenrotation eingeschränkt und schmerzhaft. Man arbeitet dann in diesem Pattern:
a. Limit,
b. Antagonistisch statische Aktivität,
c. Entspannung und Vorgang mehrfach wiederholen (Abb. 10.98 a bis c).

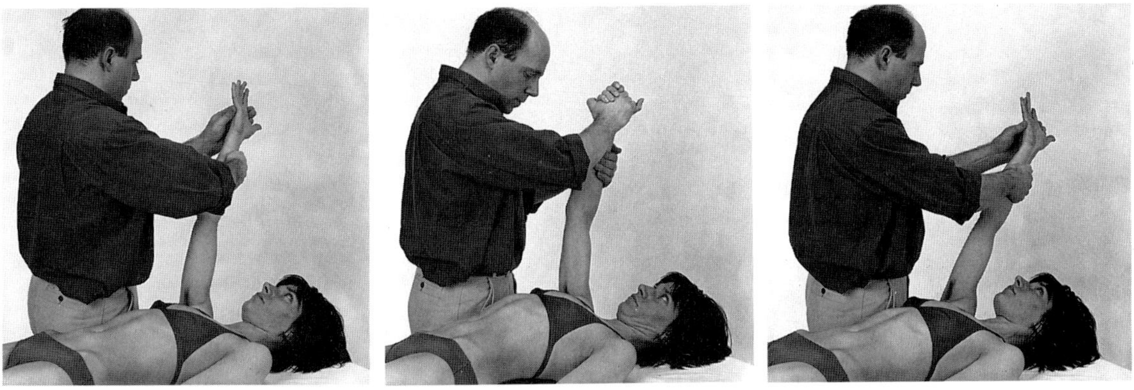

Abb. 10.98 a–c: Hold-Relax bei schmerzhafter Schultersteife

Literaturempfehlungen

Arns, W./Hüter, A.: Krankengymnastik bei neurologischen Erkrankungen. Pflaum, München 1977.

Asmussen, G.: Physiologische Grundlagen von Haltung und Bewegung. Chemie, Weinheim 1979.

Ayres, A. J.: Propriozeptive Erleichterungsmethoden. Zeitschrift Krankengymnastik 10-12/1959.

Ayres, J.: Lernstörungen. Springer, Berlin 1979.

Bartmes-Kohlhausen, B.: Propriozeptive Neuromuskuläre Facilitation – PNF – ein Grundelement der Krankengymnastik. Zeitschrift Krankengymnastik 10/1979.

Beckers, D./Buck, M.: PNF in der Praxis. Springer, Berlin 1988.

Beinecke, H.: Nutzen komplexer Bewegungsmuster zur gezielten krankengymnastischen Behandlung. Zeitschrift Krankengymnastik 1/1979.

Beitel, H.: Komplexe Bewegungsübungen bei Schmerzzuständen der Wirbelsäule. Zeitschrift Krankengymnastik 10/1977.

Bergsmann, O./Meng, A.: Akupunktur und Bewegungsapparat. Haug, Heidelberg 1982.

Berlin, I.: Die Behandlung nach Kabat – Praxis und Grundlagen. Zeitschrift Krankengymnastik 10/1975.

Berlin, I.: Krankengymnastische Ganzbehandlung auf neurophysiologischer Grundlage. Zeitschrift KG-Intern 7/1987.

Bizzini, M./Mathieu, N./Steens, J.-C.: Propriozeptives Training der unteren Extremität auf instabilen Ebenen. Zeitschrift Manuelle Medizin 1/1991.

Bold, R./Grossmann, A.: Stemmführung nach Brunkow. Enke, Stuttgart 1978.

Cordes, J. C./Uibe, P./Zeibig, B.: Physiotherapie – Krankengymnastik. Volk und Gesundheit, Berlin 1979.

Cordes, J. C. u. a. (Hrsg.): Physiotherapie. Steinkopff, Darmstadt 1987.

Cordes, J. C./Arnold, W./Zeibig, B. (Hrsg.): Physiotherapie – Chirurgie. Hippokrates, Stuttgart 1988.

Cotta, H./Heipertz, W./Teirich-Leube, H. (Hrsg.): Lehrbuch der Krankengymnastik (4 Bände). Thieme, Stuttgart 1978.

Cotta, H./Heipertz, W./Hüter-Becker, A./Rompe, G. (Hrsg.): Krankengymnastik. (11 Bände). Thieme, Stuttgart 1981–1989.

Drexel, H./Hildebrandt, G./Schlegel, K. F./Weimann, G. (Hrsg.): Physikalische Medizin (Band 2: Krankengymnastik und Bewegungstherapie). Hippokrates, Stuttgart 1989.

Dt. Verband für Physiotherapie (Hrsg.): Krankengymnastik Aktuell. Pflaum, München 1980.

Dumont, W.: Die Behandlung von Wirbelsäulenbeschwerden durch den Krankengymnasten. Zeitschrift Krankengymnastik 10/1977.

Edel, H./Knauth, K.: Atemtherapie. Müller & Steinikke, München 1984.

Einsingbach, T.: Möglichkeiten der Anwendung von PNF-Techniken nach übungsstabiler Osteosyntheseversorgung. Zeitschrift Krankengymnastik 10/1983.

Einsingbach, T./Klümper, A./Biedermann, L.: Sportphysiotherapie und Rehabilitation. Thieme, Stuttgart 1988.

Einsingbach, T.: PNF in Orthopädie und Traumatologie. Pflaum, München 1988.

Eitner, D./Kuprian, W./Meissner, L./Ork, H.: Sportphysiotherapie. Fischer, Stuttgart 1981.

Elmendorf, H.: Die Kabat-Methode. Zeitschrift Krankengymnastik 10/1963.
Feldkamp, M./Danielcik, J.: Krankengymnastische Behandlung der zerebralen Bewegungsstörung im Kindesalter. Pflaum, München 1976.
Frisch, H. (Hrsg.): Manuelle Medizin heute. Springer, Berlin 1985.
Gardiner, D. M.: Grundlagen der Übungstherapie. Thieme, Stuttgart 1974.
Grieve, G. P. (Ed.): Modern Manual Therapy of the Vertebral Column. Churchill Livingstone, Edinburgh 1986.
Gross, D./Thomalske, G./Schmidt, E. (Hrsg.): Schmerzkonferenz. (Sammelordner). Fischer, Stuttgart 1984–1990.
Günther, R./Jantsch, H.: Physikalische Medizin. Springer, Berlin 1982.
Hartogh, H. (Hrsg.): I. Internationaler Kongreß der Sportphysiotherapie. Perimed, Erlangen 1986.
Horn, H.-G.: PNF. Zeitschrift Physiotherapie 4/1983.
Kaganas, G.: Physiotherapie bei degenerativ-rheumatischen Erkrankungen der Wirbelsäule. Documenta Geigy, Basel 1967.
Knott, M./Voss, D.: Komplexbewegungen. Fischer, Stuttgart 1970.
Lang, B.: Propriozeptive neuromuskuläre Fazilitation. Zeitschrift Funktionskrankheiten 1/1988.
La Piz, L.: Propriozeptive neuromuskuläre Facilitation. Zeitschrift Krankengymnastik 7/1983.
Lewit, K.: Manuelle Medizin. Urban & Schwarzenberg, München 1983.
Lewit, K./Gaymans, F.: Muskelfazilitations- und Inhibitionstechniken in der Manuellen Medizin. Zeitschrift Manuelle Medizin 6/1980, 1/1981, 2/1981.
List, M.: Krankengymnastische Behandlung in der Traumatologie. Springer, Berlin 1978.
List, M.: Untersuchung des Handgelenkes und Behandlung mit PNF-Techniken. Zeitschrift Krankengymnastik 7/1984.
Meissner, L.: PNF und Sport. Zeitschrift Krankengymnastik 12/1980.
Obholzer, A.: Mitübung. Zeitschrift Krankengymnastik 12/1958.
Paeslack, V./Schlüter, H.: Physiotherapie in der Rehabilitation Querschnittgelähmter. Springer, Berlin 1980.
Pfeiffer, J.: Die Fazilitation in der medizinischen Rehabilitation. Zeitschrft Funktionskrankheiten 1/1988, 2/1989, 1/1990.
Plas, F./Hagron, E.: Die aktive Krankengymnastik. Fischer, Stuttgart 1981.
Röttger, G.: Beispiele für die Anwendung der Verstärkungstechniken in der Krankengymnastik. Zeitschrift Krankengymnastik 7/1966.
Schewe, H.: Die Bewegung des Menschen. Thieme, Stuttgart 1988.
Schöning, H.: Bewegungstherapie im Wasser. Fischer, Stuttgart 1988.
Senn, E./Weber-Falkensammer, H.: Chronische Polyarthritis. Perimed, Erlangen 1985.
Sölveborn, S. A.: Stretching. Mosaik, München 1983.
Soppart, A.: Was ist PNF? Zeitschrift Krankengymnastik 9/1981.
Soppart, A.: PNF – Die speziellen Techniken. Zeitschrift Krankengymnastik 3/1985.
Sullivan, P. E./Markos, P. D./Mivor, M. A. D.: PNF – Ein Weg zum therapeutischen Üben. Fischer, Stuttgart 1985.
Swain, H.: Das Parkinson-Syndrom. Perimed, Erlangen 1984.
Taylor, L. P.: Taylor's Manual of Physical Evaluation and Treatment (Volume I und II). Slack Incorporated, Thorofare 1990.
Tilscher, H./Eder, M.: Lehrbuch der Reflextherapie. Hippokrates, Stuttgart 1986.
Uibe, P./Zeibig, B./Cordes, J. C. (Hrsg.): Lehrbuch der Physiotherapie. Volk und Gesundheit, Berlin 1970.
Vogler, P.: Physiotherapie. Verlag der Ungarischen Akademie der Wissenschaften, Budapest 1964.
Voss, D. E./Ionta, M. K./Myers, B. J.: Propriozeptive neuromuskuläre Facilitation. Fischer, Stuttgart 1988.
Wells, P. E./Frampton, V./Bowsher, D. (Eds.): Pain – Management and Control in Physiotherapy. Heinemann, London 1988.
Wiedemann, E.: Physikalische Therapie. de Gruyter, Berlin 1987.

Abbildungsnachweis

Abb. 10.1 + 10.65: Reinhard Dittel und Magdalene Grenz, c/o Neuromedizinisches Fortbildungszentrum Bad Hersfeld.

Abb. 10.2, 10.3 + 10.5: Raffael Felbinger, c/o Neuromedizinisches Fortbildungszentrum Bad Hersfeld.

Abb. 10.10a: Mit freundlicher Genehmigung von Barbara Müller, Kassel.

Abb. 10.79: Bertolini, R. (Hrsg.): Systematische Anatomie des Menschen. Fischer, Stuttgart 1979, Seite 160.

Alle anderen Abbildungen: Foto-Studio Sparr, Frankfurt a. M.

11 Kinästhesie

Reinhard Dittel

Allgemeine Grundlagen

Kinästhesie bedeutet Körperwahrnehmungstraining. Genauer sollte man von Somästhesie sprechen.
Die Wurzeln der Kinästhesie sind vermutlich im Joga zu suchen. Im westlichen Kulturkreis wurde das bewußte Spüren und Wahrnehmen des eigenen Körpers um 1920 vor allem durch Elsa Gindler und die Atemschule Schlaffhorst und Andersen bekannt. Gindlers Ideen sind u. a. in den Methoden von Alice Schaarschuch, Gerda Alexander, Moshe Feldenkrais, Dore Jacobs, Charlotte Selver und in der Konzentrativen Bewegungstherapie übernommen, modifiziert und weiterentwickelt worden. Unabhängig davon hat sich, von Australien ausgehend, die F.-M.-Alexander-Technik verbreitet. Es gibt zwischenzeitlich viele Wege der Körpertherapie.
Die Kinästhesie im Rahmen des NEUROMEDIZIN-KONZEPTS ist von den genannten Methoden beeinflußt worden und stellt einen eigenständigen Weg in Hinblick auf den Schmerz dar. Beim Autogenen Training und in der Hypnose wird dem Patienten z. B. gesagt, daß der Arm ganz schwer, warm und dick sei. In der Kinästhesie fragt man, ob der Arm schwerer, wärmer oder dicker ist im Vergleich zum anderen Arm oder im Vergleich zur vorexperimentellen Situation. In der Einzelarbeit kann der Patient direkt antworten. In der Gruppenarbeit gibt sich jeder innerlich die Antworten.
Jeder kinästhetische Behandlungsablauf gliedert sich in drei Phasen: Einleitungsbefund, Experimente und Schlußbefund.

Einleitungsbefund

Die Aufmerksamkeit des Patienten wird auf die verschiedenen Teile seines Körpers und das Verhältnis dieser Teile zueinander gelenkt. Der Körper sollte aber auch als Ganzheit und in seinem Verhältnis zum umgebenden Raum (z. B. zum Boden oder zum Stuhl) wahrgenommen werden.
Diese Befundaufnahme kann etwa zehn Sekunden dauern, aber auch dreißig Minuten sind denkbar. Wichtig ist es, besonders auffällige Befunde, z. B. eine Bewegungseinschränkung oder einen Schmerz (Ort, Intensität und Charakter), im Gedächtnis zu behalten.
Um bei den einzelnen Übungskomplexen unnötige Wiederholungen zu vermeiden, werden nachfolgend einige exemplarische Beispiele in der Rückenlage skizziert:
a. Den Körper selbst spüren
Wo tut es weh? Seit wann und warum? Wie ist die Temperatur im Körper verteilt? Wo ist es am kältesten, wo am wärmsten?
Wo ist der Körper am breitesten, wo am schmalsten? Ist eine Körperhälfte, ein Arm oder ein Bein länger oder kürzer als das andere?
Vergleichen Sie linken Arm, rechten Arm, linkes Bein, rechtes Bein und die Wirbelsäule: Welches dieser fünf Teile ist am längsten, am wärmsten, am breitesten, am schwersten, gehört am meisten zu Ihnen? Atmen Sie mehr im Brustkorb oder mehr im Bauchraum?
Vergleichen Sie linke und rechte Brustkorbhälfte: Wo hat die Luft mehr Raum?
Welches Bein, welcher Arm läßt sich leichter vom Boden hochheben? Welches Ohr ist größer? Welches Auge läßt sich weiter öffnen? Durch welches Nasenloch strömt mehr Luft herein bzw. hinaus?

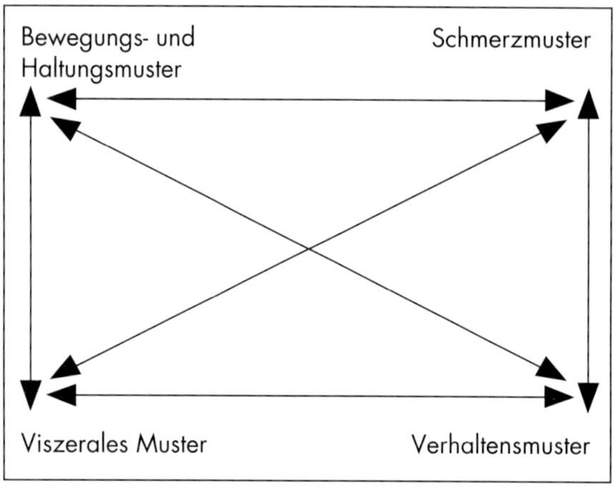

Abb. 11.1: «Magisches Viereck» der Kinästhesie: Wechselseitige Abhängigkeit von Bewegungs- und Haltungsmuster, Schmerzmuster, viszeralem Muster (Atemmuster) sowie Verhaltensmuster

b. Das Verhältnis zur Umgebung spüren
Wo berührt der Körper den Boden und wo nicht? Welche Stelle des Körpers hat am meisten, welche am wenigsten Kontakt? Welche Stelle drückt am meisten auf den Boden (z. B. Fersen, Becken oder Kopf)? Wie groß sind die Abstände? Wieviele Zentimeter sind z. B. das Hohlkreuz, die Kniekehlen, der Nakken oder die Handgelenke vom Boden entfernt? Ist der Boden wärmer oder kälter als der Körper?

Experimente

Durch verschiedene Berührungs-, Bewegungs- und Vorstellungsexperimente können Tonus, Körperschema, Beweglichkeit, Haltung, Koordination, Durchblutung, Atmung, Verdauung, seelisches Gleichgewicht, und nicht zuletzt der Schmerz, beeinflußt werden (Abb. 11.1).
Die Experimente können in Einzel-, Partner- und Gruppenarbeit durchgeführt werden. Dabei sind verschiedene Ausgangsstellungen und Bewegungsübergänge möglich. Es kann mit oder ohne Gerät gearbeitet werden.
Bei Schmerzpatienten ist die individuell abgestimmte Anleitung während der Übungskomplexe wichtig. In der Einzelarbeit hat sich die synchrone Mitarbeit des Behandlers bewährt. Ähnlich wie in der Manualtherapie und beim PNF wird das Zusammenspiel von Kraft, Raum und Zeit optimiert. Dabei wird nie etwas angestrebt, z.B. sehr langsame, kleine oder leichte Bewegungen. Der Patient soll zwischen verschiedenen Extremen sein Optimum (seinen Eutonus) finden, das für ihn momentan angemessen ist.
Zwischen den Experimenten können kurze Pausen eingelegt bzw. kann Zwischenbilanz gezogen werden.

Schlußbefund

Wie liegen Sie jetzt am Boden? Wie können Sie im Vergleich zu sonst auf dem harten Hocker sitzen (leichter oder schwerer)? Wie stehen Sie im Vergleich zu sonst (aufrechter oder gebeugter)? Was macht der Schmerz? Hat sich an seinem Umfang, seiner Ausstrahlung, seiner Intensität und seinem Charakter etwas geändert? Was macht die Atmung im Vergleich zum Anfang der Übung?

Durch die kinästhetischen Übungskomplexe wird sich der Patient seiner selbst bewußt. Er erkennt, wie alle Körperteile und ihre Funktionen miteinander verbunden sind, wo der Schmerz herkommt und daß dieser durch bewußtes Spüren und Bewegen beeinflußbar ist.
Die Kinästhesie hat im Gegensatz zu anderen ähnlichen Methoden nichts «zeremonieartiges».
Eine Entspannung (Detonisierung, Erschlaffung) ist kein kinästhetisches Ziel. Erwünscht ist die Aufmerksamkeit einer Katze, die auf eine Maus lauert (Abb. 11.2).
Es empfiehlt sich, mit geschlossenen Augen zu arbeiten. So ist eine bessere Konzentration auf den Körper möglich. Diese volle Bewußtheit (Konzentration auf eine Sache) fehlt vielen Menschen, vor allem auch chronischen Schmerzpatienten. Durch die Kinästhesie erforscht der Patient zunehmend seinen Körper. Er bekommt einen «Schlüssel» zu diesem oft «unbewohnten Haus». Das mit der Kinästhesie oft schon in wenigen Minuten erreichte «Hier und Jetzt-Gefühl» stellt einen eindrucksvollen Kontrast zum entfremdeten Dasein des modernen Menschen dar. Das Leben wird mit kinästhetischen Übungen «sinnvoll».
Eine besondere Rolle spielt in der Kinästhesie die Atmung. In ihr spiegelt sich der ganze Mensch («sie ist immer dabei»). Das Atemzentrum (Inspirations- und Exspirationszentrum) befindet sich in der Medulla oblongata. Rhythmus, Frequenz und Tiefe werden von dort, entsprechend den Erfordernissen des Organismus, gesteuert. Der Atemrhythmus entsteht durch wechselnde Tätigkeit von inspiratorischen und exspiratorischen Neuronen. Das Atemzentrum arbeitet autonom, d. h. es sendet auch noch Impulse nach Ausschaltung der Afferenzen. Bei den Afferenzen des Atemzentrums unterscheidet man humorale (chemische) und nervös-reflektorische (elektrische) Reize.

Humorale Afferenzen
Der CO_2-Überschuß im Kapillarblut des Atemzentrums besitzt den stärksten Einfluß im Sinne einer

direkten Erregung. Eine indirekte Erregung erfolgt durch Meldung der Chemorezeptoren im Aortenbogen (via X. Hirnnerven) und in der Carotisgabel (via IX. Hirnnerven). Diese indirekte Erregung stellt eine Vorprüfung des Blutes dar, bevor es in die Zentren gelangt. Aus dem täglichen Leben ist bekannt, daß längeres bewußtes Anhalten des Atems wegen des zunehmenden CO_2-Gehaltes nicht möglich ist. Auch äußere therapeutische Anwendungen (z. B. Packegriffe) wirken nicht nur über die Mechanorezeptorenstimulation auf die Atmung, sondern wegen des Atemanhaltens auch über die Chemorezeptoren.
Das Atemzentrum wird beim Absinken des pH-Wertes von Blut und Liquor unter 7,4 erregt. Chemorezeptoren am Boden des IV. Ventrikels registrieren dies.
Ein O_2-Mangel des Blutes, der über Chemorezeptoren im Aortenbogen und in der Carotisgabel wahrgenommen wird, erregt ebenfalls das Atemzentrum.
Schließlich hat die jeweilige Hormonkonzentration einen Einfluß, z. B. stimulieren Adrenalin (bei Anstrengung) und Progesteron (in der Schwangerschaft) das Atemzentrum.

Neurale Afferenzen

Der Cortex beeinflußt direkt beim Sprechen und Singen das Atemzentrum. Indirekt wird es im Sinne einer Mitinnervation schon vor entsprechenden CO_2/O_2-Änderungen erregt. So verändert eine Augenbewegung bereits das Atemmuster.
Das extrapyramidalmotorische System (z. B. Kleinhirn und Tonusregulationszentrum – Formatio reticularis) ist mit dem Atemzentrum neural verknüpft. So wird z. B. beim Balancieren auf einem Fuß unwillkürlich die Atmung angehalten.
Psychische Erregungen wie Angst oder Freude beeinflussen ebenfalls die Atmung. Neurale Verknüpfungen zwischen Limbischem System und Atemzentrum bilden hierfür die Grundlage.
Jeder Schmerz verändert die Atmung über neurale Verschaltungen zwischen Atemzentrum und Thalamus. Auch durch die Stimulation der Haut (Druck, Berührung, Schmerz, Temperatur), speziell der Gesichtshaut, kommt es zur Veränderung der Atmung.
Ebenso löst die Stimulation der Propriozeptoren von Atem-, Atemhilfs- und Körpermuskulatur Atemreflexe aus. Bei passiven und aktiven therapeutischen Bewegungen (auch Zug und Druck) nutzt man diesen Zusammenhang aus. Die Stimulation der Interozeptoren von Schleimhäuten, Gefäßen und Lunge beeinflußt ebenfalls das Atemzentrum. Mechanische, chemische und thermische Veränderungen der Nasen- und Mundschleimhaut werden über den N. trigeminus weitergeleitet. Veränderungen der Bronchialschleimhaut werden über den N. vagus übermittelt. Der Hering-Breuer-Reflex dient der reflektorischen Selbststeuerung der Lunge in Ruhe.

Abb. 11.2: Kinästhetisches «Hier und Jetzt»

Dabei werden Dehnungsrezeptoren in den Bronchien und Alveolen bei der Einatmung gereizt. Ein über den N. vagus zentralwärts gerichteter Impulsstrom hemmt das Inspirationszentrum, so daß es zur Ausatmung kommt.
Aus der Vielzahl der angeführten bahnenden und hemmenden Einflüsse auf das Atemzentrum kann für die Therapie abgeleitet werden, daß Berührungen und/oder Bewegungen des gesamten Körpers (nicht nur des Thorax) zu Atemreaktionen führen. Auch mentale Vorstellungen verändern die Atmung (Mitinnervation). Nur ein Mensch ohne körperlichen und/oder seelischen Schmerz kann tief und frei atmen.
Aus der Sicht der Kinästhesie müssen Atem- und Atemhilfsmuskeln nie gekräftigt oder gedehnt werden. Man kann die Atmung nur befreien.

Efferenzen des Atemzentrums

Die quergestreifte Atemmuskulatur und Atemhilfsmuskulatur wird je nach afferentem Input und aktuellen Erfordernissen aktiviert. Der N. phrenicus, die Nn. intercostales, der N. facialis (Mund- und Nasenflügelbewegungen) und verschiedene periphere Neurone (motorische Vorderhornzellen von C 3 bis L 2 für die Atemhilfsmuskeln) sind die Übermittler.
Über den N. vagus wird die glatte Bronchialmuskulatur innerviert. Der N. vagus ist ein gemischter Nerv. Viszeromotorisch beeinflußt er am Atemtrakt die Bronchialsekretion und -motorik. Viszerosensibel meldet er im Sinne der Atemregulation Reize von der Aortengabel, der Lunge und der Bronchialschleimhaut.
In diesem Zusammenhang hat Vogler darauf hingewiesen, daß die Atmung nicht durch ständig neu innervierte quergestreifte Muskulatur funktionieren

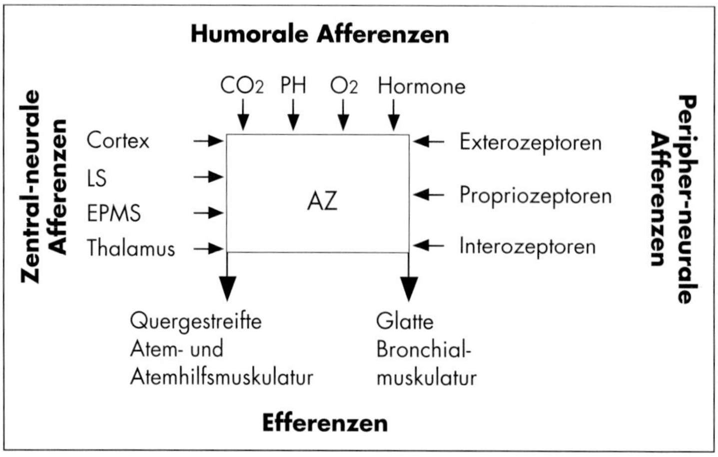

Abb. 11.3: Atemregulation

kann (auch die Peristaltik kann nicht durch Bauchmuskelkontraktionen funktionieren). Das Zusammenspiel von unwillkürlichen Bronchialmuskelkontraktionen und den elastischen Rückstellkräften der Lunge sorgt für die Ruheatmung (Abb. 11.3).

Techniken und Übungskomplexe für die einzelnen Körperregionen

Schnelles Lagern

Der Patient liegt im Regelfall auf dem Rücken und versucht, die Griffe gedanklich zu verfolgen.

Rechter Arm
Der Behandler umfaßt sanft bimanuell die rechte Schulter und streicht den Arm unter Beibehaltung des Kontaktes langsam bis über die Fingerkuppen aus. Seine Bewegung soll aus dem ganzen Körper erfolgen.

Rechtes Bein
Der Behandler umfaßt sanft bimanuell die rechte Hüfte und streicht das rechte Bein unter Beibehaltung des Kontaktes langsam bis über die Fußspitzen aus. Seine Bewegung soll aus dem ganzen Körper erfolgen.

Linkes Bein
Siehe rechtes Bein.

Linker Arm
Siehe rechter Arm.

Rumpf
Der Behandler unterfaßt seitlich bis zur Körpermitte nacheinander das Becken, den Thorax und den Schultergürtel und streift jeweils nach links bzw. rechts ab. Zur Lagerung des Kopfes wird der Nacken bimanuell umfaßt und nach oben abgestreift.

Durch das Schnelle Lagern liegt der Patient mit dem gesamten Körper oder einzelnen Körperteilen besser (flächiger) auf der Unterlage. Je nach Zielsetzung können jeweils nur ein Körperteil, aber auch mehrere Körperteile (z. B. eine Körperhälfte) oder der ganze Körper gelagert werden. Der Patient wird nach Unterschieden zwischen links und rechts, oben und unten, vorne und hinten befragt. Oft wird der gelagerte Körperteil oder die gelagerte Körperhälfte als länger, dicker, schwerer, wärmer und «zugehöriger» empfunden. Der Körperteil ist beweglicher, ein vorhandener Schmerz geringer und die Atmung freier geworden.
Die Technik ist auch in anderen Ausgangsstellungen (z. B. in Bauchlage) durchführbar. Ein Griff kann einmalig oder mehrfach wiederholt angewandt werden. Die Technik (modifiziert nach Schaarschuch) heißt Schnelles Lagern, weil der Patient in kurzer Zeit optimal gelagert werden kann.
Durch die Stimulation der Exterozeptoren kommt es vermutlich zu einer Regulation der quergestreiften und glatten Muskulatur. Die Technik kann vor, während und nach einer aktiven oder passiven Behandlung angewandt werden (Abb. 11.4).

Antigravitationstechnik (AGT)

Hier geht es um das langsame und bedächtige Bewegen mit kleinen Exkursionen. Die Bewegung erfolgt dabei (je nach Ausgangsstellung) gegen die Schwerkraft. Der jeweilige Körperteil kann schienend, mit Hilfe der Kleidung (bzw. einem Handtuch) oder durch «Packen» der Haut bewegt werden. Die Technik kann aktiv oder passiv durchgeführt werden. Wichtig ist, daß der Patient die Bewegungen gedanklich mitmacht. Die AGT löst ähnliche Effekte wie das Schnelle Lagern aus und hat diagnostische und therapeutische Bedeutung. Der Behandler kann

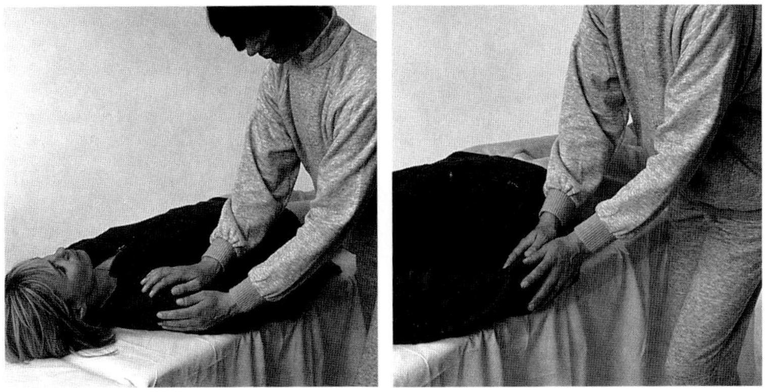

Abb. 11.4a + b: Schnelles Lagern am rechten Arm

deutlich wahrnehmen, wo sein Patient Probleme (Bewegungseinschränkungen und/oder Schmerz) hat.
Sehr gezielt können einzelne Muskeln oder ganze Muskelgruppen in ihrem Tonus verändert werden. Zusätzlich zu den beim Schnellen Lagern schon genannten Effekten spürt der Patient z. B., daß er besser und länger sitzen, aufrechter und leichter stehen, beim Gehen besser abrollen kann, lieber rückwärts als vorwärts geht, sich lieber nach links als rechts herum dreht, usw.
Dadurch, daß der Behandler den überlasteten, schmerzhaften und «Überstunden machenden» Muskeln die Arbeit abnimmt (er nähert Ursprung und Ansatz des jeweiligen Muskels), reduziert sich der Tonus dieses Muskels («er kann endlich mal Pause machen»).
Die aktive AGT stellt die anspruchsvollste, vielfältigste und freiste Form der kinästhetischen Übungskomplexe dar. Anfangs empfiehlt es sich, dem Patienten verschiedene verbale Angebote zu machen. Mit zunehmendem Verständnis des Prinzipiellen reicht die Erteilung eines umfassenden Auftrags. Der Patient ist bei entsprechendem Verständnis und Motivation in der Lage, seinen ganzen Körper (dazu gehören auch Kopf und Gesicht) zu erforschen, die Problembewegung oder -region zu identifizieren und schließlich zu verändern. Der Selbstbehandler muß erkennen, in welcher Ausgangsstellung einem «Überstunden machenden», «beleidigten» und schmerzhaften Muskel die Arbeit (Annäherung von Ursprung und Ansatz gegen die Schwerkraft) abgenommen werden kann.
Das Prinzip der AGT wird im NEUROMEDIZIN-KONZEPT auch bei der Manualtherapie (Gelenkkompression, Periostbehandlung, FIT, PIR, Schmerzklammer und Knochentechnik) angewandt.
Behandlungsbeispiele der passiven AGT (Abb. 11.5 bis 11.30).
Behandlungsbeispiele der aktiven AGT (Abb. 11.31 und 11.32):

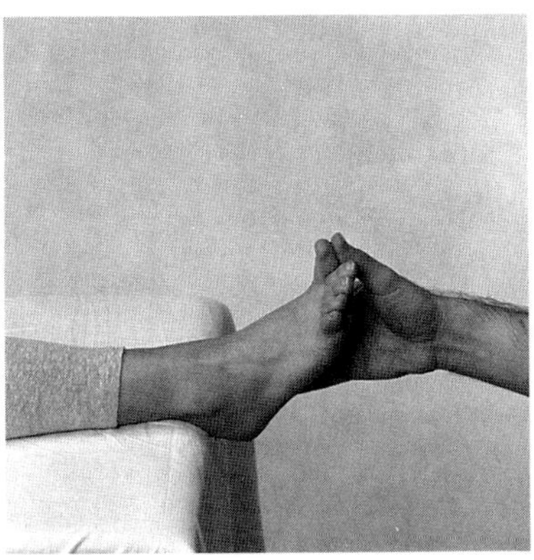

Abb. 11.5: AGT des M. extensor hallucis longus

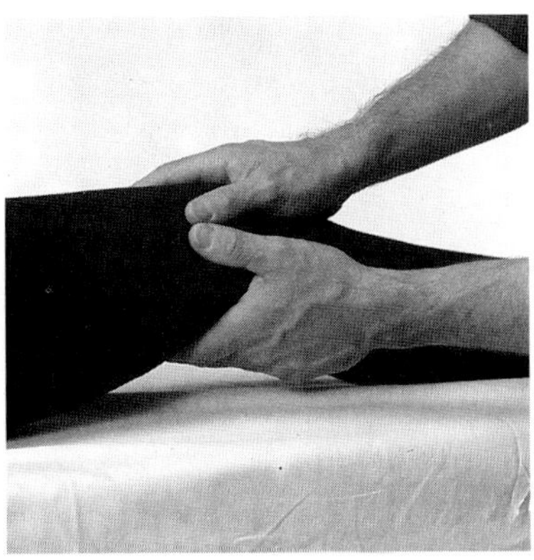

Abb. 11.6: AGT der ischiocruralen Muskulatur

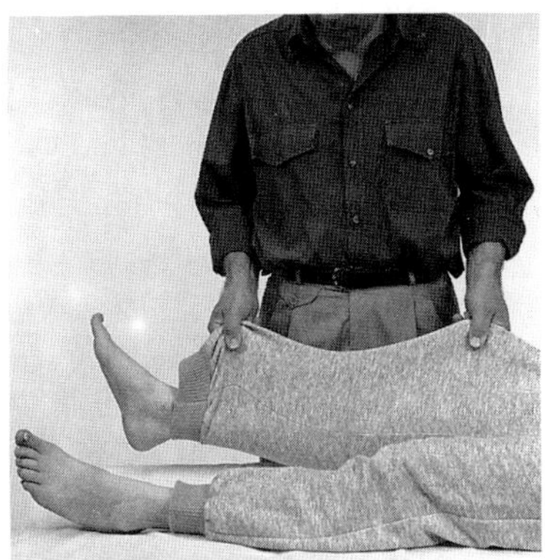

Abb. 11.7: AGT des M. iliopsoas

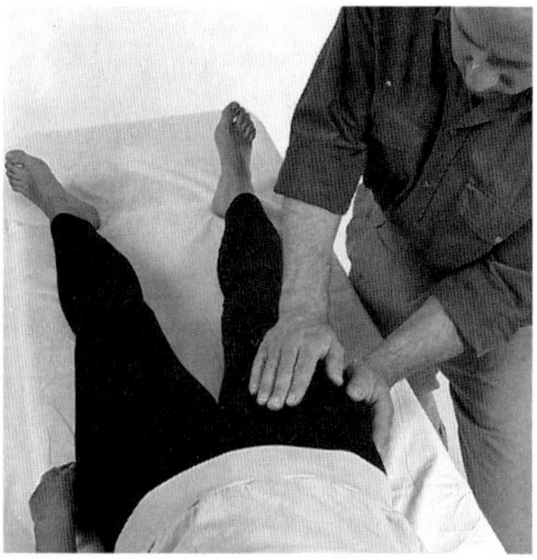

Abb. 11.8: AGT der Hüftinnenrotatoren

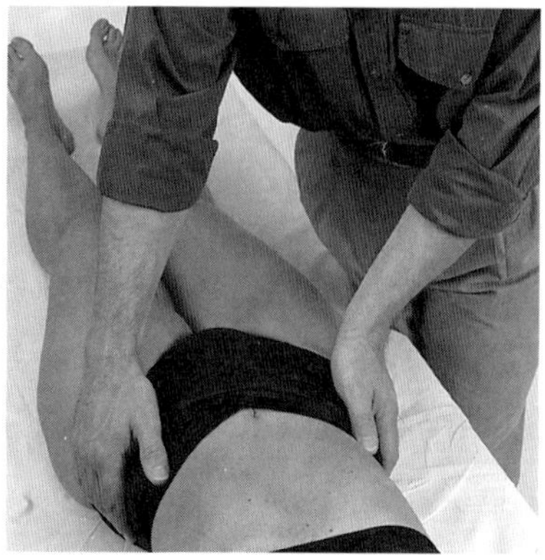

Abb. 11.9: AGT des M. transversus abdominis

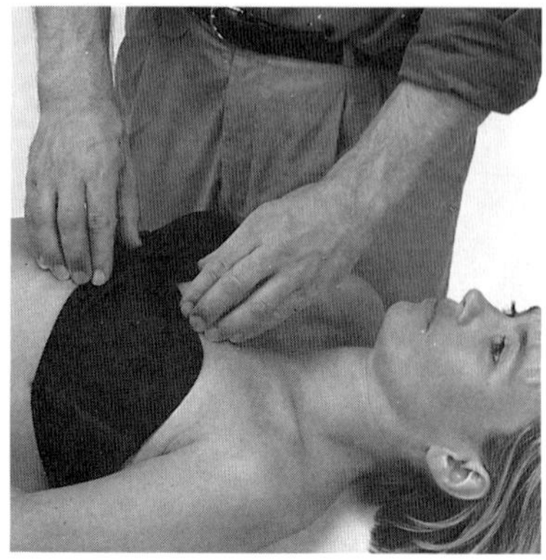

Abb. 11.10: AGT des M. transversus thoracis

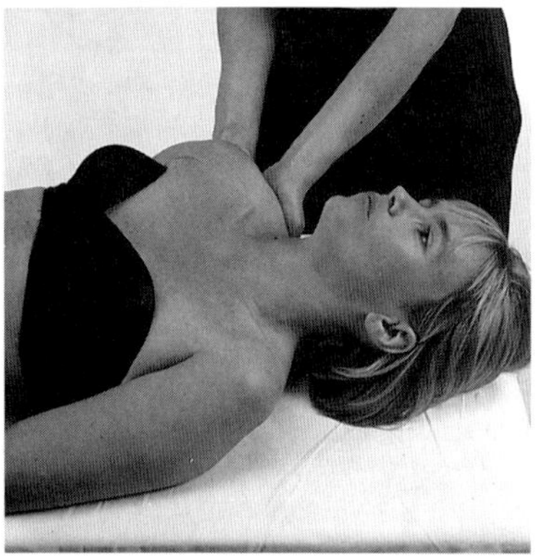

Abb. 11.11: AGT der Mm. pectoralis major et minor

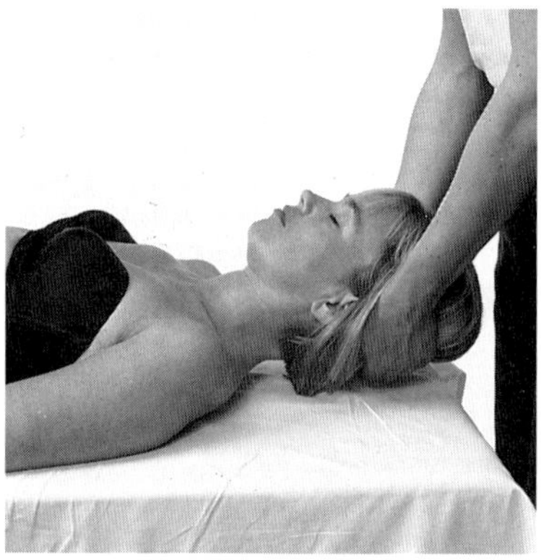

Abb. 11.12: AGT der Mm. scaleni

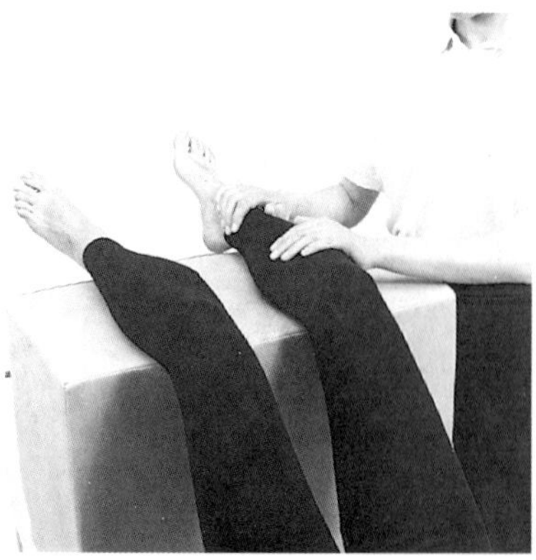

Abb. 11.13: AGT der Knieinnenrotatoren in der Stufenlagerung

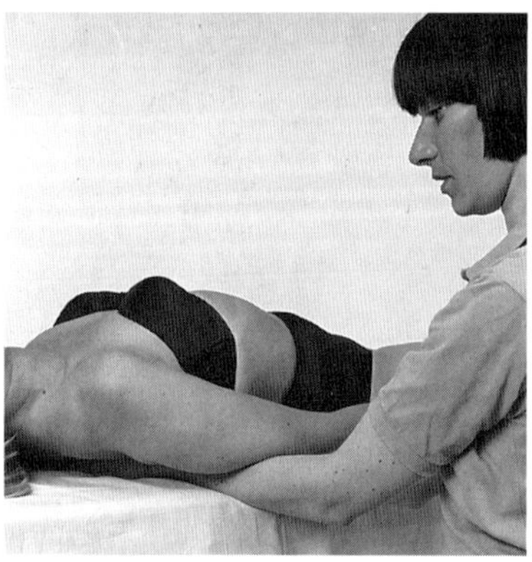

Abb. 11.14: AGT des Erector trunci

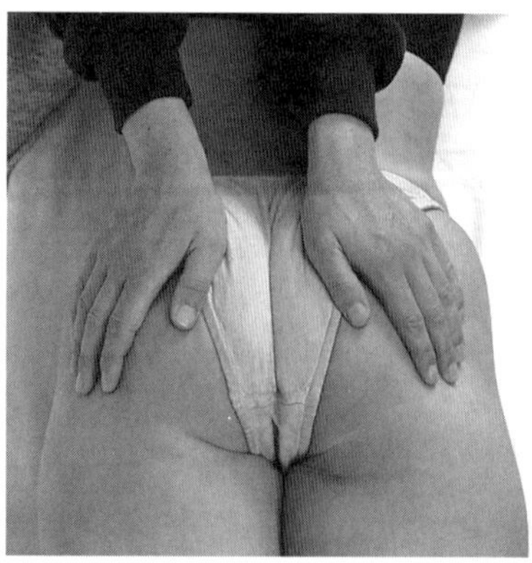

Abb. 11.15: AGT des M. glutaeus maximus

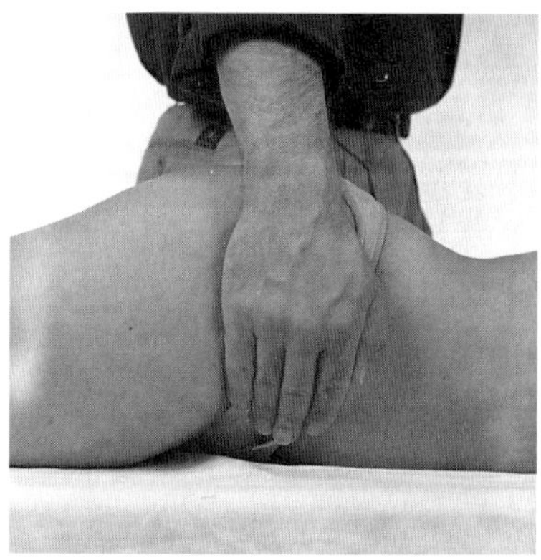

Abb. 11.16: AGT des M. iliopsoas

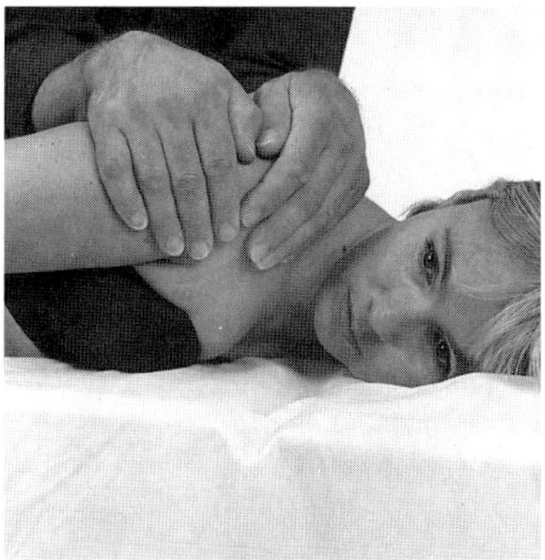

Abb. 11.17: AGT der Mm. rhomboidei

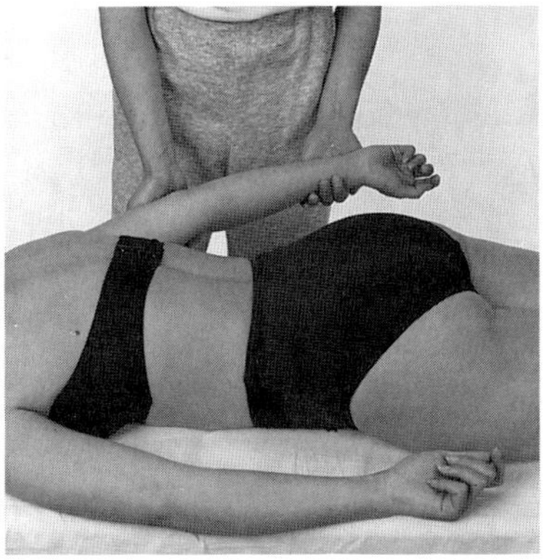

Abb. 11.18: AGT des M. triceps brachii

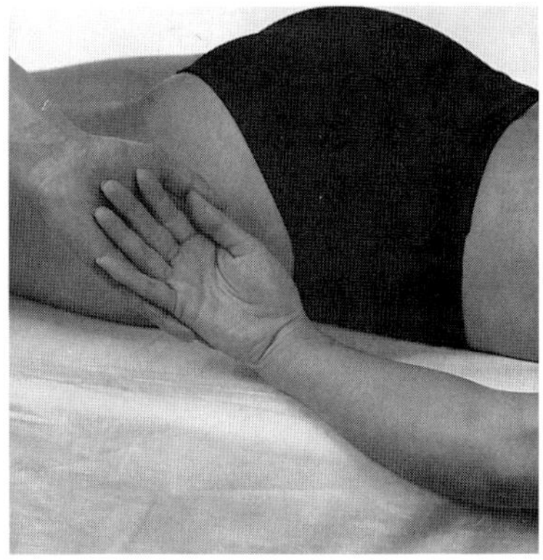

Abb. 11.19: AGT der Handflexoren

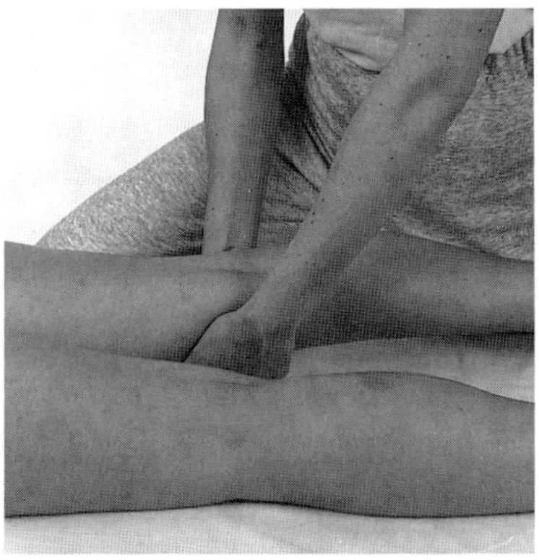

Abb. 11.20: AGT des M. quadriceps femoris

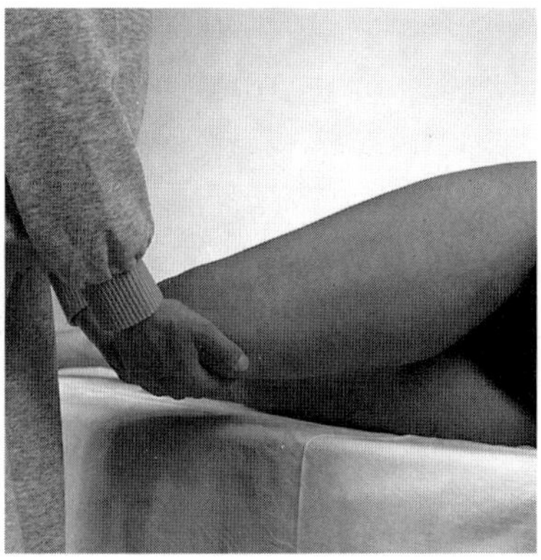

Abb. 11.21: AGT von Mm. glutaei medius et minimus

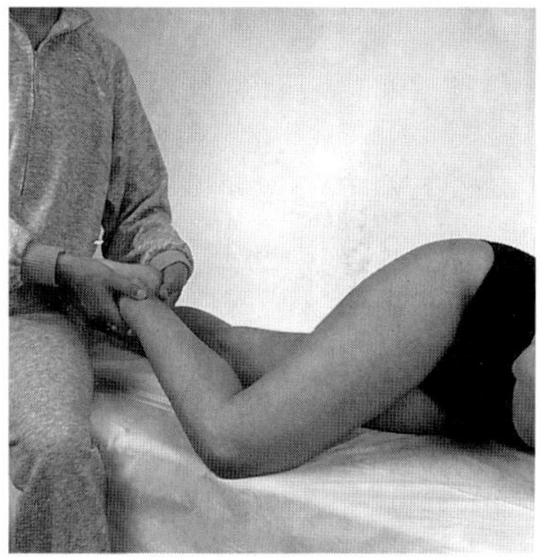

Abb. 11.22: AGT des M. tensor fasciae latae

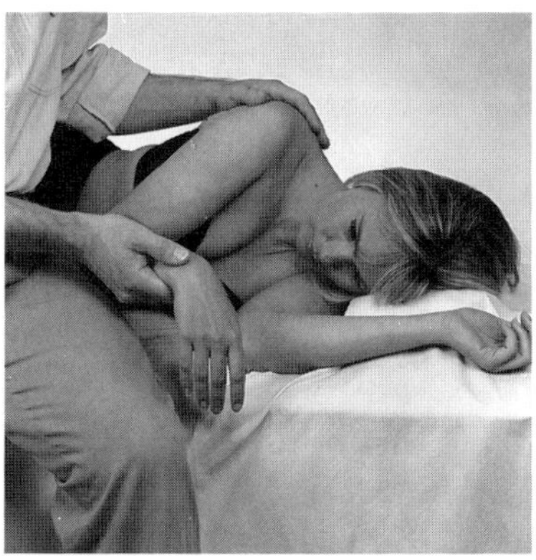

Abb. 11.23: AGT des M. infraspinatus

Abb. 11.24: AGT der Kiefermuskeln («Kinnhalter»)

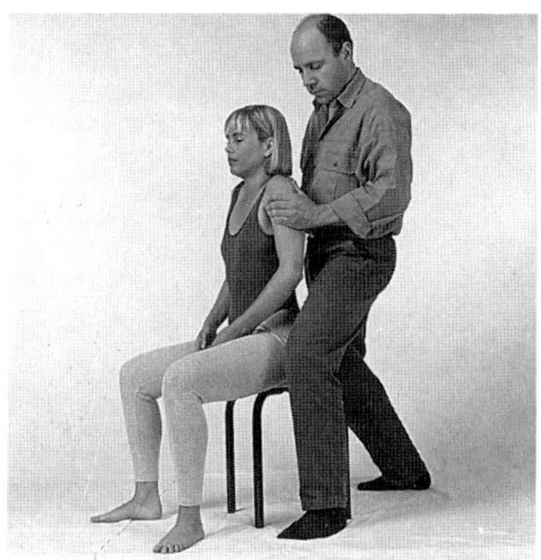

Abb. 11.25: AGT des M. trapezius

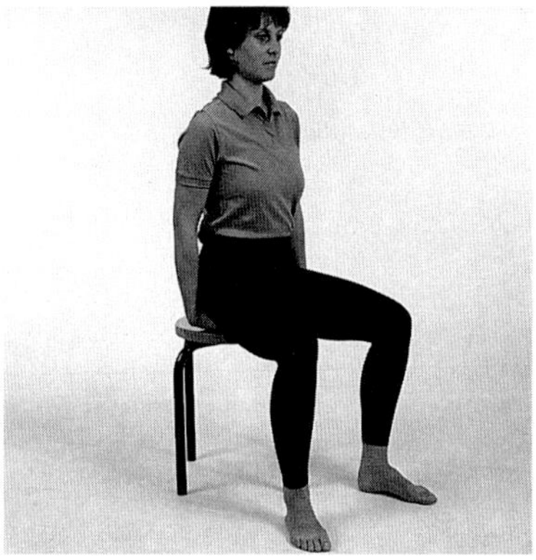

Abb. 11.26: AGT des M. quadratus lumborum

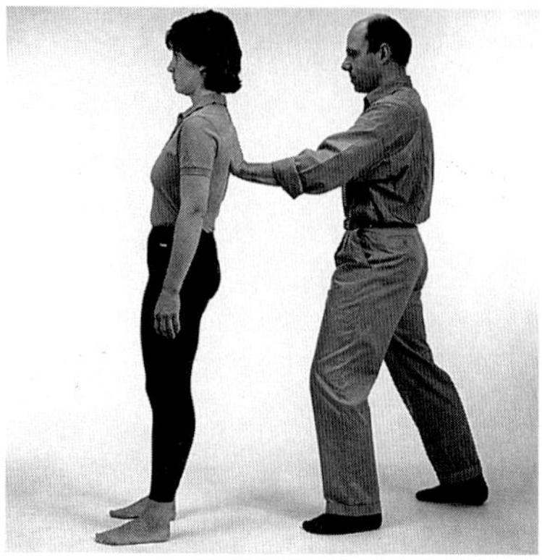

Abb. 11.27: AGT der Plantarflexoren

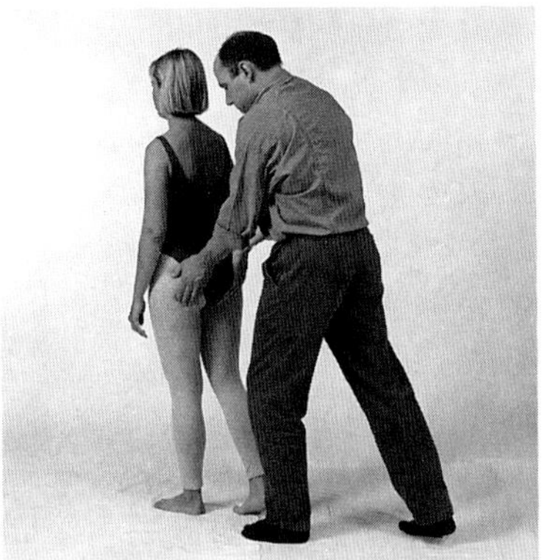

Abb. 11.28: AGT des M. glutaeus maximus

Abb. 11.29: AGT der gelenkkopfzentrierenden tiefen Hüftmuskulatur («Hüfthalter»)

Abb. 11.30: AGT der tiefen Nackenmuskeln («Kopfhalter»)

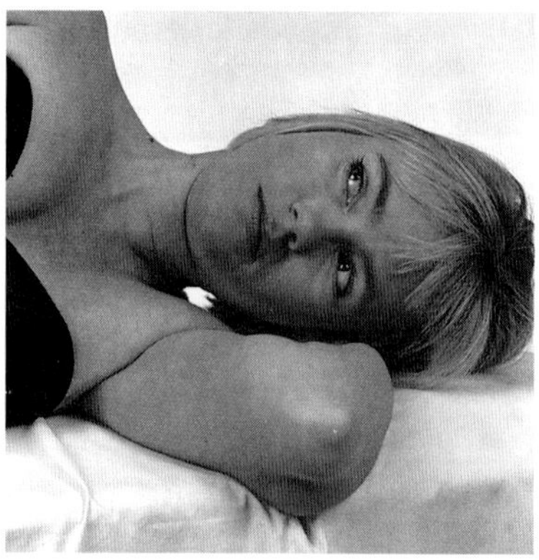

Abb. 11.31: AGT der seitlichen Augenmuskeln

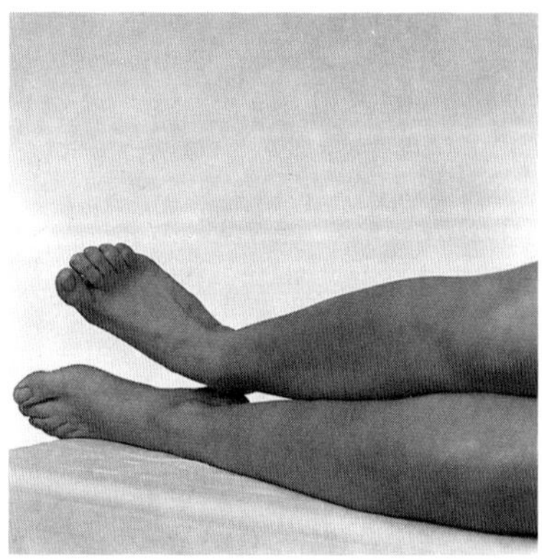

Abb. 11.32: AGT der Knieaußenrotatoren

Beckenarbeit

Der Einleitungsbefund findet im Regelfall in der Rückenlage statt. Neben den schon im Kapitel «Allgemeine Grundlagen der Kinästhesie» aufgeführten Fragen ist es bei der Beckenarbeit wichtig, den Abstand der gedachten Verbindungslinien Nase – Schambein einerseits und Hinterkopf – Steißbein andererseits längenmäßig zu vergleichen und in Hinblick auf den Schlußbefund in Erinnerung zu behalten.

Des weiteren ist es günstig, das erste Bewegungsexperiment (z. B. Beckenkippen und Beckenaufrichten im Handstütz) hinsichtlich Quantität und Qualität der Bewegung und eventuell auftretendem Bewegungsschmerz in Erinnerung zu behalten.

Die Bewegungsexperimente mit dem Becken können in verschiedenen Ausgangsstellungen durchgeführt werden: Rückenlage, Rückenlage mit angestellten Beinen (eines oder beide), Stufenlagerung auf einem speziellen Klotz, Ellbogenstütz mit angestellten Beinen (eventuell mit geöffneten Knien und sich berührenden Fußsohlen); Handstütz und Langsitz sind ebenfalls möglich.

Der Patient wird verbal zu verschiedenen Beckenbewegungen angeleitet. Es ist hilfreich, in Bewegungsbildern zu arbeiten. Zum Beispiel kann der Patient sich vorstellen, daß die Beckenbewegungen marionettenartig von einem an der Zimmerdecke bzw. an den Zimmerwänden befestigten Seil oder Flaschenzug verursacht werden. Oder die Vorstellung, daß man auf einer Uhr liegt (die Ziffer Zwölf ist am Steißbein, die Ziffer Sechs am Hohlkreuz und die Ziffern Drei und Neun sind unter der jeweiligen Hüfte zu lokalisieren). Durch verschiedene Beckenbewegungen (geradlinige, sphäroide oder achtertourähnliche) werden die Ziffern miteinander verbunden. Der Uhrzeiger kann sich so schnell wie ein Sekundenzeiger oder so langsam wie ein Stundenzeiger bewegen (Faktor Zeit). Die Uhr kann so klein wie eine Taschenuhr oder so groß wie eine Turmuhr sein (Faktor Raum). Das Uhrwerk kann schwergängig, eingerostet, oder leichtgängig, gut geölt sein (Faktor Kraft). Auch die Vorstellung, daß unter dem Becken ein Kuchen sei, und dieser in verschiedene größere und kleinere Stücke geschnitten wird, oder das mehr oder weniger kräftige «Eingravieren» des Namens oder von Zahlen (z. B. der Telefonnummer) mit verschiedenen Beckenteilen (Steißbein, Kreuzbein, linke Hüfte, rechte Hüfte) aktiviert die oft ungebrauchten tiefen posturalen Muskeln der Lenden-Becken-Hüft-Region. Auch hat sich das bewußte «Schinkengehen» im Ellbogenstütz, Handstütz oder freiem Langsitz bzw. «Beckenscheuern» in Rückenlage sehr bewährt.

Durch das Arbeiten mit Bewegungsbildern kann der Patient sich zu Hause besser an den Übungskomplex erinnern. Zwischen den einzelnen Bewegungsexperimenten können, je nach Bedarf, Pausen eingelegt werden. Zur Körperbewußteinsschulung können mehrere Bewegungsexperimente nur einseitig ausgeführt werden, um nachfolgend den Seitenvergleich zur nicht aktivierten Becken- und Körperhälfte zu haben. Beim Experimentieren sollte die Aufmerksamkeit nicht nur auf das gerade bewegte Teil, sondern auch auf Mitbewegungen bzw. Spannungsänderungen des übrigen Körpers und Atemveränderungen gelenkt werden (Welche Teile «machen mit»?, Wie «läuft» die Bewegung durch?; Nowotny). Nicht in die Bewegung integrierte Teile werden bewußt «eingefroren», «eingerostet», und anschließend zum «Mitmachen» aufgefordert.

Die Vorstellungsexperimente können vor, während oder nach den Bewegungsexperimenten zum Einsatz kommen. Der Patient wird zu einem gedanklichen Spaziergang, vom Hinterkopf über die Wirbelsäule bis zum Becken herunter, eingeladen. Dort soll er sich die einzelnen Knochen (unterste Lendenwirbel, Kreuzbein, Steißbein, Hüftknochen, Oberschenkelknochen) und ihre gelenkigen Verbindungen vorstellen. Hier hat sich die Aufforderung, die einzelnen Knochen mit verschiedenen Farben anzumalen, als nützlich erwiesen. Der Patient soll auch herausfinden, ob die Gelenke im Seitenvergleich «gut geölt» sind bzw. etwas «Luft» haben. Die Vorstellung einer Explosion oder Sprengung oder das zusätzliche Einbringen von Luft, Öl, Talkum führt zu entsprechenden Tonusänderungen der quergestreiften und glatten Muskulatur. Manchmal reicht bereits eine einseitige, ca. dreißig Sekunden dauernde Vorstellung aus, um drastische Veränderungen von Beweglichkeit (z. B. der Hüftabduktion oder LWS-Lateroflexion im Seitenvergleich) und Schmerz zu bewirken. Bequemeres Sitzen auf einer Gesäßhälfte oder stabilerer Einbeinstand können ebenfalls nachgewiesen werden. Besonders bei Schmerzen, Unkoordiniertheit und Schwäche ist es nützlich, sich die Bewegungsexperimente (z. B. Beckenaufrichten und -kippen) vorzustellen. Auch die Vorstellung des craniosacralen Rhythmus (siehe Abschnitt «Kopfarbeit») hat sich sehr bewährt.

Beim Schlußbefund werden zunächst die spontanen Äußerungen des Patienten zugelassen (Was ist anders im Vergleich zum Anfang?). Dann werden die ersten Bewegungsexperimente wiederholt und in Hinblick auf Qualität, Quantität und Schmerz verglichen. Abschließend sind die Auswirkungen der Beckenarbeit auf die Alltagsaktivitäten (Liegen, Sitzen, Stehen, Gehen u. a.) bewußt zu machen.

Die Beckenarbeit ist einer der wichtigsten Übungskomplexe. Sie ist nicht nur bei lokalen Beschwerden der Beckenregion, sondern auch bei vielfältigen an-

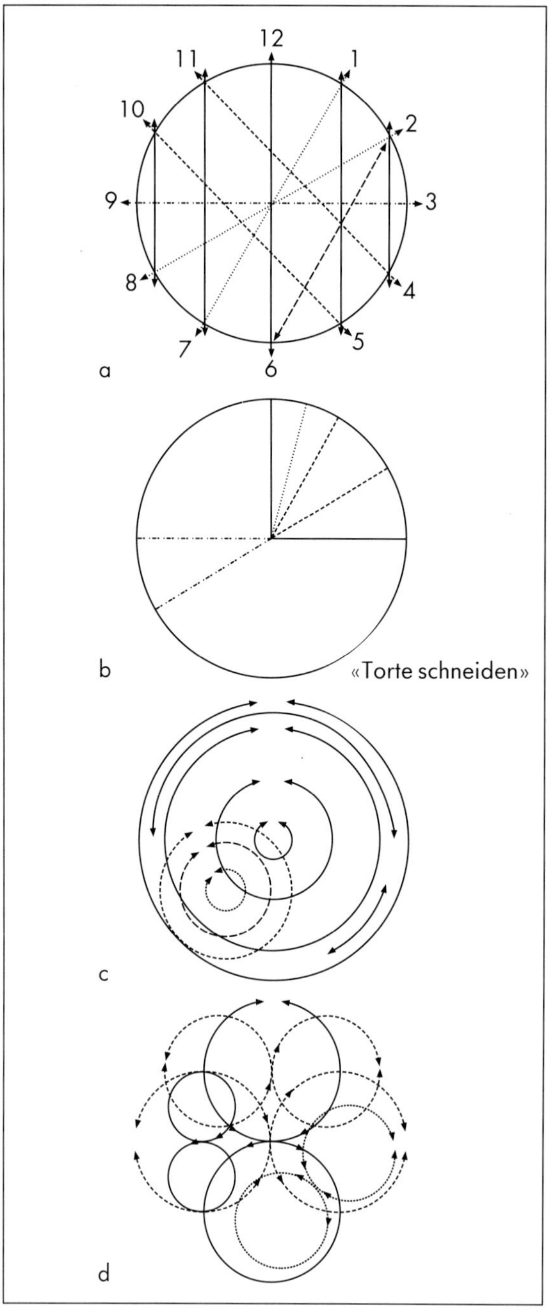

Abb. 11.33 a–d: Möglichkeiten der Beckenarbeit

deren Störungen des Bewegungsapparates, der inneren Organe und des Nervensystems indiziert(Abb. 11.33 bis 11.35).

Thoraxarbeit («Zebra»)

Der Einleitungsbefund findet im Regelfall in der Rückenlage statt. Neben den schon im Kapitel «Allgemeine Grundlagen der Kinästhesie» aufgeführten Fragen ist es bei der Thoraxarbeit wichtig, Länge, Breite und Tiefe des Thorax mental oder auch taktil wahrzunehmen und in Hinblick auf den Schlußbefund in Erinnerung zu behalten. Des weiteren ist es günstig, beim ersten Bewegungsexperiment (mit verschränkten Ellbogen nach links und rechts) Quantität (Abstand des jeweiligen Ellbogens vom Boden), Qualität und möglichen Schmerz zu registrieren.

Die Bewegungsexperimente für den Thorax finden in der Rückenlage mit rechtwinklig (fensterrahmenartig) verschränkten Armen statt. Der Patient versucht, die Ellbogen mit geschlossenen Augen von links nach rechts zu bewegen. Während der Patient die Grundbewegung rhythmisch fortsetzt, soll er nach und nach feststellen, wie die übrigen Körperteile (Schultern, Rippen, Bauch, Hüften, Knie, Füße, Kopf, Augen, Zunge und Unterkiefer) die Bewegung «mitmachen». Die verschiedenen Körperteile werden dann nach und nach «eingefroren» bzw. am Boden «festgeklebt» und anschließend bewußt in den Bewegungsablauf integriert, zum «Mitmachen» aufgefordert.

Die Bewegung kann bewußt von anderen Körperteilen aus eingeleitet werden, z. B. von den Füßen, vom Becken oder vom Kopf. Die einzelnen Körperteile können aber auch gegeneinander im Sinne einer «Verwringung» («Verknotung») arbeiten, z. B. bewegen sich die Fußspitzen nach rechts und die Ellbogen nach links, und umgekehrt. Auch komplexere «Verknotungen» sind möglich, etwa eine Bewegung der Fußspitzen und des Unterkiefers nach rechts bei gleichzeitiger Bewegung von Zunge und Ellbogen nach links.

Zwischen den einzelnen Bewegungsexperimenten können immer wieder Pausen eingeschaltet werden. Mit abwechselnd übereinander geschlagenen Füßen werden dem Patienten Beinlängendifferenzen und ihre Korrektur bewußt gemacht. Auch das Herausdehnen verschiedener Körperteile während der Grundbewegung und das «Thoraxscheuern» haben sich bewährt.

Die Vorstellungsexperimente können vor, während und nach den Bewegungsexperimenten zum Einsatz kommen. Der Patient wird zu einem gedanklichen Spaziergang vom Hinterkopf über die Halswirbelsäule bis zum Brustkorb eingeladen. Dort soll er sich die einzelnen Knochen (zwölf Rippenpaare, Brustbein und zwölf Brustwirbel) und ihre gelenkigen Verbindungen (auch die Bandscheiben) vorstellen. Dabei ist es sinnvoll, die einzelnen Knochen mit verschiedenen Farben anzumalen. Der Patient stellt sich dann mit verschränkten Armen vor, er sei wie ein «Zebra» aus querverlaufenden Ringen von der Schädeldecke bis zu den Fußsohlen aufgebaut. Der oberste Ring (die Schädeldecke) löst sich (hebt sich ab)

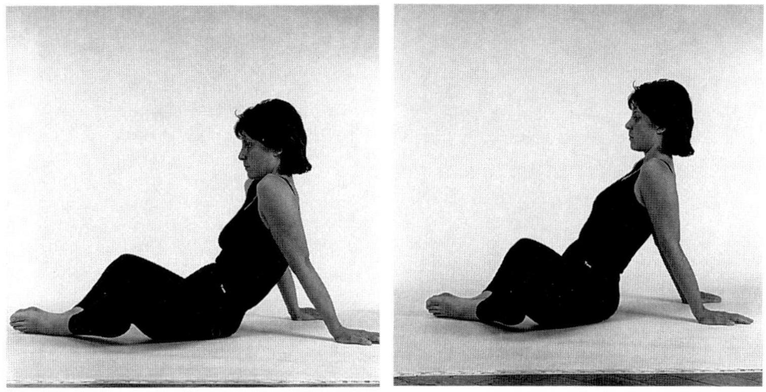

Abb. 11.34 a + b: Beckenkippen und Beckenaufrichten

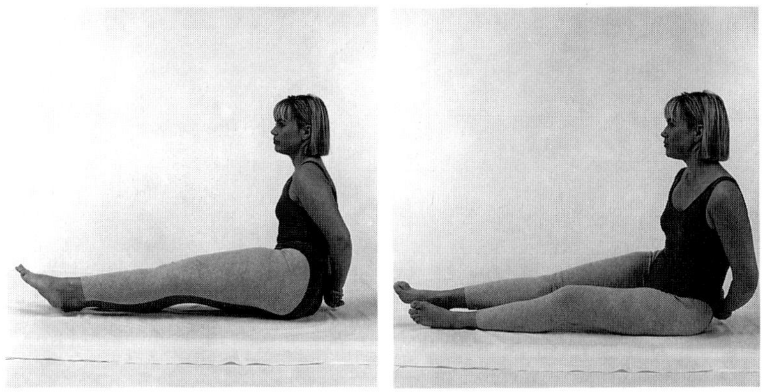

Abb. 11.35 a + b: «Schinkengehen»

von dem darunter liegenden Augenring und bewegt sich nach rechts und links. Nach und nach wird jeder Ring (Augenring, Nasenring, Unterkieferring, die sieben Halsringe mit zugehörigen Weichteilen, der fensterrahmenartige, große Schultergürtelring, die zwölf Brustringe mit den Rippen, die fünf Lendenringe mit Weichteilen, der Beckenring, die Oberschenkelringe, die Unterschenkelringe, die Fußringe) mental nach links und rechts bewegt.
Da, wo ein Ring «eingerostet» ist, sich von den Nachbarringen nicht isolieren läßt, soll der Patient durch das gedankliche Einbringen von Luft, Flüssigkeit oder Talkum ein «Schweben», eine Separation der Ringe erreichen. Wenn alle Ringe (von den Fußgelenken bis zum Schädel) «schweben», hat der Patient das Gefühl, dreidimensional an Volumen gewonnen zu haben. Die artikulierenden Knochen des Thorax brauchen dabei oft besondere Aufmerksamkeit. Der Tonus der quergestreiften und glatten Muskulatur (nicht nur am Thorax) kann sich mit der «Zebra»-Vorstellung deutlich verringern. Auch die Vorstellung des craniosacralen Rhythmus (siehe Abschnitt «Kopfarbeit») hat sich sehr bewährt.
Beim Schlußbefund werden zunächst die spontanen Äußerungen des Patienten zugelassen (Was ist anders im Vergleich zum Anfang?). Dann werden insbesondere das Thoraxvolumen und die Grundbewegung (mit verschränkten Armen nach links und rechts) mit dem Einleitungsbefund verglichen. Fast immer «läuft» die Bewegung jetzt durch den ganzen Körper, sie fließt jetzt honigartig von links nach rechts. Abschließend sind die Auswirkungen der Thoraxarbeit auf die Alltagsaktivitäten (Liegen, Sitzen, Stehen, Gehen u. a.) bewußt zu machen. Der Patient wird aufgefordert, seinen Körper (insbesondere seine «Problemringe») mehrfach täglich mental zu bewegen und «schweben» zu lassen.
Bei der Thoraxarbeit werden alle Drehmuskeln des Körpers nacheinander gelöst («entzurrt»). Ähnlich wie beim Übungskomplex Drehen wird der Patient durch die Thoraxarbeit auch im seelischen Bereich «wendiger». Stereotype Haltungs- und Verhaltensmuster («Verknotungen») lösen sich (Abb. 11.36 und 11.37).

Kopf- und Gesichtsarbeit

Der Einleitungsbefund findet im Regelfall in der Rückenlage statt. Neben den schon im Kapitel «Allgemeine Grundlagen der Kinästhesie» aufgeführten Fragen ist es bei der Kopf- und Gesichtsarbeit wichtig, den Querfingerabstand des geöffneten Kiefers zu überprüfen und in Erinnerung zu behalten. Auch der

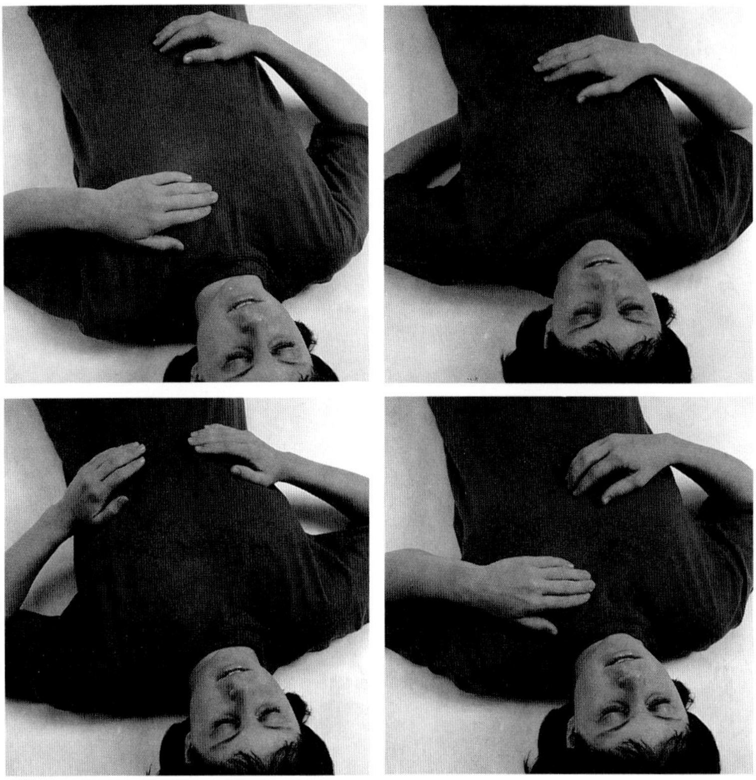

Abb. 11.36 a–c: Taktile und mentale Wahrnehmung der dreidimensionalen Atembewegung (vergleichendes Erspüren der rhythmischen Annäherung und Entfernung der Fingerkuppen)
d: Taktil-kinästhetische Wahrnehmung der Sternalatmung (Wo beginnt die Sternumbewegung? – Faktor Zeit; Wo ist die Sternumbewegung am ausgeprägtesten? – Faktor Raum)

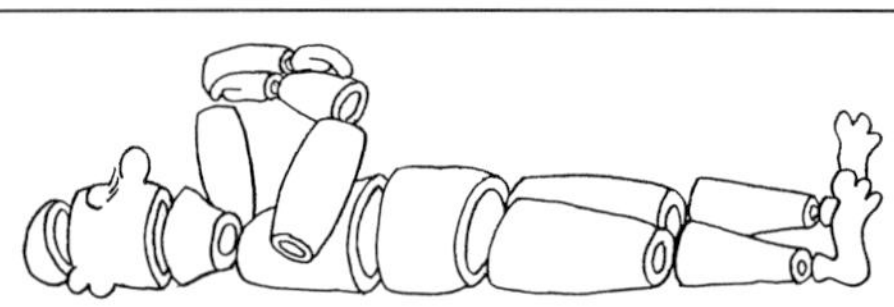

Abb. 11.37: «Zebra»-Vorstellung

gedachte Abstand zwischen beiden Augen und die Auflage des Hinterkopfes sollten bewußt wahrgenommen werden. Ebenso sollte der Patient das Verhältnis der drei Etagen des Kopfes (Stirnbereich, Augen-Nase-Bereich und Unterkieferbereich) bewußt dreidimensional wahrnehmen.
Die Bewegungsexperimente können in verschiedenen Ausgangsstellungen durchgeführt werden: Rükkenlage, Seitenlage und Vierfüßlerstand sind möglich. In der Rückenlage wird der Patient aufgefordert, seine Zunge (Lage im Mundraum, Breite, Länge und Dicke) zu spüren. Dann werden mit der Zunge die einzelnen Zähne, ihr Übergang zum Zahnfleisch, der harte und weiche Gaumen, die Wangen und Lippen nacheinander ertastet. Man läßt die Zunge bewußt im Sinne der AGT herausschieben und wieder in ihr «Körbchen» zurücksinken. In der Seitenlage und im Vierfüßlerstand können Zunge, Unterkiefer, Auge, Kopf und z. T. Knie isoliert oder kombiniert gegen die Schwerkraft arbeiten.
Die Vorstellungsexperimente können vor, während oder nach den Bewegungsexperimenten zum Einsatz kommen. Der Patient wird (meist in Rückenlage) zu einer gedanklichen Reinigung eines Ohres eingeladen. Mit verschiedenen «Reinigungsmaterialien» (Lappen, Bürsten, Flüssigkeiten etc.) ausgerüstet, «putzt» der Patient gedanklich das Ohr äußerlich und innerlich. Im Seitenvergleich wird das geputzte Ohr oft noch nach Stunden als größer, bewußter und funktionstüchtiger empfunden. Anschließend wird das zweite Ohr «geputzt». Ähnliche Experimente sind auch bei anderen Kopf- und Gesichtsteilen möglich, z. B. der Nase. Der Patient kann auch zum bewußten Wahrnehmen der einzelnen Schädelknochen und ihrer Verbindung untereinander angeleitet werden. Der knöcherne Schädel soll gedanklich «gesprengt» werden, damit die Schädelknochen (auch die Kiefergelenke) «schweben». Das Gehirn und die mehr oder weniger symmetrische Architektur der Hirnhäute sind ebenfalls wahrzunehmen. Vorstellungsexperimente aus der Hirndominanzübung (siehe dort) können eingebaut werden.
Der craniosacrale Rhythmus kann auch kinästhetisch wahrgenommen und modifiziert werden: Die Fußspitzen drehen sich gedanklich (nicht real) einwärts

und auswärts, das Becken geht vorne auseinander und zusammen, der Bauch öffnet sich vorne und schließt sich, der Brustkorb teilt sich vorne wie ein Reißverschluß und schließt sich wieder, die Schultern nähern und entfernen sich, die Arme drehen sich ein- und auswärts (wie die Beine), die Mundwinkel entfernen und nähern sich, die Nase wird breiter und weiter bzw. enger und schmaler, auch die Augen entfernen sich und nähern sich, der ganze Körper geht vorne auseinander und zusammen, wie ein Buch, das aufgeschlagen und zusammengeklappt wird. Der Patient soll sich diesen Rhythmus wiederholt vorstellen. Variationen von Kraft, Raum und Zeit sind möglich.
Beim Schlußbefund werden zunächst die spontanen Äußerungen des Patienten zugelassen (Was ist anders im Vergleich zum Anfang?, Welches Experiment war interessant für Sie?). Dann werden wie beim Einleitungsbefund der Querfingerabstand des geöffneten Kiefers, die gedankliche Entfernung der Augen und das Verhältnis der drei Gesichtsetagen überprüft. Die Zunge wird oft als breiter, flacher, länger und schwerer empfunden. Bei einer «Gesichtskontrolle» im Spiegel ist die Haut oft «glatt gebügelt». Abschließend sind die Auswirkungen der Kopf- und Gesichtsarbeit auf die Alltagsaktivitäten (Liegen, Sitzen, Stehen, Gehen, Kauen, Sprechen u. a.) bewußt zu machen.
Wegen der großen cortikalen Repräsentation werden Elemente der Kopf- und Gesichtsarbeit in fast alle Übungskomplexe integriert (Abb. 11.38 und 11.39).

Abb. 11.38: Kinästhetischer «Hausputz»

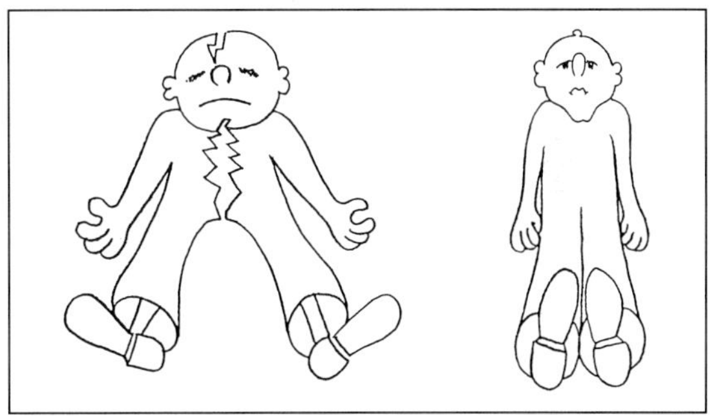

Abb. 11.39 a + b: Craniosacraler Rhythmus kinästhetisch

Schulterarbeit

Der Einleitungsbefund findet im Regelfall in der Rückenlage statt. Neben den schon im Kapitel «Allgemeine Grundlagen der Kinästhesie» aufgeführten Fragen ist es bei der Schulterarbeit wichtig, den möglichen Abstand des elevierten Arms vom Boden und den dabei eventuell auftretenden Schmerz bewußt zu registrieren.
Die Bewegungsexperimente finden in der Rückenlage statt. Zunächst wird die Thoraxarbeit (siehe dort) als Basisbehandlung durchgeführt. Die Grundbewegung der Thoraxarbeit kann mit gefalteten Händen (Gebetshaltung) fortgeführt werden. Dabei können die Arme während der Bewegung herausgedehnt, die Handgelenke «eingerostet» oder die Hände «verkehrt» gefaltet werden. Auch kann man einen Arm (meist den besseren) am Boden liegend fußwärts herausdehnen und wieder lösen. Unter der Dehnung wird der Arm so weit wie möglich nach vorne oder seitlich gehoben und in einem großen Kreis vor dem Gesicht herum (danach auch in der anderen Richtung) bewegt. Unter der Dehnung kann der Arm auch schraubend oder faustend gehoben bzw. gekreist werden. Anschließend werden Auflage, Temperatur und Funktionstüchtigkeit der Arme überprüft. Bevor der andere (meist der eingeschränkte) Arm die Bewegungen ausführt, ist es sinnvoll, sich die Bewegungen zunächst nur vorzustellen.
Die Vorstellungsexperimente können vor, während und nach den Bewegungsexperimenten zum Einsatz kommen. Zunächst werden als Basisbehandlung die Vorstellungsexperimente der Thoraxarbeit (siehe dort) durchgeführt. Dann wird der Patient zu einem gedanklichen Spaziergang in die Schulterregion eingeladen. Dabei ist es sinnvoll, die einzelnen Knochen mit verschiedenen Farben anzumalen. Durch das gedankliche Einbringen von Luft, Flüssigkeit oder Talkum wird ein «Schweben», eine Separation der Gelenke erreicht. Der Patient soll gedanklich den Schwebezustand beibehalten und sich in eine Zeit zurückdenken, in der die Schulter (oder die Schultern) problemlos funktioniert haben, z. B. beim Federball spielen, beim Schwimmen (Rücken- und Brustschwimmen), beim Haare kämmen, beim Her-

Abb. 11.40: Schulterarbeit («Flügelschlagen»)

ausholen von Büchern aus dem obersten Regal, beim Waschen und Polieren des Autodachs, beim Äpfel pflücken, beim Einschlagen eines Nagels in die Wand (über Augenhöhe), beim Holzhacken etc. Bei all diesen Bewegungen soll der übrige Körper gedanklich die Schulterbewegungen nicht behindern. Die Bewegungen sollen «durchlaufen» (Nowotny). Dann erfolgt die Bewegung real. Die Schulter ist oft beweglicher und schmerzfreier. Sehr effektiv ist auch das «Flugexperiment»: Der Patient plaziert beide Hände auf die Rippenbögen und hebt die Ellbogen in Richtung Decke. Er merkt sich die Abstände zum Boden, schließt die Augen und stellt sich vor (ohne daß real etwas passiert), daß er mit seinen Ellbogen («Flügeln») wirklich fliegen könnte. Er hat großen Hunger, will deshalb schnell nach Hause fliegen, er macht also schnelle, aber auch kräftige und richtig weit ausholende Flügelschläge. Dabei muß er um einige Kurven herum, er kommt an eine Ampel und bremst ab (macht also kleinere, leichtere und sehr langsame Flügelschläge). Die Ampel wird grün, er beschleunigt wieder und landet schließlich vor seinem Haus. Der Patient öffnet wieder die Augen und stellt dann fest, daß die Ellbogen sich erheblich weiter und bequemer in Richtung Decke heben lassen. Der Patient erhält den Auftrag, mehrfach täglich in diesem Sinne zu visualisieren.
Beim Schlußbefund werden zunächst die spontanen Äußerungen des Patienten zugelassen (Was ist anders im Vergleich zu sonst?). Dann wird vom Einleitungsbefund insbesondere der Handgelenksabstand zum Boden verglichen. Abschließend sind die Auswirkungen der Schulterarbeit auf die Alltagsaktivitäten (z. b. Abstützen im Langsitz oder Herunterholen eines Buches aus dem höheren Wandregal) bewußt zu machen.
Nicht nur schmerzhafte und/oder bewegungseingeschränkte Schultern können mit diesem Übungskomplex erfolgreich behandelt werden. Auch Schwächen und Unkoordiniertheit (z. B. bei Hemiplegikern) lassen sich günstig beeinflussen (Abb. 11.40).

Ellbogenarbeit

Der Einleitungsbefund findet im Regelfall in der Rückenlage statt. Neben den schon im Kapitel «Allgemeine Grundlagen der Kinästhesie» aufgeführten Fragen ist es bei der Ellbogenarbeit wichtig, den Kontakt der Ellbogen (Auflageort, -größe und -druck) im Seitenvergleich wahrzunehmen. Des weiteren sollten die verschiedenen Grundbewegungen in Hinblick auf Qualität, Quantität und eventuellem Bewegungsschmerz getestet werden. Auffällige Befunde werden in Erinnerung behalten (z. B. die Entfernung des Daumens von der jeweiligen Schulter). Die Bewegungsqualität kann auch festgestellt werden, indem eine Hand den anderen Ellbogen umfaßt und spürt, wie sich dieser beugen, strecken, hereindrehen, herausdrehen und kreisen läßt.
Die Bewegungsexperimente finden im Regelfall in der Rückenlage mit geschlossenen Augen statt. Zunächst kann das «Flugexperiment» aus der Schulterarbeit real wiederholt werden. Neben den zeitlichen Variationen sind durch das Umplazieren der Hände auf die Flanken (unterhalb der Brüste, auf Brusthöhe und oberhalb der Brüste) verschiedene Beugestellungen möglich. Durch das Auflegen von Handinnenflächen, Handrücken, Kleinfingerkanten oder Daumen sind verschiedene Supinations- bzw. Pronationsstellungen möglich. Boxkämpfe mit einem imaginären Gegner von vorne, von oben, von rechts oder von links können ausgefochten werden. Ein Gartenschlauch kann von seinem Ständer abgerollt werden. Der Name kann mit der rechten Hand, die Telefonnummer mit der linken Hand auf eine imaginäre Tafel geschrieben werden. Ein Plakat wird mit Hilfe von Dachlatten an einer Wand mit Nägeln befestigt. Am linken und am oberen Rand wird mit der linken Hand, am rechten und unteren Rand wird mit der rechten Hand gehämmert. Wegen des harten Untergrunds müssen vereinzelte Nägel wieder herausgezogen werden. Die verschiedenen Tür- und Autoschlösser, denen man im Laufe eines Tages begegnet, werden mit der rechten Hand aufgeschlossen und mit der linken Hand wieder zugeschlossen. Variationen von Kraft, Raum und Zeit sind bei allen Bewegungsexperimenten möglich.
Die Vorstellungsexperimente können vor, während und nach den Bewegungsexperimenten zum Einsatz kommen. Die Bewegungsexperimente können auch nur in der Vorstellung stattfinden. Außerdem wird der Patient zu einem gedanklichen Spaziergang in die Ellbogenregion eingeladen. Dabei ist es sinnvoll, die einzelnen Knochen mit verschiedenen Farben anzumalen. Durch das gedankliche Einbringen von Luft, Flüssigkeit oder Talkum wird ein «Schweben», eine Separation der Gelenkflächen erreicht. Dann soll der Patient gedanklich den Schwebezustand beibehalten

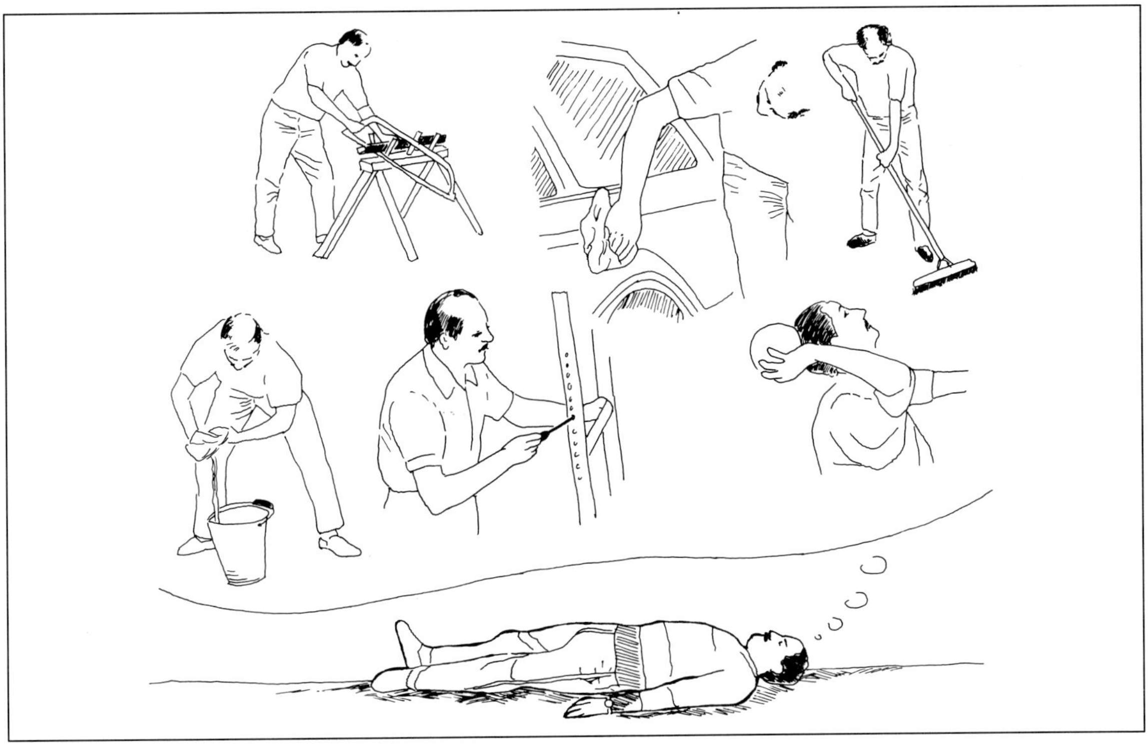

Abb. 11.41: Ellbogenarbeit

und sich in eine Zeit zurückdenken, in der die Ellbogen problemlos funktioniert haben, z. B. beim Auswringen von Wäsche, Holz sägen, beim Ball spielen etc. Bei all diesen Bewegungen soll der übrige Körper gedanklich die Ellbogenbewegungen nicht verhindern. Die Bewegungen sollen «durchlaufen» (Nowotny). Dann erfolgen die Bewegungen real. Die Ellbogen sind oft beweglicher und schmerzfreier.

Besonders bewährt hat sich auch das regelmäßige mentale Einreiben mit den «Ellbogen-Heilsalben»: «Ellbogen-Heilsalbe I» riecht sehr angenehm und löst zuverlässig alle Verspannungen, Schmerzen und Stoffwechselschlacken der Ellbogenregion auf. Anschließend saugt der «Spezial-Ellbogen-Staubsauger» mit bis zu 1500 Watt porentief die aufgelösten Spannungen, Schmerzen und Schlacken wie Staub auf. «Ellbogen-Heilsalbe II» führt dann – je nach Erfordernis – zu intensiver Durchblutung bzw. angenehmer Abkühlung.

Beim Schlußbefund werden zunächst die spontanen Äußerungen des Patienten zugelassen (Was ist anders im Vergleich zu sonst?). Dann werden die Einleitungsbefunde überprüft und die Auswirkungen auf Alltagsaktivitäten (z. B. Brot schneiden) bewußt gemacht. Der Patient erhält den Auftrag, täglich in diesem Sinne zu visualisieren.

Ein schmerzhaft eingeschränkter Ellbogen hat oft eine cervicale oder cervico-thorakale Ursache. Elemente der Thoraxarbeit («Zebra») sollten deshalb in die Ellbogenarbeit eingebaut werden (Abb. 11.41).

Handarbeit

Der Einleitungsbefund findet im Regelfall in der Rückenlage oder im Sitz statt. Neben den schon im Kapitel «Allgemeine Grundlagen der Kinästhesie» aufgeführten Fragen ist es bei der Handarbeit wichtig, den Kontakt der aufliegenden Hände (Fläche und Größe des Kontaktes) im Seitenvergleich wahrzunehmen. Die verschiedenen Grundbewegungen werden im Hinblick auf Quantität, Qualität und Schmerz getestet. Durch Fausten und Spreizen werden Kraftdefizite bewußt gemacht. Auch der Einsatz eines objektiven Vigorometers ist möglich. Beim Betasten der Kleidung werden Sensibilitätsdefizite deutlich.

Auch die grundsätzliche Frage, «Welche Hand gehört mehr zu Ihnen?», sollte gestellt werden.

Die Bewegungsexperimente finden am günstigsten ebenfalls in der Rückenlage mit geschlossenen Augen statt. Zunächst «ergreift und begreift» eine Hand die andere. Die Haut wird mit geringem Druck und langsamen Bewegungen erforscht. Wie sind Temperatur, Feuchtigkeit, Hautdicke, Behaarung und Hautverschieblichkeit an den verschiedenen Regio-

Abb. 11.42: Handarbeit

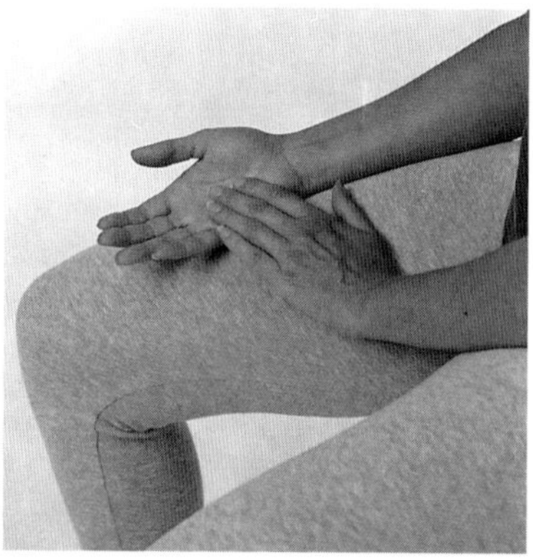

Abb. 11.43: «Begreifen»

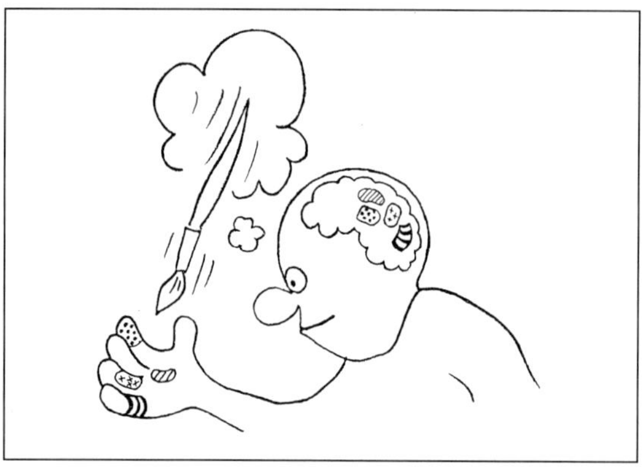

Abb. 11.44: Optische Visualisierung

nen der Hand? Auch die einzelnen Fingernägel und ihr Übergang zur Haut sollte ausführlich ertastet werden. Dann werden mit etwas mehr Druck die Muskeln, Sehnen und Bänder ertastet. Wie sind die Spannungsverhältnisse und welche Fasern schmerzen auf Druck oder Dehnung? Bei weiterer Drucksteigerung werden dann die Knochen und die umgebende Knochenhaut ertastet. Die Knochenhaut kann unterschiedlich dick und nachgiebig sein. Einzelne Punkte können schmerzhaft sein. Abschließend werden die einzelnen Knochen (Handwurzel, Mittelhand, Finger) und ihre Bewegungsmöglichkeiten gegenüber den verschiedenen Nachbarknochen erkundet. Möglicherweise bereitet eine Bewegung Schmerz. Nach der Handerforschung werden bei einer Zwischenbilanz oft erstaunliche Unterschiede hinsichtlich Sensibilität, Kraft (mit dem Vigorometer meßbar), Beweglichkeit sowie Geschicklichkeit festgestellt. Darüber hinaus ist die ganze Körperhälfte (auch das Gesicht) verändert. Die andere Hand wird dann in der gleichen Art real oder nur in der Vorstellung ertastet und bewegt. Bimanuell kann man verschiedene Melodien auf dem Klavier spielen, Schreibmaschine schreiben, Tischtennis spielen, verschiedene Obstsorten (z. B. Kirschen, Äpfel, Erdbeeren) pflücken und verschiedene Flüssigkeiten (z. B. Tee, Ölfarbe) umrühren. Variationen von Kraft, Raum und Zeit sind möglich.

Die Vorstellungsexperimente können vor, während und nach den Bewegungsexperimenten zum Einsatz kommen. Die beschriebenen Bewegungsexperimente können auch als Vorstellungsexperimente eingesetzt werden. Der Patient wird zu einem gedanklichen Spaziergang in die Handgelenksregion eingeladen. Dabei ist es sinnvoll, die einzelnen Knochen mit verschiedenen Farben anzumalen (z. B. Handwurzelknochen rot, Mittelhandknochen grün, Finger gelb und die Fingernägel blau). Durch das gedankliche Einbringen von Luft, Flüssigkeit oder Talkum in die Gelenke wird ein «Schweben», eine Separation der Gelenkflächen erreicht. Dann soll der Patient gedanklich den Schwebezustand beibehalten und sich in eine Zeit zurückdenken, in der die Hände und Finger problemlos funktioniert haben, z. B. beim Zuknöpfen einer Jacke oder Abtrennen einzelner Briefmarken aus einem Bogen. Bei all diesen Bewegungen soll der übrige Körper gedanklich die Hand- und Fingerbewegungen nicht verhindern. Die Bewegungen sollen «durchlaufen» (Nowotny). Dann erfolgen die Bewegungen real. Die Hände sind oft beweglicher, geschickter und schmerzfreier.

Beim Schlußbefund werden zunächst die spontanen Äußerungen des Patienten zugelassen (Was ist anders im Vergleich zu sonst?). Dann werden die Einleitungsbefunde überprüft und die Auswirkungen auf Alltagsaktivitäten (z. B. Schreiben) bewußt gemacht. Der Patient erhält den Auftrag, mehrfach täglich in diesem Sinne zu visualisieren.

Nicht nur schmerzhafte und/oder bewegungseingeschränkte Hände können mit diesem Übungskomplex erfolgreich behandelt werden. Auch Schwächen, Unkoordiniertheit und Wahrnehmungsdefizite (z. B. bei Hemiplegikern) lassen sich günstig beeinflussen. Wegen der großen cortikalen Repräsentation sind die Hände (z. B. verkrampfte) ein zuverlässiger Indikator der psychosomatischen und psychosozialen Situation. Umgekehrt hat die kinästhetische Arbeit mit den Händen nicht nur körperliche Auswirkungen (Abb. 11.42 bis 11.44).

Hüftarbeit («Verknotung»)

Der Einleitungsbefund findet im Regelfall in der Rückenlage statt. Neben den schon im Kapitel «Allgemeine Grundlagen der Kinästhesie» aufgeführten Fragen ist es bei der Hüftarbeit wichtig, die verschiedenen Grundbewegungen seitenvergleichend im Hinblick auf Quantität, Qualität und Schmerz wahrzunehmen. In der Bauchlage sind die Streckfähigkeit und, mit angewinkelten Knien, die Drehfähigkeit gut zu testen.
Die Bewegungsexperimente können in verschiedenen Ausgangsstellungen stattfinden. In Rückenlage kann ein Bein mehrfach herausgedehnt werden. Unter der Dehnung können die verschiedenen Grundbewegungen isoliert oder kombiniert versucht werden. Auch kann im Sinne der AGT gearbeitet werden. In der Seitenlage (das untere Knie wird dabei in Richtung Brustkorb angewinkelt) kann mit der oben liegenden Hand die gesamte seitliche Hüftregion (Haut, Muskulatur und Periost) erforscht werden (siehe auch Abschnitt «Handarbeit»). Ebenso kann im Sinne der aktiven oder passiven AGT gearbeitet werden. In der Bauchlage kann wie in der Rückenlage experimentiert werden. Bei einer Zwischenbilanz wird die Beweglichkeit einer Hüfte (vor allem die Abspreizfähigkeit) oft erstaunlich verbessert sein. Aber auch die Balancierung im Einbeinstand ist verbessert. Die andere Hüfte wird dann in der gleichen Art real oder nur in der Vorstellung ertastet und bewegt. Im Vierfüßlerstand versucht der Patient, das linke Knie hinter das rechte zu kreuzen. Bei der mehrfachen Wiederholung dieser Bewegung soll der Patient wahrnehmen, wo diese Bewegung in seinem Körper beginnt. Die Aufmerksamkeit wird dabei nacheinander auf die verschiedenen Schaltstellen gelenkt. Zum Vergleich wird dann diese Bewegung mit dem anderen Knie ausgeführt. In dieser «Hinterkreuzung» berühren beide Knie den Boden. Die Füße können sich scherenartig entfernen und nähern bzw. scheibenwischerartig von links nach rechts bewegt werden. Zum Vergleich können diese Bewegungen in der anderen «Hinterkreuzstellung» versucht werden. Bei geöffneter Schere kann durch rhythmische Gewichtsverlagerungen nach rechts, nach links sowie zwischen die Fersen vorsichtig gedehnt werden. Auch ein Verharren in der Yogaposition «Kuhmaul» ist sinnvoll. Alle Bewegungen im Vierfüßlerstand können erschwerend zusätzlich mit gekreuzten Händen ausgeführt werden. Beispielsweise kann der Patient mit gekreuzten Händen bei gekreuzt bleibenden Knien den Raum erkunden. Abschließend wird auf allen Vieren kreuzend gegangen. Vorwärts und rückwärts, aber auch seitlich (im Wechsel einseitig vor- und rückkreuzend) oder diagonal, entsprechend der sogenannten Seitengänge beim Pferd (einseitig immer vor- oder rückkreuzend). Kombinationen mit Atembewegungen sowie mit symmetrischen bzw. asymmetrischen Kopf-, Augen-, Kiefer- und Zungenbewegungen sind möglich. Im Kniestand kann wechselseitig versucht werden, einen Fuß in den Halbkniestand vorzusetzen bzw. einen Fuß ohne Bodenberührung mehrfach nach vorn und hinten oder seitlich durchzuschwingen. Dabei soll der Patient seine Atmung beobachten. Fortgeschrittene können im Kniestand kreuzend gehen. Auch im aufrechten Gehen können die Füße gekreuzt werden. Gleichzeitig kann der Kopf im Sinne einer «Verknotung» gedreht werden. Alle Bewegungen im Vierfüßlerstand, Kniestand und Stand sollen «durchlaufen» (Nowotny). Kraft, Raum und Zeit können individuell dosiert werden.
Die Vorstellungsexperimente können vor, während und nach den Bewegungsexperimenten zum Einsatz kommen. Die beschriebenen Bewegungsexperimente können aber auch nur in der Vorstellung stattfinden. Es können auch reale Bewegungen (z. B. aus dem Vierfüßlerstand vorwärts kreuzend gehen) ausgeführt werden, während man kinästhetisch das Gegenteil macht (z. B. rückwärts kreuzend gehen). Des weiteren wird der Patient zu einem gedanklichen Spaziergang in die Hüftgelenksregion eingeladen. Dabei ist es sinnvoll, die einzelnen Knochen mit verschiedenen Farben anzumalen. Durch das gedankliche «Sprengen», Einbringen von Luft, Flüssigkeit oder Talkum wird ein «Schweben», eine Separation der Gelenkflächen erreicht. Dann soll der Patient gedanklich den Schwebezustand beibehalten und sich in eine Zeit zurückdenken, zu der die Hüften problemlos funktioniert haben, z. B. beim Hürdenlaufen, Treppensteigen, Schwimmen, seitlichem Übersteigen eines Zauns. Alle diese Bewegungen sollen nicht nur isoliert aus dem Hüftgelenk erfolgen, sondern der ganze Körper soll mitmachen, die Bewegung soll «durchlaufen» (Nowotny).
Als wirkungsvoll hinsichtlich Schmerz und Beweglichkeit hat sich im Vierfüßlerstand die sogenannte «Wirbelwaschanlage» erwiesen:
Beim «Außendienst» schraubt sich mehrfach im Uhrzeigersinn – ähnlich wie bei einer Autowaschanlage – eine Bürste vom Becken anfangend die Wirbelsäule hoch bis zum Hinterkopf und wieder zurück. Dabei

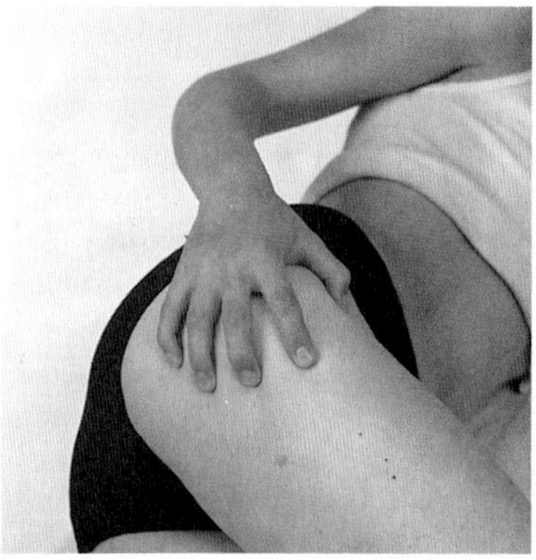

Abb. 11.45: Hüfte «begreifen»

Abb. 11.46a + b: «Seitengänge»

werden alle Schlacken und Spannungen aufgelöst und weggebürstet. Anfangs ist das recht mühsam, aber mit jeder Tour geht es leichter und schneller. Auch gegen den Uhrzeigersinn sollte einige Male mental gebürstet werden.
Beim «Innendienst» wandert der Patient gedanklich in den Wirbelkanal vom Hinterhauptsloch bis zum Steißbein und stochert mit einer etwas kleineren und sanfteren Bürste den Kanal – ähnlich wie ein Schornsteinfeger – frei. Für die kleineren Zwischenwirbellöcher stehen dem Patienten zwei kleine Spezialbürsten zur Verfügung. Zur Reinigung steckt er diese mehrfach synchron seitlich in die paarigen Zwischenwirbellöcher vom Becken bis zum Hinterkopf und zurück. Verengte bzw. verstopfte Löcher bedurfen besonderer Aufmerksamkeit.
Der zwischenzeitlich durch den «Innendienst» nach außen transportierte «Schmutz» wird abschließend durch Einschalten des «Außendienstes» nochmals beseitigt.
Die innerlich und äußerlich «gewaschene» Wirbelsäule wird vom Patienten als heller, leichter und geräumiger empfunden. Sie «schwebt» jetzt im Rumpf, kann sich schmerzfreier und koordinierter bewegen, bzw. «macht» z. B. bei den bereits beschriebenen Hüftbewegungen besser «mit».
Beim Schlußbefund werden zunächst die spontanen Äußerungen des Patienten zugelassen (Was ist anders im Vergleich zu sonst?). Dann werden die Einleitungsbefunde überprüft und die Auswirkungen auf Alltagsaktivitäten (z. B. Gehen) bewußt gemacht. Der Patient erhält den Auftrag, täglich etwa fünf Minuten real zu üben und mehrfach täglich zu visualisieren.
Mit der Hüftarbeit («Verknotung») beeinflußt man nicht nur die Hüftgelenke und umgebenden Weichteile; sie ist auch als Duraltraining anzusehen. Als weitere kinästhetische Übungskomplexe sind bei Hüftproblemen die Beckenarbeit, das Drehen, das Rollen und das Gehen wichtig (Abb. 11.45 bis 11.48).

Knie- und Fußarbeit

Mögliche Bewegungs- und Vorstellungsexperimente können von der Ellbogen- und Handarbeit abgeleitet werden. Die anderen Übungskomplexe (insbesondere Beckenarbeit, Rollen und Gehen) haben auch Auswirkungen an Knie und Füßen.

Rollen

Der Einleitungsbefund findet im Regelfall in der Rückenlage statt. Neben den schon im Kapitel «Allgemeine Grundlagen der Kinästhesie» aufgeführten Fragen ist es beim Rollen wichtig, Qualität, Quantität und Schmerz des ersten Bewegungsexperiments zu registrieren.
Die Bewegungsexperimente finden in Rücken- und Bauchlage statt. In der ersten Phase umfaßt der Patient seine angewinkelten Knie und bewegt sich mehrfach schaukelnd von der Rückenlage zum Hocksitz und zurück. Er spürt dabei, wie der Rücken abrollt (Gibt es einen «Knick»?, Wird mehr über die rechte bzw. linke Rückenhälfte abgerollt?).
Die Grundbewegung bleibt gleich, jedoch ändern sich die Handfassungen. Die Knie können von außen, von innen, von links, von rechts, überkreuzt und «verkehrt» gekreuzt gefaßt werden. Durch die verschiedenen Handfassungen werden immer wieder andere Muskelgruppen angespannt und gedehnt. Das Abrollgefühl im Rücken ändert sich. In der zweiten Phase faßt der Patient die Kniekehlen und rollt. Wie in der ersten Phase, werden nacheinander verschiedene Handfassungen (auch z. B. eine Hand am Knie, die andere wieder in der Kniekehle) versucht. Gedanklich vergleicht der Patient, ob ihm die Kniekehlenfassung leichter oder schwerer fällt als die Kniefassung. In der dritten Phase faßt der Patient beide Füße und rollt nacheinander mit den verschiedenen Handfassungen (auch eine Hand am Knie, die

Abb. 11.47 a–c: Kniekreuzgang
d: Mod. Yogaposition «Kuhmaul»

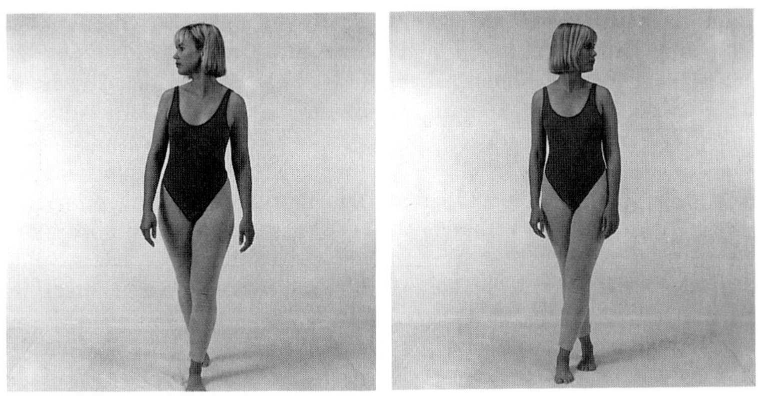

Abb. 11.48 a + b: «Verknotung» beim Gehen

andere am Fuß). Gedanklich vergleicht er die Fußfassungen mit den Knie- bzw. Kniekehlenfassungen und beobachtet dabei die Atmung (wird beim Hochkommen ein- oder ausgeatmet?).
In der vierten Phase bleibt der Patient mit angezogenen Knien auf dem Rücken liegen, umfaßt Knie bzw. Kniekehlen oder Füße und rollt mehrfach in verschiedenen Variationen von einer auf die andere Seite. Der Kopf bleibt dabei liegen. Besonders schwierig ist das seitliche Rollen bei überkreuzter oder «verkehrt» überkreuzter Handfassung. In der fünften Phase bleibt er mit angezogenen Knien auf dem Rükken liegen, umfaßt die Knie und kreist mit diesen im oder gegen den Uhrzeigersinn. Der Patient spürt, wie es durch verschiedene Handfassungen zum unterschiedlichen Abrollen von Becken und Lendenwirbeln kommt. In der sechsten Phase rollt der Patient kegelartig mit verschiedenen Knie-, Kniekehlen- und Fußfassungen (wobei auch die Unterschenkel gekreuzt sein können). Die Bewegung soll ohne Anstrengung ausgeführt werden. Bei Schwierigkeiten muß der Behandler nach entsprechender Analyse manuell und/oder verbal helfen. In der siebten Phase wiederholt der Patient die allererste Bewegung und wird zur Zwischenbilanz aufgefordert.
Dann versucht er, aus der «Pflugstellung» (Füße berühren hinter dem Kopf den Boden und die Arme sind in U-Halte abgelegt) mit den Schultern zu gehen

(vorwärts, rückwärts) oder zu hüpfen. Das «Schultergehen» (siehe auch Kapitel «Schulterschmerzen») ist sehr schwierig und führt zu einer Eutonisierung vor allem der Trapezmuskeln. Anschließend versucht der Patient eine Beckenbalancierung durch das «Schinkengehen» (vorwärts, rückwärts, seitlich). Da bei allen bisherigen Rollübungen in die Wirbelsäulenflexion gearbeitet worden ist (die Facettengelenke werden dabei schubladenartig geöffnet), empfiehlt sich zum Ausgleich eine Gesamtlordosierung (die Facettengelenke werden dabei schubladenartig geschlossen) durch die mehrfach wiederholte, modifizierte «Kobrastellung» aus dem Yoga (entspricht der Korrekturposition von McKenzie) in der Bauchlage.
Als letztes Bewegungsexperiment kann der Patient versuchen, von der Rückenlage mit gefaßten Knien ohne Abstützen zum Stehen zu kommen. Wenn dieser Ablauf beherrscht wird, besteht eine optimale reziproke Innervation zwischen der Gesamtflexorenkette und Gesamtextensorenkette.
Vorstellungsexperimente können vor, während und nach den Bewegungsexperimenten zum Einsatz kommen. Die Bewegungsexperimente können aber auch nur in der Vorstellung stattfinden.
Im Schlußbefund werden zunächst die spontanen Äußerungen des Patienten zugelassen. Er ist oft erstaunt, daß der oder die «Knicke» (insbesondere am lumbosakralen Übergang) jetzt «glattgebügelt» worden sind, und daß der ursprüngliche Schmerz verschwunden oder zumindest abgeschwächt ist. Abschließend sind die Auswirkungen des Rollens auf die Alltagsaktivitäten (Sitzen, Stehen, Gehen) bewußt zu machen.
Durch das Rollen werden neben der Wirbelsäule vor allem Hüft- und Kniegelenke beeinflußt. Neben der Schmerzbehandlung läßt sich das Rollen vor allem bei Hemiplegie und bei Skoliosen erfolgreich einsetzen (Abb. 11.49 bis 11.55).

Seitenlage

Der Einleitungsbefund findet im Regelfall in Rükken- und Seitenlage statt. Insbesondere Seitendifferenzen werden in der Rückenlage wahrgenommen, z. B. welcher Arm und welches Bein sich leichter vom Boden heben läßt. Außerdem ist es günstig, beim ersten Bewegungsexperiment in der Seitenlage (die oben liegende Schulter in Richtung Ohr ziehen) Quantität, Qualität und möglichen Schmerz zu registrieren.
Die Bewegungsexperimente finden in der Seitenlage mit rechtwinklig angewinkelten Beinen statt. Das Gesicht wird auf der unten liegenden Hand bzw. Arm abgelegt. In der ersten Phase des Übungskomplexes stellt sich der Patient gedanklich eine Uhr auf seiner oben liegenden Schulter vor, wobei die Ziffer zwölf in Richtung Ohr, die Ziffer sechs in Richtung Hüfte, die Ziffer neun nach hinten in Richtung Rücken und die Ziffer drei nach vorne in Richtung Bauch zeigt. Er versucht dann, von der Mitte des Ziffernblatts ausgehend, die linke Schulter mehrfach wiederholend in verschiedene Richtungen zu bewegen: Von der Mitte zum Ohr und zurück (gibt es einen Zusammenhang zwischen dieser einfachen Bewegung und der Atmung?), von der Mitte zur Hüfte und zurück, von der Hüfte über die Mitte bis zum Ohr und zurück (ist diese Bewegung ganz gradlinig oder gibt es «Zacken» bzw. einen Bogen?), von der Mitte nach drei Uhr und zurück (welche der drei bisherigen Bewegungen – nach oben, nach unten oder nach vorne – fällt bisher am leichtesten, welche am schwersten?), von der Mitte in Richtung neun Uhr und zurück, und von neun Uhr über die Mitte in Richtung drei Uhr (fällt diese Bewegung leichter oder schwerer als die Bewegung von zwölf nach sechs Uhr?). Ebenso können sich jetzt gradlinige, sphäroide oder achtertourähnliche Bewegungen anschließen (siehe auch Abschnitt «Beckenarbeit»). Kraft, Raum und Zeit können variiert werden.
In der zweiten Phase der Bewegungsexperimente stellt sich der Patient eine entsprechende Uhr auf der oben liegenden Hüfte vor und bewegt sich analog der Schulter jetzt mit der Hüfte. Zusätzlich vergleicht er gedanklich Schulter- und Hüftbewegungen. In der dritten Phase kombiniert der Patient Schulter- und Hüftbewegungen in verschiedenen Variationen (z. B. im Sinne der PNF-Kombinationspattern von Becken und Scapula). Gedanklich spürt der Patient, welche Auswirkungen die Kombinationsbewegungen auf Brustkorb, Wirbelsäule und Kopf haben. In der vierten Phase werden Augen-, Zungen- und/oder Kieferbewegungen in die Schulter- und Hüftbewegungen integriert. Zum Beispiel bewegen sich Schulter und Augen nach vorne, während sich Unterkiefer und Hüfte nach hinten bewegen und umgekehrt.
Abschließend werden beim Zwischenbefund Qualität und Quantität der ersten Bewegung (oben liegende Schulter in Richtung Ohr – zwölf Uhr – ziehen und zur Mitte) beurteilt. Die Bewegung läßt sich jetzt viel spielerischer durchführen. In Rückenlage wird die Auflage (z. B. die Arm- und Beinlängen) verglichen. Oft lassen sich Arm und Bein der aktivierten Seite erstaunlich leicht vom Boden abheben. Der Patient sitzt auf der einen Gesäßhälfte oft besser (flächiger). Im Stand ist ein Fuß besser «verwurzelt». Seitliche Schritte lassen sich in eine Richtung leichter ausführen.
Im zweiten Teil der Übung (Vorstellungsexperimente) legt sich der Patient auf die andere Seite und versucht, jeweils eine Schulter-, Hüft- und eine Kombinationsbewegung real durchzuführen. Dann

Abb. 11.49–11.55: Möglichkeiten beim Rollen

versucht er, sich die einzelnen Phasen der Übung (Schulter, Hüfte und Kombinationsbewegungen) für die jetzt oben liegende Seite vorzustellen. Wenn er alle Möglichkeiten mehrfach durchdacht hat, versucht er die Bewegungen wieder real. Fast immer lassen sich die Bewegungen jetzt viel leichter (wie «geölt») ausführen.

Im Schlußbefund spürt der Patient oft eine wesentlich bessere Gesamtauflage auf dem Rücken. Seitendifferenzen sind meist verschwunden. Sitzen, Stehen und Gehen sind harmonischer.

Mit diesem Übungskomplex wird die Koordination von Schulter- und Beckengürtel verbessert. Aus unserer Sicht lassen sich nur so periphere Funktionen, z. B. beim Hemiplegiker, günstig beeinflussen. Da die Seitenlage wenig Platz beansprucht, eignet sie sich gerade als Hausaufgabe für bettlägerige Patienten, z. B. beim akuten Bandscheibenvorfall. Wie immer, muß individuell dosiert werden. Eine schmerzhafte Bewegung wird nicht forciert geübt, sondern indirekt über das Üben schmerzfreier Bewegungen gelöst (Abb. 11.56).

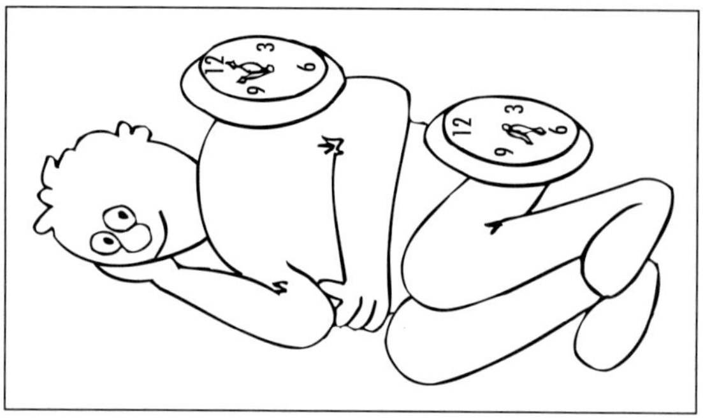

Abb. 11.56: Seitenlage (Beispiel einer Kombinationsbewegung)

Drehen

Der Einleitungsbefund findet im Regelfall in der Rückenlage statt. Zu spüren sind insbesondere der Abstand des Hohlkreuzes bzw. des Nackens zum Boden und die Körperregion, die am stärksten gegen den Boden drückt. Außerdem werden Qualität, Quantität und eventueller Schmerz des ersten Bewegungsexperiments registriert. Die Bewegungsexperimente finden im Sitz mit zur Seite geklappten Unterschenkeln statt. In der ersten Phase sind die gebeugten Unterschenkel nach rechts geklappt (beide Knie zeigen nach rechts, die Füße nach links), der Patient stützt sich auf die rechte Hand und hebt den linken Arm auf Schulterhöhe nach vorne. Mit dem erhobenen Arm dreht er sich nach rechts und registriert die Stelle im Raum, bis zu der er ohne Anstrengung sehen kann. Diese Grundbewegung wird in verschiedenen Variationen mehrfach wiederholt: Kopf, Augen und Hand können sich z. B. synchron nach rechts und wieder zur Ausgangsstellung nach vorne zurück bewegen. Der übrige Körper bleibt «eingerostet». Nach und nach werden (ähnlich wie beim «Zebra») die einzelnen Bewegungsabschnitte (auch Kiefer, Zunge und Augen) bewußt festgestellt bzw. mit in die Drehbewegung einbezogen («eingefroren und wieder aufgetaut»). In der Zwischenbilanz spürt der Patient, inwieweit er schon etwas weiter drehen kann als am Anfang. Außerdem spürt er oft eindrucksvolle Seitendifferenzen in der Rückenlage (auch im Gesicht). Der Patient sitzt und steht oft einseitig besser, in der Fortbewegung geht er lieber Rechtskurven.

In der zweiten Phase (Vorstellungsexperimente) sind die gebeugten Unterschenkel nach links geklappt (beide Knie zeigen nach links, die Füße nach rechts), der Patient stützt sich auf die linke Hand und hebt den rechten Arm auf Schulterhöhe nach vorne. Mit dem rechten Arm dreht der Patient sich nach links und registriert den Punkt im Raum, bis zu dem er ohne Anstrengung sehen kann. Mit geschlossenen Augen stellt er sich dann alle Bewegungen, die er in der ersten Phase real nach rechts gemacht hat, nach links nur visuell vor (wie das Ablaufen eines Kinofilms). Nachdem alle Möglichkeiten kinästhetisch durchdacht worden sind, erfolgt die Bewegung real nach links. Fast immer kann der Patient sich nach der kinästhetischen Vorstellung weiter nach links drehen.

In der dritten Phase wird die Rechtsdrehung der ersten Phase wiederholt und erweitert: Am Ende der Rechtsdrehung wird jetzt die linke Hand auf dem Boden aufgestützt, das Becken löst sich vom Boden, der linke Fuß wird neben die linke Hand plaziert, die rechte Hand löst sich vom Boden, das Gewicht wird vom linken Fuß übernommen, die linke Hand löst sich, dabei dreht sich der Patient auf der linken Fußspitze, so daß das Gesicht in die ursprüngliche Richtung zeigt. Diese Spiralbewegung nach rechts wird mehrfach mit verbalen und manuellen Hilfen wiederholt. Dann folgt die Spiralbewegung nach links.

In der vierten Phase werden beide Aufwärtsdrehungen durch entsprechende Abwärtsdrehungen verbunden: nach rechts hochdrehen, nach links herunterdrehen, Knie nach links umklappen, nach links hochdrehen, nach rechts herunterdrehen, Knie nach rechts umklappen und den ganzen Ablauf wiederholen. Variationen von Kraft, Raum und Zeit sind möglich, z. B. weitausholende Drehbewegungen, Drehbewegungen auf der Stelle (wie eine Wendeltreppe), langsame oder schnelle Drehbewegungen, kraftvolle (als wollte man ein Gewicht oder einen Anhänger hinter sich herziehen) oder leichte Bewegungen. Es ist auch möglich, die Drehbewegungen (auf- und abwärts) nur nach rechts oder links fortlaufend auszuführen. Fortgeschrittene Patienten können versuchen, das Drehen mit einem Gewicht auf dem Kopf (z. B. kleiner Sandsack) durchzuführen. Das Gewicht sollte dabei nicht fallen. Wenn während der Drehbewegung ein hörbarer Summton erhalten bleibt, so ist der Körper optimal (euton) organisiert. Der Übungskomplex kann auch etappenweise geübt werden.

Die Vorstellungsexperimente können vor, während und nach den Bewegungsexperimenten zum Einsatz kommen. Die Bewegungsexperimente können auch nur in der Vorstellung stattfinden. Es ist auch möglich, die Bewegungen real auszuführen, kinästhetisch aber zu verharren oder gar die Gegenbewegung zu denken. Zur Feinkorrektur kann die Aufmerksamkeit während des Bewegungsablaufs auf die Drehung einzelner Körperabschnitte (z. B. das Becken) gelenkt werden. Zusätzlich ist bei koordinativen Problemen und schmerzhaften Bewegungseinschränkungen die «Zebra»-Vorstellung nützlich (siehe Abschnitt «Thoraxarbeit»).

Beim Schlußbefund werden die Einleitungsbefunde überprüft. Manche Patienten haben jetzt einen «Rundumblick». Die Auswirkungen der verbesser-

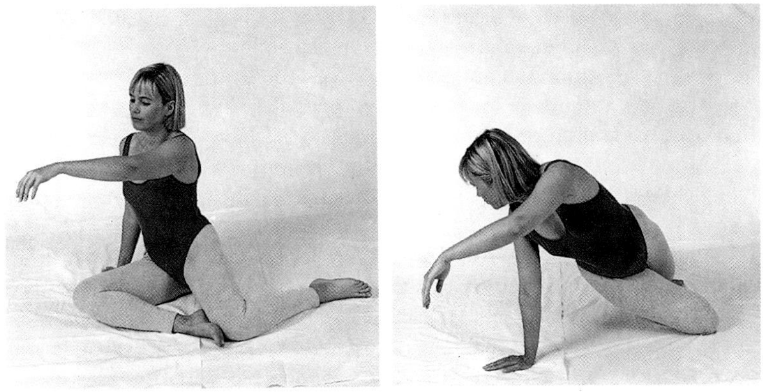

Abb. 11.57 a + b: Drehen

ten Drehfähigkeit zeigen sich auch im Alltag, z. B. beim Rückwärtsfahren mit dem Auto. Auch im psychosozialen Bereich wird der Patient durch diesen Übungskomplex «wendiger». Beim Drehen werden alle Drehmuskeln des Körpers von den Zehen bis zum Kopf gelöst, «entzurrt». Wer im Einleitungsbefund die Körpergröße gemessen hat, kann jetzt real bis zu zwei Zentimetern gewachsen sein. Das Drehen führt, wie das «Zebra», zu einer optimalen reziproken Innervation der links- und rechtsdrehenden Muskelketten. Neben der Schmerzbehandlung hat das Drehen vor allem auch bei der Hemiplegie- und Skoliosebehandlung seine Indikation (Abb. 11.57).

Sitzen und Aufstehen – Hinsetzen

Der Einleitungsbefund findet im Regelfall in der Rückenlage (siehe Kapitel «Allgemeine Grundlagen der Kinästhesie), Bauchlage und im Sitz auf einem Hocker oder Stuhl statt. Ohne seine Position zu verändern, spürt der Patient sein Verhältnis zum Stuhl. Wieviel der vorhandenen Sitzfläche und möglicherweise auch Lehnfläche wird in Anspruch genommen? Mit welchen Stellen von Becken, Oberschenkeln und Rücken besteht Kontakt zum Stuhl? Gibt es dabei Unterschiede zwischen links und rechts, und welche Stelle drückt am stärksten gegen den Stuhl? Aber auch das Verhältnis der Füße zum Boden, die Lage von Oberkörper und Kopf zum Raum und die Atmung (Richtung, Frequenz und Tiefe) sollten wahrgenommen werden. Eventueller Schmerz oder Unwohlsein wird lokalisiert und charakterisiert. Abschließend wird der Patient aufgefordert, von seinem momentanen Sitz gedanklich ein Gesamtfoto anzufertigen und sein Sitzmuster mit einem Wort zu charakterisieren, z. B. ich sitze «schief», «verdreht», wie ein «Kartoffelsack» oder wie ein «Spazierstock».
Auf dem Bauch liegend wird der Patient bei geschlossenen Augen aufgefordert, mit Hilfe einer gedachten Wäscheklammer, seine gesamte Rückenhaut zu erforschen. Mit dieser Klammer klemmt er mental die einzelnen Hautareale und spürt dabei, wo die Rückenhaut dick, dünn, gelöst, verklebt sowie schmerzfrei bzw. schmerzhaft ist. Danach soll er mit einer gedachten Kugel die gesamte Rückenmuskulatur erforschen. Er rollt die Muskelkugel Bahn für Bahn hoch und runter oder querverlaufend. Dabei stellt er fest, wo die Rückenmuskulatur verhärtet und schmerzhaft bzw. weich und schmerzfrei ist. Der Patient vergleicht Haut- und Muskelbefunde, behält für ihn Auffälliges in Erinnerung und setzt sich wieder.
Bei den Bewegungsexperimenten sollte der Patient jede Bewegung so «andächtig» ausführen, als wäre es das erste Mal. Zunächst richtet sich der Patient auf, d. h. die Füße berühren mindestens hüftbreit voneinander entfernt voll den Boden; das Becken, der Oberkörper und der Kopf richten sich auf, die Arme hängen.
In der ersten Phase werden dann verschiedene Bewegungen einseitig gegen die Schwerkraft ausgeführt, z. B. die linke Fußspitze ein Stück vom Boden abgehoben und sinken gelassen, das linke Knie gehoben und sinken gelassen, die linke Hand zwischen dem linken Sitzhöcker und der Sitzfläche plaziert und nach einigen Sekunden wieder entfernt. Zur Erhöhung der Aufmerksamkeit kann der Patient aufgefordert werden, Veränderungen des übrigen Körpers bei den jeweiligen Bewegungen wahrzunehmen. Dann wird im Seitenvergleich festgestellt, welcher Fuß flächiger den Boden berührt, welches Knie besser über dem Fuß plaziert ist und welche Gesäßhälfte breiter auf der Sitzfläche ruht. Anschließend werden dieselben Bewegungen auch mit der rechten Seite real oder nur in der Vorstellung ausgeführt. Wiederum werden die Seiten verglichen. Bei Differenzen kann das jeweilige Experiment ein- oder mehrfach wiederholt werden. Der Patient drückt dann beide Füße mit unterschiedlichen Stellen gegen den Boden. Er spürt dabei eine Änderung der Atemrichtung. Nach Middendorf wird beim Fersendruck (Fußspitzen sind da-

bei angehoben) die Atmung in den Becken-Bauch-Raum gelenkt. Bei Zehendruck (Fersen sind abgehoben) wird die Atmung in den oberen Brustraum, und bei Außenkantendruck (Innenkanten sind angehoben) in die Flanken gelenkt. Durch mehrfache Wiederholung werden dem Patienten die Zusammenhänge bewußt gemacht (Mitinnervation; siehe auch Kapitel «Allgemeine Grundlagen der Kinästhesie»).

In der zweiten Phase wird mit dem Patienten die dreidimensionale Beckenbalance erarbeitet: Beckenkippen und Beckenaufrichten, seitliches Heben und Senken des Beckens (durch das Plazieren einer Hand unter dem jeweiligen Sitzhöcker – siehe erste Phase) und vorwärts bzw. rückwärts mit den Sitzhöckern («Sitzbeinen») auf der Sitzfläche «Schinkengehen». So pendelt sich der Patient langsam ein.

In der dritten Phase wird die Balance der Wirbelsäule und des Brustkorbs hergestellt. Aus einer Kutscherruhehaltung richtet sich der Patient ein- oder mehrfach, vom Becken beginnend, Wirbel für Wirbel bis zum Kopf langsam auf. Haben alle Wirbel «mitgemacht»? Zur Wahrnehmung und unwillkürlichen Veränderung der Atmung (Richtung, Tiefe, Frequenz und Rhythmus) hat es sich bewährt, beide Hände flächig ohne Druck am Brustkorb oder Bauch anzulegen. Die jeweiligen Fingerkuppen berühren sich fast. Im Sinne eines Biofeedback beobachtet der Patient, wie sich die Fingerkuppen durch die Atembewegung berühren und entfernen.

In der vierten Phase geht es um die Wahrnehmung und Eutonisierung von Armen und Schultergürtel. In welcher Hand ist mehr Spannung, welcher Daumen zeigt mehr nach vorne, welcher Ellbogen ist mehr angewinkelt, und wie «sitzen» die Schultern auf dem Brustkorb? Ähnlich wie bei den Bewegungsexperimenten für die Beine (siehe erste Phase) wird mit Hilfe der aktiven AGT eine Eutonisierung erarbeitet.

In der fünften Phase wird die Kopfstellung wahrgenommen und durch Gewichtsverlagerungen optimiert («Kontrollturmbalance»). Bezugspunkte sind dabei die Abstände Kinn – Brustbein, Ohr – Schulter und Nase – Schulter. Des weiteren wird auf die Spannungen von Zunge, Kiefer- und Augenmuskeln geachtet. Dem Patienten wird so bewußt, daß der Zustand dieser Muskeln die Gesamthaltung beeinflußt. Während er die Fingerkuppen beider Hände an den kurzen Nackenmuskeln (am Übergang des Schädels zum Nacken) plaziert, wird der Patient zu folgenden Bewegungen aufgefordert: Schlucken, Kauen, verschiedene Augen- und Zungenbewegungen (insbesondere gegen die Schwerkraft). Dabei spürt er, wie sich die Spannung der Nackenmuskeln unwillkürlich verändert. Ähnlich wie bei den Fußdruckexperimenten der ersten Phase kann der Patient auch spüren, wie Augenbewegungen unwillkürlich die Atembewegungsrichtung verändern.

In der sechsten Phase geht es um die Wahrnehmung und Optimierung des Bewegungsübergangs vom Aufstehen zum Hinsitzen. Einige Aspekte: Ist dieses Bewegungsmuster anstrengend? Hat der Patient dabei Schmerzen? Wo im Körper beginnt die Bewegung des Aufstehens bzw. Hinsetzens? (In den Füßen? – hat Frau Gerda Alexander recht?; im Kreuz – haben Frau Schaarschuch und Herr Nowotny recht?; mit dem Brustbein – hat Herr Brügger recht?; mit dem Kopf – hat Herr F. M. Alexander recht?) Die Beantwortung dieser Frage ist außerordentlich schwierig. Auch eine ideologiefreie instrumentelle Messung wird zu individuell variierenden Ergebnissen führen. Durch das mehrfache Probieren und Variieren von Kraft, Raum und Zeit lernt der Patient sein Optimum kennen. Wichtig ist es, das richtige Maß des Vorneigens zu finden. Dabei erweist sich nach Derbolowsky die Atmung als große Hilfe. Der Patient wird aufgefordert, beim Aufstehen bzw. Hinsetzen jeweils hörbar, z. B. auf «pf», auszuatmen. Wenn es gelingt, den Ton während der Bewegung aufrecht zu erhalten, so ist der Körper optimal organisiert. Beim Sitzen und Stehen ist jeweils eine Atempause vorgesehen.

Der Behandler kann das Bewegungsmuster verbal (durch Lenken der Aufmerksamkeit auf die verschiedenen Teile) und manuell bewußt machen und unterstützen (dabei werden die Hände während der Bewegung z. B. am Becken, Brustkorb oder Kopf plaziert). Als weiteres Hilfsmittel hat sich ein Gewicht auf dem Kopf (z. B. Sandsack, Buch oder Schlüsselbund) bewährt. Der Patient sollte sich beim Hinsetzen nicht «plumpsen» lassen, sondern sich dem Stuhl «antennenartig» mit dem Gesäß nähern.

In der letzten Phase geht es darum, dem Patienten bewußt zu machen, daß die Korrektur einzelner «Klötze», z. B. des Beckens oder Kopfes, langfristig keine ausreichende Sitzqualität gewährleistet. Der ganze Mensch sitzt. Deshalb wird der Patient nochmals aufgefordert, eine labile Balance von den Füßen bis zum Kopf selbständig aufzubauen.

Die Vorstellungsexperimente können vor, während und nach den Bewegungsexperimenten zum Einsatz kommen. Die Bewegungsexperimente können aber auch nur in der Vorstellung stattfinden. Eine Trennung von kinästhetischer und realer Bewegung ist ebenfalls sinnvoll. Zum Beispiel steht der Patient real auf, setzt sich aber gleichzeitig kinästhetisch (schattenähnlich) hin oder bleibt sitzen. Des weiteren hat sich die Vorstellung, in einem Dreieck zu sitzen, bewährt. Dabei bildet die Verbindungslinie der beiden Sitzhöcker die Basis. Von dort wachsen die beiden Schenkel zur Schädeldecke (der Spitze des Dreiecks). Die Vorstellung, im Wasser mit freischwebendem Kopf zu sitzen, ist ebenfalls nützlich.

Beim Schlußbefund werden zunächst die spontanen Äußerungen des Patienten zugelassen (Sitzen Sie an-

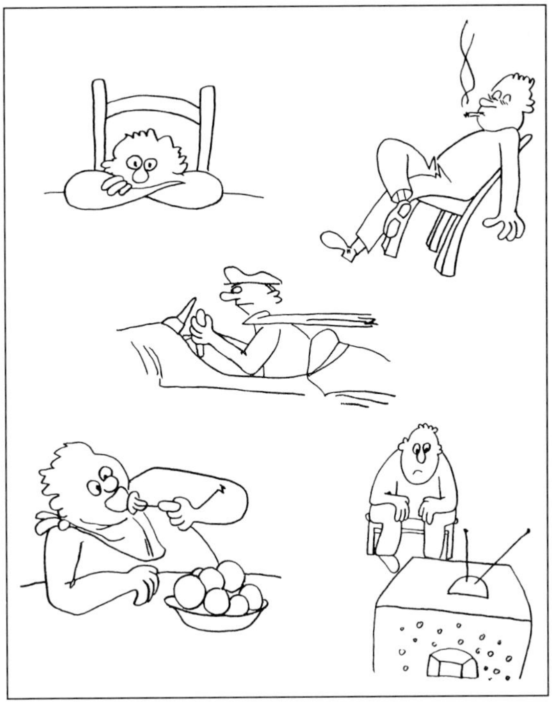

Abb. 11.58a: Sitzen

b: «Sitzungen»

ders als sonst?). Dann wird der Patient aufgefordert, ein «Abschlußfoto» zu schießen und mit dem «Anfangsfoto» zu vergleichen. In der Bauchlage werden die Befunde mit Muskelkugel und Hautklammer überprüft. Oft wird der Rücken jetzt als breiter, länger, weicher und damit auch schmerzfreier empfunden. Abschließend ist der Bezug zum Alltag herzustellen. Welche «Sitzungen» gibt es im Tagesablauf? Welches Bewegungs- und/oder Vorstellungsexperiment (z. B. alle fünf Minuten etwas «Schinkengehen») könnte im Sinne der «stündlichen Bewegungspause» (Reinhardt) die Sitzqualität verbessern? In der Praxis werden oft auch nur Elemente dieses Übungskomplexes in die Behandlung eingebaut.
Reinhardt hat auf die krankmachenden Folgen der modernen «Sitzgesellschaft» (Schulbank, Büro, Auto, Fernsehen etc.) hingewiesen. Zu langes und falsches Sitzen führt zu Störungen des Bewegungsapparates (z. B. sogenannter Fernsehhals), der inneren Organe (von Becken, Bauch und Brustkorb) und der Gefäße sowie des Nervensystems (z. B. Konzentrationsstörungen). Auch psychosoziale Folgen bleiben nicht aus. Die Wege zur Verbesserung sind verschieden, z. B. im Sinne von F. M. Alexander oder Brügger. Grundsätzlich können die Sitzgelegenheiten und/oder der Umgang mit diesen verändert werden. Die Korrektur des «Homo sedens» kann mechanisch (Gebot: «So müssen Sie immer sitzen») oder kinästhetisch erfolgen. Der kinästhetische Weg ist u. E. erfolgreicher, da der Patient so seinen Körper erforscht, die Zusammenhänge erkennt und sich durch die verschiedenen Angebote bewußt wird, wie er mit der allgegenwärtigen Schwerkraft und Luft umgeht. Wie im Alltag, im Umgang mit Daten, Dingen und Menschen, geht der «Homo sedens» mit seinen Sitzmöbeln, der Luft und der Schwerkraft nicht situationsgerecht um. Die mit dem kinästhetischen Übungskomplex «Sitzen» angestrebte flexible (eutone) Mitte fehlt. Weiche Sitzmöbel und Betten sind u. E. grundsätzlich nicht zu empfehlen. Zunächst sind sie bequem, umhüllen uns wie ein Uterus. Schmerzhafte Verspannungen entstehen, weil die weichen Möbel uns erlauben, unsere Verspannungen z. B. im Schlaf beizubehalten. Harte Möbel sind zunächst unbequem. Sie (der harte Stuhl oder das harte Bett) können nicht nachgeben. Deshalb sind wir gezwungen, unsere psycho-physischen dystonischen Muster immer wieder aufzugeben. Auch mit anderen kinästhetischen Übungskomplexen (z. B. der Bekkenarbeit) wird die Sitzfähigkeit (Sitzqualität und -quantität) günstig beeinflußt (Abb. 11.58).

Stehen

Der Einleitungsbefund findet im Regelfall im Stehen statt. Zunächst nimmt der Patient sein Verhältnis zum Boden wahr. Er spürt die Auflagefläche und die Belastungspunkte (Fersen, Großzehenballen, Kleinzehenballen) der Füße im Seitenvergleich. Wie ist die Temperatur des Boden? Empfindet sich der Patient als Laubbaum oder Nadelbaum? Sind die «Wurzeln» der Füße oberflächlich oder tief, geradlinig oder verwunden, dick oder dünn, und gibt es Unterschiede zwischen links und rechts? Dann spürt der Patient den Körper selbst. Welcher Arm und welches Bein ist länger? Sind die Schultern breiter als das Becken? Wie bauen sich die einzelnen Klötze (Füße, Knie, Becken, Brustkorb und Kopf) aufeinander auf? Welcher Klotz steht nach vorne, nach hinten, nach links, nach rechts oder verdreht? Wie fällt das Lot (eine gedachte Verbindungslinie) an Armen und Beinen im Seitenvergleich? Durch das Auflegen einer Hand auf den Brustkorb und der anderen auf den Bauch spürt der Patient, wo die Atembewegung größer ist. Gibt es dabei einen Unterschied zwischen Einatmung und Ausatmung? Nachdem der Kontakt zum Boden und der Körper selbst bewußt ist, wird nun seine Beziehung zur Zimmerdecke erforscht. Der Patient stellt sich vor, daß ein Bleistift an der höchsten Stelle seines Kopfes befestigt ist (die Spitze zeigt dabei zur Zimmerdecke) und spürt, wie sich der Bleistift schwankend aufgrund der Atmung bewegt. Er registriert dabei die Linien, die der Bleistift an die Zimmerdecke zeichnet.

Bei den Bewegungsexperimenten plaziert der Patient seine Füße leicht außenrotiert, hüftbreit auseinander. Dann stellt er sich wieder den Bleistift auf dem Kopf vor und bewegt diesen bewußt (wie ein Baum im Wind) vor und zurück, seitlich verlagert vor und zurück, nach links und rechts und im Kreis herum. Die Bewegungen können räumlich und zeitlich variiert werden. Der Patient spürt, ob es einen Zusammenhang zwischen der Schwankung und der Atemphase gibt, und wie sich das Körpergewicht an den Fußsohlen verlagert. Dann wird er aufgefordert, Fäuste zu machen bzw. die Schultern hochzuziehen, das Gesäß zusammenzukneifen oder die Kiefer aufeinander zu pressen. Dabei spürt der Patient, wie sich durch die Spannungen die atembedingten, unwillkürlichen Schwankungen reduzieren. Im anschließenden Zehenstand kann der Patient das Gleichgewicht nur halten, wenn er frei atmet. Dann läßt er den Oberkörper nach vorne herunter hängen und versucht, vom Boden beginnend, die Wirbelsäule bis zum Kopf langsam aufzubauen. Sofern ein Wirbel nicht «mitmacht», kann dieser Bewegungsablauf mehrfach wiederholt werden.

Bei den Vorstellungsexperimenten ist es möglich, sich einen tiefverwurzelten Baum vorzustellen. Um beim Wind nicht zu knicken, muß dieser jedoch nachgiebig sein. Zur Beckenbalancierung stellt der Patient sich Gummibänder vor. Die vorderen beiden verbinden das Schambein mit den beiden Großzehen und die hinteren beiden das Steißbein mit den beiden Fersen. Durch kleine Beckenkipp- und -aufrichtebewegungen (bei minimal gebeugten Knien) wird das Becken in eine flexible Mitte gebracht, so daß die gedachten Gummibänder gleichmäßig gespannt sind. Auch der Kopf wird (wie eine Kugel auf der Zeigefingerkuppe) balanciert. Abschließend kann der Patient real einen Arm mehrfach auf Schulterhöhe anheben, einige Sekunden verharren und dann sinken lassen. Er spürt dabei, was diese Bewegung im übrigen Körper für Auswirkungen hat. Der andere Arm wird zunächst nur in der Vorstellung mehrfach angehoben. Die anschließende reale Bewegung geht dann oft wie von selbst, und der Arm kann länger gehalten werden.

Die Vorstellung, daß sich der Patient gleichzetig mit seinen Füßen gegen den «sich hebenden Boden» und mit seinem Kopf gegen die «sich senkende Zimmerdecke» stemmt, bringt Luft zwischen die einzelnen Wirbel und Gelenke. Stehqualität und Stehquantität lassen sich mit dieser Vorstellung – ähnlich wie mit der Vorstellung des vom Wind bewegten Baumes – erheblich verbessern.Beim Schlußbefund wird der Einleitungsbefund überprüft. Sind die «Wurzeln» anders als zu Beginn der Übung? Ist der Patient noch der gleiche Baum? Sind die Klötze anders aufeinander aufgebaut? Bewegt sich der Bleistift an der Decke ruhiger und geradliniger? Wie bewegen sich Brustkorb und Bauch bei der Einatmung und Ausatmung jetzt? Abschließend werden mit dem Patienten die Auswirkungen des Übungskomplexes auf Alltagssituationen besprochen.

Das Stehen ist ein labiles Gleichgewicht, das man nicht hält, sondern immer neu finden muß. Viele Menschen haben Schwierigkeiten, ruhig und ohne Beschwerden zu stehen. Die psychosomatische und psychosoziale Situation wird beim Stehen symbolhaft zum Ausdruck gebracht. Motio und Emotio sind nicht nur vom Wort her verwandt. Der Volksmund drückt die Zusammenhänge treffend aus: «Haltung hat, wer Halt hat», «jemand hat Fuß gefaßt», «steht mit beiden Füßen auf dem Boden», «hat einen Standpunkt», «ist standhaft», «selbständig», «steht gut oder schlecht da», «versteht etwas» usw. Die neuralen Verknüpfungen zwischen der für das Tonusverteilungsmuster zuständigen retikulären Formation und dem für die Verhaltensmuster zuständigen Limbischen System werden praktisch erfahrbar.

In der kinästhetischen Praxis wird man immer wieder Elemente dieses Übungskomplexes einbauen und umgekehrt dem Patienten bewußt machen, wie andere Übungskomplexe (z. B. das «Zebra») Auswirkungen auf die Stehfähigkeit (Qualität und Quantität) haben. Da die Auflagefläche im Stehen klein ist (insbesondere im Zehenstand), werden die im Kapitel «Allgemeine Grundlagen der Kinästhesie» beschriebenen Verschaltungen zwischen Atemzentrum und extrapyramidalmotorischem System (dazu ge-

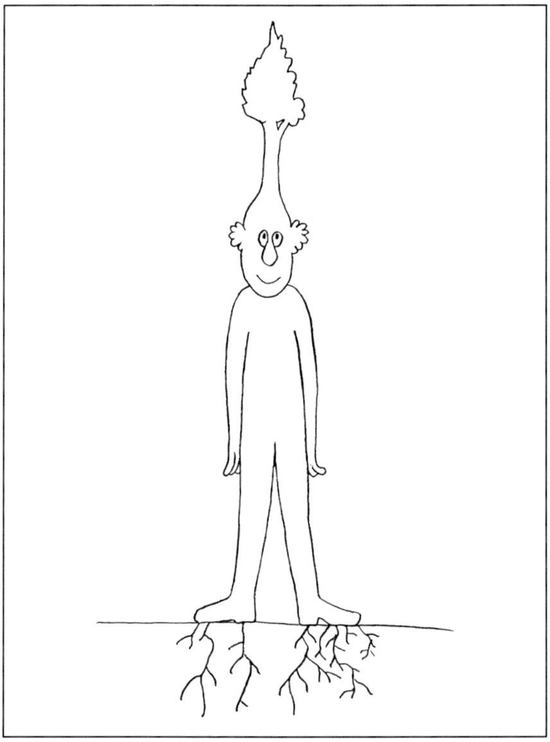

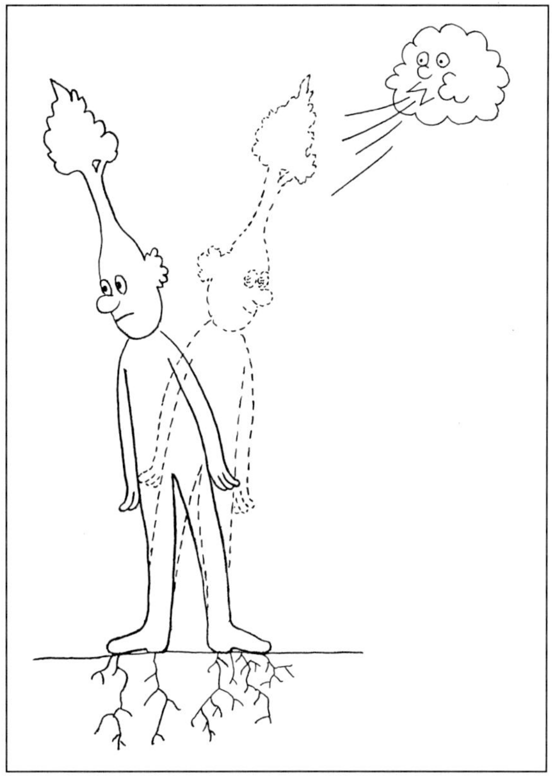

Abb. 11.59 a + b: Kinästhetisches Stehen

hört auch das Kleinhirn) praktisch erfahrbar gemacht (Abb. 11.59a + b).

Gehen

Der Einleitungsbefund kann in verschiedenen Ausgangsstellungen, z. B. im Stehen, stattfinden. Besonders wichtig ist es, das Gehen selbst wahrzunehmen. Was «geht» mit, bzw. «geht» nicht mit beim Gehen? Ist das Gehen schmerzhaft? Ist das Gehen allgemein oder in einer bestimmten Region anstrengend?

In der ersten Phase der Bewegungsexperimente versucht der Patient, mit offenen Augen in verschiedenen Variationen zu gehen: mit Schuhen, mit Strümpfen, barfuß, vorwärts, rückwärts, nach links, nach rechts, langsam, schnell, mit großen Schritten, mit kleinen Schritten, laut, leise, wie mit heller Farbe angestrichen und durchdrungen oder wie mit dunkler Farbe angestrichen und durchdrungen. Weiterhin können beim Gehen Gefühle ausgedrückt werden, z. B. neugierig gehen, gehen, als hätte man eine Prüfung bestanden, gehen wie ein Angsthase, würdig gehen wie ein Pfarrer, gehen, als hätte man eine unerwartete Erbschaft gemacht, gehen, als würde man den Boden lieben oder gehen und dabei ein früheres Vorbild imitieren. Dabei wird dem Patienten bewußt, daß es nicht nur eine Art des Gehens gibt. Wenn die Möglichkeit besteht, ist das Gehen in natürlicher Umgebung (Wiese, Wald) optimal. Der Patient spürt die Qualität des Bodens (naß-trocken, warm-kalt, weich-hart, usw.). Wenn diese Möglichkeit nicht besteht, kann der Patient die unter den Vorstellungsexperimenten beschriebenen Bilder real ausführen.

In der zweiten Phase geht der Patient barfuß mit geschlossenen Augen im Raum. Um ein Anstoßen zu vermeiden, wird er zur bewußten Langsamkeit aufgefordert. Er soll in den «ersten Gang» schalten. Um zu spüren, welche Körperteile «mitgehen», versucht der Patient, beim Gehen die verschiedenen Körperteile, von den Füßen beginnend, isoliert oder kombiniert anzuspannen («einfrieren» oder «einrosten» zu lassen) und wieder «mitgehen» zu lassen. Durch diese zum Teil roboterähnliche Fortbewegung wird ihm bewußt, daß er z. B. «verbissen» geht oder gewohnheitsmäßig die Gesäßmuskeln anspannt. Er wird aufgefordert, sich «gehen zu lassen».

In der dritten Phase wird die Aufmerksamkeit auf den «ersten Schritt» gelenkt. Was geht zuerst? Die Füße (hat Frau Alexander recht?), das Becken (haben Frau Schaarschuch und Herr Nowotny recht?), das Brustbein (hat Herr Brügger recht?) oder der Kopf (hat Herr Alexander recht?). Was unterscheidet das Vorwärtsgehen vom Rückwärtsgehen? Wird beim ersten Schritt lieber der linke oder der rechte Fuß

vorgesetzt? Wird beim ersten Schritt ausgeatmet oder eingeatmet? Der Patient kann auch real vorwärts gehen, gleichzeitig in seiner Vorstellung jedoch stehen bleiben oder rückwärts gehen.
In der vierten Phase geht der Patient mit geschlossenen Augen langsam vorwärts und spürt dabei bewußt verschiedene Phasen des Gehens: Das Anheben des Fußes, die Vorwärtsbewegung des gehobenen Fußes, das Absetzen des Fußes und den Wechsel von Be- und Entlastung. Beim Absetzen des Fußes können die «Stempelabdrücke» links und rechts verglichen werden. Wie verhält sich das Dreipunktsystem (Ferse-, Großzehenballen-, Kleinzehenballen) der Spielbein- und Standbeinphase im Seitenvergleich? Ist das Gehen schmerzhaft? In welcher Phase des Gehens tritt der Schmerz auf und in welcher Phase verschwindet er möglicherweise wieder? Welcher Fuß rollt geschmeidiger, flächiger ab? Zeigen beide Fußspitzen während des Gehens in die gleiche Richtung? Sind die Schritte gleich groß? Geht man lieber links oder rechts im Kreis herum?
In der fünften Phase wird der Zusammenhang zwischen Gehrhythmus und Atemrhythmus bewußt gemacht. Der Patient rutscht im Zeitlupentempo vorwärts, dabei lösen sich die Füße nie vom Boden. Er «schlurft» hörbar und beobachtet dabei, ob er beim Vorrutschen des rechten Fußes ein- oder ausatmet. Atemrhythmus und Rutschrhythmus werden synchronisiert. Anschließend kann der Patient versuchen, erst dann zu rutschen, wenn er jeweils ausatmet. Die Schwierigkeit besteht darin, nicht willensmäßig zu atmen, sondern die Atmung kommen und gehen zu lassen. Dabei ist auch die Atempause zu respektieren.
Mit dieser Gehmeditation werden die neurophysiologisch beschriebenen neuralen Verknüpfungen zwischen dem auf extrapyramidalmotorischer Ebene repräsentierten Bewegungsmuster Gehen und dem auf retikulärer Ebene repräsentierten Bewegungsmuster Atem praktisch erfahrbar. Dieses Experiment hat sich nicht nur zur Körperbewußtwerdung, sondern auch als Soforthilfe bei Konzentrationsstörungen bewährt. Indirekt können so auch Schmerzen beeinflußt werden.
Die Vorstellungsexperimente können vor, während (siehe dritte Phase) und nach den Bewegungsexperimenten zum Einsatz kommen. Ebenso können die Bewegungsexperimente nur in der Vorstellung stattfinden. Darüber hinaus kann sich der Patient verschiedene Gehmuster in der Natur vorstellen: gehen im Flußwasser (nur der Kopf schaut dabei heraus), gehen im tiefen Sand am Strand, Treppen steigen, gehen im Gebirge, gehen auf einer blühenden Blumenwiese, gehen im Wald mit relativ enger Baumbepflanzung, gehen im Winter auf einer spiegelglatten Straße, gehen bei starkem Rückenwind, gehen im Laubgeraschel oder gehen (sich fortbewegen) wie das Lieblingstier. Auch das gedankliche Einbringen von Luft oder Flüssigkeiten zwischen den einzelnen Schaltstellen (insbesondere in die «eingerosteten» und schmerzhaften) ist nützlich. Die Gelenke sollen aufeinander «schweben». Die Erinnerung an Lebenssituationen, in denen man ohne Schwierigkeiten gehen, springen, laufen konnte, ist hilfreich. Der Patient erhält den Auftrag, so mehrmals täglich zu visualisieren.
Diagnostisch hat sich eine Zeitreise in die «Vergangen-heit» bewährt, die meist von entsprechenden Schuherlebnissen begleitet ist: Welche Schuhe waren am komfortabelsten?, am schönsten?, am teuersten?. Welche lösten Beschwerden aus und warum? Wann im Leben ist es «gut gegangen»? Wann gab es Schmerzen beim Gehen? (War der Patient dabei alleine – zu zweit – in einer Gruppe?).
Beim Schlußbefund werden die Einleitungsbefunde überprüft. Wie geht es Ihnen? Was war interessant für Sie? Welche Teile gehen nicht mit? Was hat sich im Laufe der Übung geändert? Hat das bewußte Gehen Auswirkungen auf das Liegen, Sitzen, Stehen oder eventuellen Schmerz?
Gehen ist ein statisch – dynamisches Wechselspiel der einzelnen Regionen und des gesamten Körpers mit der Erde («ein Gespräch mit der Erde»). Da das Gehen ein Komplexmuster der gesamten Körper-Seele-Einheit ist, kann dieser Übungskomplex nicht nur bei Schmerzen, sondern auch als interdisziplinäre kinästhetische Ganganalyse und -therapie angewandt werden. Gehen ist nicht nur Transport, sondern auch Ausdruck der Persönlichkeit.
Noch nach Jahrzehnten ist es möglich, einen Menschen aufgrund seines typischen Gangs in einer großen Menschenmenge aus größerer Entfernung zu identifizieren («es geht der ganze Mensch»). In der Umgangssprache finden sich viele symbolhafte Formulierungen: «sich gehen lassen», «wie geht's?», «in Gang kommen», «wie ist es Ihnen ergangen?», «zu weit gehen», «aus sich heraus gehen», «jeder geht seinen Weg» usw. (Abb. 11.60).

Führen und Folgen

Diese Übung findet in einer Gruppe mit mindestens acht Teilnehmern statt. Die Anzahl der Teilnehmer sollte gerade sein. Der Übungsraum sollte möglichst groß und leer geräumt sein. Für die Hälfte der Teilnehmer werden Stäbe (etwa einen Meter lang und anderthalb Zentimeter dick) bereit gelegt. Die Schuhe werden ausgezogen. Die Übung dauert mit Nachbesprechung etwa eine Stunde. Außer dem Gruppenleiter soll während der Übung niemand sprechen. Im Einleitungsbefund spürt jeder Teilnehmer für

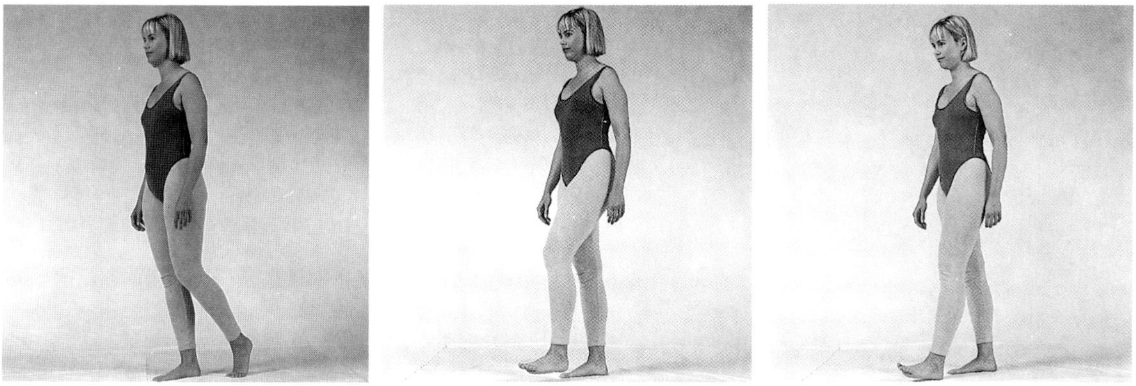

Abb. 11.60 a–c: Kinästhetisches Gehen

sich sein momentanes Stehen und Gehen. Außerdem sollen Atemrichtung und Atemrhythmus wahrgenommen werden.
In der ersten Phase bleiben alle Teilnehmer stehen und schließen die Augen. Der Gruppenleiter reicht jedem zweiten Teilnehmer einen Stab. Die Teilnehmer mit Stab behalten die Augen geschlossen. Die Teilnehmer ohne Stab werden aufgefordert, die Augen zu öffnen, sich einen Teilnehmer mit Stab auszusuchen, mit dessen Stabende Kontakt aufzunehmen und die Augen wieder zu schließen.
In der zweiten Phase gibt der Gruppenleiter zunächst die Anweisung, daß die Partner sich durch den Stab spüren sollen. Wie ist der «erste Eindruck»? Dann werden sie aufgefordert, mit geschlossenen Augen langsam in «Gang zu kommen», den Übungsraum zu erkunden. Ein Anstoßen bei anderen Paaren kann vorkommen. Nachdem die Teilnehmer zunehmend Vertrauen in ihren kinästhetischen Spürsinn gewonnen haben, regt der Gruppenleiter die Teilnehmer zur Selbstanalyse und zu verschiedenen Experimenten an. Variationen von Kraft, Raum und Zeit sind möglich. Wer zieht? Wer schiebt? Geht man vorwärts, rückwärts, seitwärts, kurvenreich, geradlinig oder ekkig? Geht man schnell oder langsam, wird der Raum ausgenutzt oder geht man immer denselben Weg? Bleibt das Paar für sich oder «eckt» es auch mal an oder «verwickelt» sich mit anderen Paaren? Wie fühlt sich der einzelne Teilnehmer beim jeweiligen Stabgehen? Vielleicht möchte er auch mal gegeneinander gehen (beide ziehen oder schieben) oder für einige Zeit zur Ruhe kommen?
In der dritten Phase suchen sich die Paare einen Platz im Raum, der ursprüngliche Stabbesitzer bleibt mit geschlossenen Augen stehen, während sich der andere Partner vom Stab trennt, die Augen öffnet, sich einen neuen Stabbesitzer aussucht und mit diesem Kontakt aufnimmt. Mit geschlossenen Augen kommen dann die zweiten Paare, wie in der ersten Phase, langsam «in Gang».
In der vierten Phase löst sich jetzt der Stabbesitzer, öffnet die Augen und sucht sich einen ersten Partner aus. Die dritten Paare gehen dann wieder mit geschlossenen Augen ihren Weg.
In der fünften Phase bleiben die jetzigen Stabbesitzer mit geschlossenen Augen stehen, die jeweiligen Partner lösen sich wieder, öffnen die Augen, suchen sich ihren zweiten Partner aus und gehen dann ebenfalls mit geschlossenen Augen ihren Weg.
In der letzten Phase bleiben die jetzigen Stabbesitzer mit geschlossenen Augen stehen. Die sich vom Stab lösenden Teilnehmer öffnen die Augen, gehen in eine Raumecke und schließen die Augen wieder. Der Gruppenleiter sammelt die Stäbe ein und fordert alle Teilnehmer auf, mit geschlossenen Augen im Sinne eines Schlußbefundes das Stehen, Gehen und Atmen im Vergleich zum Einleitungsbefund wahrzunehmen. Dann dürfen alle Teilnehmer die Augen öffnen und sich auf dem Boden zu einer Abschlußrunde zusammensetzen. Durch das Geschlossenhalten der Augen sind jedem Teilnehmer nur zwei seiner Partner bekannt. Nur bei beiderseitig geäußertem Wunsch sollten die Partner sich zu erkennen geben.
Der Gruppenleiter lädt die Teilnehmer zu einem Gedankenaustausch ein: Wie haben Sie sich mit ihrem Partner gefühlt (In guten Händen? – Zu widerspenstig? – Zu brav? – usw.)? Wie haben Sie die Kontaktaufnahme (das Aussuchen eines Partners, aber auch das Warten auf einen Partner) empfunden? Wie wurde die Trennung (das Weggehen, aber auch das Verlassenwerden) empfunden? Können Sie einen Bezug zu Ihrem Leben (Vergangenheit und Gegenwart) herstellen? Die Nachbesprechung dieser Gruppenübung kann im Vergleich zu den anderen kinästhetischen Übungskomplexen mehr Zeit in Anspruch nehmen. Die einzelnen Teilnehmer sollten Gelegenheit zur Aussprache haben.
Die mit chronischen Schmerzen einhergehenden psychosomatischen und psychosozialen Komponenten können mit Hilfe dieser Übung oft gut erforscht,

Abb. 11.61 a–e: Führen und Folgen

bewußt und damit auch veränderbar gemacht werden. Zum Beispiel kann der Patient mit seinem Schmerz symbolisieren, daß er es leid ist, ständig «führen» (z. B. in seiner Ehe) oder «folgen» (z. B. seinem beruflichen Vorgesetzten) zu müssen. Durch den mehrfachen Partnerwechsel kann dem Patienten bewußt werden, daß Trennungen (z. B. die «Abnabelung», der Verlust eines guten Freundes, eine Scheidung oder der Tod des Lebenspartners) zum Leben gehören. Sie können Schmerzen («Wunden») hinterlassen, aber sich möglicherweise auch als «Lösung» erweisen, wenn, wie man sagt, «nichts mehr geht» (Abb. 11.61).

Hemisphärendominanzübung

Der Patient setzt sich am besten in eine für ihn bequeme Position (z. B. Schneidersitz) auf den Boden. Sollte ihm diese im Laufe der Übung zu unbequem werden, so kann er die Position ändern. Die Übung wird mit geschlossenen Augen durchgeführt.

Im Einleitungsbefund wandert der Patient gedanklich in seinen Schädel. Er versucht, sich die linke und rechte Gehirnhälfte vorzustellen. Welche Gehirnhälfte ist größer, heller und bewußter? Dann konzentriert er sich auf seine Atmung: Durch welches Nasenloch atmen Sie mehr? Sind Sie konzentriert, könnten Sie momentan aktiv eine komplizierte Rechenaufgabe in Angriff nehmen, oder sind Sie momentan eher schläfrig-verträumt, passiv, und möchten lieber einen entspannenden Kinofilm genießen?

Die Bewegungsexperimente beschränken sich bei dieser Übung auf die Nasenwechselatmung und Stenoseatmung: Wenn das rechte Nasenloch weiter ist, versucht der Patient, mit seinem Zeigefinger oder Daumen die rechte Nasenöffnung zu schließen und damit das linke Nasenloch zu aktivieren (Stenoseatmung), oder mehrfach wechselnd durch ein Nasenloch ein- und durch das andere auszuatmen. Wenn das linke Nasenloch jetzt aktiver ist als das rechte, vergleicht der Patient in einer Zwischenbilanz, ob sich die Ausgangsbefunde verändert haben. Japanische Hirnforscher haben festgestellt, daß physiologischerweise etwa alle zwei Stunden die Nasenatmung wechselt. Dies ist Ausdruck der wechselnden Hirndominanz (wenn die linke Nase mehr geöffnet ist, so dominiert die linke Hemisphäre). Es gibt auch Minuten, in denen durch beide Nasenlöcher geatmet wird. Dann arbeiten beide Hemisphären. Im Yoga sind solche Zusammenhänge schon lange bekannt.

Bei den Vorstellungsexperimenten werden in der ersten Phase über die verschiedenen Sinneskanäle die jeweiligen Zentren aktiviert. Dem Patienten soll genügend Zeit (etwa 10 bis 15 Sekunden) für die jeweilige Vorstellung gegeben werden. Einige Beispiele: In der linken Hemisphäre stellen Sie sich den Geruch eines Kiefernwaldes vor, in der rechten Hirnhälfte den Geruch von Pfefferminztee. Links den Geschmack von Zitroneneis, rechts den Geschmack einer heißen Schokolade. Links hören Sie ein Auto hupen, rechts Kirchenglocken läuten. Links spüren Sie das Gefühl, durch warmen Sand zu gehen, rechts das Gefühl, mit den Händen einen Schneemann zu formen. Links sehen Sie die Geburt eines Babys, rechts, wie ein alter Mann stirbt. Links sehen Sie die Zahl 1, rechts den Buchstaben A, und umgekehrt. Links erinnern Sie sich daran, daß Sie einmal einen Berg erklommen haben, rechts stellen Sie sich vor, wie Sie in einem Fluß verschiedene Schwimmstile gegen die Strömung ausprobiert haben. Links sehen Sie ein rotes Rechteck, rechts einen blauen Kreis. Links erinnern Sie sich an den schlimmsten Schmerz, rechts an die glücklichste Stunde Ihres Lebens. Links stellen Sie sich vor, daß Sie auf der Stelle links herum gehen, rechts stellen Sie sich vor, daß Sie auf der Stelle rechts herum gehen, und umgekehrt. Nach dieser anstrengenden Doppelprojektionsschau sollte der Patient kurz pausieren und Zwischenbilanz ziehen.

In der zweiten Phase stellt sich der Patient den craniosacralen Rhythmus (siehe Abschnitt «Kopf- und Gesichtsarbeit») vor. Wichtig ist dabei, daß er das «Schweben» der einzelnen Schädelknochen und die das Gehirn umhüllenden bzw. trennenden Häute spürt. In der dritten Phase stellt sich der Patient vor, daß ein kleines Auto durch das linke Nasenloch in das Gehirn einfährt. Die Scheinwerfer des Autos werden eingeschaltet, das Auto erkundet die linke Gehirnhälfte. Es kann schneller oder langsamer fahren, geradlinig oder kurvenreich, im Flachland fahren oder Berge mühsam erklimmen. Wenn das Auto die linke Hirnhälfte vollständig erkundet hat, fährt es über den Balken zur rechten Hirnhälfte und erkundet diese im gleichen Sinne. Zum Abschluß dieser Entdeckungsreise fährt das Auto aus dem rechten Nasenloch vorsichtig heraus. Welche Hirnhälfte konnte leichter erkundet werden?

In der vierten Phase versucht der Patient, das Gehirn als Ganzes mehrfach zu vergrößern und zu verkleinern. Er sollte das Gehirn dann in der für ihn angemessenen Größe belassen.

In der fünften Phase stellt der Patient sich die Gehirnoberfläche vor. Welche Helligkeit hat das Gehirn, wo gibt es dunkle Ecken, und wo hellerleuchtete Stellen? Er stellt sich dann die Nervenzellen als Lichter vor und schaltet diese nacheinander alle ein (das ganze Gehirn ist jetzt hell erleuchtet) und wieder aus (das Gehirn ist dann ganz dunkel). Dieser Vorgang des Ein- und Ausschaltens wird mehrfach wiederholt. Schließlich soll der Patient die für ihn momentan angemessene Helligkeit eingeschaltet lassen.

Im Schlußbefund werden die spontanen Reaktionen des Patienten zugelassen (was war interessant für Sie?). Der jetzige Zustand wird mit den Einleitungsbefunden verglichen (was ist jetzt anders im Vergleich zum Anfang der Übung?, welche Auswirkung hat die Übung auf Ihr allgemeines Befinden?).

Da aus neurophysiologischer Sicht das Gehirn selbst nicht wahrgenommen werden kann, ist es denkbar, daß wir die erhaltenen Informationen von Blutgefäßen, Hirnhäuten, Tonusveränderungen der Kopfmuskulatur und der Phantasie erhalten. Forschungen (insbesondere an Split-Brain-Patienten) von Sperry, Bogen, Gazzaniga, Ornstein u. a. haben ergeben, daß die linke Hemisphäre vor allem logisch-analytische Aufgaben bewältigt, und die rechte Hemisphäre vor allem ganzheitlich-kreativ arbeitet. Die linke Hirnhälfte sieht den einzelnen Baum, aber nicht den ganzen Wald («typisch männlich»). Die rechte Hirnhälfte sieht den ganzen Wald, aber nicht den einzelnen Baum («typisch weiblich»). Masters und Houston, Edwards u. a. haben sich um die therapeutische und pädagogische Umsetzung dieser Forschungen bemüht. Der beschriebene Übungskomplex dient der Bewußtwerdung und Beeinflussung des Gehirns

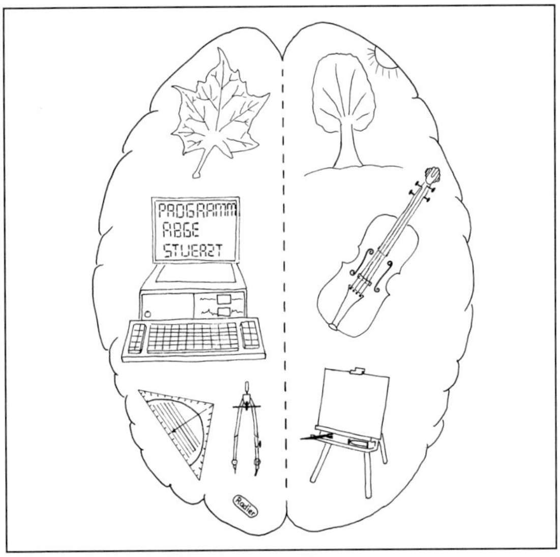

Abb. 11.62: Die Hemisphären und ihre Aufgaben

selbst. Er ist bei chronischen Schmerzen (insbesondere Kopfschmerzen), zur Verbesserung von vaskulär bedingten Hirnfunktionsstörungen, bei der Hemiplegie- und Skoliosebehandlung indiziert. In der Praxis werden oft auch nur Elemente dieser Übung angewandt (Abb. 11.62 und 11.63).

Abb. 11.63: Mögliche Vorstellungsexperimente der Hemisphärendominanzübung

Regentröpfchen

Mit den Fingerkuppen können die einzelnen Körperregionen untersuchend und behandelnd sanft be-

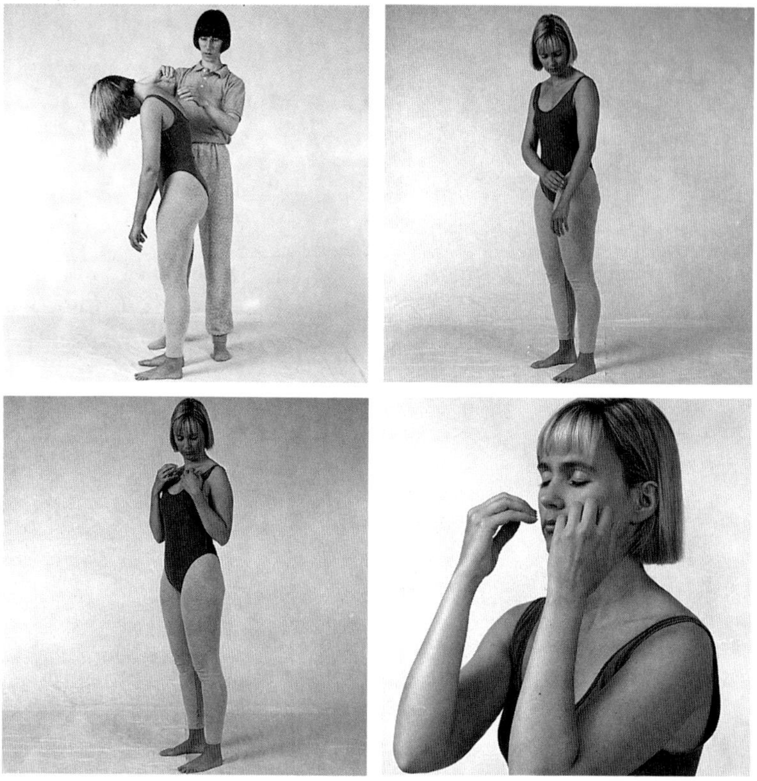

Abb. 11.64 a–d: Anwendungsbeispiele für die Technik «Regentröpfchen»

klopft werden. Je nach Befund werden Kraft, Raum und Zeit individuell dosiert. Die Technik kann in verschiedenen Ausgangsstellungen und Dehnpositionen ausgeführt werden. Der Patient wird zur Selbstbehandlung angeleitet. Für die nicht erreichbaren Körperteile (hintere Körperhälfte) hat sich die Anleitung des Partners bewährt. Es empfiehlt sich, zunächst einen Einleitungsbefund zu erheben und, entweder kinästhetisch oder real, zu untersuchen, wie groß z. B. die Beweglichkeit eines Gelenkes ist, und ob die Ausführung der Bewegung einen Schmerz verursacht. Am Brustkorb können Vitalkapazität und Umfang bei maximaler Ein- bzw. Ausatmung gemessen werden. Die Regentröpfchen führen relativ kurzfristig (nach ein bis zwei Minuten) zur Eutonisierung der glatten und quergestreiften Muskulatur, d. h. der «beklopfte» Körperteil wird beweglicher, besser durchblutet, schmerzfreier und bewußter wahrgenommen. Über den cutiviszeralen Reflexbogen werden auch die angeschlossenen inneren Organe beeinflußt. Außerdem werden die Regentröpfchen oft als angenehm und befreiend empfunden. Der Patient wird gesprächig, «eingefrorene» Gefühle «tauen auf». Dadurch, daß der Therapeut den Lebenspartner mit in die Technik einweist und ihn mit der täglichen, z. B. fünfminütigen sanften «Beklopfung» beauftragt, wird die psychosoziale Komponente des chronischen Schmerzes beeinflußt. Durch das Beklopfen kann eine Partnerschaft eine neue Dimension erhalten, sie wird (wieder) «sinnvoll». Vermutlich wird mit den «Regentröpfchen» der Endorphinhaushalt angekurbelt. Endorphine haben eine schmerzlindernde und euphorisierende Wirkung (Abb. 11.64).

Gate-Control-Technik

Der Einleitungsbefund findet in der Rückenlage statt. Neben den schon bei den «Allgemeinen Grundlagen der Kinästhesie» aufgeführten Fragen ist es bei der Gate-Control-Technik wichtig, die jeweiligen Abstände des Hohlkreuzes und des Nackens zum Boden zu spüren. Ein vorhandener Schmerz wird genau analysiert und charakterisiert.
Die Bewegungsexperimente finden in der Rückenlage statt. In der ersten Phase werden zwei Tennisbälle fast nebeneinander unter das Becken (auf Höhe der Spinae iliacae posteriores superiores) gelegt. Der Patient soll sich weder gegen die Tennisbälle drücken, noch von ihnen wegziehen. Während er etwa zwei Minuten auf den Tennisbällen liegt, wird er nach dem Verhalten des Schmerzes (Auslösung, Verstärkung oder Reduktion) befragt. Nach Wegnahme der

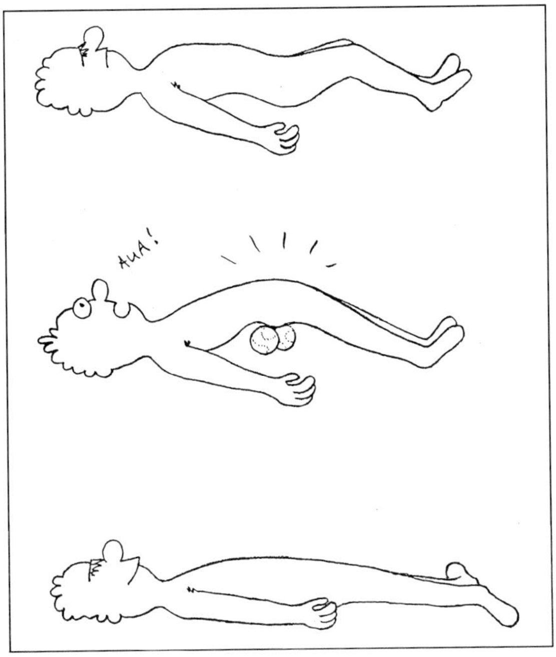

Abb. 11.65 a–c: Gate-Control-Technik

Tennisbälle spürt er die veränderte Auflage in der Lenden-Becken-Hüft-Region.
In der zweiten Phase werden die Tennisbälle links und rechts neben der Brustwirbelsäule (etwas unterhalb der Schulterblätter) plaziert. Nach Wegnahme der Tennisbälle spürt der Patient die veränderte Auflage im Thoraxbereich.
In der dritten Phase wird ein Tennisball unter den Hinterkopf gelegt, die drei Auflagestellen werden miteinander verglichen.
In der vierten Phase werden die Tennisbälle nochmals unter das Becken gelegt. Fast immer werden sie jetzt besser vertragen. Dann werden die Beine angestellt. Von den Füßen ausgehend, bewegt sich der Patient auf den Bällen kopf- und fußwärts, seitlich und kreisend. Möglicherweise ist das die Sacralgegend massierende Bewegen für den Patienten erträglicher als das ruhige Liegen auf den Tennisbällen. Anschließend bewegt sich der Patient dreidimensional auch mit unter dem Brustkorb bzw. Hinterkopf gelegten Tennisbällen.
In seiner Vorstellung soll der Patient versuchen, den Schmerz durchzulassen, an den Boden abzugeben. Bälle und Körper sind als Einheit anzusehen.
Nach der Wegnahme der Tennisbälle werden im Schlußbefund das Verhältnis zum Boden und die Durchblutung gespürt, ein möglicher Schmerz interpretiert und die Auswirkungen der Übung auf Alltagsaktivitäten (Sitzen, Stehen, Gehen) bewußt gemacht. Diese Technik kann auch mit Stäben (Gindler) oder Holzrollen (Schaarschuch) in ähnlicher Weise durchgeführt werden. Das Liegen auf den Gegenständen kann als Druck oder Schmerz empfunden werden. Der Schmerz sollte jedoch erträglich bleiben. Ist er für den Patienten nicht zu ertragen bzw. hat eine elektrisierende Ausstrahlung (durch Druck auf einen Hautnerven), so sollte der Ort der Tennisbälle minimal verändert werden. Innerhalb von kürzester Zeit führt diese Technik zu eindrucksvollen Effekten. Sie ist insbesondere bei allen wirbelsäulenbedingten Beschwerden (auch Funktionsstörungen von inneren Organen und Gefäßen) indiziert und eignet sich gut als Hausaufgabe.
Vermutlich wirkt die Technik über den cuti- (bzw. muskulo- oder periosto-)viszeralen Reflex und macht sich durch den schmerzhaften Periostreiz den Gate-Control-Mechanismus zunutze. Zudem werden Atemrhythmus, Craniosacraler Rhythmus (siehe auch Beitrag von Riley im Lehrbuch von Upledger) und AGT-Effekt ausgenutzt (Abb. 11.65).

Schmerzvisualisationstechniken

Man unterscheidet hierbei schmerzablenkende Vorstellungen und schmerzbekämpfende Vorstellungen.

Schmerzablenkende Visualisationen

Horan, Dellinger u. a. haben den schmerzreduzierenden Wert der ablenkenden Techniken in wissenschaftlichen Experimenten nachgewiesen. Dabei wurde eine Versuchsgruppe aufgefordert, eine Hand in Eiswasser zu tauchen. Nach etwa 60 Sekunden mußte das Experiment wegen nicht mehr tolerierbarer Kälteschmerzen abgebrochen werden. Zu einem späteren Zeitpunkt wurde das Experiment wiederholt. Diesmal wurde während des Experiments Musik gespielt. Erst nach durchschnittlich 160 Sekunden wurde die Kälte unerträglich. Auch die Aufforderung, sich vorzustellen, daß man den ganzen Tag in der heißen Wüste verbracht habe und das Eiswasser eine wohltuende Erfrischung sei, führte zu ähnlichen Ergebnissen wie das Musikexperiment.
Als weitere ablenkende Visualisation hat sich der gedankliche Spaziergang in der Natur bewährt. Dabei soll der Patient bewußt die verschiedenen Geräusche (z. B. Bachplätschern, Vogelzwitschern, Laubgeraschel, Schneeknirschen), Gerüche (z. B. Kiefernduft), Farben (z. B. blaue Kornblumen) und Bewegungen (z. B. das Heranschwimmen und Weiter-getrieben-werden eines kleinen Asts im Bach) wahrnehmen. Die Konzentration wird also auf etwas anderes gelenkt und dort für einige Minuten gehalten. Es sollten möglichst alle Sinne angesprochen werden. Variationen von Kraft, Raum und Zeit sind möglich. Zur Motivation sollte den chronischen Schmerzpatienten vorher von dem Eiswasser-Experiment erzählt werden. Nach Abschluß dieser Vorstellung ist

Abb. 11.66: Visualisation Stufen zählen

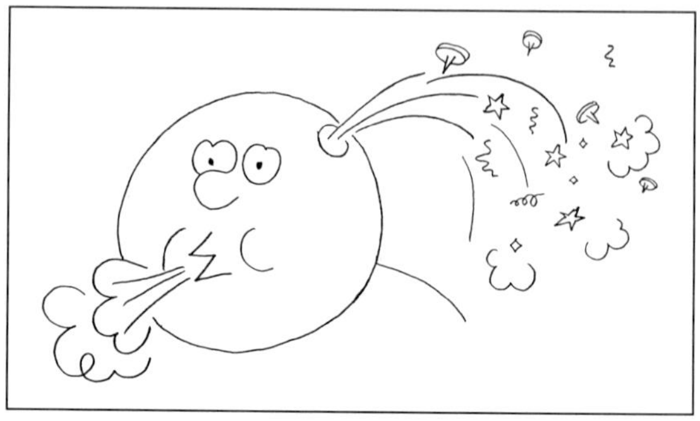

Abb. 11.67: Visualisation Schmerz wegatmen

der Schmerz oft erträglicher, gelegentlich verschwindet er ganz (siehe auch Abschnitt «Aufmerksamkeit» im Kapitel «Allgemeine Grundlagen des NEURO-MEDIZIN-KONZEPTS»).

Schmerzbekämpfende Visualisationen

Hierzu gibt es klinische Studien von Simonton, Bresler, Jaffe, Coleman, Achterberg u. a. Einige Beispiele:

1. Handkälte-Betäubung

Der Patient stellt sich vor, daß er seine rechte Hand in eine mit Eiswürfeln gefüllte Wasserwanne taucht. Die Hand schmerzt, wird schließlich taub. Dann wird die taube Hand auf die schmerzende Region gelegt. Die Kälte der Hand überträgt sich, schließlich wird das Gebiet auch unempfindlich und schmerzfrei.

2. Stufen zählen

Der Patient soll sich seinen momentanen Schmerz als Zahl zehn vorstellen. Dabei steht der Patient in seiner Vorstellung auf der obersten Stufe einer Treppe. Dem Patienten wird zunächst die Übung erklärt. Mit jedem fünften Ausatmen geht er eine Stufe tiefer. Dabei sieht er gedanklich die jeweilige Zahl vor sich, fühlt sich entspannter und schmerzfreier. Nach dem Verlassen der untersten Stufe (Zahl null) gibt es keinerlei Spannungen mehr im Körper, und der Schmerz ist ganz verschwunden. Nach dieser Übungserklärung beginnt die Übung: zehn... neun... acht... Sollte doch noch ein Schmerz vorhanden sein, so werden die nächsten zehn Stufen in Angriff genommen (Abb. 11.66).

3. Farbwechsel

Der Patient wird aufgefordert, seinem Schmerz die Farbe Schwarz zu geben. Mit jedem fünften Ausatmen wird der Schmerz heller und damit erträglicher. Verkrampfungen lösen sich. Bei Weiß sind der Schmerz und alle Muskelverspannungen verschwunden. Nach dieser Übungserklärung beginnt die Übung: Schwarz... Braun... Dunkelrot... Sollte doch noch ein Schmerz vorhanden sein, so kann die Übung wiederholt werden.

4. Schmerzverschiebung und -ableitung

Bei der Schmerzverschiebung lokalisiert der Patient seinen Schmerz (z. B. Kopfschmerz) und wandert gedanklich mit dem Schmerz durch den Körper (z. B. zu den Füßen). Der Schmerz reduziert sich.

Die Schmerzableitung stellt eine Erweiterung der Schmerzverschiebung dar. Der Schmerz wird an die Umgebung (z. B. in den Boden, an die Luft oder an den Stuhl) abgegeben. Der Patient soll sich nicht am Schmerz festhalten, er soll ihn loslassen.

5. Schmerz wegatmen

Die besondere Bedeutung der Atmung in der Schmerzphysiotherapie wurde bereits mehrfach erwähnt. So kann sich der Patient z. B. auch vorstellen, durch die Hautporen im Bereich der schmerzenden Stelle auszuatmen. Mit jedem Ausatmen wird der Schmerz weniger. Bei Körperhöhlen, z. B. am Kopf, kann der Patient sich vorstellen, daß in der Nähe des Schmerzes ein Loch im Kopf ist, und daß beim Ausatmen die Schmerzen durch das Loch herausströmen (Abb. 11.67).

6. Endorphine

Der Patient wird zur genauen Charakterisierung des Schmerzes aufgefordert. Er stellt sich z. B. bei einem Knieschmerz vor, wie die Gelenkknorpel gereizt und aufgerauht, die zu- und abführenden Blutgefäße verstopft und die gelenkumgebenden Muskeln verspannt sind. Dann wandern zusätzlich Endorphine und andere Stoffe vom Gehirn zum Knie. Sie sorgen dafür, daß sich die Muskeln nach und nach entspannen, die Durchblutung verbessert wird, die Schlakkenstoffe abtransportiert und die Gelenkflächen glatt und gut geschmiert werden. Wenn das Ziel noch

Abb. 11.68: Visualisation Drahtschere

nicht ganz erreicht ist, so kann immer wieder «Nachschub» angefordert werden.

7. Schmerzgespräch

Der Patient wandert gedanklich zu seinem Schmerz und charakterisiert diesen genauer: Welches Aussehen hat der Schmerz? (z. B. wie eine Schraubzwinge), Wie groß ist der Schmerz?, Welche Farbe hat der Schmerz?, Welche Oberfläche hat der Schmerz?, Wie schwer ist der Schmerz? Diese fünf Fragen werden nacheinander mehrfach wiederholt (Welches Aussehen hat der Schmerz jetzt?...). Dabei achtet der Patient auf Veränderungen. Der Schmerz wird zunehmend kleiner, leichter und heller. Der Fragenkanon wird so lange wiederholt, bis der Schmerz deutlich reduziert bzw. verschwunden ist.

Eine Variation des Schmerzgesprächs besteht darin, daß der Schmerz vor dem Fragenkanon zunächst außerhalb des Körpers plaziert wird. So werden beim Zurückplazieren die eingetretenen Veränderungen deutlicher.

8. Drahtschere

Man stellt sich vor, daß der Schmerz über viele telefondrahtähnliche Verbindungen zum Gehirn geleitet und damit bewußt wird. Der Patient nimmt gedanklich eine Drahtschere und schneidet einen Draht nach dem anderen durch. Mit jedem durchgeschnittenen Draht wird der Schmerz schwächer (Abb. 11.68).

9. Wasserfall

Der Patient stellt sich seinen Schmerz vor und versucht herauszufinden, ob der Schmerz als zu kalt oder zu warm empfunden wird. Er stellt sich dann gedanklich unter einen Wasserfall. Je nach Erfordernis ist das Wasser kalt oder heiß. Der ganze Körper, insbesondere die schmerzende Stelle, wird zunehmend von angenehmer Kälte bzw. Wärme umgeben und durchdrungen. Mit dem Wasser wird der Schmerz zunehmend «aufgelöst, herausgewaschen und weggespült».

Abb. 11.69: Visualisation Wasserfall

Zusätzlich kann man sich das kalte Wasser als blau und das warme Wasser als rot vorstellen (Abb. 11.69).

10. Visualisationsmassage

Hierbei schrumpft der Patient gedanklich zu einem etwa drei Millimeter kleinen «Heinzelmännchen». Er wandert durch eine Körperöffnung (z. B. die Nase) zur schmerzhaften Stelle, analysiert die Situation und versucht, die Region gedanklich zu massieren und zu bewegen. Es kann z. B. gestrichen («glattgebügelt»), gerieben, geknetet, gezirkelt, geschüttelt, gepreßt und gezogen werden. Der Schmerz und die Verspannung werden nach und nach «wegmassiert». Anschließend wandert der Patient wieder aus dem Körper, wird größer und ist wieder mit sich selbst identisch (Abb. 11.70).

Die beschriebenen Visualisationen können eindrucksvoll zur Schmerzreduktion und -kontrolle beitragen. Sie können für sich, aber auch in Kombination mit anderen kinästhetischen Übungen angewandt werden. Wichtig ist, daß der Patient ein oder zwei für ihn angemessene Techniken findet. Wie beim Erlernen einer Fremdsprache ist das regelmäßige Üben (z. B. 10 bis 15 Minuten pro Tag) ausschlaggebend.

Neben der Schmerzbehandlung können Visualisationen auch zur Prophylaxe und Behandlung von Bewegungseinschränkungen (z. B. während einer Gipsruhigstellung), Durchblutungsstörungen, Kraft- und Koordinationsdefiziten (z. B. bei Sportlern) einge-

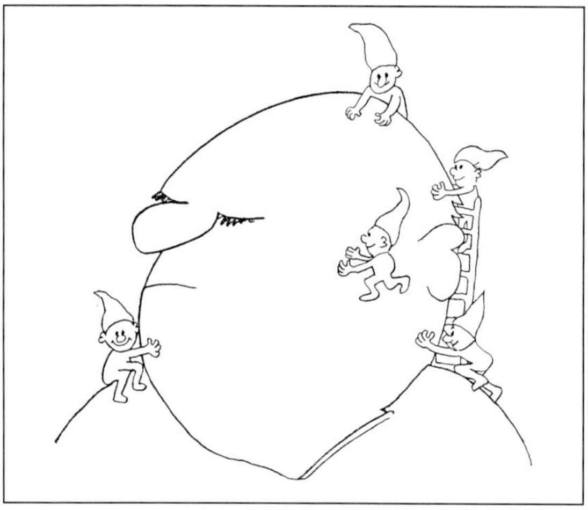

Abb. 11.70: Visualisationsmassage

setzt werden. Simonton wendet Visualisationen auch in der Krebstherapie erfolgreich an (siehe auch «Ideoplasie» im Beitrag «Schmerzsyndrome aus psychosomatischer Sicht»).

Biofeedback

Christoph Schenk

Theorie der Biofeedback-Therapie

Da unser Schmerzerleben in entscheidendem Maße von psychischen Faktoren wie Angst und Erwartung vor dem Hintergrund des allgemeinen vegetativen Aktivierungsniveaus geprägt ist, wird therapeutisch zunehmend versucht, durch Biofeedbackverfahren auch Schmerzzustände positiv zu beeinflussen.
Ganz allgemein stellen in den Industriestaaten psychosomatische Störungen ein wachsendes gesundheitspolitisches Problem dar. Bis zu 70% der Patienten in einer Allgemeinpraxis leiden unter psychosomatischen Störungen. Daher ist es dringend notwendig, Therapieformen zu entwickeln, mit denen diese Störungen, die im wesentlichen auf ein chronisch erhöhtes Erregungsniveau zurückzuführen sind, im Sinne der autonomen Selbstkontrolle bewältigt werden können. Da bei psychosomatischen Störungen das Schmerzerleben vorrangig ist, sind vor allem Therapieformen erforderlich, die sowohl die organischen als auch die psychischen Komponenten mit einbeziehen.
Es liegen klinische Studien zur Biofeedback-Therapie bei verschiedenen Schmerzzuständen (z. B. Spannungskopfschmerzen) vor, die zum Teil beträchtliche Erfolge im Sinne einer Reduzierung von Schmerzdauer, -intensität und -frequenz nachweisen.
Der Wirkungsmechanismus des Biofeedbacks beruht auf einer teils spezifischen, teils unspezifischen vegetativen Desaktivierung, die sich in körperlicher Entspannung und Dämpfung der sympathikotonen Reaktionsbereitschaft äußert. So kommt es über die körperliche Entspannung zur Dämpfung des sensorischen Inputs und zur Ablenkung des Patienten von seinen Beschwerden, was dieser subjektiv als Schmerzlinderung empfindet. Auch das Selbstvertrauen, welches der Patient aus der Kontrolle physiologischer Prozesse für sich gewinnt, reduziert Angst und Schmerzerlebnis. Daher ist es wichtig, daß der Patient durch konsequentes Üben die erlernte (konditionierte) physiologische Selbstkontrolle auf Alltagssituationen übertragen kann.
Die Schwierigkeit in der Beurteilung der Effizienz von Biofeedbackverfahren bei Schmerzzuständen liegt vor allem darin, daß das Zustandekommen des Schmerzerlebens gerade bei psychosomatischen Erkrankungen noch weitgehend ungeklärt ist, und unspezifische Faktoren wie der Placeboeffekt, die Erwartungshaltung des Patienten und Suggestionen kaum von den eigentlichen Biofeedbackeffekten zu trennen sind.
Unter Biofeedback versteht man die Rückmeldung biologischer Körpersignale. Ohne diese Rückmeldung können die vielfältigen Gleichgewichte im Stoffwechsel sowie die physiologischen Regelkreise im menschlichen Organismus nicht aufrecht erhalten werden. Für das Leben sind die Rückmeldung im Sinne eines Regelkreises und die daraus sich ergebende Korrekturmöglichkeit von biologischen Abläufen existentiell. Normalerweise werden die im menschlichen Körper ablaufenden Funktionen wie z. B. Herzaktivität oder Verdauung kaum wahrgenommen. Diese interne Kontrolle erfolgt weitgehend unbewußt über das autonome Nervensystem. Um nun diese unbewußten Vorgänge der bewußten Wahrnehmung zugänglich zu machen, bietet die Biofeedbackmethode die Möglichkeit der externen Kontrolle (vergleichbar einem äußeren Nervensystem). Dabei werden mittels elektronischer Geräte die Biosignale (z. B. Muskelspannung) verstärkt und dem Patienten simultan akustisch bzw. optisch wiedergegeben. Der Patient wird beispielsweise angewiesen, sich mit geschlossenen Augen hinzulegen, sich auf das Rückmeldesignal zu konzentrieren und sich passiv der Signalwirkung hinzugeben.
Diese äußere Rückmeldung soll es dem Patienten ermöglichen, nach einer gewissen Trainingszeit die rückgemeldeten Funktionen willkürlich zu beeinflussen. Die Entdeckung der willkürlichen Beeinflussung von Natur aus unwillkürlicher Funktionen durch Kimmel im Jahre 1958 stellt das Dogma der

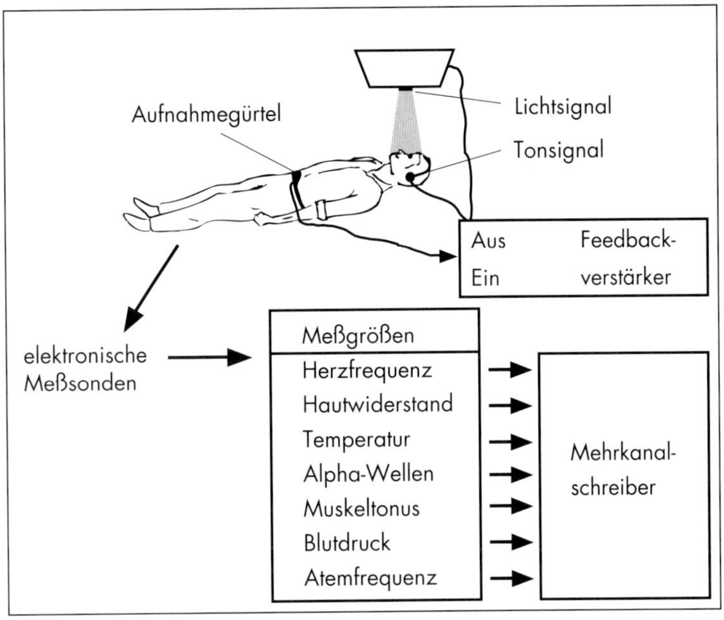

Abb. 11.71: Biofeedback-Therapieprinzip

Unbeeinflußbarkeit des vegetativen Nervensystems in Frage (Abb. 11.71).

Lerntheoretisch gesprochen sind demnach auch vegetative Funktionen nach dem Skinner'schen Prinzip der operanten Konditionierung (Lernen am Erfolg bzw. Mißerfolg) beeinflußbar. In Skinner's Experiment berührte die hungrige Ratte zufällig einen Hebel, worauf sie Futter erhielt. Die dem Hebeldruck folgende Futtergabe führte somit zu einer Verstärkung der Reaktion «Hebel drücken». Verstärkbar sind somit alle Reize, die durch ihre Konsequenzen erkennbar sind. Belohnung wird als positive Verstärkung, Auslassen von Belohnung bzw. Bestrafung als negative Verstärkung verstanden.

Wird jede Reaktion verstärkt (kontinuierliche Verstärkung), tritt bei einer schnellen Konditionierung jedoch auch eine schnelle Löschung ein. Bei intermittierender (diskontinuierlicher) Verstärkung dauert die Konditionierung zwar länger, die konditionierte Reaktion ist aber nicht so schnell löschbar (Extinktion).

Mittels Biofeedbackverfahren können nach Legewie und Nusselt folgende therapeutisch verwertbare Fähigkeiten trainiert werden:

1. Wahrnehmung physiologischer Abläufe.
2. Wahrnehmung von Situationen, die diese Abläufe verändern.
3. Selbstkontrolle physiologischer Abläufe.
4. Übertragung der erlernten Selbstkontrolle auf Alltagssituationen ohne Feedbackgerät.

Biofeedbackverfahren können damit sowohl zur Symptomkontrolle als auch zur Unterstützung anderer psychotherapeutischer und physiotherapeutischer Techniken (z. B. Autogenes Training, Kinästhesie) eingesetzt werden.

Biofeedback wird oft in Form von «Shaping» durchgeführt. Dabei wird das Erreichen des gesteckten Ziels schrittweise erschwert, indem die Sensitivität des Gerätes nach und nach herabgesetzt wird. Hinzu kommt als positiver Selbstverstärker die allgemeine Entspannung im Sinne einer «zentralvegetativen Umschaltung» (Schultz).

Auch bei den kognitiven Schmerzkontrollstrategien (nach Turk) ist Biofeedback nutzbar. Hierbei unterscheidet man folgende Phasen:

- Aufmerksamkeitslenkung auf einen Teil der Umwelt.
- Konzentration auf eine bestimmte geistige Tätigkeit.
- Lenkung der Aufmerksamkeit auf die stimulierte Körperstelle und gleichzeitig Distanzierung von der Empfindung (z. B. die Vorstellung, die Stelle sei gefühllos).

Die Grundlagen des Biofeedbacks sind hauptsächlich in der fernöstlichen Philosophie der Meditation bzw. des Yoga zu suchen. Wichtigster gemeinsamer Inhalt ist dabei die Einkehr in das eigene Bewußtsein mit dem Ziel der Einsicht und Selbstkontrolle.

Biofeedback darf – analog den Kontraindikationen beim Autogenen Training – nicht bei der Behandlung von Psychosen oder psychoseähnlichen Zuständen eingesetzt werden. Hierbei könnten beispielsweise paranoide Ideen oder ähnliches provoziert werden. Weiterhin ist bei Soziopathien kein Biofeedback möglich. Auch bei schweren Psychopathien ist Biofeedback nicht möglich, da die Grundvoraussetzung, nämlich eine ansatzweise Introspektionsfähigkeit bezüglich der angewandten Methode, kaum erreichbar ist.

Der Erfolg der Biofeedback-Therapie ist von verschiedenen Faktoren abhängig:

1. Vom Vertrauen des Patienten auf die Kompetenz des Helfenden und in die Methode.
2. Von bestimmten situativen Gegebenheiten (ruhige Außenbedingungen, Anzahl der Sitzungen).
3. Von der Motivation des Patienten und des Behandlers. Bei Patienten, deren Beschwerden mit einem Krankheitsgewinn gekoppelt sind und von daher aufrechterhalten werden müssen, wird keine Einstellung im Sinne der Kooperation und des sich Fallenlassens zu finden sein.

Biofeedbackapparaturen können somit zeitweilig hocheffiziente «Krücken» bilden, die der Patient, wenn er wieder «laufen gelernt hat», d. h. wenn seine Sensibilität für autonome Funktionen hinreichend gestärkt ist, wieder beiseite legen kann.

Die kontinuierliche Fortführung von Entspannungsübungen und kinästhetischen Übungskomplexen ohne Apparatur ist von maßgeblicher Bedeutung für die Aufrechterhaltung des Therapieerfolges, um den aktiven Stressoren der Umwelt auch langfristig adäquat begegnen zu können.

Praxis der Biofeedback-Therapie

Respiratorisches Feedback

Die Rückmeldung der Atmung (respiratorisches Feedback) hat erstaunlicherweise lange keine Beachtung gefunden. Dabei nimmt die Atmung im autonomen Nervensystem eine zentrale Funktion ein. Sie ist eng verknüpft mit anderen Regelkreisen. Sie beeinflußt diese bzw. wird von diesen beeinflußt. So wirken z. B. Schmerz, Hormone, Chemo-, Thermo- und Dehnungsrezeptoren, Cortex und Limbisches System auf das Atemzentrum in der Medulla oblongata.

Dabei ist die Relation zwischen Atemfrequenz und Atemtiefe für verschiedene Aktivierungsniveaus bezeichnend. So ist beispielsweise psychische Erregung durch eine frequente und flache Atmung charakterisiert. Nach Christian stellt der Atemrhythmus einen zuverlässigen Indikator für emotionale Zustände dar, wobei der emotionale Zustand des Individuums, der sich im Atemrhythmus widerspiegelt, oft nicht bewußt erlebt wird. Die Atmung nimmt auch insofern eine besondere Stellung im Organismus ein, als sie sowohl bewußt als auch unbewußt erlebt werden kann. So können wir unsere Atmung willkürlich unterbrechen, verlangsamen bzw. beschleunigen, d. h. cortikal beeinflussen. Wenden wir aber unsere Aufmerksamkeit ab, so funktioniert sie wieder unwillkürlich. Die Sonderstellung der Atmung wird bei vielen Entspannungstechniken wie z. b. Autogenes Training, Progressive Muskelrelaxation, Yoga und der Kinästhesie im NEUROMEDIZIN-KONZEPT besonders beachtet (siehe auch Kapitel «Allgemeine Grundlagen der Kinästhesie»).

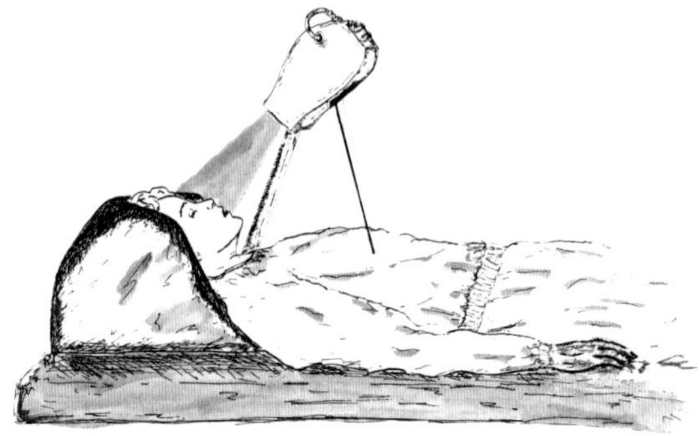

Abb. 11.72: Patient bei der Atemfeedback-Entspannung

In den siebziger Jahren wurde dann von Leuner das respiratorische Feedback entwickelt. Die Rückmeldung der Atemexkursion erfolgt mit Hilfe eines Dehnungsmeßstreifens, der je nach Atemtyp im Brust- oder Bauchbereich angelegt wird. Andere Aufnahmemöglichkeiten des Atemrhythmus stellen Temperatursensoren dar, die über die Temperaturdifferenz der Ein- und Ausatemluft ein Feedbacksignal erzeugen können, oder aber drahtlose moderne Aufnehmer, die mittels Infrarotsensoren die Bewegungen der Atemexkursion im Thorakal- bzw. Abdominalbereich abtasten können. Nach elektronischer Aufarbeitung kann so die Ein- und Ausatmung in Form eines an- bzw. abschwellenden Tones oder Lichtsignales bewußt gemacht werden.

Mit zunehmender Entspannung sinken der Sauerstoffverbrauch des Organismus sowie die Atemfrequenz, so daß der Patient in eine trophotrope Lage umschaltet, wobei Atemfrequenz, Blutdruck und Muskeltonus sinken. Das subjektive Wohlempfinden wirkt sich als positiver Verstärker aus (Abb. 11.72).

Indikationen des respiratorischen Feedbacks sind:

- Funktionelle Störungen von Herz und Kreislauf, Atmung, Verdauung und Uro-Genital-System,
- Schlafstörungen,
- psychische Störungen (neurotische Persönlichkeitsstörungen wie depressive Versagenszustände, Phobien, Examensängste).

EMG-Feedback

Die motorische Aktivität kann ebenfalls als Indikator für das allgemeine Erregungsniveau betrachtet werden. Die motorische Einheit als kleinste funktionelle Einheit des Muskels besteht aus einer Gruppe von Muskelfasern, einer Vorderhornzelle des Rückenmarks und des von ihr kommenden Motoneurons. Viele motorische Einheiten bilden den Gesamtmuskel. Für den Muskeltonus sind einerseits die Entladungsfrequenz und andererseits die Anzahl der aktiven Einheiten maßgeblich. Durch optische und akustische Signale kann gelernt werden, den Muskeltonus zu beeinflussen.

Mit Oberflächenelektroden kann die elektrische Muskelaktivität (Muskelfasermembran-Potential) abgeleitet werden, da aktive Muskulatur auf der Haut ein elektrisches Feld erzeugt. Die Spannungsunterschiede zwischen beiden Elektroden (bipolare Ableitung) werden als bioelektrisches Signal dem Verstärker zugeleitet, hier verstärkt und in Feedbacksignale akustisch oder optisch transformiert. In modernen Geräten kann durch Variation der Zeitkonstanten eine «Feedbackdämpfung» erreicht werden, die schnelle und zu starke Anstiege bzw. Abfälle in der Aktivität dämpfen, so daß der Patient ein relativ gleichmäßiges und ruhiges Feedback erhält. Aufgabe des Patienten ist es, bei angestrebter Muskelrelaxation die Anzahl der Klickgeräusche pro Zeiteinheit zu vermindern und bei angestrebter Tonuserhöhung (z. B. bei Atrophien) die Anzahl der Klickgeräusche zu erhöhen (Abb. 11.73).

Indikationen des EMG-Feedbacks sind:

- Psychosomatische Störungen wie Angstzustände, Depressionen, Spannungskopfschmerzen und Migräne,
- spastischer Schiefhals,
- vertebragene Schmerzsyndrome,
- Muskelatrophie,
- spastische und schlaffe Paresen.

Herzfrequenz-Feedback

In den verschiedenen Studien von Engel, Ascough und Sipprelle konnte objektiviert werden, daß die Variabilität der Herzfrequenz durch Biofeedback erlernbar ist. Es wurden dabei signifikante Veränderungen des Herzfrequenzniveaus in beiden Richtungen nachgewiesen. Über Elektroden, die die Spannungsdifferenzen des Herzmuskels über dem Thorax ableiten, kann – elektronisch aufgearbeitet – ein Feedbacksignal optischer bzw. akustischer Art erzeugt werden (ähnlich EKG). Andererseits ist es durchaus möglich, mittels optischer Sensoren an der Fingerbeere oder am Ohrläppchen die Pulswellendifferenz in den Kapillaren abzuleiten und diese ebenfalls elektronisch aufzuarbeiten und rückzumelden. Das Herzfrequenz-Feedback ist bei Herzrhythmusstörungen indiziert (auch über die Angstreduktion).

Hautwiderstand-Feedback

In der Literatur finden sich eine Vielzahl synonymer Begriffe für das Phänomen der Hautwiderstandsänderung, die immer dann auftritt, wenn ein Strom (minimal und nicht wahrnehmbar) durch die Haut geleitet wird. Diese galvanische Hautreaktion (galva-

Abb. 11.73: Migräne-Patient mit EMG-Feedback (Ableitung des M. frontalis)

nic skin respons – GSR) wird in der älteren Literatur auch als psychogalvanische Reaktion (PGR) bezeichnet. Die Veränderungen des Hautwiderstandes treten im Zusammenhang mit emotionalen Reizen auf und können ebenfalls zu sich verändernden Feedbacksignalen aufgearbeitet werden.

Anatomisches Korrelat des Hautwiderstandes ist dabei die Hornhaut. Hier werden auch die Schweißdrüsen über spezifische sympathische Schweißnerven innerviert. Die höheren Regulationszentren der Schweißabsonderung, die maßgeblich bei emotionalen Reizen verändert werden, liegen in der grauen Substanz des Zwischenhirns (kaudaler Anteil des Hypothalamus). Bei erhöhtem Erregungsniveau durch starke psychische Anspannung kommt es zu einer Vasokonstriktion im Bereich der Hände und Füße, gleichzeitig erfolgt hier eine verstärkte Schweißsekretion.

So bietet sich auch der Hautwiderstand als Indikator des allgemeinen sympathischen Erregungsniveaus an. Geeignet zur Widerstandsmessung sind aufgrund ihrer hohen Schweißdrüsendichte die palmaren Hautgebiete der Hand. Zwischen zwei auf der Haut plazierten Elektroden (z. B. an Mittel- und Ringfinger) fließt ein konstanter elektrischer Strom, welcher von der Versuchsperson nicht wahrgenommen wird. Minimale Veränderungen durch die erhöhte elektrische Leitfähigkeit bei psychischer Anspannung werden verstärkt und -elektronisch aufgearbeitet – als Ton- oder Lichtsignal zurückgemeldet.

Dabei können diese Hautwiderstandsänderungen sowohl durch äußere als auch durch innere Reize hervorgerufen werden. Sie halten in der Regel nicht länger als vier Sekunden an und werden auch nicht bewußt erlebt. Sie stellen keinen Indikator für Veränderungen des Muskeltonus dar, sondern sind di-

Abb. 11.74: Kleines Handgerät für die Rückmeldung des Hautleitwertes (skin-reaction-level) über einen Summton

Abb. 11.75: Gerät zur optisch-akustischen Rückmeldung von Muskelspannung, Hirnwellenaktivität und Pulsfrequenz

rekt Ausdruck vegetativer Aktivierung. Eine Erhöhung des Hautwiderstandes bedeutet dann also ein sinkendes Aktivierungsniveau und wird mit jeweils sinkender optischer oder akustischer Anzeige dargestellt. Neben der nur einige Sekunden dauernden Sofortreaktion kann der Hautleitwert jedoch auch über eine längere Zeit gemessen werden, wobei dieser dann auch langsame Erregungstrends während der gesamten Sitzung zeigt (Abb. 11.74). Indikationen des Hautwiderstand-Feedbacks sind:

- Angstzustände,
- Hypertonie,
- Verbesserung kognitiver Fähigkeiten.

EEG-Feedback

Die Kontrolle zentralnervöser Aktivität mittels Feedback ist ebenfalls möglich. Die Hirnwellen spiegeln die elektrische Aktivität von Neuronenverbänden unter den auf der Schädeloberfläche angebrachten Ableitelektroden wider. Sie können durch ihre Frequenz und ihre Amplitude beschrieben werden. Je nach Frequenz unterscheidet man vier Gehirnwellenbereiche:

Betawellen: 14 bis 30 Schwingungen pro Sekunde, relativ rasche Gehirntätigkeit. Diese Wellen können Aufmerksamkeit, Konzentration, aber auch Nervosität, Angst und Streß widerspiegeln. Sie sind bei der Lösung anspruchsvoller logischer, mathematischer oder manueller Aufgaben wichtig.

Alphawellen: 8 bis 13 Schwingungen pro Sekunde. Diese Wellen finden sich bei Entspannung und angenehmer Ruhe (Meditation).

Thetawellen: 4 bis 7 Schwingungen pro Sekunde. Erreicht wird dieser Typ von Gehirnwellen in tiefer Entspannung. Ein sonst unausgeschöpftes Potential an unbewußten Inhalten soll in diesem Zustand zugänglich sein (Kreativität, Imagination).

Deltawellen: Diese langsamen Wellen mit 0,5 bis 3,5 Schwingungen pro Sekunde sind normalerweise nur im Tiefschlaf und im Koma zu finden.

Die Euphorie der 70er Jahre, daß mittels EEG-Feedback eine «Persönlichkeitserweiterung» stattfinden könne, legte sich in den darauffolgenden Jahren. Ausgehend von der Beobachtung, daß Yogis bei ihren meditativen Übungen eine Verschiebung der Hirnaktivität zugunsten der Alphawellen zeigten, war angenommen worden, daß eine willkürliche Vermehrung der Alpha-Frequenzen durch Biofeedback einen der Zen-Meditation ähnlichen Zustand herbeiführen könne. Allerdings zeigten Studien, daß eine Alphawellenerhöhung nicht auf einen Lernprozeß, sondern auf eine Verringerung der Aufmerksamkeit auf externale, insbesondere visuelle Stimuli zurückzuführen ist.

Nach Birbaumer wird der Alphazustand im allgemeinen als «langweilig» und nur in wenigen Fällen als entspannend bezeichnet. In der Epilepsieforschung wurde dennoch in den letzten Jahren über Erfolge berichtet, die mittels Biofeedback eine signifikante Reduktion der Anfallshäufigkeit aufzeigten. Bei einigen Patienten kam es sogar zur Beseitigung der Anfälle.

Diesen offensichtlichen und Mut machenden Erfolgen stehen allerdings einige Bedenken entgegen: der eigentliche Wirkmechanismus ist hier noch völlig unbekannt. Ein entscheidender Faktor wäre sicherlich, daß die Patienten durch die erlernte Selbstkontrolle die Angst vor den Anfällen verloren haben.

Über der Schädelkalotte angebrachte Elektroden leiten geringste Spannungsänderungen (wie beim EEG) an einen Verstärker weiter, der mittels verschiedener Filtertechniken den betreffenden Wellenbereich herausfiltert und wiederum als optisches bzw. akustisches Signal rückmeldet. Indikationen des EEG-Feedbacks sind Epilepsie und Schlafstörungen (Abb. 11.75).

Blutdruck-Feedback

Da eine kontinuierliche Messung aufgrund der großen Belastung (Unterbrechung des Blutflusses) kaum möglich ist, wurde ein Verfahren entwickelt, bei dem die Blutdruckmanschette bis zu dem Druck aufgepumpt wird, bei dem bei ca. 50% der Herzschläge in einer bestimmten Zeit ein Korotkow-Geräusch auftritt, was dem momentanen systolischen Blutdruck entspricht. Nach Anlegen einer Blutdruckmanschette – bzw. neuerdings Ultraschallsonden – muß der Patient lernen, das akustische oder optische Feedbacksignal auf einem Bildschirm zu reduzieren. Indikation des Blutdruck-Feedbacks ist die Hypertonie.

Temperatur-Feedback

Der Mensch registriert normalerweise erst Temperaturveränderungen ab 2 °C. Da bei Steigung des allgemeinen Erregungsniveaus mit Zunahme des Sympathikotonus eine Vasokonstriktion erfolgt und bei Abnahme des Vasomotorentonus eine Gefäßerweiterung eintritt, liegt es nahe, auch das Oberflächentemperatur-Feedback einzusetzen. Mit der Feedbackapparatur (die Sensoren werden beispielsweise an der Handinnenfläche oder Stirn appliziert) werden nun geringste Temperaturdifferenzen (im Zehntelbereich) verstärkt und z. B. als Lichtsignal zurückgemeldet.

Indikationen des Temperatur-Feedbacks sind:

- Migräne
  Der Patient erhält hierbei die Differenz zwischen Hand- und Kopftemperatur rückgemeldet und bekommt die Anweisung, die Handtemperatur relativ zu erhöhen.
- Morbus Raynoud (auch über konsensuelle Reaktionen).

Literaturempfehlungen

Kinästhesie

Achterberg, J.: Die heilende Kraft der Imagination. Scherz, Bern 1987.
Alexander, F. M.: Der Gebrauch des Selbst. Kösel, München 1988.
Alexander, G.: Eutonie. Kösel, München 1978.
Ayres, A. J.: Lernstörungen. Springer, Berlin 1979.
Ayres, A. J.: Bausteine der kindlichen Entwicklung. Springer, Berlin 1984.
Barker, S.: Haltung zeigen. Knaur, München 1989.
Barlow, W.: Die Alexander-Technik. Kösel, München 1983.
Basler, H.-D./Franz, C./Kröner-Herwig, B./Rehfisch, H. P./Seemann, H. (Hrsg.): Psychologische Schmerztherapie. Springer, Berlin 1990.
Beck, D.: Krankheit als Selbstheilung. Insel, Frankfurt 1981.
Becker, H.: Krankengymnastik und Psyche. Zeitschrift Krankengymnastik 6/1988.
Berger, W. u. a.: Haltung und Bewegung beim Menschen. Springer, Berlin 1984.
Bertherat, T./Bernstein, C.: Der entspannte Körper. Ehrenwirth, München 1982.
Besser-Siegmund, C.: Sanfte Schmerztherapie. Econ, Düsseldorf 1989.
Brandt, B.: Sitzen – Schweigen – Hören. Grünewald, Mainz 1986.
Bresler, D. E./Truba, R.: Free Yourself from Pain. Simon & Schuster, New York 1979.
Brooks, C. V. W.: Erleben durch die Sinne. Junfermann, Paderborn 1979.
Broome, A./Jellicoe, H.: Mit dem Schmerz leben. Huber, Bern 1989.
Brüne, L.: Reflektorische Atemtherapie. Thieme, Stuttgart 1983.
Bykow, K. M.: Großhirnrinde und Innere Organe. VEB Volk und Gesundheit, Berlin 1953.
Capacchione, L.: Die Kraft der anderen Hand. Knaur, München 1990.
Caplan, D.: Back Trouble. Gainsville, Florida 1987.
Coleman, V.: Gesundheit ohne Medizin. Kösel, München 1985.
Coleman, V.: Den Schmerz besiegen. Econ, Düsseldorf 1988.
Coleman, V.: Denk dich gesund. Knaur, München 1990.
Dahlmann, W./Oberdahlhoff, H. E. (Hrsg.): Neurologische Psychosomatik. Dr. E. Banaschewski, München-Gräfeling 1987.
Delakova, K.: Beweglichkeit. Kösel, München 1984.
Derbolowsky, U.: Kränkung, Krankheit und Heilung in leiblicher, seelischer und geistiger Sicht. Haug, Heidelberg 1976.
Derbolowsky, U.: Richtig atmen hält gesund. Econ, Düsseldorf 1978.
Derbolowsky, U.: Haltungsanalytische Atem-, Sprech- und Stimmtherapie. Haug, Heidelberg 1978.
Dittmar, F.: Physikalische Therapie der seelischen Verstimmungen. Zeitschrift Physiotherapie 10/1981.
Dychtwald, K.: Körperbewußtsein. Synthesis, Essen 1981.
Ebert, D.: Physiologische Aspekte des Yoga. Fischer, Stuttgart 1986.
Edel, H./Knauth, K.: Grundzüge der Atemtherapie. Müller & Steinicke, München 1984.
Ehrenberg, H.: Über die Lösungs- und Atemtherapie von A. Schaarschuch. Zeitschrift Krankengymnastik 6/1970.
Ehrenberg, H.: Über die Spannungsregulation in der Krankengymnastik. Zeitschrift Krankengymnastik 6/1970.
Ehrenberg, H.: Zur Beurteilung der Atemform in verschiedenen Ausganssstellungen. Zeitschrift Krankengymnastik 10/1976.
Ehrenberg, H.: Entspannung in der Krankengymnastik. Zeitschrift Krankengymnastik 12/1981.

Ehrenberg, H.: Zur Körperwahrnehmung beim Entspannen. Zeitschrift Krankengymnastik 8/1988.
Ehrenfried, L.: Körperliche Erziehung zum seelischen Gleichgewicht. Westliche Berliner Verlagsgesells., Berlin 1957.
Engeling, I.: Die Entwicklung der Wahrnehmungsfähigkeit für Bewegungs- und Spannungsvorgänge. Zeitschrift Krankengymnastik 10/1966.
Engeling, I.: Gedanken zur Steuerung der Atmung über Bewegungsaufträge. Zeitschrift Krankengymnastik 1/1967.
Eppenschied, R.: Das Ausdrucksbild der Emotionen. Reinhardt, München 1985.
Feldenkrais, M.: Bewußtheit durch Bewegung. Suhrkamp, Frankfurt 1981.
Feldenkrais, M.: Abenteuer im Dschungel des Gehirns. Suhrkamp, Frankfurt 1981.
Feldenkrais, M.: Die Entdeckung des Selbstverständlichen. Insel, Frankfurt 1985.
Feldenkrais, M.: Das starke Selbst. Insel, Frankfurt 1989.
Feldenkrais, M.: Die Feldenkraismethode in Aktion. Junfermann, Paderborn 1990.
Fischer, W.-D.: Entspannung und Körperwahrnehmung aus der Sicht der Bewegungstherapie. Zeitschrift Krankengymnastik 8/1984.
Fleischer-Peters, A./Scholz, U.: Psychologie und Psychosomatik in der Kieferorthopädie. Hanser, München 1985.
Friedmann, E. D.: Laban – Alexander – Feldenkrais. Junfermann, Paderborn 1989.
Fuchs, M.: Funktionelle Entspannung. Hippokrates, Stuttgart 1974.
Gallwey, I./Kriegel, B.: Besser Skifahren durch «Inner-Training». Heyne, München 1981.
Gawain, S.: Stell dir vor. Rowohlt, Reinbek 1986.
Gazzaniga, M. S.: Das erkennende Gehirn. Junfermann, Paderborn 1989.
Gelb, M.: Körperdynamik. Ullstein, Frankfurt 1986.
GEO-Wissen: Gehirn – Gefühl – Gedanken. Gruner + Jahr, Hamburg 1987.
Glaser, V.: Atemmassage. Zeitschrift Krankengymnastik 4/1958.
Glaser, V.: Eutonie. Haug, Heidelberg 1980.
Glaser, V.: Atemmassage. ML, Uelzen 1983.
Glaser, V.: Sinnvolles Atmen. Humata, Bern o. J.
Gräff, C.: Konzentrative Bewegungstherapie in der Praxis. Hippokrates, Stuttgart 1983.
Groddeck, G.: Der Mensch als Symbol. Kindler, München 1976.
Groddeck, G.: Die Natur heilt. Fischer, Frankfurt 1984.
Groddeck, G.: Krankheit als Symbol. Fischer, Frankfurt 1987.
Gross, W.: Finde ich meinen Körper, so finde ich mich. Herder, Freiburg 1984.
Grünn, H.: Die innere Heilkraft. Econ, Düsseldorf 1990.
Haase, H./Ehrenberg, H./Schweizer, M.: Lösungstherapie. Pflaum, München 1985.
Hampden-Turner, C.: Modelle des Menschen. Beltz, Weinheim 1983.
Hanna, T.: Beweglich sein – ein Leben lang. Kösel, München 1990.
Helmrich, H. E.: Muskelverspannung als Krankheit. Haug, Heidelberg 1978.
Herrmann, C.: Die Mund-Raum-Funktion als Ausdruck seelischer und körperlicher Gesamtentwicklung. Zeitschrift Biologische Zahnmedizin 1/1985.
Hess, W. R.: Psychologie in biologischer Sicht. Thieme, Stuttgart 1968.
Heyer-Grote, L. (Hrsg.): Atemschulung als Element der Psychotherapie. Wiss. Buchgesellschaft, Darmstadt 1970.
Höhnke, O./Ramme-Wichmann, A.: Bewegung und Entspannung am Arbeitsplatz. Thieme, Stuttgart 1990.
Holler, J.: Das Neue Gehirn. Bruno Martin, Südergellersen 1989.
Hotz, A./Weineck, J.: Optimales Bewegungslernen. Perimed, Erlangen 1983.
Hopson, J. L.: Endorphine: Stimmungsmacher und Schmerzkiller. Zeitschrift Psychologie Heute 12/1988.
Houston, J.: Der mögliche Mensch. Sphinx, Basel 1984.
Jacobs, D.: Die menschliche Bewegung. Henn, Kastellaun 1977.
Jacobs, D.: Bewegungsbildung – Menschenbildung. Henn, Kastellaun 1978.
Jacoby, H.: Jenseits von Begabt und Unbegabt. Christians, Hamburg 1983.
Jaffe, D. T.: Kräfte der Selbstheilung. Klett-Cotta, Stuttgart 1983.
Kalev, A.: Aufbauende und heilende Bewegung. Arbor, Heidelberg 1989.
Kaufmann, K./Glittenberg, U.: Das Japanische Gehirn. Zeitschrift Raum & Zeit 30/1987.
Keleman, S.: Leibhaftes Leben. Kösel, München 1982.
Kjellrup, M.: Bewußt mit dem Körper leben. Ehrenwirth, München 1980.
Klaus, H.: Heilung und Selbstheilung durch Imagineering. Goldmann, München 1990.
Knüsel, O./Wyss, U./Frey, O.: Die Ganganalyse als eine Kontrollmöglichkeit in der Physikalischen Therapie. Zeitschrift Physikalische Medizin, Balneologie, Med. Klimatologie 4/1986.
Knüsel, O./Wiedmer, L.: Die Ganganalyse – Geschichte, Methoden und Grundlagen. Zeitschrift Physikalische Medizin, Balneologie, Med. Klimatologie 6/1990.
Kofler, L.: Die Kunst des Atmens. Bärenreiter, Kassel 1977.
Kohler, M.: Die Kunst des Entspannens. A. Müller, Rüschlikon-Zürich 1972.
Kowarschik, J.: Der Mensch und die Schwerkraft. Archiv für Physikalische Therapie 6/1959.
Krauß, H.: Atemtherapie. Hippokrates, Stuttgart 1984.
Krawette, S.: Hundert Wege zur vollkommenen Entspannung. Bodymind, Berlin 1983.

Kummer, B.: Atemmechanik und Körperstellung. Zeitschrift Krankengymnastik 7/1967.
Kummer, B.: Über atemmechanische Bedingungen in verschiedenen Ausgangspositionen. Zeitschrift Krankengymnastik 8/1968.
Kurtz, R./Prestera, H.: Botschaften des Körpers. Kösel, München 1981.
Laban, R. v.: Die Kunst der Bewegung. Noetzel, Wilhelmshaven 1988.
Leibold, G.: Körpertherapie. Econ, Düsseldorf 1986.
Leibowitz, J./Connington, B.: Die Alexander-Technik. Scherz, Bern 1991.
List, M.: Betrachtungen zur Ganganalyse und ihre krankengymnastische Auswertung. Zeitschrift Krankengymnastik 4/1975.
Lodes, H.: Atme richtig. Ehrenwirth, München 1977.
Luban-Plozza, B.: Psychosomatische Gesichtspunkte zur integrierten Physiotherapie, Zeitschrift Krankengymnastik 11/1990.
Maisel, E. (Hrsg.): Die Grundlagen der F.-M.-Alexander-Technik. Arbor, Heidelberg 1985.
Martens, A. (Hrsg.): Lösungs- und Atemtherapie Alice Schaarschuch. Haag + Herchen, Frankfurt 1985.
Masters, R./Houston, J.: Bewußtseinserweiterung über Körper und Geist. Kösel, München 1985.
Milz, H.: Ganzheitliche Medizin. Athenäum, Königstein/Ts. 1985.
Mittermair, F.: Körpererfahrung und Körperkontakt. Kösel, München 1985.
Molcho, S.: Körpersprache. Mosaik, München 1983.
Molcho, S.: Körpersprache als Dialog. Mosaik, München 1988.
Morgan, L.: Hilfe aus Dir selbst. Illig, Göppingen 1969.
Müller, E.: Entspannungsmethoden in der Rehabilitation. Perimed, Erlangen 1987.
Müller, L.: Das Gehirn: Rechts heiter, links betrübt. Zeitschrift Psychologie Heute 5/1988.
Nörenberg, K.: Die Entwicklung des Entspannungsgedankens in der Gymnasik, Zeitschrift Krankengymnastik 8/1970.
Oberdhoff-Looden, I.: Psychosomatische Schmerzbehandlung in der Arztpraxis. Vandenhoeck & Ruprecht, Göttingen 1987.
Oppenheimer, M.P.: Die Dehnlehre. Hübner, Waldeck 1986.
Ornstein, R./Thompson, R.F.: Unser Gehirn: das lebendige Labyrinth. Rowohlt, Reinbek 1986.
Ornstein, R.: Multimind. Junfermann, Paderborn 1989.
Ostertag, S.: Eins werden mit sich selbst. Kösel, München 1981.
Petzold, H. (Hrsg.): Die neuen Körpertherapien. Junfermann, Paderborn 1977.
Petzold, H. (Hrsg.): Psychotherapie & Körperdynamik. Junfermann, Paderborn 1981.
Petzold, H.: Integrative Bewegungstherapie als verbindung funktionaler und psychosomatischer Behandlung. Zeitschrift Krankengymnastik 11/1990.
Philippe, N.: Visualisierung. Ehrenwirth, München 1990.
Popitz, F.: Die Symbolik des menschlichen Leibes. Hippokrates, Stuttgart 1956.
Rabl, C.R.H.: Physiologie des Gehens. Zeitschrift Krankengymnastik 1/1968.
Rehfisch, H.P./Basler, H.-D./Seemann, H.: Psychologische Schmerzbehandlung bei Rheuma. Springer, Berlin 1989.
Reutler, B.H.: Körpersprache im Bild. Englisch, Wiesbaden 1986.
Rexrodt, F.W.: Gehirn und Psyche. Hippokrates, Stuttgart 1981.
Rizzi, M.: Die menschliche Haltung und die Wirbelsäule. Hippokrates, Stuttgart 1979.
Rütschi-Leist, G.: Der Schmerzpatient in der Bewegungstherapie. Zeitschrift Krankengymnastik 12/1988.
Rumberger, E.: Zur Regulation der Atmung. Zeitschrift Krankengymnastik 7/1971.
Rywerant, Y.: Die Feldenkrais-Methode. Kübler und Akselrad, Heidelberg 1985.
Schaarschuch, A.: Der atmende Mensch. Turm, Bietigheim 1979.
Schaub, A.F.: Naturheilkraft Phantasie. Fischer, Frankfurt 1985.
Schenk, C.: Streß bewältigen durch Entspannung. Falken, Niedernhausen/Ts. 1986.
Schenk, C.: Psychosomatische Aspekte des Schmerzes. Zeitschrift Krankengymnastik 1/1986.
Schewe, H.: Die Bewegung des Menschen. Thieme, Stuttgart 1988.
Schmitt, J.L.: Atemheilkunst. Humata, Bern 1969.
Schönberger, F.: Wie Bewegung Bedeutung gewinnen kann – «Konzentratives Bewegungshandeln» mit Miriam Goldberg. Zeitschrift Krankengymnastik 1/1991.
Schweizer, M.: Der Suggestiv-Faktor in der krankengymnastischen Behandlung. Zeitschrift Krankengymnastik 12/1981.
Selby, J.: Natürlich Atmen. Sphinx, Basel 1984.
Selby, J.: Wecke deine Sinne. Bauer, Freiburg 1988.
Senn, E.: Die Bewegung des Menschen als Brücke zwischen Seele und Umwelt. Zeitschrift Physikalische Medizin, Balneologie, Med. Klimatologie 1/1986.
Siegel, B.: Prognose Hoffnung. Econ, Düsseldorf 1988.
Simeons, A.T.W.: Die Entwicklung des menschlichen Gehirns. Goldmann, München 1970.
Simeons, A.T.W.: Ärger und Aufregung als Krankheitsursachen. Goldmann, München 1973.
Simonton, O.C./Simonton, S.M./Creighton, J.: Wieder gesund werden. Rowohlt, Reinbek 1982.
Simonton, S.M.: Heilung in der Familie. Rowohlt, Reinbek 1989.
Sommer, A.: Hör auf deinen Körper. Herder, Freiburg 1988.
Spazier, D.: Über nervale und psychische Steuerungsvorgänge bei der Atmung. Zeitschrift Krankengymnastik 8/1968.
Speads, C.: Atmen. Kösel, München 1983.

Stangl, A./Stangl, M.-L.: Das Entspannungsprogramm. Heyne, München 1978.
Stein, A.: Den Schmerz besiegen. Verlag für Therapeutische Medizin, Iserlohn 1987.
Steudel, H.: Betrachtungen zur Ganganalyse und ihre krankengymnastische Auswertung. Zeitschrift Krankengymnastik 10/1974.
Stevens, C.: Alexander-Technik. Sphinx, Basel 1989.
Stunder, W. A.: Physiotherapie im Licht der Psychosomatik. Zeitschrift Physiotherapie 2/1986.
Suinn, R. M.: Übungsbuch für Mentales Training. Huber, Bern 1989.
Svoboda, T.: Schmerzen psychologisch überwinden. Schönbergers, München 1986.
Swift, S.: Centered Riding. Kingswood, London 1985.
Syer, J./Connolly, C.: Psychotraining für Sportler. Rowohlt, Reinbek 1987.
Terry, P.: Mental zum Sieg. BLV, München 1990.
Tietze, H. G.: Entschlüsselte Organsprache. Ariston, Genf 1985.
Triebel-Thome, A.: Feldenkrais. Gräfe und Unzer, München 1989.
Vogler, P. (Hrsg.): Grundfunktionen. VEB Thieme, Leipzig 1961.
Vogler, P.: Physiotherapie. Thieme, Stuttgart 1964.
Walterspiel, B.: Das Abenteuer der Bewegung. Die Feldenkrais-Methode. Kösel, München 1989.
Weil, S./Weil, H. H.: Mechanik des Gehens. Thieme, Stuttgart 1966.
Weintraub, A.: Physikalische Therapie als Psychotherapie funktioneller Schmerzzustände? Zeitschrift Physikalische Medizin, Balneologie, Med. Klimatologie 5/1980.
Weintraub, A.: Psychorheumatologie. Karger, Basel 1983.
Westphal, W.: Sinnesphysiologische Grundlagen der Körperwahrnehmung. Zeitschrift Krankengymnastik 8/1988.
Wilda-Kiesel, A.: Kommunikative Bewegungstherapie. J. A. Barth, Leipzig 1987.
Wiraeus, L./Effert, E.: Körperwahrnehmung – Die zweite Säule der Bewegungstherapie in der Herz-Kreislauf-Klinik. Zeitschrift Krankengymnastik 12/1988.
Zdenek, M.: Die Entdeckung des rechten Gehirns. Synchron, Berlin 1988.

Biofeedback

Achterberg, J.: Die heilende Kraft der Emotionen. Scherz, Bern 1987.
Basmajian, J. V.: Muscles Alive. Williams & Wilkins, Baltimore 1979.
Basmajian, J. V.: Biofeedback. Williams & Wilkins, Baltimore 1983.
Becker, N./Carus, C. u. a.: Psychophysiologische Methoden. Enke, Stuttgart 1979.
Birbaumer, N.: Neuropsychologie der Angst. Urban & Schwarzenberg, München 1973.
Birbaumer, N.: Physiologische Psychologie. Springer, Berlin 1975.
Brown, B.: Stress and the Art of Biofeedback. Harper & Row, New York 1977.
Gaardner, K. R./Montgomery, P.: Clinical Biofeedback. Williams & Wilkins, Baltimore 1982.
Gatchel, R. J./Price, K. P. (Eds.): Clinical Applications of Biofeedback. Pergamon, New York 1979.
Green, E./Green, A.: Biofeedback. Bauer, Freiburg 1978.
Hume, W.: Biofeedback. Huber, Bern 1979.
Jaffe, D. T.: Kräfte der Selbstheilung. Klett-Cotta, Stuttgart 1983.
Kroener, B./Sachse, R.: Biofeedback – Therapie. Kohlhammer, Stuttgart 1981.
Krahmann, H./Haag, G.: Die progressive Relaxation. Pflaum, München 1987.
Lanc, O.: Psychophysiologische Methoden. Kohlhammer, Stuttgart 1984.
Legewie, H./Nusselt, L.: Biofeedback – Therapie. Urban & Schwarzenberg, München 1975.
Leuner, H.: Biofeedback. In: Handwörterbuch der Psychiatrie. Enke, Stuttgart 1984.
Matz, F./Kreiß, V./Schenk, M./Schenk, C.: Wirksamkeit des Atemfeedbacks in der Gynäkologie. Zeitschrift Der Kassenarzt 22/1985.
Milz, H.: Ganzheitliche Medizin. Athenäum, Königstein 1985.
Olten, D. S./Noonbeerg, A. R.: Biofeedback. Prentice Hall, Englewood Cliffs, 1980.
Pelletier, K. R.: Unser Wissen vom Bewußtsein. Kösel, München 1982.
Pelletier, K. R.: Gesund leben – Gesund sein. Kösel, München 1983.
Peper, E./Ancoli, S./Quinn, M.: Mind/Body Integration. Pleneum Press, New York 1979.
Psychologie heute: Die Körper, die wir sind. Beltz, Weinheim 1985.
Schenk, C.: Ergebnisse der Behandlung mit dem respiratorischen Feedback im Vergleich zum autogenen Training bei Kindergruppen in einer Allgemeinpraxis. Med. Diss. 1981.
Schenk, C./Kruse, W.: Erste Erfahrungen und Ergebnisse mit dem Einsatz der respiratorischen Biofeedbacktherapie bei Kindern. Zeitschrift Therapiewoche 31/1981.
Schenk, C./Schenk, M.: Bei Stottern autogenes Training oder Atemfeedback. Zeitschrift Ärztliche Praxis 1983.
Schenk, C.: Biofeedback als hochwirksame Entspannung bei chronischen und vegetativen Funktionsstörungen. Zeitschrift Schmerz 1/1985.
Schenk, C.: Wirksamkeit eines neuen respiratorischen Feedbacksystems. Zeitschrift Kassenarzt 3/1985.
Schenk, C.: Psychosomatik des Schmerzes. Zeitschrift Krankengymnastik 1/1986.
Schenk, C.: Streß bewältigen durch Entspannung. Falken, Niedernhausen 1986.
Schenk, C.: Biofeedback – eine neue Heilmethode. Zeitschrift Krankengymnastik 7/1987.

Schenk, C.: Chronischer Kopfschmerz und Psychosomatik. Zeitschrift Der praktische Arzt 7/1987.
Schenk, C.: Biofeedback – Therapie bei psychosomatischen Beschwerden in der Allgemeinpraxis. Zeitschrift Therapiewoche 13/1987.
Schenk, C.: Biofeedback. Perimed, Erlangen 1989.
Schenk, C.: Atembiofeedback. Heyne, München 1990.
Sovak, M.: Kopfschmerz – Biosignalkontrolle. Dr. E. Fischer, Heidelberg 1981.

Abbildungsnachweis

Abb. 11.1, 11.3, 11.33, 11.62: Reinhard Dittel und Magdalene Grenz, c/o Neuromedizinisches Fortbildungszentrum Bad Hersfeld.
Abb. 11.2, 11.37–11.40, 11.42, 11.44, 11.56–11.58, 11.59, 11.61, 11.63, 11.65–11.70: Dr. med. dent. Eckart Grebner, München.
Abb. 11.4–11.32, 11.34–11.36, 11.43, 11.45–11.55, 11.57, 11.60, 11.64: Foto-Studio Sparr, Frankfurt a. M.
Abb. 11.41: Ralf Kupries, Kassel.
Abb. 11.71–11.73: Raffael Felbinger, c/o Neuromedizinisches Fortbildungszentrum Bad Hersfeld.
Abb. 11.74 + 11.75: Dr. med. Christoph Schenk, Osnabrück.

12 NEUROMEDIZIN-KONZEPT am Beispiel der häufigsten Schmerzsyndrome

Reinhard Dittel

Kopfschmerzen

Funktionelle Anatomie*

* Die Abschnitte Schädel, Kiefergelenk, Nasennebenhöhlen, Hirnhäute und Schmerzleitung hat Herr Prof. Dr. Farhang Samandari, verfaßt.

Fundierte Kenntnisse der klinisch-funktionellen Anatomie bilden die Grundlage des Verständnisses von Pathogenese, Diagnostik und Therapie der Kopfschmerzen.

Schädel

Der menschliche Schädel wird aus acht paarigen und sechs unpaarigen Einzelknochen gebildet. Als einziger Knochen ist der Unterkiefer mit dem Schädel gelenkig verbunden. Die übrigen 21 sind durch ihre Nähte (Suturae) fest miteinander verankert und aus anatomischer Sicht beim Erwachsenen fast nicht gegeneinander verschieblich. Aus osteopathischer Sicht ist aufgrund der rhythmischen Liquorpulsation eine minimale (0,1 bis 0,7 mm) dreidimensionale Beweglichkeit möglich.

Wir unterscheiden Gehirnschädel und Gesichtsschädel. Der Gehirnschädel (Cranium cerebrale) bildet die Kapsel für das Gehirn und beherbergt in seinen Felsenbeinen das Gehör- und Gleichgewichtsorgan. Der Gesichtsschädel (Cranium faciale) wird gebildet von den Knochen der Augenhöhle, Nasenhöhle, des Jochbogens sowie der zähnetragenden Ober- und Unterkiefer. Auch die Nasennebenhöhlen sind von den Gesichtsknochen umschlossen. Als Hartsubstanzen gehören die Zähne zum Skelettsystem des Kopfes. Dabei ist lediglich der Zahnschmelz schmerzfrei, weil dieser keine Nervenendigungen enthält. Die übrigen Zahnbestandteile (Dentin, Zement, Zahnhalteapparat und Pulpa) sind von zahlreichen sensiblen Nerven durchzogen und daher besonders empfindlich. Nicht selten können Kopf- und Gesichtsschmerzen ihre Ursachen im Zahnbereich haben. Der Gesichtsschädel umschließt die Augenhöhle, Nasenhöhle und Mundhöhle für die Aufnahme der Seh-, Geruchs- und Geschmacksorgane. Im Gesichtsschädel ist der Anfangsteil des Verdauungstrakts untergebracht, weshalb man ihn auch als Cranium viszerale bezeichnen kann. Vereinfacht werden für die beiden Schädelteile auch die Begriffe Neurokranium und Viszerokranium benutzt.

Der Gehirnschädel besitzt als geschlossene Kapsel ein Dach, einen Boden und die Seitenwände. Der Boden (Basis cranii) setzt sich aus Keilbein, Siebbein, Stirnbein, Schläfenbein und Hinterhauptbein zusammen. Am Aufbau der Schädelseitenwand beteiligen sich das Schläfenbein, das Scheitelbein, das Stirnbein und das Keilbein.

Das Schädeldach (Kalotte oder Calvaria) besteht aus einer einheitlich stark gebauten konvexen Platte von etwa einem Zentimeter Knochendicke. Gebildet wird die Kalotte von den beiden Scheitelbeinen (Ossa parietalia) und dem unpaaren Stirnbein (Os frontale). Die beiden Scheitelbeine sind miteinander durch die Pfeilnaht (Sutura sagittalis), mit dem Stirnbein durch die Kranznaht (Sutura coronalis) und mit dem Hinterhauptbein durch die dreieckige Lambdanaht (Sutura lambdoidea) verbunden (Abb. 12.1).

Aus dem senkrechten Verlauf der Suturen zueinander läßt sich eine optimale Statik des Schädels ableiten. In den Nahtspalten befinden sich straffe Kollagenfibrillen, die Sharpey'schen Fasern, welche die benachbarten Knochen miteinander verbinden.

Die Kalotte ist hinten breiter als vorne, so daß der Schädel in seinem hinteren Bereich mehr Hirnanteile

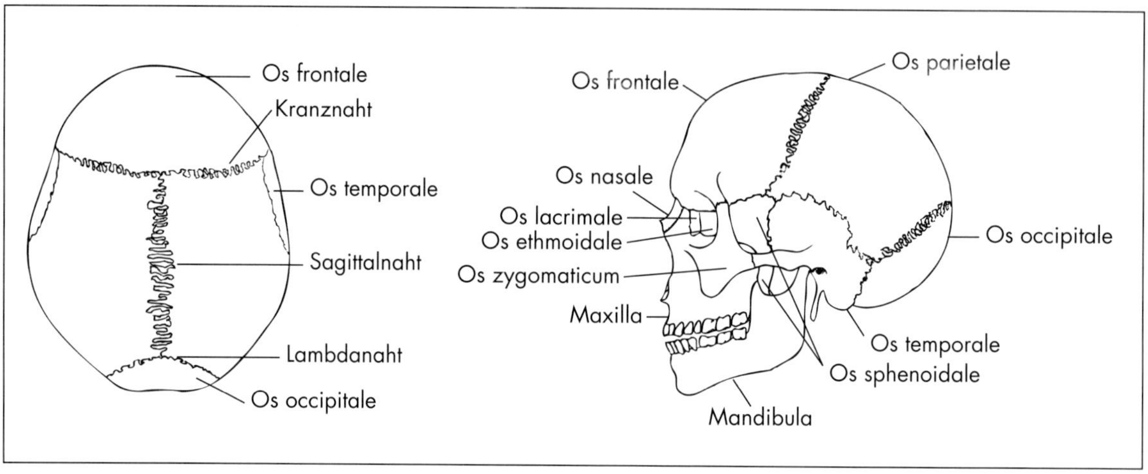

Abb. 12.1 a: Schädeldach mit der Strukturierung der Nähte **b:** Schädel von lateral

aufnehmen kann als in seinem vorderen Bereich. Die Höhe der Kalotte ist als Maß für die Hirngröße anzusehen. Vor allem im vorderen Bereich wurde sie im Laufe der Phylogenese immer steiler und bekam die für den rezenten Menschen charakteristische hohe Stirn.

Im frühen Kindesalter bleiben an Stellen, wo Nähte aufeinander treffen, bindegewebige Knochenlücken (Fontanellen) frei. Dadurch wird eine frühzeitige Berührung der Knochenkanten aneinander und somit die Gefahr einer vorzeitigen Verknöcherung der noch wachsenden Schädelknochen vermieden.

Die Suturen verschwinden auch nach dem Ossifikationsvorgang nicht vollständig. Es bleiben schmale Nahtlinien erhalten, die die Grenzen der einzelnen Knochen markieren. Von den Suturen geht die Proliferationsfähigkeit aus. Des weiteren finden vermutlich hier minimale dreidimensionale Bewegungen aufgrund der rhythmischen Liquorpulsation statt.

Ist die zeitlich aufeinander abgestimmte Wechselbeziehung zwischen Gehirn- und Schädelwachstum gestört, dann kommt es zu typischen Schädeldeformierungen wie Mikrozephalie, Hydrozephalus und Dyskranie (z. B. Schiefschädel, Turmschädel und Kahnschädel).

Die Knochenstruktur des Schädeldachs besteht aus einer dünnen Kompakta an der Innen- und Außenseite (Lamina interna und externa), sowie der dazwischen liegenden Spongiosa (Diploe). Dieser Aufbau erleichtert die Ernährung des Knochens, reduziert das Gewicht, erhöht den Widerstand und dient als guter Isolator gegen thermische Einflüsse. Die Kalotte ist am wenigsten durch Bruchverletzungen gefährdet. Die Scheitelbeine sind die einzigen Schädelknochen, die keinerlei Verbindung zur Schädelbasis aufweisen. Auf sie wirkende flächenhafte Stöße erreichen daher nur abgeschwächt die bruchempfindliche Basis.

Die Schädelbasis (Basis cranii) stellt die Verbindung zwischen Gehirn- und Gesichtsschädel dar und tritt über die Wirbelsäule auch mit dem Hals in enge Beziehung. Für diese Verbindungen besitzt sie zahlreiche Öffnungen, in denen Gefäße und Nerven auf- und absteigend hindurchziehen. Sie ist auf der Innen- und Außenseite recht unterschiedlich strukturiert, da die Außenfläche zusätzliche Knochenvorsprünge für die Befestigung der Bänder, Muskeln und Gelenke aufweisen muß.

Die innere Schädelbasis (Basis cranii interna) ist erst nach Entfernung der Kalotte sichtbar und weist ausgesprochen ungleiche Knochenstrukturen auf. Die sonst einfache Grundform der inneren Basis wird im mittleren Bereich durch die Integration der Felsenbeine in das Schädelinnere sowie durch die Bildung einer Hypophysengrube vielgestaltig. Entsprechend der verschiedenen Hirnabschnitte zeigt die innere Schädelbasis drei stufenförmig angelegte Terrassen. Die vordere dieser Terrassen ist die höchstgelegene, die hintere die tiefstgelegene. Diese stufenartige Anordnung begünstigt die Gewichtsverteilung des Kopfes auf der Halswirbelsäule. Dabei fällt das größere Hirngewicht auf den hinteren, das geringere auf den vorderen Schädelabschnitt (Abb. 12.2).

So wird beim Erwachsenen der Schwerpunkt des Neurokraniums nach hinten verlagert und ein Gegengewicht zur Schwere des Gesichtsschädels geschaffen. Dadurch werden Hals- und Nackenmuskeln für die Balance des Kopfes weitgehend entlastet und können mehr regulierend auf Kopf-Hals-Bewegungen eingehen. Die drei Ebenen (Terrassen) werden als Schädelgruben bezeichnet.

Die vordere Schädelgrube (Fossa cranii anterior) ist

gleichzeitig das Dach der Augenhöhle sowie der Nasenhöhle und nimmt die Stirnlappen des Gehirns auf. Sie wird gebildet in der Mitte durch die Siebbeinplatte, seitlich durch den orbitalen Teil des Stirnbeins, und hinten durch die kleinen Keilbeinflügel.

Die mittlere Schädelgrube (Fossa cranii media) nimmt die Schläfenlappen des Gehirns auf und bildet eine besondere Nische für die Hypophyse. Sie besitzt die meisten Öffnungen für die Gefäß-Nerven-Verbindung zwischen innerer und äußerer Schädelbasis. Sie besteht aus einem unpaaren Mittelfeld und paarigen, seitlich gelegenen Vertiefungen. Das Mittelfeld wird durch den Keilbeinkörper (Corpus ossis sphenoidalis) dargestellt, auf dessen oberer Seite sich ein besonders gestalteter Teil des Keilbeinkörpers, der Türkensattel (Sella turcica) befindet.

Die hintere Schädelgrube (Fossa cranii posterior) ist die am tiefsten gelegene der drei Terrassen. Sie wird in der Hauptsache durch das Os occipitale gebildet und enthält die Kleinhirnhemisphären und das verlängerte Mark. Nach vorn wird sie begrenzt von der Pyramidenhinterwand des Schläfenbeins und der Sattellehne des Keilbeins. Über das große Hinterhauptloch (Foramen magnum) ist die Verbindung vom Gehirn zum Rückenmark hergestellt. Das Foramen jugulare befindet sich in der Sutur zwischen Os occipitale und Os temporale. Es ist klinisch wichtig, da hier A. meningea posterior, V. jugularis interna, N. glossopharyngeus (IX), N. vagus (X) und N. accessorius (XI) hindurchziehen (Abb. 12.3).

Die äußere Schädelbasis (Basis cranii externa) ist die nach Wegnahme des Unterkiefers sichtbar werdende Schädelunterfläche, die somit Teile des Gesichtsschädels mit einbezieht. So blickt man im vorderen Teil in das Dach der Mundhöhle, den harten Gaumen und in die hinteren Öffnungen der Nasenhöhle. Das vordere Drittel wird vorwiegend durch den zähnetragenden Oberkiefer (Maxilla), das Gaumenbein (Os palatinum) und das Keilbein (Os sphenoidale) gebildet. In den hinteren zwei Dritteln dominieren die kompliziert gestaltete Pars petrosa des Schläfenbeins und das relativ einfach gebaute Hinterhauptbein.

Die Stärke des Schädelgehäuses ist individuellen Schwankungen unterworfen und daher verschieden widerstandsfähig gegen Gewalteinwirkung. Sie ist meist unabhängig von der Knochenstärke des übrigen Körpers. Gegenüber der einheitlich dicken Schädeldecke besteht die Schädelbasis aus einem Wechsel von dicken und dünnen Knochen mit unterschiedlichem Grad an Festigkeit. So liegen z. B. das Felsenbein als härtestes Knochenmaterial des Körpers und der besonders schwach ausgebildete Knochen des Keilbeinflügels nebeneinander. Dadurch ist die Basis cranii gegenüber der gleichmäßig dicken Kalotte geschwächt und kann bei stärkeren Stößen schneller brechen. So entstehen Schädelbasisbrüche meist dann, wenn eine Gewalt breitflächig auf den Hirnschädel wirkt und sich über die Wände der Kugel an die schwächere Basis fortpflanzt. Die zahlreichen Löcher und Kanäle bedeuten einerseits zusätzliche Schwächung der Basis insgesamt, andererseits können sie aber leichtere Stöße in den Hohlraum ableiten und so die Stoßkraft abdämmen. Beim Kleinkind hingegen sind Brüche der Schädeldecke auch ohne

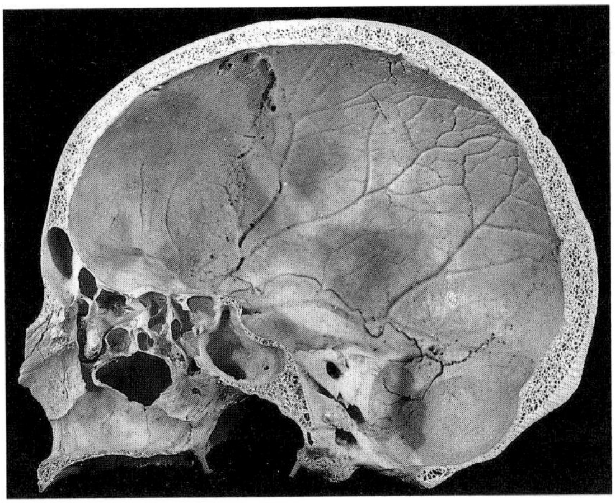

Abb. 12.2: Die Terrassenformation der inneren Schädelbasis und die Dickenunterschiede der Schädelbasisknochen sind erkennbar

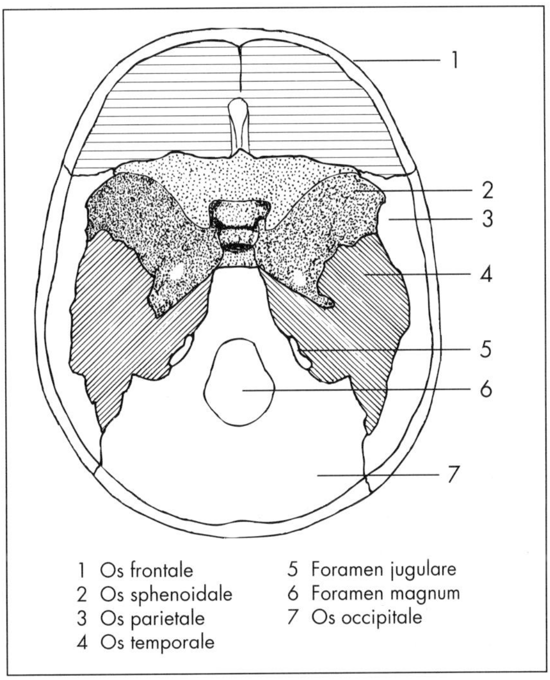

Abb. 12.3: Die innere Schädelbasis. Das Foramen jugulare ist in der Sutur zwischen Os occipitale und Os temporale sichtbar

Beteiligung der Basis häufig möglich, weil die Kalotte noch dünn ist und bei Stößen isoliert brechen kann. Die auftretenden Symptome der Basisbrüche sind von klinischer Bedeutung. Bei Brüchen in der vorderen Schädelgrube können Blut- und Liquorabfluß in die Nasenhöhle oder Blutungen in der Augenhöhle auftreten. Bei Brüchen in der mittleren Schädelgrube ist Blut- und Liquorabfluß im Rachenraum symptomatisch. Frakturen der hinteren Schädelgrube rufen meist Blutungen unter der Haut des Warzenfortsatzes hervor.

Der Druckausgleich zwischen intra- und extrakraniellem Gefäßsystem wird durch starrwandige Venen (Venae diploicae) hergestellt, welche durch Knochenlücken hindurch ziehen und so die Innen- und Außenseite des Schädels miteinander verbinden. Da diese Venen klappenlos sind, können sie das Blut von innen nach außen und von außen nach innen befördern.

Kiefergelenk

Das Kiefergelenk (Articulatio temporomandibularis) liegt vor dem äußeren Gehörgang und ist die einzige gelenkige Verbindung zwischen dem Schädel und dem Unterkiefer. In ihm sind differenzierte Bewegungsabläufe für Nahrungsaufnahme, Kautätigkeit und Phonation möglich. Im Gegensatz zu den anderen Gelenken sind hier nicht nur Pfanne und Kopf, sondern auch ein Gelenkhöcker innerhalb der Gelenkkapsel ausgebildet, der den komplexen Bewegungsmechanismus erst gestattet.

Im Kiefergelenk artikulieren der Unterkieferkopf (Caput mandibulae) mit der Schläfenbeingrube (Fossa mandibularis) und dem Schläfenbeinhöcker (Tuberculum articulare). Die überknorpelten Gelenkflächen berühren sich jedoch nicht, weil zwischen ihnen eine faserknorpelige Zwischenscheibe (Discus articularis) eingeschaltet ist. Dieser ist allseitig mit der Gelenkkapsel so verwachsen, daß er das Gelenk in einen oberen diskotemporalen und einen unteren diskomandibularen Spalt unterteilt. Der Diskus besitzt eine gewisse Verformbarkeit und verschiebt sich mit den Kieferkopfbewegungen, so daß er für den Gelenkkopf die eigentliche Pfanne bildet. Der relativ weiche Diskus ermöglicht einerseits fein abstufbare Kieferbewegungen, andererseits bildet er für Pfanne und Kopf zusätzliche Polster und schützt sie vor Zertrümmerung bei Gewalteinwirkung. Ein Durchbruch des Kieferkopfes in die Schädelhöhle ist daher kaum möglich.

Die trichterförmige Gelenkkapsel ist relativ locker und schlaff. Sie umschließt nicht nur Gelenkkopf und Gelenkgrube, sondern auch das Tuberculum articulare, das in die Funktion des Kiefergelenks einbezogen wird. Die Gelenkkapsel reicht an der Schädelbasis nach hinten bis zur Fissura petrotympanica und ist am Unterkieferhals (Collum mandibulae) befestigt. Die sehr geräumige Kapsel enthält reichhaltig elastisches Material, wodurch ihre Dehnbarkeit erhöht wird. Bei Luxationen des Gelenkkopfes zerreißt sie deshalb nur selten. An ihrer Innenseite ist der Diskus befestigt. Die luftdichte Gelenkkapsel besteht aus einer inneren endothelartigen Membrana synovialis, welche die Gelenkschmiere sezerniert und einer äußeren bindegewebigen Membrana fibrosa, welche für die Widerstandsfähigkeit der Kapsel sorgt.

Zusätzliche Verstärkungsbänder (Lig. laterale, Lig. sphenomandibulare, Lig. stylomandibulare) verlaufen weiträumig über das Gelenk und verbinden den Unterkiefer mit dem Schädel. Da diese Bänder einen anderen Hebelarm als die Kapsel aufweisen, greifen sie unterstützend in die Haltefunktion des Kiefers ein und wirken bremsend auf zu starke Kieferbewegungen. Außerdem fangen sie vermutlich einen Teil des Kaudrucks ab, der im Molarbereich beachtliche Größe erreichen kann. Das Kiefergelenk wird vom N. trigeminus (Gelenkäste des N. auriculotemporalis) innerviert.

Beim Kiefergelenk läßt sich der Gelenkkopf in der Pfanne nach der Art eines Scharnier-Schiebegelenkes drehen, an den Höckern nach vorn und hinten gleiten, sowie bei Mahlbewegungen etwas nach rechts und links rotieren. Da der intrakapsulär gelegene Höcker einen Bestandteil des Gelenkes darstellt, sind beim Öffnen und Schließen des Mundes Dreh- und Gleitbewegungen miteinander gekoppelt. Die kombinierte Dreh-Gleit-Bewegung kommt zustande, da die Bewegungsachse nicht durch den Gelenkkopf, sondern weiter unten durch das Foramen mandibulae verläuft und somit zwei Hebelarme entstehen läßt. Aus dieser Achsenlage ergibt sich zwangsläufig die gleichzeitige Dreh- und Gleitbewegung des Kiefers. Der aktive Bewegungsapparat des Kiefers ist maßgeblich an diesem komplexen Bewegungsablauf beteiligt. Sind die Kaumuskeln erschlafft – wie z. B. im Schlaf –, so erweist sich das Kiefergelenk als reines Scharniergelenk, weil dann die Bewegungsachse durch den Kieferkopf verläuft. Durch Zusammenarbeit aller am Kiefergelenk beteiligten Muskeln wird somit die Bewegungsachse aktiv in Richtung Foramen mandibulae verlagert.

Da beide Kiefergelenke gemeinsam und meist auch gleichsinnig arbeiten müssen, ist die Kraftentfaltung zwar besonders groß, das Bewegungsausmaß jedoch relativ klein. Der walzenförmige Gelenkkopf liegt in seiner geräumigen Pfanne nicht ganz vertikal, so daß sich die Längsachsen beider Gelenkköpfe in einem stumpfen Winkel von 150° vor dem Foramen magnum schneiden. Diese schräge Gelenkstellung würde die Kieferbewegungen noch weiter einschränken, wenn nicht der verformbare Diskus einen Ausgleich

herstellen würde. Darüber hinaus wirkt der Diskus als Pufferzone, wodurch die Kau- und Druckbelastung erheblich gesteigert werden kann.
In der Ruheschwebelage des Unterkiefers steht der Gelenkkopf im vorderen Teil der Grube und am hinteren Abhang des Höckers. In dieser Stellung ist der Kiefer unwillkürlich geringfügig gesenkt, so daß sich die Zähne nicht in Okklusion befinden. Aus dieser Ruheschwebelage heraus sind Kiefergelenk und Kaumuskeln am ehesten zu den verschiedenen Kieferbewegungen fähig. Die Hauptbewegungen im Kiefergelenk sind die Öffnungs- und Schließbewegung, die Vor- und Rückwärtsbewegung und die seitwärts gerichtete Mahlbewegung.
Beim Öffnen des Mundes dreht sich der Kieferkopf in der Pfanne und schiebt sich gleichzeitig an der Wand des Tuberculum articulare nach vorn und abwärts. Bei dieser Dreh-Gleit-Bewegung öffnet sich der Kiefer maximal um etwa 5 cm, wobei der Gelenkkopf nahe dem unteren Abhang des Höckers zu liegen kommt. Daß die Öffnungsbewegung nicht nur mit einer Drehung, sondern auch mit einer Verschiebung des Gelenkkopfes einhergeht, kann man an sich selbst beobachten, indem man zwei Fingerkuppen nebeneinander unter die Jochbrücke legt und dabei den Mund langsam öffnet. Der Kieferkopf rutscht von einer Fingerkuppe unter die andere. Beim Einführen des Kleinfingers in den äußeren Gehörgang tastet man vorn zunächst den Kieferkopf ab, welcher dann beim Öffnen wegrutscht und so den Gehörgang erweitert. Bei der Öffnungsbewegung sind die Mundbodenmuskeln, bei der Schließbewegung die Kaumuskeln (M. temporalis, M. masseter, M. pterygoideus lateralis und M. pterygoideus medialis) tätig (Abb. 12.4).
Die Vor- und Rückwärtsbewegung des Kiefers geschieht besonders in der diskotemporalen Gelenkspalte und ist beim Saugakt des Säuglings wichtig. Der Gelenkkopf rutscht mit dem Diskus am Tuberculum etwas schräg nach vorne. Da das Verschieben unter Führung der Zahnreihen stattfindet, muß der Unterkiefer bei starker Vorwärtsbewegung etwas gesenkt werden, um mit den unteren Frontzähnen an den oberen vorbeigleiten zu können. Dabei kann ein maximaler Bewegungsumfang von etwa 2 cm erreicht werden.
Die Mahlbewegung ist für den Kauakt von größter Bedeutung, weil dabei die Nahrung zum schluckfähigen Brei vorbereitet wird. Ist die Nahrung nicht richtig zerkaut, so muß der Magen die Mehrarbeit leisten. Bei der Mahlbewegung handelt es sich um eine seitliche Verschiebung des Unterkiefers abwechselnd nach links und rechts, um die Zahnreihen seitlich aneinander vorbeigleiten zu lassen. Dabei dreht sich der eine Gelenkkopf um eine vertikale Achse und kommt im hinteren Grubenbereich zum Stehen,

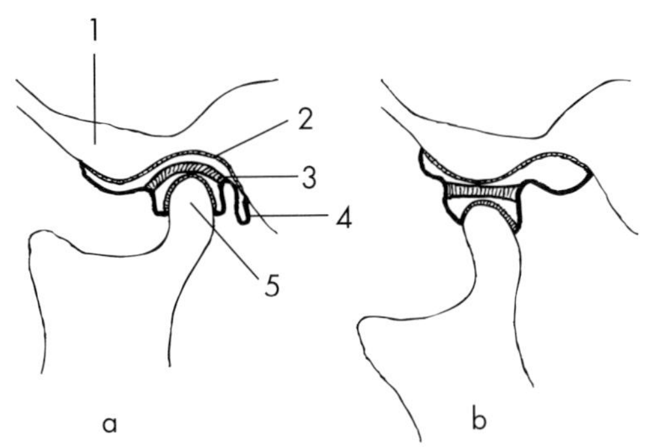

1 Tuberculum articulare
2 Fossa mandibularis
3 Discus
4 Gelenkkapsel
5 Caput mandibulae

Abb. 12.4: Kiefergelenk. **a:** Bei geschlossenem Kiefer **b:** Bei geöffnetem Kiefer

der andere Gelenkkopf rutscht am Tuberculum articulare nach vorne und unten, so daß die beiden Köpfe stets unterschiedlich hoch liegen. Der Kiefer wird also abwechselnd schräg und gleichzeitig schief gestellt. Das Mahlen findet auf der Seite der Drehung statt, da hier der Kaudruck erzeugt wird. Beim Kauakt sind je nach Bedarf alle drei Bewegungskombinationen zu gebrauchen, da sich abwechselnd alle Kau- und Mundbodenmuskeln beteiligen. Abgesehen vom unbewußten Herabfallen des Unterkiefers bis zur Ruhelage des Gelenks kommt beim Menschen eine reine Scharnierbewegung gewöhnlich nicht vor. Beim Säugling und Greis, bei denen das Tuberculum articulare weniger deutlich ausgeprägt ist und die Kaumuskeln schwächer sind, wird mehr Scharnierarbeit geleistet. Vermutlich hängt die Ausbildung wie die Rückbildung des Gelenkhöckers mit dem Vorhandensein des Gebisses zusammen.

Nasennebenhöhlen

Die Nasennebenhöhlen (Sinus paranasales) sind mit Schleimhaut überzogene, pneumatisierte Hohlräume, die von der Nase aus in die benachbarten Knochen ausgestülpt werden. Die Verbindung mit ihrem Mutterboden wird durch Eingänge in die Nasenhöhle aufrechterhalten. Die paarig angelegten Nebenhöhlen kommunizieren jeweils nur mit ihrer eigenen Nasenhälfte. Auf jeder Seite werden vier verschiedene Nasennebenhöhlen unterschieden: die Kieferhöhle (Sinus maxillaris), die Keilbeinhöhle (Sinus sphenoidalis), die Stirnhöhle (Sinus frontalis) und die Siebbeinzellen (Sinus ethmoidalis). Die Nasennebenhöhlen dienen

1. der Gewichtsreduzierung des Schädels,
2. dem Vorwärmen und Anfeuchten der Atemluft durch typisches Respirationsepithel,

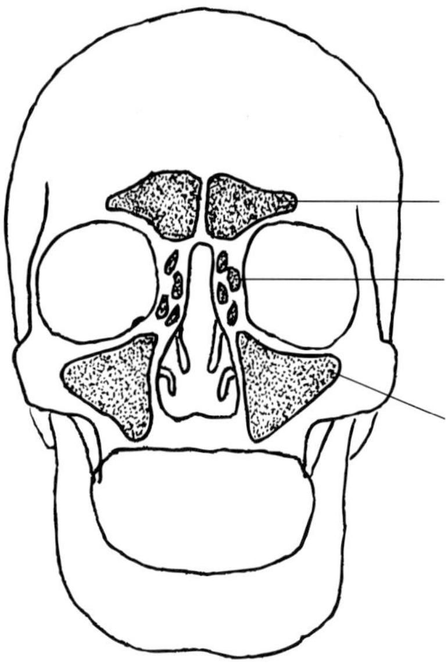

Abb. 12.5: Nasennebenhöhlen. Die Keilbeinhöhlen sind in diesem Schnitt nicht darstellbar

3. der Erweiterung der Resonanzräume bei der Phonation und
4. der Ableitung des Kaudrucks auf dem Schädeldach.

Außer diesen Funktionen kommt speziell den Siebbeinzellen die besondere Aufgabe zu, den richtigen Augenabstand für das plastisch-perspektivische Sehen zu garantieren. Deshalb müssen die Siebbeinzellen bereits im Kindesalter weitgehend entfaltet sein. Entsprechend ihrer Entstehung aus der Nasenhöhle werden die Nasennebenhöhlen von Fasern des ersten und zweiten Trigeminusastes innerviert.

Die Ausgänge der Nebenhöhlen liegen mit Ausnahme der Kieferhöhle in Richtung der Schwerkraft, so daß ungehinderter Sekretabfluß in die Nase gewährleistet ist. Die Abflußöffnung der Kieferhöhle hingegen liegt besonders ungünstig am Dach der Höhle. Diese Lage ist entwicklungsgeschichtlich bedingt, da die Kieferhöhle eine nach unten gerichtete Aussackung des mittleren Nasengangs ist. Das in ihr produzierte Sekret verdunstet zum größten Teil in der Atemluft, zum geringen Teil fließt es beim Liegen auf der Seite in die Nase ab. Doch auch bei aufrechter Haltung ist der Abfluß bei normaler Produktion gesichert, da der Flimmerstrom zum Ausgang hin gerichtet ist.

Vereiterungen der Nasennebenhöhlen werden als Sinusitis bezeichnet. Sie können bei pathologischer Überproduktion von Sekret entstehen, weil dann das Sekret in dem Sinus verbleibt und den pathogenen Keimen Anlaß zum Einnisten gegeben ist. Ein Sekretstau in den Nasennebenhöhlen kann ebenso entstehen, wenn die Nasenschleimhaut stark anschwillt und die Sinusausgänge verstopft (Abb. 12.5).

Hirnhäute

Die Hirnhäute (Meningen) füllen den Raum zwischen dem Schädel und dem Gehirn und schützen so die relativ weiche Hirnmasse gegen ihre harte Knochenkapsel. Insgesamt sind es vier Blätter, die das Gehirn vollständig umhüllen und gleichzeitig die Innenseite des Hirnschädels auskleiden. Entsprechend ihrer funktionellen Zuordnung werden die beiden äußeren Blätter gemeinsam als harte Hirnhaut (Pachymeninx oder Dura mater), die beiden inneren Blätter als weiche Hirnhaut (Leptomeninx) bezeichnet. Diese Gliederung wird vor allem an unterschiedlichen Reaktionen der Hirnhäute bei pathologischen Prozessen deutlich. Die harte Hirnhaut steht nämlich in enger Beziehung zum Schädelknochen, die weiche Hirnhaut zum Gehirn. Vor allem bei Schmerzaffektionen des Schädels ist meist die Dura mit beteiligt, da sie zugleich das innere Periost der Schädelkapsel bildet und als solches besonders schmerzempfindlich ist. Dadurch übernimmt die Dura gemeinsam mit der Kalotte eine wichtige Warnfunktion für den Organismus. Aufgrund ihrer konstruktiven und funktionellen Verbindung mit dem Schädel und ihrer Bedeutung für die Schmerzleitung soll hier vor allem die harte Hirnhaut beschrieben werden. Die weiche Hirnhaut teilt sich in ein äußeres Blatt, die Spinnwebhaut (Arachnoidea), das der Dura eng anliegt, und ein inneres Blatt (Pia mater), das der Hirnoberfläche anliegt und allen Furchen und Windungen folgt. Zwischen den beiden Leptomeninxblättern befindet sich der mit Liquorflüssigkeit gefüllte Subarachnoidalraum, der das Gehirn allseitig umschließt. Der Liquor cerebrospinalis ist ein kreisendes System und wird täglich etwa dreimal erneuert. Durch knopfförmige Bindegewebszotten (Granulationes arachnoideales) wird der Liquor in die venösen Blutleiter (Sinus durae matris) abgeleitet. Die Liquorströmung entwickelt eine Eigendynamik und ihre Drainage kommt in erster Linie durch den hydrostatischen Druckgradient zwischen Liquor und Sinusblut zustande.

Die Dura mater encephali bildet einerseits eine stützende Hülle für das Gehirn, und andererseits als das innere Periost die ernährende und wachsende Schicht für den Knochen. Entsprechend diesen beiden Aufgaben können an ihr das äußere, dem Schädel zugewandte Stratum periostale, und das innere, dem Gehirn zugewandte Stratum meningeale, unterschieden werden. Im Schädelbereich sind beide Blätter weitgehend miteinander verschmolzen und lassen lediglich an wenigen Stellen die venösen Blutleiter (Sinus durae matris) zwischen sich hindurchziehen. Da das relativ weiche und nahezu schwerelos im Li-

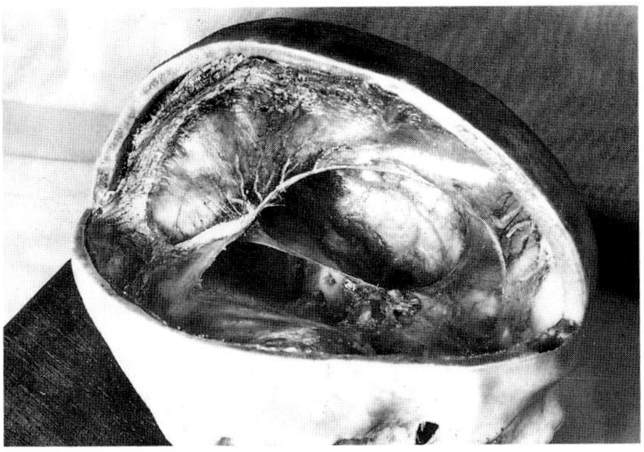

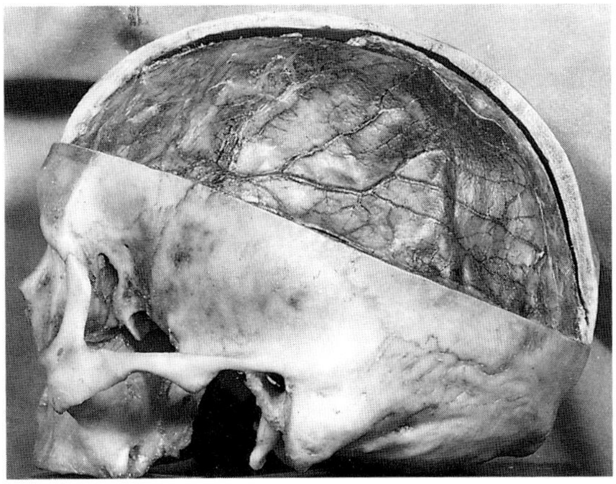

Abb. 12.6a + b: Das Duralsystem

quor ruhende Gehirn besonders empfindlich gegen Massenverschiebungen reagiert, wird es durch septenartige Fortsätze der Dura, die sich in die zerebralen Spalträume hineinschieben, stabilisiert. Zu ihnen gehören die Großhirnsichel (Falx cerebri), die Kleinhirnsichel (Falx cerebelli) und das Kleinhirnzelt (Tentorium cerebelli). Sie sind Duplikaturen der harten Hirnhaut und bestehen aus derben Kollagenfaserbündeln, die vorwiegend bogenförmig und tangential verlaufen. Die Durasepten verleihen den Gehirnteilen zwar ihre Lagebeständigkeit auch bei wechselnder Körperstellung, können jedoch bei besonders heftiger Gewalteinwirkung auf den Kopf keinen ausreichenden Schutz gegen Gehirnerschütterungen bieten (Abb. 12.6).

Innerviert wird die Dura vorwiegend durch die sensiblen Rr. meningei des N. trigeminus. Außerdem beteiligen sich an der Durainnervation der N. vagus und möglicherweise auch der Halssympathicus, der mit den Gefäßen das Schädelinnere erreicht und die vasomotorische Innervation der Dura übernimmt. Die wichtigste arterielle Versorgung geschieht durch die A. meningea media.

Enge Beziehung besteht zu allen Hirnnerven, da diese bei ihrem Austritt aus dem Schädel durch die Dura hindurch ziehen müssen. Besonders intensiven Kontakt mit der Dura pflegt jedoch der N. trigeminus, da dieser über das Ganglion trigeminale hinaus bis zu seinen Wurzelstämmen von einer beutelartigen Ausstülpung der Dura umgeben ist. Ausstülpungen dieser Art begleiten ebenso die Wurzeln des N. facialis und des N. vestibulocochlearis. Aus dieser topographischen Nachbarschaft erklärt sich die besondere Anfälligkeit der genannten Nerven nicht nur bei Schädeltraumen, sondern auch bei einer Verletzung oder Entzündung der Hirnhäute. Betroffen sind aber auch Nerven mit langem intrakraniellen Verlauf, so der N. trochlearis und der N. abducens. Kopfschmerzen, Erbrechen, Nystagmus, Schwindel- und Taubheitsgefühl, Augenmuskellähmungen sowie Symptome einer Facialislähmung sind Anzeichen verschiedener Affektionen der betroffenen Nervenstämme.

Im Gegensatz zur schmerzfreien Hirnsubstanz ist die Dura stark schmerzempfindlich und stellt so die empfindliche Schutzhülle für das Gehirn dar. Veränderungen innerhalb und außerhalb der Schädelkapsel werden meist auf die Dura übertragen und dann in Form von Druckschmerz angezeigt. So können die Hirnhäute, vor allem aber die Dura als eine konzentrische Sammelstelle für viele Schädigungen im Kopf- und Wirbelbereich angesehen werden, deren fortgeleitete Signale die Dura erreichen und dort den Kopfschmerz auslösen.

Die Duraduplikatur sorgt dafür, daß das Knochenwachstum der Schädelkapsel stets nach außen gerichtet ist. Außerdem ist die Dura mit ihrer Septenstruktur für das Verspannungssystem des Schädels verantwortlich. Durch ihre Konstruktionsart mit Längs- und Querverstrebungen wird das Schädelgewölbe aufrechterhalten und gegen einwirkende Kräfte gesichert. Die Gewölbekonstruktion ist wiederum die Voraussetzung dafür, daß der auf die Kalotte und Dura übertragene Kaudruck gleichmäßig und flächenhaft verteilt wird. Dabei gilt vor allem die Dura als Kräfteverteiler. So ist verständlich, daß die Dura nicht nur auf Unregelmäßigkeiten des Kauapparates und des Kiefergelenks anspricht, sondern als Grenzmembran zwischen Gehirn und Schädel ebenso auf Funktionsstörungen, die von innen und von außen kommen, empfindlich reagiert und diese vorwiegend in Druck oder Schmerz umsetzt.

Die etwas weichere Konsistenz der Dura gegenüber dem Schädelknochen hat zur Folge, daß bei Schädelverletzungen die Dura meist intakt bleibt und so das Gehirn und seine Liquorräume vor einer Infektion schützt. Ist jedoch bei einer Schädelfraktur die duraeigene Arterie (A. meningea media) verletzt, dann

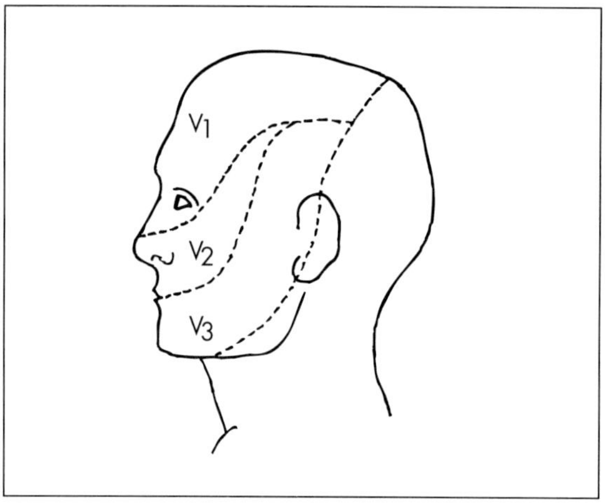

Abb. 12.7: Hautinnervation des N. trigeminus

kann es durch Ergießen des Blutes zwischen Dura und Knochen zu epiduralen Hämatomen und zur Ablösung der Dura vom Schädelknochen kommen. Dabei wird die Dura gegen die Hirnoberfläche vorgewölbt, eine akute Hirndrucksteigerung ist die Folge. Binnen weniger Stunden treten schwerwiegende Symptome bis zur Bewußtlosigkeit auf. Besondere Bedeutung erlangt die Dura durch ihre Eigenschaft, den Liquorabfluß zu regeln und damit die Möglichkeit für gewisse Volumenabweichungen des Gehirns zu schaffen.
Der das Gehirn allseitig umgebende Liquor nimmt die rhythmischen Volumenschwankungen des Gehirns, welche durch Herzpulsation und durch Atembewegungen entstehen, in Form von Stößen auf und überträgt sie auf die harte Hirnhaut. Diese Stoßkräfte werden dann von der Dura aufgefangen und in Zugspannung umgesetzt. Die Dura besitzt Rezeptoren für den Liquordruck, wobei zahlreiche Nervenverzweigungen bis in die innerste Schicht der Dura eindringen. Da die Dura beim Erwachsenen nicht mehr so straff am Schädel befestigt ist, ist eine geringfügige Beweglichkeit nicht auszuschließen. Der wechselnde Liquordruck, die pulsierenden Gefäße sowie die Bewegung des Kopfes gegenüber der Wirbelsäule könnten Faktoren für diese Beweglichkeit der Dura sein. Diese Durabewegung kann sich dann auf die Schädelknochen übertragen und sowohl positive als auch negative Auswirkungen zur Folge haben.

Innervation des Kopf- und Gesichtsbereiches

Der fünfte Hirnnerv (N. trigeminus) ist der mächtigste aller Gehirnnerven und enthält sensible und motorische Faserqualitäten. Mit drei Hauptstämmen und zahlreichen Endästen versorgt er motorisch die Kau- und die Mundbodenmuskeln, sensibel das Gesicht und mit Ausnahme der Hinterhauptgegend den gesamten Kopf. Seine ausgedehnte sensible Innervation umfaßt die Augenhöhle, Nasenhöhle, Mundhöhle, Nasennebenhöhlen, die Zähne und das Kiefergelenk. Der Nerv versorgt weiterhin das besonders schmerzempfindliche Periost (einschließlich der Dura als das innere Periost) und dringt in die Spongiosa der Schädelknochen ein. Schließlich gelangen seine Endäste über drei Austrittsstellen an die Oberfläche und versorgen die Gesichts- und Kopfhaut bis zur Scheitelregion. Die Haut des Hinterhauptes erhält Äste der Zervikalnerven (Abb. 12.7).
Somit ist der gesamte Schädel mit sensibel-schmerzhaften Nervenendigungen versehen. Das geschilderte Versorgungsmuster läßt die nervale Abhängigkeit einzelner Schädelteile zueinander erkennen. Kopf- und Gesichtsschmerzen treten dann auf, wenn die Nocizeptoren chemisch, mechanisch oder psychisch gereizt werden. Sie können lokal beschränkt bleiben, sich aber auch neuralgisch ausbreiten und dann weite Teile des Kopfes erfassen. Dabei lösen Trigeminusneuralgien die heftigsten Schmerzattacken aus.

Halswirbelsäule

Ossäre Besonderheiten

Die Halswirbelkörper sind klein, da sie nur den Kopf (etwa 4,5 kg schwer) zu tragen haben. Sie sind quaderförmig und besitzen wegen der seitlich senkrecht stehenden Knochenleisten (Hakenfortsätze – Procc. uncinati) keine ebenen, sondern sattelartige (muldenförmige) Deckplatten. Daher haben die zwischen den Wirbelkörpern liegenden Bandscheiben eine eiförmige Gestalt.
Die von den Wirbelkörpern und Wirbelbögen gebildeten Wirbellöcher haben in der HWS eine dreieckige Form und sind relativ groß.
Die Dornfortsätze der Halswirbel (außer C7) sind gegabelt, kurz und horizontal gestellt.
Die Querfortsätze haben am lateralen Ende zwei Höcker, das Tuberculum anterius (Rippenrudiment) und das Tuberculum posterius (eigentlicher Querfortsatz). Zwischen beiden befindet sich das Foramen transversarium. Alle Foramina transversaria bilden den Canalis transversalis, durch den die A. und V. vertebrales hindurchziehen.
Die Gelenkfortsätze stehen in einer Frontalebene und sind von ventro-cranial nach dorso-caudal geneigt. Die von diesen gebildeten kleinen Wirbelgelenke (Facettengelenke) enthalten oft Menisken. Die Menisken haben Pufferungsfunktion und gelenkschmierende Bedeutung. Die Eintrocknung der Menisci führt vermutlich zur Facettenarthrose. Knirschende Reibegeräusche bei HWS-Bewegungen werden wahrscheinlich durch verknöcherte Menisci verursacht.
Die beiden obersten Halswirbel unterscheiden sich ossär von den übrigen Halswirbeln. Der Atlas hat keinen Wirbelkörper. Die beiden Massae laterales

sind durch zwei Bögen (Arcus anterior und posterior) verbunden und dienen der Artikulation mit dem Schädel und dem zweiten Halswirbel. Der Atlasdornfortsatz ist nur rudimentär vorhanden. Der vom zweiten Halswirbelkörper abgehende Dens axis ist phylogenetisch der Wirbelkörper des Atlas und legt sich dem vorderen Bogen des Atlas an. Die Kopfgelenke haben keine Bandscheiben, keine Menisken und keine Procc. uncinati (Abb. 12.8).

Ligamentäre Besonderheiten

Die an der gesamten Wirbelsäule vorhandenen Bänder (Ligg. longitudinale anterius und posterius, Ligg. flava, Ligg. intertransversaria, Ligg. interspinalia und supraspinalia) finden sich an der HWS (insbesondere im Kopfgelenksbereich) in modifizierter Form: Die Ligg. interspinalia und supraspinalia setzen sich an der HWS als sagittal eingestelltes Lig. nuchae (Nackenband) fort. Das Lig. apicis dentis verläuft von der Densspitze zum Vorderrand des Foramen magnum und spannt sich bei der Separation von Schädel und Atlas bzw. Atlas und Axis.

Das Lig. cruciforme atlantis besteht aus Lig. transversum atlantis (Querschenkel) und zwei schwächeren Längsschenkeln (Fasciculi longitudinales). Die Längsschenkel verlaufen von der Hinterfläche des Axiskörpers zum Vorderrand des Foramen magnum und verstärken das Lig. transversum atlantis. Dieses ist an den beiden Massae laterales befestigt und zieht hinter dem Dens axis vorbei. Es fixiert den Dens axis gegenüber dem Rückenmark und beteiligt sich an der hinteren Art. atlantoaxialis mediana. Deshalb ist es einseitig überknorpelt.

Die Ligg. alaria (Flügelbänder) ziehen flügelartig seitlich vom Dens zum jeweiligen Seitenrand des Foramen magnum. Im unteren Kopfgelenk hemmen sie die Rotation, im oberen Kopfgelenk die Lateroflexion.

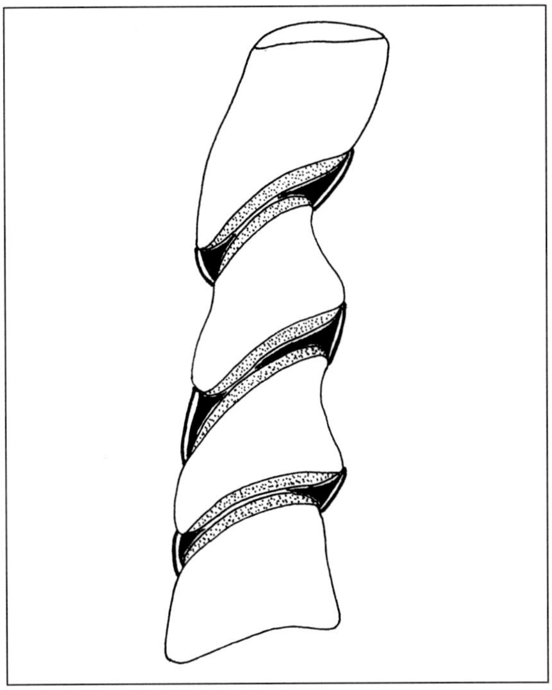

Abb. 12.8: Menisci der Facettengelenke

Die Membrana tectoria zieht vom Clivus zum Lig. longitudinale posterius und stellt damit dessen Fortsetzung dar. Es bedeckt flächenhaft die bisherigen Bänder (Lig. apicis dentis, Lig. cruciforme und Ligg. alaria) und hemmt die atlantooccipitale Flexion.

Die Membrana atlantooccipitalis anterior und posterior zieht flächenhaft zwischen vorderem bzw. hinterem Atlasbogen zum vorderen bzw. hinteren Rand des Foramen magnum. Die hintere Membran schließt den Raum zwischen Occiput und dorsalem Atlasbogen und hemmt die Flexion. Sie wird seitlich

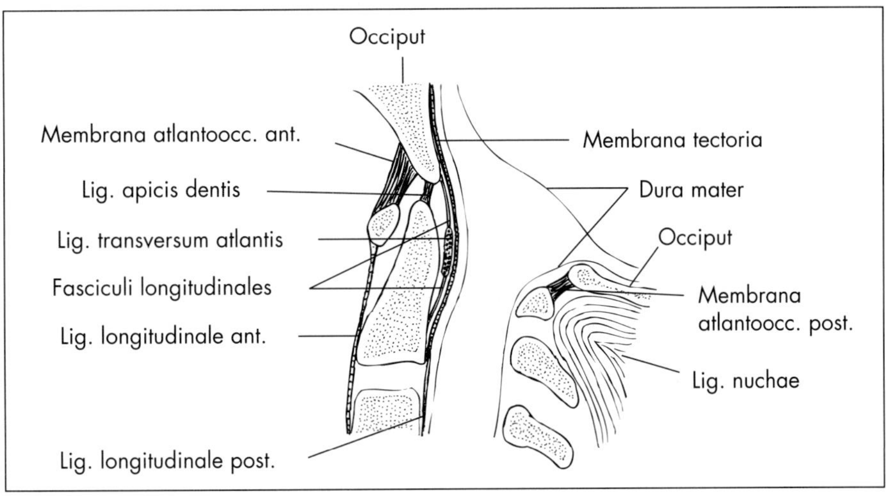

Abb. 12.9: Kopfgelenksbänder

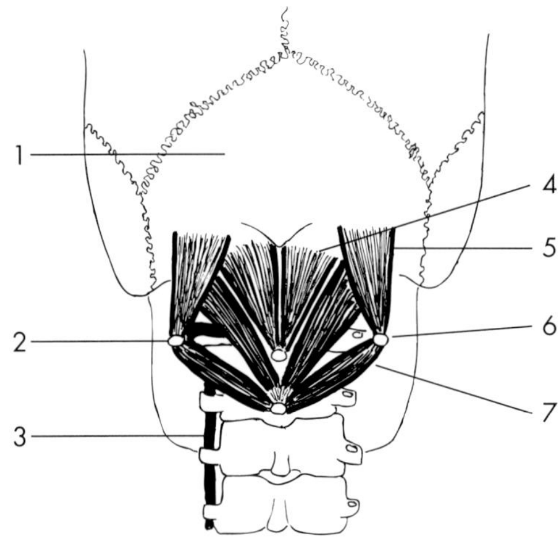

1 Os occipitale
2 Atlas-Querfortsatz
3 A. vertebralis
4 M. rectus capitis post. minor
5 M. obliquus capitis sup.
6 M. rectus capitis post. major
7 M. obliquus capitis inf.

Abb. 12.10: Kurze Nackenmuskeln

von der A. vertebralis auf ihrem Weg vom Canalis transversarius zum Foramen magnum durchbohrt. Bei der Suboccipitalpunktion werden die hintere Membran und die Dura durchstochen. Die vordere Membran setzt sich als Lig. longitudinale anterius fort. Sie hemmt die Extension (Abb. 12.9).

Muskuläre Besonderheiten

Beim Einschlafen in sitzender Position kippt der Kopf des Säuglings nach hinten, da der Gehirnschädel ausgeprägter als der Gesichtsschädel ist. Beim Erwachsenen sind die Verhältnisse umgekehrt, d. h. der Kopf kippt nach vorne.

Für die dreidimensionale Balancierung und Bewegung des Kopfes sind eine Vielzahl von Muskeln verantwortlich:

- Oberflächliche Muskeln (Platysma, M. trapezius und M. sternocleidomastoideus)
  Da die beiden letztgenannten vom XI. Hirnnerven (N. accessorius) innerviert werden, kann eine einseitige Schwäche beim Schiefhals ursächlich mit Griffen aus der Craniosacralen Therapie beeinflußt werden. Im Abschnitt «Schädel» wurde beschrieben, daß der N. accessorius das Foramen jugulare an der Sutur zwischen Os occipitale und Os temporale passiert.
- Erector trunci (Mm. longissimi cervicis und capitis, M. iliocostalis cervicis, Mm. splenii cervicis und capitis, Mm. semispinales cervicis und capitis, Mm. interspinales cervicis, Mm. multifidi, M. spinalis cervicis, Mm. intertransversarii posteriores cervicis)
- Kurze Nackenmuskeln (Mm. recti capitis posterior minor und major, Mm. obliqui capitis superior und inferior, M. rectus capitis lateralis, Mm. intertransversarii anteriores cervicis)
  Die kurzen Nackenmuskeln können bei Fixation des Unterkiefers auch Kaubewegungen bewirken (Abb. 12.10).
- Praevertebrale Muskeln (M. rectus capitis anterior, Mm. longi capitis und cervicis, Mm. scaleni)
- Infra- und suprahyale Muskeln (M. sternohyoideus, M. omohyoideus, M. sternothyreoideus, M. thyreohyoideus, M. digastricus, M. geniohyoideus, M. stylohyoideus, M. mylohyoideus)
  Diese Muskeln beugen die HWS, sofern die Kiefermuskeln (M. masseter, M. temporalis, Mm. pterygoidei medialis und lateralis) die Kieferöffnung verhindern (Abb. 12.11).

Artikuläre Besonderheiten

Das synchondrotische Intervertebralgelenk («Bandscheibengelenk») bestimmt das Ausmaß der Bewegung, die kleinen Wirbelgelenke (Facettengelenke) und Unkovertebralgelenke bestimmen leitschienenartig die Bewegungsrichtung. Im Sinne des Bewegungssegments nach Junghanns muß man diese drei Bewegungsstellen immer im Zusammenhang sehen.

Bei asymmetrischer Belastung wandert der Nucleus zur weniger belasteten Seite, d. h. bei Extension (Hinterkantenbelastung) nach ventral, bei Flexion (Vorderkantenbelastung) nach dorsal, und bei Lateroflexion (Seitenkantenbelastung) zur konvexen Seite. Bei langandauernden einseitigen Sitz- und Liegepositionen können auch totale Diskusverschiebungen auftreten (z. B. beim akuten Schiefhals). Im Gegensatz zur LWS steht bei der HWS nicht die Degeneration des Diskus, sondern die der Facettengelenke und Unkovertebralgelenke im Mittelpunkt. Die Unkovertebralgelenke werden von einer Kapsel umhüllt, die medial mit dem Diskus in Verbindung steht. Damit schützen sie die Bandscheiben lateral und führen die Wirbelkörperbewegung vor allem in der Sagittalebene (Abb. 12.12).

Die planen Facettengelenke verlaufen abfallend von ventro-cranial nach dorso-caudal und enthalten oft Menisken. Die Stellung der Facetten begünstigt vor allem die Lateroflexion und Rotation.

Oberes und unteres Kopfgelenk nehmen eine phylogenetische Sonderstellung ein. Anatomisch können sechs Teilgelenke unterschieden werden, die jedoch ein funktionelles Kugelgelenk darstellen. Im atlantooccipitalen Gelenk artikulieren die beiden konvexen Occipitalcondylen mit den beiden konkaven (schuhsohlenartigen) Atlaspfannen. Ventral sind die Occipitalcondylen ca. 20 mm, dorsal etwa 30 mm voneinander entfernt. So entsteht ein nach hinten

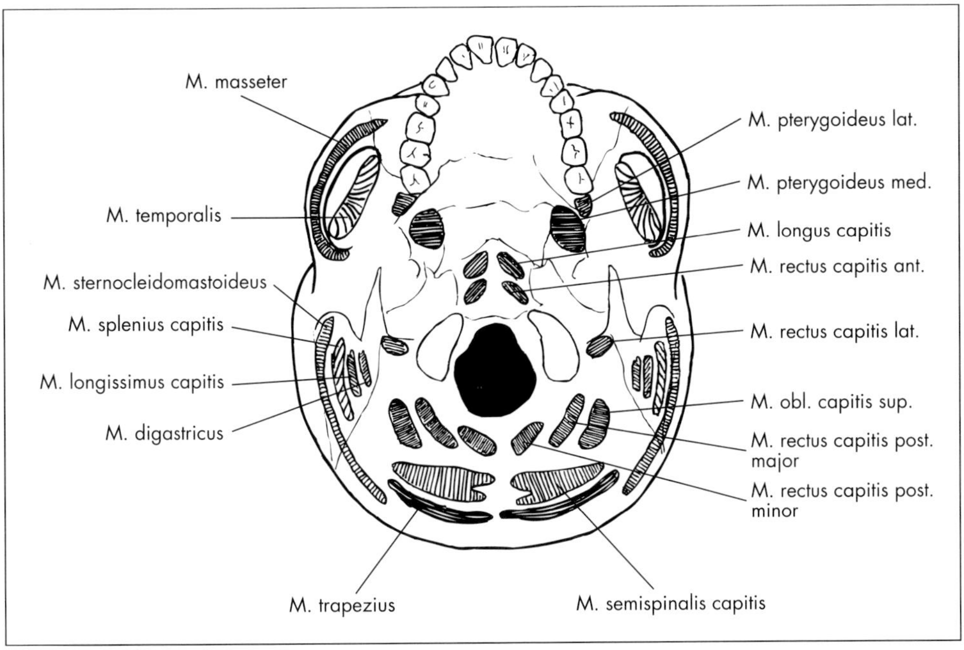

Abb. 12.11: Die wichtigsten Muskelursprünge und Muskelansätze an der äußeren Schädelbasis

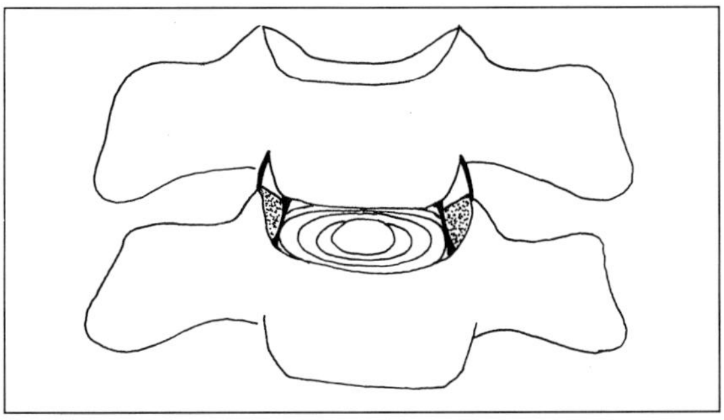

Abb. 12.12: Unkovertebralgelenke

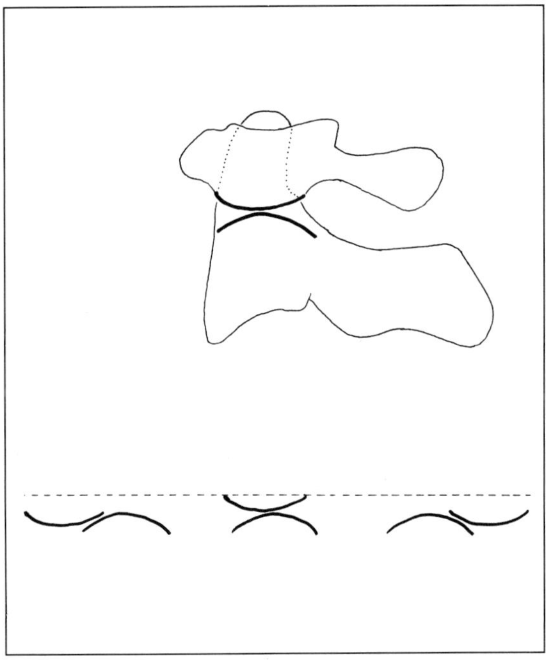

Abb. 12.13: Das «Auf- und Absteigen» der Atlasgelenkflächen bei der Rotation bewirkt, daß der Mensch kleiner wird

offener Winkel. Die Hauptbewegungen sind Flexion und Extension («Ja»- oder Nickbewegung). Des weiteren ist eine kleine Lateroflexion möglich (Kipp- oder Bedenklichkeitsbewegung).

Im atlantoaxialen Gelenk unterscheidet man zwei laterale und zwei mediale Gelenke. Bei den lateralen Gelenken sind die artikulierenden Flächen von Atlas und Axis beide leicht konvex gekrümmt. So kommt es bei einer Rotation des Kopfes (der Kopf dreht sich dabei als Einheit mit dem Atlas um den Dens axis) zu einem «Absteigen» der Atlasgelenkflächen auf die tieferen, schräggestellten Axisgelenkflächen. Deshalb wird der Mensch bei der Kopfrotation um etwa 3 mm kleiner. Beim Zurückdrehen «schrauben» sich die Atlasgelenkflächen wieder auf den «Mittagssattel» des Axis hinauf (Abb. 12.13).

Bei den medialen atlantoaxialen Gelenken artikulieren anterior die Hinterfläche des vorderen Atlasbogens mit der vorderen Densgelenkfläche und posterior die hintere Gelenkfläche mit dem überknorpelten Lig. transversum atlantis. Die Hauptbewegung ist im unteren Kopfgelenk die Rotation («Nein»-Ge-

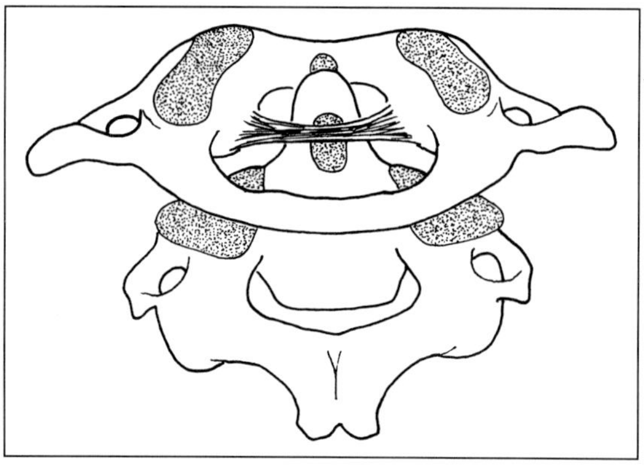

Abb. 12.14: Kopfgelenke

lenk). Wie im oberen Kopfgelenk ist auch eine minimale Lateroflexion möglich (Abb. 12.14).

Vaskuläre Besonderheiten

Das Gehirn wird von den beiden Aa. carotie internae und den beiden Aa. vertebrales versorgt und von den Vv. jugulares internae entsorgt.

Die A. vertebralis hat mehrere Knickungen, die zugleich als Schwachstellen anzusehen sind. Sie entspringt aus der A. subclavia, tritt bei C6 in dessen Foramen transversarium (erste Knickung) und windet sich mehr oder weniger geradlinig durch die Foramina bis zum Axis. Dort verläuft sie bogenförmig zur Seite (zweite Knickung), um zu dem weiter lateral liegenden Foramen des Atlas zu gelangen (dritte Knickung). Auf der Rinne des Atlasbogens (Sulcus arteriae vertebralis) wendet sie sich dann wieder zur Mitte (vierte Knickung), durchbohrt die Membrana atlantooccipitalis posterior und die Dura und gelangt durch das Foramen magnum (fünfte Knickung) in die Schädelhöhle. Bevor sich die beiden Aa. vertebrales zur A. basilaris vereinigen, geben sie zur Versorgung des gesamten Rückenmarks die A. spinalis posterior und die Äste zur Versorgung der segmentalen Muskeln ab.

Erfolgsorgane der A. vertebralis sind:

1. der Hinterhauptlappen,
2. der caudale Anteil des Schläfenlappens,
3. der dorsale Hirnstamm,
4. die Medulla oblongata und
5. das Kleinhirn.

Die A. vertebralis ist wegen ihrer exponierten Lage und der zusätzlichen Verwindungsbelastung am frühesten und häufigsten von Sklerose befallen (Abb. 12.15).

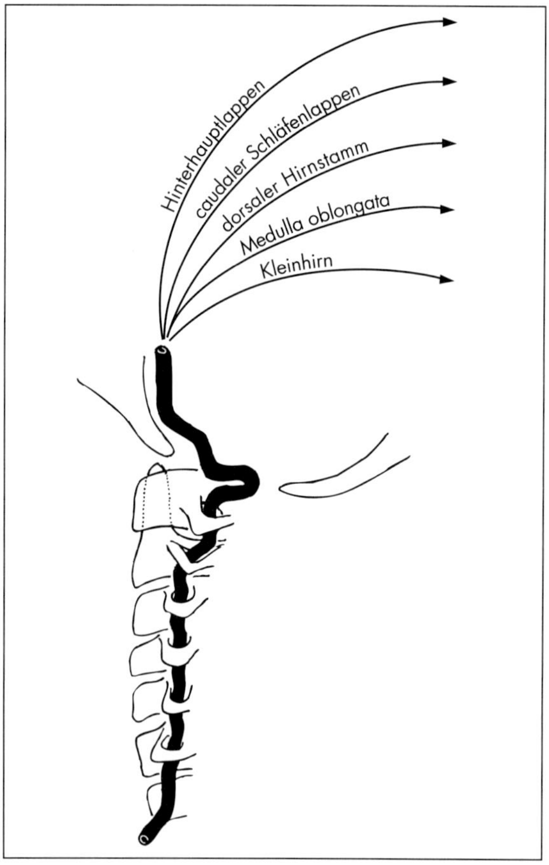

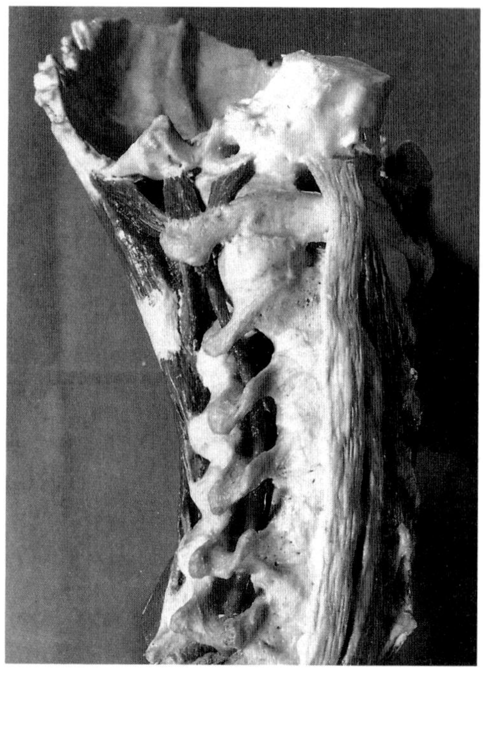

Abb. 12.15 a + b: Verlauf der A. vertebralis

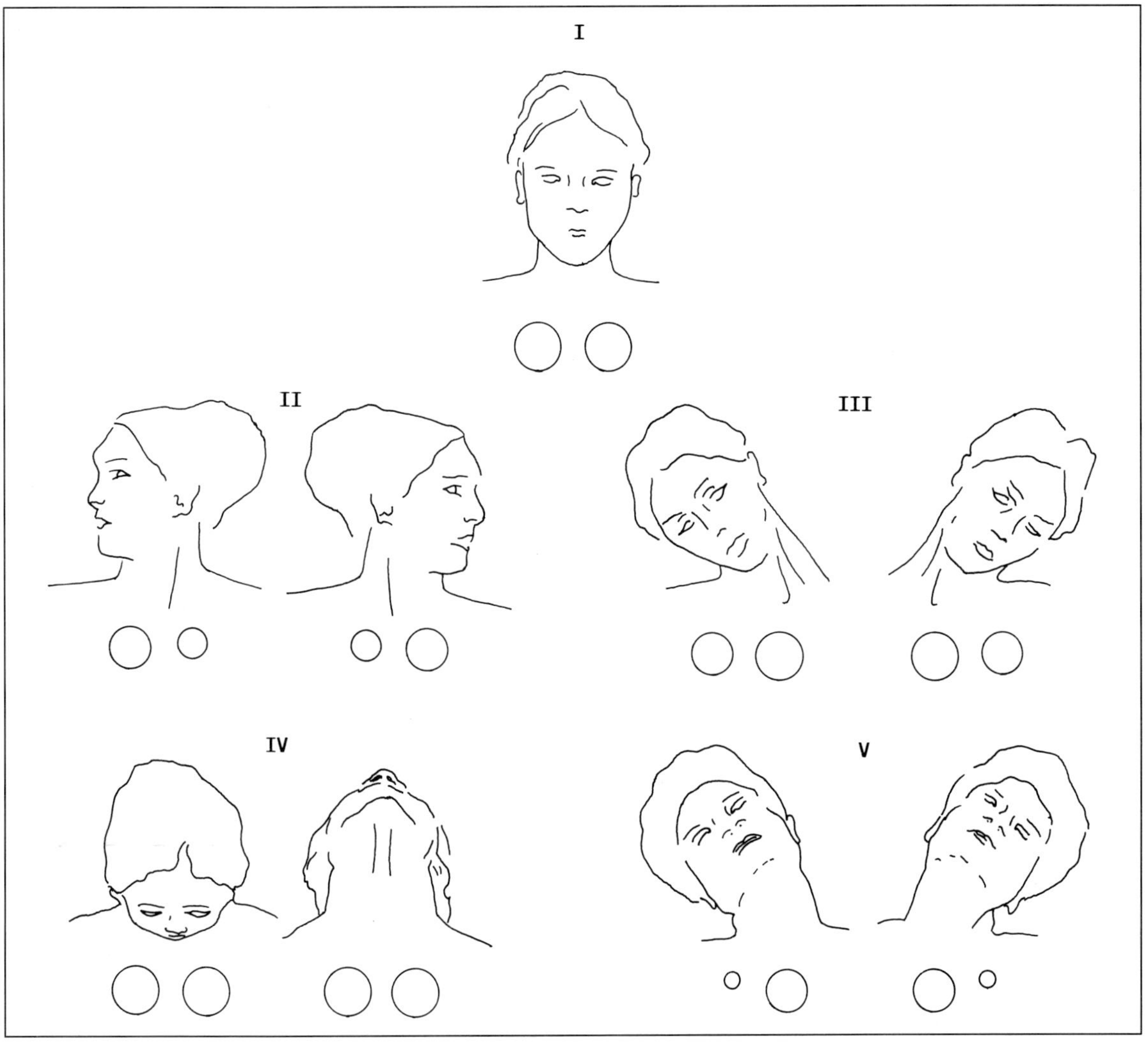

Abb. 12.16: Kopfbewegungen und Kaliberschwankungen der A. vertebralis

Außer der A. vertebralis ziehen noch die begleitenden Gefäße (Vene und Lymphgefäß) und der die A. vertebralis innervierende N. vertebralis durch das Foramen transversarium. Bei den unterschiedlichen Kopfbewegungen kommt es zu Lumeneinengungen der A. vertebralis. Besonders Rotation und gleichzeitige Extension engt die A. vertebralis der Gegenseite ein (Abb. 12.16).

Die A. vertebralis hat nach Diedrich u. a. eine bis zu 40% stärkere Muskularisschicht als die A. carotis. Dieses Pumpwerk ist notwendig, da das Vertebralisblut in seinem schützenden Transversalkanal im Gegensatz zum Carotisblut kaum durch Kontraktionen der Halsmuskeln transportiert werden kann. Bei doppelseitiger Carotisstenose ist die Gehirnversorgung noch möglich. Auch der zusätzliche Verschluß einer A. vertebralis ist kompensierbar. Eine beidseitige Vertebralisstenose ist jedoch nie kompensierbar und führt zum Tod.

Die A. vertebralis verläuft am Wirbel ventrolateral neben dem Proc. uncinatus. Direkt dahinter befindet sich das Foramen intervertebrale mit der Nervenwurzel und dem Spinalganglion, und hinter diesem wiederum (also dorsolateral am Wirbel) das Facettengelenk (Abb. 12.17).

Neurale Besonderheiten

Die Rami dorsales des Segmentes C1 sind rein motorisch. Die Rami dorsales des Segmentes C2 versorgen sensibel angrenzend und zum Teil überlappend mit dem Trigeminus den Hinterkopf, das Ohr und die Kieferregion. C3 versorgt überlappend mit C2 den Hinterkopf (jedoch nicht so weit nach cranial reichend), das Ohr und die Kieferregion. Zusätzlich zu C2 wird jedoch auch der ganze Hals schalartig innerviert. Hier gibt es Überlappungen mit dem Segment C4. Schmerzen müssen sich jedoch nie im ganzen Segment ausbreiten (Abb. 12.18).

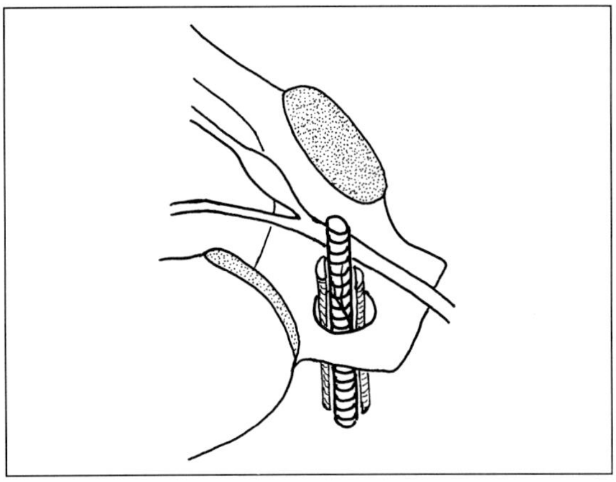

Abb. 12.17: Die A. vertebralis und ihre «Nachbarn»

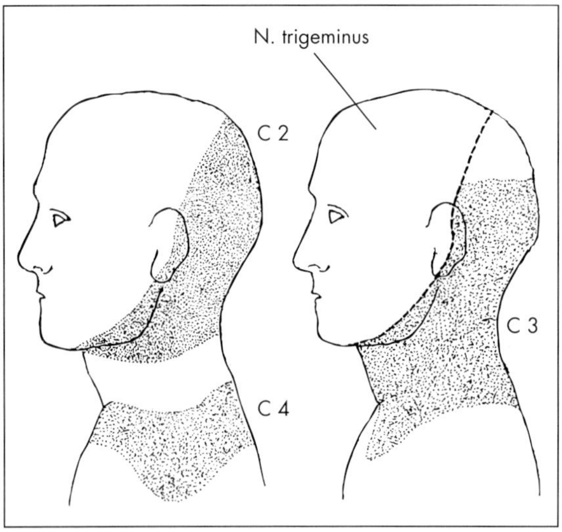

Abb. 12.18: Die überlappenden Segmente C2, C3 und C4

Auch bei Störungen (strukturell oder funktionell) in den Segmenten C5, C6 und C7 können sich Kopfschmerzen vor allem aufgrund der Irritation des Grenzstrangs des Halssympathicus ergeben. Dieser verläuft in der Nachbarschaft der A. vertebralis, des Spinalnerven und der Unkovertebralgelenke. Der Grenzstrang steht über die Rr. communicantes grisei mit dem Spinalnerven in Verbindung und versorgt über die drei Halsganglien Kopf, Hals und Arm vegetativ. Sympathische Fasern begleiten und versorgen als N. vertebralis die A. vertebralis. Kopfschmerzen und andere Symptome können bei Unkovertebralarthrosen grundsätzlich von der A. vertebralis, dem N. vertebralis oder auch von beiden verursacht sein.
Die besondere pathogenetische, diagnostische und therapeutische Rolle des N. phrenicus (C3, C4 und C5) bei der Projektion innerer Organe in die Hinterkopf-Nacken-Schulter-Region wird im Abschnitt «Funktionelle Anatomie der Schulterschmerzen» erläutert. Umgekehrt können Veränderungen der HWS (z. B. Blockierungen) zu Funktionsstörungen der inneren Organe führen und therapeutisch über die Behandlung der HWS beeinflußt werden. So läßt sich z. B. der Singultus über eine HWS-Behandlung lösen. Von der HWS werden nicht nur die regionalen Muskeln, sondern sämtliche Armmuskeln und die Rhomboideen, der Supraspinatus, der Infraspinatus, der Deltoideus, der Latissimus dorsi und der Serratus anterior versorgt. Vor diesem Hintergrund wird es sinnvoll, Kopfschmerzen nicht nur regional zu untersuchen und zu behandeln. Für den Bereich der Massage hat sich u. E. zuerst Marnitz bei seiner Schlüsselzonenmassage diese Zusammenhänge nutzbar gemacht.
Das Lumen der Foramina intervertebralia ändert sich bei Kopfbewegungen. Auf der konvexen Seite und bei Flexion ist das Lumen größer, bei Extension und auf der konkaven Seite ist das Lumen kleiner. Entsprechend kommt es bei einer Nervenwurzelirritation zu einer dreidimensionalen, schiefhalsartigen Entlastungshaltung, dem sogenannten «List» (Abb. 12.19).
In den Muskeln, Sehnen, Kapseln und Bändern der Kopfgelenksregion befinden sich überdurchschnittlich viele Propriozeptoren, so daß hier von einem zusätzlichen Sinnesorgan für das Gleichgewicht gesprochen werden kann. Zwischen diesen Rezeptoren und verschiedenen Hirnregionen, z. B. dem Hirnstamm, dem Limbischen System und der Formatio reticularis, bestehen zahlreiche neurale Verknüpfungen. Daraus ergeben sich pathogenetische, diagnostische, therapeutische und nicht zuletzt prophylaktische Konsequenzen.

Pathogenese und Symptome

Kopfschmerzen sind sehr verbreitet. Etwa 5% der Bevölkerung leidet darunter.
Kopfschmerzen haben viele Ursachen. Deshalb fällt die Untersuchung und Behandlung in viele Fachbereiche: Orthopädie, Rheumatologie, Traumatologie, Innere Medizin, Gynäkologie, Neurologie, Hals-Nasen-Ohren-Heilkunde, Kieferorthopädie, Zahnheilkunde, Augenheilkunde und Psychosomatik.
Man hat zwischenzeitlich über 200 verschiedene Kopfschmerzarten beschrieben und entsprechende Klassifikationen aufgestellt. Diese helfen dem chronischen Kopfschmerzpatienten jedoch kaum, da sich davon nur selten brauchbare Behandlungsverfahren ableiten lassen. Die Ursachen von Kopfschmerzen können im Kopfbereich selbst, in anderen Körperregionen oder im psychosozialen Bereich liegen. Oft kommen verschiedene Ursachen zusammen, z. B.

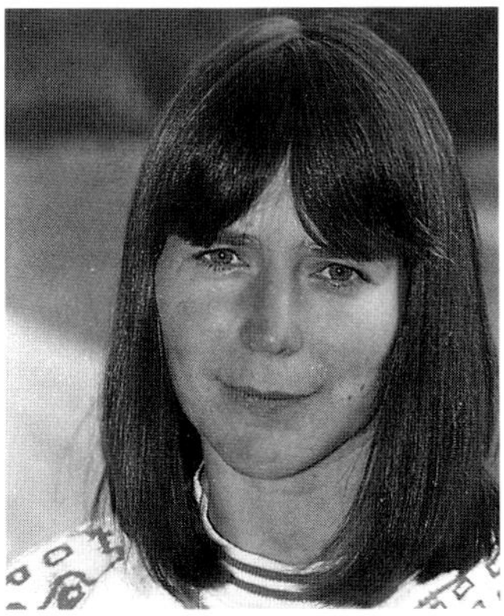

Abb. 12.19: Dreidimensionale Entlastungshaltung bei Nervenwurzelirritation

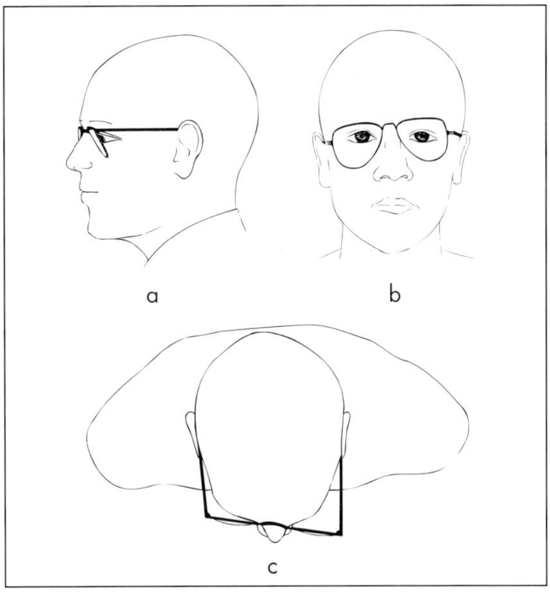

Abb. 12.20 a–c: Einige Möglichkeiten der Brillen-«Fehlstatik»

vereiterte Zahnwurzeln, Wirbelblockierungen und Kreislauflabilität. Je allgemeiner die Beschwerden («alles tut weh»), desto psychogener die Ursache; je differenzierter und lokalisierter, desto somatogener ist die Ursache. Kopfschmerzen signalisieren immer eine Störung der gesamten Persönlichkeit. Jeder Patient hat seinen «eigenen» Kopfschmerz.

Das Symptom Kopfschmerz kann isoliert auftreten, ist aber fast immer mit anderen Symptomen wie Bewegungseinschränkungen, Muskelverspannungen, Parästhesien, Paresen, Hirnfunktionsstörungen (z. B. Sprach-, Konzentrations-, Gedächtnis-, Seh-, Hör- und Gleichgewichtsschwierigkeiten), Schluckbeschwerden und Verhaltensstörungen kombiniert. Mögliche Ursachen sind:

1. Hormonell bedingte Kopfschmerzen finden sich vor allem zyklusabhängig (oft praemenstruell), in der Schwangerschaft, in der Menopause und bei der Einnahme von hormonellen Antikonzeptiva.
2. Augenbedingte Kopfschmerzen können z. B. von einem Glaukom oder von zu stark bzw. zu schwach korrigierten Sehfehlern kommen. Bei verschieden starker Sehfähigkeit dreht der Patient unbewußt seinen Kopf, um besser sehen zu können. Eine zu wenig beachtete Ursache von Kopfschmerzen ist die «Fehlstatik» der Brille. Kompensatorisch kommt es zur unbewußten dreidimensionalen Umorganisation der Kopf- und Körperhaltung (Abb. 12.20).
3. Hals-Nasen- und ohrenbedingte Kopfschmerzen treten z. B. bei entzündlichen Prozessen wie Sinusitis oder Otitis media auf. Beim Menière-Syndrom kommt es aufgrund angioneurotischer Spasmen der A. labyrinthii zu Kopfschmerzen mit Schwindel, Erbrechen, Nystagmus, Schwerhörigkeit und Ohrensausen.
   Einseitige Schwerhörigkeit kann sekundär zu Kopfschmerzen führen. Der Patient neigt unbewußt den Kopf zur Seite, um besser hören zu können. So kann es über Muskeldysbalancen zu Blockierungen der Facettengelenke, besonders auch der Kopfgelenke, kommen.
4. Medikamentös bedingte Kopfschmerzen entwickeln sich vermutlich aufgrund einer Fehlsteuerung der Schmerzverarbeitung. Die ständige Schmerzschwellensenkung bedingt eine größere Schmerzempfindlichkeit.
5. Tumorbedingte Kopfschmerzen treten schlagartig auf und zeigen immer zusätzliche Symptome (z. B. Paresen, epileptische Anfälle, psychische Veränderungen) und verstärken sich bei Husten, Niesen, Pressen und Anstrengung. Der Tumor zerrt an den sensiblen meningealen und vasalen Strukturen.
6. Posttraumatische Kopfschmerzen können nach Schädel-Hirn-Trauma und/oder Schleudertrauma (Whiplash-Injury) vorkommen. Beim Heckaufprall wird der Kopf über die als Hypomochlion dienende Rückenlehne zunächst nach hinten und dann nach vorne geschleudert. Beim Auffahren auf ein Hindernis wird der Kopf nach vorne und anschließend nach hinten geschleudert.
   Bei einer Massenkarambolage (Angefahrenwerden von hinten und anschließendes Auffahren oder umgekehrt) treten beide Mechanismen auf. Das Trauma kann auch seitlich oder schräg-seitlich von hinten bzw. vorne verursacht werden.
   Die posttraumatischen Symptome können vielfältig sein (z. B. Kopfschmerzen, Schwindel,

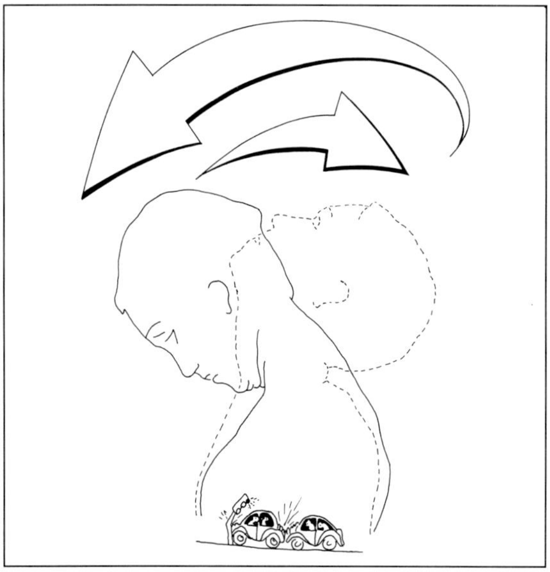

Abb. 12.21: Schleudertrauma

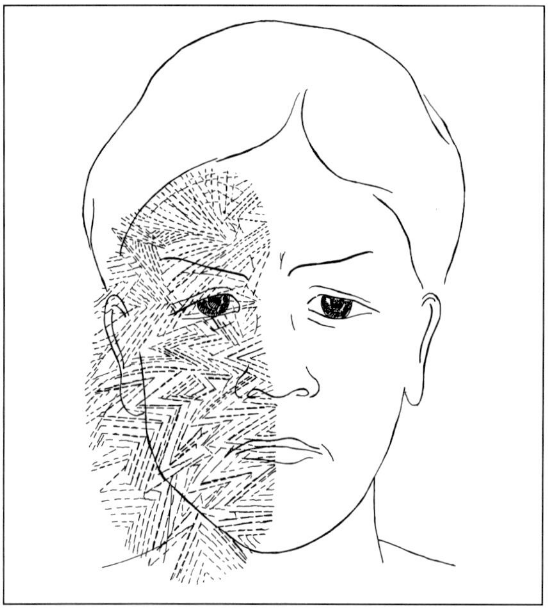

Abb. 12.22: Flimmerskotom als Vorbote eines Migräneanfalls

Schlafstörung und Übelkeit), lassen Rückschlüsse auf die betroffenen Strukturen zu und treten wegen der Hämatom- und Ödembildung erst einige Stunden später auf. Ein beschwerdefreies Intervall, das länger als 24 Stunden dauert, ist nach Untersuchungen von Erdmann unglaubwürdig. Auch Persönlichkeitsveränderungen (z. B. depressive Verstimmung) sind denkbar (der Mensch ist «verrückt»).

Ähnliche Symptome können auch beim Boxen, Kopfballspielen, unsachgemäßen Manipulationen, Autoscooterfahren oder beim Kopfsprung ausgelöst werden. Auch die Zangengeburt stellt ein entsprechendes Trauma dar.
Röntgenaufnahmen sind nicht nur wichtig, um Frakturen, Luxationen und Abbrüche von arthrotischen Veränderungen zu diagnostizieren. Aufgrund des Traumas kann es zu reaktiven Veränderungen kommen. Diese sollten aus versicherungstechnischen Gründen durch regelmäßige Röntgenkontrollen (etwa alle drei Monate) dokumentiert werden (Abb. 12.21).

7. Zu den vaskulär bedingten Kopfschmerzen zählt man die Migräne und den Cluster-Kopfschmerz.
Die Migräne (Hemicranium = Halbköpfigkeit) tritt halbseitig und anfallsartig auf. Typischerweise kommt es zu Übelkeit bis zum Erbrechen, und der Patient empfindet ein pulssynchrones Pochen. Für die dem Anfall vorausgehende Prodromalphase ist das Flimmerskotom kennzeichnend (Abb. 12.22).
Der Schmerz wird bei der Migräne vermutlich durch intrakranielle Dilatation und perivaskuläre Ödembildung verursacht. Eine Migräneattacke kann z. B. praemenstruell, durch Wetterwechsel oder bestimmte Speisen (speziell Schokolade, Rotwein oder Käse) ausgelöst werden.
Der wesentlich seltener vorkommende Cluster-Kopfschmerz (Bing-Horton) ist intensiv-bohrend und ebenfalls anfallsartig. Typisch ist die zusätzliche Tränen- und Nasensekretion. Der Cluster wird durch Alkohol ausgelöst und betrifft vor allem Männer. Er stellt keine Störung des Hirnkreislaufs (wie die Migräne), sondern der extrakraniellen A. carotis externa dar.
8. Gesichts-, Nacken- und Kopfschmerzen können auch von den neurovaskulären Engpässen beim Thoracic-Outlet-Syndrom (siehe Kapitel «Schulterschmerzen») verursacht werden. Ebenso können Kopfschmerzen bei Erkrankungen und Störungen der Thorax- und Bauchorgane reflektorisch via N. phrenicus (siehe Kapitel «Schulterschmerzen») und/oder aufgrund der rückstauenden intraforaminalen «Tümpelbildung» (siehe Kapitel «Kreuzschmerzen») auftreten.
9. Vertebragen bedingte Kopfschmerzen leiten sich von der Halswirbelsäule ab. Exner stellte in seiner Monographie «Die Halswirbelsäule» bereits 1954 fest, daß die Halswirbelsäule oft auf strukturelle und/oder funktionelle (Fehlstatik) Veränderungen der übrigen Wirbelsäulenabschnitte und der Extremitätengelenke reagiert.
An der HWS können Kopfschmerzen grundsätzlich von der Bandscheibe, von den Unkovertebralgelenken, von den Facettengelenken, von

den bandscheibenlosen Kopfgelenken, von den Nervenwurzeln, von A. und N. vertebralis sowie vom Grenzstrang des Sympathikus ausgelöst werden. Die Abb. 12.17 und 12.23 zeigen die engen Beziehungen zwischen dem durch das Foramen intervertebrale ziehenden Spinalnerven, den dorsal davon gelegenen Facettengelenken und den ventral davon gelegenen Unkovertebralgelenken.
Diskogene und radikulär bedingte Kopfschmerzen können von gestörter Sensibilität und Kraftdefiziten begleitet sein. Typisch ist die dreidimensionale Kopfschonhaltung zur Entlastung der Foramen-intervertebrale-Strukturen. Da die Procc. uncinati den Diskus schützen, finden sich an der HWS im Vergleich zur LWS wesentlich seltener Prolapse.
Die degenerativen Veränderungen der Unkovertebralgelenke und der Facettengelenke stehen bei der HWS im Vordergrund. Die arthrotischen lippenförmigen Wucherungen der Unkovertebralgelenke können in verschiedenen Richtungen dominieren. Nach dorsomedial gerichtet wird das Rückenmark, nach lateral die Foramen-costotransversarium-Strukturen (vor allem A. und N. vertebralis) und nach dorso-lateral die Foramen-intervertebrale-Strukturen (vor allem der Spinalnerv) bedrängt. Entsprechend variiert die Symptomatik (Abb. 12.23).
Die Facettengelenksarthrose kann ebenso zur vaskulären und/oder neurogenen Kompression führen.
Interessant ist in diesem Zusammenhang die Mitteilung von Kunert, daß auch eine kalzifizierte A. vertebralis die Nervenwurzel bedrängen kann.
Auch Blockierungen der Facettengelenke und Kopfgelenke können zu Kopfschmerzen über die Irritation von Nackenrezeptorenfeld, A. vertebralis oder N. vertebralis führen. HWS-Blockierungen werden durch eine oder mehrere Reflexaktivitäten ausgelöst:

a. Cuti-zervikale Reflexe
Zugluft, Klimaanlage u.a.

b. Muskulo-zervikale Reflexe
Nach Schleudertrauma und Struma-OP-Lagerung. Die kyphotische Haltungskonstanz beim Lesen, Schreiben, Fernsehen («Fernsehhals» nach Reinhardt) und der Computerbedienung. Schließlich auch die Gewohnheiten beim Telefonieren und Schlafen (besonders Bauchlage).

c. Viszero-zervikale Reflexe
Via N. phrenicus und segmental

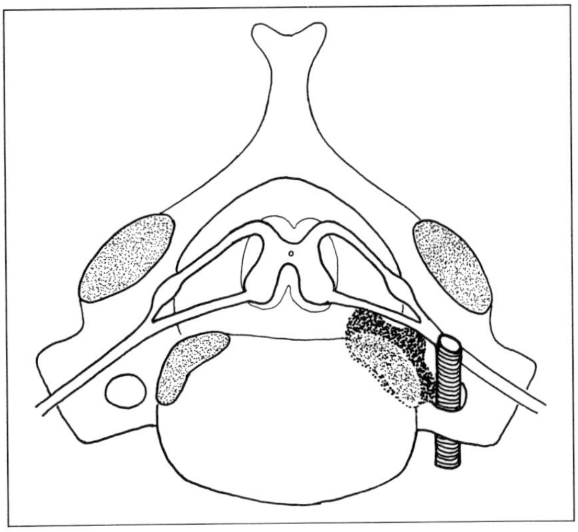

Abb. 12.23: Möglichkeiten der Unkovertebralarthrosen

d. Psycho-zervikale Reflexe
Über neurale Verknüpfungen zwischen Limbischem System, Formatio reticularis und Hypothalamus. Der Patient ist «hart-näckig», er hat bei Kopfgelenksblockierrungen Schwierigkeiten Entscheidungen zu treffen, zu einem klaren «Ja» bzw. «Nein» zu kommen.

e. Arthrogen-zervikale Reflexe und vertebro-zervikale Reflexe
Zum Beispiel Blockierungen eines Daumensattelgelenkes oder lumbosakrale Bewegungsdefizite.
Das Lumen der A. vertebralis kann sich aufgrund von arteriosklerotischen, arthrotischen (Facettengelenke und/oder Unkovertebralgelenke) und funktionellen Störungen verringern. Der «Gartenschlauch» wird zusätzlich geknickt. Bei reaktiv entstandener Schwielenbildung mit Kalzifizierungen besteht bei unsachgemäßen Manipulationen Rupturgefahr.
Nach dem Gesetz von Hagen-Poiseuille ändert sich die Leitfähigkeit in einem Röhrensystem mit der vierfachen Potenz des Radius. Dieses Gesetz ist auch mit Einschränkungen auf Arterien übertragbar. Wenn z.B. die A. vertebralis durch Blockierungen von Halswirbeln im Radius um 10% geringer wird, beträgt die Leitfähigkeit nur noch 66%, und bei Einschränkung des Radius um 50% geht nur noch 6,3% des Blutes hindurch.
Außer Kopfschmerzen und Migräne können bei Irritationen und Veränderungen der A. und/oder desN. vertebralis eine Vielzahl von lokalen und/ oder entfernten Symptomen entstehen: Sehstörungen (Schwarzwerden, Flecken vor den Au-

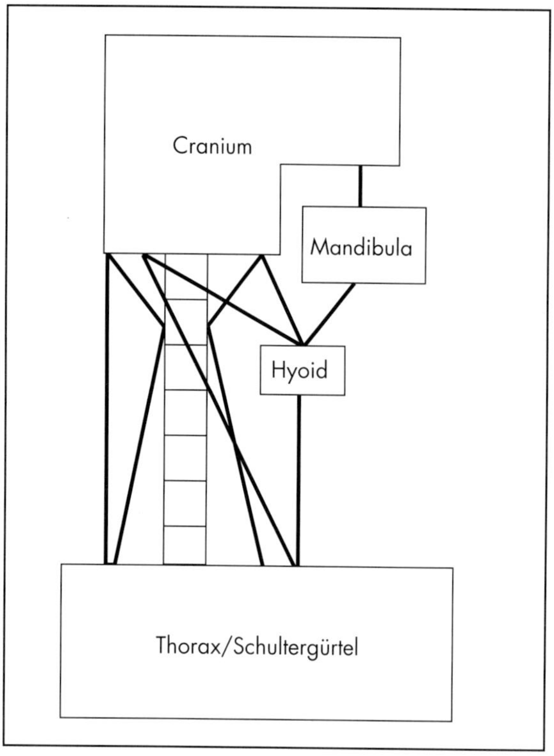

Abb. 12.24: Pathogenetischer Funktionskomplex

gen, verschleiert sehen), Hörstörungen (Ohrensausen, Hörsturz), Lidspaltverengung, Angina pectoris, Zervikale Hypertonie, M. Raynaud, Sprachstörungen, depressive Verstimmung, Merkschwäche, Konzentrationsstörungen, Ermüdbarkeit, Schluckauf, Meteorismen, Brachialgien, Schwindel, Nystagmus, Drop attaks (kurzzeitiger Bewußtseinsverlust), Phonationsstörungen mit Heiserkeit, Globusgefühl im Hals (dieses kann direkt-mechanisch durch ventrale spondylotische Zacken oder indirekt-reflektorisch hervorgerufen werden) u. a. Sofern diese Symptome zervikalbedingt sind, verändern sie sich durch eine manualtherapeutische Behandlungsserie.

Die Höhe der Blutdruckdifferenzen zwischen linkem und rechtem Arm korrespondiert mit der Anzahl der Halswirbelblockierungen. Bei Mehrfachblockierungen kommt es zu Differenzen über 20 mm/Hg. Das sich entwickelnde Arteria vertebralis-Steal-Syndrom kann aufgrund des Absaugeffektes aus dem Hirnkreislauf zum Schlaganfall führen. Ausfallerscheinungen treten auf, sobald die cerebrale Hypoxie 50% überschritten hat. Nach Diedrich tolerieren die Gehirnzellen aber eine Hypoxie bis zu 90% ohne abzusterben. Daraus läßt sich therapeutisch ableiten, daß sich durch angemessene Manualtherapie der HWS nicht nur frische Schlaganfall-Symptome, sondern auch ältere Insulte günstig beeinflussen lassen.

10. Arthrogen bedingte Kopfschmerzen können von Erkrankungen und Störungen aller Gelenke ausgehen. Auf strukturelle Erkrankungen können sich zusätzlich Blockierungen «aufpfropfen» bzw. kompensatorische Hypermobilitäten entstehen. Beispielsweise findet man bei fortgeschrittener rheumatischer Arthritis und beim M. Bechterew eine atlantooccipitale Hypermobilität, die schwerste chronische Kopfschmerzen verursachen kann.

    Da es eine einzige Blockierung nicht gibt, findet man regelmäßig komplexe Blockierungsketten, die von entsprechenden dreidimensionalen Verspannungsketten begleitet sind. Hinsichtlich chronischer Kopfschmerzen interessiert besonders der Funktionskomplex (Hals)Wirbelsäule – Kiefergelenke – Zungenbein – Schädelsuturen – Zähne und Thorax/Schultergürtel (Abb. 12.24). Wenn eines dieser Teile strukturell und/oder funktionell gestört ist, so sind alle anderen Teile in Mitleidenschaft gezogen.

    Das Temporo-Mandibular-Gelenk ist das am häufigsten gebrauchte Gelenk des Körpers. Beim Sprechen, Kauen, Schlucken, Gähnen, Küssen und Schnarchen wird der Kiefer etwa 2000mal pro Tag geöffnet und geschlossen.

    Die Kiefergelenksregion kann vielfältig gestört werden, z. B. das unerwartete Beißen auf einen harten Gegenstand (Kirschkern), durch Schleudertrauma, durch operative Eingriffe (z. B. Zahnextraktion), durch eine schlecht passende Prothese, durch zu hohe Füllungen, durch Zahnverlust, durch Schlafgewohnheiten (Bauchlage und Seitenlage sind ungünstig), durch einseitiges Kauen sowie fehlerhaftes Schluck- und Kauverhalten.

Zähne und Kiefergelenke sind ein Dreipunktsystem wie das Junghann'sche Bewegungssegment. Vorne die Bandscheiben, hinten die beiden propriozeptiv stark versorgten Gelenke (Facettengelenke und Kiefergelenke). Jede Störung führt zu einem «Hinken» des Dreipunktsystems. Nach Balters verkümmert der Mund zum «Einfüllstutzen» für die Nahrung. Fehlerhafte Kau- und Schluckmuster leiten sich oft schon vom ungenügenden Stillen («Flaschenkinder») ab und führen über die Dysbalance von Lippen-, Zungen- und Wangenmuskulatur zur Zahn- und Kieferfehlstellung. Die Okklusion und Kopfhaltung stehen jedoch wiederum in wechselseitiger Beziehung. So verlagert sich bei Kopfvorhaltung der Unterkiefer zurück (Abb. 12.25).

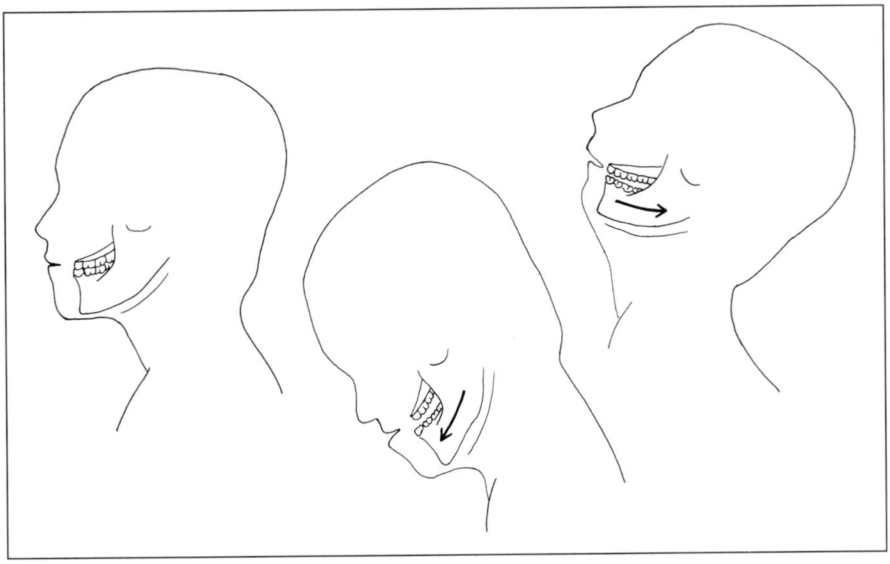

Abb. 12.25: Wechselseitige Beziehung von Okklusion und Kopfhaltung

Bei Schmerzen in der Kieferregion sollte man auch immer an Veränderungen der Segmente C2/3 denken. Da das Os temporale die Pfanne des TMG bildet, können sich schmerzhafte Funktionsstörungen der Kieferregion auch von Blokkierungen der Schädelsuturen herleiten bzw. umgekehrt können diese verursacht werden. Von weitreichender Bedeutung ist insbesondere eine Blockierung zwischen Os temporale und Os occipitale. Die Foramen-jugulare-Strukturen (V. jugularis interna, IX., X. und XI. Hirnnerv) können irritiert werden und entsprechende Beschwerden hervorrufen (siehe auch Abb. 12.3).
Zusammenfassend kann festgestellt werden, daß die orofaciale Region nicht nur eine Angelegenheit von Kieferorthopäden, Zahnärzten und Logopäden ist, sondern umfassende interdisziplinäre Bedeutung hat:

a. Orthopädisch
Gesamtstatik und Kieferregion beeinflussen sich gegenseitig. Beispielsweise kann eine im Liegen angepaßte Prothese im Sitzen oder Stehen nicht mehr passen und verursacht Beschwerden aufgrund iliosakralgelenksbedingter Beinlängendifferenzen. Umgekehrt kann eine Prothese Beschwerden auslösen, sobald die Beinlängen korrigiert worden sind.

b. Psychosomatisch
Störungen des Gebens und Nehmens stehen im Mittelpunkt. Der Volksmund spricht treffend von «verbissen», jemand «beißt sich durch» oder «beißt die Zähne zusammen».

c. Internistisch
Atmung, Verdauung und Kieferregion stehen in wechselseitiger Beziehung. Mangelhaftes Kauen belastet den übrigen Verdauungstrakt. Die Mundatmung schädigt Atem- und Verdauungssystem und führt zu einer Dysbalance des in Abb. 12.24 dargestellten Funktionskomplexes.

d. Neurologisch
Fast 50% aller Gehirnzellen des Homunculus sind für den orofazialen Bereich bestimmt. Davon läßt sich therapeutisch ableiten, daß sich über aktive und passive Maßnahmen im Kiefer-Gesichts-Bereich der ganze Mensch beeinflussen läßt.

11. Psychisch bedingte Kopfschmerzen sind nicht selten, meist jedoch kombiniert mit einem körperlichen Beschwerdekatalog. Die Kopfhaltung reflektiert, wie Gestik und Mimik, die psychosoziale Situation. Mit der Kopfhaltung werden Ablehnung, Zweifel, Zustimmung, Enttäuschung, Freude und Stolz zum Ausdruck gebracht.
Kopfschmerzen finden sich vor allem bei Störungen im Ich-Ich-Bereich. Der Patient hat «den Kopf voll», ist «kopflastig», «zerbricht sich den Kopf», ist «dickköpfig», er «verliert den Kopf», will «mit dem Kopf durch die Wand», ist «hartnäckig» bzw. «halsstarrig», «behauptet sich» und hat «ein Brett vor dem Kopf».

Untersuchung und Behandlung

Manualtherapie

Durch gezieltes Fragen, Zuhören, Sehen, Tasten, Hören und Testen kommt man zu 90% zur richtigen

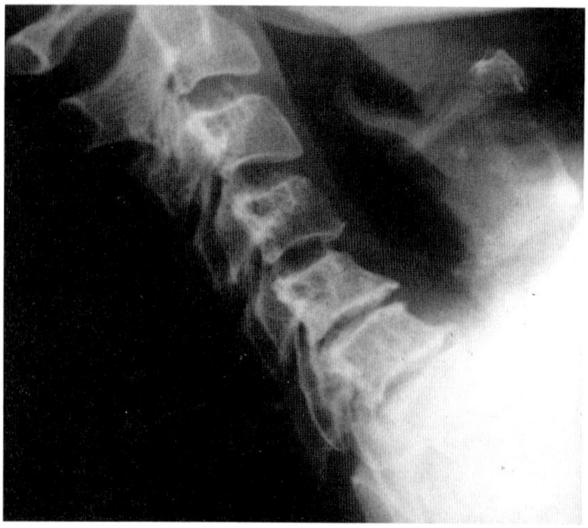

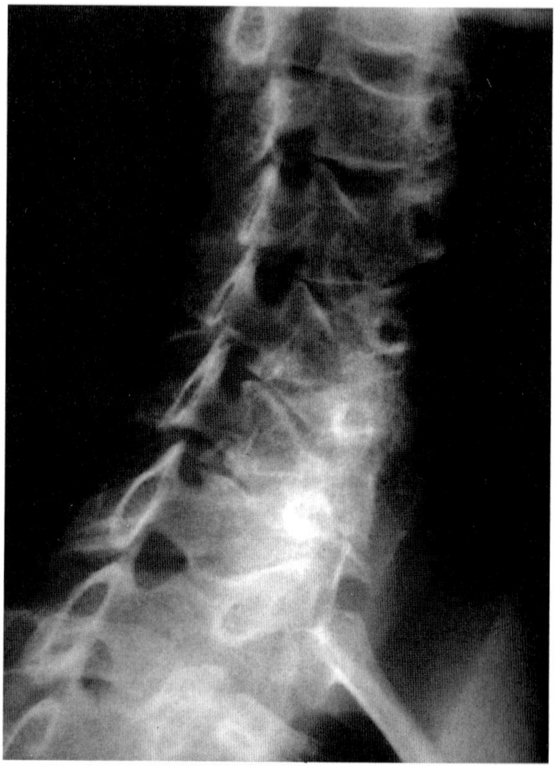

Abb. 12.26 a + b: Foramen intervertebrale-Einengung von dorsal (Facettengelenksarthrose) und von ventral (Unkovertebralgelenksarthrose)

Diagnose. Technische Untersuchungen (z. B. Labor und Röntgen) werden, wie immer, nur zu 10% benötigt. Sie haben ihre Berechtigung zur Bestätigung der klinischen Diagnose oder um Kontraindikationen für geplante therapeutische Maßnahmen auszuschließen. Die Einengung des Foramen intervertebrale von dorsal (durch Facettengelenksveränderungen) und/oder ventral (durch Unkovertebralgelenksveränderungen) wird durch ventro-laterale Schrägaufnahmen im Röntgenbild sichtbar. Röntgenbild und Beschwerden korrespondieren jedoch nicht unbedingt miteinander (Abb. 12.26).

Ergänzend zu den Ausführungen im Beitrag «Allgemeine Grundlagen» hat sich im Rahmen des NEUROMEDIZIN-KONZEPTS das manualtherapeutische Drei-Punkte-Programm bewährt. Mit Hilfe der kinesiologischen Muskelteste lassen sich die verschiedenen Kopfschmerzursachen differenzieren und dokumentieren.

1. Halswirbelsäule

Die im Beitrag «Manualtherapie» beschriebenen Griffe (Segmentale Translationsbewegungen, Segmentale Funktionsbewegungen, Traktion, Kompression und Atlas lösen) werden für die Untersuchung und Behandlung im Sitz und in der Rückenlage angewandt.

Für die Untersuchung und Behandlung der segmentalen Translationsbewegungen hat sich insbesondere bei akuten Zuständen alternativ die Seitenlage bewährt. Der Kopf des Patienten wird achsengerecht mit Hilfe eines individuell gefalteten Badehandtuches bequem gelagert. Um Gleichgewichtsreaktionen zu vermeiden, werden beide Knie und Hüften etwa rechtwinklig gebeugt. In der ersten Phase legt der Behandler beide Daumen von lateral an den jeweiligen Querfortsatz, bzw. dorsolateral an den jeweiligen Wirbelbogen, bzw. dorsal an den jeweiligen Dornfortsatz. Durch rhythmische Impulse kann er segmentvergleichend das Joint-play wahrnehmen und je nach Befund die «verklemmten Schubladen» (auch der Kopfgelenke) dosiert «gängig» machen. Das eingeschränkte Joint-play wird oft durch die Schmerzmitteilung des Patienten und den Weichteilbefund ergänzt. Die segmentale Bewegung nach posterior läßt sich ähnlich wie an der LWS und BWS durch aktives Herausdrücken der einzelnen Segmente gegen den «Bremsklotz» beider Daumen untersuchen und behandeln.

In der zweiten Phase werden dieselben Griffe untersuchend und behandelnd in der anderen Seitenlage durchgeführt. In der dritten Phase dreht sich der Patient in die erste Seitenlage; die rhythmischen Mobilisationen werden wiederholt. Patient und Behandler spüren die vermutlich aufgrund vertebrovertebraler Reflexe veränderten Befunde im Vergleich zur ersten Phase.

Abb. 12.27 a: Segmentale translatorische Mobilisation nach lateral
b: Segmentale translatorische Mobilisation nach ventrolateral
c: Segmentale translatorische Mobilisation nach ventral
d: Segmentale translatorische Mobilisation nach dorsal (aktiv)

Phase 1 bis 3 können je nach Bedarf so lange wiederholt werden, bis die «Schubladen gängig» sind. Der Patient empfindet diese Technik als «Klavierstimmen» seiner HWS.

Weichteiltechniken, insbesondere die Periostbehandlung, können in der Seitenlage ebenfalls optimal zum Einsatz kommen (Abb. 12.27).

Die besonders wichtige Translationsbewegung Anterior-posterior kann der Patient segmentweise oder unspezifisch (entspricht der Korrekturposition von McKenzie) im Sinne einer «stündlichen Bewegungspause» (Reinhardt) sehr gut im Sitz, im Stand, in Rückenlage oder auch Seitenlage üben. Aufbauend können aus der Korrekturposition Posterior («Schublade 'rein») die Grundbewegungen Lateroflexion und Rotation schmerzfreier und mit größeren Exkursionen geübt werden als in der Gewohnheitshaltung (Abb. 12.28).

Die A. vertebralis wird nach De Kleijn in Rückenlage bei Extension, Lateroflexion und Rotation getestet. Wenn innerhalb einer Minute Symptome wie Nystagmus, Schwindel, Ohrensausen, Übelkeit und Unwohlsein auftreten, gilt der Test als positiv und sollte abgebrochen werden. Bei positivem Test ist jede HWS-Manipulation kontraindiziert. Vorsichtige Mobilisationen sind jedoch möglich (Abb. 12.29).

Die bei HWS-Beschwerden immer noch oft praktizierte Glisson-Traktion kann Kopfschmerzen und andere Symptome auslösen oder verstärken, da die durch Exophyten eingeengten neurovaskulären Strukturen (insbesondere A. vertebralis und Spinalnerv) noch mehr komprimiert werden. Zudem können die durch den Kinnriemen der Glissonschlinge komprimierten Kiefergelenke Kopfschmerzen verursachen.

Eine individuell in leichter Vorneigung angepaßte Halskrawatte kann besonders bei radikulärer Beteiligung Erleichterung verschaffen. Die Krawatte entlastet die Bandscheiben vom Kopfgewicht, verhindert unkontrollierte Kopfbewegungen (gerade auch nachts), schützt vor schädigender Zugluft und entlastet die Nervenwurzeln (durch Kyphosierung werden die Foramina intervertebralia vergrößert). Die Halskrawatte sollte nur vorübergehend zur Anwendung kommen.

Wichtig ist die Analyse und Korrektur des Verhaltens im Alltag. Besonders das nächtliche Liegen auf dem Bauch ist zu vermeiden, da durch HWS-Hyperlordose, Lateroflexion und Rotation die A. vertebralis weiter eingeengt und geknickt wird, der konkavseitige Spinalnerv durch das verkleinerte Foramen intervertebrale irritiert wird, und die Facettengelenke mit ihren Menisken «verklemmen» können. Ähnlich ungünstige Situationen ergeben sich für die HWS z. B. beim Brustschwimmen, Fensterputzen über Augenhöhe, Obstpflücken über Augenhöhe, Anstreichen

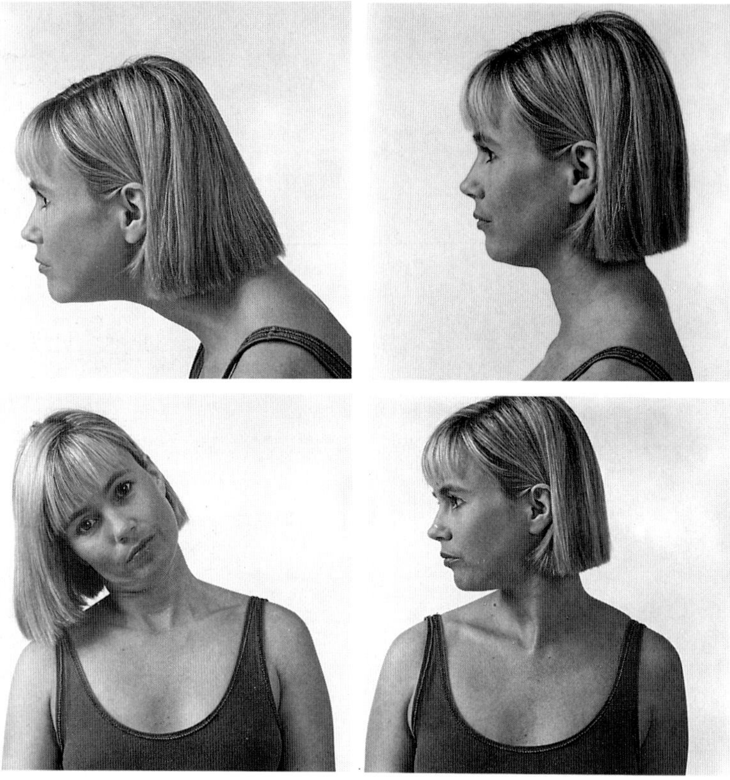

Abb. 12.28 a: Häufige Gewohnheitshaltung
b: Kopfkorrektur «Schublade 'rein»
c: Lateroflexion unter Korrektur
d: Rotation unter Korrektur

und Tapezieren, Kfz-Arbeiten unter der Bühne, Rückwärtseinparken oder beim Radfahren mit niedrigem Lenker.

Im Interesse einer erstrebenswerten Unabhängigkeit des Kopfschmerzpatienten sollte der Behandler neben der Alltagskorrektur und den kinästhetischen Übungskomplexen auch wirkungsvolle Selbstmassagegriffe vermitteln. Aus der Vielzahl der Möglichkeiten haben sich im NEUROMEDIZIN-KONZEPT fünf Griffe besonders bewährt:

«Periostbehandlung»
Speziell an der Linea nuchae (siehe Kapitel «Weichteiltechniken»)

«Nackenklappe auf»
Im Sitzen oder Stehen legt der Patient beide Fäuste mit den Endphalangen am Schädel-Nacken-Übergang auf und reibt die Muskulatur quer. Hand und Haut bilden dabei eine Einheit. Kraft, Raum und Zeit sind veränderbar und werden dem Gewebsschmerz angepaßt. Schon nach etwa 30 Sekunden ist die Region intensiv durchblutet. Der Patient hat das Gefühl des «Abgekoppeltseins» von Kopf und Nacken (Abb. 12.30 a).

«Skalpell»
Im Sitzen oder Stehen legt der Patient alle acht Fingerkuppen horizontal gerichtet etwa 2 cm über den Augenbrauen auf. Die Fingerkuppen ziehen dann von der Stirn aus den Kopf «skalpellartig» teilend bis zum Occiput. Der Griff wird etwa 20mal wiederholt. Variationen von Kraft, Raum und Zeit sind möglich. Der Patient hat das befreiende Gefühl des «Abhebens» der Schädeldecke (Abb. 12.30 b).

Eismassage
Dazu benötigt der Patient ein Handtuch und einen Eiskegel (z. B. aus einem Joghurtbecher). Mit dem Eiskegel bestreicht der Patient zunächst mehrfach die verschiedenen Gesichtsregionen. Anschließend können auch Schädel- und Nackenbereich vereist werden. Variationen von Kraft, Raum und Zeit sind möglich. Die Eismassage durchblutet intensiv, weckt auf und befreit. Es sollten sich einige aktive Übungen anschließen (Abb. 12.30 c).

Regentröpfchen
Im Gesichts-, Schädel- und Nackenbereich. Diese sanfte und wirkungsvolle Technik ist im Beitrag «Kinästhesie» beschrieben (Abb. 12.30 d).

2. Andere Gelenke
Eine HWS-Behandlung und «Kopfkorrektur» ist dauerhaft nur erfolgreich, wenn die Gesamtstatik stimmt.

Alle Gelenke und deren Weichteilmantel können kompensatorisch oder über arthrogen-vertebrale

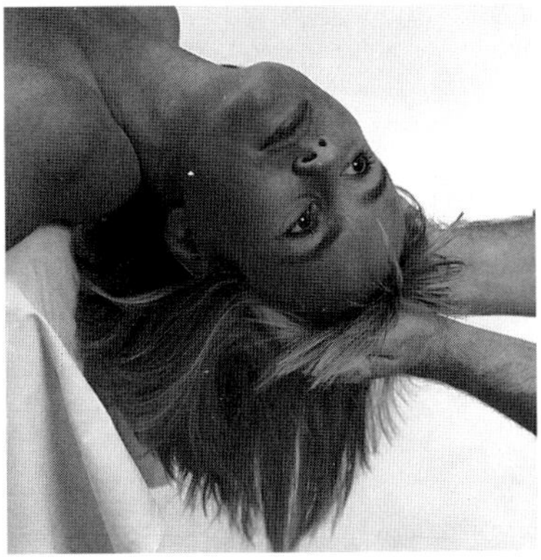

Abb. 12.29: A.-vertebralis-Test nach De Kleijn

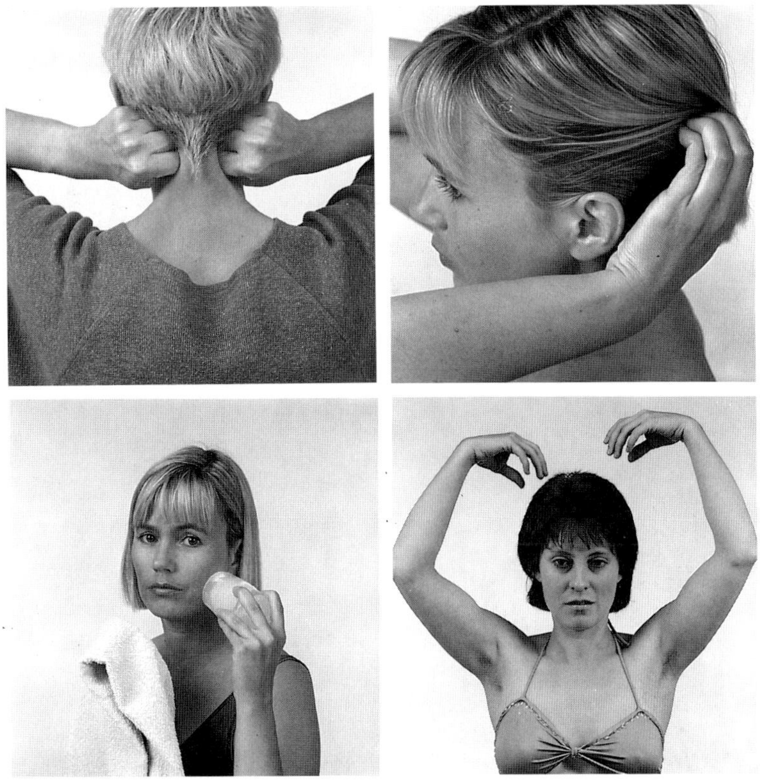

Abb. 12.30 a: «Nackenklappe auf»
b: «Skalpell»
c: Eismassage
d: Regentröpfchen

bzw. vertebro-vertebrale Reflexe zu Kopfschmerzen führen. Ebenso ist über den umgekehrten Reflexweg ein therapeutischer Erfolg möglich.
Besondere Bedeutung haben Tibio-Fibulargelenke, Iliosakralgelenke, Sacrococcygealgelenk, LWS, BWS, Thoraxgelenke, Kiefergelenke, Zungenbein, Schädelsuturen, erste Rippe, proximale Radioulnargelenke, Daumensattelgelenke sowie das Dreipunktsystem Fuß. Die entsprechenden Untersuchungs- und Behandlungsgriffe sind im Beitrag «Manualtherapie» dargestellt.
Wie im Abschnitt 1 für die HWS beschrieben, hat sich – besonders bei akuten Beschwerden – alternativ die dreidimensionale segmental-translatorische «Klavierstimmung» für die gesamte Wirbelsäule, den Thorax und die Kiefergelenke bewährt. Diese Technik ist für die LWS und das Sacrococcygealgelenk im Beitrag «Manualtherapie» und im Kapitel «Kreuzschmerzen» dargestellt. Einige Beispiele für BWS, Thorax und Kiefergelenk (Abb. 12.31):
Weichteiltechniken können je nach Befund zum Einsatz kommen.
Die dosierte Periostbehandlung hat sich in der Kopfschmerz- und Migränebehandlung besonders bewährt. Mit der Schmerzklammer (modifizierte «Strain-and-Counterstrain»-Technik nach Jones) lassen sich druckdolente Punkte des Weichteilmantels (Tender points) oft löschen. Das Prinzip ähnelt der AGT (siehe Beitrag «Kinästhesie»), d. h. durch die dreidimensionale, etwa 10 bis 90 Sekunden dauernde, passive Annäherung von Strukturen kommt es zur Schmerzlinderung. Die antalgische Haltung wird je nach Befund mehrfach wiederholt, bis der Tender Point rezidivfrei gelöscht ist. Mit dem Verschwinden der Tender Points verbessert sich auch die Funktion. Im Bereich des Schädels angewandt, stellt diese Technik damit eine echte Alternative oder besser Ergänzung zur Craniosacralen Therapie dar. Eine Selbstbehandlung ist fast immer möglich (Abb. 12.32).

3. Innere Organe

Alle inneren Organe können bei Funktionsstörung oder Erkrankung akute oder chronische Kopfschmerzen auslösen bzw. verstärken. Der aufmerksame Untersucher kann dies erfragen, sehen, tasten, testen und möglicherweise auch riechen und hören. Besonders interessant ist die segmentale Projektion der inneren Organe auf das Integument (Haut, Muskulatur und Periost) und über den N. phrenicus in die Kopf-Nacken-Region. Aber auch Gelenksdysfunktionen (speziell an der Wirbelsäule) geben diagnostische Hinweise. Therapeutisch kann man mit den verschiedenen Reflextherapien Kopfschmerzen günstig beeinflussen.
Im Rahmen des NEUROMEDIZIN-KONZEPTS haben sich vor allem die Periost- und Kolonbehand-

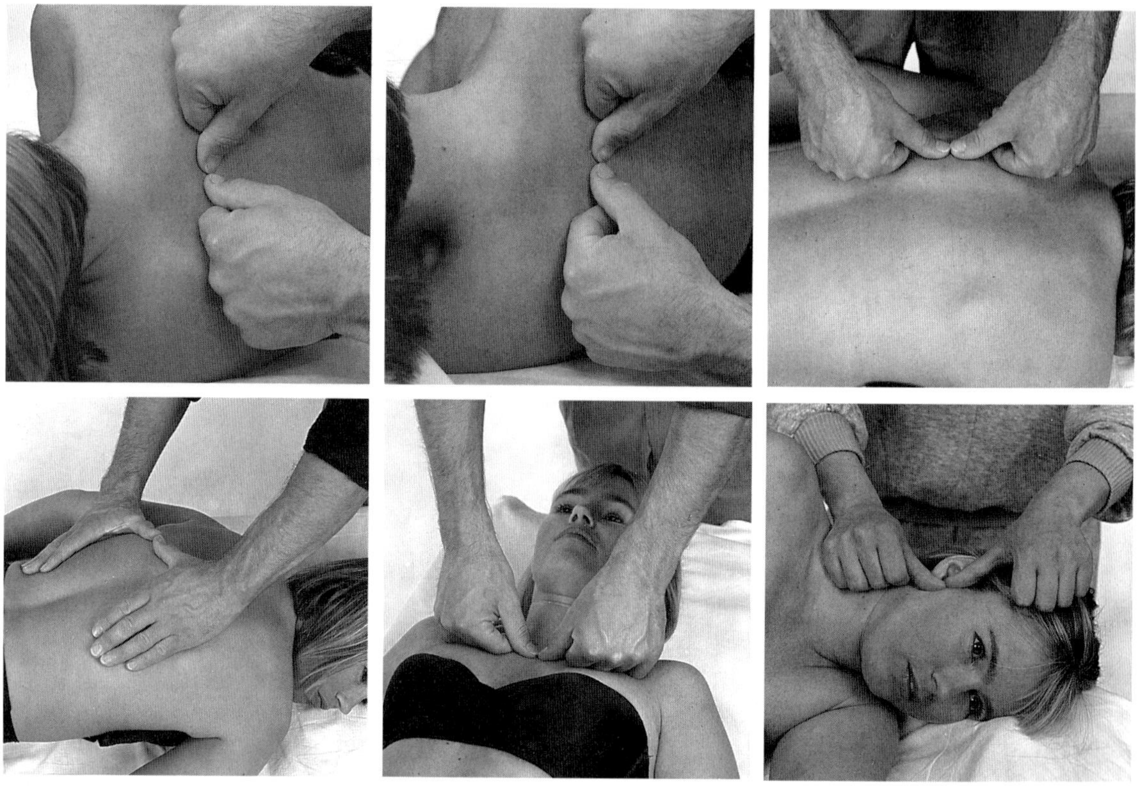

Abb. 12.31 a + b: Translationsbewegung Posterior-anterior und Anterior-posterior (aktiv) für Th3/4 in Seitenlage
c + d: Translationsbewegung Posterior-anterior und Cranial-caudal für das 7. Rippenwirbelgelenk in Bauchlage
e + f: Translationsbewegung Anterior-posterior für das Manubrium sterni in Rückenlage, und Posterior-anterior für das Kiefergelenk in Seitenlage

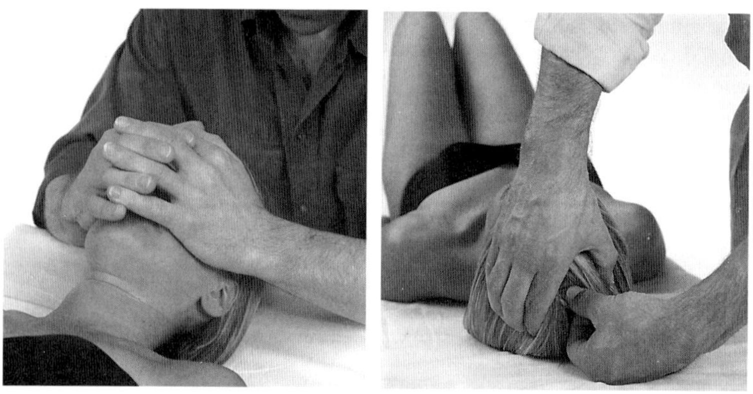

Abb. 12.32 a: Schmerzklammer (modifizierte Strain and Counterstrain Technik nach Jones) bei Sinusitis-Kopfschmerzen. Der Tender Point befindet sich an der Austrittsstelle des mittleren Trigeminusastes. Durch die anteriore Kompression wird der Tender Point gelöscht
b: Schmerzklammer: Der palpatorisch gefundene Tender Point befindet sich auf der höchsten Stelle des Schädeldachs rechts von der Sagittalnaht. Der Tender Point wird durch Annäherung der Parietalknochen gelöscht

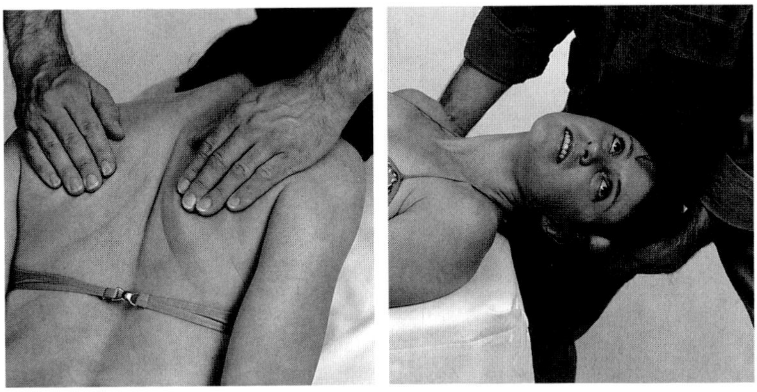

Abb. 12.33 a: Bilaterale symmetrische Scapulapattern (Depression posterior)
b: Kombinationspattern: Scapula (Depression posterior) und Nackenextensionspattern

lung, gerade auch als Anfallsbehandlung bewährt. So findet man bei rechtsseitigen Kopfschmerzen mit großer Regelmäßigkeit ein schmerzhaftes und spastisches Colon ascendens. Therapeutisch läßt sich dann indirekt durch die Behandlung der Punkte drei, vier und fünf über viszero-viszerale Reflexe der Ascendens-Befund normalisieren. Der Kopfschmerz läßt nach, kann sogar ganz verschwinden (siehe Beitrag «Allgemeine Grundlagen des NEUROMEDIZIN-KONZEPTS»).
Auch die im Kapitel «Kreuzschmerzen» beschriebene AGT für die Thorax- und Bauchorgane ist ein wichtiger Baustein bei der Untersuchung und Behandlung von Kopfschmerzen.
Wichtig ist es, daß der Behandler sich und dem Patienten die Zusammenhänge zwischen Schmerzmuster, Gewebsbefund, Inneren Organen und Bewegungs-/Haltungsmuster verdeutlicht und dokumentiert. Kinesiologische Muskelteste können dabei gerade für den Anfänger eine Hilfe sein.

PNF

Scapula-, Becken-, Thorax-, Wirbelsäulen-, Kiefer-, Gesichts- und Kopfpattern werden in verschiedenen Ausgangsstellungen, Kombinationen (z. B. Becken- und Scapulapattern) und unter Hinzunahme der speziellen Techniken angewandt. Im Rahmen einer Kopfschmerzbehandlung wird PNF oft mit Manualtherapie kombiniert (Abb. 12.33).

Kinästhesie

Bei der kinästhetischen Kopfschmerzbehandlung können eine Vielzahl der im Beitrag «Kinästhesie» beschriebenen Übungskomplexe angewandt werden.

Abb. 12.34: Jeder Patient hat seinen «eigenen» Kopfschmerz

Besonders bewährt haben sich das Schnelle Lagern, die AGT, die Becken-, Thorax-, Kopf- und Gesichtsarbeit, die Hemisphärendominanz-Übung, die Seitenlage, das Drehen, die Regentröpfchen, die Gate-Control-Technik, die schmerzablenkenden und schmerzbekämpfenden Visualisationen sowie Biofeedback.

Da jeder Patient seinen eigenen Kopfschmerz hat, sollte beim Einleitungsbefund das Kopfschmerzmuster individuell erarbeitet werden und später im Zwischen- und Schlußbefund verglichen werden (Abb. 12.34).

Im Rahmen einer Behandlung können die Übungskomplexe auch kombiniert werden.

Ist nach der Regulation der Grundfunktionen und etwa zehn Behandlungen mit Manualtherapie, PNF und Kinästhesie keine Erfolgstendenz erkennbar, müssen Befund und/oder Therapie überprüft werden.

Literaturempfehlungen zum Thema Kopfschmerzen sind den Beiträgen «Manualtherapie», «PNF» und «Kinästhesie» zu entnehmen.

Abbildungsnachweis

Abb. 12.2, 12.6a + b und 12.15b: Prof. Dr. Farhang Samandari, Anatomisches Institut der FU Berlin, Königin-Luise-Straße 15, 1000 Berlin 33.

Abb. 26a + b: Mit freundlicher Genehmigung von Prof. Dr. med. Wolfgang Krause, Orthopädische Klinik Kassel

Abb. 12.34: Dr. med. dent. Eckart Grebner, München.

Alle anderen Abbildungen: Magdalene Grenz und Reinhard Dittel, c/o Neuromedizinisches Fortbildungszentrum Bad Hersfeld und Foto-Studio Sparr, Frankfurt a. M.

Kreuzschmerzen

Funktionelle Anatomie

Fundierte Kenntnisse der klinisch-funktionellen Anatomie bilden die Grundlage des Verständnisses von Pathogenese, Diagnostik und Therapie der Kreuzschmerzen.

Lendenwirbelsäule

Ossär-artikuläre Besonderheiten

Die Lendenwirbelkörper sind sehr kräftig. Von oben betrachtet haben sie eine nierenförmig-elliptische Gestalt. Von der Seite betrachtet sind sie (insbesondere der fünfte Lendenwirbel) keilförmig, vorne etwas höher als hinten. Sie haben Stützfunktion und werden durch die Zwischenwirbelscheiben (Disci intervertebrales) untereinander verbunden.

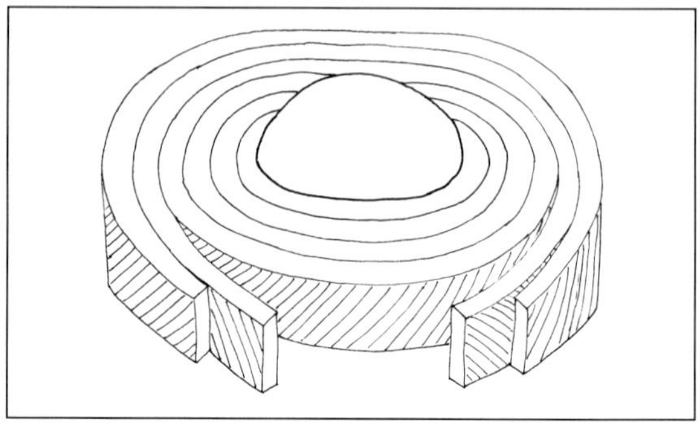

Abb. 12.35: Strumpftexturähnlicher Verlauf der kollagenen Fasern des Anulus fibrosus

Bei einigen Menschen ist der fünfte Lendenwirbel entwicklungsbedingt mit dem Os sacrum verschmolzen (Sakralisation); bei anderen gibt es einen zusätzlichen Lendenwirbel, weil der erste Sakralwirbel entwicklungsbedingt nicht mit den übrigen Sakralwirbeln synostotisch verbunden ist (Lumbalisation). Insbesondere die einseitige Sakralisation oder Lumbalisation stellt einen Skoliosekeim dar und kann Kreuzschmerzen verursachen.

Die Wirbelkörper enthalten im Gefäßverlauf nur wenige Nervenfasern. Deshalb machen sich Wirbelkörperprozesse (z. B. Prostata-Metastasen) erst im Spätstadium bemerkbar. Die Bandscheiben haben Puffer(Stoßdämpfer)funktion und bestehen aus dem Nucleus pulposus und dem Anulus fibrosus. Der Nucleus besteht zu etwa 80% aus Wasser und hat die Tendenz zur Kugelgestalt.

Der Anulus fibrosus besteht aus kollagenen Fasern und Faserknorpel, die durch den gallertartigen, weichen Nucleus unter Spannung gehalten werden. Mit fortschreitendem Alter schrumpft der Nucleus durch Abnahme des Quellungsdruckes. Dabei verliert der Anulus seine Spannung und kann leichter einreißen. Die kollagenen Fasern sind konzentrisch aufgebaut, wobei sich die benachbarten Schichten strumpftexturähnlich kreuzen (Abb. 12.35).

Ventral sind die Fasern dicker und zahlreicher vertreten als dorsal. Dorsal sind die Fasern mit dem Lig. longitudinale posterius verbunden.

Die Endflächen der Disci sind über hyalinen Knorpel synchondrotisch mit den benachbarten Wirbelkörpern verbunden.

Etwa ab dem zweiten Lebensjahr werden die Bandscheiben nur noch durch Diffusion ernährt. Im Stehen und Sitzen beträgt der Belastungsdruck über 80 kg. Dabei werden Flüssigkeit und Stoffwechselschlacken aus der Bandscheibe herausgepreßt. Im Liegen sinkt der Belastungsdruck unter 80 kg, Flüssigkeit und Nährstoffe werden dabei von den Bandscheibenzellen aufgenommen. Deshalb ist der Mensch morgens bis zu drei Zentimeter größer als abends. Nur der regelmäßige Wechsel von Be- und Entlastung gewährleistet den Stoffwechsel der Bandscheibe. Dynamische Aktivitäten wie Spaziergänge, Schwimmen, Reiten oder Skilanglauf sind als «Bandscheibenmassage» anzusehen.

Die auf den Diskus einwirkende Kraft wird zu etwa 75% vom Nucleus und zu etwa 25% vom Anulus aufgenommen. Der intradiscale Druck beträgt aufgrund der bestehenden Gewebespannung auch im unbelasteten Zustand (im Liegen) niemals Null. Wegen dieser «Vorbelastung» kann auf die von außen kommenden Kräfte (Zug, Druck) besser reagiert werden.

Die unterste Bandscheibe ist besonderen Belastungen ausgesetzt (lumbosakraler «Wetterwinkel»). Der intradiscale Druck beträgt hier im freien Stehen etwa 80 kg, bei einer Vorneigung um 10° etwa 120 kg, bei einer Vorneigung um 90° etwa 400 kg. Wird in der 90°-Position noch ein Gewicht von 10 kg angehoben, so steigt der Druck in der letzten Bandscheibe auf etwa 700 kg.

Durch den Einsatz der Bauchpresse (gemeinsames Kontraktionsmuster von Zwerchfell, Bauchmuskeln und Beckenbodenmuskeln) wird der intraabdominelle Druck bis auf 150 mm/Hg gesteigert und damit der intradiscale Druck um bis zu 40% gesenkt. Diese Erkenntnis sollte man sich beim Heben und Tragen von Lasten zunutze machen.

Im Sitzen wird oft die physiologische Lordose aufgehoben. Damit erhöht sich der intradiscale Druck, der Nucleus bekommt die Tendenz zu wandern. Er wandert am wenigsten und der intradiscale Druck ist jeweils am geringsten, wenn man im Lot (mit physiologischer Lordose) liegt, sitzt, steht und Bewegungsübergänge ausführt. Die Rückenmuskulatur sollte dabei nicht zusätzlich angespannt werden, da sonst der intradiscale Druck steigt. Auch bei Hustenattakken und beim Niesen sollte man zur Bandscheibenschonung auf die Lordose achten.

Das bradytrophe Bandscheibengewebe ist – abgesehen von den äußersten dorsalen Fasern – schmerzunempfindlich, kann jedoch durch Druck auf Nervengewebe Schmerz auslösen (siehe Abschnitt «Pathogenese des Kreuzschmerzes»).

Vom oberen Teil des Wirbelkörpers geht nach dorsal der Wirbelbogen ab (siehe Abb. 12.42). Dieser besteht aus Pediculus (vor dem Gelenkfortsatz) und Lamina (hinter dem Gelenkfortsatz). Der Wirbelkanal wird von der Gesamtheit der Wirbelbögen, den verbindenden Ligg. flava und den dorsalen Wirbelkörper- und Diskusflächen mit anliegendem hinterem Längsband gebildet. Der Lendenwirbelkanal ist dreieckig und im Vergleich zu den übrigen Wirbelsäulenabschnitten relativ klein. Er hat Schutzfunktion für das Rückenmark und kann weichteil- oder knöchernbedingt stenosieren. Beim Wirbelgleiten (Spondylolisthesis) kann es zur Achsknickung des Spinalkanals kommen. Zwischen zwei Wirbelbögen öffnet sich der Wirbelkanal über die Foramina intervertebralia nach außen.

Das Foramen hat die Form eines hochgestellten Ovals und befindet sich auf Höhe der jeweiligen Bandscheibe. An der Brustwirbelsäule gibt es wesentlich seltener diskogene Beschwerden, da die Foramina größer sind und sich nicht auf Diskus-, sondern auf Wirbelkörperhöhe befinden. Außerdem wird hier die Beweglichkeit durch die Rippen eingeengt. Die obere und untere Begrenzung des Foramen intervertebrale wird von den Incisuren des jeweiligen Pediculus gebildet. Die vordere Begrenzung stellen die dorso-lateralen Anteile des Diskus zweier benachbarter Wirbelkörper und das Lig. longitudinale posterius dar. Die Facettengelenke mit ihren Kapseln und die Ligg. flava begrenzen das Foramen von dorsal. Das jeweilige Lig. flavum verstärkt die Facettengelenkskapsel von medial und reicht bis in das Foramen intervertrebrale. Das Foramen befindet sich also genau in der Mitte zwischen zwei beweglichen Elementen (den paarigen Facettengelenken hinten und dem unpaarigen Intervertebral-«Gelenk» vorne), und jede Dysfunktion in einem Teil dieses «Teams» wird sich deshalb auch auf den Forameninhalt auswirken.

In der beweglichen, zweiteiligen «Behausung» Foramen intervertebrale befindet sich, eingepolstert in lockeres Bindegewebe, der Spinalnerv mit afferenten, efferenten und vegetativen Fasern, der N. recurrens, die alle Nervenfasern umhüllende Dura mater und die Gefäße (Arterien, Venen und Lymphgefäße). Nach Untersuchungen von Kunert ist das kanalartige Foramen intervertebrale zu etwa einem Fünftel mit Nervengewebe und zu etwa vier Fünfteln mit lockerem Bindegewebe ausgefüllt (Abb. 12.36). Ein Bindegewebsödem im Engpaß Foramen intervertebrale kann zu radikulären Symptomen führen. Auslöser dieses Ödems können z. B. ein Prolaps, die Randzackenbildung an den Wirbelkörperhinterkanten bzw. an den Facettengelenken, die Ossifizierung des Lig. flavum, die Irritation der Facettengelenkskapsel, aber auch vaskuläre Veränderungen sein. Zum Beispiel kann die venöse Stase («Tümpelbildung») im Foramen intervertrebrale mit perivasalem Ödem bei Rumpfbewegungen die dabei notwendige Nervenwurzelgleitung behindern.

Das Foramen intervertebrale kann als «Wetterecke» des Kreuzschmerzes bezeichnet werden. Der lumbosacrale Übergang ist nicht nur wegen seiner starken statischen und dynamischen Belastung und der speziellen ligamentären Verhältnisse (siehe dort) besonders störanfällig, sondern auch weil das unterste Foramen intervertebrale aufgrund der frontalen Facettenstellung am kleinsten ist (Abb. 12.37).

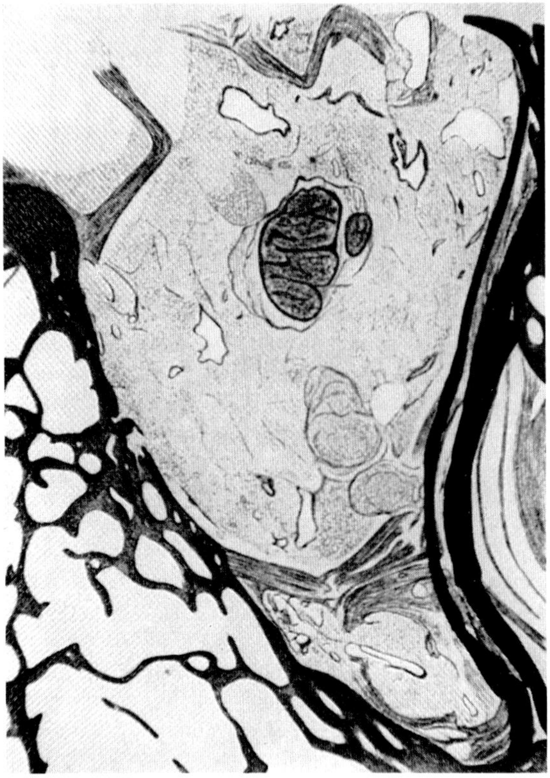

Abb. 12.36: Inhalt des lumbalen Foramen intervertebrale (nach Lindenmann und Kuhlendahl 1953)

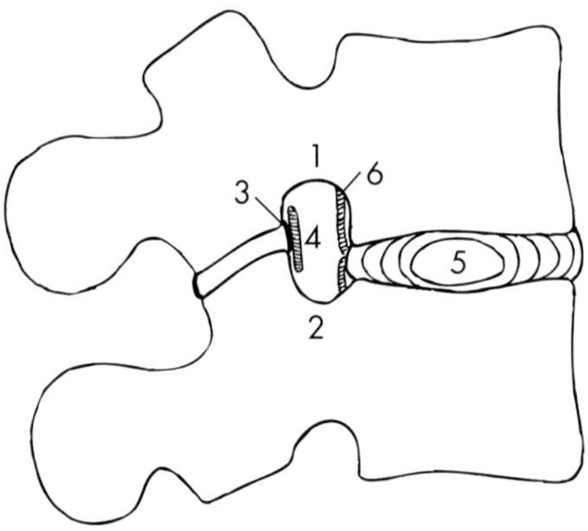

Abb. 12.37: Das Foramen intervertebrale und seine Begrenzungen

Vom Wirbelbogen gehen verschiedene Fortsätze ab. Der seitliche Querfortsatz ist als Rippenrudiment anzusehen (Proc. costarius). Dorsal von diesem befindet sich der eigentliche Proc. transversarius, bestehend aus dem Proc. mamillaris und dem Proc. accessorius. Ebenso wie der nach horizontal abgehende Dornfortsatz (Proc. spinosus) dienen die Querfortsätze dem Ursprung bzw. Ansatz von Bändern und Muskeln.

Nach unten und oben gehen die sagittal (bei L5 frontal) verlaufenden Gelenkfortsätze (Proc. articularis superior und inferior) ab. Sie trennen Pediculus und Lamina und bilden die Facettengelenke. Die Bandscheibe (Intervertebral-«Gelenk») bestimmt das Bewegungsausmaß, die Facettengelenke die Bewegungsrichtung. Aufgrund der sagittalen Facettenstellung ist lumbal die Flexions- und Extensionsbewegung bevorzugt möglich. Die Gelenkfortsätze von L5 stehen frontal, um ein Abrutschen des letzten Lendenwirbels gegenüber dem Sacrum zu verhindern.

Das Bandscheibenverhalten bei Bewegung ist im Abschnitt «Pathogenese» dargestellt.

Ligamentäre Besonderheiten

Das vordere Längsband (Lig. longitudinale anterius) verbindet die Wirbelkörper, das hintere Längsband (Lig. longitudinale posterius) verbindet die Disci intervertebrales. Deshalb kann sich eine Protrusion bzw. ein Prolaps immer nur dorsalwärts ausweiten. In dem Spaltraum zwischen Wirbelkörper und hinterem Längsband befindet sich ein venöses Geflecht. Die Längsbänder hemmen Flexion bzw. Extension und schützen die Disci. Das hintere Längsband wird in Höhe der beiden untersten Disci dünner und schmaler, zum Teil hat es sogar Lücken, d. h. es stabilisiert den Anulus nur unzureichend. Dies ist einer der Gründe, weshalb Prolapse vor allem im lumbosakralen Übergang auftreten (Abb. 12.38).

Die Wirbelbogenbänder (Ligg. interarcualia = Ligg. flava) verbinden die Lamina, jedoch nicht die Pediculi. Beide Flavabänder treffen sich dorsal. Sie verstärken die Kapsel der Facettengelenke von medial und bilden die dorsale Begrenzung des Foramen intervertebrale. Die Flava sind bereits in Mittelstellung gespannt. Sie hemmen die Flexion und helfen aufgrund der reichlich vorhandenen elastischen Fasern beim Aufrichten. Ossifizierungen dieser Bänder können zur Stenose des Spinalkanals bzw. des Foramen intervertebrale führen.

Das Lig. intertransversarium verbindet die benachbarten Querfortsätze und hemmt die Lateroflexion und Rotation. Das Lig. interspinale verbindet die benachbarten Dornfortsätze und hemmt die Flexion.

Das Lig. supraspinale verbindet die benachbarten Dornfortsatzspitzen und hemmt die Flexion, aber auch die Rotation. Nach Niethard fehlt es zu 95% im

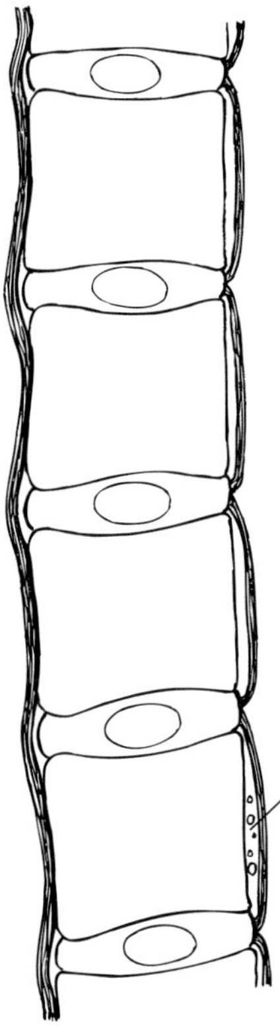

Abb. 12.38: Schematischer Verlauf von Lig. longitudinale anterius und posterius

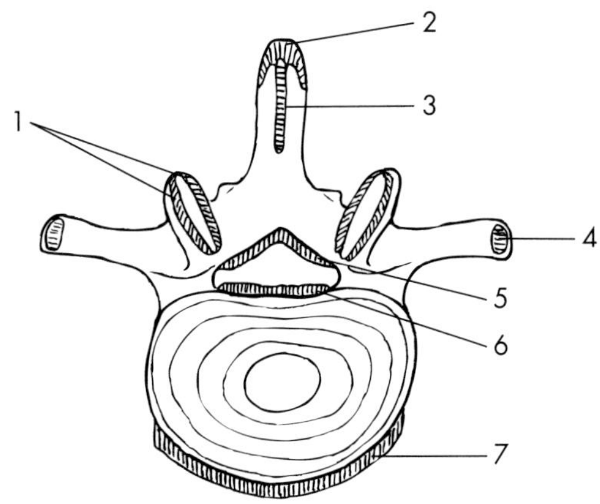

1 Verstärkungsbänder der Facettengelenkkapseln
2 Lig. supraspinale
3 Lig. interspinale
4 Lig. intertransversale
5 Ligg. flava
6 Lig. longitudinale posterius
7 Lig. longitudinale anterius

Abb. 12.39: Ursprünge bzw. Ansätze von Bändern an einem Lendenwirbel

Segment L5/S1. Das so verursachte discoligamentäre Ungleichgewicht ist ein weiterer Grund, warum es vor allem lumbosacral zu Prolapsen kommt (Abb. 12.39).

Beim Lig. iliolumbale kann man drei Teilzüge unterscheiden:

1. Der obere-hintere Bandzug verläuft von der dorsalen Crista iliaca zum Querfortsatz des vierten Lendenwirbels.
2. Der untere-vordere Bandzug verläuft von der ventralen Crista iliaca zum Querfortsatz des fünften Lendenwirbels.
3. Der iliosacrolumbale Bandzug verläuft ventral vom Ilium und Sakrum zur Vorderfläche des fünften Lendenwirbelquerfortsatzes, z. T. auch zum fünften Lendenwirbelkörper (Abb. 12.40).

Das Lig. iliolumbale verspannt den lumbosakralen Übergang und verhindert damit ein Abrutschen des letzten Lendenwirbels in das Becken. Bei Rotation und Lateroflexion spannen sich alle drei Teile auf der konvexen Seite an. Bei Extension spannt sich der iliosacrolumbale Bandzug an; die Flexion wird vor allem vom oberen-hinteren und weniger vom unteren-vorderen Bandzug behindert.

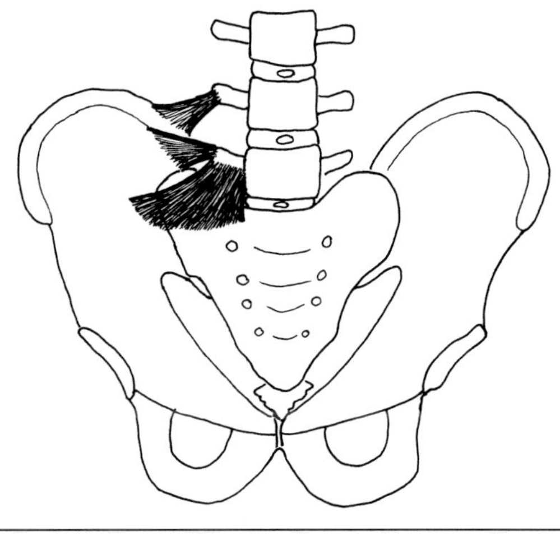

Abb. 12.40: Teilzüge des Lig. iliolumbale

Bei der Sakralisation (die im Röntgenbild als Promontoriumhochstand sichtbar wird) ist das Lig. iliolumbale nur unvollständig oder gar nicht vorhanden. Dann ist die unterste Bandscheibe besonders gefährdet. Interessant ist die Mitteilung von Niethard, daß bei Bandscheiben-Operierten oft ein Promontoriumhochstand nachzuweisen ist.

Muskuläre Besonderheiten

Bauch- und Rückenmuskeln, Zwerchfell und Beckenbodenmuskeln, aber auch rumpfnahe Extremitätenmuskeln haben Einfluß auf Statik und Dynamik der Lendenwirbelsäule.

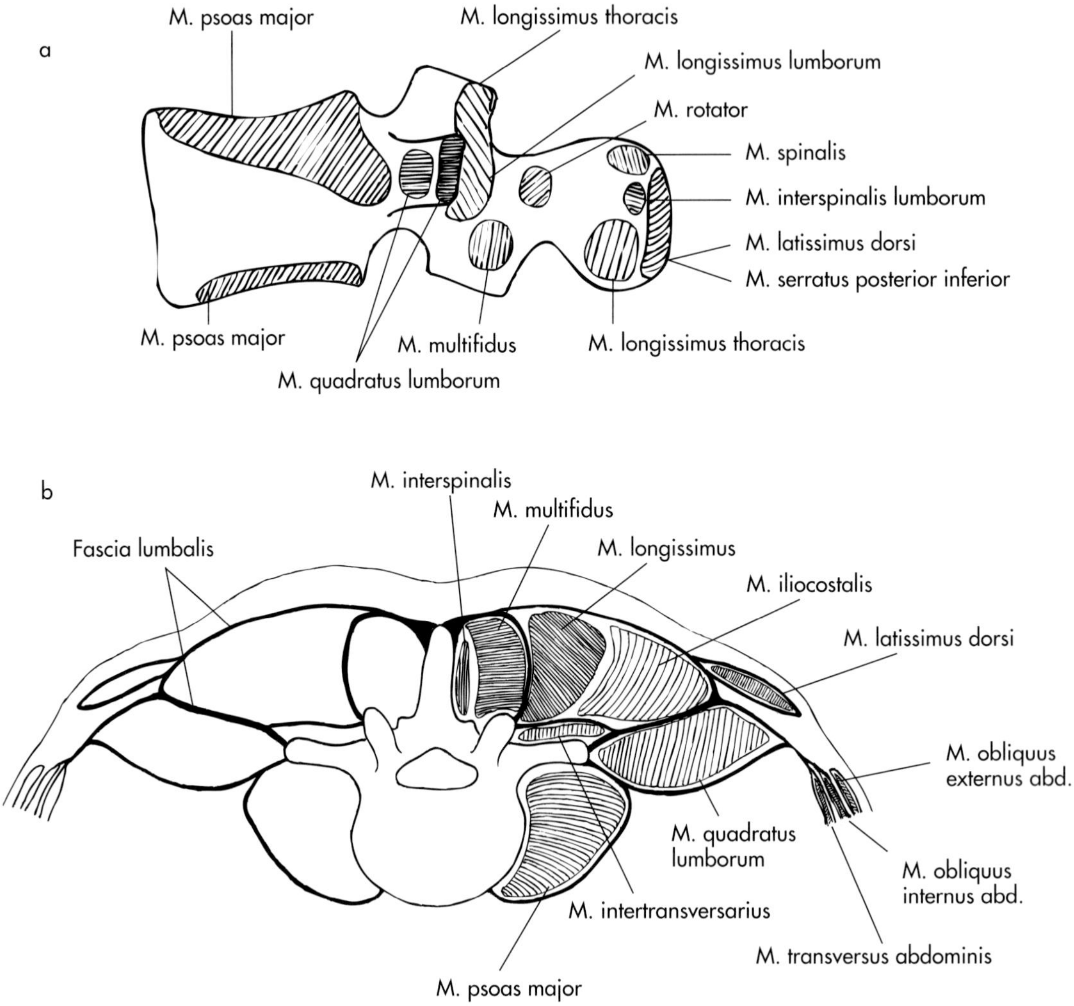

Abb. 12.41 a: Ursprünge bzw. Ansätze von Muskeln an einem Lendenwirbel
b: Muskelgruppen im Transversalschnitt

Die Rückenmuskulatur ist aus mehreren Schichten aufgebaut. Zur oberflächlichen Gruppe wird die spino-scapuläre (z. B. M. trapezius), die spino-humerale (z. B. M. latissimus dorsi) und die spino-costale (z. B. M. serratus posterior inferior) Muskulatur gerechnet. Der M. latissimus dorsi kann bei der Umkehr von Punktum fixum und Punktum mobile den Rumpf anheben. Seine cervicale Innervation erklärt u. a., daß eine Behandlung der HWS bei Kreuzschmerzen sinnvoll sein kann. Sein Verlauf erklärt auch die pathogenetischen und therapeutischen Zusammenhänge von Schulterproblemen und Beinlängendifferenzen (siehe Kapitel «Schulterschmerzen»). Die oberflächlichen Rückenmuskeln werden von den tiefen Rückenmuskeln durch eine oberflächliche Faszie getrennt, sie werden von den Rami ventrales innerviert und haben vor allem dynamische Funktionen.

Die tiefen Rückenmuskeln (Erector trunci) werden von den Rami dorsales der Spinalnerven innerviert, sie haben einen großen physiologischen Querschnitt und vor allem statische Aufgaben (posturale Muskeln). Der mediale, tiefe Trakt befindet sich in der osteofibrösen Loge zwischen Dorn- und Querfortsätzen und besteht aus spinalem System, transversospinalem System und spinotransversalem System. Der laterale, oberflächliche Trakt ist faszial vom medialen getrennt und befindet sich in einer Loge zwischen Querfortsätzen und Rippen. Er besteht aus dem M. longissimus und dem M. iliocostalis (Abb. 12.41).

Neurale Besonderheiten
Das Rückenmark endet in Höhe von L2 und setzt sich dann als Pferdeschwanz (Cauda equina) fort. Die einzelnen Nervenwurzeln verlassen – umhüllt vom Duraärmel – den Wirbelkanal jeweils unterhalb der zugehörigen Bogenwurzel (Pediculus); sie haben dabei Kontakt mit den dorsalen Wirbelkörper- und Diskusflächen, dem Lig. longitudinale posterius, dem Lig. flavum und dem Facettengelenk mit seiner Kapsel. Dabei werden von einer Nervenwurzel jeweils die beiden benachbarten Bandscheiben überkreuzt (Abb. 12.42).
Die Spinalnerven vermischen sich vor der Wirbelsäule zu Geflechten (Plexus), aus denen die zu den Beinen ziehenden peripheren Nerven hervorgehen. Da jeder periphere Nerv Fasern aus mehreren Nervenwurzeln enthält, kann der Ausfall einer Wurzel nicht zur vollständigen Parese führen.
Das Schmerzmuster (lokal und/oder in das Bein ausstrahlend) läßt Rückschlüsse auf die meist mechanisch irritierten Strukturen zu. Bei kompletter Wurzelkompression verschwindet der Schmerz, die sensiblen und motorischen Ausfälle bleiben jedoch bestehen. Der aus motorischen, sensiblen und vegetativen Fasern bestehende gemischte Spinalnerv teilt sich bei seinem Austritt aus dem Foramen intervertebrale in einen Ramus ventralis und einen Ramus dorsalis. Vom R. ventralis des Spinalnerven entspringt der rückwärtig in das Foramen intervertebrale wieder eintretende N. sinuvertebralis (= N. recurrens, N. meningicus). Der R. ventralis innerviert Haut und Muskulatur des Rumpfes (ausgenommen paravertebral) und der Extremitäten. Eine isolierte Irritation des R. ventralis läßt sich segmental genau zuordnen. Es entsteht ein typisch radiculäres Verteilungsmuster mit ausstrahlenden Schmerzen und Defiziten von Sensibilität, Reflexen und Kraft.
Der kleinere R. dorsalis innerviert die Haut und Muskulatur der paravertebralen Region (R. cutaneus und R. muscularis) und die laterale Kapsel des Facettengelenkes (R. articularis). Da jedes Facettengelenk von mehreren Rr. articulares versorgt wird, sind facettenbedingte Störungen (z. B. Blockierungen, degenerative oder entzündliche Veränderungen) nicht auf ein Segment beschränkt, also schlecht lokalisierbar.
Der N. recurrens innerviert die mediale Kapsel des Facettengelenkes, das Periost von Wirbelkörper und Wirbelbogen, die äußersten dorsalen Anulusfasern, das Lig. longitudinale posterius, das Lig. flavum und die umhüllenden Rückenmarkshäute.
Oft wird der Spinalnerv vor dem Abgang der einzelnen Äste diskogen, ligamentär, ossär, kapsulär oder vaskulär irritiert, d. h. es entstehen lokale und periphere Beschwerden, da alle drei Zweige des Spinalnerven betroffen sind (siehe auch Beitrag «Schmerzsyndrome aus orthopädischer Sicht»). Je ausgeprägter die Kompression, desto peripherer zeigen sich die Beschwerden (Abb. 12.43).

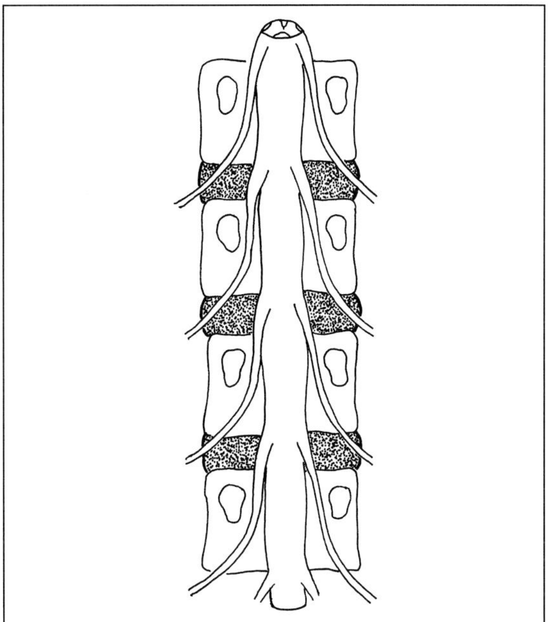

Abb. 12.42: Jede Nervenwurzel hat beim Verlassen Kontakt mit zwei benachbarten Bandscheiben, d. h. je nach Lokalisation der Läsion können ein oder mehrere Nervenwurzeln betroffen sein

Iliosakralgelenke

Ossär-artikuläre Besonderheiten
Das Becken hat eine Ringform, in der sich die Kräfte von unten und oben treffen. Es besteht aus den beiden Ossa coxae, dem Os sacrum und dem Os coccygeum. Es gibt geschlechtsspezifische Unterschiede des Beckens. Das weibliche Becken ist im Regelfall breiter, weiter und flacher. Da beim Bekkeneingang der quere Durchmesser und beim Bekkenausgang der Längsdurchmesser am größten ist, muß sich bei der Geburt der Kopf des Kindes drehen. Typisch ist im Stehen eine Beckenneigung von 60°. Dieser Winkel wird zwischen der Horizontalen und einer Geraden zwischen Promontorium und Symphysenoberrand gebildet. Wenn dieser Winkel vergrößert ist, verstärken sich die physiologischen Wirbelsäulenkrümmungen; ist der Winkel verkleinert, so schwächen sie sich ab. Im Sitzen, besonders in der Hockstellung, gleicht sich die Beckenneigung aus. Da sich damit auch der Rektumknick verliert, lastet die Kotsäule dann auf den Sphinkteren und der Defäkationsreflex kann ausgelöst werden (siehe auch Abschnitt «Kolonbehandlung»).
Das Os sacrum ist als Synostose aus ursprünglich fünf Kreuzwirbeln und den dazwischen liegenden Disci

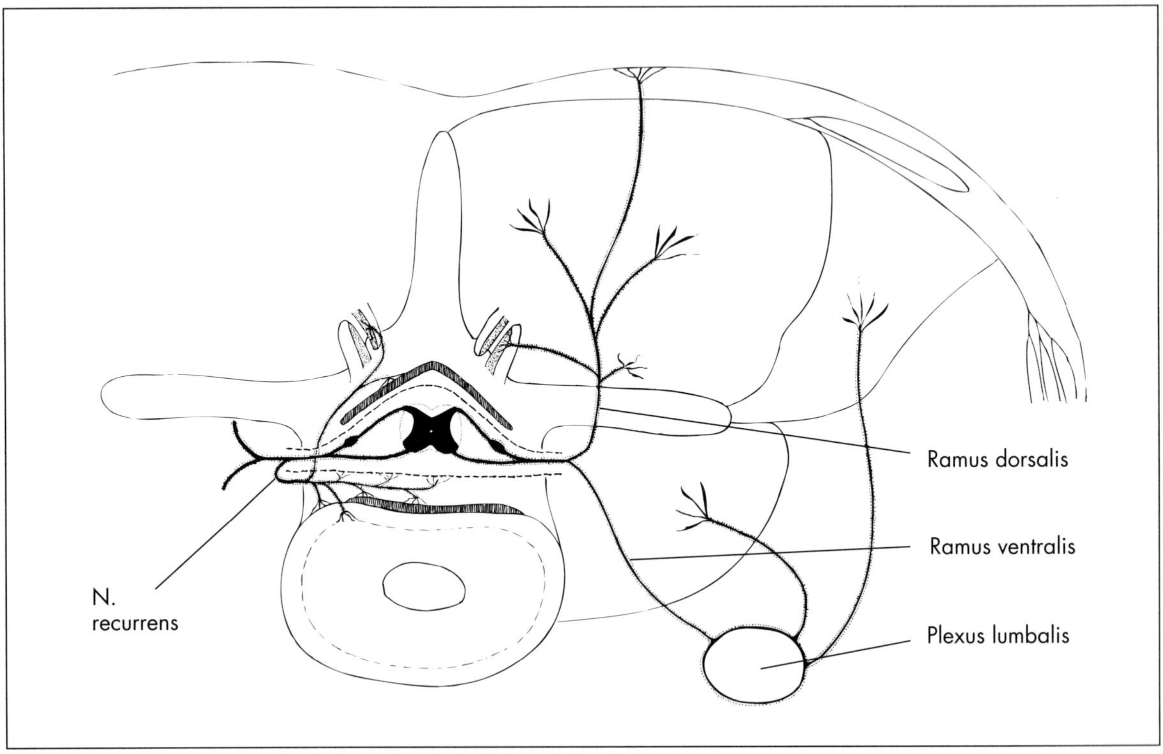

Abb. 12.43: Versorgungsgebiete der Spinalnervenäste

entstanden. Die beiden seitlich gelegenen, ohrförmigen, bumerangähnlichen Gelenkflächen sind uneben-höckrig und konvergieren wie ein Doppelkeil nach dorsal und kaudal. Die bumerangartige Rinne des Sacrums dient der Artikulation mit dem bumerangartigen Iliumwulst. Dabei unterscheidet man einen oberen und unteren Pol. Je ausgeprägter die Wirbelsäulenkrümmungen, desto mehr sind oberer und unterer Pol geknickt; je flacher die Wirbelsäulenkrümmungen, desto weniger sind sie gegeneinander geknickt (Abb. 12.44).

In den Iliosakralgelenken sind minimale dreidimensionale passive Bewegungen möglich. Dabei kann man zwischen Sacrum- und Iliumbewegungen unterscheiden.

Sacrumbewegungen werden bei allen Wirbelsäulenbewegungen und durch den craniosacralen Rhythmus ausgelöst. Des weiteren übertragen sich die Atembewegungen über die Wirbelsäule auch auf das Sacrum (Einatmung verstärkt die Wirbelsäulenkrümmungen, Ausatmung läßt sie abflachen).

Die beiden Darmbeine bewegen sich während des Gehens wringartig bei jedem Schritt. Dieses paarweise harmonische Zusammenspiel wird z. B. bei anatomischen Beinlängendifferenzen, bei asymmetrischer Sakralisation bzw. Lumbalisation, nach Beinamputationen und bei entzündlichen, traumatischen oder degenerativen Erkrankungen von Hüft-, Knie- und Fußgelenken gestört.

In der Schwangerschaft kommt es, hormonell bedingt, ebenfalls zu Bewegungen in den Iliosakralgelenken. Dadurch wird eine Erweiterung des Geburtskanals möglich.

Grundsätzlich ist zwischen minimalen passiven, dreidimensionalen Translationsbewegungen und passiven, dreidimensionalen Funktionsbewegungen von Kreuzbein und Darmbeinen zu unterscheiden. Die gedachten Achsen für die Funktionsbewegungen sind individuell verschieden.

1. Für die Flexion und Extension (Nutation und Gegennutation oder auch Nickbewegung) des Kreuzbeins bzw. der Darmbeine wird die Frontalachse in Höhe von S2 am Übergang vom unteren zum oberen Pol angenommen. Dabei kann die Achse praeartikulär, intraartikulär oder retroartikulär verlaufen (Abb. 12.44).

Bei der Nutation des Kreuzbeins gegenüber den Darmbeinen verlagern sich das Promontorium nach vorne und unten, die Kreuzbeinspitze und das Steißbein nach hinten und oben. Dabei wird wegen der Doppelkeilgestalt des Sacrums der Beckeneingang sagittal und frontal kleiner, der Beckenausgang sagittal und frontal größer. Nach Kapandji können sich die Durchmesser bis zu zwei Zentimeter verändern. In

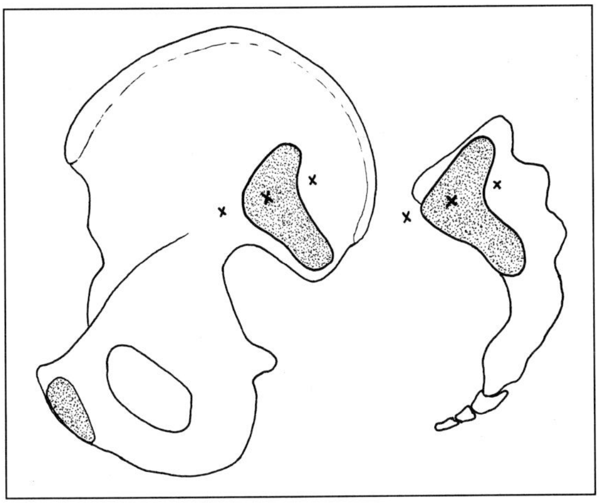

Abb. 12.44: Bumerangartige Sacrumrinne und bumerangartiger Iliumwulst und Verlaufsvariationen der Flexions-Extensionsachse

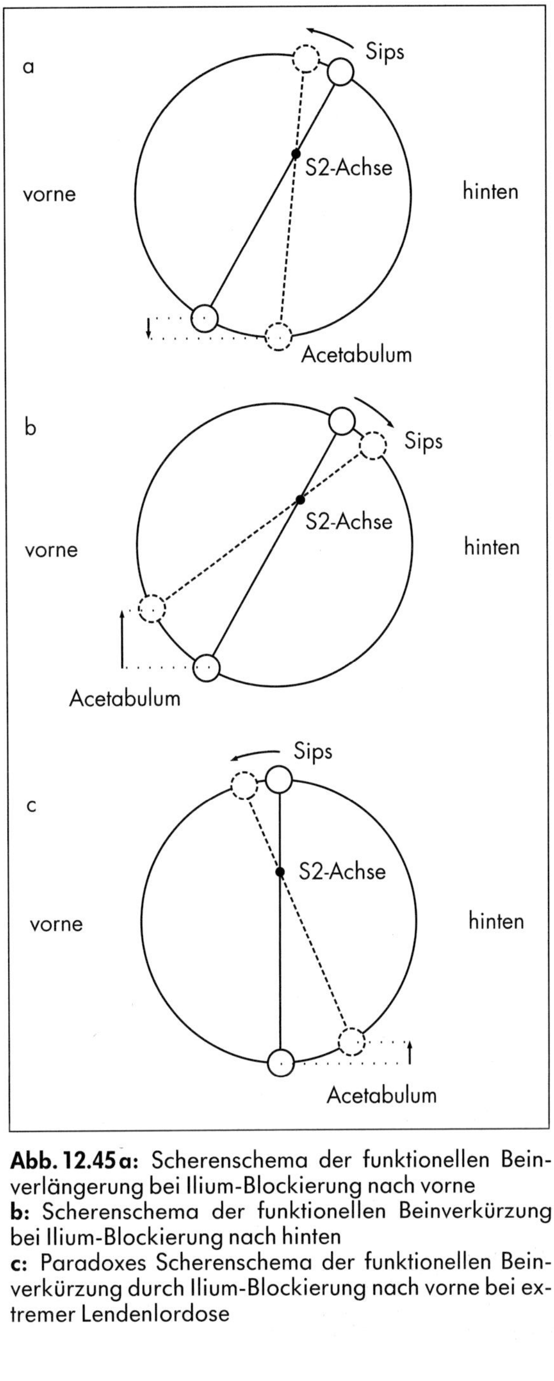

Abb. 12.45 a: Scherenschema der funktionellen Beinverlängerung bei Ilium-Blockierung nach vorne
b: Scherenschema der funktionellen Beinverkürzung bei Ilium-Blockierung nach hinten
c: Paradoxes Scherenschema der funktionellen Beinverkürzung durch Ilium-Blockierung nach vorne bei extremer Lendenlordose

der Geburtshilfe wird diese Erkenntnis angewandt: Bei der Eröffnungsphase wird der Beckeneingang durch die gestreckten Beine größer, in der Austreibungsphase wird der Beckenausgang durch die angebeugten Beine größer.

Nicht selten ist die Nickbewegung einseitig hypomobil oder gar blockiert (einer der Knochen ist in einer Position «hängengeblieben»). Dabei kommt es zu funktionellen, reversiblen Beinlängendifferenzen. Nach unseren Erfahrungen mit 4000 Patienten können diese von 0,5 bis zu maximal 5,5 cm betragen. Vereinfacht lassen sich Spina iliaca posterior superior, S2-Achse und Acetabulum in eine Linie projizieren. Wenn sich bei einer Nickblockierung beispielsweise eine Spina um zwei Millimeter weiter oben und vorne befindet, so tritt das Acetabulum nach unten und hinten. Da der Abstand zwischen Spina und S2-Achse geringer ist als der Abstand zwischen S2-Achse und Acetabulum, ist aufgrund des Scherenmechanismus' die Höhendifferenz der beiden Hüftpfannen und damit auch die Beinlängendifferenz um ein Vielfaches größer (z. B. zwei Zentimeter) als die Höhendifferenz der beiden Spinae.

Eine Iliumblockierung nach hinten (Spinatiefstand auf der blockierten Seite) führt zu entsprechender funktioneller Beinverkürzung.

Bei extremer Lendenlordose projizieren sich die drei Punkte (Spina, S2-Achse und Acetabulum) fast senkrecht aufeinander. In diesem Fall wird auch eine Blockierung nach vorne (Spinahochstand) eine Beinverkürzung bewirken. Dieser Fall ist jedoch bei 4000 von uns untersuchten Patienten nur dreimal vorgekommen (Abb. 12.45).

Von praktischer Wichtigkeit ist auch die Erkenntnis, daß ein funktionell kürzeres Bein durch ein anatomisch kürzeres Bein der Gegenseite ausgeglichen werden kann bzw. durch ein anatomisch kürzeres Bein auf der gleichen Seite verstärkt wird.

2. Für die Innen- und Außenrotation der Darmbeine (Inflair und Outflair, Einwärts- und Auswärtsschwenkung, Klaffbewegung) können zwei Longitudinalachsen etwa parallel des Gelenkspaltes angenommen werden. Bei dieser Bewegung nähern und entfernen

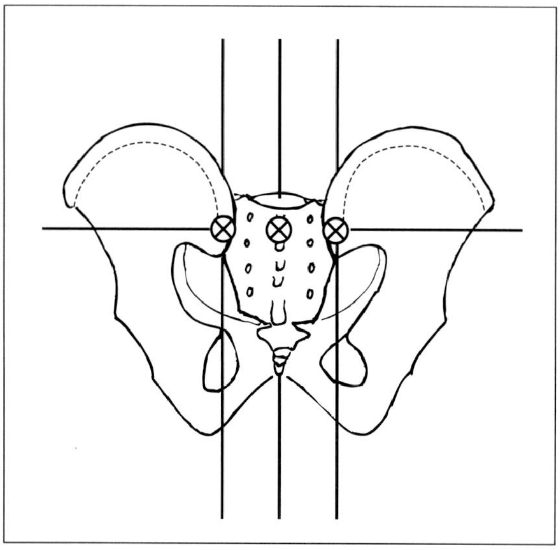

Abb. 12.46: Gedachte Achsen für die minimalen passiven dreidimensionalen Funktionsbewegungen von Kreuzbein und Darmbeinen

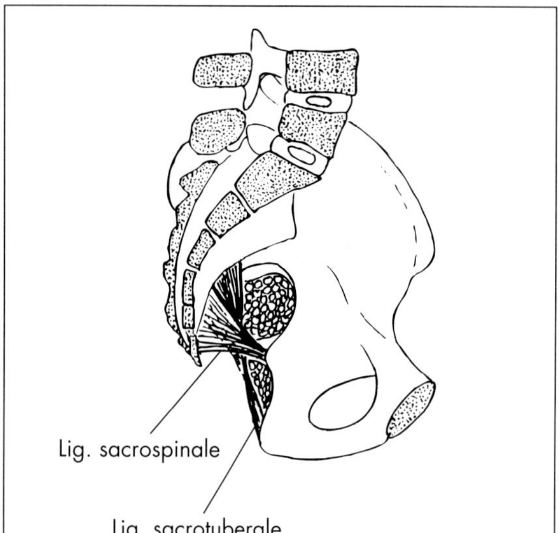

Abb. 12.47: Lig. sacrotuberale und Lig. sacrospinale beteiligen sich am Foramen ischiadicum majus und minus, durch die der M. piriformis bzw. M. obturatorius internus hindurchziehen

sich die Spinae anteriores bzw. Spinae posteriores, was wichtig zur Erweiterung des Geburtskanals ist. Reine Klaffbewegungsblockierungen bewirken keine Beinlängendifferenzen; sie können jedoch mit Nickbewegungsblockierungen vergesellschaftet sein. Klaffblockierungen können sich in ein- oder beidseitigen Fußfehlstellungen zeigen; der Abstand zwischen einer Spina und der Mittellinie ist dann im Seitenvergleich verschieden.

Bei Fußfehlstellungen ist differentialdiagnostisch auch an Veränderungen des Antetorsionswinkels oder der Tibiatorsion zu denken.
Die Rotation des Kreuzbeins erfolgt um eine gedachte zentrale Longitudinalachse durch das Kreuzbein. Blockierungen lassen sich dabei rektal als Stufenbildung zwischen Ilium und Sacrum tasten und führen durch die ausgelöste Wringbewegung der Darmbeine auch zu Beinlängendifferenzen.

3. Für die Adduktion und Abduktion der Darmbeine können zwei Sagittalachsen in Höhe von S2 angenommen werden. Bei dieser Bewegung entfernen und nähern sich die Tuber bzw. Cristae; dies spielt u. a. bei der Geburt eine Rolle. Blockierungen können sich hier als ein- oder beidseitiger «Schmal- bzw. Breitgang» zeigen.
Die Seitbewegung des Kreuzbeins erfolgt um eine gedachte zentrale Sagittalachse des Kreuzbeins (Abb. 12.46).

Ligamentäre Besonderheiten
Die ossär vorgegebenen Bewegungshemmungen des Iliosakralgelenkes werden zusätzlich durch die zahlreichen Bänder unterstützt. Die Bänder hemmen, je nach ihrem Verhältnis zu den Bewegungsachsen (siehe Abb. 12.46), nicht nur eine, sondern meist mehrere translatorische und funktionelle Bewegungen des Kreuzbeins und der Darmbeine.
Zu den direkten Bändern gehören die Ligg. sacroiliaca ventralia, interossea und dorsalia. Dabei verläuft das Lig. interosseum hinter dem Gelenk von der Tuberositas iliaca zur Tuberositas sacralia. Einige seiner Fasern verlaufen ähnlich wie die S2-Frontalachse und werden deshalb auch als Achsenband bezeichnet.
Zu den indirekten Bändern werden das Lig. iliolumbale (siehe Abschnitt «Lendenwirbelsäule»), das Lig. sacrotuberale und das Lig. sacrospinale gerechnet. Das Lig. sacrospinale zieht (ähnlich wie der M. coccygeus) vom Kreuzbein und Steißbein schräg nach unten außen zur Spina ischiadica. Das Lig. sacrotuberale liegt hinter dem Lig. sacrospinale, kommt vom Ilium, Sacrum und Os coccygeum und zieht, in sich gedreht, zum Tuber ischiadicum. Beide Bänder bremsen vor allem die Nickbewegung des Sakrums; sie vervollständigen die Incisura ischiadica major zum Foramen ischiadicum majus (der M. piriformis zieht hier hindurch) und die Incisura ischiadica minor zum Foramen ischiadicum minus (der M. obturatorius internus zieht hier hindurch – Abb. 12.47).

Muskuläre Besonderheiten
Alle Muskeln, die am Kreuzbein oder Darmbein Ursprung bzw. Ansatz haben, bewegen die Iliosakralgelenke nicht aktiv, sondern stabilisieren die schon ossär und ligamentär vorgegebene relative Unbeweglichkeit.

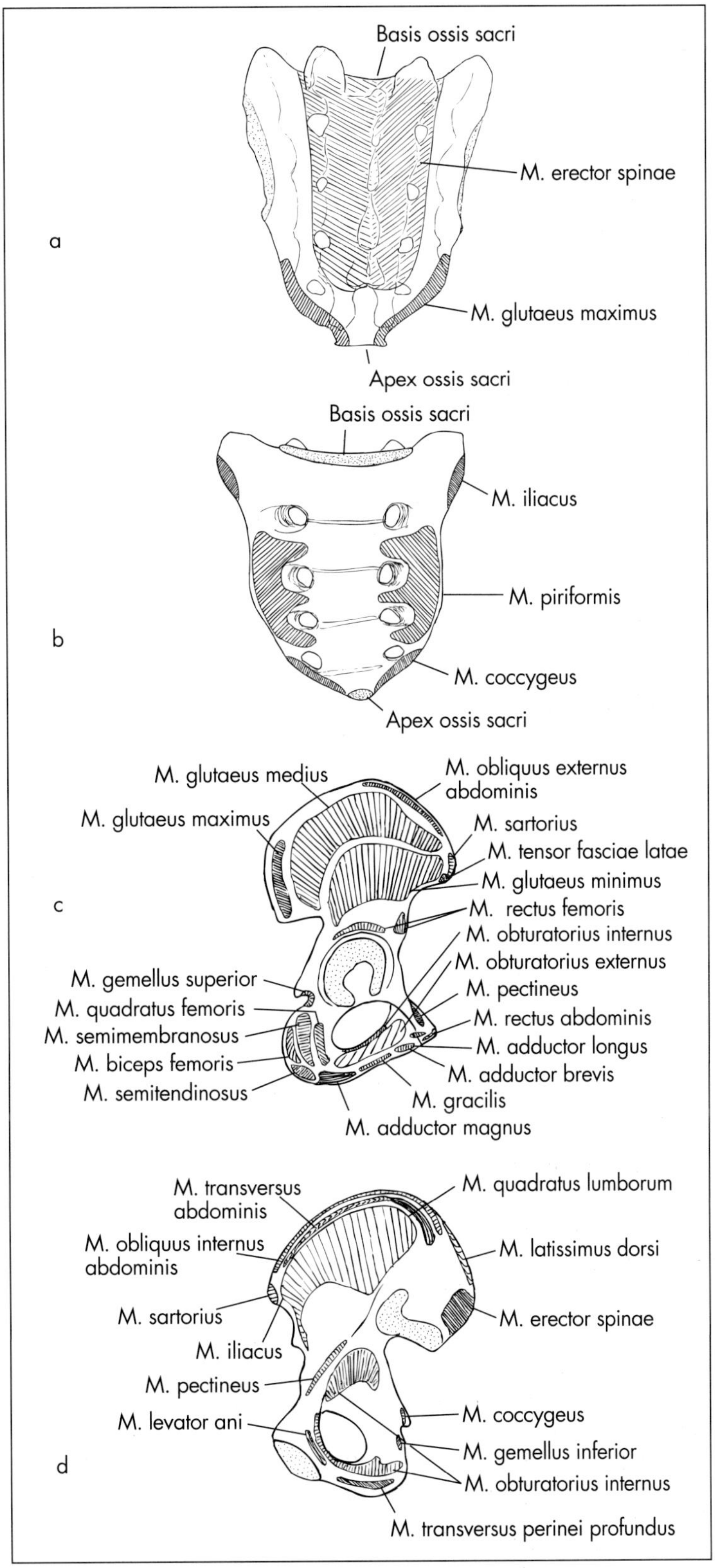

Abb. 12.48 a-d: Muskelursprünge und -ansätze am Os sacrum und Os ilium

Beispielsweise verhindern der M. piriformis, der M. coccygeus und der M. levator ani die Kippbewegung des Kreuzbeins, während der Erector trunci und der Latissimus dorsi die Kreuzbeinkippung unterstützen.

Der M. iliopsoas, der M. glutaeus maximus, der M. quadratus lumborum, die Bauchmuskeln u. a. beeinflussen die Iliosakralgelenke und sind daher bei Gelenkstörungen (strukturell und/oder funktionell) in ihrem Tonus, ihrer Trophik und ihrer Dolenz verändert (Abb. 12.48).

Neurovaskuläre Besonderheiten der Beckenregion

Für die Gefäße und Nerven von und zur unteren Extremität gibt es vier Durchtrittspforten:

1. In der Leistenregion ziehen durch die laterale Lacuna musculorum der M. iliopsoas, der N. femoralis und der N. cutaneus femoris lateralis hindurch. Durch die mediale Lacuna vasorum ziehen die A. femoralis, die V. femoralis und Lymphgefäße.
2. In der Glutäalregion ziehen durch das Foramen suprapiriforme die A., V. und der N. glutaeus superior hindurch. Durch das Foramen infrapiriforme ziehen A., V. und N. glutaeus inferior, A., V. und N. pudendus, der N. cutaneus femoris posterior und nicht zuletzt der N. ischiadicus.
3. Durch das Foramen ischiadicum minus ziehen A., V. und N. pudendus in das kleine Becken.
4. Durch den Canalis obturatorius ziehen A., V. und N. obturatorius hindurch.

Störungen (strukturell und/oder funktionell) der Iliosakralgelenke können durch Lumeneinengung zu peripheren Durchblutungsstörungen (arteriell und/oder venös-lymphatisch) führen, aber auch z. B. aufgrund eines einseitigen reflektorischen Hypertonus des M. iliopsoas den N. cutaneus femoris lateralis im Sinne der «Jeans-Krankheit» irritieren (siehe auch Beitrag «Schmerzsyndrome aus neurologischer Sicht»).

Sacrococcygealgelenk

Das Steißbein (Os coccygis) ist als Synostose aus ursprünglich drei bis fünf Steißwirbeln und deren Bandscheiben entstanden. Die rudimentären Gelenkfortsätze (Cornua coccygea) sind nach cranial gerichtet. Die konkave Facies articularis superior des Steißbeins artikuliert mit der konvexen Fläche des Apex ossis sacri. Gelegentlich ist ein Diskus dazwischengelagert. Dann liegt keine Amphiarthrose, sondern eine Synchondrose vor.

Die Ligg. sacrococcygeale dorsale (profundum und superficiale), sacrococcygeale ventrale, sacrococcygeale laterale, sacrotuberale, sacrospinale und anococcygeum sichern das Gelenk.

Des weiteren wird das Steißbein durch die Ursprünge und Ansätze des M. glutaeus maximus, des M. sphincter ani externus, des M. iliococcygeus, des M. pubococcygeus und durch den M. coccygeus in seiner Lage zentriert.

Minimale passive dreidimensionale Translations- und Funktionsbewegungen (vor allem Flexion und Extension) des Steißbeins können beim Sitzen (hintere Sitzhaltung), beim Reiten, beim Radfahren, bei der Darmentleerung, beim Geschlechtsverkehr, bei der Geburt, beim Husten, Niesen, Pressen und Lachen ausgelöst werden (Abb. 12.49).

Symphyse

Die Symphyse ist eine Knorpelhaft (Synchondrose), wobei die beiden Hüftbeine durch einen Faserknorpel mit hyalinem Überzug miteinander verbunden sind. Um die auf die Symphyse dreidimensional einwirkenden Kräfte in den verschiedenen Körperpositionen und in der Fortbewegung abzufangen, ist der Oberrand vom Lig. pubicum superius und der Unterrand vom Lig. arcuatum pubis verstärkt. An der zusätzlichen, z. T. geflechtartigen dorsalen und ventralen muskulären Stabilisierung der Symphyse beteiligen sich der M. rectus abdominis, der M. obliquus externus abdominis, der M. pyramidalis und die Adduktoren, insbesondere der M. gracilis und M. adductor longus (Abb. 12.50).

Bewegungen der Symphyse dürfen nie isoliert, sondern nur in der Funktionseinheit mit den beiden Kreuz-Darmbein-Gelenken gesehen werden.

Pathogenese und Symptome

Kreuzschmerzen sind sehr verbreitet. Etwa 4% der Bevölkerung leidet darunter.

Kreuzschmerzen haben viele Ursachen. Deshalb fällt die Untersuchung und Behandlung in viele Fachbereiche: Orthopädie, Rheumatologie, Traumatologie, Innere Medizin, Gynäkologie, Neurologie, Neurochirurgie und Psychosomatik.

Die Ursachen von Kreuzschmerzen können im Kreuzbereich selbst, in anderen Körperregionen oder im psychosozialen Bereich liegen. Oft kommen verschiedene Ursachen zusammen, z. B. Beinlängendifferenzen, Bandscheibendegeneration und Nierensteine. Je allgemeiner die Beschwerden («alles tut weh»), desto psychogener, je differenzierter und lokalisierter, desto somatogener ist die Ursache. Von Kreuzschmerzen ist immer der «ganze» Mensch betroffen.

Das Symptom Kreuzschmerz kann isoliert lokal oder ausstrahlend auftreten, ist aber meistens mit anderen Symptomen wie Bewegungseinschränkungen, Fehlstatik, Gangstörungen, Muskelverspannungen, Parästhesien, Paresen, Durchblutungsstörungen, Verdauungsstörungen, urogenitalen Störungen und Verhaltensstörungen kombiniert.

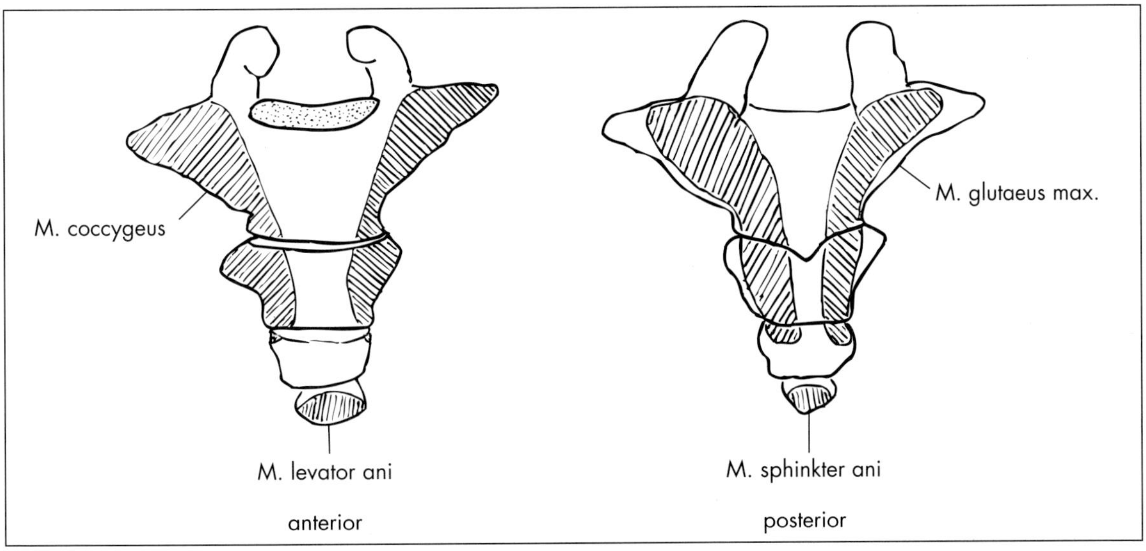

Abb. 12.49: Muskelursprünge und -ansätze vom Os coccygis

1. Vertebragen bedingte Kreuzschmerzen leiten sich von der Lendenwirbelsäule ab. Die Kreuzschmerzen können primär hier entstanden sein oder als sekundäre Reaktion auf strukturelle und/oder funktionelle (Fehlstatik) Veränderungen der übrigen Wirbelsäulenabschnitte und der Extremitätengelenke aufgefaßt werden.

Alle Elemente des Bewegungssegmentes (siehe Beiträge «Schmerzsyndrome aus orthopädischer Sicht» und «Manualtherapie») können Kreuzschmerzen verursachen. Neben definierten Erkrankungen wie M. Bechterew, M. Scheuermann, M. Reiter, Rheumatische Arthritis, Psoriasis, Spondylolisthesis, Assimilationsstörungen, Wirbelfrakturen, Wirbeltuberkulose, Wirbelentzündungen, Wirbeltumoren und -metastasen (oft von Prostata oder Mamma), Osteoporose, Skoliose, Paresen, Gicht und Spinalstenosen sind es vor allem degenerative Veränderungen des Bewegungssegmentes (Chondrose, Osteochondrose, Spondylose und Spondylarthrose), die zu Kreuzschmerzen führen können.

Niethard unterscheidet pathogenetisch, diagnostisch und therapeutisch Erkrankungen des vorderen und hinteren Wirbelsäulenpfeilers. Der vordere Pfeiler besteht aus den Wirbelkörpern und Bandscheiben und hat vor allem statische Funktionen. Eine typische Erkrankung des vorderen Pfeilers ist z. B. der M. Scheuermann. Der hintere Pfeiler besteht aus den Wirbelbögen, den dazugehörigen Fortsätzen und Weichteilen und hat vor allem dynamische Funktionen. Eine typische Erkrankung des hinteren Pfeilers ist z. B. der M. Baastrup, bei dem die Ligg. interspinalia durch die sich berührenden Dornfortsätze («Kissing spine») schmerzhaft gequetscht werden.

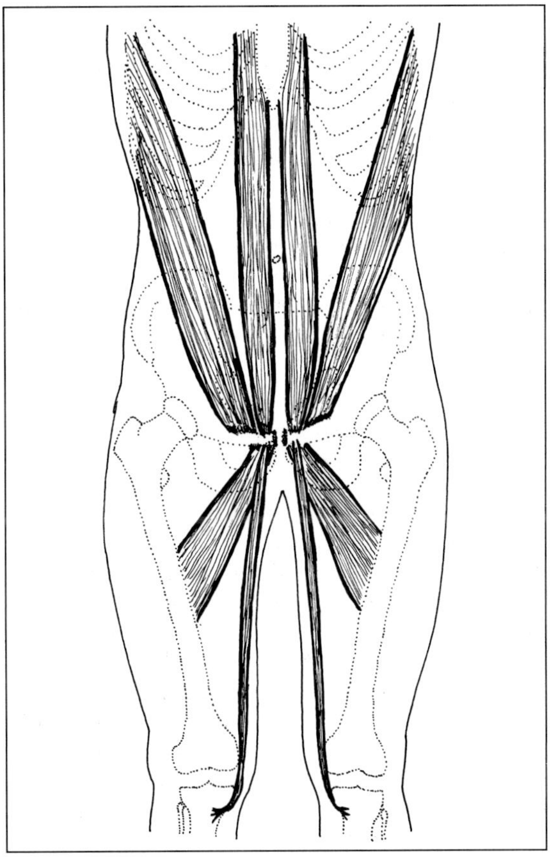

Abb. 12.50: Muskuläre Stabilisierung der Symphyse

Wichtig ist dabei, die Beziehungen (Ursache und Folgen) zwischen vorderem und hinterem Pfeiler im Sinne des discoligamentären Spannungsgleichgewichts bzw. -ungleichgewichts zu erkennen. Für das

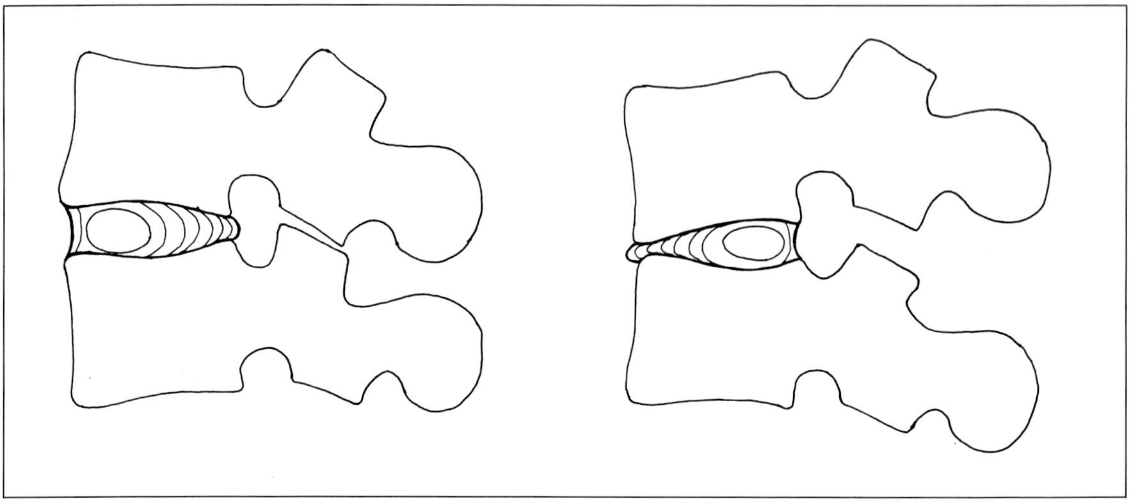

Abb. 12.51: Anulus- und Nucleusverhalten bei Rumpfextension und Rumpfflexion

Verständnis von bandscheibenbedingten Kreuzschmerzen ist neben den Ausführungen im Abschnitt «Funktionelle Anatomie der Lendenwirbelsäule» die Betrachtung des Bewegungsverhaltens der Bandscheiben wichtig.

Bei Rumpfbewegungen kommt es auf der konvexen Seite (bei Vorbeugung also dorsal) aufgrund der Straffung der collagenen Anulusfasern zu einem Zurückweichen des Anulus fibrosus. Auf der konkaven Seite (bei Vorbeugung also ventral) wölbt sich der Anulus aufgrund der Erschlaffung seiner collagenen Fasern jedoch vor. Der Nucleus reagiert umgekehrt, d. h. er weicht dem Druck der konkaven Seite aus und verlagert sich zum Ort des geringsten Widerstands, also zur konvexen Seite (Abb. 12.51).

Als pathogenetische Faktoren der bandscheibenbedingten Kreuzschmerzen ist die Qualität des ererbten Bandscheibenmaterials, die mit zunehmendem Alter fortschreitende Diskose (Elastizitätsverlust der Fasern und Wasserverarmung der Grundsubstanz führen zur Erniedrigung der Bandscheibe), die praediskotischen Deformierungen wie Assimilationsstörungen, Beinlängendifferenzen oder Oberschenkelamputation, und nicht zuletzt das bandscheibenschädigende Verhalten im Alltag anzuführen.

Typisch ist die chronisch-hyperkyphotische Fehlhaltung des «Homo sedens», bei der es zur intradiscalen Drucksteigerung, zur Nucleuswanderung nach hinten (dabei werden die nozizeptiv stark versorgten dorsalen Strukturen irritiert) und gleichzeitig zur Anulusvorwölbung nach vorne kommt. Außerdem sind die Facettengelenke entlastet und geöffnet, die Facettenkapseln gespannt und das Lumen der Foramina intervertebralia vergrößert.

Aber auch die seltenere chronisch-hyperlordotische Fehlhaltung führt nicht nur zu einer dachziegelartigen Schließung und vermehrten Belastung der Facetten, einer Verkleinerung des Lumens der Foramina intervertebralia, einer Nucleuswanderung nach ventral und intradiskalen Druckerniedrigung, sondern kann auch aufgrund des nach dorsal vorgewölbten Anulus die schmerzempfindlichen dorsalen Strukturen irritieren (Bulging-Effekt).

Zusammenfassend kann festgestellt werden, daß bei Flexionskonstanz vor allem der Diskus (vorderer Pfeiler) und bei Extensionskonstanz vor allem die Facettengelenke gefährdet sind. Bei physiologischer Lordose der Lendenwirbelsäule und achsengerechter Belastung sind der intradiskale Druck am geringsten, der Nucleus nicht verlagert, die Facettengelenke angemessen belastet und die Kapseln nicht überreizt.

Ein «Hexenschuß» entsteht typischerweise dann, wenn der Patient sich bei vorgeschädigter Bandscheibe aus einer vorgebeugten Position wieder aufrichtet. Beim Vorbeugen wird das Foramen intervertebrale weiter, der Nucleus wandert nach dorsal in Richtung Rückenmarkskanal gegen das Lig. longitudinale posterius.

Wenn der Patient sich gleichzeitig noch zur Seite neigt und/oder dreht, wandert der Nucleus nach dorso-lateral in Richtung Foramen intervertebrale (hier fehlt das Lig. longitudinale posterius). In der Vorbeugung besteht kein Schmerz, die Foramen-intervertebrale-Strukturen haben genügend Platz. Erst beim Aufrichten «schießt die Hexe ein», weil die dorsalen Bandscheibenanteile in den «Nußknacker» der Wirbelhinterkanten geraten und die Foramen-interver-

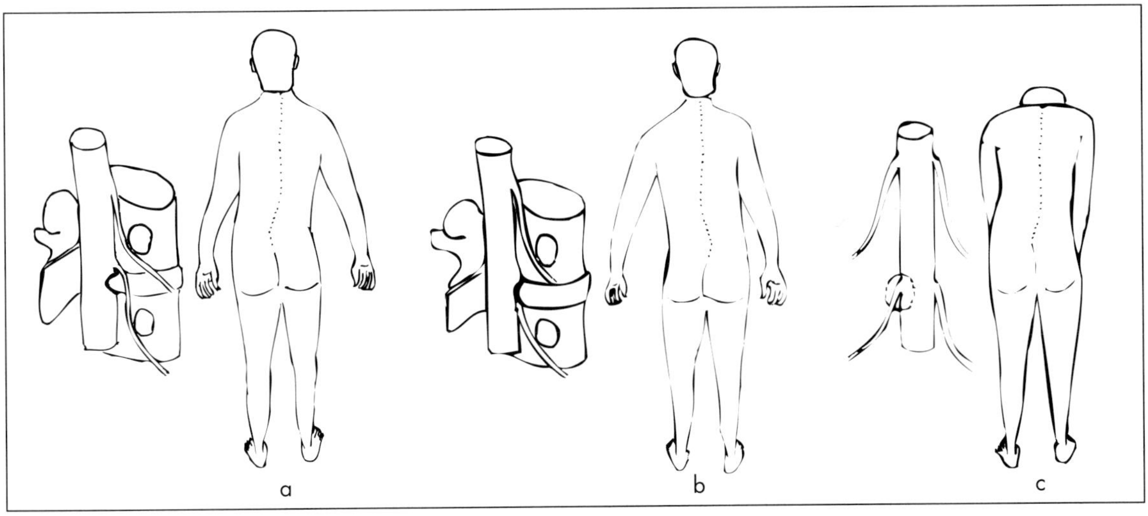

Abb. 12.52a-c: List zur Schmerzseite hin (Läsion «in der Achsel»)
b: List von der Schmerzseite weg (Läsion «über der Schulter»)
c: List tritt erst bei Rumpfflexion auf (Läsion «hinter der Schulter»)

tebrale-Strukturen mechanisch einengen. Dieser Vorgang wird beim zusätzlichen Anheben eines Gewichtes noch verstärkt. Reflektorisch nimmt der Patient anschließend wieder eine schmerzreduzierende und das Foramenlumen vergrößerende, vorgebeugte, aber auch geneigte und gedrehte Position ein.

Diese dreidimensionale, skolioseartige Entlastungshaltung (in der englischsprachigen Literatur auch als List oder Shift bezeichnet) kann je nach Lokalisation der Läsion zur Schmerzseite hin oder von der Schmerzseite weg reflektorisch organisiert werden. Wenn man das Rückenmark als «Mantel» und die davon abgehenden Nervenwurzeln als «Ärmel» bezeichnet, so kann der Prolaps bzw. die Protrusion «in der Achsel» (paramedian), «hinter der Schulter» oder «auf der Schulter» (lateral) lokalisiert sein.

Der ipsilaterale List – zur Schmerzseite hin – kommt relativ selten vor und weist auf eine paramediane Läsion (Prolaps oder Protrusion «in der Achsel») hin, die von caudal auf die Nervenwurzel drückt.

Der kontralaterale List – von der Schmerzseite weg – kommt sehr oft vor und deutet auf eine laterale Läsion (Prolaps oder Protrusion «über der Schulter»), die von cranial die Nervenwurzel bedrängt.

Bei Läsionen «hinter der Schulter» hat der Patient im Stehen zur Entlastung «nur» eine reflektorische Lumbalkyphose; seitneigende und drehende Komponenten fehlen. Erst bei Rumpfflexion gleitet die Nervenwurzel auf der Protrusion bzw. dem Prolaps nach medial oder lateral, d. h. erst jetzt kommt die seitneigende und drehende Fehlhaltung zur Schmerzseite hin oder von der Schmerzseite weg, hinzu. Zusätzlich zum lumbalen List kann der Patient oft das betroffene Bein nicht voll belasten; Hüft-, Knie- und Sprunggelenke sind gebeugt (Abb. 12.52).

Etwa die Hälfte der diskogen bedingten Kreuzschmerzen sind monoradikulär, dabei sind die beiden untersten Nervenwurzeln (L5/S1 und L4/5) am häufigsten betroffen.

Bei polyradikulären Beschwerden kann beispielsweise ein paramedianer («in der Achsel sitzender») Prolaps die zugehörige Nervenwurzel von caudal und gleichzeitig die tiefere Nervenwurzel von cranial bedrängen. Umgekehrt kann ein lateraler («über der Schulter» sitzender) Prolaps die zugehörige Nervenwurzel von cranial und gleichzeitig die höhere Nervenwurzel von caudal bedrängen.

Wenn der Anulus noch intakt ist, kommt es nur zur Vorwölbung (Protrusion) der gequetschten Bandscheibe gegen den Wirbelkanal oder gegen das Foramen intervertebrale. Der Nucleus kann sich mit oder ohne therapeutische Unterstützung im Laufe der Zeit wieder «arrangieren». Wenn der Nucleus sich durch den perforierten Anulus hindurch stülpt, spricht man von einem Prolaps, der fast immer eines operativen Eingriffes bedarf. Ein Massenprolaps liegt vor, wenn Anulus und hinteres Längsband durchdrungen werden und Bandscheibengewebe im epiduralen Raum liegt. Es kann auch zu Verklebungen der Nervenwurzel mit dem Prolaps kommen. Absolute Operationsindikation ist das Kauda-Syndrom bei großem medialen Prolaps oder Tumor mit motorischer Parese, Stuhl- und Harninkontinenz, Reithosenanästhesie und doppelseitigen Beinschmerzen. Wichtig ist die Erkenntnis, daß bei der Protrusion und beim Prolaps Ausmaß und Intensität der Symptome (Schmerz lokal und/oder ausstrah-

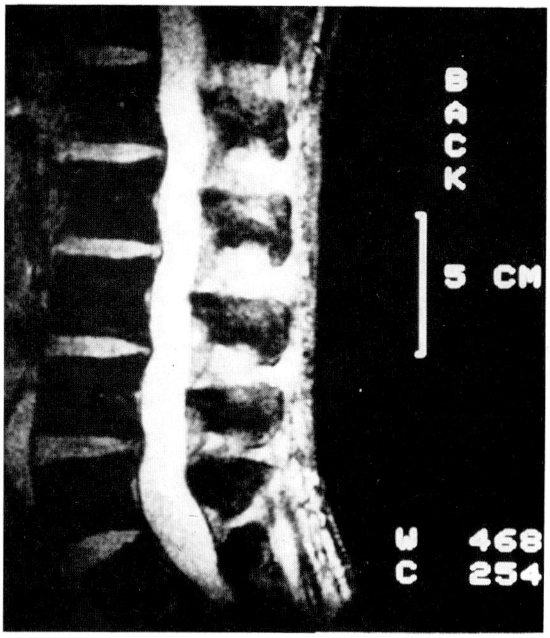

Abb. 53: «Sanduhrförmige» Einengung bei einer Spinalkanalstenose

lend, List, Parästhesien, Paresen, Reflexdefizite, Stuhl- und Harninkontinenz und genitale Störungen) identisch sein können. Entscheidend ist die jeweilige Weite von Spinalkanal und Foramen intervertebrale. So kann bereits die intradiskale Nucleusverlagerung nach dorsal (Dérangement posterior) – als Vorstadium der Protrusion – bei engem Spinalkanal zu eindrucksvollen Beschwerden führen.

Wenn durch Husten, Niesen, Pressen und Lachen die Beschwerden verstärkt werden, so liegt eine diskogene Ursache vor, weil die Erhöhung des intraabdominellen und intrathorakalen Druckes über die klappenlosen epiduralen Venengeflechte (die sich in dem Spaltraum zwischen hinterem Längsband und Wirbelkörper befinden) auch zur intradiskalen Drucksteigerung führt.

Diskogen bedingte Kreuzschmerzen sind vor allem für das mittlere Lebensalter (25 bis 45) typisch. Starke und rezidivierende Kreuzschmerzen bei alten Menschen sind meist nicht von der Bandscheibe, sondern von Osteoporose, Tumoren (besonders Metastasen von Prostata und Mamma) oder einer Spinalkanalstenose ausgelöst. Bei einer oft tumorig oder degenerativ bedingten Spinalstenose kann es zu radikulären Symptomen ohne Prolaps kommen. Typisch ist dabei, daß sich die Symptome beim Gehen (besonders beim Rückwärtsgehen) und Stehen verschlechtern, beim Sitzen jedoch verbessern. Im Sitzen verändert sich die Beckenneigung, die physiologische Lordose wird abgeschwächt, d. h. die Foramina intervertebralia und der Wirbelkanal werden geräumiger (Abb. 12.53). Primär diskogene Beschwerden gehen von der Bandscheibe selbst aus, sekundär diskogene Beschwerden gehen ursächlich von anderen Elementen des Bewegungssegmentes aus, insbesondere von den Facettengelenken.

Entzündlich, degenerativ oder funktionell (Blockierung) veränderte Facettengelenke können vermutlich über die Irritation des N. recurrens und des R. dorsalis zu nichtsegmentären Kreuzschmerzen führen und zusätzlich Beschwerden über reaktive Vorgänge (insbesondere an Discus und Foramen intervertebrale) hervorrufen. Radikuläre Beschwerden mit motorischen Defiziten sind möglicherweise auf einen akuten Reizzustand mit Kapselschwellung eines einzigen Facettengelenkes zurückzuführen. Solche Weichteilveränderungen lassen sich im Röntgenbild nicht darstellen (Abb. 12.56).

Blockierungen der Facettengelenke werden direkt mechanisch und/oder indirekt durch eine oder mehrere Reflexaktivitäten ausgelöst:

a. Cuti-lumbale Reflexe
Nach Unterkühlung lokal (z. B. nach einer sommerlichen Radtour in ungenügend schützender Kleidung) oder im Segment (kalte Füße).

b. Muskulo-lumbale Reflexe
Über die kyphotische Haltungskonstanz in Beruf und Freizeit kommt es zu Muskeldysbalancen mit gestörter reziproker Innervation.

c. Periosto-lumbale Reflexe
Schmerzhafte und trophische Veränderungen des Periosts bei Insertionstendopathien von Ligamenten und Muskeln.

d. Viszero-lumbale Reflexe
Über die segmentale Verschaltung bei Erkrankungen und Funktionsstörungen der Bauch- und Beckenorgane (siehe auch Abschnitt «Kolonbehandlung»).

e. Psycho-lumbale Reflexe
Über neurale Verknüpfungen zwischen Limbischem System, Formatio reticularis und Hypothalamus. Der Patient hat sein «Kreuz zu tragen».

f. Arthrogen-lumbale und vertebro-lumbale Reflexe
Zum Beispiel Blockierungen eines tibio-fibularen Gelenkes oder Blockierungen der Hals- und Brustwirbelsäule (insbesondere der Kopfgelenke).

Funktionell bedingte Kreuzschmerzen können nicht selten mit strukturell bedingten Kreuzschmerzen kombiniert auftreten.

2. Arthrogen bedingte Kreuzschmerzen können von allen peripheren Gelenken verursacht werden. Besondere Beachtung verdienen die Gelenke der unteren Extremitäten, die Iliosakralgelenke, das Sacrococcygealgelenk und die Symphyse.

Kreuzschmerzen, die von den Iliosakralgelenken ausgehen, können entzündlicher oder degenerativer Natur sein; meistens liegen jedoch ein- oder mehrdimensionale Blockierungen zugrunde. Diese Blockierungen können verschieden ausgelöst werden: Traumatisch (z. B. durch Sturz auf einen Tuber, Verfehlen einer Treppenstufe, im Steigbügel hängenbleiben), während der Schwangerschaft und Geburt, durch die reflektorische Projektion innerer Organe, aufgrund von Fehlstatik, bei strukturellen und/oder funktionellen Veränderungen anderer Gelenke und der Wirbelsäule (besonders Tibiofibulargelenke, Sacrococcygealgelenk, Symphyse, Temporomandibulargelenke, Schädelsuturen und Kopfgelenke), und nicht zuletzt durch das Beine-Kreuzungsverhalten des Patienten in Beruf, Freizeit und Sport. Fast immer findet man eine aufsteigende (von den Füßen ausgehende) oder absteigende (vom Kopf ausgehende) Blockierungskette. Wenn bei einer Tür das obere Scharnier (Kopfgelenke) ausgeleiert ist, so klemmt die Tür am Fußboden (Iliosakralgelenke – Abb. 12.54).

Diese vielfältigen Ursachen können isoliert oder kombiniert auftreten und führen zu entsprechend vielfältigen Beschwerden des Patienten. Schmerzen werden typischerweise einseitig lokal oder bis zum Knie ausstrahlend angegeben. Die aufgrund der oft vorhandenen funktionellen (reversiblen) Beinlängendifferenz entstandene, dreidimensionale Fehlstatik kann sekundär zu «Meniskusschmerzen», asymmetrischer Fußabrollung, funktioneller Skoliose, Kopfschmerzen («wenn das Fundament» – Becken – «schief ist, wackelt das Dach» – Kopfgelenke –) und Schulterproblemen führen. Die Beinlängendifferenzen stellen eine praediskotische und praearthrotische Deformität dar. Die nicht selten nach Bandscheiben-Operationen weiter bestehenden Beschwerden haben u. E. vor allem darin ihre Ursache.

Auch Lage und Funktion von inneren Organen verändern sich. Bei einer «gebeulten Dose wird auch der Inhalt in Mitleidenschaft gezogen». Obstipation, Hämorrhoiden, schmerzhafte und gestörte Menstruation, Schwierigkeiten bei der Geburt, Reizblase, «Prostatitis», arterielle bzw. venös-lymphatische Durchblutungsstörungen der Beine und die «Jeans-Krankheit» können die Folge sein. Die beiden letztgenannten Symptome finden sich auf der Langbeinseite, vermutlich aufgrund der Kompression der Lacuna vasorum und musculorum.

Interessant ist die Mitteilung von Schönberger, daß bei Blockierungen der Iliosakralgelenke auch die Konzeptionsfähigkeit beeinflußt wird. Außerdem werden Qualität und Quantität des Sitzens, Stehens und Gehens beeinträchtigt. Kleidung und Schuhwerk passen nicht und nutzen sich einseitig ab. So wird es verständlich, daß die oft über Jahre, z. T.

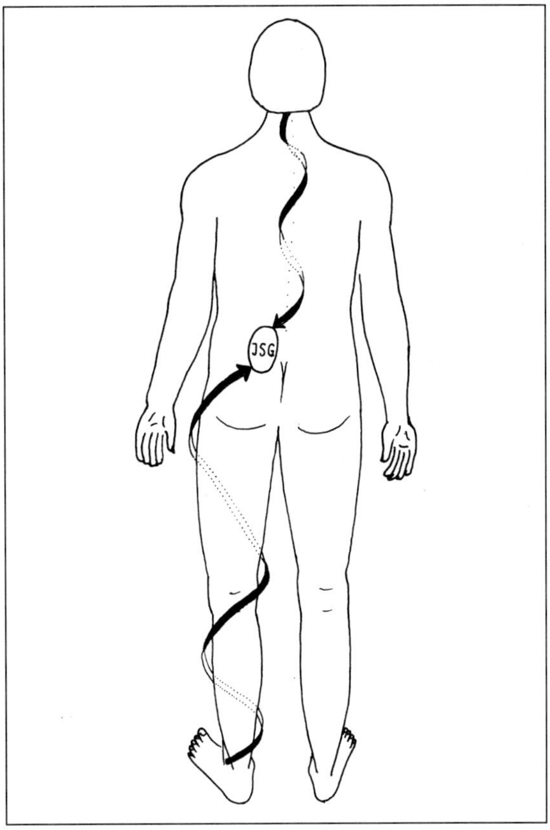

Abb. 12.54: Iliosakralgelenke – hier treffen sich die Kräfte von oben und unten (aufsteigende bzw. absteigende Blockierungskette)

Jahrzehnte, bestehende Blockierung mit einhergehender Beinlängendifferenz sicher auch die optimale geistige Leistungsfähigkeit und eine psychosoziale Ausgeglichenheit verhindert.

Das Sacrococcygealgelenk kann lokale Steißbeinschmerzen, über arthrogen-vertebrale Reflexe aber auch Kreuzschmerzen verursachen oder verstärken. Steißbeinfrakturen sind selten, meistens handelt es sich um Blockierungen des Gelenkes. Diese können durch eine chronisch-kyphotische Sitzhaltung, beim Reiten, beim Radfahren, bei der Entleerung von harten und großkalibrigen Stuhlmassen, beim Geschlechtsverkehr, bei der Geburt oder durch intensives Husten, Niesen, Pressen oder Lachen ausgelöst werden. Auch ein lokales Trauma (unerwarteter Aufprall auf einen kantigen Gegenstand – Tischecke), eine ärztliche Untersuchung (gynäkologisch, proktologisch, urologisch) oder Störungen anderer Gelenke (über arthrogen – arthrogene Reflexe) bzw. der Wirbelsäule (über vertebro-arthrogene Reflexe) können die z. T. sehr intensiven und herkömmlicher Therapie resistierenden Beschwerden hervorrufen.

Die lokalen, oft messerstichartigen Schmerzen werden durch die genannten Blockierungsverursacher

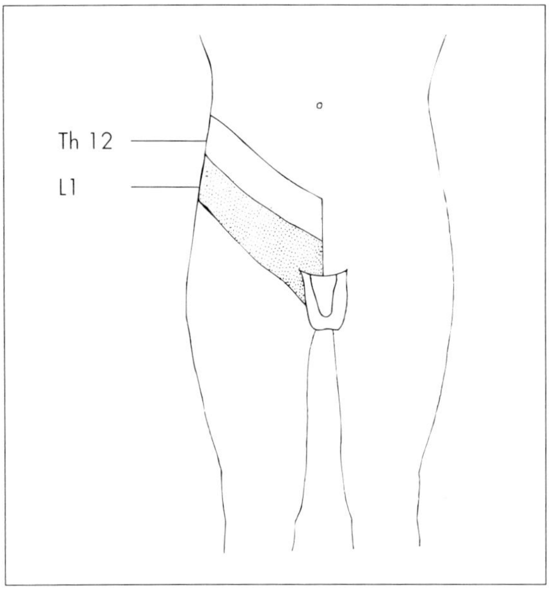

Abb. 12.55: Dermatom Th12 und L1

(z. B. Hustenattacken) und beim Liegen, Umdrehen, Aufstehen, Hinsetzen, Gehen (vor allem seitlich) und Treppensteigen initiiert oder verstärkt. Schmerzhafte Menstruation, Schmerzen beim Geschlechtsverkehr, Impotenz, Blasenschwäche, Obstipation, Störungen der Atmung und des craniosacralen Rhythmus, Hämorrhoiden und erschwerte Geburt können die Folge von nicht behandelten Steißbeinblockierungen sein.
Psychisch ist entweder eine ängstlich-depressive Grundstimmung («Schwanz einziehen») oder eine innere Unruhe, die bis zur Hysterie (Hysterix = Gebärmutter) gehen kann, auffällig.
Auch von der Symphyse und von den Hüftgelenken können nicht nur lokale Beschwerden (Pubalgie bzw. Coxalgie), sondern über arthrogen-lumbale Reflexe auch Kreuzschmerzen ausgelöst werden.
Die Lenden-Becken-Hüft-Region ist pathogenetisch, diagnostisch und therapeutisch als Funktionseinheit anzusehen. Die Symphyse bildet (ähnlich wie Zähne und Kiefergelenke bzw. Bandscheibe und Facettengelenke) mit den beiden Iliosacralgelenken ein Dreipunktsystem. Bei Leistenschmerzen und in das Genitale ziehenden Schmerzen sollte man stets an die Segmente Th12 und L1 denken. Auch Insertionstendopathien an der Symphyse entstehen meist durch die segmental verursachte, nicht intakte, reziproke Innervation (Abb. 12.55).

3. Kreuzschmerzen können auch von den inneren Organen und Gefäßen verursacht werden.
Dabei kann es sich um Erkrankungen entzündlicher, degenerativer, tumoriger oder funktioneller Art handeln. Es gibt urologische, nephrologische, gynäkologische, gastroenterologische und endokrinologische Aspekte.
Gefäßbedingte Kreuz- und Beinschmerzen sind belastungsabhängig (Claudicatio intermittens).
Gynäkologisch verursachte Kreuzschmerzen sind oft zyklusabhängig (z. B. als praemenstruelles Syndrom).
Der viszerale Schmerzcharakter ist typischerweise kolikartig (siehe auch Beitrag «Schmerzsyndrome aus internistischer Sicht»).

4. Kreuzschmerzen können auch psychisch ausgelöst, verstärkt oder chronifiziert werden.
In der Becken- und Rückenhaltung spiegeln sich die psychosozialen «Verhältnisse». Kreuzschmerzen finden sich vor allem bei Störungen im Ich-Du-Bereich. Bestehende Konflikte in Beruf, Freizeit und Familie (z. B. Überforderung am Arbeitsplatz, unbewältigte oder anstehende Partnertrennung, unbefriedigendes Geschlechtsleben) werden als Kreuzschmerz symbolisch somatisiert. Kreuzschmerzen sind «eingefrorene Gefühle». Der Patient gewinnt durch seine Kreuzschmerzen, z. B. braucht er eine ihm unangenehme Arbeit oder Leistung nicht zu erbringen und erhält die ihm fehlende Aufmerksamkeit.
Typisch ist auch, daß man therapeutisch bei einem unfallbedingten Kreuzschmerz wesentlich schlechtere Erfolgsaussichten hat, da der Patient zum Teil unbewußt ein Schmerzensgeld oder eine vorzeitige Berentung anstrebt. Nicht selten «hält» sich der Patient auch (meist unbewußt) an den apparativ dokumentierten, degenerativen Veränderungen fest, bzw. zeigt seiner Umwelt ständig den offiziell bestätigten Kreuzschmerz.
Aktuell anstehende Probleme können Flucht- oder Angriffsmuster auslösen. Fühlt sich der Patient einer oder mehreren neuen Situationen nicht gewachsen, so dominieren die «Angst»-Flexoren, der Patient «zieht sich zurück» bzw. «zieht den Schwanz ein». Die chronisch-kyphotische Fehlhaltung des «Dukkens», «Beugens» und «Buckelns» führt auf Dauer zur «Überlastung» des vorderen Wirbelsäulenpfeilers mit «lahmem Kreuz» bzw. «lahmer Lende».
Anders ist es, wenn der Patient sich einer oder mehreren momentanen Aufgaben gewachsen fühlt. Er aktiviert dann seine Streckmuskeln, er «stößt vor». Er kann das «Kreuz tragen», solange ihm von seiner Umwelt «der Rücken gestärkt wird». Wenn sich «hinter seinem Rücken» zusätzliche Probleme entwickeln oder er sich «übernommen hat», so «verklemmt» zunächst etwas, und schließlich wird er «stocksteif». Diese chronisch-hyperlordotische Fehlhaltung führt auf Dauer zur «Überlastung» des hinteren Wirbelsäulenpfeilers, sein «Kreuz bricht durch»

bzw. er wird wegen mangelnder Flexibilität «auf's Kreuz gelegt».

Vertebragene, arthrogene, viszerale und psychogene Ursachen können zwar einzeln auftreten, chronisch vermischen sie sich jedoch und können noch zusätzlich beispielsweise durch fokale Einflüsse (Zähne, Mandeln, Nasennebenhöhlen, Blinddarm) kompliziert werden.

Untersuchung und Behandlung

Manualtherapie

Durch sorgfältiges Fragen bzw. Zuhören, Sehen, Tasten, Hören und Testen kommt man bei etwa 90% der Patienten zur richtigen Diagnose. Apparative Untersuchungen werden oft nur in 10% der Fälle notwendig. Sie bestätigen die klinische Diagnose, bilden die Grundlage für eine gezielte Behandlung (z. B. medikamentös oder operativ) bzw. schließen Kontraindikationen für geplante therapeutische Maßnahmen (z. B. Manipulationen) aus.
Röntgenbild und Beschwerden korrespondieren jedoch nicht unbedingt miteinander. Man sollte nie «ein Röntgenbild behandeln», da z. B. Weichteilveränderungen, wie die Kapsulitis eines Facettengelenks, im Röntgenbild nicht darstellbar sind, jedoch zu intensiven und hartnäckigen Kreuzschmerzen führen können (Abb. 12.56).
Die wichtigsten Aspekte der Untersuchung (Anamnese – Inspektion – Palpation – Auskultation – Teste) sind in dem Beitrag «Allgemeine Grundlagen des NEUROMEDIZIN-KONZEPTS» dargestellt. Kinesiologische Muskelteste werden zur Differenzierung und Dokumentation von Untersuchung und Behandlung zusätzlich eingesetzt.
Im Rahmen des NEUROMEDIZIN-KONZEPTS hat sich das manualtherapeutische Drei-Punkte-Programm bewährt.

1. Lendenwirbelsäule

Bei der Anamnese ist es zur Schmerzanalyse besonders wichtig, die Beeinflußbarkeit der Kreuzschmerzen sehr genau seitenvergleichend im Segment zu erfragen und entsprechend Rückschlüsse auf die betroffenen Strukturen des vorderen und/oder hinteren Wirbelsäulenpfeilers zu ziehen. Schmerzverstärkung und Schmerzausweitung in Kyphosekonstanz deutet vor allem auf ein diskogenes Problem. Der nach dorsal gewanderte Nucleus (Dérangement posterior) kann die schmerzempfindlichen dorsalen Strukturen von Anulus und hinterem Längsband irritieren. Auch der vorne eingeklemmte Anulus kann unter Umständen bei schweren degenerativen Veränderungen angeschuldigt werden. Verbessern sich die Beschwerden in der Kyphosehaltung, sollte man an die entlasteten und geöffneten Facettengelenke und die Vergrößerung von Spinalkanal und Foramen intervertebrale denken. Kyphosekonstanz ist in der Stufenlagerung oder beim Liegen mit angewinkelten Beinen, beim gewöhnlichen Sitzen (ohne physiologische Lordose), beim Gehen mit niedrigen Absätzen oder gar Minusabsätzen, beim Bergaufgehen oder Treppensteigen (in schweren Fällen sogar beim Vorwärtsgehen in der Ebene) und beim Rückenschwimmen vorhanden.
Schmerzverstärkung und Schmerzausweitung in Lordosekonstanz deutet vor allem auf facettäre Probleme (entzündlich, degenerativ oder funktionell). «Die Schubladen» werden bei Lordosierung «geschlossen» und vermehrt belastet. Außerdem können sich die Beschwerden durch die Enge des Spinalkanals und der Foramina intervertebralia erklären, durch den ventralisierten Nucleus (Dérangement anterior) oder den dorsal eingeklemmten Anulus, der damit auch den Spinalkanal verengt. Verbessern sich die Beschwerden in der Lordosehaltung, so sollte man an den sich dabei «arrangierenden» Nucleus denken. Lordosekonstanz (genauer Hyperlordosekonstanz) ist beim Liegen (vor allem in der Bauchlage), wenn man beim Reiten im Hohlkreuz hängt (Spaltsitz), beim Stehen insbesondere mit hohen Absätzen oder beim Arbeiten über Augenhöhe, beim Bergabgehen, beim Rückwärtsgehen und beim Brustschwimmen vorhanden.
Wenn Husten, Niesen, Pressen und Lachen die Be-

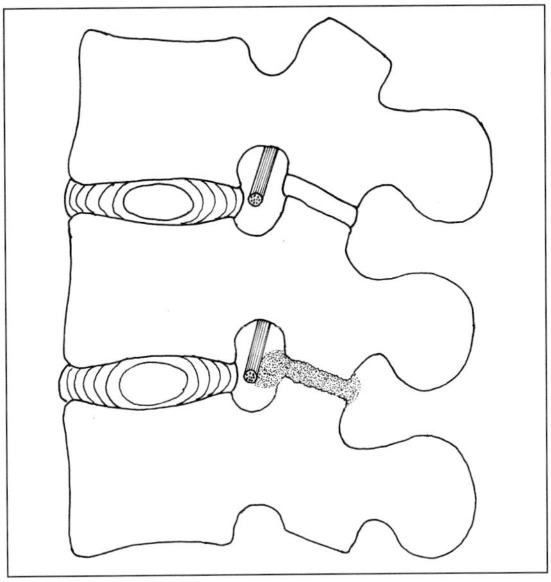

Abb. 12.56: Die Schwellung eines Facettengelenks läßt sich im Röntgenbild nicht darstellen, kann jedoch durch Nervenwurzelirritation zu intensiven und anhaltenden Beschwerden führen

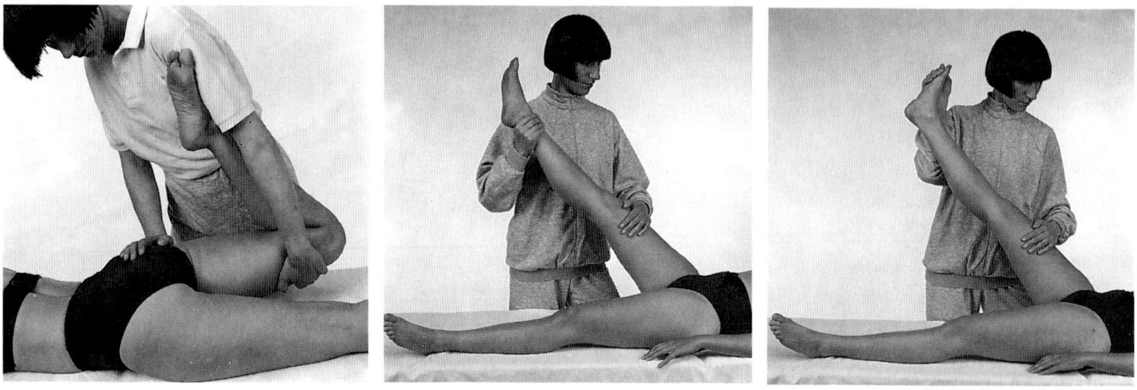

Abb. 12.57 a: Femoralis-Test **b:** Lasègue-Test **c:** Bragard-Test

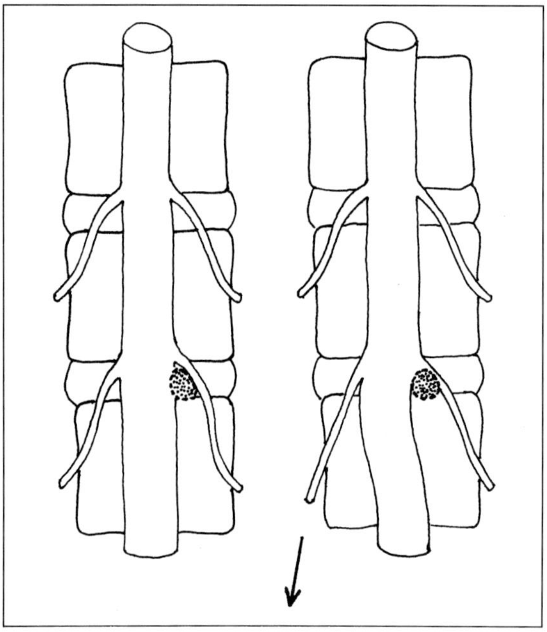

Abb. 12.57 d: Gekreuzter Lasègue-Test bei paramedianer Läsion

schwerden verstärken, sollte man an intradiskogene oder sacrococcygeale Ursachen denken.
Bei durch zu langes Liegen verstärkten Beschwerden ist der intradiskale Druck so angestiegen, daß er den vorgeschädigten Anulus (besonders dorsal) irritiert oder daß die «aufgepolsterten» Bandscheiben die Facettenkapseln dehnen. Nach dynamischer und/oder statischer Belastung verringert sich dieser Schmerz wieder.
Bei der Inspektion ist die Schmerzskoliose (List) besonders zu analysieren (Abb. 12.52). Weiter ist auf segmentale Atrophien zu achten.
Bei der Palpation werden die verschiedenen Gewebsschichten auf Dolenz, Tonus, Trophik und Verschieblichkeit untersucht. Die einzelnen Segmentbänder sollten sorgfältig durchgetastet werden.
Auskultatorisch können ein unterdrücktes Husten und Niesen und ungleiche Schrittgeräusche auffällig sein.
Als Nervendehnung ist für die Segmente L1 und L2 der Femoralistest in flacher Bauchlage wichtig. Das gebeugte Bein wird dabei passiv bei fixiertem Becken nach dorsal angehoben. Für die Segmente L4, L5 und S1 wird der Lasèguetest (Straight leg raising) in flacher Rückenlage durchgeführt. Dabei wird das gestreckte Bein passiv langsam angehoben und der Winkel der Schmerzauslösung bzw. -verstärkung im Seitenvergleich festgestellt. Seitendifferenzen bis zu 10° sind normal. Als Variation kann das leicht gebeugte Bein bis kurz vor der Schmerzauslösung passiv gestreckt werden. Typischerweise entsteht ein heller Schmerz an der ganzen Beinhinterseite im Winkel zwischen 30° und 60°. Der zwischen 60° und 90° entstehende dumpfe Schmerz am dorsalen Oberschenkel deutet auf die verkürzte ischiocrurale Muskulatur.
Da der einseitig positive Lasègue nicht nur von der Nervenwurzel, sondern auch vom Hüftgelenk oder Iliosakralgelenk ausgelöst werden kann, ist zusätzlich der Test nach Bragard wichtig. Dabei wird ergänzend zum Lasègue-Test kurz vor Erreichen des Schmerzwinkels eine passive Dorsalextension ausgeführt. Hüftgelenk- und iliosakralgelenkbedingte Beinschmerzen verändern sich dabei nicht, nur wurzelbedingte Schmerzen. Auch bei zur gleichen Zeit beidseitig ausgeführtem Lasègue-Test kann nur die Nervenwurzel betroffen sein, nicht jedoch Hüftgelenk oder Iliosakralgelenk.
Das Phänomen des gekreuzten positiven Tests nach Lasègue findet man bei paramedianer («in der Achsel» gelegenen) Protrusion oder entsprechendem Prolaps. Hierbei wird z. B. ein rechtsseitiger Schmerz durch ein passives Anheben des gestreckten linken Beines verstärkt oder ausgelöst (Abb. 12.57).

Sensibilität, Kraft und Reflexe sind segmental im Seitenvergleich zu überprüfen (siehe auch Beiträge «Schmerzsyndrome aus orthopädischer Sicht» und «Schmerzsyndrome aus neurologischer Sicht» – Abb. 12.55 und 12.58).
Differentialdiagnostisch ist es beispielsweise wichtig, die «Jeans-Krankheit» von einem L3-Syndrom durch Überprüfung des Patellarsehnen-Reflexes zu unterscheiden.
Die im Beitrag «Manualtherapie» beschriebenen Griffe (Segmentale Translationsbewegungen, Segmentale Funktionsbewegungen, Unspezifische Traktion und Diagnostischer Griff) werden für die Untersuchung und Behandlung in Bauchlage, Seitenlage und Rückenlage angewandt.
Da sich bei akuten diskogen bedingten Kreuzschmerzen der Patient oft nicht auf den Bauch legen kann, hat sich für die Untersuchung und Behandlung der segmentalen Translationsbewegungen alternativ der Bank-Überhang besonders bewährt. Der Patient legt dabei den zur Seite gedrehten Kopf auf der Bank ab, läßt seine Arme in U-Halte entspannt hängen, seine Knie sind locker gebeugt. In dieser Lage reduzieren sich bei fast allen Patienten die Schmerzen: Die Dornfortsätze und Facettengelenke sind entfaltet, die Zwischenwirbellöcher und der Wirbelkanal sind größer, der dorsale Anulus und der nach dorsal gewanderte Nucleus werden nicht «in die Klemme» genommen, der intradiskale Druck ist erhöht.
In der ersten Phase steht der Behandler seitlich oder hinter dem Patienten, legt beide Daumen jeweils

a. an die einzelnen Dornfortsätze von dorsal oder lateral,
b. an die einzelnen Wirbelbögen von dorsal oder dorsolateral und
c. an die einzelnen Querfortsätze von dorsal.

Durch rhythmische Translationsbewegungen kann er segmentvergleichend das Joint play wahrnehmen und je nach Befund die «verklemmten Schubladen» direkt-mechanisch oder indirekt-reflektorisch (über vertebro-vertebrale Reflexe) dosiert «gängig» machen. Das eingeschränkte Joint play wird oft durch Schmerzmitteilung und Weichteilbefund ergänzt. Um Ausweichbewegungen zu verhindern, können Becken, Thorax oder einzelne Wirbel mit dem «Nägelchen» (siehe Kapitel «Allgemeine Grundlagen der Manualtherapie») fixiert werden. Die segmentale Bewegung nach posterior läßt sich auch durch aktives Herausdrücken der einzelnen Wirbel gegen den «Bremsklotz» beider Daumen oder der ulnaren Handkante untersuchen und behandeln. Die intermittierende unspezifische LWS-Traktion kann im Kreuzgriff durchgeführt werden. Bei der intermittierenden segmentalen Traktion bzw. Kompression

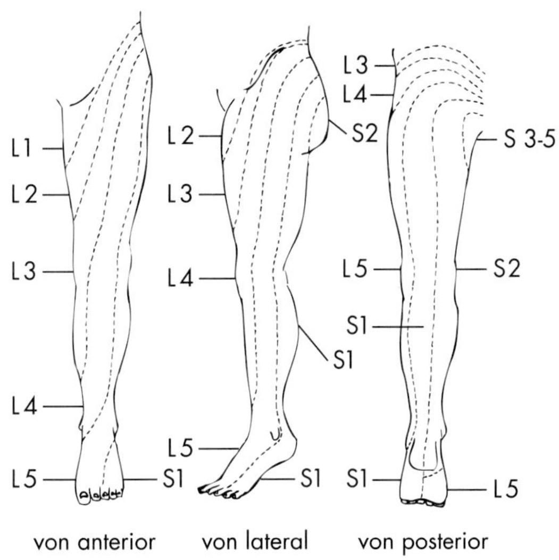

Abb. 12.58: Topographie der Beinsegmente

werden die jeweils benachbarten Dornfortsätze schienend umfaßt (Abb. 12.59).
In der zweiten Phase werden resistiv die LWS-Extension (Lordose) und die PNF-Pattern Elevation posterior links bzw. rechts untersuchend und behandelnd geübt. Wichtig ist dabei, daß der Patient die Knie locker gebeugt läßt und sich nicht mit den Füßen vom Boden hochstemmt. Kombinationen mit Kopf-, Scapula- und Thoraxpattern sind möglich. Spezielle Techniken (z. B. Timing for Emphasis) können je nach Befund zum Einsatz kommen. Die rhythmische Aktivierung der dorsalen Muskulatur erhöht den intradiskalen Druck kurzfristig (Abb. 12.60).
In der dritten Phase werden die passiven rhythmischen Mobilisationen der ersten Phase wiederholt. Patient und Behandler spüren die vermutlich nicht nur direkt-mechanisch, sondern auch indirekt-reflektorisch (über vertebro-vertebrale Reflexe) veränderten Befunde im Vergleich zur ersten Phase.
Die Phasen 1 bis 3 können je nach Befund so lange wiederholt werden, bis die «Schubladen» aktiv und passiv «gängig» und schmerzfrei sind, d. h. die reziproke Innervation verbessert ist. Der Patient empfindet diese Technik als «Klavierstimmen» seiner Lendenwirbelsäule.
Die Phasen 1 bis 3 können auch in der Seitenlage mit angewinkelten Knien und Hüften durchgeführt werden. Die Lendenwirbelsäule des Patienten sollte dabei mit Hilfe eines individuell gefalteten Handtuchs achsengerecht gelagert werden. Die obenliegenden Zwischenwirbellöcher können durch eine weitere Unterlagerung zusätzlich noch geöffnet werden. Im Gegensatz zum Bank-Überhang können in der Sei-

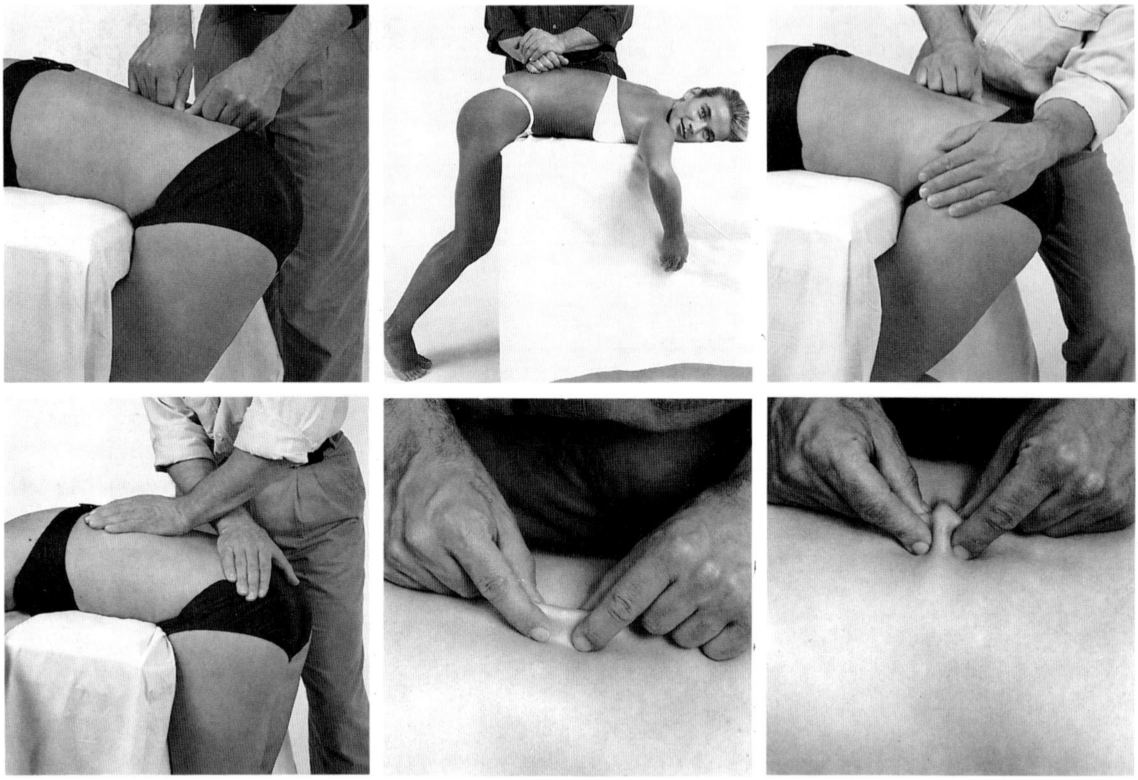

Abb. 12.59 a: Mobilisation des Wirbelbogens von L4 schräg nach ventro-lateral
b: Aktive Mobilisation von L3 nach posterior
c: Mobilisation von L5 nach lateral bei «Nägelchen»-Fixation des Beckens
d: Kreuzgriff zur unspezifischen intermittierenden LWS-Traktion
e: Segmentale intermittierende Traktion von L3 bei «Nägelchen»-Fixation von L2
f: Segmentale intermittierende Kompression des Segmentes L1/2. Dabei wird einer der Wirbel mit dem «Nägelchen» fixiert

tenlage sämtliche Beckenpattern optimal untersuchend und behandelnd geübt werden.
Weichteiltechniken, insbesondere Periostbehandlung, FIT und Schmerzklammer können im Bank-Überhang bzw. in der Seitenlage je nach Befund ebenfalls zur Anwendung kommen. Interessant ist es dabei, daß das erfolgreiche Periostieren eines Punktes die anderen dolenten Punkte oft auch schon zum Verschwinden bringt (Periosto-periostale Reflexe).
Die Faktoren Kraft, Raum und Zeit sind – wie immer – bei allen passiven und aktiven Techniken variabel. Rhythmisch intermittierende Traktionen verbessern den Bandscheibenstoffwechsel, ermöglichen gelegentlich das «Arrangieren» des Nucleus durch Sogwirkung und vergrößern die Zwischenwirbellöcher.
Kreuzschmerzen können durch Traktionen verbessert, aber auch verschlechtert werden. Möglicherweise ist die Reaktion von der Lokalisation der Läsion und der Traktionsrichtung abhängig. So ist es denkbar, daß eine paramediane Läsion («in der Achsel») auf eine caudal der Läsion angesetzte Traktion negativ, aber auf eine Traktion von cranial (z. B. auch durch Zug am Kopf) positiv reagiert. Dauerextensionen wirken sich oft ungünstig aus, da es durch Volumenzunahme des Nucleus zu Anuluseinrissen kommen kann.
Die in der heutigen «Sitzgesellschaft» weit verbreitete chronisch-kyphotische Fehlhaltung führt zu diskogen bedingten Kreuzschmerzen bzw. Kreuzschmerzen mit diskogener Beteiligung. Das Dérangement posterior, die Protrusion oder gar der Prolaps nach dorsal verursachen ein oft schmerzhaftes aktives und/ oder passives Lordosierungsdefizit. Dieses muß direkt oder indirekt (indem man zunächst kyphosierend und anschließend lordosierend arbeitet) therapeutisch verbessert werden.
Des weiteren ist es wichtig, mit dem Patienten die physiologische Lordose ohne zusätzliche Rückenmuskelspannung (die den intradiskalen Druck steigern würde) im Sinne einer «Rückenschule» im Liegen, Sitzen, Stehen, Gehen, bei Bewegungsübergängen und bei typischen Berufs- und Freizeitaktivitä-

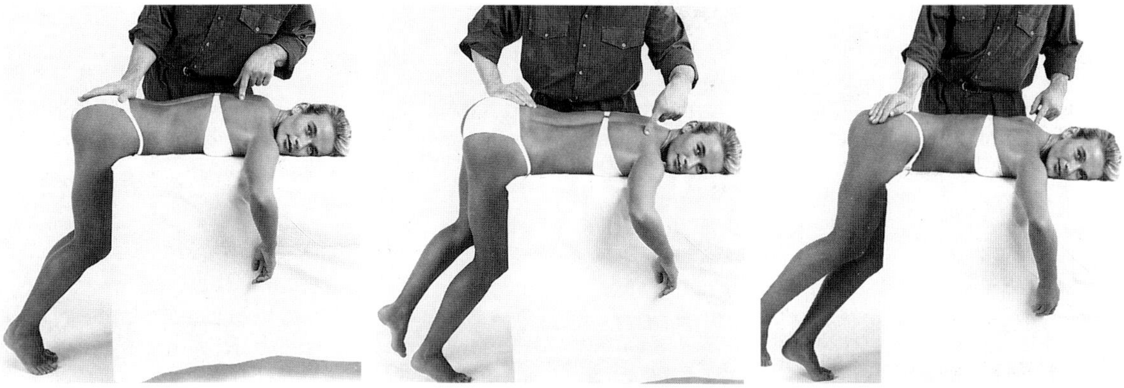

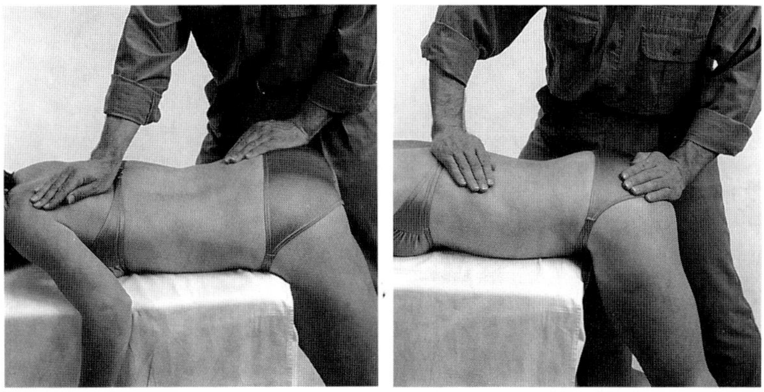

Abb. 12.60 a: Resistive LWS-Extension
b: PNF-Beckenpattern Elevation posterior links
c: PNF-Beckenpattern Elevation posterior rechts
d: PNF-Kombinationspattern von Scapula und Becken
e: PNF-Kombinationspattern von Thorax und Becken

ten zu analysieren sowie entsprechend zu korrigieren («der Alltag als Übung»).

Lordose- und Kyphosekonstanz sind zu vermeiden, dynamisches Sitzen (eine labile Balance) und der Wechsel von Be- und Entlastung sind günstig und wirken als «Bandscheibenmassage». Gelegentlich sollte der Patient seinen «Stuhl verkehrt» (Reinhardt) benutzen. Eine Erleichterung beim Autofahren ist die Plazierung eines Buches oder eines individuell zusammengerollten Handtuchs zwischen Lehne und Kreuz oder Lende. Eine Änderung der Schuhabsatzhöhe kann zur Entlastung des vorderen bzw. hinteren Wirbelsäulenpfeilers führen. Minusabsätze entlasten den hinteren, belasten aber den vorderen Wirbelsäulenpfeiler, d.h. sie können Kreuzschmerzen günstig und ungünstig beeinflussen. Allgemein hat sich die Empfehlung bewährt, sich mindestens eine halbe Stunde täglich am Fußboden ohne Sitzmöbel aufzuhalten. Dabei kann der Patient lesen, fernsehen, schreiben, Küchen- bzw. Hausarbeiten verrichten oder sich unterhalten. Anfänglich «zwickt» es überall, nach einigen Tagen spürt der Patient, wie gut seinem Rücken die «tägliche Bodenstunde» bekommt. Auch alle anderen körperlichen, geistigen und seelischen Funktionen werden so günstig beeinflußt.

Der von seinen Kreuzschmerzen befreite Patient sollte zur Vermeidung von Rezidiven mehrmals täglich für etwa zehn Sekunden die modifizierte Yoga-Kobrastellung (entspricht der Korrekturposition von McKenzie) zur Ventralisierung des Nucleus und zur «Schließung der Schubladen» einnehmen (siehe Abschnitt «Rollen» im Beitrag «Kinästhesie») und einige Runden «Schinkengehen» (vorwärts, rückwärts, links und rechts – siehe Abschnitt «Beckenarbeit» im Beitrag «Kinästhesie»).

Diätetisch kann eine mineralsalzreiche Ernährung empfohlen werden. Durch sie wird die Flüssigkeitsaufnahme der Bandscheibe verbessert.

2. Andere Gelenke

Eine LWS-Behandlung und Alltagskorrektur ist auf Dauer nur erfolgreich, wenn die Gesamtstatik «stimmt».

Alle Gelenke und deren Weichteilmantel können kompensatorisch über arthrogen-vertebrale bzw. vertebro-vertebrale Reflexe zu Kreuzschmerzen führen. Ebenso ist über den umgekehrten Reflexweg ein therapeutischer Erfolg möglich. Besondere Bedeutung haben die Gelenke der unteren Extremität, die Iliosakralgelenke, das Sacrococcygealgelenk, die Symphyse, die BWS und Thoraxgelenke, die HWS und Kopfgelenke, die Kiefergelenke, die Schädelsuturen und die Schultergelenke. Die entsprechenden Untersuchungs- und Behandlungsgriffe sind im Beitrag «Manualtherapie» und in den Kapiteln «Kopfschmerzen» und «Schulterschmerzen» dargestellt.

a. Bei den Iliosakralgelenken können Stellungsdiagnostik, Joint-play-Teste (dreidimensionale Translations- und Funktionsbewegungen) und Weichteilpalpation und -teste in verschiedenen Ausgangsstellungen vorgenommen werden. Eine Vielzahl von Griffen steht zur Verfügung. Bei der Interpretation sollte man nicht nur mechanisch denken. So werden mit dem Kippbewegungstest in Bauchlage nicht nur Iliosakralgelenke und lumbosakraler Übergang untersucht und behandelt; die Kippbewegung hat außerdem auch für den M. coccygeus einen AGT-Effekt.
Ergänzend zu den im Beitrag «Manualtherapie» bereits beschriebenen Techniken haben sich folgende Griffe zu Untersuchungs- und Behandlungszwecken bewährt:

Stellungsdiagnostik
Dabei werden die markanten knöchernen Punkte des Beckens (Spinae anteriores, Spinae posteriores, Bekkenkämme, Sitzbeinhöcker, Trochanter und Tubercula pubica) in verschiedenen Ausgangsstellungen in ihrer Symmetrie sehend und tastend wahrgenommen.
Wenn das Becken als Ganzes in einer oder mehreren Ebenen fehlgestellt ist (Schiefstand, Verdrehung, Kippung), ohne daß die Relation von Kreuzbein und Darmbeinen verändert ist, so deutet das auf Veränderungen in der Wirbelsäule hin (vor allem Lendenwirbelsäule), und nicht in den Iliosakralgelenken.
Veränderungen in den Relationen von Kreuzbein und Darmbeinen deuten auf ein- oder mehrdimensionale Störungen in den Iliosakralgelenken und/oder der Symphyse hin. Die Beckenfehlstatik zeigt sich auch an der Hautfaltenasymmetrie: Die Glutäalfalte ist dabei auf der Kurzbeinseite niedriger (Nickblokkierung); die Analfalte verläuft bei Klaffblockierungen nicht im Lot. Auswirkungen auf die Gesamtstatik wurden im Beitrag «Allgemeine Grundlagen des NEUROMEDIZIN-KONZEPTS» beschrieben.

Kreuzgriff
Dieser Griff wird in der Bauchlage angewandt. Flexions- und Extensionsbewegungen von Sacrum bzw. Ilium werden getestet und behandelt. Es gibt zwei Teilgriffe:
Beim ersten Griff wird die craniale Hand mit dem Ballen auf der Sacrumspitze plaziert, die caudale Hand mit dem Ballen auf dem linken bzw. rechten Beckenkamm plaziert. Entweder fixiert dann die Sacrumhand mit dem «Nägelchen» und die Iliumhand mobilisiert, oder die Iliumhand fixiert und die Sacrumhand mobilisiert. Beide Hände können auch gleichzeitig scherenartig mobilisieren.
Beim zweiten Griff wird die craniale Hand mit dem Ballen auf der Sacrumbasis plaziert, die caudale Hand wird mit dem Ballen auf dem linken bzw. rechten Tuber plaziert. Wiederum kann jeweils eine Hand fixierend, die andere mobilisierend oder sie können beide scherenartig mobilisierend arbeiten.

Mit dem Kreuzgriff können die Beinlängen korrigiert werden (Abb. 12.61).

Kurbelgriff
Dieser Griff wird in der Rückenlage angewandt und leitet sich von den «sphäroiden Griffen» nach Derbolowsky ab. Grundsätzlich wird immer das beschwerdeärmere Bein – je nach Befund – verlängert oder verkürzt.
Beim Verkürzungsgriff wird das gebeugte, innenrotierte und adduzierte Bein von medial nach lateral circumduziert. Dabei wird das Ilium nach hinten «mitgenommen».
Beim Verlängerungsgriff wird das gebeugte, außenrotierte und abduzierte Bein von lateral nach medial circumduziert. Dabei wird das Ilium nach vorne «mitgenommen».
Die Griffe gleichen bei korrekter Ausführung bereits nach einmaliger Anwendung die Beinlängen aus. Bei Coxarthrose, TEP oder Meniscusschaden sollte der Kurbelgriff nicht auf der Beschwerdeseite angewandt werden (Abb. 12.62).

Schaukelgriff
Dieser Griff kann zur Beinverkürzung auch bei kontraindiziertem Kurbelgriff angewandt werden.
In der Rückenlage faßt der Behandler mit seiner caudalen Hand zwischen den angestellten Beinen hindurch unter den gleichseitigen Tuber; den Ballen der cranialen Hand legt er von ventral auf die gleichseitige Spina iliaca anterior. Dann wird mit beiden Händen synchron das Ilium um die S2-Frontalachse nach vorne mobilisiert (Abb. 12.63).

«Crista-Tuber»-Griff
Dieser Griff wird in Seitenlage zur Beinverkürzung bzw. Beinverlängerung angewandt. Kontraindiziert ist er, wenn der Patient wegen beidseitigen Hüftveränderungen (z. B. Coxarthrose links und gleichzeitig TEP rechts) auf keiner Seite liegen kann bzw. darf.
Beim Verkürzungsgriff steht der Behandler vor dem Patienten. Mit dem Ballen der caudalen Hand «hakt» er sich hinter den Tuber, den Ballen der cranialen Hand plaziert er an der ventralen Crista iliaca. Beide Hände bewegen dann synchron das Ilium um die S2-Frontalachse nach hinten. Der Patient empfindet diesen Griff als «Zurechtrücken» seines Beckens.
Beim Verlängerungsgriff «hakt» sich der Behandler mit dem Ballen seiner caudalen Hand vor dem Tuber ein, den Ballen seiner cranialen Hand plaziert er an der hinteren Crista iliaca. Beide Hände bewegen dann synchron das Ilium um die S2-Frontalachse

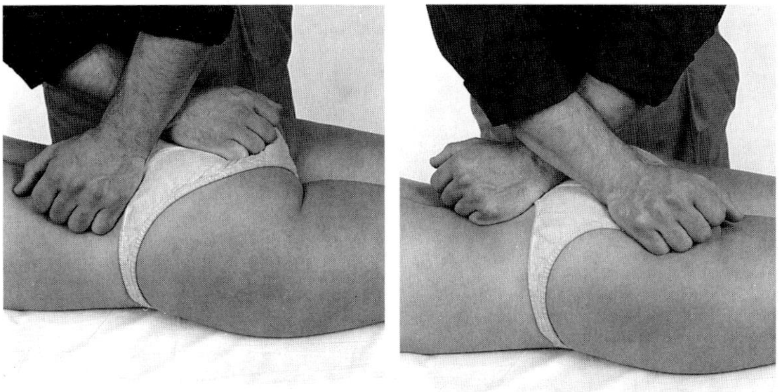

Abb. 12.61 a + b: Kreuzgriff

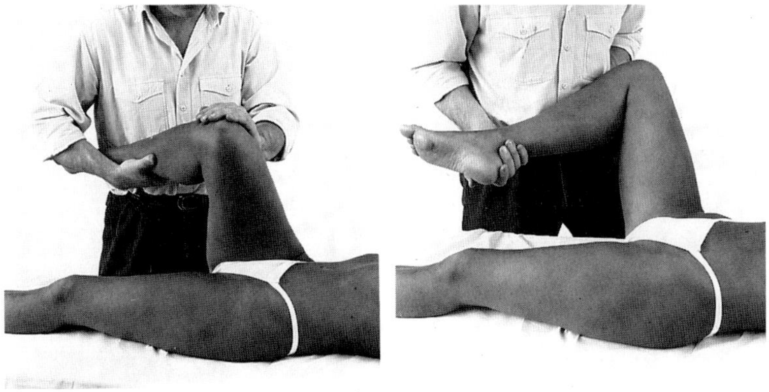

Abb. 12.62 a: Kurbelgriff (zur Beinverkürzung)
b: Kurbelgriff (zur Beinverlängerung)

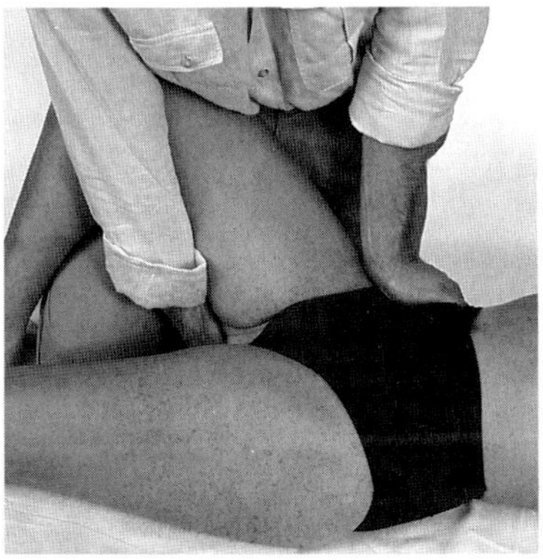

Abb. 12.63: Schaukelgriff zur Beinverkürzung

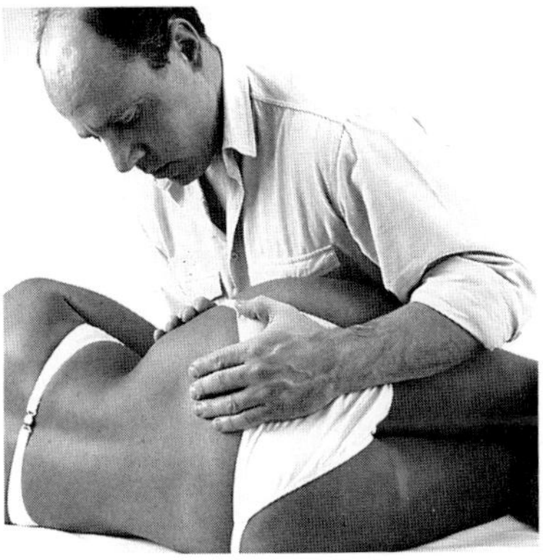

Abb. 12.64 a: «Crista-Tuber»-Griff (Beinverkürzung)

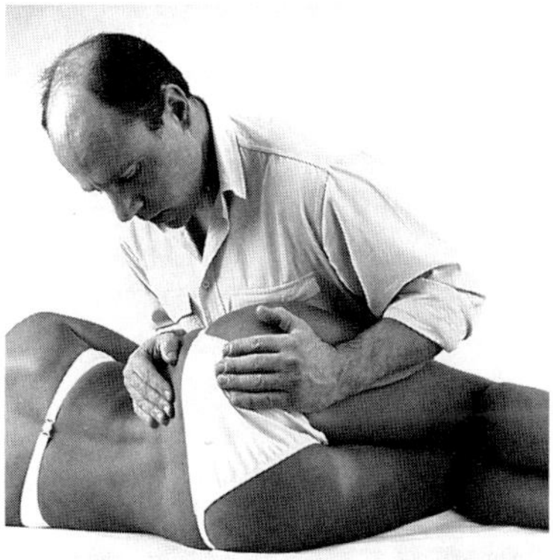

b: «Crista-Tuber»-Griff (Beinverlängerung)

nach vorne. Der Patient empfindet diesen Griff ebenfalls als «Zurechtrücken» seines Beckens.
Die Griffe sind nicht schmerzhaft und können bei korrekter Ausführung bereits nach einmaliger Anwendung die Beinlängen korrigieren (Abb. 12.64).

Tuberadduktion/-abduktion
In der Bauchlage kann der homolaterale Tuber mit dem Ballen der caudalen Hand nach medial bewegt werden, die craniale Hand verhindert dabei durch «Nägelchen»-Fixation Ausweichbewegungen von Kreuzbein und Darmbeinen.
Der kontralaterale Tuber kann auch mit dem Ballen der caudalen Hand nach lateral bewegt werden, wobei die craniale Hand wieder durch «Nägelchen»-Fixation Ausweichbewegungen von Kreuzbein und Darmbein verhindert.
Beide Griffe wirken sich bei rhythmischer Wiederholung auch günstig auf das Hüftgelenk aus (Abb. 12.65).

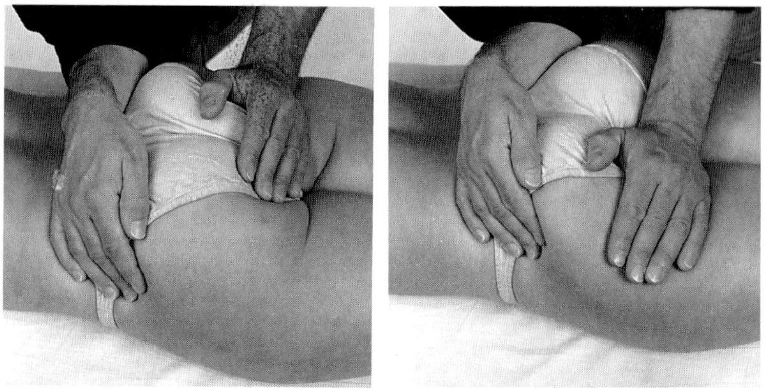

Abb. 12.65 a: Tuber-Adduktion
b: Tuber-Abduktion

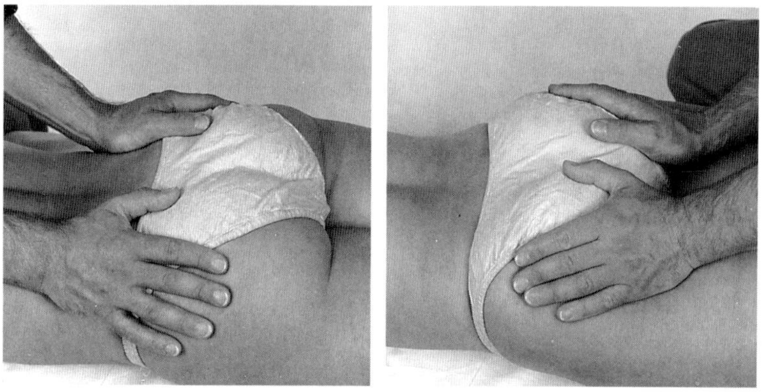

Abb. 12.66 a: Translation nach caudal
b: Translation nach cranial

Cranial-Caudal-Translation

In Bauchlage plaziert der Behandler beide Hände von cranial auf den Beckenkämmen. Eine Hand mobilisiert das Ilium nach caudal, während die andere Hand durch «Nägelchen»-Fixation am anderen Ilium Ausweichbewegungen nach cranial verhindert.
Bei der Translation nach cranial liegen beide Hände unter den Sitzbeinhöckern. Während die eine Hand den Tuber nach cranial mobilisiert, verhindert die andere durch «Nägelchen»-Fixation Ausweichbewegungen nach caudal (Abb. 12.66).

Sakrumgriff

Dieser Griff wurde im Abschnitt «Schädelsuturen» im Beitrag «Manualtherapie» beschrieben. Alle Translations- und Funktionsbewegungen des Sakrums können mit diesem Griff optimal untersucht und behandelt werden.

Armelevation

Aufgrund des Verlaufs des M. latissimus dorsi kann der Arm der Kurzbeinseite nicht so weit eleviert werden. Nach Beinlängenkorrektur ist die Armelevation ausgeglichen.

Druckwellenmobilisation

Die Sandsäcke können in Bauchlage ein- oder beidseitig zur Traktion des Iliosakralgelenkes eingesetzt werden.

Weichteiltechniken

Die reaktiven Weichteilveränderungen bei Beckenfehlstatik können periostal, ligamentär und muskulotendinös palpiert werden. Therapeutisch bieten sich gezielte Massagegriffe für die einzelnen Gewebsschichten an. Außerdem kann mit Dehnungstechniken, z. B. PIR oder mit der Schmerzklammer gearbeitet werden.
Vor der Weichteiltherapie sollten immer die Beinlängen korrigiert werden. Zur Rezidivverhinderung wird das Beine-Kreuzungsverhalten des Patienten analysiert (siehe Beitrag «Allgemeine Grundlagen des NEUROMEDIZIN-KONZEPTS»).
Alle Weichteiltechniken lassen sich bei richtigem Kreuzungsmuster und korrigierten Beinlängen schmerzfreier durchführen.

b. Beim Sacrococcygealgelenk können die im Beitrag «Manualtherapie» beschriebenen Griffe angewandt werden. Die Posterior-anterior-Bewegung wird bei distal am Steißbein angesetztem Impuls zur Flexionsbewegung. Die Latero-lateral-Bewegung

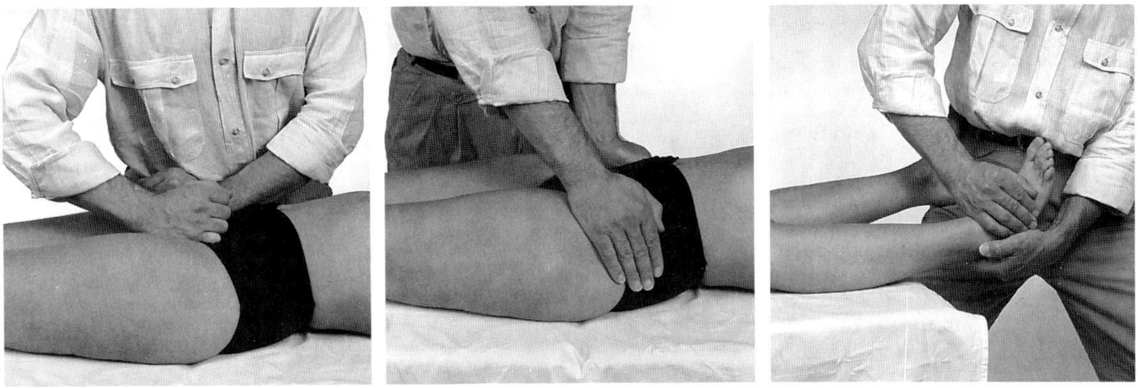

Abb. 12.67 a: Symphysen-Translation nach cranial
b: Symphysen-Translation nach posterior
c: Symphysen-Translation nach caudal

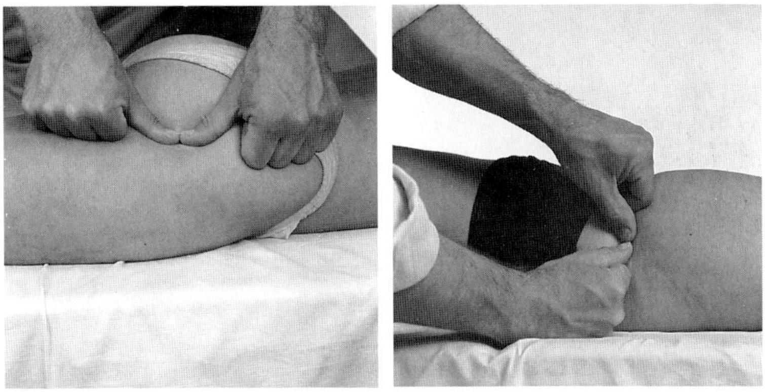

Abb. 12.68 a: Femur-Mobilisation nach anterior
b: Femur-Mobilisation nach caudal

wird bei distal am Steißbein angesetztem Impuls zur Adduktions- bzw. Abduktionsbewegung.
Alle Griffe können auch mit dem Handballen durchgeführt werden.

c. Die Bewegungen der Symphyse werden in Rükkenlage untersucht und behandelt. Zunächst wird die Stellung der beiden Tubercula pubica festgestellt: Welcher Höcker steht weiter anterior, welcher steht weiter cranial? Nach der Beinlängenkorrektur wird die Stellung nochmals überprüft. Alle Griffe an den Iliosakralgelenken wirken auch auf die Symphyse. Besonders die im Beitrag «Manualtherapie» beschriebene Innen- und Außenrotation kann als Symphysenkompression- und -distraktionstest angesehen werden.
Für die Translation nach cranial wird der Ballen der caudalen Hand am Ramus inferior ossis pubis und Tuberculum pubicum der kontralateralen Seite plaziert, der Ballen der cranialen Hand wird am Ramus superior ossis pubis und Tuberculum pubicum der ipsilateralen Seite plaziert. Die caudale Hand mobilisiert nach cranial, während die craniale Hand mit der «Nägelchen»-Fixation Ausweichbewegungen verhindert.
Bei der Translation nach caudal arbeiten die Hände umgekehrt. Die Translation nach caudal kann auch über den Beinhebel ausgeführt werden. Dabei stützt der Behandler die Ferse eines gestreckt angehobenen Beines gegen seine Leiste und zieht an der anderen Ferse das gestreckte Bein nach distal. Die Bewegung überträgt sich auf die Symphyse. Die Translation nach posterior kann außer mit dem im Beitrag «Manualtherapie» beschriebenen Schütteltest auch in Rückenlage untersucht und behandelt werden. Der Behandler plaziert beide Hände flächig an den Spinae anteriores links und rechts; eine Hand mobilisiert und die andere verhindert durch «Nägelchen»-Fixation eine LWS-Rotation (Abb. 12.67).

d. Beim Hüftgelenk kommen die im Beitrag «Manualtherapie» beschriebenen Griffe (Kurztraktion, Langtraktion und Kompression) zur Anwendung. Störungen des Hüftgelenkes zeigen sich vor allem durch eingeschränkte Innenrotation. Alle Griffe am Ilium wirken sich auch auf das Hüftgelenk aus, insbesondere die Adduktion und Abduktion des Tubers (Abb. 12.65). Außerdem kann zur Gelenkmobilisation auch mit der Daumentechnik in Rückenlage und Bauchlage gearbeitet werden (Abb. 12.68).
In der Seitenlage kann mit dem Ballen der caudalen Hand der Trochanter nach anterior, posterior, cranial oder caudal (auch unter Kompression) mobilisiert werden. Je nach Bewegungsrichtung kann der Be-

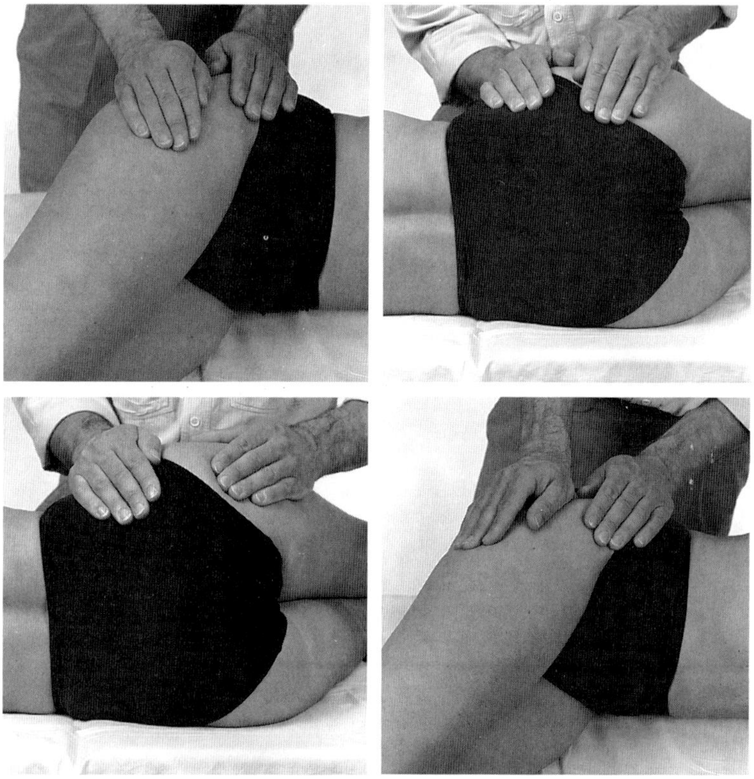

Abb. 12.69 a–d: Femur-Mobilisation nach anterior, posterior, cranial und caudal

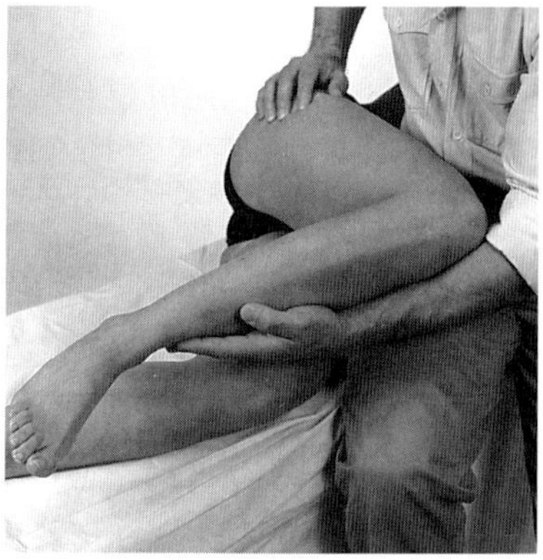

Abb. 12.70: Modifizierter Hüftgriff aus der Manipulativmassage nach Terrier

handler von ventral oder dorsal arbeiten. Dabei verhindert die craniale Hand durch «Nägelchen»-Fixation Mitbewegungen des Iliums. Schon nach einigen Impulsen werden sich Qualität und Quantität der Funktionsbewegungen verbessert haben (Abb. 12.69).
Als kombinierte Weichteil- und Gelenktechnik für die Hüfte hat sich auch ein modifizierter Griff aus der Manipulativmassage von Terrier bewährt. Der Behandler sitzt vor dem auf der Seite liegenden Patienten, umfaßt tablettartig schienend das angewinkelte obere Bein und bewegt dieses rhythmisch-«wiegend» im schmerzfreien Raum. Mit der anderen Hand bearbeitet er gleichzeitig die peritrochanteren Weichteile. Schon nach etwa einminütiger Ausführung sind auch bei schweren arthrotischen Veränderungen Gewebs- und Funktionsbefund erstaunlich verbessert (Abb. 12.70).

3. Innere Organe und Gefäße

Eine sorgfältige Befundaufnahme läßt Rückschlüsse auf Störungen innerer Organe und Gefäße zu. Eine Vielzahl von Reflextherapien (z. B. Bindegewebsmassage) kann hier erfolgreich angewandt werden.
Von grundsätzlicher Wichtigkeit ist das seitenvergleichende Tasten der Arterienpulse (vor allem der A. femoralis), das durch den Ratschow-Test und Geh-Test ergänzt werden kann.
Wenn beim Geh-Test Kreuz- und Beinschmerzen auftreten, so können diese vaskulär («Schaufensterkrankheit»), aber auch neurogen (Spinalkanalstenose) verursacht sein. Zur Differenzierung dient dann der Bicycle-Test: Da durch die lumbale Kyphosierung beim Radfahren der Spinalkanal größer wird, können die Beschwerden nicht mehr neurogen, sondern nur noch vaskulär bedingt sein (Abb. 12.71).
Für das sich möglicherweise bei dystonischen Zuständen der Becken-, Bauch- und Thoraxorgane entwickelnde intraforaminale Ödem (rückstauende «Tümpelbildung») können zwei Griffe erfolgreich angewandt werden:

«Fleischerhakengriff»

Eine Dünndarm-Dysfunktion zeigt sich typischerweise als Verdrehung von Becken- und Schultergürtel, d. h. im Stand befindet sich eine Schulter weiter vorne, oder in Bauchlage hat eine Leiste keinen vollen Kontakt zur Unterlage. Durch den «Fleischerhakengriff» in der Seitenlage wird der Dünndarm AGT-ähnlich «in Kurzurlaub geschickt», die Fehlstatik korrigiert sich oft rezidivfrei. Der Patient fühlt, daß sein Bauch viel weicher geworden ist und daß der Bauchnabel wieder in der Mitte des Bauches liegt.

«Schubladengriff»
Eine Magen- bzw. Pankreas-Dysfunktion zeigt sich z. B. als einseitiger Schulterhochstand. Außerdem ist ein linksseitiger, z. T. schmerzhafter Elastizitätsverlust der Rippen nachweisbar. Mit einem flächigschienenden, bimanuellen Griff werden die dreidimensionalen Translations- und Funktionsbewegungen der unteren sechs Rippen «schubladenartig» in Rückenlage oder Bauchlage untersucht und behandelt. Magen und/oder Pankreas werden AGT-ähnlich «in Kurzurlaub geschickt». Der Schulterschiefstand gleicht sich schon nach etwa einminütiger Einwirkung oft rezidivfrei aus, die Thoraxelastizität ist spürbar verbessert (die prüfende Stoßbewegung «läuft durch»). In der Fortbewegung spürt der Patient «eine Last von sich genommen», die behandelten Rippen «gehen jetzt mit». Erstaunlich ist auch, daß gelegentlich schon bei einmaliger Anwendung dieses Griffes chronisches Aufstoßen oder Sodbrennen gelindert werden können.
Für Galle und Leber kann der «Schubladengriff» entsprechend auf der rechten unteren Thoraxseite angewandt werden («... bis die Galle rauscht»); auch die übrigen Thoraxorgane können so «beurlaubt werden» (Abb. 12.72).

Der Patient wird beauftragt, zur regelmäßigen Entspannung und Regelung seiner «Kreislaufprovinz» Abdomen täglich eine Wärmflasche für etwa eine halbe Stunde auf den Bauch oder die Rippenbögen zu legen.
«Fleischerhakengriff» und «Schubladengriff» sind auch wichtig bei der Untersuchung und Behandlung von Schulter- und Kopfschmerzen.

PNF

Becken-, Bein-, Thorax-, Wirbelsäulen- und Kopfpattern können in verschiedenen Ausgangsstellungen, Kombinationen (z. B. Becken- und Thoraxpattern) und unter Hinzunahme der speziellen Techniken zu diagnostischen und therapeutischen Zwecken angewandt werden.
Im NEUROMEDIZIN-KONZEPT wird in einer Behandlung PNF oft mit Manualtherapie und/oder Kinästhesie kombiniert. Nach der Anwendung von PNF-Pattern sind die manualtherapeutischen und kinästhetischen Befunde verbessert. Der Behandler sollte sich bei der Anwendung von PNF stets überlegen, welche Strukturen des vorderen und hinteren Wirbelsäulenpfeilers jeweils besonders beansprucht werden (Abb. 12.60 und 12.73).

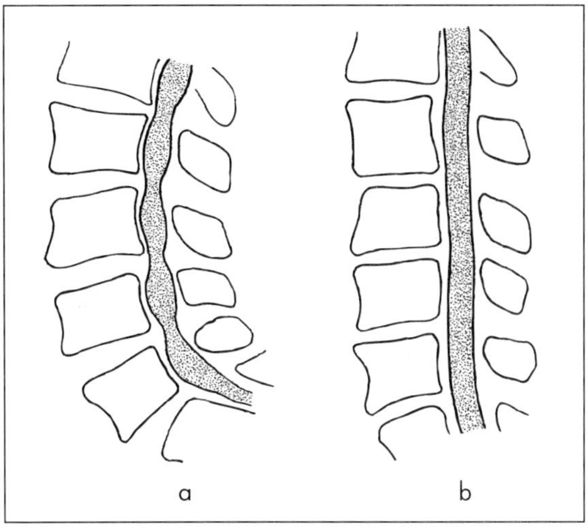

Abb. 12.71 a + b: Der Spinalkanal wird bei Extension enger («Waschbrettmuster»), bei Flexion weiter

Kinästhesie

Bei der Behandlung von Kreuzschmerzen haben sich Schnelles Lagern, AGT, Becken- und Thoraxarbeit, Sitzen, Aufstehen und Hinsetzen, Seitenlage, Drehen, Regentröpfchen, Gate-Control-Technik, die schmerzablenkenden und schmerzbekämpfenden Visualisationen sowie Biofeedback bewährt.
Der Behandler sollte in einer Behandlungsserie meh-

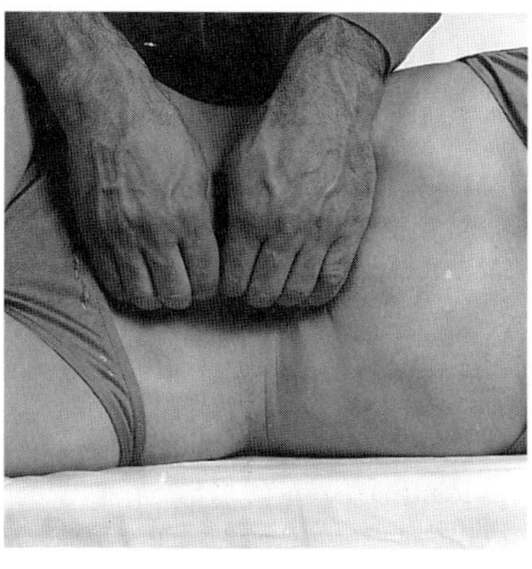

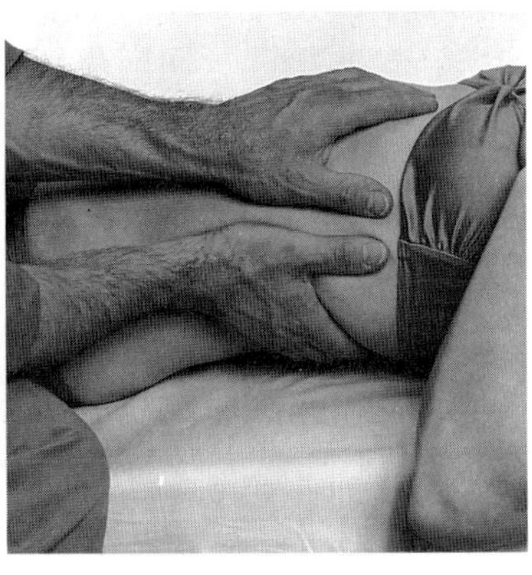

Abb. 12.72 a: «Fleischerhakengriff» für den Dünndarm
b: «Schubladengriff» für Galle und Leber bzw. Magen und Pankreas

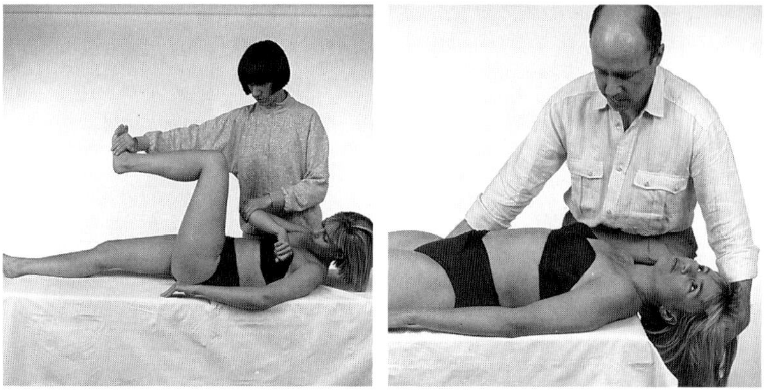

Abb. 12.73: Zwei Beispiele für Kombinationspattern
a: Bein (Flexion/Adduktion/Außenrotation mit Knieflexion) und gegenüberliegender Arm (Extension/Adduktion/Innenrotation mit Ellbogenflexion)
b: Becken (Depression posterior) und Nackenextensionspattern

Abb. 12.74 a + b: Mod. Yogastellung Kobra (entspricht auch der Korrekturposition von McKenzie)

rere Übungskomplexe mit dem Patienten einüben. Wichtig ist es dabei, dem Patienten die durch die kinästhetischen Übungen bedingten Veränderungen des Schmerz- und Funktionsverhaltens bewußt zu machen. Auch die manualtherapeutischen und PNF-Befunde werden nach kinästhetischen Übungen fast immer günstig beeinflußt. Der Behandler sollte sich bei allen kinästhetischen Übungen überlegen, welche Strukturen des vorderen und hinteren Wirbelsäulenpfeilers jeweils beansprucht werden (Abb. 12.74).
Ist nach der Regelung der «Grundfunktionen» und etwa zehnmaliger neuromedizinischer Behandlung keine Erfolgstendenz erkennbar, müssen Befund und/oder Therapie überprüft werden.
Literaturempfehlungen zum Thema Kreuzschmerzen sind den Beiträgen «Manualtherapie», «PNF» und «Kinästhesie» zu entnehmen.

Abbildungsnachweis
Abb. 12.36: Lindenmann, K./Kuhlendahl, H.: Die Erkrankungen der Wirbelsäule. Enke, Stuttgart 1953.
Alle anderen Abbildungen: Reinhard Dittel und Magdalene Grenz, c/o Neuromedizinisches Fortbildungszentrum Bad Hersfeld und Fotostudio Sparr, Frankfurt a. M.

Schulterschmerzen

Funktionelle Anatomie

Fundierte Kenntnisse der klinisch-funktionellen Anatomie bilden die Grundlage des Verständnisses von Pathogenese, Diagnostik und Therapie der Nacken-, Schulter- und Armschmerzen.

Ossäre Besonderheiten
Ähnlich wie der Femur hat der Humerus einen Collo-Diaphysen-Winkel von ca. 130° und einen Antetorsionswinkel von ca. 20°. Beim Neugeborenen beträgt der ATW jedoch wegen der Thoraxform noch ca. 90°. Hätte das Neugeborene ebenfalls einen Winkel von 20°, so wäre die biologisch sehr wichtige Koordination von Hand, Mund und Augen nicht möglich.
Proximale Humerusfrakturen können zu Axillarisschäden, distale Humerusfrakturen zu Radialisschäden führen.
Am Oberrand der Scapula wird die Incisura scapulae vom Lig. scapulae superius überquert. Darunter zieht der N. suprascapularis. Durch mechanische Reizung (Rucksack, Büstenhalter, Balkentragen) kann es deshalb zur Parese von M. infraspinatus und M. supraspinatus kommen.

Der Processus coracoideus stellt einen Verkehrsknotenpunkt dar. Sechs Muskeln und Bänder haben hier Ursprung bzw. Ansatz:
1. M. biceps brachii – Caput breve;
2. M. coracobrachialis;
3. M. pectoralis minor;
4. Lig. coracoclaviculare mit ventralen (Lig. trapezium) und dorsalen (Lig. conoideum) Faserzügen;
5. Lig. coracoacromiale, das mit Coracoid und Acromion das osteofibröse Schulterdach (Fornix) bildet;
6. Lig. coracohumerale zur Kapselverstärkung und Außenrotationshemmung (Abb. 12.75).

Ligamentäre Besonderheiten
Neben den schon genannten Ligg. coracoclaviculare, coracoacromiale, coracohumerale und scapulae superius sind noch anzuführen:
1. Die Ligg. glenohumeralia (superius, medius und anterius), die vom Labrum glenoidale zum Humerus ziehen und die glenohumerale Kapsel an der Schwachstelle zwischen M. supraspinatus-Ansatz und M. subscapularis-Ansatz verstärken.
2. Das Lig. interclaviculare verhindert wie der M. trapezius ein weiteres Absinken des Schultergürtels auf den Thorax. So ist die biologisch wichtige Lungenentfaltung auch beim Lastentragen gewährleistet.
3. Das Lig. costoclaviculare bedingt, daß sich bei der Armhebung auch der Thorax anhebt. Deshalb ist die Untersuchung und Behandlung der Thoraxgelenke (insbesondere der ersten Rippe) wichtig.
4. Die Ligg. sternoclavicularia verstärken vorne und hinten die Sternoclaviculargelenkkapsel.
5. Das Lig. acromioclaviculare verstärkt die Acromioclaviculargelenkkapsel.

Muskuläre Besonderheiten
Man unterscheidet verschiedene Muskelgruppen:
1. Scapulohumerale Muskeln, z. B. den M. subscapularis, der wegen seiner starken Fiederung einen großen physiologischen Querschnitt hat und deshalb der kräftigste Innenrotator ist.
2. Scapulothorakale Muskeln, z. B. den M. serratus anterior.
3. Thorakohumerale Muskeln, z. B. den M. pectoralis major.
4. Spinohumerale Muskeln, z. B. den M. latissimus dorsi.
5. Spinoscapuläre Muskeln, z. B. den M. levator scapulae.
6. Cranioclaviculäre Muskeln, z. B. den M. sternocleidomastoideus.
7. Cranioscapuläre Muskeln, z. B. den M. trapezius. Dieser hat drei Ursprünge, drei Ansätze und drei Funktionen. Er kann im Zusammenspiel mit dem M. deltoideus den Winkel zwischen Clavicula und Scapula vergrößern bzw. verkleinern. Alle anderen Muskeln haben nur an Clavicula oder Scapula Ursprung bzw. Ansatz. Der M. trapezius wird, wie der M. sternocleidomastoideus, auch vom XI. Hirnnerv (N. accessorius) innerviert. Da dieser Nerv nicht die Capsula interna durchläuft, kann ein Hemiplegiker bis zu einem gewissen Grad die Scapula kontrolliert bewegen.

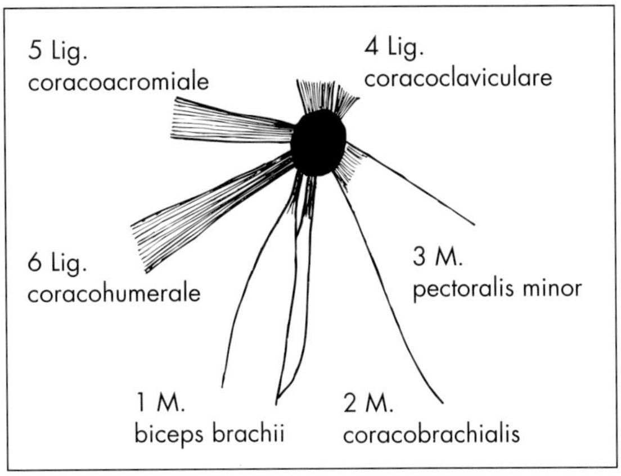

Abb. 12.75: Proc. coracoideus als Verkehrsknotenpunkt

Diese Muskelgruppen arbeiten wiederum als dreidimensionale agonistische bzw. antagonistische Muskelschlingen zusammen. Zum Beispiel ziehen Fasern des M. serratus anterior die Scapula nach vorne und der M. rhomboideus zieht die Scapula zur Wirbelsäule zurück. Beide Muskeln pressen aber die Scapula an den Thorax. Wenn bei einer Scapula alata sich die Scapula gegen Widerstand zur Wirbelsäule ziehen läßt, können die Rhomboideen nicht für die Scapula alata verantwortlich sein.
Es gibt auch Muskeln, die nicht nur mehrere, sondern zum Teil gegensätzliche Funktionen in sich vereinigen. Der M. biceps brachii flektiert in der Schulter, adduziert mit seinem Caput breve und abduziert mit seinem Caput longum.
Besondere klinische Wichtigkeit hat die sogenannte Rotatorenmanschette. Dazu rechnet man im engeren Sinne den M. supraspinatus, den M. infraspinatus und den M. teres minor (SIT-Muskeln). Im erweiterten Sinne kann man noch den M. subscapularis, M. biceps brachii und eventuell den M. teres major hinzuzählen. Die lange Bicepssehne verläuft intrakapsulär, aber extrasynovial. Die Rotatorenmanschette (Muskelhaube) ergänzt die Pfanne fächerförmig, zentriert den Humeruskopf in der Pfanne, strahlt in die Kapsel ein und verhindert somit als Kapselspanner ein Einklemmen der Kapsel bei Bewegungen. Dabei spannt der M. supraspinatus die Kapsel nach oben, der M. biceps brachii nach unten, der M. infraspinatus nach hinten und der M. subsca-

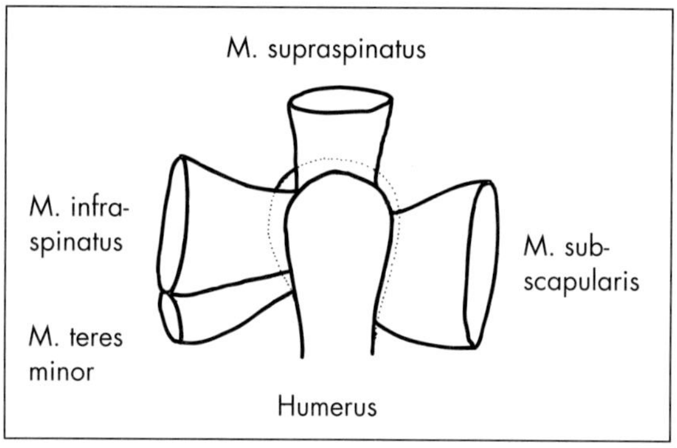

Abb. 12.76: Rotatorenmanschette

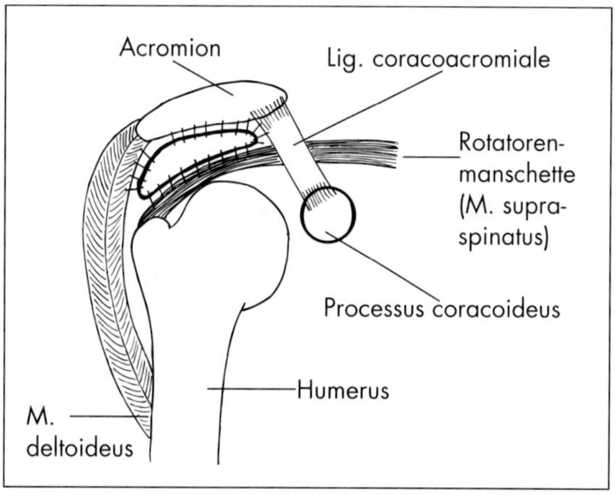

Abb. 12.77: Subacromiales Gleitgelenk

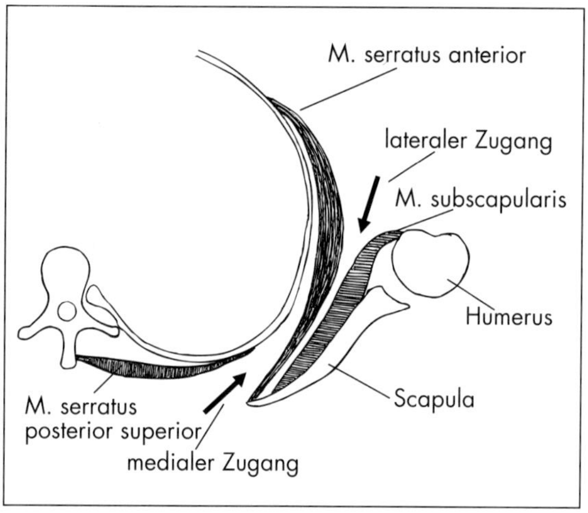

Abb. 12.78: Scapulo-costales Gelenk mit medialem bzw. lateralem Zugang

pularis nach vorne. Terrier rechnet die Rotatorenmanschette zur sogenannten «Tiefenmuskulatur», die wegen ihres kurzen Hebelarms vor allem statische Aufgaben hat und über der fibrösen Kapsel als «aktive Ligamente» eine muskulo-tendinöse Kapsel bildet (Abb. 12.76).

Artikuläre Besonderheiten

Insgesamt sieben Gelenke und die Wirbelsäule bewegen sich in der Schulterregion voneinander abhängig, so daß sich eine Gelenkläsion auf die Gesamtfunktion (insbesondere bei der Elevation) ungünstig auswirkt.

1. Das glenohumerale Gelenk: Auffallend ist hier das Mißverhältnis von Kopf und Pfanne. Die Pfanne wird durch das Labrum glenoidale und das osteofibröse Schulterdach ergänzt.
2. Das subacromiale Gleitgelenk zwischen osteofibrösem Schulterdach und Rotatorenmanschette. Der M. deltoideus liegt darüber, und die Bursa subacromialis-subdeltoidea füllt den Gelenkspalt. Sie ist mit dem Delta, der Fornix und der Rotatorenmanschette zum Teil verwachsen (Abb. 12.77).
3. Das Acromio-Clavicular-Gelenk ist als Amphiarthrose (wie ISG und Tib-Fib) ein Nebengelenk der Schulter. Der Gelenkspalt verläuft sagittal, leicht nach ventral konvergierend.
4. Das Sterno-Clavicular-Gelenk.
5. Das erste Costo-Sternal-Gelenk (siehe auch Ausführungen zum Lig. costoclaviculare).
6. Das erste Costo-vertebrale Gelenk.
7. Das Scapulo-costale Gelenk als funktionelles Gelenk (Muskelgelenk) zwischen den Faszien des M. serratus anterior und M. serratus posterior superior einerseits (medialer subscapulärer Raum) bzw. M. serratus anterior und M. subscapularis andererseits (lateraler subscapulärer Raum); (Abb. 12.78).
8. Die Wirbelsäule. Das Zusammenspiel der sieben Gelenke und der Wirbelsäule zeigt sich insbesondere bei der Elevation des Arms: Alle acht Schaltstellen sind dabei beteiligt, jedoch mit unterschiedlichem Ausmaß und zu unterschiedlichen Zeiten. Von 0° bis 60° findet die Bewegung vor allem im Glenohumeralgelenk statt. Von 60° bis 120° steht die Scapulabewegung im Vordergrund. Deshalb ist bei einer ausgeprägten Schrumpfung der glenohumeralen Kapsel noch eine Elevation von 60° möglich. Von 120° bis 180° beteiligt sich die Wirbelsäule dreidimensional. Es kommt zur Extension, homolateralen Rotation und kontralateralen Lateroflexion.

Neurovaskuläre Besonderheiten

Plexus brachialis, A. und V. subclavia, passieren beim Übergang vom Rumpf zum Arm verschiedene Engpässe. Man unterscheidet:

1. Scalenus-Engpaß: Zwischen M. sternocleidomastoideus und M. scalenus anterior kann durch Hypertonus bzw. Hypertrophie das V. subclavia-Lumen eingeengt werden. Zwischen M. scalenus anterior und M. scalenus medius können bei Hypertonus bzw. Hypertrophie die A. subclavia und der Plexus brachialis bedrängt werden.

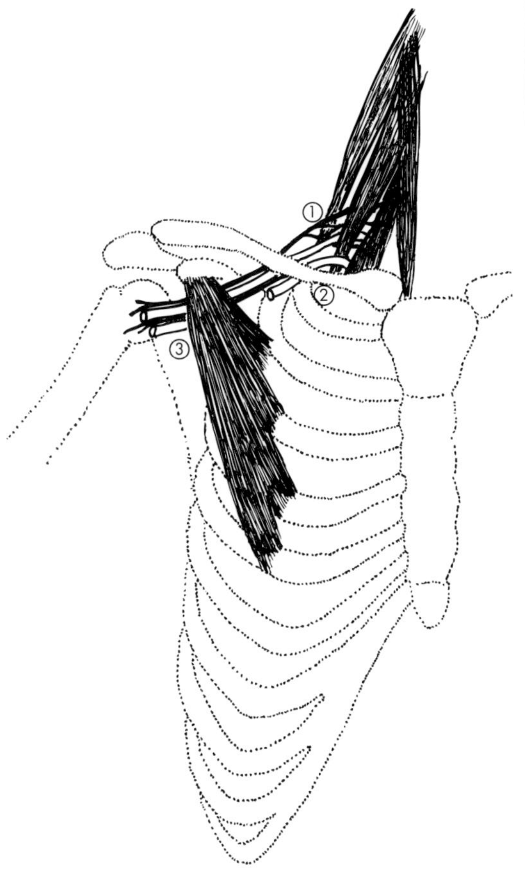

1 Scalenus-Engpaß
Vordere Scalenuslücke zwischen M. sternocleidomastoideus und M. scalenus anterior (Vena subclavia).
Hintere Scalenuslücke zwischen M. scalenus anterior und M. scalenus medius (Arteria subclavia und Plexus brachialis).
2 Costoclaviculärer Engpaß
Zwischen Clavicula und erster Rippe (A.+V. subclavia und Plexus brachialis).
3 Pectoralis minor-Engpaß
Zwischen M. pectoralis minor, Coracoid und Rippen (A.+V. subclavia und Plexus brachialis).

Abb. 12.79: Neurovaskuläre Engpässe

2. Costoclaviculärer Engpaß: Bei verkleinertem Raum zwischen Clavicula und erster Rippe können Plexus brachialis, A. und V. subclavia komprimiert werden.
3. Pectoralis-minor-Engpaß: Bei Verkürzung, Hypertonus oder Hypertrophie des M. pectoralis minor können Plexus brachialis, A. und V. subclavia zwischen M. pectoralis minor, Coracoid und Rippen komprimiert werden (Abb. 12.79).

Ursachen und Symptome der Engpaßsyndrome werden im Abschnitt «Pathogenese und Symptome des

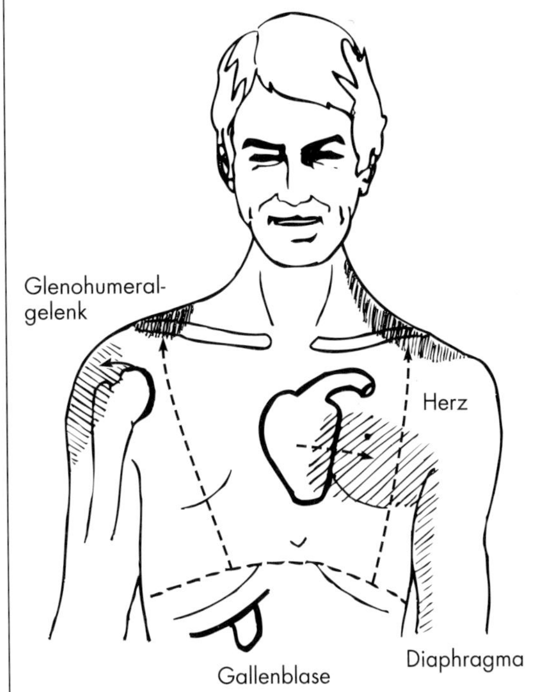

Abb. 12.80: Projektion innerer Organe in die Schulterregion

Schulterschmerzes», die Therapie im Abschnitt «Manualtherapie des Schulterschmerzes» beschrieben.

Segmentale Besonderheiten

Der N. phrenicus hat seinen Ursprung im Segment C 3/4. Er versorgt viszero-motorisch das Zwerchfell. Viszerosensibel versorgt er das Zwerchfell und das Peritoneum parietale der angrenzenden inneren Organe (Herz, Lunge, Magen, Gallenblase, Leber). Das Segment C 3/4 projiziert sich somatosensibel in den Schulter-Nacken-Bereich. Deshalb können Störungen der Bauch- und Thoraxorgane als Nacken-, Schulter- und Armschmerz wahrgenommen werden (Abb. 12.80).

Pathogenese und Symptome

Schulterschmerzen sind sehr verbreitet. Etwa 3 Prozent der Bevölkerung leidet darunter.
Schulter-Arm-Schmerzen haben viele Ursachen. Deshalb fällt die Untersuchung und Behandlung in viele Fachbereiche: Orthopädie, Rheumatologie, Traumatologie, Innere Medizin, Gynäkologie, Neurologie und Psychosomatik. Je allgemeiner die Beschwerden («alles tut weh»), desto psychogener die Ursache, je differenzierter und lokalisierter, desto

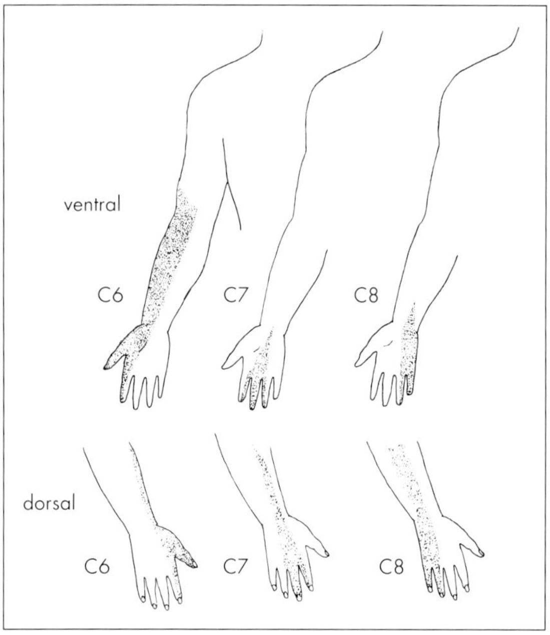

Abb. 12.81: Segmente C6, C7 und C8

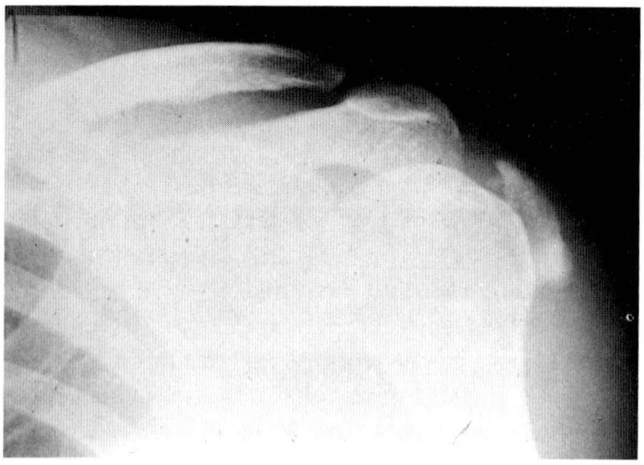

Abb. 12.82: Röntgenbild

somatogener ist die Ursache. Die Symptome Schmerz, Schwäche, Parästhesie, Durchblutungsstörung und Bewegungseinschränkung können isoliert oder kombiniert auftreten.

Mögliche Ursachen sind:

1. Neurogen-zentraler Thalamusschmerz (typisch bei Hemiplegie; siehe auch Beitrag «Schmerzsyndrome aus neurologischer Sicht»).
2. Vertebragen bedingt, d. h. diskogen, radikulär oder pseudoradikulär (Blockierungen der Facettengelenke) verursacht.
   Diskogene und radikuläre Ursachen zeigen sich durch Schmerz, gestörte Sensibilität und Kraftdefizite. Die Schulterbewegungen sind oft sehr schmerzhaft, aber letztlich nicht eingeschränkt. Husten und Niesen können den Schmerz verstärken. Typisch ist die Schonhaltung des Kopfes. Um das Foramen intervertebrale zu vergrößern, wird der Kopf von der schmerzhaften Seite weggedreht, weggeneigt und gebeugt. Die Segmente C6, C7 und C8 sind am häufigsten betroffen (Abb. 12.81).
   Bei pseudoradikulären Beschwerden bestehen selten Kraftdefizite und Parästhesien. Blockierungen der HWS können über vertebro-viszerale Reflexe zu Herzbeschwerden («Klopfen», «Rasen», «Stolpern») führen bzw. umgekehrt können Störungen der inneren Organe Blockierungen (vor allem C 3/4) verursachen.
   Die hyperkyphotische Ruhehaltung (sterno-symphyseale Belastungshaltung) kann Ursache, Begleiterscheinung oder Folge von Schulter-Arm-Schmerzen sein. Pathogenetisch schaukelt sich der Teufelskreis «Fehlhaltung – Schmerz – Verspannung» hoch.
3. Arthrogen bedingte Schulterschmerzen können von einem oder mehreren der sieben Gelenke der Schulterregion ausgelöst werden. Dabei kann es sich um strukturelle (z. B. Fraktur, Luxation, Arthritis, Arthrose) und/oder funktionelle Probleme (Blockierungen) handeln (Abb. 12.82).
   Auch Ellbogengelenke und Handgelenke (speziell das Daumensattelgelenk) können Schulter-Arm-Schmerzen verursachen.
   Ein «Weichteilmuster» kann sich auf das «Kapselmuster» aufpfropfen bzw. eine Blockierung auslösen. Muskeldysbalancen zeigen sich z. B. als Scapula alata und führen zu einer unphysiologischen Mehrbelastung der gelenksichernden Rotatorenmanschette. Typischerweise kann sich ein «schmerzhafter Bogen» (Painful arc) nachweisen lassen. Darunter versteht man einen schmerzhaften Bewegungsabschnitt während passiv oder aktiv ausgeführter Seitwärts- oder Vorwärtselevation des Arms, dem eine nicht schmerzhafte Bewegungsspanne folgt und vorangeht. Die Kompression von folgenden Strukturen zwischen Caput humeri und Schulterdach kann einen Painful arc verursachen:
   1. Supraspinatus-Sehne,
   2. Infraspinatus-Sehne,
   3. Subscapularis-Sehne (proximaler Ansatz),
   4. Lange Biceps-Sehne,
   5. Bursa subacromialis-subdeltoidea
   (Abb. 12.83).
   Wenn mehrere Gelenke schmerzen, sollte man immer an systemische Erkrankungen wie PCP oder Psoriasisarthritis denken.
4. Das von Gross beschriebene Quadrantensyndrom führt aufgrund der Irritation des Halssympathikus zu Beschwerden des ganzen Körpervier-

tels entsprechend des Versorgungsgebietes der großen Arterien.

5. Durchblutungsstörungen können Schulter-Arm-Schmerzen verursachen. Deshalb sollten die Pulse von A. subclavia, A. brachialis und A. radialis im Seitenvergleich getastet werden, bzw. bei venös-lymphatischen Störungen Umfangmessungen vorgenommen werden.
6. Die im Abschnitt «Funktionelle Anatomie des Schulterschmerzes» beschriebenen Engpässe können Nacken-, Schulter- und Armschmerzen verursachen. Ursächlich kommt dabei die angeborene Halsrippe, Blockierungen der beteiligten Gelenke, Traumen (Claviculafraktur, aber auch Whiplash) in Frage.

Des weiteren muß bei einem nächtlichen Dauerschmerz mit Horner'scher Trias (Miosis, Ptosis, Enophthalmus) an einen Lungenspitzentumor (Pancoust) gedacht werden. Dieser bedrängt den Plexus brachialis und das Ganglion stellatum. Der Plexus brachialis kann auch infolge einer Brustkrebsbestrahlung beeinträchtigt werden.

Das Thoracic-Outlet-Syndrom (TOS) kann ebenso durch bestimmte Schlafgewohnheiten (Seitenlage), chronische Fehlatmung (mit einhergehender Hypertrophie und Hypertonus der Atemhilfsmuskulatur), Wirbelsäulenerkrankungen (vor allem Morbus Bechterew und Morbus Scheuermann) und einschnürenden Büstenhaltern bei schweren Mammae ausgelöst werden.

Periphere Paresen, z. B. des N. accessorius (Ausfall des M. trapezius und des M. sternocleidomastoideus), des N. suprascapularis (Ausfall des M. supraspinatus und M. infraspinatus), des N. thoracicus longus (Ausfall des M. serratus anterior) und des N. axillaris (Ausfall des M. deltoideus und M. teres minor), können über eine Muskeldysbalance zur Verringerung des costoclaviculären Abstands und damit zum TOS führen. Wichtigster Auslöser und/oder Unterhalter der Symptomatik ist jedoch unseres Erachtens die weit verbreitete chronisch-hyperkyphotische Fehlhaltung.

Theoretisch sind beim TOS arterielle, venöse und neurogene Kompression zu unterscheiden. In der Praxis sind die Übergänge jedoch fließend. Folgende neurovaskuläre Symptome können isoliert oder kombiniert auftreten:

P = Pulsabschwächung,

P = Parästhesien (Kribbeln ist immer neurogen bedingt durch gestörte Mikrozirkulation des Plexus),

P = Parese bei Belastung,

P = Pain (Gesichts-, Nacken-, Schulter-, Armschmerzen).

Die arterielle Kompression zeigt sich vor allem

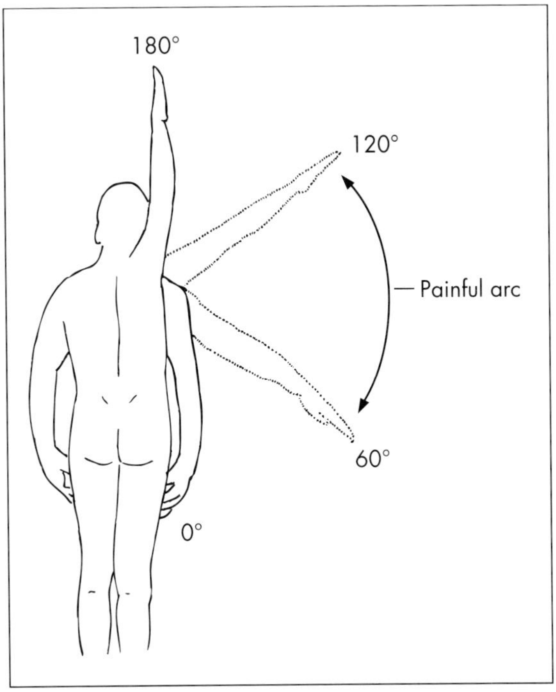

Abb. 12.83: Painful arc

durch einseitig dünne und blasse Finger. Die venöse Kompression zeigt sich durch einseitig bläuliche und geschwollene Finger.

Auch Schmerzen bei peripheren Kompressionen, wie z. B. des N. radialis im M. supinator oder des N. medianus im Karpaltunnel können bis zum Nacken ausstrahlen.

7. Zustand nach Mamma-Amputation.
8. Auch die vor allem prae- und postklimakterisch auftretende Panniculose (Zellualgie) kann aufgrund von Verklebungen der Hautverschiebeschichten typischerweise in der Nacken-, Schulter- und Oberarmregion zu stechenden, lang andauernden Schmerzen führen. Matratzenphänomen, Orangenphänomen, Roll- und Kneifphänomen sind dabei nachweisbar (siehe auch Beitrag «Schmerzsyndrome aus orthopädischer Sicht»).
9. Die Algodystrophie (Morbus Sudeck).
10. Die Projektion innerer Organe via N. phrenicus (siehe auch Abschnitt «Funktionelle Anatomie des Schulterschmerzes»). und/oder durch rückstauende intraforaminale «Tümpelbildung».
11. Rein psychisch verursachte Schulter- und Armschmerzen sind selten. Oft pfropft sich jedoch auf «Gelenkmuster», «Weichteilmuster» und «Schmerzmuster» ein «Verhaltensmuster» auf.

Da durch die phylogenetische Aufrichtung die Arme für das «Begreifen», «Erfassen», «Geben und Nehmen» und «Handeln» freigeworden

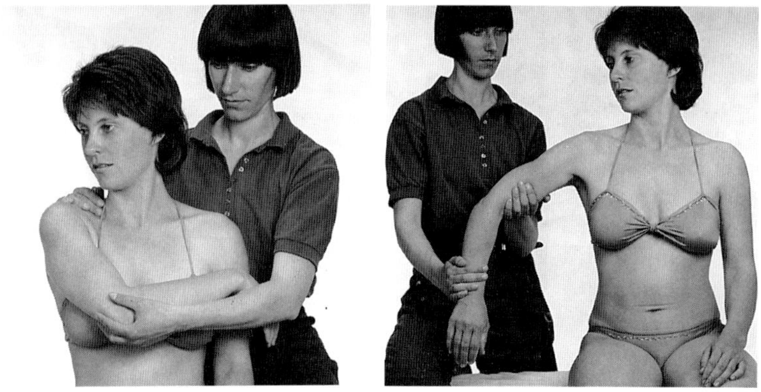

Abb. 12.87 a + b: PIR von M. supraspinatus und M. infraspinatus

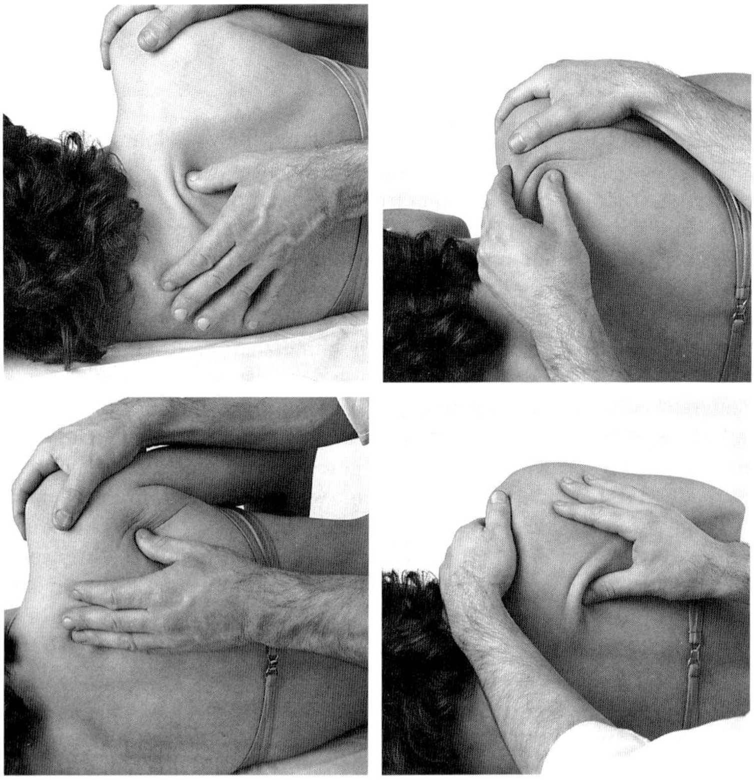

Abb. 12.88 a–d: «Anschraubgriffe» aus der Segmentmassage

Ärztlicherseits kann eine gezielte Lokalanästhesie zu differentialdiagnostischen und therapeutischen Zwecken zur Anwendung kommen.
Wenn die Schultersteifigkeit und -schmerzhaftigkeit auf eine Humerusfraktur zurückzuführen ist, so hat sich nach abgelaufener Frakturheilung die im Kapitel «Manualtherapie» beschriebene Knochentechnik als wirksam erwiesen (Abb. 12.90).

2. Subacromiales Gleitgelenk

Eine Bursitis zeigt sich durch lokale Hautverdickung und Temperaturerhöhung. Wir finden einen Painful arc, aber kein Kapselmuster und keinen Widerstandsschmerz (unter leichter Traktion ausgeführt). Ärztlicherseits ist die entzündungshemmende bzw. den Kalk lösende intrabursale Injektion angebracht. Krankengymnastisch könnten Eis und eventuell Druckwellenmobilisation Erleichterung bringen.

3. Acromioclaviculargelenke

Typisch ist der lokale Schmerz, der sich im Segment C4 ausbreitet. Alle Bewegungen (insbesondere die passive horizontale Adduktion) sind endgradig schmerzhaft eingeschränkt. Differentialdiagnostisch muß bei positivem horizontalem Adduktionstest an den distalen Ansatz des M. subscapularis gedacht werden. Dieser kann am Coracoid anstoßen, wäre aber auch schon bei der isometrischen Innenrotation

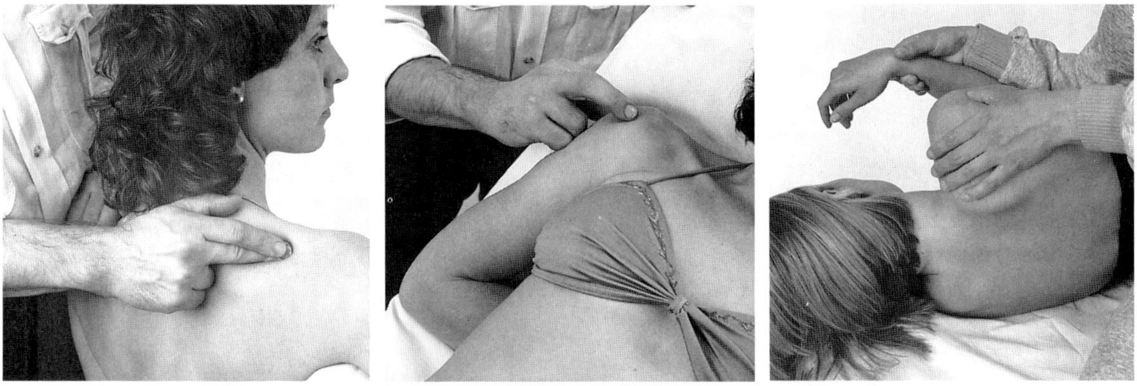

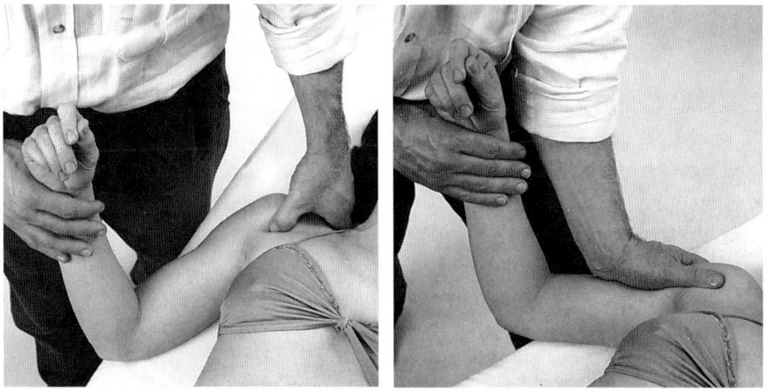

Abb. 12.89 a–e: Querfriktionen nach Cyriax am M. supraspinatus (tendomuskulär und tendoossär), M. infraspinatus, M. subscapularis und M. biceps brachii

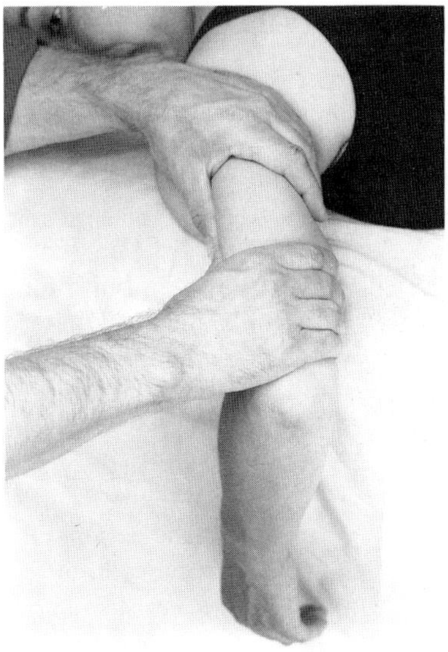

Abb. 12.90: Knochentechnik am Humerus

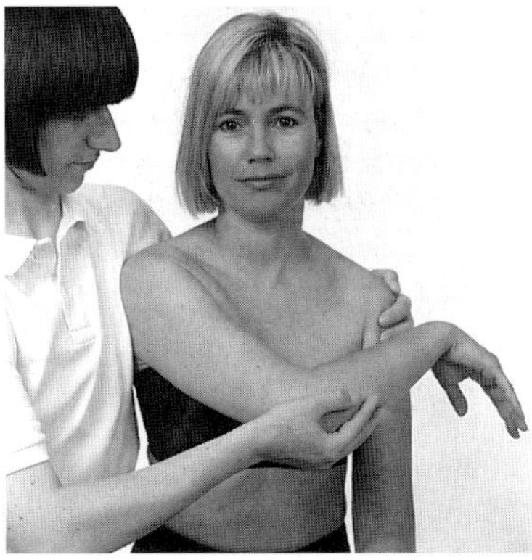

Abb. 12.91: Passive horizontale Adduktion als ACG- und SCG-Test

schmerzhaft gewesen, und würde eine Ausstrahlung im Segment C5 verursachen. Der proximale Ansatz des M. subscapularis reagiert bei isometrischer Innenrotation und beim Painful-arc-Test schmerzhaft. Wenn bei der passiven horizontalen Adduktion der Schmerz auf der Scapula angegeben wird, so ist an eine Dehnung des M. infraspinatus bzw. des N. suprascapularis zu denken.

Therapeutisch kommen, je nach Befund, Traktion, AP-, PA-, Cranio-caudal- bzw. Caudo-cranial-Mobilisation und Druckwellenmobilisation in Frage. Für das gelenkkapselverstärkende Lig. acromioclaviculare sind Querfriktionen bzw. am Bandansatz und periartikulär Periostbehandlung oder Lokalanästhesie sinnvoll (Abb. 12.91).

Abb. 12.92 a: Adson-Test für den Scalenus-Engpaß
b: Eden-Test für den costoclaviculären Engpaß
c: Roos-Test für den costoclaviculären Engpaß
d: Wright-Test für den Pectoralis-minor-Engpaß

4. Sternoclaviculargelenk

Dieses macht lokale Beschwerden und wird, wie das ACG, durch passive horizontale Adduktion getestet. Im Seitenvergleich findet man fast immer Dysbalancen des M. sternocleidomastoideus.

Manualtherapeutisch kommen, je nach Befund, gezielte Mobilisation, Druckwellenmobilisation, Querfriktionen und Periostbehandlung in Frage. Ärztlicherseits ist die Lokalanästhesie die Methode der Wahl. Gerade bei SCG-Befunden sollte stets nach weitergehenden Zusammenhängen (sternale Belastungshaltung) gesucht werden.

5. und 6. Costosternalgelenk I und Costovertebralgelenk I (erste Rippe)

Zunächst wird hier im Seitenvergleich der Stand der ersten Rippe festgestellt. Dann wird bei forcierten Atemzügen zwischen Einatmungs- und Ausatmungsblockierung differenziert. Weiterhin wird das atemunabhängige Joint play und der dabei möglicherweise ausgelöste Schmerz getestet.

Entsprechend dem Befund erfolgt die Mobilisation.

7. Thoracic-Outlet

Die isoliert oder kombiniert auftretenden neurovaskulären Symptome (PPPP) können viele Ursachen haben. Sie werden typischerweise bei nächtlicher Seitenlage, beim Fenster putzen, Gardinen aufhängen, Tapezieren, Anstreichen, Haare föhnen, Zeitung lesen in Rückenlage und bei Reparaturarbeiten unter der Autobühne ausgelöst. Folgende Tests stehen zur Verfügung:

Adson-Test für den Scalenus-Engpaß.

Dabei wird im Sitz der Kopf zur betroffenen Seite (die Mm. scaleni lagern sich übereinander) oder zur nicht betroffenen Seite rotiert (die Mm. scaleni werden gedehnt). In dieser Position atmet der Patient tief ein und aus. Der Therapeut palpiert den Radialispuls. Die Zeit bis zum Auslösen der Symptomatik (PPPP) wird schriftlich festgehalten. Spätere Vergleichstests zeigen den therapeutischen Fortschritt. Wichtig ist, daß der Patient seine Hände auf den Oberschenkeln ablegt, damit es nicht zu einer costoclaviculären Kompression kommt (Abb. 12.92 a).

Eden-Test- und Roos-Test für den costoclaviculären Engpaß.

Beim Eden-Test sitzt der Therapeut. Der betroffene Patientenarm wird in die Depression posterior gebracht. Der Patient stützt sich mit seinem Fuß beim Therapeuten ab und verlagert sein Gewicht seitwärts nach vorne. Der Patient atmet tief ein und aus. Der Therapeut tastet die A. radialis und notiert den Zeitpunkt bis zum Auslösen der Symptome (Abb. 12.92 b).

Alternativ ist hier der Roos-Test zu nennen, bei dem der Patient in U-Halte mit nach hinten unten gezoge-

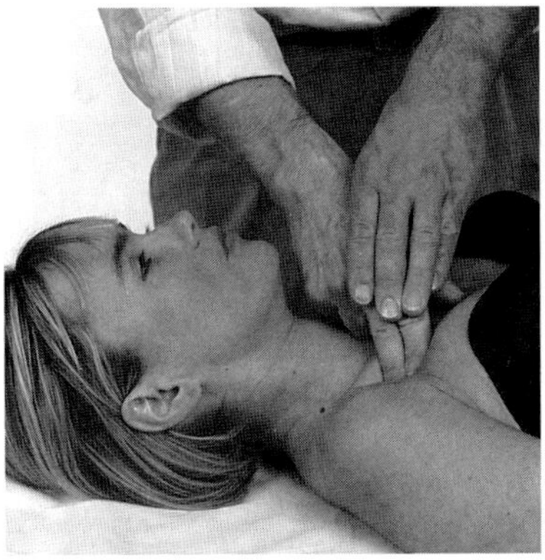
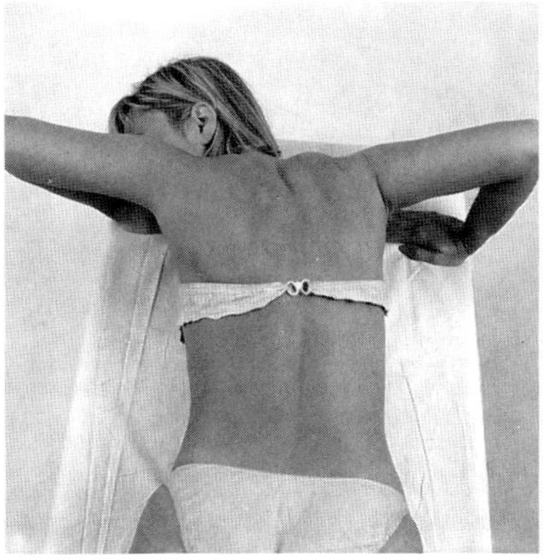

Abb. 12.93: Pectoralis-minor-Behandlung (nach Schmitt)
Abb. 12.94: Bewährte Hausübung beim TOS (nach Rausch)

nen Schultern die Hände rhythmisch öffnet und schließt.
Wiederum wird die Zeit bis zum Auslösen der Symptome (vor allem Schwäche) für einen späteren Vergleich festgehalten (Abb. 12.92c).
Wright-Test für den Pectoralis-minor-Engpaß.
Dabei wird der betroffene Arm des sitzenden Patienten in die Flexion/Abduktion/Außenrotation (PNF-Diagonale) gehoben und gleichzeitig die A. radialis getastet. Die Zeit bis zum Auslösen der möglichen Symptome (PPPP) wird für einen späteren Vergleich notiert (Abb. 12.92d).
Sofern keine angeborenen und schweren traumatischen Ursachen vorhanden sind, läßt sich das TOS krankengymnastisch sehr gut beeinflussen. Nach dem Schweizer Chirurgen Dunant verschwinden unter Physiotherapie etwa 80 Prozent der Beschwerden. Die deutschen TOS-Spezialisten Gruss und Kozuscheck sprechen in dem von Breitenfelder und Yücel herausgegebenen Band von zwei Drittel der Fälle, denen durch gezielte Physikalische Therapie ein operativer Eingriff erspart bleibt.
Im NEUROMEDIZIN-KONZEPT versucht man zunächst, durch kinesiologische Muskeltests zwischen HWS, TOS, Schulter und anderen Engpässen (insbesondere Karpaltunnel) zu differenzieren. Die gesamte Statik (vor allem Kopf- und Schultergürtelhaltung bei beruflichen und Freizeitaktivitäten) wird analysiert. Manualtherapeutisch sucht und behandelt man nicht nur regionale Blockierungen.
Die Beinlängenkorrektur im ISG stellt, wie immer, die Basis der Behandlung dar. Zur Muskelbalancierung kommt die PIR z. B. der Mm. scaleni in Frage. Für den schmerzhaft hypertonen M. pectoralis minor hat sich eine quere Friktion und Dehnung aus der reflektorischen Atemtherapie nach J. L. Schmitt distal des Coracoids bewährt (Abb. 12.93).
Aus dem PNF kommen die dreidimensionalen Nacken-, Thorax-, Wirbelsäulen-, Scapula- und Beckenpattern zur Anwendung. Kinästhetisch hat sich vor allem das «Zebra» bewährt.
Es ist immer wieder erstaunlich, daß das TOS sich bereits nach einer einzigen halbstündigen Behandlung, bestehend aus Beinlängenkorrektur, Mobilisation von erster Rippe, ACG und SCG, Scapulapattern, «Flügel lüften» und der Vermittlung einer Hausübung aus der Rausch-Methode, bessert, gelegentlich sogar rezidivfrei verschwindet (Abb. 12.94).

8. Scapulocostalgelenk

Aufgrund der Faszienverklebung werden oft interscapuläre Schmerzen angegeben. Äußerlich sichtbar kann ein Hypertonus des M. serratus anterior zu einer lateralisierten Scapula führen.
Das beim Schultergürtelkreisen auftretende «Schulterknarren» kann durch Exostosen zwischen Scapula und Wirbelsäule ausgelöst werden.
Zur manualtherapeutischen Untersuchung und Behandlung haben sich neben den bekannten passiven Scapulabewegungen in Bauch- oder Seitenlage vor allem zwei gezielte und wirkungsvolle Griffe bewährt:
Mediales «Flügel lüften»
Im Stand wird die betroffene Scapula zangenartig umfaßt. Der mediale subscapuläre Raum wird mit den Fingern unterfaßt, manuell erforscht und bearbeitet. Unter dieser Handfassung kann die Scapula in verschiedener Stärke, Ausmaß, Geschwindigkeit und Dauer passiv bewegt und «gerüttelt» werden. Der Patient soll dabei entspannen. Erwünscht ist, daß der ganze Patient an seiner Scapula hängt. Dies gelingt besser, wenn er die Augen schließt, die Knie, Schultern und Kiefer locker läßt. Mit verschiedenen akustischen (positive Verstärkung), exterozeptiven («Staubwischen») und propriozeptiven («Beklopfen», Trapezius lösen, AGT) Stimuli gelingt dem Therapeuten das gewalt- und weitgehend schmerzfreie Unterfassen. Der Patient fühlt sich im nachhinein «befreit» (Abb. 12.95a).
Laterales «Flügel lüften»
In Rückenlage wird der passiv bis zur schmerzfreien Grenze elevierte Patientenarm unter dem Behandlerarm vorsichtig schienend fixiert. Mit Packegriffen,

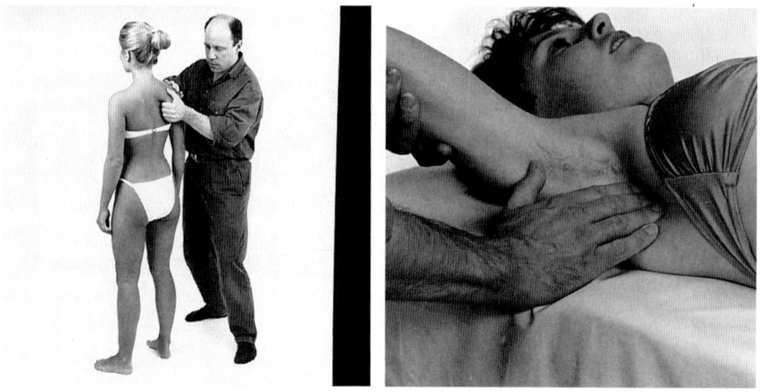

Abb. 12.95 a + b: Mediales und laterales «Flügel lüften»

Abb. 12.96 a + b: «Schultergehen» nach Nowotny

Daumen-, Finger- und Ballenfriktionen versucht man, die Weichteilspannung der lateralen Thoraxwand zu lösen. Dann wird der Behandler mit gestreckten Fingern den lateralen subscapulären Raum erkunden und «lüften».
Zusätzlich kann in unterschiedlichen Schulterflexionsstellungen durch passive Schulteradduktion die Scapula über die Hand hinweg gezogen werden (Abb. 12.95 b).
Um die erreichte Gewebslösung zu erhalten, haben sich die in Abb. 12.94 dargestellte Rausch-Übung, die PNF-Pattern (Scapula und Thorax in Kombination), das «Schultergehen» nach Nowotny (Abb. 12.96), das kinästhetische «Zebra» sowie das «Flügel heben» in der Kutschhaltung (Abb. 12.97) bewährt.

9. Wirbelsäule und andere Gelenke

Da strukturelle Veränderungen und funktionelle Störungen (Blockierungen) sämtlicher peripheren Gelenke und Facettengelenke Nacken-, Schulter- und Armschmerzen verursachen können, muß zur Vermeidung von Rezidiven und Therapieresistenz letztlich der ganze Mensch manualtherapeutisch untersucht und behandelt werden. Besondere Beachtung verdienen die Iliosakralgelenke, die BWS mit Rippenwirbelgelenken, die HWS und die Daumensattelgelenke. Aufgrund des Verlaufs des M. latissimus dorsi läßt sich nach der Beinlängenkorrektur der Arm immer um die korrigierte Differenz (z. B. 3 cm) weiter elevieren. Für den Thorax haben sich «Schubladen-» und «Fleischerhakengriff» in Rückenlage, Schub- und Kreuzgriff in Bauchlage und im Sitz die «Harfe» nach Terrier bewährt.

10. Innere Organe

Wenn der Schulter-Arm-Schmerz in der Projektion innerer Organe seine Ursachen hat, so kann man mit den verschiedenen Reflextherapien (Bindegewebsmassage, Muskelreflexzonenmassage, Periostbehandlung, Segmentmassage, Kolonbehandlung, Chinesische Massage, Fußreflexzonenmassage etc.) sowie «Schubladengriff» bzw. «Fleischerhakengriff» arbeiten.
Alle Maßnahmen des manualtherapeutischen Zehn-Punkte-Programms lassen sich leichter und schmerzfreier in der (ungewohnten) Beinkorrekturstellung durchführen (Abb. 12.98).

PNF

Hier bieten sich Scapula-, Arm-, Nacken-, Thorax-, Wirbelsäulen- und Beckenpattern in verschiedenen Ausgangsstellungen, Kombinationen (z. B. Arm- und Thoraxpattern) und unter Hinzunahme der speziellen Techniken (Slow reversal, Pivoting, Contract-Relax, Hold-Relax) an.
Die Scapulapattern in Seitenlage führen auch zur Entlastung der glenohumeralen, acromioclaviculären

Abb. 12.97 a + b: «Flügel heben» in der Rutschhaltung

und sternoclaviculären Gelenkkapseln, die im Stand den Traktionskräften des hängenden Arms ausgesetzt sind. Alle Pattern lassen sich schmerzfreier, kraftvoller und mit größeren Exkursionen bei (ungewohnter) Beinkorrekturstellung durchführen.

Kinästhesie und Alltag

Da Schulter- und Armschmerzen immer die gesamte Körper-Seele-Einheit betreffen, werden alle kinästhetischen Übungskomplexe mehr oder weniger günstige Effekte (Schmerzlinderung, bessere Beweg-

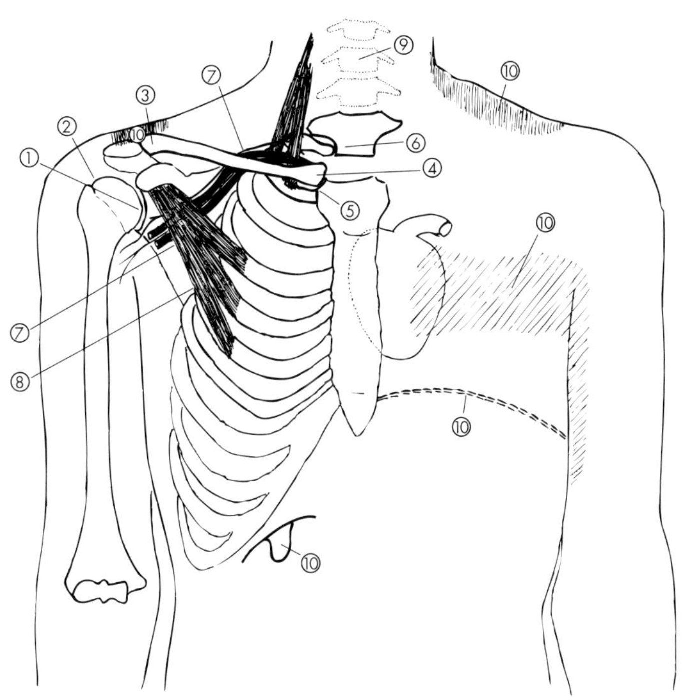

Abb. 12.98: Manualtherapeutisches Zehn-Punkte-Programm

Sachregister

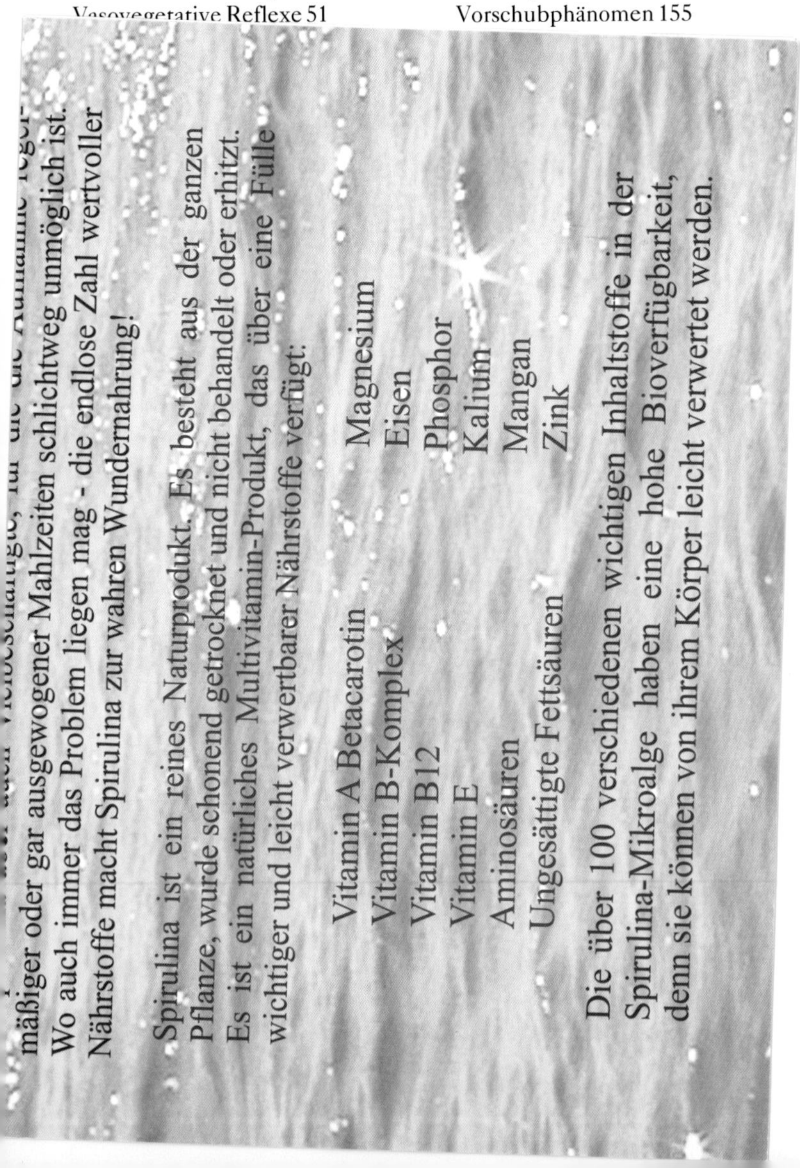
mäßiger oder gar ausgewogener Mahlzeiten schlichtweg unmöglich ist.
Wo auch immer das Problem liegen mag - die endlose Zahl wertvoller
Nährstoffe macht Spirulina zur wahren Wundernahrung!
Spirulina ist ein reines Naturprodukt. Es besteht aus der ganzen
Pflanze, wurde schonend getrocknet und nicht behandelt oder erhitzt.
Es ist ein natürliches Multivitamin-Produkt, das über eine Fülle
wichtiger und leicht verwertbarer Nährstoffe verfügt:
Vitamin A Betacarotin
Magnesium
Vitamin B-Komplex
Eisen
Vitamin B12
Phosphor
Vitamin E
Kalium
Aminosäuren
Mangan
Ungesättigte Fettsäuren
Zink
Die über 100 verschiedenen wichtigen Inhaltsstoffe in der
Spirulina-Mikroalge haben eine hohe Bioverfügbarkeit,
denn sie können von ihrem Körper leicht verwertet werden.

Medimotee Verg